平安故宫·思行文丛

2013 年 5 月 1 日，太和殿维修工程现场　周高亮摄

平安故宫·思行文丛

癸巳集

单霁翔 著

故宫出版社

目录

一　文章编

二 讲话编

三 报告编

四 提案编

五　附录：访谈编

一

文章编

走出神殿　融入社会

——浅议国际博物馆事业的兴起与变革

博物馆的萌芽源自于人们的收藏意识。考古发掘成果表明，早在 4000 多年前，古埃及和两河流域地区的美索不达米亚的统治者，就开始注意寻找宝藏珍品，并且已经拥有相当数量的实物收藏。距今 3000 多年前，古巴比伦末代国王那波尼德（Nabû-nâ' id）就曾经比较系统地收藏古物、举办展览，甚至在古代废墟上进行发掘，以增加收藏。公元前 530 年，苏美尔文明古城乌尔的学校出现了类似博物馆展厅的藏品展示场所。

人们普遍认为，博物馆的历史可以追溯到古希腊时代。公元前 5 世纪，古希腊特非尔·奥林帕斯神殿就有保存战利品和雕塑等古物的收藏室。公元前 4 世纪，马其顿帝国的亚历山大大帝在建立地跨欧、亚、非帝国的军事扩张行动中，将搜集和掠夺的许多珍贵艺术品和稀有古物交给他的老师亚里士多德（Aristotle）整理、研究，在雅典郊区建立了“亚里士多德园”。亚里士多德从事授课和研究时，曾使用该园收藏的实物与标本作为辅助教学资料，传播文化知识。

关于博物馆何时起源，始终存在争议。目前西方普遍的观点是“亚历山大里亚博物馆”说，即亚历山大大帝去世后，他的属下托勒密一世建立了新王朝，收集了更多的艺术品，并于公元前 284 年，在尼罗河口的亚历山大里亚城，建立了一座专门收藏文化珍品的博物馆，这座博物馆的诞生，被视为博物馆的起源。由于托勒密一世建立的这座博物馆的地点在缪斯神庙，希腊语为 Mouseion，意思是“供奉缪司及从事研究的处所”，于是，英语中的博物馆（museum）一词由此产生。这座缪司[1]神庙被认为是人类历史上最早的博物馆。

美国学者 G. 博寇（G. Eurcaw）在《博物馆业务导论》中认为，“埃及的亚历山大里亚博物馆在本质上就与今日的博物馆相似”，“学院包括一座汇藏博物馆各领域藏品的图书馆、天文观测台，以及其他相关研究与教育的设备”，“事实上它也是第一座真正的博物馆”。[2]这座博物馆用于将征战中搜集和掠夺来的珍贵艺术品及古物陈列其中，向人们展示帝王的权力和财富，所收藏的藏品包罗万象，但是并不对外开放，学者们在此通过有组织的研究，从而获得新的成果，传播知识，因此也开创了博物馆的雏形。关于这座博物馆，我国有关博物馆学的教材中写道：“这个博物馆设有专门的大厅、研究室，陈列有关天文学、医学和文化艺术的藏品。各地的学者、作家聚集在这里，从事研究工作。大批来自各地的青年跟随他们学习。亚历山大里亚博物馆是世界当时最大的科学和艺术中心。”

由此可见，博物馆起源于珍品的收藏，在其早期形态阶段主要以收藏、研究为主要功能。

---

[1] 注：缪司（Muses），即缪斯，是掌管知识与艺术的女神。

[2] 李军：《从缪司神庙到奇珍室：博物馆收藏起源考》，《文艺研究》2009 年第 4 期，第 124 页。

“无论以前人类曾有过多么辉煌的文明，都无一例外地将被历史的烟尘所淹没，人类在不断地创造文明，文明却无法永生——这是永恒的法则。但是，我们仍然可以通过某个途径去寻找这些文明的踪迹，这个途径就是博物馆。”[1] 当时类似缪斯神庙的收藏机构不止一处，还有一些神庙也同样具有保存古物的功能。这些神庙“以保存和研究古典文化为己任”，其收藏重点已由宗教和伦理转向科学知识领域，以求知好问精神为驱动，藏品涉及当时众多知识领域，“开创了人类文化保存中一种带有普遍性意义的机制”。

亚历山大里亚博物馆在存在了几个世纪后毁于战火。同时，对于将其作为现代博物馆起源的观点也存在着不同意见，其中一种观点认为，如果我们把早期“mouseion”的形态概括一下，可以说，它对观念的强调远远超过了对物的强调；对讨论问题的兴趣远远超过了收藏；最后，可以说它对人际关系的重视远远超过了对人与物和物与物关系的重视。换言之，亚历山大里亚的缪斯神庙主要是一个论坛、一个人与人相互交流的场所、一个不同观念相互沟通的平台。不是物质（收藏），而是非物质的属性（人际关系），才是这个“mouseion”的本质和所谓的“亚历山大里亚博物馆”的真相所在。因而，它并不是以收藏物为核心的现代博物馆的直接起源。[2]

萌生于古希腊文化中的博物馆现象，至公元前后的罗马时代，有了进一步发展。人们怀着对希腊文化的喜爱，收藏的范围不仅限于皇室，贵族们也纷纷加入收藏艺术珍品和古物的行列。在不断的对外战争中，所到之处，无不贪婪地搜集奇珍异宝和各类艺术品，再把这些来自不同国家和地区的数以万计的铜像、雕塑运回罗马城，装饰各类建筑，将整个罗马城变成一座博物馆。同时，一些府邸和神殿成为陈列这些文化珍品的地方，甚至开辟专门供客人观赏的私人收藏陈列室，但是总体来说，收藏的物品杂乱无章，不成系统。此外，一些豪华的神殿里都装饰着精美绝伦的雕像和壁画；在兼有社交性质的公共浴场里，也装点华丽，附设着图书馆和画廊；其他一些住宅、寺院、餐厅和广场上，各种壁画也比比皆是。

以上发生在希腊、罗马的各种事实说明，产生在奴隶制时代的博物馆现象，已经成为当时社会文化生活的一个重要组成部分。“‘到博物馆去’，在古代西方是一个人表明其阶级、身份和品位的象征。在其后相当长的时间里，博物馆还只是供皇室或少数富人观赏奇珍异物的收藏室，西方的传统博物馆也由此继承了‘带有巨大柱子和台阶’的神殿、教堂或宫廷的建筑形象，并延续至今。”[3]

中世纪的欧洲，处在封建制度和教会统治的时代，基督教在社会生活的各个方面都处于垄断地位，文化教育成了宣传教义的工具。教堂、修道院成为收藏陈列法器、圣像、教主遗物和教徒供奉的珍贵礼品等宗教文物的主要场所，扮演博物馆角色，传教士也将从所到之处带回来的各种珍奇物品收藏其中，教会利用这些收藏品向大众显示权力神授的正当性，宣传宗教的教义，扩大宗教的影响。宫廷、庄园、城堡、贵族府邸则是世俗文物的聚集之地。作

[1] 于萍：《博物馆性质与文化传播》，《丝绸之路》2011 年第 2 期，第 81 页。
[2] 李军：《从缪司神庙到奇珍室：博物馆收藏起源考》，《文艺研究》2009 年第 4 期，第 124 页。
[3] 刘克成：《到博物馆去》，《建筑与文化》2007 年第 2 期，第 10 页。

为文化现象的珍品收藏活动，虽然笼罩在宗教的神秘主义和蒙昧主义的氛围下，但是规模和范围有了新的发展和扩大。

当时，欧洲各国有许多教堂寺院都收藏有希腊、罗马时代以来的各种珍贵手稿、抄本、雕刻和绘画作品。尤其是作为宗教中心的梵蒂冈，设有收藏珍本善本的一流图书馆，例如14世纪教皇达马苏斯一世（St.Damasus Ⅰ）时，就藏有古希腊文和拉丁文稿本3650册，而且从各地汇集来的宗教文物、香客的礼品更是不可胜数，教廷成为了收藏中心，教皇则是最大的古物收藏者。再如当著名雕塑《拉奥孔》于1506年刚刚出土，教皇P. 朱利叶斯二世（P.Julius II）就利用权势将其征集过来，成为教廷的珍藏，其他一些红衣主教也纷纷仿效，热衷于古物收藏。

文艺复兴是近代博物馆产生的第一个推动力。14—16世纪，在欧洲文艺复兴的浪潮下，大批手抄本和从罗马废墟中发掘出来的古代雕塑等艺术珍品，重现了古代文明的光彩，引起了人们对希腊、罗马时代古典文化的向往，人们希望找寻与这些辉煌历史时期的文化关联，为未来发展奠定精神基础和动力。由此引发欧洲各国民众探访名胜古迹，搜集钱币、书籍和雕塑等古物的热潮，对古代遗存的收藏、研究重新受到关注，成为文化继承与创新的重要智慧与力量源泉。此时在一些宫廷和富裕家庭内拥有观赏奇珍异物的收藏室，但是收藏的目的从过去为炫耀财富和战利品，转变成为增进知识而收藏。

随着15世纪末地理学、航海学等科学技术的发展，开拓了欧洲各国的视野，开辟新的航线、发现美洲大陆，便利他们从更加遥远的地方搜集奇珍异物，欧洲的探险家、商人往往满载而归，带回来大量从海外或是本土考察发现的自然标本、工艺品，满足人们对未知事物的好奇，对古物的收集研究热情更加高涨，收藏的范围和藏品的数量大幅增长，收藏的物品逐渐呈现系统性，在对藏品进行分类整理和研究的过程中，更加重视其美学和科学价值，便于人们理解藏品。此时展示物品的收藏室也成为当时人们了解世界的媒介。这一时期出现了大批私人收藏家，一些私人藏品或捐赠或出售给博物馆，奠定了欧洲各大博物馆的藏品基础。

从中世纪到欧洲文化复兴，再到近代博物馆产生的初期，在相当长的历史过程中，征集和收藏一直是博物馆的主要功能。博物馆学产生于17世纪的英国，当时是以一批博物馆藏品目录问世为代表，以博物馆志的出现为标志。17世纪，由于科学技术的发展，一批收藏自然科学实物资料的博物馆开始出现。这一时期的博物馆还没有真正意义的文物陈列展览，只有一些接近于展示的活动，即将文物藏品从库房中提取出来，用于观察、鉴赏、研究，这种活动是博物馆传播活动的最初萌芽，博物馆的研究功能也由此产生。

欧洲17－18世纪的启蒙时代，民主文化运动兴起，积极争取人人平等的公民政治权利。“在启蒙运动时期，私密性的私人收藏开始逐渐转变为公共财富。启蒙运动的一个观念就是对公众的知识培育，因为知识的培育可以造就完美的个人，从而使社会趋于理想。在这种思潮的影响下，一些个人收藏开始逐渐向公众开放。”法国一些启蒙思想家提出建立国家博物馆的设想，要求珍贵物品应属于国民，而非君王专有，这种权利观就是人们反抗专制王权的体现。欧洲一些隶属于皇室、贵族和教堂的收藏逐步向大众开放，人们对博物馆的认识也开始发生变化，被看作为公共性的文化机构，开始出现收藏功能的转移和社会教育发展的需要，从而涌现出一批拥有历史、自然、艺术内容的博物馆。

近代意义的博物馆产生于资本主义生产方式在欧洲得到长足发展的时期，是私人财富和私人收藏积累以空前的速度增长的时期。此时诞生的世界上第一座具有近代博物馆特征的英国阿什莫林艺术和考古博物馆，开始“以固有的藏品举办陈列展览向公众开放”。该博物馆的藏品原为 J. 特拉德斯坎特（J. Tradescant）父子的收藏，包括鸟、鱼、动物、植物、昆虫、矿物、宝石、货币、徽章、武器、服饰、生活用具、雕刻、绘画、手工艺品、考古出土文物、民族民俗文物等。1678 年，这些藏品归收藏家 E. 阿什莫林（E. Ashmolen）所有。阿什莫林艺术和考古博物馆于 1683 年 5 月在牛津大学向公众开放，开创了将私人收藏公之于世，建立近代博物馆的先河，由于此前 E. 阿什莫林将他本人的收藏全部捐赠给牛津大学，因此其所有者不再是私人，而是属于公共教育机构，这就决定了该博物馆的公共性质，即社会公众无论身份，只要购买门票，就有权利进入参观。

阿什莫林艺术和考古博物馆除了展示藏品以外，还增加了实验和教学的功能，为学者和学生的研究提供场所。至此，博物馆又出现了一项新的职能，即公共教育，其特征是重视社会教育作用，注重为社会服务。[1] 因此，一般认为阿什莫林艺术和考古博物馆是世界博物馆史上第一个正式向公众开放的博物馆，被誉为“欧洲最早的公共博物馆”。近代博物馆诞生以后，1755 年，S. 约翰逊（S. Johnson）在其编著的《英语词典》中将博物馆定义为：蕴涵丰富学问的奇异物品的贮藏和陈列场所。但是“其内涵是比较狭窄的，似乎主要针对自然类博物馆”[2]。经过法国大革命和工业革命的洗礼，博物馆向世俗社会转移，所收藏的文物和艺术品数量更多、规模更大，收藏范围更为广泛，为此后欧洲的一些大型博物馆发展奠定了重要基础。

“随着欧洲历史的发展，民族主义思想逐渐产生，以民族为基础的近代国家观念开始形成，在这个过程中，宣扬民族文化、记忆民族历史、增强民族荣誉感的博物馆观念开始流行，国家博物馆的概念开始产生。”[3]18 世纪是博物馆事业发展的重要时期，欧洲一些国家相继建成了国家的或具有重要影响的博物馆，例如爱尔兰国家博物馆（1731 年）、丹麦国立美术馆（1760 年）、俄国艾尔米塔什艺术馆（1764 年）、西班牙国立博物馆（1771 年）等。与此同时，在欧洲的影响下，1773 年美国南卡罗莱纳州查尔斯顿城建成第一座公共博物馆，虽然以介绍本州自然历史为主，但是带动了美洲博物馆事业的发展。从博物馆发展史上看，世界上最早出现的博物馆主要集中在欧美国家。但是当时这些博物馆的展出方式都是不进行任何分类，只把文物与自然标本随意放在一起，这就是博物馆学上所说的“珍宝柜”。现代意义的博物馆诞生于 18 世纪中期。其中影响较大的是英国大英博物馆和法国卢浮宫艺

[1] 于萍：《博物馆性质与文化传播》，《丝绸之路》2011 年第 2 期，第 81 页。

[2] 段勇：《多元文化：博物馆的起点与归宿》，《中国博物馆》2008 年第 3 期，第 5 页。

[3] 郭长虹：《社会发展与博物馆社会服务观念的变革》，《博物馆观察：博物馆展示宣传与社会服务工作调查研究》，学苑出版社，2005 年 9 月，第 132 页。

术博物馆。

大英博物馆是全世界第一个对公众开放的大型博物馆。大英博物馆收藏有世界各国的精美艺术品，设有100余间陈列室，分为埃及古器物、希腊和罗马古器物、西亚古器物、欧洲中世纪古器物、东方古器物、英国史前和罗马占领时期艺术品、钱币和纪念章、版画和画稿等部门。如此庞大的博物馆最初是在英国医生H. 斯隆（H.Sloane）的私人收藏品的基础上建立起来。H. 斯隆是位兴趣广泛的收藏家，他晚年收藏的文物近8万件，另有许多植物标本和书籍、手稿。根据他的遗嘱，为了让这些收藏品“维持其整体性、不可分散”。1753年，英国议会拨专款收购H. 斯隆的所有藏品，并以此为基础，于1759年1月在伦敦市区附近的蒙塔古大楼成立博物馆，对社会公众开放。在博物馆开放后，又不断充实藏品，从自然标本到钱币、绘画、书籍、手工艺品等诸多东西方的文物珍品，博物馆藏品愈臻丰富，成为当时世界上最大的博物馆。到了19世纪，由于受空间的限制，蒙塔古大楼已显得不敷使用，于是新建博物馆和图书馆设施。1880年，大英博物馆将自然标本移交给新建成的自然历史博物馆。1973年，大英博物馆将书籍、手稿移交给不列颠图书馆，最终形成此后的博物馆格局。

法国卢浮宫艺术博物馆是大革命的产物。1789年法国大革命爆发，推翻了波旁王朝的统治，这一社会形态的巨变，直接导致了皇宫中历代王室收藏的各国绘画、雕刻、工艺品等大量艺术珍品转为国家所有。1793年10月，新的共和国政府下令将王室宫殿改造成为卢浮宫艺术博物馆。19世纪初，法国政府决定在不同地区建设15座博物馆，包括波尔多博物馆、马赛博物馆、里昂博物馆等，用来收藏卢浮宫艺术博物馆容纳不下的藏品，这些博物馆通常都设立在艺术学校的附近，成为学生们接受校外教育的公共机构，博物馆在职能上具备更多的教育功能。卢浮宫艺术博物馆的设立使不可计数的艺术杰作、珍宝收藏，史无前例地向公众开放，卢浮宫也不可避免地成为民主自由的象征。1848年，英国游记作家贝尔·圣约翰第一次参观了卢浮宫，7年之后，他记述了自己的感受：卢浮宫以前是“上演权力的悲喜剧的场所，阴谋、操纵、妒忌、阴暗的猜疑、恶毒的动作的聚集处，产生皇家荣耀与苦难的地方”，而通过博物馆的建立，“它已经变成了为数众多主要是艺术的物品的宁静而又华丽的庇护地”。从浮华奢靡的皇宫，到聚集人类文明精华的殿堂，展示空间功能发生了重要变化。[1]此后，卢浮宫艺术博物馆不仅被视为法国城市筹建博物馆的蓝本，也成为许多国家博物馆的典范，尤其是经历政权变革或国家主权独立运动的国家。[2]从而促进了欧洲各国皇家博物馆和私人博物馆的开放，加速了现代博物馆的发展进程。

如果说英国大英博物馆的建立和法国卢浮宫艺术博物馆向公众开放，标志着现代意义的公共博物馆的诞生，那么美国博物馆建设的尝试，则为博物馆赋予了更多的社会公共属性。作为历史文化积淀并不深厚的19世纪新兴国家，美国在经济和财富上迅速增长，但是在文化上，与欧洲国家相比，一直难以摆脱文化艺术方面沉重的自卑感，于是立志凭借经济实力，要让美国成为世界的文化中心。美国早期的博物馆收藏偏重于自然和科技类。19世纪中叶，

[1] 林少雄：《博物馆的功能与艺术的观念》，《艺术百家》2011年第4期，第180页。
[2] 王真真：《博物馆公共属性的“生成”》，《中国文物报》，2010年6月2日，第6版。

受到万国博览会的影响，美国博物馆进入发展时期，以国民教育为宗旨的大型综合性博物馆兴建起来。从国会大厦到华盛顿纪念碑，长达几公里宽阔的杰弗逊林荫大道两侧，一座又一座闻名于世的各类博物馆拔地而起，其中最具有代表性的是美国史密森学会。1846年，在华盛顿建立的史密森学会，其奠基人是英国科学家J. 史密森（J.Smithson），虽然他从未到过美国，但是根据他的遗嘱建立起以促进人类知识传播为目的史密森学会。此后史密森学会经过持续发展，形成旗下有19家博物馆和美术馆、国立动物园和9家研究机构的庞大博物馆系统，藏品共计1亿3000余万件，经费部分来源于美国政府拨款，并免费向公众开放，成为世界最大的也是引领世界博物馆发展潮流的博物馆群和重要的科学研究中心。

1870年建立的大都会艺术博物馆是继美国史密森学会成立后又一大型博物馆，标志着美国大型艺术博物馆的出现。借助私人大量的慷慨捐赠，以及颇具眼光的藏品收购，大都会艺术博物馆的藏品相比欧洲大型博物馆而言毫不逊色。事实证明，以美国史密森学会和大都会艺术博物馆为代表的美国首批博物馆，通过收藏、展示和公共教育等博物馆核心职能，对美国公民乃至整个公民社会形成的积极影响是广泛而深远的。[1]

现代化工业的产生与发展，自然科学的重大发明和发现，不断产生出新的学科，激发人们学习知识和研究科学技术的热情，社会公众的需求也为博物馆的发展开辟了新的道路，涌现出众多科学技术类型的博物馆，例如法国国立科学工业博物馆、英国国立理工科学技术博物馆、德国国立科学技术博物馆和俄国莫斯科应用科学博物馆相继创建。1851年在伦敦举办的万国博览会，成为19世纪博物馆发展的重要契机，即利用万国博览会征集的大量展品筹建新的博物馆。随后英国出现了各种类型的博物馆，包括科学博物馆、地质博物馆、自然史博物馆等，标志博物馆出现类型多样化和内容专门化的趋势。此后，专业化的博物馆发展逐渐趋向明显，考古、艺术、自然历史、科学等各种门类的博物馆均开始建立。

19世纪开始，现代意义的博物馆在欧美各国得到迅速发展的同时，也开始向世界其他地区传播，影响到亚洲、非洲和拉丁美洲。日本近代博物馆起源于1872年，是亚洲较早建立博物馆的国家。明治维新时期，日本参加万国博览会时广泛地接触到欧洲的博物馆，参会人员回国后大力宣传博物馆的作用，随后，日本从国家到地方建立起众多近代化的博物馆以启民智。

博物馆从欧洲向世界的扩散过程，与西方的扩张历史相关。一方面，西方殖民者加紧对各殖民地进行文化掠夺，通过派出考古队、探险队，大规模搜集古代珍贵文物，获取大批珍稀自然科学标本，甚至实施军队武力掠夺，不断充实本国的众多博物馆。另一方面，出于殖民政治的需要，由殖民当局或者教会在各殖民地的附属国家建立国家博物馆，以及地志类、自然类、民族类博物馆。例如1814年在印度建立的加尔各答博物馆，1818年在巴西建立的巴西国家博物馆，1823年在阿根廷建立的自然博物馆，1825年在南非建立的南非博物馆，1827年在澳大利亚建立的澳大利亚博物馆，以及1858年法国考古学家在埃及开罗建立的埃

[1] 王真真：《博物馆公共属性的“生成”》，《中国文物报》，2010年6月2日，第6版。

及国家博物馆。同时，殖民者在拉丁美洲、非洲殖民地建立了更多的黄金博物馆、钻石博物馆等资源性博物馆。[1]

随着博物馆的大量出现并向社会公众开放，逐渐形成国家、地方和私人等不同形式博物馆并存的格局，博物馆开始履行社会化职能，并逐渐使博物馆事业成为一项重要的社会文化事业。同时，博物馆管理模式、运营理念、社会功能发生了很大变化，与博物馆服务于社会的功能不断拓展相伴而生，应用理论研究也呈现出了良性发展态势。从19世纪开始，德国、美国等国家在探讨博物馆藏品分类管理的同时，系统介绍博物馆在传播科学技术、提高文化知识、促进社会进步等方面的作用。1852年，德国纽伦堡日耳曼博物馆所采用的组合陈列法是近代博物馆教育的早期典型，该博物馆按史前时代、罗马时代、德国时代3个系统6个展室进行组织陈列，便于观众了解不同时代的社会面貌，因此被视为具有现代意义的博物馆教育的开端。

1880年，美国博物馆学者鲁金斯在所著《博物馆之功能》中明确提出博物馆应成为一般民众的教育场所的观点。至19世纪末，博物馆的教育职能更加显著，博物馆的陈列展览开始按照一定的教育目的，有计划地帮助观众了解文物展品。一些博物馆还与学校建立起紧密联系，不仅教师和学生可以免费参观，甚至可以借到文物标本辅助教学。博物馆不仅成为国家实力颇有说服力的象征，也使公民和社会，通过他们的教育影响，更接近文明、智慧与高尚。[2]

伴随博物馆数量的增加，博物馆专业组织得以发展。1889年，世界上第一个博物馆协会在英国诞生。20世纪初，欧美各国的博物馆专业组织相继建立，例如1906年，美国博物馆协会成立，并且明确规定协会的任务是出版年刊、会刊，介绍世界各地博物馆的情况，探讨博物馆发展中的问题。这些博物馆组织的建立，促进了博物馆事业的进步和博物馆学研究的开展。1946年11月，由美国博物馆协会会长哈姆林（Hamrin）倡议，创立国际博物馆协会，促进博物馆在世界范围内的新发展和战后各国博物馆领域的交流，推动博物馆间的国际合作。

进入20世纪，博物馆事业进入新的发展时期，迎来可以更好地实现博物馆专业化功能的新时代。俄国在1917年十月革命以后，博物馆为全民所有，博物馆的发展相当迅速。尽管19世纪的博物馆已经具有收藏、科研和教育职能，但是在经过了第一次世界大战的特殊历史环境，这一时期的博物馆教育以弘扬民族精神、启发民族意识、凝聚民族力量为主旨，以培养爱国主义精神为目的。但是，在法西斯国家则利用博物馆进行法西斯教育，鼓动战争狂热，使这些国家的博物馆成为军国主义、种族主义和法西斯主义的宣传场所，例如意大利建立的墨索里尼博物馆、德国建立的军事博物馆等，日本也把博物馆纳入了官方的战争宣传轨道之中。

第二次世界大战以后，一些国家的博物馆在战争中遭到严重破坏，许多珍贵文物毁于战火，因此经历了一个恢复时期，才逐渐走上振兴繁荣之路。例如艾尔米塔什博物馆在战争中

[1] 苏东海：《中国博物馆的传统与变革》，《中国文物报》，2008年10月10日，第5版。
[2] 王真真：《博物馆公共属性的“生成”》，《中国文物报》，2010年6月2日，第6版。

遭到破坏，战后被精心修复。日本于 1951 年制定了全国性的《博物馆法》，促进博物馆行业的健康发展，博物馆数量迅速上升。同时，国际博物馆界有力推进以博物馆功能为基础的专业化路线，不断扩大专业培训的范围和规模。但是，博物馆的专业化功能和社会化职能之间，博物馆使命与社会公众需求之间存在冲突，甚至表现得十分激烈。

此后，在西方社会民权运动、妇女运动、反战运动、环境保护运动等此起彼伏，与此同时，反传统、反现代文明思潮高涨。20 世纪 60 年代，美国黑人诗人 J. 约丹（J. Jordan）就曾对博物馆发出过猛烈抨击："如果你无法让我在博物馆看到我自己，如果博物馆不能让人民知道他们想知道的真理——没有比这更重要的事情了。如果博物馆不能表现和让人们知道这些事情，那么，为什么我不应该攻击这些美国的殿堂？把它们炸掉？"[1] 在这样的时代背景下，发生了所谓的"第二次博物馆革命"，对社会教育作用再认识成为博物馆理论与实践的核心。张誉腾博士在《全球村中博物馆的未来》一书序言中指出，1960 年以后兴起的新博物馆运动，使博物馆由"过去导向、物件导向"转型为"观众导向、经营导向、未来导向"，"由以收藏过去转而以教育未来为经营重点，是此次博物馆运动的主要诉求"。

进入 20 世纪 70 年代，许多重要的博物馆学研究理论相继问世，学术界开始对博物馆的起源、发展的历史阶段、博物馆的功能，以及博物馆的社会角色等进行论述，现代博物馆学的学科体系基本成型。1974 年在丹麦哥本哈根召开的国际博物馆协会第 10 届大会，主题是"博物馆和当今世界"。这次大会决定了国际博物馆的未来，所有与会者都清楚地意识到《国际博物馆协会章程》已经不能适应博物馆的发展，不能再代表国际博物馆协会的真正目标，为此，决定对博物馆的定义进行修改。新的章程及其新的定义，给予博物馆更多面对社会、面对未来新的意义，即"博物馆是一个为社会和社会发展服务的不以营利为目的的永久性机构，它向公众开放，以研究、教育、欣赏为目的而征集、保存、研究、传播和展出人类及人类环境的物证"。其中"为社会和社会发展服务"的定义，则成为国际博物馆界"第二次博物馆革命"的标志。

正如英国博物馆学者 K. 赫德森（K. Hudson）在《八十年代的博物馆》一书中所言："1974 年在哥本哈根举行的国际博物馆协会第 10 届大会清楚地表明，全世界博物馆开始越来越不把自己看成是同外界没有联系的专业单位，而越来越认为它们是自己所在社区的文化中心。这种变化可以这样来概括，就是博物馆不再被认为仅仅是保管一个国家文化和自然遗产的宝库或代理人，而是广泛意义上的强有力的教育手段。"[2]

新博物馆学的雏形出现于 20 世纪 70 年代，80 年代开始流行于国际博物馆界。其核心思想是积极推动博物馆变革，强调博物馆的社会作用和多学科特征，强调博物馆利用社区遗产资源，促进社区社会经济和文化发展。这一时期，国际上博物馆的数量不断增加，博物馆的质量不断提高，虽然传统博物馆仍居于主流地位，但是博物馆的实现形式出现多样化的趋势，国家公园、露天博物馆、生态博物馆、社区博物馆等新型博物馆相继出现，并得以发展，

[1] 黄春雨：《博物馆的社会化与专业化思考》，《中国博物馆》2008 年第 3 期，第 19 页。
[2] 马自树：《文博余话》，紫禁城出版社，2011 年 6 月。

突破博物馆原有静止模式，给予参观者新的体验。其中始于20世纪70年代初的生态博物馆，高举“由所在地人民和公共权利机构共同设想、共同修建、共同经营管理”旗帜，将博物馆的社会化推向了高潮。

传统博物馆的通常做法是，将遗产搬到某一个建筑物里，这些遗产往往因此而远离了它的原生地点及其环境。而生态博物馆则希望遗产能在一个特定的社区中原状保护，所以本社区的范围也就等同于博物馆的范围。在生态博物馆里，本社区的自然风貌、建筑物、生产生活用品、风俗习惯等有关物质的和精神的所有内容都被生态博物馆赋予了含义。与此同时，当地居民利用生态博物馆这一手段来保护自己的遗产，并利用这些遗产来创造未来。

新博物馆学在过去30余年中，除了在生态博物馆方面的实践外，还直接催化了整体博物馆、社区博物馆、邻里博物馆、地区文化中心等新型博物馆。对于这些新型博物馆，H. 戴瓦兰（H.de Varine）指出：“相比较于以收藏品、在建筑物内和接待观众为主要特征的传统博物馆而言，新类型的博物馆可以从根本上表述为一个以一个社区（或社区民众参与）为核心特征的、在一个特定区域内的、出于社区发展的目的使用共同的遗产资源的文化过程。”直至今天，新博物馆学思潮尚未减退。

在专业化功能巩固与社会化职能提高的基础上，1977年国际博物馆协会建立了博物馆学专业委员会，从根本上强化博物馆的基础理论建设，逐步聚集了一批国际博物馆界既有实际经验，又有现代科学知识背景的专家学者，通力合作建立现代博物馆学。国际博物馆协会逐渐成为国际博物馆界思想交流的舞台。此后，国际博物馆协会将每年的5月18日确定为“国际博物馆日”，并且每年都确定一个主题。

20世纪80年代，随着人类进入后现代社会，博物馆界开始对自身的责任和使命进行反思。博物馆的研究对象逐渐从文物藏品的收藏、展示、研究，转向对社会和人的关怀。为此，国际博物馆协会在1951年、1962年、1971年、1974年多次对博物馆定义进行修订的基础上，于1989年再次形成了新的博物馆定义：“博物馆是非营利的、为社会及其发展服务、向公众开放的永久性机构，它为研究、教育和欣赏的目的，收集、保存、研究、传播和展示人类及其环境的物证。”[1]

但是，在新博物馆运动兴起20—30年后，M. 胡德（M.Hood）在20世纪90年代初的文章中仍然指出，在英语系中，对于“博物馆”这个词的使用，仅约20%用在正面的意义。在其他方面，博物馆这个词代表静止不动、无聊、没有精神、枯燥乏味、模糊、没有个人色彩、看不出所以然、无法理解、不懂、死的、无生气的、无意识的——博物馆代表过去的、剩下来的、腐朽的。[2]美国博物馆学家哈里森（Harrison）在1993年发表的《90年代博物馆观念》中指出：新博物馆学的观念是相对于“传统”博物馆学的观念而言的，它的重心不再置于传统博物馆所一向奉为准则的典藏建档、保存、陈列等功能，转而将关怀社群与社区的需求，成为博物馆的最高指导原则。因此，从国际博物馆发展的角度看，博物馆学正朝着关注

[1] 段勇：《多元文化：博物馆的起点与归宿》，《中国博物馆》2008年第3期，第5页。
[2] 陈建明：《虚拟的场景 真实的遗产》，《中国博物馆》2008年第3期，第16页。

“人”、关注“社会”的方向发展。[1]

全球博物馆共同经历了70年代、80年代直至90年代初的大发展。在全球化的时代大趋势下，博物馆所具有的作用和内涵，已远远超越它最初成立时“文物仓库”的状态，呈现出多维发展态势。“以物为核心”向“以社会为核心”的转化，又成为所谓的“第三次博物馆革命”的标志。“这是一次博物馆专业化与社会化的和谐结合，博物馆终于可以骄傲地宣称自己是社会真实地需要。”[2]

几十年来，博物馆事业在全世界有了快速发展，成为现代社会发展最快的事业之一。资料显示，20世纪末全世界的博物馆总数为4万余座，而目前全世界共有博物馆5万余座。一些欧洲国家的博物馆数量仍然位居前列，英国约有2500座博物馆，德国约有3000座博物馆，意大利约有3500座博物馆，法国约有5000座博物馆。一些历史文化遗产丰富的欧洲国家，例如丹麦、比利时等已经达到1—2万人拥有一座博物馆。日本博物馆总数为5775座，包括国家博物馆206座，地方公众博物馆4164座，私立博物馆1405座。[3] 近年来，一些第三世界国家的博物馆事业发展比西方发达国家更快，以适应与日俱增的参观者需要。例如南非拥有近500座不同类型的博物馆，涉及从文化艺术，到地质、历史、生物、矿业、农业、森林，以及其他人文科学领域。

美国从1960年到20世纪末，博物馆的数量增长了15倍。特别是1970至1980年的10年间，美国博物馆高速发展时，曾创下“每天都有一座新博物馆诞生的局面”。美国1991年进行的一次比较全面的调查显示，全美博物馆全职从业人员超过15万人，同时有大约38万名志愿者每年为博物馆免费提供从讲解到文物藏品登记保护等各种服务。从1998年至2000年的3年间，为了新建或扩建150座博物馆，美国共投入了43亿美元。目前美国博物馆的类型几乎涉及社会生活的各个方面，其中综合历史类约占50%，艺术类约占15%，自然科学类约占15%，其他类型的博物馆约占20%，几乎所有的城市至少都拥有一座博物馆和美术画廊。大都会艺术博物馆在保留早期建筑的前提下，扩建20余次，博物馆建筑跨越5个街区，长达300余米，总建筑面积约20万平方米，藏品逾400万件。

在博物馆数量持续增长的同时，博物馆观众也得到同比增加。2000年，美国的博物馆参观者有史以来第一次超过了10亿人次，是全国总人口的3倍多。这个数字在10年内增长了50%。美国社会民众每星期去参观博物馆的人数，比上体育馆看美式足球、棒球等球赛的人数还要多。[4] 作为全世界最大的博物馆群，美国史密森学会所属博物馆门类齐全，其中参观量排名前三位的是国家航天博物馆、国家自然历史博物馆和国家历史博物馆，相关展览及配套教育活动的成功得到社会认可。瑞典有150多座博物馆，在全国900万的人口中，每年去博物馆的人数达到1600万人次，即60%的居民经常进入博物馆，其中中产阶级占80%。[5]

[1] 刘舜强：《“大博物馆学”与中国博物馆的当代性》，《中国文物报》，2011年2月9日，第6版。
[2] 黄春雨：《博物馆的社会化与专业化思考》，《中国博物馆》2008年第3期，第19页。
[3] 新妻洋子：《日本博物馆现状及面临的问题》，《中国文物报》，2010年5月26日，第4版。
[4] 张和清：《美国博物馆的管理与运作》，《中国文化报》，2008年10月22日，第7版。
[5] 李寅峰：《让博物馆打动人心》，《人民政协报》，2010年10月22日，第C1版。

在加拿大，虽然全国人口只有3000多万，却有博物馆2400多座，年参观者总数超过6000万人次。在日本，全国博物馆员工总数约46000人，接待观众2.8亿人次。

世纪之交，国际博物馆事业空前繁荣，伴随科学技术和生产力的迅猛发展，国际间文化交流合作逐渐增多，博物馆的数量快速增长，许多国家除了对现有的博物馆进行修缮更新外，还斥资建设许多新的博物馆。各国博物馆的发展根据需要各有侧重，涌现出更多科技博物馆、专题博物馆，展示方法体现科学技术发展的最新成果，使博物馆面貌不断出现引人注目的变化，呈现出多元化的面貌。人们越来越认识到，博物馆汇聚了地域代表性文化，是人类文化记忆传承、创新和维护文化多样性的重要阵地，是一座城市甚至一个国家的文化底蕴和品位的代表。特别是第三世界国家在战后走上独立发展的道路，在发展经济的同时，新兴国家也开始重视本国、本地区、本民族的文化遗产保护，重视博物馆事业发展，建立了大量反映传统文化、地域文化的博物馆，这些博物馆肩负起保护民族文化、增强民族团结的使命。

（此文发表于《中国建筑文化遗产9》，天津大学出版社，2013年3月）

迎接世界文化遗产保护事业的战略转型

自20世纪70年代以来，世界遗产保护及其相关问题成为国际社会十分关注的领域，鉴于这一体系的先进性、普世性和规范性，很快得到国际社会普遍认同，并获得日益扩大的影响。这一保护体系中的世界文化遗产则是具有突出普遍价值，并受到严格保护的文化遗产对象。我国对文化遗产这一概念的引入并实际运用，是在20世纪80年代，特别是1985年我国政府加入《保护世界文化和自然遗产公约》，1987年故宫等6项遗产被列入《世界遗产名录》，实现世界遗产零的突破以后，通过世界文化遗产的申报等项工作，使文化遗产的概念逐渐引起社会广泛关注和普遍接受，并得到迅速普及，成为对我国既有文物保护体系产生较大影响的，既相互联系，又有明显区别的又一保护体系。

近年来的实践使我们深刻认识到，世界文化遗产不是在时间和空间上凝固不变的对象，而是一个博大的系统、一个发展的概念、一个开放的体系、一个永恒的话题。对于世界文化遗产保护的认识也一直处于发展变化之中，不断被检验、被证明、被修正、被丰富，在实践之中产生出更符合实际的新的内容。因此，我们对于世界文化遗产保护的理念，既不可能脱离特定的时空而形成，也不可能抛开人们对文化遗产价值的判断来认识。特别是在保护实践中需要处理好以下几个方面的关系。

一　“政府保护”与“全民保护”的关系

我们面对的文化遗产保护对象，往往经过了数十年、上百年，甚至上千年风雨历程而有幸留存至今，其本体往往早已满目疮痍，其原生环境也发生了天翻地覆的变化，特别是当地民众与文化遗产之间的相互关联和文化情感也日趋淡漠。虽然，我们可以通过保护技术和工程手段竭力遏制文化遗产及周围环境的进一步破坏和恶化，但是如何避免当地民众与文化遗产之间的感情疏远，也应是文化遗产保护的责任。因为这种感情疏远造成民众与文化遗产之间距离感的加大，将严重影响文化遗产事业持久健康的发展。

近年来，我国列入《世界遗产名录》的文化遗产不断增加，就其保护规模来看，有向大型化、系列化发展的趋势。其中无论是大型考古遗址，还是城市历史中心；无论是文化线路，还是文化景观，都比以往文物保护的内涵和外延有所深化和扩展，与广大区域的民众生活更为密切。因此，文化遗产保护是一项庞杂而系统的社会工程，不仅需要文物工作者和文物管理部门以“守土有责”的精神承担起责任，更需要广大民众的积极支持与配合。

与有些学科不同，文化遗产保护的性质和内容决定了它无法成为一门孤芳自赏的学科，而必然接受广大民众的关注。为此，文化遗产保护工作者需要与民众进行平等交流，积极向民众讲述文化遗产的过去、今天和未来，用平民化的方式说明自身工作的意义，让民众了解文化遗产与他们今天物质与精神生活之间的密切关联，使文化遗产保护能够为民众所理解。文化遗产是全民族共同的历史资产，只有民众共同的、持之以恒的自觉守护，才能培植出它应有的尊严，有尊严的文化遗产，才能成为全民族的恒久财富。

长期以来，我国政府是最强有力的保护主体，“自上而下”的保护机构和行动贯穿于文化遗产的保护事业之中。相比之下，调动民众的积极性加强文化遗产的保护，早已成为世界各国的普遍做法。特别是一些发达国家，在政府的引导下，民间力量对文化遗产保护发挥着越来越重要的作用。1979 年，国际古迹遗址理事会澳大利亚委员会通过了《巴瑞章程》，在吸收《威尼斯宪章》精神的同时，强调古迹遗址的价值不仅包括其物质形式本身，而且包括其内容对社区的意义。

今天，珍惜和保护文化遗产的境界与能力，已成为国际社会对国民素养的评价标准之一，而要做到这一点，必须使民众在生产、生活中不断加强对文化遗产价值和意义的了解，增强自觉保护意识，进而影响和带动更多的民众来关注、参与文化遗产的保护。要积极倡导民众有权力成为文化遗产保护的知情者和受益人的理念，在历史文化街区和历史文化村镇保护等工作中，在考古发掘和文物建筑修缮等工程中，在博物馆建设和陈列展示等事业中，都应该积极取得广大民众，特别是当地居民的理解和参与。

世界文化遗产是一个宽广的领域，它既是历史的，又是现实的，更是将来的。但是我们不能不看到它往往会被包装的高深、虚玄，甚至神秘。实际上，文化遗产是大众的，它们为大众所创造，也为大众所利用。尤其是在当前，文化遗产既面临“前所未有的重视”，亦面临“前所未有的破坏”，大规模的城市化进程和空前的基本建设过程中，每一处文化遗产的兴衰，无不和民众的利益息息相关，无不牵动着千家万户。只有大量当地民众积极投入到维护自己的文化遗产的事业之中，变“少数的抗争”为“共同的防御”，文化遗产保护事业才能大为改观。

二 “单体保护”与“整体保护”的关系

文化遗产依赖于背景环境而存在，它们的保护和保留如同树木和土壤的关系一样，树木失去了土壤，就失去了生存的条件，就失去了生机，就变成了枯树。有背景环境的烘托，文化遗产才能彰显其历史、艺术和科学价值，才能真正成为城市文明的载体，才能受到社会的尊重，人们的珍爱，国家的保护。反之，失去背景环境的文化遗产，就不能反映或不能全面反映其应有的价值，甚至会成为孤立的“盆景”。因此，文化遗产与背景环境的关系，应该是个体与整体、局部与全部的关系。如果损毁了文化遗产的背景环境，不仅文化遗产的价值大大降低，它的延续时空也将大大压缩，甚至危及自身安全。

世界文化遗产保护应遵循国际社会的普遍原则，特别是真实性和完整性的原则。真实性原则，就要求不得改变文化遗产的历史原状，要尽可能地保护文化遗产所拥有的全部历史信息。维修的目的是使其“延年益寿”，而不是“返老还童”。进行必要的维修时必须采用原材料、原工艺，所添加的部分必须具有可逆性，必要时可以还其本来面目。完整性原则，就要求将文化遗产及其周边环境作为一个整体，保护不仅限于其本身，还要保护其周边环境，特别对于历史城区、历史文化街区更要保护好整体环境，这样才能体现出历史原貌。

文化遗产的背景环境，是全面反映文化遗产价值的整体，是其生存的土壤。保护背景环境与保护文化遗产本体同样重要。各类文化遗产的保护范围都是很有限的，它们不能涵盖文化遗产的背景环境，许多历史沿革、历史事件、历史面貌，均与其背景环境密切相关，如果文化遗产的背景环境受到损害或消失，文化遗产的完整性及其本身价值也必然受到损害，它所反映的历史环境和历史文化内涵，也将处于孤立的、局部的和不完整的状态。

我们常看到一些历史文化街区，由于周围布满高楼大厦，漫步其中，犹如井底观天，难以体现原有的文化意境。一些传统建筑群，由于周围开发成繁华的商业网点或集贸市场，致使这些传统建筑群的背景环境所反映的历史地位、民族风格、地理形胜以及建筑风水等损失殆尽。尽管一些文化遗产本身得到了保护和修缮，但是仍然丧失了往日的光彩，其原因就在于文化遗产周边环境被破坏，直接影响了文化遗产本体所依托的社会生活方式或者是文化传统基础，直接导致文化遗产本体价值的损害。

国际社会从 1964 年的《威尼斯宪章》到 1994 年的《奈良真实性文件》，都侧重于对文物本体的保护。在我国，现行的《文物保护法》和历史文化名城保护制度中，也偏重于对文物范围内各项历史要素的保护，仅在确定保护范围的同时，根据需要设立一定规模的建设控制地带或缓冲区来控制其周围环境，有的城市公布了若干历史文化街区，所有这些远远不能满足维护我国历史性城市的真实性与完整性的需要，致使上百座国家历史文化名城都受到不同程度的破坏，其中一些严重的已经面目全非。

2005 年 10 月，国际古迹遗址理事会第 15 届大会通过的《西安宣言》提出对文物建筑、文化遗址和历史区域的周边环境进行保护，以减小城市化进程对文化遗产真实性、完整性和多样性的破坏。宣言强调在具体的文物保护实践中，需要通过规划手段和实践来保护和管理周边环境，使对文化遗产的保护，扩展到更大的甚至城市总体的空间范围。侯仁之院士认为："国际古迹遗址理事会大会提出历史建筑的重要性和独特性来自于人们所理解的其社会、精神、历史、艺术、审美、自然、科学或其他文化价值，也来自于它们与其物质的、视觉的、精神的以及其他文化的背景和环境之间的重要联系。这一点非常重要。"

三　"文化遗产"与"文化资源"的关系

今天人们在深入思考和研究，积极保护和合理利用文化遗产对城市经济和社会发展的贡献和促进作用。现存的文化遗产是一部物化了的城市发展史，是城市灿烂文化的稀世物证和重要载体，是市民与遥远祖先联系、沟通的物质渠道，这些深层价值是难以用经济价值衡量的。文化遗产事业对国民经济和社会发展的贡献往往并不是简单投入和直接产出的关系，相对于一些传统的行业如工业、农业、商业，文化遗产事业的贡献难以直接统计，特别是与一些新兴产业相比巨大的综合效益更不容易使人们清楚地认识。

因此，需要填补长期以来缺乏文化遗产事业的综合贡献测算标准和体系的空白，使文化遗产事业在社会上确立应有的地位，让社会更加理解、支持文化遗产事业。正确认识文化遗产事业对国民经济和社会发展所作出的贡献，还将为各级政府及相关机构提供决策依据，从而达到文化遗产保护事业与社会经济的同步发展。尽管文化遗产的形态特征各有殊异，价值作用各有所别，但是均要按其不同的特征与属性，实施相应的保护措施，包括开展文化遗产的普查、登记、记录、整理、展示、研究、传承、利用等措施，实现继承和弘扬文化遗产的目的。

尽管文化遗产因其深刻丰富的文化内涵为世人所珍视，受到国家的保护，但在人们认识、理解和利用它们之前，并不能自行转变为可以为人类生存服务的文化资源。随着原有生产、生活方式的消失，一些文化遗产对于现代人来说甚至难以理解，它们的文化内涵在未被解释的状态下无法自行显示，也无法转化为文化资源。文化遗产机构和专家通过对文化遗产进行系统的收集整理、深入的研究，并采取生动通俗的方式向社会传播，正是这一系列努力，创造了文化遗产向文化资源转化的条件，文化遗产的文化内涵不仅得以保留，而且得以广泛传播。

值得注意的是，文化遗产保护包括物质的和精神的两方面内容。人们对文化遗产的轻视，往往是因为对于文化遗产的认识过于物质化。因此，关于文化遗产保护，长期以来存在两种不正确的看法，一种认为文化遗产必然是当代城市发展的弃物，保留只是暂时的，当城市发展需要时必然会让路于“现代化开发”，目前这种观念经常会被来自城市决策者的言论或者开发商的行为所证实；另一种认为文化遗产保护和城市发展是一对不可调和的矛盾，城市发展势必要牺牲文化遗产，城市决策者能够做到的只能是将这种牺牲降低到最低程度。应该说，这些认识既是缺乏正确城市发展理念，也是对文化遗产缺乏正确价值判断造成的。

如果只把文化遗产当作一种物质，我们就会随心所欲地处置它；如果也把它视为一种珍贵的精神，我们就会永远守卫着它，以它为伴，以它为荣，甚至把它作为生命的重要的一部分。同时，文化遗产不属于我们这一代人，我们无权定夺他们的命运，我们只是后人委托的文化遗产保管人。保护世界文化遗产也不仅是为了保存珍贵的历史遗存，用作展览、旅游、开展文化活动，更为重要的是留下人类文明发展进程中的精华，保护历史传统文化的载体，从中滋养出新时期的文化精神。

文化遗产资源是一个城市文化品位的重要表现，是一个城市文化个性的生动体现。对于一座城市来讲，保护文化遗产不仅仅是为了获得“文明程度的标志”，而是为城市的未来保存历史，为城市的发展保存资源。一座城市经济越发达，社会文明程度和现代化水平越高，保护文化遗产就越显重要。城市现代化的方方面面都不可能凭空而降，它的每一项因素都离不开文化，历史与现代是继承与发展的关系。一个文化本位的城市，是有价值的城市，同时，这个城市的经济发展也必然充满活力。因此，文化遗产应该作为城市发展的文化资本，作为创造文化城市的基础。

四 “合理利用”与“可持续利用”的关系

在文化与社会的公共性日益加强的今天，文化遗产不应该只是少数专业工作者呵护的对象，不应“锁在深闺人未识”，而应当融入文化和社会，在保护中利用，在利用中进一步诠释和丰富它的历史科学艺术和社会价值。在城市化加速进程中，文化遗产更无法藏身于世外桃源或自外于当代社会，保护也不意味着与民众和当代生活的隔绝与封闭。因此，保护文化遗产不排斥对其合理利用，而且合理利用是最好的保护。但是，保护永远是第一位的，只有在保护的基础上，才能谈到合理利用。

从世界历史性城市的发展趋势看，文化遗产保护与城市现代化发展并不矛盾，处理得好反而相辅相成、互相促进。如果仅仅把文化遗产当作是一件珍稀物品“保留下来”是不够的，更重要的是发掘文化遗产中的精髓，为人类现代生活服务。文化遗产只有通过适当地发挥作用，通过特定的方式被大众所关注与分享，才会使文化遗产事业具有更加强盛的生命力。在物质文化比较发达、精神需求日益增长的当代社会，经过适当规划和管理的文化遗产利用，无疑是对文化遗产积极保护的方式。

文化遗产应该在被观赏、被分享中被保护、诠释和延续。文化遗产合理利用具有广阔的前景，并将对人类社会的可持续发展做出更大贡献。人们已经越来越认识到文化遗产的多重价值的重要性和必要性。世界各国政府在制定相关文化政策时，不可回避地要考虑投资维护文化遗产可能带来的综合效益。人们普遍认为，利用文化遗产向全球社会提供各种文化消费服务，不仅提高人类社会的生活质量，更好地履行保护文化遗产事业使命，同时还提高社会就业率，提高广大民众收入。

文化遗产是一个城市的底蕴，文化底蕴是否深厚，不仅在于我们曾经拥有过多少灿烂文化，更在于我们今天还能拥有、感受到多少优秀遗产文化，特别是保护、传承、利用好已有的文化遗产。处理好保护与利用、学术研究与发展旅游的关系，就能得到可观的综合效益。现代旅游不仅是一般的看山、看水、看古建筑，而是要看历史、看文化、看特色。随着旅游从走马观花式的观赏旅游逐步过渡到体验、品味和参与型旅游，文化旅游正在成为旅游活动的主体，而文化旅游的主要内容就是寻觅文化遗产的踪迹。

据世界旅游组织预测，到2020年，我国将成为全球入境旅游第一大国。通过文化遗产旅游所实现的经济价值只是它的最表层价值，文化遗产的经济社会价值还应综合评价。文化遗产管理的重要目的之一，是向文化遗产所在地及旅游者宣传保护的重要性和必要性。使人人都能够方便地接触到文化遗产并理解文化发展的意义是十分重要的，由于有了这种接触与理解，人们就会意识到对文化遗产的尊重，对文化遗产所代表的文化的尊重，以及对文化遗产所在地和文化遗产拥有者的利益和平等权利的尊重，是人类共同的义务。

世界文化遗产保护绝对不仅只是为了以赚钱为目的的旅游或娱乐，而是对历史记忆的学习重温，是国民素质教育的重要内容。文化遗产涉及国家的文化身份认同，从社会学的意义上说，它们被视同为共有的信仰和情感，是维持社会秩序的文化角色和身份，是国家或城市的核心情感和象征。因此，我们有理由说世界文化遗产是一个民族及其文化的身份证。保护文化遗产所需要的行政管理水准，是国家现代化的训练过程，这些目的超过单纯的文化遗产本体保护的范围。

（此文发表于《北京文博文丛》2013 年第一辑，北京燕山出版社，第 1 页）

10年提交152件提案

今年两会，我再次以全国政协委员的身份参会。这是第11次了，该将10余年来履行职责的情况“盘点”一下了。

近日，《光明日报》一篇文章的“编者按”对10年文化遗产保护历程作了简短而生动的描述：“十年，对人的一生实在不短，而就五千年中华文明史而言，不过是一眨眼。如何用这眨眼的瞬间，保护与传承五千年的文明？中国用事实告诉世界：我们不辱使命。”

过去10年，是我国文化遗产事业面临考验的10年。城市的快速发展，使文化遗产保护处于最紧迫、最关键的历史阶段。在此形势下，文化遗产保护管理面临的形势日益严峻，深层次矛盾和困难显现。面对困难，全国文物工作者开展了一场文化遗产保卫战，使过去的10年成为文化遗产事业科学发展的10年，成果丰硕的10年，理念进步的10年。

作为一名政协委员，应具有崇高的责任感和使命感。10年时间，我共提交了152件提案。虽然平常我的社会观察领域和学术兴趣比较广泛，但是在政协提案中我却集中精力于文化遗产保护的中心工作以及面临的重大问题，我苛求自己要绝对“执着”和“专一”。

关于设立“文化遗产日”、开展全国文物普查、落实地震灾后文物抢救保护资金，关于加强少数民族文化遗产保护、加强水下文化遗产保护，关于南水北调工程中文物保护工程、海峡西岸文化遗产保护工程、大遗址保护工程，关于国家数字博物馆建设、中国民族博物馆建设、民办博物馆建设，关于大运河申报世界文化遗产、丝绸之路跨国申报世界文化遗产、北京传统中轴线申报世界文化遗产……当一件件提案经过有关部门的共同努力得以落实，我兴奋不已。

就我而言，撰写每一件提案都是难得的学习机会，也获得了一些体会：一、把提案撰写变成解决难题的动力，在提案形成过程中，就将解决问题的办法与相关方面协调沟通；二、把提案撰写当成深入调研的过程，使解决问题的思路在提案研究过程中得到社会各界的关注和理解；三、把提案撰写作为争取支持的机遇，使解决问题的基础在提案办理过程中得到有关部门的重视和支持；四、把提案撰写当作沟通社会的桥梁，使解决问题的决策在提案公开过程中得到公众支持。

同时，我认为应该将准备提案作为贯穿全年的持续性过程。每年政协会议结束之时，就是新的一年新的提案酝酿之日，这样就有充分的时间，结合工作中遇到的问题，进行调研、座谈、论证、思考和撰写，就能够保证每一件提案的质量。例如《关于加强西藏芒康盐业文化遗产保护的提案》，就经历了前往西藏芒康盐井盐田现场调查，听取当地藏族民众和基层文物工作者的意见，反复论证等过程。

撰写提案也维系着我与不少志同道合的政协委员之间的友谊。细细统计了一下，居然共有243位全国政协委员、5998人次为我撰写的152件提案给予联名，其中夏燕月委员、董良鞏委员和阿拉泰委员等都在100次以上。我每次都要把联名签字的格子签满才肯提交，有的委员问我为什么要这样，我说："人多力量大嘛！"

（此文发表于《光明日报》，2013年3月7日，第6版）

加强博物馆藏品保护的思考

博物馆从诞生之日起，安全就是最重要的议题之一。社会和自然环境的变化，使文物藏品遭受自然和人为损坏的威胁不断增加。同时，博物馆作为珍贵文物最密集的汇集地，也是文物犯罪经常发生的场所。文物藏品保管不善的状况，在世界各地引起博物馆界的广泛关注。其中，博物馆文物藏品的保护内容家底不清、保护资源渠道不畅、保护环境质量不佳、保护安全状况不利、保护管理水平不高等问题，长期困扰博物馆的可持续发展，成为迫切需要解决的关键问题。

博物馆文物藏品是国家宝贵的科学、文化财富，是博物馆发展的基础。不断增加文物藏品数量和提升文物藏品质量，是博物馆义不容辞的责任。然而，对于文物藏品的保护管理，又是一项艰苦复杂的长期工作，必须通过持之以恒、锲而不舍地坚守，才能做好这项工作。馆藏文物是博物馆其他功能发挥的物质基础，博物馆认定评估和博物馆运行评估都应对文物藏品的清理建档、社会征集、环境改善、安全措施、预防管理等提出具体要求。

博物馆对文物藏品的收藏保护功能，是以实物为载体传承文化的重要基础。文物藏品是博物馆开展业务活动的物质基础，是实现陈列展览、社会教育和科学研究的实物资料。博物馆藏品具有实物性、科学性和教育性三大特征。首先是博物馆藏品的实物性。自 1683 年英国贵族 E. 阿什莫林（E. Ashmolen）将其私人收藏捐献给牛津大学，建立了第一个具有近代博物馆特征的艺术和考古博物馆以来，让整个社会感受到通过博物馆藏品的实物性所带来的丰富信息，包括人类活动和自然变迁的种种信息。因此，实物性是博物馆藏品的主要特征，也是博物馆区别于其他教育机构的根本特点。其次是博物馆藏品的科学性和教育性，即通过对文物藏品的诠释和解读，来了解人类及其生存环境所提供的最直接、最可信、最具有说服力的证据，通过博物馆藏品服务于社会，满足社会公众的教育需求。[1]

欧洲早期博物馆的文物藏品收藏致力于世界性、全球性，例如卢浮宫艺术博物馆、大英博物馆、大都会艺术博物馆、俄国艾尔米塔什博物馆藏品，都以包容世界各国文化而闻名于世。大英博物馆办馆宗旨是从世界各地收集不同历史时期的文物藏品，从而对比反映人类在不同地区、不同环境、不同背景的信仰、宗教、政治及文化生活。19 世纪末，美国的企业家和金融家聚积了大量财富，他们开始大量、迅速收藏欧洲艺术品，这些收藏日后逐渐成为各博物馆藏品的来源。美国国家自然博物馆以“地球”为主题，收藏人类和自然环境资料，共拥有各类标本达 1.26 亿件，堪称世界第一。[2] 而大都会艺术博物馆以其包括“世界上每个地区、每个时代、有记载的每种文化、任何已知质地、任何艺术类别”的博物馆藏品而自豪。

我国地域辽阔、人口众多，不同地区、不同民族都拥有独具特色的地域文化，因此，可

---

[1] 曹兵武：《关于博物馆的核心价值》，《中国文物报》，2007 年 12 月 28 日，第 6 版。
[2] 续颜：《21 世纪博物馆藏品与社会责任》，《携手 2010：宁波国际博物馆高峰论坛》，第 49 页。

供博物馆收藏的文物也必然千姿百态、丰富多彩。早在1905年，张謇先生创办我国第一座近代博物馆南通博物苑时，就主张藏品收集的范围“纵之千载，远之外国”。为丰富文物藏品，张謇先生率先将家藏文物捐赠南通博物苑，开创了个人向国家捐赠文物的先河。他为南通博物苑制订文物征集方针，亲自撰写《通州博物馆敬征通属先辈诗文集书画及所藏金石古器启》征集启事，利用一切机会丰富博物苑藏品。1910年清廷在南京开南洋劝业会，张謇任审查长，闭幕后他征集或购买了大宗展品，例如动物、矿物标本及艺术品，使南通博物苑的藏品有了显著增加。其中较为珍贵的有他以300多两白银与日本人争购的露香园《昼锦堂记》字绣长屏十二幅。[1]

早在南通博物苑创建之初，张謇先生就考虑通过建立藏品档案加强文物藏品保护。1914年张謇先生为《南通博物苑品目》所作的序言中写道：仰闻公法战所在地，图书馆、博物苑之属，不得侵损，损者得索偿于其敌。世变未有届也。缕缕此心，贯于一草一树之微；而悠悠者世，不能无虑于数十百年之后。对于南通博物苑，张謇先生不仅考虑了当前，而且想到将来。因此，他将南通博物苑文物的总账印刷出版，公布于众，使全社会都知道南通博物苑所藏的文物。南通博物苑共有展品2973号，所有文物均对外展出。事实证明，张謇先生的担心不无道理，1938年春日本侵略者占领南通，南通博物苑成为日军兵营。除了少数馆藏文物被转移外，大部分文物藏品被日本侵略者毁坏。战争毁坏博物馆和馆藏文物之事，不幸被张謇先生言中。忆及此事，不能不佩服张謇先生的深谋远虑，也为他呕心沥血保护文物藏品的努力而深深感动。

新中国成立前夕，著名学者郑振铎先生大声疾呼：“我们应该以全力来对付这种文化上的卖国人物！堵住了大门，阻止他们无穷无尽的倒卖、偷运的行为。”他曾悲愤地写道：“我们读着史坦因、莱柯克诸人的考古报告书，仿佛目睹他们的掠夺，在发掘，在私自廉价收买，在剥切壁画而装入箱中，满意地运载而去，如入无人之境，不禁愤愤于当时边疆和政府官吏们的昏庸无知！”郑振铎先生指出：“殷墟、周城、汉冢、唐墓，久已在私自发掘着。所发掘出来的东西，有许许多多我们是见不到的。这四五十年来，陆陆续续被私卖出去的古物、古文献，简直数也数不清。”当他听到“预料将来研究中国史学与哲学者，将不往北平而至华盛顿以求深造”的话，认为“这是民族之奇耻大辱！”于是他急切地呼吁：“我们必须及时的挽救民族文化的厄运，堵住了大门，不能听其流散出去。”为此，郑振铎先生身体力行，奔走呼号，做了许多有益的工作。[2]

1949年新中国诞生，郑振铎先生担任新中国第一任文物局局长，积极推动阻止珍贵文物流失国外，在半年左右时间里，中央人民政府即于1950年5月24日，连续颁布两项命令，公布实行《禁止珍贵文物图书出口暂行办法》和《古文化遗址及古墓葬之调查发掘暂行办法》，开创了依法保护祖国珍贵文物的新纪元。1956年4月召开的全国博物馆工作会议，提出博物馆的基本性质是科学研究机关、文化教育机关、物质文化和精神文化遗存以及自然标本的

[1] 凌振荣：《张謇博物馆思想的特点》，《博物馆研究》2010年第3期，第3页。
[2] 马自树：《保护是永恒的主题》，《文博余话》，紫禁城出版社，2011年6月，第169页。

收藏所。而1979年5月，各省、直辖市、自治区博物馆工作座谈会通过的《省、市、自治区博物馆工作条例》中明确规定博物馆是文物和标本的主要收藏机构、宣传教育机构和科学研究机构。该条例将科研、教育、文物标本收藏的旧顺序，改为文物标本收藏、教育、科研的新顺序，将文物收藏放在第一位，更加突出了文物收藏的地位。

1978年10月，联合国教科文组织第20届会议通过《关于保护可移动文化财产的建议》，其中将"可移动文化财产"定义为人类创造或自然进化的表现和明证，并具有考古、历史、艺术、科学或技术价值和意义的一切可移动物品。同时指明这些可移动文化财产，包括属于国家或公共机构的或者属于私人机构或个人的物品。同时，博物馆藏品既是展览的基础、研究的基础，更是一座博物馆不断向前发展，并立于社会的基础，而现代社会赋予博物馆更宽泛的收藏功能，这种功能带有永久性和公益性的特征。今天人们普遍认为，无论是人类生存的物证，还是生存环境的物证，都应该是博物馆收藏、保管、保护和研究的对象，是博物馆陈列展览的内容，是博物馆进行社会教育与文化传播的载体。因此，如何科学地保管好博物馆藏品，无疑是博物馆管理与发展的重要内容。

文物藏品清理是博物馆的基础工作，故宫博物院的清宫遗物数量巨大、种类繁多、储存分散，彻底摸清文物藏品家底是历代"故宫人"的不懈追求。早在1934年，故宫博物院马衡院长在呈行政院及本院理事会的报告中就曾明确地指出，文物藏品整理"非有根本改进之决心，难树永久不拔之基础"[1]。事实上，只要工作秩序正常，故宫博物院的文物清理就一直没有停止过。历史上，故宫博物院曾在1924年至1930年、1954年至1960年、1978年至上世纪80年代末，以及1991年之后，分别进行过4次文物清理工作。第1次文物清理后，编纂的6编28册《故宫物品点查报告》中，总共登记了117万余件物品。建国以后，开展的文物藏品清理工作任务艰巨，包括从其他博物馆和文物部门调来了不少文物藏品，也接受了大量个人的捐赠，还收集了许多流散在外的故宫旧藏。

1990年和1997年，故宫博物院先后建成了一、二期地下库房，原存放于地上库房的约80万件文物藏品陆续搬到了地下库房，保管在地面库房的文物藏品也进行了妥善调整。从2004年至2010年，故宫博物院又开展了第5次文物藏品清理，也是更为全面的一次文物清理工作。经过全面系统的普查整理，故宫博物院的馆藏文物数量从近100万件增加到了1807558件（套），真正做到实物和目录一一对应。其中珍贵文物1684490件、一般文物115491件、标本7577件。这是故宫博物院自建院以来，在文物藏品数量上第一个全面而科学的数字。经过几代故宫人的努力，故宫博物院文物藏品基本上做到了管理制度健全，账物相符，鉴定准确，档案完善，备案及时，保管妥善，查用方便。

国际博物馆协会在2007年维也纳大会上提出："博物馆正面临威胁和放松对藏品的关注，然而藏品依然是与博物馆相关的知识、职能和价值的核心。"因此，深入发掘博物馆藏品的文化内涵和精神价值，从根本上提高博物馆社会认知度和竞争力，最大限度地服务于社会民

[1] 郭桂香、冯朝晖：《这是我们这代人的责任》，《中国文物报》，2011年2月25日，第5版。

众，成为博物馆事业发展的永恒主题。任何一座博物馆，不但在它建立之初需要积累一定数量的文物藏品，而且在持续发展的过程中，需要不断地补充和丰富藏品。博物馆的文物藏品来源一般主要有以下几个方面：旧藏的文物，文物部门无偿调拨的文物，田野考古发掘的文物，从海关、公安、司法等执法机构调拨查没的文物，通过馆际交流采用交换展览或有偿借展形式获得的文物，无偿接受社会各界团体及个人捐献的文物，文物合法拥有者在博物馆付给一定奖励经费后捐赠给博物馆的文物，与文物合法拥有者进行协商而采取购买方式取得的文物，有偿征集的文物，流失海外或民间而回归的文物等。

博物馆藏品是国家宝贵的文化财产，博物馆各项活动的正常开展都离不开文物藏品。只有不断补充和丰富文物藏品，才能保证博物馆事业的发展和社会效益的发挥。长期以来，人们逐渐达成共识，即博物馆应根据本馆的性质和任务搜集藏品，藏品必须具有历史的或艺术的或科学的价值。《中国大百科全书·文物、博物馆》一书中提出："藏品搜集的一个基本原则就是各类型的博物馆都必须根据自身的性质、特点和具体任务，有目的地制定本馆的收藏范围、搜集方针，并公布于众，以便不断地选出能充实馆藏空白的有收藏和陈列价值的文物、标本资料，使其得到妥善保护，并有利于提高陈列和科学研究水平。但各博物馆在搜集藏品时，必须注意遵守国家的规定，不得搜集违禁文物和破坏自然环境的有关标本，还必须注意不得搜集博物馆没有能力保护或无法陈列的文物。"

不断增加博物馆藏品是博物馆事业永恒的任务，为了博物馆的展览、研究和发展而增加文物藏品，为了昨天、今天、明天而收藏历史，这些理念十分重要。博物馆征集文物藏品的理念要不断更新、与时俱进。在我国，近现代文物是指1840年以来的社会历史遗存，最多不过一百多年，涵盖了经济、政治、军事、文化及社会生活的各个方面，相对于古代文物而言，近现代文物的保存量十分丰富。据有关资料显示，目前我国有400多所博物馆、纪念馆收藏展示1840年以来的近现代文物，共征集保管近现代文物50多万件。[1] 国家文物部门制定的《近现代文物征集参考范围》和《近现代一级文物定级标准》强化了近代文物的标准界定，使人们认识到现当代文物也是人类在社会活动中所产生的"遗迹和遗物"，是新中国成立至今反映我国社会变迁、时代进步的实物资料。

近年来，国家文物部门和文物收藏机构不断为增加博物馆文物藏品作出努力。2003年11月，国家文物局发布《关于将"文留"文物全部移交国有博物馆的函》。为了博物馆免费开放后有更多文物藏品和陈列展览呈献给观众，武汉市将武汉市博物馆与武汉市文物商店合二为一，武汉市文物商店的众多保留文物成为武汉博物馆的馆藏文物，成为武汉市博物馆有史以来的最大一宗"文物征集"活动。[2] 同时，馆际之间交流与合作是促进文物藏品收集的一个有效途径，既可以促进各博物馆资源优化配置，又可以充分发挥文物的社会价值和作用。但是由于目前相关政策的不完备，通过馆际之间交流征集的文物数量有限，文物行政部门对此应加以研究，不断加强博物馆相互之间的协作、藏品资源的共享，建立博物馆之间互

[1] 陈卓：《博物馆如何收藏和展示"今天"》，《中国文物报》，2009年8月5日，第3版。
[2] 刘庆平、宋亦箫：《武汉博物馆免费开放后的实践与思考》，《中国文物报》，2010年1月13日，第7版。

补、协作的良性互动。

事实上，不收藏或终止收藏与本馆定位不相匹配的文物藏品，既节约了管理成本，又能将之充实到其他更适合的博物馆，这不仅能够充分地利用文物藏品，有效地发挥文物藏品应有的作用，更重要的是有利于在一定范围内形成富有特色的、系统的、完整的博物馆收藏体系，也使得博物馆的收藏具有更高的学术价值。因此，应鼓励博物馆之间进行正常的馆际文物交流，探索在政策法规允许的前提下，经过文物行政部门批准，本着双方自愿和互利的原则，采取多种方式，交换或调剂一方博物馆藏品中内容重复较多，或与本馆任务性质、主题特色不相适应，而又为另一方博物馆所需要的文物藏品，很好地解决博物馆藏品中的某些缺环，使文物藏品有更多陈列展示和合理利用的机会，更好地发挥文物藏品的作用。

《国际博物馆协会职业道德准则》强调："鉴于为未来完整地保存那些组成博物馆藏品的有意义的物品是博物馆之首要责任，因此通过研究、教育工作、长期陈列、临时展览以及其他专业活动并利用藏品开拓与传播新知识是博物馆的职责。这些活动应根据博物馆既定方针及教育宗旨予以执行，既不应有损于藏品质量，也不应有损于藏品的保管。"过去一些考古研究机构作为博物馆中的重要部门而存在，在正常情况下，经过考古发掘的文物在修复整理后，可以直接入藏博物馆，由于这一文物收藏重要渠道的畅通，有效保障了馆藏文物数量增加和质量提高。今后，应建立发掘文物定期向博物馆移交的长效机制，促进考古发掘—文物收藏—科学研究—文物展示—服务社会的良性循环。提倡博物馆与考古研究单位合并，例如湖北省文物考古研究所与博物馆重新合并就是这方面的成功范例。

博物馆应确立以保存社会记忆为核心的收藏政策，将系统收集反映人们生存状态与社会变迁的文物作为自己的职责，加强对主题性和系列性藏品的征集，提高文物藏品的有机性和整体性。"收集今天就是对明天的历史负责。"从某种意义上讲，博物馆应注重收集现当代文物，因为现当代文物真实地记录了当今时代的巨大变化，具有重要的文物价值和收藏意义。现当代文物存在于社会生活之中，范围广泛。博物馆应尽可能地利用有限的资源，把现当代文物的收藏面放宽，让文物在博物馆中沉淀。如今，博物馆藏品的质地种类繁多，体积参差，大到航天飞机，小到微型雕刻，只要具有历史、科学、艺术、教育价值的都可能成为博物馆藏品。事实上，没有任何一个机构能像博物馆这样保存自然与人类历史的足迹，从过去到现在到未来永续不断。正因为如此，国际博物馆协会的博物馆定义中写明"永久性机构"，作为博物馆属性。[1]

日本博物馆的文物藏品中有相当数量的"寄托品"。所谓"寄托品"即团体或个人委托博物馆代为保管的"博物馆级"文物或艺术品。保管期限从 1 年到 10 年不等。在此期间，博物馆有用现代化手段妥善保管、维修的义务，同时也有作为展品使用的权利。因此，"寄托品"在日本国立和公立博物馆的展品中占有相当数量，甚至支撑着一些博物馆的"半壁江山"。例如京都国立博物馆 2008 年度统计，"寄托品"竟是该博物馆自有文物藏品的近一

[1] 苏东海：《博物馆的沉思：苏东海论文选（卷二）》，文物出版社，2006 年 7 月。

倍。[1]2008 年 10 月，日本国立科学博物馆向卡西欧电子计算器、带喷嘴的饮料自动销售机等 23 件产品颁发了日本未来技术遗产证书。珍贵的科技资料可以反映科学技术发展给社会、经济、文化等带来的显著影响，国立科学博物馆推出未来技术遗产证书颁发活动，是希望科学技术领域的经验能够更好地得到传承。[2]

但是，长期以来现当代文物征集在我国博物馆界未能引起高度重视。在科学技术日新月异、生产工具和生活用品不断更新换代的今天，大量具有重要文化价值和纪念意义的现当代文物，往往还来不及被界定为文物就很快消失。主要原因是，现当代文物产生时间不久，没有经过历史沉淀，有些仍在使用过程之中，因此其潜在的价值很容易被忽视。因此，博物馆应调整文物征集策略，增强征集现当代文物的意识，准确把握现当代文物的外延，将这些珍贵的实物资料收藏保管，避免在今后的博物馆研究和陈列展览中缺失这些重要内容。为了更好地保管和利用文物藏品，对于现当代文物藏品可以分为正式文物藏品和暂存文物藏品，分别进行管理。并定期对暂存现当代文物藏品进行整理研究，不断发现和认识文物藏品的价值，及时进行编目，办理正式入藏手续，转为正式文物藏品。

文物藏品的内容决定博物馆的性质，而博物馆藏品的质量和数量直接影响博物馆的社会效益发挥。随着城市建设进程的加快，“旧城改造”和“危旧房改造”使许多文物遭到破坏，甚至消失。为了及时保护、抢救城市建设中亟待抢救的文物，需要博物馆积极地通过各种途径进行文物征集。博物馆人员应主动地深入社区进行文物调查和征集工作，征集那些散落民间濒临流失或损毁的文物资料。这就要求征集人员既要有文物研究和鉴定的能力，又要有高度的使命感、责任感，确保文物征集的质量。博物馆还应通过广泛的文物保护宣传，向社会公众普及文物保护知识，宣传博物馆文物征集意义，说明博物馆文物征集内容，依靠社会各界提供线索。如此，有利于拓宽文物藏品信息渠道，使博物馆文物征集工作顺利开展。

近年来，在博物馆工作中出现了是应该“以物为中心”还是应该“以人为中心”的讨论。对此苏东海先生指出：“博物馆的研究是从对物的研究开始的。离开了物，博物馆就变成了无根的浮萍，不知漂向何处。”“博物馆对人的关注与对物的关注并不是相互排斥的。如果‘专注’于人又忽视了物，则是一种新的偏颇了。”[3] 段勇先生也认为：“值得关注的是，在一些博物馆的实际工作中，已经出现了片面理解‘以人为本’，不适当地利用藏品、忽视藏品保护、导致藏品受损的不良现象。”“总之，在博物馆工作中，应该坚持统筹、协调、可持续的科学发展观，把握好‘以人为本’与‘以物为本’的平衡。在藏品保护领域应秉持‘以物为本’的理念，同时兼顾合理的利用需求。在为观众服务领域应弘扬‘以人为本’的思想，但要以必要的保护为前提，二者不可偏废。”[4]

博物馆通过对文物藏品的保管、研究，通过系统化、主题性的陈列展示，对广大民众进

[1] 黄汉青：《日本博物馆的兴旺》，《北京日报》，2009 年 5 月 15 日，第 14 版。
[2] 《日本选出首批未来技术遗产》，《中国文化报》，2008 年 10 月 22 日，第 5 版。
[3] 苏东海：《博物馆的沉思：苏东海论文选（卷二）》，文物出版社，2006 年 7 月。
[4] 段勇：《关于我国博物馆若干概念的思考》，《中国博物馆》2010 年第 1 期，第 14 页。

行知识、技能和人文精神的教育。文物藏品是博物馆全部活动的物质基础，如果没有文物藏品，博物馆的馆舍再华丽高大，也不能成为真正的博物馆。苏东海先生认为："事物处于不断消失的过程之中，这是事物新陈代谢不可更易的自然规律。只有博物馆可以留住在消失洪流中的一部分文物，使之永远存在下去。博物馆是幸存下来的文物的最后归宿。""文物经历了大浪淘沙式的社会选择，经历了漫长的聚散历程，最终到达了博物馆。文物在博物馆里不仅得以存在下去，而且得以发挥其使用价值，使它活得有声有色。可以说博物馆不仅是文物存在的最后归宿，也是最好的归宿。"陈燮君先生指出："博物馆的藏品穿透了漫长的历史，抖落了历史的尘埃，演绎着沧桑巨变，表达着岁月坦诚。"[1]

文物藏品一般具有唯一性和不可再生性等特征，因此改善好社会公众委托管理的文物藏品保护环境，提升文物藏品安全管理水平，是博物馆的首要任务。文物藏品不仅是博物馆开展一切为社会和社会发展服务的物质基础，而且是长久保护、研究和管理的对象，对于人们认识人类社会和自然的客观规律，并促进当今社会的发展，具有重要的意义。文物藏品保护环境之所以至关重要，由博物馆是集中保护文物藏品场所的特性所决定。改善文物藏品保护环境历来是博物馆工作的重中之重，也是博物馆各项工作永恒的主题和根本。馆藏文物的保护和管理是一项系统工作，涉及不同职能和多种领域、学科的部门。现代博物馆的概念在不断地扩大，各种类型博物馆的文物藏品包罗万象，准确理解和处理好博物馆藏品与博物馆功能的关系，有助于完善博物馆藏品保护、管理和利用，扩大博物馆的社会效应。

（此文发表于《文物春秋》2013 年第 2 期，第 24 页）

[1] 陈燮君：《浙东文化》2008 年创刊号，第 11 页。

文物藏品安全是博物馆第一要职

1978 年的《关于保护可移动文化财产的建议》指出："保护及风险预防比发生损坏或丢失时的赔偿更为重要，因为根本的目的为保护文化遗产而不是用一笔钱款来取代不可替代的物品。"各成员国应采取一切必要措施以确保对博物馆和其他类似机构中的文化财产的适当保护。"敦促博物馆及类似机构通过包括切实可行安全措施和技术设施的综合系统加强风险预防，并确保所有文化财产的保存、展览、运输以保护其免受可能致使其损坏或毁坏的所有因素，特别是包括热度、亮度、湿度、污染、各种化学和生物药剂、振荡和震动影响的方式进行。"这里强调的风险指因不可抗拒力或其他因素导致可能发生的各种意外事故。

博物馆的风险管理和应急机制，就是博物馆有计划地对风险进行识别、预测、分析、衡量，以准确地把握博物馆运营中的各种不确定性，并选择科学、经济、合理的方法来避免、抑制或减少意外事故的发生及其造成损失的管理运行机制。作为博物馆风险识别，其步骤分别为确认风险、确认如何处理风险，以及开始行动为博物馆风险规避与灾害预防，其主要方法是建立预防体制、根据博物馆风险评估结果进行预防准备、培训演练以及建立必要的应急保障机制。其关键步骤包括有先期处置、快速评估、应急指挥与救援以及善后处理。针对博物馆出现的各种风险，必须用风险管理的理念予以应对，为此，必须建立健全博物馆风险管理和应急机制。

文物藏品的安全是博物馆的第一要职。文物藏品保护，主要强调保持文物藏品处于理想的状态，减少损失和伤害。一般来说，博物馆风险管理的方法可以通过事前风险规避、风险保险和发生之后的应急管理来进行。首先有效的风险规避可以完全避免某一种特定风险可能造成的损失，而其他的方法仅在于通过减少损失概率与损失程度来降低各种风险的潜在影响。所以，风险规避是对付风险最彻底的方法。在我国，随着博物馆文物展览交流项目的增多，文物在运输和临时展览期间，各种不确定因素的影响而受损的风险大大增加。在强化博物馆服务功能和文物藏品利用的同时，不能弱化文物藏品保护意识，而应加大文物藏品保护投入、改善展示条件，对一些特别珍贵或脆弱的文物藏品，应限定其展示的次数和时间。

随着文物价值越来越受到社会的认可，以及免费开放的政策的实施，博物馆所面临的风险也随之加大。博物馆应提高风险意识，加强风险管理，尽量避免或降低各种风险给博物馆造成的损失。为此，博物馆应遵循预防为主的方针，通过加大投入和加强管理来消除风险隐患；应合理采用保险等方式对潜在风险进行分解转移，对于博物馆可能面临的突发事件，博物馆应制定科学合理的应急预案，以利于突发事件的快速妥善处理；博物馆应建立和完善风险责任制，做到责任到岗到人，建立起对风险的全员防控机制，有效应对博物馆可能面临的各种风险。在博物馆免费开放之后，还要制定人流控制、开放过程中突然停电、发生火灾及文物盗窃等突发事件应急预案，保障免费开放后博物馆文物、公共设施和观众的安全。

在博物馆中，无论是文物藏品储藏的库房条件、温湿状况、照明设计、展柜展具的安全性能，还是对文物藏品的日常维护等，都对文物藏品安全至关重要。事实上，传统的博物馆管理中注重防止文物损毁的管理理念和模式，随着形势的变化，也逐渐难以应对复杂的自然和人为风险。博物馆还面临来自其他方面的风险，例如火灾、爆炸，参观者不良行为的影响，以及恐怖分子的故意破坏等突发事件的风险。四川汶川地震发生后，笔者在甘肃礼县博物馆，看到在震灾中共有 13 件文物受损，其中一级文物 3 件，二级文物 1 件，未定级文物 9 件。这些文物藏品受损的原因，主要是保管条件不善，文物杂乱堆放在一起，没有正式的囊匣保管。同时，随着文物藏品价值越来越受到社会的认可，博物馆观众的数量明显增加，博物馆藏品所面临的风险也随之加大，危机事件开始增多。

调查显示，由于历史原因和保管条件恶劣，英国部分馆藏文物存在不同程度的损毁。据收藏英国作家查尔斯·狄更斯数部原著手稿的英国维多利亚与艾尔伯特博物馆介绍，由于手稿酸性纸质腐烂情况日趋严重，狄更斯的 3 部作品现在急需资金进行抢修工作。近日，为此特别发起了一项筹款活动。在其官方网站上张贴的“捐款动员令”中，人们只要点击“立刻捐助”的图标，就能在线上为修复狄更斯手稿出一份力。“动员令”号召英国民众：“25 英镑能换来 5 大张特制碱性衬托纸，150 英镑能聘请一位修复专家拆解 20 页手稿，500 英镑就可以购买一个恒温保护盒装置。您的捐助不管多少，都将帮助保存这些旷世名作流传后世，让我们的子孙继续领略到它们的魅力！”[1]

长期以来，国家对省级以上博物馆安全防范的重视和支持力度较大，有效防止了文物安全案件的发生，但是省级以下博物馆的文物安全防范能力令人担忧。部分地市级重点博物馆安防设备老化，存在文物安全的隐患。县级博物馆更是缺乏必要的安防、消防设施，甚至普遍缺少视频监控系统，对馆藏文物的保护停留在死看硬守，文物安全事故频繁发生。同时，由于文物藏品保管设施不完善，文物库房没有合格的柜架和囊匣，造成的文物损坏现象屡见不鲜。例如笔者曾在一个县级文物保管单位看到，出土文物存放在一个 14 平方米的地下库房里，靠墙一排保险柜，里面竟保存有 9 件国家一级文物，几十件二级文物，但是整个库房就像是一个菜窖。保管人员告诉笔者，每天库房出入口盖上板，保管人员睡在上面，并宣誓“人在文物在”。

同时，随着博物馆参与国内和国际交流活动日渐增多和频繁，文物藏品被移动、搬运和运输的次数也明显增多，其中任何一个环节都会对文物的安全造成隐患。特别是在国际交流展览中，除了远距离运输自身的风险外，意识形态、政治动乱、文化差异等因素，都会对文物展品构成巨大的威胁，造成文物藏品损毁。当前，数量巨大的国内外馆际交流展览，普遍缺乏保险措施。由于国内在文物保险领域尚未发展成熟，保险公司缺乏文物保险的相关专业知识和经验，无法为文物安全提供有力保障，同时高昂的保险费用也使诸多资金匮乏的博物馆无力承担，有限的经费只能勉强应对筹备、设计、制作展览，根本不可能为文物展品支付

[1] 李鹤琳：《英博物馆动员民众抢救狄更斯手稿》，《中国文化报》，2010 年 11 月 16 日，第 4 版。

高额的保险费，大大增加了文物在运输和展览过程中的风险。

目前，一些博物馆内部管理制度不健全，缺乏一套对文物保护和管理的科学管理制度，藏品登记分类混乱、入库排架无序、编目统计不清、建档内容缺失等现象严重，既没有统一管理标准，也缺乏标准管理规范，势必造成不同环节各行其是，不同部门各自为政，不同层级无法沟通，不可避免地产生互不统一，互不衔接、互不配套的混乱现象，在客观上出现安全风险。一方面，大多数博物馆的文物藏品日常养护经费严重不足，保护修复技术经费占博物馆业务经费的比例不足5%，相对于急需抢救的馆藏文物来说是杯水车薪，一些市县级博物馆甚至没有用于文物藏品日常养护的预算；另一方面，馆藏文物保护修复科技人员数量严重不足、队伍综合素质不高、年龄结构配备不齐、专业结构严重失衡、文化程度普遍偏低、整体科研能力不强。

在博物馆的文物藏品保护管理中，预防性保护理念的缺乏，导致定期检查和跟踪监测等预防性保护措施不健全，日常养护管理严重缺位，造成“重馆舍建设，轻库房改善；重文物征集，轻保管养护；重被动修复，轻预防保护”的不利局面，大多数博物馆的库房面积不足或设施陈旧，无法调控保存环境指标，保护性能低下，不适宜保管保存文物藏品，包括藏品或展品保管条件欠缺，藏品接收、登记、移交、借用、出库手续不完备，日常清洁、维护、搬运中的过失，藏品保存、展品保护设施质量不合格等日常管理中的风险。一些博物馆虽然拥有先进设施，但是对掌握安全设施的部门和人员疏于管理，值班人员责任心不强，为文物藏品安全留下隐患，甚至造成文物被盗、文物损毁等事故。虽然一些博物馆在安全保卫方面，形成人防、技防、物防和犬防四道防线，但是安全措施不落实，应急处理能力不足，仍然在安全保卫方面出现漏洞。

自1930年在意大利罗马召开的关于艺术品保护国际研讨会上，首次提出博物馆藏品的“预防性保护”概念以来，已经在国际范围内，达成了预防性地从源头上保护珍贵文物的共识，即通过对博物馆环境的有效监测与控制干预，在不危及文物藏品真实性的前提下，对可能会出现的种种损坏文物藏品的情况进行科学的预测、研究、分析，通过研究的数据，制定科学的解决方法和采取必要的措施，最大限度地防止或减缓环境因素对文物藏品的破坏作用，达到长久保存珍贵馆藏文物的目的。到了20世纪90年代，预防性保护的理念日趋成熟，逐渐为许多国家的博物馆所采用。博物馆藏品的预防性保护是指为文物藏品提供一个稳定、安全、洁净的保存环境。由此可见，预防性保护的目的以尊重文物藏品的真实性为前提，其着眼点是主动性、全面性与综合性。

开展预防性保护工作要研究文物藏品可能面临的各种风险，变被动保护为主动保护，构建和落实馆藏文物保存环境控制和日常养护的长效机制。包括通过实施保存环境控制关键技术攻关，有效治理文物藏品保存环境；增加文物库房面积，分类保管文物藏品；加强辅助保护管理设施研发，增换文物藏品保管囊匣、柜架、微环境控制等设施，以利于安全保存易碎易损文物。博物馆除了选址安全外，所选择的建筑结构、所使用的建筑材料、所制定的装修标准、所配置的设备设施，对于博物馆的安全均具有重要影响。例如文物库房，要求建筑坚固、防震、防潮、防火、防盗、易于搬运文物、易于日常工作。要满足以上条件，需要建筑设计师熟悉博物馆工作规律和安全知识。无论是文物藏品的出入库空间、货运电梯的位置及通道，还是文物库房与保护修复中心、拍摄工作室、展览厅之间的搬运通道等，设计内容均须科学合理，都将直接影响博物馆日后安全运营的基础环节。

美国大都会艺术博物馆的文物总账登记区，被设计成一个有机整体，从文物进入博物馆的通道，就可以实现工作流程的每一个环节，大型的集装箱式汽车可以直接开进这个区域，并在此进行文物箱体的装卸和文物点交登记工作。同时，这个区域与各主要部门的库房区，可以通过电梯直接送达文物，前往文物保护中心和拍摄工作区的通道十分便捷，工作人员无需上下台阶即可以方便地搬运任何文物，文物始终处于安全运送的状态中。各部门的文物藏品库房与陈列展区之间，有直接的电梯可以安全运送文物展品，并方便运送辅助展品和各类布展工具。这套体系也已经被世界各地许多博物馆所采纳。人们认识到，博物馆建筑设计的安全极具专业性，绝非建筑设计师可以自由发挥的作品，涉及文物藏品的妥善保护，因此具有深远而重大的历史责任。[1]

博物馆的核心是文物藏品，博物馆的使命就是使文物藏品得到永续保护，并在社会生活中发挥出应有价值。卢浮宫艺术博物馆目前馆藏42.2万件艺术品，其中3.5万件艺术品常年展出。2010年卢浮宫博物馆全年参观总人数达850万，连续5年保持了800万以上的参观人次。如何保障文物藏品安全是卢浮宫艺术博物馆面临的首要挑战，也是所有博物馆面临的共同问题。卢浮宫艺术博物馆现有的2000多名员工中，半数是安全保卫人员，他们负责“接待、巡查和库房清点”。每名安全保卫人员负责约300到800平方米的区域，这要求他们每时每刻保持警惕。卢浮宫艺术博物馆现有展览面积6万平方米，接待空间2万平方米，必须保证250人同时在场执行安全保卫任务。同时，卢浮宫艺术博物馆一周开放6天，每周还有两个夜场，闭馆期间也会安排一些临时参观活动，因此必须配备1000名安全保卫人员，才能保证正常轮换。

为保障馆际交流展览中参展文物的安全，1978年的《关于保护可移动文化财产的建议》指出，“可移动文化财产在运输和临时展览中由于环境变化、操作不当、包装不正确或其他不利条件而产生的风险有相当增加，对损坏或丢失予以适当保险是重要的；建议各成员国考虑通过立法、规章或其他形式设立一种像一些国家已经存在的政府担保制度，或一种由国家或任何团体以支付可减让保险免赔额或超额损失而部分承担风险的制度”，呼吁各国政府应该在文物异地展览安全保险方面扮演重要角色。此后一些国家已经设立了此类政府保险基金，为文物馆际交流提供政府担保。为有效防范文物展品安全风险，降低风险系数，切实保障宝贵的文化财产安全，参照一些国家的有益经验，国家文物局颁布了《文物出境展览管理规定》，主张设立由政府主导的文物异地展览保险基金。文物异地展览保险基金的设立，有利于提高我国文物安全管理水平，为文物展览交流提供专业可靠的安全保证。

[1] 黄雪寅：《关于博物馆安全问题的思考》，《中国文物报》，2011年8月24日，第7版。

《国际博物馆协会职业道德准则》强调："博物馆必须要有足够的建筑，包括工作人员之设施，以完成其既定方针内的收藏、研究、存放、保护、教育及陈列等基本职能，并应遵守一切相应的有关公共安全及工作人员安全的国家法律。无论昼夜，终年都应提供适当的保护标准，防止偷盗、火灾、洪水、破坏及蜕化等各类危险。"在国际博物馆协会大会上，专家认为博物馆安全技术防范经历了从狭义预防向广义预防，现在正在向损失预防迈进。光照、温度、湿度、空气污染、微生物、动植物等，都可能对博物馆的文物藏品造成损坏。《博物馆藏品管理办法》中明确规定，文物藏品应有固定的专用库房，应有专人管理，库房建筑及保管设备要求安全、坚固、适用、经济。

文物藏品管理区域，往往包括藏品库房、藏品登记室、藏品研究室、藏品修复室、藏品观赏室等区域。特别是一些新的文物库房要严格按照防震、防雷、防虫、防潮、防光、防尘、防火、防盗等要求进行设计，增加保护设施，购置恒温、恒湿设备，尽可能创造一个适宜和稳定、恒定的保存环境。同时，文物存放设备、运输包装设备、清理修复设备、鉴定化验设备、拍照复制设备等，涉及文物藏品安全的各类必要设施设备，都要添置和加强，使文物藏品始终处于安全的环境中，购置移动密集藏品柜及囊匣，增强文物安全系数，以质地等级分库、分柜保管。对一些经济价值较大的文物必须用保险柜存放。加强库内文物藏品的安全保护，必须认真记录库务日志，减少文物藏品自然损坏。同时，文物藏品保管人员要绝对实行安全操作，杜绝文物藏品的人为损伤。

按照国家安全行业标准规范，区域性文物中心库房属于一级风险防护单位。因此，应严格按照规范要求，建立视频安防监控系统、门禁系统、入侵报警系统、电子巡查系统和集成式安全防范系统等安全管理系统，以及智能报警灭火系统等消防安全管理系统。文物装具应具有高抗震功能，在文物中心库房硬件建设时，应依据文物藏品的质地、体量，量身定做内外结构能够承受相当压力的囊匣，发挥囊匣等在保护馆藏文物方面的重要作用。同时，采用封闭式、轨道式金属质密集柜，在地震等灾害中可以有效防止柜体倒塌，起到防止文物损毁的作用。例如绵阳博物馆文物中心库房内共有249组密集柜，分5－6组构成一列，10－14列构成一阵，共组成4个阵列，分别安置在三条滑动轨道上。汶川地震发生时，密集柜阵列形成了一个可以滑动的整体，以滑动和位移来抵消地震的水平震动加速度，起到防震的作用。[1]

在我国，一般地市所辖县市区少则3－5个，多则10余个，每个县都拥有数量不等的可移动文物，根据目前的财政状况难以做到每个县都建设达到国家标准的现代化文物库房，因此结合博物馆馆舍建设区域性文物中心库房，实行文物代管制，是现阶段可行的文物藏品妥善保护措施。对于部分由于博物馆藏品保管条件有限，安全防范设施不健全，运营管理经费严重不足，博物馆正常业务不能有效开展，难以发挥社会效益的县级博物馆或地方博物馆，应根据当地实际情况，整合文物藏品的科学保管，合理利用资源。省级和地市级博物馆可以代为保管其文物藏品，并创造条件合理利用。这样通过整合文物藏品资源，不仅扩大了省级

[1] 王锡鉴、都云昆：《从"5·12"地震论西部地区区域性文物中心库房建设》，《四川文物》2009年第2期，第91页。

和地市级博物馆的社会效益，减轻了县级或地方博物馆的文物藏品保管压力，而且使文物藏品得到合理利用，使更多的社会公众共享博物馆资源和服务。

2011 年 9 月，为预防和减少文物、博物馆单位火灾危害，规范文物消防安全检查工作，提高消防安全管理水平，国家文物局发布了《文物消防安全检查规程（试行）》。博物馆消防安全应贯彻“预防为主、防消结合”的方针和“从严管理、防患未然”的原则，切实增强检查与消除火灾隐患能力、组织扑救初起火灾能力、组织人员疏散逃生能力、消防宣传教育培训能力和馆藏文物抢救能力。新建博物馆在投入使用前，消防设施、设备须经公安消防部门验收。要检查博物馆内部装修与布置展览工程现场防火措施情况；展柜、展台、展墙等展具和装饰材料防火性能情况；展厅照明灯具、音响、闭路电视、电动模型、放映机等电器设备的使用与管理情况；用于陈列展览的电动图表、模型、沙盘、布景箱和装在壁板上的灯光箱、显示图表箱等设计、安装是否符合防火要求等，可能引发博物馆火灾的情况。

博物馆应配合当地公安消防机构确定博物馆的消防安全重点部位。要经常检查专兼职消防工作人员接受消防安全专门培训的情况，对消防安全法规、消防安全知识、消防安全管理制度的掌握的情况，对消防设施、设备、器材操作技能的情况，持证上岗和值班的情况；要经常检查消防水源和消防给水设施建设的情况，火灾报警、灭火等设施设备建设的情况，灭火器材配置及有效的情况，消防安全标志设置的情况，消防设施设备检测和日常维护保养的情况，消防车通道设置的情况；要经常检查是否存在违反规定用火、用电、用油、用气的情况，用于文物保护必要的电器设备和电气线路是否规范安装敷设，是否采取有效阻燃措施的情况，是否存有易燃易爆物品及其管理的情况；要经常检查避雷设施安装和验收情况；避雷设施日常维护和检测情况等。

事实证明，设置良好的防火系统，采取适当措施进行早期预警，对于保护文物藏品库房免受火灾，是十分必要的措施。相对于盗窃或过失损毁文物，往往火灾的破坏力更为可怕，大火能在转瞬间将一座博物馆连同馆藏文物烧毁。因此，博物馆还要对周边的企事业单位和社会民众生产生活可能引发火灾危害情况进行检查，研究对周边可能引发火灾危害的预防和应对措施，对周边企事业单位和社会民众开展博物馆防火宣传。要经常与当地公安消防部门就博物馆防火工作进行联系、沟通，建立火灾扑救联动机制。应制定和落实具有可操作性的灭火和应急疏散预案，并且进行日常演练，还应经常开展消防安全检查，及时发现火灾隐患，及时进行火灾隐患整改。

近年来在国家财政支持下，我国的博物馆防火系统不断改善，但是总体投入仍然不足。现代化的博物馆的安全防范系统，应包括火灾自动报警及消防联动系统。同时，防火报警系统、自动灭火系统等现代信息处理技术、传感技术、自动控制技术和网络通讯技术的监测、防范设施，是博物馆中不可缺少的重要设施，并且每项系统之间相互联动，合成统一的安全防灾管理系统。博物馆的陈列展览和文化活动必须确立安全第一的原则。例如在文物展览的形式上，原则提倡展柜展出，适度使用声光电和场景制作，对过度使用声光电的现象加以限制，坚决禁止易燃易爆等易燃材料使用于陈列展览，并对有必要使用的声光电进行安全评估，对展览中使用的各种材料严格按照消防规定进行把关和审核，并办理消防部门认可的相关手续。

科学技术一直是博物馆安全的有力保障，一座现代化的博物馆必然是高科技装备的智能化建筑。1960年1月，我国第一台声控防盗报警器就安装在故宫博物院的珍宝馆内。如今许多博物馆采取了在防护区和禁区内采用3种以上不同控测原理的探测器构筑安全防线。以往被博物馆奉为看家护宝利器的“三铁一器一犬”等安全手段，必将被现代化、信息化的先进安全防范设施所取代，以防火、防盗、防破坏为中心的博物馆安全防范必将不断升级。由于博物馆的各项活动都要在馆舍内进行，因此，博物馆馆舍及设施设备的安全是文物藏品和人员安全的基本保障。现在博物馆的安防系统主要以视频监控为主，通过管理人员查看电视屏幕上的图像来发现紧急事件。然而在现实工作中，一方面，工作人员不可能时时刻刻盯着电视屏幕，另一方面，现在博物馆规模越来越大，监控点数越来越多，不可能将所有的监控点同时显示在电视屏幕上。同时，大多数博物馆的安防系统还不能和公安系统、消防系统有效联动。

因此，博物馆安防系统随着外延的不断扩大，科技手段也应与时俱进，不断调整研发适用技术和设备，提升博物馆安防系统的有效性，例如设置监视系统、报警系统、门禁系统等多层面保护文物藏品安全的安防系统，努力使博物馆内的每个角落，都在监视器不同角度的监视之下。在四川省博物馆，文物库房区域内使用了名为“微波报警”的技术，“这种设备可以形成肉眼无法看见的微波墙，即便一只苍蝇飞过都会触发警报。同时这些安保设备与110报警系统进行了联动，如果有人触发警报，警方也会在第一时间得到消息”。在烟台市博物馆，进入库房的人员首先会被库区通道的振动探测器发现，图像也将回传到主控制室。如有入侵者，则会第一时间向监控室发出报警信号并确定位置。文物库房安装双重技术合一的双鉴探测器、红外探测器、微波探测器3种技术手段的探测设备。

在首都博物馆，安防系统以入侵报警及出入口控制系统为核心，辅以电视监控、声音复核、照明控制、停车场管理、防爆安检、无线通信等系统，运用计算机控制技术、网络技术、图像处理技术等手段，将多个独立系统融为一体，构成了一道科技的“铜墙铁壁”，时刻守卫着文物展品的安全。一旦出现入侵者，不论采用何种手段和方式，中央控制室和分控制中心都能接收到实时报警，同时系统还将报警部位的报警信号、声音复核信号和图像复核信号实行自动切换，打开辅助灯光，以及自动录音、录像，并且随时显示报警信息，值班人员可根据同步的3种信号显示，做出准确判断，快速做出反应。此外，公共区域的部分照明与安防实行联网，当安防系统报警后，该区域的系统灯光自动打开，为首都博物馆的安全防范提供更有力的保障。[1]

馆藏文物的安全、人员的安全、馆舍及设施设备安全等，是紧密相连、相辅相成的有机整体。首先，博物馆是集中收藏、展示文物的重要场所，文物藏品的安全必须首先得到保障，否则博物馆就失去了生存的基础。其次，博物馆是文化开放单位，参观群众数量众多、人员

[1] 侯丽、彭超：《“防”网恢恢，能否疏而不漏》，《中国文化报》，2011年5月30日，第5版。

密集，因而人员的安全至关重要，没有安全感的博物馆不可能赢得观众的喜爱。2008 年下半年，全国文物系统进行了为期 50 天的文物安全检查，完成了 58%的重点博物馆的安全检查，其中被调查的 246 家重点博物馆中，防盗、防火设施的达标率分别为 55.28%和 50.41%。重点博物馆尚且如此，其他博物馆安全防范设施配备情况可想而知。目前，一些博物馆所设置的电子防盗监控报警系统和自动消防系统，利用高科技手段对监控目标实施监控，具有监控范围广、节省人力、受人为因素干扰少、报警准确、可靠性强等优点，国家财政还应继续加大博物馆安全防范设施的配备。

目前，责任心的缺失依然是博物馆安全最大的隐患，例如有值班制度不到岗，有应急预案不演练，安全防范工作漏洞百出，导致先进的物防、技防设备形同虚设。安全保卫工作要建立在“最不可能的事情即将发生”的心理预期上。只有前期防范严密，才能保证不出事或少出事，而发生了安全事故以后，则应该及时响应，使完善的应急预案发挥作用。任何侥幸心理都是没有尽到职守的表现。每天安全保卫人员在博物馆展厅大门关闭之前均进行仔细的检查，凡是观众有可能到达的区域和点位都认真查看，以防不法分子潜伏其中伺机作案。同时，建立应急处理机制，制订和完善应对蓄意破坏、文物损毁丢失、人员安全、自然灾害等突发事件的安全预案并组织进行演练，对各类突发事件必须及时有序启动应急预案。

大型现代化博物馆的安全防范系统是指为防止入侵、盗窃、破坏等社会公共安全目的，采用电子技术、传感技术、自动控制技术、通信技术、计算机技术为基础的安全防范技术设施。一般包括入侵报警系统、电视监控系统、出入口控制系统、电子巡查系统、防爆安全检查系统、车库管理系统等，安装专门配备成立安全监控中心，每个房间和重点场所均须安装红外线报警，并对各个部位实施 24 小时全方位监控录像。在实现安全监控系统数字化管理方面，将防盗报警系统、声音复核系统、图像复核系统、电视监控系统、巡更系统、门禁系统、集中管理系统和控制系统，通过设计组合，构成一套具有防范性强、功能完备、自动化和智能化程度高的综合性现代化安全防范报警系统。这些措施的完备，必将有效应对突发事件和犯罪行为，保证人员、财物和文物藏品的安全。

健全文物藏品养护修复技术是博物馆实现现代化的重要内容，也是衡量博物馆综合实力的重要指标。文物藏品的修复并不是一个新的课题，在人们有意识的收藏文物艺术品时代就已经出现，世界各个民族都有自己传统的工艺修复，但是大多只局限于修补旧的损伤。19 世纪，随着科学的进步发展，博物馆对文物藏品的维护有了新的认识，将化学、物理学、生物学等自然学科的理论和研究方法应用于文物藏品的维护，在对文物藏品材质检测、分析的基础上，进行材质质变机理的研究、预防性的保护和保护修复技术的研究。文物藏品所蕴含的历史信息和展示的现象丰富而复杂，历史变迁使文物藏品在其制作出来时的原始状态发生变化，如果不经养护修复，很多文物藏品可能只是斑驳陆离的碎片，损失了所储存的大量信息。

文物藏品的日常养护和修复处理是阻止、延缓各种因素损坏所做的工作，是博物馆藏品管理的一个重要工作内容，运用传统修复工艺和现代科学技术手段对文物藏品进行科学保护、保养、分析和检测，是文物藏品延长保存年限的重要方法，有助于文物藏品的宣传展示。数年前，笔者访问了建成不久的埃及国家大博物馆文物藏品保护设施，这里根据文物藏品性质设置了 8 个文物保护修复实验室，包括：石质物品、木质物品、陶瓷、纸草、织物皮革、金属、玻璃以及有机物实验室。这些实验室与开架库房一样，可以使观众看到博物馆的“幕后工作”，激发观众对博物馆工作的热情，更多参与博物馆的活动，并提高观众的满意度，发挥博物馆的社会服务功能。

文物藏品养护修复时必须遵循一定的原则，不能任意改变其形状、颜色、纹饰，保持文物藏品的原状，也不是简单机械地回复文物藏品最初的原始状态。对于文物藏品处理的范围和程度越小越好，达到最小干预、减少干预，实际上是使文物藏品延年益寿而不是“返老还童”，切勿急于求成、草率处理，必须慎重对待。因此在文物藏品养护修复时，应贯彻最小干预原则、可逆性原则、不改变原状原则、消除隐患原则、保存和再现历史信息遗存原则、可辨识原则。此外，在文物藏品修复前做好影像记录，修复过程中对配方、用料、工艺过程等记录同样重要。文物藏品具有不可代替性和不可再生性，必须采取安全的测试和处理方法减少文物藏品养护、修复出现的疏忽和失误，避免造成不可弥补的损失。

从事文物藏品日常养护和修复处理的专业技术人员，必须具有崇高的职业道德和严格的专业训练，才能在进行文物修复保养的过程中，不会造成对文物藏品的损害或者破坏。长期以来，一方面基层博物馆由于缺少保护资金和专业人员，大量易腐蚀的文物藏品得不到专业科学保护，遭受着病害侵蚀，一些残损文物藏品也无法得到及时修复；另一方面在实际工作中，由于过失和不负责任导致文物藏品损毁的事件却屡屡发生。[1] 事实上，近年来在我国博物馆系统，多次出现馆藏一级文物，因人为操作不当而损毁的情况。一次次安全防线、专业水准和文化责任的失守，提醒博物馆必须进一步强化公共文化资源性质，不断提高公众文化服务水准。

分析以往文物藏品损毁事件发生的原因，是由于安全规章制度不完善，文物藏品保管人员缺少责任心，成为文物藏品安全的薄弱环节。严峻的现实警示博物馆所有从业人员必须兢兢业业、一丝不苟，确保文物藏品安全万无一失。我国《刑法》第三百二十四条规定：“过失损毁国家保护的珍贵文物或者被确定为全国重点文物保护单位、省级文物保护单位的文物，造成严重后果的处三年以下有期徒刑或者拘役。”《文物保护法》第七十六条第四款规定：“因不负责任造成文物保护单位、珍贵文物损毁或者流失的，依法给予行政处分，情节严重的，依法犯罪的，依法追究刑事责任。”法律的这些规定都是针对在业务工作中，因过失或不负责任造成文物损失而制定的，应该说这是高悬在所有从事文物工作人员头上的一把利剑。

安全防范体系是综合性的防范体系，概括起来是人防、物防、技防相结合，在上述“三防”中人的因素是第一位的，因为科学技术毕竟不是万能的，设备再先进，也要靠人来操作，一个有效的博物馆安保系统，除了高科技之外，“人防”至关重要。只有人防与物防、技防有效结合，安全保卫人员及时发现情况，果断处置，才能真正发挥技防作用。否则，再先进

[1] 张立胜：《当前博物馆文物安全工作问题与对策》，《中国博物馆》2008 年第 4 期，第 36 页。

的设备也发挥不了应有的作用。文物藏品管理中博物馆员工的素质是最重要的因素，是馆藏文物安全的重要保障。每一座博物馆都配备安全保卫人员，他们对博物馆的结构、周边环境和运行情况都有系统的了解，日常工作主要是维护公共区域的安全秩序，对馆内情况的巡视检查，排查馆内各部位的安全隐患以及夜间值班备勤等任务，是应对处理突发事件的重要力量。

当前应在文物藏品的设计、制作、用材、布展、陈列、存放、鉴定、修复、拍照、管理、包装、运输等各个环节上制定详细的安全规定、职责及追究办法，并制定博物馆员工安全岗位责任制，力争形成涵盖全面，重点突出，职责明晰的博物馆文物安全规章制度体系。在博物馆的各项工作中，涉及文物安全的岗位范围十分广泛，例如文物保管人员、文物藏品征集人员、科学研究人员、文物藏品修复人员、陈列展览人员、安全保卫人员等。正是由于博物馆中接触文物藏品的岗位和人员众多，因此对于博物馆全员都应进行爱岗敬业教育和安全保卫教育。其中对于保管人员的选用必须慎之又慎，不仅要考虑业务能力，而且要考虑敬业精神，包括稳定的心理素质和强烈的社会责任感。

（此文发表于《贵州文化遗产》2013 年第 2 期，第 2 页）

博物馆科学技术发展历程的回顾与展望

今天，博物馆事业发展进入从“数量增长”走向“质量提升”的重要时期，科学技术的发展速度和预期空间将超过以往任何时期，博物馆领域孕育着一场重大变革。只有着力解决制约博物馆科学技术发展的诸多主要矛盾和瓶颈问题，才能实现博物馆事业的可持续发展。因此，必须将科学技术真正摆在博物馆事业优先发展的战略地位，深刻理解和科学把握博物馆科学技术的发展，既要符合博物馆事业发展的规律，也要符合博物馆科学技术发展的自身规律。

人们很早就具有收藏古物的意识，正是由于收藏行为具有漫长的历史，因此不同时代人们对于收藏的理解不尽相同，也随着时代的发展而产生变化。在我国，自宋代起古物收藏日趋丰富，内容主要包括铜器、玉石器和书画等，参与收藏者也开始由皇室、士大夫阶层扩展至民间。同时，对于古物藏品的研究初显规模。因此可以说：“两宋时代的博物馆早期形态已具有收藏、研究这两种职能的分野。它与同时代欧洲的收藏活动相比，显得更为成熟。”[1]

在欧洲，丹麦国家博物馆汤姆森（Thomsen）馆长曾通过对该馆杂乱无章的文物藏品进行研究，提出了著名的石器、铜器和铁器前后相继的三期说，并根据研究成果重新调整文物展品，对外陈列开放。1836 年出版的丹麦国家博物馆参观指南《北欧古物导论》及 1848 年出版的英译本《北欧古物指南》风靡欧洲，其研究结论被学术界普遍接受，使得汤姆森的研究成为一项划时代的成果。[2]

随着地质学、人类学、考古学、生物学等学科的成熟和发展，使博物馆拥有了解读文物藏品的新理论和新方法，文物藏品得以科学分类，陈列展览得以体系化。从此，具有共同知识体系的博物馆学开始萌芽。[3] 杨钟健先生早年参观纽约自然历史博物馆之后，曾感慨道：“可见一陈列馆，不只是弄些标本，供人浏览，要做主要的研究工作，才能在世界上取得地位。”

在 1946 年国际博物馆协会成立之初，就把专业培训列为优先考虑的任务，甚至作为国际博物馆协会的“一个基本原则”。此后，专业培训一直是历次国际博物馆协会全体会议不断强调的重要任务。1965 年在纽约召开的国际博物馆协会第 7 届全体会议的主题是博物馆培训，会议细化了“博物馆人员培训”的工作，推进了博物馆专业化的进程。1968 年 7 月，在科隆和慕尼黑召开的国际博物馆协会第 8 届全体会议的主题为“博物馆与研究”，会议指出：“博物馆本质上是一个科学机构，因而任何博物馆都必须推进、鼓励、承担或开展基于其收藏和计划的科学研究工作。”同时会议强调：“应把博物馆视为真正向研究开放的机构，

[1] 白文源：《论藏品研究在博物馆学研究中的重要地位》，《中国博物馆》2010 年第 1 期，第 20 页。
[2] 白文源：《论藏品研究在博物馆学研究中的重要地位》，《中国博物馆》2010 年第 1 期，第 20 页。
[3] 黄春雨：《博物馆的社会化与专业化思考》，《中国博物馆》2008 年第 3 期，第 19 页。

而不是一些传统的‘堂皇的隔绝’理论的支持者，或是一种私人领域。”[1]

1993年，当国际博物馆协会主席A. 科纳里（A. Konary）离任就任马里总统时告诫博物馆："我们不应该为迎合公众对博物馆兴趣的增长而放弃研究和保管工作，这两项工作依然是博物馆有特色的基础工作。我无法想象一个没有扎实起码的考证工作的博物馆如何从事知识传播活动。"英国自然博物馆馆长迈克尔·迪克森指出："传统上，大多数公众认为博物馆是一个教育和休闲娱乐的地方，却没认识到博物馆背后的科学支撑。"[2] 在美国，史密森学会不但是全世界最大的博物馆群，也是具有影响力的教育和研究机构，拥有科学研究中心，各博物馆还分别设立研究部门。对于美国史密森学会而言，博物馆如何日臻"人性化"是它不断研究探索并永恒追求的命题。

近代博物馆学传入我国之后，博物馆得到了迅速发展。特别是新中国成立之后的60年间，我国的博物馆学理论也随之深化，而对于文物藏品研究的重视则是其突出特色。其中"三性二务"论可以说是对博物馆学研究的一项重大贡献。不论是在旧的"三性二务"论，还是在新的"三性二务"论中，博物馆藏品的科学研究都处于重要的位置。

建国初期，根据博物馆建设和馆藏文物保护的需要，科学技术人员继承和发展传统保护修复技术，大批有价值的文物藏品得到抢救性保护，并在博物馆中妥善收藏保管。20世纪60－70年代，国家制定了"1963—1972年文物保护科学技术发展规划"，成立了文物保护科学技术研究所，各地博物馆和文物收藏单位也相继建立了文物保护实验室，同时积极开展文物保护科学技术的国际交流。一批科学技术专家投身文物保护事业，为博物馆科学研究发展奠定了良好的基础。

这一时期，一系列重大的考古新发现极大地促进了文物保护科学研究工作。例如1972年长沙马王堆汉墓发掘与出土文物的保护，首次集中了全国最高水平的考古与科学技术保护专家联合攻关，攻克了许多科学技术难题，完成了对帛画、简牍、丝织品、漆器的提取和保护，抢救了一批珍贵文物，丰富了博物馆藏品，成为当时全国瞩目的文物博物馆工作重大成果，其中1978年，碳14测定文物年代的科研成果获得全国科学技术大会奖。

改革开放以来，博物馆科学研究不断进步，初步建立了一批科学研究机构，形成了专门队伍和有效运行机制，完成了许多具有重要影响的科学研究和技术应用项目，为博物馆事业发展做出了重要贡献。1979年公布的《省、市、自治区博物馆工作条例》中规定："博物馆应积极开展博物馆学和有关的专业学科的研究工作。专业学科的研究，应从本馆的性质和任务出发，以藏品为基础结合文献资料进行，研究成果主要体现在陈列展览上，也可以编写学术专著。""加强藏品研究，是博物馆工作的重要内容，是博物馆一切业务活动的基础，是推动博物馆开展各项业务活动的中心环节。"

长期以来，博物馆事业和博物馆工作的进展都与文物藏品研究紧密相连。对于文物藏品研究的重视，也造就了一批成就卓著的博物馆学者，取得了丰硕的研究成果，留给今天丰富

---

[1] 苏东海：《国际博物馆理论发展中两条思想路线札记》，《中国文物报》，2010年6月16日，第6版。
[2] 章迪思、梁建刚：《自然博物馆：重建中的若干可能》，《解放日报》，2009年11月30日，第5版。

的学术财富。我国博物馆的装备及设施越来越现代化，高科技手段在博物馆中的应用也越来越普遍，博物馆事业的科技含量显著提升。随着历史学、考古学等学科的发展，我国学者逐渐拓展博物馆学的研究。通过对各类可移动文物所开展的持续的价值评估工作，研究提出了博物馆藏品定级标准。通过多种现代科学技术应用于传统材料、工艺的分析研究，多学科合作，拓展了对博物馆的认知范围和对文物藏品的保护手段。

20 世纪后半叶，世界各国对文化遗产保护均给予了高度重视，在人力、物力和资金投入等方面都有了很大提高，许多国家将文化遗产保护提升到国家战略高度。博物馆科学研究也成为世界各国博物馆发展的主流，人们认为博物馆不仅是“艺术的殿堂”，还应该是“科学的殿堂”。同时，伴随现代科学技术的发展及其在文物藏品保护中的应用，新的保护理念得到普遍接受，文物保护中尊重文物真实性、实现保存修复可逆性和秉承对文物最小干预的基本原则。

进入新的世纪，我国推动博物馆科学技术研究的力度不断加大。2000 年，《全国文物、博物馆系统人文社会科学重点课题暂行管理办法》公布实施。2001 年，国家科学技术攻关计划项目“文物保护技术研究与中华文明探源预研究”立项实施。2002 年，新修订的《中华人民共和国文物保护法》及其实施条例，对文物保护科学技术工作做出明确规定。国家文物局颁布了《文物保护科学和技术研究课题管理办法》等 5 项部门规范性文件，发布了《历史文化遗产保护领域科学和技术研究课题指南（2004－2005 年）》。

国家文物部门相继组织开展的国家一级文物藏品档案的建档、馆藏文物调查及数据库建设、全国馆藏文物腐蚀损失调查等一系列博物馆文物资源调查和整理工作，为博物馆科学研究项目的实施奠定了良好的基础。2004 年，全国文物保护科学技术工作会议召开，全面总结经验，分析发展中的问题，对当前和今后一个时期的文物保护科技工作进行部署。2005 年 12 月，《国务院关于加强文化遗产保护的通知》对新时期文物保护科技工作提出了更高的目标，要求“加强文化遗产保护科技的研究、运用和推广工作，努力提高文化遗产保护工作水平”。

我国的文物保护修复传统技术与工艺种类繁多、技艺精湛、成就卓著。其中书画装裱、青铜器修复、瓷器修复、髹饰修复、丝织品修复、木作维修、瓦石作修复等方面的传统技术与工艺，至今仍然发挥着重要作用。在继承我国传统文物保护修复技术的基础上，博物馆注重引进、推广和合理运用现代科学技术成果，运用多种科学方法和技术手段，对金属、纸张、漆木、丝织类文物和动植物标本等进行有效保护，其中有不少保护修复技术已居国际领先地位。

与此同时，现代科学技术和传统工艺的结合得到进一步的重视，例如青铜文物保护传统工艺科学化研究、木结构建筑保护传统工艺科学研究等取得了阶段性进展。在秦始皇陵铜车马修复、秦俑彩绘保护、法门寺出土丝织品保护、饱水简牍和漆木器脱水保护、纸质文物保护、出土铁器脱盐保护以及地震仪的复制等方面，现代科学技术都发挥了突出的作用，馆藏文物保护环境应用技术研究为预防性保护理念的实现提供了技术支撑。

几年来，国家先后启动实施了“中华文明探源工程”、“文化遗产保护关键技术研究与开发”、“大遗址保护关键技术研究与开发”、“古代建筑保护技术及传统工艺科学化研究”、“石质文物保护关键技术研究”、“指南针计划——中国古代发明创造的价值挖掘与展示”等一批重大科研项目。通过联合攻关，在系统揭示文化遗产价值、探究中华文明形成与早期发展的特征与规律、现代科学技术在考古领域中的应用、大遗址的保护与管理、馆藏文物保护修复技术与材料、馆藏文物保存环境的监测与控制、传统工艺技术科学化、不可移动文物保护、文物保护集成装备等方面取得了一批具有自主知识产权的共性和关键技术研究成果，文物保护科学技术水平显著提高，若干制约文物事业发展的重点、难点和瓶颈问题得到了解决。

全国各地在积极组织力量参与国家文物保护重大科学技术项目的同时，立足于本地区的发展需求，组织开展具有地方特色和优势的创新活动，一些省市还增设了科学研究专项经费，用于支持改善本地区科学技术基础条件和解决文物保护工程实施过程中的科学技术问题，初步形成了国家与地方互为促进、互为补充的良性发展模式。白鹤梁题刻原址水下保护工程研究与实践、“南海Ⅰ号”整体打捞及保护、文物出土现场保护移动实验室等一批优秀科学技术成果，以及优秀科学技术工作者获得国家级和省部级科学技术奖励。许多科学技术成果在可移动文物保护、馆藏文物保存环境改善、博物馆展示提升等重大工程和重点工作中得以应用，有效提升了文物保护的科学技术含量，取得了显著的综合效益。

伴随着三峡工程而提出的“白鹤梁题刻原址水下保护工程研究与实践”项目，由中国工程院葛修润院士担纲，采用“无压容器”原理兴建，集成文物、水利、建筑、市政、航道、潜艇、特种设备等多专业、多学科的技术，实现了白鹤梁题刻的原址原样原环境保护和观赏。三峡库区正常蓄水位提高到175米后，白鹤梁题刻将永远淹没在长江水下。为此保护工程于2003年2月开工建设，由水下保护体、交通及参观廊道、地面陈列馆三部分组成，工程不仅富有创意，技术创新性也极强。“无压容器”方案提出的原址原样原环境保护理念，克服了以往有关白鹤梁保护与展示方案存在的重大技术问题和经济问题，使白鹤梁题刻原址保护“绝处逢生”。2009年5月，白鹤梁水下石刻博物馆建成开放，成为世界上唯一水深40余米处的遗址博物馆。该项目不仅为水下文化遗产的原址保护提供了成功的工程范例，同时也为遗址博物馆建设创造了经验。

“南海Ⅰ号”保护科学技术攻关，通过工程力学、海洋学、环境学、考古学、测量学等多学科的配合研究，形成整体打捞方案，首创钢沉箱法，将巨大的古代沉船、船载物以及周围沙石和附属物，按原状固定在特制的钢结构箱体内，一次性平安地整体打捞出水。广东海上丝绸之路博物馆的“水晶宫”主要用于“南海Ⅰ号”考古发掘、出水文物保护和陈列展览。人们可以现场观看水下考古工作，见证珍贵文物的出水过程。水体采用循环利用的方式，利用沙井对引入的自然界海水进行沉淀，经消毒后再注入“水晶宫”内。注满海水的巨大水池，将“南海Ⅰ号”整体浸泡其中，通过模仿沉船的沉没环境，利用人工设施控制水体温度，进行有害菌类的监控和预警，进行水体保护。“南海Ⅰ号”整体打捞，以及在博物馆内以水陆结合的方式对沉船进行考古发掘的新理念、新思路，是世界水下考古史上新的里程碑。

在以往的考古过程中，出土文物都是在实验室里进行整理修复，但是当文物出土瞬间，如果没有获得及时保护处理，将对后续保护工作带来很大的难度，甚至日后难以弥补的损失。为了攻克这一技术难题，我国自主研发出首辆“文物出土现场保护移动实验室”，结合考古现场的实际需求，提出了科学试验室前移现场并服务于考古发掘、信息提取和应急保护的理念，通过设备集成、装备研制、软件开发和标准研制，成为我国首个文物出土现场具有综合功能的技术支撑平台。这个“移动实验室”一方面方便科学技术人员及时对出土的文物进行抢救性的保护处理，另一方面对抢救和保护方案的确定提供必要的技术支持。

伴随国家文物保护重大科学技术项目的实施，全国文物博物馆系统的科学研究机构数量快速增长。目前文物博物馆单位、高等院校、科学研究机构所设立的区域性、专题性文物保护科学技术中心已发展到 80 余家，共建成科学研究实验室近 500 个，科学技术基础条件得以改善。在加强自身建设的同时，部分科学研究机构积极参与本区域的大型科学仪器协作共用网，科学技术资源共享程度得到进一步提高。

2010 年 9 月，在几十位专家学者的共同努力下，深受文物博物馆系统广泛关注的国家文物局文物保护科学和技术创新奖评选活动圆满落幕，脱颖而出的 9 项创新成果，既反映了“十一五”期间文化遗产科技保护的最新水平，也代表了文物保护科学和技术不同方面创新发展的方向。其中既有配合国家重点建设工程而开展的“白鹤梁水下原址原貌原环境保护工程”，也有首批国家支撑计划课题“馆藏文物保存环境应用技术研究”；既有展示考古发掘与保护新模式的“南海Ⅰ号”整体打捞及保护，也有馆藏文物保护的马王堆古尸“整体—细胞—分子”三级保护模式的建立与运用。

2010 年 12 月，由国家文物局主办，首都博物馆承办的“百工千慧——中国文物保护科学和技术成果展”举办。国家科学技术支撑计划首批启动文物博物馆行业的 4 个项目 15 个课题，取得了一批具有自主知识产权的共性技术和关键技术研究成果。这些成果不论在考古研究、文物保护，还是在博物馆展示等方面都得到了广泛应用，若干制约文物博物馆事业发展的重点、难点和瓶颈问题得以解决。为了便于观众的理解，展览通过大量实物、图片、模型和多媒体等展示手段，重点展现科学技术在文化遗产保护中的广泛应用。百般工巧，千种智慧，表明现代科学技术已成为保护我国数以亿计珍贵文化遗产的重要手段。在展出实物中，精心选择经过现代科学技术修复和维护过的文物本体，体现科学技术和文物博物馆领域已经成为不可分割的整体，相互融合、彼此促进、共同担当，搭建起社会公众对于文物博物馆领域科学和技术关注的桥梁。

近年来，文物保护科学技术管理工作通过深化体制机制改革，完善文物保护科学技术的管理体制、工作机制、评价机制和奖励机制，激发科学技术创新的活力，以体制机制创新为动力，推动文物保护科学技术工作的可持续发展。逐步形成了依靠法规强化管理、依靠规划引导管理、依靠标准规范管理和依靠技术手段辅助管理的科学技术管理模式。行业科学技术管理制度体系初建完成，涵盖了行业科学研究课题、科学研究基地、科学技术成果、科学研究奖励和专家管理等方面的规范性文件及指导意见先后出台，科学研究管理水平显著提高。特别是在重大科学技术项目管理中引入第三方评估咨询制度，探索并实践科学技术评估咨询活动由“自然人”行为向“法人行为”的转变，实现了科学技术项目管理制度的重大创新。

国家文物局在博物馆与社会文物司的基础上，进一步明确了科技司的职能，文物保护科学技术行政管理能力得以加强。同时，文物保护标准化技术委员会正式成立，一批基础性的文物保护技术国家和行业标准相继颁布，积极参与国家标准化体系建设工程，“文化遗产领域走向国际化，建立文化遗产保护国际标准化组织”已成为我国标准化国际突破的重点支持对象。文化遗产保护科学技术平台、可移动文物保护管理平台和文化遗产保护科学技术备选项目库的陆续开通运行，提高了管理的效率和透明度。

为了解决文物保护领域科学和技术研究面临的基础设施建设薄弱、运行机制和管理体制落后、地域发展不均衡、科学技术成果推广不力等基础性问题，促进文物保护科学技术工作健康发展，国家文物部门推动“开放、流动、联合、竞争”的运行机制的建立，更好地促进跨学科、跨领域、跨部门、跨行业的联合攻关，依托文物博物馆单位、高等院校和科研院所分 4 批设立古代壁画保护、陶质彩绘保护、出土木漆器保护、砖石质文物保护、馆藏文物保存环境、文化遗产保护规划、空间信息技术在文化遗产保护中的应用、文物建筑测绘、古陶瓷科学研究、金属与矿冶文化遗产研究、博物馆数字展示、古陶瓷保护等 17 家行业重点科研基地。这些重点科研基地作为行业的科学技术创新和人才培养平台，重点解决文物保护面临的难点、热点技术问题，使博物馆藏品保存、修复技术等方面取得了重要进步，在科学研究、成果推广等方面也发挥了重要作用。

同时，中国文化遗产研究院实现改所建院，创新活力和创新动力不断提高，并向着国家级文物保护科学技术中心平台的方向迈进。“古代壁画保护国家工程技术研究中心”正式成立，并在相关省份设立工作站，有效扩大科学技术成果的辐射范围，成为整合文物保护及其他相关领域创新资源、培育创新人才、开展科学技术攻关和学术交流的重要平台。

通过体制机制创新，建立和完善多元合作机制，利用社会优质资源，加强博物馆科学研究组织机构建设，使国家级科研机构实力不断增强。例如通过文物博物馆单位与科研院所、高等院校合作组建专业性创新联盟；通过国家和地方合作组建区域性创新联盟等方式，推进专业、区域等多种形式创新联盟的健康快速发展，完善行业创新联盟建设和运行机制；通过培育国家重点实验室或国家工程技术研究中心，组建行业重点科研基地，搭建以国家科研院所为核心，联合行业重点科研基地，扩大基地发展规模，优化基地功能布局，提升基地科研基础条件和科学研究能力；通过建立开放合作的文物保护和博物馆科学技术创新平台，加大和深化部门间、机构间的联系与沟通。

近年来，国家文物局与中国科学院、中国社会科学院、中国工程院积极探索全方位的具有建设性和实质性的战略合作，针对文物博物馆事业重大需求，着力建设考古调查与发掘、古代建筑保护、大遗址保护、水下文化遗产保护、馆藏文物保护、博物馆环境控制、文化遗产展示传播等技术创新平台；与中国科学技术协会开展战略合作，利用其全国专业技术协会的资源优势，推动文物博物馆科学技术研究和科学普及工作。

与此同时，积极加强基础条件平台建设，促进科学技术成果推广。通过强化文物保护修复科学技术的综合研发能力，依托文物博物馆单位、高等院校、科研院所，认定一批服务于文物保护修复基础研究和应用技术研发的分析测试实验室，构建大型科学仪器设备共享平台；通过建立包括金属器、陶瓷器、纺织品、纸质文物和壁画等文物的科学技术标本库、分析检测数据库和科学技术文献数据库，初步建成适应文物科学技术创新和事业发展的科学技术基础条件平台支撑环境，形成以共享机制为核心的管理体制，与平台建设和发展相适应的科学研究机构体系，为广大文物保护科学研究人员提供更加开放、高度共享的科学技术资源。

通过依托国家级文物保护科学研究机构、工程技术研究中心、行业重点科学研究基地、专业创新联盟、区域创新联盟，实施重大科学技术成果推广示范项目。考古学的迅速发展扩大了博物馆藏品的来源，也造成了博物馆学术观念的变化。包括开展文物出土现场保护移动实验室、土遗址保护、铁质文物保护、石质文物保护、壁画保护、古建筑油饰彩画等保护技术成果的推广及示范；开展金属器、陶质彩绘文物、竹木漆器、纺织品、纸质文物等保护修复技术的成果推广及示范；开展馆藏文物保存环境监测与调控技术成果的推广及示范。

目前，我国文物保护科学技术的总体发展状况与国际先进领域相比，与国内其他行业相比，与文物保护的重大需求和繁重任务相比，仍然相对落后，科学技术的有效支撑和引领作用仍显不足。与此同时，也应该清醒地看到，随着经济全球化趋势和现代化进程的加快、工业污染和环境恶化导致的文物自然侵蚀加速，我国的文化遗产及其生存环境受到严重威胁。不少地区仍然存在文物保存环境简陋、科学技术基础条件落后和人才队伍发展较慢的问题。

由于历史原因和认识局限，我国博物馆的科学研究目前存在着两种封闭：一是博物馆研究资源的封闭，二是研究课题的封闭。博物馆研究与其他相关学科研究往往各有所专，而不能协调发展。同时，体制机制亟待完善。科学技术宏观管理仍然薄弱，工作重点需要进一步向战略研究、规划和政策制定、环境建设等方面转变；学科壁垒、条块分割，以及结构性、体制性障碍，阻碍了满足文物保护战略性需求的团队合作研究模式的形成，特别是体制机制方面，跨学科、跨领域、跨部门、跨行业的合作尚未形成，社会科学技术资源分离、分割、分散的矛盾没有得到解决，国际合作交流的深度和广度不够。

伴随文物博物馆领域的科学研究组织规模迅速扩大，多元化、结构化的科学研究体系和发展模式逐渐形成。为了推动文物博物馆事业的发展，满足保护科学技术的巨大需求，国家文物部门组织开展“文化遗产保护领域科研联合体建设机制研究”，通过对国内外有关案例的深入分析和系统研究，提出了国家文化遗产保护科技区域创新联盟的概念，并明确了其内涵，即“在一定区域范围内，由文物博物馆单位、科研实力强的高等学校、科研院所和相关企业共同建立的跨学科、跨领域、跨行业、跨部门的技术创新战略合作组织”，以制度引导合作机制不断完善，从最初的“打破封闭、实现开放”，上升为“优化合作、完善机制”，有效整合和充分利用国内外的优质资源，建立资源共享、风险与成本共担、优势互补的战略合作伙伴关系，以及实体研发组织与虚拟研发组织相结合的新型科学技术创新组织模式。

经过多年实践，浙江省在文物博物馆新型合作模式和合作机制方面积累了丰富的经验。浙江省博物馆等文物博物馆单位在积极加强自身科研能力建设的同时，不断探索新的发展模式。通过与高等学校、科研院所等系统外单位开展项目、课题合作，有力整合了社会优质科学技术资源，在一些关键技术方面实现了重要突破，并初步形成了良好的合作关系。经过不断完善，形成集文物博物馆单位、高等学校、科研院所和企业于一体的、辐射全省的多元化区域性合作组织。在此基础上，国家文物局与浙江省政府联合启动实施国家文化遗产保护科技区域创新联盟试点建设项目，有效整合和发挥国家与地方在政策、组织和技术等方面的优势。

区域创新联盟的建立，就是要打破条块分割，在文化和价值的共识与追求的基础上，实现组织和技术上的通力合力，促进各类资源的开放、流动、整合与共享。强调创新联盟各成员单位在研究资源、人才资源、仪器设备资源和信息数据资源等方面互为支撑、互为补充，实现资源利用效益和效率的最大化。例如浙江省博物馆作为国家一级博物馆，是浙江省内集收藏、陈列、研究于一体的最大的综合性人文科学博物馆；中国丝绸博物馆是国家级纺织类专业博物馆，同时是中国古代纺织品保护鉴定中心。浙江大学、浙江理工大学等高等学校，拥有先进的科学研究仪器设备、优越的科学研究试验条件、大量的科学研究成果储备、雄厚的科学技术教育资源。区域创新联盟以重大需求为导向，以行业共性、关键技术研发为主线，从战略性、前瞻性的高度，规划重点领域、确定优先主题、凝练重点专项；联盟内优化组合、分工协作，不断提高技术协作能力和研发水平。

今天，面对博物馆领域繁重的研究任务，博物馆科学技术发展需要加强顶层设计，正确处理好近期与远期、局部与整体、现代与传统、理论与实践的关系，努力做好战略规划的持续研究工作，从全局性、战略性和前瞻性的角度出发，积极开展科学技术体制创新，加快行业创新体系建设，将全面提高博物馆科学技术创新能力摆在战略高度予以部署，使一个真正的、成熟的博物馆学科体系和博物馆创新体系，在博物馆事业发展中不断巩固和完善。

总体来说，今天博物馆研究缺少战略性、前瞻性的整体思考和系统谋划，不利于博物馆学科体系的完善和科学技术研究的纵深发展，难以避免科学技术资源利用效率低下和科学研究低水平重复等问题。一方面，一些博物馆缺乏学术研究氛围，长年没有科学研究成果，致使博物馆陷入日常事务，影响了博物馆使命的发挥；另一方面，一些博物馆急于出科学研究成果，忽视扎实的基础工作和理论研究，不重视科学技术理论学习和提高，工作态度浮躁肤浅。

苏东海先生认为，从可持续发展的观点看，人的研究、物的研究以及人和物结合的研究，对博物馆的持续发展至关重要，也是今后博物馆研究的一个基本出发点。[1] 面对博物馆发展中出现的新情况、新问题，需要努力培育博物馆的科学精神、科学思想和科学态度，推动博物馆行业的技术创新、组织创新、制度创新。以增强博物馆整体创新能力为战略目标，以提升自主创新能力为战略重点，以培育科学创新能力为战略储备，以优化创新服务能力、整合科学技术资源为战略支撑，以实施若干重点科学技术攻关为战略突破。

根据发展规划，在未来几年，我国将基本形成以技术体系建设为核心，以组织体系建设为支撑，以制度体系建设为保障的行业创新体系。进一步提高博物馆领域的技术识别、获取、

[1] 苏东海：《博物馆的沉思：苏东海论文选（卷二）》，文物出版社，2006 年 7 月。

扩散和应用能力，力争在若干重点领域取得重大突破和跨越发展；着力解决影响发展全局的机制性和结构性问题，形成较为合理的组织框架和发展布局；营造良好的政策环境，进一步完善与博物馆科学技术发展要求相适应的法规、标准体系，提出满足现代博物馆功能要求的技术支撑体系框架，明显增强博物馆行业可持续科学技术创新能力，有效支撑和引领我国博物馆事业健康发展。

在博物馆战略研究方面，应加强博物馆基础理论和学科建设，即通过对博物馆科学基本理论与方法的研究，建立起跨学科的博物馆理论框架体系，针对博物馆学科的范畴、内涵、特征、理论体系和研究方法进行系统研究，依据博物馆事业发展规律，剖析博物馆学科重点领域和凝练学科方向，提出博物馆学科建设的战略布局和构架，研究博物馆领域人才培养的有效方式和途径，提出学科建设的发展规划。

加强博物馆科学技术发展路径研究，即针对我国博物馆科学技术研究缺乏前瞻、技术研发被动和各类高新技术进入缓慢的状况，通过对博物馆科学技术需求的系统分析和技术预见，识别行业所需的关键技术和技术差异，研究长期支持博物馆科学发展的政策制定、关键项目选择、技术发展导向、社会资源参与的博物馆科学技术发展架构，确定长远发展科学技术重点领域和优先主题，规划中国特色的博物馆科学技术发展路径。

加强博物馆科学技术贡献率研究，即针对我国博物馆长期以来科学技术投入不足、科学技术对博物馆事业发展的推动作用缺乏充分认识，从而影响我国博物馆事业整体发展的状况，开展博物馆科学技术贡献率研究，从宏观上研究科学技术与博物馆发展的关系，客观反映科学技术进步对博物馆事业的贡献作用，并以此为重要参考依据，指导我国未来博物馆科学技术投入、科学研究结构调整和管理政策制定等宏观决策。

积极开展学术研究是博物馆科学技术发展的必要途径，研究成果是博物馆科学研究绩效的直接体现和重要产出形式。但是，目前文物博物馆系统，尤其是基层博物馆单位基础设施条件薄弱、人才力量不足，相对于文物博物馆领域繁重的科学技术保护任务以及其他研究任务来说，仅靠自身力量，文物博物馆领域难以实现科学研究目标。因此，文物博物馆系统迫切需要与高等院校、科研机构等开展开放交流与合作，促进跨学科合作，加快人才培养进程，推动体制、机制创新，推进博物馆科学研究工作的进程。

要加强组织协调意识，强化统筹协调能力。切实将科学技术研究放在博物馆事业优先发展的战略地位，把加快行业创新体系建设、全面提高科学技术创新能力作为重要内容。文物行政主管部门组织制定文物保护科学技术发展战略和中长期发展规划，指导、推动和监督各年度计划的执行，研究解决重大专项和重点任务实施过程中遇到的组织管理问题。要积极争取中央和地方财政在文物保护科学技术领域的投入，以及国家科学技术计划等专项经费的持续支持，充分体现法定增长的要求，提高和扩大用于科学技术工作的经费比例和经费规模，同时，积极吸引和鼓励社会资金的投入。

要健全科学技术管理制度，营造优化政策环境。逐步建立健全以组织管理、开放合作、成果转化、评估评价、人才培养、监督调控等组成的文物保护科学技术管理制度体系。完善重大项目、经费使用、咨询评估、成果推广和奖励等管理制度；加强专业和区域技术创新联盟、行业科研基地制度建设。营造和优化有利于提升行业基础研究水平、加强科学技术基础性工作、改善科学技术基础条件、强化成果转移与扩散能力的政策环境，完善决策议事程序，推进决策的科学化和民主化，保障行业重大科学技术计划和项目科学有序的实施。

要健全知识产权体系，深化标准战略措施。鼓励和支持科研成果获得自主知识产权，提高科研机构和其他创新主体的知识产权管理水平，健全和完善文物保护科技领域知识产权保护机制。尽快制定科学合理的文物保护事业发展的标准体系框架，指导行业标准化工作有序开展，加大技术标准的研究制订力度，加强技术管理标准规范的建设，建立并逐步完善我国文物保护标准体系，推进文物保护技术管理和技术实施的科学化、规范化。

要加大宣传普及力度，促进成果转移扩散。依托文化遗产保护科技平台和社会媒体，加大文物保护科技成果的宣传力度。建立和实行科技成果评价制度，认真做好科技示范试点工作，定期发布重点科技成果转化项目指南，设立科技成果推广示范专项资金，支持科技成果的转移扩散。鼓励科研单位、文物收藏管理单位参与科技成果推广和转化。建立科技成果推广服务工作站，促进文物保护科技成果快速转移与扩散。

要紧跟重大科技需求，建立实施动态机制。建立健全规划实施协调机制，制定各项重点项目和任务的实施计划；建立健全技术预测机制，跟踪重大项目和任务的实施情况，为规划的动态调整提供依据；制定和完善评估指标体系，规范评估程序，提高评估的公开性与透明度，定期评估规划内容的执行情况，公布评估结果，建立规范的评估与动态调整机制。

（此文发表于《浙江文物》2013年第2期，第14页）

浅析博物馆陈列展览的学术性与趣味性

作为知识和思想传播的载体，博物馆的陈列展览必须要有学术支撑，要有较高的艺术水平或相当的技术含量，还要有较强的艺术感染力。同时，吸引公众参观是博物馆发挥传播与教育职能的前提。今天的观众获取知识与信息的方式已经和过去有很大不同，人们往往并不需要在博物馆里接受系统的知识传授，而希望了解文物展品背后的故事，期盼从从未有过的体验中获得知识和信息。因此，陈列展览要让观众充满好奇，要激活观众情趣，实现学术性与趣味性的统一。

一　实现陈列展览的学术性

今天，博物馆陈列展览首先要符合展览传播的需要，即它们的创作必须服从展览传播目的、展览主题和内容表现的需要，要符合现代人审美的需要。同时，博物馆要很好地为观众服务，其陈列展览必须要以观众为中心，不仅仅考虑“我能给观众什么”，而且要考虑“观众需要什么”。当观众进入博物馆的展示空间，参观活动主要包括阅读文字、聆听讲解、欣赏展品、观看视频、亲身体验和动手操作等。因此，陈列展览应该力求造型简洁、语言鲜明、色调和谐、创意新颖、特点突出。为此，应当重新审视、估价博物馆所拥有的文化资源，并将其整合、转化为博物馆文化赖以深化的资本，通过各种新颖、多样的展示内容和手段，经常更新文物展品，展示历史文化的内涵与魅力，使博物馆保持经久不衰的文化吸引力。[1]

2006年出版的《评价展览：一个评优体系》一书，介绍了由B.瑟雷尔（B.Serrell）及其研究小组成员在美国国家科学基金（NSF）的赞助下，历经4年的大量考察和反复测试，建立起博物馆展览评价标准体系，目的旨在定义博物馆展览的重要特征，并评估在特定博物馆中呈现的这些特征的水平，以激励这些特征在未来展览中得到提升。评价体系由舒适度、吸引度、提升度、有意义程度等4大标准组成，并且每项标准之下包涵4－8个二级指标。[2]

湖南省博物馆定位为历史艺术类博物馆，特别强调自身拥有的马王堆馆藏文物资源在历史性、艺术性方面的重要地位，形成以马王堆汉墓展览为核心，辅之以青铜、陶瓷、书画、考古发现等常设展览，向社会提供独具特色的陈列展览，赢得了普遍的好评，逐渐形成引人注目的业绩。博物馆陈列展览水平的高低，取决于科学研究质量的高低，其中对文物藏品的研究，往往不局限于对一座博物馆的个别馆藏文物的研究，更要对相关文物藏品整体进行深度研究，只有对文物藏品的特点进行长期不懈的探索，发掘其文化内涵，提炼出具

[1] 沈岩：《从免费开放反思当前博物馆教育的改革》，《中国文物报》，2010年2月24日，第7版。
[2] 方欣：《美国民间博物馆展览评价体系》，《中国文物报》，2010年2月24日，第8版。

有鲜明特色、使观众耳目一新的选题，才能为举办高水平的陈列展览创造必要的前提和基础。

文物展品既是观众博物馆参观的主要对象，也是实现博物馆文化传播的主要途径。“走向盛唐展”是近年来举办的规模最大、规格最高、展品最丰富的展览之一，也是学术和社会影响较大的展览。自2004年10月开始，先后在美国、日本，以及香港等地的6家博物馆展出，取得了空前成功，观众总数达到127万人次左右。“走向盛唐展”具有鲜明的主题与丰富的展品，其思想的精深、艺术的精湛、展品的直观形象，不仅给人们以美的享受，而且通过所蕴涵的和谐之美，向观众揭示出一个多元、开放、包容的辉煌时代。

2004年初，国家文物局决定启动河南博物院功能提升工程，从陈列展览、服务设施、藏品保护、数字化建设等方面实施整体功能提升，在展示艺术和表现手法上寻求新的突破，注重高新技术和材料的合理运用，探索新思路，尝试新模式，积累新经验。其中“中原古代文明之光”基本陈列，在对中原地区的历史进程、博大精深的文化内涵，以及文物特征进行综合研究的基础上，以河南出土文物和考古资料为依托，通过丰富的文物藏品和知识信息，力图表现中原地区在我国文明进程中的核心地位，表现各重要历史阶段的文化面貌和文明成果。

“中原古代文明之光”基本陈列，将艺术类博物馆的陈列方式与历史考古类博物馆的陈列方式相结合，并吸收借鉴部分自然与科技类博物馆的展出形式，以主线展示与辅线延伸相结合、精品文物重点展示与出土文物组合展示相结合、文物展示与遗迹展示相结合的方式，辅以多媒体演示、图版延伸、观众参与等多种技术手段进行综合展示，以求突出博物馆见证文明的实证功能，让观众愿意看、看得懂，让精美的文物震撼观众心灵。基本陈列还设计了展览延伸带，供观众了解相关知识、进行文化对比、查阅不同学术观点，使陈列展览中的相关内容能与观众进行对话与交流。同时专门引进了有可视功能的电子语音导览器，使观众可以更自由地对自己感兴趣的文物展品进行深入了解，使观众在博物馆能感受更加人性化的服务和文明殿堂的高雅。

历史考古类博物馆展示的是过去的历史，是对人类文明发展历史和文化遗产的研究、认知、保护和再诠释，有着更多的历史厚重感，明显地透射出凝重、庄严和悠远的深层文化内涵。长期以来，出土文物对于历史学家、考古学家而言，其价值的重要性极为清晰和毋庸置疑。然而对于社会公众来说，理解和认识出土文物的价值，则存在着明显的困难，这种理解和认识的困难，成为文物藏品资源转化为文物展品资源，实现文化传播功能的主要障碍。消除这种障碍不仅有赖于人们文化素质的提高和历史知识的积累，更需要博物馆认识、理解这种社会需求，用科学普及的方式，更为主动地向社会公众阐释出土文物的综合价值。

博物馆中的出土文物展品，由于年代久远，损毁严重，完整器物较少，往往仅局限于一些质地普通，但是不易腐朽的石质、陶质、玉质等器具，更由于受社会生产力发展水平的制约，其审美价值与艺术价值相对较弱，虽然这些文物展品的学术研究价值珍贵，然而对于普通观众而言，其重要意义却不易理解，所隐含的一些文化内容甚至容易引起争议。为此，陈列展览设计必须借助田野考古发掘报告中的第一手资料，通过对内容枯燥的考古发掘报告的细致释读，归纳其中的内容，详细介绍文物藏品来源、文物分类、出土地点、收藏时间、历史背景等文化信息。

良渚文化距今约5300－4300年，是中国新石器时代晚期的一支重要的考古学文化。良渚遗址位于杭州市北郊良渚镇一带。20世纪80年代以来，遗址区内祭坛和贵族墓地、大型建筑基址等遗址的考古发掘，引起世界性的轰动。良渚遗址区内保存的诸多大型遗址点及其周边环境，以及通过考古发掘出土的数以万计的精美玉器、石器、陶器、漆器、木器和骨器等各类器物，共同构成了良渚遗址丰富的内涵，揭示中华文明起源进程的重要历史，成为中华五千年辉煌文明的实证。良渚博物馆的展览主题，注意用文化时空坐标阐明良渚文化在人类文明史上无法取代的崇高地位，以及良渚文化对中华文明的起源探索所起到的巨大作用。

良渚博物馆展览主题为“良渚文化实证中华五千年文明”，从良渚文化的考古研究、良渚古国的再现、良渚文明的揭示三个方面，向公众传播发现良渚遗址、认识良渚文化、确立良渚文明的考古历程，以及良渚文明在中国和世界同时期或同类文明中的重要地位。陈列展览的内容和形式，均以遵从科学性、学术性为前提，无论是前言、说明等版面，还是对环境氛围的把握和艺术形象的表现，都依据考古发掘报告所提供的科学信息，尽量减少不必要的考古学术描述和历史资料铺陈，而充分利用出土文物本体特色，展示文明的魅力。同时，在陈列展示过程中，运用多样化的方式和手法，来弥补内容枯燥的缺陷。以一个又一个的良渚文化之谜发问形式，引导参观者去探寻良渚文化未解之谜，感受良渚文化和良渚古城的魅力，体会良渚玉器的杰出成就，理解良渚文化“文明之光”的文化特征。

良渚博物院对基本陈列进行不断的充实，注意吸收新的学术研究成果，对文物展品进行适当的更换和调整，增加新的内容。例如2007年发现的良渚古城，是目前我国所揭示的同时期营建规模最大、配置级别最高、出土文物最精美的古城遗址。为此，良渚博物院对此前已经基本定稿的陈列展览策划文本，及时作出重要调整，对展览目标重新定位，增加良渚古城的陈列展览内容。目前，良渚古城的地位和价值从博物院前厅到第三展厅、尾厅，都有充分、连贯的反映和体现。例如在第一展厅，把有关古城发现的社会历史文化解读，作为良渚文化70年探寻道路的重要一步来加以展示，也相应地推出了遗址—文化—文明三个递进式的概念。通过良渚博物院这一平台，不但把良渚文化的专业知识尽量准确地表述出来，并且让观众既看得懂，又爱看，获得“一座可观、可玩的博物院”的美誉。

我国农业历史悠久漫长，有着自身的发展规律，如果以历史朝代横向展开，无法清晰地展现农业发展变化的脉络，而且文物展品本身也往往不是随着朝代而出现。但是梳理万年农业历史，不难发现我国古代农业对世界文明的贡献突出地表现在四个方面：一是物候的利用，二是作物育种，三是生产工具的发明与传承，四是水的治理与利用。这是我国农业文明的核心价值。因此，中国农业博物馆的“中华农业文明”陈列，坚持选取上万年农业历史中的文明点纵向延伸，而不是采用以往通史陈列的手法横向展开。例如生产工具的发明与传承部分，没有全面展示各式各样的农具，只选取了犁、锄、镰、磨四种。犁是耕种工具，锄是中耕工具，镰是收获工具，磨是加工工具，四种工具大体上概括了我国古代农业生产的主要方面。[1]

陈列内容设计文本不同于陈列大纲，它是具有可操作性的展览内容脚本。要考虑方方面面的因素，要体现展览主题、传播意图、内容框架、展线划分、节奏安排、展品组合，以及形式设计要求、多媒体内置信息等所有细节，是对设计、施工、布展等各个环节具有指导意义的可操作性方案。叶蓉先生归纳了陈列内容设计文本的相关原则和主要内容。相关原则包括：一是科学性原则。内容策划要有科学的理论和依据，传达的信息必须尊重历史、尊重事实，有强有力的学术支撑和科研背景。二是系统性原则。陈列内容文本创作是一项系统工程，这个系统是若干个相互联系、相互作用的要素构成的有机整体。进行内容文本策划不能孤立、片面、静止地考量各个要素，而是需要运用系统思维全面考虑每一个细节。三是创新性原则。展览要新，必须努力从选题、视角、结构、情节、文字等各个方面进行创新，选题要有特色，人无我有，人有我新。只有不断创新，才能持续获得公众的认同。

陈列内容设计文本的主要内容包括：一是展览名称，即展览给观众的第一印象，一个展览能否吸引观众，展览名称起着关键性的作用；二是展览主题，即展览的立意和表现角度，是展览的生命力所在；三是目标观众，即展览所设定的将参观这一展览的观众群体；四是指导思想，即展览的策划思路，是展览文本创作的行为指南；五是传播目的，即传播者的思想和意图；六是场地条件，即举办展览最基本的建筑设施条件；七是内容框架，即支撑展览的内容构架，起着疏通思路、安排内容和展品、形成结构的作用；八是文字说明，即展览有了好的想法和构思，还必须借助恰当的语言去表达；九是文物展品，即选取并组织展品，是陈列文本策划的重要环节；十是辅助展品，即除文物之外的支撑陈列展览内容的重要组成部分；十一是陈列技术，即展览拟采用的陈列技术手段，应尽量提供陈列技术设计的背景资料和目的要求；十二重点说明，即在文本中标明内容的主次关系，对重点和亮点内容进行说明。[2]

目前，陈列展览设计制作有两种模式，一种模式是设计与制作分别由不同的单位承担，另一种模式是设计与制作由同一个单位承担。一般推荐后一种模式。因为陈列展览设计与建筑设计不同，建筑设计公司一般只搞设计，不搞施工。而陈列展览如果选择不仅陈列展览设计水平高，制作能力也很强的单位统一实施，便于组织协调。一般来说，陈列展览设计制作的单位主要负责展览的总体设计、结构设计、版面设计和版面制作，至于油画、雕塑、多媒体景观模型等内容，大多是委托其他专业公司和艺术家进行设计制作。因此，即使由同一个单位承担设计与制作任务，也需要通过适当方式，将各方面的优质力量和优秀人才吸引进来，实现既定的目标。

博物馆的陈列设备是为陈列服务的工具，它的设计思路，关系到文物的安全，使用的

[1] 中国农业博物馆陈列部：《“中华农业文明”陈列的靓与新》，《中国文物报》，2009 年 11 月 18 日，第 8 版。
[2] 叶蓉：《陈列内容设计文本的组成要素和策划原则》，《中国文物报》，2011 年 5 月 4 日，第 8 版。

便利，与观众视觉效果也有着直接的关联，同时还要与博物馆的性质、建筑风格融为一体。同时，陈列设备本身又是艺术的造型，不能只注意实用而忽略了美观，也不能只顾美观而忽略了实用。应贯彻经济、实用、美观的原则。陈列设备对华丽图案的追求，以及烦琐的雕刻、沉重的装饰的使用，都会起喧宾夺主的作用，吸引观众的视线，因此应当避免。陈列设备的材料并不是价格越昂贵越好，有时珍贵的文物展品配以朴素的展具也会相得益彰，关键在于运用得当，能够突出文物展品的形体美、色彩美、质地美，并形成色彩层次，增强陈列展览的艺术气氛和效果。

目前，我国博物馆陈列展览的精品意识普遍不强，推出的高质量精品之作不多。博物馆陈列展览水平不高的原因，往往是因为没有将陈列展览看作是一项综合性很强的文化创造。博物馆通过现代化陈列展览方法，运用多媒体等陈列展示手段，采取动态与静态相结合的形式，最大限度地发挥文化传播功能。同时，不同地区、不同性质、不同种类、不同主题的博物馆陈列展览，应呈献给观众不同的文化面貌，不同的文物展品应采用不同的陈列设计方法，才会产生不同的效果。实际上，要达到博物馆陈列展览内容通俗易懂，并不意味着陈列展览设计和制作的水平和质量不高，反而对陈列展览的各个方面提出更高的要求。

在我国，陈列展览设计不应失去中华文化千百年来形成的文化积累，应具有鲜明的艺术个性和时代特征。例如我国古代文物展品的文化内涵非常丰富，具有特殊性，无论是纹饰、色彩、器形、铭文、质地等，都能从不同的角度展示文物展品的特色和个性，给人们以历史的感悟、科学的启迪和艺术的享受。但是，古代文物展品与现代人们生活之间往往存在着较大距离，需要必要的文字说明给予帮助。通过通俗易懂、生动优美、简洁流畅、富有趣味的文字说明，将陈列展览的内容主题、时代特征、文化寓意，以及学术观点等清晰描述，这样可以使观众能够准确、快捷、方便地获取博物馆文化信息。

一些博物馆的文物藏品征集和研究等基础工作，与陈列展览工作脱节，缺少明确的思路和目标，直接造成陈列展览中的文物展品缺乏系统性和内在联系，难以形成专业性的展示主题内容，或展示主题内容缺少专业研究成果的支撑，导致博物馆的陈列展览缺乏鲜明个性和地方特色，其结果必然失去观众的参观热情。通常在博物馆展柜中，呈现在观众面前的各种器物，是孤立的终结制成品。对于这些文物展品的原料成分，制作过程采取的工艺和技术，使用过程中所承载的文化信息，陈列展览的介绍和说明中往往并不涉及。应通过鲜明的陈列展览主题，将文物展品的生命历程和社会联系串联起来，揭示其所反映的传统生活方式与技艺，蕴含在文物展品中的情感与智慧，共同叙述文物展品生动的背景故事，将文物展品置于与之相关的“人”、“自然”和“社会”环境之中。

此时“文物实物展品不再仅仅是欣赏的对象，也不再是博物馆展览中唯一的陈列要素，而成为故事叙述系统中的要素之一，扮演着故事叙述中物证的角色”[1]。如此文物展品才能成为陈列展览的传播重点，成为观众最关注的内容。面对这样的要求，文物展品研究就

[1] 严建强：《信息定位型展览：提升中国博物馆品质的契机》，《东南文化》2011 年第 2 期，第 7 页。

不能再囿于物质的层面，而应努力揭示其背后的精神因素。将文物展品研究纳入整体文化背景下，强化文物展品研究与相关领域学术研究的关联，例如陈列展览设计与文物展品布置要取得良好的传播效应，还应当熟悉认知心理学、教育行为学和人体工程学等相关知识，使观众以自然轻松的心态，在良好的情绪环境中参观。

由故宫博物院主持研发，微软亚洲研究院、北京大学提供技术支持的“走进《清明上河图》”数字展示项目，是一项全新的历史文物数字化展示项目，技术应用与内容诠释结合得非常紧密，堪称国内具有较高水平的历史文物数字化展示项目。该项目利用三维声音定位技术，复原《清明上河图》诸多场景中的人物对话、背景声音等，使观众了解画面中人物的身份、行为，从而较为准确、细致地理解《清明上河图》所表现的社会生活面貌。当观众参观时，可以看到鲜活生动的展示方式。当画面以原尺寸放映时，画面缓缓移动，并播放背景音乐；当放大某一局部时，背景音乐减弱，在这一局部画面中人物的对话响起，宛如电影的一个片断。

“走进《清明上河图》”数字展示项目中的对话共有700多段，全部由故宫的研究人员依据画面中人物的衣着、动作进行考证、分析，撰写出符合这些人物身份、性格、环境的对话，并具有一定的故事性。这一项目在充分尊重历史文物完整原貌的前提下，利用现场感很强的声音，使表现宋代社会生活面貌的这一著名历史画卷，呈现出令人身临其境的效果。这种对观众的信息展示，强调通过视频、音频等多种媒体形式，使观众能够在参观陈列展览的同时了解更多的知识，并且通过使用观众能够参与其中的多媒体手段，增强互动性，从而加深观众的理解和记忆。

二　实现陈列展览的趣味性

博物馆的动态展示技术最早起源于世界博览会。受1851年伦敦博览会启示，英国伦敦科学博物馆最早将动态陈列运用到展览中，将展品进行动态展示，使观众能够多方位、多角度地观看展品。此后，一些科学与工业博物馆仿效这种做法。20世纪早期，德意志科技博物馆就以提倡观众参与而被称为“按电钮式博物馆”，可以说是以注重教育为基本属性的科技博物馆现代流派的新起源。“在那一时期由美国F. 奥本海默（F. Oppenheimer）所创建的‘探索馆’，成为体现这种教育思想的新样板。他设计了介绍科学原理和应用并让观众探索、实践、亲自动手进行参与、互动的大量展品，独树一帜，其匠心可贵，使科技馆的教育思想，得到了辉煌灿烂的发展，赢得了社会广泛的认同。从此，开创了科学中心的新时代。”[1]

在我国，建于20世纪70－80年代的博物馆，陈列展览手段往往比较单一，基本以文物、图片、雕塑、绘画等为陈列展示的主体。20世纪80年代，北京科学技术馆第一次将高

[1] 李象益：《当今博物馆创新理念及其发展态势》，《浙东文化》2008年创刊号，第19页。

科技运用到陈列展览中，它的基本任务是向公众普及科学技术知识，传播科学思想和科学方法，提高公众的科学文化素质，培养创新精神。随着社会生活的变迁，我国博物馆的陈列展览概念发生了巨大变化，在科技博物馆、自然博物馆等博物馆实践中收到良好效果的基础上，高科技手段逐渐从科技类博物馆进入到以文物藏品为主的社会历史类博物馆，在各类博物馆展示中得到广泛的应用，已经成为陈列展览中不可缺少的组成部分。

当代博物馆陈列展览更多地聚焦于信息传播，内容设计主要是对文物展品相关信息的科学展示，所涉及的科学理论则扩展到人类学、民俗学、传播学、教育学等学科内容，陈列展览中更多地采用影像、多媒体和计算机辅助互动设施。特别对于基层博物馆来说，由于主客观等条件的制约，常常在文物藏品的丰富度、陈列展览的可视性、展览内容的吸引力等方面存在着诸多不足，而现代科学技术以其直观、新鲜、现代的特点，给参观者带来具有强大冲击力的视听体验，从整体上提高陈列展览的时代感，起到吸引观众的作用，具有广阔的前景。

今天，广大民众的文化需求呈现多样化发展，文化传播形式不断创新，所有的文化信息都有可能被纳入博物馆文化之中。随着高科技的迅猛发展，如今世界已经进入电子信息的时代，计算机和网络技术正日益进入公众生活之中，作为一种有效的信息化手段，能够更全面、更直观、更有效地传达信息，人们尤其是青少年接受知识的主要途径，往往依靠电子媒介等形式。博物馆以普及知识为使命，以陈列展览为传播手段，而现代科学技术正是当今有效且容易被大众所接受的传播方式，可以使观众获得全新的参观体验。

高科技是人类现代文明的成果。博物馆不应该抗拒高科技的应用。陈列展览需要对高科技应用做出细致的规划，对灯光照明、温度调控、背景音乐、电子媒体、视播系统、电脑查询、虚拟显示、节能环保、安全维修等现代科技手段进行详细设计，充分考虑不同观众的心理需求和体验要求，丰富展示内涵，使观众在博物馆馆舍空间中通过各种直接或间接的现代科技手段，全方位体验博物馆所要传达的信息知识。要重视在展厅中，对现代气息浓重的高科技应用设备适当进行遮蔽与隐藏，在外观上要与周围陈列环境相协调，避免影响参观者对陈列展览主题的关注，而分散注意力，实现“让博物馆享用无处不在的高科技，又像空气一样感觉不到它们的存在”[1]。

河姆渡遗址博物馆陈列展览内容的设计，力求将专业性与趣味性紧密结合，在每一个部分设计 1—2 个亮点，营造气氛，增强展览的观赏性，以达到雅俗共赏的目的。通过播放制作的动画短片《我的家园》，动态演示河姆渡文化先民营建干栏式房屋的过程，包括砍伐树木、裁截木料、开板取材、劈削加工、挖凿榫卯、挖坑垫木、立柱架板、铺盖茅草等建造干栏式房屋的各道程序，使静态的、不美观的木构件展品，通过生动地展示手段，加强陈列展览的观赏性，更深层次地传播中国传统建筑文化的知识。

陈列展览是一种信息传播的载体，要从观众的认知习惯和水平出发，科学合理地安排好展览的信息层次。随着当代博物馆陈列设计手段的日趋多样，应适当地借助现代科学技术的

[1] 徐㐨野：《“文化的设计”与“设计的文化”》，《建筑与文化》2007 年第 2 期，第 13 页。

成果，直观地再现某些场景。在短短的十多年间，从讲解器到多媒体，从二维图像到三维展示，再到数字化博物馆，科学技术成果的应用和推广，使博物馆不断以更为新颖自然的手法，深入浅出地展现文物展品的博大精深与发展历程，精炼地概述历史事件的起因、过程和结果，从而在普及知识的过程中寓教于乐，达到更佳的展示效果，显示出博物馆文化与科学技术的结合，也使博物馆愈加年轻鲜活起来。

今天，以数字化技术武装的声光电技术和电脑设计技术，促进了博物馆高科技项目的研发与更新，拓展了陈列设计思路，丰富了陈列设计语言，使陈列展览中有形展现、无形再现成为现实。通过文字记载影像化，让遥远的文化与自然共同创造得以重现，让观众有身临其境般的感动和震撼，获得“进入历史场景的感觉”。中国农业博物馆陈列展览中的“都江堰场景”，有根据地还原岷江分流的情景，利用声光电技术模拟展现水利工程的壮观，利用多媒体演示细解水利工程的原理，使参观者看到、听到、感受到两千多年前先人是如何使桀骜不驯的滔滔江水，驯服地服务于人类，并直到今天还造福于广大民众，体验中华文化的智慧与深厚。

“关于如何使博物馆变得有趣，这是不同博物馆根据自身特点见仁见智的问题。但可以肯定的基本原则是，博物馆不是高高在上向观众灌输、布道的古板教师，不是让观众看完就忘的枯燥课本。有趣的博物馆应当能满足观众的多种需求，能够令观众有所触动、有所思考、有所回味。”[1] 如今博物馆普遍采用模型、雕塑、油画、国画、沙盘、触摸屏、电子书、场景复原、电动图表、高清全息投影等多种手段，突出对重点内容的表现，更加深刻生动地揭示陈列的内涵，增强内容的表现力和视觉的冲击力，丰富陈列的艺术语言，并吸引观众参与其中。但是，场景模拟必须要有确凿的史实依据，切不可随意发挥，否则反而会误导观众。

任何现代科学技术的应用都必须有实体文物和相关资料的支撑。采用新技术，是对陈列展览思想性、学术性、知识性的强化，其中任何虚拟展示都应该尊重历史，严格按照陈列展览主题和内容设计进行制作和呈现。只有文物展品才是陈列展览中的主角，现代科学技术只能是博物馆展示中的辅助手段，仅仅为了使陈列展览在叙述上更流畅，在效果上更直观，在形式上更丰富，最后达到博物馆文化传播的目的。新技术的应用所带来的不应该只是感官或肢体的互动，而应该追求陈列展览和观众之间思维的互动。陈列展览的思想性往往寓意其中，含而不露，意在言外，而不张扬，让观众自己领悟，自己品味。

当前，应避免博物馆陈列展览的“千篇一律”。由于不同地区历史文化资源不同，陈列展览的主题与内涵理应存在诸多区别。因此，应保证每一个陈列展览独特的审美风格。国家博物馆的油画《开国大典》观赏性很强，画中的麦克风等又以实物展出，画、物组合，观众对隆重的开国庆典场面的观感自然就会更加强烈。在文物展品的背后往往蕴含着极其丰富的历史文化信息。任何一件文物展品都与当时很多事物有着密切的关联，绝非孤立存在，对前来博物馆参观的绝大多数人来说，最想知道的正是文物背后的故事，以及与其相关的文化信

[1] 黄琛：《漫谈博物馆宣教服务体系建设》，《中国文化报》，2008 年 7 月 4 日，第 6 版。

息。但是博物馆传统的陈列展览方式较少顾及观众的感受，提供给观众的信息单调而有限。

由于科技手段与新材料、新技术、新工艺的应用，博物馆陈列展览的信息传递变得直接、快捷、便利、集中、形象、生动，并由传统的静态展示转向动静结合，全面、有效地增强了陈列展览的视觉冲击力。科技的进步是永无止境的。随着科技的不断进步，展陈观赏性前景将越来越广阔。实践证明互动和高科技展示手段恰当适度地运用，是对传统展示方式的有效补充与完善。例如汉阳陵博物馆的幻影成像，陕西历史博物馆的高清晰数字短片，从观众竞相观看的盛况可知，不仅没有冲淡文物展品本身的主题，影响陈列展览的科学性和系统性，反而调动了观众的参观兴趣和主观能动性，加深了对陈列展览的印象。总之，随着博物馆理念的不断更新，以广泛使用高新技术为表征的展览设计，日益受到博物馆界的重视。

20 多年来，博物馆界始终不渝地从诸多层面发掘着高科技的正面作用，例如拓展信息载体，弥补文物藏品不足的缺憾，增强视觉冲击力，满足观众的参与和娱乐需求。近年来，现代新兴科技如光纤、激光、全息照相、立体声、多媒体等技术，普遍应用在世界博览会，造成了强烈的视听觉冲击。随后电子影像、大型影像、多重影像、立体影像和虚拟影像、幻影成像等新技术也纷纷进入博物馆，大大提高了陈列展示的感染力。特别是上海世界博览会期间，中国馆的动画版《清明上河图》，设计者融合了动态投影和三维成像等技术，通过 12 台投影仪，将长 128 米、宽 6.5 米的《清明上河图》在投影墙上真实再现，使画中的人物和场景都变得可以活动，栩栩如生，超越了这幅画作原来平面静态的表现，给观众带来一种新颖的感官体验。[1]

采用现代科学技术必须着眼于实际效果。作为新型传播手段虽然具有不少优点，但是在具体运用时也需要注意博物馆陈列展览的特殊要求。目前，很多博物馆热心于新技术的运用，以为新技术应用得越多，应用的技术越高端，就会越吸引观众。但是现实的结果是很多新技术由于损耗大、使用率低、布局不合理，以及与展览内容关系不密切等原因，未能很好地服务于观众。实践证明，陈列艺术不是高科技的同义词，声光电等新技术也并非多多益善，要充分考虑必要性、适当性和综合性，高科技的运用也不能喧宾夺主，它的角色只能是衬托者，而不应成为主角。

由于高科技产品的出现与应用，丰富了博物馆陈列展览设计制作的方式方法，也为习惯于原有陈列手段的观众带来新的感受，而受到人们的欢迎。于是，近年来无论是新馆建设还是旧馆改造，必将高科技陈列展览项目列入其中，而且投入比重越来越大。一些博物馆甚至认为只有更多地使用现代科学技术手段才是求新、求变的最佳方式，认为高科技项目使用越多，越能推陈出新，越能显示经济实力，越能提升博物馆的档次，在陈列展览设计过程中，弱化传统陈列手法，片面追求所谓创新，在博物馆之间形成“互相攀比”、“盲目跟风”的趋势，导致陈列展览重复模仿，展示手段千篇一律。[2]

---

[1] 吕建昌、张宇：《上海世博会的后续效应》，《东南文化》2010 年第 6 期，第 104 页。
[2] 曾杰冈：《陈列中的高科技应用》，《中国文物报》，2010 年 2 月 24 日，第 8 版。

宋向光教授指出：“对博物馆陈列性质认识的分歧，陈列目标的异化和模糊，陈列内容的同质化和程式化，陈列展示的技术化和娱乐化，陈列形式的视觉及感官至上，陈列工作体制的市场化，这些新问题摆在人们面前。”[1] 陈列展览通过对视频、音频、动画等媒体加以组合应用，可以创造崭新的参观体验，促进观众视觉、听觉及其他感官和行为的配合，扩大内容信息的传播，营造陈列展览的环境气氛。陈列展览需要观赏性，但是目的是通过观赏性，更好地表现思想性、知识性、艺术性，展现陈列展览的主题。决不可割裂观赏性与思想性等两方面的关系，不顾陈列内容适合与否，强行要求增添指定的高科技手段，造成展示形式对内容的误导。更不能本末倒置、喧宾夺主，为了追求展厅艺术效果，采用艺术品的堆砌取代文物展示，造成陈列展览效果的杂乱无章。“我们必须认真对待当代博物馆陈列表达的场景化、舞美化、影视化、虚拟化倾向。”[2]

博物馆现代化的重要标志之一，是对科学技术的正确应用。但是，一些博物馆以为只有尽可能多地采用现代化陈列展览设施，陈列展览的水平才能提高，才能具有时代感。因此，在陈列展览中，声光电等现代技术被过度使用，甚至到了滥用的程度。有的陈列展览不仅每件文物都要采用人工光源处理，而且配音视频、模拟动画等充斥整个展览，令人目不暇接、眼花缭乱。在这里文物展品反倒成为配角，造成喧宾夺主，遮蔽了文物展品本身的文化魅力，也失去了各博物馆之间的差别和特色。人们在实践中认识到，博物馆的现代化，不应是现代技术的罗列，也不应是新型设备的堆砌，更不应以高投入，高消耗作为衡量标准。

正如苏东海先生所说：“文物博物馆事业的现代化不是什么声光电的问题，而是紧追时代，赋予时代内涵的问题。”“我们不要把‘声光电’等同于现代化，不要以为‘声光电’就是现代化博物馆的标志。”[3] 先进的科学技术手段应能更好地衬托文物展品，现代技术和新型设备应是表现文物展品文化内涵的工具，完美的陈列展览形式应与文物展品的文化内涵相统一，无论是场地、展柜，还是灯光、美工，以及辅助陈列等各种有效方式和手段，均应最大限度地展示文物展品的文化魅力，并给予观众美的享受。同时，应努力营造优美、洁净、高雅的参观环境，使观众进入博物馆就能沐浴在文化氛围之中。

当前，在运用新技术的过程中，暴露出不少问题。主要表现在：一是陈列展览形式与陈列展览环境、陈列展览内容不相协调。在造型、比例、色彩、质感等各方面，普遍采用现代装饰材料和技术手段，从而造成了陈列展览形式与陈列展览内容的强烈反差。二是文物展品与辅助展品的关系本末倒置。严格说来，图片、照片、模型等是实物例证，不是陈列展览的主体部分，辅助展品仅仅是信息载体。三是一些陈列展览为了创造所谓的视觉冲击效果，刻意追求技术手段。于是在许多耗资不菲的陈列展览中，愈益庞大的多媒体视频充斥其间，突兀无当的人造景观与电子沙盘触目皆是。四是高科技表象后的“千馆一面”。在当今的诸多陈列中，虽然大都广泛运用了幻灯、影像、音响、雕塑、蜡像、模型、半景画、全景画、

[1] 宋向光：《在陈列的瓶颈期》，《中国文物报》，2009 年 12 月 2 日，第 6 版。
[2] 宋向光：《在陈列的瓶颈期》，《中国文物报》，2009 年 12 月 2 日，第 6 版。
[3] 苏东海：《论博物馆的现代化》，《中国博物馆》1997 年第 1 期。

景观复原等采用高新技术的辅助手段，但是这些看似新颖的陈列展示形式，往往大同小异、简单复制和缺乏个性。

在博物馆的陈列展览设计中，应注重最新研究成果和新技术、新工艺、新材料的引进，这既是社会发展和科技进步的必然，也是提高陈列展览质量和水平的需要。但是，高科技项目在现代博物馆的应用过程中，日益显现出一些弊端。例如高科技项目价格相对昂贵，一旦大量使用，势必过多占用有限的陈列展览经费；一些不是很成熟的高科技项目，由于缺乏维护经费和技术人才保障，在长时间、高频率地使用后，容易出现故障；随着现代科技的发展，新产品不断出现，高科技项目升级换代频率加快，不断被动淘汰。

博物馆陈列展览的学术文化内涵和公众参与属性，要求博物馆在陈列展览中对新技术、新工艺、新材料有选择地适度加以运用。应用各种现代科学技术手段，目的是为了深化陈列展览内容、丰富展览展示形式，而不能将科学技术手段的应用，当作陈列展览是否创新的重要标志，不能将博物馆的陈列展览变成科技博览会，反而使文物展品变成了配角。面对陈列展览中出现的种种弊端，博物馆应该力求技术与艺术、内容与形式、继承与创新、审美与娱乐的有机统一，谨防对技术的盲目崇拜和无度滥用，自觉抵制业已出现的庸俗化和娱乐化倾向。

技术与艺术同为博物馆陈列不可或缺的因素，二者的完美结合是陈列思想与形式至善至美的追求。所谓陈列技术并不等同于高科技在陈列中的运用，而是使文物藏品陈列更趋科学化和艺术化的辅助性手段。“然而，我们不无忧虑地看到，在举世追捧高科技的语境下，博物馆界也悄然掀起刻意追求陈列高科技化的浪潮，不仅将技术等同于高科技，而且使技术与艺术的边界变得模糊不清，甚而使高科技手段趋于本体化，以致完全脱离思想和艺术本体之旨归而反客为主。”[1] 巧妙运用高新技术，应该只是作为深入挖掘与深刻阐发人文思想的手段，而不应陷入刻意追求新颖、刺激和娱乐的误区，导致将技术手段等同于艺术价值，以致使陈列展览的思想内涵、艺术品味与文化品格大打折扣。

因此，要重视陈列展览艺术与陈列展览技术的统一。只有用文化理念驾驭技术要素，并将各个技术要素有机地整合起来，才能使陈列展览产生赏心悦目的艺术效果。“正确认识陈列艺术与技术的本末关系，从而在尊重二者各自规律的前提下，适度界定二者之间的阈限，有助于当今博物馆陈列在满足观众日益增长的个性化需求的同时，依然坚持自己的基本理念，永远不失自己的本质特征。也只有如此，才能使观众在欣赏陈列展览时沐浴高新技术之惠泽，产生温柔敦厚之美感，并在审美体验中使情感得以升华。”[2]

（此文发表于《东南文化》2013年第2期，第6页）

[1] 侯春燕：《博物馆陈列艺术与技术的界阈约论》，《中国博物馆》2008年第1期，第70页。
[2] 侯春燕：《博物馆陈列艺术与技术的界阈约论》，《中国博物馆》2008年第1期，第70页。

摸清文物家底也是抢救文物行动

文物藏品是博物馆的生存之基、发展之本，是实现博物馆使命与目标的保证，保护好文物藏品是博物馆的社会责任，也是博物馆功能发挥的出发点。今天将“人类及人类环境的物证”作为博物馆的收藏对象，使博物馆的收藏具有更广泛的社会意义和社会使命。由于文物藏品是博物馆各项业务活动的物质基础，文物藏品的登录管理不仅直接关系文物藏品在陈列展览、科学研究等方面的作用发挥，也直接关系着文物藏品的安全。就此而言，摸清文物家底也是抢救文物行动。

博物馆藏品的登记著录是博物馆的一项基本职责。通过合理、有效地登记著录，加强对文物藏品的管理和利用，一直是我国博物馆工作者不懈努力的目标。早在 1914 年，在张謇先生的主导下，编辑了《南通博物苑品目》，分上下二册，上册为天产部，共 1870 号；下册为历史、美术、教育，四部合共 2973 号。自然类收藏物品共占 62.9%。这部《南通博物苑品目》就相当于现在的博物馆藏品总登记账。[1]

往往在博物馆藏品管理中，文物藏品编目被视为一项枯燥的工作，实际上是一门专门学问。例如已故南京博物院宋波胤副院长在其《论藏品编目》、《论四部四项藏品分类》中，从博物馆藏品分类的工作实际出发，提出了著名的“四部四项十进位分类法”，其方法对于博物馆藏品管理的规范化具有指导作用，对于博物馆藏品管理的数字化进程也有积极借鉴意义。[2]

1978 年 1 月国家文物局公布的《博物馆藏品保管试行办法》中，明确规定了博物馆藏品总账和藏品档案的登记方法。1986 年 6 月文化部发布的《博物馆藏品管理办法》，又对博物馆藏品的登记著录规则进行了细化。其中总则第三条规定：“保管工作必须做到：制度健全、账目清楚、鉴定确切、编目详细、保管妥善、查用方便。”

几十年来，我国的大多数博物馆都在努力建立相对完整、细致的藏品总登记账、藏品分类账和藏品编目卡片。其中藏品总登记账作为国家科学、文化财产账，各博物馆均设专人管理，永久保存。按照规定，全国博物馆的藏品总登记账实行统一的格式和登记标准，对于藏品的定名、计件、计量单位、时代、现状、来源等信息，严格按照文物行政部门制定的规范进行记录，逐项登记。

1991 年 11 月，国家文物局印发的《藏品档案填写说明》是规范著录工作的最基本依据。《说明》对档案填写的格式、文物定名、鉴定、文物总登记号、文物分类号、档案编号、时代、作者、数量、质地、色泽、用途、尺寸、重量、形状、入藏日期、征集经过、流传经历、修复、装裱、复制记录、现状记录、照片拍照等方面都做出了具体规定。并要求各博物馆根

---

[1] 李让、李文昌主编：《博物馆的记忆与想象》，学苑出版社，2005 年 9 月，第 130 页。

[2] 刘毅：《关于博物馆学研究对象的思考》，《东南文化》2010 年第 1 期，第 83 页。

据各自的馆藏文物实际，按照统一的定义进行完善和整理，使之统一分类、统一格式和内容。

在文物藏品纸质档案登录管理方面，我国博物馆界有一套较为完善的规则。国家文物部门自 1992 年起组织专家组，对全国博物馆等文物收藏单位的一级文物藏品展开巡回鉴定和确认，共对 1417 个单位的一级文物 25775 件（不含书画）进行确认，并完成了 231 个文物收藏单位的馆藏 21823 件一级文物的登记、备案工作，以此为契机，推动博物馆藏品保护管理更加科学化和法制化。

2002 年《中华人民共和国文物保护法》修订后，规定了馆藏文物档案的备案制度，并要求国家文物部门建立一级藏品档案。其中第三十六条规定：博物馆、图书馆和其他文物收藏单位对收藏的文物，必须区分文物等级，设置藏品档案，建立严格的管理制度，并报主管的文物行政部门备案。

2003 年全国馆藏文物保护工作座谈会，对馆藏文物保护、利用和管理工作进行了系统的梳理，部署以馆藏一级文物建档备案为突破口，加强文物资源调查建档工作，同时大幅度改善文物藏品保存条件、推进科技保护和现代化管理、确保文物藏品安全，促进博物馆藏品管理水平的提高。2004 － 2005 年，国家文物部门实施了全国一级藏品建档备案项目，共完成全国文物（文化）系统博物馆 46630 件（套）一级藏品的纸质档案备案。

联合国教科文组织《关于保护可移动文化财产的建议》指出，应“鼓励按照专门为此目的制定的方法，尽可能详细地对文化财产系统编目和分类。这样的目录在需要确定文化财产损坏和退化时是有用的”。国际博物馆界公认，文物藏品登记著录是指博物馆根据有关标准、内部规章及惯例，对新征集或原有藏品做出恰当记录的行为。

《国际博物馆协会职业道德准则》规定：“确保博物馆临时或永久接受的一切物品得以恰当地、全面地做出记录，以利于证明出处、鉴定断代、记录状况并进行处理，是一项重要的专业职责。”准则强调，“尤为重要的是此类档案记录应包括每件物品的来源及博物馆接收该物品时的状况”。国际博物馆协会登记著录委员会（CIDOC）认为，没有完整登陆的藏品不是真正意义的“博物馆藏品”。

随着信息时代的来临，越来越多的博物馆纷纷将数字技术与藏品管理相结合，开展数字化的藏品登记著录工作。2002 年法国颁布的《博物馆法》中明确规定，文物藏品清点、核对每十年要进行一次，博物馆所有文物藏品都要由清点专家或专员进行清点、登记，纳入收藏目录中。20 世纪 90 年代，我国博物馆界在延续纸质档案管理的同时，利用信息技术开展数字化藏品登记著录的尝试，故宫博物院、敦煌研究院等单位陆续建立了藏品信息管理系统。

2001 年，国家文物局发布了《博物馆藏品信息指标体系规范（试行）》，包括 3 个指标群、33 个指标集、139 个指标项，涵盖了与文物藏品本体、管理和研究信息相关的各个方面。实践证明，信息化为博物馆的文物藏品保护、管理和利用提供了更为便利和有效的方式，为实现博物馆藏品科学管理提供了重要途径，这不仅是新时期博物馆事业发展的必由之路，也推动了博物馆在管理理念、管理手段等方面的深刻革命。

2001 年，国家文物局与财政部经过认真调研，决定开展“文物调查及数据库管理系统建设项目”，即利用信息化手段在全国文物博物馆系统开展文物资料调查工作，建立文物系统人、财、物综合数据库和信息网。这是一项以摸清馆藏文物家底、提高文物管理水平为基本目标，以调查馆藏珍贵文物资源、采集文物基础信息为基本形式，以数字化的影像采集技术、数据存储技术和网络技术为基本手段的博物馆领域的一项数字化基础工程。

“文物调查及数据库管理系统建设项目”，首先在山西、河南、辽宁、甘肃4省试点，逐步向全国推广，覆盖了全国31个省、自治区、直辖市。经历10年艰辛努力，于2011年6月圆满结项。作为一项覆盖全国的馆藏文物资源调查工程，一项涉及全国的博物馆业务能力提升工程，一项惠及全国的文化遗产数字化基础工程，实施10年来在采集馆藏文物数据、推进文物博物馆信息化建设等方面都取得了丰硕的成果。

在数据采集成果方面。文物调查项目的实施，促进了博物馆信息化的基础设施建设，搭建起一座博物馆信息化专业人才锻炼培养的平台，形成了一支博物馆信息化工作队伍，使利用现代信息化手段管理文物工作的理念得到普及。文物调查项目共完成1660275件/套馆藏珍贵文物数据采集，其中一级文物48006件/套，二、三级文物1612269件/套，拍摄照片3869025 张，录入文本信息3.05亿字，数据总量15.16TB，此外，还采集馆藏一般文物数据137万余条，建立了国家、省、收藏单位三级分布式文物信息存储体系。

在标准建设成果方面。为保证数据采集质量及项目实施的规范化、科学化，结合行业信息化发展需要，项目执行机构研究编制了《博物馆藏品信息指标著录规范》、《博物馆藏品二维影像技术规范》、《馆藏珍贵文物数据采集指标项及著录规则》等10多项数据标准和技术规范，建立了以文物数据采集、管理为中心的适合数字化技术要求的标准规范体系。同时，研发了《馆藏文物信息管理系统》，形成了一套服务于各类博物馆，集成文物信息采集、综合管理和应用服务等多项功能的软件体系。各地结合自身情况，编制了项目工作规章制度和实施标准，既确保了项目进展，也为项目成果的推广利用奠定了基础。

但是，由于“文物调查及数据库管理系统建设项目”仅完成了全国文物系统馆藏珍贵文物数据的采集工作，而对于全国各级各类文物收藏单位所保管的文物藏品状况仍然家底不清。因此，在现有基础上，在全国可移动文物普查工作中，实现以馆藏文物为核心的全文检索、统计分析等应用服务，为政府提供专业支撑，为保护科研提供科学依据，为社会公众提供信息检索服务。在文物调查项目的组织方式、工作模式、运行机制等方面，摸索出了一条符合我国博物馆工作规律、适应博物馆行业实际的文物数字化国情调查之路。

全面清理文物藏品是掌握文物藏品情况、了解文物藏品现状的有效途径，同时明确文物藏品的制作材料、工艺、目前保存的条件、适当的保存条件等情况，才能有的放矢地做好保护工作。进入新的世纪，故宫博物院制定全面清理文物藏品规划，从2004年至2010年，集中7年时间，对全院文物藏品及所有库房、宫殿进行全面彻底的清查和整理。此次清理文物藏品是故宫博物院历史上第5次清理文物藏品，也是最为彻底和全面的一次。

故宫博物院藏品85%以上为清宫旧藏文物和遗存。此次从原定为“非文物”、“文物资料”中清理出了大量文物，使故宫博物院的文物藏品总数从过去的近百万件增加到1807558件，其中珍贵文物1684490件，一般文物115491件，标本7577件。摸清文物藏品家底的过程，也是文物信息化的过程。故宫博物院同时完成了文物藏品资料的数字化处理工作。

分析故宫博物院新增加的文物藏品，主要是把大量具有历史文物价值的资料纳入文物藏品系列。例如22703件清代帝后书画作品，之前认为艺术水平不高而未系统整理；过去只重视皇帝后妃的成衣，对于相当数量的衣鞋纸样和衣盒则未纳入文物藏品；还有反映清代官员觐见皇帝制度的近万件红绿头签、反映皇宫警卫制度的上千件腰牌等，过去对于这些清宫旧藏重视不足，但是这些物品也是清宫文化的重要组成部分。

此外，在此次文物清理中，首次将古籍、古建筑类藏品纳入文物管理。故宫博物院收藏约40万件古籍、善本，原来虽然得以妥善保存，但是并未纳入文物藏品系列进行管理。现存的明清抄、刻本，包括内府修书各馆的编纂过程中产生的稿本、呈请皇帝御览、侍刻之定本等，品类丰富，数量众多，具有较高的史料价值。

一件文物一旦通过鉴定，并决定征集进入博物馆收藏序列后，就要进行登记建档，成为公众的文化财产，从此刻起，这件普通意义上的文化物品，就上升为文物藏品，它的保护与管理就要纳入博物馆规范管理的正常轨道。同时，在文物管理系统中，文物藏品的收藏位置数据和文物档案影像等信息，得到了进一步充实完善，实现了馆藏文物的全面信息化管理。

故宫博物院将对新纳入博物馆藏品范围的各类文物，进行文物等级的认定。并将编制《故宫博物院文物藏品总目》、《故宫博物院藏品大系》，通过电子本和纸制本两种形式向社会公开。其中，《故宫博物院藏品大系》精选最具典型和代表性的文物15万件，按照陶瓷、绘画、书法、碑帖、青铜、玉石、珍宝、漆器、珐琅器、雕塑、铭刻、家具、古籍善本、文房用具、钟表仪器、宗教文物等分为26编，总规模预计500卷。

在故宫博物院的文物藏品中，由于宫廷藏品及遗物数量巨大、种类繁多、存贮分散，以及故宫博物院成立以来历经多次社会动荡等原因，其文物藏品总数长期没有一个确切的数字。事实上，宫廷文物具有重要价值，原来众多不被重视的宫廷历史遗存、遗物也具有同样重要的意义，也是反映宫廷历史文化某些方面的实物见证。“近年来，人们对宫廷文化的兴趣与日俱增，一批曾经被‘忽略’的老物件被提拔为文物。”[1]

由此可见，文物藏品家底不清的情况，在博物馆的管理中曾经十分严重，严重制约了博物馆各项功能的发挥。经过几十年来的努力，虽然这一状况大为改观。但是，目前在博物馆的文物藏品资源管理方面，仍然有一些突出问题亟待加以解决。有关专家指出，“现在对博物馆藏品的统计数据是不可靠的，一个重要原因是许多博物馆存在大量的‘非文物’、‘参考品’，有的馆甚至多达数十万件”。

上海博物馆陈燮君馆长指出：“作为国家一级博物馆的上海博物馆等级藏品12万余件，参考品80多万件。”[2] 原中国历史博物馆也有从“参考品”中清理出一级文物的事例。这里等级藏品是指经过认定的文物藏品，参考品是指没有经过认定的“非文物物品”。在国家一级博物馆

[1] 刘冕：《故宫150万件“家底”目录将公布》，《北京日报》，2009年12月7日，第8版。
[2] 自庶：《文物认定：博物馆要先行》，《中国文物》，2009年9月23日，第7版。

中尚且有如此大量的“非文物物品”，那么全国各级各类博物馆的“非文物物品”存量无疑十分巨大。

事实上，在各级各类博物馆长期保留的“非文物物品”中，隐藏着大量具有历史、科学、艺术价值的文物，甚至是珍贵文物。但是限于过去的认识水平或其他原因，而将其搁置起来，成为博物馆中的另类藏品。由于“非文物物品”，没有合理的文物藏品身份，缺乏应有的法律地位，如果进入司法诉讼程序，只能以一般物品的经济价值来进行评估。

文物藏品资源状况不清、等级不分、管理混乱等问题的存在，对有价值的馆藏文物的保护构成潜在的威胁，甚至会引发盗窃、走私的发生，而肇事者得不到应有的严厉惩处。2010 年，土耳其文化部公布了专家组对于安卡拉国家油画及雕塑博物馆的清查结果。结果显示，自 1980 年以来，这座建立于 1927 年的博物馆，作为馆藏文物的土耳其大师画作中，有至少 400 幅被替换为赝品或干脆消失得无影无踪，占馆藏画作总量的 1/10。“此次失踪的画作中包括土耳其著名画家 H.R. 力萨（H.R.Riza），H.R. 力萨共捐给国家 441 幅画作，可如今只有 56 幅仍然在册。”[1] 但是据报道，这并非该博物馆文物藏品首次出现问题，早在 1996 年对其进行的一次清查中，就发现已有 313 幅绘画作品失踪或被赝品取代。然而，并未引起足够的注意。

在我国，2003 年 11 月，中央电视台《焦点访谈》报道了江西省景德镇陶瓷历史博物馆文物流失的案例，该馆 1989 年统计记录有 7800 件文物藏品，而到 2003 年，却只有 900 件文物藏品，加上已从该馆分离出去的 1000 多件文物藏品，与当年的统计记录相去甚远，很多重要的文物不知去向。[2] 还有一些博物馆藏品管理不规范。例如“去年藏于重庆市铜梁县博物馆的国家一级文物银盒突然在博物馆中失去踪影，经过 13 天的紧张搜索，文物执法人员翻遍了博物馆库房内的上万件文物后，最终才在一个陶罐里找到了满是灰尘的银盒”[3]。

在馆藏文物登录管理方面也存在一些技术问题。例如在馆藏文物分类方面，不同博物馆分类标准不统一，由于缺少文物分类方面的行业标准，往往同一类别的文物在不同的博物馆内，被归入不同的类型。在馆藏文物定名方面，不同的博物馆使用不同的定名方法，由于文物定名的随意性较大，同一种馆藏文物，可能出现多种定名的情况。在馆藏文物编目方面，不同的博物馆在编目项目、格式、书写形式等方面都互不相同，即便是同样登录卡，在项目、格式书写上差别也很大。在馆藏文物描写方面，不同的博物馆要求不一致，在实际操作过程中，描写过于简单、笼统，造成同一种文物，由于具体管理人员的理解程度不同，掌握宽严尺度不同，形成不同的描写。一些文物藏品保管人员没有经过专业知识培训和教育，专业技能不强，同时缺乏文物养护相关科技知识。

2009 年 8 月，文化部发布了《文物认定管理暂行办法》。文物认定是实施文物保护、管理、利用的前提和基础，是文物保护的重要举措。文物的科学有效管理，首先需要弄清家底，使文物保护的法律规定，具体落实到每一处、每一件文物。在文物藏品档案数字化建设中，应遵照标准

[1] 周依奇：《失职三十年土耳其博物馆终食恶果》，《中国文化报》，2010 年 4 月 1 日，第 3 版。
[2]《流失受损的文物档案》，《中国文化报》，2010 年 1 月 22 日，第 2 版。
[3] 宗禾：《“保险箱”有点不保险》，《中国文化报》，2010 年 1 月 22 日，第 2 版。

化、规范化的准则，制定统一的采集、处理、存储、传输、服务等标准，提高文物藏品信息的兼容性及共享性。随着信息时代的到来，利用现代化技术手段管理博物馆藏品成为可能，高效便捷的文物藏品信息化管理越来越受到博物馆领域的关注。

文物藏品从接收开始便纳入了管理的范畴，各项环节的操作均应该是规范的、严密的、准确的，而不应该是随意的、粗略的。例如馆藏文物登记，由于文物藏品种类繁多，性质各异，没有科学规范的操作就很难保证文物藏品登记的真实可靠。每一个栏目，每一项内容都来自于管理人员对文物藏品状况的认识与内涵的把握程度，登记内容准确与否，直接关系到文物藏品的妥善保护，以及文物库房人员的岗位责任等问题。

凡是进入博物馆的文物，都必须经过严谨的接收登记的过程，这是搞好文物藏品管理的第一步。首先应进行科学鉴选，按照馆藏文物的标准，对文物藏品进行初步鉴定，确定其真伪、年代、质地等，划分等级，明确是否列入馆藏序列的鉴定意见。之后应及时做好整理移交工作，正式办理移交入库手续，还将进行文物定名、文物分类、文物编目和文物描写等，并在此基础上建立起文物藏品的档案，随时记录文物藏品动态。

一是馆藏文物定名，是科学分类、编目的前提，直接表述文物藏品的主要内容、特征，文物定名要求观点必须正确，鲜明地反映文物外在形式和本质特征，还要考虑检索要求，便于查对取用；二是馆藏文物分类，是文物管理标准化最重要的内容，即根据文物藏品的固有属性，依据文物管理与使用的特点，按照一定的原则和现行定名方法，对文物进行科学的分类，以便分别收藏；三是馆藏文物编目，是在鉴定的基础上按照规定的登录样式，对文物的内涵及外在特征诸方面所做的科学表述，做出翔实记录的全部过程，文物编目要求清楚地填写鉴定意见、科学记录摘要和流传经过；四是馆藏文物描写，是文物档案的重要组成部分，是衡量文物是否妥善保管的基本依据，文物描写要求术语使用准确、规范、概念清晰，使人们从中可以确切了解掌握文物的现状和损坏的程度。

博物馆藏品管理具有永久保存性和不可间断性。永久保存性是指，一般含义上的物品管理，都有一个物质保管的期限和管理的终结，即便是档案保管，也有永久保存和定期保存之分。但是，文物藏品的管理则不同，只要文物藏品的身份确定后，就具有永久保存的概念，它的个体身份永远不会被取代。不可间断性是指文物藏品的保护管理依据不同的质地，以及不同的价值，对所需的环境、条件、设施有不同的要求，因此在日常管理保护过程中，需要通过观察、测试、分析，用科学技术手段来加以控制，无论是在库房，还是在陈列展厅，每当文物藏品保护环境发生变化，都需要进行不间断的跟踪监测和保护。

2008 年 11 月，美国大都会艺术博物馆颁布了《文物收藏与管理规定》，根据该规定博物馆文物保存与维护部和各分馆共同负责文物藏品的技术检查和维护，并联合制定文物藏品养护的具体措施。制定文物藏品明细账目是保证文物藏品安全的重要环节。大都会艺术博物馆不仅设有专门的目录部，而且账目由各分馆和行政事务部门交叉管理，以避免监守自盗。《文物收藏与管理规定》对文物藏品目录有细致严格的要求。不仅所有文物藏品都要有详细的登记，还要记录文物位置、保存条件、参展情况、借出及归还时间、文物状况、研究和维护情况等项内容。大都会艺术博物馆要求各分馆每日清查重点文物藏品情况，每年对所有画廊、展厅和储藏室的文物藏品进行一次彻底清查，大规模的文物藏品库房每1至5年进行一次全面清查，根据清查结果制定明细账目表以书面形式向部门主管报告。

当前，全国可移动文物普查已经全面展开。鉴于全国可移动文物普查的艰巨性和复杂性，先从国有可移动文物普查开始。国有可移动文物普查应实行全国统筹规划，统一部署，实施标准化管理。普查预期成果将主要包括建立全国国有可移动文物编码系统、建立全国国有可移动文物信息管理系统、编制全国国有可移动文物普查档案、公布全国国有可移动文物名录、编制全国国有可移动文物统计评估报告、编制全国国有可移动文物普查工作报告等内容。

所谓文物藏品信息化管理，就是在利用文物藏品管理软件完成文物藏品信息数据库建立的基础上，以网络为技术平台，进行博物馆藏品的管理和应用。利用文物藏品管理软件来管理文物藏品具有多方面的优点。一是可以实现方便快捷地进行文物藏品检索，当需要了解文物藏品的具体情况，即可按其名称、时代、质地等任意指标选项或任意组合选项进行检索，瞬间便可完成。二是利用文物藏品管理软件可实现文物藏品信息的资源共享，使查阅者不受时间和空间的限制，即时查找所需资料，有利提升文物藏品信息的利用价值，使其更好地为社会服务。三是利用文物藏品管理软件可以方便地完成文物藏品信息的更新、维护，相对于传统手段来说简单快捷。[1]

博物馆藏品信息著录工作，是我国博物馆界数字化建设最先开展的部分。在传统博物馆中，一些文物藏品因为年代久远变得十分脆弱，在陈列展示时必须特别注意对环境的控制，并且与观众之间要保持一定的距离，致使观众难以对文物藏品进行仔细的观察。对于极为珍贵的藏品，或者不展示，或者用复制品代替原件来展出，给观众留下无缘一睹原物风采的遗憾。这种保护与利用之间的矛盾，成为长期以来困扰博物馆的一个难题。

数字化博物馆的出现，使这一问题在一定程度上得到了解决。与传统的博物馆藏品信息著录相比，数字化藏品信息著录具有明显的优势。在数字化博物馆中，文物藏品的各种信息，包括图像、影像、声音、文字等信息，利用多媒体技术有机地结合起来，使观众能够较为全面地了解文物藏品所反映的文化信息。

藏品信息管理系统关于藏品信息著录的项目，包含名称、质地、年代、来源、登记号、鉴定等数十项比较齐全的信息，例如影像信息，要求拍摄立体文物藏品图片，突破以往只有正面照片的情况，丰富了文物藏品档案影像资料。与此同时，以藏品的总账、保管账、影像账、研究账的业务管理为基础，实现博物馆征集收录、藏品编目、媒体采集、保护修复、保管管理等基本业务的自动化和规范化管理。

面向不同层次、不同专业的用户提供专业检索、全文检索、图像内容检索、统计分析、资产评估等手段。为博物馆内部管理和专家用户提供采编、检索、管理和系统监控工具，相比传统的资料查询，不仅可以防止文物藏品的丢失、损坏，还可以便捷地研究、利用馆藏文物，有效地减少所需花费的时间和精力，方便文物藏品管理和专业研究，克服目前博物馆文献、档案等资源

[1] 刘翔：《博物馆藏品的信息化管理》，《中国文物报》，2010年5月5日，第6版。

得不到有效利用和共享的弊端。

2007年8月，国际博物馆协会对博物馆定义进行了修订，即“博物馆是一个为社会及其发展服务的、向公众开放的非营利性常设机构，为教育、研究、欣赏的目的征集、保护、研究、传播并展出人类及人类环境的物质及非物质文化遗产”。这个定义更加强调博物馆的开放性，强调博物馆文化与公众日常生活的密切联系。事实上，“信息不对称”存在于日常生活的很多方面，在博物馆领域的主要表现，是公众对于文物藏品缺乏了解，因此而产生陌生感和距离感。

作为公共文化机构的博物馆，伴随着社会的发展，它的价值也日益为社会所认知，它的道德形象日益受到社会的关注。“信息不对称”将导致博物馆研究、宣传、教育等社会职能低效。博物馆“为社会及其发展服务”的责任，要求博物馆调整与社会公众之间的关系，进一步作出开放性承诺。这是服务理念的转变，更是服务态度的转变。博物馆社会责任的履行情况如何，既取决于博物馆自身努力，也取决于社会监督，社会监督机制对于博物馆功能的发挥具有重要影响。

2013年1月，故宫博物院在摸清文物藏品家底的基础上，向社会公布了首批18大类文物藏品的目录，并陆续公布全部文物藏品的目录，在博物馆文物藏品公开方面迈出了坚实的一步，取得良好的社会反响。通过相关实践和经验说明，公布文物藏品目录是博物馆履行社会责任的一项行之有效的途径和方法。博物馆对文物藏品负有妥善保管、科学保护、整理研究、公开展出和提供使用的社会责任，向社会公布藏品目录对于博物馆履行社会责任具有重要意义。

首先，公布藏品目录有利于推动博物馆藏品管理水平的提升，为科学化、规范化管理奠定坚实基础。实现藏品的“账物相符”是公布藏品目录的先决条件。必须实现博物馆全部文物藏品的“账、卡、物”核对，以此保证藏品数字的准确性和完整性。同时，为确保目录信息的科学性，博物馆必须不断补充完善藏品的各项基本信息，并保证信息的规范统一。这些工作将极大提升博物馆工作人员的业务水平，完善藏品管理机制，从而带动博物馆藏品管理能力和水平的大幅提升。

其次，公布藏品目录是充分发挥博物馆服务社会功能的必然要求。近年来，随着我国经济的快速发展，社会公众精神文化方面的需求日益增长，对了解、鉴赏博物馆丰富的文物收藏有着强烈的诉求。为此，博物馆要体现自身价值，谋得发展，必须积极适应社会发展的需要，突破传统相对保守的理念，多形式、多层次地服务于社会，使广大民众了解博物馆藏品的奥妙，更好地为各界人士观赏、研究等不同需求提供便利。

第三，公布藏品目录，有利于博物馆接受社会公众的监督，是对国家、民族负责任的表现，具有“以昭公信”的意义。博物馆藏品是中华民族文化的重要载体和历史缩影，是国家的重要文化财产，对它们的保护时刻牵动人心。博物馆和各界人士为保护藏品的安全和世代流传付出了巨大的努力。博物馆有义务积极接受来自社会各方面的监督，以不辜负社会民众的重托。公布藏品目录，正是把祖先遗留下来的珍贵遗产置于全体社会公众监督之下的具体措施。

（此文发表于《河北文化》2013年第2期，第4页）

留住城市记忆 守护心灵家园

历史文化街区的保护和城市的发展，体现着城市独特的思维方式和文化价值，积淀着城市发展的历史轨迹。这是一个呼唤文化的时代。而要延续城市发展文脉，改变“千城一面”的状况，就要努力让这些历史文化街区保持原来的尺度、原来的风貌、原来的肌理、原来的生活方式，让历史文化的沉淀不会骤然消失，更让其成为社会进步的文化动力。作为城市发展独特见证的历史文化街区，在城市形象展示、历史文化教育、乡土情结维系、文化身份认同、生态环境建设、和谐社区构建等方面具有多重价值。越来越多的人认识到，历史文化街区绝不是城市发展的包袱，而是城市建设的资源和动力。

然而，我们也不得不面对这样的事实：随着城市化进程的加快，各地政府为了谋求政绩，将改造旧城、建设新城当作地方经济新的增长点。这样一来，承载着千百年文化积淀的历史文化街区受到了极大的挑战。这不仅体现在无视它的存在，而且还表现在对历史文化街区的过度消费上，例如有的省份为了发展旅游，把历史文化街区的居民整体搬迁出来，将其交给旅游公司经营管理。这样的街区即使建筑设施没有改变，内涵也发生了实质性的改变，是一种不正常的发展方向。所以应该继续对历史文化街区加大宣传，使之朝着正确的保护方向健康发展。

可以说，“中国历史文化名街”评选推介活动，是在我国城市化进程持续加快、城市建设大规模展开、历史文化街区保护面临重大挑战的背景下，开展的一项具有开创性意义的文化行动。自2008年启动以来，持续不断地有效实施和宣传，有力地提升了社会各界人士对历史文化街区保护的关注度，将历史文化街区在文化遗产保护中举足轻重的重要意义很好地凸显出来。这一评选活动既将历史文化街区的保护落到了实处，也将传统的文物单体保护整合为集中的连片保护，成为城市文化建设和文化遗产保护的关键内容。

如今，第五届“中国历史文化名街”评选推介活动在前四届成功举办的基础上持续开展，保持一贯的严格标准，本着公开、公平、公正的原则，评选出最具有价值、最迫切需要保护的历史文化名街，继续将历史文化街区保护工作推向深入。

回望“中国历史文化名街”评选推介活动走过的5个年头，可谓一步一个脚印，没有一分浮躁，评选出的40条历史文化名街文物资源丰厚、历史底蕴深厚、文化特色鲜明，街区的传统格局和整体风貌也较为完整，堪称我们国家和民族难能可贵的文化资源。

尤其令人欣慰的是，这项文化活动产生了良好的效果。在名街评选推介活动的影响下，许多城市都加大了对历史文化街区的投入和保护力度，有序开展了一系列保护工作，包括制定相应的法律法规，将历史文化街区纳入法律保护的范畴；完善历史文化街区的保护规划，使历史文化街区和传统建筑免遭破坏，并且在政府的引导和推动下，各地民众保护历史文化街区的积极性和热情不断高涨；相关专家不断呼吁，提出了许多建设性的意见；媒体也加大了对历史文化街区保护工作的持续关注，广泛宣传报道，唤起了社会公众对于历史文化街区的保护意识，使更多的民众和有志之士加入到保护历史文化街区的行列中来。

历史文化街区是特殊类型的文化遗产，也是广大民众日常生活的场所，因此，保护历史文化街区必然是一个动态的过程，也是一个长期的过程。经过5年来的不断努力，“中国历史文化名街”评选推介活动已经成为一项具有深刻社会影响的文化行动，但怎样发挥“名街”在文化民生中的突出作用，使名街挂牌以后可持续地为城市经济社会发展作出贡献，吸引更多的社会公众参与，还需要我们予以持续关注和重视。

历史文化名街保护的未来发展任重道远，也不断有一些新的情况发生，有喜有忧。一方面很多城市跳出老城、建设新城的现象非常普遍，但是新城建设也有一些问题，例如盖大广场、景观大道，浪费了很多土地资源；另一方面一些旧城在建设压力松绑以后，虽然不再盯着历史城区进行拆迁改造，但是建设仿古一条街、没有依据的历史建筑盲目复建等现象也不断有所耳闻。历史文化街区的保护关键在于以正确的理念来平衡不同的利益主体，走积极健康的可持续发展之路。历史文化街区相关工作不仅仅是抢救、保护，也需要弘扬与发展，让其在展现历史积淀的同时，也镌刻时代的发展内容，并使保护的成果惠及全体民众，通过加强传统民居建筑维修、完善生活基础设施、改善社区生态环境等措施，提高居民生活质量，增强历史文化街区的吸引力。

在《中国历史文化名街》第五卷即将出版之际，衷心感谢那些为这项事业付出心血和汗水的人们，也由衷希望在社会各界的共同关注和推动下，“中国历史文化名街”评选推介活动能够越办越好，为留住我们的城市记忆、守护民族的精神家园发挥更大的作用！

（此文发表于《中国文化报》，2013年5月23日，第7版）

走出庙堂　服务民众

——浅议中国博物馆事业的开创与发展

一　我国博物馆事业的早期实践

我国作为世界上唯一没有中断文明的历史古国，收藏的历史悠久。在公元前21世纪，进入奴隶社会以后，一些物品已经受到特别的珍爱和收藏。古籍记载，夏朝统治者走到末路的时候，商朝的军队追赶不舍，为的是想获得夏朝统治者所携带的宝玉。商朝王室已有用于占卜的甲骨收藏，周朝王室则“多名器重宝”，开始在皇宫内设立专门的收藏机构“守藏室”，有官员负责收藏“簿录”登记，“天府”、“玉府”等府库内收藏各种重要物品，并有专职官员职守，宗庙也是收藏的主要场所。但是，最初收藏的目的只是祭祀、显示财富和装饰，所以不能称之为博物馆的雏形，然而通过这些收藏活动，却孕育了博物馆在我国出现的基础条件。

汉语“博物”一词，最早见于《左传·昭公元年》：晋侯闻子产之言，曰：“博物君子也。”与今义近似。关于博物馆在我国的起源，一种观点认为，博物馆作为一种文化现象，可以从两千多年前的曲阜孔子纪念地算起，孔子卒后次年（公元前478年）鲁哀公命将孔子故居作为纪念孔子的庙堂，收藏陈列孔子生前的物品，有人将这里称为我国最早的“博物馆”。虽然我国古代没有博物馆这一概念，在相当长的历史阶段，文庙扮演了类似的角色，被看作是博物馆的一种古典形态。从秦汉以来，历朝历代宫室收藏的古物数量大、精品多，而且受到封建法律的保护。这些古物通常与图书典籍保存在一起，汉代的天禄、石渠、兰台就是收藏古物和典籍的图书馆，此后历代都继承了这一收藏传统，例如隋文帝建妙楷台、宝迹台，分别保藏法书和名画。

唐朝首都东迁洛阳以后，有识之士将散落在唐长安城各处的碑刻和石雕，搜集在文庙，供后世观赏。“同时，也将四书五经镌刻在石碑上，陈列其中，为学而优则仕的书生提供学习经典典籍的标准版本。”[1] 大量与宗教有关的物品则被宗教机构收藏保管，例如在扶风法门寺地宫内发现的大批金银器皿、丝绸绫绢，以及各种重要物品，等级高、品类多，是研究唐代政治、经济、文化、宗教的重要资料。宋代的秘阁、龙图阁、天章阁，除图书外，也藏有古画、墨迹或符瑞、宝玩之物。宋哲宗则在长安建“碑林”，存储汉魏以来碑石。随着宫室文物数量的增加，宋徽宗建保和殿、稽古阁、博古阁、尚古阁，专门存储古玉、印玺、法书、图画和各种鼎彝礼器。清朝皇帝的收藏被按类编辑、记载，分为前世青铜礼器、玉器、书画、瓷器、文房用具、古书、杂项等七类。西藏布达拉宫也是众多精美物品的汇集场所，收藏有近万幅明清以来的卷轴画和大批石雕、木雕、泥雕等艺术品，以及贝叶经、藏毯、卡垫、经幡、华盖、幔帐、陶瓷、玉器、金银器物等大批传统艺术品和其他重要历史文献。

[1] 刘克成：《到博物馆去》，《建筑与文化》2007年第2期，第10页。

从宋至明清，除皇室收藏外，以官僚、士大夫为代表的私人收藏也逐渐形成风气，但是他们的藏品仅供个人赏玩，多秘不示人。“纵观收藏史，所谓‘珍秘’、‘子孙永宝’、‘秘殿’、‘秘室’、‘雅玩’、‘清赏’之类的字样随处可见，可以说，中国收藏史同时也是私密的个人财富的聚集史。”[1]“从某种意义上说，宫室收藏带有‘国家收藏’的性质，然而它同样也缺乏相对的公共文化使命感，曾经有人撰文认为，如宋徽宗宣和内府的收藏，因为有固定的观摩欣赏活动，可以看作是某种程度上的‘博物馆’，但是这样的观点忽略了一个事实，即那样的观摩欣赏活动和文人、士大夫之间的收藏交流并无不同。在乾隆时期，由于宫廷的大力搜罗，中国艺术史上大部分重要的作品都聚集在了宫廷，然而这种集中带来的直接后果却是这些作品在宫廷200年的沉睡，直到故宫博物院的成立。”[2]

虽然古代形态的“博物馆”在我国有着悠久的历史，但是现代意义的博物馆则是从西方传入后才逐渐发展起来。1840年以来我国的近现代史是波澜壮阔、艰难曲折的历史，近现代博物馆的历史与中华民族的历史息息相关，是艰苦奋斗、独立自强的历史。

19世纪40年代前后，“博物馆”作为一种新鲜事物传入我国。以目前所见史料，汉语“博物馆”一词最早见于林则徐主持编译的世界地理著作《四洲志》，“兰顿建大书馆一所，博物馆一所”。“如分管武事，设立章程，给发牌照，开设银店，贸易、工作、教门，赈济贫穷，以及设立天文馆、地理馆、博物馆、义学馆，修整道路、桥梁，疏浚河道，皆官司其事。”此后博物馆之称逐渐通行于我国。

中国人最早见到博物馆，并把它介绍给国人的是福建人林鍼，他在《西海纪游草》中记述了1847年在美国参观博物馆的所见所闻。这本书稿当时在福建、厦门等地广为流传，曾被时任洋务派闽浙总督的左宗棠等人注目存阅。1866年，清政府派出官员赴欧洲考察，外交官刘椿及其随员在欧洲参观了20多个博物馆，他们通过“笔记、记忆思索、叙述奇异”等方法和文字，向国人介绍了西方博物馆。[3]“19世纪后半叶，欧美近代博物馆进入中国人的视野之初，曾被称作‘公所’、‘行馆’、‘万种园’、‘画阁’、‘军器楼’、‘积宝楼’、‘集宝院’、‘集奇馆’、‘积骨楼’、‘禽骨馆’、‘古物馆’、‘陈列所’等等，这种混乱正是源于博物馆的多元类型。后来名称逐步统一为相似的‘博古馆’、‘博览馆’、‘博物馆’、‘博物院’，而以‘博物馆’最为通行。”[4]之后日本思想家福泽谕吉始用“博物馆”一词翻译，并传入我国，逐渐成为“museum”的固定译语。段勇先生认为，这一译名可谓抓住了博物馆的两个基本特征：“博”与“物”。“博”就是多样性和多元化，“物”就是作为博物馆基础的内容。

我国真正意义上的博物馆比西方形成要晚。鸦片战争以后，由于清朝政府的腐败，国家逐渐沦为半封建半殖民地，外国列强势力侵占沿海许多城市，设租界，办洋行，建工厂，残酷地掠

---

[1] 郭长虹：《社会发展与博物馆社会服务观念的变革》，《博物馆观察：博物馆展示宣传与社会服务工作调查研究》，学苑出版社，2005年9月，第142页。

[2] 郭长虹：《社会发展与博物馆社会服务观念的变革》，《博物馆观察：博物馆展示宣传与社会服务工作调查研究》，学苑出版社，2005年9月，第132页。

[3] 于萍：《博物馆与博物馆文化传播》，《丝绸之路》2009年第18期，第92页。

[4] 段勇：《多元文化：博物馆的起点与归宿》，《中国博物馆》2008年第3期，第5页。

夺我国的经济和文化资源，我国境内的第一批博物馆，随着西方列强在华势力的增强，由外国人率先创办。早期外国人在我国建立的博物馆大部分由教会主办，1868 年，法国天主教耶稣会神父 P.M. 韩德（P.M.Heude）在徐家汇天主堂已收藏少量生物标本的基础上，创建“徐家汇博物馆”。这是外国人在我国创办的首家博物馆，亦是最早的自然类博物馆，藏品主要是长江中下游的动植物标本。徐家汇博物馆经费由教会支持，标本主要由教士搜集，藏品部分开放，起初须熟人引导方可参观，以后规定每日午后参观，无需门票，只需投入名片获准后入内，并有专人导览。由于其对社会开放的一定限制，初办时影响较小。

清朝晚期，帝国主义掀起了瓜分中国的狂潮，他们在疯狂掠夺中国经济的同时，又肆无忌惮地进行文化侵略。苏东海先生指出：“这时中国已处于多国割据的殖民地状态下，也处于外国人在中国竞相建博物馆的潮流中。”“殖民者在殖民地建博物馆实际上是殖民文化的一部分，是服务殖民政治和殖民经济的，这是它的本质。”[1] 这一时期，法国、英国、美国，以及日本人陆续在上海、天津、旅顺、大连等沿海港口城市，以及我国西南和东北等地创办了一些博物馆，类型上基本都是自然历史博物馆。当时各国列强在我国办博物馆的目的，一方面是获取我国的自然文化资源，另一方面是了解和研究我国的经济社会状况。这些由西方传教士为主体在我国创办的博物馆，有浓厚的殖民侵略的烙印，因此它们均不能被认为是在我国出现的真正意义上的博物馆。但是，这些博物馆逐渐将采集、研究的工作成果展示出来，开始向我国社会介绍西方博物馆的模式，也使我国一些民众直接了解到博物馆的作用。

早期具有现代意义的博物馆，开始于 19 世纪 70 年代，主要是为配合学习西方自然科学技术知识而设立。1874 年 3 月，英国皇家亚洲文会北中国支会在上海创办亚洲文会博物院，亦称上海自然历史博物院，藏品大部分为我国物品，也有东南亚地区的物品，主要藏品有鸟类、兽类、爬虫类等自然标本，另有部分古物与美术品。较之徐家汇博物馆，上海自然历史博物院体现出相对广泛的社会性。博物馆开办后即向社会全面开放，免费参观，而运营主要靠各界人士的捐赠和工部局的津贴，这些津贴则主要来自租界的中外纳税人。随后 1876 年京师同文馆设立博物馆。1877 年后，上海格致书院建立“铁嵌玻璃房”博物馆，陈列由英国科学博物馆及比利时等国捐赠的各种科学仪器、工业机械、生物标本、绘图照相、水陆交通、天文地理、枪炮弹药、服饰等样品或模型组成，以供学生观摩，并对外开放。

在 19 世纪末 20 世纪初，面对内忧外患的民族危机，一批希冀变法图存的国人睁开眼睛看世界，开始在西方世界寻求救国救民的道理。其中，他们看到了开办博物馆是“开启民智，富国图强”的一个好办法。1895 年，康有为、梁启超在维新变法运动中，注意到博物馆的“以为益智集思之助”的重要作用，在上海强学会的章程中把“开办博物馆”列为重要项目并上报朝廷。1898 年，光绪皇帝接受了康有为“劝历工艺、奖募创新”的建议，规定对捐款办博物馆者“其款项数额达 20 万两以上者赏给世职，10 万两以上者赏给世职或郎中实职，5 万两及 2 万两者均有大小官职或赐给匾额”。这是清政府开始“重博物、兴办馆”的体现，从而掀开了博物馆在我国出现的序

[1] 苏东海：《中国博物馆的传统与变革》，《中国文物报》，2008 年 10 月 10 日，第 5 版。

幕，也成为我国认识到博物馆重要性的开始。

20世纪初，清朝政府推行“新政”，实行“废科举、兴学堂、派留学”等改良措施，为博物馆的建设提供了社会环境。甲午战争后，随着旨在变法图强的维新运动兴起，建立博物馆成为一些维新人士的迫切主张。在一片奋发自强、教育救国的呼声中，不仅地方人士倡议兴办博物馆，江苏、山东、陕西、湖南、广东等省地方官吏也奏请建立博物馆。可惜的是，康有为等人的建议，以及对捐款办博物馆者的奖励办法，从提出上书到光绪皇帝同意，还没有来得及全面实施，就随着戊戌变法的失败，与“百日维新”一起夭折，建立博物馆的主张未能实现。但是，随着一批批我国知识分子到西方考察，西方的博物馆作为一种具有启蒙作用的新奇事物开始被越来越多地介绍到国内。康有为出访欧洲和意大利，对所到之处博物馆详细考察了解之后，写成了《意大利游记》一书。这是我国最早的关于博物馆学的论著，书中真正接触到了博物馆的保管、陈列、引导、建筑等问题。

这一时期，一些外国人继续在我国设立博物馆。其中有1904年英国伦敦教会在天津创办的华北博物馆，附属于新学书院，主要藏品为地质及矿物标本。此外还有天津的北疆博物馆（法国，1913年）、台北的台湾总督府民政部殖产局附属纪念博物馆（日本，1915年）、旅顺满蒙博物馆（日本，1917年）和成都华西协和大学博物馆（美国，1919年）等。其中北疆博物院注重学术研究，聘请一批外籍专家、学者到我国工作，时间长达20多年之久，行程近5万公里，遍及300余个野外地点的考察，整理研究具有开创性的野外发现，发表具有重要参考价值的论文专著，丰富了博物馆的内涵。[1] 但是总体来说，由于这些博物馆应有的社会功能不健全，开放程度不广泛，社会受益不普遍，面向公众的科学普及与教育作用远未发挥。其中一些博物馆因某种原因中途停办，有的则一直延续到20世纪中期。尽管如此，这些博物馆的建立，对我国近代博物馆的产生和形成有着重要影响。

在众多外国人在华创建的博物馆中，就规模与藏品的数量，以及社会影响而言，济南广智院居于前列。1904年英国基督教浸礼会的传教士W. J. 萨瑟兰(W. J. sutherlaned)等人，将原在青州“博古堂”收藏的标本、模型、图表等迁往人口更为密集的济南，兴建济南广智院。广智院，借“广其智识”之意。作为综合性博物馆，广智院的收藏十分丰富，包括动植物、矿物、生理、天然、农产及古物等13类，展出实物标本上万件。除基本陈列展览外，广智院每年组织关于农村卫生内容的临时展览。同时，每个礼拜日下午都举办演讲会，内容多以科学、卫生、哲学、宗教、道德等为主题，例如“栽森林何益”、“天下之进步”、“卫生之要道”等。正是由于展览内容的丰富，及其对社会民众的亲和力，参观者络绎不绝。“1912年，全年进行931次教育和布道讲演，每次听众40－200人不等，也为官立学校学生作专题讲演。”[2]1922年，胡适先生参观广智院后在当天日记中详尽记述了广智院的历史和陈设，并写道：“此院在山东社会里已成了一个重要教育机关，每日来游的人，男男女女，有长衣的乡绅，有短衣或着半臂的贫民。”30年代初，

[1] 侯江、李庆奎：《1949年以前外国人在华创办的自然类博物馆》，《博物苑论丛》，第107页。
[2] 侯江、李庆奎：《1949年以前外国人在华创办的自然类博物馆》，《博物苑论丛》，第107页。

老舍先生定居济南时，曾多次到广智院参观，称其为“启迪民智的通俗博物院”[1]。1930年前后，每年广智院的观众达到40余万人，几乎等于济南的人口数量。

外国人在我国土地上开设博物馆这一事实，既深深刺激了国人，也开阔了国人的视野，加快了人们追逐世界文明的步伐，博物馆在我国产生的条件已经逐渐成熟。面对帝国主义的侵略，为救亡图存，清末甲午科状元张謇毅然辞官回乡，走上了实业救国、教育救国的道路。1903年，张謇受邀参加日本的第五次劝业博览会，同时对日本自明治维新以来的教育体系进行考察和研究。在考察中，张謇发现日本的许多学校，均设有相应的植物园或博物馆，并在参观日本的博物馆和博览会过程中受到很多启发，回国后多次上书清廷。在《上学部请建设帝国博物馆议》和《上南皮相国请京师建设帝国博览馆议》等著述中，主张在京师建立开放式的帝室博览馆，将中国历代宫廷内府藏品，向国人展出，并向各省作出示范，“渐推行于各行省，而府而州而县”，试图运用国家的力量，把博物馆建设变为全国行动，将博物馆的建设同挽救国家的命运紧紧联系在一起。

张謇在吁请清政府创设博物馆的同时，针对博物馆文物标本的收集保管、陈列展示、运营管理等一系列问题撰写文章，提出了自己的看法。但是此举对于濒于崩溃的清王朝来说，已经难以实现。因此，张謇在京师建立博物馆的提议未被朝廷采纳之后，决心在家乡亲自实践。1905年，在创办南通师范学校的过程中，张謇感到“博物馆不备，物理之学，无所取证”。于是，他就用自己财力，在校河之西辟地40亩创建南通博物苑，自任苑总理。他征收了29家土地，迁坟墓上千座、民房30多家。建3幢楼房为南、北、中3馆，以藏历史、美术和天产三部之物，并附属教育方面的品物，向公众开放，供人们参观游览。由此，南通博物苑成为由中国人自己创办的第一座近代博物馆。

南通博物苑是一座以“民族的、科学的、大众的”为特征的最早的中国博物馆模式，在我国现代文化史上树立了一座丰碑，也开创了我国博物馆事业的新纪元。如果说张謇创办大生纱厂等企业，是抵御帝国主义的经济侵略，那么他倡办博物馆则是为了抵御列强的文化侵略。张謇说：“今则绀发碧瞳之客，蜻洲虾岛之儒环我国门，搜求古物；我之落魄士夫醉心金帛，不惜为之耳目，稗贩驰驱。设不及时保存，护兹国粹，恐北而热河，东而辽东，昔日分藏之物，皆将不翼而飞。得弓既非楚人，归璧更无赵士。”其爱护祖国文物之情溢于言表，爱国之心令人敬佩。为了丰富南通博物苑馆藏，张謇首先捐出自己私人藏品，并不遗余力地广泛征集，经过努力，不少社会名流捐出自己的藏品，两江总督端方就曾先后捐出文物70件，其中不仅包括青铜器、汉唐陶瓷、墓志、碑刻拓片，还有一些珍贵的埃及文物，张謇的好友欧阳予倩等人也纷纷为博物馆捐献。

南通博物苑出色地融中西文化为一炉，创造性地把历史陈列与我国的金石古器物收藏文化融为一体，把美术陈列与我国的书画传统文化融为一体，把标本、活标本的陈列与我国传统的苑囿文化融为一体，成为一座集自然、历史与艺术为一体的综合性博物馆，创造了博物馆中国本土化的第一个范本。南通博物苑有一套较为完整的规章制度，既体现了西方博物馆的科学性，又符合我国的具体情况。到1914年南通博物苑已初具规模，馆藏文物达2万余件，设天产、历史、美术、

[1] 李让、李文昌主编：《博物馆的记忆与想象》，学苑出版社，2005年9月。

教育四部，陈列展品2900余件。美国现代化研究学者N. 韦勒（N.Welle）指出，南通博物苑的“中心功能是创造了一个中国的标志，加入现代世界”[1]。令人惋惜的是，张謇去世后，由于经费、社会背景等诸多因素，南通博物苑出现走下坡路的趋势。抗日战争爆发后，日本侵略者对南通博物苑又进行了毁灭性破坏，美丽的园林沦为日军的马厩，饲养的动物被疯狂掠杀。“苑内文物被日军劫掠、破坏殆尽。到抗战胜利时，饱经劫难的博物苑，已是断垣残壁，满目疮痍。”[2]

随着第一座博物馆的建立，我国博物馆事业的先贤们并没有停下前进的脚步。1907年，蔡元培赴德国莱比锡大学读书并研究民族学，期间所接触到的博物馆对其博物馆观的形成深有启迪。[3]蔡元培注意到博物馆在社会教育中不可估量的作用，并在演讲和文章中多次反复强调。1911年辛亥革命以后，我国社会发生了新的变化，为近代博物馆事业的发展提供了有利的社会环境，出现了新的特点：一是博物馆被纳入国家的社会教育体系，初步确立了国家对博物馆的管理体制；二是建立国家博物馆，封建皇宫即皇家珍藏公开向社会开放；三是制定文物博物馆法令、规章，博物馆收藏与陈列水平明显提高；四是职业意识增强，建立了全国性博物馆团体，加强了博物馆学术研究；五是博物馆数量显著增加，类型趋向多样化。[4]“伴随着封建专制社会在东西方的瓦解，文物和艺术品从特权阶层解放出来成为了公共资源，真正意义上的现代博物馆开始建立。”[5]

1912年1月，南京临时政府成立，蔡元培担任教育总长，规定以民主共和为教育宗旨，推行教育改革，其中包括中央教育部设社会教育司，筹办各省的社会教育等内容。在社会教育中，单立一科专门负责博物馆、图书馆、美术馆、动植物园及搜集文物等工作。中央教育部首先决定在北京建立国立历史博物馆，并于1912年7月在蔡元培主持下，利用北京国子监旧址筹建，接收太学器皿等文物为最初的博物馆藏品。经过14年的艰难筹办，正式开馆，藏品达到57127件。1914年，内政部接收奉天、热河两地清廷行宫的文物藏品，运到北京故宫武英殿、文华殿等处，成立古物陈列所。这是我国近代第一个以帝王宫苑和皇室收藏辟设的博物馆，首开皇宫社会化先例。随后，1915年在南京明故宫旧址，成立了南京古物保存所，陈列明故宫遗物。1918年7月，国立历史博物馆迁至故宫前部端门至午门一带。

辛亥革命后，末代皇帝溥仪于1912年2月宣布退位。根据《关于大清皇帝辞位之后优待之条件》，清室继续占据紫禁城后廷达13年。1924年9月，冯玉祥发动“北京政变”，摄政内阁通过修正《清室优待条件》，并于11月5日驱逐溥仪出宫。随后摄政内阁令国务院组织善后委员会，与清室近支人员协同清理公产私产，“俟全部结束，即将宫禁一律开放，备充国立图书馆、博物馆等项之用，藉彰文化，而垂永远”[6]。1925年，“办理清室善后委员会”通过《故宫博物院临时组织大纲》，推荐蔡元培、熊希龄、张学良、黄郛、于右任等21人为董事，李煜瀛、易培基、陈垣、张继、马衡等9人为理事，于10月10日在乾清门广场举行盛大的故宫博物院成立

[1] 陆嘉玉：《体悟南通历史文化名城之魅力》，《江海文化研究》，2009年2月，第1页。
[2] 李让、李文昌主编：《博物馆的记忆与想象》，学苑出版社，2005年9月，第131页。
[3] 宋伯胤：《博物馆：学校以外的教育机构》，《东南文化》2010年第6期，第6页。
[4] 项隆元：《中国博物馆建筑的百年回顾与分析》，《浙东文化》2008年创刊号，第57页。
[5] 刘克成：《到博物馆去》，《建筑与文化》2007年第2期，第10页。
[6] 中国第二历史档案馆编：《中华民国史档案资料汇编》第三辑，江苏古籍出版社，1991年6月，第293页。

大会，并对外开放。当时媒体报道："万人空巷，咸欲乘此国庆佳节，以一窥此数千年神秘蕴藏。"故宫博物院是一所集历史性建筑群与宫廷原有珍藏为一体的大型综合性古代文化艺术博物馆，也是利用具有特殊意义的古代建筑而建立博物馆的一个范例。

1933年，时任中央研究院院长的蔡元培，倡议创建国立中央博物院筹备处，并亲自兼任第一届理事会理事长，建院宗旨即为"为提倡科学研究，辅助公众教育，以适当之陈列展览，图智识之增进"，充分体现出正确的博物馆观。蔡元培先生主张博物馆公开开放，把精美的展品"公诸民众"，他指出："各国之博物院，无不公开者。即以私人收藏之珍品，亦时供同志之观赏。"出于教育的目的，为了使众多的观众能有机会到博物馆来，他还主张免费参观。这与博物馆作为一个"不谋利的机关"的性质相一致。对于博物馆的展品，蔡元培先生赞同分配展品中的重复品于各地博物馆，也赞同到各地包括农村，去办巡回展览。蔡元培从教育出发，明确博物馆的性质与任务，以及在美育方面的重大作用。对博物馆的类型，各项主要业务和科学研究，都从理论上阐述了自己的见解，其最大特点是始终把握住博物馆是一个教育机关这个根本性质而立论。[1] 蔡元培的博物馆观是20世纪30年代在我国出现的博物馆学理论，是我国博物馆史上一份可贵的遗产。[2]

蔡元培针对博物馆作为学校以外的教育机关，提出了具有时代特点的博物馆类型发展蓝图。主要包括：一是"科学博物院。或陈列各种最新的科学仪器，随时公开演讲。或按着进化的顺序，自最简单的器械到最复杂的装置，循序渐进，使人一目了然"。二是"自然历史博物院，陈列矿物及动植物标本与人类关于生理病理的遗骸，可以见生物进化的痕迹及卫生的需要"。三是"历史博物院，按照时代，陈列各种遗留的古物，可以考见本族渐进的文化"。四是"人类学博物院，陈列各民族日用器物、衣服、装饰品，以及宫室的模型、风俗的照片，可以作文野的比较"。五是"美术博物院，陈列各时代各民族的美术品，如雕刻、图画、工艺、美术，以及建筑的端片等，不但可以供美术家参考，并可提起普通人优美高尚的兴趣"。六是"植物园与动物园"。七是"大学博物院"。以上类型符合当时我国的实际需要。蔡元培在提出上述七个博物馆类型同时，还提出各种类型博物馆的性质和任务，以及陈列主题应该遵循的极为概括的科学原则。

自1912年至1937年的为时25年中，我国博物馆建设进入了高潮期，博物馆数量增长迅速。例如继交通大学成立北京铁道管理学院博物馆（1913年）之后，北京卫生陈列所（1915年）、保定教育博物馆（1916年）、江西省立教育博物馆（1918年）、山西教育图书博物馆（1919年）、教育部教育博物馆（1920年）、岭南大学博物馆（1923年）、京兆通俗教育馆（1925年）、两广地质调查所地质矿产陈列馆（1927年）等相继成立。这一期间博物馆的管理水平也有了相当程度的提高，例如1914年内务部制订的古物陈列章程17条与"办事细则"，对博物馆的机构设置、人员分工、文物陈列及库房保管程序等都有明确详尽的规定，加强了博物馆工作规范化水平。同时，博物馆技术水平也在迅速提高，例如北京铁道管理学院博物馆所制作的各种大桥涵洞模型，荣获巴拿马万国博览会大奖章，国立历史博物馆获美国费城博览会特别大奖奖状，推动了皇家宫苑的进一步开放。

[1] 宋伯胤：《博物馆：学校以外的教育机构》，《东南文化》2010年第6期，第6页。
[2] 宋伯胤：《博物馆：学校以外的教育机构》，《东南文化》2010年第6期，第6页。

在1927年至1937年的10年中，我国的博物馆事业发展迎来了第一个春天，经历了一个短暂的繁荣时期，可以称为我国博物馆早期发展的黄金年代。特别是一批有影响的博物馆相继成立，各地陆续建立了一批省、市博物馆，主要有：1927年筹备建设的河南省博物馆，广泛收集历史文物、民俗文物和各类自然标本，先后开辟安阳殷墟出土器物、新郑出土周代青铜器、洛阳古物、服饰民俗、动植物标本等陈列室，是中原地区最重要的博物馆；1928年兰州市立博物馆成立，成为我国西北地区第一个博物馆；同年，南京市历史博物馆成立；1929年2月广州市立博物馆成立，分古物、纪念、民俗、自然四部；同年10月，四川北碚成立峡区博物馆；11月在杭州西湖博览会基础上筹备成立浙江省立西湖博物馆。此后成立的还有天津美术馆（1930年）、广西省立博物馆（1934年）、上海市立博物馆（1937年）等。同时，一些科学和文化艺术博物馆也相继建成。

至20世纪30年代初，我国的博物馆已经发展到18个省，博物馆的数量持续增长。据统计，1928年全国有博物馆10所，博物馆职员48人。到1936年博物馆增加至77所，博物馆职员增加至421人。这一时期，社会各界还建立了一些各具特色的博物馆，例如北平天然博物馆（1929年）、静生生物调查所通俗博物馆（1931年）、青岛水族馆（1932年）、厦门人类博物馆（1934年），以及南京国民党史陈列馆（1935年）等。这一时期，“中国首家博物馆”徐家汇博物院伴随文物藏品的增加，原有馆舍不敷应用。1930年以后划归同属耶稣会的震旦大学管理，改名为震旦博物院。馆舍建筑为新式四层楼房，设有陈列、研究、试验、图书等四室，以及植物园。其中有我国及东南亚地区动植物标本6万余件，金属器、玉器、陶器、古尸等文物藏品5000余件，1933年冬正式对外开放。

伴随博物馆数量的增加，博物馆的业务活动也进一步活跃。主要表现为，一是藏品征集工作受到重视，藏品数量有了较快增长，例如北平历史博物馆原有藏品5.7万余件，到1932年入藏文物已达21.5万余件；二是展览活动增加，努力扩大观众数量，例如北平古物陈列所的稀世珍品随时改换，普通展品“或旬月一换或逢令节纪念等日减价期间，分别选择更易”；三是增强与外国博物馆的联系，参加国际展览活动，例如1935年11月故宫博物院、北平古物陈列所、河南省博物馆等机构的文物精品1022件参加了伦敦中国国际展览会；四是编印出版馆刊，例如《历史博物馆丛刊》（1926年）、《故宫周刊》（1929年）、《美术丛刊》（1931年）、《浙江省立西湖博物馆馆刊》（1933年）、《河南省博物馆馆刊》（1936年）。同时一系列关于博物馆学的著作问世，例如陈端志编著的《博物馆学通论》等，从理论上对我国博物馆事业给予指导和推动。这一时期，博物馆事业的另一个特点是，开始筹设综合性的大型国家博物馆，例如1933年4月成立国立中央博物院筹备处，傅斯年为筹备处主任；1936年成立理事会，蔡元培为理事长。

从博物馆的诞生，到博物馆在我国的生根、发芽、成长，中间经历许许多多困难与艰辛。在张謇之后，“其他早期的博物馆学者，如林惠祥、韩寿萱、曾昭燏、傅振伦、郑振铎，还有亦官亦学的王冶秋等，也都是专家兼博物馆事业的实践者。他们对于中国博物馆学的贡献，大都是在实践中研究探索博物馆的实际工作，而不是在办公室里、书斋里苦思冥想”[1]。1935年9月，中国博物馆协会在北京成立，确立“以研究博物馆学术，发展博物馆事业，并谋博物馆之互助为宗

[1] 刘毅：《关于博物馆学研究对象的思考》，《东南文化》2010年第1期，第83页。

旨”，编印出版了《中国博物馆协会会报》。但是，我国博物馆早期发展的“黄金年代”并未维持多久。随着抗战爆发，国难日深、烽烟不断，我国博物馆事业发展的国内环境日渐恶化。

1937至1949年的12年间，我国广大城乡基本在战争中度过，国运多舛、战乱频生，战争和动乱使社会经济、文化教育遭到很大的破坏。在当时的国内局势下，积贫积弱的国家既然“放不下一张平静的课桌”，自然也无法让博物馆独善其身，我国博物馆事业发展进入低迷时期。随着国土的大片沦陷，全国博物馆数量锐减，由1936年高峰时期的77座逐年下降，1937年为42座，1938年为37座，至1945年只剩12座。敌伪大肆疯狂掠夺文物，据战后1945年10月国民党统计战争中公私文物损失情况，计文物损失3607074件，又1870箱，古迹741处，由此可见损失之惨重。在烽火弥漫的岁月里，上海市立博物馆毁于炮火，南京中央博物院被迫停建，初创时期的我国博物馆事业损失严重。中国博物馆学会也随着日寇的入侵而名存实亡。

抗战胜利后，我国博物馆事业有所恢复，但是随之而来的内战爆发，致使通货膨胀，民不聊生，博物馆事业再次进入衰落阶段。在国民党政府南逃之际，大批文物被运往台湾。从1948年冬天起分批将故宫博物院的器物、书画、图书文献597423件、中央博物院文物11562件，以及中央研究院历史语言研究所的文物976箱运至台湾。直到1949年，全国留存的博物馆也仅有21座。然而，这一时期在解放区开始了博物馆的恢复工作。1948年东北人民政府文物管理委员会接收了“国立沈阳博物馆筹备委员会古物馆”，并于1949年7月正式成立了东北博物馆，成为新中国建成开放最早的一座博物馆。

二　我国博物馆事业的当代发展

新中国建立后，来之不易的国内和平，为我国的博物馆事业创造了前所未有的发展条件。1949年至60年代初，是新中国博物馆事业奠定基础并充满发展生机的时期。国家重视发展博物馆事业，使之成为科学文化事业的组成部分，因此对旧中国留下的博物馆进行接管改造也势在必行。各级政府在接管各地公立博物馆的同时，也接管了外国人在我国办的博物馆，重新确定博物馆性质，明确办馆方向；改造陈列内容，清除缺乏历史、科学与艺术价值的封建性、殖民地性糟粕，举办新的陈列展览；对原有藏品进行清理，建立科学保管制度。到1952年基本完成了对旧有博物馆的整顿改造，从此博物馆发生了质的变化，开始走上健康发展的道路。中央政府成立之初就发布了一系列法令保护珍贵文物和文化遗址，在文化部内设立了文物事业管理局，作为专门管理全国文物博物馆事业的行政机构。1951年10月文化部颁布了《对地方博物馆的方针、任务、性质及发展方向的意见》，在经济困难的情况下仍然拨款发展博物馆事业。

20世纪50年代，我国博物馆与国际博物馆界之间的联系，主要限定在前苏联和东欧部分国家，特别是对于前苏联的博物馆理论以及方法几乎全部照搬。因此，在某种程度上，我国博物馆事业发展受到了一定的制约，也失去了了解和追踪世界先进博物馆管理经验的机会。我国的博物馆学研究开始较晚，虽然在20世纪30年代已有学者开展博物馆学的初步研究，但是博物馆学真正形成则是在新中国建立以后，以借鉴前苏联模式为基础开展博物馆实践与理论研究。“苏联博物馆学有鲜明的意识形态特征，但也有十分严谨、科学的一面。苏联博物馆学的收藏理论和收藏方法，陈列理论和陈列方法以及博物馆的科研、博物馆管理的一套方法，对我国博物馆发展的影响是很深的。”[1]

这一时期建立了一批省级地志博物馆和纪念性博物馆，初步奠定了新中国博物馆事业的基础。地志博物馆是学习苏联博物馆经验在50年代初开始创建，又称综合性博物馆，以当地的“自然资源”（包括地理、民族、生物、资源等）、“历史发展（包括革命史）”、“民主建设（包括政治、经济、文化等方面的建设成绩）”等三部分为博物馆的主要内容。1951年，由裴文中、贾兰坡等专家指导的“原始社会陈列”正式展出，该展览是我国博物馆最早运用唯物主义观点组织历史陈列的尝试，以此为起点，“中国通史陈列”各个历史阶段陈列也开始酝酿，并完成进行预展。

1954年，文化部确定山东省博物馆为试点，进行地志博物馆筹备工作。1956年2月，山东省博物馆完成包括“自然环境和自然资源”、“历史发展”与“中华人民共和国时期”三部分内容的地志性基本陈列，标志我国第一座省级综合性博物馆建成。此后，各省陆续筹建综合性博物馆共计31座。随着国民经济的恢复发展，博物馆数量不断得到恢复和增长。1956年，仅文化文物系统的博物馆即达72座，除青海、西藏外，各省、自治区、直辖市都有了博物馆，基本上改变了旧中国博物馆集中在少数城市的不平衡局面，在博物馆布局和类型等方面，均朝着更为合理的方向发展。全国博物馆文物藏品总数不断增加，达到350多万件，每年观众数量达到1200万人次。

安徽省博物馆是建立较早的省级博物馆。1953年4月安徽省政府决定将原合肥科学馆、文物馆，芜湖科学馆、文物馆四馆合并，成立“安徽博物馆筹备处”，1956年2月，建筑面积达11580平方米的陈列大楼竣工，所举办的历史文物、革命文物、工农业建设等陈列展览，引起很大反响。毛泽东、周恩来、刘少奇、朱德、邓小平等国家领导人相继参观视察，1958年9月17日，毛泽东主席在历时近三个小时观看了全部陈列展览后，指出“一个省的主要城市都应该有这样的博物馆。人民认识自己的历史和创造的力量是一件很要紧的事”。同时，在我国思想教育中起特殊作用的纪念性博物馆，成为博物馆的重要组成部分，数量不断增加。例如上海鲁迅纪念馆（1951年）、杜甫草堂纪念馆（1953年）、中国共产党代表团梅园新村纪念馆（1954年）、遵义会议纪念馆（1955年）等。至1957年纪念性博物馆达到23座。在这些纪念性博物馆中，名人故居、历史事件旧址等建筑遗存既是文物保护对象，又是博物馆主要展示场所。

为了总结这一时期博物馆建设的经验，1956年4月召开了全国博物馆工作会议，这是我国博物馆发展历史上的第一次全国性会议。1957年4月又召开了全国纪念性博物馆工作座谈会。这两次会议，对博物馆建设具有重要指导作用，推动了博物馆事业的进步。1958年9月以后，全国各地掀起了建立博物馆的热潮。首先在北京开始兴建中国历史博物馆、中国革命博物馆、中国人民革命军事博物馆、北京自然博物馆等大型专业博物馆。各省市纷纷建立或扩建历史类博物馆或综合类博物馆，全国建立起一批地区、市、县级的中小型博物馆和各具特色的专题博物馆，例如西安半坡博物馆、泉州海外交通史博物馆、南阳汉画馆、自贡市盐业历史博物馆等，我国博物

[1] 苏东海：《博物馆的沉思：苏东海论文选（卷二）》，文物出版社，2006年7月，第102页。

馆建设进入新的高潮。

1958 年，“大跃进”的浮夸风吹遍全国，博物馆事业也一度出现了“大跃进”，一夜之间，博物馆在中国大地上遍地开花。于是人们看到，十几元钱就能办起一座博物馆，几天之内就能建成开放博物馆的报道屡见不鲜，不到一年的时间，我国的博物馆数量就由 1957 年的 73 座发展到 937 座，当时的报刊以《我国博物馆发展盖过英国》进行了报道。从当时的报道中还可以找到这样的记录：“县以下的展览馆、展览室和展览活动，更是几乎普及到每一个人民公社、每一个管理区和生产队，初步形成了全国的博物馆展览馆网。”“据不完全的统计，1958 全国县以上博物馆、展览馆的观众为两亿多人次，比 1957 年增加十八倍多。”事实上，这些博物馆不但名不副实，而且博物馆展览内容和经济热点相关联，成了浮夸之风的展示场，博物馆建设偏离了博物馆的本质，偏离了科学的实事求是态度，被当作弄虚作假的场所，极大地歪曲了博物馆的形象。随着国家经济迅速进入调整期，博物馆的“大跃进”也仅仅持续了 3 年。

为了纠正博物馆发展中出现的问题，从 1961 年起在全国范围内对博物馆工作进行了调整。首先关闭、合并了一大批水平极低的博物馆，其中全国文化文物系统的博物馆就由 1959 年底的 480 座调整到 200 座左右。鉴于国内总体形势，国务院分别于 1960 年和 1964 年两次出台政策限制一切非生产性建设，其中 1964 年国务院颁布的《关于严格禁止楼堂馆所建设的规定》影响时间很长，一直到“文革”结束。因此，这一时期内，包括博物馆在内的文化类项目的建设屈指可数。但是，这一时期博物馆加强自身建设，调整博物馆内部关系，整顿机构，精简人员，对文物藏品进行清理、分类、定级，对陈列展览进行修改，加强文物保护工作和人员培训工作。但是，在其后的“社教运动”中，“博物馆不甘落后，一窝蜂也搞起了阶级教育展览馆。为了完成政治任务，此类馆大多粗制滥造，后来‘阶教馆’很多在短时间内销声匿迹，便是证明。至于有的地方为了达到强烈的对比效果，不惜弄虚作假就更是违背了博物馆的宗旨”[1]。

伴随着政治运动的不断开展，博物馆为政治服务的倾向日益突出，工具色彩浓厚，文化功能不强。随后的“十年动乱”，更使国家经济社会遭受巨大损失，也使博物馆的正常业务被迫中止，博物馆发展刚刚出现的良好局面受到挫折。大部分博物馆的基本陈列被撤销，多数博物馆被迫关闭，很多地方博物馆甚至机构被撤销或裁并，博物馆设施也被改作他用，到 1969 年，我国博物馆数量已经减少到 171 座。同时，由于“文化大革命”时期，我国博物馆界与外界隔绝，对于 20 世纪 70 年代国际博物馆界在理论和实践方面的变革，几乎一无所知。

1970 年，国务院正式批准恢复博物馆工作，决定筹办出土文物的大型展览。1971 年 5 月，故宫博物院重新开放。1971 年 7 月，国家批准筹办出国文物展览，这一措施，不但有力推进我国外交工作，密切我国与国际社会的关系，而且在特殊情况下，为博物馆事业的恢复和发展汇聚了人才资源。1973 年以后，各地博物馆陆续恢复，重新开展基本陈列的研究工作和文物藏品保管工作，在一定程度上挽回了“文化大革命”对博物馆事业造成的损失，但是直到 1976 年博物馆的数量仅恢复到 263 座。这一时期，我国的博物馆工作者在极其困难的条件下，为保护祖国优

[1] 《中国博物馆体制机制改革研究报告》，《博物馆免费开放调研报告汇编》，第 28 页。

秀文化遗产，开展博物馆学术研究，做出了不可磨灭的贡献。

1978 年以来，我国进入改革开放和现代化建设的新时期，发生了举世瞩目的巨大变化。博物馆事业也形成了繁荣发展的新局面，博物馆学研究有了进一步发展。1978 年省、市、自治区博物馆工作座谈会召开，这是自 1956 年全国博物馆工作会议之后的又一次全国性博物馆会议。1979 年，国家文物事业管理局颁布了《省、市、自治区博物馆工作条例》。20 世纪 80 年代，随着国际间文化交流的逐步加强，我国博物馆界的视野逐渐开阔，发达国家先进的科学技术、展示手段、办馆理念不断被借鉴和应用到博物馆的实践当中。其间 1980 年南开大学正式建立了全国第一个博物馆学专业。

1982年,《中华人民共和国文物保护法》颁布实施,标志着我国文物博物馆事业迈出了新的步伐。同年中国博物馆学会成立，并于 1983 年 7 月走出国门主动寻求与国际博物馆协会建立联系，在伦敦举行的第 13 届国际博物馆协会大会上正式成为国际博物馆协会大家庭中的一员。我国积极参加国际博物馆协会的活动，与国际博物馆界的交流与合作日益频繁。中国博物馆学开始借鉴西方博物馆学发展的经验，相关专业书籍的出版和专业期刊的问世，体现出我国博物馆学新的发展成果。这一时期，博物馆的数量和种类有了较大幅度的增加，与博物馆有关的规章制度也开始逐步加紧制定，1985 年、1986 年相继颁布《革命纪念馆试行条例》、《博物馆安全保卫工作规定》、《博物馆藏品管理办法》等规章，进一步促进了博物馆的调整、改革、整顿、提高。

全国文物系统的博物馆从 1978 年的 349 座，到 1983 年的 467 座，1990 年博物馆的数量更迅速增加到 1013 座，平均每年约增加 80 座，加上其他部门和行业举办的博物馆，全国博物馆数量达到 1400 多座。不仅数量可观，就规模、类型、布局而言，形成了具有一定学术内涵和独立的文化支撑体系。大量新建的博物馆已经改变以往文物库房加展厅的简单模式，博物馆馆舍更加现代，设施更加健全，功能更加完善，展览更加丰富，服务更加周到。文物系统博物馆 1983 年举办陈列展览 1476 个，1990 年达到 4114 个。全国博物馆观众人数也从 1982 年的 4410 万人次，达到 1990 年的 1 亿人次。

进入 20 世纪 90 年代后，博物馆迎来快速发展时期，国家和地方各级财政大幅度增加了博物馆工作经费。从 1991 年第一个大型现代化省级博物馆陕西历史博物馆建成开放，至 1996 年上海博物馆新馆落成而形成高潮，缩短了我国博物馆与世界发达国家博物馆的差距，博物馆的藏品保护、陈列展示、社会教育、科学研究水平也有了大幅度提高。上海博物馆自身定位为现代化大都市中的历史艺术博物馆，将博物馆的三大功能简化为依靠高新技术的收藏、保管功能，形成学科发展优势的研究功能，面向现代社会的现代传播教育功能。因此，文物藏品征集、科学研究和陈列展览，乃至专门人才的培养、社会服务、文化传播等都围绕博物馆定位展开，并通过科学、严格的管理，最大限度地聚合和发挥人、财、物等资源的效益，策划和实施一系列具有影响的陈列展览和其他行动，实现所设定的博物馆定位，并有效地发挥博物馆定位的社会作用。

1997 年，国务院印发《关于加强和改善文物工作的通知》，要求确定并建设好一批重点博物馆，全国各地开启了新一轮博物馆建设的高潮。全国文化文物系统的博物馆从 1991 年的 1075 座，增长到 2000 年的 1397 座，加上其他部门和行业举办的博物馆，全国博物馆总数达到 2000 余座。

随着文化与科学技术的发展，博物馆的数量和种类越来越多。1997 年，我国首批民办博物馆在北京正式挂牌，改变了我国公立博物馆一统天下的格局；1998 年，首座生态博物馆在贵州六枝梭嘎乡建成开馆，填补了我国生态博物馆的空白。这一阶段将博物馆划分为历史类、艺术类、科学与技术类、综合类等 4 种类型。划分博物馆类型的主要依据，既是博物馆藏品、展示、教育活动的性质和特点，也是博物馆的服务对象。

进入新的世纪，我国博物馆的历史不断地被改写，博物馆事业在制度建设、数量增长、类型结构等方面均有了突飞猛进的发展，取得了重大成绩。今天，博物馆以完善的体系、丰富的藏品、新颖的展览、多种形式的教育活动、活跃民主的学术气氛、日益提高的管理水平，成为普及科学知识、树立社会正气、塑造美好心灵的生动课堂。特别是博物馆积极融入社会，服务社会的理念逐渐成为自觉行为，更新服务理念，强化服务意识，充实服务内容，社会功能显著增强，公共文化服务能力迅速提升，加快了融入社会生活的步伐，对于丰富人们的文化生活和文化交流发挥着重要的作用。同时，国家财政和各级政府大幅度增加对博物馆事业的投入力度，使博物馆的资金压力得到明显缓解，博物馆的功能得到明显拓展，博物馆的社会影响力得到明显加强。但是，在我国博物馆现行的体制机制形成之初，明显缺乏对现代博物馆管理经验和相关知识的积累，缺乏建立成熟的博物馆体制机制的认识能力，这就必然导致我国对博物馆管理体制及运行机制的设计存在种种疏漏。

在博物馆的制度建设方面，涉及博物馆各方面工作的法规规章和规范性文件相继出台，在立法数量增加的基础上，强化立法的质量，搭建起博物馆事业的基本法制框架，并逐渐使法制化管理的覆盖范围贯穿博物馆系统管理的全过程。2000 年 9 月，北京市人大常委会通过《北京市博物馆条例》，这是我国首部关于博物馆管理的地方性法规。2001 年，《文物藏品定级标准》开始施行。2005 年 12 月，《博物馆管理办法》发布实施，成为我国博物馆事业管理的基本规范，结束了长期以来没有统一的博物馆管理部门规章的历史，首次明确了博物馆的定义、性质和地位，确立了博物馆的设立、年检和终止制度，对文物藏品管理、展示与服务提出了系统的专业要求。同时，《文物认定管理办法》、《可移动文物技术保护设计资质管理办法（试行）》和《可移动文物修复资质管理办法（试行）》等一系列政策法规公布实施。博物馆管理更加制度化、规范化，逐步走上了法制化的管理轨道。

但是，目前我国博物馆管理领域缺乏一部专门性的法律法规，成为制约我国博物馆管理水平的重要因素。在现行法律法规中，《文物保护法》虽然是最高层级的法律，却并非针对博物馆的专门立法，而且涉及博物馆管理的内容相对较少；《博物馆管理办法》虽然是针对博物馆的专门规定，但是作为部门规章，在法律效力体系中的层级较低。同时，关于博物馆建筑设计、藏品保护、陈列展示、教育传播、开放服务等相关标准规范体系建设滞后。因此，《博物馆条例》亟待出台，而且在该条例实施之后还应及时总结经验，尽快升格为全国人大常委会制定的《博物馆法》，从而提高我国博物馆管理的法治化水平。

在博物馆的数量增长方面，随着综合国力的增强，博物馆的规模快速增长，博物馆的数量大幅增加。全国博物馆总数 2000 年为 2000 余座，2010 年的全国博物馆年检结果表明，全国博物馆总数达到3415座。全国博物馆从业人员6万余人。各省、自治区、直辖市和省会城市，都相继建设了现代化的新馆，地市级的博物馆数量也在迅速增加。全国博物馆每年举办陈列展览14000个以上，接待观众4亿余人次。2010年全国博物馆文物藏品总量达到2864.22万件/套，其中一级文物67209件/套。博物馆的地域分布更加广泛，我国西部12个省区拥有博物馆总数超过500座，改变了过去博物馆过多集中在东部和中部一些大中城市的不平衡局面。2008年全国范围推动博物馆免费开放以来，已有1893所博物馆免费开放，三年共接待观众13.4亿人次，其中2010年博物馆观众人数达5.21亿人次，不少博物馆的观众增量达到免费开放前的数倍，特别是低收入群体、未成年人、老年人等观众群体明显增加，取得了良好的社会效益。

但是，目前“中国博物馆的总量和人均量，与中国人口大国和文明古国的身份严重不符”[1]。我国博物馆的数量与我国的社会发展水平、文化遗产保护需要和公众日益增长的精神文化需求相比，还有相当大的差距。统计表明，我国国民一年中平均使用在博物馆的参观时间不足8小时，而且还有许多民众一生中一次都没有踏进过博物馆。同时，在陈列展览方面，博物馆拥有巨大潜力，目前全国平均每座博物馆每年只举办4个展览，与发达国家的博物馆相比，文物藏品合理利用方面存在差距，特别是一些大型博物馆每年陈列展览的文物展品，只占所拥有文物藏品的1%。

在博物馆的类型结构方面，体系日臻完善，类型日益丰富，结构日趋多元，形成了门类齐全、分布广泛的博物馆体系。综合类、社会历史类、军事类、名人类、艺术类、自然类、地矿类、科技类、产业类等多种类型博物馆竞相辉映。同时，一方面由于社会经济的发展和考古发掘取得的成果，社会科学和自然科学研究的进展，使各部门、各系统、各行业掀起建设专题博物馆的新高潮，例如地质、煤炭、纺织、农业、教育、水利、园林、邮政、航空、金融、银行、证券、消防、军事、警察等行业博物馆和民族、宗教、民俗、戏曲、电影、丝绸、印染、茶叶等专题博物馆大量兴建，特色突出、各具魅力。近年来，遗址博物馆、生态博物馆和社区博物馆等新型博物馆的建设也进一步取得共识。另一方面，民间兴办的博物馆也有较快发展，各地经核准设立的民办博物馆，2001年为131座，2010年则达到456座。一些企业、团体、公民个人以各自收藏兴办的博物馆，社会力量兴办的博物馆日渐增多，办馆主体呈现多元化，丰富了人们的生活视野，已经成为我国博物馆事业的重要组成部分。

但是，目前我国博物馆的类型分布上，综合类和历史文化类博物馆约占70%，而具有鲜明地域特征和文化个性，与地域文化和社区发展有效结合的专题博物馆数量较少。我国博物馆事业的主体还是各省、市由文化文物部门主办的博物馆，这部分所占比重也大约在70%。虽然各个行业部门及民间兴办的博物馆发展迅速，但是在我国整个博物馆领域所占比例不到30%。在社会功能的发挥上，具备一定基础设施和展示开放条件的博物馆约占80%，基础条件较差、不能正常开放的“挂牌馆”约占20%，能够给人们以强烈精神震撼和丰富知识力量的博物馆还不多，而一些博物馆长年门庭冷落，“处于被市民遗忘的境地”。

今天，制约我国博物馆事业发展的因素，正在由博物馆之外的外部因素向博物馆本身的内

[1] 陶斯咏：《中国人的博物馆意识有点缺》，《环球时报》，2010年5月17日，第15版。

部因素转变。提升博物馆发展质量，已经成为实现博物馆可持续发展的头等大事。因此，在保持我国博物馆数量快速增长的同时，应对博物馆发展质量予以持续关注。一是加快博物馆立法进程，依法推进博物馆建设，规范、引导博物馆健康发展；二是转变行政主管部门对博物馆的管理方式，健全博物馆法人治理结构；三是明确博物馆属于知识、技术密集型文化教育机构，建立博物馆从业资格制度；四是加大公共财政扶持力度，建立博物馆经费保障机制，探索与绩效挂钩的动态扶持激励机制。

近年来，结合我国相关法律规定，综合比较国际博物馆协会及其各国博物馆的定义，不断深化对于博物馆的基本属性和博物馆的基本功能的认识。在博物馆的基本属性方面，一是强调非营利性。将博物馆规定为非营利机构，其根本思想是要强调博物馆是代表社会最广大民众利益的社会公益事业机构。我国2006年施行的《博物馆管理办法》以法规条文的形式规定博物馆是“向公众开放的非营利性社会服务机构”。二是强调永久性。随着人类社会的不断发展，博物馆需要持续开展文物藏品征集、保护、管理，以及文物藏品的历史、科学或艺术价值的研究。同时，博物馆的观众群体不断发展、永续存在，博物馆应该持续地为观众提供陈列展览、教育和服务。三是强调开放性。博物馆的文物藏品是珍贵的文化资源，向社会公众开放，可以充分发挥文物藏品的作用。社会公众可以直接或间接利用博物馆藏品，满足他们职业的或业余的研究、学习及欣赏需要，也为博物馆自身的发展和科学水平的提高创造条件。四是强调社会服务性。为社会服务是博物馆的宗旨。博物馆为社会服务的内容可归纳为专业服务和休闲服务两方面。专业服务主要是指为教育、科学研究、咨询等提供服务；休闲服务主要是指为观众提供服务项目和服务设施，使观众在博物馆获得心情舒畅的参观体验。

在博物馆的基本功能方面，一是强化文物藏品征集与保护。文物藏品是博物馆业务活动的物质基础，无论是陈列展览、科学研究，还是社会服务、文化传播等，都离不开文物藏品。博物馆藏品的数量和质量，直接影响到博物馆的业务水平和社会效益。因此博物馆应不断补充和丰富文物藏品，并且对文物藏品进行有效保护。二是强化科学研究。科学研究是博物馆生存与发展的生命力所在。博物馆各项业务活动的开展应始终坚持在科学研究的基础上进行，并与本馆使命定位相符合，结合博物馆工作的需要进行，充分整合科学研究力量，加强开放合作与交流，不断提高科学研究水平。三是强化展示传播。陈列展览是博物馆实现其社会功能的主要方式。陈列展览不仅是博物馆沟通观众、服务社会的手段，也是其收藏、保管、研究和服务水平的集中体现。丰富多彩的陈列展览，能使社会公众在博物馆得到更多的科学知识和文化艺术享受。四是强化教育服务。宣传教育不仅是博物馆联系社会、服务社会的重要纽带，也是博物馆根本宗旨与价值所在。博物馆通过文物展品，向观众形象化地传播科学和文化知识，让观众了解人类自身、历史和自然科学，提高人们对自然与社会的认知度，为社会及其发展服务。

严建强先生认为，与此前的半个世纪相比，当代中国博物馆事业的发展将建立在一种变化的形势基础上，这些变化主要包括：一是综合国力特别是经济实力的大幅提升，为博物馆建设提供了更雄厚的物质基础；二是国家的社会发展政策将博物馆建设纳入建设学习型社会、提升国家软实力的轨道；社会上将博物馆纳入国民教育体系的呼声日渐高涨；三是人们对文化消费的需求日趋旺盛，渴望通过利用文化遗产来丰富自己的学习生活，以便充实知识，拓展视野，提高生活品质；四是随着博物馆学研究的深入和国际交流的频繁，新的博物馆理念及技术的引入，强化了博物馆经营与运作的技术支持。这些变化为我国博物馆事业的发展带来两方面影响。一方面是国家和社会对博物馆建设的投资力度加大，使建设更高质量的博物馆成为可能；另一方面，人们对传统博物馆所扮演的角色不再满意，渴望有更有效地满足自己需求的新型博物馆。[1]

今天，我国博物馆在发展实践中，正在逐渐解决博物馆在文化事业中的地位、性质和经费来源等发展过程中的重要问题，进一步深化博物馆的基本属性和基本功能，并对以往发展过程中被忽视的一些问题进行重新规范，推动博物馆事业向科学化和现代化迈进。但是，当前博物馆事业发展，还面临着诸多问题制约，诸如博物馆资源的利用效率不高，博物馆的质量控制缺乏相应的标准规范，博物馆的人才队伍建设滞后，博物馆的公众参与热情不足，博物馆的文化特色不够突出，博物馆的资金来源渠道单一，博物馆的交流合作亟待加强等。这些问题产生的原因在于博物馆管理制度、改革意识、服务理念相对滞后，反映出我国博物馆的管理体制和运行机制不尽如人意，制约着我国博物馆的专业化功能发挥和社会化职能加强，也使我国博物馆的国际竞争力与发达国家相比还有相当的差距。

2010 年 11 月 7 日，为期 6 天的国际博物馆协会第 22 届全体会议在上海世博中心隆重开幕，这次会议对于展示我国博物馆事业的发展成就，扩大我国博物馆界与国际博物馆界的交流与合作，推动我国的博物馆在国际博物馆大家庭中扮演更活跃、更重要的角色具有重大的意义。但是，我国博物馆界同行，并没有将国际博物馆协会全体会议在上海召开，单纯定位于承办一次国际会议，而是希望构筑起一个良性互动的平台，在学习借鉴国际博物馆的先进理论和成功经验的同时，为国际博物馆事业的发展和进步做出我国博物馆界的独特贡献，并希望国际博物馆协会会议为我国博物馆可持续发展留下更多的“遗产”。

为此，早在 2010 年 5 月笔者就向国际博物馆协会总干事提出准备《上海宣言》并争取在大会上予以通过的建议，得到了国际博物馆协会领导层的积极响应。2010 年 11 月 12 日，国际博物馆协会全体会议，在地域、文化、学科多元的环境下，一致表决通过了大会第 1 号决议，即《关于博物馆致力于和谐社会发展的上海宣言》。该宣言虽然篇幅不长，但是基本上代表了国际博物馆界对博物馆社会角色的认识水平，通过历史与现实、宏观与微观、巩固与创新、警示与鼓励的有机联系，较好地兼顾了专业性、国际性和平衡性，最大限度地体现出开放性和包容性，反映出全球性国际专业组织的特征，勾勒出未来几年博物馆致力于社会和谐发展的基本轮廓，被认为是国际博物馆协会凝聚各方智慧和共识的一项重要成果。《上海宣言》的积极意义在于，国际博物馆协会这一世界上最具权威性的博物馆组织，以决议的形式，无论在深度还是广度上，都前所未有地强化了对当代博物馆社会角色与使命的认知，可以预期《上海宣言》将对国际博物馆的未来产生重要影响。

《上海宣言》从四个方面阐述了国际博物馆协会的主要立场。一是对博物馆外部环境的认识

[1] 严建强：《信息定位型展览：提升中国博物馆品质的契机》，《东南文化》2011 年第 2 期，第 7 页。

问题。在重新确认国际博物馆协会1974年第一次提出的“博物馆是一个为社会和社会发展服务的机构”的同时，提示人们36年来“社会”所发生的演进与变化，而这些演进与变化正是博物馆发挥社会功能的外部条件，即新的社会环境要求博物馆为社会的和谐发展做出新的贡献。二是博物馆在社会和谐发展中的基本道德坐标和资源范畴问题。宣言重申并强调，2004年修订的《国际博物馆协会职业道德准则》所列8条原则和1998年联合国教科文组织《世界文化报告》框架是博物馆职业行为以及处理文化多样性、不同的遗产类型等问题的基本支撑。三是博物馆在5个具体领域的行为取向问题。宣言对“文化特性的认同与尊重”、“博物馆知识的共有与共享”、“博物馆作为国际跨文化交流的大使”、“全球化时代博物馆的文化兼容”和“新型的国际博物馆合作模式”等问题阐述了国际博物馆协会的立场。四是核心结论。“博物馆是社会和谐发展的原动力。”宣言以国际博物馆协会的名义，宣告博物馆作为促进社会和谐发展的原动力的重要价值，提出所有的个人和群体都可以自由地、积极地参与到博物馆中来，共同维护人类留给后世的独特的、不可替代的遗产。

我国博物馆事业经过百年的发展，已经呈现出喜人的景象，特别是从1978年改革开放至今的30余年，是我国历史上博物馆发展的最好时期，取得了前所未有的成就。中国博物馆的崛起是国际博物馆界令人瞩目的大事。苏东海先生指出：“中国博物馆的历史并不算长，但是中国博物馆在一百多年的奋斗史中，有着非凡的经历。中国博物馆诞生在殖民地、半殖民地的水深火热之中。在长达半个多世纪的革命与战争的烽火中，中国博物馆保护文化遗产的那些传奇式的壮举令人感动不已。故宫文物在战火中易地保护，万里长征式的经历，比欧洲国家在二次大战中易地保护文物早了许多年，艰难许多倍。中国博物馆上世纪30年代、50年代、80年代有三次大发展，是在中国历史条件下发展的。世纪之交中国博物馆进入新的大发展时期，中国正在前进中。中国博物馆的崛起，是中国的思想和中国实践的产物，是中国对世界的贡献。”[1]

（此文发表于《中国建筑文化遗产10》，天津大学出版社，2013年6月）

[1] 苏东海：《让世界更知道中国》，《中国文物报》，2010年11月8日，第3版。

博物馆建设从“数量增长”走向“质量提升”的思考

进入新的世纪，我国博物馆事业迎来新的高潮，无论是数量增长，还是建设规模，都在历史上前所未有。目前全国博物馆总数已经达到3415座，几乎每两三天就有一座新的博物馆诞生，这在世界博物馆发展史上也是十分少见的现象。近年来各省、自治区、直辖市基本完成了省级博物馆新建和改扩建工程；一大批市、县级博物馆如雨后春笋般建设起来；各行各业注重收集保护本领域、本行业的文化资源，行业博物馆建设力度大大加强；社会资本纷纷进入博物馆领域，民办博物馆迅速成长。从博物馆种类看，在传统的综合、历史、艺术等类型博物馆为主流的基础上，科技、自然、民族、民俗等类型的博物馆逐渐增多，同时旧址、遗址、生态、社区、数字等新型博物馆也越来越多地进入人们视野。

由此，我国已经形成以国家级博物馆为龙头，省级博物馆和重点行业博物馆为骨干，国有博物馆为主体，民办博物馆为补充，类别多样化、举办主体多元化的博物馆体系。虽然在我国博物馆事业100余年的发展历史上，政府始终处于主导地位，但是，此次建设规模之大超过以往。可以说，作为一个发展中国家，在经济建设取得成功以后，没有哪个国家的政府，能像我国各级政府这样，集中人力、财力、物力支持博物馆建设，投入之巨、速度之快，实属罕见。同时，各地政府建设博物馆的热情，迅速辐射到各个领域，形成社会各界建设博物馆的热潮。

进入21世纪，上海、南京、西安、成都、昆明、苏州、扬州、南通、淮安、东莞等众多城市纷纷提出“博物馆之城”的目标。早在2005年，广东东莞就正式启动“博物馆之城”的建设，公布了《东莞市建设博物馆之城实施方案》以及建设规划，将博物馆作为重要的公益文化设施纳入东莞市城市总体规划之中，目标是2010年，东莞市的博物馆数量由5座增加到30座以上，平均每20万人拥有1座博物馆。上海市在《上海文化发展“十一五”规划》中明确提出建设“博物馆之城”的目标，计划用5年时间，将博物馆的数量由50座增加至100座，计划每年建设具有一定规模、较高水平的博物馆10座。实际上，2006年上海的博物馆数量已经超过了100座，到2010年，达到了150座，内容包括纺织、造船、冶金、机电、电信、轻工业、邮政、电影、戏剧、广播、音像等专题博物馆，全面展示上海的工商业发展历程。2006年，成都提出建设“中国西部博物馆之城”的构想，力争平均10万人拥有一座博物馆。[1] 2010年3月，西安市通过《关于大力发展博物馆事业的实施意见》，提出用3年时间再建50至80座博物馆，使全市博物馆总数突破100个。四川安仁镇计划用5年时间将安仁镇“打造”成“博物馆小镇”，按照发展规划，安仁镇将引进50至80座能够反映中国百年变迁的特色主题博物馆。

在这一轮博物馆发展高潮中，各地政府的建设热情成为主导。昆明是国务院首批公布的历

[1] 周耐华：《试论博物馆与城市发展》，《携手2010：宁波国际博物馆高峰论坛》，第99页。

史文化名城之一。至2008年8月，这座拥有600多万人口的城市仅有各类博物馆19座。城市决策者认为平均30多万人拥有1座博物馆的水平，与千年古城的悠久历史不相符合，于是提出鼓励和扶持民间资本多渠道投资建设博物馆，颁布了《关于充分利用文物资源大力发展博物馆业的实施意见》，明确提出："通过3到5年的努力，基本建成以国有综合性博物馆为龙头，非国有博物馆为主体，国有专题博物馆和行业博物馆为两翼的博物馆业网络体系和展示体系，形成规划科学、布局合理，总量增加、质量提高、门类齐全、内容丰富的博物馆业发展新局面，力争全市14个县（市）区都建成1座以上博物馆，使昆明人均拥有博物馆的数量跃居全国省会城市前列，把昆明建设成为'博物馆之城'。"该意见提出后不到一年时间，昆明市内博物馆的数量已经从19座增加到65座。新增加的46座博物馆中，属于国有性质的博物馆有13座，行业类博物馆和民办博物馆有33座，实现了调动民间力量参与博物馆建设的方式。2009年7月，昆明市更是提出当年年底要确保全市博物馆总量突破100家，加快形成覆盖全市的博物馆网络。如今，昆明市博物馆总量已经达到100个，其中公立博物馆39个，行业博物馆31个，民办博物馆30个。

改革开放以来，短短的30多年时间，我国经济社会发展取得举世瞩目的变化。一方面，20世纪80年代以后城市化开始加速，特别是进入新世纪的前10年，城市化率从约30%，达到47%左右。而且，在此过程中，逐步形成了一些大都市区，主要分布在沿海地区的长江三角洲、珠江三角洲等地。按照既定规划，到2050年之前，我国的城市化率将达到70%左右，实现这一目标，平均每年约有1200万人口将从乡村转移到城市。东南沿海、长江沿线和中部地区将是未来承载这些人口的主要地区。随着城市的发展，资源紧缺等问题会日益突出。朱晓明教授指出："目前我国城市化发展中存在三个趋同，即规划趋同、产业趋同和形象趋同。大部分省份的产业结构趋同率达90%，国内600多个大、中、小城市的形象也多'千城一面'。"[1]另一方面，我国经济发展一路高歌猛进，接连超越英、法、德、日等经济强国，造就了经济奇迹，实现了跨越式发展。在我国新一波城市化浪潮带来的城市竞争中，各地政府已经把竞争的重心从简单的经济发展和GDP增长率竞争转向城市氛围、内涵和品味的营造，其中不少城市希望通过博物馆事业发展来挖掘、凝聚、展现城市历史中最具深度和吸引力的元素，构建和传播城市品牌。

今天，越来越多的城市感受到，博物馆建设有助于展现城市悠久历史和城市文化魅力，有助于满足社会民众的文化需求，提升城市的文化内涵。因此作为公共文化服务机构的博物馆建设，被列入重要文化建设项目，各地政府更加自觉地承担起博物馆建设的职责，期望通过兴建博物馆，达到更新城市风貌、激活地区经济与繁荣文化的目的。任何一座城市的博物馆发展路径，必然取决于其发展理念和人文态度，有什么样的发展理念和人文态度，就有什么样的博物馆发展结果。今天，博物馆事业逐渐进入社会关注和文化建设的中心位置，博物馆事业的发展出现新的历史机遇。

虽然人们对"博物馆之城"这一提法的现实性和可能性存有疑虑，但是，今天博物馆建设与城市发展目标主动契合的鲜明特征，使"博物馆之城"建设成为城市文化建设高潮的代表性宣言。博物馆是收藏保护文化遗产最重要的永久性文化机构。一般来说，博物馆建设的数量越多，人类

[1] 孙小静、顾春：《把脉中国城市化》，《人民日报》，2010年9月18日，第5版。

文化遗存就能够得到更多的庇护，城市就能够更加充满文化气息。因此，建造“博物馆之城”的愿望是积极的。但是，每一座城市都必须清醒地认识到，博物馆建设的质量才是博物馆事业的生命力所在。如果短期内要求一座城市的博物馆达到一定数量，首先需要从文化遗产资源情况与分布状况进行总体权衡，同时还要考虑包括保管条件、展览水平、服务质量、人才结构、管理能力等在内的一系列问题。

60多年来，我国博物馆事业经历了建国之初、改革开放和新世纪之初几个显著的发展高潮。2001年全国博物馆总数为2126座，而2010年全国博物馆总数已经达到3415座，平均每年增长140余座，表明我国博物馆建设快速发展的时期已经到来；特别是近两年平均每年增长220余座，反映出博物馆增加的速度也在不断加快。通过网络查询就会发现，目前全国同时正在筹建的博物馆就有数百座。我国已经悄然迈入博物馆大国之列。2011年8月，北京市对外宣布，北京地区共有注册博物馆159座，博物馆数量在世界排名第二，仅次于英国的伦敦。[1] 据介绍，目前英国伦敦市有22座公立博物馆，200余座民办博物馆，每10平方公里有1.1座博物馆，即每个社区附近都会有博物馆。[2]

根据一些发达国家的经验，在城市化和社会发展达到一定程度之后，一般平均每20万人左右应该拥有一座博物馆，按此标准，我国应该有6500座以上的博物馆，而目前我国实有博物馆数量只有这个标准的1/2。与许多文化遗产资源丰富的欧洲城市所达到的每5—10万人就拥有一座博物馆的水平相比差距更大。与我国悠久的历史、灿烂的文明相比，与我国巨大的人口数量相比，与我国广大民众旺盛的文化需求相比，应该说今天我国的博物馆数量不是太多，而是太少，目前的发展水平绝对不值得骄傲。“经济社会进一步发展之后，我国的博物馆数量应该上万座，才能满足人类生存及其环境物证之保存和公众的精神文化需求，因此中国博物馆事业仅从数量方面来说，未来的发展空间是极为可观的。”[3]

在博物馆数量增长的同时，我们更应该关注博物馆的质量提升。1993年，A.O.科纳里（A.O.Konaré）在离任国际博物馆协会主席，并就职马里总统时告诫道：“我们不应该为迎合公众对博物馆兴趣的增长而放弃研究和保管工作，这两项工作依然是博物馆有特色的基础工作。我无法想象一个没有扎实起码的考证工作的博物馆如何从事知识传播活动。”为适应社会发展，满足民众的精神文化需求，博物馆事业发展的重点不仅在于“数量增长”，更应该注重“质量提升”。质量是博物馆的生命线。扩大规模是发展，提高质量更是发展，而且是更高层次的发展。

当前，在博物馆建设中，尤其要避免形式主义、内容空洞、贪多求大的观念，将重点放在文化内涵深化、服务能力提升上，而不是放在馆舍建设上。长期以来，博物馆领域行业规模小，从业人员少，不能为社会各界所广泛关注。目前情况正在发生变化，博物馆的整体规模不断扩大，从业人员不断增加，逐渐成为引人瞩目的文化群体。但是，不能不承认，我国的博物馆在数量不断增长的同时，在综合管理水平、社会服务能力等方面，与国际先进水平存在着不小的差距，博

[1] 刘冕：《北京博物馆总数居世界第二》，《北京日报》，2011年8月20日，第1版。
[2] 王天铮：《解析伦敦市政府公共文化管理模式》，《中国文化报》，2011年8月25日，第7版。
[3] 曹兵武：《博物馆热·博物馆学·博物馆文化》，《中国博物馆》2008年第3期，第9页。

物馆事业的进一步发展还有不少制约性因素有待克服。甚至有专家批评我国博物馆界是“一流的资源，二流的展览，三流的服务效果”[1]。“如果连我们自己都是处于营养不良的状态，我们能拿出什么合格的精神食粮去滋养社会，去回报大众呢？”[2]

虽然博物馆数量的多少是衡量博物馆发展的重要指标，但是也应清醒地认识到，目前我国博物馆资源的利用率不高。在博物馆实施免费开放的情况下，全国博物馆每年接待观众约 4.5 亿人次，也就是说，我国平均每位国民每 3 年仅走进一次博物馆，而一些发达国家平均每位国民每年 3—5 次走进博物馆，可见差距之大。同时，在我国博物馆加快发展的形势下，还存在两个方面的不平衡问题。一方面是博物馆的区域发展不平衡。例如博物馆与常住居民之比，北京为 1∶22 万，贵州则为 1∶61 万，全国平均为 1∶44 万，可见贵州等欠发达地区的博物馆数量，明显低于全国平均水平，与东南沿海发达地区存在很大差距。另一方面是博物馆之间发展不平衡。中小博物馆占全国博物馆总数的 80％以上，由于体制性障碍造成国家投入不足和社会资源稀缺，致使相当部分的中小博物馆生存艰难，直接导致文物保护、科学研究和陈列展示功能的削弱，制约这些博物馆的进一步发展。发展我国的博物馆事业，不仅要建设大批新的博物馆，更要发挥现有博物馆的社会效益。特别是发挥位于欠发达地区博物馆和中小博物馆的社会作用，提升它们的综合质量和社会服务能力。

随着博物馆事业的迅速发展，树立博物馆系统的整体形象，明确博物馆领域的行业规范，提升博物馆队伍的综合素质，凝聚博物馆文化的社会共识，成为当务之急。“对于制约中国博物馆事业的主要因素的时代变迁，我们可以做这样的总结：在旧中国，时局决定着博物馆的存在；在新中国改革开放之前，政治运动决定着博物馆的命运；在改革开放之后，管理水平决定着博物馆的兴衰”[3]，而管理问题的背后，既有博物馆与政府之间的体制原因，也有博物馆内部的机制原因。[4]当前我国正处于深化改革和迅速发展的过程中，博物馆的改革与发展相对滞后。我国的博物馆事业面临的主要问题是，不断进步的社会、不断变化的观众对博物馆不断提出新的要求与挑战，而博物馆在专业化功能深化和社会化职能拓展方面，与时代要求存在较大差距，其中一些深层次制约性因素需要采取切实的对策才能得到解决。

（此文发表于《博物馆研究》2013 年第 2 期，第 21 页）

[1] 曹兵武：《博物馆热·博物馆学·博物馆文化》，《中国博物馆》2008 年第 3 期，第 9 页。
[2]《共同的遗产共同的责任：文博考古工作的社会形象建设与社会参与问题》，《中国文物报》，2008 年 6 月 20 日，第 5 版。
[3]《中国博物馆体制机制改革研究报告》，《博物馆免费开放调研报告汇编》，第 28 页。
[4] 国家文物局编：《中国博物馆体制机制改革研究报告》，《新形势下博物馆工作实践与思考》，文物出版社，2010 年。

关于建立科学的博物馆评价体系的思考

过去，博物馆的门票收入是一个受各方认可的硬指标，它较为客观地反映出社会公众对博物馆展览及服务的认可程度。但是，博物馆实施免费开放后，门票收入已经无法再作为博物馆的评价指标，免费开放制度在拔除了阻隔在公众和博物馆之间的经济藩篱的同时，也废除了博物馆对观众的流量控制机制和观众筛选机制。今天，能否对博物馆进行客观公正的评价，决定着博物馆可持续发展的成败。一个科学的评价体系，能有效解决我国博物馆管理水平的提升问题。因此，无论是在国家层面，还是在地方层面，均应抓紧制定博物馆评估和考核办法，实施有效监管。

随着博物馆事业的发展，博物馆的综合评价体系，应逐渐由经验评估转向科学评价，由定性评估转向量化评价，由上对下的单向评估转向上下左右的全方位评价，由单一的整体工作评价转向对各个岗位及人员的细化评价。参考其他国家经验，我国博物馆的评价指标体系应包括观众人数、公众满意度、藏品保管、科研成果、展览陈列、文化产品、财政状况、场馆的硬件设施、制度建设、社会影响力和人力资源等主要指标。但是，目前这些评价内容和方法还处于初步探索阶段，博物馆的评价指标体系尚未普遍建立，评价指标及其权重的设定尚缺乏共识，评价程序的安排不尽合理，评价结果的应用有待规范，同时博物馆评价还缺乏制度保障，这些都影响了博物馆评价的科学性。

长期以来，我国博物馆缺少综合的评价体系、科学的评价标准和合理的评价机制，评价一座博物馆的好差优劣，往往仅以馆舍建筑、展厅规模、文物收藏、员工数量等作为评价标准。但是这些都仅仅表明博物馆拥有什么资源，而没有反映出博物馆实现了什么目标。评价一座博物馆的优劣，应以博物馆的绩效为标准，以对社会的贡献为标准。事实上，如果一座博物馆尽管拥有一流的馆舍造型、一流的展厅条件、一流的文物藏品，甚至拥有一流的员工素质，但是如果不能有效地发挥社会职能，不能很好地为观众服务，也不是真正一流的博物馆。

博物馆评价的目的在于帮助博物馆不断改进工作，提高服务水平。首先，应该确立博物馆评价的基本原则，即将科学规范、客观公正、广泛参与、社会公认作为评价体系的指导原则；其次，应该设置科学的评价指标体系，评价的内容包括公共项目评价、藏品管理评价、人力资源评价、行政管理评价、科学研究评价、硬件设施评价等各个方面；第三，应该确立科学的评价程序，每一步都有严格的规定，严格按照规定程序进行，以程序的科学公正保证结果的科学公正；第四，应该组织公正的评价主体，把自我评价、专家评价、同行评价、上级评价和社会评价结合起来，发动广泛的评价主体和社会公众的参与，确保评价结果具有社会公信力。同时，要将评估的结果与博物馆自身建设相结合、与问责机制相结合、与政府预算安排相结合，真正发挥评价制度的监督和促进作用。

博物馆评价的内容，主要是围绕博物馆的运营和博物馆功能的实现来设定。不同国家制定的博物馆评价内容并不完全相同。但是，总体来说特别注重以下相关方面的评价：一是战略发展和宗旨评价，目的在于通过评价确定博物馆的发展方向和发展战略。一座博物馆的发展政策至少包括使命、宗旨、战略目标、年度计划四项基本内容。二是机构建设和能力评价，包括博物馆的综合管理能力如何、基本陈列水平如何、内部治理机构如何、资金筹措状况如何等。三是业务水平和项目评价，目的在于通过评价促进博物馆各项业务水平及服务质量的提高。四是服务质量和社会评价，即以服务质量和社会满意度为主要内容，以社会公众为评价主体，通过这些评价，把以能力建设为中心和以实践结果为导向有机结合起来。五是社会责任和非营利性评价，此项内容的目的在于通过评价，监督博物馆是否履行其社会责任和促进其公信度的提高。

20世纪80年代，来自企业组织的绩效管理理念开始进入博物馆管理领域，美国波士顿科学博物馆拟订了一系列评估项目，以及可以量化的绩效评估目标。随后越来越多国家的博物馆相继效仿，并结合自身特点出台绩效评估方法。但是，在实践中人们越来越认识到，博物馆与企业组织在本质上有着明显的差异。博物馆是为了社会公众利益而存在的非营利永久性文化教育机构，博物馆具有为广大民众提供学术专业服务的社会责任，博物馆是广大民众可以接近的终身学习机构。因此，要评估博物馆的运营是否成功，不能像企业组织一样注重成本效益，必须把握博物馆社会服务的价值观。

博物馆的运行评估不但以博物馆业务的绩效评估为主体，而且应该综合博物馆运行的其他方面，从使命定位、发展战略、公共关系、组织管理等维度进行全方位思考，构建合理的评估框架。目前在博物馆评估中最受关注的是博物馆运行评估，有的国家将其称为“战略计划或绩效指标评估”，主要针对博物馆的运行状况和业务目标达成度进行评估。许多学者对此开展了深入的理论研究，其中最具代表性的是“博物馆绩效评估理论”，新西兰、日本等一些国家的博物馆也积极开展博物馆运行评估实践，逐步建立和完善博物馆评价体系等行业标准，增强自身活力，满足不同社会群体的多样化需求。

1998年英国政府开始引入公共服务协议，按照效果导向原则、分权原则、问责性原则、透明度原则，对包括博物馆在内的政府公共支出项目全面设置了可测度目标。同时，通过制定一系列非强制性的和鼓励性的建议，为博物馆机构提供一个政策框架，使它们在这个框架内运作，以实现其宏观管理意图。英国政府对博物馆进行操控的另一项重要措施是实行达标登记制度，登记制度包括自我评估、同行评议、定期复查、重新登记四个阶段的运作过程。博物馆登记制度的实行，为英国的博物馆界提供了共同的行为准则和基本标准，为博物馆的拨款机构和赞助机构提供了客观的依据，帮助博物馆解决了一些重要的发展问题，促使博物馆进行完善和提升，也促进了馆际的合作与交流。“它成为英国博物馆工作表现的一个指示器，也提供了一个准确的博物馆统计数据库。”[1]

法国政府为了将文化资源配置向地区倾斜，解决博物馆在不同地区发展不平衡的问题，在2002年颁发的博物馆法律中，规定向具备一定资质的博物馆授予“法国博物馆”的称号，为发展地区博物馆提供法律支持。该法律规定拥有文物藏品的机构或个人均可以提出享有“法国博物

[1] 焦丽丹：《免费开放下的英国博物馆（上）》，《中国文物报》，2009年12月16日，第7版。

馆”称号的申请，在经过博物馆最高委员会审核之后，由法国文化部颁发该称号。一座博物馆必须拥有一定价值的文物收藏，拥有对文物藏品进行科学研究的计划，拥有使每位观众都能认知文物藏品并了解博物馆的政策，拥有与文物藏品匹配符合观众需求的馆舍，才能被授予“法国博物馆”称号，拥有“法国博物馆”称号的博物馆要与国家签署协议，国家给予博物馆文物保护技术支持，文物藏品进行编号保护，不可转让，博物馆同时承担向公众开放，进行科学研究等相应责任。

经过近10年的发展，法国目前共有1214座博物馆拥有“法国博物馆”称号。这些博物馆分布在各大城市、乡村甚至海外属地，有的属于大区，有的属于省、市、镇、协会以及基金会，其中82%的博物馆隶属于地方政府。[1] 授予“法国博物馆”称号的做法，使拥有文物藏品的机构在保护方面得到政府专业指导的同时，承担向社会民众展示文物藏品的义务，肩负进行相关科学研究的责任。同时，“法国博物馆”的文物藏品通过捐赠、购买、遗赠等方式不断得到丰富，切实承担起传播文化的使命。法国博物馆界每年都由博物馆的上级管理部门组织政府官员、专家学者和社会力量，以及市民代表、学生代表和议会议员等，对博物馆进行评估考核，不仅包括博物馆面向社会的各项展览和服务等，而且将社会公众对博物馆的满意度作为重要指标。

博物馆登记制度需要合理的评估体系予以支撑，而评估体系的建立涉及评估主体，由政府官员、专家学者和社会公众共同组成的评估主体，才能全面评价博物馆的优劣，而评估的实施最好由第三方牵头。一些国家由博物馆专业协会进行认定评估，目的在于维持或维护博物馆事业的品质及社会责任，进而确保社会对博物馆的信任度，从长期来看有助于提升博物馆的专业水准及社会形象。在博物馆专业协会方面，最具有影响力的是美国博物馆协会认证制度，其认证制度的认证程序分为三个阶段：自我评估、同行评估与认证委员会评估。

美国博物馆协会认证制度采用以核心问题为导向进行评估，分几个方面考察博物馆具体的业务运作：包括博物馆的组织架构与管理方式要可以有效地推动任务的完成；博物馆藏品要符合任务目标并进行有效率的管理、收藏、保全、建档与保存的工作；博物馆的陈列展览与文化活动要有利于推动博物馆文化传播，要合理计划并适当创新，以提供观众学习欣赏的机会；博物馆的陈列展览与文化活动要以适当的研究来有效的呈现，要符合现有及潜在观众的特点与需求，要有效组织观众参与；博物馆要有效的评价其陈列展览与文化活动，与观众进行双向沟通；博物馆的研究活动要符合学术标准。

美国博物馆协会的认证项目，是美国同类项目中涉及面最广的国家项目，是为博物馆经营制定美国国家标准和最佳做法的有效途径。自1971年美国第一批16家博物馆通过认证以来，美国至今约有778家博物馆通过了美国博物馆协会组织的认证，但是其数量尚不足总数的5%。通过此项认证能够说明该博物馆至少具备以下四个特征：符合美国博物馆国家标准和最佳做法，能够实现其使命并满足公众信托责任，充分展示自己作为公众信托资源优秀保管人的形象，致力于博物馆运行和机构持续发展的最佳状态。

与美国博物馆协会认证制度相比，日本的博物馆认证制度是一种由政府组织的博物馆认证

[1] 教莹：《法国政府如何促进博物馆均衡发展》，《中国文物报》，2011年6月22日，第4版。

制度。日本自 1951 年起实施的博物馆法规定，申请设置博物馆，需向当地都道府县的教育委员会申请登记。由于体制及隶属原因，日本博物馆认证制度的运行出现一些问题，全国成功登记为“博物馆”的数量偏低。为了以较为理想的标准去评估并且选择可认定的博物馆，日本文部科学省于 2001 年至 2002 年委托日本博物馆协会进行名为“有助于博物馆营运的活力化、效率化的评价方法”的调查研究，并于 2003 年发行报告《博物馆期待的样貌：与市民共同创建新时代的博物馆》。

该项调查重视对博物馆独特性的尊重，以所有博物馆为对象，设定了 3 项基本原则与 9 项约定，作为各馆自我评价并检讨改进的标准。3 项基本原则与 9 项约定分别对以下三个方面作出要求。在使命与运营方面，以明确社会使命，对所有人公开营运为原则，约定事项包括使命与计划、设施的整备与管理、咨询的发布与公开、市民参与、组织人员及财务与社会资源等内容；在藏品方面，探求受社会委托的文物，以传递于下一代为原则，约定事项包括文物的收藏、保存与修复等内容；在研究、展示及教育活动方面，以与众人分享知识性的刺激与喜悦，创造崭新价值为原则，约定事项包括调查与研究、展示与教育普及活动。

在我国，2008 年 2 月，国家文物局印发了《关于开展首批一级博物馆评估定级工作的通知》，启动了全国一级博物馆的评估定级工作。根据《全国博物馆评估办法（试行）》的规定，各地博物馆按照《博物馆评估暂行标准》进行了自评申报。经专家评议确定，故宫博物院、上海博物馆、南京博物院、陕西历史博物馆等 83 家博物馆成为首批全国一级博物馆。此项措施旨在打破当前博物馆单纯依照行政隶属关系划分等级的传统格局，通过一系列服务标准的设定，对博物馆进行相应的等级评定，力图加强博物馆公共服务体系建设，规范博物馆行业管理，建立服务为核心的质量评价体系，提高博物馆的管理水平、服务质量和社会贡献率，促进博物馆事业科学发展。

评估定级重在分类指导，通过考评博物馆的工作效益和软实力，促进博物馆积极创造条件，在综合管理与基础设施、藏品管理与科学研究、展示教育与社会服务三方面达到相关标准，更好地履行博物馆职能。其中明确将“法人治理结构”、“博物馆章程”、“网络建设”、“博物馆的数字化”、“博物馆之友等群众组织”、“文化产品开发”、“社会资助”等现代博物馆管理制度引入我国的博物馆管理。2009 年全国文物系统又启动了二、三级博物馆的评估，确定了全国 171 座二级博物馆和 288 座三级博物馆。至此全国一、二、三级博物馆共计 542 座，约占全国博物馆总数的 1/5。

国家一级博物馆代表我国博物馆发展的较高水平，具有重要的文化标志性、行业代表性和社会影响性，在我国博物馆建设与发展过程中具有重要作用。为了加强国家一级博物馆的管理，准确把握国家一级博物馆的定位，引导国家一级博物馆运行评估指标体系和评估规则的建设，国家文物局组织开展了国家一级博物馆运行评估研究，确定运行评估指标体系中定性评估和定量评估的主要指标构成，组织制定了《国家一级博物馆运行评估规则》，为国家一级博物馆运行评估的规范化、有序化开展奠定基础，并逐步建立起对国家一级博物馆进行动态评价、持续引导的机制。

从 2010 年 5 月开始，国家一级博物馆的 2008—2009 年度运行状况的评估工作正式启动，旨在通过运行状况的评估，继续维持并加强对于国家一级博物馆的监督和引导，提高国家一级博物馆运行质量，充分发挥国家一级博物馆的社会服务功能。《国家一级博物馆运行评估规则》规定了运行评估周期、评估相关主体的职责、评估流程等国家一级博物馆运行评估工作的重要事项，评估工作贯彻“公平、公正、公开”的原则，评估周期为两年。国家文物局主管国家一级博物馆运行评估工作，其主要职责是：制订评估规则和评估指标体系；认定评估专家资质，建立评估专家库；监督评估工作的实施并接受申诉；审核评估报告，确定并公布评估结果。

在开展全国博物馆评估定级工作的基础上，国家文物局会同财政部制定《国家级重点博物馆管理办法》，将部分省级博物馆确定为首批国家级重点博物馆，明确国家和地方政府的管理责任，通过中央财政加大投入，对其管理方式改革等进行重点突破，逐步创建一批国际一流水准的博物馆，并增强对区域内中小博物馆的辐射带动作用。国家级重点博物馆必须具备五个基本条件：一是博物馆文物藏品具有极高历史、艺术、科学价值，形成完整体系；二是陈列展示与本馆使命、宗旨紧密契合，社会影响力强；三是专业技术力量雄厚，有较强的科研实力和良好的学术氛围；四是建立有完善的管理制度，并能有效地组织实施；五是制定并向社会公布科学的中长期发展规划。

国家级重点博物馆采取择优认定、定期评估、动态调整和稳定支持的原则，有计划、有重点地遴选和培育，每 5 年核定一次，予以总量控制。另外，列为国家级重点博物馆培育对象的，培育期限一般不超过 2 年。2009 年，通过对全国博物馆的文物藏品等级、陈列展示水平、社会教育能力、专业人员构成、科学研究成果等综合评估研究，确定评估排名前 11 位中的上海博物馆、南京博物院、湖南省博物馆、河南博物院、陕西历史博物馆、湖北省博物馆、浙江省博物馆、辽宁省博物馆等 8 座博物馆为首批国家级重点博物馆，重庆中国三峡博物馆、首都博物馆和山西博物院等 3 座博物馆为培育对象。

开展国家与地方政府共建国家级重点博物馆，是推进我国博物馆管理体制创新的重要举措，具有导向性和示范性的重要作用。国家与地方政府共建国家级重点博物馆确定后，由国家文物局、财政部和省级政府签订共建协议，明确三方责任和义务。国家文物局和财政部主要负责：组织编制和实施博物馆总体规划和发展计划，制定相关政策和管理制度；组织审定博物馆年度计划和项目申请，合理安排专项资金；组织开展博物馆承担项目的验收和绩效考评；组织开展博物馆运行状况年度评估。省级政府主要负责：指导及监督博物馆日常管理；落实地方支出责任，足额安排博物馆运行经费及事业发展所需项目经费；配合开展博物馆绩效考评与年度评估。

博物馆事业是一个复杂的巨系统，需要完善的管理体制。同时，博物馆是一个复杂的有机体，需要良好的运行机制。博物馆作为公共文化场所，占有大量的公共资源，首先应该明确博物馆的使命与宗旨，才能更好发挥博物馆的各项功能。博物馆认定评估和博物馆运行评估都应体现博物馆的本质属性，都应符合博物馆使命。因此，需要开展博物馆的基本属性与功能研究，对博物馆的使命与宗旨、任务与目标有清晰的认识，这既是博物馆合理设立的基础，又是博物馆科学运行的前提。博物馆的远期目标必须富有挑战性，服从于博物馆使命和远景的实现。进一步的目标分析就是确定博物馆明确的近期目标，转化为年度的任务和操作的行动，这些目标应该既可以衡量，也可以评估。评价一座博物馆的组织结构合适不合适，不能脱离开该博物馆的功能定位和资源状况，其评价的最终标准在于是否有利于该博物馆的功能实现。

博物馆评估工作应贯彻“定性评估与定量评估相结合”的原则。定性评估是对博物馆文物藏品的价值、研究成果的水准、陈列展览的质量、社会服务的效果、团队成员的素质和管理能力的提高，进行综合判断；定量评估是对博物馆的藏品征集、科学研究、临时展览、教育活动、人才培养等可以量化的指标，进行统计分析。定性评估和定量评估这两种方法各有所长，优势互补，绩效评价应尽可能地综合使用两种方法，从质和量两个角度把握被评价博物馆的各项功能作用，在此基础上做出符合实际的综合判断。在进行统计分析和综合判断时，应根据评价信息的特性和事物发展的阶段，选择最适当的定性与定量权重比例。企业组织的绩效评估常采用量化指标，但是博物馆最重要的社会服务职能，难以用定量的方式衡量其绩效，因此贯彻定性评估与定量评估相结合的原则，可以避免单独采用定性评估造成的主观臆断，或单独采用定量评估而导致的重量不重质结果。

近年来，博物馆领域开始组织研究制订《博物馆展示教育和开放服务绩效考核指标体系》，一方面引导和鼓励博物馆的展示教育和开放服务达到公认的专业标准，另一方面为政府主管部门提供一个衡量博物馆展示教育和开放服务业绩的专业标准。该评价体系将以为社会和公众服务为经营目标，以展示教育和开放服务的绩效为考核重点，涉及以下几个方面，一是举办陈列展览以及其他教育服务形式的数量、质量和效果，二是博物馆的延伸和扩展性教育活动及其效果，三是博物馆与学校教育机构的合作及其效果，四是博物馆所在社区的服务活动及其效果，五是博物馆展览教育活动的宣传和推广及其效果，六是博物馆藏品信息资料的社会服务，七是博物馆文化产品的开发经营及其效果，八是博物馆服务观众的硬件设施和人性化的观众服务设施和服务项目，九是突发事件的应急预案和应急处理机制，十是博物馆环境等，以此来提高博物馆开放服务的水平。[1]

绩效管理是一种广为运用的管理行为，博物馆引入绩效管理有着重要的意义。博物馆绩效评价是通过科学、系统、完整的博物馆评价指标体系，对博物馆及其员工的活动进行有规律的评价。国家可以将博物馆绩效评价的结果与预算挂钩，即把博物馆向社会提供的公共文化产品的数量和质量作为决定财政投入力度的重要依据。博物馆也可以透过绩效评价发现问题，弥补缺失，提升能力。同时，探索对不同类型博物馆实行不同的绩效管理办法，分步实施到位。事实上，只有建立科学合理的博物馆绩效评价体系，才能使博物馆管理更加重视成本效益，更加重视社会的需求，从而推动博物馆不断提高管理能力和服务水平。更重要的是，科学的绩效评价机制也是加强政府监管和社会监督、强化博物馆责任的重要途径。

目前我国一些博物馆在绩效指标体系设计、绩效评估程序和方法、绩效评估结果利用等方面进行了许多有益的尝试和探索，也取得了一定的成绩。但是仍然存在规范化程度低、评估分散、评估程序和方法不一致、缺乏制度化的评估标准、观念不统一、执行难度大、责任区分散、考核流于形式等问题，还需要进行不断地探索、实践和创新。同时，目前博物馆的绩效评价过于偏重由上至下的评价，同业评价及社会机制缺乏制度保障。绩效评价的根本目的在于了解博物馆实际运作状况，检讨博物馆规划措施，鼓励博物馆发展特色，提高博物馆管理水平，协助和促进博物馆追求卓越。因此，应进一步完善博物馆的绩效评价机制，合理调整博物馆绩效评价的主要内容

[1] 陆建松、厉樱姿：《我国博物馆展示教育和开放服务现状、问题和对策思考》，《东南文化》2011 年第 1 期，第 9 页。

和指标体系，建立政府、社会、媒体、公众代表相结合，对博物馆文化传播与社会服务实施监督，具有中国特色的博物馆绩效评价制度。

实际上，对博物馆的绩效评价主要体现在对博物馆管理人员及工作人员的评价。这种绩效评价主要分为两个层次：一是对博物馆馆长和管理层人员的评价，二是对博物馆各个岗位员工的评价。当前对于我国的博物馆而言，无论上述哪个层次的绩效评价，主要都是由上至下的评价和系统内部的评价，系统之外的同业评价及社会评价体系还没有被广泛引入，从而影响了博物馆绩效评价的公信力。为了深入了解观众目前和潜在的预期与满意度，应建立博物馆的信息反馈机制，使全面服务质量管理由静态转入了动态，以有效推动服务质量的不断改进。信息反馈系统包括：观众留言簿、讲解接待、观众调查、员工意见箱等，以及时搜集社会公众和博物馆员工提出的中肯意见和建议。同时，鼓励提倡换位思考，从观众的角度看博物馆，用观众的感知来完善服务。

（此文发表于《中国博物馆》2013年第2期，第23页）

博物馆免费开放实践的回顾与思考

“免费开放”的观念在法国与第一家博物馆同时诞生，1793 年，法国第一家公立博物馆，即中央艺术博物馆在卢浮宫成立，该馆自成立之日起就对观众免费开放。随后由于欧洲各国在收藏艺术品方面的竞争日益激烈，博物馆经营和管理的成本上升，因此，博物馆是否应该收费成为 19 世纪末法国国民议会的重要辩论内容。1921 年 12 月，法国政府颁布政令，规定博物馆的门票价格为 1 法郎，周日与节假日仍然免费，法国博物馆从此进入了有偿服务的时代。这一颠覆性的举措曾在当时引起了广泛的社会争论。在随后的 60 年间，人们虽然已经接受了博物馆收取门票的做法，但是迫于社会舆论的压力，博物馆的门票价格鲜有变动。

直至 80 年代，博物馆参观人数骤然上升，一些博物馆相继进行了翻修和扩建，门票价格也随之上调，启动了博物馆提高收费的尝试。1988 年至 1996 年，伴随着“大卢浮宫改建工程”，卢浮宫艺术博物馆的门票价格由 18.26 法郎升至 35.73 法郎，付费参观人数上升了 70%，门票收入翻了 3 倍。1990 年，卢浮宫艺术博物馆取消了周日免费开放，代之以收取半价。与此同时，其他博物馆也纷纷提高门票价格。1996 年，为了遏制这一趋势，法国决定试行国立博物馆每月第一个周日免费开放的政策，期限为两年。在试行期满后，政府又决定将这项政策无限期执行，范围限制在巴黎大区的 23 座和其他地区的 11 座博物馆。

目前，全法国已有 21%的博物馆每月有一次完全免费开放，国立博物馆的观众中有 37%享受免费参观。总统萨科奇上台后不到 3 个月，便强调扩大公益性文化机构向大众免费或优惠开放的程度，要求在部分博物馆中试行免费开放措施，并逐步推广。这一要求引起了业内外人士的广泛议论，有人饱含期待，有人忧心忡忡，一场为期 6 个月的博物馆免费开放试行就此拉开帷幕。免费开放试点涉及 18 座国立博物馆，期限为 2008 年 1 月 1 日至 6 月 30 日，免费开放的部分仅限于常设展览。为了避免其他因素的干扰，政府对上述 14 家博物馆，在地理位置、藏品年代、主题功能等方面都做了认真选择，以保证其在法国各类博物馆中具有代表性。

试行免费开放的主要目的是分析门票价格因素对观众参观博物馆的影响程度。由于每个博物馆的实际情况各不相同，具体措施也有所区别，如卢浮宫艺术博物馆、奥塞博物馆、盖・布朗利博物馆和蓬皮杜艺术中心等 4 家博物馆，在没有实行免费开放之前的接待人数已经非常庞大，在此基础上实施对所有观众免费开放恐将超出博物馆的承受能力，所以只是对 18 岁至 26 岁的年青群体试行每周一次的晚间免费参观，而其余 14 家博物馆则对所有观众免费开放。历时 6 个月的免费开放试点结束后，官方迟迟没有公布结果，只是通过媒体透露，在免费开放期间，博物馆的参观人数较以往增加了 56%，其中有 3/4 是博物馆的老顾客。

如今法国在博物馆免费开放问题上继续进行着艰难的探索。针对观众参观时间的调查显示，实行免费开放后，人们得以更从容地仔细欣赏每件艺术品，在单个艺术品前驻足停留的时间得以延长，反映出博物馆教育功能得到了更加充分的发挥。但是，也有不少人对博物馆免费开放表示担忧。担心免费开放造成了一些博物馆和某些展厅人满为患，让博物馆的接待工作承受过大的压力，在一定程度上降低了服务质量，由于无法为观众提供良好的参观环境，也降低了观众的参观质量，从而使博物馆的公益性受到影响。更令人担心的是，观众过多使博物馆藏品的安全环境受到威胁。

同时，一些法国民众担心在国家逐步缩减对博物馆的经费支持，艺术品价格呈几何倍增长，金融危机影响不断扩大的背景下，继续实施免费开放会让国家本来就捉襟见肘的文化预算雪上加霜。另外，担心免费开放造成的资金缺乏，将会迫使博物馆在商业化的道路上越走越远，背离其非营利的性质。法国是世界第一大旅游目的地国，每年接待 7000 万左右的国际游客，这些游客中有很多就是为参观法国举世闻名的博物馆而来，这意味着免费开放的最大受益者是外国游客，而不是法国民众，这无异于用法国纳税人的钱为他国公民服务，以捍卫自身利益著称的法国人绝对无法接受这样的逻辑。由此看来，在法国全面实施博物馆免费开放尚待时日。

1997 年，进一步实施博物馆免费开放，成为英国政府实行的文化政策中一项核心内容。这项政策在当时存在很多争议，例如一些人认为免费开放导致参观人数激增，致使博物馆维护费用增加等。英国政府因此谨慎地将博物馆免费开放分为三个阶段进行。1999 年 4 月，首先实现所有儿童免费参观博物馆，当年参观博物馆的儿童人数增加了 1/5。2000 年 4 月，实现退休人员可以免费参观博物馆，老年参观者人数当年激增 40%。2001 年 8 月，政府提议并通过议案，凡被政府指定免费向公众开放的国家博物馆，返还其全部增值税，走出了英国实现博物馆免费开放的关键一步。

2001 年 12 月开始，英国联邦政府所属 10 余家国立博物馆正式取消门票，除临时性展览外，常年免费向公众开放。英国文化大臣 T. 乔韦尔（T. Jowell）曾经表示，国家博物馆和美术馆免费开放，是政府关于“建设一个更美好的英国”的承诺之一，其目的在于增强艺术在国家生活中的地位与作用。[1] 统计表明，现在前往英国的各国游客中，70% 的人希望参观免费开放的国立博物馆与艺术馆，而本国居民，90 万从来不去博物馆的社区居民第一次走进了博物馆。[2] 在德国，目前几乎没有免费的博物馆。但是，“一般来说，参观一次博物馆的价格比看场电影要便宜”。在奥地利，国家统计局统计，每年有近 2600 万人走进博物馆，全国约有 2/5 的博物馆是免票的。

与欧洲国家相比，美国和加拿大在博物馆免费开放方面显得滞后。在美国，博物馆界有所谓的“收费派”与“免费派”之争。“收费派”认为，既然人们愿意花钱听音乐和看体育比赛，为什么同属文化事业的博物馆不能收费。“免费派”认为，博物馆的功能近似公共图书馆，传播知识和提高公民文化素养是其首要职能，也是其道义上的责任。这种争论所反映的实际上是博物馆文化理念上的分歧。但是总体来看，在美国和加拿大越来越多的博物馆正

[1]《英国博物馆：文化体验“不买票”》，《南通文化》2006 年第 6 期。
[2] 杨雪梅：《拥有年轻拥有未来》，《人民日报》，2010 年 1 月 29 日，第 17 版。

在朝着免费开放的方向发展。美国免费开放的博物馆约占其总数的1/3。华盛顿美国史密森学会所属的16座国立博物馆自成立伊始即对社会免费开放。[1]

在加拿大，联邦和各省议会大厦等历史建筑，以及一些主题博物馆都长年免费开放。国外许多博物馆仅收取观众“可以承受”的门票。一些博物馆在实施减免博物馆门票政策的同时，往往采取某种获取资金的选择，例如设置带有或不带价格暗示的捐款箱；销售季票或采取在某一天内免费的政策；对参观永久陈列不收费用的同时，对于临时或特殊展览收取价格稍高的费用；在周末时门票定价高些，而在暑假期间门票定价低些；对外地观众收取比当地人更高的费用；博物馆达到其能够容纳观众的极限时，规定高、低不同的门票价格，较高价格的门票面临排队短些等。

在我国，2002年，广东省湛江博物馆、番禺博物馆率先宣布常年免费对社会开放，受到好评。2003年的“国际博物馆日”，杭州西湖周边的中国茶叶博物馆、南宋官窑博物馆、杭州历史博物馆、苏东坡纪念馆等，全部15座市属博物馆在全国率先宣布取消门票，免费向社会公众开放。意想不到的是，仅半年时间参观者就达到120余万人次，而以往半年的参观人数仅为20余万人次。2004年1月，浙江省博物馆、中国丝绸博物馆也向社会宣布，除了星期一上午闭馆外，在其余工作日，包括节假日均对外免费开放，所有参观者都可以免票入馆。

浙江省博物馆是我国实施免费开放的第一座省级博物馆，而免费开放带来的门票收入损失，则通过浙江省财政予以补足。2004年1月1日，在浙江省博物馆免费开放的仪式上，请来了三位社会人士剪彩，一位是1929年出生，与博物馆同龄的市民代表；一位是分管博物馆工作的省领导；还有一位就是博物馆馆长。这三位代表集中反映了政府与博物馆与市民的关系，即政府用纳税人的钱向博物馆购买公共文化产品，并无偿提供给社会公众，使社会公众的基本文化权益得到保障。

一石激起千层浪。当时在国内旅游景点纷纷涨价的情况下，西湖周边的博物馆却实施了全部免费开放，使杭州成为全国首个博物馆全部免费开放的城市，免费开放使杭州的文化氛围更加浓厚。过去，美丽的西湖曾留给人们许多遗憾。环湖沿线许多博物馆和文物景点单独收费，挡住了众多参观者的脚步。实施免费开放后，浙江全省博物馆观众人数明显上升，从2003年的116万人次至2004年的269万人次，上升到2005年的317万人次。其中浙江省博物馆免费开放以前，年观众量20万人次，2004年免费开放第一年，观众量即达到105.6万人次，随后3年均保持在100万人次以上。[2]

实践证明，博物馆免费开放最大的受益者是博物馆所在城市。由于博物馆免费开放使人们滞留城市的时间得以延长，带动了旅游等相关收入的增长，在总体上增加了城市收入。免费开放后，游客在杭州逗留的时间比原来平均增加了0.8天，由此产生的旅游消费，对杭州市财政的贡献达到每年100多亿元。尽管杭州市和浙江省博物馆免费开放的举措赢得了社会

---

[1]《关于美国、加拿大、墨西哥博物馆等公共文化设施情况的考察报告》，《决策参考》第60期，2008年6月。

[2] 陈浩：《浙江省博物馆免费开放启示录》，《中国文物报》，2008年3月28日，第6版。

的普遍赞誉和强烈反响，但是这一举措却在博物馆界引发了激烈的争论。2006 年参加在昆明举行的一个全国博物馆馆长论坛时，与会的大多数馆长明确表示不赞成现阶段实行免费开放。

当时馆长们的疑问主要包括：浙江省的博物馆免费开放得到了省财政充足的经费支持，然而全国其他地区的博物馆能否具备同样的优越条件？在公民素质还需要提升的时期，免费开放会不会对博物馆的文物展品造成伤害，服务和管理能否得到迅速提升？当时有专家公开声称博物馆将变成农贸市场。但是，浙江省博物馆陈浩馆长表示："我们的想法倒是从来没有动摇过。在免费开放这件事上，我们知道什么是大方向，什么是必须坚持的，什么又是短暂的、局部的，可以通过努力改变的。服务设施不够可以增加，管理不到位可以逐渐改进，公众的素质可以逐步提高，就是不能走回头路，重新设立门槛儿。"[1]

2007 年 11 月开始，湖北省博物馆正式向社会免费开放，立即引起强烈反响，也带动了全国各地民众、媒体以及博物馆界对本地区博物馆是否免费开放的关注与思考。博物馆免费开放伊始观众如潮，大大超出了博物馆的正常接待能力。湖北省博物馆免费开放最初 30 天，接待观众 20.8 万人次，与 2006 年的全年观众 20 万人次基本持平，创造了湖北省博物馆日参观人数的历史最高纪录，被一些媒体称之为"井喷"、"爆棚"现象。事实上，湖北省博物馆原设计的正常接待能力仅为日均 3000 人次。针对免费开放后的变化，湖北省博物馆对原有接待能力和可以挖掘的潜力进行了慎重的评估，得出每日 5000 人次为可承受接待能力的结果，因此决定，将每天的观众量控制在 5000 人次以内，以保证正常的参观环境，特别是观众和文物的安全。

博物馆实行免费开放之初，所产生的问题主要表现在三个方面，一是开放期间，特别是黄金周和春秋旅游旺季的双休日，大量观众聚集在展厅里参观，影响参观质量。二是少数观众的不文明举止影响其他的参观者，损害博物馆的形象。三是随着参观人数的增加而上升，在达到极限时，文物和观众的安全隐患指数会急剧提高。为此，这些博物馆的职工在免费开放初期，基本处于全员上岗，满负荷运转，加班加点，节假日不休息的工作状态。

湖北省博物馆及文物行政部门清醒地认识到，免费开放制度在拔除了阻隔在公众和博物馆之间的经济藩篱的同时，也废除了博物馆对观众的流量控制机制和观众筛选机制。面对观众潮造成的冲击，如何把握大局，沉着应对，及时调适，完善机制，努力提高博物馆的适应能力、管理能力，建立起新的参观秩序、运行规则，保证观众的参观质量，这些考验着博物馆管理者的智慧。为适当控制参观人流，湖北省博物馆采取了分时段发放免费参观券的办法。每天上午 9 点准时开馆发票，上午共发放 3500 张，下午再发放 1500 张，全天基本控制在 5000 张。对参观团队实行提前预约，适当错开高峰时间，这样既保证了团队的参观质量，又保证了正常的参观秩序。

同时，一方面，在馆内及时更换调整不清晰、不明确的指示、引导标志牌，增加英文标注；改造洗手间，增设观众休息座椅、垃圾箱和存包柜等。由于采取了一系列措施，在观众

[1] 杨雪梅：《打造国民教育的第二课堂》，《人民日报》，2011 年 2 月 18 日，第 19 版。

量急剧增加，并在短时间内持续高位运行的情况下，相关管理和服务及时得到加强，并随时纠正个别观众的不文明行为，维护了观众、文物和公共设施的安全，保证了博物馆的正常运行。另一方面，及时研究制定多种类型、针对各种不同情况的应急预案，以便快速解决和处理各类突发问题。随着时间推移，观众参观趋向规范有序，参观心理和行为也趋于理性，每天观众人数开始稳定在5000人以下，但是仍为免费开放前观众流量的2倍。

为了更好地保障广大民众的基本文化权益，2008年4月，《关于全国博物馆、纪念馆免费开放的通知》（以下简称《通知》）正式发布，确立了我国博物馆以免费开放为基本原则的制度，全国博物馆向社会免费开放工作正式启动。博物馆更加融入广大民众的社会生活，成为现代文化生活的重要组成部分，为博物馆纳入国民教育体系奠定了坚实的基础，增强了为民生服务的能力。根据《通知》要求，全国各级文化文物部门归口管理的公共博物馆、纪念馆以及全国爱国主义教育示范基地全部实行免费开放。

《通知》明确国家财政设立专项资金，重点补助地方博物馆、纪念馆免费开放所需资金，鼓励改善陈列布展和举办临时展览。其中列入免费开放名单的地方所属博物馆、纪念馆门票收入减少部分全部由国家财政负担，予以全额补贴，对于免费开放后新增的工作量及费用，即运转经费增量由国家财政分别按照东部地区20%、中部地区60%和西部地区80%的比例进行补助。与此同时，国家财政还加大对博物馆、纪念馆陈列展览的投入，以提高博物馆整体陈列展览水平。事实上，国家财政设立的博物馆免费开放专项资金，随着免费开放工作的深入，及时予以调整，由2008年安排第一批专项资金12亿元，到2009年增加为每年20亿元，2011年又增加到30亿元，地方财政也安排了相应资金，保障当地博物馆免费开放的经费需求。

鉴于我国地区经济社会发展的状况，实施博物馆免费开放，一方面采取“分类实施”的原则，即博物馆免费开放的内容主要为其基本陈列、使用公共财政资金举办的公益性专题展览，而独立于上述陈列展览之外的配套服务项目，例如相关纪念品等文化产品、展演活动、非定时讲解，以及博物馆按市场化运作，由国内外引进的特别展览、临时展览，可适当收取费用，以弥补博物馆经费之不足；另一方面采取“重点扶持”的原则，即对于位于东部地区、中部地区和西部地区的博物馆，根据当地经济社会发展状况，特别是对于位于贫困地区的博物馆，以及对于未成年人、老年人、现役军人、残疾人、社会低收入人群等社会特殊群体，采取重点扶持的政策。

同时，考虑各类博物馆的特殊性和专业性，结合国内外博物馆免费开放的实践，按照“区别对待”的原则，有针对性地分类采取不同的对策措施，完善免费开放制度。例如对于利用文物建筑开办的博物馆，对于位于古代文化遗址内的博物馆等采取区别对待的政策。故宫博物院、敦煌研究院、秦始皇兵马俑博物馆等文物建筑和考古遗址，对参观者的承载能力十分有限，免费开放所造成的观众数量猛增，必然对这些珍贵文物的安全造成不利影响，因此必须加以控制，不实施免费开放。

国家关于博物馆免费开放的政策辐射作用十分明显，出现了全国联动的局面，社会反响良好，达到了政策实施所预期的社会效益。从地区情况来看，东部地区、中部地区和西部地区，分别是免费开放前2007年的1.44倍、1.71倍、1.79倍。这组数据表明，在经济文化并不发达的中西部，尤其是西部省区，门票是困扰广大民众走进博物馆的一个主要障碍，免费开放政策的实施，正是降低了这一有形门槛。从行政隶属级别来看，2008年，66座省级博物馆接待观众总数为3710万人次，241座地市级博物馆接待观众总数为5611万人次，697座县级博物馆接待观众总数为6110万人次，同比分别增长1.91倍、1.58倍、1.47倍。这组数据表明，省级博物馆地理位置好、馆藏资源丰富、服务设施配套、陈列展览水平较高等，在免费开放后发挥了重要作用。

博物馆免费开放发挥了博物馆服务社会的公共文化职能，吸引更多的人开始走进博物馆，改变了博物馆冷冷清清的局面。免费开放后博物馆观众结构呈现多元化趋势，其中未成年人、低收入群体、农民工、村镇居民、老人和儿童的参观人数较免费开放前有了大幅度提高，越来越多从来没有走进过博物馆的普通民众头一次欣喜地踏进博物馆大门，了解自己脚下这块生存之地，享受到获得文化权益的快乐，兴奋之情不言而喻。

针对博物馆免费开放的新形势，全国各地的博物馆积极探索有效方法，积累了很多宝贵的经验。例如天津博物馆总结的科学测算接待能力，预约参观、分时段领取参观票、人流量大时适当限流等引导观众有序参观的措施，被许多博物馆借鉴和深化；陕西省历史博物馆重新调整基本陈列，扩大展出面积，充实展示内容；上海博物馆制订了志愿讲解员制度，培育了一支较为稳定的志愿讲解员队伍，有效规范和提升了该馆免费开放后的讲解服务水平。同时，加强内部机构调整，对安保、保洁等后勤服务通过劳务协议由社会专业机构提供。这些有效做法和积极探索，为进一步做好博物馆免费开放积累了宝贵的经验。

为了控制参观人数，"免费不免票"成为有效的管理手段，即参观者通过预约、登记领票等方式可以得到免费参观票，这样既可以避免使博物馆成为非参观人员避暑、取暖的场所，又可以通过登记详细信息的方式领票，有意识地控制领票程序、时间，掌握参观者的情况，有效缓解集中参观的人流问题，使文物的受损系数降低。全国各地实施免费开放的博物馆，认真排查隐患，完善安全设施，调整参观路线，规范服务行为，以及为残疾人、老人等开辟绿色通道，增加应急照明设备，增加监控摄像，增加讲解咨询、安全、保洁工作人员，切实提供人性化服务。

免费开放拉近了公众和博物馆的距离。然而，"在这样的好事面前，也有一些不同的声音，主要来自两方面。一是来自一些老观众。他们常来博物馆参观、研究、欣赏，习惯于这里安静、清洁、宽松的氛围，对于免费开放后的观众人流，对于身上有烟味、衣着有尘土的农民工的到来，对于一手提着菜篮、一手牵着孙儿的老奶奶的到来，感到不习惯了：博物馆是高雅神圣的殿堂，一下变成了闹哄哄的'大市场'，'馆将不馆'了，如何了得！一是来自一些博物馆管理人员。免费之前，观众稀少，按既定的规则管理，按部就班，得心应手。免费之后，观众流量一再突破，既定的规则不管用了，指挥不灵了，秩序混乱了，环境不洁了。'都是免费惹的麻烦！'上述现象，的确存在。问题在于如何对待"[1]。

[1] 自庶：《让更多观众走进博物馆》，《人民日报》海外版，2009年1月16日，第15版。

免费开放显著提高了博物馆的社会关注度，一时间在文化遗产保护的各项工作中，博物馆免费开放的公众关注度排名第一。2008 年，全国人大、政协两会期间，关于博物馆免票制度问题，再一次引起与会代表和委员的关注，一些委员希望以低票价政策取代免票政策，他们甚至担心，免票政策可能会让博物馆成为人们“冬天去取暖夏天去乘凉的地方”，担心国家投入到博物馆中的资源，越来越多地被前来消夏纳凉、会亲聚友、小憩消闲的人群所利用。这种担心，代表着一部分人的意见，而且不在少数。

博物馆免费开放这一公共政策的实施，无疑使弱势群体成为真正的受益者，特别是低收入群体、农民工、未成年人、老年人等观众群体明显增加，取得了良好的社会效益。例如浙江省博物馆免费开放以来，观众结构发生明显变化：一是外地观众从原来的 1/5 变为“半壁江山”，二是社会低收入群体大量走进博物馆，三是未成年人群体不断增加。[1] 不可否认，这些普通民众往往对博物馆文化缺乏了解，尤其是许多观众第一次走进博物馆，缺乏对陈列展览和文物展品的基本认识，不可避免地出现“逛展厅”、“看热闹”的情况，难以取得良好的参观效果。在大规模的参观人流中，也会有一些不够文明、不讲卫生、不守秩序的现象存在。

但是，不应以此作为否定博物馆免费开放的理由。肖复兴先生认为：“其担心是可以理解的，但这种担心是多余的，而且所表达的信息是属于精英对于普通大众的误解与隔膜。所谓低票价便无意之中而形成了一种居高临下的施舍，把文化平等与民主的问题降低于经济的平衡。”“即使退一步讲，大众的素质真的沦落为因博物馆免票成为他们‘冬天去取暖夏天去乘凉的地方’，这就更说明博物馆免票的必要性，因为我们确实需要从各个方面加强公民教育，而博物馆正是大众所需要并乐于接受的一种大众化的教育方式。”[2]

我国实施博物馆免费开放以来，全国免费开放博物馆的总数已达 1893 座，前 3 年共接待观众 13.4 亿人次，不少博物馆的观众增量达到免费开放前的数倍。目前，大多数免费开放的博物馆已经度过了免费开放之初的“爆棚”、“井喷”期，观众人数逐渐趋于常量，其中大型博物馆基本保持在日均 3000 人次左右。博物馆免费开放在总体上呈现出安全、有序、平稳的态势，社会反响良好。实践证明，免费开放加快了博物馆融入公众生活的步伐，调动了社会公众参观博物馆的积极性，改变了许多博物馆冷冷清清的局面，充分地发挥了博物馆服务社会的公共文化职能。

统计资料表明，2009 年全国举办陈列展览 14057 个，比 2008 年增加 5577 个，增幅达 65.77%。安徽省列入免费开放的博物馆观众参观量由 2007 年的 164.6 万人次，增加到 2008 年的 652 万人次，2009 年则达到 1098.5 万人次。湖南省 73% 的博物馆不同程度对陈列展览进行了提升改造；浙江省的博物馆陈列展览数量由 2008 年的 400 个，增加到 2009 年的 780 个，增幅达 95%；湖北省 2009 年在重新提升 53 个基本陈列的同时，还推出了 171

[1] 余靖静：《浙江：博物馆免费开放打开服务社会之门》，《中国文化报》，2011 年 5 月 20 日，第 1 版。
[2] 肖复兴：《博物馆免票比低价票好》，《新京报》，2008 年 3 月 11 日，第 C02 版。

个临时展览。[1] 广东孙中山故居纪念馆将讲解工作作为免费开放服务观众的重要内容，2008年至2009年共免费讲解7273场次，同时提供丰富多彩的社会教育服务，两年来共开展中小学教学活动428次，家庭教育活动253次，社区教育活动807次。

随着整体经济实力的大幅度提升，国家财力有能力承受博物馆免费开放后的各种费用，基本解决了博物馆免费开放的后顾之忧，使博物馆发展呈现出了前所未有的良好形势，也使广大民众享受了自己应该享受的文化权益。国家财政对于免费开放博物馆的资金补助，在区域差别的基础上，还根据博物馆规模的差别加以区别对待。对于国家级、省级以上博物馆，加大国家和地方财政经费的支持力度，制定有关优惠措施引导和鼓励这些博物馆通过多种渠道筹措资金，增强博物馆自身的造血能力；对于中小型博物馆，适当增加国家和地方补助资金，对免费开放贡献进行绩效评估，予以奖励。

首都博物馆于2008年3月下旬实施免费开放后，至2011年6月，共接待观众392万余人，其中最高日接待量14671人，平均日接待量已达3800余人。首都博物馆免费开放后的观众情况呈现几大变化：一是学历层次，2008年大学本科以上文化程度的观众占60%，2006年的调查为70%，这说明免费开放后，"博物馆更加大众化"；二是来馆观众的月收入情况，2006年2000元以下的低收入观众占20%，2008年1500元以下的低收入观众占了28%，免费开放使更多低收入群体走进了博物馆；三是外地观众比重由2006年的22.4%增加到2008年的34%。据介绍，外国观众、团体观众、老年观众和学生观众等参观人数，也都呈逐年增加趋势。[2]

在各级财政的支持下，各地博物馆改善基础设施，改造基本陈列，增加临时展览，拓展服务项目，提升服务管理能力。国家文物局对144座博物馆免费开放情况进行了调整，统计显示，免费开放以来这些博物馆新增观众存包位4479个，新增观众休息椅8365个，新增纪念品销售处183个，新增餐饮服务处79个，新增厕所376个。多数博物馆增设了残疾人通道和轮椅等设施。在免费开放政策带动下，有18个省级以上博物馆、132个地市级博物馆和69个县级博物馆启动了新建或改扩建馆舍项目。

博物馆是公共文化服务体系建设的重要内容，是保障社会公众基本文化权益的重要设施。博物馆免费开放，有利于促进政府职能的回归，体现了加强公益性文化建设，增强文化发展活力的成果；有利于保障社会公众基本文化权益，满足广大民众日益增长的精神文化需求，促进全民文化素质的提高；有利于增强全社会文化遗产保护意识，营造社会文化氛围，树立城市文明形象；有利于促进博物馆转变观念，适应形势深化改革，提高公共文化服务能力。博物馆免费开放已经获得了良好成效，但是社会调查结果表明，目前公众对于现存博物馆的数量和类别满意度均不高，尤其是居住在城市中的公众。

"免费开放的博物馆确实引来了如潮般的观众，然而事实告诉我们，这种如潮的现象，只是一种暂时的现象。现在我们可以初步判断，前期进入博物馆的人潮，大多是在一种好奇、

[1] 周玮：《博物馆等免费开放 让人民群众共享文化发展成果》，《中国文物报》，2011年2月23日，第1版。
[2] 余荣华：《文化殿堂大门敞开》，《人民日报》，2011年9月16日，第4版。

新鲜或更低一级‘占便宜’的心态下涌入博物馆的，博物馆收获了知名度，收获了社会的口碑，冷静地想，可不能妄自尊大。也就是说保证观众参观质量是博物馆免费开放后应该考虑的重点工作之一。提高观众的参观质量对博物馆人的工作提出了更高、更全面的要求。”[1] 免费开放后尽管没有了博物馆的收费“门槛”，但是，如果博物馆的陈列展览和社会服务不能跨越“门槛”，得到提升，人们仍然会对博物馆敬而远之。

针对博物馆免费开放所进行的专业调查表明，居住在城市的公众当中 46.9%的民众曾经参观过免费开放的博物馆，而居住在城镇的公众当中这一比例为 31.3%，远远低于居住在城市的公众。调查发现，在不同受教育程度的社会公众当中，学历越高的公众参观过免费开放的博物馆比例越高。调查发现，在不同收入水平的公众当中，家庭月收入在 5000 － 8000 元之间的公众参观过免费开放的博物馆比例最高，而家庭月收入在 3000 － 5000 元之间和 8000 元以上的公众中，也都有半数以上的公众参观过免费开放的博物馆，而家庭月收入在 8000 元以上的公众认为免费开放的博物馆展览内容具有吸引力，家庭月收入在 1000 元以下的公众则认为展览内容缺乏吸引力。

调查发现，一方面 6 成以上的公众参观免费开放的博物馆原因是增长知识、子女教育、文化旅游等，其中近 5 成公众是为了增长知识而去博物馆参观，另一方面近半数的公众是为了陪同亲友、团体组织、消磨时间、看到媒体宣传后的好奇心驱使，以及博物馆引进国外展览等原因而去博物馆参观，其中 25.1%的公众是为了陪同亲友而去博物馆参观。调查发现，公众认为“博物馆免费开放”最急需改进的五个方面依次是：“延长开放时间”，“增大宣传力度，让更多的人知道免费开放”，“更新、增加展览内容”，“增加博物馆的种类”，“降低纪念品价格”。

如今，我国的博物馆已经进入免费开放时代。博物馆界也面临着一个世纪性的“大考”，如何完成博物馆发展史上的一次质的飞跃，找准博物馆新的定位，是每一座博物馆必须回答和践行的课题。博物馆免费开放是我国社会经济飞速发展后，在文化上实行惠民政策的重要体现，越来越多的社会公众走进博物馆、感受博物馆，并开始热爱博物馆。一方面，免费开放使社会公众的文化权益与博物馆的社会责任得到了空前有效的体现，博物馆的教育功能显著增强，社会影响日益扩大；另一方面，全国博物馆经历了对免费开放政策的学习、领会、实践、磨合、创新等过程，无论是在理念上还是在行动上都是一次升华，一次历练。

但是，博物馆免费开放的持续实施，必然面临一系列必须克服的难题，其中如何平衡加强管理与改善服务二者之间的关系，考验着博物馆决策者的智慧和魄力。博物馆免费开放不仅是事业发展的一次机遇，更是对博物馆能力和业务水平的一次挑战，为博物馆自身建设和博物馆事业整体发展，创造一个全新的平台。要实现博物馆向全社会免费开放制度的可持续发展，需要全国博物馆工作者的艰辛努力和创新实践，才能将这项利国利民的好事做好、实事做实。因此，必须从长远的、发展的、大局的眼光来看待这一政策。进入“后免费开放时

[1] 徐忠文：《走出博物馆免费开放后的迷茫》，《中国文物报》，2009 年 2 月 20 日，第 6 版。

代”，博物馆未来的发展任重而道远，还有许多课题值得深入思考与研究。

伴随免费开放的实施，一些博物馆出现了不尽如人意的环境质量下降问题，例如设施设备损坏、环境卫生下降、参观效果降低等，但是作为博物馆管理者，不应一味将问题产生的原因归结于观众的素质与素养，而应当认真反思博物馆管理中的漏洞与缺失。美国艺术史学家C. 布鲁斯（C.Blues）提出，要防止博物馆“由美的圣殿蜕变为文化的集市”[1]。当前，积极探索免费开放后提升博物馆服务质量的方法与途径，不断推动博物馆体制机制创新，建立评价考核监督体系，完善激励约束机制，并定期公布免费开放博物馆运行管理状况，保障公众知情权，成为提升博物馆社会服务的关键。

今天，要以研究解决免费开放的博物馆存在问题为突破口，立足于博物馆事业社会化趋势，最大限度地发挥博物馆的社会效益，为社会公众提供更多更好的公共文化产品和服务。免费开放的目的就是要让更多的人走进博物馆。人们走进博物馆的目的，是为了看懂博物馆，根据每个人社会背景、知识结构等不同的情况，从博物馆文化中吸收、感悟人类文明留下的智慧。免费开放后的博物馆必须考虑，如何将更多的参观者吸引进博物馆参观，如何使进入博物馆的参观者获得更好的文化满足，如何为社会特殊群体提供享受博物馆文化的机会。

“总起来说，对于国外尤其是西方的博物馆参观者来说，门票不是决定一个人是否参观博物馆的障碍问题，主要有三个原因：一是其博物馆的陈列展览和服务水平普遍较高；二是门票的绝对价格相对于参观者的收入水平所占比例较低，三是参观者在时间、地点、服务形式与价格等方面有较多的选择范围。”但是，在我国则似乎呈现出两种比较对立的观点。主张博物馆应该免费开放的人认为，博物馆是公益性的文化事业单位，博物馆的设施主要由政府投资兴建，博物馆的运营主要由政府财政支持，博物馆的文物藏品具有社会公共财富的属性，因此博物馆向全社会免费开放理所当然，特别是由于博物馆具有社会教育的职能，而接受教育是每一个人的基本权利，因此博物馆应该向社会公众免费开放。

主张博物馆收取门票的人认为，博物馆的陈列展览是一种文化产品和服务，因此参观博物馆理所当然应该付费。更多的人认为门票是博物馆的辅助性收入和控制进入博物馆参观人数的管理手段。实际上，由于社会弱势群体的存在，要求博物馆作为公益性事业单位，必须为消除更深层次的社会不平等，为保障全体民众的文化权益做出力所能及的贡献。因此，在国家财政的支持下，具备条件的博物馆应该实行免费开放，不具备或不适宜免费开放的博物馆，也应当在实施低价门票的基础上，制定针对弱势群体和特殊群体的免费措施。[2]

长期以来，博物馆通过收费准入来对观众进行筛选，以保证博物馆文化资源能够真正为有博物馆文化需求的群体所利用。而在免费开放之后，收费准入的筛选机制被废除，博物馆的服务对象从热心观众，扩大到社会公众。同时，免费开放后观众构成发生了显著增加，低收入人群和劳动者阶层明显增加。“这提醒我们，当这些民众的兴趣满足以后，他们还会再

[1] 李舫：《中国博物馆从“藏宝库”到“魔法棒”》，《人民日报》，2010年1月29日，第17版。
[2] 曹兵武：《博物馆门票问题之我见》，《博物馆观察：博物馆展示宣传与社会服务工作调查研究》，学苑出版社，2005年9月，第191页。

走进博物馆吗？当笼罩着博物馆的神秘之光消散之后，人们还会对博物馆感兴趣吗？一些人担心，为吸引更多的观众，一些博物馆将增加陈列和社会活动的通俗性和娱乐性，淡化研究和教育的色彩，另一些人则担心观众需求变化会造成博物馆陈列与研究的分离，陈列和教育活动将失去科研的支持，逐渐流于表面化和形式化。”[1]

随着免费开放的博物馆数量的增加，普通公众接触博物馆、近距离接触文物展品的机会也越来越多。然而社会公众因为免费开放而走进博物馆，更多的是作为一种文化体验，实际上博物馆展览内容才是吸引观众的关键因素，不断增加和更新陈列展览内容才是社会公众对免费开放博物馆的期待。“在某种意义上说，对免费开放的博物馆的挑战，不是观众爆棚的压力，而是免费也无人问津的尴尬”，这一危险确实存在。不能仅仅满足于敞开博物馆大门迎接观众，关键是要保证质量提升、效果明显，以及持续发展。因此，如何能够持续地吸引观众走进博物馆，陈列展示无疑具有格外重要的意义。

博物馆是社会公众学习知识、陶冶情操、了解历史的重要场所，同时也是人们组织文化活动、教育子女的重要场所。因此，不能将免费开放简单地理解为“开门迎客、政府补贴”，也不能因为免费开放而偏离博物馆的专业水准，降低服务质量，而必须紧紧抓住增强活力、改善服务两个关键环节，不断改善社会教育质量，提升专业服务水平，通过富有实效的教育工作，使博物馆免费开放后“看热闹”的观众转变为“品文化”的观众，保持社会公众对博物馆的持续热情，[2] 将博物馆建设成为广大民众“感受愉悦、休养身心、陶冶情操”的精神文化家园。

免费开放制度对于我国博物馆的管理能力提出了更高的要求。如果博物馆的管理能力得不到提高，不仅人们对博物馆免费开放所寄予的厚望会幻灭成空，免费开放制度本身的合理性及可持续性也会受到质疑和非议。做好博物馆免费开放工作，首先必须做好各项保障措施。随着博物馆实行免费开放和观众数量增加，必然对博物馆的整体工作提出更高的要求，在确保观众及藏品安全的前提下，亟待解决基础设施的完善、经费的保证、陈列展示水平的提高和综合服务质量的增强等问题。免费开放使博物馆能够更好地融入社会生活，使博物馆人能够更好地实现自身价值，提高自身的服务水平和能力，也使博物馆受到前所未有的重视和注目。

免费开放的实践促使博物馆的自身职能得到更加充分的发挥，积极采取措施、周密安排，切实把免费开放工作做实、做细、做好，例如按照不同季节、月份、周末、节假日，动态地为团队观众和个体观众，普通观众和特殊群体等安排参观服务内容，使大众能够更深切地感受到博物馆的教育、休闲、启迪、鉴赏等诸多作用。从这种意义上说，博物馆免费开放最大的受益者也是博物馆自身。免费开放使博物馆回归了自身的基本职能，对博物馆的管理和服务提出了新的要求，通过强化内部管理，完善规章制度，寓管理于服务，做到降低门槛不降低服务标准和服务质量。

为全面推动博物馆免费开放，财政部门实施了相应的专项经费补助政策。这一政策为博

[1] 宋向光：《愉民育民 不辱使命》，《中国文物报》，2008 年 4 月 25 日，第 6 版。
[2] 沈岩：《从免费开放反思当前博物馆教育的改革》，《中国文物报》，2010 年 2 月 24 日，第 7 版。

物馆免费开放提供了强有力的经费保障。但是从博物馆发展长远看，还存在着诸多不完善之处。一是由财政部门包揽博物馆免费开放后的门票补偿和运行经费增量，“旱涝保收”的结果，有可能削弱博物馆面向社会、自我提升的主观能动性。二是免费开放后博物馆经费来源，由原来的多渠道改为单一的政府拨款，许多博物馆出现了专题项目和业务经费有保障，而安全消防、设施设备更新和维护经费不足的现象。三是财政拨款中可供博物馆完全自主支配的部分较少，市场营销和文化产品发展受到限制。四是缺乏与资金使用审核管理相配套的评价体系和可供操作的行业标准，使展览、科研、服务等项目的绩效无据可评。长此以往，有可能造成新一轮“大锅饭”，消减博物馆免费开放政策的效力。

人们担心，博物馆“衣食无忧”，是否会失去竞争力和创造活力，是否会重新回到“等靠要”的时代。如果处理不好，替代博物馆门票收入的政府财政投入，也会在相当程度上消解博物馆的激励机制。同时，无法通过观众参观人数这一传统指标来对博物馆的工作进行评价考核。因此，免费开放之后，博物馆面临重蹈当年“大锅饭”覆辙的危险。如何在没有传统的流量控制机制的情况下，确保博物馆观众流量在安全负荷之内；如何在没有传统的观众筛选机制的情况下，确保博物馆能与其目标群体对接；如何在没有传统的门票激励机制的情况下，确保博物馆争取观众的积极性，如果这些问题不解决，免费开放政策将难以实现其预定目标。

实行免费开放之后，尽管通过国家财政投入弥补了博物馆的门票损失，但是却容易使博物馆失去积极吸引观众的动力。显然博物馆仅仅通过免费开放吸引观众远远不够，应变被动为主动，不断推出新的形式、新的内容，建立与改革相适应的激励约束机制，促进提高公共服务水平。同时，制定博物馆工作条例，完善以博物馆运行状况评估为重点，以宣传展示、开放服务为核心的博物馆质量评价体系。对免费开放博物馆的管理运作效能、业务完成指标、资金效益指标、社会效益指标、公众满意度等进行评估，评估结果作为对博物馆实行动态管理的依据。

在免费开放的形势下，博物馆事业发展不仅需要政府创造良好的外部环境，更需要博物馆自身练好内功，重视解决存在的突出问题，激发内在活力，提高服务水平，加强能力建设，推进体制机制创新。博物馆免费开放是我国文化政策的重大调整，但是与之相适应的配套政策和措施尚未健全。当博物馆进一步向社会敞开大门的时候，一些涉及博物馆体制、机制方面的深层次问题也随之浮现出来。免费开放要求博物馆提供高水平的展示，高质量的服务和高标准的管理，这就促使博物馆必须深化体制改革，不断创新机制。

免费开放后，观众人数成倍增长，博物馆原有编制与人员实际需求之间的矛盾日益突出，编制严重不足已成为所有大中型博物馆的突出问题，例如河南博物院编制 192 人，聘用非在编人员 295 人；湖南省博物馆编制 156 人，聘用非在编人员 106 人；首都博物馆编制 285 人，聘用非在编人员 301 人。目前大多数博物馆的展厅安全和保洁工作采取外包方式，这是目前缓解博物馆编制严重不足的有效方式。但是，也意味着与观众接触最多的人员不是博物馆员工，也不是博物馆志愿者，他们可能存在对博物馆文化缺乏了解，对博物馆管理理念缺乏认同，同时，对博物馆业务缺乏培训，这些问题的存在，必然影响博物馆的社会服务质量，甚至在与观众沟通时难免发生文化冲突。

为此，应将免费开放作为博物馆深化改革的良好契机，推动博物馆的自身改革，特别是体制机制改革的进程。要以深化人事制度改革为突破点，优化博物馆组织结构，整合内部资源，转变运营方式，增强创新能力、运转活力和服务能力，实现科学管理。应以博物馆免费开放政策为动力，优化博物馆的生存环境。鉴于我国博物馆类型的复杂和差异，应有针对性地分类采取不同的对策措施，完善免费开放制度，创新体制机制，增强发展活力。同时，结合博物馆实际，优化组织结构，改进内部管理，创新服务方式，提高运营效率。要积极探索完善法人治理结构，逐步实行理事会决策、馆长负责的管理运行机制，形成政府、社会、公众代表相结合的监督管理体系。

当前，资金投入不足仍然是博物馆免费开放后，实现可持续发展的瓶颈。如果没有充足的资金支持，在免费开放的情况下，博物馆就无法专心发挥藏品保护、学术研究、陈列展览的功能和文化传播、服务社会的职能，也就无法实现提高公众文化素质的目标。因此，应进一步明确博物馆的公益性质，加大公共财政扶持力度，逐步建立博物馆经费保障机制。博物馆的免费开放补助必须得到长期、可靠的保证。各级政府要研究制定本地区国家财政补助专项资金和地方财政资金具体分配方案。在现有投入的基础上，继续加大对实行免费开放博物馆的预算支持，给予足额保障。根据免费开放后的运行成本、文物保护、安全设施、事业发展等项目需求，进行科学测算，明确补贴标准，制定补贴办法，纳入财政预算，实施统一管理，减少拨付环节，确保及时到位，以保障博物馆为公众提供优质服务的长期性、可靠性。

同时，要拓宽经费来源渠道，建立多元化投入机制，落实相关财税政策，鼓励社会力量对博物馆发展进行捐赠。例如由国家财政设立博物馆事业发展基金，用于支持、激励优秀陈列展览项目的策划、展出和推广，扶持博物馆教育活动，扩大博物馆文化影响，增强博物馆的吸引力，充分发挥博物馆的社会服务职能。事实上，伴随博物馆免费开放的有效实施，不仅保障社会公众的文化权益，而且必然带动经济的增长。因此，应全面正确地评估博物馆免费开放的社会贡献和综合效益。

事实上，2008年以来，我国博物馆实施免费开放的力度、作用及效果，在世界范围内史无前例。这一事件无疑将写进中国文化史，意义不可估量。全国各地博物馆陆续免费开放以后，虽然出现过一些复杂情况和局部问题，例如观众的目标性不够明确，参观人员杂乱拥挤，参观效果受到影响等，但是这些问题的出现，往往正说明博物馆实施免费开放的必要，只有让更多的社会公众走进博物馆，才能迅速有效地提升人们的博物馆意识，提高博物馆参观质量，提高博物馆作为国家文化资源的利用效率。至于免费开放中存在的问题，完全可以通过国家政策完善和博物馆自身努力得到有效解决。

（此文发表于《福建文博》2013年第2期，第86页）

博物馆应将保护文物藏品存续放在优先地位

当前，博物馆藏品保存环境质量控制方面存在较大问题，环境控制设施简陋、空调设施使用不当、空气净化技术应用较少、光环境普遍不规范等，加剧了温度、湿度、光照、各种空气污染物、虫害、霉菌等自然环境因素对文物藏品的损害程度和速度。另外，由于材料污染或使用不当，直接或间接对文物藏品造成危害。“十五”期间，我国首次开展了“全国馆藏文物腐蚀损失调查”，调查结果表明，共有50.66%的馆藏文物存在不同程度的腐蚀损害。其中处于濒危腐蚀程度文物29.5万余件（组），重度腐蚀程度文物213万余件（组），中度腐蚀程度文物501.7万余件（组），分别占全国馆藏文物总数的2.01%、14.52%和34.13%，文物腐蚀损失状况相当严重。

“全国馆藏文物腐蚀损失调查”显示，由于目前文物藏品库房面积严重不足，库房中文物集中叠垒密集堆放的现象十分普遍，造成人为损害，致使病害在文物藏品间相互传播，病害发生率相当高。例如青铜器和铁器的粉状锈比例高达16.53%；再如在纸质和纺织品文物的各种病害中，折痕病害发生率最高，分别占81.93%和47.65%。在博物馆藏品的保护环境中，温、湿度的控制非常重要，在许多场所，因为湿度所引起的文物藏品霉变、脆化十分严重。特别是我国江南地区因空气湿度较高，问题尤为突出。目前，大多数市县级博物馆展示空间的文物藏品保存环境不达标，一些博物馆内恒温恒湿、空气净化等文物保管专用设施几乎完全空白，展示空间内温度和孳生性菌类过高，对文物藏品造成损害，尤其是丝织、纸张等有机质文物藏品面临恶劣的展示环境，自然损毁日益严重。

虽然大部分博物馆通过空调或者恒温恒湿设备来解决博物馆的文物藏品环境温、湿度控制问题，但是由于传统设备对于湿度的控制难以达到理想要求，并且缺乏针对不同文物藏品的有效解决方法，对于文物藏品保存环境的湿度控制效果不佳。一部分博物馆针对文物藏品陈列，研究改善陈列柜内的小环境，研制了文物环境调湿剂，对于基本密闭的小型陈列柜可以起到较好稳定的作用。但是，大部分博物馆的大面积文物展柜和文物库房仍然存在着文物环境湿度控制问题。此外，文物的光线受损也是陈列过程中的主要问题之一，不适宜的辐射常常使有机质文物开裂、分解、褪色、变色。如何在尽可能减少光辐射对文物损害的前提下向观众提供良好的视觉效果，也是博物馆面临的迫切需要解决的问题。

目前大部分中小博物馆的文物藏品保护条件较差。一方面，长期以来没有标准文物藏品保管空间，文物库房建设时未考虑文物防火、防震、防雷、防虫、防潮、防光和防尘等方面的因素，达不到文物藏品保护的要求；另一方面，保存设备设施老化，缺少文物藏品专柜，甚至一、二级珍贵文物既没有保险柜存放，也没有适用的囊匣加以保护，一般文物藏品更是就地堆放，未采取应有的保护措施。同时，文物保管人员缺乏经常性的业务培训，专业技术能力较差。一些博物馆或位于地震多发区、洪水多发区、台风多发区，或位于环境污染严重的工业区等，而这些博物馆在馆舍选址，以及建筑结构、防雷设施、抗震性能、防洪能力、污染防治等方面的安全设防，未能达到相应标准，存在严重安全隐患，一旦外部灾难突发，就会对博物馆藏品造成严重危害。

博物馆是公众文化活动场所，安全与方便是馆舍规划和空间设计首先需要考虑的基本问题。过分强调建筑外观的华丽和结构造型的奇特，都不符合博物馆功能设计的本质要求。同时，只注重建筑外观和结构造型而忽略安全因素更是博物馆规划设计的大忌。实践证明，建筑设计中出现任何违反博物馆建设规律的问题，对于开放状态下的博物馆而言，都会造成一定的安全隐患。文物创造不易，文物保护更难。博物馆藏品的脆弱性、不可再生性、可枯竭性的特点，要求人们要善待文物、珍惜文物、尊重文物、敬畏文物，要求博物馆将保护文物藏品的存续放在主导一切的优先地位。例如对于珍贵文物应贮存于柜、箱、盒、匣、囊、袋之中，进行封闭保存；对于大体量文物藏品应根据材质采取防尘、防潮、防震和避光措施；对于陶瓷、玉器、泥质、玻璃等易碎易损文物藏品要采取防振、减振措施；对于珍贵有机质地的文物藏品应选用除氧充氮密封的特殊设施保存等。

当前我国迎来博物馆建设的新高潮，各种展览异彩纷呈，但是与其共生的却是不可忽视的安全隐患问题。一些博物馆片面追求高、精、尖设施，热衷于大投入、大制作、大手笔，对文物藏品和展览场地过度包装，以大量的声光电和场景制作追求视觉效果。甚至为展示一件珍贵文物，不惜营造一个富丽堂皇、美轮美奂的场景，以烘托气氛，如此不但制作成本成倍增加，而且不安全因素也成倍增加。一些专家指出，在一些世界著名的博物馆里，从未看到过这样过于奢华的声光电、多媒体视频动漫等，更很少见到过专门为文物展品制作的大型场景。如今在不少博物馆的厅堂内各种装饰材料大量堆砌，各种电气大量使用，电源线路密如蛛网，易燃材料随处可见，给陈列展览和文物展品本身，乃至博物馆造成巨大的安全隐患，一旦发生火灾及其他问题，后果不堪设想。[1]

《关于保护可移动文化财产的建议》指出："文化财产由于不良的存放、展览、运输及环境（不利的光线、温度、湿度、空气污染）条件而易退化，长此以往，可能具有比意外损坏或偶然破坏行为更为严重的后果。因此应保持适宜的环境条件以便确保文化财产的物质安全。负有责任的专家应在目录中列入物品物理状况的资料及关于必要环境条件的建议。"馆藏文物保存环境，亦称为博物馆环境、文物微环境，是收藏与展示各类可移动文物的相对独立的空间，包括文物库房、展厅、展柜、储藏柜（箱、盒）等空间。随着科学技术发展，时代赋予博物馆文物藏品更多的文化内涵。为加强文物藏品保管工作，应建立起卓有成效的文物藏品管理和利用制度。

文物藏品被破坏的原因是多方面的，除自身的结构、质地不稳定外，还受人类因素和自然因素的影响。博物馆藏品虽然看似保持静态，但是实际上本身始终进行着微观变化，容易导致藏品不同程度的外部变形或是内部结构损坏。其中人为损坏包括战争、盗窃、火灾、随

[1] 张立胜：《文物陈展必须确立安全第一的原则》，《中国文物报》，2011 年 9 月 7 日，第 8 版。

意触摸、不适当的利用、保护方法不恰当等因素，使文物藏品衰败，例如金属腐蚀、石雕风化、壁画褪色、书画虫蛀霉变、织物粘连、木质干裂糟朽等。自然破坏包括地震、洪水、火山喷发等灾害性的因素，温湿度、光辐射等物理性的因素，灰尘、有害气体污染等化学性的因素，微生物、昆虫、动物侵蚀等生物性的因素。这些均需要分析研究文物藏品的损害原因和质地材质，采用传统文物保护技术与现代科学技术相结合的方式，运用不同的手段加以修复。

“全国馆藏文物腐蚀损失专项调查”是针对国有文物收藏单位开展的第一次全国性博物馆藏品文物腐蚀损失的科技基础工作专项调查，历时 3 年时间，通过系统内外近 5000 名工作人员的共同努力，采用普查、重点调查、抽样调查、专题调查、访谈调查、抽样检查等多种调查方式相结合，对全国各省（自治区、直辖市）的 2803 家各类国有文物收藏单位的 1470 余万件（组）馆藏文物进行了调查，基本掌握了我国国有馆藏文物的现状。针对馆藏文物腐蚀损失专项调查结果的系统分析和深入研究，表明馆藏文物腐蚀损失的 6 个方面主要原因，探索出解决和改善馆藏文物腐蚀损失的 8 项主要对策与建议。

通过“全国馆藏文物腐蚀损失调查”项目的实施，较为全面地了解和准确掌握全国国有文物收藏单位馆藏文物的腐蚀数据，基本掌握了馆藏文物腐蚀原因，初步建立健全长效、动态的馆藏文物腐蚀损失调查机制，完成了馆藏文物及其腐蚀损失经济价值估算数学模型的初步设计，首次将经济参照系概念及测算方法引入馆藏文物管理领域，切实加大了馆藏文物分区分类指导力度，明确了馆藏文物保护的科技攻关目标和经费投入方向。“全国馆藏文物腐蚀损失专项调查”是博物馆领域率先采用信息技术手段、引进统计学原理，组织跨学科、跨行业、跨领域、多单位共同协作的大型专项调查项目，是文物藏品科技保护的一项基础性工作。

科学保护文物藏品，合理修复受损文物藏品的目的，都是为了延长文物藏品寿命，延缓文物藏品的老化。但是，从另一个角度来说，博物馆藏品保护与修复是对文物本体的人为干预，使文物藏品所拥有的某些特性发生一定的改变。为了尽可能保留文物藏品在保护与修复工作前所拥有的原始信息，必须要在对文物藏品实施保护与修复前，对文物藏品原状加以描述，同时由于保护与修复过程中的人为干预会造成文物藏品特性的改变，应对文物保护与修复的过程，以及修复后文物藏品的状态进行详细地描述和记录。这些对文物原状的描述与修复过程的记录资料就是文物保护与修复的技术档案。

文物保护与修复的技术档案，既保存了文物的原始与目前的各项信息，也有助于文物保护与修复工作的总结归纳与提高。更重要的是，为今后文物藏品的研究、保管、利用提供重要的文化信息。[1] 在我国，尽管文物修复有较长的历史，但是文物保护作为一门学科，起步较晚，文物保护修复技术档案的建立还未能引起人们的足够重视。例如很多文物藏品在修复的过程中没有进行详细记录，没有清晰地描述文物原貌，对操作过程记录简单，在记录中缺少足够的影像、图片资料，在修复结束后没有综述性的修复报告。这些问题的存在将对今后的文物资料检索、文物的保管利用与研究、文物的再保护修复带来很大的困难。

[1] 宋纪蓉、刘舜强：《完善文物保护修复档案的几点思考》，《中国文物报》，2008 年 2 月 22 日，第 8 版。

当前，亟待加大科学研究力度，有效遏制馆藏文物腐蚀损失。包括加强馆藏文物保护修复科技应用技术基础研究，进行各类材质馆藏文物在不同环境中的劣变原因及防治对策、馆藏文物保存环境和保护修复材料工艺评价标准的研究；实施关键技术攻关，加大应用技术研发力度；加大馆藏文物保护科技成果转化和推广力度；加强馆藏文物保护修复科技基础条件建设。针对保存环境控制、库房建设、日常养护、基础技术标准规范等诸多与馆藏文物保护有关的问题，需要增加馆藏文物保护科研经费、保护修复经费、日常养护经费的投入。同时，组织全国的科学技术力量，在博物馆领域开展博物馆藏品抢救性保护修复专项工程，首先抢救已经处于重度腐蚀以上的珍贵文物，特别是濒危易损的珍贵文物，例如纺织品、竹木漆器、纸质文物、金属类文物等严重腐蚀的珍贵文物藏品，保障馆藏文物长治久安。

实践证明，选择最有利于文物收藏、管理的区域作为文物藏品区域，是确保藏品安全的首要问题。库房是收藏、保护、管理文物藏品的重要场所，博物馆应拥有专门为收藏文物藏品而建立的具有防盗、防火、防震、防潮湿、防干燥、防污染、防灰尘、防光辐射、防虫蛀、防霉菌、防腐蚀、防糟朽、防变色、防老化等功能的库房。传统的博物馆库房管理理念认为，文物库房设在地下室或进出不太引人注目的区域比较安全。但是，近年来一些国家的博物馆遭遇飓风洪水、地下室珍贵文物遭受严重损伤的情况时有发生，这些情况的出现，严重冲击了传统的文物库房区域理念。新建博物馆的内部空间划分中对文物藏品区域的设定，必须在考虑文物安全的同时，注意文物藏品的取用方便、展收自如及文物藏品的防霉、防潮特别是防水等问题，真正实施科学管理、确保文物藏品的绝对安全。

博物馆建筑类型多样，既有古代建筑，也有现代建筑，它们在建筑材料、结构形式、设备装置等各方面存在一定的差异。现代博物馆在建筑设计时就要重点研究展厅和库房的建筑环境，展厅陈列室、库房及其他业务用房面积的适当分配，文物、标本保护温度、湿度的参数及各项相应的装备、设施等。利用古代建筑作为馆舍的博物馆亦应在保持建筑物原貌的前提下装置设备，尽量改善博物馆建筑内部的环境。对于文物藏品的保存环境，空气的温度和湿度最为重要。博物馆内的温度、湿度会随着室外气温的波动和观众流量的多少而变化，通过在展厅内安装智能化控制系统，可以防止外界不利因素的影响，保持有利于文物藏品保护的温湿度。

因此，应立足于博物馆环境现状，针对博物馆库房、展厅的温湿度环境控制问题，开展博物馆环境控制技术及设备研发。主要内容包括：一是馆藏文物库房环境的调控技术及设备研发。在对现有馆藏文物环境问题进行专门分析的基础上，开展适应于地域环境的较低能耗和低成本的文物库房环境湿度控制技术及设备研发。二是馆藏文物微环境控制技术及设备研发。针对我国自主研发微环境控制基本设备短缺的现实问题，开展馆藏文物微环境控制技术研发，设计并研发具有自主知识产权的除湿类恒湿机，为博物馆的陈列场所提供微环境控制解决方案。三是博物馆展厅的光环境综合研究。针对博物馆展厅“光污染”问题，开展博物馆展厅光环境综合研究，研发新的光源技术。四是研究并完善传统消防技术，研究新型阻燃材料，更替旧有的易燃或不阻燃材料，增强门窗、楼面及屋面的耐火等级。此外，展厅还应配备有防尘、防震和空气净化过滤系统。

博物馆的管理方法和技术手段应围绕博物馆中的文物藏品，使之成为实现博物馆使命的工具。在设计每一项陈列展览之初，从陈列展览的规模到馆舍展厅的面积，都应考虑观众的容量和参观行为。陈列展览的单元分区和展柜之间的距离、展板的疏密度、安全出口、消防通道以及应急灯设施，都会认真考虑陈列展览、文物展品和社会公众的和谐关系。在对陈列展览进行深化设计时，展览装饰材料必须对人体和环境无伤害，灯光的照明度既要符合文物展品的要求和展示的美观，又要满足观众的参观需求，不能因为光照度不足或过强，造成对观众的不适或伤害。除此之外，包括展板的高度和字体的大小，都应根据陈列展览的特点，选取观众最舒适的尺度进行展示。[1]

文物藏品能否长久保存，依赖于它的存放环境，有效地控制收藏环境可以延长文物藏品的寿命。同时，保护和管理文物藏品是一门技术性很强的综合性边缘科学，涉及多学科和多项先进技术，例如地质学、矿物学、金属冶炼技术、纺织学、气象学、化学、物理学、古生物学、生物学、微生物学、环境保护学等。2002 年以来，国家文物局在全国部分省市博物馆进行“文物库房环境保护达标试点工程”，获得良好的效果。例如旅顺博物馆经过此次“试点工程”，文物库房实现了恒温恒湿自动化系统、空调通风自动化系统、消防报警自动化系统。在文物藏品库房的各项管理工作中，文物藏品出入库的管理是一项非常重要的工作，各博物馆利用馆藏文物组织对外展览、临时展览等各项业务活动，文物藏品经常会被提取出库，文物藏品安全易受到威胁，文物藏品动态化管理就成为博物馆管理中重要的一环。

保管部门严格规范文物藏品的出入库手续，成为文物藏品安全的重要保证。文物藏品如果不采取任何消毒措施就进入库房，不但这些文物藏品会因携带许多细菌、虫卵等继续受到侵害，而且还会影响到库房内原有文物藏品的安全。因此，文物藏品入库之前，文物保管人员应将其送至相关的科技保护部门进行消毒，并提交一份具体消毒情况的报告。文物保管人员在文物藏品入库时，应认真验核消毒情况的报告。有些严重损坏的文物藏品，入库前须进行必要的技术处理，例如除尘除垢、防锈、熏蒸、修复等。同时对文物藏品进行实测，记录其图像资料、尺寸、重量、成色、完残情况等。入库时，文物保管人员应对照文物藏品，认真核对藏品号、藏品件数及藏品现状，检查藏品卡片上注明修复的具体部位、藏品描述用词是否准确、全面。完成以上工作后，由相关人员一起进行核查清点，正式办理入库手续。藏品在入库后，还需要对其进行科学方法分类保管。

长期以来，国家立法机关，各级文物行政部门，为文物安全工作制定了一系列法律法规，各类博物馆也不同程度地制定规章制度，采取多种措施并以大量的人力和物力投入文物藏品保护环境的改善。“馆藏文物保存环境应用技术研究”是“十一五”国家科技支撑计划项目“文化遗产保护关键技术研究”的课题之一，主要基于文物预防性保护原则，立足博物馆文物藏品实际状况和潜在需求，针对馆藏文物保存微环境的主要危害因素，分 6 个专题开展综

[1] 黄雪寅：《关于博物馆安全问题的思考》，《中国文物报》，2011 年 8 月 24 日，第 7 版。

合研究，建立了基于洁净概念的文物保存微环境评估体系的理念和内容框架，形成了具有自主知识产权的博物馆微环境采样检测、连续监测、材料评价、湿度调控、空气净化、集成控制等系列技术及相关应用产品。

文物藏品的保存环境是一个重要条件，只有为馆藏文物创造一个有利的养护环境，文物藏品才不会遭受损毁。博物馆的文物藏品库区一般由藏品库、暂存库、周转库、保管设备贮藏室、照相室、藏品鉴赏室和保管员业务工作室、风淋更衣间等部分组成。库房的建筑材料必须达到文物保护的标准，建筑结构应易于取放、移动文物藏品，除了保证文物藏品的安全还有人员的安全。文物藏品库房应有环境控制设备等确保文物藏品处于安全稳定的环境，定期清洁和检查维修，有一套应对突发情况的紧急措施。通过设备调节和人工管理等手段，加强对温度、有害光线、气体、微生物等影响藏品质量的环境因素进行控制。合适的光照对于文物藏品库房的重要性不言而喻，走廊和储藏室的适度光照能防止搬运文物藏品时发生事故，同时也让微生物、灰尘和污垢无处藏身。

馆藏文物保存场所应该具备适合文物藏品长久、稳定保存并能有效控制延缓其自然损毁，防止人为破坏的环境条件。博物馆的文物藏品种类繁多，有多种分类方法，包括按文物藏品质地、用途、年代、制作工艺、来源等分类方式。但是由于不同质地的文物藏品，对保存环境的敏感情况各异，因此宜按材质分类保存，可以分为青铜器、陶瓷器、玉器、书画、织绣等不同的文物藏品库房，或是分为无机材质、有机材质、复合材质的文物藏品库房。另外，也可以根据文物藏品的珍贵程度加以区别，一级文物藏品应设专库或专柜收藏，重点保管。博物馆的文物保管人员应详细记录每天馆藏文物的环境变化情况、文物库房温、湿度等信息和文物保存状况，及时了解掌握馆藏文物的保存状况。

当前，应从改善博物馆藏品的预防性保护现状入手，达到减缓馆藏文物劣化的速度，使文物藏品得以长久保存。“博物馆的物不能没有昨天，因为人需要通过博物馆的物感知昨天。我们继承了前人的历史遗产又为我们的后人准备了他们将要继承的历史遗产。没有哪个行业比博物馆更直接地为后人工作着，没有哪个行业比博物馆更具有历史与未来的直接衔接与统一。”[1] 虽然现代环境科学和技术获得了飞速发展，但是当前我国馆藏文物预防性保护管理意识淡薄，博物馆环境质量不高，基础研究不足。污染物浓度普遍较高、温湿度波动幅度较大、环境监测和控制技术手段缺乏等问题，已经成为馆藏文物遭受劣化损害的主要原因。因此，迫切需要引进新的理念，研究建立适合行业特点的环境监测方法、评估体系、调控技术和控制指标。

文物藏品保护包括日常养护和修复处理两部分内容。为了避免自然环境及其他因素造成文物藏品的损坏，必须采取相应的措施，科学有效地防止、延缓各种不利因素的侵害。主要对策是防潮、防虫、防尘、防污染和防机械性损伤等，对于需要处理的文物藏品，则要采取清洗、消毒、加固、复原等技术性措施。由于文物的材料质地、制作时代、造型纹饰、埋藏

---

[1] 盘福东：《多维视野中的博物馆文化作用——桂林博物馆为例》，《携手 2010：宁波国际博物馆高峰论坛》，第 124 页。

环境等差异很大，因此，即便是同一类文物也不应千篇一律地用同一方法进行养护处理。博物馆藏品中有一些有机质地制品，它们对湿度的要求相对无机质地制品更为严格，相对湿度过高会造成霉菌的滋生，意味着文物腐朽损坏，相对湿度过低会造成文物的脆裂、翘曲变形。调整控制的尺度掌握在多少为合适，这就需要通过监测来划定一个较为理想的范畴，达到保护的目的。

几十年来，全球变暖和自然灾害频发，使得人类逐渐增强了自身的危机意识。面对风暴、暴雨、地震等灾害的频繁出现，一些灾害多发的发达国家，都制定出适合自身的防灾预案，力图在灾害来临之际，将生命和财产的损失降低到最小。我国是世界上遭受自然灾害最严重的国家之一，需要在生产、生活等各个领域都牢固树立防灾意识，作为公共文化机构的博物馆更应如此。文物藏品是不可再生的文化遗产，风沙、洪水、海啸、冰雪、地震、雷电、泥石流等自然灾害都可能对文物藏品造成损害甚至损毁。对于如何提高博物馆防灾减灾能力，建立科学的防灾减灾工作机制，是重大自然灾害对文物藏品保护工作提出的新课题。

为此，应牢固树立博物馆藏品安全的忧患意识和危机意识，有意识地将文物藏品保护置于可能发生的各种自然灾害状况，有计划地采取科学、有效的措施，有预案地主动避免自然灾害可能对文物藏品的损害。首先，要对博物馆所处的地质地貌和天文气候等自然地理环境进行科学研究和分析，明确可能危害博物馆安全的主要自然灾害，为采取科学有效的防灾措施，提供科学依据。其次，与气象、地质、地震等相关部门保持经常的联系与沟通，及时取得和掌握自然地理和气候变化的准确信息资料，为防灾减灾工作提供依据。再次，做好增强灾害防范意识的宣传教育，使博物馆员工牢固树立防灾意识，提高全员防灾能力。[1]

四川绵阳地区博物馆和文物收藏单位集中，馆藏文物富集，但是保存环境相对简陋，保管水平相对落后。因此，在这里建设具有高抗震性能的区域性文物中心库房，进行文物保存环境达标建设，集中保管国有馆藏珍贵文物，比全国其他地区更加具有必要性和紧迫性。从 2004 年起，国家文物局在四川绵阳市博物馆等 11 个省的 12 个博物馆，开展馆藏文物保存环境达标建设试点，并探索文物藏品集中保管新机制，取得积极成果。2007 年 5 月，四川省绵阳市依托绵阳博物馆建成了馆藏文物保存环境达标的文物中心库房，集中保管全市 5000 余件国有馆藏珍贵文物和 20000 余件一般文物。

“5·12”四川汶川特大地震发生在南北地震带上的龙门山构造带中央断裂带。在汶川特大地震中，绵阳博物馆中心库房发挥了巨大的作用，除仅有 1 件珍贵文物因体积过大摆放于密集柜外，而出现裂缝，另有 1 件一般文物损毁外，其余保存在文物中心库房密集柜内的珍贵文物都得到平安保管。绵阳市辖区内各县市区，包括北川、平武、安县、江油等极重灾区的所有珍贵文物，都得到了保护，这是地震灾难不幸中的万幸，也是一个奇迹。与此相反，这一地区各县级博物馆没有在文物中心库房保管的一般文物藏品，在地震中 1500 件以上遭到损坏，其中北川县博物馆的 800 多件文物藏品全部被埋在废墟中，损失惨重。

[1] 常金国：《牢固树立防灾意识 科学制定应急预案》，《中国文物报》，2008 年 6 月 20 日，第 3 版。

奇迹的出现是幸运的，也是必然的。绵阳博物馆文物中心库房是国家文物局馆藏文物保存环境达标建设试点项目，是由绵阳博物馆在原有普通库房的基础上改建而成，总面积为1810平方米，其中恒温恒湿库房面积474平方米，分为金属类、玉石类、陶瓷类和有机质材料类库房。还建有文物暂存室、文物摄影室、文物提看室、文物养护室、管理员办公室和保卫值班室等，成为四川省乃至整个西南地区首座馆藏文物环境达标库房。而且，绵阳博物馆文物中心库房对全市各县市区文物管理所、博物馆中不具备收藏保管条件的馆藏珍贵文物实行文物代管制，弥补了基层文物收藏单位馆藏文物保管条件差的缺陷，在全国也是首例。

实行文物代管制，开始有些县市区存有顾虑，一是担心珍贵文物被调拨，二是担心珍贵文物使用不方便，三是担心文物代管要增加开支。针对这些顾虑，绵阳博物馆提出代管文物“权属不变、无偿代管、提用方便、确保安全”的原则，从而赢得了基层文物收藏单位的支持。代管的方式是签订代管协议，当面点验代管文物并制作图文档案，被人们称为“文物银行”。同时制定《代管文物管理办法》，明确了代管文物的保管场地、出入库、提用、养护、安全和使用管理等具体办法。截至2007年底，绵阳博物馆文物中心库房正式代管绵阳市所属七县市区国有馆藏珍贵文物2997件，占应入库代管珍贵文物总数的95.1%。

我国是世界上地震灾害最严重的国家之一。20世纪以来，我国共发生6级以上地震近800次。《中国地震带分布图》显示，一条条地震带分布在我国广袤的大地上。我国西部地区的地震带大大多于东部地区，其中新疆、西藏、青海、甘肃、宁夏、陕西、四川、云南等省区，均处于十分复杂的地质地理环境之中。文物中心库房的选址建设，应按照《中国地震带分布图》的标志，尽可能地避开地震带，特别是避开历史上发生强烈地震频率较高的地震带。在具体选址时，还应避开山麓、河谷地带，防止泥石流、洪水的侵袭。文物中心库房建筑本身应具有高抗震性能。鉴于文物的不可再生性，区域性文物中心库房建筑物的抗震设防烈度应高于普通建筑物的基本设防烈度，确保文物中心库房整体建筑能经受强震而不倒塌，进而确保馆藏文物安全。

日本是一个多地震的国家。1995年1月，日本兵库县南部发生阪神、淡路7.5级大地震，很多建筑受到严重损害，有的博物馆建筑虽未受损伤，但是文物藏品库中很多贵重艺术品由于倾倒被损坏。为应对地震灾害，日本政府用数十年时间建立了一套地震预防、准备、响应和重建的战略规划，并予以法律化、制度化，使减震结构的建筑在日本得以普及。日本的博物馆在抗震理念、对策和应用技术的研究方面，也从自身受害的实例中不断总结经验，增强博物馆的抗震对策，例如抗震理念由固定的刚性概念，转向动态的柔性设计。[1] 即使如此，2011年3月，日本特大地震和海啸又造成岩手县、宫城县、茨城县和福岛县的博物馆受到严重破坏，大量馆藏文物损毁。其中海啸将一些博物馆建筑冲毁，而且使一座博物馆彻底消失。[2]

我国博物馆系统在灾害应对问题上，还存在着明显不足。例如应急管理理论体系尚不成熟、风险评估和预警机制尚不健全、灾后快速评估体系尚不完善，以及综合性应急救援网络体系

---

[1] 王林：《博物馆的地震保护——ICAMT·从日本到北美西海岸》，《中国文物报》，2008年7月4日，第6版。
[2] 何静：《日本大地震造成295件（处）文物受损》，《中国文化报》，2011年3月23日，第1版。

尚未形成、民众参与型应急管理体系有待建立等。特别是在已建成现代化博物馆，安全设施日趋完善之后，思想上有所放松警惕。应对突发性灾害工作预案的制定过程，是根据现有物质技术条件，将各项防灾救灾措施、方法、手段系统化、条理化、组织化的过程。预案应具备针对性、协调性、可操作性，内容包括组织、指挥、协调系统，信息报告宣传系统，监督检查系统，人力物力配备状况，防灾救灾措施、程序、技术、方法、手段等内容。应对突发性灾害工作预案启动包括博物馆所在地政府，以及相关行业、部门、组织和社会公众在内的所有社会力量。

（此文发表于《贵州文化遗产》2013 年第 3 期，第 2 页）

博物馆科学技术能力建设的实践与探索

我国的博物馆事业处于一个前所未有的繁荣发展时期，然而，科学研究是博物馆可持续发展的后劲。一方面，无论博物馆事业在适应社会需求中如何变化，科学技术在博物馆中的地位和性质不会有根本的改变；另一方面，博物馆科学研究应该与时俱进，为博物馆事业的繁荣发展提供支撑体系。今天，博物馆必须保持较高的科学水准和较好的科学形象，才能在文化领域中保持应有的文化地位。博物馆科学研究的内容包括藏品、展览、管理的各个方面，而实现科学研究的提升，则依靠科学技术人才的汇集和人才成长环境的优化。

建国初期，历史和地方史志博物馆专业人员主要是来自高等院校考古、历史、美术等专业的毕业生。在新中国的高等教育史上，考古学专业诞生较早，北京大学历史系从 20 世纪 50 年代就开办了考古学专业；70 年代以来，吉林大学、山东大学、南京大学、武汉大学等 10 余所高等院校相继开设了考古学专业，为文物博物馆行业培养了大批人才。改革开放以后，随着文物博物馆事业的快速发展，考古学专业已经不能覆盖文物博物馆行业涉及的所有专业领域，诸如流散文物鉴定、地面文物保护、博物馆藏品管理和展示设计等方面的问题，均突破了考古学范畴。

在 1982 年《文物保护法》颁布实施以后，博物馆人才培养进一步提上日程，专业培训扩展到了文物系统以外，包括与高等院校合作开办博物馆干部进修班，解决博物馆管理人才的学历问题，成为博物馆人才培养的一项重要内容。从 1984 年至 1989 年，国家文物局委托高等院校举办博物馆干部专修班，招收在职博物馆系统管理人员参加学习，学制一般为 2 年，合格者获得大学专科学历，提高了一批博物馆管理人员的基本素质。同时，还加强了对高层次博物馆人才的培养，与高等院校合作开展包括研究生教育在内的高层次专业人才培养。例如 1986 年 9 月，国家文物局委托南开大学举办博物馆学研究生班，学制 3 年。1989 年 3 月，国家文物局和复旦大学共同筹建的复旦大学文物博物馆学院正式成立。这一时期，高等教育的相关学科建设取得了一些进展。从 1980 年开始，南开大学、上海大学、复旦大学、杭州大学等著名大学的历史学系相继开办文物与博物馆学专业。

但是总体来说，在我国的高等院校教育中，博物馆教育及相关专业的设置严重不足，绝大多数高等院校都没有开设有关博物馆的课程，甚至那些设有考古或文化遗产相关专业的高等院校也很少开设博物馆教育的课程。高等院校无疑应在博物馆教育活动中应承担更重要的使命，并发挥更大的作用，成为博物馆人才培养的主要渠道。自从我国恢复学位制度以来，在教育部系统学科分类中，历史学既是门类名称，也是一级学科名称；而“考古学及博物馆学”为历史学之下的二级学科。在教育部分管的本科专业名称中，“考古学”专业和“博物馆学”专业则是单列和并存。

在我国的高等院校里，聚集着数以千万计的优秀青年学子，他们毕业后会成为社会各行各业的栋梁之材，有的还会进入各级教育机构和政府的管理决策部门，青年学生对博物馆的了解和认知程度，就博物馆事业而言，具有长远的意义和价值。因此，在博物馆人才培养方面，适应新形势和新任务的需要，逐步发展文物与博物馆学专业办学水平，为博物馆事业发展提供智力支持和人才保证。经过多年的发展，一些博物馆专业的毕业生，包括部分硕士生和博士生，逐步充实到博物馆岗位，使博物馆的知识和人才结构趋于合理。

这一时期的业务培训与博物馆业务工作结合更加紧密，更有针对性。其中，开展岗位培训始终是博物馆人才培养的重点。例如 1994 年中国革命博物馆举办了 3 期全国讲解员岗位培训班。1998 年 10 月，故宫博物院又举办了 4 期古陶瓷鉴定高级研讨班，其中一期专门为台湾地区专业人员举办。1998 年 4 月，国家文物局和北京大学联合成立北京大学考古文博学院暨中国文物博物馆学院。此后，国家文物局对于学院在经费、项目、基础设施建设方面给予支持，使学院办学条件有了很大改善，也使国家文物局在人才培养基地建设方面迈出新的一步。

1990 年，国家重新启动职称评审工作，并将职称评审工作转入正常化轨道。1992 年初，国家文物局成立高级职称评审委员会，针对文物博物馆方面三个系列的专业技术职务任职资格评审，在全国范围内进行指导和规范，使一大批博物馆专业人员获得了文物博物馆系列高级职务任职资格，大批优秀的高级专业技术人员的工作条件和生活待遇得到了改善，激发了他们献身博物馆事业的积极性，作为文物博物馆事业的骨干力量，活跃在博物馆等各相关领域，使博物馆界不断涌现高水平的研究成果。大部分省、自治区、直辖市文物部门也成立了独立的文物博物馆系列高级职称评审委员会，在促进专业领域学术发展、理论研究、技术进步，促进青年专家成长等方面发挥了重要的作用。

在 2002 年召开的全国文物工作会议后，国家文物局从事业发展的战略高度，将加强文物博物馆人才培训列为文物事业的四项重点基础工作之一，提出大力开展教育培训，在项目安排和经费预算方面给予保障，逐步实施资格认定、持证上岗制度，培养更多的高素质文物博物馆专业人才和管理人才。此后，全国文物博物馆系统专业人才和管理人才培训得到明显加强。特别是在教育培训的模式方面有所创新，在总结以往培训实践的基础上，国家文物部门不再沿用自办培训中心模式，转为依托高等院校、科研机构的教学平台，开展教育培训，充分发挥高等院校教师、设施等教学资源优势，学习环境也更加优越，教育培训质量有所提高，教育培训的教学思路逐步清晰。

2003 年以后，国家文物局与北京大学、清华大学、复旦大学、南开大学、四川大学、西北大学和中国文物研究所等高等院校和科研机构密切合作，连续 6 年举办了全国省级文物局局长、博物馆馆长、考古研究所所长、古代建筑研究所所长专业管理干部培训班，共培训省级文物博物馆管理干部 440 名，达到应参加培训人员的 80%。在此基础上，推动博物馆人才教育培训向基层深入，积极指导各省、自治区、直辖市文物部门，开展地市县博物馆馆长和专业人员的培训工作。同时，一些博物馆以及中国博物馆学会和其他学术团体，也积极组织专业人才培训。

伴随着文化遗产事业科学发展，博物馆人才教育培训体系不断完善，国家文物行政部门和地方文物行政部门形成统一领导、分级负责、通力合作、运转高效的有效机制，使人才教育培训更加规范化、科学化，继续健全博物馆教育培训机构，稳定师资队伍。以杰出人才为主体的博物馆学科带头人队伍逐步形成，博物馆中科学技术人员的数量大幅增长，学历结构、专业结构、年龄结构得到改善，骨干人才队伍得到充实，科学研究实力和学术水平得到提升，自主创新能力和竞争实力得到显著提高。

同时，一些重点博物馆加大从业人员教育培训投入，创造条件，积极鼓励支持在职人员参加学历教育和继续教育培训，并在培养、引进和使用人才方面制定了专门的管理办法，在岗位设置、专业技术职务晋升、评审与聘任等各个环节进行合理规划，既严格各项标准和要求，又不拘一格，为博物馆从业人员设计合理的职业发展生涯。通过持续开展的博物馆人才教育培训，博物馆系统内文物保护科研人员数量较以往大幅增加，高素质科技人才比例快速提升；博物馆系统外科研人员大量涌入，人才队伍得以充实壮大。一批行业领军人物脱颖而出，一些科技专家进入国际科技组织工作。以优秀创新人才为主体的科研团队建设初见成效，逐步成为推动文物保护科学技术进步的核心力量。

当前，制约文物保护科学技术发展的因素，既有历史遗留问题，也有发展过程中产生的新情况、新问题和新矛盾，其中科学技术人才仍然匮乏，科学技术投入有待加强的问题突出。科学研究人员在行业从业人员中比例偏低、总量严重不足，能够把握国际文化遗产保护科学技术发展前沿、站在国家发展高度思考重大科学技术问题的战略科学家，既了解文物保护需求，又懂得科学技术的复合型科学技术人才，以及具有大局意识与统筹协调能力的科学技术管理人才严重短缺。基于自主创新的科学技术人才队伍建设需进一步加强，创新人才的成长环境尚需优化。

科学技术人才队伍建设是文物保护科学技术工作的根本。应通过科学技术项目引进人才，培养人才；与高等院校紧密合作，争取开设更多的文物保护科学技术专业，通过学历教育造就人才；与相关国家级科研院所以及国际知名文化遗产保护机构建立交流互访制度，提升高层次人才的培养档次等方式，积极推进人才的培养和创新团队建设。为此，博物馆系统内外科技工作者之间的屏障必须打破，建立起充分信任和稳定深入的合作关系，形成规模化、结构化的科学技术创新人才队伍，培养出博物馆学术带头人和复合型科学技术人才。

博物馆复合型科学技术人才是指熟悉博物馆工作规律，具有较强的科研能力和学术水平，创新意识强，或掌握多种专业知识和技能，并能够在博物馆工作中与不同专业领域的人才保持良好的沟通和专业合作，从而成为博物馆工作中的领军或核心人物的科学技术工作者。同时，需要顺应事业发展趋势，加强创新型人才培养环境建设。逐步建立学校教育和实践相结合、国内培养和国际交流合作相衔接的开放式培养体系。依托重大科学技术专项、重点科研项目、行业科研基地，以及国际交流合作项目，培养高层次创新型科学技术人才。重点培养一批博物馆科学技术战略人才、学术带头人、复合型人才，加强创新团队建设，基本形成开放、灵活、多元、高效的科学研究组织机制，形成结构合理的人才队伍。

目前，我国博物馆从业人员 6 万余人，学历结构、知识结构和职称结构，都与博物馆的专业化要求存在较大差距，与国外发达国家博物馆机构中专家云集、类似高等院校和科研院所的情况形成鲜明对比，提升博物馆从业人员的整体水平迫在眉睫。为此，一方面鼓励高等院校的博物馆专业发展，目前已有 30 余所高等院校设置了文物与博物馆学专业，比开设考古学专业的高等院校还要多；另一方面，专业技术培训项目和中外合作人才培养项目持续开展。与世界上其他博物馆以及学术研究机构建立良好的合作伙伴关系，并与之开展实质性的研究成果交流和资料共享，是博物馆加强科学研究水平的有效方式。为此，近年来扩大国际交流与合作，在项目实践中培养骨干人才。

从 2002 年开始，国家文物局结合文物博物馆工作实际，陆续举办了包括博物馆藏品定级以及馆藏书画、纺织品、古代家具、青铜器、石质文物等保护修复专业技术培训班，利用高等院校和科研院所教学条件，通过在职培训、学历教育、师承制传授等多种途径，培养保护修复人才，造就大批具有创新意识和能力的高素质科技人才，建立起完善的馆藏文物保护人才培养模式。并通过开展馆藏文物保护修复领域重大课题的共同研究，一批专业技术人员业务水平得到迅速提高，成为各个博物馆机构的业务骨干，逐渐形成馆藏文物保护修复人才队伍的基本力量。

就我国当下的博物馆事业来说，不仅要注重人才的引进、培养和锻炼，更重要的是改变人才的观念，加大在人力资源方面的投入，克服体制、编制、人才使用机制等方面的局限，提高人才的使用效率，包括提高人才的待遇。博物馆的特殊性决定，博物馆不仅需要独具特色的专家学者，例如文物鉴定专家、文物修复专家、文物保护技术专家等，还需要博物馆专业技术人员整体上有较高的水平，即优化的群体结构，这包括专业技术人员队伍的年龄结构、学历结构、职务结构、专业结构等。

我国博物馆界专业人员偏少，缺少重要学科带头人。博物馆工作者如何通过博物馆的文物藏品，利用有效的手段，使不同时代的历史得以呈现和揭示，使不同地域的文化得以交流与融合，使不同民族的遗存得以认知与探索，这些将是博物馆最值得深入研究的内容。管理理念的落后，人才队伍的匮乏，必定制约博物馆事业的发展。因此，在专业结构上，要从博物馆知识覆盖面广的特点出发，聘用多学科的专业人员。作为一名现代博物馆科学技术人员，应当努力成为本专业的专家，要具有创新的意识，要跟上时代的步伐，努力调整自己的知识结构。

随着研究领域的扩展与深入，博物馆的科学研究方法不断扩展与更新，需要将不同知识背景和专业背景的研究人员整合到博物馆的科学研究平台上，通过博物馆与科学研究机构、保护管理机构制定战略合作协议等方式，打破原来各自学科的分隔壁垒，在人才培养、学术活动、项目实施、国际交流等各方面积极开展合作。博物馆拥有丰富的科学研究资源，需要博物馆人员研究，也需要社会人士参与研究。由于一般博物馆缺乏研究人才，因此在学术研究方面应坚持开放性原则，动员社会力量，特别是科研机构、高等院校参加和支持与博物馆有关的学术研究工作，借助专家的力量来提高研究水平。博物馆要开放研究空间，吸引更多的社会人士参与科学研究，才能提高整体科学研究水平，实现多出研究成果，多出学术人才。

博物馆应成为科学研究和知识普及的重要平台。不仅要建设一支理论研究队伍，有效整合理论资源，还要创造良好的学术氛围。例如南京博物院重视营造浓厚的学术氛围，着力培育专业素质好、知识水平高的研究队伍，全院员工每年平均在各类期刊发表论文 200 余篇，在国内外学术研讨会发表学术演讲近 50 人次。博物馆丰富的文物藏品和文化遗址，需要一代甚至数代人不懈的潜心研究。所以发挥专业人才科研优势，加强科技保护，把分散、残缺的文物信息尽可能还原成连贯的历史文化链条，挖掘文物藏品所蕴含的深层内涵和价值，进而就相关古代文化、艺术、科技等重大专题展开研究，解开历史的谜团，传承优秀基因，达到古为今用的目的，让社会公众更多地了解博物馆，让博物馆更加充满活力。

深入浅出的研究成果和普及教育，攸关博物馆的影响力和吸引力，一方面，高等院校在建筑、艺术、教育、传播，以及资讯管理、财务管理、商业管理等学科课程中普遍开设博物馆学概论，有益于学生未来接触博物馆与文化遗产专业知识；另一方面，从青少年时期开始培养对博物馆的参与习惯，这是普及教育的基础。同时，应重视中小学教师的博物馆知识教育。中小学校的基本教育与社区亲子教育中加入博物馆的学习课程，也是大众终身学习教育的基础。

国际博物馆协会的博物馆专业人才训练委员会（ICTOP）成立于 1968 年，20 世纪 70 年代之后，在国际博物馆协会提出博物馆专业培训课程纲领之后，各国的高等院校相继成立博物馆学研究所与推出各种专门与专修课程，目前，该委员会提出一系列博物馆专业发展课程指南，致力于专业人才培育，针对今天的博物馆发展与未来的变革，将研究与提供培训课程的结构与内容纲要作为建议。具体目标包括：增进不同国家在博物馆领域的相互了解，传播各国发展成果，介绍各国博物馆政策和成功做法，让更多的人认识博物馆与文化遗产问题。通过向学员传播博物馆发达国家的文物保护技术和博物馆管理经验，促进和加强发展中国家博物馆事业的发展。

苏东海先生认为，博物馆的科学研究可以区分为三类：一是学术性研究。这是一种严格科学意义上的具有科学探索价值的研究。这种学术性研究存在于博物馆专业学科的研究、博物馆学的研究以及文物藏品研究之中，学术研究的成果最终通过公认的论著发表等途径传达给社会公众。二是普及性研究。博物馆的许多业务研究属于学术成果的运用而不是学术研究本身，即是一种普及性研究，普及性研究也是一种创造性研究，具有很高的社会价值。三是服务性研究。这里指的是科学研究服务的某些研究工作，例如编制文物藏品检索系统，编写出版文物藏品目录，以及提供学术研究动态资料等。

博物馆科学研究是以服务社会、传播知识和教育观众为已任的一项公益性工作，博物馆发展需要科学研究功能提供重要的支撑作用。在科学研究功能的基础上，可以增进人们对博物馆及其藏品的认识深度和兴趣，持续的发挥博物馆的综合功能。因此，要自觉地把博物馆作为真正意义上的研究对象，提倡科学思想、科学精神、科学理念、科学方法、科学态度，努力使之成为一门有理论表述与体系框架的学科。随着社会环境的演变，博物馆为了应对新的社会需求，励精图治，踏实践行，积极以公众需求为导向，在文化传承的基础上，探索科学技术支撑，以面向现代社会发展；强化学术研究攻关，以突出文化纵深认知；重视公众文化教育，以拓展社会横向联合。

博物馆的文物藏品来源大致分为两大类，一类是考古挖掘工作结束后经过整理移交的出土文物，一类是社会上的收藏并经过征集入藏的传世文物，当然也还包括捐赠等其他渠道和方式进入馆藏，但是主要是前两类。不论是出土文物，还是传世文物，进入博物馆之后，都有一个继续深入研究的任务，这是因为人们对事物的认识都有一个从感性到理性，不断深入和完善的过程。随着社会的发展和各学科之间的相互渗透、互相影响的关系不断加深，必然会促进各学科原有基础上的研究进一步探入，进行新的探讨与反思，以达到研究的不断深化和认识的逐渐正确。

博物馆管理的每一件文物藏品，都必须经过科学鉴定，在肯定其历史的、科学的或艺术的价值之后，才能作为博物馆的正式收藏品，鉴定工作既是挖掘文物自身价值的过程，又是通过研究加深理性认识的过程。因此，只有通过科学研究，才能辨其真伪，确定其价值，进而为文物藏品的保护与收藏提供科学的依据。同时，由于科学研究信息分享和文物安全保护的需要，必须建立和健全文物档案，科学研究还为文物档案的建置提供了准确的资料。

加强博物馆藏品研究，是博物馆事业发展的重要保证，也是博物馆学发展的重要基础。我国博物馆的文物藏品异常丰富，应充分利用博物馆藏品的优势，开展以文物藏品研究为核心的博物馆学研究，发展和构建独具特色的博物馆学体系。不仅历史类博物馆应该加强文物藏品研究，任何类别的博物馆都有各自的文物藏品研究任务，均应结合各自博物馆实际，对不同时代、不同地域、不同材质、不同器类、不同制作工艺的文物藏品特征进行深入透彻地研究，以文物藏品价值的研究、保护、传播利用为核心，重新认识文物藏品在博物馆学研究中的重要地位。

现代博物馆学要求在研究文物藏品的过程中，不仅要关注文物藏品本身，还要把文物藏品放在人类知识所能了解的已逝年代文化背景下，去观察、探讨、诠释文物藏品赖以产生和存在的环境状态，解读它所承载的历史文明信息，进而认识社会历史的真实及其沧桑变迁，从而揭示人类社会发展的客观规律。博物馆藏品作为一种可移动文化遗产，通常由物质形态和文化意义两部分构成。所谓文物藏品研究，其本质是将文物藏品中蕴藏的文化意义揭示出来。这些文化意义，就是陈列展览应该向观众传播的有效信息，也是观众在博物馆希望通过学习获得的各种知识。

目前，从我国博物馆陈列展览的总体状况看，普遍缺乏针对文物藏品的系统而且目标意义指向明确的深度分析研究，缺乏必要的学术支撑，这是影响陈列展览质量的重要原因。为此，加强博物馆对相关主题及文物藏品的研究，应该是目前博物馆界的重要任务。[1] 博物馆的文物藏品研究，应从社会联系和历史变化的角度，探讨一系列文物藏品之间流转变化的逻

[1] 严建强：《信息定位型展览：提升中国博物馆品质的契机》，《东南文化》2011 年第 2 期，第 7 页。

辑与原因，掌握其流变的轨迹，以了解自然、社会及人类观念的变迁。同时，通过加强对文物藏品背后非物质因素的研究，使观众得以透过文物藏品的物质性，了解文物藏品制造者和使用者的精神世界。

丰富的文物藏品是任何一座博物馆得以生存、发展的基础与前提。文物藏品研究是保护管理工作职能的一个重要方面，对文物藏品进行研究的广度和深度，体现了专业工作者的业务素质与研究造诣。随着研究的深入以及科学技术所提供的技术手段愈多，对文物藏品价值深层次的认识也会愈来愈多，通过检测可以分析出文物藏品的材料来源、产地、制作工艺以及文物藏品的化学成分、物质结构、绝对年代等数据，分析的结果是文物藏品鉴定和养护技术的可靠依据，促进文物藏品的科学研究，并为人们提供认识和评价文物藏品价值更加科学的凭证。

博物馆专业人员对文物藏品的征集、鉴定、归档、保管以及展示等，均需要科学研究成果的支撑。因此，长期以来所说博物馆具有研究功能，一般是指对于文物藏品的研究，即通过揭示文物藏品的文化内涵，以更好地为陈列展览服务，为社会公众服务。不可否认，文物藏品为科学研究提供实物基础，是博物馆科学研究的重要课题。今天应该下大力气，自觉地以当代的眼光阐释文物藏品的历史意义与当代意义，在注重研究文物藏品内涵的同时，增加文物藏品与当代社会生活的关系研究，要在文物藏品的文化内涵与博物馆观众的文化需求之间建立联系，通过深入研究，使文物藏品在现代生活中发挥不可替代的作用。

通常说博物馆具有三大功能，即收藏、研究、展览。如果说文物收藏功能是基础，陈列展览功能是功用，那么科学研究工作就是解析文物藏品信息、指导陈列展览的承上启下的重要环节。英国自然博物馆馆长M. 迪克森（M. Dixon）认为，“传统上，大多数公众认为博物馆是一个教育和休闲娱乐的地方，却没认识到博物馆背后的科学支撑”。实际上，博物馆质量提升与博物馆的学科建设、博物馆的科学研究密不可分。博物馆的科学研究内容十分丰富，既有围绕文物藏品为中心的器物研究、考古研究，又有围绕陈列展览为中心的研究，更有围绕人为中心的研究。

博物馆根据规模和性质设置技术工作区，社会科学类的博物馆设有文物保护科学实验室、文物修复室、文物复制工场等，自然科学类的博物馆设有标本制作室、化石修理室、模型制作室，还要有适当的科研经费，先进的分析检测仪器、修复技术设备和有高素质专业技术的人才等客观条件。博物馆藏品的概念不断扩大，文物藏品的价值和作用也在不断提高，不只限于作为博物馆业务研究的物质基础，也要向公众展示更多信息，博物馆是开放的公共文化机构，应该积极创造条件，利用文物藏品体现其社会职能，这也是文物保护管理和科学研究的目的。

今天，信息技术的发展，使人们对科学和技术状况的了解变得比以往任何时候都更加容易。但是，当一些博物馆纷纷借鉴或仿效各种游乐手段，努力向休闲娱乐场所转型之际，英国的博物馆则将博物馆的视野延伸到科学领域，致力于揭开博物馆幕后的秘密，建立公开的交流平台，公示收藏和研究这一博物馆的核心功能，实现内部实验室向公众开放，让公众了解支撑博物馆展览教育活动的科学内容，鼓励更多公众参与内部的科研过程，并通过专家讲解、标本制作、三维特效互动式电影播放等方法，让人们更容易理解接受，体验发现奥秘的快乐，以此扭转博物馆作为娱乐场所的形象，并将公众理解科学深化为公众理解收藏，公众理解研究，公众理解未来。[1]

新形势下衡量博物馆发展的标志不仅是文物藏品不断的增加和良好的保存，更重要的是如何提高文物藏品利用率，充分有效地利用以满足公众和社会的需要，也是探索博物馆发展新型的运作模式。浙江省博物馆于 2010 年 12 月举办了中国古琴国际学术研讨会，同时举办了馆藏唐代雷琴演奏会。来自海内外的琴学专家，以及古琴藏品丰富的博物馆代表参加了此次活动。在博物馆古琴作为文物研究和保护的对象，重视其历史文化的价值，但是古琴往往失去了作为乐器的本身属性和主要功能，其生命似乎在进入博物馆时就被宣告“死亡”。博物馆对于馆藏古琴的研究，也偏重于器形、题刻、断代、鉴赏等，而古琴的音色，则不在研究和保护的范围之内。同时，在多数情况下，对于馆藏古琴不主动进行修复，不上弦，也不做技术修复处理，以保持入馆原貌为原则。

浙江省博物馆认为需要重新唤醒古琴作为乐器的本身功能，应使古琴在博物馆里继续为社会民众发挥更多的价值。因此，演奏会的推出引起各方的关注，专家学者对于博物馆能够深入发掘古琴的历史、文化、艺术价值，开创馆藏古琴作为乐器演奏的先河，尝试改变馆藏古琴“只见其形，不闻其音”的状态，探索馆藏古琴“活化收藏”途径，唤醒沉睡多年的馆藏古琴，弹奏出古香古色的唐宋清音，无不表示赞赏。加拿大博物馆学家威特林说：“任何机构如果根本不利用物品，或者没有把藏品用作主要的信息传达工具，不论其性质如何，都不是博物馆。”[2] 事实上，古琴在安装上琴弦以后，就能保持力学上的平衡，就不至于散架。因此，对于馆藏古琴的保护，需要更多地赋予它生命活力。[3]

中国人民抗日战争纪念馆研究部提出“研究部也是服务部”的口号，强调研究工作要为博物馆各项工作提供学术服务，要为社会大众提供学术咨询服务。鉴于陈列展览要“见人、见物、见事、见精神”，在实现“见人、见物”的基础上，通过研究人员对陈列展览的细节开展深入细致的研究，挖掘抗日战争文物背后的故事、抗日战争照片背后的故事、抗日战争人物背后的故事，实现“见事、见精神”，给观众留下清晰、深刻的印象。并努力建设“抗日战争史料征集和研究中心”，汇集和挖掘散落在全国各地图书馆、档案馆、民间收藏家手中的资料，以及港澳台和海外的抗日战争资料，还从英国、美国、俄罗斯、日本等国家和港澳台地区收集相关史料，形成有一定规模的抗日战争资料中心。抗日战争史料征集和研究中心建成后，逐步向社会开放，为社会研究提供平台和服务。[4]

科学研究是博物馆服务社会公众的重要组成部分，也是博物馆文化传播的基础，例如一

[1] 章迪思、梁建刚：《自然博物馆：重建中的若干可能》，《解放日报》，2009 年 11 月 30 日，第 5 版。
[2] 苏东海：《什么是博物馆——与业内人员谈博物馆》，《中国国家博物馆馆刊》2011 年第 1 期，第 140 页。
[3] 陈亚萍：《博物馆古琴活化收藏与保护》，《中国文物报》，2010 年 12 月 29 日，第 5 版。
[4] 罗存康：《纪念馆研究工作与服务社会大众》，《中国纪念馆研究》2011 年第 1 期，第 81 页。

项陈列展览的学术水平与思想深度，与该博物馆科学研究的质量息息相关。但是，目前博物馆普遍缺少对于陈列展览的细节研究。蔡元培先生曾经提出“拿我们的观察，拿介绍的态度”的观点，这一论述实际上就是指博物馆科学研究的内容和所持的态度。博物馆各项业务活动的基础是科学研究，但是它的主要内容是对于文物藏品和宣传教育的研究，研究成果要体现在陈列展览上，“陈列展览就是一篇不是用文字写成的研究论文”[1]。同时，博物馆的科学研究不仅包括临时展览研究、固定陈列研究、展览主题选择、展览策划探讨等方面的研究，而且包括博物馆的安全防范、开放服务、馆舍管理等方面的研究，可以说博物馆研究是极为宽泛的概念，研究对象丰富多彩、千变万化，各个博物馆依据自身特点，选择研究对象，侧重点又有所不同。

任何一门学科的发展都有赖于其他相关学科的相互渗透、借助和补充。“学科分类的精细化是社会分工日益精细和人类活动社会化程度不断趋强的反映，是科学的进步；但是，如果不适当地在学科设置和研究工作中构筑壁垒、设置鸿沟，就会妨碍学术的发展。”[2] 博物馆的科学研究具有很强的综合性，需要与社会科学和自然科学中的许多学科之间建立密切联系。因此，博物馆学的研究方法，也必然呈现多元化和综合性，必须引入其他相关学科的理论和方法，从不同的学科角度对博物馆诸多问题进行立体地、综合地考察研究，这样才能实现对博物馆诸多问题较为全面地、本质地认识。

博物馆的研究应当加强与社会各界的联系，积极为社会科学研究提供有效的资料和素材，为社会科学研究提供客观的历史见证物。博物馆还应积极开展博物馆学有关的专业学科的研究工作，使博物馆的各项业务活动，都在科学研究的基础上进行。专业学科的研究，应从本馆的性质和任务出发，以文物藏品为基础结合文献资料进行，研究成果主要体现在陈列展览、研究论文和学术专著等方面。博物馆的活动及展示要以适当的研究成果来有效呈现，研究的主题要符合博物馆发展的核心策略，并具有开放性。

一座博物馆要成为研究型博物馆，需要在更广阔的视野上，对博物馆的各项工作进行全方位的研究。例如，博物馆与考古学、考古遗址的关系，博物馆与文化遗产和自然遗产的关系，博物馆与工业遗产、农业遗产、当代遗产的关系，博物馆与物质遗产和非物质遗产的关系，博物馆与社会文物、民间收藏的关系，博物馆与数字信息化、网络化、新媒体传播的关系，博物馆与旅游业的关系等。社会的发展，公众的需求，是一个动态的过程。全方位融入现实社会的博物馆，还应密切关注正在发生的、与博物馆有关的社会热点问题，及时地将它们纳入研究范围，作为研究的对象。

研究型博物馆是博物馆可持续发展的不竭动力。博物馆学是一门研究和指导博物馆事业发展的学科。作一门逐渐形成的新学科，博物馆学符合“优势突出、特色鲜明、新兴交叉、社会急需”的学科设置原则，具有明显的跨学科性、综合性和交叉性特征，并且这些特征贯穿于博物馆学研究的过程之中。今天，“博物馆的学术研究有越来越狭小化的倾向。相对于

[1] 宋伯胤：《博物馆：学校以外的教育机构》，《东南文化》2010 年第 6 期，第 6 页。
[2] 江蓝生：《追求融通与交叉的学术境界》，《人民日报》，2009 年 8 月 7 日，第 7 版。

研究所或者大学，博物馆的研究视野相对狭小、研究层次相对较低”[1]。这种“狭小化”的学术视野必然影响博物馆科学研究的广度、深度和质量。因此，博物馆科学研究必须拥有跨学科的思维，采取跨学科的研究路径，运用跨学科的研究方法，才能取得跨学科的研究成果。

国际博物馆协会致力于培养博物馆专业人才，主要培训对象包括来自发展中国家的以下人员：从事文化遗产和博物馆保护和利用的管理工作，从事博物馆业务工作的中级以上专业人员，不同类型博物馆的馆长和专业技术人员，生态博物馆、民族村寨博物馆所在社区的管理者和居民代表，从事文化遗产旅游项目的研发人员和市场推广人员，高等院校遗产科学、博物馆学等专业的假期研修生或课题研究人员。通过为期10年的项目合作，达到提高受众国家和地区的博物馆和文化遗产管理的专业化水平，促进文化遗产和博物馆理论研究，推动发展中国家博物馆和其他遗产管理机构对文化遗产加以有效保护和可持续利用的目的。

随着我国综合国力的不断提高，博物馆领域对外合作交流日益增多，在提高博物馆的国际化、现代化水平方面发挥了独特作用。同时，我国博物馆学的发展在国际上仍显滞后，这主要反映在我国博物馆学领域缺少新的思想和新的理论，在学术领域缺少国际领先的研究成果，博物馆学的发展滞后于博物馆的发展。进入21世纪以来，博物馆的内外部环境发生了巨大变化，如何适应这种变革，为博物馆的发展探索可持续发展之路，已经引起广泛的国际关注。我国博物馆的快速发展，赢得了国际博物馆界的高度赞誉，国际博物馆协会等国际专业组织对与中国开展合作表现出浓厚的兴趣。

正是由于20多年来中国博物馆协会与国际博物馆协会合作的深度和广度不断拓展。我国计划发起组建国际博物馆协会培训中心（ICMS）。2010年5月，“5·18”国际博物馆日期间，笔者在广州会见了国际博物馆协会总干事安弗伦斯，向国际博物馆协会提出在我国建立一个国际博物馆协会培训中心的建议，并就双方合作的基本原则提出了想法，希望此项合作能作为2010年11月在上海举办的国际博物馆协会第22届全体会议的一项重要成果。鉴于中国、亚洲太平洋地区及世界上其他地区博物馆的快速增长，考虑到所有博物馆学科领域日益增长的能力建设及恰当的研究与发展的需要，以及国际博物馆协会亚洲太平洋地区组织提出的全世界范围内的广泛参与式接触的相关建议。安弗伦斯总干事对在我国建立国际博物馆协会培训中心的提议给予了积极的回应。

根据国际博物馆协会亚洲太平洋地区组织、国际博物馆协会中国国家委员会的提议，作为2010年国际博物馆协会大会及全体会议的成果之一，2010年11月12日，国际博物馆协会第22次全体会议原则通过《关于建立国际博物馆协会国际博物馆培训中心的决议》，即在中国建立国际博物馆协会国际博物馆培训中心。2012年7月，国际博物馆协会马丁·汉斯·辛兹主席访问北京，就在故宫博物院建立国际博物馆协会培训中心相关事宜达成共识。2012年9月，国际博物馆协会中国国家委员会秘书处向巴黎国际博物馆协会总部提交了《关于合作建立国际博协培训中心协商会议的报告》。

[1] 郭长虹：《社会发展与博物馆社会服务观念的变革》，《博物馆观察：博物馆展示宣传与社会服务工作调查研究》，学苑出版社，2005年9月，第132页。

2013年1月，中国博物馆协会与故宫博物院签署《国际博物馆协会国际博物馆培训中心委托合作框架协议》。故宫博物院作为实际运行机构，为培训中心的运转管理和项目实施提供必要的人力资源。国际博物馆培训中心的目标是：研究并集合世界不同地区关于博物馆发展研究的学术动态；促进不同文化及区域博物馆情境中参与社区文化事务的模式；基于区域及国际合作促成能力建设项目，在推进博物馆现代化及专业化的过程中发挥作用；促使所有国际博物馆协会会员，特别是来自低经济指标国家的会员能够参与所有项目活动。

（此文发表于《南方文物》2013年第2期，第1页）

从“服务民众”到“依靠民众”
——博物馆社会服务理念的提升

宋向光教授指出：“传统的博物馆学在谈到社会民众时，通常是将它们作为博物馆的工作对象，作为博物馆工作成果的表达工具，而忽略了民众在博物馆发展中的重要作用。如果基于博物馆是特定社会现象和社会需求的反映这一认识，我们就可以注意到，民众是博物馆实现其社会目标的重要力量，是博物馆工作的积极参与者。”[1] 博物馆不仅要全心全意“服务民众”，而且要真心实意“依靠民众”，因为社会公众才是博物馆的真正主人。

1753年英国议会拨专款购入H. 斯隆(H. Sloane)的收藏,并在此基础上成立不列颠博物馆。不列颠博物馆的法案导言中明确规定：博物馆“不仅是为学习者和猎奇者调研与娱乐的场所，也是为普通功用和大众福利”。这里所谓的“普通功用”，正是公共博物馆区别于传统藏宝室和私人收藏的关键。1793 年 7 月，法国政府决定将卢浮宫作为国家艺术博物馆，并向公众开放，这被视为博物馆新时代的标志，是博物馆进入公众和社会生活的转折点。[2]

早在清朝末年，康有为、梁启超等有识之士就曾提出在中国设立博物馆的主张，将博物馆看作是“开民智、悦民心”的重要公共机构。这是当时我国有识之士在文化共享和文化平等意识上的觉醒，同时也说明博物馆已经成为公共自由和文化平等的象征。公共博物馆产生后，其区别于贵族收藏行为的最重要的标志，是博物馆以教育为目的，并调动一切手段进行藏品研究、安排陈列展览、组织开放接待、出版资料图册、强化全程服务，通过其特有的教育形式，将各项工作转化为教育成果。

自 20 世纪 70 年代开始，发达的工业化国家陆续进入“服务经济”时代，服务理念与相关行动，对促进经济社会发展发挥出全新而强劲的推动作用。这一时期，博物馆注重社会发展，与社会的关联度日益紧密，强化服务功能、构建服务体系、提升服务质量，逐渐成为博物馆所奉行的立馆之本，以及根植于社会并履行社会责任的重要手段。社会服务理念的确定与强化，使博物馆焕发出蓬勃的生机和无穷的魅力，社会各界与广大民众对博物馆表达出亲近与拥戴，改变了昔日众多博物馆“门庭冷清车马稀”的尴尬局面，参观博物馆和参加博物馆活动，逐渐成为人们日常生活的组成部分。

人们越来越认识到，衡量一座博物馆的水平高低，不仅取决于馆藏文物的丰富与否、研究成果的丰硕与否、陈列展览的精美与否，同时取决于博物馆的公众服务水平的高低，是否树立了观众至上的意识，它直接关系到一个博物馆的社会地位、社会声誉和社会影响力。博

[1] 宋向光：《从事博物馆学研究的点滴体会》，《中国文物报》，2010 年 3 月 31 日，第 4 版。
[2] 郭长虹：《公共性的缺失：中国博物馆发展史的缺环》，《博物馆观察：博物馆展示宣传与社会服务工作调查研究》，学苑出版社，2005 年 9 月，第 142 页。

物馆体现的是建立在自由、平等、民主基础上的文化共享和文化参与，只有在真正平等、自由、民主的和谐社会里，博物馆才能成为一种社会公共文化空间。

今天，在城市中需要有人们能够寄托精神的地方。博物馆作为精神的家园，人们在这里就要有“家”的感受。要让每一位观众都能切实感受到，参观博物馆是一种美好的经历，也是一种愉快的享受。城市不仅需要现代化，而且也有社会责任让每个公民有归宿感，有主人翁精神。[1] 博物馆必须更加自觉地将自身的发展与社会的发展紧密联系起来，努力避免因强调博物馆的特殊性，而游离于社会发展主题之外的倾向。博物馆是社会文化的重要组成部分，是公民终身教育的场所，它并不孤立于社会生活之外，而是与社会生活密不可分。博物馆与社会生活和社会公众建立什么样的关系，是判断博物馆工作成功与否的途径。

在知识爆炸时代，知识更新的速度非常之快，特别是一些前沿科技，更是日新月异。面对学习型社会，博物馆要做好迎接学习高潮到来的准备。在我国，青少年学习知识、了解文化主要通过学校教育来完成，但是不可否认，学校教育所传授的知识和信息毕竟十分有限。以书本为依托的教学方式，不可避免地缺乏趣味性和形象性，使中小学生觉得枯燥无味。而博物馆的有效介入，则可以让书本上“死”的知识“活”起来，以更为活泼生动的形式呈现给青少年，使他们切实有效的对知识加以吸收和消化。对于各博物馆而言，应努力使博物馆及其陈列展览更加贴近青少年的生活，更加有利于激发他们的学习兴趣。

实地参观是目前青少年有效介入博物馆的主要途径，从实地参观考察当中获得的精神体验和第一手直观信息是对学校书本教育的有效补充，从而形成一个完整的知识体系。与此同时，在从参观博物馆这一环节中所激发出来的强烈求知欲和愉悦感受，更可以成为日后从事相关职业的精神力量。所以，一方面作为教育主体的学校应当主动地为学生创造更多社会实践的机会，有效地增大课外教学的辅助作用，将学生有序地带出校门，逐渐培养起学生自主观察社会和文化现象的能力。通过学校和博物馆的合作，为青少年搭建一条通往自我完善的桥梁，使青少年的视野不再局限于课堂，而要使他们能够从更广阔的文化背景，看待社会发展现状和未来发展希望。

传统博物馆历来重“参观”轻“推广”，儿童到博物馆的任务就是认真地“看”。然而，儿童阶段是人生模仿性最强、可塑性最强的时期，如果能接受适当的教育，具备发展环境和丰富经验，潜在的天赋就能够得以发挥。心理学家皮亚杰强调，儿童如果接触实物、实际操作，借由观察、分类、预测、描述和推理一系列过程，学习情绪高、持续久、比较有成就感。[2] 克利夫兰艺术博物馆常年推出“家庭快车”、“学校之旅”等教育项目，该馆还特地从博物馆藏品中挑选出 1.8 万件一般复制品专供对外教育使用。

在英国和新西兰，未来的小学教师或者小学校长都要接受博物馆教学的专门指导。在美国，无论大小博物馆都设有教育部门，在他们的服务项目中，大量的内容是配合学校教育，包括为学生设立专门的教室、实验室；开办专供儿童参观的陈列室或者“儿童博物馆”；提供有

[1] 姜蕾：《创建数百万移民共同的精神家园》，《中国文化报》，2010 年 6 月 30 日，第 7 版。
[2] 周婧景：《我国发展儿童博物馆的重要性》，《中国文物报》，2011 年 2 月 23 日，第 6 版。

偿借用的幻灯、图片、标本、模型等；一些大型博物馆还专门编印教材，例如纽约大都会艺术博物馆编印“希腊艺术”、“韩国艺术”、“东南亚艺术”等系列专题材料，向纽约市的每所公立学校赠送一套。据2001年统计，现有88%的美国博物馆提供“K-12”（即从“幼儿到少年”）教育项目，全美博物馆每年为学生提供的服务时间高达390万小时。

“儿童博物馆”的概念诞生于美国。19世纪末，以儿童为本位的教育思想兴起，儿童教育受到重视。1899年12月，一些对现代公立学校的教育状况不满、怀着教育革新梦想的父母和教师，在美国纽约创办了世界第一所儿童博物馆，即布鲁克林儿童博物馆。“它是对传统博物馆的背离，对随后儿童博物馆的兴起影响很大。”美国博物馆协会定义，一个以服务儿童的需求以及兴趣为使命的机构，机构空间的陈列展览及活动都是以鼓励学习、激励好奇为出发点，那么它便是一个儿童博物馆。儿童博物馆协会解释，儿童博物馆是一个透过各有关陈列展览、文化节目及活动，去引发儿童好奇、探索和学习兴趣，满足儿童成长需要的中心。

20世纪60年代是儿童博物馆的一个重大变革时期。这个时期，一个最有成就的进步，就是用“互动式”、“参与式”概念，取代了此前所强调的“动手操作”。动手操作只是一个机械化过程，互动是一种脑力劳动，从手到脑，实现了思考。自此，以儿童为中心的互动式展示设计受到推崇。其中强调实验，成为儿童博物馆展览设计的转折点，开创了一个新的模式。1969年，物理学家F.欧本海默（F.Oppenheimer）馆长引入了新型的科学博物馆——加州探索宫，这种模式关注科学原理，以互动性的科学教育展示为中心。受美国波士顿儿童博物馆和加州探索宫的影响，20世纪70－80年代成为儿童博物馆快速发展的黄金年代，50多所儿童博物馆陆续建起。

目前美国已经拥有300多座儿童博物馆，其中44%成立于90年代，呈现增长的趋势。美国还有大量相关儿童博物馆的书籍，健全的儿童博物馆网站。有人形容美国儿童是在“汽车和博物馆里长大的”。纵观儿童博物馆发展的百年历史，儿童教育已经成为儿童博物馆服务的基石，对于儿童的重视带来社会教育理念的进步，培养了一代少年儿童的主动探索精神，积极创新思想，在一定程度上推动新的教育观念在全社会的普及，而且很多博物馆的慷慨捐赠者就是从小常去儿童博物馆，并对其教育充满感激的人。[1]

在我国，应试教育几乎充当了儿童教育的全部内容。考试升学仍然是一根无形的指挥棒，基础教育的质量仍然以升学率来体现，因此考试成绩的优劣成为衡量儿童学习好坏的标准。正所谓“素质教育的呼声‘轰轰烈烈’，应试教育的行为‘扎扎实实’”。2010年，教育进展国际评估组织对全球21个国家的调查表明，中国儿童计算能力排名世界第一，创造力却排名倒数第五。第一和倒数第五反映出我国儿童教育的效果。对一个国家和社会而言，教育的最终目的是提高人的创造力，而不是考试分数的高低。在21世纪，只有具备创新意识的人才能引领社会经济发展的走向，无论是新行业的兴起，还是新产品的研发，都依赖人的

[1] 周婧景：《我国发展儿童博物馆的重要性》，《中国文物报》，2011年2月23日，第6版。

创造能力。

目前儿童教育质量意识和质量标准的偏差，已经造成了严重的后果，包括教育产出和社会需求的不适应。传统博物馆常常忽视儿童观众，关注儿童的教育功能更是无从谈起。我国博物馆儿童教育功能的实现手段单一，主要依靠文物展品和讲解服务来代替，而且陈列展览内容、文物展品的高度和展示手段，主要依照成人标准，不适用于儿童。同时，博物馆的儿童教育多是“请进来”，很少“走出去”，在博物馆外的儿童教育活动开展得还很不够，而且开展这一活动的博物馆，也大都缺乏制度化、经常化，活动方式还比较简单，活动效果也有待于进一步提高。

近年来，“记忆”一词在博物馆界中被越来越广泛地使用，博物馆是“民族记忆”，是“城市记忆”，是储存记忆的场所。作为人类文明记忆、传承和创新的重要基地，博物馆承担着记录过去、反映现代和未来发展的重要职责。“博物馆的记忆作用应该体现在三个方面：一是要保护和珍藏记忆，二是要挖掘和展示记忆，三是要传承和唤醒记忆，三者相互依存，缺一不可。”[1] 让社会公众探索和发现历史记忆，就要深入挖掘馆藏文物所体现的文化特征和文化内涵，为公众探索历史记忆架起桥梁，传承和唤醒公众记忆。

2011 年，国际博物馆协会将国际博物馆日的主题确定为“博物馆与记忆”，希望引导和动员社会公众参与探索和发现历史记忆，共同保护人类珍贵而脆弱的文化遗产。一时间“记忆”一词成为全社会，特别是博物馆界关注的焦点，冲击着人们的文化情怀。A. 托夫勒（A.Toffler）在《第三次浪潮》中论述道，“在原始社会，人类被迫把他们储存的共有记忆和个人记忆放在同一个地方，这就是储存在个人的头脑中”，“第二次浪潮冲破记忆的障碍，它传播了群体文化，它保存了系统的记忆，建造了上千个图书馆和博物馆，发明了档案柜。一句话，它把社会记忆扩展到人们的大脑之外，找到了新储存方法，冲破了原来的局限”[2]。

2000 多年前，古希腊的哲学家亚里士多德就曾说过：“人们为了活着而聚集到城市，为了生活得更美好而留居于城市。”没有家的感觉的城市不是一座美好的城市，没有家的感觉的城市人们不会生活得更美好。衡量一座城市健康发展和公民幸福的标准，绝非仅仅是国内生产总值（GDP），经济发展本身不是目的，得到幸福才是社会发展的最终目的。因此，城市应该成为社会公众美好的精神家园，作为城市重要的文化设施，博物馆理应承担重任。

如今，人们与城市的关系，已经变得越来越密切。城市在经济、政治、文化和社会中的重要地位，以及城市文化多样性的体现，使人们可以了解和预测城市的过去、现在及可能的未来。有人将这种认识称之为“城市博物馆运动”。博物馆应该自觉关心城市的发展，围绕城市关心的问题进行联动，并从自身的角度参与城市精神与文化的建设。实际上，在普通公众的实际生活中，博物馆始终缺乏公共性。“这首先体现在，一是作为教育机构，博物馆的

[1] 林道喜：《博物馆是促进社会和谐的重要力量》，《中国纪念馆研究》2011 年第 1 期，第 94 页。

[2] “加强博物馆展示宣传与社会服务”调研课题组：《当代大学生眼中的博物馆》，《博物馆观察：博物馆展示宣传与社会服务工作调查研究》，学苑出版社，2005 年 9 月，第 11 页。

角色缺乏大众认同。二是作为研究机构，它的研究成果缺乏社会关注度。三是作为收藏机构，它的收藏趣味与视野距离大众欣赏有一定距离。”[1]

博物馆应把握历史发展的规律，积极参与社会的变迁，充满活力地参与创造新的未来。博物馆的社会服务是直接反映博物馆工作水平的窗口，也是社会评价博物馆工作质量的重要依据。博物馆不仅为今天的城市记录过去，也要为未来的城市留存今天。博物馆要从单纯的回放足迹变成时间上的双重指向，既回顾过去，更指向未来。这一特性，决定其作用也不仅仅表现在文物收藏、文物研究和文物陈列，还表现在以其独有的文化资源和文化方式，为社会进步和文化发展服务。博物馆应鼓励研究人员文理兼容，能够发表国内外同行认可的学术论文，能够编写出内容正确、引人入胜的陈列展览大纲，能够写出深入浅出、科学严谨、启人深思的展示说明文。

博物馆的研究人员除了自己所学专业外，还应该努力掌握更多的博物馆学以及相关社会科学知识。2009 年，天津博物馆积极与有关方面联系，依托天津市区各级政府为社区民众建设了 200 余个市民学习中心、15 个社区居民终身学习服务中心，以及 100 个社区青少年快乐营地，将精心准备的展览和高水平的文化讲座有计划、有步骤地送进社区，让居民足不出社区，就能享受文化服务。以社区教育为依托，天津博物馆还形成了文化服务网络，建立起社区文化互动的长期机制。[2]

在传统意义上，博物馆主要反映人类历史发展进程，而对现在和未来则较少关注。但是在社会生活中，过去、现在和将来并非截然分开，而是浑然一体。过去的记忆、现在的状况和未来的趋势，同时反映在人们的日常生活之中，发挥着潜移默化的影响。在博物馆所表现的人类历史发展进程应是完整的、前瞻的文化内容，促进文化之间的尊重和理解。因此，博物馆的陈列展示和社会服务，要紧跟历史的步伐，倾听社会的呼声，满足民众的需求。

马自树先生认为：“紧跟历史步伐，把握时代脉搏，博物馆就不能不关心、不贴近、不反映社会生活中热点问题，焦点问题。譬如，‘三农’问题，环境灾害（包括洪灾、旱灾、沙尘暴、荒漠化）、卫生灾害（艾滋病、SARS、禽流感）、工程事故（如矿难）、制假售假以及防腐倡廉、下岗待业、留学求职等等，这些实际生活中凸现出来的问题，如果能在博物馆里推出陈列展览，必然会给人以警惕，促人以励志，起到正本清源，传递信息，抑恶扬善，总结经验教训的效果。”他在文章中还多次呼吁博物馆要关注我国多数人群，例如农民、民工和一些弱势群体的命运。“如果请农民看农业技术展览，看增收减负展览，看科学养殖展览，他们一定会欢迎。如果请城里民工看技术培训展览，看维护自身权益（包括工资权益、人身安全、劳动保护）展览，他们也一定乐意。”[3]

20 世纪 60 年代，联合国教科文组织通过的《关于博物馆向公众开放最有效方法的建议》，

[1] 郭长虹：《社会发展与博物馆社会服务观念的变革》，《博物馆观察：博物馆展示宣传与社会服务工作调查研究》，学苑出版社，2005 年 9 月，第 132 页。
[2] 卢永琇、刘芳菲：《成长夏天暑期快乐营》，《中国文物报》，2010 年 8 月 11 日，第 5 版。
[3] 马自树：《文博余话》，紫禁城出版社，2011 年 6 月。

强调个人都有平等享受博物馆服务的权利，强调不分种族、性别或任何经济、社会差别。公共性是德国思想家哈贝马斯于20世纪60年代在《公共领域的结构转型》中提出的概念。哈贝马斯认为，公共领域是一个向所有公民开放的，公共意见能够自由形成的空间。公共性是近代以来博物馆的本质属性之一，博物馆的公共性植根于其赖以产生的公共文化需求，体现在政府对博物馆的管理和博物馆自身的服务工作之中。博物馆的公共性是评判博物馆制度的基准性价值，是博物馆制度分析的基本理念和核心精神。

《国际博物馆协会职业道德规范》指出："管理机构应保证博物馆及其藏品定期的和合理开放时间中向所有人开放。特别要关注那些有特殊需要的人们。"这里"所有人"和"有特殊需要的人们"，均是博物馆对服务对象坚持公共性观念，这是对代内公平的最好诠释。公正性是前提，公平性是核心，公益性是目标，公开性是保证。博物馆制度只有以公正、公平、公益、公开作为价值追求，才能真正实现公共性。公共性是博物馆的基本属性，博物馆制度必须以维护、实现、发展公共利益为目标，把公共利益作为安排管理方式、服务内容、制度机制的价值标准。[1]

在一百多年的发展历史中，我国博物馆经历了从无到有，从少到多，从具有一定规模，到形成完整体系。但是，长期以来由于缺少博物馆产生和生存的文化背景，博物馆在社会生活中一直处于边缘化的地位，缺乏必要的社会关注和公众参与。而这种公共性的缺失，目前已经构成我国博物馆事业可持续发展的瓶颈。因此，博物馆制度的构建，必须保证普通公众享有充分的知情权、参与权、监督权和受益权，必须给予社会公众充分表达意愿的渠道、参与管理的机制、进行监督的方式，用社会民众自身的力量来维护公共利益。

政府对博物馆的管理，本质上是对公共事务的管理，所以要更多地体现公共精神。2005年颁发的《博物馆管理办法》指出："博物馆对公众开放应当遵守以下规定：（1）公告服务项目和开放时间；变更服务项目和开放时间的，应当提前7日公告；（2）开放时间应当与公众的工作、学习及休闲时间相协调；法定节假日和学校寒暑假期间，应当适当延长开放时间；（3）无正当理由，国有博物馆全年开放时间不少于10个月，非国有博物馆全年开放时间不少于8个月。"但是，仅仅做到上述规定，并未彻底解决博物馆的公共性问题，在很多方面还存在缺失。例如在博物馆的选址建设、藏品保护、运营管理、财务状况等诸多方面，缺少对公众公开的制度保障。

博物馆教育活动需要不断扩大场馆时空和受众群体，既可以在展厅内，也可以在讲座教室、多功能厅，还可以在藏品库房、研究室内，以及在博物馆外的各类场所；活动时间既可在正常参观时间，也可按活动需要安排在夜晚，扩大博物馆活动的时空。2009年国际博物馆日，宁波博物馆以7所高等院校社会实践学生组成的60多名志愿者，用40块图板、100多件复制文物和标本，以及音像、图书资料，组建了一个"流动博物馆"，坚持不懈地将"流动博物馆"送进了聋哑学校、福利院、部队、外来务工人员驻地、监狱等单位和社区，使更多不

[1] 史吉祥：《论博物馆的公共性》，《中国博物馆》2008年第3期，第23页。

便来博物馆参观的特殊群体，能够共享到博物馆文化服务，架起了历史与现实、博物馆与社会联系的桥梁。

2010年8月，四川博物院“大篷车”流动博物馆满怀着对失去双亲孤儿的关爱走进了成都SOS儿童村。采用家庭模式收养孤儿的成都SOS儿童村，现在有150多名少年儿童。此次“大篷车”流动博物馆携手《红领巾》杂志社到成都SOS儿童村，带去了精品文物的展览图片，带去了孩子们喜爱的陶塑小玩意，还为孩子们准备了互动节目及学习、体育用品。在教室里，SOS儿童村的孩子们踊跃参与有奖问答，还根据四川博物院“说唱俑”的经典形象，开展拼图比赛，每个孩子的脸上都洋溢着可爱的笑容，兴趣盎然，气氛热烈。[1]

法国从2004年起，在一年一度的“博物馆之春”活动中，由法兰西博物馆局与教育部联合向儿童推出了“带着你的父母去看博物馆”的活动，有500家博物馆参加此项活动。在整整一个月的时间里，有40万法国儿童收到一封由活动主办单位发出的盛情邀请信，他们可以凭着这封邀请信，带着父母一起去参观博物馆，而且一切都是免费的。[2] 蓬皮杜文化艺术中心设有两个儿童乐园：一个是儿童图书馆，存放的全部是儿童读物；另一个是儿童工作室，供孩子们学习绘画、舞蹈、表演。

2010年秋天，意大利罗马的许多著名古迹都宣布了新的参观办法，将延长开放时间，并开放一些以前对公众关闭的区域。靠近帕拉第尼山的古迹卡拉卡拉浴场在2010年10月开放夜晚时段的参观。虽然从前它是夜间歌剧表演的背景，但是作为古迹，在天黑之后向公众开放还是首次。罗马众多著名古迹实行新的开放规定，不但对游客和考古学家来说是个喜讯，对这些著名古迹本身也是件好事，由于增加文物古迹的开放数量、延长开放时间，使这些文物古迹得以更多融入社会生活，得到社会公众更多的关注。[3]

新的参观办法使古罗马竞技场从白天开放到午夜，在超过正常开放时间的5个小时中，考古学家带领多达40个旅游团体参观，观看古罗马角斗士的青铜盔甲和铁制武器展览，并且就近参观被修复的角斗平台。此前，这个木制平台很少向观众开放，参观者只能站在竞技场的楼层上向下俯视。古罗马竞技场的管理主任R. 里亚（R. Leah）说：“我们将努力开放更多的区域，以便使游客了解整个建筑物。”古罗马竞技场地面以下限制参观的区域，也就是第三层护墙，也将向游客开放。该区域类似剧场舞台后面的演员集结区，是一个“黑暗和危险的，然而也是非常吸引人的地方”。

博物馆的任务与目的在于促进人的全面发展，一切着眼于人们的素质提升，着眼于人们的人格完善。当前一些博物馆管理者，开始重新思考博物馆在社会生活中的作用与定位。柏林国家博物馆总馆长M. 艾森豪尔（M. Eissenhauer）认为：“博物馆是人类的文化记忆。只有当我们了解自己的过去时，才能设计我们的未来，因此博物馆是当代社会的重要组成部

[1] 王玥：《川博大篷车博物馆走进SOS儿童村》，《中国文物报》，2010年8月11日，第8版。
[2] 云自在：《中国博物馆怎样让人亲近？》，《人民日报》海外版，2010年11月5日，第15版。
[3] 朗潜淳：《罗马多处古迹今秋扩大开放》，《中国文化报》，2010年9月25日，第4版。

分。”[1]美国博物馆协会组织的关于博物馆教育功能的讨论，将教育一词改为“交流”，主要是因为“交流一词比教育一词更能正确地反映博物馆与观众的关系，前者是双向的，后者是单向的；前者是一种平等关系，后者令人有居高临下之感”[2]。

应鼓励社会各界参与和支持博物馆事业的发展，发挥社会团体、民间组织和博物馆志愿者等的作用，它们应该成为博物馆事业社会服务支撑体系的重要组成部分。特别是对于与广大民众直接接触的县级博物馆等基层博物馆，往往在人力、财力、物力等资源方面相对短缺，因此应积极探索博物馆资源整合模式，鼓励博物馆馆际合作和跨地区、跨部门、跨行业的博物馆合作，鼓励博物馆之间的横向交流和人才、信息、藏品资源的共享，积极探索利用不同博物馆资源、不同行业资源提高博物馆社会服务能力。

知识教育与人文关怀相结合，可以使博物馆枯燥的内容变得生动形象，贴近生活，联系实际。青岛市博物馆依托资源优势，结合青少年的兴趣爱好，举办“奇妙博物馆”系列社会教育活动。2009年首次举办的暑期公益培训班受到广大家长和学生们的欢迎。培训班中博物馆深挖馆藏文物资源优势，充分调动博物馆师资力量，为学生们带来“我是小小翻译家”、“我是小小口才家”和“我是小小绘画家”3个主要方面的培训课程。培训班所涉及的授课内容均来自于博物馆陈列展览。同时，开放式的教学方式，轻松愉快的课堂气氛与博物馆厚重的历史文化相结合，赢得了家长和学生们的喜爱。

2010年暑期期间，青岛市博物馆经过前期调研、周密策划、细心组织，推出了首届文博夏令营。夏令营第一站就走进了新近发现的商周考古遗址。在青岛市考古研究所的安排下，小营员们第一次走进考古现场，亲眼目睹文物出土的过程，近距离接触祖先们用过的生活用具，了解2000多年前先民的生活状况，对考古常识也有了初步的了解。夏令营活动还包括带领小营员们外出参观市内其他博物馆及陶器制作现场，指导他们印制年画、彩绘扇面、捏制陶器造型等。夏令营的最后一天，小营员们向家长汇报展示所学课程，展示内容令在座的家长和授课老师深为感动。[3]

博物馆是保存人类知识与经验的文化场所，也是带领人们探触自然、理解世界的文化空间，更是人们终身学习、促进社会发展的园地。正如古希腊哲学家柏拉图所说：“有理性的生活就是有道德的生活，是至善。过这种生活才有理性。”1966年12月，联合国通过了《经济、社会、文化权利国际公约》，其文化方面的主要内容为：“人人有权参加文化生活，享受科学进步及其应用所产生的利益，对其本人的任何科学、文学或艺术作品所产生的精神上和物质上的权益，享受被保护之权利”，“公约缔约国为充分实现这一权利而采取的步骤应包括保存、发展和传播科学和文化所必需的步骤”。

新华社调研小分队调查显示，近年来，我国地区、城乡、行业、群体间的收入差距有所加大，分配格局失衡导致部分社会财富向少数人集中，收入差距已经超过基尼系数标志的警戒“红

[1] 徐馨：《博物馆：近些，再近些》，《人民日报》，2011年3月31日，第24版。
[2] 郑奕：《现代美国艺术博物馆及其观众》，《东南文化》2011年第1期，第113页。
[3] 王蕾、康豪：《孩子们的快乐大本营》，《中国文物报》，2010年8月18日，第3版。

线”，由此带来的诸多问题正在日益成为社会各界关注的焦点。专家认为，当前我国收入分配已经走到亟须调整的“十字路口”，缩小贫富差距、解决分配不公问题十分迫切。[1] 在这一背景下，伦理道德层面的文化失根、民族传统的断层现象相当严重。在世界上，如果到处是充满物欲横流、金钱至上的社会氛围，将导致一些人失去正常人固有的理性，甚至越过道德和法律的底线。

H. 格林希尔（H. Greenhill）认为：“相对于现代博物馆以保存及展示为主，后博物馆更重视如何使用典藏品，使之与人发生关联。而展览虽然继续扮演不可忽视的角色，却只是一系列活动之一部分而已。”他认为：“活动及过程，而非收藏及展览，才是后博物馆重要的精神。也就是说，后博物馆的沟通模式不仅限于展览而已，如何与社区互动、沟通协商及寻找各种合作伙伴，乃至各种活动、演出等，都是后博物馆所涵盖的范畴。除此之外，因为强调多元协商及参与的特色，后博物馆所呈现的知识架构也不再是统一的，而是多元的、片段的及众声喧哗的。而其内容的价值观也不再是客观及理性次序的，而是鼓励合作、协商及多元价值并呈的。”

由于遗址类博物馆通常反映的时代离现代社会有一段距离，因此在博物馆与公众之间需要建立一种良性的双向互动关系。为此，遗址博物馆需要营造更多的参与场景。2010 年 9 月，5 集大型史诗电视片《大明宫》在中央电视台《探索与发现》栏目播出。该片采用“故事片加纪录片”的叙事方法，“实景拍摄加三维动画”的拍摄技术，在考证的基础上复原唐大明宫含元殿、麟德殿、丹凤门等雄伟建筑。讲述大明宫从建造、辉煌到毁灭的过程，展示大唐帝国曾经的辉煌和荣耀，昭示大唐盛世的文化内涵，通过一系列风云人物、历史场景、历史事件等内容，以更加广阔的视角重新审视大明宫历史，诠释大唐文明。[2]

鸦片战争博物馆深入挖掘虎门销烟与鸦片战争历史文化资源，不局限于相对静态的陈列展览讲解，而是扩展为鲜活动态的艺术展演，将深邃的历史内涵转化为鲜活的舞台艺术，尝试将历史题材转化为小型、专题、系列的舞台艺术，例如舞台剧《铭记历史 禁绝毒品》、情景剧《虎门魂》、京韵大鼓《销毒瘤，洗国耻》、小品《罂粟与玫瑰》等一系列节目，实现用艺术语言诠释文化底蕴，用艺术动感激发爱国情操。每年“6·26”国际禁毒日，均组织禁毒巡演分队，到各地举行宣讲和巡演，累计演出场次数以百计，探索出一条“以文物资源为依托，以创作表演为突破，以流动博物馆为载体，以基地共建为平台”的创新之路，赋予博物馆文化以鲜活的生命，让静止的文物鲜活起来，让固定的文物流动起来，让封闭的博物馆开放起来。[3]

为了充分发挥河南古代音乐文物资源优势，更加形象生动地展示大量音乐文物的丰富内涵，河南博物院精心设计了“华夏古乐展演活动”，组织专家根据文物考古成果，对“史前乐舞”、“先秦钟磬古乐”、“唐代歌舞伎乐”、“古琴音乐”等进行系统地复原研究和科

---

[1]《我国贫富差距逼近社会容忍“红线”》，《北京晚报》，2010 年 5 月 10 日，第 2 版。
[2] 毛海峰：《电视片〈大明宫〉诠释大唐文明》，《中国文化报》，2010 年 9 月 10 日，第 6 版。
[3] 张建雄：《宣教创新：架起博物馆与社会的桥梁》，《中国文物报》，2010 年 9 月 15 日，第 3 版。

学论证。华夏古乐演出突破博物馆静态的陈列设计，营造动态的文化体验氛围，从独特的视角将观众带入中原文化历史厚重的岁月。通过系列展演活动，使观众在聆听远古音乐的同时，享受到博物馆的多元文化和视觉盛宴。华夏古乐团成立10年来，先后赴香港音乐厅、上海世界博览会和国家大剧院演出，彰显出博物馆文化的独特优势。

为满足广大民众欣赏优秀陈列展览的要求，充分发挥各博物馆资源的比较优势，带动中小型博物馆的发展。广东省启动“广东博物馆陈列展览协作交流网”，根据调研情况定出选题，帮助整合全省各地博物馆的陈列展览和各地的文化资源。参加网络巡回的展览，一般选取普通民众喜欢、雅俗共赏的展览，不仅有历史类、艺术类的陈列展览，也有人物类、自然类的陈列展览，地方色彩浓厚。展览网络启动后，30余家博物馆加入其中。每年精心组织10多项展览，在全省各地博物馆巡回展出，受惠人数达到4000万，其中覆盖的山区县人数达1000多万人，受到广大民众的欢迎，取得了良好的效果。同时，展览网络定期举办博物馆展览和讲解人员培训，有利于各类博物馆专业人才的培养和专业水平的提高。

马丁·罗特指出：“博物馆的核心任务永远是收藏、研究、保护和展示。与此同时，博物馆是整个社会的黏合剂；它缩短了老人和青年人的距离，缩短了不同教育程度者的距离。”[1]2011年6月，莫斯科市文化局官方网站公布《2012至2016年莫斯科文化活动计划草案》，其中特别对移民文化活动做出规划。草案指出，在2012年至2016年期间，莫斯科将实施“移民参观莫斯科博物馆”项目。莫斯科多家博物馆将制定专题计划，并组织参观活动，讲述莫斯科的文化生活、传统和历史，旨在使外来移民融入莫斯科社会。预计这一计划将使莫斯科各博物馆的参观率提高25%。[2]

博物馆的公益性质，是其长久存在、不断发展的理由。英国的博物馆与社区居民常常展开交流与合作，诸如征集陈列展览主题、文物藏品等。英格兰的泰恩和威尔博物馆组织筹备的“文化震撼”计划就是这方面的典型案例。该项目面向英格兰东北部地区的广大市民，征集1000个数码影像故事，历时两年，最后评选出100个故事，放在专门为这个项目研发的网站上。该项目使公众亲身感受历史发展的脉动，不仅拉近了博物馆与社会公众之间的距离，而且拓展了博物馆的文化功能，使博物馆更好地融入社会生活，成为挖掘和传承公众历史记忆的重要平台。[3]

近年来，城市化进程不断加快。但是，在城市房屋建设、基础设施建设的成果，不断给人们的工作和生活带来便利的同时，也出现了一些迫切需要解决的问题，其中文化传统的失落、历史遗迹的消失、文化景观的“千城一面”等，诸多城市结构性和功能性衰落的问题，使城市有机更新、传统文化传承、历史街区肌理，均出现了明显的断裂。“城市日益成为人类活动的中心。然而，城市的发展也面临着自身成长和文化传承的矛盾。人文关怀日益丧失，文化冲突不断显现，城市记忆消失，富有特色的历史区域和传统文化不断被格式化的现象日益

[1] 徐馨：《博物馆：近些，再近些》，《人民日报》，2011年3月31日，第24版。
[2]《莫斯科博物馆助移民融入社会》，《中国文化报》，2011年6月16日，第3版。
[3] 纪双城：《向国外博物馆同行学“竞争”》，《环球时报》，2011年4月22日，第13版。

严重。”[1]

传统文化、地域文化是城市发展资源中不可或缺的固有组成部分，在塑造城市个性特色、提升城市生活品质、维护文化多样性、保持生活延续性，维持社会民众，特别是社区居民对城市和街区的认同感等方面，具有举足轻重的作用。博物馆积极倡导多元文化的共生与融合，努力将传统文化基因融入到现代城市文化的变革之中，通过陈列展览和文化活动，使丰富的博物馆藏品资源、人才资源、设施资源等自身优势，以一系列丰富多彩的文化活动为载体，整合进当代城市的文化发展体系，使博物馆成为新的城市文化坐标，在不断发展变化的城市环境中，获得持续而旺盛的生命力。

无论是博物馆的历史考察还是博物馆学理论的探讨，一个显而易见的事实是，博物馆就是一个基于文化遗产的保护与利用的社会教育机构，这是博物馆的核心理念与功能。过去，当人们认为某种东西已经过时，就说“早该进博物馆了”。这种说法表明人们普遍认为，博物馆只是存放或寻找历史记忆的地方，而与现实生活之间存在距离。今天，博物馆可以自豪地回应那些批评“博物馆仅仅代表过去”的偏见认识，正是博物馆收藏、保存、展示、利用人类所继承下来的文化与自然遗产，才使博物馆真正成为社会新文化创造的动力和源泉。[2]

近年来，各类博物馆都在积极举办临时展览，取得了明显的社会效果。但是，由于观众欣赏水平的不断提高和需求的多样化，对博物馆的陈列展览提出了更高的要求。因此，博物馆在筹办陈列展览时，常常为文物藏品匮乏、不成系统，难以满足社会需求而苦恼，特别是要组织一项有分量的专题文物展览，仅凭一座博物馆自身力量难以实现。为了改变这一状况，通过相关博物馆联合，发挥文物藏品和专业人才的整体优势，能够取得圆满的效果。因此，如何加强博物馆馆际联系，组织文物藏品联展，将各博物馆的力量在可能范围内加以联合，显得尤为重要。

20 世纪 80 年代以来，世界各国的博物馆以前所未有的力度，加快融入社会生活的步伐。全球博物馆的建设发展高潮也持续至今，恰恰就是社会各界对博物馆独特价值的认可，对博物馆所付出努力的肯定与鼓励，从而赢得了社会民众的正面评价。博物馆教育区别于社会其他机构，尤其是学校教育，具有自身特殊的功能。从广度上讲，博物馆作为公益性机构，为全社会服务，要充分考虑到不同观众对博物馆服务的不同要求，保证服务的可获得性；就深度而言，博物馆在研究文物藏品、陈列展览的基础上，要充分利用自有资源，为社会提供尽可能多的服务内容。

国际博物馆协会前主席 A.S. 康明斯 (A.S.Cummins) 认为：“对人类社会而言，无论人们怎么认识自己，相信什么，或者选择如何表达自己，遗产是我们共同的身份。”[3] 法国前总统密特朗曾说：“法国博物馆如今已成为人们分享喜悦和知识的场所，是传承记忆、对比今昔、深入思考的场所，是充满灵感和创造的场所。”为了人的生存和发展服务已经成为世

[1] 蔡武：《文化是城市的内核和灵魂》，《中国文化产业》，2010 年 8 月，第 16 页。
[2] 陈建明：《虚拟的场景 真实的遗产》，《中国博物馆》2008 年第 3 期，第 16 页。
[3] 许汉琴：《充分发挥博物馆在构建和谐社会中的重要作用》，《中国纪念馆研究》2011 年第 1 期，第 52 页。

界各国博物馆的共识。博物馆的一切功能都是以人的需要为出发点，这种发展趋势着重体现在博物馆教育功能的加强和服务的改进上。以人为本的理念打破了博物馆仅为收藏、保护、展示文物藏品而存在的观念束缚，达成了博物馆的存在是为公众服务的共识，为此许多博物馆在陈列展览、社会教育和服务观众方面不断探索、不断创新。

（此文发表于《上海文博论丛》2013 年第 2 期，第 8 页）

关注博物馆陈列展览的专业性问题

陈列展览能够全面反映一座博物馆的文物藏品数量和保存环境质量、展览设计水平和学术研究成果、展厅设施条件和综合管理措施、社会服务意识和文化传播能力等。博物馆通过文物藏品的组合陈列展示，传播历史、艺术、科学知识，履行社会教育和服务职能。由于博物馆以独特的方式传播知识和信息，使博物馆能够以鲜活的形象存在于社会公众的现实生活之中，从而凸现出博物馆相对于其他公共文化教育机构的优势。

全国博物馆十大陈列展览精品评选于1997年启动，前三届仅限于文物系统，第四届起评选覆盖全国各类博物馆，经过10余年的努力，“十大陈列展览精品”成为国家文物系统一项专门针对博物馆专业工作的国家级奖项。陈列展览精品评选活动在推进发挥示范效应，引领公共文化服务机构面向社会、奉献大众等方面的作用日渐彰显。目前，越来越多的博物馆努力探索展示艺术和表现手法，注重馆藏文物的完美组合，注重高新技术和材料的合理利用，使基本陈列和临时展览的主题内容、科技含量和艺术水平都有较大提高，内容和形式都有较大改进，使博物馆的陈列展览影响日益深远。

宋向光教授认为：“当社会发展水平达到一定程度时，公众对博物馆的需求会表现出较强烈的文化体验和文化消费色彩，观众对博物馆陈列、教育和服务的需求会更加关注情感、美观和舒适的内容，要求博物馆更精致、更关注个性和更愉悦，这也可以说，观众在基本的获取知识的理性需求基础上，要求增添使身心愉悦的艺术氛围和诗意表达。”[1] 陈列展览是博物馆为观众提供的最重要的服务，是沟通历史与现实、知识与社会的桥梁。因此，陈列展览应当充分体现以人为本的精神，无论是展示空间的分割、环境色彩的运用、灯光照度的控制，还是文物展品的陈设、辅助图版的布置、说明文字的内容等各方面，均应精益求精。

博物馆展览工程是一项面向大众的知识、信息和文化传播工程，是一项思想性、科学性和艺术性很强的艺术工程。实践证明，成功的陈列展览共同特点是设计严谨，构思独特，材料适用，造价合理，施工精细。虽然博物馆最主要的教育形式是陈列展览，但是陈列展览的重要性在一些博物馆往往受到轻视或忽视，甚至成为一些博物馆发展的薄弱环节，存在着“重博物馆前期资金投入，轻博物馆后期管理服务”，“重陈列展览形式设计，轻陈列展览内容更新”，“重高新科技手段点缀，轻本馆主体文物展陈”，“重陈列展示策划制作，轻社会公众广泛参与”等倾向。一些博物馆在陈列展览的设计施工中，一味求新求洋，结果是高成本、低质量。

李文昌先生曾对参加2007－2008年度全国博物馆十大陈列展览精品评选活动的69项展览项目进行分析。从资金总额上看，在69个项目中，投入资金在100万元以下的项目有

---

[1] 宋向光：《历史类博物馆“艺术转向”的隐忧》，《中国文物报》，2011年7月27日，第5版。

6项；100万元（含）－1000万元的项目有23项；1000万元（含）－5000万元的项目有29项；5000万元（含）以上的项目有5项；没有写明资金情况的有6项。在69个项目中，使用资金最多的达到1亿元；最少的仅9万元。千万元以上的项目基本占了一半。从中可见，一个展览项目，动辄几千万元，已经是普遍现象。另一方面，从造价上看，3000元/平方米以下的有20项；3000－6000元/平方米的有19项；6000－10000元/平方米的有15项；10000元/平方米以上的有9项，单价在万元以上的，有日渐增多的趋势。[1]

随着我国博物馆事业的快速发展和博物馆陈列展览工程的社会化，陈列展览的设计施工市场规模不断扩大。目前，博物馆陈列展览的内容设计一般由博物馆自身完成，而形式设计及制作布置普遍借助社会力量，往往通过政府采购招标确定承担单位。但是，由于在博物馆陈列展览工程管理方面，缺乏从业基本条件，缺乏行业标准和技术规范，缺乏设计施工管理制度，导致陈列展览设计施工市场较为混乱，严重影响博物馆陈列展览工程的质量。很多博物馆的陈列展览由普通装潢装修公司承担，设计施工单位对于陈列展览工程的特殊性缺乏认识，经常混同于普通建筑装饰工程，难以达到令人满意的效果。更有一些设计施工单位由于对博物馆藏品的价值缺乏了解，漠视文物展品的安全，违反基本的操作规范，甚至在陈列展览施工过程中或竣工后，因质量问题发生文物展品损毁事件。

博物馆陈列展览的设计不同于其他展览设计，有着特殊的规律和独特的语言，要突出文物展品而不是突出装饰装潢。任何一个优秀的陈列展览都应该是内容和形式的完美统一。判断一个陈列展览设计方案的优劣，主要是看它是不是全面、准确、生动地反映了陈列展览的思想性。如果偏离了陈列展览内容，即使形式再新奇，感官冲击力再强，也不可能取得预期效果。然而，传统陈列展览设计模式，往往陈列展览内容设计人员主要负责编写陈列大纲，陈列展览的形式设计则由陈列展览公司的设计人员进行，但是陈列展览公司的设计人员由于受到文化知识结构等因素的制约，在短时间内对陈列展览内容难以正确把握和深刻理解，陈列展览设计就很难实现内容与形式的统一，达到预期的效果。

为了解决这一问题，必须将内容设计与形式设计紧密配合，双方人员积极互动。一方面，负责形式设计的人员必须在内容设计的人员的指导下，吃透陈列展览大纲，掌握陈列展览主题，努力使陈列展览的创意和手段能够全面准确地反映陈列展览内容；另一方面，陈列展览的重点不能由负责形式设计的人员随心所欲地确定，而应该由负责形式设计的人员和负责内容设计的人员，以及其他方面的专家集体进行研究、讨论、评审，根据陈列展览的主题和文物展品的历史、科学、艺术价值，最终予以确定。因此，负责内容设计的人员必须参加形式设计方案的论证，明确每个展示重点必须表现的思想内容，就如何使陈列展览更加突出主题提出修改意见。

陆建松教授详细分析了博物馆展览工程与普通建筑装饰工程的异同。两者之间在性质和目标方面、在工程内容和工作规律方面、在艺术和技术含量方面、在工程量中艺术创作比重

[1] 李文昌：《从数字看展览》，《中国文物报》，2009年9月16日，第3版。

方面，均存在很大差异。普通建筑装饰工程主要是环境美化和装饰，而博物馆展览工程是以学术研究资料和文化标本为基础，展示设备和技术为平台，辅助艺术形式为突破，高度综合的、专业性和前沿性极强的工作。因此，博物馆展览工程是一项基于博物馆学、传播学和教育学的设计和创作活动，有着自己独特的工作语言和工作规律，是一项兼具学术性、知识性和科学性的艺术创作活动。

同时，陈列展览工程不仅仅是文物展品的合理摆放，而且需要善于处理文物的安全环境。与普通建筑装饰工程不同，博物馆展览工程不是市场上可以购买到的普通用品，而是为实现陈列展览的艺术效果，专门进行形式设计和研究制作的专门用品，往往是独特的或唯一的。一般普通建筑装饰工程中大部分是基础装饰工程，主要是展示空间的吊顶工程、地面工程、墙体基础装饰工程以及展览的基础电器工程，而艺术创作内容较少。但是，博物馆展览工程的绝大部分工程量是艺术工程，包括各种艺术辅助展项和科技装置，及其软件的研发。[1]

目前，我国在博物馆展览工程管理方面的规范和标准严重缺位，由此给博物馆展览工程管理造成混乱，严重影响了博物馆展览工程的秩序和质量。为了改变这一无序状态，尤其是为了保障博物馆展览工程的质量，亟待制订博物馆展览工程管理规范和标准，包括《博物馆展览工程管理办法》、《博物馆展览工程资格管理办法》、《博物馆展览形式设计规范》和《博物馆展览工程核算标准》等，通过这些管理规范和标准，切实加强博物馆展览工程的行业规范管理，使博物馆行政主管部门、展览筹办单位、设计施工单位等均有章可循和有法可依。

因此，必须尊重博物馆展览工程的特殊性和内在规律，对博物馆展览工程采取不同于普通建筑装饰工程的管理，包括博物馆展览设计和制作机构资质管理、展览工程的委托方式、展览工程的质量控制、展览工程的验收标准、展览工程的造价审核等。在博物馆展览工程的委托上，不能以普通建筑装饰资质作为入围的必要条件，将博物馆展览工程委托给普通建筑装饰公司，而应该委托给具有博物馆展览工程实际设计和施工能力的机构。否则，将严重影响博物馆展览工程的质量，甚至造成博物馆展览工程的失败，埋下文物展品的安全隐患。

“陈列设计是一种创造”，博物馆陈列展览强调内容与形式的统一，主题鲜明的陈列展览内容设计，要靠新颖的形式设计和精致的展览制作传递给观众。不论是历史展览、艺术展览、人物展览，还是科技史展览、自然史展览，都是一项集思想、学术、文化、知识和审美于一体的大众传播载体。陈列展览设计必须对内容文本及其学术资料、文物标本进行深入研究，通过对展览主题和陈列内容，以及特定展示空间研究的基础上，对文物展品和材料进行取舍、补充、加工和组合，运用形象思维，鲜明、准确地表达展览主题思想。

陈列展览设计包括展示空间设计、功能动线规划，以及展示版面设计、展示道具设计、展示灯光设计、展品安全设计、辅助展品设计、互动装置设计等。博物馆陈列艺术与展示空间密不可分，甚至可以说陈列艺术就是对展示空间充分利用的艺术，设计人员对空间的整体布局，艺术空间的个性化创造，陈列展览空间与原建筑之间的巧妙结合。实践证明，一个优

[1] 陆建松、郑奕：《博物馆展览工程与普通建筑装饰工程有何不同》，《中国文物报》，2009 年 11 月 25 日，第 4 版。

秀的设计作品，不是用金钱堆砌出来的，也不是用高级材料制造出来的。一些博物馆力求以低造价作出高水平的陈列设计，在陈列展览中获得了成功。大多数情况下，使用一般材料，用较少的投资，只要精心设计、施工，也同样能够收到良好的效果。

邓健先生认为，要做好博物馆的展览，必须做好以下各个方面的工作。一是组织专门的班子，收集、整理和研究与展览主题、内容有关的学术资料，便于展览建立在客观、真实的学术研究基础之上；二是展品、辅助展品等形象资料的收集和整理；三是做好展览内容文本策划设计；四是做好展览空间规划与设计；五是做好展览形式构思与设计；六是做好展览的制作与布展；七是保障展览的筹建资金；八是尊重展览工程合理的时间进度，留有充裕的时间来完成展览工程，避免因筹建时间严重不足而存在各种各样的问题；九是按照展览工程的规律进行科学规范的运作。

如果真正做好上述九个方面的工作，才能把陈列展览做好做精，确保陈列展览内容的思想性、科学性和知识性、趣味性，陈列展览形态的艺术性，制作工艺和布展的严肃性，展览造价的合理性和展览技术的安全性。陆建松教授则根据博物馆陈列展览工程的一般规律，提出 10 大支撑条件，以提升未来博物馆陈列展览的水平和质量。包括展览相关学术资料准备，展品形象资料收集和整理，科学规范的工程运作，展览内容文本策划设计，展览形式创意设计，展示空间规划与设计，展览设计、制作与布展控制，展览筹划资金的保障，展览工程的时间保障，选准人选好队伍。[1]

博物馆展览体系的探索是一个大量收集资料，多方考察研究的过程。制定合理的博物馆展览体系，首先要明确博物馆定位，博物馆定位决定博物馆展览体系的走向，而科学、严谨的博物馆展览体系的构建，必须经过全方位多角度的思考。首先要深入分析博物馆自身的文物藏品资源状况，同时还要对科学研究水平、专业人才结构、地域环境特点等进行深入广泛的分析。例如上海博物馆是艺术类型的展览体系，各展览之间既相互独立，又有相互补充。从历史文物精品展示的角度展现我国古代辉煌的成就，并同时举办世界各地艺术精品展，展示人类文明的发展进程。

博物馆应积极探寻各自的展览体系，没有合理规范化的展览体系，博物馆的陈列展览特色必然难以体现。体现时代精神，树立精品意识是博物馆今后发展的必由之路。所谓的“精品陈列”是指一个完整成熟、主题鲜明、特色突出、形式新颖，并且思想性、科学性、艺术性达到一定高度水平的陈列展览。专家认为，一个受欢迎的陈列展览，一是要选题恰当，立意鲜明；二是要定位准确，设计合理；三是要制作精细，力求新意；四是要强化服务，注重效益。精品陈列既不是纯粹的“明星文物”罗列铺陈，也不是传统的教科书形式。而是能够给社会公众讲述一个耐人寻味、令人思索、使人流连的完整故事，给专业人士展示一个有所启迪、有所借鉴、有所收获的文化空间。

一座博物馆的陈列展览成功与否，不仅体现在所获得的观众数量上和宣传报道数据上，

[1]《做好博物馆展览的十大支撑条件》，《国家一级博物馆馆长培训班通讯》，第 4 页。

更为重要的是通过开展一系列服务和教育活动，把对历史的思考深度、对美的追求方向传递给社会公众，满足其日益增长的文化需求。公众参观陈列展览，是为了寻找一种文化体验，寻求一种身临其境的感受。因此，营造陈列展览的特有氛围至关重要。高质量的陈列展览远远不是简单的形式和技术问题，而是牵涉到博物馆的各个环节，包括文物藏品的保管质量、研究深度、讲解水平、服务能力及合理有效的组织管理等。

确立一个陈列展览项目并非易事。陈列展览的策划、创意、设计有着必备的条件要求，以往博物馆的陈列展览设计只注重三个主要环节，即陈列大纲、陈列内容设计和陈列形式设计。目前，国际上一些大型博物馆，在上述三个主要环节之前，再加上一个策展环节，也就是陈列展览的前期策划，策展的深入开展可以使后续环节更为顺畅。策展研究报告是陈列展览的可行性研究，包括研究常设展览和临时展览的内在联系，选题整体规划和独立项目之间衔接，主题确立的社会意义和预期效果，叙事线索的纵向延伸和横向展开，以及重点文物展品的描述、展厅气氛营造的设想、周边环境状况的掌控和社会宣传活动的展开等。

策展研究报告和陈列展览大纲同等重要。策展研究报告的内容包括：拟定博物馆陈列展览的基本构思，包括展示结构、展示内容、展示形式、展示特色、展示品质五个方面的内容。拟定博物馆陈列展览基本构思的同时，还要做观众群体的调查研究，包括面向社区群体、学校群体、专业群体、旅游群体以及特殊群体，了解不同社会群体对博物馆陈列展览的需求，以及对博物馆陈列展览的运行成本和管理进行评估。[1]陈列展览大纲内容包括：展览主题、结构框架、基本内容及其主要展品等。博物馆展览水准的高低，一个重要因素是策展研究报告和陈列展览大纲，没有高质量的策展研究报告和陈列展览大纲，就不可能创造出高水准的博物馆展览，而忽视两者的作用，是制约我国博物馆展览水平提高的一个瓶颈。

在创作陈列展览内容设计文本之前，首先要构思它的结构组成。不同的展览有着不同的选题，同一选题的展览也可以有不同的角度和立意。针对不同的目标观众可以采用不同的表现手法。因此，每一个展览的内容设计都应该是独一无二的，没有固定的模式可以套用，必须在深入研究的基础上确定主题和立意，按照一定的逻辑主线有针对性地搭建框架、安排节奏、组织展品，将陈列的内容和创作意图融合在陈列展览内容设计文本之中，才能创作出符合陈列展览主题和传播目的的陈列展览内容设计脚本，才能准确地将信息传递给以后的各个环节，以至整个工作团队，用于指导展览各个环节的工作，最终将展示内容和情感有效地传递给目标观众。

今天是否选择低碳生活方式，将决定人类在未来的发展。作为承担生态文明和可持续发展教育责任的博物馆，如何更好地承担起向社会公众宣传低碳生活理念、传播低碳生活方式，推行低碳生活的社会责任，是一个新的课题。例如采用声光电等技术、设备时，应适应陈列展示要求，避免带来噪音和环境污染。展具的面料应尽可能使用绿色、优质、环保的木、石、棉、麻等天然材质，以更好地体现历史、沧桑、自然、永恒的文物陈列展览内涵，尽可能减少异味、

[1] 李让：《浙江自然博物馆新馆——当前博物馆建设的一种模式》，《博物馆观察：博物馆展示宣传与社会服务工作调查研究》，学苑出版社，2005年9月，第60页。

辐射等有害物质的排放，既有利于文物展品保护，又有利于观众及展厅工作人员的身体健康。

优秀的陈列展览，应满足观众对参观舒适度的要求。其中陈列照明的设计应体现“以人为本”。目前，一些博物馆为了突出文物展品的效果，或为了营造一种神秘的氛围，多采用封闭式人工照明。这样的“灯光效果”恰恰忽略博物馆观众的感受，忽视光照对人所产生的精神、心理作用，忽视了大多数人惧怕、讨厌、甚至拒绝黑暗的心理。“导致观众无法把目光聚焦到展品上，不得不瞪大眼睛仔细搜寻前方是不是正确的参观通道？是不是会有障碍物被绊倒？这样无疑与我们的初衷相悖。”因此，博物馆陈列的展示方式和照明不仅要烘托出陈列的主题和展品，更重要的是考虑观众接受环境的能力，观众清晰辨别展线道路的需要，以及观众顺利通过展线的需要，等等。[1]

一个好的展览设计应该是在各种必不可少的设计之外，尽量不再增加各种不必要的设计手段。主张“看不见的设计才是最好的设计”，所谓“简约主义”出现于20世纪80年代中期，这种思潮源于西方现代主义，它的出现既是对复古风潮的叛逆，也是对简约主义美学的发展。其风格是将设计的诸多元素简化到最少的程度，以极简洁的方式表达人们对空间环境在感情与理性上的双重需求。这种“简约主义”设计也流行于当今国际社会，努力使人们得以暂时摆脱繁琐、复杂的环境，找到简洁、自然的生存空间和心灵空间，契合了现代人在快节奏、超负荷的工作压力下的心理需要。因此，应“使我们的设计简洁而不简单，大气而不失底气”[2]。

博物馆在陈列展览的创意、设计、制作等方面，应不断引进新的理念，做保护生态环境的绿色使者，自觉走向低碳生活。例如位于慕尼黑的布兰德霍斯特博物馆，选择了极少主义的内部展示空间，所有展厅的材料都采用白墙和橡木地板，为馆内的艺术品展示提供了最纯粹的背景，灯具在自然采光系统引入展厅后被完全隐匿，甚至连空调系统的出风口也被减弱为墙根地板处的一排细长格栅孔，远看似有若无，墙面的各类插座及开关被全部抹去，只留下一片纯净的白色，凸现出那些悬挂于墙面或摆放于地上的艺术作品魅力。

目前，博物馆观众已经不满足于一般化地参观展览，而是需要一片真正属于自己的思考空间。观众是展示空间的最终服务对象，在进行空间设计时应体现“以人为本”的理念，树立“感受博物馆”、“享受博物馆”的理念，赋予观众轻松愉悦的心情。应结合博物馆展厅现状，更多地站在观众的角度去思考陈列展览的形式设计，根据各部分内容设计的需要，突出每一部分的重点和亮点，在众多的展品中，重要性与代表性展品应置于浏览节点，构成整个陈列体系的焦点，产生高潮迭起的艺术效果，形成立体化、人性化、趣味化的设计效果，以及具有韵律感、节奏感的参观效果，避免平铺直叙。

因此，陈列展览必须为观众提供适宜的参观环境，使人们感觉到在博物馆参观是一种精神享受，自觉参与到博物馆的文化活动中来。展厅空间序列的组织应有明确的开端和结尾，形成一定的节奏、韵律和高潮，实现展厅分割合理、展线布局流畅、展品疏密有致，营造整

[1] 王彬：《免费开放后区域博物馆如何更好地发挥教育职能》，《中国博物馆》2008年第4期，第3页。
[2] 郭萍：《“古代中国陈列”形式设计之思考》，《中国文物报》，2009年3月27日，第6版。

体和谐变化的氛围。在陈列展览和展厅环境设计中，越是细节越应体现人文思考，给观众提供符合心理需要的参观环境，帮助观众加深对陈列展览和文物展品的理解。在充分理解展览内容设计的基础上，根据博物馆展厅现状合理进行空间分割、营造整体空间的氛围，是整体空间设计首先要考虑的问题，使空间设计产生的意境，符合展览内容设计的表现要求。

（此文发表于《浙江文物》2013 年第 3 期，第 14 页）

进入服务时代的博物馆管理

世纪之交，伴随经济社会的快速发展，我国越来越注重博物馆的社会服务功能，也有学者认为从这时起，“中国博物馆进入服务时代”[1]。今天，博物馆成为公众了解历史、学习知识、陶冶情操的重要场所，同时也是人们组织亲友活动、开展子女教育、享受休闲时光的文化空间，文化媒体的热衷宣传，基本陈列的适时更新与临时展览的及时引进，也都成为吸引公众走进博物馆的重要原因。博物馆不仅在地区文化旅游中发挥出特殊作用，而且为当地居民增加了更多的就业岗位。因此，人们相信博物馆不仅承载着一个地区的历史，而且支撑着一个地区的文化活力。

顾拜旦说：“奥运会的作用和使命，是穿越转瞬即逝的时光隧道，将往昔与未来合而为一。”博物馆的“作用和使命”，也应该是将“转瞬即逝的时光隧道”“定格”下来，使人们感受到“往昔与未来合而为一”的快乐。城市中的每一座博物馆，都拥有不同文化背景的观众，因此，应当努力使每一位观众都能找到反映自己现实生活的内容，应当努力使每一位观众都能接触到产生情感共鸣的信息。今天，越来越多的社会公众希望通过参观博物馆和参加博物馆组织的社会教育活动，更全面地理解个人与周围世界的联系，了解自身的创造能力，从而增强生存能力和发展能力，提高自己的生存质量。

近年来，博物馆的规模和设施都有了空前的进步，这些为博物馆的进一步发展提供了可能的条件，但是真正意义上的发展还有待于博物馆自身的努力。今天，也经常令人遗憾地看到，个别博物馆虽然地处城市优越地段，拥有较强的政策支持力度，但是却未将精力和财力重点用于社会服务体系的建设上，造成博物馆的社会服务措施不完善，社会服务水平得不到提高。一些博物馆不重视主动吸引观众，没有将想方设法使人们走进博物馆、利用博物馆，作为长期坚持的重要目标放到应有位置。甚至有些博物馆过分追求经济效益，忽略社会效益，使博物馆内的文化气息淡薄。

当代博物馆只有真正关注和切实满足公众的需求，以文化的力量影响和改变社会，才能彰显其存在的永恒意义与现实价值。然而一些博物馆忽视服务社会功能的延伸和拓展，博物馆文化活动存在形式雷同、未能贴近社区居民等弊端，博物馆与学校、社区的联系不够广泛和密切，未能形成长效性、规模性的活动机制，博物馆辐射影响范围相对较小，深入社会民众尤其是青少年的程度较低。人们在各类媒体上可以读到的博物馆活动信息量很少，或是仅以专家的权威性语言书写的文章，这些让不少潜在参观者感到博物馆难以接近和博物馆环境不够愉悦。

英国哲学家边沁指出：“当我们对任何一种行为予以赞成或不赞成的时候，我们是看该

---

[1] 崔波：《千秋丝路 从历史深处走来》，《中国文物报》，2010年9月29日，第4版。

行为是增进还是减少当事人的幸福。”[1] 陈列展览过程中的“互动”，使博物馆观众亲身体验和感受，成为陈列展览中的活的元素。博物馆应努力消除陈列展览与观众的距离，使之更加具有亲和力。人们参观博物馆时，往往最常见的就是“请勿拍照”、“请勿触摸”等警示语言，一些文物展品、场景与观众隔开较远，虽然这是出于安全和管理的考虑，但是，当一些博物馆将部分“完全可以触摸的展品”，陈列于展柜之外，与周围环境融为一体，使参观、体验、娱乐、学习交互渗透，为参观者提供回味无穷的文化感受。

在丹佛艺术博物馆，观众可以坐在非洲厅内，边看文物展品，边听播放器内传出的由居住在丹佛的非洲音乐家演奏的音乐。在视频站观众还可以录下他们自己关于某一艺术展品的故事。该博物馆首创的以对话口吻书写的“关联度”展牌得到了更广泛的应用，在许多展厅内都可以看见。丹佛艺术博物馆的观众，普遍对该馆在展厅内所作的努力持积极态度，但是2007 年的调查结果也显示，仍有个别观众认为举办的这些活动有些花哨，他们只想纯粹地欣赏艺术。[2]

对于博物馆事业发展的知情权、参与权、监督权、受益权，均是广大民众的民主权利。博物馆要成为坚持文化民主，促进文化理解，鼓励文化对话的积极力量。在加拿大，博物馆界主张以观众意愿决定办馆办展方向，旨在让博物馆真正成为民众休闲、参与、思考的场所。因此，他们定期专题进行社会民众关于博物馆的宏观和分类意见调查，全面及时地了解和掌握社会民众对博物馆的兴趣、意愿和预期，并以此为依据完善博物馆建设和举办陈列展览。

观众调查是博物馆不可或缺的工作，观众调查数据的积累是博物馆发展的基础。从国际博物馆事业的发展来看，观众调查是 20 世纪 30 年代以来出现的新举措，标志着博物馆社会化进入一个新的阶段，即赫德森称之为“市场调查时代的博物馆”。“20 世纪 30 年代，博物馆界开始力图摆脱‘古董收藏所’和被束之高阁的‘书斋’的桎梏，希望将自己转变为一个社会教育场所。与之相伴随，博物馆开始了世界上最早的观众调查分析，大学心理学家和博物馆专业人士联手，将博物馆陈列的人体工程学设计与观众参观疲劳之间的关系纳入了研究领域。”[3]

实施观众调查不仅能够了解观众需求与期望，而且能够提升博物馆管理水平。通过收集观众参观的信息，统计分析出现参观线路的选择，以及对陈列展览、文物展品的兴趣。在此基础上，再通过定期、定时的随机问卷和抽样调查等方式，客观地了解观众对博物馆陈列展览、社会服务、基础设施等方面的评价，了解观众在展厅中如何分配他们的参观时间、参观线路和参观行为，以及收获体会等，这些数据的收集，对于促进博物馆社会服务的规范化和博物馆管理的标准化可以提供重要依据。

博物馆观众调查的基本方法有问卷调查、访谈调查、跟踪观察调查等方法，现有博物馆观众调查大多采用的是问卷调查方式。客观地说，我国的博物馆在观众调查方面还有很大的

---

[1] 马自树：《文博余话》，紫禁城出版社，2011 年 6 月。
[2] 郑奕：《现代美国艺术博物馆及其观众》，《东南文化》2011 年第 1 期，第 113 页。
[3] 安来顺：《当代博物馆的人文情怀与文化角色》，《中国国际友谊》第七卷，2010 年 12 月，第 27 页。

距离，开展观众调查的博物馆还不多，许多博物馆尚未组织过正式的观众调查，也有一些博物馆虽然开展过观众调查，但是所使用的技术与方法并不完善，存在积累的数据有限、样本偏少、持续性不够等问题，采取人工方式难免出现投入工作量大、所需经费多等问题，这些都影响着博物馆对观众的认识，尤其影响了博物馆对观众实际受益情况的了解，不能全面、系统、持久地了解、分析与研究观众的需求，从而使博物馆的工作质量判断缺乏依据，也使博物馆所作的努力缺乏针对性。

因此，博物馆应将开展观众调查作为一种制度设置，完善观众调查的技术与方法，将提升品质的战略目标建立在有效的观众调查基础之上。[1] 2002年以来，河北省博物馆面向市区大中专院校、中小学生等不同类型社会公众，采取口头调查、座谈会、赴馆外调查等多种方式、多角度组织了10余次大型观众调查。通过对目标观众群的调查研究，既与社会公众和受访单位拉近了距离、密切了联系，又得到了大量、客观的调查数据和信息，为博物馆有的放矢地开展社会教育活动奠定了基础。[2]

博物馆的观众大体可以分为三类：一是学生观众，二是一般观众，三是特殊的社会群体。如何做好这三类观众的服务，是博物馆社会服务的关键。学生观众对于众多博物馆来说，占全年观众总量的比例较大，甚至占一些博物馆观众的半数左右，学生观众不仅数量多，而且大部分是集体性参观，目的性强。需要社会服务内容适合学生的心理，与学生们在校学习课程紧密联系。一般观众在博物馆观众中同样占有较大比例，其构成也较为复杂，以零散观众为主。这些观众或为了求知、或为了欣赏、或为了休憩而走进博物馆，在参观过程中，往往不求系统，而是喜欢的就多看，一般的则观其大略，甚至有的慕名而来，专门参观某类展品。针对一般观众的参观特点，社会服务内容应通过广泛征求意见，不断加以改进。博物馆对于特殊观众群体的服务，更应该进行换位思考，努力为他们提供更加完善的服务。[3]

在我国，一项关于“博物馆的讲解工作”的调查中，针对博物馆的讲解方式提出问题，约有51.8%的孩子选择了“由讲解员讲解”，39.3%的孩子选择了“机器讲解”，另外还有8.9%的孩子选择“不需要讲解”。针对“博物馆举办的下列活动中，你最希望参加哪一项”的问题，在设置的4个选项中，62%的孩子选择了“参加模拟考古”，将近25%的孩子选择了“参加文物鉴定，和专家进行交流”，而选择“听历史与文物知识讲座”和“参观历史文物展览”的孩子则很少。受孩子们欢迎的前两个选项有一个相同的特点，就是可参与性强。[4]

如何创造一个自由、随和、亲切和充满鼓励意味的“博物馆氛围”，如何让观众真正融入其中，是博物馆当前面临的重要课题。为了真实了解观众心理和观众取向的变化，2008年9月初至10月初，苏州博物馆对观众做了约1000份随机问卷调查。通过调查得知，来馆观众主体为年龄在44岁以下的中青年人，约占观众总量的82.7%；大专和本科及以上学历

[1] 严建强：《信息定位型展览：提升中国博物馆品质的契机》，《东南文化》2011年第2期，第7页。
[2] 崔大伟：《博物馆开展社会教育工作的探讨与思考》，《中国文物报》，2011年6月29日，第7版。
[3] 李让、李文昌主编：《博物馆的记忆与想象》，学苑出版社，2005年9月。
[4] 中央民族大学博物馆学专业课题组：《孩子：“六一”节你会去看博物馆吗？》，《博物馆观察：博物馆展示宣传与社会服务工作调查研究》，学苑出版社，2005年9月，第19页。

水平者占75.8%；苏州以外观众占69.9%。在观众综合评价意见方面，观众对苏州博物馆总体满意度为80.72%，其中对参观环境满意度较高，达到90.5%。这样的观众问卷调查获得了一些有价值、有意义的参考数据，从而有利于检验和启发博物馆的工作目标与思路。[1]

今天，博物馆应将服务观众摆在首位，不但要使观众满意，并且要使观众愉悦。在“当代大学生眼中的博物馆”的调研中，不少学生强调博物馆的文物藏品的确极富吸引力，但是在参观中又极易产生疲劳感，进而产生厌倦感。他们在参观展览结束之后，实际上基本没有什么收获可言。问及原因，大多数同学都认为，一是“博物馆里的东西距离我们太遥远了”，二是陈列展览形式过于死板，无法融入其中，“感觉自己完全是一个无关的局外人”。有的同学说：“为什么我们可以长时间坐在电影院中而感觉不到疲劳？”“我们拒绝平庸和死板，我们希望得到鼓励。”

博物馆是在校学生的第二课堂，不仅要考虑陈列展览的学科体系，还要考虑学生观众获取知识的方便途径。因此，无论是博物馆的讲解服务，学术服务，还是安全服务，都要有很好的制度安排，使为学生观众服务制度化、规范化，无论是展品选择、文字说明、导引讲解、辅助陈列等，都应该给学生观众以正确的知识，正确的理念，并能帮助他们释疑解惑。同时，博物馆应尽最大努力使学生观众了解博物馆，不仅了解博物馆的文物藏品和展品，而且包括博物馆本身、博物馆的社会使命。

日本北海道的中学生在校期间均要有组织地到东京国立博物馆参观。美国各地的学校也有类似的规定，要参观华盛顿的博物馆群。我国各地的中小学校也有计划地组织在校学生参观博物馆，使学生们从小就生活在浓郁的历史文化艺术氛围里，接受人类文明成果的熏陶，造就高素质的未来公民。但是，由于社会治安和校园安全等因素，目前我国一些地区在校中小学生的课外文化活动有减少的趋势，在“事故责任制”的压力下，部分学校，特别是中小学校的教师担心学生的人身安全，不愿意组织学生离开学校参加各类社会活动，包括到博物馆参观，甚至有的中小学校居然形成明文制度，规定一般不准搞课外集体活动，这一做法严重背离了应有的素质教育理念。

1989年，由美国盖蒂博物馆牵头在11家艺术博物馆内开展的调查，证实在博物馆观众中存在的畏惧情绪，对于那些选择不参观艺术博物馆的社会公众尤其如此。调研结论写道，观众的“主要的障碍包括：对博物馆内容缺乏向导，提供的信息不充分，混乱的展品布局，令人怯步的物理环境，令人生畏的员工，以及未能传达此次博物馆参观的益处”。另一份同时期的调查结果也显示了类似结论，即博物馆观众通常认为自己缺乏足够的知识来享受参观之旅，因此希望专家能就他们参观的艺术品提供更好的阐释。

底特律艺术馆开展了迄今为止最广泛的观众研究，重新定位博物馆使命，力求更加以观众为中心。2002－2007年间，该馆约90个展厅在内容策划方面得到改进，这项工作由4个跨学科团队通力协作，其中策展人开展调研并起草展厅内容，签约作家负责起草展牌，展

[1] 魏保信：《免费开放后博物馆社会教育功能的拓展与延伸》，《中国文物报》，2010年1月27日，第7版。

牌的书写需经严格的测试。各个展厅被重新组织安排，文物展品按照一定主题加以整合，从文物展品根植的文化和历史背景中找寻主题性的故事，而任何没有关联的物品则被驱逐出展厅。新颖的互动装置也在许多展厅得到应用，被放置在艺术品旁边。例如将视频投影投射在桌面上，来特写 18 世纪宴会上菜的流程，与展览中呈现的类似。经过重新策划，底特律艺术馆创作了近 3000 块展牌，以及约 350 份互动设备脚本，并让观众小组进行审核。[1]

克利夫兰艺术馆的策展人和教育工作人员通力合作，通过观众直接参与，最终测试了 16 种不同标准的展厅说明标牌。最后结果是在文艺复兴和巴洛克展厅内建立了标准化的 4 阶段展厅标牌体系，包括物品标牌、主题标牌、墙面文字以及阐释性小册子。该展厅标牌体系在各展厅得到连贯运用，其设计不仅在图像上易于阅读和理解，在语言上也远离了业内行话，“有趣、直接和朴素”。该馆开展的广泛观众研究表明，对于绘画、照片等艺术品，观众主要想了解更多与其主题相关的信息，对于文物展品则想要更多地了解它们的应用情况。研究同样表明，成年观众喜欢创作一些有实际用途的东西，例如可以当场邮寄的明信片。[2]

同时，一个由馆内教育工作者、策展人、作家、展览设计师共同组成的团队，应用一系列策略来吸引不同学习程度的观众。包括创设展厅内的主题性悬挂布置，设立导览区，提供展厅地图；开辟视频和阅览室，让观众可坐下来休息、阅读或是观看关于艺术家的影片；创设一些简单的游戏，供观众在展厅内尝试；设计与艺术相关的“关联度卡片”，可以让观众带回家，并在馆外使用。于是，展厅内充满了各种供观众发挥参与的机会，包括让他们创作诗歌或是记录想法的、装帧简单的日志，开展观众与博物馆员工之间的对话。这些在改变大部分博物馆都奉行的“只许看，不许碰”的惯例上前进了一大步。

博物馆的开放部门除了要建立健全各项规章制度，规范服务行为，建立完善的管理体系和工作程序，细化员工的岗位职责和服务标准外，更重要的是坚持“以人为本”的服务理念，提供人性化、多元化的服务项目，及时解决、协调各个服务环节所产生的问题，从博物馆的设施到员工的具体服务内容，都要体现这一服务理念。现代化的博物馆必须设有咨询处、休憩空间和设施、导视系统、盥洗空间、医疗站、各类教室、专业图书馆、阅览室、餐饮和出售特色文化产品、旅游工艺品的博物馆商店等配套服务设施，让参观者享受博物馆的优质服务是必然趋势。

博物馆的开放区域内应实行人性化的服务措施，在馆内设置饮水处、座椅、自动存包柜、轮椅、雨伞、童车等供参观者免费使用。对扶梯、电梯、空调、展厅内照明、卫生间、安全出口、消防设备、应急指示灯等设备设施进行维护与更新，将“导览图”、“观众须知”、“安全警示”等标识设施进行更换，使其更为醒目，起到指示与警示作用，方便参观者的进出，确保参观秩序，维护参观者的安全。此外，运用现代化的通讯设备，例如对讲机、电话机、广播等，保证紧急事件发生时能够更加及时地妥善处理。为了更及时地与观众进行沟通，还需设置观众留言簿，以便针对观众所反馈的意见与建议及时做出相应调整。

[1] 郑奕：《现代美国艺术博物馆及其观众》，《东南文化》2011 年第 1 期，第 113 页。
[2] 郑奕：《现代美国艺术博物馆及其观众》，《东南文化》2011 年第 1 期，第 113 页。

上海博物馆重视服务质量的提升，将为观众营造舒适、安逸和多角度、多层次的文化环境，作为基本办馆理念。服务内容包括从宣传博物馆展览的初始服务，到博物馆为观众提供的区域服务和深入社会的延伸服务。在展厅内，增加用于观众休息的座椅；负责环境卫生的保洁人员不停地擦拭着地面、展柜；大厅内的服务台摆放着免费为观众提供的轮椅车、婴儿车；为观众设置的卫生室，备有急救设备和充足的免费应急药品；随处可见的时钟、导游图、示意图、指示牌、语音导览；多媒体屏幕除预告陈列展览外，播放展览指南、文物知识、名词解释、知识有奖问答等内容；充裕的馆外停车场，停放着不同类型的车辆；滚动电梯输送着上下楼的参观者；展区内设有快餐厅，出售的份饭荤素搭配、价格适中。

今天，应努力建立和健全与博物馆相关的社会服务机构和体系，例如加强与博物馆文化研究与传播相关的行业协会、科研单位、高等院校和新闻媒体等机构的联系，加强信息交流、开展跨学科的学术研究，促进资源整合，开展联合行动；建立与博物馆相关的保险、安全保卫、运输、制作、财务、清洁等机构在内的社会化服务体系；建立与博物馆相关的专业化中介、评估、咨询机构等。这些组织机构作为对政府管理和服务的延伸和补充，将以更加客观、公正、高效的社会服务标准来满足博物馆的需求，衡量博物馆的价值，在博物馆与博物馆之间、博物馆与政府部门之间、博物馆与社会和公众之间起到桥梁作用。

服务观众是博物馆的重要责任与使命。目前，我国大部分博物馆的社会服务部门力量薄弱，缺乏理论与实践的经验，即便有相应的一些社会教育活动，大多也只停留在接待讲解的层面。与学校教育环境不同，博物馆是一个自由选择的学习环境，在这个环境中，观众可以选择自己感兴趣的学习内容，选择自己适合的学习方式。博物馆观众有着多样化的来馆动机、目的与诉求，或是为了兴趣爱好，或是为了学习研究，或是为了放松心情，因此，观众参观行为也是复杂的，具有相当大的自由度和自主性。同时，进入博物馆的观众都带有前来参观时就已经拥有的经验、知识和态度，有属于自己的观念、经验和故事。

因此，博物馆在接待咨询、参观引导、提供资料以及安排讲解等方面实行规范化服务的基础上，还应为观众提供个性化的服务，有条件的博物馆还应设立公众教育部或教育服务部，设立学生展室和互动空间，既为培养未来合格公民作出贡献，也为培养博物馆的忠实观众作出努力。故宫博物院通过整合、推行形象规范（VIS），以及对一线员工进行礼仪和英语培训，对院内餐厅、商店等公共服务设施进行重新规划、改造，增设邮局、电话亭、咨询处、医疗点等服务点，希望能为来院观众提供更加舒适、合理、周到、便捷的服务，使故宫博物院的公共服务达到一个新的水平。

在一些社会公众的印象中，博物馆就是一排排冷冰冰的展柜和一件件没有生命气息的展品，再加上“请勿动手”、“严禁入内”的警告，然而正是这样一副冰冷的面孔，使得博物馆本身及其陈列展览内容变得不可亲近，使博物馆与参观者之间存在着明显的信息传播障碍。而要改变这种状况，必须改革博物馆的文化传播方式。在陈列展览中应体现出对于每一件文物展品的尊重和理解，而每一件文物展品又应体现出对于观众的尊重和理解，处处为人们能够更好地学习创造亲切平等的氛围，这样观众的收获就不再是浅显的，而是深刻的，不再是短暂的，而是长久的。

在我国，作为外国观众了解中华文化的重要平台，博物馆应尽可能提供不同语种的讲解服务。故宫博物院针对外国观众数量多的特点，提供包括英语、日语、韩语、俄语等 40 多个语种的语音导览服务，机随人行，每当观众驻足于文物建筑或文物展品前，自动开启讲解，很受国外观众的欢迎。南京博物院除进行日常的中文讲解服务外，也开辟了英、日和手语的服务。目前，有半数以上的讲解人员能够使用流利的手语为残疾观众服务。湖南省博物馆在“走向盛唐展”归国汇报展展出期间，展览简介及所有的指示牌，都采用了中、英、韩三国文字，使参观者更好地了解丰富的展览内容，受到外国观众的普遍好评。[1]

目前，越来越多的博物馆采用触摸屏导览系统，为观众提供参观路线、通讯、购物、研究资料等多种服务。观众喜爱的触摸屏导览系统，应达到屏幕画面的构图、色调、音乐、配音、动画及历史知识的介绍高度统一，使观众在动手触摸操作中增加参与兴趣，满足求知的需要。因此，触摸屏导览系统设计既要考虑观众构成的多层次性，又要考虑观众求知的多元性，使观众能够在触摸屏导览系统上随意获得希望了解的内容，并能灵活掌握所需的时间和内容。有了这些满足探索欲望和得到满意服务的条件，观众也就自然而然地被吸引而来。

近年来，国际上一些大型博物馆纷纷进行改扩建工程，所增加的部分基本上都是社会服务设施和公共空间，提升博物馆的原有参观质量。大英博物馆将原本沉闷的中庭图书馆区改建成为一个开放舒适的公共空间，设置有餐厅、咖啡厅、阅览室、纪念品销售部、卫生间等服务设施，教育中心可容纳 1500 名观众，另外，地下的考古室、2 个视听中心、5 间讲堂以及一个开放式活动空间，为举办会议、讲座等公共服务提供足够的空间，深受观众欢迎。

2007 年 10 月，大都会艺术博物馆更新改建的教育中心正式向公众开放，其先进的教育理念、丰富的教育资源、多样的教育活动、全面的数据统计，构建了一个全面而完善的大都会教育体系。在这样的教育体系下，大都会博物馆的教育工作更加有效地发挥社会教育功能。大都会艺术博物馆教育部的人员规模在 50 至 70 人左右。其所属人员涉及咨询、导览讲解、电化教育及网页制作与编辑、成人教育、学生教育、学术项目、沟通协调等多方面。此外，庞大的志愿者队伍，也是教育部工作必不可少的重要力量。在教育部的不同职能团队中，都有独立管理的志愿者队伍，承担相应的工作任务。[2]

改扩建后的法国卢浮宫博物馆，完善了服务设施，包括视听室、会议室、大型书店以及集商店街、餐厅、咖啡厅和停车场于一体的现代购物中心，宽敞、便利、舒适、周到的服务设施延长了观众在博物馆内的逗留时间。人性化服务体现于细微之处，而不是一种时髦和摆设。英国泰特美术馆为观众准备的轻便精美可携带的座椅，使观众可以随处坐下休息。我国目前进入博物馆建设高潮，不少城市的博物馆正在实施改扩建工程。在未来的社会生活中，博物馆越来越成为理想的公共服务场所，具有影响力的博物馆服务项目和文化活动也会逐渐增多，因此应为未来发展留有余地。

---

[1] 崔大伟：《加强外语在接待中的运用》，《中国文物报》，2010 年 9 月 1 日，第 4 版。
[2] 果美侠：《大都会艺术博物馆教育工作述评》，《中原文物》2011 年第 2 期，第 95 页。

世纪之交，我国实现了基本普及九年义务教育、基本扫除青壮年文盲，全民族的科学文化素质有了很大提高。但是，与发达国家中产阶级占多数的情况不同，我们社会处于转型期，基层民众仍然占社会总人口的多数。他们经济基础薄弱，受教育程度不高，话语权不多，在很大程度上处于弱势地位。关注基层民众的权益，关注弱势群体的命运和发展，是政府的职责，是社会的良心。博物馆免费开放，许许多多从未光顾博物馆的民众欣喜地走进博物馆，这正是他们获得文化权益的快乐。只有从这个高度看待博物馆免费开放，才能触及到本质意义。

一个城市的健康发展，不仅需要外在的良好形象，也需要丰富的文化内涵。改革开放以来，我国数亿农村人口进入各大城市打工谋生。背井离乡的“农民工”对于新居住的城市，不可避免地会感到陌生和冷漠，他们会感觉城市的繁华离他们很远，甚至时常产生这里是别人的城市的感觉。在这种精神状态下，人们不可能发挥出最大潜能和创造力。能否使每一位暂居者在城市中都能获得“家”的感觉，能否使他们像热爱自己的家乡一样热爱新居住的城市，这些关系到社会安定与可持续发展，作为公共文化设施的博物馆，应该为破解这些问题作出贡献。经过调查就会发现，绝大多数“农民工”每天的业余时间都在聊天、打牌和看电视的娱乐节目中度过，他们渴望城市文化生活。

2011 年 7 月，北京市东城区启动关爱农民工志愿服务活动，辖区内的 30 余座博物馆设立“农民工开放日”，让农民工走进文化场所，丰富业余精神生活同时，感受北京的文化底蕴。[1] 同样，免费开放以前，人们发现在现代大学生眼中，参观博物馆与不菲的博物馆门票，对他们来说就是一种“鱼与熊掌”的关系。尤其是一些中低收入家庭的学生，门票的价格常常令他们对博物馆望而生畏。因此，问及他们对博物馆免费开放的看法时，他们都选择了十分赞同，并且表示以后会增加参观博物馆次数的愿望。[2]

博物馆相当于一个大众信息传播中心，应该使所有观众，包括有听、读等方面障碍的观众更好地享受博物馆。无障碍博物馆不仅包括建筑无障碍的建设，“还包括为视力、听力和学习等有障碍的人设计相宜的展览和教育项目”。目前，我国博物馆的陈列展览多是文物展品加标签式，只适合正常视觉的人们欣赏，讲解服务也基本上是针对有正常听力的观众，这会使听力、视力有障碍的人士得不到相应的服务。实际上，无障碍博物馆包括更加全面的内容。例如作为公共活动场所，要求建筑无障碍；作为文化传播机构，要求信息和交流无障碍；作为公众性文化机构，要求文化无障碍；作为文明宣传教育机构，要求心理无障碍。[3]

在建筑无障碍方面，需要在博物馆中专门准备残疾人轮椅和儿童车，设置专门的残障人电梯，可以把行动不便的观众安全送到各个展厅，设置特殊人群专用的触摸屏和电话，使残疾人感受查询及交流的便利。在信息无障碍方面，需要为视、听障碍者提供特殊的声音或画面服务，印制盲文博物馆介绍、展览简介，使用盲文说明牌，盲人出版物，在展厅内准备放

[1] 童曙泉：《30 家博物馆拟设农民工开放日》，《北京日报》，2011 年 7 月 28 日，第 5 版。
[2] “加强博物馆展示宣传与社会服务”调研课题组：《当代大学生眼中的博物馆》，《博物馆观察：博物馆展示宣传与社会服务工作调查研究》，学苑出版社，2005 年 9 月，第 11 页。
[3] 王裕昌：《博物馆无障碍设施建设的理念与思考》，《丝绸之路》2009 年第 24 期，第 87 页。

大镜，以帮助视力低的观众，使用嗅觉盒、凸凹版等，增加有声出版物的类型，选择一定特殊展品，让视力障碍者触摸，或者复制一些帮助他们感知体验的模型，对听力障碍者提供手语讲解。

在文化无障碍方面，法国是先导国家之一，20世纪70年代就发起了“障碍与文化”运动，帮助多方面有障碍的人群享受博物馆的文化与艺术，例如对智力障碍者选择特定展品，提供特殊讲解服务。雅典光明之屋博物馆的负责人认为，盲人一样有权利欣赏伟大的艺术品，博物馆帮助盲人欣赏艺术、提升生活，让他们有机会用心代替眼睛感受艺术的精髓，是一种充满人文关怀的举措。伊利诺大学博物馆还将博物馆本身作为身心障碍者的训练场所，为他们提供在博物馆内工作、学习的机会，并对他们进行训练和评价。

随着社会文明程度的提高，文化平等权也成为文明进步的标志之一。当前，博物馆还应努力实现心理无障碍，就是要尊重所有前来参观博物馆的观众，让所有的观众都感觉受到热情的服务，诚心为需要帮助的观众提供帮助。对弱势人群的服务，要体现博物馆对他们的关切，更重要的要体现对其尊严和个性的尊重。博物馆全部工作的核心和目的是“为社会及其发展服务”，因此必须依靠社会公众的积极支持和广泛参与才能生存和发展。在我国，一些边远地区的贫困人口，因为居住地域的影响，经济或者社会原因，而失去接受正常教育的机会，形成庞大的文化弱势群体，但是他们也有享受文化、欣赏艺术的权利。

博物馆是为公众服务的公益性社会机构，关心所有社会成员是每一座博物馆应有的使命，其中当然包括格外需要照顾的弱势群体。法国格拉斯国际香水博物馆员工发现，有近10%的成人或孩子由于客观原因从来不到博物馆参观。例如长期生病的儿童，他们客观上无法来到博物馆。为了使他们能够和同龄人一样，接受同样的教育，享受学习的快乐，博物馆为他们专门设计了教学用箱，所传播的专业知识并不多，主要使他们可以亲自动手或者亲眼看一看香水的制作过程，亲身感受香水文化，而不仅仅是羡慕那些在心理上和生理上正常的人们。

开展无障碍设施建设，体现出博物馆对社会弱势群体的理解、尊重、关心和帮助，为他们平等地参与社会文化生活提供了机会和条件，体现出博物馆以人为本的文明理念。泰特艺术馆于1976年举办了英国第一个重要的可触摸式展览，向视觉有障碍的观众介绍西欧现代雕塑。后来举办有“感觉的述说”、“超越表象”、“手的沉迷”等展览。1990年，大英博物馆举办的关于古罗马城生活的展览“走向古罗马广场”，利用大量可触摸的雕像、陶器、铜器、壁画和音乐导游为残疾人营造一个生动的古罗马世界。

台湾博物馆主办的“台湾博物馆建筑之美——视障体验特区”，邀请15岁以上的视力障碍者参观，通过讲解及亲手触摸，让他们认识台湾历史博物馆的建筑之美，并让他们用黏土捏塑自己认识的博物馆。雅典有一家名为“光明之星”的触觉博物馆，主要展出世界著名雕塑作品的仿制品，以及希腊著名历史建筑的泥质模型。每件展品都有用希腊盲文撰写的说明牌，盲人在参观时可以触摸展品，用双手来欣赏这些艺术品，使盲人也有机会欣赏到精美的艺术品。美国奥克兰博物馆还对员工进行手语培训，以备不时之需，为听力障碍者提供服务。

无障碍博物馆是世界范围内现代化博物馆建设的重要内容之一，是建设无障碍社会环境的一部分。所谓无障碍环境是指为保障残疾人、老年人、孕妇、儿童等弱势群体的安全通行、便利使用、顺利交流而设立的各种设施和服务，其中包括交通无障碍、建筑无障碍、信息无障碍和文化无障碍等。无障碍环境是人道主义和良好社会风尚的重要标识之一，是社会文明进步的标志。针对残障观众举办的教育活动，在大都会艺术博物馆教育体系中有着举足轻重的作用。在让所有人都可以接触到博物馆文物展品的理念下，大都会艺术博物馆除了在残障观众通道方面提供最佳保障和操作之外，他们还提供残障观众参观服务和专为残障观众举办的活动。

大都会艺术博物馆提供残障观众多种服务内容，一是核心公共活动区有为残障观众提供必要的准备，例如助听设备、讲座的实时字幕、手语翻译、大字体标注等。二是针对视力障碍人士举办语言影像参观、触摸参观、录音参观、研讨和艺术活动等，此外博物馆专门设置很多可以触摸的展品。在博物馆外提供印刷和盲文材料等。三是对听觉受损或聋哑人定期安排活动，包括参观接待和讨论会，聋哑讲解人员给公众提供美式手语讲解，同时配有有声翻译为不同观众服务；四是博物馆内参观、博物馆外活动和远程会议活动也尽可能满足特殊教育班级和残障团体的需求。[1]

在遭受卡特里娜飓风袭击后，美国路易斯安那州儿童博物馆主动承担起儿童心理导师的职责，受到儿童家长的欢迎和好评。为了回报博物馆的工作，不少儿童家长慷慨解囊捐赠博物馆事业，至今已募集到数百万美元。美国博物馆协会将此作为一个成功的案例在金融危机发生后广为传播，启示博物馆界同仁在困难时刻，积极转变角色，拓宽社会服务渠道。2008年爆发的金融危机，使博物馆得到的捐款、政府资助和投资回报大幅缩水，博物馆的会员和观众开始流失。美国博物馆界人士认为，应将经济的衰退看作完善自身、塑造文化和服务社区的契机，在经济困难时期，博物馆更要强化社区服务与教育的功能，以抚慰心灵，满足人们精神上的需求。[2]

博物馆所开展的特色教育活动，紧跟时代发展、满足公众需求，往往发挥出常规博物馆陈列展览难以实现的特殊作用。自 2005 年 4 月起，江户东京博物馆开始利用博物馆资源，创办以增进老年人身心健康和减少痴呆症风险为目的的活动，体现人文关怀。例如建立“地图制作活动”，由老年人和专业职员等工作人员组成小组，根据博物馆收藏的地图，陈述过去的生活，将听取的内容写进地图，然后作为“记忆的地图”进行展示和发表，参加者在活动期间内安装计步器，对步数和日常生活进行记录，目的是减轻老年痴呆症风险的因素。两年的时间内“地图制作活动”项目取得了一系列成果，参加者的效果由东京都老人综合研究所负责评价，老年人感情变得更加活跃，良性的感情明显提高。[3]

观众是博物馆的核心，观众是博物馆的目的。为观众服务是博物馆工作的宗旨。以人为本的博物馆发展观，要求尊重观众、理解观众、关心观众，不断把满足观众的全面需求，作

[1] 果美侠：《大都会艺术博物馆教育工作述评》，《中原文物》2011 年第 2 期，第 95 页。
[2] 小林淳木等：《江户东京博物馆创办的“老年人健康项目”》，《中国文物报》，2010 年 9 月 22 日，第 6 版。
[3] 小林淳木等：《江户东京博物馆创办的“老年人健康项目”》，《中国文物报》，2010 年 9 月 22 日，第 6 版。

为博物馆工作的重点。博物馆在确保观众参观的各项基本需求得到满足的同时，还应该在服务中体现人文关怀。人文关怀往往体现在博物馆服务的各项细节方面，包括对儿童观众、老年观众和残障观众提供特殊的休息、安全、急救服务。博物馆在向人们提供精神动力、精神滋养的同时，还要关注社会变革和发展过程中的焦点和热点问题，为这些问题的解决提供自身经验，提供技术支持，提供对话空间。

在日益发达的现代公民社会中，博物馆作为我国文化事业的优秀群体，应当进一步将社会服务意识上升为使命，不断提高服务社会的能力，提升服务社会的质量。通过体制改革引导更多的社会资源投入博物馆事业，同时提高博物馆的资源使用效率和社会服务能力，为广大民众提供更多更优质的博物馆文化产品和服务。应更加注重博物馆文化的传播，注重对公众精神与文化生活的引导。同时应该更加全面地推进向社会开放，积极主动融入社区和社会发展，以平等、合作、共赢的心态，有效地吸收、整合社会资源，积极探索更为民主、更为开放的发展模式。

（此文发表于《敦煌研究》2013 年第 3 期，第 31 页）

民办博物馆是博物馆事业的重要力量

博物馆源于收藏。收藏分为两大系统，国家收藏和民间收藏。“盛世兴收藏。”我国民间收藏历史悠久，曾有专家认为，在历史上出现过宋代、清朝康乾年间、清末民初的3次民间收藏高潮。近年来，随着经济社会发展，广大民众生活水平的不断提高，一些具有收藏基础和经济实力的社会各界人士，开始通过收藏来充实生活、享受文化，各类民间收藏活动逐渐活跃起来。如今，收藏早已不仅是文人雅士的闲情逸致，参与收藏的人士越来越多，渐渐“飞入寻常百姓家”，在社会民众眼中成为健康的文化休闲生活行为。

收藏对于更多的人来说，也不仅意味着投资增值，而是一种对文化的感悟、对生活的体验。以往似乎只有瓷器玉器、字画碑帖、古籍善本等，才算得上真正的收藏，但是随着民间收藏者人数快速增加，收藏品类也不断发生变化。目前民间收藏品类已经达数百种，异彩纷呈，包罗万象。近年来，各种各样新的收藏品门类迅速增加，收藏群体也迅速蔓延开来。据专业组织估计，我国民间收藏爱好者有7000万人，实际上具体准确的数字难以统计。随着艺术品市场、拍卖市场在全国各地的出现和持续发展，民间收藏不断升温，逐渐成为社会民众现代文化生活的组成部分。

新中国成立后，博物馆作为公益性文化事业单位属于国家所有。在当时情况下，个人不仅没有条件，而且也没有可能兴办博物馆。改革开放以来，我国经济社会制度发生重大变化，特别是市场经济的建立，出现了以国有经济为主，多种经济成分共同发展的局面。而所有制形式的多样化，人们利益目标的多样化，文化选择的多样化，反映在博物馆方面的变化，就是民办博物馆的兴起。改革开放以来，民办博物馆的发展大致可以分为三个阶段：即第一阶段是从20世纪80年代初到90年代初的自发创立阶段，第二阶段是从90年代初至90年代末的批准设立阶段，第三阶段是90年代末至今的登记管理阶段。

从广义上看，民办博物馆是指民间力量创办并经营的博物馆。这种民办博物馆须具备以下条件，一是创办资金的非国有性。即创办资金不属于国家的财政资金，而属于个人、企业或其他社会组织的非国有资金。二是创办行为的非职权性。即创办民办博物馆的行为不是政府机关等公权组织的职权行为，而是个人、企业或其他社会组织的民间活动。即创办民办博物馆的行为属于民事行为，而不是公法行为。三是创办者及经营者的民间身份。即民办博物馆的创办者及经营者属于民间力量，包括自然人、企业、非营利组织等非公权组织。国家立法机关、政府机关、军事机关、司法机关等公权组织不是民办博物馆的创办者或经营者。[1]

民办博物馆的自发创立阶段是我国民办博物馆的雏形阶段。改革开放初期，一些有识之士，由最初单纯对于收藏的个人爱好，转为希望将其收藏及研究成果向社会展示，弘扬中华传统文

[1] 国家文物局编：《中国民办博物馆课题报告》，《新形势下博物馆工作实践与思考》，文物出版社，2010年。

化和民族精神，民办博物馆得以应运而生。一些较早进行专题收藏的收藏人士将其收藏成果陈列于一室，允许社会公众入内观赏。此时民办博物馆的名称并不统一，有的称博物馆，有的称陈列馆，也有的称收藏馆或其他名称。我国民办博物馆第一阶段的典型群体是出现在上海的家庭博物馆。“1981 年 3 月 22 日，上海陈氏算具陈列馆悄然开馆，揭开了民间藏馆的序幕，其后，上海地区的民间藏馆陆续出现，到 80 年代后期，较正规的民间藏馆已有 16 所。”[1]

对于上海第一家民办博物馆的成立时间，吴少华先生认为：“上海的家庭博物馆发端于八十年代初。1983 年 4 月 9 日《解放日报》刊登了一条不起眼的小消息，说的是本市创办了一座‘王家钟表博物馆’。创办者为著名的已故钟表收藏家王安坚。他收藏早期的中外钟表 300 多件。这是中国大陆诞生的第一座家庭博物馆。紧接着，上海滩又出现了‘陈宝定算具陈列馆’、‘陈宝财蝴蝶博物馆’、‘韦清火花藏馆’等。从那以后，上海的民间家庭博物馆如雨后春笋般地涌现。据上海收藏欣赏联谊会统计，目前本市的家庭博物馆总数已达 120 余家。分布于全市各处，其整体优势占全国之最。”[2]

随着社会民众生活水平的提高，私人收藏之风渐行，民间收藏持续升温。以家庭为单位、不以盈利为目的，仅限于收藏者与志同道合人士交流和研究，集收藏与展示于一体的家庭收藏室、私人博物馆，在城市社区内不断出现。但是，这一阶段的民办博物馆规模较小，收藏品类单一，展室面积狭小，多与家庭用房相连，博物馆基本没有员工，多由创办者临时担任讲解，观众数量不多，时常门庭冷落。10 多年前，上海市虹口区为鼓励民办博物馆的发展，将多伦路上多处房屋低价出售给民间收藏家，使多伦路一度成为民办博物馆密集的地区，但是由于种种原因，10 多家民办博物馆如今只剩下 2 家。[3]

一些当年曾有一定社会影响的民办博物馆，在运营一段时间后，或无奈关闭，或处于难以维持的境况。例如陈宝定算具陈列馆收藏有算盘 800 把、算尺 150 只、算器 50 件。1985 年中国新闻纪录电影制片厂拍摄的《珠算的故乡》纪录片，其中选取该馆的 500 多件算具藏品，扩大了陈列馆的社会影响。但是，自从陈宝定先生生病住院，陈宝定算具陈列室就不能正常运营，如今已经关闭多年。同样具有一定社会知名度的蝴蝶博物馆，也因创办者陈宝财先生病重而不得不闭馆。“私人博物馆大都靠痴迷其中的收藏者苦苦支撑，若子女对此不感兴趣，结果就是后继乏人，很难逃过闭馆的命运。”

从民办博物馆与政府关系的角度看，民办博物馆发展的第一阶段，最显著的特征在于其游离于体制之外。各级政府既没有对民办博物馆进行规范管理，也不对其扶持鼓励，几乎是视而不见、不闻不问，完全任其自生自灭。进入 20 世纪 90 年代，情况有所好转。“1991 年，上海文物管理委员会批准成立‘四海壶具博物馆’，允许其以博物馆名义对外开放，该馆于 1992 年 12 月正式开放。”1993 年 12 月，《北京市博物馆登记暂行办法》由北京市政府颁布实施，并在全国率先审批注册民办博物馆，不但开创了博物馆登记管理的先河，也为民办博物

[1] 宋向光：《中国当代私立博物馆的发展》，《国际博物馆》（全球中文版）2008 年第 1 — 2 期。
[2] 宋向光：《中国当代私立博物馆的发展》，《国际博物馆》（全球中文版）2008 年第 1 — 2 期。
[3] 张骏：《上海私人博物馆何以安身》，《解放日报》，2010 年 12 月 4 日，第 5 版。

馆的建立提供了法律依据。这些标志着民办博物馆发展进入了一个新的发展阶段，即批准设立阶段。

此后，各地政府有关部门开始通过行使批准权，对民办博物馆进行规范和管理。此时民办博物馆也被称作私立博物馆、民营博物馆等。《北京市博物馆登记暂行办法》颁布以后，陆续有数十位公民个人提出了开办民办博物馆的申请，收藏品除涉及瓷器、青铜器、玉器、陶器、碑帖、书画、民族服饰、家具等各类文物外，也有火花、门券、剪纸等各类收藏品。1996 年 10 月，通过对申办人收藏经历、藏品价值、馆舍情况、学术研究能力等方面的考察，观复古典艺术博物馆、古陶文明博物馆、何扬吴茜现代绘画馆、北京遗箴堂碑帖拓片博物馆等 4 家民办博物馆获得北京市文物局批准，得以设立。

这些民办博物馆是我国依法正式注册的第一批民办博物馆，在全国首开由政府批准建立民办博物馆的先河，体现国家鼓励博物馆多元化建设政策的引导，打破了我国民办博物馆一直处于雏形阶段的僵局。广东是我国实施改革开放的前沿，也是国内民办博物馆起步较早的地区之一。1996 年 2 月，广东中山蝴蝶博物馆获得广东省文化厅的批准。1997 年，深圳玺宝楼青瓷博物馆正式向社会开放。民办博物馆的出现，突破了长期以来由国家建设管理博物馆，公立博物馆一统天下的固有格局，为新时期博物馆事业发展注入了新的活力。

1998 年 10 月，《民办非企业单位登记管理暂行条例》由国务院颁布施行，将民办博物馆列入民办非企业单位之列，所谓民办非企业单位，“是指企业事业单位、社会团体和其他社会力量以及公民个人利用非国有资产举办的，从事非营利性社会服务活动的社会组织”。由此我国民办博物馆被纳入业务主管单位（文物部门）和登记管理机构（民政部门）的双重管理体制，进入了登记管理阶段，2001 年，经北京市人民代表大会批准发布的《北京市博物馆条例》，以法规形式明确提出，“鼓励和提倡社会各界、公民个人兴办博物馆，优先发展填补本市门类空白的博物馆”。这是在国内首次以法规形式明确允许非政府投资建立博物馆，有效调动了社会办馆的积极性，在社会上引起了很大的反响。

民办博物馆中不少是“以商养文”类型，也是民办博物馆赖以生存不得已的做法，即以商业利润弥补文化上的支出，成就文化理想。但是，也有一些民办博物馆在建设和运营中走过了一段弯路，1976 年，“秦公一号大墓”的发现被称为考古史上的重大事件。直到 1986 年发掘工作基本告一段落。考古遗址内出土的 3500 件珍贵文物陆续运往陕西省的博物馆和文物保护单位异地保存。但是，在考古遗址设立遗址博物馆的建议不断被提起。1998 年，经批准陕西省考古研究所与考古遗址所在地的凤翔县南指挥村合作，通过在全体村民中集资 80 万元加上村办企业中积攒下来的 30 万元，采取国有民助的方式，对秦公一号大墓进行保护性利用。

2000 年 8 月，由凤翔县南指挥村村委会集资，我国首座由农民参与创办的遗址博物馆正式开馆。媒体曾认为这是社会力量参与文物保护的有益尝试。然而，建馆之初满怀憧憬的村民，却在此后 6 年的博物馆运营中尝到了艰辛与困惑。由于大部分出土文物运到陕西省历史博物馆，馆内文物展品数量较少，展示方式单一，对参观者吸引力不大。同时，由于资金投入短缺，博物馆每年收入不足 10 万元，而博物馆的基本维持费用就需要 5 万多元，致使村民集资投入多年无法收回。2006 年，出于保护文物资源的目的，宝鸡市政府决定将秦公一号大墓博物馆收归国有，更名为宝鸡先秦陵园博物馆。

上海市民办博物馆的发展，在经历了 20 世纪 90 年代后期的“稍有停滞”之后，于本世纪初又悄然复兴，约有 110 多座各类民办博物馆、收藏馆、陈列室等相继创办，内容涉及传统技术、工艺制作、商标票证、生活器物及文史资料等众多领域。同时，位于黄埔区的三山会馆则被建成“上海民间收藏陈列馆”，轮换展出上海部分民办博物馆的精品收藏。此外，18 座具备开放能力的民办博物馆被列为涉外旅游景点，组成一条名为“都市觅史”的旅游专线，还印制了精美的中英文《家庭收藏分布示意图》用于宣传推广。[1]

为了促进民办博物馆发展，一些地方鼓励公立博物馆与民办博物馆在互利原则上建立合作关系。例如辽宁省积极支持公立博物馆与具备条件的民办博物馆联合举办展览，并鼓励民办博物馆特色藏品走进公立博物馆。陕西省将民办博物馆关中民俗艺术博物院确定为重大建设项目。浙江省针对浙江文物收藏的现状，自 2003 年始，充分利用浙江省博物馆的宣传与展示平台，推出了浙江民间收藏走进博物馆系列特展，并将其作为博物馆每年的重要展览延续下去。2004 年，浙江省又举办了全省性的“家有宝藏”大展，荟萃展出民间收藏的各类文物，并积极对全省民间收藏的出土文物进行摸底、登记管理，掌握情况。

在民办博物馆扶持政策的鼓励下，宁波市鄞州区兴起博物馆建设热潮，无论是政府还是民间，无论是企业家还是收藏家，无论是文化界还是社会各界，都积极参与博物馆发展。至 2010 年 10 月，全区已建和在建各类博物馆共 27 座，总占地 410 亩，建筑总面积约 12.2 万平方米。其中公立的 9 座，民办的 18 座。在 11.75 亿的博物馆建设投资总额中民间资本达 8.5 亿。这些博物馆全部建成后，全区每 3 万常住人口就可以拥有一座博物馆。同时，着眼提高民办博物馆的公众参与程度，公众服务能力，强化财政补助，免费共享，面向全社会开放。目前已经累计发放补助资金逾千万元，受惠民众每年近 100 万人次。

宁波首家对外免费开放的民办博物馆是紫林坊艺术馆，该馆坐落于鄞州新城区中心位置，博物馆建筑面积 4000 多平方米，以现代建筑为主体，包含传统元素的围廊，以及 1800 多平方米的室内外水池。馆内共有 12 个展厅，长廊两边增设“琴、棋、书、画”，体现江南水乡的韵味。博物馆藏品 2000 多件，除展示紫檀木雕刻、红木家具、骨木镶嵌等以外，主要展品有作为镇馆之宝的“沉香阁”中珍藏的 14 件珍贵的雕刻艺术作品。2008 年 9 月开馆以来，已接待 10 万观众，受到社会各界的积极肯定和评价，为鄞州区博物馆的建设起到一定推动作用。目前，紫林坊艺术馆已经享受政府博物馆门票等补贴 200 多万元。

浙江省德清县政府为莫干山陆有仁中草药博物馆以每亩 5 万元的优惠价格划批土地 35 亩，包括博物馆、中医药藏书楼、中国历代名医碑林、中药百草园等，其中博物馆面积 5000 多平方米；台州市政府为吴子熊玻璃艺术馆落实土地，使其建成相当规模的特色博物馆，并成为当地具有影响的人文景观。江苏省同里积极引进民办博物馆入住古镇，给予优厚条件，不但不收房屋租

[1] 李雪峰：《浅议民间博物馆发展的外部环境构建》，《博物馆研究》2010 年第 4 期，第 38 页。

金，反而给民办博物馆相当可观的资金补贴，使数家境遇举步维艰的民办博物馆成为受邀对象，同时，通过这种方式使这座江南古镇更加独具文化特色。

如今，我国的民办博物馆发展已经走过了近20年的历程，这一期间共出现过多少民办博物馆，有多少博物馆由于各种原因在开馆一段时间后关闭，缺少准确的统计资料。但是，民办博物馆发展的初级阶段已经度过，质量和层次都面临跨越新的台阶。截至2008年年底，山西省经年检登记的民办博物馆共29座，从地域分布看，有23座集中在晋中市，其中平遥县有民办博物馆14座，这一民办博物馆群体的出现，主要是当地政府为增强平遥古城的文化内涵，出台优惠政策，鼓励民间力量利用特色鲜明的传统民居建筑创办博物馆。

2008年年底，在四川省文物部门备案的民办博物馆达28座。其中，成都市区域内有民办博物馆25座，数量超过该市公立博物馆总数。辽宁省目前共有各类民办博物馆27家，每年接待观众80余万人次，其中免费接待观众20余万人次，社会效益比较显著。2009年6月，浙江省共有民办博物馆82家。其中属私人或非公企业投资建设和管理的博物馆、纪念馆、陈列馆共41家，由企业和行业投资建设与管理的博物馆共41家。至2009年10月，北京市共正式注册民办博物馆26家，其门类涉及古代文物、工艺美术、民族民俗、服装服饰等多个门类，成为公立博物馆的有益补充，以及体现民间收藏水平的窗口。

长期以来，公立博物馆的藏品大多来自于考古成果、社会捐献等方式，而民办博物馆的创办人大多来自于民间，他们对文物的理解更加多样，文物藏品来源也更加广泛。同时，民办博物馆对民间收藏市场十分了解，具有与民间联系沟通的有效管道，能够掌握公立博物馆了解不到的相关信息，这也是民办博物馆发展的优势。事实上，对于各个历史时期社会生产生活中物质、非物质遗存的收藏、保护、展示，民办博物馆往往更具优势。今天，民办博物馆填补了博物馆领域的诸多空白，抢救保存了大量珍贵文物。

在四川众多的民办博物馆中，建川博物馆具有广泛的影响。该馆汇集了800余万件藏品。为了实现既定的办馆目标，建川博物馆建立了480多人的信息网，在日本也有10多名信息员，每年数以万计的承载各种信息的收藏物品，从四面八方涌向四川盆地，仅2007年，就收到了238个集装箱的藏品。建川博物馆将收藏陈列重点定位于抗战文物、“文革”文物、抗震救灾文物和民俗文物等主题。博物馆园区大门有四根柱子，刻着四句话：“为了和平，收藏战争”，“为了明天，收藏教训”，“为了安宁，收藏灾难”，“为了传承，收藏民俗”，这一办馆宗旨，表达了对国家、对民族、对社会、对历史的责任感。

每一次重大社会变革之后，人们在追求新生活的过程中，大量丢弃旧物，制造了一场场集体无意识的销毁记忆行动。但是，博物馆具有鲜明的文化传承作用。例如建川博物馆的收藏陈列为历史记忆补充了可以触摸到的往事细节。例如在“文革”文物方面，经过不懈努力，征集到这一特殊年代的上万种票证，数千面镜子，上千座钟表，万余张结婚证书，50万封家书，30多万张宣传画，数万件日记、公函、介绍信，5000多部电影资料，以及大量收音机、留声机、油印机、幻灯机等，当年的日常生活用品一应俱全。陈列厅内还复原了当时工人、农民、战士、机关干部的住室，基层单位的广播室、医务室等场景。[1]

近年来，民办博物馆在展览特色、办馆模式、运作机制等方面，积累了不少可贵经验。这些经验不仅对于民办博物馆自身，而且对于整个博物馆事业的改革、发展都弥足珍贵。今天，人们越来越认识到，社会文物的收藏与保护仅靠国家的努力远远不够。民办博物馆的设立，是社会发展的必然要求。民办博物馆作为社会公益事业的补充，一方面可以增加民众文化活动场所，提高社会公众文化素养；另一方面可以减少政府投资，使“藏宝于民”转为服务社会。目前，博物馆的功能不断扩大，使命不断增加，但是探讨民办博物馆的定位时，亦不应忘记其存在的核心价值。

2002 年，关中民俗艺术博物院征用土地 500 亩开始建设以来，征集的民俗遗物时代悠远，内容丰富。展示的 40 幢明清时代的传统民宅，无论从规模、布局、造型还是空间尺度与细部，各具风范，集陕西关中地区传统民居之大成。目前收藏的民俗遗产约 33600 余件，门类浩繁。包括关中民居大院、梨园茶楼、店铺餐馆、祠堂衙门等明清古建筑，拴马桩、饮马槽、匾额、碑刻、家具、门窗等木雕、砖雕，衣食住行、工程建筑等民用器物，以及陶器、铜器、宗教礼器、名人字画等，还有秦腔、皮影、木偶、鼓乐等各种民间文化遗产表现形式，吸引了国内外专家学者和社会公众的目光。

2003 年，在大规模房地产开发的背景下，千年古镇杨柳青海河边的杨柳青年画作坊，相继被夷为平地。刘春芬决定保留住当年最繁华的估衣街北的安家大院，成立安家大院博物馆。博物馆藏品包括我国传统的桌、椅、柜、箱、屏风、文人字画，以及海派精致的电器、沙发、弹簧床等。2010 年，刘春芬又创办了五大道历史博物馆。民园大楼是 20 世纪 30 年代的高级公寓，包括不少历史名人曾经在此居住，博物馆展出个人收藏的千余件展品，包括仍能发声的老式唱机、保存完整的英式壁炉、盛放烟斗的工艺托座、百余种老式墨水缸、老日历等，重现百年前租界地内的生活。[2]

成都华通博物馆是于 2008 年创办的民办博物馆，以文物保护科技见长，展示高分子新材料在军工生产、航空航天、民用工业领域中的运用。2009 年成都华通博物馆在馆内设立 1000 平方米的文物检测研究中心，配套了国内领先的高科技设备，利用博物馆的实验条件和技术人员，共同开展文物保护科学研究及检测工作，建立文物保护研究的分析检测技术体系，并为收藏单位和个人进行文物检测的技术服务。中国文物保护技术协会授予成都华通博物馆为“中国文物保护技术协会文物保护检测基地”。其中最有特点的是拥有先进的陶瓷检测设备，拥有一定数量的科技人员，在科技保护和应用方面走在了前列。

“在中华民族的文化血脉中，有一种顽强而不可消除的收藏基因。”民办博物馆是数量巨大的民间、民族、民俗等类别流散文物的良好归宿。莫干山陆有仁中草药博物馆，由浙江德清陆氏中医世家传人陆有仁医生创建，陆有仁医生用 20 多年的时间搜集整理博物馆的展品，将 30 多年行医和其他经营所得全部积蓄倾注于博物馆建设。2008 年新馆建成，现有藏品中古代

[1] 阮家新：《百姓视角下的历史——访建川博物馆》，《中国文物报》，2009 年 12 月 2 日，第 5 版。
[2] 朱虹：《天津市民建两座私人博物馆》，《人民日报》海外版，2010 年 4 月 2 日，第 2 版。

制药器具1000多件，中医古籍20000多册，中草药标本3000多种，成为以弘扬祖国中医中药传统文化为主题，集与主题相关的文物收藏、陈列展示、中医药研究为一体的特色专业博物馆。

民办博物馆的创办者，大都是某一领域的收藏里手，他们追求收藏的专门性、稀缺性、完整性和唯一性，以这些收藏成果开办的博物馆，其独一无二的藏品系列，便是民办博物馆的核心价值。民办博物馆就是要突出其他博物馆无法比拟的藏品优势，形成自己的文化特色，并成为某一领域的收藏中心、展示中心和研究中心，以无可替代的身份自立于博物馆之林。近年来，民办博物馆在展览特色、办馆模式、运作机制等方面，积累了不少的经验。这些经验不仅对于其自身，而且对于整个博物馆事业的改革、发展，都是弥足珍贵的。

今天，民办博物馆已经成为收藏、保护流散文物的无可替代的主力军，是“藏宝于民”的高级实现形式，也是文物保护的有效实现形式。张长生是盐山县张仁庄村农民。曾是军工厂工人，每天的工作就是拆卸退役的军用飞机和教练机，熟知飞机的构造以及仪表等各种零部件，了解各种飞机的型号和性能。张长生从20世纪80年代开始收藏各种航空器件，如今他的藏品已经多达50余万件。这些藏品最早可以追溯到20世纪50年代。从1996年开始，张长生又陆续收藏了数十架退役的飞机，有教练机，也有战斗机、运输机等。

在盐山县，很多学生都参观过张长生的航空收藏博物馆，展馆内陈列着的飞机起落架、陀螺、飞行服、航空时钟、转速表、温度表、高度表等各种各样的航空器件实物，以及墙上张贴的航空知识图片等，让不少学生们着迷。这座2008年免费对社会开放的航空收藏博物馆，也是国内首家民办航空收藏博物馆。为了丰富其他博物馆的文物展品，并供有关学校教学，以及师生开展国防教育需要。张长生先后将自己收藏的数十架飞机分别捐赠给抗日战争纪念馆、航空博物馆以及北京航空航天大学、上海同济大学和西安工业大学等。如今，张长生捐赠的飞机分布在北京、山东、西安、大连、广州、南京等多个城市。[1]

许多民办博物馆的所有权属于私营企业，对于企业文化的构建和企业形象的塑造及推广具有很好的作用，相当于是为企业开辟了一条宣传推广和形象建设的平台。企业创办民办博物馆不仅于自身而且对社会都有益处，加之企业在经营管理上的能力，既可以为民办博物馆的持续发展提供资金，同时也能保障民办博物馆的有效管理，有助于企业充分履行对社会的职责，同时也有利于增强公众对企业的认可和赞赏。但是，目前不少企业创办的民办博物馆主要定位于较为单一的行业历史、企业文化、企业产品、个人收藏展示，除了一些行业内部服务接待外，作为博物馆应承担的藏品保管、陈列展览、科学研究、社会教育、公众服务等难于全面开展。

民办博物馆要以特色求发展，民办博物馆特色要植根于自身优势，要有利于民办博物馆与观众的沟通，要得到观众的认同，要满足观众的需求。当前，我国民办博物馆的收藏陈列主题丰富多彩，越来越多的民办博物馆认识到，走特色之路、走专业化之路是可持续发展的方向。例如1999年筹建的山西祁县珠算博物馆，收藏不同形状、不同功能、不同质地的古今算盘2000余件，融珠算文化与晋商文化为一体，是一座集中展示、研究、收藏与交流珠算文化

[1] 冬子：《河北农民建航空博物馆》，《人民日报》海外版，2009年12月28日，第2版。

的专题博物馆，通过珠算起源与发展的陈列，利用展品、展板等形式，展现了我国珠算的悠久历程与深厚底蕴，向世人彰显古代民众的文化创造。

内蒙古酒文化博物馆，注重收集、整理内蒙古酒文化历史上的重要事件、典型人物、文物遗存、传说故事，以及与之密切联系的经济、政治、军事、文化等方面的历史沿革资料，展示出4500年来内蒙古草原的酿酒技术和酿酒器具；各时期内蒙古各民族的贮酒用具和盛酒器的变化；从古至今的温酒、斟酒和饮酒器具，以及几千年来内蒙古的酒宴、酒礼、酒祭、酒令、酒楼、酒诗文等，从中阐释时代的变迁和各民族不同的风俗习惯，以及艺术审美观念。位于北京怀柔的崔永元电影博物馆，收藏了1000多部电影拷贝、160多种电影放映机、40多种电影摄影机以及千余张电影海报，组成了一部电影发展史。

民办博物馆的发展离不开社会各界的支持，因为它本身就来源于民间，是对民间文化、民间生活、民间历史的集中展示和体现，民办博物馆的出现不过是“还宝于民”、“还文化于民间”的结果，只有得到社会广泛的认可和欣赏，才能真正体现其自身的功能和价值。因此，要正确树立民办博物馆形象，即观众对民办博物馆的价值、特色、效益的综合认知。对民办博物馆而言，强化与社区的融合，融入社区居民的日常生活，一方面有助于营造社区文化氛围，在全社会形成欣赏民间藏品、参观民办博物馆的风气，另一方面可以使社区居民参与到民办博物馆的建设之中，参与诸如讲解、维护等志愿者日常工作，充分体现博物馆对现代社会的亲和力。

在北京“胡同张老北京民间艺术馆”，人们可以体验到拍三角、跳皮筋、耍羊拐、踢毽子等众多几乎消失的老北京民间游戏。在“北京崔永平皮影艺术博物馆”，人们可以看到2000多年前皮影戏的创造发明和发展过程，以及500多个栩栩如生的皮影头像。成都川菜博物馆位于郫县古城镇，占地40余亩，从征集藏品到开馆历时10余年。以川菜为主题，以实物、典籍、图文陈列展示川菜的历史文化，介绍川菜的起源、演变、发展及川菜文化的形成，以及川菜“食在中国、味在四川”的文化缘由，展馆分为序厅、典藏馆、互动演示馆、品茗休闲馆、灶王祠、川菜原料加工工具展示区、川菜原料展示区。

从世界各国的发展实践看，博物馆事业的发展，需要靠社会和个人财富的长期积累，靠社会支持系统的完善配套，靠公民公益意识的极大提高。从现有民办博物馆的投资创办主体看，多以民营企业为主，少部分为个人收藏家。有的民办博物馆的经营者，倾其毕生的资产搜集藏品，通过个人努力，或者加上政府的支持，投入巨资建成了博物馆。但是，博物馆运营的任何环节都离不开资金的持续支撑，资金一旦短缺，就会直接影响到博物馆的正常运营。因此，无论是国有博物馆还是民办博物馆，不仅在政策上要一视同仁，而且对民办博物馆的弱势群体，要加大扶持力度，促进其健康发展。

新加坡的玩具博物馆创办人张延发收藏传统玩具20余年，藏品数量超过5万件，来自25个国家，是收集东南亚玩具数量最多的博物馆。为了与大家分享欣赏玩具的喜悦，张延发投入200万新元资金，用了10余年时间筹办民办博物馆。即便如此，由于陈列空间有限，博物馆每次只能展出1/10的收藏，每3个月至6个月更换一次展品。2006年5月玩具博物馆开馆后，成绩“令人感到鼓舞”，远自欧美等国的游客，千里迢迢慕名而来。2007年4月，新加坡艺术部长李文献宣布，每年拨款1550万新元，鼓励更多人加入文化、艺术事业，包括成立民办博物馆。张延发表示，有政府的资助固然很好，但是他更希望政府“让旅行团把玩具博物馆列入外国旅行团必参观的景点之一”[1]。

民办博物馆的出现，突破了我国博物馆长期以来由国家经营的固有格局，为博物馆事业发展注入了新的活力。今天，民办博物馆的发展方兴未艾。人们期待着更多管理规范的民办博物馆不断涌现，使其更加积极地参与到博物馆事业的发展之中。人们呼吁给予民办博物馆合法地位，尽可能地支持和帮助它们，并引导其对公立博物馆形成有益补充。人们鼓励民办博物馆实现专题系列收藏，让健康而有创意的文化观念得以弘扬。因此，目前需要科学研究我国民办博物馆的生存与发展状况，提出发展思路，为我国民办博物馆又好又快发展，提供必要的专业理论和技术方面的支持，全面提升科学化、专业化水准。

2011年2月，由宁波华茂集团独资创办的我国首座教育类专题博物馆，浙江民族教育博物馆落户于宁波的东钱湖畔。民族教育博物馆的开办是宁波市民办博物馆的又一次成功实践。它致力于征集、收藏我国近代杰出教育家的文献与实物，重现他们的业绩，为研究我国教育史提供学术资源。该馆一方面以“中国教育通史”作为基本陈列，呈现中华民族数千年教育的悠久历史和教育传统；另一方面，该馆把艺术教育展示作为自己的特色。在刘开渠、贺绿汀和罗工柳的亲属积极支持下，该馆为上述著名艺术教育家开设了独立的专馆，陈列他们生前创作的作品和艺术教育的相关文献、资料。[2]

杭州世界钱币博物馆，是以收藏和陈列世界钱币为主的民办博物馆。该馆注重学术研究，先后组织编写和出版专业书籍14种，有40多篇论文在海内外发表，得到国家级、省级课题经费补助。其中为发掘和保护杭州、宁波地区金融历史古迹，为城市规划建设中保护老银行建筑遗址提供历史依据，编写出版了《纸币西湖》、《杭州老银行》等书籍。该馆收藏有大量各个时期金融类书籍、票据、账册、器具，是大专院校社会教学中不可缺少的组成部分，已有多所高等院校的多批学生前往实习，成为学生们的第二课堂。同时，杭州世界钱币博物馆免费开展钱币鉴定和咨询活动，为市民和各阶层人士免费义务鉴定中外货币。

民办博物馆在享有权利的同时，也承担起提供优质社会服务的义务。不同类型的博物馆有着不同的运营方式和理念，表达着创办者不同的文化主张，以特有的方式为现代社会保留一份传统记忆。深圳玺宝楼青瓷博物馆内设有标本室、书画斋、鉴赏交流厅等配套齐全的服务设施，其用意就是使观众在观赏瓷器的过程中得到休闲，在休闲中感悟瓷器文化的博大精深。除展览陈列注重品质外，在服务讲解方面也别具特色，例如在馆内设立免费茶座，方便年老体弱观众；只要展厅内有一位参观者，就提供跟随讲解。因注重社会服务玺宝楼青瓷博物馆荣获了“深圳博物馆建设先进单位”称号。

沈阳华夏饮食文化博物馆以实物、文物、图片数据等3000余件展品，陈述了自火与盐发现和应用以来，近200万年的人类饮食发展轨迹；生动形象地说明我国炊具、餐具、酒具、茶

[1]《新加坡玩具博物馆新颖独特》，《文博资讯参考》，2007年4月，第45页。
[2] 李韵：《首座教育博物馆落户宁波》，《光明日报》，2011年2月20日，第4版。

具的性状、发展、演化等过程，展示我国烹饪技术与饮食文化发展史；介绍不同民族的名肴及风味食品；介绍为中华饮食文化作出卓越贡献的烹饪大师、文化名人的功绩。其中饮食文化科普园区，以主题群雕、种植果蔬、饲养家畜，以及文化长廊、景观造型等方法，系统地介绍了饮食养生的科普知识，目前已被沈阳市政府命名为“科普教育基地”，并被指定为“大、中、小学生教学实践基地”，在接待数以万计的参观者中，尤以接待中、小学生为主。

民办博物馆的不断壮大是我国博物馆社会化发展的重要体现，是保护社会流散文物的重要力量，使我国博物馆事业呈现出多样化发展的时代特征和重要趋向。随着广大民众生活水平的提高，越来越多的人开始钟情于文化遗存的鉴赏和收集，与公立博物馆相比，民间收藏范围更加广博，形式多样、门类繁多。如今几乎每一座历史性城市里都有民间自发形成的旧货市场。如果以博物馆学的角度来审视这一社会现象，就会发现这些旧货市场和与之联系的民间收藏爱好者，实际上是在承担着对于那些尚未纳入到博物馆收藏范围的文化遗存的保护职能，使更多的民间文化遗存能够得到保护并传承下来。

基于这一认识，博物馆研究人员应将文物收藏保护和研究的范围加以拓展，将民间文物收藏和民办博物馆藏品也纳入所关注的视野。博物馆应对民间收藏爱好者进行有组织、有计划、有目的的培训和指导，使众多的民间收藏爱好者能够更加科学、更加理性地从事文物收藏活动。同时，来自民间的文物收藏为博物馆建立及发展提供了丰富的物质基础，其中一些成功人士会加入到创办博物馆的行列中来。创办上海越窑青瓷馆的收藏家陈国桢先生，意识到仅靠个人力量无法保护和传承越窑青瓷文化，于是决定出借展品给公立博物馆，让收藏爱好者共享文化盛宴。

早年蔡元培曾提出展品的“寄陈”（寄存）。他主张收藏家把自己珍藏的字画寄陈到博物馆来，公开展出，任人欣赏。认为这是一项“公私两利”的工作，既可以丰富博物馆的收藏和陈列内容，密切博物馆与个人或社会团体的关系，而且尤为重要的是使个人或社会团体的收藏获得良好的管理，延年益寿，传之久远。[1] 事实上，日本博物馆的展品中有相当数量的“寄托品”。所谓“寄托品”，即团体或个人委托博物馆代为保管的“博物馆级”文物或艺术品。保管期限从1年到10年不等。在此期间，博物馆有用科学技术手段妥善保管和维护的义务，同时也有作为博物馆展品使用的权力。

“寄托品”在日本国立和公立博物馆的展品中占有相当数量，甚至支撑着一些博物馆的“半壁江山”。例如，据2008年度统计京都国立博物馆的“寄托品”，竟为馆藏品的近一倍之多。日本共有近4000座博物馆，分为国立、公立和民办三种形态，其中民办博物馆占到总数的32%。民办博物馆的创办者，一般都十分重视藏品的搜集，对自己博物馆的藏品也有一定的研究。不少博物馆是由创办者自己经营、自己管理，少有博物馆专业人才从事运营管理，往往容易忽视专业技术人员的作用。如果专业人才无法引进和补充，博物馆的整体实力则难以提升。

近年来，民办博物馆的一个重大变化在于有实力的企业家的强势介入，改变了此前基本上由收藏者创办民办博物馆的格局。建川博物馆樊建川馆长有着企业家和收藏家的双重身份，历

---

[1] 宋伯胤：《博物馆：学校以外的教育机构》，《东南文化》2010年第6期，第6页。

时30载，征集藏品的足迹遍及大江南北，他认为："不同内容、风格的博物馆聚集，不同行业、形式的服务业聚集，精神产品与物质产品融为一体，就是'聚落'的含义。可能与传统博物馆有差别，但这是民办博物馆的生存道理。"[1]四川建川博物馆聚落在建川博物馆的基础上实现发展，占地500亩，规划建设30个左右主题陈列馆，成为国内民间资金投入最多，建设规模和展览面积最大，收藏内容最丰富的民办博物馆。

建川博物馆聚落开放以来已累计接待观众200余万人次，解决当地400余人就业，推动了地方经济社会发展。每逢周末，这里便观众如潮，周边宾馆饭店客满。黄金周期间每天都有数万人来此参观。5月12日地震馆开幕当天，观众多达10万人。建川博物馆的收入包括门票、酒店、餐厅、旅游纪念品、游乐设施、影视拍摄，还包括培训、拓展训练等。目前博物馆的运行费用每年需要1800多万元，收入可以达到2000多万元。樊建川馆长对此表示乐观，"估计明年博物馆能做到5000万元的收入，除去运营成本，还剩3000万元的盈余我们又可以拿来新建一两个馆"[2]。

目前民办博物馆常见的分类主要包括艺术类、民俗类、医药类、故居类、生活用品类、工业器具类、遗址类、化石类、标本类等。一些民办博物馆创办者是经济实力较为充裕的企业家，具有较高的教育程度和较好的社交能力，在艰苦创业之后，物质生活充分得到满足，进而利用自身的资金优势和爱好，创建民办博物馆。为了凝聚企业文化软实力和综合竞争力，上海朝翔生物科技有限公司和上海古猿人文化石材有限公司两家民营企业，相继在叶榭镇建设了上海元亨汉医药博物馆和上海生态建材博物馆。2010年，这2座博物馆双双被列为上海市的科普教育基地。[3]

观复古典博物馆设有陶瓷馆、家具馆、工艺馆、门窗馆、油画馆和多功能馆等专题展厅，同时，该馆在杭州、厦门等城市设有地方馆。经过10余年的探索和发展，观复古典博物馆已经形成了独特的办馆方式，强调运营机制完善，强调社会服务功能，在很多方面具有自身的优势。观复古典博物馆至今举办专题展览数十次，出版物数十种，在文化传播与社会教育方面不断付出努力。2009年9月，该馆隆重举办了两个特展，向国庆60周年献礼，取得良好社会影响。由于观复古典博物馆在国内外知名度较高，曾多次被指定为重要来宾及国外专业团体参观考察的文化设施。

宁波市创造了民办博物馆的多种实现形式，充分调动社会各阶层创办博物馆的积极性。一是"企业+博物馆"模式，例如宁波（鄞州）明贝堂中医药博物馆等，这种运行模式的特点是博物馆的投资主体是企业，企业投资的主要目的是借助民办博物馆来扩大自身的影响力。二是"景区+博物馆"模式，例如宁波服装博物馆位于湾底村的天宫庄园景区，博物馆并不是盈利主体，但是通过博物馆能够提升景区的文化品位，提高景区的整体水平。三是"生产基地+博物馆"模式，例如朱金漆木雕艺术馆等。这类博物馆除了具有一般博物馆的属性外，还具有现

[1] 唐凯：《让静止的文物活过来》，《中国文化报》，2010年7月21日，第6版。
[2] 唐凯：《让静止的文物活过来》，《中国文化报》，2010年7月21日，第6版。
[3] 张晋洲：《民营企业为何争相建博物馆》，《解放日报》，2011年6月12日，第7版。

代企业产品陈列厅的属性，是产品陈列厅向博物馆的延伸。

20 世纪 70 年代开始，随着经济的复苏，台湾的博物馆事业与文化活动蓬勃兴起。起初各地频频投入巨资修建大型博物馆，营建各县市的文化中心，后来意识到这类建设已经达到饱和，并且由于资金、人员、空间、文物等因素的限制，早前发起的继续兴建大型博物馆的计划基本搁置，转而开始强调地方文化与社区认同，民办博物馆在数量上快速增长。截至 2007 年，台湾地区共有博物馆 582 座，类别包括艺术博物馆、历史博物馆、人类学博物馆、考古博物馆、自然史博物馆、科学博物馆、工艺博物馆、产业博物馆、学校博物馆、专题博物馆、民俗博物馆、人物纪念馆、宗教博物馆、影像博物馆等，其中民办博物馆占有较大比例。[1]

台北的袖珍博物馆是亚洲首座，专门收藏当代袖珍艺术品的博物馆，搜罗自世界各地的袖珍艺术品，主要有呈现整座建筑内外布置的娃娃屋，各种房间精致写照的梦幻屋盒，及趣味创意主题作品。走进袖珍博物馆看见大大小小近 300 件作品，这些精巧的艺术品，大至建筑物体，小到书桌上的钥匙，全部都严格遵守 1/12 的缩小比例来制作，并尽可能地取用真实材质制作。1.8 寸的小电视可以真实播放，1 公分高的酒瓶装着真的白兰地，邮票大小般的油画是油彩真迹，木制橱柜、沙发座椅、磁漆、壁纸、水晶吊灯等，无一不是实物实材缩小制作，让人有身历其境的梦幻感觉。

民办博物馆以专业、主题类为主，内容和门类丰富且星罗棋布，与公立博物馆在文化资源、地理位置上形成互补，是难得的社会文化资源。近年来，我国各类博物馆都加大了对社区服务的力度，使更多的社区民众享受到了博物馆文化的辐射，民办博物馆也在城市社区中日益增多。在这些民办博物馆中，除长期展出的“基本陈列”展品外，时常有社区居民收藏实物的展示，社区居民手工技艺表演等，成为社区中富有文化特色和活力的场所。与传统博物馆的“官办”色彩相比，这些民办博物馆体现出以民办、民享、民乐为特色的民间色彩和社区情调。

2011 年 5 月，中国鼻烟壶博物馆在北京市朝阳区高碑店村正式开馆，这也是第 6 家落户高碑店地区的民办博物馆。在这里参观者不仅能够免费欣赏到数千款产自不同时期的鼻烟壶之外，还能现场了解鼻烟壶的内画制作工艺，甚至可以亲自动手体验制作。此前高碑店地区建设的科举匾额博物馆，收藏有 600 余块元、明、清三代匾额，填补了中国古代匾额理论研究的空白。朝阳区相继在城乡结合部地区建成 18 座民办博物馆，无论从规模、数量以及质量来说，都形成了一种明显的博物馆集群效应。“与其他区县相比，朝阳区的历史文化遗存较少，大量民办博物馆能够有效弥补这方面的不足。”[2]

这些民办博物馆一般规模较小，展品主要是富有特色的社区传统民俗实物、民间工艺品等，它们与居民日常生产和文化生活密切相关，成为记录社区发展历史，展示社区文化特色，促进社区发展的新型文化设施。与此同时，民办博物馆的建设也逐渐得到社区居民和社区组织的重视。尤其伴随居民生活水平的迅速提升，私人收藏爱好的持续升温，更增强了社区民众、家庭或集体创办各类博物馆的积极性。此类民办博物馆数量越来越多，成为新时期博物馆文化发展

[1] 何京：《台湾地区博物馆的发展与现状》，《中国文物报》，2010 年 12 月 15 日，第 6 版。
[2] 华锴：《18 家民营博物馆扎堆北京朝阳区》，《中国商报》，2011 年 6 月 9 日，第 2 版。

中不可忽视的一支力量，成为公办博物馆的有益补充和展示博物馆文化多样性的重要手段，需要继续支持民办博物馆依法办馆，密切关注和积极引导其健康发展。

今天，民办博物馆必须坚持公益性特点，以服务社会及公众为目标，以非营利为宗旨，以安全利益为保障，以提供公平的文化享受为职能，切忌最终成为以文物买卖为核心的民间“文物商店”。虽然说博物馆的定义为“不以营利为目的”，但是不能否认文化资源能够带给博物馆一定的经济效益，并且，这种价值在有些情况下相当可观。民办博物馆的发展需要争取各种外援，但是终究须自身具备造血功能方能长久生存。要做到这一点就必须创新理念，拓展思路，因地制宜，丰富强化博物馆对社会的服务形式与功能，找到博物馆功能与社会需求的结合点，只有这样，民办博物馆所面临的生存发展的问题才能得到解决。

（此文发表于《人文天下》2013年第12期，第45页）

关注“人”、“自然”和“社会”环境中的民族博物馆建设

民族文化遗产是中华民族优秀文化遗产的组成部分，是我国各族民众在缔造祖国的历史进程中，共同创造的多元一体的中华民族文化的物化反映。今天，我国民族文化遗产的知识和习俗在迅速消逝之中，少数民族传统文化面临着严峻的挑战与危机，包括少数民族文化在内的中华民族文化多样性的保护迫在眉睫。因此，保护民族文化遗产逐渐成为社会共识，也成为我国当前刻不容缓的文化战略。保护民族文化同保护我们赖以生存的环境一样，应该受到更加广泛的关注。在民族文化遗产保护的行动中，民族博物馆不可替代的作用得到普遍重视。

“人类历史上存在过成百上千种文明形态和文化类型。正是它们融合、演变、发展形成今日世界的文化面貌。”今天“人类是多种族、多民族的。按文化可分为约 2070 个民族，按语言则可分为约 3500 个民族”[1]。这些民族分布在 200 多个国家和地区，绝大多数国家由多民族组成。全世界共有 6000 多种语言和几千种生活模式，亦即自成体系的文化。19 世纪 40 年代，在欧洲开始出现了诸如“巴黎民族学会”这样的人类学专业机构，与其他的学科不同，从很早开始，这些人类学的机构就致力于创建自己的标本室、陈列室或博物馆，用于陈列他们从世界各地收集来的标本、文物等实物资料。

可以认为，这些由人类学专业机构创建的标本室、陈列室或博物馆，即是最早的民族博物馆的雏形。但是，真正现代意义的民族博物馆的出现则是在 19 世纪 70 年代以后，首先在欧美国家建立了一批民族博物馆，例如德国柏林世界民族博物馆，将其在殖民地和附属国收集、掠夺来的民族文物进行展出，民族博物馆正式成为西方博物馆的形式之一。这些民族博物馆所收藏文物中的大部分来自人类学家田野调查的收集，而拥有博物馆，也成为人类学区别于社会学等其他学科的一个重要标志。在西方，许多早期的人类学家的研究和工作都与博物馆有着紧密的联系。[2]

20 世纪初，随着民族学理论的传播与学术实践，民族学作为一个独立的学科在我国逐步得以确立。20 世纪 30 年代民族学、民族学博物馆机构的建立和人才培养，产生了一批中国早期著名的民族学家和民族博物馆事业的先行者。他们在致力于中国民族学学科建设的同时，自觉地将建立中国民族学博物馆作为自己的理想和使命，将民族文物、民族学标本的搜集作为自己民族学田野调查和学术研究工作的一部分，通过民族文物、民族学标本的征集、相关影像拍摄与陈列展示，开始了早期民族博物馆的藏品征集与展览工作。

1928 年中央研究院成立之后，民族学家和人类学家开始进入少数民族地区进行田野调查

---

[1] 段勇：《多元文化：博物馆的起点与归宿》，《中国博物馆》2008 年第 3 期，第 5 页。

[2] 杨明刚：《新时期人类学参与下的民族博物馆建设》，《中国民族博物馆研究》2011 年第 1 期，第 13 页。

研究，系统地收集民族文物标本。身兼中央研究院院长和中央研究院社会科学研究所民族学组主任的蔡元培先生，认为民族博物馆既可以供给民族学研究的资料，又可以表现每一个民族文化与“发扬民族精神”，故提出建立中国民族学博物馆的建议，“标本之采集为民族学组重要工作之一。因标本不但可供组内职员之研究，将来搜集既多，便可成立民族学博物馆，以供外界人士之参观，而为社会教育之助也”，并将苗、瑶等民族的调查和筹建民族学博物馆作为民族学组的主要任务。

1932年，美国学者D.C. 葛维汉（D.C.Graham）博士被派往成都，担任华西协和大学博物馆馆长。在他的主持下，注意开展考古学、民族学田野调查和文物标本搜集，所获文物和民族学器物标本逐渐增加，并且更为科学系统。至1936年，该馆已经搜集藏族、苗族、羌族、彝族等民族文物3400多件，观众年均8000人。1933年中央博物馆成立之后，与中央研究院合作先后进行了五次重要的调查和民族文物征集，对四川、贵州、云南、海南等民族地区进行调查，收集了大量的民族文物。这些文物的征集、收藏成为新中国民族博物馆和民族文物事业发展的重要基础。

此外，20世纪30年代杨成志先生在滇川交界的彝族地区进行调查，收集了一批彝族及其他民族文物，并成立中山大学考古文物工作室。1940年12月，北京辅仁大学成立东方人类学博物馆。主要研究对象为“远东各民族及其相互关系”。1941年，吴泽霖先生主持建立“苗夷文物陈列室”，并于贵阳先后举办了三次民族文物展览。当时，尽管专业性民族学博物馆场所、机构和人员还不多，展览形式、展示手法以及学科理论还存在初创时的局限性，但是，民族学博物馆作为教育和科研机构的地位，以及服务于社会和社会进步的目标价值，逐渐得以确立。

杨成志对欧美博物馆进行考察、学习、研究的深度和广度在当时是少见的，他在《我对于博物馆的兴趣谈》一文中说：“前后两次出国环游全球，在各国各地参观过各科别和各类型的博物馆数至三千所。”因此，他对博物馆的功能有着正确而超前的认识，多次倡导建立民族博物馆。他认为人类学的研究若脱离了博物馆便等于缺了实验室一样。1956年杨成志先生作为“中国民族博物馆十二年远景规划”召集人和执笔人，提出在首都设中央民族博物馆，五个自治区设区博物馆，自治区设州博物馆，中央民族学院暨地方民族学院，设展览馆、文物馆。这些规划，有力地促进了民族博物馆工作的进行，为后来民族博物馆的发展打下了很好的基础。[1]

新中国成立初期，民族博物馆发展以民族文物展览拉开帷幕。1949年11月，由民族学家吴泽霖先生主持，清华大学在北京艺术专科学校举办了台湾、西藏、西南少数民族文物展。该展览成为新中国第一个民族文物展览。1950年10月，“中国少数民族文物展览”在北京开幕。四川、贵州、湖南、湖北等省也相继举办了有关少数民族展览。在北京故宫举办了“全国少数民族文物图片展览”。展览闭幕不久，中央民族事务委员会正式组建中央民族博物馆筹备处。1950年10月，以“中央民族博物馆筹备处”名义印发了《对于国内各兄弟民族文物的搜集范围》手册。

[1] 唐兰冬：《杨成志与民族博物馆》，《中国民族博物馆研究》2011年第1期，第76页。

这一期间，以费孝通先生为代表的学术界专家积极建言献策，提议修建包括汉族在内的全国性的、综合性的民族博物馆。1958年8月，北戴河会议决定将民族文化宫列入“国庆十大建筑”之一，国务院下发《关于征集民族文化宫所需展品和图书的通知》。1959年10月，民族文化宫落成典礼暨“十年来民族工作展览”开幕式隆重举行。从20世纪50年代后期，内蒙古自治区博物馆（1957年）、云南省博物馆（1958年）、贵州省博物馆（1958年）、甘肃省博物馆（1959年）的建立；到20世纪60年代前期，新疆维吾尔自治区博物馆（1962年）、四川省博物馆（1965年）等边疆民族地区博物馆的相继落成开放。至1959年，除青海、西藏两地外，全国各省、市、自治区都有了博物馆。

在民族文物征集保护方面。20世纪50－60年代，全国大规模的民族识别工作及少数民族社会历史调查的开展，极大地推动了民族文物征集工作。例如结合少数民族社会历史调查和民族识别工作，派往各民族地区的慰问团、访问团和调查组，收集了大量价值很高的民族文物。仅1949年至1966年的17年中就收集了40多个民族的文物23000多件，照片10000多幅。这些民族文物资料成为了中央民族大学民族博物馆的基础藏品。有些少数民族由于历史原因，没有本民族的文字或关于本民族历史的文字记载，在这种情况下该民族的历史文化遗迹和遗物，就成为研究该民族唯一可依据的材料，具有特别重要的价值。

同时，一些省和自治区也开展了民族文物征集工作。例如云南省在1954年组织三个工作组分赴滇西、滇南等地区进行民族文物征集。1962年，又组织了五个调查组分赴哀牢山区、红河、德宏、西双版纳、大理等地进行民族文物的征集。1955年，黑龙江省派出工作组赴省内各少数民族聚居区，进行民族文物调查征集。1957年，湖南省派出工作组赴省境内西、南边远民族地区征集文物。大量民族文物经过征集、保护、研究而得以进入博物馆。这些民族文物从不同侧面反映一个民族的社会发展、社会生产和社会生活，是研究民族历史，特别是研究少数民族文化发展的实物资料。

民族博物馆是我国博物馆大家庭的重要成员，作为抢救、征集、收藏、保护、研究和展示民族文化遗产的场所，民族博物馆越来越受到国家和地方各级政府的重视。吴泽霖先生在20世纪80年代对于民族博物馆的表述是：“民族博物馆在今天的中国指的是有关中国少数民族的一种专业性博物馆。”我国民族博物馆事业的生成与发展得益于民族学与博物馆学共同的努力。[1]改革开放以来，民族博物馆在数量和规模方面都有了显著增长和提高，至今已有约200座。其中新建西藏博物馆、青海省博物馆等省级博物馆，云南省民族博物馆、广西自治区民族博物馆、海南省民族博物馆、黑龙江省民族博物馆，以及宁夏回族自治区固原博物馆等博物馆陆续建设。

目前，我国有20余个少数民族已经拥有自己的博物馆。少数民族聚居的西部12个省区，拥有500余座博物馆。30个民族自治州，大部分都建有民族博物馆，例如吉林省延边朝鲜族博物馆、青海省海南州民族博物馆、湖南省湘西州博物馆、四川省凉山彝族奴隶制社会博物馆、贵州省黔东南州民族博物馆、云南省大理州民族博物馆等。近年来，又出现了一批独具特色的

[1] 雍继荣：《中国大陆民族博物馆事业的历史发展》，《中国博物馆》2006年第2期，第19页。

市县级民族博物馆，例如黑龙江省同江赫哲族博物馆、内蒙古鄂伦春民族博物馆、辽宁省岫岩满族博物馆、广西靖西壮族博物馆、四川省茂县羌族博物馆、云南省丽江纳西族博物馆等。

1998 年，我国第一个专门介绍和展现鄂温克民族经济、文化、生活发展历史的博物馆开馆。2009 年 12 月，全国首家乡镇一级，以展现鄂伦春文化为主题的博物馆，在内蒙古扎兰屯市南木鄂伦春民族乡开馆。[1] 此外，许多民族乡镇也建立了文物陈列室。生态博物馆的设立，使民族博物馆在保护民族文化遗产、展示优秀民族文化方面的功能更加显著，生态博物馆理念与传统的文化遗产保护和博物馆建设理念的本质区别是，生态博物馆强调在文化的原生地保护文化遗产，并且由当地民众自主管理和保护文化遗产，从而使文化遗产的原生环境与文化遗产得到一体保护。

上述民族博物馆和相关保护机构的建设，通过开展一系列的普查、征集和保护工作，一大批珍贵的民族文物得到抢救保护，馆藏民族文物数量不断增加。例如 1986 年 10 月开馆的海南省民族博物馆和 1988 年建成开放的黑龙江民族博物馆征集收藏的民族文物均已超过 10000 余件；1995 年建成的云南省民族博物馆现有云南 26 个民族的各类文物 38000 余件；中国民族博物馆筹备 20 多年来，从未停止过开展业务工作，已经征集收藏各民族文物 4000 余件。另外，成立于 1959 年的民族文化宫博物馆，几十年来通过开展田野调查，不断地接受捐赠、调拨和征集，收藏了近 50000 件各民族文物精品。但是，民族文化宫在功能上偏重于展览。

高等院校的民族博物馆在民族文物保护、研究和展览方面发挥重要作用。1951 年中央民族学院文物研究室、1952 年西南民族学院民族文物馆、1953 年中南民族学院中南少数民族文物陈列室相继创办，直接为科研和教学服务。这 3 个民族院校的民族文物研究与陈列机构，是我国在上世纪 50 年代最先建立起来的具有民族博物馆性质的机构。20 世纪 80 年代以后，高等院校的民族博物馆相继实施改建和扩建，1981 年 10 月，云南民族学院民族博物馆落成对外开放；1986 年，中南民族大学民族学博物馆在原有的中南少数民族文物陈列室基础上建成，馆藏民族文物 1 万余件，基本陈列包括“中国民族服饰造型艺术展”、“土家族民俗展”、“南方少数民族工艺展”、“海南黎族传统文化展”等。

1988 年 9 月，中央民族学院在原有的文物研究室基础上，正式成立了中央民族学院民族博物馆，现已收藏我国 56 个民族文物 2 万余件，基本陈列“中华民族传统文化展”，包括北方民族服饰文化、南方民族服饰文化、生活文化、宗教文化等 4 个主题；1992 年，西南民族大学博物馆在原有的民族文物馆基础上正式成立，馆藏有反映四川、云南、贵州、西藏、湖南、黑龙江等省区 30 多个少数民族历史、社会制度、生产、生活、艺术、宗教、文字、服饰等民族文物 1 万余件，主要为本校教学服务，并向社会开放。此外，还有西北民族大学博物馆、云南大学人类学博物馆等高等院校民族博物馆建成，并开展文物保护、陈列展览和科学研究工作。

博物馆文物藏品是博物馆工作的重要信息资源，是全面反映人类和人类生存环境的现状及发展的证据。我国各级民族博物馆等文物收藏机构，目前保存有各民族文物数十万件（套），

[1] 贺勇：《扎兰屯鄂伦春民俗博物馆开馆》，《人民日报》海外版，2009 年 12 月 10 日，第 4 版。

内容涉及我国各民族的生产工具、生活用品、宗教用品、工艺美术、礼器乐器、钱币印玺、文书封诰、服装服饰、文字古籍等；这些民族文物产生于不同的历史时期，是各民族不同时代社会生产、社会制度、社会生活的真实反映。此外，民族博物馆还收藏有大量直接反映各民族语言文字、文学艺术、节日庆典、婚姻家庭、宗教仪式等相关录音、录像、照片和文字描述资料等。[1]

长期以来，云南民族博物馆重视民族文化遗产的调查、抢救和征集工作。经过近20年的努力，至今已征集到各类民族文物38000多件套件，内容包括了云南各民族不同的生产工具、不同质地和不同工艺的服装服饰、各式各样的生活器具、各类餐饮用具、各类节庆道具、各种传统手工艺品、各式运输工具、各民族文献古籍等各类民族民俗文物。各地民族博物馆的文物库房和陈列展厅是保护民族文物的重要设施，但是从目前的情况来看，很多馆藏民族文物的保护条件存在着一些突出问题。因此，应注重提升民族博物馆文物保存环境，使珍贵的民族文物得到更好的保护。

民族文物是各民族优秀传统文化的重要组成部分，同样也是博物馆挖掘、整理、收藏和保护对象。民族博物馆征集珍贵的民族文物，在整理研究的基础上举办陈列展览的目的，不仅是为了研究和反映本地区各民族的过去和现在的经济、政治、文化、社会，以及日常生活情况，而且是为了尽最大努力，最大限度地将该地区各民族的生活方式、物质文化和精神文化状况，通过博物馆的宣传功能，全面如实地反映出来，为当代和后代人们的物质和精神文化生活提供服务。同时，也使人们进一步认识不同民族的不同文化形态和类型，有利于解决现实生活中存在的一些实际问题。

我国民族文物陈列展览主要有民族博物馆和民族文物展厅等类型。民族博物馆是以该地域内所有民族或某一民族为对象，收藏、研究和展示民族文物的专题博物馆。民族文物展厅则往往以综合类博物馆的部分展厅或特别展览的形式存在，借助民族文物及相关资料，以一定的主题对某一民族，或某些民族的传统文化进行诠释，以达到一定的展示目的，兼具教育和宣传的性质。同时，民族博物馆应该突破原有馆舍天地的桎梏，运用开放的眼光，放眼整个社区，对民族文物、生活生产工具、各类非物质文化遗产进行收集和保护，博物馆不仅仅固守于一个特定划分的空间，而将整个地区都变为博物馆文化传播的领域。

民族文物陈列不应简单沿袭以文物类型为序列的方式，而应采用更加符合民族文物特性的陈列展览方式。例如由于不同地区的民族文化差异较大，因此可以采取以地区为单元来展示民族文化的形式，揭示本地区民族文化与其他地区民族文化的异同；由于每一个民族就是一个完整的文化体系，因此可以采取以族群为脉络来展示民族文化的形式，清晰地将族群特色展示出来；由于不同民族在某些方面与其他民族有着共通之处，因此可以基于这种共通性，按照文化主题来进行陈列展览。同时，少数民族生活生产中的各类用具，凝结了历史智慧和劳动情感，如果简单以器物、年代等进行分类陈列展示，离开了其存在的物质条件和精神支持，它们终将失去其活的灵魂。

[1] 杨正权：《民族民俗文物的流失与保护》，《贵州文化遗产》2011年第1期，第70页。

博物馆是一个国家、一个地区、一个民族历史文化的缩影和窗口，而以民族文化为主题的博物馆是多民族国家必不可少的文化设施。随着人们对保护和弘扬少数民族文化意识的增强，民族文化遗产这一民族文化的载体也受到了越来越多的重视，同时民众对于民族文物的兴趣自然也越来越浓厚。当前，我国博物馆事业进入了一个前所未有的发展时期，其中各类民族博物馆达到400余家，在数量方面具备了一定的规模。但是，民族博物馆的数量增长状况，不仅与我国多民族国家的基本国情不相适应，而且与我国日益增长的国际地位也不相适应。

我国有55个少数民族，目前近半数没有自己民族的博物馆，要到达每一个民族都有一座以上博物馆的期望，还有很长的路要走。例如云南地区有布朗族、普米族、德昂族、阿昌族、怒族、基诺族、独龙族等7个人口较少民族。云南全省共有各级各类博物馆105个，其中民族博物馆12个，但是仍然没有一个人口较少民族博物馆。为此，在2006年全国政协十届四次会议上，笔者提出《关于实现每一个少数民族拥有一座以上民族、民俗博物馆的提案》，建议国家财政支持民族博物馆的建设，特别是加大对尚未建立起民族博物馆的民族地区的扶持力度，在项目、资金等方面统筹规划，给予倾斜性的支持。

当今世界，越来越多的国家开始拥有国家级的民族博物馆。首都北京作为全国政治、文化中心，尽管已有各类博物馆150余座，但是，至今却没有一座能够集中系统展示中华民族多彩文化的国家级民族博物馆。在北京建立一座国家级民族博物馆，对于收集整理我国民族文化遗产，全面反映数千年来，尤其是近代以来我国各民族同呼吸、共命运，为国家独立、民族复兴团结奋斗的历史轨迹，系统展示多元一体的中华民族文化风貌，增进相互了解，促进民族团结，凝聚各族民众力量，建设中华民族共有精神家园，将起到特殊的作用。

中国民族博物馆场馆建设工作虽然已经启动20多年，但是由于种种原因，至今未能立项建设。目前中国民族博物馆仍然是一家没有办公地点、没有展示场所的“挂牌”博物馆。令人感动的是，在长期没有馆舍的情况下，中国民族博物馆积极开展民族文物的抢救、征集工作；编辑出版和发表一系列有关民族学、博物馆学以及民族文化方面的论文、专著；举办有影响的民族文化活动，宣传民族政策、普及民族知识、弘扬民族文化，开展对外文化交流，民族文物展览数十次走出国门，交流国家不断增加，社会影响不断扩大。当前，建设一座现代化的中国民族博物馆的基础和条件已经具备，应抓紧立项建设。

民族文化遗产是各民族优秀传统文化产生、发展、演化的物证，是博物馆挖掘、整理、收藏、研究的对象，它们所承载和传递的是一个民族的生活方式、社会结构、人伦礼俗、智慧精髓等至关重要的文化信息。民族文化遗产历史悠久，丰富多彩，大多是研究民族历史、民族文化不可多得的珍贵“活化石”。民族文化遗产有许多自己的表现形式，例如富有民族特色的音乐舞蹈、口头文学、传统体育、婚恋习俗、礼仪庆典、民族工艺、生产技能、语言文字，以及特色服饰、房屋式样等。通过对民族文化遗产的深入研究，可以加深了解各民族文化演变发展的历史，加深了解中华民族的传统文化和多元一体格局的全貌。

民族文物是构成民族地区的文化资源，如果这些文化资源不断流失，民族文化就会成为空壳。传统文化加速消亡的结果，必然使民族文化所寄托的民族精神、民族情感、民族审美理想淡化与稀释，带来民族个性的变异和扭曲、民族特征的弱化和消亡，最终引起民族文化基因的改变。因此，急需对民族文物的常识进行广泛地宣传和普及，让民族文物的价值深入人心，从而使保存在民间的民族文物资源得到有效保护。博物馆固有的功能，在保护民族文化遗产方面，能够起到核心作用，因而应该积极地开展多方面的工作。随着民族文化遗产理念在民族博物馆的逐步深入和对其保护机制的逐步完善，民族博物馆的人才优势在对民族文化遗产保护中的作用将更加突出。

面对类型和数量如此庞大的民族文化遗产资源，仅仅运用博物馆自身的力量，对民族多样性文化进行保护显然不够。目前，民族博物馆汇集了大批具有历史学、考古学、民族学、博物馆学、民俗学、社会学、美学等相关学科知识和工作经验的专业人员。他们具有开展民族文化遗产保护工作所必需的正确理念和专业素养，并了解如何使用最先进的方法和技术来完成相关保护工作。其中一些专业人员本身就是某个民族的专家学者，熟悉本民族的语言，会使用本民族的文字，了解本民族的文化和生态环境，通过训练有素的田野调查、征集工作经验，容易与掌握民族文化遗产的当地民众进行有效沟通。

我国 55 个少数民族的文化是存在于各个民族地域、城市和乡村中的原生态文化，是中国文化的重要源头和根基，是民族精神和情感的重要载体。民族博物馆的建设，在增强民族自觉意识、保护民族特色、加强对民族文化的研究和整理等方面，发挥出难以替代的作用。建立民族博物馆，不仅仅在于为人类学、民族学、民俗学、社会学等科学研究提供“活标本”，更重要的是要有利于文化遗产的保护与传承，而且这些独具特色的民族文化遗产资源能够促进当地经济社会的发展，带动当地民族文化的传承与弘扬，使当地民众的现实生活得到改善。

“中国是世界上地域面积最辽阔、地形地貌最复杂的国家之一，风光无限，气象万千，导致各地气候物产与生活习性差异很大，《晏子春秋》所言‘百里而异习，千里而殊俗’，《汉书》所载‘百里不同风，千里不同俗’，至今仍是常用且恰当的俗语。”[1] 茂县，高高的山，潺潺的水，哺育着中华民族大家庭中最古老民族的独特文明，这里正是羌族民众的美丽家园。羌族民众对生存环境的科学择取和科学利用充分体现了其尊崇自然的生活态度和民族智慧。他们似乎与周围的环境建立了某种契约，他们身上保留着中国最古老的生活智慧。羌族民居建筑是人与自然环境和谐相处的典范，同时也是羌族民众宇宙观、人生观和审美观的物化。

在茂县羌族博物馆的建筑设计中，注意汲取羌族建筑的美学精华，感受羌族独特的建筑图腾，凸显自然与建筑的对话，体现出羌族民众适应自然、利用自然的高度文明成就。设计采用了浓郁的民族建筑风格和地域特色，同时又着力于现代科技细腻内涵，充分显示出了民族传统、地域特色和时代精神的独特风格。同时，室外景观设计以建筑群落与山水元素创造丰富的室外空间，为博物馆的室外活动开展创造了条件，使博物馆成为开放的公共城市空间。观众无需购票就可在博物馆的外部广场、内部庭院、中央大厅以及屋顶平台参与文化活动，使博物馆公共空间的设计不仅满足展出藏品的需求，也成为多功能的城市文化中心。

[1] 段勇：《多元文化：博物馆的起点与归宿》，《中国博物馆》2008 年第 3 期，第 5 页。

2002年，在我国举行的国际博物馆协会亚太地区第七届大会，形成并通过了《上海宪章》，它为联合国教科文组织和国际博物馆协会提供了一个框架性的工具，使单纯强调物质文化遗产资源，转向更加包容和关注作为有机整体的物质与非物质遗产两个方面。《上海宪章》特别强调，考虑博物馆作为一个全面的机构，一个为公众全方位参与而营造的空间，一个通过整体性遗产管理实现的物质和非物质、移动和不可移动、自然和文化的空间，在文化、社会、经济全球化步伐不断加快的当代世界，博物馆应当成为催化创造力的论坛。

面对丰富多彩的民族文化，在发掘、保护中应注意文化整体风貌的保存，在民族博物馆的民族文化遗产保护理念中，应始终将“整体保护”作为重要原则加以贯彻。要对民族文物进行科学展示，使之成为联结传统和现代、沟通民族之间心灵的媒介，首先必须对这些民族文物有科学而全面的认识，即重视博物馆藏品的研究。民族文物不同于一般文物，很多观众对其并不熟悉和了解。同时，由于民族文物联结着民族感情，因此更应该深入研究，避免出现错误，误导观众，甚至曲解民族文化，影响民族感情。这是民族文物和一般文物的不同之处。在民族文物的保护、研究和展示中，应注意与非物质文化遗产的保护和弘扬结合。

在我国，一些少数民族由于没有自己的文字，民族文物因而往往具备较主流文化文物更多意义的表达功能。例如苗族没有文字，苗族服饰是该民族无字文明的重要载体，是苗族文化的集中反映。作为民族文化载体，苗族服饰具有记录文件、阐释观念、表达情感等功能，其内涵丰富深邃，涉及苗族宗族支系、图腾崇拜、社会结构、历史迁徙、巫术宗教、婚姻制度、节日文化、人生礼仪等领域。从民族博物馆的发展前景来看，民族文化遗产价值的深入挖掘，促进了民族博物馆的快速发展，特别是对非物质文化遗产保护的重视。[1]

民族文化的记录、整理、保存、传承，都必须配备相应的设施、设备和经过训练的专业人员。应该通过博物馆社会职能的发挥，建立起民族文化遗产的保护网络，形成全社会集体观念，共同关注民族文化遗产的安危，齐心协力做好保护工作，才能保障幸存的民族文化遗产受到真正意义上的保护，并得以世代传承。在这一方面，云南民族博物馆、广西民族博物馆等都成为了民族博物馆中的典范，其藏品数量、社会影响力、学术研究水平等方面，在我国民族博物馆中处于先进行列。

例如，为了将云南民族博物馆建设成为云南少数民族影视图片资料中心，该馆建立了影视人类学工作室，汇集专业技术人员，不间断地开展影视人类学专题片和民族学图片资料的拍摄工作。在拍摄过程中，始终以民族学或人类学的理论和方法为指导，采用纪实性、系列性拍摄为主要手段，拍摄了一系列影视专题片，积累了一大批民间工艺和民俗技艺方面的图片资料。同时，在博物馆建立了艺术家工作室，艺术家走进博物馆进行创作，是云南民族博物馆的一个大胆尝试。到目前为止，已经有20余位云南知名的艺术家在博物馆建立工作室，倾心于各类民族艺术的创作，书法、绘画、雕塑等艺术门类齐全，在保护与传承民族文化遗产方面作出贡献。

近年来，在国家和自治区的支持下，广西东兴市建设了东兴京族博物馆暨京族生态博物馆。

[1] 李黔滨：《关于对民族文物价值的认识》，《中国博物馆》2006年第1期，第3页。

东兴京族博物馆于2009年7月开馆。作为我国人口较少民族发展项目之一，该馆同时也是一座以收藏、研究、保护和展示京族传统物质与非物质文化遗产为主的专题博物馆，馆内常设基本陈列“大海是故乡——广西东兴京族文化展”，从居住环境、服饰文化、生产劳动、音乐艺术、传统节日和民间信仰等方面，通过实物、场景、图片、音像来全方位展现京族古朴而浓郁的文化，取得较好的效果。

贵州、广西、内蒙古、云南民族生态博物馆群的出现，为西部地区博物馆的发展探索出了一条新的道路。其中贵州民族生态博物馆群是中国与挪威两国政府合作的成功范例。“生态博物馆是国际博物馆的一种新型博物馆，它与传统博物馆的根本区别在于文化遗产存在的方式不同。传统博物馆是把文化遗产的精品聚集在博物馆中保护与展示它，而新型的生态博物馆中的文化遗产则是生活在它的原生地之中，由它的文化主人保护它、享用它、展示它。”“这种新博物馆以生态博物馆为代表，不断地推向文化的原生地。它不是处于退潮之中，而是处于涨潮之中，它的影响和生命力正在上升之中。”[1]

“1+10工程”是广西实施的重大文化遗产保护工程。所谓“1+10工程”是指以广西民族博物馆为龙头，10个各具特色的民族生态博物馆为支撑的博物馆联合体。在联合体中，广西民族博物馆发挥龙头和“总平台”的作用，为各个民族生态博物馆提供人力、物力、技术、设备等方面的支持。10个生态博物馆则作为广西民族博物馆的长期工作站和民族文化研究基地，向其提供藏品和研究成果。该博物馆联合体将通过网络搭建起资源共享及展示宣传平台。事实上，云南省民族博物馆、海南省民族博物馆、黑龙江省民族博物馆、西藏自治区博物馆、新疆维吾尔自治区博物馆、内蒙古自治区博物馆等，都已经成为所在地区民族文化遗产的保护、研究和展示中心，在国内外都有相当知名度。

博物馆的民族文化遗产保护，不仅要派专人深入现场抢救保护，收藏与民族文化遗产有关的实物，记录相关文化现象与过程，还应定期举办有关民族文化遗产保护的展览，出版研究成果。博物馆能够借助有形、有趣、民众喜闻乐见、能互动参与的形式，来充分反映民族文化遗产的创造过程或传统技艺，充分挖掘其文化内涵，使原本枯燥乏味的知识生动起来，使原本高高在上的内容亲近熟悉起来，突破以往博物馆陈列中图片、实物加说明的简单模式，给民族博物馆陈列展览带来勃勃生机与活力，不仅要使观众看到“物”，更要透过“物”看到所承载的历史和文化。

有条件的民族博物馆，可以请一些文化遗产的传承人举办讲座，使更多的人了解保护民族文化遗产的重要性，提高全民保护民族文化遗产的自觉性。特别是民族地区的地县级综合性博物馆，除收集历史考古文物外，亟须加强地方民族文物的征集和陈列展览。既可以为地方史迹陈列展览提供丰富的实物资料，有助于充分吸引观众，发挥宣传地方文化的积极作用，又可以及时保护濒临消失的独具特色的民族文化遗产。应注重民族文化遗产传承展示与当地经济社会协调发展的良性互动，促进相关产业的发展，使民族文化遗产传承展示服务于人们精神和物

[1] 苏东海：《关于生态博物馆的一点思考》，《中国文物报》，2010年12月1日，第8版。

质生活需求。

地扪是黎平县茅贡乡一个侗族村民聚居的村寨，在侗语中，“地扪”意为泉水涌出的地方。青山、竹林、田畴、小溪、花桥、鼓楼、农舍，一切都显得那么和谐与静谧。坐落于此的地扪侗族人文生态博物馆开馆于2005年1月。该博物馆由以地扪为中心的15个村、46个自然寨组成，覆盖人口15000余人，地理面积172公里，核心文化保护区包括地扪、腊洞、登岑3个侗族村寨，博物馆设有社区文化研究中心和信息资料中心。地扪博物馆建立的宗旨是促进地方文化保护、传承，推动社区经济的发展，其职能是如实记录当地社区居民的昨天和正在变化着的今天，设法帮助当地居民增加收入，改善生活。

这方土地上侗族乡民传统的人生哲学、生产生活方式、生存状态、民风民情、交往礼仪、民族性格等，都是博物馆的组成部分。地方人文资源如语言、服饰、建筑、歌舞、戏剧、风俗、宗教等民俗活态文化，以及当地人们平凡的每一天的劳作和生活，他们喜怒哀乐、婚丧嫁娶，他们的科学与迷信、火塘与腌鱼，都是博物馆活生生的“展品”。不刻意保护是最好的保护，而时下一些所谓保护成了人为干预，特别是在开发旅游经济的名目下，当地原生态的自然和人文景观逐渐遭到破坏，被改变、消失，世世代代的土著居民原本和谐宁静的生活也被打破。地扪则不走这样的路子，他们让当地民众成为博物馆的真正主人，按照他们自己的愿望延续生活。[1]

在贵州黔东南苗族侗族自治州，有一座民办太阳鼓苗侗服饰博物馆，该博物馆除了展示苗族、侗族等少数民族服饰外，还全力传承苗绣技艺，这里的11名绣工和周边的300多名农村妇女，与博物馆一起构成了一个富有生命力的苗绣传承基地。保护传承的苗绣技艺包括雷山苗绣、花溪苗绣和剑河苗绣。保护传承苗绣技艺，最好的办法是让苗家姑娘重拾绣花针。该馆聘请许多技艺高超的老师傅，一方面通过招收学员的方式传授苗绣技艺，另一方面通过连接市场供需，使更多掌握苗绣技艺的当地民众能够以此为生，并得以不断改善生活水平。[2]

从博物馆的公共属性来看，普通民众对于当地建什么性质的博物馆，建多大规模的博物馆，博物馆建在何处等，拥有知情权、参与权、监督权和受益权。博物馆不应只是具有历史、艺术、科学价值的文物藏品的栖息地，而应成为满足不同文化层次、不同经济状况、不同职业、不同年龄人群共同爱好与追求，展示人类活动、自然生态、地区发展、行业特色的文化场所。充分认识当地民众，特别是少数民族群体的地域感和文化认同感，帮助他们保障社会福祉和提升生活质量都至关重要。

（此文发表于《中国民族报》，2013年7月5日，第11页）

[1] 龙炘成：《地扪的悠然时光》，《贵州文化遗产》2011年第1期，第62页。
[2] 石新荣：《民间博物馆成为苗绣传承基地》，《中国文化报》，2011年1月4日，第5版。

民俗文化遗产保护、传承与民俗博物馆建设

当今世界的全球经济一体化发展，使不计其数的民俗文化遗产正面临着消失的危险，并受到文化标准化、武力冲突、旅游业、工业化、农业区缩减、移民和环境恶化的影响。《乡土建筑遗产宪章》强调，“应该尊重建筑的结构、性格和形式的完整性。在乡土形式不间断地连续使用的地方，存在于社会中的道德准则可以作为干预的手段”，显然这是一种人性化的保护观念。“农村无论怎样现代化也不应异化为城市，农村就是农村。”[1]

陈志华先生认为，农村生活是在村落中进行的，乡土建筑主要存在方式是形成聚落，聚落是一个有机体，它的内部结构和周围环境的关系都是系统性的，只有完整的村落和周边环境才能包容丰富多彩的乡土文化的各个方面。因此，说到乡土建筑，应该是以完整的乡土聚落和周边环境为单位，而完整的乡土聚落，则是乡土文化研究的容器。[2] 所有建筑的功能，都在文化中演绎，文化的信息附着在建筑之上，定义建筑的功能必须与社会历史、民俗文化相关联。

过去，囿于各种原因，对深藏于乡村民间的民俗文化遗产采取轻视或蔑视的态度，或视它们为一种粗俗的、幼稚的、不登大雅之堂的文化，或认为是一种小农经济的思想文化，一种浸透着封建主义的迷信文化。直到今天，还有人认为它们是落后思想形态的产物，是老祖宗留下的失去活力的遗物。随着经济社会的飞速发展，人们的生产生活方式和文化传播方式发展了很大的变化，各种新的文化产品层出不穷，一些古老的民间艺术不再被人欣赏，有的传统习俗在慢慢消失，民俗文化遗产处于不断消失中，依靠人们的发现和收藏而存世。

对于民俗文化遗产的重新拾起，在民众的情感价值之上更体现出一种具有历史责任感的人文精神。这些细碎的、平庸的，而历经沧桑的文化遗存，却往往使记忆拥有更为充实而丰富的细节。民俗文化遗产的保护必须注重原汁原味，切不可进行过度商业包装。不同的文化形态，都有自己特殊的生存，生长环境，如果被硬生生圈养在狭小的舞台里，仅供人们消遣娱乐，实际上已经失去了它的原生态价值，这就不是在保护民俗文化遗产，而恰恰是割裂它的生存血脉。实际上，保护民俗文化遗产，其实是一种尊重，对于民俗文化脉络与特色的尊重，也是对生活在乡村中的人们的尊重。

每一个地区都有自己独特的文化传统，文化遗产在某种意义上是文化传统的全部积淀，也是解释文化身份、显示文化个性的依据。其中民俗文化遗产，体现出这一地区长期以来所形成的共同心理、意识形态、生产方式和生活习俗等方面特点，既是传统文化的载体，又是地域文化的象征，极富独特精神价值。不同地区的民众创造了绚丽多姿的民俗文化，然而经济全球化进程的加快，使强势文化对弱势文化的侵吞逐步加剧，保护民俗文化，捍卫地域文

[1] 苏东海：《新农村·农村文化·生态博物馆》，《中国文物报》，2006年11月17日。
[2] 穆森：《乡土建筑保护：黎明前的曙光》，《中国文化报》，2010年7月7日，第5版。

化的独立，维护文化的多样性，成为当前面临的一个重大课题。因此，民俗文化遗产保护的提出，对于博物馆的建设与发展，也产生了新的机遇与挑战。

我国丰富多彩的民俗文化遗产，蕴含民族精神气韵，孕育民族性格气质，培养民族审美习惯，在民俗层面体现出传统文化中许多闪光的伦理精神，滋润着炎黄子孙的生活，陶冶着中华儿女的情操。这些民俗文化遗产所展示的仁爱、正义、和谐、节制、美善、忠孝、睿智、诚信等理念，是协调人与自然关系、维护良好社会环境、保持崇高道德情操的宝贵人文资源。这种精神品格和精神力量已经融入社会精神之中，大量地、鲜活地藏匿于民间，埋藏在普通民众的心灵深处。民俗文化遗产来源于世世代代传承至今的生活实践，凝聚着祖先对事物本质与规律的认识和实践经验，蕴涵着大量尚待挖掘和破解的历史文化信息，是极具历史价值的精神文化宝库。

有关“人文资源”的概念是费孝通先生晚年思想中的一个重要组成部分，与其所提出的“文化自觉”的思想一样，值得人们关注。2001 年开始，历经 7 年时间，课题完成后的总报告书的题目为《从遗产到资源——西部人文资源研究》，其中所提出的“从遗产到资源”这一理论，是费孝通先生有关“人文资源”思想的进一步理解与深化。“从遗产到资源”的核心观点就是对珍贵的民俗文化遗产不仅要保护，还应该在其基础上进行创新，将其变成新的文化的一部分，新的社会机体的一部分，使其融化在民族的血液中，不断循环和更新。也就是说创新也是一种保护，是一种更深刻的保护。

费孝通先生曾经把传统文化比喻成种子，比喻成基因，并认为一个民族文化的发展和创造与这种健康的基因和种子密切相关。一颗种子不管它多强壮，如果我们不给它营养，不给它养分，它就没有生命。只有给它养分，阳光雨露，它才会有生命，它才会蓬勃生长。如果要它继续存活，它就必须发扬光大，就必须参与文化创新，就不能仅仅把它看成遗产，而是要把它看成资源。而民众有时比我们更知道，他们应该如何生活，如何创造新的文化。这就是为什么费孝通先生总是强调，做学问不要从书本到书本，而是要到生活中去看，到社会中去学习。[1]

社会调查是应用社会学的理论与方法，对某一特征的社区性质、状况、结构、功能、问题及变迁所进行的实地调查和理论分析。在我国社会学史上，社会调查也称为社区分析，是社会研究的具体化。费孝通先生指出：“我们的社区研究，在方法上是从英国的社会人类学的实地调查发展起来的。”在研究方法上采用“田野作业”法，注重实地考察，切身体验，直接去和实际社区生活发生接触。费孝通先生认为：“以全盘社会结构的格式，作为研究对象，这对象并不能是概然性的，必须是具体的社区。因为联系着各个社会制度的是人们的生活，人们的生活有时空的坐落，这就是社区，每一个社区有它一套社会结构，各制度配合的方式。”因之，现代社会学的一个趋势就是社区研究。

农村社区作为中国社会的一个基本组织单位和基本研究单位，引起社会学、人类学学者

[1] 方李莉：《创新也是一种保护方式》，《人民政协报》，2010 年 11 月 8 日，第 C1 版。

们的普遍关注和高度重视。费孝通先生的《江村经济》是最为经典的“社区研究”之作，开辟了人类学研究当代文明社会的先河。自1957年开始，费孝通先生对“江村”社区进行跟踪研究，20多次深入社区，发表了《重访江村》、《三访江村》、《九访江村》、《江村五十年》等论文，研究江村社区持续60年之久。如今，尽管城市社区研究广泛开展，论文、专著成果丰甚，但是，尚未取得实质性、突破性研究进展，有待于社区研究的不断深化和开拓创新。[1]

根据我国国情，社区的基本含义包括以下几个特点：必须有以一定的社会关系为基础组织起来的，并有一定数量规模的进行共同生活的人口；有一定的人们从事社会活动的地域条件，即一定的地理位置、地势、资源、气候、交通条件等；有一整套相对完备的、可以满足社区成员物质需要和精神需要的社会生活服务设施，例如商业、服务业、文化、教育等设施；有自己特有的文化制度、价值观念、风俗习惯和生活方式；有社区居民在情感、心理上具有共同的地域观念、乡土观念和认同感、归属感；有一套相互配合的适合社区生活的制度与相应的管理机构。

我国台湾从1966年起提出社区博物馆的概念，台湾博物馆学家汉宝德教授在《生活化的博物馆》一文中指出：“如果你一定要为社区博物馆下定义，它是一种迷你型的地方史博物馆，好像地方志一样，生动严肃地表达出地区的发展过程，影响地区发展的人与物。它有助于我们了解过去、现在与未来，使我们更能了解生活的意义，选择自己的生活方式。”社区博物馆展览可以从某一展品对社区成员生活的影响这一角度来说明该展品的经济社会含义。社区博物馆的展览可以在中心地区进行，也可以在各处同时进行。有时一些家庭会在自己家的草坪上或门廊里举办展览。也欣赏别人的作品，回忆久违的往事，重新确认自己的价值观，不知不觉中给社区团结精神注入了生命力和活力。

社会文化与自然生态相互作用、相互影响，共同构成一个独特的文化动态的有机整体，称之为文化生态系统。所谓整体性保护，就是将民俗文化遗产所涉及的重要的人、物及环境一同保护起来的方式。这种方式可以吸收记录式保护、实物收集和保存等方式的特点，还可以对民俗文化遗产的项目，以及相关的人群和社区，他们重要的活动和相关场所，乃至所生活的文化环境、自然环境，进行全面保护。如果不能从整体上对民俗文化遗产加以关注并进行综合保护，如果仅仅以个别“代表作”的形式对已经认证的文化片段进行保护，那就可能在保护个别文化片段的同时，漠视、忽略、遗弃或者伤害更多未被保护的民俗文化遗产。

民俗文化遗产非常重要的特点就在于它们与生活不可分割的关系。一旦人们将这些保护对象割裂和孤立地保护起来的时候，实际上就是破坏了这个被保护的事物。民俗文化遗产价值的所有方面都应得到关注，不能以牺牲其他价值为代价毫无根据地强调其中任何一种价值。民俗文化遗产传承的独特性在于具有文化独特的传承土壤。文化土壤不可移植、不能复制、不会再生。保护民俗文化遗产，不仅要对遗产记录、收藏、保管、利用、研究，还需要保护

[1] 冯月根：《费孝通与中国社区研究》，《学术家园》，2010年10月11日，第C1版。

传承人、传承形式和过程，这样，民俗文化遗产才可能完整的得到保护。

吴良镛先生指出：“城市与乡村的融汇。中国传统城市与乡村是一体的，农村与城市的发展互相推动，紧密联系，和谐前行。王希孟的《千里江山图》中，那些大大小小的城市、村落与山川湖泊等，融为一体，对我们尤有启发。”文化土壤是民俗文化遗产传承的根基，它为民俗文化遗产的繁衍提供基因和养分。每一种民俗文化遗产都是在独特的文化土壤中发生、发展、演变和创新。各地域民俗文化遗产传承的独特性，归根到底是文化土壤的独特性。

民俗文化遗产保护工作很重要的一个原则，就是文化资源要共享。共享有利于文化遗产的保护和发展，又可避免珍贵的文化资源浪费。民俗文化遗产就在人们的生活之中，保护应该从每一个人做起。民俗文化遗产的许多内容与社会民众密切相关。同时，要体现以人为本的原则，要反对人为地、被动地让人们参与，保护要使人们乐在其中。社会公众参与保护的程度，从根本上决定着民俗文化遗产的未来命运。民俗文化遗产在民众土壤上呈现出旺盛的生命状态，是保护的最高境界。

世界上一些自觉实施民俗文化遗产保护时间较长的国家，都把唤起民众的广泛参与，作为实施保护的一项重要内容。目前，平凡的民俗文化遗产逐渐淡出民众的日常视野，并有加速消亡的趋势。在广大乡村，很少开展有参与性的本土文化教育活动，致使不少乡村民众不懂得自家拥有的传统民居的文化意义，以及在文化旅游中的重要意义，于是模仿城市生活方式，将传统民居改建成为时髦的洋式房屋，或其他样式的水泥建筑。同时，不少开展旅游接待的社区，民居装修滥用瓷砖、水泥等现代建筑材料，模仿城市建筑模式而逐渐失去传统特色和地域风格。

日本白川乡合掌村的“合掌造法”，1995年被联合国教科文组织列为世界文化遗产。所谓“合掌造法”，是指在屋梁上用木材撑起屋顶，犹如两手合掌，倾斜陡峭的茅草屋顶就是这种建筑的最大特征。合掌造民居往往分三层，第一层用来居住，其他用来养蚕或者用作储藏室。现在合掌村里还保留有合掌造民居113栋，目前有600多人生活在里面。合掌造民居的茅草屋顶最多30－40年就需要更换一次，每年村庄里会有3－4处需要更换屋顶茅草。届时邻里们都会自发地组织起来，最多一次有200多人同时参与，互帮互助，两天时间就可以完成。白川乡民众乐于安居田园，生活在童话里，世世代代用这样的方式续写着生命的顽强、执着与智慧，日子平淡而温馨，不会因时间而改变。[1]

徽州既是文化地理概念，也是独立的民俗文化单元，而不是一个现时的行政区概念。历史上的徽州府“一府六县”，即歙县、黟县、休宁、婺源、祁门、绩溪，是徽州文化孕育发展的主要空间。这一区域曾经达到高度繁荣和辉煌文化，无论在思想、经济、政治领域，还是文化艺术的各个方面，都有突出的特点和很高的成就，在中国历史上曾经占有重要的地位和产生过重大的影响。近年来，黄山市整修扩建了陶行知纪念馆、戴震纪念馆、程大位珠算纪念馆，建成了“徽州三雕”博物馆、明清古民居建筑博物馆、徽商博物馆、黄山茶叶博物

[1] 雨秦：《合掌村一瞥》，《中国文化报》，2010年8月6日，第7版。

馆等博物馆设施，挖掘、整理、编排了100多个具有鲜明地方特色的戏曲和民俗节目。

徽州文化博物馆是一座展示以古徽州“一府六县”为中心的徽文化为主题的民俗文化博物馆，以徽州文化为基本内容、徽州地理山水为背景、徽州建筑风格为基调的多功能综合建筑与徽派园林景观，从文化地理学的角度来反映地方文化，从文化地理学的概念来建立博物馆的主题内容。2009年10月，安徽中国黄梅戏博物馆在安庆市开馆。博物馆以大量图片及实物客观地反映了黄梅戏初创时期的演变情况，较为系统地介绍了安庆民间仍流传至今的高腔、文南词、桐城歌、弹腔、曲子戏等曾给黄梅戏以丰富滋养的原生态艺术形式，并且用16毫米老式放映机放映原版《天仙配》等黄梅戏老电影。[1]

黄山市前身为古徽州，是徽文化的发祥地，历史源远流长，素有“文物之海”之称。全市1121个村落中，有古建筑13438幢，古祠堂、古民居、古牌坊、古桥梁等遍布全市各个乡镇村落。这些古村落的居住理念、村镇布局、外形意蕴等都蕴涵着丰富的历史、哲学、文学、宗教、艺术、民俗等文化内容，极具研究价值。徽州建筑不仅是徽文化的重要载体和徽商雄厚实力的象征，也是中国古建筑中独树一帜的乡土建筑，集建筑、书画和雕刻艺术的综合艺术，具有极高的科学、历史和审美价值。

近年来，按照徽州古村落、古民居建筑保护总体规划，重点选取目前保存比较完好的古村落，以及大量具有历史、艺术、科学价值和代表性的徽州古民居，明确保护主题、要素和范围，提出保护整治的具体措施，编制古村落保护规划。通过整体保护、集中保护、重点保护等多种模式，维修古建筑单体、防治虫害、治理古建筑周边环境等，抢救与保护原生态文化、民俗等非物质文化遗产，进行综合整治保护和合理利用。重点针对村落周边人文和自然生态环境，特别是对古村落的“水口”环境进行保护和整治。[2]

水集二村位于胶东半岛的腹地。当地村民富裕起来以后，过去用过的犁、耙、锨等农具长期堆在杂物间，许多人提出应该进行清理丢弃，但是村领导认为这些都是过去父老乡亲们使用过的农具，虽然现在看上去这些扬场机、拖拉机、水车等旧农机具又破又旧，不能再使用，但是它们作为集体积累，记录着过去的奋斗足迹。2003年，面对即将到来的城市改造，村委会研究决定建设一座民俗馆，陈列展示过去生产生活中使用过的农具、工具、用具，使年轻人有了解过去，老年人有回味往事的地方。

此后，民俗馆征集民俗文物的足迹遍及整个胶东。过去碾米的碾子、磨面的磨盘，被村民们丢在街头、田畴、沟边到处都是，民俗馆重新将这些带有浓郁胶东地域特色的民俗文物捡拾回来，日积月累，收藏的民俗文物已经达到6700多件，包括历朝历代的犁耙耢等农耕器具、各种木车等载运工具、纺织刺绣缝纫工具、各种手工和制造用品、红白喜事及祭祀用品、历代家庭生活日用品、联幛旌表柬帖契约等民俗文物，以及若干种类的铜铁木石器具。于是，村委会便将民俗馆定名为“胶东民俗文化博物馆”，陈列面积20000多平方米，成为一座村办大型民俗博物馆，吸引了来自各地的参观者，由于博物馆内藏品资源丰富，成为青岛科技

[1] 叶庆：《梨园奇葩 黄梅绽放》，《人民日报》海外版，2009年11月20日，第15版。
[2] 宁兵：《以建设规划为龙头 保护古村落古民居》，《中国建设报》，2009年9月15日，第2版。

大学、山东工艺美术学院等学校和研究机构的教学、科研基地。[1]

2008年7月，我国“福建土楼”被正式列入《世界遗产名录》。成为世界文化遗产的46座土楼，主要分布在福建西部和南部的崇山峻岭中，不单是最常见的圆形土楼，还包括了方形土楼、交椅形土楼等，覆盖了完整的土楼群建筑样式。福建土楼依山就势，布局合理，适应聚族而居的生活和防御的要求，巧妙地利用山间狭小的平地和当地生土、木材、鹅卵石等建筑材料，是一种自成体系，具有节约、坚固、防御性强等特点，又极富美感的生土高层建筑类型，这些独一无二的山区民居建筑，将源远流长的生土夯筑技术推向极致。

申报世界文化遗产成功的永定县、南靖县和华安县3县，各自选择一处具有代表性的土楼成立土楼博物馆，向社会各界介绍福建土楼不同的建筑风格、历史、文化和民俗。作为博物馆的3座土楼都拥有数百岁或近百岁的高龄。其中安华县的土楼博物馆设在建于1817年的南阳楼内；永定县的土楼博物馆设在建于1913年的振福楼内，楼内使用许多石料和砖料，雕刻精细，是一座“外土内洋、中西合璧”的土楼；龙潭楼为南靖县的土楼博物馆，建于清代康熙年间，距今约有500年历史。土楼内共有4层，每层16个房间。馆内设有15个展室，全面展示南靖土楼的早期历史、土楼的建造技术和文化内涵、土楼人的生活习俗、南靖杰出的历史人物等内容和各类文物。[2]

广大民众既是民俗文化遗产的保护者，也是它们的享有者。公众参与民俗文化遗产保护，民俗文化遗产的延续和发展才有深厚的土壤。1913年6月，台北州厅兴建北投温泉公共浴场，为当时东亚最大的公共浴场。历经时空递嬗，管理使用单位迭经更动，逐渐倾颓荒废。1994年，北投国小师生因乡土教学而发掘了这座荒废的浴场，并拟了陈情书为公共浴场请命。经地方热心人士奔走，终于实现文物保护性再利用，并于1998年10月成立北投温泉博物馆。

中山堂的现址原为清布政使司衙门，“布政使司”是清朝时期的省级行政单位。近年在中山堂馆舍修缮重整开幕之际，台北市文献委员会筹划“百年记忆——庄永明微型搜藏展”，希望借助文物收藏家庄永明先生丰富的个人收藏，精选具有代表性、不同时期的地图、明信片等实物资料，诉说其时代记忆，以及背后动人的故事，让参观者重新回味往昔时光的生活景况。年近七旬的台湾庶民史专家庄永明，投入文史工作长达40余年，对于当地歌谣俚语、庶民生活、历史佚事与民俗活动如数家珍，先后出版了50余本著作，也策划了多场大大小小的台湾历史特展。

如今，一股自下而上的博物馆热正在形成，越来越多的城市被带动起来。甚至在一些农村地区，人们自发地收藏记忆，建立乡村博物馆。虽然这些民俗类的乡村博物馆，还只能说是博物馆的初级形态，但是从某种意义上说，在承载地域文脉的同时，积极融入当地民众的文化生活，彰显出博物馆应有的文化意义，也是博物馆向社会民众的回归。珍贵的古代文物固然不可再生，而平凡的民俗文物也无可替代。民俗文物平淡琐碎中凝结着时代风云、岁月沧桑，它们是值得永久留存的物质财富。

[1] 宫泉激：《一个村办民俗博物馆的诞生》，《中国文物报》，2010年2月17日，第3版。
[2] 候丽：《土楼博物馆：客家历史的“羊皮卷”》，《中国文化报》，2010年6月23日，第6版。

湖南省江永县的上甘棠村，是一座有着1200多年历史的文化村落，民俗文化遗产资源丰富，文昌阁、月陂亭碑刻等文物古迹之外，还有独具特色的民居建筑群，以及铁铺、酒肆、豆腐坊等乡土建筑。这些乡土建筑是民俗文化的具象表达，是民众思想情感的代言，是乡间文学艺术的载体，也是民众生命和灵魂的寄托。2010年8月，全省首个村级博物馆上甘棠村博物馆开馆。该博物馆占地面积600多平方米，展厅内容设置自然风光、理学探究、民间习俗三个部分，通过实物、文字、图片、音像等展示手段，全方位展示千年古村的历史文化、民俗风情和独特的人文魅力。[1]

杨柳青年画为木版年画，经过民间艺人的长期实践，形成了独特的风格，是体现出民间艺人卓越创造力和雅致生活情趣的珍贵民俗文化遗产。在制作上，采用木刻套印与手工彩绘相结合的方法，这就形成了既有木板的韵味，又不失民族绘画的风格；在取材上，多选用那些为人们所熟悉的历史神话故事，以及表现人们对幸福生活的憧憬；在表现方法上，或采用汉字的谐音以示吉祥，或用象征手法，表示吉祥喜庆，以满足人们对美好生活的憧憬。加上构图完整对称，丰满和谐而富于装饰性，色泽明快，内容丰富多彩，受到民众的欢迎。

但是，由于时代久远，年画多为私人作坊制作，木刻画版又极易损毁，因此传世年画和木刻画版已经存世无多。近年来，天津市千方百计地搜集杨柳青年画的传统木刻画版，并将其妥善地保存在博物馆之中，在天津博物馆、民俗博物馆、杨柳青博物馆等博物馆中，均收藏了一批杨柳青年画的传统木刻画版。为保护这一优秀民俗文化遗产，并再现其制作过程，天津电影制片厂、天津电视台、天津市历史博物馆、天津市艺术博物馆、天津杨柳青画社等，联合拍摄了包括选料、绘画、上色、制版、印刷等一整套创作与制作过程，为后人留下了丰富的影像资料，对保护、传承民俗艺术做出了重要的贡献。

古戏台，系指清末民初及其以前修建的，以戏曲表演为主要功能的有顶盖建筑。作为传统戏曲的载体，戏台联系着我国古代多种多样的宗教习俗和戏曲民俗，负载着传统戏曲的艺术形态和观演关系，乃至民族情感和民族精神。2006年开始，由文化学者吴开英领衔的“中国古戏台研究与保护”课题组历时3年，对分布广泛的中国古戏台展开了拉网式的调查和全方位的研究。调查发现，我国古戏台的保护情况很不乐观。由于各种自然灾害和人为破坏，这些珍贵的民俗文化遗产在过去的半个多世纪里，遭到了严重的损毁，相较于20世纪50年代的10万多座，目前古戏台只剩下了1万余座。

例如山西是全国古戏台存量最多的省份，1979年普查时尚存古戏台2887座，然而，至2006年山西境内的古戏台仅存有1000余座；陕西在新中国成立初期有古戏台3000多座，目前仅存210余座；河北、河南、山东、甘肃、江西、浙江、广西、福建、北京、天津等省市，过去均遗存有大量的古戏台，现在大部分已经不复存在。一些古戏台较多的地区，例如河北张家口被称为“有村就有庙，有庙必有台”的地区，1958年统计遗存古戏台2000余座，而现存仅500余座。越剧发源地嵊州市，原有古戏台1220座，现在仅存有108座，与嵊州

[1] 莫胜：《湖南上甘棠村级博物馆开馆》，《中国文物报》，2010年8月18日，第4版。

相距不远的宁海县是古戏台保护工作做得比较好的地区，原有古戏台600余座，现在也只保存有120座。

我国遍布城乡数以万计的古戏台见证了我国戏曲的形成，促进了戏曲的发展和繁盛，是非常宝贵的"固态的戏剧文化"，同时还体现着我国古代建筑艺术的绚丽和辉煌。近年来，随着文化遗产工作的深入开展，以及地方戏曲艺术、民俗文化研究、古村镇旅游活动的持续升温，古戏台正在以一种特殊的文化角色走进人们的视野，对古戏台的保护和研究工作，也逐渐引起各界的重视。例如浙江省将宁海县"古戏台群"申报为全国重点文物保护单位，山西省逐渐修复了现存的大部分古戏台，北京市将湖广会馆、天津市将广东会馆、苏州市将全晋会馆、郑州市将城隍庙等，拥有古戏台的建筑群辟为戏曲博物馆。[1]

作为传统文化的重要组成部分，民俗文化浩繁复杂，散落于生活的各个角落，因此，对其进行研究和保护，必然是一项十分艰辛繁琐的工作。在民俗文化研究中，应加强理论建构，增加研究中的理论含量，从理论的高度来审视民俗文化，任何文化都是物质与精神的集合体，它象征一个时代，是历史发展趋势和人类精神的标志。民俗文化是人类对历史思考的结果。出于对所有文化的尊重，必须基于民俗文化遗产所属的文化背景对其加以思考和评判。在研究中应把这种人文精神融入情感与理性，使民俗文化成为有人文气息的文化资源。

20世纪80年代以来，从事建筑业的王勇超对民俗文化遗产产生浓厚兴趣。当初，王勇超在关中渭北一带考察明清古民居时，发现随着城市化进程加快、收藏热加温，大量散落民间的石雕等民间艺术品正日益面临着流散、损毁和灭失的危险。他从此踏上漫长的艰辛之旅，先后数百次行程数十万公里，走村串户开展抢救性的征集保护工作。以抢救、保护、征集、研究和整合优秀民俗文化遗产为己任，20多年来共斥资3亿多元，全力抢救散落在民间的文化遗产，创办了西安关中民俗艺术博物院。

关中民俗艺术博物院征集的民俗遗物时代悠远，内容丰富。展示的40幢明清时代的传统民宅，无论从规模、布局、造型还是空间尺度与细部，各具风范，集陕西关中地区传统民居之大成。目前收藏的民俗遗产约33600余件，门类浩繁。包括关中民居大院、梨园茶楼、店铺餐馆、祠堂衙门等明清古建筑，拴马桩、饮马槽、匾额、碑刻、家具、门窗等木雕、砖雕，衣食住行、工程建筑等民用器物，以及陶器、铜器、宗教礼器、名人字画等，还有秦腔、皮影、木偶、鼓乐等各种民间文化遗产表现形式。

民俗文化遗产，归根结底存在于人们的日常生活之中。要使社会公众自觉接受民俗文化的精髓，不能仅靠政府投资，或是恢复一些热闹华丽的仪式；也不能仅靠专家研究后，将成果记录于文件里、展柜中、舞台上，如此民俗文化遗产虽然可以得到保存，但是却难以传承，甚至可能会影响到民俗文化遗产的原生态性、民间性与真实性。虽然各级政府制定有利于民俗文化遗产保护的相关政策必不可少，专家学者对于民俗文化遗产的研究工作不可或缺，但是保护与传承民俗文化遗产的真正主力，应该是也必须是千千万万的普通民众。保存民俗文

[1] 汪建根：《古戏台：60年消失近9成》，《中国文化报》，2010年5月5日，第5版。

化遗产最好的方式就是让它们活在民间，活在每一个普通民众的生活里。

山东青州南张楼村有400多年的建村历史，刻在村内民俗博物馆墙上的《南张楼赋》，清楚地介绍了村庄的变迁。馆内有500余件民俗文物，大都是从村民家中征集而来，每一件展品下面都有标签写明捐献者的姓名。展品共分为农村生产用具、农村生活用品、农村文化用品、农村婚丧嫁娶用品四大类。农业生产用具展室，由犁、镢、耧、锄、镰、石磙、瓮等工具的摆放顺序，就能看出昔日农业生产过程，为观众生动展示农业知识。创办者介绍建民俗博物馆的初衷，就是要让南张楼村的年轻人了解村庄的历史，懂得先辈创业的艰难，从而珍惜今天的生活。[1]

激发社会公众的文化主人翁意识，让民俗文化遗产的保护与利用，走出“政府喊、专家干、百姓看”的局面，实乃当务之急。只有社会公众自觉地身体力行、用心体会，传承几千年灿烂的民俗文化遗产，才能以生动鲜活的形态代代传承下去。[2]继承民俗文化遗产不是当代人的特权，而是当代人与子孙后代的共同权利。因此，应该鼓励社区对自然的变化节奏加以控制，协助社区减少由于环境改变等原因所导致的快速和不恰当的内部或外部变化威胁；协助社区维持民俗文化遗产与社区精神、社会凝聚力及经济可行性之间的关系；协助社区认识并记录民俗文化遗产的变化，分析变化进程的诱因和速度，以制定应对之策。

依照《牛津辞典》的定义，社区是由同住某一地区、某一区域或某一国家的人们所构成的群体。许多学者在研究社区博物馆问题时，常常将关注点置于地域问题上。台湾博物馆学学者张誉腾认为，社区不仅是指生长在同一地方的一群人，应该还有其他更积极的因素，并共同拥有几个世代以来不曾断裂的地方传统，对这群人来说，社区是一个活生生的世界。因此，“活态”成为社区博物馆的一个重要特征。[3]2011年2月，一座浓缩原朝阳区洼里乡到奥运村变迁史的博物馆，奥运村博物馆在奥林匹克公园附近建成开馆，近百件村民捐赠的珍贵藏品，从“历史回顾”、“筹备奥运”、“举办奥运”、“现状及发展规划”四个方面展示了奥运村的变迁。

曾经的菜地，如今变成了“鸟巢”；村民世代居住的平房院落，建起了“水立方”。博物馆里面摆放着自成立“洼里公社”以来，村民们各个时期的生活用品和图片资料。为了支持奥运村和奥林匹克公园建设，洼里乡6个村庄全部拆除，2.3万村民整体外迁，洼里乡作为行政单位彻底消失。昔日的水稻田变成今天碧波荡漾的“奥海”，农家院上盖起奥运村。“搬迁后，村民们分散到了北京各地，但大家的洼里情，却一直没有断。”为了让后代人记住洼里，了解奥运村的变迁，办事处专门修建了这座博物馆，账本、铁锨、弥陀古寺修缮记录、奥运火炬样品等全部由村民捐赠，免费向社会公众开放。[4]

近年来，在巩固民族地区生态博物馆的基础上，向富裕地区发展生态博物馆的战略思路，

[1] 刘成友：《乡土记忆 我们共同珍藏》，《人民日报》，2011年5月18日，第12版。
[2] 赵婷：《保存“非遗”最好方式是让它活在民间》，《北京日报》，2009年5月31日，第9版。
[3] 乔欣：《社区博物馆：从馆舍天地走向大千世界》，《中国文化报》，2011年2月16日，第6版。
[4] 华锴：《奥运村博物馆里找“家”》，《北京日报》，2011年2月22日，第10版。

得到了国内较多博物馆学、生态学、民俗学等方面专家的赞成。长江三角洲地区作为“我国综合实力最强的经济中心”，在加快经济一体化发展的进程中，却面临着经济建设与文化遗产保护、经济发展与生态平衡的巨大挑战。如果能在这一地区成功建设生态博物馆，其影响不仅会辐射到整个长三角地区，而且将扩大到整个东部地区，从而更好地发挥生态博物馆的作用。在这一背景下，关注的目光落在了安吉。安吉处于长三角的中心腹地，是经济迅速崛起的地区，距杭州、上海、宁波、南京、苏州等大中城市均为3小时交通经济圈内。

安吉位于天目山之阳、太湖之阴，是典型的山区县，自然资源极其丰富。全县森林覆盖率达71%，拥有竹林面积100余万亩。“竹林浩瀚”构成了安吉东南部山区最典型的文化与自然景观，“白茶绿海”则呈现出安吉西北部丘陵岗地的特色风光。同时，安吉还是历史上的移民地区，除本地土著山民外，有来自湖北、河南、安徽、云南、四川等省及本省温州、台州、绍兴、宁波、杭州等地的移民。大量移民的迁入，将原籍文化带入本地，一些外地风俗由此传入，造成“十里不同风，百里不同俗”、“离城十里路，各有各乡风”的文化景象。移民文化的传承与当地土著文化的融合，使安吉各地的乡土文化、民间习俗呈现多样化态势并具特色。[1]

2011年7月，安吉生态博物馆正式设立。将博物馆的功能向外延伸，突出其“体验、示范、审美、链接”作用。在展示模式上，不再局限于一个馆，一座建筑，而是将整个县域范围内最具特色的人文、生态资源纳入展示范围，采用“1个中心馆12个卫星馆和多个展示点”的框架结构，包括自然生态、历史文化、社会发展、现代产业的各个方面，其中，尤以展示、保护、传承物质与非物质文化遗产为主。在展示内容上，安吉生态博物馆不仅跨越了传统博物馆的分界线，由环境和遗产的特点，以及社区的需求来决定内容和延伸，同时，也突破了以往生态博物馆以展示民俗文化为主的限制，继而将自然生态、文化生态、社会生态、产业生态较好的融合，以系统的观念展示安吉的过去、现在和未来。

安吉生态博物馆详细记载安吉县从历史文明到现代文明的发展进程，全面展示安吉乡村文化的历史渊源和现代成就，呈现出各具特色的“一村一韵”、“一村一景”的乡村文化景观。上张山民文化展示馆自2009年1月开放以来，已接待参观人数2万余人次。当地村民对于举办这个展览表现出极大的热情，踊跃捐献自己的民俗物品，出工不计报酬。展示馆开馆后，当地村民反响强烈，他们不仅自己屡看不厌，还经常邀亲带友，担任讲解员，自豪地介绍这些曾经亲身经历或发生在自己身边的故事。

在鄣吴竹扇展示馆内，村民们熟练地开料、裱面、拆面、通条，让游客倍感新奇。将鄣吴原来规模小、档次低、分散型的竹扇制作进行统一展示与包装，做成鄣吴拳头文化品牌，通过展示馆向外宣传与销售，使村民的收入大幅增加。在港口竹文化展示馆，充分挖掘竹文化内涵，表达人们对于竹子的依恋情结；在朗村畲族文化展示馆，以畲民的生活方式、传统习俗、风情风貌为内容，展示少数民族多姿的风光；在上舍龙舞文化展示馆，则以竹笋、竹

[1] 程永军：《安吉：探索东部地区生态博物馆建设新模式》，《中国文物报》，2011年4月27日，第3版。

竿、竹叶织成竹叶龙为道具，展示当地村民用独有的方式祭祀祖先、欢庆丰收；在龙王造纸文化展示馆，利用传统的手工造纸作坊，展示当地的特色文化。[1]

苏东海先生指出："中国的新博物馆也在发展之中。中国的生态博物馆正在从贫穷的山村向富裕地区的农村发展，扩大着生存的空间。"[2] 安吉生态博物馆建设以来，在生态建设、文化建设和经济建设方面做了很多基础性工作，乡村环境、民众的生活面貌、社会经济等有了很大的进步。民众的脸上都洋溢着自信和幸福。特别是良好的生态环境，使人们感到人在林中，村在林中。"山峦青翠、河流清澈、空气清新、人居环境优美"，是对今天安吉生态人居环境恰当的描绘。同时，延绵不绝的竹海、清澈的溪流等，使安吉生态博物馆成为一个美丽的花园。

（此文发表于《民俗研究》2013 年第 4 期，第 80 页）

[1] 程永军：《安吉：探索东部地区生态博物馆建设新模式》，《中国文物报》，2011 年 4 月 27 日，第 3 版。
[2] 苏东海：《关于生态博物馆的一点思考》，《中国文物报》，2010 年 12 月 1 日，第 8 版。

博物馆市场营销是一把“双刃剑”

市场营销是博物馆整体内容的重要组成，对于博物馆事业的发展具有重要促进作用。今天，博物馆观众呈现出多元化特征，博物馆市场营销也必然表现出多样化趋势。对于博物馆来说，市场营销是一把“双刃剑”，它既对博物馆的运营和发展起到积极推动作用，同时也使博物馆面临商业化的威胁。因此，博物馆在开展市场营销过程中，如何牢记基本使命和任务，把握正确的理念和尺度，坚守基本道德底线，确保自身的非营利性不受挑战成为必须面对的原则问题。

尽管半个世纪以来，国际上一些博物馆引入市场营销的理论、方法和手段，逐步建立起适应外部环境的管理体系和运作模式。在保持非营利机构的公益性质同时，立足于市场经济发展现状，多渠道研发文化产品，并将收益回馈于博物馆自身建设，取得了显著成绩。但是，自现代营销学被引入博物馆以来，学术界的争论就始终没有停止，存在着不同观点的激烈交锋。一些专家学者在博物馆市场营销问题上持反对态度，认为商业功能是不体面的，有损于博物馆的标准。一些社会公众对于市场营销的地位与实际作用存在异议，反对将市场营销引入博物馆领域。

专家学者和社会公众的担心和警告并非危言耸听，过度的市场营销给博物馆带来的危害在一些博物馆有所显现。有的博物馆在过度的市场营销中逐渐迷失自我，在经济利益的驱使下，为了满足赞助商的要求，改变了博物馆传统的专业性，一味地迎合社会娱乐消费需求，甚至出现庸俗化倾向；有的博物馆越来越像展览中心，将频繁举办能够取得可观经济效益的特展、大展作为首要任务，而作为博物馆最基本的收藏、保护、研究、教育等功能则逐渐式微。如此过度的市场营销，重经济创收，轻社会效益，将经济利益置于博物馆发展的中心任务，必将导致博物馆在丧失社会公益性的同时，失去存在的意义。

在国际上，蓬勃发展的市场经济行为对传统的博物馆理念和价值观念形成了巨大冲击，质疑之声不绝于耳。1989 年大都会艺术博物馆的一份声明指出，该馆与其他机构的部分研究人员愤怒地表示，市场营销一词意味着艺术将被视为商品，将面临不正当的宣传。一些社会人士强调，市场营销观念必然使博物馆背离其收藏研究和展示文化遗产的传统理念。埃及政府规定不允许外国文化标识在本国文物古迹前出现，否则，“到底是在宣传哪个国家的文化？”美国一家全球连锁比萨店曾计划在金字塔前开个分店，结果没有一家中介愿意做此事，那家美国公司只好作罢。

目前在埃及、美国和欧洲的各类快餐店大量涌现，西方国家的商业广告也多如牛毛。政府允许这些外国文化载体出现在城市的中心广场、高层建筑和繁华商业街上，但是绝不允许出现在博物馆内。然而，2009 年 11 月，美国麦当劳快餐公司要在卢浮宫艺术博物馆这座艺术殿堂旁开店，“炸薯条的气味很可能会飘过《蒙娜丽莎》的鼻子”。卢浮宫艺术博物馆方面已经证实这一说法，称同意麦当劳快餐公司开设一家“品质优良”的连锁店与卢浮宫艺术博物馆“形象相符”。继麦当劳成功进驻之后，著名电子品牌苹果店也落户卢浮宫艺术博物馆的地下商廊。[1]

近年来，古根汉姆基金会的博物馆扩展做法，也引发了不同意见的争论。“在复制文化当道的今天，艺术博物馆亦成为文化商场。作为一个营销品牌，古根汉姆像‘麦当劳’一样野心勃勃，以不断开设分店的扩张方式，营造从博物馆到博物馆群的连锁模式。如此使人难免对其产生文化包揽的‘一言堂’的忧虑。”2006 年 7 月，阿联酋政府与古根海姆基金会达成协议，在首都阿布扎比建造中东地区首个世界级的艺术博物馆。阿联酋是世界第五大石油储备国，阿布扎比以其财富和奢华闻名于世。富有的石油国家希望能提高自己在艺术世界的地位，并为其市民和游客建造世界一流的文化场所，让阿拉伯人“足不出中东”即可领略世界文化。

根据阿布扎比政府宣布的一个耗资 270 亿美元的萨迪雅特岛开发规划，该岛将建成独具特色的文化区，并将在文化区内开设世界五大著名博物馆的分馆。法国卢浮宫艺术博物馆、英国大英博物馆加入了萨迪亚特岛开发规划。这一系列的合作之举，满足了阿布扎比建造文化中心的急切愿望，而世界一流博物馆亦可从阿联酋提供的不菲费用中，得到经费补充。[2]但是，在阿联酋有不少艺术家对此表示不满。例如阿布扎比“第三线”画廊的经营者 S. 拉哈巴尔（S. Lahabar）声称，卢浮宫就应该在巴黎，在世界上其他任何地方的都不是卢浮宫。

卢浮宫艺术博物馆管理层认为，向阿联酋出借自己的文物藏品，是博物馆走全球化发展路线的需要，是一个双赢的文化策略。但是，这一看来颇为互惠互利的计划，一直以来却面临着不少非议。卢浮宫艺术博物馆分馆计划一经传出，立即在法国引起轩然大波，遭到法国艺术界的强烈反对，包括数十位博物馆馆长、管理人员和艺术史学家在内的约 5000 人上书请愿，表示抗议。有人直指法国博物馆出借大量珍贵文物的行为是“出卖灵魂”，怀疑法国政府试图用出借艺术品的方式来换取贸易与外交利益。

2007 年 1 月，包括法国国家博物馆委员会主席 F. 加香（F. Cachin）在内的三位艺术界重量级人物，在《世界报》上发表了一篇措辞激烈的文章，题为《博物馆是不能出售的》。文章指出：“这些藏品是我们的文化遗产，不是消费品。”文章认为，阿布扎比计划是腰缠万贯的房地产开发商的花招，将使巴黎卢浮宫艺术博物馆每年 730 万的游客流量有所减少。大约有 1400 人在网上参加联署，对上述文章表示支持。他们当中包括数十位博物馆负责人和艺术史学家。他们敦促政府“不要再把法国的博物馆，看成可以用于政治或经济目的的藏品仓库了”。有人批评法国政府为追求利润不惜牺牲艺术，把法国丰富的艺术遗产当做商业产品。

还有人认为，文物特别是国宝级文物不能随意搬动、转让，政府应该保护法兰西文物宝藏的完整性。面对这样的指责，卢浮宫艺术博物馆馆长 H. 卢瓦雷特（H. Loyrette）认为，

[1] 王嵋：《为求生存——法国博物馆“傍”上名牌》，《中国文化报》，2009 年 11 月 18 日，第 6 版。
[2] 静水：《世界一流博物馆“牵手”阿联酋》，《中国文化报》，2009 年 8 月 12 日，第 2 版。

当其他博物馆都在走全球化发展路线的时候，卢浮宫艺术博物馆落在后面就会吃亏。“我不明白这有什么可大惊小怪的。钱很重要，但我们的行动并不是为了钱。”同时，作为法国国立博物馆的管理者，法国政府同意提供卢浮宫艺术博物馆的藏品，前法国文化部长 R.D. 瓦布雷斯（R.D.Vabres）说：“我们没有抛弃博物馆的基本原则，我们只是竭力推动法国文化和艺术在全世界发扬光大。”

大英博物馆与阿联酋的合作之举也遭到了批评。根据合作计划，大英博物馆将协助阿布扎比建设一座国家博物馆，帮助策划展览，并出借其部分博物馆藏品。大英博物馆的合作计划，被指责为正在被公共基金机构所驱使，变得日益商业化。然而大英博物馆对此并不在意，他们对大英博物馆国际影响力的扩展和巨额资金的收益充满期待，在伦敦政府大幅度消减艺术预算的情况下，这项计划为大英博物馆建立 1.35 亿英镑的基金。

拉斯维加斯古根汉姆艾尔米塔什博物馆的陨落，是 2008 年国际博物馆界的一件大事。2000 年 7 月，古根汉姆基金会与俄国艾尔米塔什博物馆合作，实施其“无界限博物馆”主张。博物馆场地分为两部分，一部分为“古典展区”，另一部分是占地更大的称为“宝石盒”的当代艺术临时展厅。不幸的是，“古典展区”部分仅仅运行 7 年，举办 10 项展览后，于 2008 年 5 月关闭。“宝石盒”的寿命更短，开幕仅 15 个月便告夭折，博物馆展厅被改造成为“歌剧魅影”剧院。博物馆闭馆的导火索是经费短缺，消息一经宣布引发博物馆界的热议。评论家责备古根汉姆基金会看到的尽是拉斯维加斯年逾 3500 万游客商机的海市蜃楼，一些媒体则批评古根汉姆基金会将作为非营利性组织的博物馆，安置在以营利为目的的娱乐场所空间内，致其入不敷出。

今天人们认识到，只有坚守博物馆的文化特质，市场营销才具有良好的发展前景，才会吸引来大量社会资金的关注。但是必须看到，过度强调博物馆市场营销的经济效益，可能会给博物馆本身带来灾难性的影响，将导致博物馆发展过程中追逐经济利益和市场效益的产业化取向，例如对博物馆文化产品随意“打造”和随意包装，对博物馆文化设施随意改造和随意占用，对博物馆文化价值随意否定和随意颠覆，对博物馆文化历史随意涂改和随意扭曲等。如果博物馆市场营销一味地追求商业利益，商业设施和文化产品与博物馆高雅的气质和浓郁的文化氛围格格不入，不仅无法提升博物馆的品味，反而会在社会公众心中造成负面影响，在思想认识上出现偏差。

博物馆市场营销要取得良好成效，就必须坚持博物馆的文化理想，对于市场营销作用的理解不能过于偏颇，对于文化产品的经济利益不能过于追求。不能用“文化产业”取代“文化事业”。任何打着发展经济的口号和获取经济效益的需要，而将博物馆文化推向产业化和市场化的解读和附会，都是对博物馆文化精神的亵渎和伤害。而且，由于追求经济利益，导致博物馆市场营销的运作方式出现低俗化和过度商业化的倾向，将会从根本上混淆对于博物馆文化功能的判断标准，使社会公众产生文化上的迷茫和失落。因此，如何平衡市场营销与未来发展的关系至关重要。

2011 年初，法国审计法院公布的报告，指出了一些文化赞助中的负面现象。例如卢浮宫艺术博物馆曾打算将陈列达·芬奇名画《蒙娜丽莎》的展厅冠以赞助商日本电视台的名称，阿波罗长廊也险些冠以法国石油企业的名称，更名为“道达尔廊”，由于文化部及时叫停才避免了卢浮宫艺术博物馆被“一间间出卖”的命运。[1] 凡尔赛宫直属法国文化部，在管理上有许多法律规定，例如必须遵守历史与文化传统，必须平衡市场机制与文化设施的特点，必须维护文化设施的特性等。凡尔赛宫很少有商业化运作，因为法国文化部没有规定凡尔赛宫必须赢利。但是，凡尔赛宫目前陷入现代文化能否渗入的问题。

凡尔赛宫馆长 J. 艾拉贡（J. Aillagon）别出心裁，想定期在凡尔赛宫里安放一些现代艺术家的作品，他认为这与古老的王宫相得益彰。但是，法国文化界与许多社会民众对此提出大量批评意见。而凡尔赛宫公关部负责人认为，在凡尔赛宫，美国品牌的商店进入算不上什么问题，只要游客有相应的需求就行。[2] 相比之下，克里姆林宫博物馆馆长 E. 加加林娜（E. Gagarina）的认识相当清醒。她在接受《消息报》采访时表示，与其他博物馆相比，克里姆林宫博物馆没有什么特权，有些展览可以由赞助商提供，但是这些赞助“完全是一种公益性活动”，“我们不会给赞助商任何优惠条件”。

在我国，对于博物馆市场营销活动，也经常存在质疑和争论。2007 年 1 月，针对“星巴克该不该离开故宫”，上千名网友展开了激烈的辩论。罗哲文先生认为：“对于故宫这样重要的具有国家象征性的文化遗产，必须严肃认真对待其经营行为。首先，应该搞清楚可不可以有一些经营性质的场所。我认为，经营场所开设的地点很重要。有人认为外国的咖啡馆在故宫内的经营场所很小，无关紧要，其实绝不仅仅是面积大小的问题。”谢凝高先生指出：“故宫这样宫殿集群式的世界文化遗产，经营餐饮活动越少越好，世界上不少国家都鼓励游客自带食品饮料，以满足基本生理需求为宜，绝不能搞太多的餐饮场所，也不适合把美国咖啡馆开进来。”

针对上述意见，杜晓帆先生认为，“餐饮本身并没有低级和高级之分。星巴克开进故宫应看成是中西文化的交流、碰撞而不是对抗，因为工作关系，我曾到一些国家考察，发现不少中餐馆也已经在当地的世界文化遗产保护区内从事商业活动”。余英时先生指出，“如果星巴克咖啡店没有对故宫造成破坏，其装饰没有破坏故宫的中国传统情调，那么就谈不上亵渎中国文化”。针对不同声音，故宫博物院明确表态：既要满足游客的合理需要，同时也要考虑到故宫所承载的文化导向性作用，目前故宫正在与星巴克进行交涉，商讨如何更为恰当地解决问题，力争尽快研究出处置方法。2007 年 7 月，在乾清门南侧九卿房经营了 8 年之久的星巴克，正式停止营业。

2009 年，苏州博物馆推出了博物馆会员制，入会成员每年向博物馆交纳年费，并按照金额不同分为普通会员和贵宾会员。按照规定，普通会员交纳 160 元年费，可以参加博物馆举办的文物博物馆论坛与相关文化考察活动。贵宾会员每年交纳 2000 元，除享受普通会员的待遇外，还能参与博物馆内部组织的馆长论坛等活动。虽然国际上一些博物馆普遍推行会

[1] 汪勤：《法国审计法院给博物馆界“挑毛病”》，《中国文化报》，2011 年 4 月 21 日，第 3 版。
[2] 黄晶晶：《故宫，承载中国太多“符号”》，《环球时报》，2011 年 5 月 20 日，第 7 版。

员制，但是苏州博物馆实行的博物馆会员制，却引发社会民众的争议。一些博物馆观众认为这个举措与博物馆免费开放精神相悖。另一些博物馆观众认为，实行博物馆会员制可以改善博物馆的服务水平，“会员具备一定专业素养之后，完全可能带动他身边的人热爱历史，传播文化”[1]。

据中国新闻网等媒体报道，2011年5月31日，世界奢侈品牌路易威登的专题展览“艺术时空之旅——路易威登展”在新馆开馆不足百日的国家博物馆开幕。这是路易威登创办157年的历史上，所举办的规模最大的展览，也是国家博物馆第一次举办品牌类设计展。然而展览开幕立即引来争议无数。新浪等主要新闻网站共有网民评论近6000条，多数网民对国家博物馆举办奢侈品牌展览表示反对，认为国家博物馆有被物质化的嫌疑，指出国家级博物馆不应当如此商业化，有损在社会民众心目中的地位和形象。

但是，在这一过程中也有人认为，就算国家博物馆举办奢侈品牌展览，也不必大惊小怪。国家博物馆面向的是普通民众，而国人的欣赏层次是多方面的。应当看到，对于国际品牌的展览，也是开阔眼界的艺术交流活动。[2]也有一些社会人士认为，这并非不可接受，并且此前已经有过先例，例如另一知名奢侈品牌卡地亚，不仅曾在纽约大都会博物馆、伦敦大英博物馆办过展览，也曾在我国的故宫博物院、上海博物馆举办过展览。[3]苏东海先生认为，不必大惊小怪。在这座既展览着仰韶文化代表作品人面鱼纹彩陶盆，也存在着大炼钢铁时期河北某地炼出的铁球的博物馆展出，恰恰是“历史与艺术并重”的发展方向的体现。[4]

长期以来，学者为“时尚到底是不是艺术”这一命题争吵不休。在纽约时装技术学院V. 斯蒂尔（V.Steele）院长看来，“时尚通常被认为和艺术还有一定距离，所以很多博物馆其实对时尚并不是特别感兴趣，不过它们的确在不停地举办时尚展览，因为馆长们意识到观众喜欢追逐时尚潮流”。大都会艺术博物馆时装学院H. 科达（H.Koda）院长则表示，“直到10年前，博物馆界和时尚圈之间的关系都不是那么顺畅。然而今天，越来越多的博物馆馆长愿意参与到时尚中来”[5]。美国《华尔街日报》评论说，很多人怀疑奢侈品牌是否具备将自家产品定义为艺术品的公信力。

人们普遍认为，公立博物馆的展览，一方面应体现国家文化意志，另一方面要满足国家公民的文化需要，“人们希望从一家成熟的博物馆看到的是富于研究精神和学术价值的展览”。知名艺术评论家T. 格律（T.Green）言辞激烈地指出，“对于一些小城市或者新兴城市来说，这些展览或许还说得过去，但是知名博物馆还是应当多举办更有探索精神、更经得起时间考验的展览”。这一观点同样引起了博物馆界的警惕，费城博物馆高级监管D. 布鲁姆（D.Blum）指出：“我们不想沦为品牌的广告载体。”[6]

---

[1] 陈城文：《“苏博”会员制引争议》，《中国文化报》，2010年3月3日，第6版。
[2] 林青：《国博举办路易威登展又如何》，《中国艺术报》，2011年6月8日，第2版。
[3]《国博展LV观众不适应》，《北京晚报》，2011年6月4日，第12版。
[4] 杨芳：《路易威登登陆国家博物馆》，《中国青年报》，2011年6月22日，第9版。
[5] 任立：《美国博物馆在争议中牵手时尚界》，《中国文化报》，2011年6月11日，第3版。
[6] 任立：《美国博物馆在争议中牵手时尚界》，《中国文化报》，2011年6月11日，第3版。

王际欧先生在《浅析博物馆文化产业的特征、结构与开发策略》一文中认为，特别是在当前，博物馆发展文化产业应当走出四个“误区”：第一，我国博物馆在市场经济形势下，引入了不少市场经营的理念和技术，但必须走出博物馆可以完全实现市场化的误区。第二，在目前情况下博物馆可以开发文化经营项目，甚至办经营性实体，但必须走出博物馆作为整体也是一个经营性实体的误区。第三，必须走出个案成功便认为在全行业具有普遍性，进而夸大、放弃国家财政支持的误区。第四，各地各博物馆所处的大环境和小环境的差异性是普遍存在的，必须走出追随某种“模式”、开统一“药方”，定一个“菜谱”的误区。[1]

近年来，随着人们生活水平的不断改善，精神文化方面的需求也日渐提高。但是由于缺乏对于社会生活的深入研究，缺乏对于观众文化需求的详细调查，缺乏与相关领域和部门的交流合作，因而博物馆往往缺乏具有吸引力的市场营销和文化产品，造成一些博物馆虽然馆舍条件不断得到改善，却依然对社会民众缺少应有的吸引力。同时，国内博物馆界对市场营销的认识和对文化产品的研发重视不够，或将其仅仅定位于博物馆的附属品，处于可有可无的副业地位，或将其视为与博物馆文化无关的市场行为，很多博物馆甚至根本没有博物馆市场营销服务。

同时，对博物馆市场营销方面的理论研究缺失，没有建立起系统的知识体系；缺乏相关博物馆市场营销和文化产品研发的法规政策；对博物馆市场营销的现状缺乏系统性调查与分析，对博物馆文化产品研发的一些基本问题缺乏针对性的整理与研究；对博物馆专业化功能的实现方式存在狭隘理解，对博物馆社会化职能的延伸拓展存在模糊认识，因此可以说，我国博物馆市场营销和文化产品研发仍然处于起步、探索、培育、发展的初级阶段，整体水平不高，在发展理念、资金筹措、科学研发、营销方式、传播渠道等方面存在诸多亟待解决的问题，与国际上拥有丰富经验的博物馆相比差距较大。

综观人类社会的发展，无一不是文化与经济共同作用的结果。经济往往以一定的物质形态存在于社会、作用于社会，而文化则以更加持续的精神力量，影响于社会，推动社会前进。目前在国际社会，一些国家在新自由主义改革思潮和金融危机的影响下，不加区分地鼓吹公共事业的市场化，甚至对博物馆进行私有化改革，不断减少对博物馆人力、财力、物力方面的投入，将一些公共服务推向了市场。事实上，博物馆的性质决定，不能实施“去公共化”的改革，不能将博物馆推向市场。博物馆的运营不能用企业化的方式进行管理，博物馆的绩效也不能用市场化标准进行评价，更不能用直接产生经济价值多少进行判断。

由于博物馆藏品保护、学术研究、陈列展览、文化传播等方面的基础性、公共性项目投入大、周期长，但是作用持久，效益明显，影响广泛。因此，不能减少对于博物馆事业的财政支撑，不能将本应由政府负担的基础性投入转嫁给博物馆承担，不能降低博物馆员工本来不高的福利待遇和财政负担比例。总之，不但不能削弱对于博物馆的投入，反而应该逐步增强；不能改变博物馆公共服务机构的性质，反而应该逐步完善。否则，将是政府社会服务职

[1] 王际欧：《浅析博物馆文化产业的特征、结构与开发策略》，《中国博物馆》2006 年第 3 期，第 84 页。

能的缺失，也将从根本上动摇博物馆的生存根基。

今天博物馆的职能，在来自社会各方面综合因素的作用下，更加强调对于观众需求的重视。博物馆的功能也更多地体现出公益事业的性质，不但博物馆的藏品征集、文物保护、科学研究、社会服务等方面工作本身不应追求赢利，而且开展市场营销，也绝不应影响博物馆各项正常工作的开展。根据目前国际通行的博物馆定义，博物馆的本质为“不以营利为目的”的永久性机构，即将博物馆放置在追求社会整体利益，而不是集团或个人利益的基础之上。博物馆只有放弃追逐直接的物质利益，才能赢得显著的社会效益。

但是“不以营利为目的”强调的是博物馆本质，而并不意味博物馆不能有经济收入，并不反对博物馆在经营过程中的正当利益。在一定条件下，良好的社会效益会带来明显的经济效益，如此并不改变博物馆“不以营利为目的”的本质。在利用博物馆资源开展市场营销时，保护文物藏品安全和保障社会服务是前提，是博物馆的基本职责。博物馆的市场营销策略，并不是要淡化自身的专业化功能和社会化职能，相反应该更加重视博物馆的核心利益。这些才是博物馆存在与发展的根本，也是树立博物馆形象、形成博物馆特色、突出博物馆作用、传播博物馆文化的前提，更是博物馆面向社会提供优质服务的基础。

随着博物馆社会服务意识和文化产品竞争意识的增强，越来越多的博物馆认识到，非营利机构也应该更广泛地接纳现代市场营销理念，通过市场营销策略，逐步开拓文化市场，进而占领文化市场。但是，对公益性和“非营利性”关系认识上的争论也仍然存在。一种观点认为，既然是公益性的、非营利性的机构，博物馆就不应该从事营利性活动，博物馆需要的所有经费都必须由政府提供，近年来政府财政投入的增加也强化了这种理念，并将博物馆的全面免费开放和国家财政对免费开放提供的巨额补助作为依据。截然不同的另一种观点是，非营利性是不以营利为主要目的，博物馆可以从事与博物馆性质相符的经营性活动获取经济回报。[1]

“关键是如何在二者之间寻找一种平衡，使博物馆既能获得更可靠和多元化的资金来源，从而改善组织的效率和效应，又能确保不致偏离其社会使命，违背公共价值观。”[2] 博物馆与市场营销，一个是非营利性社会文化组织，一个是商业领域的惯用策略，两个看似矛盾甚至冲突的领域，为了共同的目标，越来越加强了相互之间的联系与合作。必须重新认识市场营销的文化功能，不但要看到市场营销所获得的可观回报，而且要评估市场营销可能带来的风险。博物馆市场营销项目如果失误，不仅意味着经济目标难以实现，而且可能使一些文化资源遭到损失。

实际上，博物馆的经济价值是巨大而又难以计算的。没有任何一个机构能像博物馆这样无法算清自己拥有的文化财富。[3] 苏东海先生认为：“博物馆物的经济价值不仅是无法计算的而且是不能兑现的。博物馆的物属于社会和国家的公共财富，它是为了当代也是为了传之

[1] 张健：《试析制约博物馆市场营销的主要障碍》，《博物馆研究》2010 年第 3 期，第 27 页。
[2] 田艳萍：《国外博物馆经济学研究概述》，《博物馆研究》2009 年第 1 期，第 16 页。
[3] 乔治·F. 麦克唐纳：《“地球村”的博物馆未来》，《中国文物报》，2010 年 6 月 30 日。

后代而收藏的，在经济上是不允许兑现的。使用它产生经济效益与出售它是不同的性质。博物馆使用博物馆物或以物的名义产生经济行为并不危及博物馆的所有权及其本身的存在，这是属于博物馆的合理合法的经济行为。‘不以营利为目的’是博物馆物的一条经济属性。”[1]

博物馆对经济社会发展的贡献，主要表现在博物馆以其巨大的文化附加值，及其对相关产业的带动作用，使整个城市或地域增值，而博物馆文化所催生的良好的地缘环境，又加快了地方人口流、资金流、物资流和信息流的流动速度，从而大大提升了现代城市的集聚和扩散功能。博物馆在传承优秀文明的同时，也为一个城市、一个区域，乃至一个国家构造了优越的文化软环境，为经济的发展构建了无可替代的平台。与此同时，博物馆为区域经济所带来的间接经济回报和辐射效益，将数倍于博物馆自身所取得的直接收益。因此，博物馆功能发挥和博物馆市场营销不是互为掣肘的一对矛盾，而应当是共生共荣的统一整体。

2009年《文化遗产蓝皮书》，定量核算了文化遗产事业对国民经济的贡献，其中专门定量分析了博物馆的经济贡献，“以期通过这种摆数字、讲道理的方式来探讨——如果只算经济账的话，博物馆到底是不是只投入、不产出的财政包袱？”事实上，从整个国民经济来看，博物馆产生了无法取代的社会效益的同时，也产生了巨大的经济效益。总体来看，从2001年至2007年的平均情况来看，全国文物系统对国民经济的贡献，是同期财政投入的5.6倍，而全国博物馆对国民经济的贡献，是同期财政投入的5.9倍。例如2007年全国文物系统对国民经济的直接贡献为40.1亿元，总贡献保守估计达279.2亿元；同期，全国博物馆对国民经济的直接经济贡献为18.7亿元，总贡献保守估计达142.0亿元。

由此可见，在全国文物系统对国民经济的总贡献中，博物馆的贡献率达到50.9%，超过一半，所以博物馆不仅在公益性功能的发挥上是文化遗产事业的主要承担者，仅仅从直接经济贡献角度而言，也是主要承担者。而且，这种产出大于投入的结论没有考虑博物馆更加重要的公益性功能。随着博物馆全面免费开放和努力纳入国民教育体系等一系列重民生举措的顺利推进，以及博物馆文化旅游的兴起，博物馆对国民经济的贡献将更多地以间接贡献的方式表现出来，博物馆对经济社会贡献的乘数效应将进一步放大。[2]

博物馆的经费不足是一个世界性的问题，即使在一些发达国家，也有许多博物馆被这一问题所困扰，只是程度不同而已。尽管我国的公立博物馆是国家财政支持的公益机构，但是并不意味着国家能够承担博物馆的全部运营经费。相关资料显示，我国博物馆中约有2/3生存困难。目前大多数博物馆的运行经费仍然主要依赖政府拨款。但是，面对如此庞大，且不断快速发展的社会事业，政府有限的拨款仍然只能解决博物馆基本生存问题，远不能满足其发展的需要。在这样的现实下，博物馆的市场营销，能在一定程度上解决博物馆发展资金短缺问题。

同时，人们普遍认为，如果过于追求博物馆的短期直接经济效益，就很难避免过度利用博物馆资源，伤害优雅文化环境的情况。例如一些博物馆不能摆正博物馆使命与市场营销的

[1] 苏东海：《博物馆的沉思：苏东海论文选（卷二）》，文物出版社，2006年7月，第45页。
[2] 张伟：《博物馆事业与经济社会和谐发展》，《中国文物报》，2010年5月19日，第5版。

关系，为了增加收入，不惜放弃本职工作，巧立名目，打着“以文养文”旗号，开展与博物馆社会职能和服务宗旨无关的活动；或抛弃应有的科学精神，推出“快餐化”、“世俗化”的陈列展览内容，以迎合低俗、媚俗的市场需要；或盲目出租博物馆场地，随意增加“有偿服务”内容，扩大收费项目和标准，不顾文物安全和博物馆公益形象的维护。“别的项目都能‘跌倒重来’，唯独文化遗产的破坏，不可救药。”[1]

从世界范围看，博物馆引入市场营销机制，按照市场规律从社会上获得资源投入，是博物馆事业发展的基本趋势。这种做法，一方面有利于增强博物馆的活力和造血机能，实现博物馆资源投入的可持续性；另一方面有利于减轻纳税人的负担，并按照使用者付费的原则，实现博物馆成本的公平负担。同时市场营销还有利于促使博物馆更加关注公众对博物馆文化产品和服务的需求，推动博物馆提高社会服务水平。由此可见，博物馆引入市场营销机制，并不必然与博物馆的公益性质相悖，如何协调好公益性质与经济功能的关系才是解决问题的关键。

博物馆价值由其本身对人类的历史和未来的价值所决定。市场营销应由更宏大的价值支撑，应着眼于远大的文化理想。博物馆是社会文化教育机构，服务对象是广大民众，拥有开展市场营销的社会基础。因此，博物馆应努力提高自身获取资金和增加收入的能力，博物馆越能深入地挖掘自身资源，更好地服务观众，就越能获得社会公众的支持，并为自身发展赢得广泛的资金支持。博物馆与市场营销的结合，强化了博物馆的生存能力，许多博物馆通过市场营销增加了经济收入，丰富了资金汇集渠道，为长期受到资金问题困扰的博物馆文化发展需求找到了出路。

博物馆的市场营销行为与以往的博物馆经营创收活动并非相同。博物馆市场营销的根本目的不仅仅是为了获取经济效益，而是以社会和公众为工作目标，通过一系列技术方法和过程的塑造，营造良好的生存和发展空间，实现博物馆存在价值的最大化，实现为社会和社会发展服务的总目标。通过市场营销，博物馆可以更好地把关注公众和社会需求摆在突出位置，促进博物馆的管理在规范和整合内部要素的同时更好地融入社会，从而在适应经济和社会环境需要的前提下，创造优良的博物馆生存环境。

博物馆在策划市场营销项目时，必须遵循服务社会民众的原则。如果急功近利地用短期成果来衡量市场营销的成败，永远也不会成为出色的博物馆。因为急功近利的短期成果和评价，只能对博物馆的可持续发展产生负面影响。从普遍经济的角度来看，博物馆文物藏品是无价的文化财富，它的价值不能以市场经济来衡量，正因为文物藏品退出了市场流通，因此它们能够换来更加神圣的价值，换来对于整个社会的福利。而且这种福利属于整个民族、属于子孙后代。因此，国际博物馆领域均秉承一条不成文的规则，即文物藏品一旦进入公共收藏，即不再出让，不能进入市场流通。

今天，博物馆仅仅依靠陈列展览吸引观众，已经远远不能满足博物馆发展和观众需求的

[1] 吴焰、杨雪梅：《历史遗存，在成都激活重生》，《人民日报》，2010年6月11日，第12版。

双重任务，需要通过市场营销增加社会竞争能力。博物馆市场营销的目的，在于为观众提供更好的文化产品和服务，在实现社会价值的同时，获得相应的经济回报。因此，博物馆市场营销的发展，并没有排斥其公益性质，而是在为社会公众服务的同时提升自身价值。在与市场营销的互动中，博物馆不仅可以实现经济方面的贡献，而且有利于教育功能的实现，满足社会公众文化生活的需要，促进区域经济社会发展。博物馆还可以通过市场营销改善服务环境，转变服务观念，增加服务项目，提高服务质量，吸引社会的广泛关注和资助。

发达国家的经验证明，良好的市场营销有助于博物馆树立品牌，提高工作效益，它所附带而来的经济效益也是显而易见的。[1] 虽然文化产品和文化服务可以有价，对于文化产品和文化服务的消费可以有偿，但是博物馆市场营销的文化价值，永远都是附着在精神价值之上。博物馆不能为了获取支持而放弃自身的基本原则，做出有损于博物馆公众形象的事情，决不能为了追求市场经济价值，而降低精神文化价值，更不能不择手段地从博物馆文化资源中榨取经济利益，以牺牲精神文化价值来换取市场经济价值。[2]

人们往往将市场营销与博物馆创收、获取经济利益联系起来，更多地将其视为一种经营手段或者推销活动。实际上，从博物馆发展趋势看，市场营销的意义与价值远不止于此。市场营销是博物馆更多地了解观众需求，采取各种措施吸引观众，从而尽可能满足观众需求的过程，同时也是博物馆在与观众的沟通和互动中实现自身价值的过程。从这一意义上说，市场营销是观众与博物馆之间交流的桥梁，是博物馆实现自身价值的方式，是一种着眼于可持续发展的远大视野，是真正立足于社会公众的人文关怀，使观众在博物馆中学习更多、收获更多、享受更多。

近年来，我国博物馆领域开展市场营销的实践与研究，使市场营销作为博物馆文化的传播平台，参与到社会竞争当中，为博物馆创造出巨大的综合效益。人们逐渐认识到，博物馆市场营销并非普通的商业活动，而是博物馆社会教育和文化服务功能的拓展与延伸，是体现高雅文化和人文情怀的文化活动。美国营销学家P. 科特勒（P. Kotler）认为：博物馆营销是以观众为导向的，是博物馆通过自己的多种功能与服务不断地探索、发现、创新，以满足社会与观众的需求，达到博物馆与观众的双赢，与商家追求利润最大化的销售与促销，有着本质的不同。不应将市场营销简单地等同于经济创收，仅仅为了弥补事业经费不足的缺口。

如果仅仅从经济角度看待市场营销，必然出现违背市场营销规律的短期行为，其结果也不可能理想。经过多年的发展和完善，博物馆的市场营销手段已经成为博物馆发展不可或缺的部分，这些既得益于相关理念的成熟，更取决于行之有效的各项措施。例如一些国际著名的博物馆，尽管市场营销活动蒸蒸日上，显示出蓬勃生机，但是每个博物馆都自觉遵守市场营销原则和职业规则，从不超越雷池一步。这些博物馆对举办市场营销活动有严格限制，包括不得举办宗教、商业等非文化性质的活动，不得在开放时间举办活动，以免影响观众参观，保证博物馆与市场营销相结合的定位和策略获得成功。

---

[1] 褚晓波：《迈向国际 提升专业 融入社会》，《中国文物报》，2009年12月9日，第11版。
[2] 艾斐：《文化的功能在养“心”》，《人民日报》，2010年9月28日，第7版。

如何正确处理博物馆使命与市场营销的关系，是当前博物馆面临的一个重大问题。博物馆市场营销的规模、质量、程度、范围，都能在公众的选择中得到评判和检验，在社会竞争中实现优胜劣汰，使博物馆的整体素质大大提高。以往人们认识博物馆市场营销的现实意义，是能够使博物馆从中获取经济收益，增强自身“造血”功能。但是，注重社会效益，拓展服务领域，正确处理社会效益和经济效益的关系，把社会效益放在首位，是博物馆市场营销的重要原则。一方面，市场营销能够加强博物馆与社会的联系，使博物馆从中获取资源、资金和支持，有助于实现博物馆的使命。另一方面，市场营销的一些理念与规则，又有可能伤及博物馆的本质、使命与原则。

对于博物馆来说，发展市场营销只是有利于实现博物馆核心使命的手段，而不是目的；发展市场营销不是附加一项独立工作，而是渗透到博物馆工作的各个环节；发展市场营销不仅仅关注经济收益，而更应关注博物馆工作的综合效益。博物馆只有实现公众利益，才能获得自身利益，这种利益的一致性促使博物馆不断研究掌握公众需求，主动规范自己的行为，坚定履行自己的职责。实践证明，博物馆市场营销的发展有利于核心使命的加强、文化功能的拓展、社会影响的扩大、管理方式的改革、运营经费的增加。

今天，市场营销开始普遍为博物馆所接纳，渐渐成为博物馆的一个日常功能。将市场营销引入博物馆工作，并不意味着博物馆向商业化妥协，是市场营销适用于博物馆，而不是博物馆屈就于市场营销。博物馆、美术馆、图书馆等教育科学机构的市场营销常指社会营销。它与商业营销一样强调追求利益最大化，只不过追求的是社会利益的最大化。博物馆为改善参观环境、提高服务质量、吸引更多观众，往往也采取多种方式开展市场营销，吸引更多潜在的公众、满足不同公众的期望与需求，并与之建立关系网络，于是产品销售、餐饮服务、场地利用等均开始进入博物馆的大雅之堂，成为博物馆市场营销的重要手段。

关于“文化产业”，联合国教科文组织的定义是：“按照工业标准，生产、再生产、储存以及分配文化产品和服务的一系列活动。”我国学术界较有代表性的定义则认为，文化产业是从事文化产品的生产、流通和提供文化服务的经营性活动的行业总称。我国政府主要将文化产业概括为：“为社会公众提供文化、娱乐产品和服务的活动，以及与这些活动有关联的活动的集合。”但是，要真正准确地把握文化产业的本质内涵，必须对文化事业与文化产业之间的关系有较为全面的了解。文化事业与文化产业两者之间既有区别又互相联系。文化事业所进行的是公共产品的生产，主要是依靠国家扶持，与市场没有必然的联系；文化产业是市场经济行为，生产的是文化商品，它不能脱离市场而存在。

文化事业与文化产业的共同核心都是文化，二者之间具有相互渗透、相互依存、相辅相成的特性和规律，文化事业是文化产业赖以发展的基础和条件，如果没有原创性的文化产品研发，文化产业就只能是无源之水、无本之木。因此，既不能将文化事业与文化产业截然分开，也不能将其混为一谈。博物馆以非营利性为目的的事业性活动为主，主要包括文物藏品的征集保护与科学研究、基本陈列与临时展览、社会教育与文化传播等各项职能。但是，在博物馆的全部活动中，也包括一部分经营性活动，例如商业性展览、纪念品销售、资料提供、餐饮服务等。

关于“文化产品”，联合国教科文组织的定义为：“文化产品一般是指传播思想、符号和生活方式的消费品，它能够提供信息和娱乐，进而形成群体认同并影响文化行为。”从这一定义可以看出，“文化产品”首先是一种消费产品。既然是一种消费产品，必然要通过生产才能得到。因而，具体到博物馆文化产品，其主要是指以博物馆资源为依托，通过生产、流通、交换、消费等环节来实现价值的各类文化产品。这是博物馆文化产品的广义定义。从这一角度出发，可以说博物馆文化产品涵括了与博物馆事业有关的一切产出，至少包括陈列展览、文物研究与收藏、教育服务、文化传播等内容。

宋新潮先生概括了广义范围内的博物馆文化产品的两方面内容，一个是博物馆的展览，主要是把独立文物或艺术品连接起来，组成一个具有思想性的文化产品；另一个是通过一系列的纪念品，以及博物馆指南、图书、图片等为代表，以商品形式出现的博物馆文化产品。[1]因此，博物馆文化产品在博物馆服务与公众需求之间居于内外衔接的中心环节，是博物馆社会服务功能的重要体现、社会作用的延续和社会效益的放大。博物馆在保证社会效益的前提下，为公众提供特色鲜明、内容健康、适合精神需求的文化产品，在满足公众需求的同时，又能获取一定回报，提高自身的可持续发展能力。

博物馆文化产品特指依托博物馆文化资源而衍生出来的文化产品，因此必然被打上博物馆特有的文化烙印。博物馆文化产品研发所依托的资源，主要是博物馆文化资源，而其中又以文物资源最为显著。博物馆文化产品在研发设计方面，拥有固定的可供参考借鉴的文化元素，因此，与市场上其他同类产品相比，具有更厚重的人文内涵，需要更多地对文化的领悟与把握。对博物馆文化产品的研发，尤其注意科学性与审美性、历史性与现代性的结合。这些结合起来的复合性特征，增加了博物馆文化产品的附加值，从而能够实现更多的综合效益。

博物馆文化产品的研发绝不是简单的照搬照抄就能够完成，而是一种文化创意行为。“需要历史性与现实性的灵动结合，需要审美性与史实性的完美联动，需要创新性与守成性的浑然天成”，才能达到一流的研发设计。博物馆文化产品研发具有“取之于博物馆资源，用之于博物馆文化事业”的既定目标，博物馆文化产品研发的经济效益，必然对博物馆文化事业的发展带来明显的反哺作用，扩大了博物馆社会教育职能，也促进了博物馆文化事业的发展。因此，进行博物馆文化产品研发，并不违背博物馆文化事业发展的终极目标。

从博物馆市场营销概念的提出，到各个博物馆的具体实践，都还处于探索阶段。因此，应避免急功近利和杀鸡取卵的做法。必须明确博物馆是非营利性机构，它提供的是公共产品，博物馆市场营销，与一般产业开发不同，产业开发如果失败往往可以重新再来，但是博物馆市场营销失败，不仅意味着经济上的损失，更意味着博物馆在文化资源上的浪费和社会公信度的伤害，因此不应将博物馆完全抛向市场。博物馆市场营销既要勇于开拓，在观念上求新，思维上求变，又要谨慎策划、周密思考，协调处理好各种发展关系。

---

[1]《创新文化产品样式 打造名牌特色产品——“博物馆文化产品”研讨会综述》，《中国文物报》，2007 年 10 月 26 日。

博物馆的市场营销并不能完全用一般的商业手法进行套用，商业消费是一个过程，当消费过程结束后，其价值亦同时减退。而博物馆提供的文化产品与服务应具有体验趣味，而且获得持久性的记忆，满足观众对于知识的需求。因此，博物馆的市场营销不能由营利性的商业手法进行主导，博物馆的文化产品需要坚持博物馆使命，遵守博物馆规律。要使博物馆市场营销达到预期目标，就必须对博物馆自身的场馆、人力、环境、藏品、品牌等文化资源进行分析、研究和评估，以便准确地阐述这些文化资源与市场营销目标之间的关系。

订立目标是开展博物馆文化产业和市场营销的起点与关键，但是，要能很好地订立目标，首先要对博物馆自身能力有明确的了解，包括外部环境与内部情况。无论规模大小，博物馆都应对自身条件，以及各类外部因素进行科学、细致的研究分析，在此基础上，明确博物馆的文化使命、发展目标、行动计划、市场策略等。博物馆的市场营销理念最关键的就是要了解观众、研究观众、吸引观众、留住观众、服务观众。对博物馆观众进行分类与分析，还应当结合地区特点、行业特点、季节特点等因素进行细化，必须对自己的观众群体进行细分，确定当前的目标观众，利用广告宣传手段，保留现实观众，培养潜在观众。

（此文发表于《故宫博物院院刊》2013 年第 4 期，第 6 页）

博物馆使命与文化生态环境净化

博物馆是保护、展示文化遗产和人类环境物证的文化教育机构，是一个国家、一个民族宣传其文明成就和发展水平的重要窗口。实际上，博物馆不仅是保存、研究、展示文物藏品的文化场所，更是人们感受历史、引发思考的文化空间。博物馆文化应该以更加丰富多彩的方式，进入社会公众的生活之中，成为人们的日常文化生活的重要组成，如此，才能使博物馆文化的传播更加有效，使博物馆文化的影响更加深入。

人们生活在自然生态环境之中，也生活在文化生态环境之中。两种生态环境的优劣都直接关系到人们的生活质量。“实际上，自然生态不过是文化生态的物理显现而已，二者互为表里。文化生态，就是人们精神呼吸的空气，通过耳濡目染影响人的精神世界，影响人的行为。”[1] 今天，在自然生态环境方面，人们正在忍受着生态破坏和环境污染带来的苦果，而在文化生态环境方面，也出现了诸多不容忽视的问题。对此，一位文化界人士指出：“一场经济危机，会影响三五年；而一场文化危机，会影响一代人！”[2]

“近年来，文艺创作存在一些问题，特别是低俗化、娱乐化倾向严重。据说现在一年创作歌曲在2万首以上，但是真正为广大群众所传唱的有多少首？现在一年创作的小说等文学作品汗牛充栋，但真正为广大读者所一致公认的力作有多少部？出版业一年出版各类出版物30万种，但真正能与我们先辈几千年为我们留下的8万种历史典籍比肩的作品有多少？我们全国几百个电视频道，数以千万计的文化节目，真正的有丰富文化内涵、高尚文化品位和品格节目又占多大比例？我们每年生产400多部影片，上万集电视剧，其中能与我们耳熟能详的经典作品并驾齐驱的传世力作占多大比例？热遍全国的文化遗产保护浪潮中，逐利、炒作，托假的‘虚火’占多大成分？”[3]

从文化安全来看。国际思想界流传一句名言：“19世纪靠军事改变世界，20世纪靠经济改变世界，21世纪靠文化改变世界。”联合国教科文组织曾统计，美国控制了全球75%的电视节目的生产和制作。美国的电影产量占全球影片产量的6.7%，但是却占领了全球影片总放映时间的50%以上。在我国内地，每年引进10部美国电影就占据60%的电影市场。据统计，美国文化占网上信息资源的90%，使人们一进入因特网就进入了美国的文化环境之中。美国全球化被形象地概括为“三片”：信息文化“芯片”，饮食文化“薯片”，电影文化“大片”。

美国杜克大学教授弗雷德里克·詹姆逊说：“美国的电视、美国的音乐、好莱坞的电影，正在取代世界上其他一切东西。”还有人说：“当孩子们吃着麦当劳、喝着可口可乐、穿着

---

[1] 张德祥：《改良我们的文化生态》，《人民日报》，2010年6月29日，第24版。
[2] 詹勇：《媒体绝不可见利忘义》，《人民日报》，2010年6月23日，第4版。
[3] 蔡武：《低俗之风，岂可听之任之》，《人民日报》，2010年8月9日，第16版。

耐克鞋和牛仔裤、看着美国的畅销书、迪斯尼的动画片和好莱坞大片长大时，我们能指望他们具有什么样的价值观呢？”美国前国家安全顾问布热津斯2004年在《大抉择——美国站在十字路口》一书中写道：“毫不夸张地说，这种生活方式到处传播，潜移默化地起着重新定义的作用，它的穿透力势不可挡。没有任何一个大陆，也许没有任何一个国家能够抵御它的影响。”

“从上世纪90年代以来，个人主义、拜金主义、享乐主义、消费主义、功利主义、实用主义等的盛行和泛滥，逐步导致主体人格的分裂，出现了经济人与道德人、社会人与自然人的对立与冲突。”[1] 如今，在一些城市中，奢华消费之风呈蔓延之势，豪华大厦、豪华别墅、豪华游艇、豪华汽车、豪华服饰、豪华套餐等，消费领域的奢华景象层出不穷。这些奢华消费现象有着深层的社会原因。由于在过去的岁月中，人们的物质生活长期匮乏，因此一些“先富起来”的人群，产生出格外重视物质，甚至炫耀物质财富的心理，动辄比排场、讲气派，并往往进行商家炒作，媒体渲染，从而加剧物质崇拜的社会风气。[2]

王蒙先生认为：“对于市场力量的片面接受正在使人们变得浮躁，一些文化产业事业人追求的只限于印数、票房、收视率、点击率，一些作品正在通过拳头枕头、陈腐迷信、八卦奇闻来促销谋利，使文艺日益消费化、空心化乃至低俗化，失去了思想与艺术的追求与积累。”“传媒的炒作与炒作背后的经济实力正在使文艺上高下不分，真伪不辨，黄钟暗哑，瓦釜雷鸣。急功近利的风气使本来大有希望的文艺人也在走捷径，宁要无知的起哄与人为的、速成的明星，不要伟大的经典，不要文学艺术与学术的深刻性、郑重性与创造性，更不要说文化创造上的艰苦卓绝与不应逃避的付出代价。”[3]

贾磊磊教授在《文化，作为推动历史的精神力量》一文中，列举了几件往事，以说明文化的重要性。在历史上，匈奴的铁骑曾经横扫了罗马帝国的疆域。无数城市被洗劫一空。匈奴人在军事上征服了罗马。但是罗马的文化反过来却征服了匈奴人，使后者向往罗马人的文明，他们要盖和罗马人一样的浴室，他们要建像罗马人一样的广场、圆形剧场、竞技场、喷水池，总之，他们要享有和罗马人一样的生活。如果说，匈奴人曾经在军事上战胜了罗马人，那么罗马人则在文化上战胜了匈奴人。最终匈奴还是从罗马的疆域上被迫退出。[4]

2001年塔利班政府在阿富汗垮台时，印度外长飞赴喀布尔向新的临时政府表示祝贺，随机带去的不是武器和粮食，而是满载着宝莱坞电影和音乐的录音带文化商品。它们在阿富汗的市面上顷刻间一分而光。阿富汗人不是不需要食品、衣物，可是，对于印度人来说，比他们提供物质商品更重要的是，给他们提供一种文化，这种精神的援助，比让他们吃一顿饱饭更具有久远而深刻的影响力。在第二次世界大战结束之时，德国人在德累斯顿城市的废墟上并不是首先修建工厂、商店，而是市音乐厅。他们真的那么爱听音乐吗？他们就不知道在

[1] 邹广文：《过度市场化消解精神价值》，《人民论坛》2010年第8期，第23页。
[2] 杨亮：《透视炫耀性消费背后的文化心理》，《光明日报》，2007年1月10日，第7版。
[3] 王蒙：《关于文化建设与文化发展的思考与建议》。
[4] 贾磊磊：《文化，作为推动历史的精神力量》，《中国艺术学》，北京大学出版社，2007年，第1页。

风雨中露宿街头的凄凉和痛苦吗？其实，他们并不是要去享受音乐，而是要在音乐中聚集一个民族复兴所必需的文化精神！这恰恰是改变这个世界的无形力量。[1]

一个沉溺于物质享受而不能自拔的人生是可悲的，而仅以经济指标论高下的社会也是可怕的。无论任何社会，当物质财富积累到一定程度时，若要继续向前发展，就必须清醒地认识文化的意义，并从物质利益的束缚中解放出来。因为，被物质利益牵着走，人们就听不到内心的声音，也听不到自然向人类发出的警报。不断地自我反省是人类得以生存至今的重要原因。“在个体欲望被催生、被放大的商业化的时代，集体意识极容易被淡化、甚至被消解。面对这种客观实现，如果我们只是依靠政府颁布的文件或是依靠几家主流媒体发表的政策性、行业性信息，并不能扭转或引导具有普遍性、倾向性的社会情绪。”[2]

英国著名物理学家霍金曾说，人类因为“自私和贪婪”的基因，肆无忌惮地破坏自然和环境，以至于地球再有200年就要不再适合人类生存了，人类唯一的生路是以接近光速的运载工具移民外太空。面对这样的警示，可以挽救人类的并非外力，而是人类自己。[3]在人类的社会活动中，经济和文化是两个基本形态，不仅几乎同时产生、同等重要，而且一直相互依存、紧密联系，共同构成人类社会不断发展进步的支撑与动力。正是人类这种在经济生活之外，对文化生活的需求、向往和实践探索，催生和孕育了不同于物质文明的另一种文明形态。文化一旦产生，便使人类具有了更为强大的创造力，愈益有效地推动经济发展和社会进步。

随着社会的发展和信息技术的不断进步，一方面，信息越来越丰富，人们在学习、工作与生活上越来越依赖信息；另一方面，信息超载也带来困扰。面对海量的信息资源，人们却又难以有效地获取自己所需的信息。信息的泛滥已经超过了人们注意力可以承受的负载，导致了普遍的注意力匮乏，这种现象使注意力成为一种稀缺资源。诺贝尔奖获得者H. 西蒙（H. Simon）指出：“随着信息时代的发展，有价值的不是信息，而是注意力。”“注意力已成为一种比储存在银行账户上的钱更有价值的货币。”[4]

农业社会的竞争主要取决于劳动力，工业社会的竞争力主要取决于生产工具和科学技术，而信息社会的竞争主要取决于注意力。成功的传播要求从受众的角度出发，弄清楚是什么影响了受众个体的选择和行为；传播者需要考虑的是什么样的内容、表达方式和环境有助于吸引受众，保持受众注意力。“所以博物馆的成功不在于它所提供的资讯的多少，而在于它是以何种方式提供的。如果不能引起观众的注意，再多的信息也只是博物馆人的自娱自乐而已。”[5]观众的注意力是有限的，而信息是无限的。如果博物馆想在众多的资讯竞争中获得成功，就必须善于获得注意力，而要吸引观众的注意力，就必须注意观众和了解观众。

有关调查表明，在1992年，36%的成年男子每天至少要阅读30分钟，到1999年，百分比下降到了22%，而一个普通观众每天观看电视的时间却令人惊奇地达到了3.5小时。

---

[1] 贾磊磊：《文化，作为推动历史的精神力量》，《中国艺术学》，北京大学出版社，2007年，第1页。
[2] 贾磊磊：《文化，作为推动历史的精神力量》，《中国艺术学》，北京大学出版社，2007年，第1页。
[3] 吕林荫：《只讲财富的人生，是可悲的》，《解放周末》，2010 年9月17日，第17版。
[4] 唐贞全：《从信息传播到注意力传播》，《东南文化》2011年第1期，第83页。
[5] 唐贞全：《从信息传播到注意力传播》，《东南文化》2011年第1期，第83页。

电视是人类历史上最成功的注意力获取技术，通过简短的解说、恰当的时间安排、鲜明的个性以及对用户的友好来获取注意力；而互联网和游戏，凭借其互动性，似乎有超过电视的势头。在这一情势下，很多博物馆的陈列展览模式已经越来越不适合当代观众的需求，不足以吸引他们的注意力。

正如M. 霍尔（M.Hall）所说：“很多展览不够成功，是因为就他们的观众、物品与风格而言，其展览基本上可以称之为立体的书。为什么要求观众去读一本订在展厅墙上的书呢？”例如在美国芝加哥工业与技术博物馆中，整个一堵墙上密密麻麻的都是展板和文字，一眼望不到边，除却令人“震撼”之外，更让人感到“望而却步”。这样的陈列展览设计显然不能吸引观众关注其具体内容。事实证明，只有经过精心整理的信息，才会获得注意力。正因为如此，博物馆在进行陈列展览策划时，必须将其内容与社会、与观众生活相联系，揭示文物展品对于今天社会生活的现实意义，否则就不能吸引观众的注意力，最终也无法实现博物馆的功能，发挥应有的作用。

英国文化部在2007年做过一次统计，在这一年中，只有35%的青少年参观过一次博物馆。因为博物馆对他们来说是“无聊”的同义词。博物馆如何与青少年建立长期好友的关系，如何根据青少年的年龄特点，理解能力和兴趣特点，推出适合他们的展览，是博物馆面临的一大挑战。目前博物馆需要与电脑游戏、便捷的通讯技术争夺青少年群体。北京青少年研究所曾对北京市1000位在校学生进行调查，结果表明在日常生活中他们最喜欢从事的活动排序是：第一，约64.8%的学生喜欢朋友聚会；第二，喜欢听音乐、看电影、与家人一起、上网；只有7.8%的学生喜欢参观博物馆。[1]

吸引青少年走进博物馆，一直是各国博物馆关注的问题。在当前市场经济条件下，全社会竞争意识高涨，大多数青少年从小学时期开始，就进入应试教育的轨道，为上重点、考大学、读学位而竞争；进入社会，又要为生存、为生活、为晋升而拼搏，几乎没有时间探索人生理想，思考人生意义。巨大的竞争压力，甚至使一些人产生危机感、恐惧感，引发心理疾病，孤独抑郁、自我封闭，不关心他人，不关心社会，不善于与人交流。“对这样一些人群，博物馆要给予特别的关心，并成为他们的精神家园。”[2] 因此，博物馆必须改变自己，积极探索青少年与博物馆展览紧密联系的契合点。

近年来，信息技术的迅速发展给各国的视觉艺术和民族文化的发展带来了机遇和挑战，然而发达国家正倚仗其技术优势和经济强势，尤其是在视觉传播上的不断更新，将其文化和价值观推向世界的每个角落。在我国广大民众的文化生活方面，也存在一些隐忧。一方面，“近年来，人们对物质生活的追求越来越强烈，对自己心灵的关照不够。如果长期不关照我们的心灵，它就会变得冷漠”[3]。另一方面，当今信息时代最重要的特征就是文化越来越依赖于视觉，潮水般的视觉符号构成了我们的生活空间。从广告宣传到影视节目，从报刊书籍

[1] 禹婧景：《儿童教育活动是博物馆可持续发展的生命力》，《中国文物报》，2011年7月13日，第6版。
[2] 马自树：《文博余话》，紫禁城出版社，2011年6月。
[3] 纪双城：《向国外博物馆同行学“竞争”》，《环球时报》，2011年4月22日，第13版。

到商品包装，从服饰造型到互联网界面，无论在家庭、单位还是商场、影院，人们的眼睛从来没有像今天这样忙碌，视觉艺术日益成为人类占主导地位的主要传播方式，视觉活动已普遍渗透于当代人的文化生活之中。

有人一针见血地指出，文化越是泛滥，整个社会就越没有文化。“现在文化不仅表现为一种热热闹闹的浅层化，还存在着明显的文化被滥用的情况。当任何东西都可以冠上文化的时候，实际上，文化被消解得差不多了。”[1] 在现实中，一些博物馆利用率不高，观众较少，虽然这并非仅是博物馆的尴尬，也是城市文化氛围、文化发展状况的尴尬。但是，博物馆要适应社会文化生活的新特点和社会民众的新期待，注重陈列展览和文化活动内容与形式创新，将知识性、趣味性和观赏性有机结合，增强文化表现力和感染力。

目前各种类型的博物馆通过提供形式与内涵极其丰富多样的陈列展览，用直观浅显的方式，向人们介绍社会学科和自然科学的相关知识，有助于人们将原有的文化视野加以拓展。[2] 博物馆的陈列展览应追求精品意识，将精品意识体现于陈列展览的各个环节和具体细节，形成具有影响力的文化品牌。一个主题鲜明，富有思想性和现实针对性的优秀展览，不仅要求在文物展品、陈列方式上精心设计与筹划，而且还应从观众参观数量、社会影响程度以及综合效益发挥等方面进行评价。通过对于社会民众参观需求进行调查，并对观众心理进行分析，可以了解人们心目中博物馆的应有形象。

在构成陈列展览的诸多因素中，最核心的要素是文物藏品，“观念上要相信在知识爆炸的网络时代，真实，直观的特征将是博物馆作为社会文化教育机构独有的法宝，因为我们看到，在这个图像可以被轻易复制的时代，尽管‘蒙娜丽莎’的图像随处可见，但无数的人群还是从四面八方汇集到卢浮宫，只为在她的面前驻足凝视三十秒”[3]。文物藏品永远是博物馆文化传播的核心内容，其作用与魅力是无法替代的。在博物馆的文物藏品中，蕴含着丰富的文化信息，将这些文化信息传播给更多的社会公众是博物馆的重要社会责任。

一部激动人心的电影，一首柔婉动人的歌曲，一幅回肠荡气的油画，包括一首诗，甚至一句话都可能对人们的生活产生重大影响。以图书为主体的博物馆出版物是博物馆教育与公众服务职能的拓展和延伸，也是博物馆树立形象、吸引目标观众群的重要途径。国外一些著名博物馆都有自己独立的出版部门甚至出版公司，大英博物馆在成立之初就设有自己的印刷出版部，大都会艺术博物馆曾刊行两本参考目录性质的出版物，用以介绍 1870 － 2005 年间由该馆发行的各类出版物，希望用优秀的出版物为观众开启一扇通向博物馆的大门，使观众通过博物馆参观收获更多的知识与启示，

目前，我国的博物馆图书包括展览图册、馆藏文物图录以及文物研究专著等，这些学术气息浓厚的图书为专家学者的研究提供了重要帮助，但是也往往因为过于专业化的语言，使普通观众难以接受。博物馆图书要实现博物馆资源社会效益最大化，除坚持正确的学术规范

[1] 李舫：《文化批评，我拿什么拯救你》，《人民日报》，2011 年 5 月 6 日，第 17 版。
[2] 国际博协 2010 年大会筹委会专家组：《国际博协第 22 届大会主题说明》，《中国国际友谊》第七卷，2010 年 12 月。
[3] 黄春雨：《博物馆的社会化与专业化思考》，《中国博物馆》2008 年第 3 期，第 19 页。

之外，还要适应不同年龄阶段、不同学识水平、不同文化层次的观众阅读需求。随着观众的文化需求以及购买力的不断增长，博物馆图书应该在品种较少、售价较高的现状中寻求突破，建立以不同版本、不同内容、不同价位、不同载体为支撑的体系，更大程度地满足广大民众日益增长的文化生活需要。

在欧美国家，参观博物馆是公众的一种休闲习惯，一种文化习俗。每逢节假日，各大博物馆都会游人如织。精彩的专题展览往往会吸引观众从四面八方赶来，使参观博物馆逐渐成为公众的一种生活方式，使博物馆真正成为培育公民素养的沃土，反映社会文明的窗口。“在美国颇具影响力的博物馆——史密森学会则沿着一条真正的朝圣之路发展。当A. 库克（A. Cooke）提醒每一位电视观众，他们都有义务至少和家人参观一次史密森尼学会，当每年的确有千万人次的参观数量时，你才会相信这一现象的真实性。”

经过媒体传播功能，一些博物馆文物展品被社会公众广为了解，成为文化生活中的偶像，不仅为美国观众，而且被前来的国外观众所认可。[1] 今天，博物馆与学校教育在德育、智育、美育等方面具有广阔的合作空间。事实上，任何一座博物馆的发展，都需要吸引年轻人的注意力。应倡导博物馆纳入国民教育体系，使博物馆文化进校园、进课堂、进教材。据统计，每年以班组为单位参观大都会艺术博物馆的幼儿园儿童和中小学生达20万。事实上，博物馆以本地的文化与自然资源作为教育内容，可以激发学生们对本地社区的兴趣，鼓励学生们投身于本地社区的建设，为它能拥有一个美好的未来而努力。[2]

文化生态关系到社会和谐与文明进步，在文化空气稀薄的社会中，人们难以获得健康的文化营养，这一状况应当引起高度重视。岁月沧桑使文化遗产不可再生而弥足珍贵，博物馆正是保留这些珍贵遗存的文化场所，唯有选择那些能够代表时代精神价值的文化遗产，从人性的角度去解析，用平等的视角去阐述，以艺术的手段去展现，才能真正走进社会民众的内心，让人们在欣赏与享受中自我升华，在春风化雨、润物无声中陶冶情操。博物馆中的文物藏品能够跨越时代变迁，默默地将它蕴藏的知识、沉淀的历史保存下来。因此在文物展品中有真正的知识、有精神的支撑，参观陈列展览就是品读社会、阅读人生。

每一件文物展品都有自身的特色，都有属于本身的故事。有的文物展品是在特定的历史条件下诞生，有的文物展品经过战火硝烟或政治动乱历程，有的文物展品经过精心修复后重放光彩，有的文物展品是在被盗窃后失而复得，有的文物展品是对外交往中的国礼精品。这些博物馆藏品在展出时，如能介绍出符合实际的感人故事，就能在文化认同中，升华人们的情怀，开阔人们的视野。珍视和传播文物藏品中的历史记忆，就是维护文物藏品的生命历程和应有尊严，使参观展览成为生活中最温馨、最充实、最难忘的时刻，使人们能够看到人类走过的沧桑历程，更能看到人类的智慧创造和追求向往，感受和体味文物藏品对于和谐的呼唤。

博物馆是人们终身学习、获取知识最好的场所之一，现代化的博物馆主要通过不同主题的展览和各种形式的活动，引导人们自我学习，参观者自行选择参观内容和活动方式，通过

---

[1] 乔治·F. 麦克唐纳：《“地球村”的博物馆未来》，《中国文物报》，2010年6月30日。
[2] 玛吉·鲁塞尔-恰尔迪：《城市环境中以地区为基础的教育》，《国际博物馆》2006年第2辑，译林出版社，第71页。

自己的实践去探索，充实人生。博物馆利用文物藏品，以各种工作方式和方法，为社会教育和有关学科研究服务，这是博物馆收藏作用于社会的过程，也是博物馆中最有意义的任务。同时，博物馆一般都提供有展览图录供参观者翻阅，有条件的博物馆在多功能厅或观众休息室定时为参观者播放与博物馆陈列展览、展品相关内容的幻灯片、光盘等。

一些博物馆还开辟专门的研究室、实验室、图书馆，为满足博物馆外的从事研究工作的专业人员或是博物馆爱好者的需求，提供有偿或免费的研究资料。尤其是博物馆的图书馆，其功能不同于公共图书馆，以往主要是为博物馆内部人员提供服务。但是，随着博物馆的社会职能的扩大，为社会提供深层次的社会教育，博物馆的图书馆对公众的开放显得十分重要。博物馆还可以准备各种内容的流动展览，到学校、社区、企业进行巡展，增强服务功能，直接面向社会公众，使博物馆文化逐渐深入人心，并以巡展、辅导授课等形式深入学校，通过组织具有针对性、目的性和实效性的活动，吸引学生了解传统文化和科学知识。

进入新的世纪，“宜居城市”的概念越来越受到人们的关注。宜居城市的内涵有广义和狭义之分。广义的宜居城市是指人文、自然环境协调，经济、社会、文化、设施等各方面均达到较高水平，适宜人类工作、居住和生活的城市。狭义的宜居城市则突出关注城市的生态环境和居住功能，是指气候、生态、人工环境等方面适宜人类居住的城市。国际社会评选宜居城市的主要指标包括稳定、健康、文化和环境、教育、基础设施等方面。与我国评选宜居城市更为注重经济发展和基础设施相比，更为强调安全、健康和舒适。其中安全是指城市具备良好的政治环境、社会治安状况和防御自然灾害的能力；健康是指城市可以提供优质的自然生态环境和完善的医疗服务体系；舒适则包括宜人的自然和人文景观以及良好的文化氛围。

意大利学者萨尔扎诺在题为《7个目标走向宜居城市》的文章中指出：宜居城市尊重历史的印记（居住者的根），并尊重还未出世的人（居住者的后代）。他提出的目标是：宜居城市向全世界开放，没有种族隔离区；宜居城市的特点是多种功能交织，并能培育出丰富的人际交往；宜居城市的规划者能驾驭城市的复杂性和动态性，以避免引发拥堵和焦虑；宜居城市能与它的历史遗迹和大自然保持良好的关系；宜居城市是公众的家；宜居城市的公共空间是社交生活的中心和整个社会的聚集地等。[1]

D.格鲁考克（D.Grew Hancock）认为：“城市生活和城市变迁在全球各个国家都各不相同，城市博物馆的功能角色当然也要适应各个地区的特点和形势。”[2]无论是物质资源还是文化资源，优势往往体现于稀缺性。当一座城市经历大规模建设改造后，人们开始怀着对历史的敬畏之心，精心呵护保存传统文化肌理的历史街区，承载丰厚历史信息的传统建筑，竭力补救所谓“旧城改造”、“危旧房改造”对城市文化和文化遗产的破坏。因为，一个失去文化遗产的民族是一个漂浮的民族、一个丧失记忆的民族、一个没有根基的民族，就不会深刻洞察明察昨天，正确认识今天和科学把握明天。

---

[1] 周赟：《宜居城市，实现城与人的和谐》，《人民日报》，2010年8月17日，第23版。

[2] 邓肯·格鲁考克：《城市博物馆和城市未来：城市规划的新思路与城市博物馆的机遇》，《国际博物馆》2006年第2辑，第32页。

具有不可再生性质的历史街区，是一座历史性城市最具文化特色，也是最能够凝聚人心的场所。人们在自己城市的历史街区中可以找到更多的心灵归属感。然而，在我国的众多历史性城市，显然还没有将留存下来的历史街区定位于活态的博物馆。当我国城市普遍将博物馆视为“形象工程”，作为城市的标志性建筑时，国际社会则开始强调博物馆的社区化，甚至无边界化，使更多的当地居民从历史街区的保护中受益，积极促进社区民众自治能力的培养，使博物馆文化更多地融入到和谐社会之中，使当地居民都能感受到历史街区的体温和博物馆的情感，消弭社会中存在的价值断层与文化裂缝。[1]

美国历史学会前主席卡尔·贝克曾说过：“待在无人翻阅的书本里的东西，在世界上是没有用的。只有在世上起作用和在历史进程中发生影响的知识，才是活的知识。”[2]在广州，北京路的道路整治中，发现了北宋、南宋、南汉和明、清路面，经过考古发掘，层次分明，年代清楚，于是对“千年古道”采取了玻璃路面加以保护，既不影响行人穿行，又增加了观赏价值，使人们能够同时在古代的和现代的道路上漫步。在西安，大明宫是一座1300年前的皇家宫殿，现在所能看到只是一片文化遗址，人们要想了解大明宫的过去，体会昔日的辉煌，仅靠文字表述则远远不够。通过影像还原，较为全面地展现盛唐时期大明宫内的建筑、景观、文化、政治甚至是社会形态。建成后的大明宫国家考古遗址公园，不仅是一项重要的保护展示工程，也是利用科技手段进行文化展示的舞台。

澳门历史城区通过8个广场和传统街道，将25组历史建筑串联起来，形成一个东西方文明交流、文化融合的整体景观。不同时代的建筑物构成对话格局，形成别具一格的历史厚重和现实启迪，顺应了历史发展的内在逻辑。澳门民众的幸福指数不断提高，原因不仅在于回归祖国后经济日益繁荣，还因为生活得更有文化内涵，更有自豪感。更令人赞赏的是，澳门的历史建筑成为世界文化遗产，拂去了尘埃后，并没有成为单纯的历史符号，而是变得更加易于亲近，继续“活”在民众生活之中，历史和生活和谐共处，充满生命力，在经济社会生活中发挥着光和热。[3]

一个社区区别于另一个社区的，不仅在于它的规划布局、色彩基调、建筑形式，更重要的还在于其内在的气质、情感，及其文化底蕴。社区的文化特色是社区特有风貌和文化精神的完美结合。发现、界定、保护、传承和拓展社区的文化个性与特色，可以构建起轮廓清晰、结构完整、布局合理、特色独具的社区文化形象。自1975年，日本设立“国家重要传统建筑物群保护地区”制度以来，列入保护地区的项目已经超过80处。1996年，日本又制定了“登记有形文化资产制度”，将更多的历史建筑列入保护之列。伴随保护对象范围的扩大，“大量的”、“熟悉的”、“普遍的”历史建筑保护得到认真的讨论。

在日本，冻结式保存方法正在被“社区营造”所替代。北海道小樽市因运河而兴，但是当运河功能跟不上时代，且因运河两端都已被堵塞，一到夏天淤泥恶臭汇集。当地政府打算

[1] 杨雪梅、曹玲娟：《三千学者为博物馆找“活”路》，《人民日报》，2010年11月15日，第15版。
[2] 王保纯：《文化遗产图书会成“遗产”吗？》，《光明日报》，2010年8月30日，第2版。
[3] 王平：《澳门历史城区漫步》，《人民日报》海外版，2010年9月21日，第3版。

将无用的运河填埋起来，建设成宽阔的干道，并整体规划这一地区的再开发。但是小樽市民认为，这条承载着城市荣光和文脉的运河绝对不能消失，自发成立了“小樽运河保存协会”。于是，从运河保存到整个历史风貌区的保护更新，该协会发挥了重要作用。他们提出，历史街区保护不仅仅是“供人参观”，而且是“充满活生生的生活感的观光”[1]。

在2010年的国际博物馆协会第22届大会上，美国旧金山艺术学院常务院长奥奎·恩威佐曾表示，行走于欧洲大街，宛如走在一座鲜活的博物馆中，建筑和生活方式与一两百年前相差无几。那里的人们自己也觉得代表历史。然而行走在中国的一些大城市，如同进入一个巨大的工地，摩天大厦林立，到处都是现代化的景观，看不到传统文化留下的痕迹。“五千年的华夏文明涵养了中华民族的厚重历史，一点不比欧洲国家逊色，可欧洲人懂得城市是一座偌大的博物馆，对其爱护有加，我们却认为博物馆是城市一座标志性建筑，里面陈设着琳琅满目的文物，这首先是一种观念的差距。”[2]

正是欧洲人把城市视为鲜活的博物馆，才有着强烈的珍爱古建筑、古文化意识，他们知道这些见证历史的建筑失而不可复得，决不能从其身上榨取经济价值。相比较，中国城市成了生产GDP的机器，一切为经济发展让路成为许多官员的惯性思维。这种发展观又与政绩观有着千丝万缕的联系，在一些官员潜意识中，文物保护不能出彩，城市现代化才显政绩。在持续的大规模城市改造中，城市中留存的文化遗产越来越少，对于那些城市拆迁后所剩无几的文物构件，对于那些流离失所的文物资料，对于那些记录历史事件的标志性物品，博物馆成为它们新的家园，这是不得已的一种选择。

“对于传统与历史的关爱，以今人对前人而言，是一种尊重，以今人对后人而言，则是一种责任。”[3]这些历史街区往往有着与城市一样久远的生命，承载着城市的欢乐和悲伤，留存有不少感人故事。社区中的街巷、广场、建筑、雕塑、绿化、小品等，都构成了历史街区有形和外在的物态系统，作用于人们的视觉、听觉、嗅觉、触觉而直抵心灵。同时，它们又承载着历史街区中发生过和正在发生着的社区活动，正是这些千姿百态、生动有趣的活动，使历史街区富有充沛的人气和旺盛的活力。

台北淡水是一个重要的国际海港，是大陆到台湾重要的联结港口，也是列强经营东方的一个重要交汇点，红毛城、英国领事官邸、海关建筑、洋行建筑等古迹遗址被妥善保存，并成立了淡水古迹文化园区，对这些古迹遗址进行整体保护，对一般参观者开放，并定期举办展览及教育活动。淡水的居民社区意识比较成熟，自发成立文史社团、宗教团体、文化基金会，开展社区文化活动。文化工作人士、艺术家、教育工作者、宗教人士及文化机构，共同合力经营文化淡水，举办社区大学，低价或免费让淡水居民报名学习各种课程、培训解说人员等，社会各界亦投注相当多的经费在硬件维护与软件展示与教育上，使淡水成为最受台北市民欢迎的文化社区之一。

[1] 杨健：《历史街区应该回归“生活态”》，《解放日报》，2010年6月12日，第2版。
[2] 尹卫国：《让城市成为闪耀历史光芒的博物馆》，《中国建设报》，2011年3月28日，第4版。
[3] 孙翔、汪浩：《特征规划指引下的新加坡历史街区保护策略》，《国外城市规划》2004年第6期，第47页。

人们生活在城市中，为城市的发展而创造，城市发生的每一项积极变化，都会在一定程度上激发人们对自己生活城市的更加关爱，都会感受到城市发展与自己的工作和生活息息相关。今天，越来越多的城市认识到，虽然目前经济仍在持续高速发展，但是，城市未来可持续发展的强大动力，将来自于深厚的文化底蕴。因此，博物馆在城市文化建设中，应该充当更加积极的角色，承担更加重要的责任。对于大部分城市居民而言，一座理想的博物馆不仅仅是一般意义上的大众文化设施，而且是多元文化群体的精神家园，人们在这里能够寻找到生命的意义，能够感受到生活的多彩。

日本大阪拥有特殊的博物馆情结。无论在繁华的商业街还是在安静的居住区，随处可见各具特色的博物馆。对此，日本博物馆学者解释道："大阪本是一座名城，战争曾使这里的建筑变成一片焦土，但是文化是不能埋没的，博物馆是再现历史保留文化的最好方式，所以成为博物馆化的城市，始终是大阪人的追求。"在这一理想鼓舞下，进入21世纪后，拥有880万人口的大阪，仍在积极建立和发展博物馆，目的就是让世界知道大阪不仅拥有强劲的经济实力，同时也拥有深厚的文化底蕴，是一座过去与现代相容共存，经济与文化同步发展的国际城市，而博物馆真正肩负起了城市文化传播的责任。

每座城市的起源与发展，都离不开独特的地理环境与气候等诸多因素，在长期的文化积累和历史沉淀过程中，逐渐形成各自独具特色和个性的城市文化，并成为支撑城市发展的内在力量。加拿大学者D.P.谢弗（D.P.Schafer）认为，在全球化的时代，需要有一盏"未来的灯塔"，而文化正是这样的灯塔。他提出："在所有的社会理论和实践中，只有文化提供了这个灯塔。""它照亮了一条通往未来的道路，即一条基于文化的最崇高、最智慧、最杰出的原则和理想之路。"首都博物馆的口号是"首都，我的博物馆"。通过一系列陈列展览，用鲜活的故事，留住被高楼、广场和车水人流淹没的记忆，启发城市建设者们在新的创造中应该注意保护城市文化特色。

城市如人，有自己的生命历程。一座充满魅力和内涵的城市，绝非只有摩天大楼和宽阔街道，那些城市最深处的街巷胡同散发着城市的独特风情，充满社会民众的鲜活记忆。当代空间理论认为，空间并不是纯粹物理学或地理学意义上的客体，它具有社会性、历史性和文化性。博物馆正是这样一个包含着社会、历史、文化等多种元素的城市空间。[1]当快速的城市化进程，严重地影响到人们的居住空间和生活质量时，博物馆以其宁静、祥和的环境和设施，缓解着社会民众的生存焦虑，也使得日益被伤害的城市文化功能获得某种程度的弥补与修复。

城市让生活更美好，博物馆让社会更和谐。作为城市历史的记录者和展现者，博物馆一直以来既是城市文化的参与者，也是城市文化的推动者。博物馆作为一种全球性的文化设施，在国际化的浪潮汹涌而来之时，应该肩负起重要的使命，促进不同文化之间的对话，提倡各民族文化之间的尊重和理解，维护和保存文化的多元化、多样性。国际博物馆协会曾这样阐述博物馆管理对于社会和谐的作用：博物馆必须在世界文化快速变化中加强自己的文化意识，

[1] 周根红：《博物馆与城市文化的空间生产》，《东南文化》2010年第6期，第108页。

在国际化的国家体系中加强民族身份认同，并在全球性发展中，发挥自己特定的社会教育作用。

博物馆“致力于社会和谐”，因此，博物馆应充分体现公益性、基本性、均等性和便民性，坚守“精神家园”，完善综合功能，改进空间布局，提高服务水平。[1] 今天博物馆建设的和谐理念，除了崇尚人与自然的和谐、人与人的和谐以外，还应提倡人与社会的和谐。以人类文明的成长智慧和先进理念，有效应对和缓和日益尖锐的各种矛盾，这些也是博物馆不可回避的社会责任。博物馆要想真正成为人们生活中不可缺少的一部分，必须要善于主动介入当代文化生活，以观众需要为博物馆的发展前提，以多种手段为观众服务，以独特鲜明的形象吸引公众的注意，在社会上树立有自身特色的博物馆形象。

博物馆是人类培育高雅情趣，营造幸福生活的精神源泉。博物馆浓郁的文化氛围，含蓄的文物意境，引导人们从浮躁走向宁静，从现实走向理想，从思考走向行动。这里应成为没有高低贫贱，没有身份等级，没有理论说教，没有身心束缚，只有平等共享的精神乐园。正如法国地理学家P. 潘什梅尔（P.Pinchemel）所说：“城市既是一个景观、一片经济空间、一种人口密度；也是一个生活中心和劳动中心；更具体点说，也可能是一种气氛、一种特征或者一个灵魂。”[2] 只要人们仔细观察和深入研究，总能发现一座城市自己的气质、灵魂以及属于自己的故事。

在培养人们健康情趣、优化生活、美化环境、净化心灵，以及诗化人生方面，博物馆的作用无与伦比。西方哲学家休谟曾说过：“幸福与其说用任何其他方面，不如说是用感情这种敏感性来达到的。如果一个人具有那种能力，他由趣味的愉快中所得到的幸福，要比由欲望的满足中所得到的幸福更大。”[3] 要实现博物馆的资源效益和文化魅力，在陈列展览和文化活动中，不能简单罗列重要事件和历史人物，而应该首先寻找和揭示这座城市的灵魂，寻找属于城市自己的故事，并提炼出最能反映地域文化特色的主题，通过这一主题将各种重要的文化资源加以整合，形成一个整体，从而使陈列展览具有特色和号召力。

曼纽尔·卡斯特尔对信息时代的博物馆的功能，给出了全新的界定：“在信息时代被重新定义的博物馆正在成为城市复兴、城市设计和沟通艺术、电子网络和城市桥梁的重要源泉。”城市越是向前发展，就越是要留住城市的文化记忆，理清城市文化的发展脉络，保留城市传统文化的根脉。博物馆应该在城市文化确立与传播中担当责任，使博物馆文化为社会发展服务，使城市的活力、实力、魅力得到进一步提升。“关于博物馆与城市文化之间的关系，有两种很生动形象的比喻，一种是‘博物馆是城市之心’，另一种是‘博物馆是城市之眼’，突出的都是博物馆对于城市文化的重要性。”[4]

博物馆在城市的发展过程中，不断完善和创新，具有连续性、继承性和创新性，承载着城市的基本价值追求，孕育着城市的精神。博物馆作为现代性城市空间的精神与文化的代表，

[1] 陈燮君：《让不同文明成为知己》，《人民日报》，2010 年 11 月 5 日，第 17 版。
[2] 严建强：《从展示评估出发：专家判断与观众判断的双重实现》，《中国博物馆》2008 年第 2 期，第 71 页。
[3] 刘庆平、彭建：《当代中国博物馆向何去》，《中国博物馆》2008 年第 3 期，第 40 页。
[4] 吴美华：《从上海世博会看城市文化建设与博物馆的关系》，《中原文物》2010 年第 5 期，第 96 页。

其最重要的功能就是为人们提供一个交流与对话的公共空间。它与商场、街道不同，博物馆以一种隐性的内在力量放大了历史的精神魅力与文化吸引力，由此丰富了城市空间的文化内涵。[1] 一位博物馆学专家曾说过，没有博物馆的城市是贫乏的。而不在城市发展或城市变迁中发挥作用的博物馆又是单调的。[2] 博物馆在当代人类社会发展变革的背景环境中，应该顺应历史，调整自身的社会形象和角色，提升博物馆在城市发展变迁中的影响力，拓展其影响的空间、参与的空间和教育的空间。

今天，博物馆文化已经越来越渗透到人们的日常生活之中，引导人们更加正确地看待城市生活和城市发展。作为以博物馆建设带动城市发展的典型案例，莫过于西班牙北部城市毕尔巴鄂的古根海姆博物馆建设。20世纪90年代以前，毕尔巴鄂还是一座靠近海边的工业市镇，随着钢铁、造船业的衰退而没落。1991年，毕尔巴鄂市政府与古根海姆基金会共同作出极为深远的决定。“提出建设博物馆来振兴城市时，确实遇到许多挑战，毕竟当时依然面对危机，这是用公共基金来投入的。然而六年后的事实证明，通过文化振兴来实现城市发展，其带来的效果远远超出当初的预料。”

如今毕尔巴鄂不再是一个灰暗的充满工业环境污染和产业萧条危机的城市，而已经成为欧洲经济发展、旅游休闲、投资环境最好的城市之一。1997年至2007年的10年间，古根海姆博物馆共吸引参观者1000万人次，其中一半以上是国外游客，创造国内生产总值逾15.7亿欧元，为地方财政增收2.6亿欧元，平均每年创造就业岗位4500个。可以说古根海姆博物馆的建设扮演了城市经济和环境重生的角色，为毕尔巴鄂赢得了世界声誉，使毕尔巴鄂从一个默默无闻的衰败港口城市，发展成为文化旅游的重要目的地。[3] 毕尔巴鄂古根海姆博物馆的成功告诉世界，只有对自然环境、文化艺术做出投资的城市才是能够持续发展的城市。

古根海姆博物馆是世界闻名的艺术王国，其实它并不单指一处博物馆，而是一个始创于1937年的博物馆群，目前在世界各地的5处博物馆，分别位于纽约、威尼斯、毕尔巴鄂、柏林和阿布扎比。自成立之日起，古根海姆收藏基金会就一直在谋求扩张，建造更多的博物馆分馆、购买更多的文物艺术品，其连锁经营博物馆的理念至今都没有改变。古根汉姆基金会以众多渠道实现国际文化交流合作的使命，例如陈列展览到欧洲、亚洲、澳洲巡展的同时，将欧洲、亚洲、非洲和南美洲艺术珍品，借到古根汉姆博物馆展出，或在其他国家建立新的古根汉姆博物馆等。

国际化发展的路线成为古根汉姆基金会区别于其他艺术机构的最大特点。长期以来，古根汉姆博物馆积极谋求全球战略的发展，从意大利、德国、西班牙、立陶宛、奥地利，到墨西哥、巴西、日本、新加坡等。其中，最值得古根海姆基金会夸耀的是纽约和毕尔巴鄂的古根海姆博物馆，它们都是将想象力付诸现实的成功范例。事实上，就毕尔巴鄂古根海姆博物

[1] 周根红：《博物馆与城市文化的空间生产》，《东南文化》2010年第6期，第108页。
[2] 李玫：《城市博物馆的空间拓展》，《中国博物馆》2008年第3期，第91页。
[3] 黄鹤：《文化政策主导下的城市更新——西方城市运用文化资源促进城市发展的相关经验和启示》，《国外城市规划》2006年第1期，第34页。

馆来说，比其华丽外表更具有持久魅力的是，借助古根海姆的收藏系统和资源，营造开放的国际博物馆艺术平台，该馆在艺术项目策展、社会教育活动等方面的成就，使其迅速成为欧洲同行业的领先者。

世界上规模最大，而且是首次在发展中国家举办的世界博览会已经于2010年在上海成功举办。从历史上看，世界博览会与博物馆事业有着不解之缘，也是拉动博物馆发展的强力引擎，使举办城市的博物馆水平提高到一个新的层次。例如1851年最早的伦敦世界博览会，就催生了英国两个博物馆，即艾尔伯特博物馆和伦敦科学技术博物馆。此后，在全世界范围内，博物馆事业得到迅速发展，多元化功能的博物馆也给此后的世界博览会带来新的启示和借鉴，新的博物馆建设理论，有创意的陈列展示手法层出不穷，并出现了人性化的服务理念。

1855年的巴黎世界博览会，由于增加了一系列艺术展览，在很大程度上改变了世界博览会的文化传播理念，以新产品发明陈列展览为主的世界博览会，增加了丰富的人文色彩和独特魅力，绘画、雕塑、音乐、建筑等人类文化创造，从此更多地融汇于世界博览会，无论是约翰·施特劳斯的《蓝色多瑙河》，还是罗丹的《思想者》，均与世界博览会密切相关。举办世界博览会最多的巴黎，留下的博物馆也最多，例如1900年巴黎世界博览会，促成“奥赛火车站”改建而成的奥赛美术馆。通过这些实践，以往人们认为世界博览会是一项经济活动，而今天世界博览会成为一项重要的文化活动。

上海成为2010年世界博览会的举办城市后，为我国博物馆事业发展提供了新的契机。上海世界博览会园区内约有2万平方米的历史建筑得以保留保护，超过40万平方米的工业建筑，得到保护性再利用。由此，上海世界博览会实现了世界博览会有史以来“历史建筑保护面积之最”的成就。依据以往举办城市的经验，在世界博览会之后，将世界博览会建筑改建成博物馆，是一个普遍采取的重要选择。对此国际展览局秘书长V.G.洛塞泰斯（V.G.Loscertales）曾多次表示：上海世界博览会园区内部分历史建筑应在世界博览会期间改建为博物馆、公共文化设施，并在世界博览会之后作出后续利用，这是一个历史性的文化任务。[1]

（此文发表于《文博》2013年第4期，第65页）

[1] 陈燮君：《世博与文博的互动发展与共同守望》，《解放日报》，2007年1月7日，第8版。

博物馆文物藏品安全面临的挑战与应对

张謇先生在南通博物苑营建之初，就将自己的意愿刻在博物苑东馆前的石坊横额上，“愿来观者，各发大心，保存公益若私家物，无损无阙”。南通博物苑是公共文化机构，为使博物苑内财物不受损坏，他希望前来参观者能自觉地爱护公物。张謇先生还为南通博物苑拟定了《博物苑观览简章》，规范观众的行为，言明参观者必须履行的程序、要求和注意事项，以及违章后的处罚办法。倡导树立文明之风，培养社会公德，使南通博物苑得到有效保护。[1] 对于博物馆藏品保护而言，最关键的是加强基础工作。基础工作不完善或者长期存在漏洞，是文物藏品安全的重要隐患，其危害在发生突如其来的灾害时尤其突出。加强基础防范工作，首先要在对文物藏品实施各项基础性保护措施时，将灾害防范作为一项重要内容加以考虑。在文物藏品管理过程中应时时树立防灾意识，处处采取防灾措施，做到有备无患。

在国际领域，为加强博物馆藏品保护，制定了一系列国际公约和建议，例如1954年的《武装冲突情况下保护文化财产公约》，1956年的《关于适用于考古发掘的国际原则的建议》，1964年的《关于禁止和防止非法进出口文化财产和非法转让其所有权的方法的建议》，1976年的《关于文化财产国际交流的建议》。1978年10月，联合国教科文组织大会第20届会议在巴黎举行，会议“注意到对于文化财产的兴趣正在世界范围内表现为众多博物馆及类似机构的创建、展览数目日益增多、旅游者持续不断地日益涌向收藏品、纪念物和考古遗址以及文化交流的加强”，“考虑到公众要求了解、欣赏任何源地文化遗产财富的日益增长的愿望，却加剧了文化财产由于特别易于接触或保护不当、运输中的风险及在一些国家重新兴起的私自发掘、盗窃、非法贩运及野蛮破坏行为所正经受的各种风险”。会议通过了《关于保护可移动文化财产的建议》。建议强调“各成员国应按照其立法和宪法制度采取一切必要步骤，以有效地保护可移动文化财产”。

在我国，由于博物馆管理疏失，而导致文物藏品丢失的案例屡见不鲜。例如，2001年江苏盐城市博物馆在迁址后统计遗失了91件文物藏品；2002年甘肃古浪县博物馆临时文物库房房顶瓦片被犯罪分子揭开，存放文物的6只大木箱的锁被撬，其中的79件文物和资料品全部被盗，博物馆藏品精华被洗劫一空；2004年山西大同市博物馆的文物仓库4次被盗，丢失钱币6500枚，以及法帖、经书、料珠、骨饰等其他文物96件，而作案者竟是几名初中生。[2]2008年仅在甘肃省就有15件馆藏文物失窃，包括一级文物2件。其中2008年8月，敦煌市博物馆展出的国家一级文物魏晋时期的铜镜，在展览过程中被盗。[3]

---

[1] 凌振荣：《张謇博物馆思想的特点》，《博物馆研究》2010年第3期，第3页。

[2]《流失受损的文物档案》，《中国文化报》，2010年1月22日，第2版。

[3] 宗禾：《“保险箱”有点不保险》，《中国文化报》，2010年1月22日，第2版。

文物的安全保护在很大程度上取决于管理人员的责任心和严格遵守操作规程上，由于管理人员的安全意识淡薄，致使馆藏文物损毁事件时有发生，使馆藏文物的安全在很大程度上无法得到保障。同时，在博物馆的文物藏品管理中，监守自盗问题也应引起重视。2001年新疆博物馆27件馆藏文物失踪一案告破，竟然是由该馆考古部原副主任黄小江做内应，以“借”为名，倒卖给文物贩子。[1]2002年10月，香港佳士得拍卖行在秋季拍卖会上推出“皇家信仰——乾隆朝之佛教宝物”专场拍卖。国内一位文物专家在参观中发现两件标有故宫文物藏品标签的文物。经查这两件文物已在20世纪70年代调拨承德市文物局外八庙管理处。调查得知这些文物是被外八庙管理处文物保管部主任李海涛利用职务之便监守自盗。李海涛在任职期间，先后盗窃馆藏文物30件，涉案文物达100多件。[2]

20世纪90年代以来，博物馆安全案件呈现反弹趋势。例如从1994至2002年，全国曾连续发生7起暴力抢劫博物馆案件，累计造成博物馆工作人员3人死亡，近10人受伤，41件馆藏文物被抢。1995年7月6日，犯罪分子窜入福建将乐县博物馆盗窃文物，该馆廖国华副馆长与歹徒顽强搏斗，被扎31刀，壮烈牺牲，但是馆藏文物无一受损。1996年8月8日，犯罪分子撬门剪锁潜入甘肃省永昌县博物馆，将值班人员用断线钳击昏后捆绑塞嘴，致使值班人员窒息死亡。罪犯盗抢文物15件后逃离，其中三级文物13件，一般文物2件。2002年7月21日，一伙歹徒以观众身份进入新疆伊犁州博物馆，打伤值班人员，抢走文物8件，值班人员经抢救无效死亡。2011年1月28日，3名犯罪分子闯入湖北省黄冈市博物馆内，剪断监控设施线路，持刀将值班员砍伤，抢走战国时期的青铜器3件，其中二级文物1件，三级文物2件，引起社会各界广泛关注。

盗窃或丢失是我国大部分博物馆面临的最大、最普遍的风险。2011年，故宫博物院发生的斋宫展品被盗案成为社会舆论热点。2011年5月8日晚斋宫临时展览展品被盗，虽然在案发后58小时内被公安机关侦破，嫌犯也已经抓获归案，被盗的9件展品追回了其中6件，但是，在故宫内发生展品被盗，嫌犯成功逃脱，暴露了故宫博物院安全保卫存在的问题和薄弱环节。针对这次盗案的发生，故宫博物院认为在4个关键环节出了问题。一是闭馆时拉网式清场有疏漏。二是当监控系统报故障时，中央控制室值班人员误以为是天气原因所造成，未能及时处理。三是发现可疑人踪迹后，未能做出可能与重大作案有关的预判，措施力度不够。四是过于相信紫禁城城墙的阻隔作用，未能及时对城墙布置防控，痛失抓获的最后机会。社会公众认为，新中国成立以来故宫已发生过多起失窃案件，反映出故宫安全保卫存在漏洞，应认真迅速地在故宫开展排查隐患工作。

在巨大的经济利益驱动下，一些不法之徒往往把犯罪之手伸向博物馆的珍贵文物，使馆藏文物被盗案件居高不下。公安部张新枫副部长指出，当前中国古代艺术品在国际国内市场上价格持续走高，国内文物“收藏热”、“投资热”不断升温，2011年5月1日正式实施的《刑法》修正案，取消了对盗掘古墓葬犯罪死刑的规定，在这些因素的影响下，可以预见，盗掘

[1]《流失受损的文物档案》，《中国文化报》，2010年1月22日，第2版。
[2] 宗禾：《“保险箱”有点不保险》，《中国文化报》，2010年1月22日，第2版。

古墓葬、盗窃、走私文物违法犯罪活动将会更加突出。张新枫透露，当前，我国文物犯罪的突出情况主要表现为：文物犯罪大要案件时有发生，文物安全不容乐观，文物犯罪团伙职业化、集团化特征日趋明显，销赃渠道隐蔽；文物犯罪作案手段日益智能化、专业化和现代化；地下文物交易活跃，交易行为十分隐蔽。[1] 同时，无论是旧址博物馆还是新建博物馆，都面临着火灾风险的巨大威胁，并且火灾一旦发生，顷刻之间可以使历史化为乌有，所造成的损失难以弥补。

针对博物馆藏品保护管理法规建设滞后，文物藏品保护管理技术标准亟待建立和完善的状况，进入新世纪以来，国家文物行政部门制定并发布了一系列管理规定，例如 2000 年的《关于加强陈列展览文物安全的通知》，2001 年的《出国（境）文物展览展品运输规定》，2002 年的《文物出国（境）展览管理规定》，2005 年的《关于加强和改进馆藏文物保护管理工作的意见》，2006 年的《关于加强和改进博物馆工作的意见》等。同时制定了针对博物馆藏品保护的一系列专业标准和规范，例如 2001 年的《文物藏品定级标准》、《文物拍摄管理暂行办法》，2002 年的《文物系统博物馆风险等级和安全防护级别的规定》，2003 年的《近现代文物征集参考范围》和《近现代一级文物藏品定级标准（试行）》等，这一系列部门规章和管理标准的颁布实施，有力促进了博物馆建设的专业化、规范化和科学化进程。

由于博物馆管理对象的特殊性和服务形式上的对外开放性，所以博物馆比一般的文化机构面临更大的风险，因此，比其他文化机构更需要加强风险管理意识。博物馆收藏有珍贵的文物藏品，以及众多参观者和员工，造成博物馆的安全保卫工作内容异常繁杂。从博物馆管理对象的特殊性角度看，博物馆的保管对象和对外服务的物质基础主要是文物藏品，但是文物藏品一般具有历史性、唯一性和不可再生性等特征，所以管理好社会公众委托管理的文物藏品安全是博物馆的首要任务。博物馆应通过运用人工安防力量、实体防范、科技手段等，对博物馆的外部环境和建筑物的安全加以保卫，对馆藏文物和各类设施加以防护，并在馆舍改扩建和维修过程中，将完善监控中心功能，更新先进的安防设备、消防设施列为工程的重中之重。

《中华人民共和国文物保护法》明确规定："文物收藏单位的法定代表人对馆藏文物的安全负责"，"博物馆、图书馆和其他收藏文物的单位应当按照国家有关规定配备防火、防盗、防自然损坏的设施，确保馆藏文物的安全"。此外，《博物馆安全保卫工作规定》、《国家文物局突发事件应急管理办法》、《文物系统博物馆安全防范工程设计规范》等规章、规范，对博物馆安全管理做出了一系列具体规定。在我国，拥有 1 万件以下文物藏品的博物馆为三级风险单位，拥有 1 万件以上和 5 万件以下文物藏品的博物馆为二级风险单位，而国家级或省级博物馆为一级风险单位。

对于一级风险单位应按照整体纵深防护体系的要求，建立技术防范系统，应建立专业保卫队伍，在防护区或禁区内设立报警监控中心，中心控制室应配备自卫器具、通讯工具。同时，

[1] 金明大：《文物安全形势严峻》，《瞭望东方周刊》，2011 年 5 月 19 日，第 34 页。

文物藏品、展品所处房屋、厅、室的门窗均应设置报警装置，位于一层的窗户还应有实体防护栅栏或安装防弹玻璃。作为一级珍贵文物的字画、丝织品等文物藏品，在展示时均应有防弹玻璃制作的专用框架或装有报警装置的展柜对其进行防护。为保障馆藏文物的安全，国家规定凡没有安装报警设施的单位，不得展出文物；没有达标的单位，不得展出三级以上珍贵文物，文物库房不得存放三级以上珍贵文物；不具备安全保管条件单位的三级以上珍贵文物，由各省、自治区、直辖市文物主管部门指定安全达标的单位代为保管。国家文物部门要求对于达不到《文物系统博物馆风险等级和安全防护级别的规定》的博物馆，在达标前一律不得对外开放，对于长期不配备安全防范设施的文物收藏单位，县级以上文物行政部门要依法实施行政处罚。

历次文物安全事件的教训表明，麻痹大意和疏忽松懈是文物安全的最大隐患。自从博物馆在世界各地普遍建立以来，文物藏品盗窃案就一直没有停止过，即使一些世界级博物馆，也不断发生文物藏品的失窃事件。早在 1911 年 8 月 21 日，就从卢浮宫艺术博物馆里传出一个震惊世界的消息，著名绘画《蒙娜丽莎》被盗。两年之后，当这幅名画幸运地失而复得时，人们发现偷盗者原来是一个普通的油漆匠，他将画作简单地藏在衣服里就逃过了所有的安全防卫设施和保卫人员的眼睛。如今《蒙娜丽莎》放在一个有特殊装置的容器里，上面覆盖着两块彼此相隔 25 厘米的防弹玻璃，但是谁也不敢保证这样就可以高枕无忧。

近年来，在巨大的经济利益驱动下，一些觊觎文物的不法之徒铤而走险，将犯罪之手伸向珍贵的博物馆藏品，致使盗窃或丢失成为大部分博物馆面临的最严峻、最普遍的风险。例如英国大英博物馆 2004 年连续两次发生中国文物失窃案件。在对公众开放的时间内，15 件中国珠宝首饰艺术珍品不翼而飞。警方怀疑这两次盗窃可能受到某位私人收藏家的指使，但是事隔 6 年，此案仍在调查中。大英博物馆馆舍面积庞大、文物展品众多，但是安全保卫人员的数量有限，每个展室内也只能安排 1 － 2 名工作人员，负责回答参观者的问题，于是盗贼便有机可乘。大英博物馆的发言人说："展厅内有灵敏度很高的报警系统，在盗贼撬开锁的时候，本应立刻报警，但是不知什么原因，报警器并没有响。"

埃及的博物馆作为重要文物景点，有力支撑文化旅游的发展，但是也屡屡出现安全问题。2000 年，埃及国家博物馆的失窃案震惊世界，随后的调查发现，无论是展室还是展柜都没有安装任何报警装置。据埃及中东通讯社 2010 年 8 月 23 日报道，埃及总检察长当日发出羁押令，宣布对失窃案中玩忽职守的 5 名相关工作人员实行为期 4 天的调查和羁押，其中包括埃及文化部副部长穆罕默德·穆赫辛。此前埃及政府宣布，位于首都开罗的哈利勒博物馆收藏的价值至少 5000 万美元的梵高画作《罂粟花》，被人从画框中切割后盗走。这件珍贵文物藏品失窃的主要原因，是博物馆内安全防范不到位，"博物馆内虽然共安装了 43 个摄像头，但是被盗事件发生时，只有 7 个摄像头在工作，而且也未良好运转"[1]。

据美国艺术品失窃登记处的总经理表示，近年来，登记失窃的艺术品超过 25 万件，并

[1] 王雨檬、冯倩：《博物馆藏品缘何屡失窃》，《中国文化报》，2010 年 8 月 26 日，第 2 版。

且数量正在逐年增加，更为可惜的是，只有约5%的失窃艺术品可以被找回。“至今全世界博物馆丢失的东西加起来恐怕超过了任何一家博物馆的收藏。”据2010年的最新报告，自1976年以来，英国是全世界艺术品失窃最多的国家，共有53709件艺术品遭盗窃，美国位居第二位，有21079件失窃艺术品登记在案，法国、意大利分别列为第三位和第四位。2010年5月，法国巴黎现代艺术博物馆文物藏品失窃，失窃的作品中包括毕加索、马蒂斯、布拉克等著名画家的重量级博物馆藏品。巴黎市负责文化事务的官员称：“这是侵犯人类遗产的严重犯罪行为。”事后，法国媒体用“独行贼”形容该盗贼，而人们认为“独行贼”的所为讽刺了该博物馆如“纸”一般脆弱的安全保卫系统。[1]

还有一些博物馆馆藏文物被盗的原因，属于监守自盗或内外勾结的犯罪。俄罗斯立艾尔米塔什博物馆，于2006年发现200多件馆藏文物失踪，随后发现该馆馆长存在监守自盗的问题，虽然馆长已经在一次博物馆例行文物调查期间暴毙，但是她的丈夫被法院裁定盗窃罪名成立，被判入狱5年。被告承认与妻子合谋，在过去数年内偷盗博物馆内珠宝及银器，其中大部分已经被他的妻子非法走私到俄罗斯境外，而警方只能寻找到其中的30多件。[2] 美国联邦调查局的一项研究显示，80%的文物被盗案是内线作案或有内线策应。为了加强博物馆员工的文物藏品保护意识，美国博物馆协会制定了《博物馆工作人员道德守则》，要求博物馆员工具有比法律规定更高标准的道德自律，所有员工都应对文物藏品实行最高标准的保护和维护。美国博物馆在招聘工作人员时，对应聘者的背景审查非常严格。博物馆对所有的员工和访客均进行犯罪记录和严重失职记录等信息查询。

一般来讲，博物馆在招聘工作人员时，即使是招聘志愿者也要审查其背景。审查根据每个职位是否需要接触展品、是否需要接触博物馆其他贵重物品，以及与公众的接触程度三个安全级别进行。并且博物馆会对“什么人有权利进入什么地方，以及允许进入的时间”规定访问权限。同时严格执行文物库房日常管理制度，是防止文物受损或被盗的重要保障。例如单人不可进入库房工作，文物总账和文物分类账不可由同一人管理，建立严格的文物进出库登记制度，每年一次对文物账物进行核查盘点等，都是防止麻痹大意和监守自盗的有效制度。所有博物馆员工都要接受相关安全保卫知识和技能培训，以保证熟悉博物馆的最新安保系统。对博物馆警卫进行培训更是保证博物馆安全的重中之重。博物馆警卫需要做到对周边环境时刻警惕，一旦发现有异常情况立即向相关部门报告，不得擅自离岗。

在过去的十年中，阿富汗战争、伊拉克武装冲突，斯里兰卡内战等战争和动乱，以及洪水、地震、海啸、火山爆发等自然灾害，对博物馆藏品造成了空前的破坏。特别是在战争状态下，博物馆甚至成为恐怖袭击的目标，文物藏品的安全毫无保障。伊拉克国家博物馆成立于1926年，馆藏文物多达17－20万件，是美索不达米亚文明的重要文物收藏机构。1990年海湾战争期间，伊拉克国家博物馆及其他一些考古场所曾遭抢劫，损失2264件文物和考古发现品以及2万份珍贵手稿。

---

[1] 王雨檬、冯倩：《博物馆藏品缘何屡失窃》，《中国文化报》，2010年8月26日，第2版。
[2]《艾尔米塔什博物馆馆长监守自盗 偷走200件馆藏》，《文博资讯参考》，2007年4月，第40页。

2003年，美英联军轰炸伊拉克首都巴格达，战乱时不法之徒进入伊拉克国家博物馆趁乱洗劫，1.5万余件文物失窃，至今仅追回大约5000件，令国际博物馆界为之惋惜。[1]这次洗劫发生在效忠于萨达姆的军队放弃在博物馆周边的抵抗之后，美军并未立即进驻博物馆进行有效防卫，而当时博物馆工作人员已经撤离，从而留出了防卫空白。事发时，一些伊拉克考古学家和博物馆工作人员曾赴美军设在首都巴格达的指挥中心，请求美军派兵保护博物馆，但是美军未予理睬。因此，人们认为美国军队对博物馆遭劫负有不可推卸的责任。同时，一些美军人员涉嫌参与盗窃文物，这从后来被追回的文物中很大一部分来自美国，得到了佐证。伊拉克国家博物馆遭劫是现代社会罕见的事件，引起国际社会的震惊与关注。

2011年5月8日晚，故宫博物院诚肃殿展厅展出的香港两依藏博物馆部分文物被盗。国家文物局于2011年5月10日向各省、自治区、直辖市文物局发出《关于切实加强文物安全工作的紧急通知》，要求各级文物行政管理部门、各文物单位务必吸取教训，引以为戒，切实加强文物安全工作。一是树立安全意识，时刻警钟长鸣。二是加强设施建设，提升技防水平。三是健全机构队伍，提高人员素质。四是完善应急预案，加强安全管理。五是开展安全检查，严打文物犯罪。对此故宫博物院决定修改并完善夜间应急处理预案，增加巡逻力量和班次。加强夜间警卫值班管理。加强应急预案的演练，使工作人员熟悉处置突发事件的程序和步骤，提高应急处置能力。同时，加快已有安防系统的升级改造，改善硬件设施，提升防控能力，消除防控盲点，延伸安防范围。

故宫展品被盗事故发生后，有关专家接受记者采访时指出，在内部安全防范工作中，不能过度依赖技术设备，也应重视“观念预防”，“人防物防不如心防”。故宫内部安全防范应从三方面加强。首先，应对现有的安全防范系统进行评估和规划、升级改造。故宫现有的安全防范设备从1988年开始建设，其间历时10年，存在规划不统一、设备新旧不齐等问题。要杜绝再发生类似事件，应对现有安全防范设备进行认真摸排，并按照统一标准进行规划和升级。对故宫整体安全防范系统的评估，不但要报喜，更要报忧。其次，对故宫内部安全保卫人员应加强培训和优化组合，解决部分人员年龄偏大、对职责认识不清等问题，切实将人防与技防高效结合，使其发挥最大作用。第三，建立有效的内部安全防范方案和应急预案。同时指出，除建立主动防御的安全预案外，还应该建立发案后的快速应对预案。

当前，中国古代艺术品在国内外市场上价格持续走高，国内文物“收藏热”、“投资热”不断升温，2011年5月1日实施的《刑法》修正案取消了对盗掘古墓葬犯罪死刑的规定，在这些因素的影响下，可以预见，盗掘古墓葬、盗窃、走私文物违法犯罪活动将会更加突出。目前一些盗窃、盗掘文物团伙逐渐发展成集团式，在盗窃、盗掘文物过程中不仅使用高级汽车、现代化通讯设备等，有的团伙还实现了盗窃盗掘文物、运送、销售文物和走私文物出境，即盗、运、销、出境一条龙。很多盗墓团伙带有暴力行动，有的备有多种冷兵器，有的拥有自制枪支弹药等，伤害文物保护人员甚至公安干警的案件屡有发生。[2]

---

[1] 文冰：《馆藏文物保存环境应用技术研究》，《中国文物报》，2010年11月19日，第10版。
[2] 王蕾：《死刑没有了 盗墓更狂了》，《北京晚报》，2011年9月14日，第38版。

为集中严厉打击文物犯罪，遏制文物犯罪蔓延势头，2009 年 12 月，公安部和国家文物局在山西、内蒙古等 9 个省份部署开展“全国重点地区打击文物犯罪专项行动”，共侦破文物案件 541 起，打掉犯罪团伙 71 个，抓获犯罪嫌疑人 787 人，追缴文物 2366 件（套）。打击文物犯罪专项行动痛击了犯罪分子的嚣张气焰，一大批犯罪团伙被绳之以法，一些地区文物犯罪高发势头得到遏制，良好的文物管理秩序得以恢复。为巩固 2010 年打击文物犯罪专项行动成果，将专项行动推向纵深，2011 年 5 月，公安部、国家文物局联合部署在全国 17 个重点省份开展打击文物犯罪专项行动，其中保障博物馆安全成为重要议题，认真安排部署，并取得了阶段性成果。公安部张新枫副部长指出，今后凡是发生盗掘全国重点文物保护单位和省级文物保护单位古文化遗址、古墓葬，盗窃珍贵文物，倒卖国家禁止经营文物的“三类大案”，一律列为公安部和国家文物局联合挂牌督办案件。

博物馆事业是一项具有开放性的公共事业，博物馆的安全仅靠文物部门和博物馆无法完成，需要社会的多方面力量积极参与。特别是在重大事件面前，更应当统一协调整合各方面的力量实施文物保护。2011 年 5 月，经公安部和国家文物局批准，“全国文物犯罪信息中心”挂牌成立，成功研发“全国文物犯罪信息管理系统”，并在公安网正式开通运行，协调各省公安机关录入文物案件、涉案人员、涉案文物信息。目前该系统运行安全稳定，在打击、防范文物犯罪工作中的信息研判与情报支撑作用已初步显现。同时，公安部和国家文物局联合在西安举办“全国文物犯罪信息管理系统”数据录入工作培训班，培训各省、自治区、直辖市打击文物犯罪负责人员。尽管专项行动取得了辉煌成果，但是打击文物犯罪行动必须长期坚持。

大都会艺术博物馆有专门的文物安全部门和完善的危机管理体系。有效的危机管理机制对于博物馆安全至关重要。博物馆应具备高效率的早期预警系统和严格的管理措施，保证能够迅速有效地对突发事件做出反应。该馆的《文物收藏与管理规定》要求其职能部门保证文物被置于一个安全、适当的环境中，所有文物都应该在安全有效的监控之下。同时，事实证明研究出现问题后的处理措施，是文物藏品预防性保护的重要组成部分。尽管对处于各种情况下的文物藏品预先采取了各种保护措施，但是，博物馆的特殊性和开放性使其不可避免地面临众多的风险，一旦出现问题，启动事先研究、制定的处理方案，可在最快的时间内将损失控制在最低程度。

故宫博物院的盗窃案件发生以后，北京警方仅用 58 小时就快速侦破，赢得社会赞誉。安全保卫专家分析认为，快速破案源于北京警方成功运用了快速反应模式、指纹比对系统、可疑人员基础数据采集和网络监控等综合科技手段，展现了北京警方动态环境下的安防控制能力。[1] 北京警方 1999 年建立了国内第一套网络化指纹识别系统，2006 年实现了辖区内三级应用网络化系统。到 2011 年 4 月，全市已建设 500 余个标准化指纹采集室，实现了人员基本信息、指纹、人像、足迹等信息的实时采集、同步上报、有效查询、限时反馈。目前，“北

[1]《北京警方快速侦破故宫展品失窃案展现实力》，《国内动态清样》，2011 年 5 月 15 日，第 1972 期。

京市指掌纹综合信息管理系统”食指指纹库总量为219万份，与外省市共享食指指纹数据及社会人员指纹数据1900万份，指纹比对查询平均速度约为每秒50万枚，协助破获各类案件3086件。

《国际博物馆协会职业道德准则》强调：“各博物馆当局应通过并公布一份其藏品征集方针的书面说明。该方针应经常予以审议，至少每五年一次。所征集之物品应与博物馆宗旨及活动相关，并附有正当的合法所有权之证据。”文物的吸引力源于人们对文物背后的母体文化的认同感。然而，由于战乱、文革、盗掘盗卖、私人捐赠等种种原因，大量文物脱离其文化母体地区，成为文化上的“孤魂野鬼”。目前我国博物馆中的许多馆藏文物脱离了原文化母体地区，例如，一些历史上的名人物品，流入某个与该名人毫无任何文化关联的地区博物馆，且成为游离于该博物馆主题之外的落单藏品。在这种情况下，这种脱离其文化母体的落单藏品要么很难被展出、很难与观众见面，要么展出后很难引起该博物馆主流观众的文化认同。[1]

近年来，国际领域关于涉案文物的追索问题演变得日趋复杂。2002年12月11日，美国的大都会艺术博物馆，德国的柏林国家博物馆，意大利的乌非奇艺术馆，西班牙的普拉多博物馆，荷兰的阿姆斯特丹国立博物馆，俄罗斯的艾尔米塔什博物馆和法国的卢浮宫艺术博物馆等，7国18家博物馆的馆长，在德国慕尼黑联合发表了一项《关于普世性博物馆的价值及重要性的宣言》，该宣言认为：“长期以来，无论是通过购买还是通过捐赠等形式获得的文物已经成为保存它们的博物馆的一部分，并已延伸成为它们所在国家的遗产的一部分。今天，我们对作品的原生背景十分敏感，但我们也不应忽视一个事实，那就是博物馆也为那些很久以前就脱离了其原生环境的作品提供了一个有效和有价值的环境。”

这一宣言还强调，“呼吁归还多年来一直由博物馆收藏的文物已经成为博物馆面临的一个重要问题。虽然需要针对个案具体分析，但是我们应该承认，博物馆不只是为某一个国家的公民服务，还为每一个国家的公民服务。博物馆是文化发展的媒介，它的使命是通过一个不断的诠释进程来增进知识，每一件文物都服务于这个进程。对藏品丰富多元的博物馆的收藏重点进行限制就将是对所有观众的损害”。由于这份宣言的主要签署者是世界上一批举足轻重的博物馆的馆长们，因此更为引人关注。为了表达共同立场、防止出现多米诺骨牌效应，这批具有普世性收藏的博物馆经过深思熟虑，在岁末年终抛出了这一宣言。该宣言发表后，遭到了国际社会和博物馆界的反对与批驳，甚至一些同样具有普世性收藏的欧美博物馆也表达了不同意见。

人们认为，对于任何一个国家的民众而言，只有通过“花钱买票”的方式才能在别国的博物馆里看到原本属于自己国家的文物，是一件极不合理的事，任何一个有良知的人在感情上都无法接受。由此引发对于文化遗产返还这一问题的思考。[2]我国有关专家也纷纷发表看法，例如谢辰生先生认为：文物，只能共享，不能共有。罗哲文先生认为：对流失海外文物

[1]《中国博物馆体制机制改革研究报告》，《博物馆免费开放调研报告汇编》，第28页。
[2] 王悦：《处于不同归还背景范围内的文化遗产的返还》，《中国纪念馆研究》2011年第1期。

也要区别对待：一是历史上赠送的；二是抢去的，也有连骗带抢的，例如敦煌文物；三是非法买卖、盗掘出境的。针对不同途径流失的文物，应有不同的处理方式。苏东海先生更是多次撰文指出：对民族文化情感的尊重是一种真正的普世胸怀。强权者的逻辑在于巩固历史的不平等，而受害者的逻辑在于改变不平等。这涉及民族文化完整性的问题。

文化遗产具有民族专属性、普世价值性和历史传承性等特点，对流失文物，应当尊重民族的专属权利，承认普世的价值特性，坚持交流的道德标准，正视历史的传承经历。毫无疑问，流失海外的文物理应回归故里。对于历史上被盗窃、被掠夺的文物，原则上都应该通过追索行动实施返还。但是在具体操作上，必须通盘考虑、统筹规划，大处着眼、小处着手，尽量避免过于情绪化的认识和过于简单化的处理。一方面应按照国际公约的规定，由政府发挥主导作用，以公约和相关国家的国内法律为依据，通过外交途径积极进行追索。另一方面可以充分发挥民间机构的积极作用，以道德为依据，以舆论为后盾，寻找机会、创造机会、把握机会，宜持之以恒，个案处理。

联合国教科文组织《关于保护可移动文化财产的建议》指出："有关艺术品和其他文化财产的犯罪在一些国家正日益增加，最为常见的是同跨境欺诈性转移相联系。盗窃和抢劫是经系统组织的并且是大规模的。野蛮破坏行为也在日益增加。为了同这些形式的犯罪活动作斗争，不论其为有组织的或是个人的行动，需要有严格的管制措施。由于赝品能够用于真品的盗窃或假冒调换，亦必须采取措施以防止其流通。"《国际博物馆协会职业道德准则》则强调，"就出土物品而言，除上述保护规定之外，博物馆不应以购买方式征集那些凡管理机构或负责官员有理由认为其发现涉及古迹、考古遗址的非科学性发掘、蓄意破坏或损坏，或涉及未向该土地所有者、占有者、相应的立法或政府当局做出说明的出土物品"。

国际博物馆协会副主席 A. 加拉（A. Galla）在《走向 2010：国际博协与中国的战略合作》一文中指出："伴随着旅游业的发展和 WTO 的市场开放，人类面临着一系列新的挑战：非法贩运人口、毒品、武器、洗钱，特别是艺术和文化财产的非法转移。这些非法活动在全球经济中市值高达 290 亿美元。文化遗产的非法转移，正在腐蚀着许多重要遗产的多样化、文化的多样性，而这些多样性恰恰是一个多样性世界的重要元素。随便浏览一下互联网，人们可以轻而易举地发现，这些行为正在明目张胆地进行着，而这些非法贩运的艺术和文化财产的目的地大部分集中于北美和西欧。遗产的非法贸易是全球性的，我们的社会也深陷其中。""只有人类最大限度地减少这种掠夺和贪欲者，对这种无视与轻蔑其他文化的行为亮出鲜明的态度，我们才有可能为实现人类的和谐发展与国际合作做出自己的贡献。"[1]

世界上第一支专门追索艺术品盗贼与赃物的劲旅，是成立于 1969 年的意大利艺术遗产防护指挥部（TPA）。迄今为止，该部门的侦查人员已经追回 15 万件馆藏文物，以及超过 30 万件盗掘的考古珍品。该部门拥有一个庞大而翔实的资料库，所有被盗文物档案资料全部记录在案。一旦某件失踪的文物出现在文物市场上或某个商贩手中，这些精确的档案文件

[1] 阿马尔·加拉：《走向 2010：国际博协与中国的战略合作》，《中国博物馆》2006 年第 3 期，第 11 页。

便是确认赃物的最好权威的信息。同时，该部门执行外勤任务的工作人员，每天都在系统地监视全意大利文物艺术品交易活动，并将待售的文物拍成照片发回总部，随后专家们将照片与资料库电脑里的资料进行对比，以便判断是不是被盗文物。

《国际博物馆协会职业道德准则》强调，“针对公共及私人藏品的非法物品交易怂恿了对历史遗址、地方民族文化的破坏，怂恿了国内与国际性的盗窃，怂恿了对濒危动物、植物物种地区的破坏，并与国家及国际遗产保护精神背道而驰”。2010 年 11 月 9 日，国际博物馆协会在上海世博中心公布了《中国濒危文物红色目录》。颁布红色目录是国际博物馆协会为增强各国文物保护意识，打击文物犯罪，加强国际合作而推出的一项措施。该目录旨在帮助博物馆、收藏者、文物艺术品交易商、海关和其他执法人员甄别非法出境的中国文物。其中展示了非法交易中常见的十余类中国文物的典型器物图片，并公布了疑似非法文物举报电话、电子邮箱和传真。

近代以来，由于战争劫掠、非法交易等原因，我国文物大量流失海外。新中国成立后，我国政府建立起文物进出境审核制度，同时坚决打击文物盗窃、盗掘和走私贩运行为，并积极参与国际合作，然而当前文物安全形势依旧十分严峻。《中国濒危文物红色目录》的出版既可帮助相关人员鉴别文物，方便他们与我国政府沟通，同时也有利于提高博物馆与公众保护文物的主动性和积极性。它们被应用于国际海关、刑警组织和教科文组织，同时也向公众进行宣传推广。红色目录分为两种类型：一种是通常状态下出版的目录，一种是在战争、地震等因素极大威胁到文物安全的情况下紧急出版的目录。[1]

（此文发表于《贵州文化遗产》2013 年第 4 期，第 2 页）

[1] 李艳：《国际博协发布〈中国濒危文物红色目录〉》，《中国文物报》，2010 年 11 月 13 日，第 1 版。

国际博物馆市场营销实践初探

“营销”一词最早起源于日本，它的最初含义是指企业把产品或承诺的服务提供给顾客以获得利润的行为。博物馆的市场营销由来已久。19世纪后期，欧美已经进入“博物馆时代”，在一些发达国家，博物馆逐渐成为文化市场的有机主体。例如美国大都会艺术博物馆的文物藏品极为丰富，从史前到近代，集中了5000多年来各类文化艺术的精粹。大都会艺术博物馆于1871年就出版了第一本博物馆藏品目录，而1872年的年度报告已经显示，博物馆创办人正式同意发行博物馆文物藏品的复制品，以使文化艺术推广更加普及化。1908年，大都会艺术博物馆开办了首家博物馆商店。1921年该博物馆又开始印制文化产品目录，并向会员寄送。

早在1955年，美国就创建了具有国际性的非营利组织——博物馆商店协会。关于博物馆市场营销理论，J. 麦卡锡（J.McCathy）在其《营销学》中最早提出的4P（产品、渠道、价格、促销）理论，曾经影响广泛，其概要指出了博物馆市场营销策略的几个重要环节，但是并不能涵盖其全部。特别是在“政府对博物馆的补贴已不再慷慨”的不利背景下，美国各博物馆尝试用市场营销手法经营传统行业，取得了不俗的业绩。同时也注意到，进行成功的市场营销对博物馆发展具有重要意义，是促进博物馆社会价值实现的有效方法和现实之路。

早在20世纪中期，国外一些博物馆就开始思考文化产品的研发和经营。它们在保持自身非营利公益机构性质的同时，立足于所在国家和地区的经济社会发展现状，审视自身生存环境和发展需求，引入市场理论、方法和手段，逐步建立起适应外部环境的管理体系和运作模式。1969年，英国学者P. 科特勒（P.Kotler）与S. 利维（S.Levy）更为明确地将市场营销与非营利性组织联系起来，最早提出博物馆市场营销概念，他们在《营销概念的拓展》一文中指出，市场营销的概念不仅仅适用于企业等营利性组织，同样可以适用于诸如博物馆、教堂、慈善机构等非营利性组织，因为任何组织都不可避免地要采取市场策略。

20世纪70年代以前，美国的博物馆商店一般只出售书籍和明信片等物品。随着市场经济的发展，包括博物馆在内的非营利性组织，为了维持自身的生存和发展，开始意识到需要主动面向市场，竞争稀缺的社会资源。在此背景下，一些博物馆开始进行引入市场营销的尝试。大都会艺术博物馆率先开始经营“与博物馆相关的商品”，艺术复制品最初是复制欧洲的著名雕塑，后来开始复制馆藏艺术品。同时，博物馆商店内海报、首饰、艺术图书等琳琅满目，每逢大型特展还不断推出新的文化产品。由于积极从各方面寻求合作，多渠道研发文化产品，并将所集资源回馈于博物馆自身建设，最终取得了显著的成绩。

1974年，在丹麦哥本哈根召开的国际博物馆协会第10届全体会议，形成修改后的博物馆定义，特别强调博物馆是“不以营利为目的”的永久性机构。当时，大多数博物馆并不认为自身管理与市场营销有关，也没有考虑市场营销可以在多大程度上促进博物馆的发展。然而，

20世纪70年代末一场席卷世界的经济大萧条，直接影响了一些国家政府和社会公众对博物馆等公益性机构的财政支持，自20世纪80年代开始，许多国家政府开始推行包括大幅消减对于博物馆财政支持的紧缩政策，使博物馆普遍遇到财政困难。面对巨大的生存压力，传统的管理方法和运营理念难以解决现实问题，致使许多博物馆不得不另外寻找出路，逐步开始引入市场营销理念。

1982年9月27日，美国著名《广告时代》杂志登载的《博物馆跳进市场经济大潮》一文，描绘的就是当时的境况。这篇很有分量的文章，副标题是《经济现状、竞争的诱惑驱赶着他们》，文章开头写道：在以前当你在博物馆的领导面前将他们神圣机构的名字与市场营销这个词同时使用时，他们最典型的回答是："博物馆是文化财富的珍藏所，是文化艺术的殿堂，不能被粗俗的销售技巧所玷污。"[1] 文章批评说：显然，这种观念已经不再适用于现代的社会发展，博物馆用市场营销的各种方法、手段来吸引观众，扩大其社会效益的做法已被普遍接受，并且广泛运用于博物馆工作实践中。

这一时期，博物馆领域的主流观点是博物馆为"以藏品为中心"的机构，市场营销仅仅被作为推介博物馆文化产品的一种手段，并用于宣传推广博物馆策划的陈列展览和文化活动。即便如此，这些尝试仍然对当时的国际博物馆领域产生了很大触动，使为公众提供与博物馆藏品、陈列展览内容相关的文化产品，逐渐成为国际博物馆界的价值取向和发展趋势。美国市场营销协会（ANA）于1985年对市场营销作出定义："营销是对思想、产品及劳务进行设计、定价、促销及分销的计划和实施的过程，从而产生满足个人和组织目标的交流。"

为了促进非营利性组织的健康发展，各国政府往往对其经营活动实行税收优惠政策，同时又加强引导和监管，以保证这些经营活动不损害其公益目标。在美国，凡是寻求税收优惠的非营利性组织都可以向美国税收部门申请免税资格。为了取得这个资格，这些非营利性组织必须通过组织测试和运行测试。1988年的美国联邦税法还规定，所有要求免税的机构，有责任向公众提供上交税收部门审查的近3年的年度报告主要信息。管理非营利性组织经营活动最核心的问题，是区分这些经营活动与非营利性组织的相关性，目的在于保障非营利性组织享受税收"特权"，同时又不滥用"特权"。[2]

1989年9月，在荷兰海牙召开的国际博物馆协会第15届全体会议，再次修订了《国际博物馆协会章程》，规定"博物馆是一个为社会及其发展服务的、非营利的永久性机构"。这一定义成为博物馆区别于其他社会机构的重要特征。从"不以营利为目的"，到"非营利性机构"，国际博物馆界对博物馆本身的思考，引发了博物馆经营和管理理念的转变。博物馆也逐步从"以藏品为中心"转向"以公众为中心"和"以管理服务为中心"。1990年P.F.德鲁克（P.F.Drucker）出版了具有开创性的著作《非营利性组织的管理》，提出"非营利性组织需要市场知识"，"需要营销战略把客户和使命整合起来"，"为其服务项目设

[1] 杨玲：《博物馆市场营销的若干思考》，《博物馆观察：博物馆展示宣传与社会服务工作调查研究》，学苑出版社，2005年9月，第159页。

[2] 李艳：《博物馆文化产品的"N"种解读》，《中国文物报》，2010年2月24日，第5版。

计合适的营销策略是非营利性组织首要的基本战略任务”。

进入20世纪90年代，博物馆数量的激增，以及其他文化娱乐行业的发展，使博物馆遇到了前所未有的竞争，造成观众数量的严重流失。例如德国在1991年至1996年间的统计表明，5年间博物馆数量增长了近30%，而参观人数则下降了9%。博物馆规模的持续扩大，而门票收入的持续减少，使博物馆日常运营经费更趋紧张，亟须通过新的管理理念，建立起长效的、多元的创收和资金筹措机制。此时，P.F. 德鲁克（P.F.Drucker）关于“市场营销对于非营利性组织不是可有可无的选择，而是一种责任”，非营利性组织“需要承担营销责任，严肃认真地满足客户要求”等一系列观点，更加引起博物馆领域的关注。

非营利性组织市场营销理论的建立，推动了博物馆市场营销思想观念和理论的发展，市场营销的理论与实践也越来越多地渗透入博物馆的工作，并于20世纪90年代中期，在世界范围的博物馆领域逐渐盛行。在博物馆的专业杂志中，市场营销逐渐不再是需要回避的词汇，而被当作博物馆工作的重要方面。“经过多年的发展，‘营销’逐渐从一个让大多数博物馆专业人员‘难以启齿’的词汇，变成了博物馆流行术语，博物馆营销逐渐改变了其作为推广和宣传工具的身份，成为了一种经营哲学和理念导向，它不再是一个单独的功能，而渗透到了几乎所有博物馆日常工作和功能中。”

随着市场营销在博物馆运营中的实践，经过诸多博物馆专家学者的研究，逐步形成了一套愈加成熟的博物馆市场营销理论体系。就博物馆市场营销的理论建设来说，1998年，P. 科特勒（P.Kotler）和N. 科特勒（N.Kotler）兄弟的《博物馆战略与市场营销》一书的出版，具有标志性的意义，为国际博物馆提供了专门的市场营销指导理论。[1] 他们提出把博物馆发展战略与营销学结合起来，主张用策略性的市场规划方案，来解决博物馆在市场经济条件下怎样进行策略上的规划。这一方法的主要目的是塑造每一个博物馆与其他博物馆有所区别的形象，以决定自己特殊的使命。

一个多世纪以来，美国的博物馆已经走出了一条具有美国特色的博物馆市场营销发展之路。一是形成完善的市场营销理念和运作体系。二是形成完善和系统化的博物馆文化产品研发理念。三是引进和培养一批兼具经营管理和专业业务能力的人才。四是政府在支持博物馆发展的政策引导方面发挥了重要作用。美国的博物馆建立起稳定的文化产品销售渠道，例如在不同区域和场所设立各种具有专卖性质的博物馆商店，从而提高了以纪念品为主要表现形式的博物馆文化产品的经济效益，并最终促进博物馆文化的传播，提高博物馆的社会效益。

美国的博物馆大都设有礼品商店，带着参观纪念品离开博物馆已经成为观众的习惯。美国博物馆的市场营销，主要采取博物馆商店的经营形式。在过去的一个多世纪，大都会艺术博物馆出版物和复制艺术品的研发活动不断发展，至今其艺术类书籍和复制名画已经多不胜数。其中艺术类书籍是该馆商品部的重要业务，雇用了115名专业顾问，销售8000种出版物，被认为是美国出售艺术类书籍最重要的场所之一。该馆精品店则是独一无二的礼品店。此外，

[1] 万红：《新时期博物馆营销若干问题研究》，《上海文博论丛》2009年第1期，第46页。

雕塑和装饰品的种类更是包罗万象，包括银器、水晶、玻璃、陶瓷、首饰、领带以及丝巾等。

大都会艺术博物馆的文化产品销售范围广泛，每年寄出1300多万册文化产品目录，每年为60万人邮售文化产品。目前，大都会艺术博物馆商店出售的约85%的文化产品，是由该馆制造或直接监制，并只能在该馆所属博物馆专卖店销售。资料显示，大都会艺术博物馆商店1949年全年销售收入仅有10万美元，1972年上升为200万美元，1987年增加到5500万美元，2002年已经超过1亿美元，使大都会艺术博物馆商店从一个纪念品销售中心，发展成为推动文化教育的重要机构和不可忽视的经费来源。

从20世纪80年代起，大都会艺术博物馆商店，不仅在博物馆内有5000多平方米的营业厅，还在纽约的一些大型商场和全美其他城市设置了12家分店，采用特许经营的方式实现规模化发展，并在法国、德国、墨西哥、日本、新加坡、菲律宾等地分别设立了分店，拥有340余名销售人员。这些设置于购物商场和机场的分店，在出版物、复制艺术品等文化产品研发方面形成自己的品牌，特别是与陈列展览和文物藏品相关的实用性强、价位低的纪念品，不断吸引新的消费群体。此外，大都会艺术博物馆还设立了网上商店，以扩大经营博物馆文化产品。

大都会艺术博物馆在精品店销售的文化产品约占85%，是由博物馆制造和直接监制生产过程，并只在博物馆的精品店方可购到的专利商品，精品店产品超过2万种，由于对品质要求严格，部分文化产品更是限量销售，所得盈利用作资助博物馆的运作及服务经费。博物馆商店销售者的服务质量，对能否留住顾客，吸引回头率的作用不可忽视。无论其营销场所系博物馆自己经营，还是交由企业代理，都有明确要求，由博物馆人力资源部对商店服务员进行上岗培训，要求其了解博物馆历史，掌握藏品知识，以便顾客选购商品时，能提供较专业的咨询。多年来，在其周到的服务下，人们参观后到商店看看，或到咖啡厅坐坐，已经成为参观博物馆必不可少的内容。

大都会艺术博物馆商店的购物袋本身，就是由设计大师R. 哈瑞克（R.Harak）于1978年创作的平面作品，以大都会艺术博物馆英文名称的第一个字母M为元素，由大小不一的文艺复兴时期印刷字体构成。每年约有100多万个拥有这一标志的购物袋，随着纪念品被带向全球各地。同时，配合其博物馆商品精致、典雅的总体特点，使观众产生“大都会艺术博物馆就是庄重和高雅的代名词，大都会艺术博物馆商店出售的商品就是品位与质量的保证”的观念。2005年，这一标志甚至开始被单独作为博物馆文化产品出售，例如M胸针、M磁贴、M橡皮等。可以说，M标志已成为大都会艺术博物馆的代名词，将大都会艺术博物馆的影响力扩散至全世界。

在美国，博物馆营业总收入的8%，来自纪念品商店和出版物出售。博物馆商店是史密森学会博物馆市场营销的一大支撑。史密森学会博物馆的商店注重自行研发系列产品，其宗旨是“从藏品中获得灵感”。因此，它的文化产品别具特色、独一无二，带有史密森学会独有的太阳标记。而每件史密森学会的商品旁，都附有一张卡片，讲述该商品的研发缘由、背后的故事等，使观众在购买时再一次学习，同时将美好记忆带回家，或是馈赠他人，传播给更多的人。另外，对于未能亲自前往博物馆商店选购或是觉得先前购物还不够尽兴的人们，可以在各博物馆网站或是史密森学会网站上进行挑选。[1]

在各史密森学会博物馆商店的付款台，常有店员向观众推荐史密森学会的纪念币，由于每座博物馆的纪念币都带有自身独特的印记，因此鼓励观众多参观不同的博物馆，集齐全套纪念币，留作收藏。史密森学会博物馆在调查中发现，所属国立航空航天博物馆的学生团体中每人有 5 到 10 美元的零花钱，参观期间却只有大约 5 到 10 分钟的时间来消费这些钱。于是在该博物馆的纪念品店里，放满了各种中低价格的商品，例如军人身份牌、设计成行星造型的大理石纪念品、宇航员专食冷冻脱水冰淇淋等，其中仅 2004 年该馆就售出了 20 万份此类冰淇淋。

史密森学会所属的各家博物馆，因各自定位、展示主题、内容都不同，因此所研发的文化产品不仅形式和内容多样，更从价位上做出差异，以迎合不同观众的需要。在美国印第安人博物馆，不同楼层的店铺分别销售风格和价位相差较大的商品。二楼商店，呈现的大部分都是手工制品，琳琅满目，使人们惊叹美国印第安人各部落的精湛技艺。而公众在挑选商品的同时，也更多地了解了不同部族人们的生活、信仰等。在国家历史博物馆，泰迪熊是文化产品中的一大招牌，以它为形象设计的公仔、水晶球、明信片、胸针、T 恤、海报等，广受欢迎。而即便是同一款公仔泰迪熊，也有不同尺寸，可见博物馆市场营销的用心良苦。[2]

美国博物馆研发出来的文化产品不但具有博物馆藏品特色，更注重品质的提高，同时还兼顾其背后文化意义的挖掘。同时，博物馆研发的文化产品种类丰富，可以满足各类观众的不同需求。美国博物馆在保证博物馆业务发展的基础上，还尝试引入外界的经营管理人才作为博物馆相关经营活动的管理者，并开始着手培养一批既具有经营管理才能，又熟悉业务知识的人才。一些经营管理人员在美国博物馆中担任了十分重要的职务，这些人才的引入对博物馆的运营和发展产生了积极作用。美国联邦政府不仅提供直接资助，还对社会各界给予博物馆的捐赠和文化产品研发实行免税政策。

经费匮乏是全球博物馆普遍面临的一个难题，但是美国的一些博物馆基于良好的管理机制和运作方式，通过市场营销创造出巨大的综合效益。市场营销的经济补充，既减轻了政府的财政负担，又成功突破了博物馆经费匮乏的“瓶颈”。例如 1994 年，美国博物馆的年度总支出为 368 亿美元，全日制就业人数为 130 万人，总工资为 252 亿美元，城市税收 7.9 亿美元，州政府税收 12 亿美元，联邦政府税收 34 亿美元。[3]

根据美国相关机构对于费城艺术博物馆经济影响力的研究表明，该馆是大费城地区诸多文化机构中，唯一有能力吸引大量外地观众的文化机构，而这些观众在博物馆每消费 1 美元，就会为费城及邻近区域，带来超过 4 美元的其他各类消费。例如 1996 年，费城艺术博物馆举办的塞尚作品特展，13 周的展览期间内观众人数达到 55 万，产生了 1 万间宾馆客房利用量，

[1] 郑奕：《在史密森尼博物馆中尽享自由》，《中国文物报》，2011 年 4 月 27 日，第 4 版。
[2] 郑奕：《在史密森尼博物馆中尽享自由》，《中国文物报》，2011 年 4 月 27 日，第 4 版。
[3] 张和清：《美国博物馆的管理与运作》，《中国文化报》，2008 年 10 月 22 日，第 7 版。

并使地区经济获得了 8600 万美元的收入。在 2003 年财政年度中，费城艺术博物馆为大费城地区带来的各类消费收入增长到了 1.69 亿美元，并因此创造了 3023 个就业机会，而博物馆创造的每 1 个工作岗位，在费城及宾夕法尼亚州也随之伴随产生 5 个工作岗位。此外，费城艺术博物馆还为地方政府直接创造了 1250 万美元的税收。[1]

有关材料表明，2000 年美国共有约 8600 座博物馆，有史以来第一次吸引了 10 亿以上的参观者。如此庞大的博物馆数量，其资金除政府拨款外，主要有三个来源：基金会、企业和个人。例如位于华盛顿的国家博物馆其资金的 70%来自政府拨款，其余 30%由企业和个人支持的基金会提供。除了政府资助、企业赞助、个人捐赠等资金来源外，一些博物馆举办的特别展览和巡回展览也给自身带来了不菲的收入。史密森学院所属博物馆是世界上最大的博物馆群，共包括 19 座各种类型的博物馆。这些博物馆所获得的政府拨款，仅占其年度经费需求的 30%至 40%，其余部分由博物馆自筹经营解决。

史密森学会博物馆提供的餐饮配套选择多样、价位适中，并富有各博物馆的特色，正契合了它所提倡的“在学习中享受，在享受中学习”。一方面能快速解决大量参观人群的餐饮需求，另一方面人均消费仅 10 美金左右，经济实惠，而团体餐饮若提前预订，还可以享受折扣。在美国印第安人博物馆的咖啡馆，观众可以一边尽情欣赏不同部落的典藏，一边自由选择跨越西半球的各种印第安部落食品，包括源自南美、西北海岸、中美洲、大平原等地区的特色佳肴。每个窗口的员工还会热情向观众展示各种菜肴的烹饪方法、原材料以及独特调味品。而每张餐桌上，都放置有小标牌，以文字、图案形式为观众诠释印第安人的饮食习惯、饮食文化等，使饮食的过程成为博物馆展览的文化延伸和特色解读。[2]

基金会是美国博物馆的主要支撑之一，它用各种方式寻找社会资金，然后由基金会理事会监管基金的使用。美国的许多博物馆都建立有发展基金。大都会艺术博物馆拥有近 20 亿美元的发展基金，用于多种组合投资，包括各种股票、政府债券等，每年将一部分投资收益注回本金，以保证基金规模的不断扩大。华盛顿的国家博物馆有一个庞大的体系，资金的 70%来自政府拨款，其余 30%由社会知名人士、企业和个人支持的基金会提供，企业对文化事业的捐助可以免税，因此企业和个人都愿意把钱投到博物馆基金会中，这也决定了博物馆靠各个基金会来支持。

虽然大部分博物馆免费开放，但是电影票、食物和纪念品等的销售却在快速地增长，2004 年销售收入达 1.563 亿美元，为博物馆带来了 2670 万美元的净利润，几乎是博物馆可以自行支配资金数目的一半。但是，美国博物馆界对非博物馆人员参加博物馆管理工作一直存在不同意见，人们认为具备现代化管理意识和市场运作理念，并拥有经营管理能力的博物馆业务人员，将比单纯的经营管理人员更了解和熟悉博物馆的运营规律和经营理念，因而更有利于博物馆的发展。因此，美国博物馆也注重培养自己的既具有经营管理才能，又熟悉业务知识的人才。

---

[1] 张颖岚：《美国博物馆与社区发展的互动》，《中国文物报》，2007 年 4 月 27 日，第 6 版。
[2] 郑奕：《在史密森尼博物馆中尽享自由》，《中国文物报》，2011 年 4 月 27 日，第 4 版。

博物馆的场地、馆舍及设备等资源是事业发展的物质基础。因此，除了动员人力资源之外，还必须动员物质资源投入博物馆发展。博物馆场地和馆舍具有一定的规模，而且具有地理位置优势，是市民理想的休闲场所，也是博物馆进行市场营销的优良平台。美国的许多博物馆不仅具有传统职能，而且现在已经成为多种娱乐活动的场所。例如华盛顿的各大博物馆坚持为公众举办免费音乐会。国家艺术博物馆的花园中每星期日晚7时举行免费音乐会，著名指挥家R. 贝尔斯（R.Bells）经常在这里指挥管弦乐队演奏。纽约州罗彻斯特大学纪念美术馆每月的第一个星期五晚上，向1500名青年学者开放，这些青年学者在展厅中交谈、喝饮料、吃便餐、听爵士音乐和学术报告。[1]

目前，美国博物馆已成为家庭旅游度假目的地的前三名。例如大都会艺术博物馆是当地的第一旅游胜地，2001年观众人数为540万人次，超过任何其他旅游目的地，观众数量的大幅增加为博物馆市场营销带来机遇，其中博物馆商店的效益有了明显的提高，持续增长的经济效益，也使博物馆为观众服务的各项设施得到改善。大都会艺术博物馆的研究数据表明，在观众参观博物馆的行为后面，存在着一个巨大的消费市场，从餐饮、住宿、休闲、旅游纪念品到交通，各种不同的消费需求覆盖了城市的许多区域。

在欧洲，市场营销已经形成相当规模，成为博物馆发展在经济上的重要支撑。博物馆的市场营销发展和文化产品研发的特点，主要表现在政府对博物馆事业发展的政策扶持、财力供给和宏观调控管理。1996年，伴随英国政府宣布将会降低政府对博物馆的资助，大英博物馆开始尝试其他能够获得经济收入的活动，研究报告表明，通过市场营销等自身努力所获得的收入在1993年仅占总费用的16.1%，而到1997年则达到25.9%。[2] 此时，博物馆市场营销与文化产业发展密切相关。2002年，英国的文化产业占英国GDP产值的8%左右。文化产业发展取得的成绩与政府的政策支持和资金投入密不可分。英国政府同时将博物馆的市场营销也列入文化产业振兴发展的范围之内。

虽然一般意义上认为博物馆对于经济发展来说无足轻重，但是英国伦敦经济学院专家的调查报告显示，博物馆对英国经济的影响，每年达到15亿英镑。“博物馆也是英国出口支柱，就像汽车工业和对冲基金”，博物馆成为经济发展中的有机组成部分。报告认为，最近几年中博物馆的角色有“根本上的改变”。在英国共有1848座博物馆，43%的英国人在过去一年中参观了博物馆。英国的一项调查显示，游客到英国常去的前10个目的地中，博物馆占到了7个，且排在前三位的都是博物馆，分别是大英博物馆、泰特当代美术馆和伦敦国家画廊。

在此背景下，博物馆普遍开设商店出售其文化产品以获得经济利益，并扩大博物馆的社会影响。例如英国维多利亚和艾尔伯特博物馆就长期经营着三个固定商店，同时还随临时展览的举办增设临时商店。博物馆商店中的文化产品，一般由博物馆专门设计制作，产品设计优美、制作精良，不仅包括文物复制品、图片、画册等，还包括大量加入博物馆藏品的文化元素而设计制作的生活用品。为塑造优秀博物馆文化产品品牌，博物馆不惜在世界各地寻找

[1] 张和清：《美国博物馆的管理与运作》，《中国文化报》，2008年10月22日，第7版。
[2] 田艳萍：《国外博物馆经济学研究概述》，《博物馆研究》2009年第1期，第16页。

合作人和制造商。目前该博物馆的产品研发合作人已有85个之多，他们分布在英国、欧洲大陆、北美和日本等地，博物馆文化产品的影响力也随之蔓延到世界各地。

目前，大英博物馆每年接待观众达600多万人次。其主要收入来源大体可以分为四个部分，即政府补贴、企业赞助、社会捐赠和商业经营性收入。例如2007年大英博物馆全年收入为7444.7万英镑，其中政府补助4164.8万英镑，占总收入约56%；企业赞助和社会捐赠436.8万英镑，占总收入约6%；市场营销方面的收入2843.1万英镑，占总收入约38%。由此可见，虽然政府补贴仍然是大英博物馆的主要收入来源，但是市场营销方面的收入所占比例，呈逐年递增的趋势，并且具有较大增值空间。[1]

英国博物馆文化产品研发有一个值得借鉴的方面，就是其灵活的经营和管理机制。以维多利亚和艾尔伯特博物馆为例，该馆为更有效地管理博物馆市场营销，由其董事会组建成立了维多利亚和艾尔伯特有限公司。该公司全部利润上缴博物馆，并享有国家的免税待遇，主要经营范围为：零售业务、颁发许可证、邮购业务、场地出租和出版业务。公司的特别活动部负责安排利用博物馆及其所属机构的场地举办活动，这些活动包括外界公司和机构举办的宴会、招待会、音乐会、讲座、研讨会和会议等，租金在1000英镑至13000英镑不等。

在法国，博物馆的市场营销受到旅游业的带动和影响。法国是世界上博物馆最多的国家之一，首都巴黎是世界旅游收入最高的城市。法国旅游业的兴旺主要得益于丰富的文化景观和历史遗产，得益于政府的文化遗产管理制度，反过来旅游业的发展也为这些文化景观和历史遗产的价值提升和文化传播带来新的机遇。同样旅游者的大量涌入和旅游消费的强烈需求，对于博物馆市场营销产生重大推动作用。例如卢浮宫艺术博物馆于1993年初改制后，取得了“自主经营权”，但是所有权仍归国家。博物馆每年门票收入为8000万欧元，但是每年的运营和修缮费用却高达5.6亿欧元，这些差额只能靠政府财政、社会赞助和市场营销解决。

法国的博物馆纷纷引入现代市场营销模式，销售与博物馆藏品相关的文化产品，例如根据观众需要销售馆藏文物复仿制品，销售馆藏文物相关书籍，销售馆藏文物藏品图录等，这些文化产品销售行为不仅局限于国内，甚至发展成为国际化的市场营销模式。据报道，法国博物馆商店的销售额以逐年10%的增长率递增，例如凡尔赛宫的博物馆商店日均接待参观者5000人次。法国博物馆商店的定位是出售优质文化产品的高雅场所，要求店堂布置富有艺术气息，与博物馆的整体气氛相协调，并对文化产品质量严格把关，供货商均是经过认真选择性价比最高者。

卢浮宫艺术博物馆为了扩大资金来源和提高社会影响力，开辟出2000平方米的临时展厅，每年举办10余项与自身文化定位相关的展览。此外，一些博物馆设施向社会开放，为各类临时性学术报告会和其他文化活动有偿提供场地和服务，年收入达2500万法郎。博物馆还开辟了网上商店，专门经营以油画复制品、珠宝配饰、丝巾配饰、耳环项链、工艺品等为主的博物馆文化产品，品种多达289类。2007年卢浮宫艺术博物馆市场营销收入3270万欧元，

[1] 焦丽丹：《免费开放下的英国博物馆（上）》，《中国文物报》，2009年12月16日，第7版。

占自有资金40%；国家博物馆联合会市场营销收入7000万欧元，同比增长11%，有效地缓解了博物馆资金的不足。

为了满足观众的多样化需求，博物馆商品丰富多彩，观众既可以买到1－2欧元的书签、铅笔等廉价文化产品，也可以买到上千欧元的高仿绘画、雕塑等高档文化产品。由于博物馆商品物有所值，具有文化含量，因此博物馆商店已经成为人们购买礼品、纪念品的首选。起初博物馆商店只是作为博物馆收入的补充，后来逐渐发展成为博物馆收入的重要来源。今天，许多博物馆商店除销售与文物藏品相关的文化产品外，大部分博物馆还从事辅助性活动，这些辅助性活动的收入逐渐成为博物馆运营经费的重要组成，同时也间接地促进了文化艺术普及。[1]

博物馆独特的文化底蕴和艺术氛围，为其他社会公共场所不具有，这里不但可以烘托相关文化活动的高雅人文情调，凸显主办者的文化素质和文化追求，而且可以给博物馆带来意想不到的收益。例如2008年6月，卢浮宫艺术博物馆陈列出珍藏的达·芬奇22幅画作，在馆内举办“达·芬奇之友”的美式私人募款餐会，受邀请的贵宾中有欧洲皇室成员、美国社交名媛，以及来自亚洲和墨西哥的企业巨头。贵宾们欣赏画作后，在有着2000年历史的希腊罗马雕塑的环绕之下用餐，最后再到玻璃金字塔下聆听乐队的表演。餐会后贵宾每人为博物馆至少捐赠了1万美元，卢浮宫艺术博物馆在当天晚上增加收入约269万美元。

卢浮宫艺术博物馆馆长H.卢瓦雷特（H.Loyrette），自2001年上任以来，就致力于深度发掘卢浮宫这块金字招牌的价值，被视为卢浮宫艺术博物馆历任馆长中最具企业经营手腕，也最富争议性的馆长；他抛开以往管理方式，不断开拓新的财源。例如3年前，由畅销小说改编的电影《达·芬奇密码》拍摄时，卢浮宫艺术博物馆便以一天约3万美元的价格，同意摄制组在博物馆内进行实景拍摄，共获得了253万美元。博物馆的镇馆之宝通过大屏幕进入公众视野，因此，2008年卢浮宫艺术博物馆创下了超过840万人次的观众纪录。其中26岁以下的年轻人占了4成，完全颠覆了博物馆的传统印象。如果以每张门票9欧元计算，仅门票收入就超过了1亿美元。[2]

随后卢浮宫艺术博物馆邀请各国导演进行以卢浮宫为主题的创作，《博物馆奇妙夜1》和《博物馆奇妙夜2》已经为20世纪福克斯公司在全球取得近10亿美元的总票房，并成为向年轻人推荐卢浮宫艺术博物馆的有效手段。编剧托马斯（Thomas）已经在创作第3部，各大博物馆都想成为第3个幸运者。通过电影这种大众文化传播形式，博物馆不再仅仅吸引外国游客，本国的年轻人也多了起来，使年轻人在文化生活方面有更多的选择，使年轻人把在博物馆流连忘返，也当作日常生活的一部分。目前卢浮宫艺术博物馆基本陈列展览观众的平均年龄只有25岁，这是相当令人羡慕的成就。[3]

2007年10月，法国议会批准了在阿布扎比建立卢浮宫艺术博物馆分馆的计划。卢浮宫

---

[1] 张和清：《美国博物馆的管理与运作》，《中国文化报》，2008年10月22日，第7版。
[2] 林孟仪：《“卢浮宫公司”生财有道》，《北京晚报》，2009年11月23日，第25版。
[3] 杨雪梅：《拥有年轻 拥有未来》，《人民日报》，2010年1月29日，第17版。

艺术博物馆分馆占地约 26 万平方米，将在 2012 年前后向世人开放，卢浮宫艺术博物馆向其出借各个年代、各个地区的文物藏品。文化部长 K. 阿尔巴内（K. Albany）估计 30 年内阿联酋将向法国支付约 10 亿欧元，其中 4 亿欧元用于支付卢浮宫艺术博物馆 30 年品牌使用权。阿布扎比卢浮宫艺术博物馆分馆还将支付 5.75 亿欧元，一方面，引进法国艺术管理人员和艺术工作者；另一方面，对一处法国宫殿进行修缮，以及在巴黎建起一个艺术品修复中心。同时，开馆 10 年内，阿布扎比卢浮宫艺术博物馆分馆每年支付 1.5 亿欧元，向法国卢浮宫艺术博物馆租用文物藏品。

近年来，越来越多的国际博物馆界学者和专业人员接受市场营销模式和经营理念，以应对日趋激烈的竞争和挑战，并在实践中发现，将市场营销运用在博物馆运营上，既能更加充分地发挥自身价值，又可以吸引更多的观众，使博物馆职能与社会公众利益双赢。2007 年开始的金融危机，到 2008 年开始走向失控，许多大型的金融机构倒闭或被政府接管，英国的博物馆也随着金融危机迎来了“寒冬”。英国文化大臣 B. 佛利特（B. Follett）指出，2007 年 12 月许诺拨款给大英博物馆 2250 万英镑的计划，因为政府财政紧缩而被搁置。金融危机的消极效应使政府不得不转移注意力，使艺术发展问题得不到优先考虑。

大英博物馆来自文化媒体运动部的津贴补助于 2010 年至 2011 年间被中止。据英国艺术和经济委员会统计，大约有 40%的公司表示，他们对未来赞助艺术的资金会有所节制。同时，还有其他一些艺术基金会纷纷宣布退出博物馆。实际上，银行、公司对博物馆缩减赞助的行动已经开始。曼彻斯特的科学工业博物馆失去了冰岛银行 90 万英镑的赞助，博物馆负责人 S. 戴维斯（S. Davis）表示，原计划要将这笔钱用于博物馆教育计划，现在所能做的就是去积极争取拉回赞助，并保证不要影响到博物馆的服务质量。面对如此严峻的形势，英国的博物馆界提出了“重新创造，等待新的启航”的口号，各个博物馆各显其能，应对金融寒流的来袭。[1]

从目前的情况来看，法国博物馆文化事业的正常运行更多地还是依赖于政府的拨款。卢浮宫艺术博物馆 H. 罗列特（H. Lloret）馆长曾说：“30 年前我进入博物馆工作时，大家只是早上去开门，晚上把门关起来，根本不用花心思去管参观人数、媒体等。但是现在情况变了，卢浮宫艺术博物馆面临的竞争压力加剧。加上法国政府紧缩预算，因此卢浮宫艺术博物馆只好自寻财源。”[2] 各博物馆面临的问题不仅是赞助的减少，还有因经济危机导致的大量海外游客的流失，门票收入和文化产品零售收入的锐减。

2009 年 12 月，法国博物馆员工为抗议政府裁员而举行罢工，奥赛博物馆、罗丹博物馆等多座著名博物馆被迫关闭。这次罢工由法国全国总工会等多家工会发起，目的是抗议政府日前修改的公共政策，包括文化部门重组、裁员以及消减经费等。在一封致法国文化部长的公开信中，蓬皮杜艺术中心劳工联盟的负责人写道：“不满足蓬皮杜艺术中心的要求，意味着让首都的个性在消费文化中窒息。”不少游客对此表示惊讶，慕名而来的人们只能去其他

[1] 李宏坤：《金融危机下的英国博物馆》，《中国文物报》，2009 年 7 月 3 日，第 6 版。
[2] 林孟仪：《“卢浮宫公司”生财有道》，《北京晚报》，2009 年 11 月 23 日，第 25 版。

的地方参观。一些市民因此担心对法国的形象造成损害。[1] 法国总工会文化部门发言人阿莱梅（D. Alaime）谈到裁员时说，新政策会对艺术品、古典建筑的保护工作带来不利影响。[2]

一直以来，法国博物馆界似乎都呈现一片欣欣向荣的景象。然而，2011 年初法国审计法院公布的一份报告却给这股“博物馆热”泼了冷水。这份 200 多页的报告在对包括卢浮宫艺术博物馆、奥赛博物馆在内的 37 家国家级博物馆，最近 10 年内的管理状况进行评估后指出：虽然博物馆 10 年来开放了更多的展厅，组织了更多的展览和活动，也购进了更多的文物藏品，出版了更多的图录，还延长了开放时间，但是这并不能掩盖由于经营管理理念的偏颇而带来的种种弊端。审计法院认为，法国博物馆面临的问题主要有经费过于依赖政府拨款、参观人群比例失衡、票价涨幅过快等。审计法院指出，大型博物馆应当通过拓展自筹资金渠道减少对国家的依赖，然而事实却不尽如人意。

2010 年夏天，意大利政府批准了消减文化艺术资金的计划。根据该计划意大利文化艺术资金将从 2008 年的 4.5 亿欧元消减至 2011 年的 2.62 亿欧元，是近年来规模最大的一次文化经费消减计划。该计划令意大利文化界人士感到难以接受，他们认为，这将会对国内文物保护造成不利影响。11 月 12 日，意大利文化界工作人员进行了 24 小时的抗议活动，当天许多包括博物馆在内的文化设施或关门歇业，或缩短了工作时间。抗议者们聚集在罗马、米兰等城市，喊着“增加预算，点亮文化”的口号，要求政府增加文化投入，但是抗议活动似乎并没有收到预期的效果。[3]

2010 年 6 月，德国总理 A. 默克尔（A. Merkel）对外宣布了 2011 年至 2014 年即将实行的 800 亿欧元财政紧缩计划，这一计划被称为“二战以来德国规模最大的一次财政紧缩”。2010 年 9 月，汉堡市政府公布了汉莎联盟城市历史上最大规模的一次财政紧缩计划，从 2011 年开始，汉堡市每年计划消减高达 5 亿欧元的财政支出，仅在文化领域就要消减 1.2 亿欧元。伴随财政紧缩计划的出台，一项关闭公共文化机构的计划，使德国民众真切感受到了财政紧缩公共文化建设造成的威胁。其中汉堡市政府将一座有着悠久历史的博物馆关闭的举动，使德国文化界人士忧心忡忡。

被关闭的是阿尔托纳博物馆，是德国最大的地方性博物馆之一，主要展示德国北部地区的艺术及文化史，向人们介绍易北河地区文化历史的发展。陈列展品涵盖了该地区绘画、雕塑、手工艺品、文化史、渔业、航海业等方面的重要内容，向社会民众展示该地区的历史文化发展变迁。关闭阿尔托纳博物馆的举措被德国媒体称为“最滑稽可笑的举动”。有评论写道：“节省当然没错，有着要消减 5 亿欧元的艰巨任务，这大家也都能理解。然而，关闭博物馆对于一个以文化中心自居的城市而言确实不可挽回的错误，这也将是汉莎联盟城市第一次将见证城市历史的博物馆作为牺牲品。”[4]

---

[1] 张明明：《法博物馆为抗议政府裁员罢工关门》，《中国文化报》，2009 年 12 月 9 日，第 2 版。
[2]《法国多家博物馆闭门谢客》，《京华时报》，2009 年 12 月 4 日，第 A31 版。
[3] 冯箐：《意大利古遗址安全隐患不断》，《中国文化报》，2010 年 11 月 29 日，第 2 版。
[4] 宋生烜：《德文化界反对给文化生活截肢》，《中国文化报》，2010 年 9 月 28 日，第 4 版。

如今，一些发达国家的博物馆有多种资金来源，主要来自几个方面，一是政府拨款、彩票和基金；二是各种商业经营性收入，尤其是博物馆文化产品的开发与经营；三是社会、企业和个人的捐助；四是门票收入，往往只占博物馆收入的一小部分，而并非主要资金来源。例如美国和加拿大运营状况最好的博物馆，门票收入通常只占其年经费需求的10%，因此，门票对于博物馆运营资金的影响并不大。日本江户东京博物馆为改变经费短缺的境况，制定了5个基本方针，并强化实行。一是降低成本，节约经费；二是导入赞助金；三是广泛宣传，增加广告宣传；四是提高质量；五是增加入场人数，增加收益。这些方针不单纯适用于单个的展览会，而是通过策划全年的整个计划展览，从而大幅度地增加参观人数以及收益。

博物馆体制改革在某种程度上有效地提升了公益性博物馆的自主经营权。为了生存和发展，各国博物馆最大限度地筹集自有资金，市场营销的理念不断加强，研发能力逐步提高，大部分博物馆的市场营销收入不仅可观，而且呈逐年上升态势，探索适合博物馆与市场营销相结合的发展道路。同时，越来越的博物馆开始设立市场营销部门，开展博物馆观众消费研究、临时展览推广、社会捐赠筹募、会员制度设立、文化旅游开拓、基金管理投资和整体形象策划等方面的工作。[1]

美国博物馆的资金来源之一，是通过授权和特许经营所取得的收益。一些企业围绕着博物馆的观众需求，研发并提供相关的文化产品，交纳给博物馆一定的费用，以求得博物馆的特许授权。此外，博物馆也会开放内部经营场所给外部的企业经营。这样，既满足了观众的需求，减少了博物馆自主开设相关服务设施的成本，同时也增加了收入。[2] 事实上，很多博物馆都有举办各种公共活动的场所，便于开展多种经营项目。希腊的圣托里尼红酒博物馆，是1660至1950年间，作为酿造红酒的一处工业旧址，其出口处是一个现代气息很浓的商场，安排了几排酒吧桌椅，免费提供三种经典红酒品尝。其中甜红酒因味纯正甘洌而备受欢迎，游客品尝后纷纷购买。[3]

会员制作为博物馆市场营销的一种重要而有效的形式，符合博物馆服务社会的特点。各国博物馆历来都十分重视培养自己的会员，尤其是培养以专业人员为主的年轻会员，因为他们深信在这些人士中，有博物馆潜在的捐赠者、赞助人，甚至是未来董事会的成员。在美国几乎每个博物馆都有自己的会员组织。例如大都会艺术博物馆拥有会员近117000名，是全世界会员数量最多的博物馆之一，会员收入占到全部自筹经费的14%，是列为第三位的收入，已经成为博物馆稳定的来源之一。在英国，博物馆会员制度已经相当成熟，会员项目根据频繁参观博物馆的参观者、支持者的兴趣而进行调整，从而为人们提供切实的利益。

会费收入具有来源稳定、无限制条件的特点，并且会员所带来的经济收入不仅仅是会费，也是捐款的重要来源，因此各国博物馆都努力发展自己的会员组织。在美国，虽然不同的博物馆会员制不尽相同，但是会员资格均为一年有效，须每年交纳年费，一般没有终身会员。

---

[1] 李晶：《关系营销：博物馆营销的新趋势》，《上海文博论丛》2008年第4期，第68页。
[2] 王小英：《美国私立博物馆的生存模式》，《中国文化报》，2010年7月21日，第6版。
[3] 方竟成：《希腊文化遗产保护的法律与实践》，《中国文物报》，2009年8月7日，第3版。

会员享有的基本权利包括免费参观博物馆和文化产品购物打折。[1] 个人或赞助商可以以多种形式为博物馆捐款，还可以出资成为会员，常见的是分等级的会员制度，按交纳会费多少享有不同权利，而博物馆根据缴纳会费的数量，为会员提供不同特色的优惠。

目前，西方国家博物馆发达的会员组织，往往依靠富有吸引力的文化商品，维系着博物馆与广大会员之间的联系，会员也十分关注并愿意购买博物馆研发的文化产品。博物馆发展会员的过程，实际上就是博物馆开展市场营销的过程，在这个过程中实现观众对于博物馆而言，"由陌生人到熟人，直至成为朋友乃至合伙人"，博物馆会员制追求的目标，也是从迎接观众光临，到满足观众文化需求，获得观众经常前来参观访问的习惯，直至加强与观众之间的友好关系，实现观众对博物馆的忠诚。

一些博物馆还根据不同服务标准，形成不同级别的会员，并为不同级别会员组织不同的活动项目，不同级别的会员由于特性差异，可能在利益要求和利益获得上有所不同，甚至会员可以获得一对一定制性和特殊性服务，例如博物馆内部资料查询访问，参与尚没有对观众开放的一些博物馆空间和服务项目。博物馆的会员组织有的也会按照兴趣、专业等差别进行分类，建立不同会员组织，例如有的博物馆除建立一般的会员组织之外，还建立了收藏会员组织，有的博物馆建立了学术研究性的会员组织。针对不同会员群体的不同文化诉求，博物馆在服务提供方面给予区别对待。[2]

美国的老史德桥村博物馆是一座露天历史博物馆，它记录了1790年至1840年新英格兰地区农村和城镇的历史，馆内有超过6万件文物藏品和58处原始建筑，设有40余个专题展览，馆藏图书资料达3.3万册，并收藏有13万张视觉图片信息资料，是美国19世纪新英格兰地区历史考古与建筑科学研究的中心。自1946年对外开放以来，实现了持续的发展，成为国际博物馆界瞩目的管理运营与市场营销的典范。实施会员制是该博物馆市场营销成功的重要因素，2009年其会员已经超过8000人，形成了以1个小时车程、100公里范围圈为核心的会员高度集中区。

观众是否愿意成为博物馆会员，核心考虑的因素是博物馆能否提供满足需要的高质量文化产品与服务项目。老史德桥村博物馆有丰富而又优质的文化产品和服务项目，会员除白天可以无限次地免费参观之外，例如餐饮、住宿、购物、主题活动等各个方面也都提供优惠，包括入住博物馆酒店价格优惠25%，餐饮价格优惠10%，购买商品价格优惠10%，另外在门票之外博物馆组织开展的收费活动项目，也都对会员实行10%乃至更高的价格优惠。会员类型设计考虑到了会员家庭一起访问的需要，也考虑到了会员陪同其他客人一起访问的需要，这种设计对于一些观众成为会员具有更加现实的吸引力。

博物馆每个月都有两个周末组织针对会员的免费开放日活动，开展的活动内容也丰富多样，例如各种主题动手参与性活动、在博物馆专家指导讲解下的仔细观察研讨活动，一些活动主题可以根据会员要求而设定。这些专门为会员组织开展的活动极大地增加了博物馆对会

[1] 李大玖：《美国博物馆善经营 重规范》，《北京晚报》，2011年5月23日，第35版。
[2] 吴相利：《会员制——博物馆市场开发的重要方式》，《博物馆研究》2010年第3期，第10页。

员的服务针对性，也使会员对博物馆忠诚度得到了进一步的提高。正是众多的优惠活动项目使观众感觉成为会员的支出物有所值，也使会员人数得到了稳定的发展。实践证明，不同博物馆根据各自特点性质，探索形成各具特色的会员制实施措施是博物馆实现市场营销拓展和服务质量提升的关键举措，也是博物馆社会价值实现的重要方式。

在市场化运作方面，各国博物馆都不断加大市场营销的力度，开辟多元化销售的渠道，积极利用“看不见的手”对博物馆市场营销的发展、文化产品的研发实施调控。这一特点主要表现在美国和英国博物馆文化产品的销售及研发方面。例如美国博物馆尽管文化经营方式多样，但是博物馆非常重视自主经营权，对所有资金的使用都有严格限制。通过多年实践，美国博物馆形成了丰富的筹款经验和一整套规范的操作模式。同时，美国博物馆的筹款工作也日益出现职业化的趋势。在美国的博物馆中，一般都会设立一个负责拓展资金来源的部门，即发展部，专门负责募集发展资金。

英国博物馆文化产品研发有一些值得借鉴的经验，就是其灵活的经营和管理机制。例如维多利亚和艾尔伯特博物馆，为更有效地经营和管理博物馆相关文化产业，由其董事会组建成立了维多利亚和艾尔伯特有限公司。该公司全部利润上缴博物馆．并享有国家的免税待遇，主要经营范围为零售业务、颁发许可证、邮购业务、场地出租和出版业务。通过丰富博物馆文化传播手段，提供灵活多样的文化产品，特别是与陈列展览和文物藏品相关的实用性强、价位低的纪念品，努力让观众把博物馆文化带回家，使历史文化传播更广泛、更深入、更持久，同时又可以使博物馆增加经济效益。

博物馆文化产品传递文化信息，其设计成功与否，还取决于购买者对文化产品中所蕴涵的文化内涵的理解，以及个性化的主观感受。英国的博物馆在市场营销过程中，强调文化产品背后的故事。例如英国一座博物馆研发的一种拼图产品，售价仅为 1 英镑，拼图完整拼接后的图案是 3 只中国瓷器花瓶，而在拼图的背面，有这样一段话：“这 3 只花瓶于去年被一个因为鞋带没有系紧的游客撞掉而全部打碎，但是我们现在已经将它们全部修复起来了。”同时，拼图背面还印上了花瓶拼接及修复现场照片。这盒拼图因其动人的背景故事，而成为该博物馆最受欢迎的纪念品之一。[1]

对博物馆观众进行分析与研究，是决策文化产业开发、制定市场经营策略的决定性因素之一。法国博物馆深知观众对于市场营销的决定性因素，所以各项活动都坚持以观众为中心。基于此，各博物馆定期向观众进行问卷调查，及时了解观众意见和社会各界建议，通过分析和预测，主动适应市场变化。例如巴黎雅克马尔·安德雷博物馆，长期进行博物馆市场问卷调查，根据观众对博物馆市场营销的反馈，及时调整计划，致使博物馆市场营销收入超过总预算的一半。正是这种灵活的互动机制，取得了双赢的效果，观众的需求得以满足，博物馆收益也得到保证。

事实上，市场营销本身没有对与错，关键是采用什么样的策略。如果目的不明确或不正

[1] 《国外博物馆案例》，《中国文化报》，2010 年 3 月 24 日，第 6 版。

确，市场营销就容易被误用。英国市场营销研究所关于市场营销的定义指出："市场营销是博物馆或美术馆为了实现自身使命、充分满足使用者的鉴别、满意与快乐等需求而采取的管理过程。"美国博物馆协会对博物馆市场营销的定义是，"在促进公众理解与欣赏的基础上，更多地了解博物馆的收藏、陈列与服务"。博物馆市场营销不是生硬地将市场营销理论引入博物馆工作领域，而是以博物馆为起点的市场理论，将市场营销的基本概念与博物馆的特性结合。

在政策扶持方面，各国对于博物馆的市场营销，出台相关的优惠鼓励政策，对文化产品研发等方面也制订较为明细的规定。具体来看，尤其体现在对博物馆的市场营销和文化产品研发，减免相关税收，以及制定合理的获利分配制度。在韩国统计厅的文化产业统计指标中，明确包括博物馆行业。表明韩国的博物馆行业已被纳入文化产业发展模式之中。韩国在组织管理、人才培养、资金支持、生产经营等方面逐步加强机制建设，对包括博物馆在内的文化产品的研发、制作、经销、出口等方面，实施系统扶持。同时，利用网络及其他教育机构进行人才培养，加强专业资格培训，加强与国外专业人才交流与合作，培养具有世界水准的专业人才。

韩国对博物馆文化产品研发、制作、经销、出口等方面实施系统扶持，同时在组织管理、人才培养、资金支持、生产经营等方面逐步加强机制建设。为了改变市场流通落后状况，减少流通环节和成本，在国家层面加强立法，加强市场流通信息化、国际化和现代化建设。同时，大力开拓国际市场，集中力量研发名牌文化产品，利用优秀品牌影响取得更大的市场效益。韩国计划利用先进的网络、外国代理商、开发直销、合作经销等多种手段，逐步构建起国际营销网。同时，韩国成立了文化产业振兴院，为博物馆相关文化产业的发展提供积极支持。[1]

建立奖励机制，也是韩国发展包括博物馆市场营销在内的一大特色。韩国成立专门负责文化产业发展的行政机构，即文化产业振兴院，为博物馆市场营销的发展提供积极支持。同时，为了改变其市场营销落后状况，减少流通环节和成本，国家加强法律法规制定，加强市场营销信息流通，大力开拓国际渠道，集中力量研发文化产品，利用品牌取得良好效益。同时，韩国计划利用先进的营销网络、外国代理、开发直销、合作经销等多种手段，逐步构建起国际营销网络。这些经验对我国博物馆市场营销具有借鉴作用，应在调查了解我国博物馆运营情况的基础上，制订符合我国国情的促进博物馆市场营销健康发展的对策。

（此文发表于《紫禁城》2013年增刊，第5页）

[1] 李艳：《国外博物馆文化产品开发案例》，《中国文物报》，2010年2月24日，第5版。

从“建筑 + 收藏 + 专家 + 观众”到“地域 + 传统 + 记忆 + 居民”

早在 19 世纪末 20 世纪初，一些国家的博物馆就开始收藏和展示民俗文化遗产的实践。例如 19 世纪末，挪威、瑞典等国家建立的露天博物馆已经包含了反映社区民俗文化遗产的因素。20 世纪 30 年代初，G.H. 理维埃（G.H.Riviere）根据户外博物馆的概念，创办了法国国家民间艺术和传统博物馆。20 世纪 40 年代初，法国农民协会主张办一个“活的博物馆”，1943 年昂贝尔的博物馆就是在一间经过修复的古旧磨坊里建立的硬纸板手工作坊，并演示传统技术，抢救被遗忘的工艺。在非物质文化遗产的保护方面，国际博物馆界也乐于奉献在保护物质文化遗产与自然遗产方面的丰富经验，并扮演着积极的角色。

我国的民俗文物征集和保护，始于 19 世纪末至 20 世纪初，与近代人文科学一起，在清代末年西学东渐文化启蒙运动背景下兴起。例如在北京大学由蔡元培、沈尹默等民俗学的先驱者先后成立了歌谣研究会、风俗调查会，并将所进行的工作由最初的民间文学的收集与研究，逐渐扩大到“征集关于风俗之器物，筹设风俗博物馆”。此后，厦门大学、中山大学等都广为搜集地方风俗物品，成立民俗陈列室。钟敬文先生认为，这些民俗文物“可以使我们认识今日民间的生活，更可以使我们明了过去社会的生活。它是提供给我们理解古代的、原始的艺术姿态的资料，同时也提供给我们以创作未来伟大艺术的参考资料”[1]。

户外博物馆是一种独特的博物馆展览形式，通常将保存至今的历史遗迹或民居、教堂以及室内外的装潢、构建等，按原来状态布置展出，供公众观赏。第一个户外博物馆于 19 世纪末在瑞典的斯德哥尔摩诞生，即建于 1891 年的斯堪森露天博物馆。它展示了瑞典不同地区在工业时代以前的 100 多栋建筑，馆内的工作人员身着北欧传统服饰，再现多年以前的生活方式。由于斯堪森露天博物馆建成后在北欧很受欢迎，成为户外博物馆的代称，并在 20 世纪上半叶逐渐推广到整个欧洲。例如 1894 年挪威奥斯陆的户外民俗博物馆，1909 年芬兰塞拉沙里户外博物馆，以及 1918 年荷兰阿伦海姆户外博物馆等。

20 世纪 70 年代起，户外博物馆扩展到美国，特别是在美国建国 200 周年前后，户外博物馆爆发性增加，席卷全国，到 20 世纪 90 年代初，就至少有户外博物馆近 200 个。除欧美之外，亚洲、非洲、大洋洲也为了提升各国的民族意识和保存传统文化，以社会教育要素为背景，推进户外博物馆的建设，例如日本在 20 世纪 60 年代经济繁荣时期，随着城市化进程推进到农村和边远山区，为了保留众多具有历史意义和保存价值的建筑，发展了一批户外博物馆，大多采用迁建历史建筑的形式，具有代表性的有 1965 年建设的明治文化村。

明治时代是日本奠定近代化基础的时代，一方面继承了江户时代木结构建筑的传统，同

[1] 关昕：《承载几代人的人生聚散》，《中国文物报》，2010 年 7 月 14 日，第 5 版。

时学习了欧美建筑的样式、技术和材料，引进了砖石结构的西洋风格建筑。这些建筑中很多具有较高的历史和艺术价值，由于地震、战争以及城市不断扩展，使日本全国留存下来的明治建筑数目越来越少，总数约有1200座。在这种形势下，著名建筑师谷口吉郎和名古屋铁道株式会社社长土川元夫协商，决定在名古屋市北面犬山市入鹿池畔创立明治村博物馆。在筹建过程中，将全国各地将要解体拆除的建筑物中，建造时间为大正年间关东大地震前的、选择有保存价值或属重要文物的建筑，相继迁到明治村博物馆中加以复原。

明治村博物馆于1965年3月开馆。在100公顷左右的丘陵地上，经过历年迁建增筑，展示建筑总数达到60座，经环境整修以后公开展出。博物馆的自然环境优越，傍山近水，各部分通过精心布置的馆内道路相连。各栋建筑外观形成博物馆别致的独特风貌，建筑物内部有的按当时的家具陈设布置，有的举办与建筑有关的资料展览，有的配以身着当时服饰的固定人物，有的临时举办特别展览，有的同时还作为营业内容的一部分，例如邮局等。同时明治村博物馆内还铺设了轨道，将明治时代最早的有轨电车和蒸汽机车作为参观的交通工具，提高参观者的兴趣。

历史建筑作为城市文化的载体，表现出城市文化中最直观和最表层的方面，而每座城市独有的人文景观才是城市的灵魂。一座历史文化名城的魅力在于居民的文化生活，它的实质不是僵死的文物和遗址所能涵盖，而只能在其居民的现有生活方式中去寻找。博罗尼亚是世界上第一个提出“把人和房子一起保护”的城市。1970年，当时的博罗尼亚市政府聘请罗马著名的建筑规划师柴菲拉提任总规划师，提出整体性保护规划，其要点是利用公众住房基金改善社区居民的居住环境，保护历史建筑，并用法律形式规定居住其中的90%以上的原住户必须留下来，居住在社区里的低收入家庭的租金不能超过其家庭收入的12%至18%。

所谓“整体性保护”，就是实现历史街区里“原来谁住的房，改造后还由谁住”的整体性保护目标。既要保护有价值的历史建筑，还要保护生活在那里的居民的原生态，留住原来的居住者，即社区里原有的低收入家庭。但是这一计划面临难以想象的阻力，因为居住在社区里的低收入家庭没有能力承租经过改建后的房屋。博罗尼亚的整体性保护取得了成功，最重要的经验就是完整地保护了古城风貌。古城风貌不仅包括那些有形的文化遗产，例如宫殿、教堂、历史街巷和传统建筑，而且还包括有别于其他城市的无形的人文内涵，例如民间习俗、生活方式和社会风尚。[1]

城市不发展就会没有生命力，而因为发展而伤害了独特的风貌，也会消磨城市的生命力。要夷平一片建筑或围起来保护都很容易，而要将民俗文化遗产融入城市生活才是最大的考验。美国纽约苏荷区是游客参观的必到之处，然而这片钢铁生产基地变成艺术家聚集地后，也曾破旧不堪，甚至险些化为乌有。20世纪60年代，曾计划重新改造苏荷区，即用成片新建的办公楼和豪华公寓取代旧厂房。在当地居民、艺术家和建筑师的极力反对下，1965年，包括苏荷区在内的900幢传统建筑和50多个历史街区被列入保护名录。1973年，苏荷区被确

[1] 谦方：《博罗尼亚：把人和房子一起保护》，《中国文化报》，2010年10月8日，第7版。

定为文化艺术区，属于重点保护区域，建筑物原有的外貌不允许再有任何破坏和更改。[1]

民俗文化遗产保护历来是一个充满矛盾的话题。奥地利有一家200年历史的鞋店，店主人觉得做鞋子的工具可能以后不会再用了，但是里面的几百种东西，都是前辈人聪明才智的积累，应当保存下来，于是就把这家鞋店捐给了博物馆，博物馆原封不动地把鞋店搬了进去，也就把一段历史生活保存了下来。[2] 瑞士中部的巴仑堡露天民居博物馆，把瑞士各地具有浓厚地方特色、年久失修的民居汇聚在一起，在此不仅保留了这些传统建筑的文化价值，还将过去的生活忠实地反映出来。人们在博物馆可以触摸家禽，亲手纺纱织布，品尝“老房子”里刚刚烤出来的面包。[3]

著名地理学家侯仁之先生指出：“宣南史记，源远流长，周封蓟城，金建中都，古都北京，始于斯也。”所谓宣南文化，指的是以北京建城建都起源地、明清时代的京师宣南地域为生长土壤，以琉璃厂、市情、乡情为纽带，表现为北京市民和各地游子的都市生活方式，见证北京城发展、凝结北京人智慧的京味文化。宣南文化主要由6个部分组成：以营城建都的悠久历史为代表的京城源头文化，以文人荟萃及其重大文化成就为代表的士子文化，以京剧为代表的戏曲文化，以厂甸庙会、天桥绝活为代表的老北京民俗文化，以大栅栏老字号经营为代表的传统商业文化，以牛街穆斯林生活为代表的民族文化。

近年来，宣南文化博物馆开办了一系列活动，使越来越多的社会民众加入到了解、弘扬宣南文化的行列之中。除了举办展览，宣南文化博物馆还“送老北京文化上门”，推出流动博物馆项目。浓缩了宣南文化的35块展板，走进学校，走进社区，走进千家万户，给中老年人送去儿时美好的回忆，给年轻人送去特色的北京文化，为民众搭建起通往宣南文化的桥梁，建立了解宣南文化的平台。[4] 对于社区来说，保护民俗文化遗产就是保护城市文化的个性，但是对于世界来说，则意味着保护人类文化的多样性。民俗文化遗产是根植于民族民间文化土壤的活态文化，是发展着的传统行为方式和生活方式，它不能脱离传承主体而独立存在。

保护民俗文化遗产不是为了留住历史，也不是为了回到过去。它的延续与发展永远处在活态传承与活态保护之中，即在变化中保护，并保护其自然变化。民俗文化遗产是现存的、活态的文化，处于正在延续状态中的文化，也只有这样才能够体现出民俗文化遗产连接历史与未来的价值。在正视民俗文化遗产处于变化状态中这一现实前提下，尽力使民俗文化遗产在变化中保持稳定性，使其以一种相对平稳的速度变化，而不是在剧变中丧失其传统的内核。同时也要注意保护其自然变化的过程，尽可能排除外界因素对其的干扰和刺激，使其按照自己应有的轨迹发展。民俗文化遗产既是活态文化的实体，也是生活中非常活跃的文化，具有不停变化的属性。

确保可持续的传承力的目的并非将注意力集中在如何设定及维护民俗文化遗产的原形上，

[1] 刘文飞：《明亮的林中空地》，《人民日报》，2010年11月5日，第23版。
[2] 张志勇：《别让历史遗存变成文化空巢》，《中国艺术报》，2009年8月18日。
[3] 刘军：《国外博物馆是啥样》，《光明日报》，2010年5月18日，第5版。
[4] 祝晓潭、杨芳懿：《悠悠宣南情》，《人民日报》海外版，2010年9月14日，第7版。

而是作为活态文化的实体，使其能够具有长远意义。因此，民俗文化遗产的保护不能限制人们对自己生活方式的选择，不能为了保护民俗文化遗产的原生环境而阻断它们与外部世界的交流。2010年7月，位于台湾高雄港的著名历史建筑“香蕉棚”重新开业，改名“香蕉故事馆”。该馆展出了当年蕉农割蕉、运蕉、装蕉的历史以及陈旧竹笼、单车及生活用品。参观者在馆内可以观看到当年蕉农穿过的衣服和使用过的各种生活用具。[1]

由于认识不正确，或出于良好愿望或出于其他目的，建设性破坏常常是在加强保护和开发利用的名义下进行，因此这种保护伞下的破坏更具隐蔽性和危害性。例如当前新农村建设正在全国如火如荼地展开，由于民俗文化遗产大部分都保存在农村地区，如果建设不当，就很容易对其造成不可挽回的损失。另外，一些项目被确定为保护对象后，只顾片面地去开发它的商业价值。在市场的巨大诱惑下，原生态的歌舞进行了时尚化的改造，民间手工艺制作大量机械复制，静谧的村落变成喧嚣的闹市。从表面上看，这似乎是被保护项目的繁荣，而实际上是对民俗文化遗产的一种更深程度的本质性伤害。

另一种是保护性破坏。民俗文化遗产，在很大程度上是一种民间的草根文化，它不能完全脱离地气，妥善封存、束之高阁、秘不示人，如此从某种意义上来讲，同样是对其生命的终结。民俗文化遗产，不应是干瘪的标本，而应是鲜活的生命。虽然一部分民俗文化遗产现在被幸运地重视和保护起来，但是更多浩如烟海的中华传统文化却面临着被历史尘封、淘汰的命运。在此情况下，许多民间传统被冲击得残缺不全，无法聚合成为完整的文化空间，例如集市庙会广场文化活动、社区祭祀活动等。北京老天桥市场，原是一个著名的文化空间，但是今天已经难以寻觅。今天我国保存较完整的文化空间一般只在边远地区，它们受到的时代冲击相对较小。

民俗博物馆是一种博物馆的新形式，是保护民俗文化遗产的思维方式和行动。民俗博物馆不应以文物储藏所、观众参观点、纪念品商店或标本陈列室结束。民俗博物馆不是古老文化的保护神。民俗博物馆应该支持古老文化与现代生活结合，文化发展是一种进步。冻结生活和冻结文化都是徒劳的。民俗博物馆开展记忆工程是使居民了解自己的过去，并传承传统文化的精华而使之不中断。民俗博物馆是文化多样性的产物，只有对外开放才能更大地实现其价值，旨在促使当地社区民众可以借此了解自己的历史和文化。社区民众可以从民俗文化遗产的共享性特征看到历史街区文化的多样性。

2008年5月，什刹海历史文化展正式展出，内容分为6个部分。包括风景、人物、寺庙、街巷、胡同、门楼、飞檐等资料照片；包括保存较好的传统民居四合院、王府建筑群等；包括与社区民众日常生活相关的老物件，内容涉及老门钹、老街牌、石墩、砖雕、瓦当、招幌、匾额等；包括无形文化遗产，内容涉及歌谣、故事、传说、典故、逸闻趣事、历史事件等；包括与什刹海历史文化相关的书籍和照片资料；包括生活、居住在什刹海地区的历史名人、文化名人、民间艺人的信息资料。[2] 通过展览使什刹海历史文化成为不同社区，不同族

[1] 潘家萍：《传统文化在延续》，《人民日报》，2010年7月23日，第19版。
[2] 魏谦：《什刹海征集老物件》，《北京日报》，2007年11月2日，第8版。

群能够共同持有、共同享用、共同传承的文化成果。

传统建筑作为时代信息的载体，是一定时期城市文化的积淀，甚至成为一座城市的象征，代表着一座城市特有的风貌。俄国著名作家果戈理曾说："当歌曲和传说已经缄默的时候，建筑还在说话。"建筑空间的本质是特定时期的某些人群栖居或举行各种活动的载体，既使时代变迁，斯人远逝，昔日的文化气息仍然可能保留在一砖一瓦之中，成为后世感知前人的重要载体。对于一座城市而言，历史名人在此诞生、成长或者寓居，是其民俗文化遗产中值得骄傲的内容。在很大程度上，这些名人故居已经成为城市的文化名片，它们既不应被看作是"包袱"，也不应被看作是"摇钱树"。

大多数历史名人，特别是文化名人的故居，都不是什么豪宅，往往只是普通住宅，艺术价值平平，因此，一些城市在改造建设过程中，以"建筑价值不高"为由，将这些名人故居拆除。事实上，这些名人故居具有较高历史价值、文化价值和社会价值。特别是一些文化学者和艺术家的故居，充满了独特的情趣，人们徜徉其中，与其著作、传记相印证，必然有一番深刻感受。"城市不应该是一篇篇'断代史'，只铭记当下的辉煌，而应该让城市里的人能够在现代化的过程中仍可窥见历史。只有新旧共存，城市才会显得有张力又有弹性，城市里的人才能真正'诗意地栖居在大地上'。"[1]

在位于英格兰东南部城市旺兹沃思的一栋僻静的小楼里，英国小说家乔治·艾略特写下了她的半自传体名作《弗洛斯河上的磨坊》，这栋建筑也自维多利亚时期以来一直都被完好保存。在许多英国人眼中，旺兹沃思的这栋故居是艾略特写作的重要灵感来源。1859 年写下《弗洛斯河上的磨坊》时，艾略特就在首页描绘了她屋外的美丽景色，艾略特还曾在那里接待了前来探访的著名作家狄更斯，在与他的书信来往中描述了自己对该建筑的热爱之情。故居里每一层楼的每一个房间都能看到赏心悦目的风景，甚至温室也不例外。

为了纪念艾略特的文学成就，这栋小屋获得了英格兰遗产蓝色纪念章，成为伦敦南部第一个获此殊荣的建筑，艾略特也成为首个获此殊荣的女性。因此，当伦敦南部一家英国地产商宣布将在该地区大兴土木搞开发建设，将在故居对面竖起一个 5 层楼高、有 22 栋建筑的公寓群时，当地居民的抗议声日益高涨，要求开发商停止计划。原因是这项计划会破坏包括艾略特故居在内的当地建筑风景，而该地区素以其保存完好的 19 世纪自然风貌而闻名英国。很快，一份代表旺兹沃思当地 430 位居民的请愿书提交给地方政府，请愿书上收集了 120 多个签名。居民们抱怨该计划不重视保护英国文化遗产，必须立即停止。[2]

呼兰县在松花江北岸，1986 年，由于萧红故居的对外开放，提升了这座古城的社会知名度。萧红故居的房屋建于 1908 年。1954 年，萧红的家人迁移到沈阳定居后，此处房产变为公产，原有建筑被渐次拆除，仅存东院 5 间正房和西院 7 间倒座房为原有建筑。2007 年，当地筹措资金，开始对萧红故居进行全面修复。然而，该工程的实施拆除了原有建筑西院门房，而将原本已经完全消失的磨房、粉房、养猪房、仓房等进行了崭新的复建，并将《呼兰河传》

[1] 《名人故居，是"包袱"还是"摇钱树"》，《解放日报》，2010 年 10 月 29 日，第 14 版。
[2] 李鹤琳：《英国民众展开名人故居保卫战》，《中国文化报》，2010 年 11 月 23 日，第 3 版。

中人物住过的房子，完全使用新材料、新工艺、新形制建造起来。一些研究萧红的学者来此参观后遗憾地说：“新建的超豪华磨房、粉房、养猪房等不仅不可能还原历史，看上去也十分可笑。萧红笔下的意境和韵味荡然无存。”[1]

在近一个世纪里，坐落在上海卢湾区的思南路，曾是上海最著名的花园住宅聚集区，集中了近代上海建筑的精华，诸多我国近代历史名人故居也坐落于此。由于历史原因，思南路花园住宅区曾变为高密度居民区，从1944年平均每幢历史建筑居住2户居民，发展为20世纪末平均每幢居住14户，有的甚至高达17户，违章建设严重，居住功能和建筑本身均遭受破坏。历经整整10年的艰苦保护整治，思南路花园住宅区在传承城市历史文脉中获得新生。目前，“思南公馆”保护项目已向公众开放，成为上海近代历史人文博物馆。该项目占地面积约5公顷，这片历史建筑也代表了海派建筑精粹。

据研究，上海近代曾出现10种历史建筑类型，除了石库门和高层公寓两种形式外，思南公馆区域囊括了独立式花园住宅、联排式住宅、联立式花园住宅、新里弄住宅、花园里弄住宅、现代公寓式住宅、外廊式住宅、带内院独立式花园住宅等8种住宅类型，堪称上海历史建筑博物馆。通过这片珍贵的传统建筑保护，将海派文化精髓和城市历史文脉，展现给世人，为后人留下珍贵的文化遗存。今天，这些地处上海黄金地段的花园别墅，商业价值之高不言而喻，但是“思南公馆”保护项目启动以来，始终贯穿文化民生理念，即将这一项目建成“必须向全体公众开放的一个整体公共品，而且将是一件供公共欣赏、休闲的文化精品”[2]。

我国有着完整而发达的手工生产体系，手工制作涉及人类生产实践和生活需要的各个领域，形成了诸多木作、雕琢、烧造、冶炼、铸造、錾锻、纺织、印染、缝纫、刺绣、编结、彩扎、髹饰、装潢、制笔、造纸、印刷、制革、酿造、榨取、烹饪、炮制等难以尽数的专门技艺、技巧和知识。以手工生产方式为基础的我国传统民间技艺，是蕴涵中华民族文化精神和创造智慧，彰显中华文明独特品格和民族气质，凝聚中华造物技术思想和实践经验。

天津“泥人张”彩塑的创始人是张明山，他幼时即喜为黏土之戏，经过成年累月的细心揣摩与刻苦实践，终成一代宗师，其作品具有较高的写实精神。但是由于年代久远，张氏几代人的数万件作品，绝大部分散失损毁。近年来，对“泥人张”彩塑作品进行抢救性搜集，将搜集到的三百余件“泥人张”彩塑作品，集中保存于天津市艺术博物馆内，并拍摄了有关制作过程，为后人留下了丰富的影像资料。在天津市的博物馆中，还收藏了“刻砖刘”的砖雕作品、“风筝魏”的风筝作品，以及具有鲜明天津地方特色的剪纸作品，天津戏剧博物馆建立了“戏剧文库”，收藏了大量的戏曲唱片、影像资料、服装道具等，可以说，天津市博物馆在保护民俗文化遗产方面发挥出应尽的职责。[3]

坐落在黄浦区外滩街道老城厢普通居民楼中，有一座特别的博物馆。其简单朴实的布置，

[1] 曾一智：《变形的萧红故居》，《中国文化报》，2010年11月10日，第5版。
[2] 陆文军：《上海名人历史建筑群向公众开放》，《中国文物报》，2010年10月20日，第1版。
[3] 涂小元、田家馨：《浅析博物馆与城市文明的关系——兼论博物馆保护文化遗产的作用》，《携手2010：宁波国际博物馆高峰论坛》，第84页。

似乎让人们感觉走进了一个寻常人家，墙上的黑白照片、平实文字，静静地向每一位来访者诉说着老年人的一生经历。这就是外滩街道“咏年楼”所设的“年龄博物馆”。“咏年楼”是一座老年日间照料中心，“年龄博物馆”就建在咏年楼的最高层。年龄博物馆的创建初衷在于展现老年人独特的社会价值。老年人是“年龄博物馆”陈列照片和故事的主角，“在我们这里，每一个老人都有自己的故事”，都蕴藏着一笔宝贵的心灵财富。

每一位老人都是一座博物馆，他们通过个人生活历史的积累，传承下来的精神财富是如此宝贵，却又容易被人们所忽略。人们希望在咏年楼，年龄的故事能够被留住，年龄的价值能够被传承，让老人们过上更加健康而有尊严的生活。咏年楼的核心理念是以老年人来服务老年人，它的定位并不只局限于对老年人生理上的照顾，其功能涵盖增强老年人独立生活能力、自我服务能力，体现老年人的社会价值等理念。老年人无形的精神财富对每个社会成员，尤其是年轻一代具有学习、借鉴与传承的意义。社区里不少孩子参观“年龄博物馆”后，变得更加懂事，不仅对老人有礼貌，还会主动去帮助他们。[1]

在建国60年大庆之际，首都博物馆举办“城市记忆——百姓之家”专题展览，以北京城市生活为背景，展现60年来社会生活的巨大变化，这是一个反映普通市民生活的展览，市民生活是城市发展最直接的印证。由上世纪50年代跨越至今，社区民众生活中司空见惯的物品首次登上大雅之堂，这些看似平淡无奇，伴随市民生活十几年、甚至几十年的老物件，不但蕴藏着普通民众的点滴生活经验，而且见证了社会发展、历史变革，记录了北京60年发展的城市记忆。此次展出的800余件老物件，都曾经伴随普通百姓生活，有些已经准备丢弃，有些被捐赠者珍藏至今，在这些老物件上都存留着美好而难忘的记忆。

展览以“家”的变化来叙说60年来社区生活方式的不断改善，“‘家’里的每间陈设都是人们曾经熟悉的，那些木桌长凳所在的地方，曾经既是餐厅又是人们的书房；洗衣盆里还留着未洗完的衣物；纸筐内装着母亲补过袜子的针线和纳过鞋的工具；伴随过几代人的手风琴依然是儿时记忆的一个重要角色；写字台上红白两键的台灯又伴随过多少人考大学的梦想，生活中的闪光点依稀都能从这里找到影子”[2]。展览用平实的语言，讲述老物件的经历，让相似的经历来勾起深藏在记忆深处的那段过往。而当目光停留在这些闪着岁月之光的老物件和熟悉的文字上时，记忆的碎片便会整合为一段难忘的记忆。

北京，这座古老而充满活力的城市，无时无刻不在日新月异地变化。当人们享受飞速发展带来的便利和愉悦的同时，那些曾默默陪伴人们身边，见证这个城市变迁的声音，成为人们永远难忘的宝贵回忆。近年来声音的收集与展示成为首都博物馆新的研究课题和工作方向。首都博物馆特别录制、采集了一些能够代表老北京文化、极具北京特色的声音，并对这些为北京市民熟知和喜爱的声音进行整理。在此基础上，首都博物馆用3年时间完成展示北京声音的展览计划，陆续把已经收集到的声音按《胡同的一天》、《四季的声音》等19种具有北京特色的城市声音，通过数字化手段整理成辑，供观众收听欣赏，使公众到首都博物馆不

[1] 王海燕：《每一位老人都有一个故事》，《解放日报》，2010年11月16日，第8版。
[2] 穆红丽：《让城市不要失去记忆》，《中国文物报》，2009年9月23日，第12版。

仅可以看到历史，还能倾听历史。

走在首都博物馆地下一层的竹林旁，耳边时而传来老北京的吆喝声，有轨电车的汽笛声，大街小巷小贩的吆喝，邻里街坊的寒暄问候，仿佛回到了上个世纪初期。在民俗展厅，观众仿佛置身于老北京的大街小巷，胡同中的鸽哨声、磨剪子的吆喝声、各种货摊的叫卖声，渲染着展厅的气氛。这就是首都博物馆全新的展览形式，用声音反映北京城市的变迁和日新月异的精神风貌。首都博物馆保护声音资源的尝试，也是对北京非物质文化遗产保护的新举措，而声音成为博物馆展览的展出形式，是博物馆新的创造。

近年来，北京市西城区正在筹划建设一系列民俗博物馆。双合盛五星啤酒厂是北京著名的商业老字号，已有 90 多年的历史，对于研究早期民族轻工业的历史弥足珍贵。这里将建设一座老字号啤酒博物馆。有着 480 年历史的六必居老店，也计划在原址建设一座京味饮食博物馆。其西侧的京城七大戏院的三庆园旧址，曾是徽班晋京后最早的驻演地。目前，三庆园旧址正在筹划建设京剧文化体验博物馆。同时，京城“八大祥”之一的老字号谦祥益旧址，也正在筹划建设一座丝绸文化博物馆。

钱市胡同是京城最窄的胡同之一。但是，清代胡同两侧都是专门从事贵金属熔铸行业的作坊，时称“炉行”。在清末废两改元之前，北京全城的钱庄、粮栈及各行各业较大的商号，每天早晨都要到这里将银两与制钱相互兑换，胡同因此变成重要的金融市场。民国建立后，炉行失去政府授予的特许经营权，钱市胡同由盛转衰。而今胡同内还留有 10 户门牌，很多楼门还留有石匾，匾名“大通银号”、“万丰银号”，有的门框上还钉着斑驳的“京师商务会”的铁牌照。依托这些民俗文化遗产，钱市胡同将建成一座金融文化博物馆。目前，胡同内的传统建筑正在进行修缮，一些银号老账本、算盘等实物资料也正在抓紧征集，并将在博物馆中陈列展示。[1]

虎坊路以东、珠市口西大街以南区域内，分布着香厂路、万明路、仁民路、仁寿路、板章路等多条街巷。1914 年，北京历史上首次城市建设现代化运动，在这里轰轰烈烈地展开。当时北洋政府采纳西方国家城市建设理念，以香厂路为中心，在规划区内修筑了 14 条道路，配套建设电线、电话线、自来水管、下水管等基础设施。随后，道路两旁所有地块公开招标，由于地价优惠，来自全国各地的投资者踊跃竞标，短期内就建起了成片的西式风格建筑。直到 1927 年，北伐战争结束，以“香厂新市区”为标志的这场城市建设现代化运动停止。如今万明路、香厂路、板章路的商住楼，以及秦安里、华康里等一幢幢藏身在街巷胡同中的中西合璧建筑遗存，还隐现着昔日繁华的痕迹。

今后，这些传统建筑将逐步得到修复，并作为开放式的博物馆，向人们诉说北京城市建设中一段特殊的历史。就在曾经的“香厂新市区”中心，现在的万明路上，坐落着曾经演绎众多历史事件、留下上百名人足迹的东方饭店，这里将凭借所保存的大量实物、资料，开辟一座民国主题的博物馆，将众多风云人物在此留下的故事讲述出来。在西城区，像这样藏身

[1] 巩峥：《西城胡同建博物馆唤醒老北京记忆》，《北京日报》，2010 年 11 月 19 日，第 8 版。

街巷的历史还有很多。散落在大栅栏、天桥、椿树三个街道、几十条小巷中的100多座会馆、名人故居，各自都有不同凡响的历史，结合文物建筑和历史街区保护，将这一地区建设成为民俗文化主题博物馆群，使更多市民能够走进历史文化空间，了解古都历史文化根脉。[1]

将具有特殊历史意义的建筑物改变成供游客参观的博物馆，是国际上的通行做法。在英国，一个多世纪前，“国家信托”这个私立非营利机构便已开始照管国内许多的历史建筑。近年官方机构“英国遗产”也越来越多地负起保护的责任，对公众开放历史建筑及设计许多相应的教育项目。在美国，20世纪70－80年代，由于爱国情绪高涨以及对旧建筑保护意识的提高，产生了许多历史建筑博物馆，它们由一些机构或志愿者负责管理营运。这些保护机构包括美国博物馆协会、历史保护国家信托基金会、历史建筑博物馆中心等。重现历史氛围是诠释历史建筑博物馆展览的焦点，它的展示必须符合该段历史时期的真实情况。

历史建筑博物馆需要以一些适当的陈列手段，复原当时环境，同时注意与观众的沟通，尽量迎合各种参观者的需要，满足他们的期望，达到博物馆设立的目的。历史建筑物的展览可包括它的建筑物和内部陈设，例如日常生活起居的物品，也有贵重的收藏如首饰、陶瓷、油画和雕塑等。如建筑历史悠久，已经多代人居住，要注意选择，展示重点要表现的时代，与所选择的展品需相适应，并曾属于该处或屋主人曾使用过。这些都需要先作出必要的研究及搜集相关展品文物，一些与该时期无关的物品应移离或清除，对保存状态不理想的对象需先作出相应的修复及保护工作。[2]

室内气氛的营造是力求逼真地重视该时期人们生活的情况，例如在北卡罗来纳州的约翰伏格历史建筑博物馆内，一间供儿童游乐的房间，观众可以看到玩具遍地，木马随意摆放，使人们感到孩子们刚才还在这儿玩耍。英国南部的奥士本宫，维多利亚女皇的寝室内，观众可以看到她的外套和披肩还搭在椅背上，可以想象到平日不苟言笑，规行矩步的女皇，在她私人的空间内，也有放松随意的一刻。这些都是人们日常生活的反映。对于距离现在时间较久的生活细节，须避免用现代的眼光和思维去衡量和布置，而应尽量以深入的研究去求证，以免出现主观判断的失误。

在历史建筑博物馆展馆现场，有助阐释的辅助材料不可缺少，例如导览、册页、图册、书籍、光盘、录像片和纪念品等。册页是几乎所有的历史建筑博物馆都必须向参观者提供的一些介绍性资料。在欧美的一些历史建筑博物馆内有采取由馆员直接在现场模仿工作时的场景，例如砍柴、锯木和烤面包等，使参观者感到置身于真实环境中，同时，参观者还可以和这些人物对话提问。在英国南部克里斯卓的红屋博物馆，一所19世纪的织造厂内，教师和学生可穿起简便的当时的工作服，模拟当时的工作情况，特别是让青少年了解和切身感受工作辛劳的情况。[3]

台湾于1997年起推动“生活美学”运动，让美学突破艺术的严肃意涵，进入生活，让

[1] 巩峥：《西城胡同建博物馆唤醒老北京记忆》，《北京日报》，2010年11月19日，第8版。
[2] 傅玉兰：《探讨历史建筑博物馆的展示概念及策略》，《中国博物馆》2008年第2期，第60页。
[3] 傅玉兰：《探讨历史建筑博物馆的展示概念及策略》，《中国博物馆》2008年第2期，第60页。

现代人重新审视生活环境。从家庭到社区，改变整个视觉观感与心理体验，让人们行走在城市里，所阅读到的尽是美丽的风景。在台湾访问期间，经同行介绍参观了树火纪念纸博物馆，这是坐落于台北市一个普通街道中的小型社区博物馆。朴素精巧的环境，典雅清新的空间，营造出温暖而具有亲切感的展览氛围，千姿百态的纸质展品，使馆舍天地转化成为一个“可展、可看、可买、可用”的文化空间，人们在这里可以随时发现生活里的质朴之美，随处感受到纸对于生活的意义。

树火纪念纸博物馆的陈列展览。让纸从平面到立面、从文化到经济、从艺术到生活，拉近纸与生活、纸与环境、纸与人生的关系，展现出纸与民众生活千丝万缕的联系，成为居家空间不可或缺的一环。不管是餐厅、书房、会客室，因为纸的存在，而增加灵感与美感。博物馆里还有一个闹中取静的小型顶楼，质朴的水泥地面和木水槽，人们可以亲手参与纸制品的制作。两位年轻的馆员向我们介绍说，目前他们研发的树火商品，从明信片、笔记本、吸油面纸、纸席，到纸钟、纸灯饰、纸餐具等应有尽有，汲取工艺精华，营造绿色生活。特别是树火商品选择非木浆原料，减少制作过程中的废水、药剂用量，注重环境保护。

在福州市历史城区，至今还保存着相当规模自唐、宋以来形成的历史街区，被称为我国“里坊制”城市格局与管理制度的“活化石”，其中最为著名和完好的是南后街两旁从北到南依次排列的坊巷，被称为“三坊七巷”，总占地面积 38.35 公顷。这一地带经过历代延续与不断更新，至今保存下来的大多是明清与民国时期的传统建筑，被誉为明清建筑博物馆。南北贯穿三坊七巷的南后街，从古至今一直是社区中的商业街，鼎盛时期，柴米油盐、日常生活所需三十六店一应俱全，还有专为文人雅士服务的刻书坊、旧书摊、裱褙店，以及元宵、中秋两节的灯市。

作为福州城市精神集结地、福州名贤文化纪念地、福州传统商业文化传承地、福州民俗文化展示地，三坊七巷承载着福州城市发展丰富的历史文化沉淀，涌现出一批对当时社会，乃至中国近现代史进程产生重要影响的人物，例如林则徐、沈葆桢、林旭、严复、林觉民、林纾、林徽因、冰心等，成为福州人文荟萃的代表，凸显着因历史上多种文化交融而形成的丰富多样的地域文化，以及独具特色的名人文化。在快速发展的城市建设大潮中，三坊七巷也曾经面临被拆迁改造的命运，但是在各方的努力下，这里最终被抢救保护下来，使三坊七巷重新焕发出应有的魅力，带着文化遗产的尊严，融入社会，惠及民生，成为福州文化城市发展的新亮点。

近年来，当地政府先后组织制定了《三坊七巷历史文化街区保护规划》、《福州市三坊七巷文物保护规划》、《福州市三坊七巷文化遗产保护规划》等，保护与管理不断升级。2009 年三坊七巷入选首届中国十大历史文化名街，评选专家认为三坊七巷是“我国目前在都市中心保留的规模最大、最完整的明清古建筑街区”。2010 年 11 月，由清华大学主持制定的《福州三坊七巷社区博物馆规划及近期实施方案》通过论证，该方案借鉴先进的博物馆理论和经验，鼓励各界团体和人士积极参与，努力使保护、研究和教育互动，社区与博物馆和谐共生，可持续发展。

福州三坊七巷社区博物馆突破传统博物馆“建筑+收藏+专家+观众”的组织模式，以“地域+传统+记忆+居民”的模式重新组织保护与展示等传承工作，将三坊七巷建设成“展现传统建造工艺的建筑博物馆、忠实反映社区发展历史的地志博物馆、传承社区非物质文化的生态博物馆”，探讨以社区博物馆的先进理念，推动三坊七巷的综合保护、传承与利用。宋向光教授认为，在三坊七巷建设社区博物馆是非常有意义的探索。博物馆界一直在思考博物馆如何从对物的关注转向更多地对人的需求的关注，如何跟人的发展、居民、社会发展挂钩。社区博物馆是一个很好的载体，可能是我国今后几年博物馆发展的一个热点。

2011年8月，福州三坊七巷社区博物馆正式设立，在学者中间引发思考。段勇先生认为，社区博物馆从狭义上说是在社区里面的博物馆，从广义上说则是将整个社区作为博物馆。三坊七巷二者兼有，但是重点在广义上。广义的社区博物馆属于新博物馆类型。传统博物馆强调作为客体的展品，主要关注的是过去，新型博物馆则强调系统，强调主体与客体的结合，更多地关注现在和未来的发展。新博物馆突破了场馆的束缚走进社会、突破了展品的束缚走进文化脉络与社会环境、突破了过去时空的束缚走进现当代，真正是“从‘馆舍天地’走向‘大千世界’”。社区博物馆本身就是一种文化工具，既是社会发展到一定阶段的产物，更与社会的发展相辅相成。

这里所说的新博物馆类型，主要包括社区博物馆和生态博物馆，随着发展二者在本质上越来越合二为一。生态博物馆是将博物馆看成一个生命系统，而社区博物馆则将其看成一个社会系统，虽然角度不一样，但是都是活态的。曹兵武先生认为，三坊七巷在当代都市中能够得以很好地保存，延续了城市之根。但是应该努力赋予其魂，探索让文化遗产融入生活、融入发展的保护模式。赋予三坊七巷这样的“城市之根”以“城市之魂”，社区博物馆的建设能发挥积极的作用。新博物馆学倡导的社区博物馆、生态博物馆等概念能将自然与人文遗产、可移动文物与不可移动文物、有形遗产与无形遗产等综合起来保护和传承，在三坊七巷这样历史文脉一直没有中断的社区，在先进的文化遗产和博物馆理论指导下进行探索十分必要。

（此文发表于《中国建筑文化遗产·11》，天津大学出版社，2013年9月，第2页）

博物馆的管理体制创新和运行机制改革

在新的世纪，博物馆事业的可持续发展，既需要良好的外部环境，即管理体制方面的有力支撑，又需要良好的内部氛围，即运行机制方面的创新改革。同时，针对一些不容忽视的带有普遍性问题的解决，必然涉及博物馆的绩效评价机制、资源筹措机制，以及风险防范机制、监督问责机制、人才管理机制、绩效激励机制、合作共享机制等综合管理能力的各个方面。因此，全面提升博物馆科学管理水平，成为当前我国博物馆事业可持续发展面临的重要问题。

一　推动博物馆的管理体制创新

随着社会的发展，人们对于博物馆的认识，有一个逐步深入的过程。同时，博物馆自身在适应时代进步的过程中，也不断发展变化。因此，一方面国际博物馆协会对于博物馆定义多次进行修改，另一方面世界各国也根据各自国情对于博物馆定义不断加以完善。在我国，早在 20 世纪 30 年代中期，中国博物馆协会就试图对博物馆的性质进行定义，认为博物馆是一种文化机构，不是专为保管宝物的仓库，是以实物的论证而作教育工作的组织及探讨学问的场所。

新中国建立后，对于博物馆的认识有过两次确立和调整。1951 年 10 月，文化部发布《对地方博物馆的方针、任务、性质及发展方向的意见》，提出“博物馆事业的总任务是进行革命的爱国主义教育，通过博物馆使人民大众正确认识历史，认识自然，热爱祖国，提高政治觉悟与生产热情”。1956 年 4 月，召开的全国博物馆工作会议，第一次明确地阐述了博物馆的社会地位和作用，提出博物馆的基本性质是“科学研究机关”、“文化教育机关”、“物质文化和精神文化遗存以及自然标本的收藏所”；博物馆的基本任务是“为科学研究服务”、“为广大人民群众服务”。

1961 年《博物馆工作概论》对博物馆的定义表述为，博物馆是文物和标本的主要收藏机构，宣传教育机构和科学研究机构，是我国社会主义科学文化事业的重要组成部分。这一表述对博物馆的工作性质和任务进行了调整，更加强调对文物和标本的收藏。这一时期对博物馆的定义，反映出当时我国博物馆的发展状况和工作环境，反映出博物馆在国家经济社会发展中的位置，反映出计划经济对博物馆社会任务和运行方向的规定，反映出我国博物馆工作者对博物馆业务特点的认识。

1979 年 5 月，各省、直辖市、自治区博物馆工作座谈会后颁布的《省、市、自治区博物馆工作条例》，在上述博物馆定义的基础上，进一步指出，博物馆通过征集收藏文物、标本，进行科学研究，举办陈列展览，传播历史和科学文化知识，对人民群众进行爱国主义教育和社会主义教育，为提高全民族的科学文化水平，为我国社会主义现代化建设做出贡献。因此，博物馆一直被列为文化教育事业单位。

在建国后所形成的传统中，“事业”是特指“没有生产收入”、“所需经费由国库支出”的社会工作，“事业单位”则是指没有生产收入、经费由国家开支、不实行经济核算、提供非物质生产和劳务服务的社会组织，主要包括科学、教育、文化、卫生和体育等部门和单位。确定事业单位的标准主要有以下方面：一是活动性质和目的，即事业单位是“为国家创造和改善生活条件，从事为国民经济、人民文化生活、促进社会福利等项服务活动，不是以为国家积累资金为目的”的组织。二是行业领域，即从事教育、科学、文化、卫生等活动。三是经费来源与管理方式，即由国家机关举办或者其他组织利用国有资产举办，并且不进行经济核算。

改革开放以后，我国事业单位改革逐步开展。经过 20 多年的探索，改革过程大体上可以分为“推行专业技术职务聘任制，适当下放事业单位组织人事管理权限”的第一阶段（1979 － 1987 年）；“下放权力，扩大事业单位管理自主权”的第二阶段（1988 － 1995 年）以及“遵循政事分开、推进事业单位社会化的方向，建立起适应社会主义市场经济体制需要和符合事业单位自身发展规律、充满生机与活力的事业单位管理体制、运行机制和自我约束机制”的第三阶段（1996 年以来）。1998 年 11 月，国务院公布了《事业单位登记管理暂行条例》和《民办非企业单位登记管理暂行条例》。1999 年，国家机构编制委员会在全国范围内统一对事业单位进行登记管理，目的是使事业单位获得独立法人资格，以便依法保障他们的合法权益，并规范他们的市场行为。[1]

我国博物馆的管理体制是在国家计划经济体制下，移植苏联的管理体制而形成的，长期以来全国博物馆在一个比较统一的体系内集中管理。包括博物馆经费划拨业务活动计划安排、人员任免，甚至文物定级、职称评定等，都由行政管理部门通过行政手段统一管理，各博物馆对上级行政机关的依赖性和上级行政机关对博物馆的约束性都很大，权力配置十分集中。这种在计划经济体制下形成的宏观管理模式，在我国博物馆事业的发展过程中确实曾经发挥过重要作用，将博物馆作为社会发展的标志性设施和宣传教育机构，纳入社会发展计划，博物馆的数量、类型、规模、工作目标和职能都由政府行政管理部门规定，博物馆员工属于政府行政事业单位编制。因此，博物馆只要完成行政管理部门下达的工作任务，就可以获得相应的工作经费并生存下去。

近年来，我国一些面向社会提供公益服务的事业单位，探索建立理事会、董事会、管理委员会等多种形式的法人治理结构，健全决策、执行和监督机制，在人事管理、收入分配、社会保险、财税政策和机构编制等方面改革取得一些进展，提高运行效率，确保公益目标实现。同时，按照逐步实现基本公共服务均等化的要求，优化公益服务资源配置，打破条块分割和行政区划界限，促进公益服务公平公正。同时，社会力量兴办公益事业的制度环境进一步得到优化。今天博物馆事业的发展，从法规制定、资金投入，到监督管理等各个方面，都得到

[1] 付文军：《博物馆：走在非营利的道路上》，《博物馆研究》2010 年第 3 期，第 16 页。

了显著的优化，博物馆事业在管理体制创新方面，处于大有可为的战略机遇期。因此，要研究建立博物馆宏观管理体制，加强战略规划研究，完善各种制度安排，大力推进博物馆的管理体制创新。

在日本，博物馆开始实行独立行政法人化。1999 年，日本通过了《独立行政法人通则》、《独立行政法人法国立博物馆法》、《独立行政法人法国立科学博物馆法》，开始了博物馆法人化的进程。自 2002 年起，东京、京都、奈良的国立博物馆和国立科学博物馆等 7 所博物馆也开始正式改制为独立行政法人，目的在于解决博物馆僵化和依附的体制。同时，由于独立行政法人依照特别行政法律而设立，政府的责任通过法律的形式固定下来，有助于解决政府在博物馆事业发展方面投入不足的问题。由于政府对相关法令制度的妥善设置与明确的权责认识，使这些国立博物馆从原本“文化资产保护研究教育机关”的定位，转向更加注重“国民立场”，充实事业内容与提高品质成为改制的主要目标，平稳地踏出博物馆法人化转型的步伐。[1]

在法国，根据 2002 年颁布的《博物馆法》中有关规定，经文化部与财政部颁布的国立博物馆名单内的博物馆，属于公务机构。由博物馆局管理全法国的博物馆事业，博物馆人员也属于国家公务员，凡是登记的博物馆其所有馆藏也属于法国政府，有中央集权的倾向。但是，其博物馆的组织和人事制度大多由博物馆自行创立，而后由政府主管机关认可，除馆长任命外，其他事项多任由博物馆自理，享有充分的人事、财务及运作权。法国政府通过契约管理、直接财政拨款，以及对文化赞助减免税收等方式，对博物馆等文化机构进行管理，其中契约管理是通过签约文化协定的契约形式确保实现宏观管理目标。[2] 虽然博物馆的级别各不相同，有的是国家级，有的是大区级，有的是市级，也有的是具有协会地位或以法人形式进行管理，但是，在博物馆局的规划管理和指导下，形成了全国范围的、立体化的博物馆发展体系。

在英国，博物馆在社会生活中占有重要位置，在遵循国家作为主要赞助者的模式下开展工作。英国政府设置统一管理全国文化事业的中央主管部门，并形成比较完整的中央和地方三级文化管理体制。英国政府对博物馆的监管奉行“一臂之距”的原则，这里的“一臂之距”指的是在管理上通过中介机构，即博物馆和美术馆委员会，每年接受中央政府文化行政主管部门及其他政府有关部门的拨款，并负责具体分配给由国家资金支持的博物馆。托管制度也是英国政府对博物馆管理的一个特点。对那些接受政府部门拨款的博物馆来说，其托管委员会是协助政府保持“一臂之距”管理方式的重要部门。例如大英博物馆托管委员会通过与政府主管部门签订协议的方式，接受中央政府的财政拨款，执行国家的公共文化政策。

在美国，根据隶属关系，博物馆大致可以分为如下四类：一是私立非营利性博物馆，占到美国博物馆的 65.3%；二是政府主办的博物馆，占美国博物馆的 23.6%；三是高校博物馆，占美国博物馆的 10.4%；四是私立营利性博物馆，只占美国博物馆的 0.7%。这四种类型代表了当代美国博物馆主要的管理体制形态。美国并没有统一管理全国博物馆的中央机构，美

[1] 付文军：《博物馆：走在非营利的道路上》，《博物馆研究》2010 年第 3 期，第 16 页。
[2] 隋立新：《法国文化遗产保护与利用的理念与实践》，《中国国际友谊》第七卷，2010 年 12 月，第 134 页。

国联邦政府主要通过市场机制，将政府权威与市场交换的功能优势有机组合，在管理中扮演的是“提供便利者”的角色。美国各级政府不干预博物馆的具体事务，政府部门主要通过严格审批程序、提供经费支持、监督博物馆运作来施加影响。美国的博物馆建立后，无论是公立还是私立的，都设立董事会或性质相同的委员会，都会变成事实上“公有公营”的非营利性机构。[1]

目前，在一些发达国家较为规范的博物馆中，还流行首席执行官模式。在这种模式下，博物馆馆长不仅拥有传统博物馆的决策权，而且还拥有传统博物馆中董事会所拥有的部分决策权，尤其是其对博物馆战略规划及重大项目的决定权限，明显超越了传统博物馆馆长的权限。在首席执行官模式下，博物馆的运转更灵活，效率更高，更容易应对博物馆生存环境的变化，更符合现代博物馆越来越依赖市场资源的发展潮流。但是另一方面，首席执行官模式也对博物馆的非营利属性及其社会功能提出了更严峻的挑战。从效果上看，传统博物馆馆长模式在保障博物馆的公益性及社会功能方面的作用要优于首席执行官模式，但是在机制的灵活性、运转效率等方面却逊于首席执行官模式。

博物馆的管理体制改革不但涉及管理机构，而且涉及社会公众和博物馆员工等利益相关者，因此必须慎重决策，否则难以取得成功。例如 1998 年大英博物馆的爱德华改革报告参照当今社会公司和其他机构的管理经验，就提高博物馆的运营效率提出改革方法，但是由于对博物馆进行定位时，没有切实尊重其历史与功能等实际，而是仅仅将财政状况、运行效率作为主要的改进目标，缺乏与博物馆的整体目标及员工需求很好地结合，结果非但没有奏效，反而激起博物馆员工的激烈反对，甚至以全体员工罢工而告失败。[2]

当前，我国正处于经济社会发展的关键时期，满足广大民众文化服务需求的任务更加艰巨。面对新形势新要求，我国文化事业发展相对滞后，一些文化事业单位功能定位不清，政事不分、事企不分、机制不活；公益文化服务供给总量不足，供给方式单一，资源配置不合理，质量和效率不高；支持公益文化服务的政策措施不完善，监督管理薄弱。近年来，经济体制的改革，政府职能的转变，使得社会各界更加注重各种资源的合理有效配置，提高资源的利用效益。在这一过程中，行政管理部门更应加快职能转变，创新管理方式，按照政事分开要求，减少对文化事业单位的微观管理和直接管理，强化制定政策法规、行业规划、标准规范和监督指导等职责。对面向社会提供公益服务的事业单位，积极探索管办分离的有效实现形式，保证其依法决策、独立自主开展活动并承担责任，充分发挥其积极性。

博物馆的管理体制改革是国家公共文化体制改革的组成部分，虽然改革开放以来，针对计划经济时期的博物馆管理体制，实施了一系列改革措施，以使其与公共文化体制改革相适应，但是这些局部的改革措施并未使宏观的博物馆管理体制实现应有的转型，博物馆管理在很大程度上仍然沿袭着传统方式。当前，顺应政府职能转变的趋势，我国博物馆体制改革的重要内容之一，就是要进一步理顺政府与博物馆之间的关系。在事业法人制度下，博物馆作

[1] 张健：《我国博物馆管理体制问题与对策建议》，《中国国际友谊》第七卷，2010 年 12 月。
[2] 曹兵武：《博物馆热·博物馆学·博物馆文化》，《中国博物馆》2008 年第 3 期，第 9 页。

为独立的事业法人，在人事、财物、内部组织管理等方面具有相对自主的管理职权，这些职权使博物馆成为一个相对独立的主体，能够自我负责并且健康、高效地为社会提供优质的博物馆公共文化服务。博物馆行政管理部门也要努力实现政府职能向为博物馆的发展创造良好环境、提供优质服务方面转变，建立政府依法监管、博物馆依法自主管理的新体制。

博物馆的管理体制，是指博物馆管理权限的分工及组织形态。当前我国的博物馆之所以存在诸多管理问题，其原因比较复杂，既有经济政治方面的原因，也有历史文化方面的原因；既有制度建设方面的原因，也有政府职能方面的原因；既有管理体制方面的原因，也有运行机制方面的原因；既有传统经验方面的原因，也有现实政策方面的原因；既有客观条件方面的原因，也有主观努力方面的原因，各种因素往往纠缠在一起，相互作用，相互影响，从而增加了博物馆科学管理水平提升的难度。但是，30 多年的改革开放，使我国在博物馆管理方面的知识储备和经验积累已达到相当的水平，博物馆体制机制改革的智力条件已经具备，改革的时机条件也已经成熟。

我国博物馆的管理体制改革，不仅要求行政管理部门进行机构改革，而且还要求对相关行政管理部门的管理职能及管理方式进行改革。从国际博物馆协会章程以及我国现行法律法规来看，博物馆是非营利法人，因此，应当保持博物馆法人和行政管理部门之间的适度分离，从而发挥博物馆组织的灵活性，为社会和社会发展服务。当前我国博物馆的体制问题，突出表现在博物馆的法人地位方面，亟待从制度层面查找原因、寻找对策。如果解决了博物馆的法人地位问题，其他诸如政府管理问题、隶属关系问题、资金使用问题、内部管理问题等都会迎刃而解。如果不能及时推动博物馆的管理体制创新，博物馆的法人地位问题就无法切实解决，必然会影响博物馆事业的长远发展。

博物馆改革的目标不仅是要争取国家的支持，还要在获得国家支持的过程中实现发展。在博物馆立法方面，应以特定立法的方式，合理界定博物馆行政管理部门与各级政府之间，与相关部门之间，与博物馆之间的关系，将行政管理部门的支持和监督管理法定化。例如在转变政府职能的基础上，明确划分行政管理部门与博物馆之间的事权权限，保障博物馆的事业法人地位，构建稳定的博物馆发展法制环境，重点考虑政府在博物馆管理中承担的责任，支持博物馆正确履行社会化职能，而将博物馆的专业化功能由博物馆自身进行管理，使博物馆能够保持应当具备的独立性和自主性。

在博物馆管理体制与政府职能的关系方面，我国的博物馆管理体制以国家行政管理体制为核心，实施分级属地化管理，体现管理的系统性和专业性。但是，实际上长期以来，我国博物馆的隶属关系并不统一，各类博物馆分属于不同的政府部门或行政单位管理，除各级文物行政管理部门之外，各级政府的科学技术、民政宗教、国土建设、农林渔业、铁道水电、国防军事等部门，也都对本系统的博物馆行使管理，这些博物馆与其上级管理部门具有很强的行政隶属关系。对于这种多头管理和分散管理的体制，如果不能实现正确引导，既不利于加强博物馆之间的合作与交流，促进博物馆事业的资源整合，也不利于加强对博物馆事业的行业管理，提高政府博物馆行业的管理水平和管理效率。因此，有必要减少各方面在具体管理事务上的交叉和重叠，加强协同配合，提高管理效率，促进博物馆事业的和谐发展，并通过制定博物馆法规，确立博物馆的管理体制。

在博物馆管理体制与行政管理部门的关系方面，我国博物馆存在的管理体制问题，最大弊端在于政事不分，政事合一，即在传统博物馆管理体制下，博物馆的行政化色彩浓厚，缺乏基本的自主权，缺乏弹性和活力。当前，我国博物馆行政管理部门的主要职责应当确定为：一是提供良好的制度环境。通过制定、完善法规规章及规范性文件，推进博物馆管理的法制化和规范化，为博物馆事业的发展提供良好的制度环境。二是提供宏观上的方向及战略引导。通过制定发展规划，实现博物馆资源的科学配置，从而统筹博物馆的科学、合理、有序发展。三是提供财政支持。通过直接向博物馆拨款或者通过转移支付购买服务的方式，为博物馆事业的发展提供财政支持。四是引导社会资源进入博物馆事业。通过制定和实施税收、土地、人才引进等方面的优惠政策，引导社会资源进入博物馆事业。五是加强监管。通过执法监督及绩效评估等方式，加强对博物馆及博物馆事业的监督管理，确保博物馆公益目标的实现和博物馆资源的有效利用。[1]

在博物馆管理体制与博物馆的关系方面，目前的宏观管理体制决定和影响着我国博物馆的具体管理行为和方式。从博物馆方面分析，对政府投入的依赖性过强，政府以外的资金筹措机制不尽如人意，很难适应市场经济条件下博物馆事业的发展趋势，特别是对博物馆管理的复杂性和管理体制改革的迫切性认识不足。因此，博物馆面临的问题，不仅有博物馆受制于政府财政、人事和业务运行等问题；也有博物馆长期在事业单位体制下存在的被动应付、人浮于事、效率低下的特征。实行博物馆的事业法人制度，要求明确博物馆的法律地位、职责权能、治理结构，赋予博物馆在人员配备、财物管理等内部运营方面的自主权，形成政府依法监管、博物馆依法运作的新型政事关系，实现博物馆管理体制由行政管理模式向法治管理模式的转变，使博物馆成为机构法定、运作独立、治理规范、权责匹配的具有独立法人资格的公益机构。

在博物馆管理体制与社会的关系方面，今天，博物馆与社会公众的关系趋向平等互惠，博物馆应主动提供满足观众多种需求的服务。但是，目前我国的博物馆融入社会程度不高，实现博物馆的宗旨和目标的能力不强，教育职能的发挥处于较低层次。一些管理措施忽视社会力量参与博物馆发展的有效途径，忽视社会公众支持博物馆发展的积极作用。解决这些问题的关键是建立保障社会公众文化权益的博物馆公共服务体系。因此，按照博物馆事业应进一步融入社会文化、融入终身教育、融入文化民生等方面的要求，今天博物馆不应再根据传统思维，仅仅向社会提供以陈列展览为主的文化产品，而应该根据社会公众的文化需求提供优质的文化服务，博物馆与社会公众的关系也不应再是单向的，而应该是双向互动的。总之，博物馆的管理体制改革，应该强化服务意识，将观众的需要和社会的需求作为事业的出发点和落脚点。

---

[1]《中国博物馆体制机制改革研究报告》，《博物馆免费开放调研报告汇编》，第 28 页。

博物馆的管理体制改革是解决博物馆当前面临的诸多问题的关键。行政管理部门应对博物馆的社会使命与责任准确定位，从而改进服务理念，实现博物馆与社会公众的相互认识，建立良好的互动关系，推进博物馆文化资源共享，提高文化服务质量和效率。要紧紧抓住增强活力、改善服务这个重点，大力推进博物馆的管理体制创新，更好地面向民众、服务民众。要致力于使公众参与到博物馆服务政策的制定过程，并对政策的形成产生实质性影响。使更加广泛的社会公众参与到博物馆服务的评价、选择、决策和提供中来，由公众对博物馆服务的数量、质量、效率、价格、能力等多方面内容进行单项或综合评估，使公众有能力选择适合自身需要的博物馆服务，实现真正的公民权利与义务对等。行政管理部门要在明确政府在博物馆公共服务供给中最终责任的前提下，通过招标采购、契约、特许经营等形式，将原由政府承担的部分博物馆职能交由社会机制行使。

真正健全的博物馆管理体制的形成，既有赖于高效率的管理制度的建立，也有赖于社会公众的博物馆意识的提高，社会公众在成熟的博物馆理念指引下，主动参与到博物馆事业之中，提供相关信息并监督博物馆管理工作，在很大程度上能够弥补博物馆管理系统中行政资源不足的缺憾。但是必须明确，博物馆的社会化不是博物馆的市场化。并不意味着博物馆可以利用所拥有的公共资源随心所欲。同时，博物馆行政管理部门不能因“博物馆社会化”而减少对博物馆事业良性发展的支持、扶植和引导，为博物馆提供足够的资金和社会条件是管理机构的重要责任。行政管理部门可以利用法律、行政、经济、科技和教育等手段，增强博物馆的社会活力和自身造血机制，而绝不能将博物馆推向市场。

二　实现博物馆的运行机制改革

博物馆的运行机制，是指博物馆实现特定功能的参与要素及活动流程。博物馆的运行机制改革主要涉及两个方面的内容：一是博物馆的法人治理结构，二是博物馆的内部组织机构。博物馆的法人治理结构，是指博物馆的最高决策权、最高执行权及最高监督权的组织配置。因此可以说，法人治理结构是博物馆的顶层机构设置。博物馆的内部组织机构，是指法人治理结构之下的内部机构设置及其职责分工，因此可以说，内部组织机构是博物馆的中低层机构设置。博物馆运行机制改革的任务和目标，就是改革博物馆的内部管理体制，建立起符合博物馆自身特点和博物馆事业发展规律的法人治理结构和内部组织机构。

我国事业单位的情况复杂，涉及面广，利益关系敏感，改革的难度较大。因此，事业单位的改革明显滞后于国家机构和国有企业等方面的改革。在这种背景下，博物馆作为事业单位的组成部分，很难取得单方面突破性的进展。总体来说，我国博物馆的运行机制，依然沿用计划经济时代的模式，博物馆虽然具备独立法人资格，但是却没有建立起合理的法人治理结构，博物馆在自主决策、自主发展方面受到严重限制。同时，博物馆在运行机制方面存在种种问题，粗放运行的管理方式没有发生根本改变，缺乏运营活力，工作效率低下，员工积极性难以充分调动，自主创新能力不强，一些深层次的矛盾亟待解决。

由于我国博物馆管理的科学化、法制化起步较晚，博物馆的法人治理结构和内部组织结构的改革尚在酝酿，博物馆管理中长期以来积累的老问题，以及新时期博物馆事业实践中可能出现的新问题，均需要深入研究逐步解决，许多改革措施的实际效果，还需要时间和实践的检验。在国际上，一些博物馆事业较为发达的国家，博物馆的规范化建设起步较早，在理论和实践方面积极探索，并在发展制度方面积累了丰富的经验。这些国家具有健全而透明的博物馆运行机制，自主而自律的博物馆法人治理结构，在很大程度上代表着现代博物馆管理的发展方向。具有中国特色的博物馆发展道路，虽然不应照搬其他国家博物馆管理的模式，但是其中一些有益的经验值得我们借鉴。

欧美国家的博物馆在运行机制方面，普遍采用理事会或董事会任用的馆长负责制，理事会或董事会决定博物馆的大政方针和重要活动。为避免理事会或董事会决定为特定利益左右，通常特别为政府和社区代表保留名额。例如在英国，博物馆实行理事会制度，理事会一般由10－20名委员组成，主要是社会名流、专家学者，任期5年，任满后可连任一届，不领取任何报酬，其责任主要是对博物馆的藏品负责，并确保博物馆在称职的馆长和馆员的主持下正常运行。[1] 这些国家在采用理事会或董事会博物馆法人治理结构的同时，探索建立健全决策辅助系统，规范决策程序，以便合理确定集体决策与个人决策的分工。

决策辅助系统是为了克服决策机构或决策人员的信息不对称而设置的咨询建议机构。这种机构本身没有决策权，但是可以为决策机构或决策人员提供咨询建议，以确保决策的科学性。构成博物馆决策辅助系统的机构主要包括三种形式：馆外咨询委员会、馆内咨询委员会、混合委员会。馆外咨询委员会的成员均不属于博物馆的内部员工，其成员主要包括社会名流、专业人士、博物馆之友、潜在捐款人等。馆内咨询委员会的成员均为博物馆内部员工。博物馆可以根据不同的决策事项而设置多个由不同人员构成的馆内咨询委员会，以充分发挥博物馆员工的才智和积极性，提高决策的民主化程度。混合委员会是指由博物馆员工和博物馆外的人员共同组成的决策咨询委员会，其优点在于有利于加强博物馆员工与馆外人员的沟通和协调，从而弥补各自的视角局限。具体采用何种模式，依据博物馆可调配人力资源状况以及博物馆决策事务的复杂程度而定。

规范决策程序是指对决策过程中所涉及的方式、方法、时间顺序等程序性活动的规范。对博物馆而言，决策程序的规范主要包括，一是确保阳光决策，即通过制定程序性规范，确保决策参与人的公正、决策程序的透明、决策结果及其利害关系人员的公开，从而实现博物馆的阳光决策。二是避免利益冲突，即建立决策回避制度，避免与决策结果有直接利害关系的人员参与决策。三是为重大决策设置刚性的前置程序，例如要求特定事项的决策，在决策前必须召开特定的决策咨询委员提出意见建议。四是明确决策方式，即明确规定特定事项的决策采用何种表决方式和通过方式。五是规范决策内容的记录、保存，即规定决策内容应当有明确的记录，并在一定期限内保存。六是为特定决策设置评估程序，即规定在特定的决策

[1] 焦丽丹：《免费开放下的英国博物馆（上）》，《中国文物报》，2009年12月16日，第7版。

实施后的特定期限内进行评估，并及时校正决策中可能出现的偏差，避免决策失误为博物馆造成更大的损害。

随着改革开放的深入，我国在国有企业中普遍设立董事会的经验，可以为博物馆法人治理结构的改革提供借鉴。同时，国际上一些博物馆先进的运行机制改革经验，也逐渐被介绍给国内的博物馆，使博物馆运行机制改革呈现出一些新的趋势，一些博物馆积极探索有利于博物馆管理水平和服务水平整体提升的运行机制。今天，博物馆的生存环境已经发生了根本性变化，传统的以自我为中心的封闭或半封闭式的博物馆管理方式，显然已经难以适应新的形势。在我国博物馆设立主体多元化的情况下，博物馆的法人治理结构不能以行政机关为模板进行构造，应建立起符合博物馆事业发展要求的法人治理结构，其基本组织机构一般应包括三个方面，一是议事机构，二是执行机构，三是监督机构。

法人治理结构的健全和完善，关系到博物馆的长期健康稳定发展。事实上，无论任何组织，在规模急剧扩张之后，必须采用科学的管理方法，探索新的管理模式。我国的博物馆规模迅速扩大，使管理问题日益突出。博物馆从机构设置到人员管理，从文物征集到学术研究，从展览策划到宣传教育，从文化活动到文化产品，应该既吸收其他博物馆的先进理念，又能结合本馆实际，探索出适合博物馆自身发展的运行机制。2010年，国家文物局、财政部印发了《中央地方共建国家级博物馆管理暂行办法》，要求中央地方共建国家级博物馆应完善法人治理结构，逐步实行理事会决策、馆长负责的管理体制和运行机制。理事会成员由主管部门委派，政府相关部门的代表、馆长、职工代表以及热心博物馆事业的社会人士代表担任。事实证明，我国博物馆运行机制的改革必须与健全博物馆的法人治理结构联系起来。

当前要将建立和完善以博物馆决策层，及其领导下的管理层，为主要构架的博物馆法人治理结构，作为转变政府职能、创新博物馆体制机制的重要内容和实现管办分离的重要途径。因此，要明确博物馆决策层的决策地位，把行政管理部门对博物馆的具体管理职责交给博物馆决策层，进一步激发博物馆的活力。要明确博物馆决策层和管理层的职责权限和运行规则，进一步完善博物馆的激励约束机制。决策监督机构的主要组织形式是理事会，理事会作为博物馆的决策和监督机构，依照法律法规、国家有关政策和博物馆制度开展工作，接受政府监管和社会监督。

博物馆理事会负责博物馆的发展规划、财务预决算、重大业务、章程拟定和修订等决策事项，按照有关规定履行人事管理方面的职责，并监督博物馆的运行。理事会一般由政府有关部门、举办单位、事业单位、服务对象和其他有关方面的代表组成。根据博物馆的规模、职责任务和服务对象等方面特点，兼顾代表性和效率，合理确定理事会的构成和规模。要明确理事的权利义务，建立理事责任追究机制。也可探索单独设立监事会，负责监督事业单位财务和理事、管理层人员履行职责的情况。管理层作为理事会的执行机构，由博物馆馆长及其他主要管理人员组成。管理层对理事会负责，按照理事会决议独立自主履行日常业务管理、财务资产管理和一般工作人员管理等职责，定期向理事会报告工作。

提倡博物馆向实施理事会管理的组织形式发展，意味着希望博物馆的内部管理制度，由目前的馆长负责制，向符合国际惯例的博物馆理事会制发展。建立理事会制的博物馆内部管理体制，一是有利于明确博物馆的法人地位，改变传统的事业单位模式，通过理顺内部管理制度，并实现“政事分开”，将“馆长一人决策”转变为“理事会集体决策”，充分保证博物馆的自治权和能动性；二是有利于促进博物馆的社会化，加强博物馆与社会力量的联系，以使博物馆获得自主发展的地位、空间和环境，开展有利于提高其公益性的各种公益活动；三是有利于强化博物馆作为社会公共服务机构的性质，由代表公众利益的博物馆理事会对博物馆事务进行管理，使博物馆从公共利益出发去满足公众日益高涨的文化需要；四是有利于从决策机制上实现权责分离，提高决策过程的科学性，实现科学规范的管理，增强相关决策执行的力度，有助于提高管理的效率和服务的质量，进而更好地为实现博物馆的可持续发展提供保障。

在博物馆的内部组织机构方面，段勇先生认为：“纵观我国博物馆过去60年，大致可分为两个时代，前30年是学习前苏联模式，博物馆普遍按照工作职能横向分设‘三部一室’，即保管部、陈列部、群工部、办公室，陈列部通常同时负责展览内容与形式设计；后30年不少博物馆学习欧美模式，不少博物馆按藏品和展示内容改为纵向分工（‘一条龙’），如历史部、艺术部、古建部，陈列部也纷纷演变为单纯负责形式设计的展览部。”[1] 长期以来，我国的博物馆在机构设置上，普遍沿用“三部一室”制组织结构，不同部门分别负责保管收藏、展品陈列、外部沟通、内部协调等职能，这种注重部门职能实现，按专业划分的机构设置，更多的是从博物馆自身管理出发，体现出博物馆的基本功能，是建立在各部门既能明确分工，又能密切合作的基础之上，是典型的行政序列模式。这种组织结构的特点是博物馆内部按专业划分部门，强调分工的重要性，协同完成工作任务。

“三部一室”制的优点是业务界限清晰，专业化程度高。目前，这种内部组织结构，仍然广泛存在于我国博物馆内部组织机构中。这种组织结构作为一种较为规范的部门设置，为我国博物馆工作规范化作出过贡献。当前是否应该继续实行“三部一室”制，在我国博物馆界存在分歧，或认为该体制已经很难适应当前博物馆的运行机制，是造成博物馆工作中许多矛盾的根源，需要彻底改造；或认为它体现了博物馆的基本职能，尚可沿用，但是必须对各业务部门的工作范围和工作要求进行调整。今天，博物馆要面向社会，增强活力，提高效率，就必须在运行机制，特别是内部组织机构方面有所改革。人们普遍认为，博物馆不仅要解决当前面临的问题，更要根据发展趋势和发展目标，建立有发展意识，为博物馆发展奠定基础的内部组织机构，否则，任何其他形式的调整，都不会从根本上解决目前我国博物馆普遍存在的问题。

近年来，大多数博物馆虽然实行了分配制度改革和岗位聘任，但是，博物馆内部组织机构的设置及职能分工不够科学，有待于进一步完善。一方面，我国博物馆在决策机制方面的主要问题是领导决策过程中的民主化程度不高，甚至一些博物馆出现以个人决策替代组织决

[1] 段勇：《关于我国博物馆若干概念的思考》，《中国博物馆》2010年第1期，第14页。

策的个人专断倾向，最终导致博物馆“成也馆长、败也馆长”的局面；另一方面，因袭计划经济体制下的传统管理模式，馆长和各部门负责人按行政级别，分别定位于厅级、处级、科级等，维持馆长坐“铁交椅”，部门领导捧“铁饭碗”，全馆职工吃“大锅饭”的局面，运作机制缺少活力，不可避免地影响博物馆更好地承担起应尽的社会责任。因此，沿袭以往的博物馆运行机制，已不能适应现代社会的需要，博物馆在管理模式和机构设置方面的改革势在必行。

近年来，湖南省博物馆所有重要展览均采用了“项目制”管理。“项目制”即重大课题或展览项目负责人具体负责展览的全部运作，重视博物馆活动安排的连贯性，展品陈列功能逐渐成为博物馆活动安排的一个环节。从已经完成的展览项目看，这一制度对提高效率、节约成本、保证质量、增加收益、集中力量完成中心工作、激励骨干等方面的作用明显。同时，湖南省博物馆以保障优质服务为导向，以观众满意为目标，制定和出台了50余项岗位职责和管理制度，将开放期间博物馆内参观接待、教育推广、安全保卫、清洁卫生等工作以统一的制度、统一的标准集中管理，建立了各项工作的程序、标准和规范。这一管理模式在实现全面质量管理的基础上，实施“精细化管理”，以质量为中心、以全员参与为基础、以适应性为标准，将静态的质量管理“动态化”，要求每一个岗位都要尽职尽责、每一项工作都要抓细抓实、每一个环节都要相辅相成，以进一步提高管理质量。

这一时期，还有一些博物馆在运行机制改革方面进行了有益实践。例如浙江省博物馆根据现代博物馆发展的要求，梳理当代博物馆机构设置的各种情况，对定编、定岗、定责和定级做出科学的测算，规范业务发展的基础和标准，科学设定各个岗位。同时，实行专业技术职务资格的评聘分离，打破专业技术职务的终身制。在分配制度上，实行按岗定酬、按任务定酬和按业绩定酬的分配办法。南京博物院立足自身、抓住机遇，努力破除阻碍博物馆发展的旧模式，实行业绩考核、竞争上岗、项目负责等项改革，逐步实现由身份管理向岗位管理的转变。事实上，博物馆采取何种内部运行机制，应根据各个博物馆的性质、规模来因“馆”制宜地作出抉择。同时，目前我国的公立博物馆与一般事业单位相同，都是对上负责的馆长责任制，在这种类似行政机构的管理制度下，无论采用何种运行机制，博物馆在实现专业化功能和社会化职能方面的效率都难有显著的提高，一些局部的运营机制创新只能起到有限的效果。

当前，应尽快适应国家文化体制改革的总体要求，明确政府管理权限和职责，明确博物馆权利和责任，推动博物馆建立科学规范的法人治理结构。湖南省博物馆在新的一轮运行机制改革中，试图以实现运转高效、协调有序、职责权限清晰为目标，探索建立以业务为核心的“大部制”。“大部制”将围绕博物馆收藏、研究、展示、教育功能，将博物馆内设机构分为公众服务部、典藏研究部、行政保障部等大部门。公众服务部负责开放接待、社会教育、公共关系，以及一切直接面向公众的服务工作；典藏研究部负责与藏品有关的保管、研究、策展等工作；行政保障部负责行政、人事、财务、后勤等工作。每个部门由一个馆级领导兼负责人，部门内再分小组。通过这种部门划分进一步理顺工作机制，明确职能分工，减少跨部门的协调工作，解决管理机制过于扁平化、效率低下等问题。

目前美国博物馆内部普遍分为两大部类：业务部类和经营管理部类，博物馆的内部机构可以由馆长根据需要随时调整，在选择部门主任时，馆长的意见具有决定性价值，选择业务主管以及以下人员，则主要根据部门主任的意见。这一制度的优点是把博物馆各项业务工作有机的联系起来，形成整体，责任明确。同时，各部门职位设置具有一定的灵活性，可以根据工作需要和经费状况进行调整。例如大都会艺术博物馆有 61 个部门，1500 多名雇员以及大量志愿者。博物馆在董事会领导下，在文物收藏、保管与管理方面有一整套严格而完整的制度，不同部门既各司其职，又互相监督，实行交叉管理。除专业保安部门外，亚洲、埃及等各分馆负责文物研究和展览策划，目录部负责文物明细目录的管理，文物保存与维护部则根据馆藏文物特点分为器物、绘画、纸制品、纸品 4 个部门。

我国博物馆运行机制改革的重点是以有利于实现博物馆功能、使命、宗旨为前提，按照精简、统一、效能的原则和确保全面履行职能的要求，整合内部资源，优化组织结构，规范岗位标准，健全管理制度。进一步深化人事制度改革，完善激励机制，加大用人制度、分配制度改革力度，激发内部活力，增加服务项目，创新服务形式，提升社会影响力和社会贡献率。同时要积极采取有效措施，创造有利条件，最大限度地动员社会各方面力量支持、参与博物馆建设，建立政府主导、法律规范、社会参与的博物馆管理体系。博物馆内部组织机构和部门设置，应体现博物馆作为非营利的社会公益机构的组织性质，强化其社会职能，将博物馆自身发展置于社会发展的大背景和大趋势之中，确保博物馆与外界的交流与沟通，确保博物馆的组织特色和在社会中的位置。

博物馆管理的首要目的是实现博物馆的宗旨和目标，使内部组织机构设置有利于整体目标的实现。作为常设的公益性机构，博物馆内部组织机构设置，既要有一定的稳定性，以保障各项活动的正常运作，又要有一定的动态性，以适应不断变化的外部环境和社会需求。博物馆的内部组织机构设置应因馆而异，不同类型、不同地域和不同规模的博物馆，面临着不同的管理问题，博物馆员工、资源和技术等因素也不尽相同，因此，不能要求不同的博物馆采用同样的内部组织机构模式，而应根据内外部条件的变化适时调整。总之，一座博物馆应当采取何种内部组织机构，完全依据该博物馆的目标定位及资源状况而定，而不存在一个统一的最优模式。

博物馆的决策机制即博物馆重要决定的形成机制，是博物馆运行机制的中枢。决策机制运转失灵，博物馆的整个运行机制就会受到严重制约。博物馆决策机制改革的首要内容是决策权的分配，主要是在集体决策与个人决策之间的分配。集体决策的优点在于能发挥集体智慧，但是缺点也同样明显，一方面是决策成本高、决策效率低，即集体决策的财物成本和时间成本都显著高于个人决策；另一方面是不利于追究决策失误的责任，集体决策就意味着集体负责，集体负责又很容易导致个人卸责。个人决策的优缺点与集体决策正好相反。因此，博物馆决策机制改革的基本方向应当是保障决策过程的民主参与，通过民主决策实现科学决策。

在博物馆的运行机制中，馆长的选任及职能定位非常关键，仅就个人对博物馆的影响而言，博物馆馆长的作用十分突出。博物馆是一个国家或一个地区或一个民族的身份象征，反映这个国家、地区、民族的历史面貌、人文精神和发展方向。由于博物馆具有这种特殊的文化身份，就要求博物馆馆长必须有相应的专业背景、职业素质、管理能力和完成任务的执行能力。因此，在博物馆的管理体制中，博物馆馆长的产生程序、职责定位及作用发挥，始终是人们关注的重点。长期以来，我国博物馆在管理体制上一般实行馆长负责制，即馆长是博物馆第一责任人，受上级委派对全馆事务进行管理。

《国际博物馆协会职业道德准则》明确指出："管理机构对任命博物馆馆长负有特别重要的责任。"博物馆馆长的素养对博物馆的影响至关重要。作为博物馆的领导者，博物馆馆长必须熟悉博物馆工作的规律，具有较强的管理能力。同时，由于博物馆工作具有很强的专业性，博物馆馆长还需要具有对业务工作深刻理解和正确把握的能力。一般来说，博物馆馆长作为专业人士，应受过良好的专业训练，有比较好的理性思维，眼界比较开阔，考虑问题比较周全，能够较快适应职责要求。同时，由于博物馆员工大多是专业人员，由具有较高水准的专业人士担任博物馆馆长，具有比较高的信任度和影响力，有利于保障和促进博物馆各项任务目标的实现。

博物馆在历史发展过程中形成了鲜明的组织特性和业务特点，分析和解读这些特性和特点，有助于博物馆适应纷繁变化的工作环境，满足社会和公众的多元化需求。宋向光教授认为，博物馆事业在我国的发展，"深层次的问题是博物馆可持续发展的体制和机制，是博物馆作为社会公益文化教育机构的资源保障，以及博物馆自身发展能力的建设问题"[1]。博物馆运行机制改革的主要任务，是增强博物馆自主管理和自我发展能力，提高博物馆对社会的贡献。实际上，无论何种博物馆的内部组织机构形式，其目的都应当是发挥博物馆资源的最佳效果，"为社会和社会发展服务"。

（此文发表于《国际博物馆》2013 年第 3－4 期，第 96 页）

[1] 刘冕：《博物馆"免单"：有多少考验在等待》，《北京日报》，2009 年 7 月 6 日，第 3 版。

解读博物馆陈列展览的思想性与观赏性

博物馆的陈列展览是在一定空间内，以学术研究资料和文物标本为基础，以展示空间、设备和技术为平台，按照一定的主题、序列和艺术形式进行组合，实现面向大众进行知识、信息和文化传播，具有一定思想性和观赏性的文化创造。当前博物馆的陈列展览理念，需要更加注重通过文物展品之间的相互联系，构成明确的思想主题，以解读文化为线索，空间规划为载体，形式语言为手段，艺术表现为辅助，取得预期的观赏效果，实现陈列展览思想性与观赏性的统一。

一　实现陈列展览的思想性

今天，博物馆不能仅满足于举办多少陈列展览，更重要的是陈列展览的质量如何。质量才是决定陈列展览价值高低的尺度，才是赢得社会效益的关键。博物馆应该具有精品意识。博物馆推出的陈列展览应该成为精品之作，才能与博物馆的性质相一致，与博物馆的文化品位相符合。那些缺少思想内涵、设计制作粗糙的陈列展览，对于社会公众的文化生活没有吸引力。要持续推出精品陈列展览，需要有熟悉文物藏品的专家团队，能够不断从文物藏品的文化内涵中提炼出好的陈列展览主题，深入研究采取何种设计手段使文物展品恰到好处地表现陈列展览的主题，根据陈列展览的内容设计，精心挑选文物藏品，然后通过好的形式设计将文物藏品组织成内涵丰富的精品陈列展览。

由此可见，如同科学研究项目一样，优秀的陈列展览是精心研究的结果。那些“原始质朴的石器陶片，精致典雅的商周铜器，凝重生动的秦砖汉瓦，色彩艳丽的漆木瓷器，流畅沉着的碑刻书画，以及优美新奇的纹饰图案，精巧别致的器物造型等，这些足以让人们心动，让人们目不暇接，让人们幽思不息”[1]。人们面对令人荡气回肠的历史画卷，面对跨越历史长河保留至今的文物珍品，情感得到净化，心灵得到陶冶，精神得到升华，进一步认识到人生的意义和价值，从而树立社会责任感，情操更加高尚，人格更加完美，努力开创更加美好的未来。

宋向光先生认为，如今陈列展览的内容设计工作面临新的挑战，“怎样在中华民族历史背景下表达当地社会历史文化特色，能否在历史发展的因果链条中凸显本地社会人文的亮点，如何将入地火潜藏般的地域历史发展脉络与当地建设辉煌成就有机结合，如何协调严肃的学术题材与轻松的休闲需求，如何统筹线性的内容线索与交织的多元信息。在信息化和学习型社会的背景下，在文化产品成为市场新宠的环境下，博物馆陈列内容的选择和设计是否仍要

[1] 李让、李文昌主编：《博物馆的记忆与想象》，学苑出版社，2005 年 9 月。

坚守学术的严谨，是否仍要坚持对民众的教化，对这些问题的思考，并不是要求我们在历史与现实之间做出选择，也不是要评判正误，而是要正视它们对陈列的影响。将这些新的思考包容到博物馆陈列中来，并在应对挑战的努力中创造博物馆陈列表达的新方式”[1]。

随着经济社会的不断发展，广大民众精神文化需求呈现出多层次、多方面、多样性的特点，审美情趣、欣赏习惯、评价标准等与过去相比有了很大不同。在此情况下，如果一座博物馆的陈列展览内容单调、展示手段陈旧落后，甚至长时期保持一副老面孔，就不会有吸引力和感染力。“面对新的工作环境、工作条件、工作手段和工作目标，传统的陈列理论、制度和方法已难于解释和指导变化的工作实践。博物馆陈列工作者必须直面现实，深入思考博物馆陈列实践发展提出的新课题，力求在认识和观念上获得新的理解和共识。”[2]

陈列展览的思想主题内容与陈列艺术形式之间的关系，一直是人们关注和探讨的一个热点话题。不同历史时期存在着“重内容、轻陈列”或“重陈列、轻内容”的不同倾向，而目前“重陈列、轻内容”的倾向比较突出。实际上，思想主题内容是博物馆陈列展览的灵魂，陈列艺术形式必须服从于陈列展览所要展示的思想主题内容。文物陈列展览是一项科学性很强的系统工程，包括展览策划、内容设计、形式设计、展厅安排、展览制作、展品布置等多项内容。其中内容设计是陈列展览的灵魂和核心，包括遴选文物、提炼主题、拟定展名、撰写文案等各个环节。更为重要的是，要将思想主题贯彻始终。

博物馆陈列展览以文物藏品为主要语言。博物馆展览中信息的传播，需要告诉观众每一件文物展品经历的沧桑和背后不为人知的故事。通过这些可以遵循历史的足迹，寻找文化的脉络，使观众获得启示和教育。苏东海先生认为，“每件文物都有自己的故事，可是博物馆并不注意去追寻它”。“如果我们在加强藏品的科学研究的同时，加强藏品的人文内涵的研究，追寻每件藏品的故事及其中蕴涵着的动人心弦的情感，那我们的藏品研究将会进入更广大的领域；我们的观众将会流连于文物的情感之中，而驻足不去。”[3]

博物馆的陈列展览并非简单意义上文物的叠加与组合，而是一个复杂的艺术创造的过程。利用工业遗产建筑筹建的明孝陵博物馆，基本陈列颇具特色，以朱元璋与明孝陵为主线，内容上分为天、地、人三个元素。即朱元璋由平民成为皇帝或者说“天子”，这是从“人”到“天”的过程；而由皇帝到“驾崩”，葬入孝陵，则是从“天”到“地”的过程。陈列展览抓住这一人、天、地的变化主题，通过展示空间中高度的抬升和下降，得到了很好的展示效果。展示空间从平面到登基场景，形成高度的抬升，随后展示空间转入下沉，通向模拟地宫，形成高度下降。

好的陈列展览是观众到博物馆的理由，观众能用心、动情参观才是好的陈列展览。好的陈列展览应集思想知识内涵、文化学术概念和现代审美标准于一体，既反映真实生活，又生动可读感人。作为博物馆工作的核心内容，博物馆通过对文物藏品的组合陈列展示，传播知

[1] 宋向光：《在陈列的瓶颈期》，《中国文物报》，2009 年 12 月 2 日，第 6 版。
[2] 宋向光：《在陈列的瓶颈期》，《中国文物报》，2009 年 12 月 2 日，第 6 版。
[3] 苏东海：《博物馆的沉思：苏东海论文选（卷二）》，文物出版社，2006 年 7 月。

识，履行社会教育和服务职能。每一个展览都不应该是简单的文物展品排列与组合，而应该为观众营造良好的欣赏展品的氛围。陈列展览中的所有元素之间应相互作用，形成整体，将孤立的文物还原到当时历史的文化体系之中，让观众充分理解其独特的价值，在一定范围内产生预期的效果，拉近观众与文物展品之间的距离。

大英博物馆于 2003 年完成了第一展厅的改造，以“启蒙运动”展览对公众开放。展示空间和陈列展览内容经过精心改造和设计，保留了最为传统的 19 世纪博物馆的状态。陈列展览沿用了以前大英图书馆的老展柜，尽管这些没有内部照明的老式展柜展示效果并不理想，但是文物展品却连同展柜一起讲述着历史，观众能够从中感受到启蒙运动的意义。展厅内文物展品仿佛没有严格进行分类，只有笼统、简单的文物展品说明。恰恰可以和其后的 100 多个展厅形成反差，“代表着现代文明的起点”。陈列展览设计者精心构建这样一个“启蒙运动”时期的语境，就是希望启发观众自己寻找历史线索，自己组织知识结构，按照自己的方式理解文物展品，从而带给观众深刻的参观体验。虽然有人认为大英博物馆的陈列展览方式原始，但是它在提示人们空间环境对于观众理解陈列展览和文物展品的重要性。

一位美国学者曾说：“博物馆不再于它拥有什么，而在于它以其有用的资源做了什么。”陈列展览通过空间展示的表现手段，向观众传递文物展品信息，以达到观众和文物展品间的交流。因此，空间设计是博物馆陈列展览设计的重要组成部分，是陈列展览形式设计的一个重要环节。空间设计主要是利用展墙、展柜等辅助手段，对既有的展厅空间进行再组织和利用的过程，是一种人为环境的创造。博物馆文化的最大特点是实物教育，最吸引观众的是博物馆所收藏的丰富文物。良好的空间设计，依据文物藏品进行量身定做，使文物展品和展示空间构成有机关系，使陈列展览得到最合理的组织规划，达到最佳的展示效果。同时，色彩与光线对于突出环境氛围、形成陈列展览风格、营造陈列展览情调至关重要。一个优秀的陈列展览，离不开色彩与光线的合理选择与运用。既要强调和谐，又要避免单调。

从本质上讲，博物馆陈列展览的目的是通过艺术的方式进行文化知识传播，陈列设计总的原则是形式必须服从内容，而要突出内容，则需要良好的表现形式来衬托。每个展览的主题和内容不同，时代与文物种类不同，都会给陈列设计的形式提出特别的要求，需要通过不同的创意予以表达。其中博物馆展览的造型设计包括展柜、展墙、台座等诸多项目，在造型设计和组合使用中，应注意处理统一性与多样性之间的关系，统一性能够使陈列展览展现出整齐与和谐，多样性能够使陈列展览表现出韵律与节奏。

除文物标本外，陈列展览中还大量采用艺术和技术含量较高的辅助艺术品和科技装置，例如地图、模型、沙盘、景箱、场景、蜡像、壁画、油画、半景画、全景画、雕塑、多媒体、动画、触摸屏、电子书、幻影成像、全息投影、影视、场景复原、电动图表、观众参与装置等。这些辅助艺术品和科技装置，无论是用于还原、再现，还是重构，都应有一定的学术支撑，都必须围绕陈列展览思想主题，以知识、信息和文化传播为主要目的，根据内容表现需要专门策划，并进行高质量设计制作。

博物馆举办展览应注重关注社会，关注现实，关注民生，关注“人文精神、艺术哲学、科技美学”等要素的结合与体现，提倡求异，挖掘个性，着重研究个性化、差异化、感知化、人本化的设计理念。陈列展览工程虽然包含普通装饰内容，例如展示空间的吊顶工程、地面工程、墙体基础装饰装潢工程，以及陈列展览中使用的基础电器工程。但是从总体上来讲，陈列展览工程应该是一项兼具学术性和科学性的艺术工程。费钦生先生认为：“我们面临着大、中、小的陈展空间，高、中、低的陈展经费，面临不同内容、不同性质的展览，都要倾心去设计，不是只有场景，只有声、光、电才是好的设计，而是要认真做好陈展空间的整体，每个细节的设计要为主题服务，并且做到人文关怀。”[1]

因此，必须坚持博物馆陈列展览的工作目标，遵循陈列展览的工作规律和业务规范，实现学术成果与实物展品的有机结合、知识内容与视觉表达的融会贯通、社会教育与自主学习的协调配合、文化传播与大众休闲的相得益彰。“一个优秀的博物馆，不在于馆的大小及豪华程度，关键在于是否有思想。一个没有思想，只有文物陈列的博物馆，实际与文物仓库或文物商店并没有什么区别。没有思想的博物馆，等于没有灵魂，只是城市点缀风景的花瓶，具有观赏性，但缺乏启迪社会的作用。”[2]

博物馆的未来正在朝着集历史教育、艺术欣赏、公众参与、文化传播和娱乐休闲一体化的方向发展。博物馆陈列展览的特点主要通过思想主题、题材结构、表现视角等内容方面的特点，以及信息呈现方式、视觉表达手段、传播媒介类型、艺术表现风格等传播方面特点反映出来。当代博物馆陈列呼唤多样化。社会公众对博物馆陈列的需求趋向多元，希望看到更多不同题材、不同视觉表达方式，给人们以创新启迪和审美愉悦的陈列展览。各类博物馆也希望通过陈列展览突出本馆特色，陈列内容的多样化呈现，有助于使文物藏品以更加深刻的内涵呈现在观众面前，有助于观众在比较中获取更多的文化信息，在比较中深入思考。

当代博物馆陈列展览应该鼓励创新，鼓励创建具有鲜明特色的陈列风格。正如加拿大康宁玻璃艺术博物馆馆长所说：“我的使命就是让人们对玻璃感到兴奋。”这句话直观地解释了有趣的博物馆对于观众的影响。[3] 陈列展览形式的多样化表达，可以更加有效地激发观众参观兴趣，改变观众过去在博物馆的视觉疲劳感，实现愉快的参观体验，使观众多维度地接触展品信息，在愉悦的参观体验中丰富知识、技能和学习能力。使观众在博物馆里不仅能以愉悦的心情学习知识，还能得到身心的放松和文化的享受。

突出功能是现代主义的准则，主张“形式服从功能”，“功能就是形式”。在博物馆陈列设计方面，现代主义认为只要能完美地表达展示功能的设计形式，就是好的陈列展览设计，人们就会理解接受，以此作为评价陈列展览设计是否最佳的重要标准。但是形式仅仅表现单纯的功能，不是设计真正的全部内涵。上海博物馆绘画馆的窗格、竹子、假山石，它们的真正用途与绘画作品的内涵本无多少关系，而是为营造一种展厅氛围，传达一种江南地域文化、审美情趣，使观众产生美感和对美的追求、向往，这种文化气息浓郁的氛围是一种有趣联想，

[1] 费钦生：《博物馆与世博会》，《中国文物报》，2010 年 7 月 28 日，第 5 版。
[2] 张浩：《博物馆不应是花瓶》，《北京日报》，2010 年 8 月 8 日，第 8 版。
[3] 冯好：《浅谈博物馆的公共形象》，《沈阳故宫博物院院刊》2008 年第 6 辑，第 27 页。

一反过去单调疲乏的功能性的设计。[1]

因此，在陈列展览设计时既要符合基本功能的构成规律，又要克服现代主义对功能理解的局限性。也可以说，在陈列展览设计中既要否定现代主义片面反对传统和装饰的做法，又要反对忽视甚至损害使用功能的矫揉造作。以展板上的装饰布为例，除了要阻燃、吸音、结实以外，在设计时还要考虑美观，创造出富有视觉感染力的陈列效果；展柜放置文物安全是最基本的功能，但是在设计时还要注意款式的美观，与陈列展览内容、展厅整体效果相协调。所以，陈列展览设计是包括了人的生理、心理、物质、精神等诸多方面因素的综合性设计，其中有意义的氛围营造，不仅反映陈列展览内容和观众审美需要的真实感受，而且折射出设计功能的丰富层次。

中国历史博物馆的“中国通史陈列”，自原始社会开始，至清朝灭亡结束，结合中国历史发展特点划分历史阶段，其特征是以考古发掘及传世文物为基本展出材料，力求全面、系统地展现中国历史，这不仅在世界上独一无二，也是我国博物馆事业历史上具有划时代意义的重要陈列。[2]“中国通史陈列”展览模式，在相当长时期内，影响了全国的省级博物馆，甚至市县级博物馆，很多陈列展览都是以每个朝代、每个时期的政治、军事、经济、文化四大部分进行划分，形成固定的陈列展览模式，造成很多博物馆应有的特色难以突出，也影响了观众参观博物馆的兴趣。

20 世纪 90 年代上海博物馆新馆落成，作为一座艺术性博物馆，陈列展览突破以往惯例，取得创新性效果，获得普遍赞扬。于是很多博物馆又争相学习上海博物馆的陈列展览形式，同样往往忽视了自身的特色，走向另一个极端。“有人讲要让文物自己说话，其实文物自己是不能说话的，还是要靠我们的展陈工作者通过内容设计和形式设计把文物内在的信息揭示出来，展示给观众。”[3]但是，目前陈列展览内容中必要的文字说明和辅助材料太少，只是简单的描述文物名称、时代、出土地点等基本信息，过于简单笼统，普通观众往往看不懂陈列展览希望表达的文化内涵，兴趣索然，如此博物馆的陈列展览难以抓住观众。

美国媒介批评理论家尼尔·波斯曼继《童年的消失》、《娱乐至死》之后，又推出《技术垄断：文化向技术投降》。针对美国一切形式的文化屈服于技艺与技术统治的弊端，他不无忧虑地告诫世人，“我们容许一种技术进入一种文化时，就必须要瞪大眼睛看它的利弊”。在我国，尽管高科技尚未在博物馆这种文化体中生根，但是我们也必须密切关注、冷静分析其利弊得失。今天，当一些博物馆出现娱乐化倾向之时，当有人倡导博物馆要“尽可能地满足观众的娱乐性需求”，要“与真正的娱乐一样，本身必须具有足够的娱乐性、刺激性和发现性”，应该“与其他娱乐形式或娱乐设施相结合”时，[4]博物馆专家们对此予以高度关注。

苏东海先生强调，娱乐固然是文化的一种重要功能，却不是文化的核心价值。文化的根

[1] 江涛：《博物馆陈列设计风格的多元化问题》，《中国博物馆》2006 年第 4 期，第 40 页。
[2] 卫东风、曾莉：《改造与整顿时期中国博物馆展览活动案例分析》，《中国博物馆》2008 年第 4 期，第 91 页。
[3] 李让：《博物馆就是要最大限度地利用自己的资源为时代进步和社会的发展服务》，《博物馆观察：博物馆展示宣传与社会服务工作调查研究》，学苑出版社，2005 年 9 月，第 112 页。
[4] 侯春燕：《博物馆陈列艺术与技术的界阈约论》，《中国博物馆》2008 年第 1 期，第 70 页。

本意义在于提高人类的精神境界，满足人类心灵上的需要。应当指出，虽然审美与娱乐存在着内在的关联，但是绝不能将二者混为一谈。审美过程虽然可以使人愉悦，但其终极追求则是“善”与“美”。如果陈列展览设计过分追求消遣、娱乐，充其量也只是迎合了一些人寻求刺激和娱乐的浅层次需要，就会放弃审美追求，降低艺术品位，最终沦于低级趣味。思想性和艺术性是博物馆不可放弃的基本追求，陈列展览的目的不应该转归于寻求感官刺激和世俗娱乐。

免费开放后，博物馆观众呈现出新的特点，低收入人群、劳动阶层人群和离退休人群的比重显著提高，家庭群体观众也有明显增加，参观活动的“休闲”色彩更为浓厚，观众在博物馆中表现出更大的自主性，学习和文化休闲成为观众的主要需求，而且学习与休闲的结合更为紧密。观众在博物馆中的学习，不再会满足于单纯的记忆，而希望享受发现、推理和验证的乐趣。因此，应该改变以往博物馆给予观众枯燥、单调的印象，尝试通过多样化的科学普及方法，使参观者在博物馆得到“休闲式”学习体验。观众喜欢参与互动的体验，娱乐性应该成为观众在博物馆体验的一部分内容。

“‘寓教于乐’，不是简单地将学习过程游戏化，而是让学习者感受到学习过程中‘豁然开朗’的快乐。”[1] 苏东海先生指出：“博物馆应该明白，如果要娱乐观众，博物馆永远无法和迪斯尼相比。”[2] 实际上，观众期待的是提供给他们特别意义的陈列展览，特别是愉快的文化体验，而不是一般的观感刺激。好的陈列展览，并不在于声光电等现代科技手段的运用，也不在于色彩的夺目和形式的奇特，虽然这些也是陈列展览的必要手段，但是更为重要的是要有以服务观众为中心的思想，以及在这种思想指导下的设计理念，使其适应观众的认知方式和审美习惯。这样，就要在陈列展览的内容设计和形式设计之间取得平衡。

二　实现陈列展览的观赏性

故宫博物院的宫廷史迹部分展示方式是典型的复原陈列，以保存历史原貌为主旨，例如太和、中和、保和三大殿，乾清、交泰、坤宁后三宫，养心殿，西六宫除永寿宫以外的各个殿宇，均是宫廷史迹原状陈列场所。这些展示场所全部根据历史文献记载进行布置陈设，最大限度地再现当时皇家政务和内廷生活场景，对于历史研究有着极为重要的参考价值，也最受普通观众喜爱，做到了雅俗共赏。原状陈列虽然反映的只是历史的某些侧面，但是它能真正地再现当时的社会生活场景，并直接诉诸观众的视觉，给观众以感性的认识，有助于人们对历史时期、历史环境及其当时社会生活的了解。既然是“原状”，就要以严格的史实作为依据，以科学、认真的态度进行考证，设计出原状陈列的真实性、可信性与历史性和艺术性。[3]

19 世纪 50 年代之前，一般平民对参观博物馆几乎毫无兴趣，不仅对内容看不懂，而且

[1] 宋向光：《愉民育民 不辱使命》，《中国文物报》，2008 年 4 月 25 日，第 6 版。
[2] 续颜：《21 世纪博物馆藏品与社会责任》，《携手 2010：宁波国际博物馆高峰论坛》，第 49 页。
[3] 卫东风、曾莉：《改造与整顿时期中国博物馆展览活动案例分析》，《中国博物馆》2008 年第 4 期，第 91 页。

视觉上也感到疲劳和不适。英国著名的工艺美术家H. 寇尔（H.Cole）首次提出要把工艺美术与陈列展示内容有机结合，例如通过油画、水彩画、雕塑、木刻等帮助观众了解陈列展览内容及重点，减少疲劳，还可以在身心愉悦中得到美学享受。此后，陈列展览的理论与技巧不断创新，博物馆领域也出现了专职的陈列展览设计人员，极大地改变了陈列展览形式设计水平，影响着博物馆的公众社会形象。[1] 今天，博物馆的陈列展览向着艺术化、人性化、数字化等方向发展，努力寻找更符合现代博物馆陈列展示特点的传播手段。

随着科学技术手段的发展，陈列展示形式远远超越了传统的图文展板的静态展示，例如模型演示、景观再现、视频展播、幻影成像、主题剧场、互动体验项目等各类动态展示，通过视觉的新颖性和冲击力，很容易激发公众主体参与意识，唤起共鸣。陈列展览技术在博物馆的合理应用，依托于文化创新的设计理念，实现陈列展示功能需求与新技术、新材料的合理把握，陈列展览设计与艺术表现形式的相互渗透，陈列展示空间与自然环境的和谐共生，体现出博物馆专业人员与展览设计与施工制作等方面的高度协调配合。

陈列展览是一门综合性的空间艺术。陈列艺术设计几乎包括所有造型艺术的手段，融建筑艺术、工艺美术、绘画雕塑等各方面于一身。传统的博物馆陈列展览，在大多数情况下只是把文物展品名称、年代、类别等静态信息传达给观众。在这样的传播环境下，观众只能被动地观看展品信息。但是，博物馆的基本陈列不仅需要一时的视觉冲击力，更需要引发沉思，满足欣赏需要。文物展品是展示空间的主角，应以最有效的空间分割，使所有展品都散发出文物所具有的魅力，使文物展品的展示秩序更具有逻辑性，使各陈列单元空间分布更具有合理性，从而使文物展品达到最佳的展示效果。

因此，对于陈列展览应实施全面的质量监督、精细化管理和人性化服务。通过改进展览展示的方法，使说明文字更通俗、字体更清晰、距离更接近等，便利参观者理解展览内容。为了确保文物展览还原历史的真实性，应对文物展览中复制品的准入条件做出严格要求，分析文物复制品参与展览的必要性，确定陈列展览中复制品所占比例。同时，展出的复制品数量和内容应在陈列展览的介绍中予以明确说明，在展出标签中予以明确标注，并对原物原作的情况作出简要介绍，避免造成以仿传真，以误传误的不良后果。

每一个陈列展览都应具有独特的品质，审美风格应当与展示内容相呼应，绝不能因为盲目追求形式美，而伤害陈列展览的思想性和科学性。反之如果陈列展览所表达的视觉感受、所营造的环境气氛，与展览主题和内容设计互为表里，就可以使陈列展览的主题、内容、信息、知识与形式、视觉、环境、感受相映成辉，使陈列展览的思想性、学术性和知识性，伴随观赏性、趣味性和互动性，浸入观众的脑海心田，给观众留下深刻的印象。“那么这种审美不仅有利于观众理解展览内容，甚至美本身就成为参观学习的动力。”[2]

茶叶博物馆通过环境整治，将周围的户外场所作为展览的辅助空间，有效地创造出活泼有趣、生机盎然的景观。“龙井茶，虎跑水”是杭州的“双绝”。首先，博物馆充分挖掘茶

[1] 甄朔南：《世博会与博物馆》，《中国文物报》，2010年4月14日，第4版。
[2] 严建强：《论博物馆的传播与学习》，《东南文化》2009年第6期，第100页。

文化内涵，展示出100多种千姿百态的茶树品种，对各种茶树品种的产地、名称、类别详细说明，营造出内容丰富的室外展区。观众不仅可以看到常见的灌木型茶树，还可以观赏5米多高、自然生长了50多年的大茶树。其次，博物馆做足“水”的文章。通过环境整治工程引西湖活水，采用深潭蓄水、分层筑坝、涌泉、山涧、溪滩等手法，对水系进行处理，营造多种水景，形成室外品茶区域。通过种种努力，茶叶博物馆拓展了博物馆文物收藏、公共展示、旅游休闲、美育启智等多方面的功能。[1]

近年来，一些博物馆结合自己的地域特点，构建突出自己特色的陈列展览的同时，不断推出新的陈列形式，应用先进科学技术手段，摆脱过去以展板为主的说教式的展示形式，加入多媒体技术，对灯光、温度进行运用调节，采用可操作模型、触摸屏等动手参与项目，使观众在轻松愉快的活动中学到知识。秦始皇兵马俑博物馆不断探索陈列展览形式创新，通过现代科学技术的合理应用，增加观众的文化体验。在展厅中设置了多媒体演示系统，展示秦始皇陵区的航拍录像、俑坑发掘过程、俑坑结构的三维动画图、兵马俑修复过程等，这些都有助于观众了解秦始皇陵的全貌，有助于深入理解与秦始皇兵马俑相联系的深层文化内涵。

浙江自然博物馆新馆的“自然·生命·人”基本陈列较多地运用景观和高科技手段，但是并没有给人们留下过度的印象。“地幔对流”、“高仿真达尔文机器人剧场”、“抛物线观测仪”等与陈列展览内容相得益彰，有力地支撑了努力追求体验、探索和发现的设计目标。“绿色浙江”的山地、湿地和海岛等生态系统景观，都是组织专业技术人员赴实地考察，择取生态系统景观信息并进行模拟设计，高仿真翻模制作而成。这种通过对于细节精益求精制作，维护博物馆真实性、科学性和直观性特征的做法，值得提倡。[2]

博物馆的陈列设计是博物馆时空在内容与形式上达到统一的关键。博物馆的陈列设计应该具有和谐美，把握好内容、版式、文字、展品等各种陈列要素的变化与统一，具有良好的视觉效果，只有这样才能吸引观众前往。在整体空间环境设计上，通过采用展墙、展柜、展台，加上艺术造型、景观、屏幕等系列展示语言，进行合理地把握和处理，构筑流畅而富于变化，有起伏、有节奏、有韵律的参观路线。同时需要准确把握展线长短，展柜高低，色彩明暗，光线强弱，文字大小等尺度，避免造成观众生理疲劳，影响观众心理情绪。

在博物馆的复原陈列中，通过选取某一历史现象的场面或某一自然生态的场景实现“情景再现”，深入挖掘真实的历史氛围和生动的生活情景，挖掘特定人物有血有肉的精神世界内涵，通过文物与环境组合、文物与模型组合、文物与图像组合等方式，在不改变文物原状的基础上，对展示空间进行技术处理，恰如其分地再现历史氛围，恰到好处地模拟历史情景，强化时空中的历史真实感，摈弃脸谱化、符号化的表现模式，改变传统陈列展览呆板、单调、静态的方式，通过各种表现手段的应用，丰富陈列展览的艺术语言，达到内容设计与形式设计的和谐统一，在带给观众视觉享受的同时，使之能够更好地感悟陈列主题。

[1] 杨建新：《博物馆：浙江公共文化服务体系的重要环节》，《国际博物馆》2006年第2辑，第112页。
[2]《第九届（2009－2010年度）全国博物馆十大陈列展览精品评选呈现出六大特点》，《中国文物报》，2011年7月13日，第7版。

“以人为本”的设计思路应体现在陈列展览的各个方面。例如博物馆陈列展览的照明环境，不但要使观众能够清晰观赏文物展品，还应该给人们以舒适的感觉，因此需要有人性化的照明环境设计。目前博物馆流行没有自然采光，不少展厅采用灯光投射的封闭式展厅，这种密闭的环境，黑暗的氛围，使人们难以长时间驻足。埃及国家博物馆就因某些展室的光线太暗，使参观者几乎无法看清文物展品的细节，而受到参观者的批评。因此应该考虑人们在陈列展示空间中的舒适度，既保证文物展品安全、陈列展示效果，又兼顾观众的身心健康，在条件具备的情况下，适度增加采用自然能源的比重。

营造博物馆内不同区域的光照亮度，是陈列展览照明设计中常用的一种方法。L. I. 康曾（L. I. Kahn）说过：“光是一切存在的赐者。”一般而言，亮度分布比较均匀的环境会令观众感到愉快，使参观者视线集中，如果亮度差别过大，就会引发观众视觉疲劳，甚至会造成不愉快的心理感觉。但是如果亮度过于均等，则会使观众产生呆板、单调和漫不经心的负面情绪。因此，陈列展览设计应更加注重研究观众在参观过程中的心理活动规律，灵活运用照明环境艺术，用光照亮度的科学合理变化来增强陈列展览和文物展品的观众亲和力。

在欧洲部分传统建筑的博物馆展厅中，可以看到进入陈列展厅的自然光同时与灯光配合使用。布兰德霍斯特博物馆顶层的展厅设计，将光从顶棚上方引入室内，通过用半透明纤维材料制成的天花板过滤，使明亮的顶光均匀地播撒于展厅内，参观者可以在静谧与光明的展厅里，欣赏和探究文物展品背后所隐藏的故事。同时，下面一层展厅的采光方式，通过吊顶上方侧墙上的窗口，将光线引入室内，再经过白色百叶，把从顶部折射下来的自然光线柔化，并散布于展厅内的各个区域。另外，部分补充的人工光源也是必需的，特别是在天气不好的情况下。统计表明，经过一段时间的运行后，50%至70%的开馆时间，可以单纯使用自然采光系统而无须耗费一度电，这不仅为艺术品提供了最理想的光源，也节省下了一大笔博物馆的电能费用。[1]

希腊典雅的新卫城博物馆2009年6月竣工开馆，蓝天是这个博物馆的设计概念之一。博物馆展厅环绕着明亮的自然光线，这里用于展示雕塑的光线，不同于用来展示油画和素描的光线，从博物馆展厅里可透过玻璃幕墙看到不远处的帕台农神庙。在陈列展览中，采光与色彩的定位应由陈列展览的主题内容所决定，陈列内容是环境设计的基础，采光与色彩设计是表现形式，来烘托和表现陈列展览的主题，传达陈列展览的韵味与氛围。例如“云南文明之光——滇王国文物展”所采用的明亮效果，给人耳目一新的感受。

博物馆陈列展览不是任意的艺术创作行为，而是受到博物馆使命、博物馆学理论、博物馆藏品、陈列展览主题和博物馆观众的制约。尽管如此，博物馆陈列展览的创造空间并不狭小，涉及专业领域众多。例如在陈列艺术方面涉及博物馆学、历史学、建筑学、艺术学等；在实际操作方面，涉及空间设计、平面设计、电气设计、结构设计、多媒体设计等；在制作工艺方面，涉及装饰装修工艺、摄影印制工艺、雕刻油漆工艺、绘画雕塑工艺、金属制造工艺、

[1] 陈立超：《色彩斑斓的“珍宝盒”》，《建筑知识》2009年第5期，第32页。

文物保护技术、安全防卫技术等。所有设计、工艺和技术都为陈列展览的完成而服务，也构成了陈列展览的综合性。

在陈列展览场所，各类展柜、展具、灯光、音响、视频设备，以及其他多媒体展示设备，在展览设计中必须精心地进行配置，才有可能取得良好的展示效果，并有助于表现陈列艺术的感染力。例如陈列展柜设计必须遵循实用与审美相结合的原则。陈列展柜直接服务于文物展品，是博物馆藏品公开展出时的保管器具，因而必须满足安全防范的各项要求，诸如防盗、防火、防虫、防尘、防潮、防光害等。陈列展柜必须具有良好的展示功能，各个部位的尺度比例均须符合人体工程学的原理，使得观众参观时感觉舒适；陈列展柜的开门方位、开门方式、构造亦须要符合使用方便性的原则，以利工作人员提高效率。

此外，陈列展柜是决定整个陈列艺术形象主要因素之一，结合陈列展厅内部装修，创造出博物馆环境特有的艺术气氛和气质，提高文物展品的表现力，给观众以美的享受。展具是文物陈列中文物与展台对接的部分，是观众视线最敏感的部位之一，往往需要特殊的工艺制作，展具的首要功能是保护文物安全，而后是美观精致，不影响文物展品的美感，不影响观众的观赏。灯光不仅是满足人的视觉功能需要和照明的主要条件，也是创造空间、美化环境的基本要素。灯光可以构成空间，改变空间，美化空间，但是也能破坏空间。因此，博物馆陈列展览照明灯具的选择和运用，直接影响展示空间设计的效果。

近代以来，博物馆陈列始终体现着科学的艺术化和艺术的科学化趋势。科技力量之作用于博物馆，为陈列的艺术表达提供了新素材、新思路和新手法，从而为观众带来了全新的艺术体验和美感。陈列设计艺术性的增强，有赖于设计者的深厚艺术素养和对陈列主题、意义的深刻理解和准确把握。如果过度地依赖技术，而漠视对陈列内涵和特质的研究，就会导致技术对艺术的弱化或侵蚀。在陈列展览的总体设计中，形式是手段，内容是目的，而在具体的形式设计中，则科学技术是手段，文化艺术是目的。苏东海先生曾多次强调："在陈列展览中，技术是手段不是目的"，因此，"不要滥用新技术手段，不要喧宾夺主"。

形式设计和技术运用的终极目的都是张扬文物展品的文化个性，而不是为形式而形式，为技术而技术。应该信守博物馆陈列的基本理念，避免不顾主题特性，背离艺术规律，混淆艺术和技术，盲目追求高科技手段，从而降低陈列展览的文化与艺术品位的问题出现。博物馆陈列是由多种展示要素构成的，其中包括文物、图片、艺术品、模型、蜡像、道具、建筑、景观、影像、符号、文字、声音、灯光、多媒体等。一方面，陈列艺术寓于技术要素之内，前者要通过后者来展现，另一方面，艺术效果也不是技术要素的简单堆砌。在博物馆的陈列展览中，技术从属于文化艺术，而不能僭越或替代文化艺术。[1]

"20世纪80年代，外国博物馆学家评论我们的陈列是挂在墙上的教科书。这是一针见血地指出了我们陈列的弊端。"[2] 当前，博物馆事业正在迎来空前繁荣的时代，为陈列展览提供了更加广阔的平台。但是，我国目前的博物馆陈列设计的现状，仍然是喜忧参半，喜的

[1] 侯春燕：《博物馆陈列艺术与技术的界阈约论》，《中国博物馆》2008年第1期，第70页。
[2] 苏东海：《什么是博物馆——与业内人员谈博物馆》，《中国国家博物馆馆刊》2011年第1期，第140页。

是伴随蓬勃发展的博物馆事业，优秀的陈列展览设计不断涌现；忧的是量大面广的陈列展览，出现形式和风格的相似、雷同，缺乏理论研究和新的探索。身处博物馆展厅之中，仔细观察不难发现，大多数参观者属于走马观花式的浏览，参观活动结束后很多人对展出内容依然只是一知半解，这样不仅使展览的效果大打折扣，博物馆的教育功能也没能得到充分发挥。

目前，不少博物馆的陈列展览仍然缺少个性和特色，许多陈列展览往往选题没有新意；主题提炼不足，平铺直叙，面面俱到；内容枯燥乏味，学究气浓，通俗性不足；展览结构混乱，逻辑性不强，多为教科书的翻版或是沿袭简单的王朝体系，展览表述过于理性，感性不足；展览信息安排繁杂混乱，不易为观众接受。[1] 在我国传统的陈列展览理念与实践中，一般是强调思想性、学术性、知识性等，观赏性问题长期不得重视而很少提及。有时甚至将其置于被排斥、被批判的地位，将观赏性与思想性等对立起来。缺乏空间变化的陈列展览，不仅使人们感到压抑，而且令人感到乏味，无疑大大妨碍了人们对陈列展览观赏性的认识和营造。

早在 1936 年上海市博物馆馆长胡肇椿就曾指出，“博物馆是完成文化艺术使命的机关”。1947 年，中国博物馆学家韩寿萱也在一次演讲中强调：“陈列的本身就是一种艺术。”他在介绍欧美博物馆时说道：“他们的陈列，是先选定一个展览目的，然后根据这个目的，去收集实物，研究实物，再创造适当的环境，陈列其中，使陈列品更有意义。而最重要的，是他们的陈列，能将高深的学理，通俗化、具体化，使人易于了解。或者把杂乱无章的实物，整理出个系统，看出了异同，鉴定了时代，使参观的人们，可以了解历史上的演变和文化上的进步。”这样的博物馆陈列“有意义、有系统、富于美感、易于领受”。

今天，造成我国博物馆展览水平不高的一个关键原因，是陈列展览规划与设计不到位。事实证明，一个陈列展览精品的形成，并非仅仅取决于好的题材立意与高科技手段，更为重要的是取决于内容和形式的统一和协调。例如上海博物馆的青铜器陈列给参观者以深刻印象，展示空间选用类青铜色织布作展墙基色，其上还镶嵌了体现金属特性的金线条，并在展柜台座上设计了仿古装饰纹样。与展品的艺术风格相映成趣、互相衬托的陈列形式以及造型别致、各具千秋的一件件艺术珍品，共同成就了一个颇具古雅、凝重艺术气质的陈列展览。

（此文发表于《南方文物》2013 年第 3 期，第 1 页）

[1] 陆建松、郑奕：《中国博物馆学应加强博物馆建设研究》，《中国博物馆》2008 年第 3 期，第 56 页。

从重“物”到“人”“物”并重

——博物馆社会服务理念的提升

从博物馆功能与职能演变历史来看，博物馆最早的形态只有一个职能，即“收藏”。这一阶段的博物馆文化纯属贵族文化，与社会公众无关。伴随收藏数量和品种的不断发展，藏品管理的科学化要求日益迫切，于是出现了博物馆的第二职能，即“研究”，形成了博物馆收藏与研究的双重职能，也实现了博物馆发展历史上功能与职能的第一次分工。再后，伴随时代进步，公民意识增强，文化教育成为重要的社会问题，博物馆也由少数社会精英独享，逐渐走向社会公众共享，变为社会文化教育活动的公共机构。教育职能不仅与收藏和研究职能鼎足而立，而且得到了前所未有的加强和突出，与原有的收藏和研究职能形成三足鼎立局面，并一直影响到今天。

“教育”职能的诞生，是博物馆发展历史上功能与职能的第二次分工，被人们认为是近代博物馆诞生的标志。此后，经历一系列博物馆现代化运动之后，博物馆“为社会和社会发展服务”的定义，成为国际社会，特别是博物馆界的高度共识，为博物馆功能与职能，又注入了面向社会服务的最新时代内涵，成为博物馆当代形态的主要特征。这一场“第三次博物馆革命”，使博物馆开始强调“以人为本”的理念，倡导“博物馆既关心物更关心人”，在博物馆历史上第一次把“人”与“物”置于同等重要的位置。[1]

长期以来，人们从不同角度、各个方面认真探讨博物馆问题，一是关于学科属性和理论方法方面的研究，包括定义、本质、对象、功能、任务、结构、体系、价值与方法等；二是关于其应用性或实践性方面的研究，包括陈列、藏品、文物保护技术、观众和博物馆管理等。所有这些，共同为博物馆事业的发展奠定了坚实基础。[2]“直到20世纪70年代，人们在反思中才真正摆脱了对物的‘专注’，而把对人的关注提高到新的认识阶段。”在这个运动的影响下许多新型博物馆逐渐发展壮大起来。

20世纪70年代兴起的新博物馆学运动，推动和更新了博物馆的经营和管理理念及所承担的社会职能。该运动关注更多的是博物馆如何为社会及社会发展服务，如何协调人类与自然环境的关系，如何将历史、现在与未来衔接起来。博物馆犹如一本厚重的大书，承载着人类文明血脉相传、赓续绵延的奥秘。博物馆的基本职能是收藏、研究和教育。在博物馆发展史上，虽然人们对这三大职能之间的关系及其轻重缓急的认识不尽一致，但是一般而言，多以收藏与研究为手段，而以教育为目的。与之相应，博物馆服务于现实经济社会的方式是间接的，即通过博物馆的展示和研究活动，促使人们了解国情、认识传统，从而达到启迪民智、

[1] 丁福利：《强化公共服务》，《中原文物》2011年第2期，第91页。
[2] 侯春燕：《博物馆学研究的“实”与“虚”》，《中国文物报》，2009年12月2日，第6版。

培育理性、提升情趣和健全人格的目的。

国际博物馆协会1974年博物馆定义所表达的“为社会和社会发展服务”的战略方向，将博物馆从自我封闭引向开放。其中明显地体现出博物馆从对“物”的关注中进一步解放出来，开始重视对“人”的关注。虽然文物藏品是博物馆运营与发展的重要基础，但是不能“见物不见人”、“管物不管人”，而应该使博物馆从一个侧重收藏、展示、研究的场所，发展为坚持“以人为本”的社会文化传播机构，即从重“物”转变为“人”、“物”并重。

在博物馆长期发展历程中，文物藏品曾一度被博物馆作为唯一的核心要素，加倍予以重视。针对文物藏品开展的征集、保护、研究等项工作，在特定的历史时期里，一直被定位为博物馆的中心工作。进入20世纪80年代，一些日本学者预言：博物馆已经进入由以“物”为核心向以“人”为核心的转变时期。[1] 日本博物馆学者鹤田宗一郎提出，博物馆是“人与物之间的结合”，由此引发了博物馆从“物”向“人”转变的讨论。“博物馆不仅要关心物，博物馆更要关心人”，逐渐成为博物馆界的普遍共识。1999年，意大利出现了“没有藏品的博物馆”。这家位于保罗格纳的犹太博物馆没有一件藏品，因而又被称为一座“空的博物馆”。

近些年，日益兴起的完全不具备实体特征的网络虚拟博物馆，也对博物馆的“物”的本质引发了争议。博物馆的两大核心可以定位为“人”与“物”。博物馆的“人”既包括博物馆工作者，又包括广大参观者。博物馆的“物”则是特指博物馆的文物藏品。笔者认为，无论时代如何发展，无论博物馆的专业化功能和社会化职能如何延伸与拓展，对于博物馆来说，文物藏品的极端重要性必须继续得到认同，文物藏品的征集、保护、研究与利用，作为博物馆的本质特征，必须被坚守。否则，博物馆同展览馆之间将没有区别，博物馆将失去特色与个性，缺少灵魂与底蕴。因此，应该从重“物”，向“人”、“物”并重转变。

近百年来，我国博物馆一直致力于提升人们的文化素质，丰富人们的精神生活。郑振铎先生认为，“新中国的文物工作，应该有与旧中国完全不同的认识与方式。那就是不能把文物、图书看作‘孤立’的脱离人民群众的东西，而是必须把它们和人民群众的实际生活联系起来。不能把博物馆、图书馆办成静止的消极的文物、图书的保存单位，而是应该打开大门，面向群众，为他们服务，对他们进行宣传和教育。”[2] 民族精神是民族文化的集中体现，是民族文化的灵魂，是一个民族赖以生存和发展的重要精神支撑。面对世界范围各种思想文化的相互激荡，必须把弘扬和培育民族精神作为文化建设极为重要的任务。

博物馆的社会责任在于以它所拥有的精神内涵，哺育社会、教化社会，让观众置身于博物馆中享受高雅艺术带给他们的快乐，从而在精神上提升主人翁意识，努力为社会发展做出贡献。在努力坚守博物馆文化品格的同时，还需要关注博物馆发展环境的变化趋势。随着人们生活质量的不断改善，人们渐渐将更多的目光注视到自身的精神生活，崇尚文化品位的欲望逐渐增强，在社会上引发了博物馆热和文化遗产热，因此，博物馆必将在社会生活中扮演

[1] 安来顺：《当代博物馆的人文情怀与文化角》，《中国国际友谊》第七卷，2010年12月，第27页。
[2] 卫东风、曾莉：《改造与整顿时期中国博物馆展览活动案例分析》，《中国博物馆》2008年第4期，第91页。

更加重要的角色。同时，随着大众文化的兴起，特别是大众旅游的兴起，大众文化消费进入博物馆，使博物馆的参观群体迅速扩大，博物馆的社会责任也变得更加重大。

南通博物苑的实践不仅是我国博物馆最早的实践活动，而且是最经典的实践活动。无论是“纵人观览”的陈列活动，还是“并蓄兼收”的收藏活动，无论是将南通博物苑作为学校的后盾“为本校师范生备物理上之实验”，还是将南通博物苑作为社会服务的场所“为地方人民广农业上之知识”，都无不从一开始就契合了现代博物馆的本质和规律。[1]《国际博物馆协会职业道德准则》指出：“博物馆是公众信任的对象，其社会价值与其所提供的服务质量成正比”，因此，“博物馆受聘人员在一切活动中必须本着诚实的态度，按照最严格的道德准则以及客观现实的最高水平行事”，将博物馆办成最讲诚信的殿堂。

随着经济社会发展，当人们的物质生活不断得到满足之后，就必然将目光转向文化，转向休闲，转向人的自身全面发展。在这种情况下，博物馆面临着发展的有利机遇。丰富的博物馆资源能够满足人们的学习、欣赏需求，能够使人们找到人文关怀的精神家园。此时，博物馆的主要职能是对文物藏品负责，还是对观众负责，就成为现代与传统的重大区别。现代博物馆既实现对“物的关怀”，也实现对“人的关怀”，这一努力方向预示着博物馆工作在新世纪的发展趋势。对“物的关怀”与对“人的关怀”相辅相成，能够使博物馆真正成为社会公众生活中的朋友。

博物馆以物为本，还要以人为本。过去博物馆往往把对“物”的收藏、保护作为强调的重点，但是却忽视了博物馆为社会发展服务的目的。博物馆的发展目前不仅要重视文物标本，更要关注观众，重视观众的体验和感受。无论是陈列展览的内容，还是文物展品的选择，都要考虑观众的角度，增强观众的参与性、趣味性，体现以人为本的思想。这里的以人为本，还体现在观众在博物馆内能得到满意的服务。例如印刷有各国文字、介绍宣传博物馆的简介，设有服务台为观众提供咨询。博物馆还应设有餐厅、咖啡厅、卫生间、休息用的椅凳，在不影响主要参观路线的前提下，安排人性化的休息场所等。

博物馆教育具有实物性、直观性、自主性、社会性、寓教于乐等特点。随着社会的发展与观众的需求变化，教育者和受教育者之间的关系也随之发生了变化，教育人员的单向传播过程不再是唯一的手段，受教育者自主选择权逐渐扩大，观众与博物馆的互动越来越受到关注。就青少年而言，大学生、中学生、小学生乃至学龄前儿童，生长在信息时代，思维活跃、崇尚技术、追求时尚，需求呈现多样化、个性化，以往单向传播的教育模式和资讯方式，已经远远不能满足他们对博物馆的需求，这就需要采取不同的传播内容、不同的教育方法、不同的工作语言，以适应不同教育对象。

博物馆是社会发展到一定阶段的产物，是社会文明进步的标志，是促进文化事业健康发展必不可少的组成部分。将博物馆纳入国民教育体系，是建设学习型社会的必然要求。博物馆应是加强社会教育的积极力量，努力发挥博物馆教育资源的独特优势，推动博物馆与学校

[1] 李让、李文昌主编：《博物馆的记忆与想象》，学苑出版社，2005年9月，第184页。

教育、社会教育的紧密结合，组成更加健全的社会教育网络，有利于普及博物馆文化，提高全民文明素质。同时，博物馆应是促进社会发展的积极力量。博物馆应以“为社会及其发展服务”为宗旨，更多地参与到社会发展的进程之中，不断满足广大民众日益增长的精神文化需要，促进人的全面发展。这既是公共文化机构的本质特征，也是实现公民文化权利和文化福利的重要内容。

观众从走进博物馆的时刻起，大量的文化信息就会扑面而来。“所谓博物馆学习，是观众以自己现有的知识、技能、态度等心理结构为基础，通过与博物馆进行的双向的相互作用来形成、充实或调整自己的知识、技能和态度的过程，而这种变化会对观众个体以及在相关情境中的活动的水平和方式产生影响。博物馆观众经由实物展品、辅助展品、说明文字、视听材料和其他相关活动等一系列的要素所激发的刺激反应，从而出现在认知、技能、情意诸方面出现的相应变化。”[1] 对于博物馆来说，只要观众在博物馆学习中感到快乐，感到满足，那么博物馆实际上就已经达到了目的。

在博物馆中，观众在原有知识储备的基础上，动员各种感官，进行有选择的学习，并运用自己熟悉的语言、概念进行理解和分析，将新的知识与已有的知识联系起来，纳入自身知识结构之中。对于博物馆观众来说，学习的动力来自于自我兴趣，学习的目的来自于自我激励，学习的深度来自于自我探索。没有人对博物馆学习效果进行考核与评价，观众之间也不具有竞争关系。同时，博物馆也是一个学习交流的环境，观众既可以浏览式地参观，也可以对自己感兴趣的陈列展示内容进行深入研究；既可以自己探索发现，也可以寻求讲解人员的帮助，在轻松的环境中完成文化信息的接受与传播，没有任何压力。

陈列展览是博物馆发挥教育职能最直接也是最关键的途径，而我国大多数博物馆对于陈列展览的理解还停留在“单向灌输”的层面上，对于进入博物馆的参观者，主要的手段就是展示文物藏品，提供简单的文字解说或者人工讲解。这种消极的接待方式影响了文物展品信息传播的深度和广度，也折射出博物馆对于公众教育的懈怠态度，而这些最终都会损害博物馆观众的文化权益。今天，博物馆应该主要通过为观众自我学习提供服务而实现其教育职能，这一观念的提出要求博物馆树立起一种积极互动、启发引导式的教育理念，而这也正我国博物馆教育工作较为薄弱的环节。

2010 年完成的《国家一级博物馆运行评估报告》表明，尽管国家一级博物馆在公共关系与服务领域做了大量工作，获得了社会的积极响应，但在公共关系和观众服务方面的得分率都仅略高于 60%，低于其他方面的得分率。[2] 国家一级博物馆尚且如此，其他各类博物馆的公共服务能力状况显然不容乐观。近年来，社会各界对于一些文化单位动辄花费几百万、几千万，甚至上亿元制作一部电影，排练一台节目，举办一场活动，但是未能产生应有效果和反响，结果造成“评奖是最终目的，仓库是最终归宿”的现象十分反感。但是，目前在博物馆领域，或多或少也存在这种情况，一项投入经费很大的陈列展览，结果观众参观并不踊

[1] 李胜男：《人本主义心理学与博物馆教育功能探析》，《博物馆研究》2010 年第 3 期，第 31 页。
[2] 中国博物馆协会：《国家一级博物馆运行评估报告》，《中国文物报》，2011 年 6 月 22 日，第 3 版。

跃，参观者反映并不强烈，或者观众收获知识不多，参观质量不高。

从整体上看，今天博物馆仍然是比较封闭的机构，难以真正实现与社会的有效互动，与开放、共享的时代潮流不相适应。“更有一些博物馆由于无力开展活动，无法履行职责，仅靠严格的上下班制度来树立社会形象。有志者，上班读书、看报，或写写东西；无志者，上班喝茶、聊天。在民众的眼中，这些博物馆不是公共文化场所，而是更像一个人浮于事的‘机关’。以上现象表明基层博物馆在发展方面存在许多问题。”[1] 面对博物馆社会地位的急剧变化，公众参与的迅速扩张，博物馆对于自身的社会角色、文化价值和时代使命需要重新认识。

今天，博物馆必须在服务理念、服务内容、服务方式、服务手段、服务制度、服务载体、服务态度等方面积极进行探究、创新和实践。博物馆是面向社会的文化窗口，博物馆全体员工的知识水平、文化素养、精神面貌，代表着博物馆的社会形象和文化品位。博物馆员工首先要具备优良的道德素质，培养高尚的品质和责任感，热爱博物馆事业、热爱本职工作；其次要了解博物馆的工作内容，熟悉文物藏品的文化意义，掌握专业技能；第三要具备一定的专业知识，不仅需要掌握历史、考古、自然、文化艺术知识，而且了解社会学、教育学、心理学、语言学、美学、文学、公共关系学等相关学科的一般知识。

博物馆形象体现在员工的身上，在博物馆开放过程中，员工素质的好坏，直接影响着博物馆公众服务质量与服务水平。博物馆员工的态度、语言和举止，代表的不仅仅是个人修养，更体现着博物馆精神。例如博物馆展厅的安全保卫人员，平时站立于值班区域不影响观众视线和行动的位置，不聚众聊天、不随意走动，遇到观众提问耐心作答，对于观众的违规行为及时制止；博物馆讲解人员，上岗时统一着装，佩戴标志，语言文明，举止大方，熟知馆内文物展品，精心准备讲解材料，根据观众的具体情况，做有针对性的讲解；博物馆行政人员，经常深入各部门了解工作状况，提出改进工作意见，经常深入社会，了解观众的文化需求，同时，经常性地到其他博物馆进行调研，取其所长，不断提高博物馆的办馆理念和办馆能力。

观众不仅是接受博物馆文化的对象，而且还是博物馆活动的积极参与者，是客观评价和检验博物馆各项工作及其效果的主人翁。人们在博物馆学到知识，获得信息，享受文化，这些体验对于观众的满意度将带来正面的影响。而观众在参观过程中，长时间站立行走会觉得身体劳累，长时间观看展览会导致精神疲劳。博物馆的展览区域越大，总的停留时间越长，观众的疲劳感越强，疲劳感的积累，又会导致注意力降低，促使观众中途停止参观的主要原因正是疲劳感。麦尔登报告指出，当在博物馆停留时间延长时，参观者停留频率与每个展品所花时间逐渐形成反比。[2]

博物馆应通过温暖、温馨、温情的优质服务减少每一位观众的疲劳感。观众正是通过博物馆员工的服务水平，形成对博物馆的整体印象。尽管观众的意见和建议不尽相同，但是他们的正当要求和愿望，往往代表社会舆论，特别是真诚的批评与建议更是改进博物馆工作的重要依据。博物馆应吸收先进的管理经验和服务模式，实施首问负责、温馨提醒、咨询辅导、

[1] 凌振荣：《张謇博物馆思想的特点》，《博物馆研究》2010 年第 3 期，第 3 页。
[2] 周晓庆译：《博物馆物理环境及其对参观者满意度的影响》，《中国博物馆》2008 年第 4 期，第 84 页。

参观引导、提供资料、全天候讲解服务制度；博物馆应在参观接待，以及特殊群体个性化接待等方面实行规范化服务；博物馆应实行阳光办馆，切实保障观众的知情权、参与权、表达权和监督权，维护观众的合法权益；博物馆应建立和完善以观众满意度为主要内容的考核评价体系，真正做到公平、公正、公开。

近年来，西方一些博物馆出现破产现象，其原因被归咎于不能为社会公众和社区服务，是在“浪费纳税人的钱”。这也为世界各地的博物馆敲响了警钟。使人们认识到，“为社会和社会发展服务”不再是一句口号，而必须付诸行动。正如苏东海先生所说，“这就把博物馆的观众工作推到了一个前所未有的重要位置上来，观众工作的好坏将会关系到博物馆的命运”，“能否重视外化前沿的观众工作，将是衡量博物馆领导是否具有现代意识的试金石”。博物馆社会职能的调整与完善，使博物馆回归到服务社会发展的目标上来。

国际博物馆协会前主席A.S.康明斯（A.S.Cummins）指出，“我们生活在一个非同寻常的快速变革的时代”，“我们必须重新思考博物馆和博物馆人的角色应该是什么，超越博物馆是保存藏品的机构，和博物馆人是藏品保存者、保护者和研究者的概念”。她强调，博物馆应“坚决为公众服务，认真关注社会和文化变革，帮助我们在一个不断变化的世界里呈现我们的身份和多样性”。美国博物馆协会在解释博物馆定义时，将“教育”和“为公众服务”并列为博物馆的两大核心要素之一，并强调“教育已经成为博物馆服务的基石”。非常明确地把“公共服务”置于当代博物馆体现存在价值的最核心与最前沿的位置。

“为社会和社会发展服务”，就是不断提高全社会的文明素养，不断增进社会公众的自由和幸福。“为社会和社会发展服务”在博物馆服务中的体现，则是以观众为本位，以观众为前提，以观众为目的，以观众为尺度。坚持以人为本的服务理念，贴近生活，贴近实际，贴近民众，向社会公众提供多种多样的博物馆文化，不仅反映博物馆的工作重心，也是顺应世界博物馆发展的趋势和潮流。博物馆作为社会大众的公共文化教育机构，既承载着历史文化的深刻内涵，又体现着鲜明的时代精神，在其众多的社会价值中，最重要最根本的是对观众的尊重，对观众的服务。

博物馆作为一个典藏和展示文物的场所，是联结过去、现在和未来的文化纽带，是透视一个城市文明发展的窗口。博物馆的功能随着社会的发展而不断延伸和完善，博物馆文化的每一次进步和变革，都将丰富和提升城市生活的文化含量。现代意义上的博物馆在社会职能方面发生了巨大而深刻的变革，博物馆不仅是具有收藏、研究、展示、教育的机构，而且逐渐发展成为一个多功能的社会公共文化设施，更加关注社会大众精神文化需求。因此，博物馆的开放接待日益重要，思想观念和相关管理也必须与时俱进。

以往社会公众对博物馆的印象是抽象的、模糊的、概念化的，在加强社会服务之后，博物馆呈现出具体的、清晰的、内容与形式有机融合的形象。博物馆的陈列展览既然是为社会公众而举办，就要贴近社会公众，吸引社会公众。近年来，一方面，我国经济迅速发展，财政收入大幅增加，政府有能力建立完善的公共文化服务体系，同时，随着民众生活水平的提高，对公共文化的需求也逐步增加。另一方面，当今社会“信息爆炸”，生活节奏加快，心理压力增大，人际关系疏远。因此，博物馆的社会教育功能大有可为，力争使广大民众通过接受博物馆文化，敬畏历史，重视文脉、关心社会。

在科学技术日新月异、新思维和新观念层出不穷的时代，人们的生存环境、思维方式乃至生活条件正在以始料不及的速度发生着深刻的变革，只有善于学习、吸收和创新才能发展和进步。美国博物馆协会首席执行官 E.H. 埃博（E.H. Able）认为："博物馆第一重要的是教育，事实上教育已经成为博物馆服务的基石。"[1] 实践证明，博物馆相关教育凭借其内容独特、形式多样、过程全面、成本较低、效果直观，以及教育背景可与时代主题相结合等诸多独具特色、不可替代的优势，可以全面、有效地完善国民教育体系，让每一个人都可以终生享受到博物馆文化的陪伴与熏陶。博物馆教育通过为观众自主学习提供服务，从观众需求出发，积极创造学习的氛围和互动、对话的条件，使观众主动参与博物馆教育传播的过程。

信息时代的到来，各种形式的文化娱乐方式都与博物馆争夺观众。一些博物馆过分强调休闲观光的功能，而忽略了其教育功能，追求展览的高度娱乐性并以此招徕观众，却很少考虑观众在文化教育方面的受益。"博物馆应该具有娱乐功能，但是博物馆绝不是娱乐场所，正如幼儿园让儿童快乐度过每一天是其天职，但幼儿园绝不是娱乐机构一样。即使博物馆的传播功能可以称之为'交流'，至少在社会发展的现阶段，称其为社会教育机构更为恰当，因为这样才能规范博物馆的传播和服务方式，也更有利于社会大众利用博物馆。"[2]

在美国，芝加哥艺术博物馆教育部负责人认为，该馆除了拥有重要的文物收藏，更引以为骄傲的是可以为五岁儿童到博士学位设计艺术史课程。美国史密森学会亚洲艺术院经常面向一般公众和学生举办与亚洲有关的演讲、音乐、书法、茶艺等活动，每年与有关教师座谈 6 次，听取意见和建议，并邀请其参与编写教育材料，重视配合展览举办拓展活动，例如在 2002 年举办关于中国明清祖先画像的展览之前，博物馆组织了 17 名亚裔高中学生用 10 个月时间走访不同的亚裔家庭，调查其祭祀祖先的内容、形式及演变，并在展览开幕时将调查结果同时展示。

在我国，河南博物院根据青少年群体的认知特点，以"奇妙的博物馆之旅"为主题，通过举办学术报告会、精品文物摄影、印制中小学生参观知识答卷、展厅现场作画、专家讲解等多种互动形式，寓教于乐，培养青少年的学习兴趣。同时，河南博物院以"牵手博物馆、文化进校园"为主题，先后组织"爱国主义宣讲团"、"志愿者服务团"深入大中小学校开展爱国主义和文化知识宣讲活动。宣讲内容突出思想内涵，弘扬以爱国主义为核心的民族精神和以改革创新为核心的时代精神，让青少年加深对民族、地域历史文化和自然环境等方面的了解、理解和尊重。

2007 年国际博物馆协会博物馆定义将"教育"调整到博物馆业务目的首位，同时人们注意到，博物馆定义在表述时，将"教育"作为"征集、保护、研究、传播、展出"等项博

[1] 张健：《我国博物馆管理体制问题与对策建议》，《中国国际友谊》第七卷，2010 年 12 月。
[2] 陈建明：《虚拟的场景 真实的遗产》，《中国博物馆》2008 年第 3 期，第 16 页。

物馆基本业务的共同目的，也就是说，博物馆各项业务活动都应贯彻“教育”的目的。[1] 作为国家社会教育体系的一部分，现代博物馆破除了知识的等级，成为家庭与课堂教育的延伸，提供更加全面、优质的博物馆服务，帮助启迪民智，塑造身份认同。马克思在哲学、政治经济学、文学等方面所取得的辉煌成就，不能不归功于他在大英博物馆的学习，是博物馆培养了这位举世罕见的思想巨匠。同样伽利略、爱因斯坦、达尔文等，几乎所有的科学家，都离不开博物馆对他们的哺育。

博物馆被称为是离真理最近的地方，因为博物馆传播与展示的是人类和人类环境的“物证”，所以，具有客观和真实的特点。英国博物馆界普遍认为，博物馆与观众的关系不应该是施教者与受教者的关系，而应该是一种平等互动的关系。在这种理论和观点的影响下，许多英国博物馆向激发观众学习兴趣，引导观众进行学习的角色转换，即博物馆功能由教育向学习转变。为此，大英博物馆将教育部改名学习部。事实上，博物馆在英国被视为最重要的教育机构之一。“博物馆如今已经取代教堂在英国社会的地位，成为绝大多数人一生中最重要的文化体验。”[2]

社会教育是博物馆履行社会服务功能的重要方式和手段，直接面向公众，承担社会责任。在正常情况下，从小学到大学毕业，只有 16 年左右时间，即使有机会攻读研究生课程，也不过再加上数年，也就是还有数倍于学校教育的时间要靠自我学习，人们获得的大部分知识必然来自于社会教育。因此，博物馆就像一座综合型的“社会大学”。博物馆教育有着多种多样的传播形式，包括围绕文物藏品和陈列展览开展的讲解、演示、出版，以及咨询服务、演出、教学、讲座、学术研讨、专题鉴赏、座谈、家庭日活动、手工作坊、夏令营、知识竞赛、博物馆之友、电子网络服务等。

博物馆教育活动能够得以组织和实施的更为重要的前提是，在博物馆的内设机构和编制中，有能充分体现教育功能的专职机构，有开展社会教育的专业人员。博物馆教育的服务对象是全社会的广大成员。不同的服务对象，其教育活动的设计也应有所不同。博物馆教育从服务对象的年龄构成来看，有未成年人教育和成人教育；从服务对象的组合形式来看，有个体式教育、家庭式教育和团队式教育；从服务的区域来看，有馆内教育和馆外教育。因此，博物馆教育活动的开展不能也无法仅仅依靠自身的力量，需在自有资源的基础上，对外部资源进行整合，主动与学校、家庭、社区、企业等机构开展合作，形成新型的教育合作模式，实现互动、立体的教育服务系统。

为了满足博物馆观众多元化、多层次的需求，推动博物馆以实现教育功能最大化为目标，博物馆应该依托馆藏资源和自身特点，适应观众多元化需要和深度欣赏的要求，开展一系列展览延伸和拓展教育活动，例如根据自身业务工作性质、特点，配合陈列展览，举办面向社会公众的专题讲座，或者以博物馆的研究成果为主要内容，举办面向高等院校、科研院所的学术论坛。在博物馆的教育项目中中小学教育项目应该受到特别关注，中小学教育项目是指

[1] 陈建明：《虚拟的场景 真实的遗产》，《中国博物馆》2008 年第 3 期，第 16 页。
[2] 纪双城：《向国外博物馆同行学“竞争”》，《环球时报》，2011 年 4 月 22 日，第 13 版。

针对中小学生开展具有创新性、互动性的校外教育项目，由于青少年在博物馆观众中占有一定比例，因此中小学教育项目的效果，是博物馆社会教育功能实现程度的重要标志。

在当今世界各国的博物馆实践中，社会教育作为重要社会诉求得到空前重视和充分彰显，其中青少年教育依然是博物馆服务的核心内容之一。参观博物馆历来是英国中小学教育的一个重要环节。在伦敦的大小博物馆、艺术画廊里，人们可以经常看到学校组织中小学生到这里参观，或是在展厅里举办文化、历史、艺术等方面课程。在大英博物馆里常常会看到老师带领学生置身其中，或参观，或临摹，或动手仿制展品。据统计，每年以班组为单位参观大英博物馆的儿童和中小学生将近 20 万人次。

柏林国家博物馆总馆长 M. 艾森豪尔（M.Eissenhauer）说："在博物馆，一个孩子可以观察、探索一个近在眼前的实物展品。而这些知识通常只能以理论的形式出现在学校的课本里。从这一角度来说，走进博物馆是补充知识的最佳途径。2010 年，柏林国家博物馆就接待了 34 万多名学生。"[1] 在我国，杭州市共有 71 座博物馆承担着举办适合青少年成长需要的"第二课堂"的重任，中小学生每人每学年必须参加 6 次以上"第二课堂"活动。市财政每年安排专项资金兑付学生参观博物馆的"教育券"，这笔资金也是博物馆的发展资金。但是，中小学生对于将自己手中的教育券使用在哪座博物馆，有自己的选择权，这一措施对这些博物馆来说，形成了平等竞争机制。[2]

博物馆的"教育项目"还应包括家庭教育项目、社区教育项目、教师培训项目，以及其他教育项目。家庭教育项目是指针对家庭观众，特别是家庭中的儿童观众设计的包括知识导入、作品导赏、自主创作等环节的教育项目，是博物馆根据社会发展变化，以家庭为博物馆教育组合对象，履行社会教育职能的重要形式；社区教育项目是根据社区、学校、企业等需求组织的教育项目；教师培训项目是指结合中小学有关课程的教学内容，对教师进行辅导，使之增加文物标本知识，并结合博物馆特点制定相应的教学方法，加强学校教育与博物馆教育的重要环节；其他教育项目是指除上述教育项目之外的其他教育项目，例如针对特殊需求的社会教育项目。

在美国，博物馆公共教育的理念由来已久。早在 1880 年，美国学者詹金斯便在其《博物馆之功能》一书中明确指出：博物馆应成为普通人的教育场所。美国博物馆格外重视展览的延伸和拓展教育。据统计，美国 88%的博物馆为幼儿园至高中的学生提供教育项目，每年至少有 5000 万学生参加这个项目。博物馆每年用于学生教育项目的开支多达 1.93 亿美元，教育时间至少 400 万小时，70%的博物馆专门有人负责教育项目。[3] 大都会艺术博物馆教育部每年为观众举办的教育活动场次都达到 2 万场。对此，博物馆每年都有非常全面的数据统计，为其制订工作计划提供基本依据。

大都会艺术博物馆的教育活动范围广泛，学术讲座、音乐会、电影、团体参观、聚会讨

[1] 纪双城：《向国外博物馆同行学"竞争"》，《环球时报》，2011 年 4 月 22 日，第 13 版。
[2] 杨雪梅：《打造国民教育的第二课堂》，《人民日报》，2011 年 2 月 18 日，第 19 版。
[3] 张和清：《美国博物馆业概览》，《中国国际友谊》第七卷，2010 年 12 月，第 141 页。

论、参观讲解等都被视为教育活动，从而构建一个全面的教育活动体系。此外，针对不同人群、举办活动的不同地点，以及活动开展的不同形式等方面都有详细的数据记录，以便于开展不同类型教育活动和不同年度教育活动的比较与评估。在实践中，大都会艺术博物馆认识到，今天的博物馆教育，不再是博物馆讲解员、博物馆教育部这种单一人员、单一部门能够做好的工作。只有将网络资源、电教资源、媒介媒体和教育管理人才等多种资源综合利用，构建一个博物馆大教育体系，才是当前博物馆教育工作快速发展的前提。[1]

大都会艺术博物馆对外宣称，“从1870年大都会博物馆创建以来，教育一直是我们的基本使命”。在这一使命下，博物馆承诺向所有人提供服务，从资深的艺术学者，到从未涉足艺术博物馆的人士；从带着儿童的年轻家庭，到独立探索视觉艺术的青少年；从沉浸于学校功课的学生，到正在寻求引入艺术课程的老师。在这样一种把教育作为博物馆基本使命，将教育界定为向所有人服务的理念下，大都会艺术博物馆的教育工作有着广泛的发展空间。基本上每位博物馆员工都负有教育使命，社会公众都可以享受博物馆的教育资源。

今天，博物馆正在融入新时代社会发展大潮，时代要求博物馆的文化遗产资源，转化为社会教育资源，发挥博物馆独特的文化作用，满足不同知识层次、不同文化背景观众的多样化需求。人类具有学习的自然倾向，获取知识是人类与生俱来的需求。博物馆发挥教育功能，应强调以观众为中心，激发观众高层次的学习动机，从而使观众能够自己教育自己。今天，越来越多的博物馆观众，将参观博物馆视为一种自发的、有目的、有选择的学习过程。因此，博物馆应努力使观众能够在相当大的范围内，自行选择学习角度和材料，自行安排适合自己的学习情境，提出自己的学习问题，确定自己的学习进程，并评价自己的学习效果。

新时期博物馆是人们平等交流，是人们享受学习、探索发现、充满想象的地方。为此，博物馆应努力挖掘观众在学习能力方面的内在潜能，研究如何为这些观众创造良好的学习环境，让他们能够在真实的情境中实现体验性学习，使观众的学习潜能得以充分地发挥，将认知与情感结合在一起，从自己的角度认知陈列展览，实现对文物展品的深刻理解，达到自我实现的境界。博物馆通过引导观众自由讨论，鼓励观众研究展品，安排观众实际操作，使观众获得更多知识，激发新的创意灵感。同时，博物馆的陈列展览应努力揭示文物展品中对人类进步、社会发展具有普遍意义的内容。

文物藏品是历史的真实遗存，文物展品则是历史的文化再现，他们既是历史的承载，更是未来的希望。必须明确，博物馆为社会公众提供寻找记忆的空间和平台，并不是为了让人们沉溺于记忆之中，而是为了在继承中更好地创造新的生活。因此正确把握和实践博物馆的记忆作用，对于发挥博物馆的功能作用十分重要。记忆注入博物馆文化，使博物馆获得了与社会公众联系的桥梁，拉近了博物馆与社会公众的距离，丰富了人们对于博物馆文化内涵的理解，深化了人们对博物馆在当代社会发展中作用的认识。博物馆应将辅助观众获得和保存有助于其发展的记忆作为重要的任务和责任，应为观众理解和记忆特定历史、文化信息而构

[1] 果美侠：《大都会艺术博物馆教育工作述评》，《中原文物》2011年第2期，第95页。

建适宜的环境。

博物馆要以未来发展为导向，以人类的创造历程为基础，丰富当代人的记忆，帮助观众在博物馆活动中获得新的更加鲜活记忆，强化人们的实践能力和创造能力，有助于人们分析问题和寻求解决办法，支持人们在未来世界中创造幸福生活的信心。因此，博物馆应组织开展使社会公众愉悦身心、陶冶情操、探索历史、增长知识的文化传播活动，实现记忆的传承与交流，使拥有丰富记忆的社会民众将各自的珍贵记忆，转变为具有普世价值的文化财富，通过社会成员的现身表达和再现记忆形成的过程，使更多的社会公众从中受益，发挥记忆在包容文化差异、协调各种关系、缓解各类矛盾、促进社会和谐等方面得天独厚的优势。

（此文发表于《上海文博论丛》2013 年第 3 期，第 27 页）

平安故宫 千秋大计
——故宫博物院“平安故宫”工程概述

提要：故宫博物院《“平安故宫”工程总体方案》于2013年3月正式上报国务院。4月，“平安故宫”工程被批准立项，成为重大文化建设工程。该工程旨在全面提升故宫博物院的文化遗产保护、展示传播和观众服务能力，实现对故宫的完整保护和故宫博物院的可持续发展。其主要内容包括北院区建设、地库改造、基础设施改造、防震、修复等七大项。

一 《“平安故宫”工程总体方案》的酝酿、起草、批准

2012年初，故宫博物院领导班子通过走访全院32个部处，了解了各单位的发展建议和愿望，其中很多涉及文物安全问题；通过走访故宫博物院老领导、院学术委员会委员、国家文物鉴定委员会委员，以及院外部分专家学者，了解故宫博物院事业发展急需解决的重要问题，他们对如何加强故宫文物安全提出诸多意见；通过走访驻院武警支队、消防中队、第一历史档案馆、天安门管理委员会，走访财政部、国家文物局、国家审计署文体审计局；通过走访北京市公安局、北京市旅游委、东城区人民法院、东华门街道办事处等单位，沟通加强故宫文物保护的意见，各单位对于共同加强故宫文化遗产安全提出积极建议。

通过调查文物建筑保护状况，文物库房藏品保存环境，文物安防技防设备，文物保护科技设施，开放路线观众接待条件，员工办公及生活区域，以及端门广场、大高玄殿等周边环境，发现文物建筑、文物藏品和观众接待等各个环节均存在一些安全隐患，有的方面相当严重，需要及时加以解决。2012年5月，经过持续、广泛、深入的调研，故宫博物院通过文化部向国务院提出开展“平安故宫”工程的建议，以彻底解决故宫存在的火灾隐患、盗窃隐患、震灾隐患、藏品自然损坏隐患、文物库房隐患、基础设施隐患、观众安全隐患等七大安全问题。

国家高度重视和关心故宫文化遗产保护和博物馆建设事业。2012年5月以来，国家领导同志相继对故宫保护利用工作作出重要批示，强调保护好故宫，建设好故宫博物院，具有非常重要的意义，并就加强故宫建设有关问题作出具体部署。

2012年7月26日，刘延东同志到故宫博物院调研，并对“平安故宫”工程作出明确指示，要求进一步完善安全管理的制度措施，抓紧实施“平安故宫”工程，切实解决防火、防盗、防震、文物库房、基础设施和观众安全等方面的问题，确保文物和古建筑安全万无一失。此后，故宫博物院在文化部的领导下，在国家有关部委和北京市的大力支持下，认真学习领导讲话内容，领会批示精神，全力推进“平安故宫”工程的各项工作。

根据国家领导同志的指示，故宫博物院专门组织人力，成立工作小组，负责起草《“平

安故宫”工程总体方案》，尽快上报国务院，争取立项。在此期间，经过深入分析故宫安全现状，反复讨论、研究，并征求各方面意见，最终提出，为彻底解决故宫面临的火灾隐患、盗窃隐患、震灾隐患、藏品自然损坏隐患、文物库房隐患、基础设施隐患和观众安全隐患等七大安全问题，有针对性地实施七项重点工作内容，即：一是故宫博物院北院区建设，二是地下文物库房改造，三是基础设施改造，四是世界文化遗产监测，五是故宫安全防范新系统，六是院藏文物防震，七是院藏文物抢救性科技修复保护。

随后，故宫博物院抓紧开展有关文件的起草工作。2012 年 8 月 16 日，将《“平安故宫”工程实施纲要》报送文化部，以初稿形式征求各方面意见。之后，根据国务院办公厅意见，经过与各方面充分沟通、认真修改，最终形成的《“平安故宫”工程总体方案（修订稿）》，于 2012 年 12 月 14 日再次正式上报文化部。之后，该方案以文化部、国家发展改革委和财政部三部委的名义，发函征求科技部、公安部、国家文物局、武警部队、北京市人民政府的意见，根据反馈意见修订的方案，于 2013 年 3 月正式上报国务院，并于 4 月获得批准。

2013 年 4 月 16 日，刘延东副总理在故宫博物院海淀区西玉河基地调研时强调，要把“平安故宫”工程作为重大文化建设工程，全面提升故宫博物院的文化遗产保护、展示、传播和服务观众能力，实现故宫博物院的高水平保护利用和可持续发展，为传承弘扬中华优秀传统文化，满足广大民众精神文化需求，提升国家软实力作出新贡献。

刘延东副总理强调，2020 年是故宫建成 600 周年。要围绕建设中国特色、世界一流博物馆的目标要求，根据我国国情和故宫历史文化特色，借鉴国外一流博物馆的经验，科学论证编制《故宫保护总体规划》；坚持以人为本、科学实用，坚持硬件建设与软件建设有机统一；加强科技支撑和自主创新，突出环保、节能，确保质量、安全。要在统筹规划基础上，突出重点，区分缓急，分阶段组织实施故宫博物院北院区建设、地下文物库房改造、安全防范新系统、文物防震、基础设施改造、世界文化遗产监测、文物抢救性科技修复保护等项目。要保障必要经费，坚持精打细算，严格资金监管，务求节俭廉洁。要加强组织领导、部门协同配合和专家咨询论证，科学、民主、依法决策，组建强有力管理团队，精心组织实施“平安故宫”工程建设，切实把故宫保护好、建设好、管理好、使用好、发展好。

需要特别强调的是，在《“平安故宫”工程总体方案》形成的过程中，国家领导同志高度重视“平安故宫”工程的建设，多次视察故宫博物院，听取汇报，并做出重要批示。故宫博物院也积极争取社会各界对“平安故宫”工程的理解和支持，以使各项工作开展更加顺畅，同时也为了集思广益，使“平安故宫”工程的各项工作更加科学、合理，半年多时间里，故宫博物院相继邀请国家相关部委、北京市各有关单位和专家来故宫实地考察、调研，多达数十批次。社会各界对“平安故宫”工程给予了充分的肯定和积极的支持，并提出许多极具价值的指导建议和意见。

目前，“平安故宫”工程各项准备工作正在稳步推进，即将全面实施。

二 “平安故宫”工程的保护对象与目标

根据工程总体方案，“平安故宫”工程的保护对象，一是占地 112 公顷、建筑面积 17 万平方米的古代木结构宫殿建筑群的安全；二是 180 万余件文物藏品的安全；三是每年约 1500 万中外观众的安全。通过“平安故宫”工程的实施，将有效解决故宫博物院目前存在的亟待解决的火灾、盗窃、震灾、藏品自然损坏、文物库房、基础设施、观众安全等安全隐患。

“平安故宫”工程的近期目标，是争取用 3 年时间，在 2015 年，即故宫博物院成立 90 周年之时，有效缓解目前存在的防火、防盗、防雷、防震、防踩踏等方面的重大安全隐患，解除其中最紧迫、最危险的隐患点。

“平安故宫”工程的中长期目标，是用 8 年时间，在 2020 年，即紫禁城建成 600 年之时，基本实现故宫博物院进入安全稳定的健康状态，全面提升管理和服务水平，迈进世界一流博物馆行列。

三 “平安故宫”工程亟待解决的安全隐患

“平安故宫”工程主要解决故宫面临的七个方面安全隐患：

一是火灾隐患。故宫博物院高压消防系统覆盖不全面，一些古建筑周围未设消防栓；防雷避雷设施有所欠缺，古建筑因雷击损坏及引发火灾时有发生；为展览、安保等需要在古建筑群内设置的电气线路密如蛛网，因老化发热等因素随时可能引发火灾；因办公、藏品库房面积不足等原因临时建设的 58 座“彩钢房”也存在严重安全隐患。

二是盗窃隐患。故宫博物院安保设备建于上世纪 90 年代，10 多年没有升级，无法适应当前盗窃手段不断提升，呈现集团化、智能化和暴力化的趋势。

三是震灾隐患。北京地处燕山地震带与华北平原中部地震带的交汇处，历史上多次发生强震。故宫博物院文物库房中和日常展陈的文物虽采取了一些传统的简易防震措施，但很不系统、规范；因库房面积严重不足，瓷器等脆弱文物无法装入囊匣而集中叠累，均存在严重防震安全问题。

四是藏品自然损坏隐患。囿于地库空间的局限，故宫博物院 180 万件藏品中目前仍有约一半只能利用古建筑作为库房；展室均在古建筑内，除少数几处可以实现相对有限的温湿度控制外，也基本处于自然状态。这些藏品面临寒、暑、光、尘等自然条件的威胁，无法达到文物保护的基本条件，日积月累，对之造成致命的隐性伤害。

五是文物库房隐患。受当时技术条件制约，故宫博物院一、二期地库不能实现针对不同质地藏品的温湿度调节；二期地库采用水冷式空调，上方储备了约 50 吨水作为冷却水源，目前冷却管、蒸发器已锈蚀，一旦开裂，文物将遭灭顶之灾。

六是基础设施隐患。故宫博物院基础设施大部分建于上世纪 50—80 年代，有的甚至可以追溯到明代，缺乏统一规划，老化、腐蚀严重，存在跑冒滴漏，甚至爆裂现象，隐患重重。

七是观众安全隐患。目前，故宫博物院每年接待观众约1500万人次，且仍以年均约100万人次的速度递增，构成了全世界数量最庞大、结构最复杂的观众群，由此造成的拥挤踩踏和人身伤害等突发事件威胁不断加剧。

四 “平安故宫”工程重点内容

“平安故宫”工程重点内容主要包括七项：

一是故宫博物院北院区建设。旨在解决故宫博物院大量大型珍贵文物（如家具、地毯、巨幅绘画、卤簿仪仗等）因场地局限而长期无法得到及时、大规模的科学保护和有效展示的问题，同时把传统文物修复的技艺，也即非物质文化遗产展示给公众。该项目位于海淀区北部新区的西玉河，未来也将作为该地区的重点文化项目和重要的公共文化设施。

二是地下文物库房改造。对原有地下文物库房进行升级改造，完善、加固地库结构，改善防水、防震措施，按照现行国家工程建设消防技术标准改造文物库房，更换陈旧老化设备，实现温湿度分区分类调控，使现存地库的90余万件文物得到更加科学的保护。同时，经科学论证，合理地增加文物科学保管空间，按照国内外博物馆惯例和藏品管理标准，在地库内完善文物摄影、筹展等配套使用功能，从而逐步减少地面文物库房，拆除临时彩钢板建筑，整体提升文物保管条件。

三是基础设施改造。按照“整体规划、论证先行、分区分阶段实施”的原则，根据相关消防技术标准规范要求整体规划设计火灾防控系统，在充分调研分析故宫博物院整体火灾风险的前提下，采取针对性措施，提出与故宫博物院消防安全需求相一致的消防标准要求并付诸实施。同时，在确保安全的前提下，对现有基础设施，如供水、消防、避雷、雨水、污水、供热等管线以及供配电和智能化系统、设施等进行全面规划建设和升级改造，实现优化管理，方便维护和检修，以期及时发现问题，消除隐患，以布局合理、完善先进的基础设施为故宫安全奠定坚实基础。

四是世界文化遗产监测。故宫博物院于2011年正式成立“故宫世界文化遗产监测中心”，建立“监测信息化平台”，对文物建筑、馆藏文物、游客动态等10个方面进行持续监测，力求全面真实地反映其保存和安全状况，为安全管理决策提供数据支撑，推动遗产保护工作从被动到主动、从直觉判断到信息化和智能化、由事后反应到事前预防的转变，实现故宫遗产保护的完整性、时效性、科学性和系统性。其中重点做好文化遗产接待观众承载能力的测算，以此为基础，通过建立预约制度、优化参观路线、强化疏导干预等手段，最大限度避免观众踩踏等恶性事件发生。

五是故宫安全防范新系统。在按原计划2014年完成目前的应急安防工程外，规划建设智能化程度高、功能设置完善、性能可靠、综合防范能力具有世界先进水平的故宫博物院安全防范新系统。结合安全责任网络管理，合理设置应急备勤点并配备器材装备。强化日常保卫和应变处置能力，实现技防、人防、物防有机结合，全面提升安全防范工作水平。

六是院藏文物防震。对故宫博物院的文物库房和展室进行全面排查，采用封闭式、轨道式金属密集柜、文物囊匣和现代减隔震技术相结合的手段，逐步实现对院藏文物的全面抗震防护。制定并落实文物建筑本身和内装修等非结构构件及附属设施的抗震措施，全面提升所有库房和文物建筑的抗震能力。提出地震引起的次生灾害的防御对策，全面落实临震和震后的应急防护机制、紧急抢救和修复等综合防灾措施，力求能够防御北京周边发生八级左右特大地震的威胁。

七是院藏文物抢救性科技修复保护。针对大量院藏文物濒临腐蚀、锈蚀等严重自然损坏状况，建立大型、综合文物修复中心，以现代科技与传统技艺、院内人才与社会力量相结合，对藏品进行全面和持续不断的修复。建立完善相应类别的文物修复工作室，购置更新必要的仪器设备、珍贵材料，强化人员培养，分轻重缓急开展文物保护修复任务，使故宫博物院文物保护修复工作得到较大改观。

在七项重点内容中，故宫博物院北院区建设将彻底解决故宫大型藏品多年来无法修复保护和展示的难题，为腾退古建筑空间并及时保养、维修创造条件，且已得到北京市和海淀区的大力支持，计划优先考虑实施。地下文物库房改造、安全防范新系统和院藏文物防震，均直接关系消除故宫藏品和古建筑的安全隐患，提升安全等级，因此较为迫切。基础设施改造前期工作有一定基础，经过多年专家论证已获得通过，可按程序逐步推进。世界文化遗产监测，着眼于未来，谋划故宫博物院事业的可持续发展。院藏文物抢救性科技修复保护，因需在北院区项目竣工后才能大规模实施，因此目前安排进行前期准备，着手选择合适门类开展试点工作。

五　“平安故宫”工程七项重点内容的工作进展情况

“平安故宫”工程得以批准，使故宫博物院全体员工深感振奋，使命感、责任感进一步增强。故宫博物院及时召开“平安故宫”工程大会，进行思想动员，并多次召开专题会议研究部署，督促具体项目落实。

根据现有的人力、物力和财力，积极推动“平安故宫”工程各项重点内容的前期准备工作。截至目前，各个项目进展情况如下：

一是故宫博物院北院区建设。

去年，故宫博物院与海淀区建立了由主管领导牵头、具体部门参与的联合工作组，全面启动服务、协调和对接工作，共同研究推进故宫博物院北院区的建设事宜。

经过多次研究，并征得北京市规划委员会同意，基本明确了项目内容和规划思路，初步达成了两个共识。一是明确项目选址、总用地面积以及建设内容，二是明确了项目规划设计范围。

在上述共识的基础上，邀请清华大学建筑设计研究院开展前期研究，委托清华大学建筑设计研究院有限公司进行该项目建筑策划与概念设计研究。

目前，正在积极编制项目建议书；与北京市规划委员会、海淀区政府、清华大学建筑设计研究院等有关部门沟通协调项目规划调整问题，取得项目规划条件；根据项目规划条件，调整、修改项目规划方案；与文化部、国家发改委、北京市规划、建设、园林、土地、水务、环保、交通，以及海淀区政府等相关部门协调项目立项相关问题；进一步对项目规划、建筑形式、功能需求、建筑规模、园林园艺设计定位，以及该地区防洪等方面进行研究。

海淀区政府正在对项目研究范围内的用地进行征地拆迁入户调查工作。在外围市政道路建设方面，将翠湖南路和上庄东路列入2013年投资建设计划，并启动南沙河南侧路前期工作。

与此同时，完成了对故宫博物院北院区原有区域已建成业务用房的验收，安防、消防设施改造等工作，拟定了西玉河基地相应管理制度等，加强物业管理和安全巡查，确保该区域环境、安全、管理方面的保障。

二是地下文物库房改造。

1. 委托国家建筑工程质量监督检验中心对故宫博物院地库进行现场检测和安全性鉴定，取得了一期、二期地库现场检测和安全性鉴定报告，为地库改造提供科学依据。

2. 启动了地下文物库房与西河沿文物保护综合业务用房地下连接通道工程及地库功能升级等项目前期工作，编制了地库改造工程项目方案设计，并上报北京市文物局、国家文物局，于2013年2月取得国家文物局、北京市文物局关于地库改造工程原则同意的批复意见。

3. 设计地库上方内务府地块文物藏品管理用房工程概念方案，并征求专家意见，修改、调整设计方案。

4. 联系国家发展改革委、文化部、市建委、国家人防办等相关部门沟通项目申报事宜。

5. 筹划二期地库空调系统改造的前期论证、可行性报告的编制及方案制定工作。

6. 2013年5月2日，根据北京市文物局《关于故宫博物院地下库房改造项目的复函》的批复意见，召开了故宫博物院地库改造工程项目专家咨询会。根据专家咨询会的意见，完成了地库改造工程项目概念方案设计的修改，并编制了《故宫博物院地库改造工程项目方案设计评估报告》。

7. 编制了地库改造工程项目建议书，已向文化部申报。

三是基础设施改造。

根据专家论证会意见，以故宫博物院南热力区域管线维修改造工程作为基础设施改造试点，取得重大进展。已完成该区域约17万平方米岩土工程勘察；报请北京市文物局同意考古勘探，并与北京市文物研究所签订了《故宫博物院基础设施现状管线维修改造工程南热力站供热区域考古勘探合同》，同时配合考古勘探拆除及恢复路面、草坪工作的工程量清单及标底编制工作也已完成。已完成故宫博物院基础设施南热力站供热区域现状管线维修改造工程配合考古勘探拆除与恢复路面、草坪工作的施工招投标并委托了监理单位。编制完成了《故宫博物院基础设施维修改造一期（试点）工程项目建议书》，已经上报文化部。

现故宫博物院基础设施南热力站供热区域现状管线维修改造工程考古勘探以及配合考古勘探拆除及恢复路面、草坪工作已经开工，目前该工程进展顺利。

四是世界文化遗产监测。

2012年是故宫世界文化遗产监测的起步年，着手对室外陈设、环境质量、文物建筑、基础设施、植物动物、安全防范、游客动态、馆藏文物等方面开展监测，并每月定期编写1期《监测通讯》在故宫办公网公示，截至2013年5月，已编写14期，并完成《故宫世界文化遗产监测报告（2012）》的中文版撰写工作。目前，监测项目中，完成普查和家底清理工作的项目有室外陈设、基础设施、植物和馆藏文物；开始数据库系统建设的项目有室外陈设、环境质量（包括气象信息与空气质量）、植物监测、白蚁监测、游客动态（检售票系统部分）；进行全面信息采集的项目是室外陈设、基础设施（电力部分）；已完成招标程序进入建设阶段的项目包括游客动态、展厅温湿度监测（二期）、检售票系统建设；进行监测预研究的项目有室外陈设、文物建筑、安全防范、环境质量等。

五是故宫安全防范新系统。

故宫安全防范新系统旨在运用最前沿的安全技术和安防理念，通过完善技术防范体系、人防与技防的有机统一、管理和服务能力的有效提升，提高故宫博物院安全保卫等级，实现对古建筑、文物藏品和观众安全的多种手段、多重保障、全面覆盖。

该系统主要包括以下10个方面的内容：警情联动处置系统；实现安检力量的专业化、社会化；端门区域安全防范系统改造更新；门禁系统升级改造；运用物联网技术对文物藏品进行全时空防范；建立应急指挥平台；高压消防泵站及高压管网的改造；二期地库空调系统改造；视频监控无缝隙覆盖（加密工程）；完善各类应急预案。目前，各项目进展如下：

1. 警情联动处置系统项目正处在招投标阶段。此系统可保证在第一时间快速有效处置警情，规范固定哨位、夜巡人员的值班行为。

2. 安检专业化、社会化项目，已经完成安检保安服务的采购工作，完成了安检机及其附属设备的采购。

3. 端门区域安全防范系统更新改造项目，投标工作已经结束，正处于招标阶段。

4. 门禁系统升级改造项目。该项目的核心是为故宫量身定制一把“门锁”，提升各类门禁系统的安全性。该项目已经完成方案编制、技术研发。正在进行设备检验及验证工作。

5. 运用物联网技术对文物藏品进行全时空防范项目，已经委托专业团队编制方案。

6. 应急指挥平台项目，已经完成前期论证、可行性报告的编制及方案制定，正着手进行专家论证、项目报批工作。

7. 高压消防泵站及高压管网改造项目，已经完成方案编制工作。该方案如报批通过，将立即进行设计招标。

8. 二期地库空调系统改造项目，已经委托专业公司进行方案设计，将与地库改造项目同步实施。

9. 视频监控无缝隙覆盖项目（加密工程）是美国波士顿爆炸案和故宫博物院“5·4”事件（“人打钟”）催生的，是对故宫博物院正在改造的安防系统的改进，是安全管理工作上进行的技术更新。该项目已经着手编制方案，并进行了第二次修改。

10. 各类应急预案的完善，正按计划进行。

六是院藏文物防震。

首先选择亟待解决和存在突出安全隐患的问题为实施重点，以部分地面、地下库房和部分原状陈列、原状库房为试点进行防震保护。区分轻重缓急，采取传统与现代技术相结合的综合防震措施，逐步完善故宫博物院文物抗震体系。

为加强文物防震工作的科学性，故宫博物院与国内最早致力于防震技术研究的国家级权威机构——中国地震局工程力学研究所合作，分期开展全院易损文物防震评估，包括文物防震现状现场踏勘调查、测量，地震易损性评估计算及地震模拟实验，防震措施研究三大环节。首期文物防震评估工作于2012年初从宫廷部易损文物开始，具体范围包括钟表、玺册、外国文物库房和雨花阁。2013年3月，中国地震局工程力学研究所科技发展部主任戴君武博士来院做首期文物防震评估结项报告，在采用囊匣加密集柜、密集柜加隔震地板和密集柜隔震系统三种方式逐步推行文物库房改造和采用“隔固结合”的方式进行原状库房文物保护方面提出专业建议。

七是院藏文物抢救性科技修复保护。

1. 建立文物保护修复工作室。已筹备成立了车马轿舆文物、木器家具、点翠文物、金属文物、中和韶乐、百宝嵌文物、古钟表、古书画、宫灯、纺织品等10个左右文物修复工作室。目前，鉴于故宫西玉河综合业务基地的安防设施改造尚未完成，将慈宁宫作为文物修复工作室的临时用房，改建工作已经开始，6月中旬木器文物修复、宫灯文物修复等几个文物修复工作室将正式启动，开始进行文物的实际修复工作。

2. 探索新的用人机制，开展广泛的科技合作。与东城区政府签订了以对故宫院藏文物进行抢救性修复为主旨的战略合作框架意向书，利用该区传统技艺人才资源优势（有些企业的传统艺人是当年清宫造办处的后代传人），对故宫馆藏文物进行抢救性的修复。这既是文物保护修复在用人机制上的一种探索，也是实施“平安故宫”项目的人才保障，同时也为传统技艺的传承与发展注入了新的活力。

2013年4月17日，故宫博物院文保科技部与东城区科委在西玉河综合业务基地召开了项目落实联席会。院宫廷部、古器物部、法律处，北京金漆镶嵌有限责任公司、北京同兴合古典家具有限责任公司、北京龙顺成中式家具有限公司、北京象牙雕刻厂有限责任公司、北京美术红灯厂有限责任公司和北京剧装厂的负责人，共同讨论了文物修复的具体合作事宜。此次联席会的召开，标志着与东城区合作开展文物抢救性科技保护修复项目，进入到了具体实施启动阶段。

同时，与北京工业大学材料学院、中国科学院自然科学史研究所合作开展修复工作理论的研究，以便为世人留下宝贵的保护修复层面的科技资料，这也将是“平安故宫”项目成果的一个方面。

六 “平安故宫”工程指导思想与基本原则

“平安故宫”工程指导思想在准确把握当今时代对文化遗产保护、弘扬中华文化的新要求，在确保故宫安全的前提下，进行博物馆事业的不断拓展。争取通过8年持续不懈的努力，以推进“平安故宫”工程为契机，使古建筑的原真性和完整性得到充分体现，逐步提高故宫藏品保存和修复条件，提升故宫博物院的文化遗产保护能力、展示传播能力和观众服务能力。实现文化遗产完整保护，实现环境质量稳步提升，实现安防设施全面覆盖，实现开放区域适度扩大，实现文物库房功能改善，实现文物藏品保护修复。

在实施“平安故宫”工程的过程中，故宫博物院将始终坚持以下四项“基本原则”：

1．安全第一，保护优先。故宫博物院的所有规划、措施都将着眼于故宫完整保护这一根本目的，在确保故宫安全的原则下制定和实施。

2．科学论证，慎重决策。结合故宫安全方面的实际情况和突出困难，科学合理地确定项目内容、规模和标准。深入论证，严格履行各项工作程序。

3.统筹规划，分步实施。处理好故宫本体与博物院之间的关系，统筹协调文物保护与展示、基础设施建设与故宫古代建筑整体修缮、工程实施与日常开放运行以及具体项目之间的关系。同时，对各个具体项目区分轻重缓急，突出重点，分阶段逐步实施。

4．软硬并举，创新管理。在硬件建设的同时，狠抓管理，进一步加强制度建设，提升管理水平。

七 “平安故宫”工程的实施

“平安故宫”工程的顺利进行，必须要科学组织，特别是涉及文物安全的项目，更要认真细致安排实施。下一步，为了保证“平安故宫”工程的实施，故宫博物院将采取以下措施：

1．组建“平安故宫”工程专家咨询委员会。以故宫修缮工程专家咨询委员会为基础，组建“平安故宫”工程专家咨询委员会，充分发挥专家作用，负责工程中重大问题的咨询、论证及安全风险评估。

2．严格履行审批程序。按照相关法律法规的要求，对工程涉及的有关项目按程序履行审批手续。项目位于世界文化遗产核心区及全国重点文物保护单位保护范围的，向文物部门申报并获得批准；项目中涉及基本建设的，按基本建设程序报发展改革部门履行审批手续；项目涉及财政资金的，按照部门预算管理的有关规定报财政部门履行审批手续。

3．强化内部管理。结合“平安故宫”工程实际，有针对性地完善或制定一系列规章制度，加强资金管理，狠抓落实，堵塞一切可能的安全漏洞，严格控制大型群众性活动和临时性商业展览活动。

4．国家有关部门按照程序对“平安故宫”工程资金和绩效进行全程监督，确保工程顺利推进和圆满完成。

“平安故宫”工程总体方案确定后，文化部按照有关规定分别向国家发展改革委、财政部申报有关项目和资金。属于基本建设范畴，由发展改革委审批并安排资金。与故宫博物院事业发展有关，由财政部审批并安排资金。项目具体建设内容、规模和资金额待履行完相关审批程序后确定。

八　“平安故宫”工程的保障与预期成效

“平安故宫”这样一项大工程，在实施过程中不仅仅故宫博物院需要全力以赴，同时需要各有关部门的大力支持，以及多种保障。

比如，需要商科技部，与高水平科研单位合作，充分借鉴国内外先进做法，区分轻重缓急，切实改善故宫馆藏文物保存环境；需要商公安部，将故宫列为武警警卫目标；需要商公安部、财政部，研究驻故宫消防中队配备适合故宫消防需要的特种装备以及车辆装备器材库改造的方案；需要商北京市人民政府，对端门至午门之间区域实行封闭管理，加强故宫周边环境，特别是东华门、西华门和神武门外区域的环境秩序整治。

在人才培养和队伍建设保障方面，需要根据“平安故宫”工程的规模和进展，制定相应岗位和匹配人力资源的需求规划，加强对“平安故宫”工程实施所需的人才培训、人才引进、专业进修和科研课题攻关等工作，报请相关主管部门批准；需要继续加强对全体员工和驻院人员的安全教育，对现有安全制度狠抓落实，通过培训、演习、考核、签署安全责任书等多种方式，把安全意识和责任落实到每一个人。

“平安故宫”工程完成后的成效包括如下六个方面：

1. 实现文化遗产完整保护。通过故宫博物院北院区和地库改造等项目以及拆除“彩钢房”，在改善藏品保管条件的同时，使更多的地面文物库房、办公用房得到腾退、修缮和及时保养，最终实现红墙内无办公区。配套进行基础设施改造，消除火灾、盗窃隐患，在确保故宫安全的同时，使故宫世界文化遗产的真实性和完整性尽可能地接近历史原貌。

2. 实现环境质量稳步提升。通过故宫博物院北院区基地启动使用，在实现对故宫大型文物的修复保护和展示，以及故宫特色非物质文化遗产传承的同时，将院内堆积的建筑材料和花房等设施搬迁，消除安全隐患，净化故宫环境，提升景观质量。

3. 实现安防设施全面覆盖。通过实施消防、安防系统改造，提高故宫安全保卫等级。通过主动追踪、探索最前沿的安全技术和安防理念，变被动为主动，实现对古建筑、文物藏品和观众安全的多种手段、多重保障的全面覆盖。通过配置囊匣、轨道式密集柜、减隔震设施等手段，实现文物藏品的全面抗震防护。

4. 实现开放区域适度扩大。通过有序开展文物建筑修缮工程，适度扩大观众参观面积，同时合理控制参观人数，有效缓解中心区域的参观人流压力。在故宫博物院南部形成以午门城楼及东西雁翅楼、武英殿和文华殿为主体的大型博物馆展览设施群，强化博物馆社会职能。

5. 实现文物库房功能改善。通过对第一、二期地下文物库房进行升级改造，将水冷系统改为风冷系统，实现温度、湿度的调控功能分区，完善文物保护功能。同时，根据实际需要适当增加文物储藏保管功能，逐步减少并最终基本弃用地面文物库房，整体提升文物藏品保存条件。

6. 实现文物藏品保护修复。在故宫博物院北院区设置各类保护修复室，有计划地实现对上百万件文物藏品的系统保养修复，阻止和延缓各种因素所造成的文物藏品侵蚀，使文物藏品益寿延年；通过非物质文化遗产保护，使传统技艺得以传承。

九 “平安故宫”工程2013年建设工作计划

财政部对于“平安故宫”工程的资金保障给予了积极支持。除原有项目外，财政部对新增的“平安故宫”项目在2013年度安排了2亿元的资金，目前已经拨付到位。这为“平安故宫”工程中除基本建设之外的四个有关事业发展的项目的实施，创造了重要条件。

一是故宫博物院北院区建设。

1. 沟通协调相关部门意见，修改建设方案，申报北京市规划委员会，办理项目规划许可。

2. 沟通协调北京市政府、海淀区政府等，调研项目用地情况，签订用地协议，办理国有土地使用证。

3. 沟通协调相关部门意见，调整规划，申报北京市规划委员会，办理项目规划许可。

4. 完成编制项目建议书的申报，并取得批复。

5. 进行场地可行性勘察。

6. 进行洪水影响评价、环境影响评价、交通评价、抗震安全评价等工作。

7. 编制可行性研究报告并申报，协调相关部门取得批复。

二是地下文物库房改造。

1. 完成拟建场地可行性勘察。

2. 继续走访征求建筑、结构、暖通、机电等专业专家意见，细化方案，并上报北京市文物局、文化部、发改委、国家人防、消防等相关部门。

3. 完成项目建议书评审、申报，协调相关部门取得批复。

4. 完成可行性研究报告编制、评审、申报，协调相关部门取得批复。

三是基础设施改造。

继续推动故宫博物院南热力区域管线维修改造工程：

1. 完成配合考古勘探拆除与恢复路面、草坪工程施工及竣工验收，以及监理公司的考察、委托工作。

2. 完成考古勘探，并根据考古勘探成果，深化改造方案。

3. 编制可行性研究报告。

四是世界文化遗产监测。

2013至2015年为监测系统建构重点阶段，将基本完成条件成熟项目的基础数据采集、监测平台搭建工作，并开始持续进行数据采集和系统维护。其中，2013 年计划建构故宫客流监测系统、古建筑展室温湿度监测系统（二期）、岗亭和巡更系统、售检票系统、白蚁监测系统、配电监测系统、防雷监测系统、世界文化遗产监测平台（二期）、网络（有线、无线）系统等 9 个监测子项目，陆续履行招标程序。

五是故宫安全防范新系统。

1. 端门地区安全防范工程的改造项目，将在今年 6 月中旬开标。

2. 安检专业化、社会化项目，计划今年“七一”前投入使用。

3. 运用物联网技术对文物藏品进行全时空防范项目的方案如获通过，今年内将选择室外文物，运用该技术加以保护。

4. 完成应急指挥平台项目的专家论证、项目报批工作，年内将进行该项目的设计招标工作。

5. 进行高压消防泵站及高压管网改造项目的设计招标，争取年内完成项目报批（需公安部批准），明年进行项目实施。

6. 启动视频监控无缝隙覆盖项目（加密工程）的设计招标，年内完成项目的招投标工作，并力争进行项目实施。

7. 继续做好防盗、防破坏、防治安案件、防踩踏等方面的预案。

六是院藏文物防震。

1. 第二期文物防震评估工作以制定故宫博物院整体防震应急预案为目标，首先针对故宫博物院的文物防震应急能力进行评估，并计划于 2014 年 3 月 30 日前提出故宫博物院整体防震应急预案框架。

2. 2013 年，故宫博物院将对四个文物库房开展防震试点，即针对宫廷部玺印库、佩饰库，器物部陶瓷一级文物库和西铜器库雕塑类文物采用囊匣加密集柜形式加以防震保护。现密集柜已进入招标程序，囊匣正在分批制作，并推进模块化囊匣设计研究工作。

3. 在雕塑馆建设过程中，先行进行整个展示场所的文物隔震设计。

七是院藏文物抢救性科技修复保护。

通过人员培训、建立完善管理制度、创新用人机制等方面，重点推动各文物修复工作室的创建，启动各项文物修复工作。

十　与故宫安全有关的重点工作项目情况

2012 年以来开展的与故宫安全有关的重点工作如下：

一是加强观众服务水平，保障故宫文化遗产安全，实现 2012 年全年安全开放。

及时安装启用端门广场的服务设施，有效缓解了售票压力。2012 年暑期，观众基本上都能在 3 ～ 5 分钟内买到门票，不但节省了时间和体力，更能够带着很好的心情走进故宫博物院。国庆期间，高峰日增开售票窗口至 34 个，强化了一线值守力量，加强人流疏导，经受住了单日接待 18.2 万观众客流高峰的考验。

同时，在端门广场设立了观众服务中心，具备参观咨询、信息查询、影视观赏、提供免费轮椅等众多的服务内容，体现出服务质量的不断提升和对待观众的热忱之心。正是由于采取了这些措施，去年暑期观众最多的时候，端门广场上的人流也能够得到有序疏导，过去买票、候票，与安检、验票、存包等交织在一起，黑倒票、黑导游混迹其中，乱成一团的局面不复存在。一年来不断制订并完善接待预案，克服观众流量增大、极端天气等不利因素，圆满完成了暑期、“十一”黄金周等节假日的接待工作。

二是持续开展古建修缮，使古建筑延年益寿。

文物建筑修缮工作正在按计划稳步推进，建福宫维修工程、英华殿区维修工程、大高玄殿乾元阁抢险工程全面完工；慈宁宫花园修缮工程已完成 60%，预计 2013 年完工；乾隆花园符望阁内檐硬木装修保护修复工作已完成 80%。皇极殿经过修缮后重新开放。中正殿经过 6 年的不懈努力于 2012 年竣工，复建后的中正殿区域再现了清乾隆时期的建筑全貌。

目前文物建筑修缮管理更为精细化，操作更具研究性，例如倦勤斋的保护修缮工程，赢得了专业部门、专家学者和社会各界的高度评价。同时，加强古代建筑研究和修缮资料整理。编写《故宫古建筑保护工程实录——太和殿、神武门》工程报告，《清代乾隆时期皇宫建筑内檐装修研究》课题按时结题。为传承国家级非物质文化遗产古建官式营造技艺，通过技能测试、笔试等程序，招收了 14 位新人。至此，已有 15 人成为第一批古代建筑技艺传承人。

三是进一步调整展览布局，扩大展示空间。

为缓解高峰时期中轴线区域观众过于密集形成的潜在危险，同时也为了满足观众不断提升的参观需求，努力探索调整展览布局，进一步扩大故宫博物院的展示空间。

在增加展览设施方面，一是午门和雁翅楼建筑群，争取在 2015 年故宫博物院建院 90 周年时，这组 2800 平方米的大型展览设施能够正式启用。二是东华门修缮工程将于 2013 年竣工，计划作为古建筑馆对观众开放，同时考虑能否向观众开放东南角楼和东华门至午门的一段城墙。三是御膳房目前是家具库房，将来作为古代家具馆对观众开放，可以采取仓储式展示方式，即扩大展览面积，也有利于家具文物藏品的保护。四是宁寿宫将开辟为石鼓馆。

在扩大开放面积方面，一是今年“五一”前开放了文华殿区域的文渊阁，扩大开放空间。二是争取故宫的西部区域在故宫博物院建院 90 周年时实现开放，需要对隆宗门内的观众餐厅进行重新安置，使观众的就餐和休息环境得到改善。慈宁宫将作为雕塑馆对观众开放，寿康宫进行原状陈列展示。三是端门城楼将作为数字博物馆场所对外开放。四是大高玄殿文物建筑群修缮后，南部区域作为国内宫廷道教文物展示空间，北部区域作为故宫博物院数字博物馆、数字图书馆、“故宫讲坛”的场地对外开放。

四是编制《故宫保护总体规划》。

2012 年 2 月启动了《故宫保护总体规划》编制工作，确定了各专项规划内容，目前初步完成故宫使用功能规划。故宫博物院配合编制工作收集了东西华门内道路、太医院、内务府等处的相关资料，撰写故宫宫廷原状及使用说明，为编制保护规划提供依据。按照协议

2013年年底完成《故宫保护总体规划》的报批准备。

五是西河沿文物保护综合业务用房工程。

此项工程是故宫博物院的工作重点之一，对于恢复西河沿区域历史格局与建筑肌理，保证故宫的完整性，实现2016年把故宫红墙内的办公机构搬出的目标，使古建筑得到及时的修缮与保护，以及改善故宫博物院文物保护、修复、研究办公条件等具有重要意义。去年，西河沿文物保护综合业务用房工程完成了项目可行性研究报告、立项、环境影响评价、项目管理公司招投标等，目前正在进行工程勘察、设计招标等。

2013年，将完成西河沿文物保护综合业务用房工程的勘察、设计，办理规划许可证，进行工程监理、施工总承包、西河沿地段城墙监测工程招投标，整治该区域环境，争取年底前开工建设。

故宫博物院相信，随着“平安故宫”一系列重点工程的逐步实施，故宫现存的防火、防盗、防雷、防震、防踩踏等方面的重大安全隐患将得以彻底根除，基本进入安全稳定的健康状态；紫禁城将呈现和谐风貌，体现世界文化遗产的应有尊严；故宫博物院的管理和服务水平也将得到全面提升，迈进世界一流博物馆行列。

（此文发表于《中国文物科学研究》2013年第3期，第1页）

开拓博物馆文物藏品资源有效汇集的渠道

由于历史的原因，我国博物馆藏品数量与一些国家博物馆藏品数量相比差距较大，对此谢辰生、彭卿云先生认为："关于馆藏文物的数量，同国外相比，我国现有的藏品简直小巫见大巫。仅有200多年建国史的专门收藏世界文物的美国博物馆馆藏品总数量不知要超出我国博物馆藏品多少倍。美国史密森博物馆集团共有藏品1.3亿件，美国国家历史博物馆1700万件，纽约大都会博物馆1500万件。这两个博物馆所藏，分别为我国馆藏品总量的1倍半以上。著名的大英博物馆现有藏品500万件，为我国最大的博物馆故宫博物院的5倍。俄罗斯的冬宫博物馆所藏品为300万件，圣彼得堡艾米塔什博物馆270万艺术精品，堪称世界之最。意大利全国共有馆藏文物品5000万件，平均每人1件，而我国12个人不到1件。仅凭这些简单的数字对比，'中国文物匮乏'、'博物馆贫血'之说绝非戏言，'文物大国'危机亦可见一斑。"[1]

当前，作为影响博物馆藏品增长的原因，一方面，20世纪80年代以来，城市基本建设项目日益增多，在许多抢救性的考古发掘中出土了大量珍贵文物。但是，这一时期考古研究机构已经基本上与博物馆相分离。受现行文物博物馆体制机制的约束，多数博物馆藏品来源的考古发掘渠道被截断，由于博物馆并不直接参与考古发掘工作，而且考古发掘的出土文物在一定时期内很难入藏进博物馆收藏，大量出土文物保存在相关的考古研究机构内，导致馆藏文物数量增长缓慢，成为制约博物馆藏品充实完善的障碍之一。例如甘肃省博物馆，"自从博物馆考古部分离出去以后，考古发掘的文物不能移交博物馆，发掘成果在博物馆的陈列中很少展示，加之博物馆收购文物经费有限，这样博物馆的文物数量由以前的每年增加2000多件，到现在的每年只增加200多件，且质量还难以保证"[2]。

另一方面，过去社会上的文物市场还没有普遍形成，主动捐献文物给博物馆的情况较多，即使一些珍贵文物也可以通过合理价格进行征集。近年来社会民众生活水平不断提高，"盛世收藏"得到凸现。然而客观上"收藏热"造成民间收藏与博物馆收藏形成竞争，目前除一些国家和省级博物馆有一定数量的文物征集经费外，其他博物馆几乎没有固定的文物征集经费，因此在这场竞争中博物馆往往处于劣势，对具有收藏价值的社会流散文物，尤其是成系列文物的征集更为困难。[3] 调查表明，2009年全国83座一级博物馆共征集藏品50718件，征集最多的吉林省自然博物馆为10000件，几乎占了全国一级博物馆征集藏品总数的1/5。然而征集藏品数量少于100件的有40座，更有5座一级博物馆征集藏品数量为0件，大多数一级博物馆的馆藏文物年增加量不会超过其藏品总数的1%。"作为博物馆的国家队，在

[1] 谢辰生、彭卿云：《文物大国的危机》，《中国文物学会通讯》2001、2002年合订本。

[2] 米玉梅：《试谈博物馆搜集工作的几个问题》，《丝绸之路》2009年第24期，第90页。

[3] 郭继斌：《国有博物馆藏品来源的再思考》，《中国文物报》，2009年9月16日，第3版。

文化遗产资源变化迅速的当下，这个数字实在令人汗颜。”[1]

我国博物馆的文物藏品总量与作为历史悠久的“文物大国”的地位严重不符。“造成这个结果的原因很多，其中一个最重要的原因，恐怕就是落后的藏品观念。”[2]长期以来，我国博物馆体系的骨干是省市的地志性博物馆，而这类博物馆的文物藏品特色以历史艺术类居多，文物藏品主要来源于传统收藏和考古发掘出土文物。文物收藏范围的狭窄，广泛地影响着博物馆藏品数量的增加和质量的提升。当代一些博物馆的藏品征集政策过分囿于文物市场的价值观，热衷收藏高审美价值和高经济价值的物品，而忽略了博物馆社会记忆保存的使命。其具体表现为：重视古代的文物，忽视近现代的文物；重视高雅的艺术品，忽视日常的生活用品和民俗物品；重视贵重金属制品，忽视普通材料制作的物品；重视制成品，忽视生产过程中的原材料、工具、半成品与次品；重视反映精英人物生活的物品，忽视反映普通人生活的物品。

这样的收藏政策，会将文物藏品局限在狭隘的历史时段或狭隘的社会生活方面。也有一些博物馆热衷于通过拍买收购等方式，征集一些与本地区历史文化无关的“高档次作品”。这类文物藏品虽然具有良好的欣赏价值，但是对于一座城市的博物馆而言，如果它们没有实证城市历史演进的功能，与应讲述的城市故事无关，即使有很大的收藏数量，或具有很高的审美价值，都无法建立起系统、翔实和丰富的历史叙述。目前一些博物馆的文物藏品资源利用率不高，部分文物藏品由于博物馆展示场所有限无法展出，更多的是博物馆对文物藏品研究不足而不能轻易展出。同时，博物馆藏品缺少馆际交流。尽管不少博物馆的文物藏品数以万计，但是真正面世展出的文物藏品数量较少。

埃及国家博物馆有着辉煌的历史，但是在经历了百年沧桑后，原先设计5000件文物的展出空间不敷使用，使得多数重要的文物藏品只能沉睡在地下室和仓库中。有的文物藏品几乎没有对外展示的机会，甚至博物馆的工作人员，也无缘看到本馆的一些藏品，似乎文物藏品研究只是博物馆少数参与者的事，馆内外针对文物藏品合作研究的项目极少开展。现在很多文物藏品被称为“死亡式地收藏”，也就是说，博物馆的管理和经营停滞在收集－入库－优先展出，有没有人参观无所谓。“这样就使博物馆不能被公众充分地使用，也不能处于公众的广泛监督之下。”[3]另一方面，博物馆藏品也存在不合理利用的问题，新年伊始，奥地利联邦审计署对维也纳科技博物馆、维也纳艺术史博物馆、奥地利美景宫国家绘画馆和维也纳阿尔贝蒂纳版画收藏馆开展了审计工作。据奥地利联邦审计署的工作报告称，上述博物馆在联邦博物馆改制至今仍没整理出应属国家财产的藏品清单。针对这些问题，奥地利联邦审计署加强了对这些博物馆的审计。[4]

对于博物馆的可持续发展而言，文物征集工作是补充博物馆藏品，并使之有序增加的主

---

[1] 中国博物馆协会：《国家一级博物馆运行评估报告》，《中国文物报》，2011年6月22日，第3版。

[2] 郭长虹：《社会发展与博物馆社会服务观念的变革》，《博物馆观察：博物馆展示宣传与社会服务工作调查研究》，学苑出版社，2005年9月，第132页。

[3] 宗禾：《“保险箱”有点不保险》，《中国文化报》，2010年1月22日，第2版。

[4] 王娟：《奥地利加强博物馆审计》，《中国文化报》，2010年2月23日，第4版。

要途径之一，是博物馆重要工作的职能，也是博物馆发展的动力源泉。但是，对于文物进行系统征集、规范整理、深入研究，在大多数博物馆都没有得到普遍的重视。事实上，文物征集是博物馆利用社会和经济手段增加文物藏品的一种方式，是国家保护文物标本、汇集博物馆藏品必不可少的手段。博物馆应不断总结文物征集工作的经验，研究行之有效的方法、措施和手段，不断扩大博物馆藏品的来源及收藏途径，提高博物馆藏品的数量和质量，为博物馆发展提供更丰富、全面、详实的文物藏品，使博物馆更好地服务于社会公众。特别是面对当前民间收藏升温和文物走私猖獗的情况，应鼓励有条件的博物馆恢复深入社会各个阶层主动征集文物的优良传统。如此一方面能够以正常价格使较多的文物标本进入博物馆收藏，而且能够更好地宣传国家的文物保护法规和政策。

专题征集收藏是博物馆为了学术研究、陈列展示需要，针对特定内容的文物标本，主动、深入地进行征集，有计划地补充一定主题文物的一种征集方式。例如近年来，在中国妇女儿童博物馆、中国文字博物馆等博物馆的筹建过程中，国家文物行政部门向全国文物系统发出征集相关文物的通知，对征集文物的内容、渠道、方式等均做出详细的规定。随着社会的发展，许多传统习俗正在被现代观念所代替，与传统习俗相关的物品也日趋减少，搜集、挖掘、抢救这些珍贵文物，是博物馆应担负的历史责任。[1] 例如中国徽州文化博物馆的文物收藏，除有陶瓷、青铜器、玉器、杂项、古籍图书等之外，歙砚、徽墨、徽州三雕、新安书画、徽州文书等各种文物数以万计，成为该馆的特色文物藏品。因此，中国徽州文化博物馆注重这些特色文物藏品的汇集。

20 世纪 90 年代以前，社会各界民众发现出土文物等，主动送交博物馆的情况比较普遍，博物馆里用于征集文物支出的经费都是具有奖励性质；90 年代以来，随着社会经济的快速发展，人们的经济收入迅速增长，“收藏热”日益高涨，各地艺术品市场蓬勃兴起，社会民众送交文物数量急剧减少，加上博物馆经费投入明显不足，博物馆征集文物数量较少。近年来，博物馆加大了经费投入，征集人员主动寻找重要文物线索，所征集的文物藏品不但数量多，珍贵文物藏品的比例也明显上升。陕西历史博物馆自从落成开放之际，就在保管部下设立文物征集科，负责对社会流散文物进行征集，同时对征集来的文物进行分类、登记，制作藏品档案。2005 年机构改革，陕西历史博物馆又专门成立了文物征集处。现有约 37 万件文物藏品的陕西历史博物馆，20 年来通过征集方式增加了 1.2 万多件文物藏品。[2]

博物馆的藏品征集是一项专业性、科学性、社会性很强的工作，应该根据博物馆的使命和环境条件等，形成具有特色的、远见的、系统的、科学的、持续的文物藏品征集战略，形成切实可行的文物藏品资源整合思路和做法，制定适合博物馆性质、特点和实际情况的阶段性和长远性的征集目标，并从制度、经费和社会环境等方面入手予以系统解决。博物馆通过文物藏品清理，掌握馆藏文物空白和业务需要，针对馆藏文物构成中的缺项和薄弱环节，根据博物馆自身定位，重点突出收集文物藏品的范围，并且还要进行充分的公众调查，以了解

[1] 黄琛：《漫谈博物馆宣教服务体系建设》，《中国文化报》，2008 年 7 月 4 日，第 6 版。
[2] 杨彦：《寻觅散落世间的记忆》，《人民日报》，2011 年 8 月 23 日，第 12 版。

社会需求，根据社会需要有针对性地征集文物，所征集的文物，既要具有一定历史价值、科学价值和艺术价值，还要反映典型性、具有代表性的地域文化特色。

文物资料浩如烟海，但是并不是所有的实物都能成为博物馆的藏品。每一座博物馆都应该科学界定文物藏品的征集方向，制定适合本馆性质、特点和实际情况的征集目标，形成独具特色的文物藏品核心序列，建构具有代表性、典型性的文物藏品体系，从而提升博物馆文物藏品的整体质量。不加选择地征集文物藏品，对于任何一座博物馆的财力人力都难以承受。因此，任何博物馆的文物藏品征集都应掌握适当限度，不能仅以数量取胜，避免收藏数量过多、收藏范围过宽，这样不仅有悖于博物馆的性质和任务，而且会造成与其他博物馆之间不必要的竞争，以及文物资源的浪费。不征集和收藏与本博物馆性质和任务无关的文物藏品和资料，不与其他更加需要文物藏品的博物馆竞争，是每一座博物馆均应遵守的职业道德。[1]

文物包含和承载着各种社会历史文化信息，诸如历史背景、流传经过等都蕴含其中，征集人员应详尽全面了解所征集的文物，严格做好原始记录，例如文字笔录、摄影、摄像、录音等，并且确保记录的真实、可靠、完整、准确。在开展文物征集活动时，征集人员要按照博物馆拟订的文物征集计划和方案，有目标、有针对性地进行文物调查。博物馆无论是通过何种方法方式征集的文物，为了确保文物入藏质量，运用经费得当，均须符合文物征集相关的各项规章，做到文物征集手续完备，征集的文物没有权属纠纷，价格没有异议。所征集文物应经核实后，登记进入博物馆文物征集账册。文物的征集从信息的收集、真伪的鉴定、价值的评估、最终的征集、入藏后的建档都应有章可循，有序实施。只有严格按照文物征集程序，才能防止和杜绝在文物征集过程中可能发生的漏洞。

文物藏品是博物馆存在与发展的前提和基础，文物藏品的特质和品质，以及是否具有一定的体系，决定着博物馆的发展方向与自身特色。法国博物馆十分注重谋求整体发展布局的系统性与多样性，发挥优势，挖掘潜力，合理有效利用文物藏品资源，使每座博物馆均呈现出不同的风貌。巴黎是享誉世界的浪漫之都，也是名副其实的博物馆之城，众多各类博物馆犹如珍珠般散落于巴黎的大街小巷。一座座或大或小，或综合或专题的博物馆精彩独特，令人流连忘返。纵观巴黎的博物馆群，给人们感受深刻的还有博物馆的合理布局，每座博物馆均有明确的藏品收藏范围。正是由于定位清晰，征集方向明确，博物馆不仅能够集中有限的资金收藏最适合本馆发展所需要的文物藏品，而且可以集中人力、物力、财力做好文物藏品的保护与研究工作，据此组织特色鲜明的永久性陈列展览和丰富多彩的临时性陈列展览。经过不断的发展与调整，经过长期的积累与充实，众多的巴黎乃至法国的博物馆更具魅力。

如今，经过几次对博物馆藏品或分离或合并的有效整合，在巴黎全市几乎没有内容重复的博物馆。例如在20世纪60年代末期，多数巴黎人提出卢浮宫艺术博物馆的展览应以古典艺术作品为主，蓬皮杜艺术中心的收藏应以现代作品为主，但是众多法国19世纪的油画、雕刻却没有一个专门的收藏、展示场所，因此向政府建议建立一座专门展示19世纪艺术品

[1] 安莉：《谈博物馆近现代文物收藏原则和标准》，《中国博物馆》2006年第2期，第38页。

的美术馆。1971年，奥塞博物馆成立，文物藏品的一部分自卢浮宫艺术博物馆转来，印象派作品则由印象主义博物馆捐赠。1974年，印象主义博物馆又将部分旧藏转到奥塞博物馆。这样奥塞博物馆的收藏范围从1848年巴黎二月革命起到1914年第一次世界大战前止，包括绘画、雕塑、海报、服饰配件在内的多种美术品，足以展现19世纪法国艺术的发展轨迹及成就。再如于2006年6月落成的巴黎盖布朗利博物馆，是将巴黎人类博物馆、非洲和大洋洲博物馆两个馆的藏品整合在一起，成为主要展示亚洲、非洲、美洲、大洋洲有关人类生产、生活、宗教、艺术等方面用品的博物馆。[1]

关于“卢浮宫收藏《八骏图》”的争议曾引起关注。2006年9月，一位青年画家准备在北京举办画展，背景材料介绍其作品《八骏图》2005年8月被卢浮宫艺术博物馆收藏。但是，就在画展开幕的前一天，卢浮宫艺术博物馆发表公告，声称该画在任何时候都不会被该馆收藏，卢浮宫艺术博物馆从未将画作提交收藏委员会进行讨论。“鉴于作品永远不可能在卢浮宫展出，如果想收回作品的话，画作者对该画仍具有处置权，卢浮宫已做好归还此画的准备。”原来，该青年画家持自己的画作来到卢浮宫艺术博物馆，表示要捐给博物馆收藏。接待他的博物馆有关部门负责人告知卢浮宫艺术博物馆不收藏亚洲艺术品时，画作者提出要把画作送给馆长。当该部门负责人代收画作，并出具收条时，严肃指出画作“在任何情况下都不能被视作卢浮宫的收藏品”。但是，此后10多家媒体未经核实，就发布了“卢浮宫收藏《八骏图》”的消息，直到画作者办画展，仍把这个消息当作事实进行宣传的时候，卢浮宫艺术博物馆不得不正式发表公告，予以澄清。[2]

联合国教科文组织《关于保护可移动文化财产的建议》指出，“可以在采取一切应有预防措施的情况下向负责对付盗窃、非法贸易及赝品流通的国家和国际机构提供必要的情报”。并指出，“视情鼓励利用当代技术提供的谨慎方法对文化财产进行标准化鉴定”。在我国，自古以来就有仿古工艺，宋代更有了成规模的仿制，到民国时期形成普遍高潮，但是从来没有像今天这样普遍。虽然仿古工艺品有其存在的合理性和价值，例如对于博物馆无法收藏的珍贵文物进行仿造展示，可以起到普及知识的作用，可以避免一些传统工艺技术的失传，可以满足部分喜爱文物又没有经济能力购买文物的普通民众，但是，制作仿古工艺品，如果是为了冒充文物，充当赝品，就没有任何文化意义，而是牟取商业暴利的造假行为。对此博物馆必须要保持警惕，防止赝品进入收藏序列。

1994年夏天，北京潘家园旧货市场出现一批陶俑，经专家初步鉴定为距今1500多年前的北魏时期珍贵文物，对于研究古代先民审美情趣和习俗变迁具有重要价值。为了不让这些珍贵文物损毁散失，专家们建议申请专项拨款及时收购。于是，短短几个月内，博物馆从潘家园旧货市场和各种渠道收购了数百件“北魏陶俑”。“一家博物馆买了三次，花了80万元，另一家博物馆买了两次，花了大概10万元。”[3]但是，当专家重新对这些陶俑进行集体鉴定时，

[1] 隋立新：《法国文化遗产保护与利用的理念与实践》，《中国国际友谊》第七卷，2010年12月，第134页。
[2] 马自树：《文博余话》，紫禁城出版社，2011年6月。
[3] 李婧：《博物馆也有“瞌睡”时》，《文化月刊·遗产》2010年第11期，第19页。

鉴定意见出现了分歧。后经文物部门与警方配合，对此事进行调查。调查结果原来这些所谓“北魏陶俑”，其实是河南孟津县农民制作的仿古工艺品。因此，博物馆必须保持文物藏品的真实性，既要尽可能地征集保护不断出现的文物珍品，同时又不能让赝品混入博物馆库房，以保持文物藏品的纯洁性。

2006 年 2 月，丹麦警方在哥本哈根的一栋私人住所查获一批疑似出土的中国古代文物。丹麦警方随后向我国通报了相关情况，并请求协助查明这批文物是否为中国的被盗文物，以及被盗的时间、地点等情况，以便对持有者审判定罪。为了鉴定这批文物，我国专家专程赴哥本哈根，最终认定这批文物共计 156 件，包括我国新石器至元、明不同时代墓葬的随葬品，其中 1/3 以上属于珍贵文物。从文物的特征判断其主要来源于陕西关中或山西晋南两个地区，也有部分文物可能出土于河南和四川等地。其中陶牛尊、陶象尊两件陶质文物上有楷书“寄寄老人”的文字，为查找具体的被盗地点提供了难得的线索。于是专家赴陕西、山西核查 2000 年以来博物馆藏品的被盗案件，并对博物馆等收藏机构的同类文物进行考察。在西安博物馆调查时，发现该馆收藏的 4 件元代陶器也有“寄寄老人”陶文，与丹麦警方查获的陶牛尊、陶象尊上的陶文一致，这一发现证实了这批文物的确切来源，使这批文物得以顺利从丹麦追回。[1]

当前，越来越多的博物馆基于多角度的深入研究，经过不断探索、实践和创新，从实际出发，开拓文物藏品科学保护和有效汇集的渠道。为了加强青岛市文物藏品管理，提升文物管理水平和能力建设，由青岛市文物局组织邀请的国家文物鉴定委员会专家组，于 2011 年 7 月对青岛市博物馆、中国海军博物馆、青岛啤酒博物馆等 14 家文物博物馆场馆共七大类近 1000 件文物进行评审、鉴定和定级工作。全市共定级珍贵文物 483 件，其中一级藏品 44 件。中国海军博物馆 101 号驱逐舰、245 号鱼雷快艇、轰侦 5 型 82025 号等 17 件军事文物被定为一级文物。青岛啤酒博物馆的糖化锅、发酵桶、德国啤酒厂厂房图纸等 6 件工业遗产类藏品被定为一级文物。[2]

文物收藏单位之间经过主管部门的批准，通过调拨、交换、借用等方式调剂藏品，并适当给予提供方合理的补偿，补偿费用完全用于保护工作，这在实践中被证明是一个比较可行的办法，对有效改善馆际交流、促进文物的合理利用和改善文物收藏条件，具有一定的积极作用。青岛市文物商店在市场经济环境下，本着对历史负责、对文物负责的责任感和使命感，为青岛市博物馆保留了一批具有较高价值的珍贵文物，实现了文物保护成果为全民共享。2011 年 8 月，322 件珍贵文物从青岛市文物商店出库，成为青岛市博物馆的永久收藏。其中，202 件文物为国家三级以上文物，包括 5 件一级文物和 42 件二级文物。这些文物绝大多数于 20 世纪 60 － 70 年代进入文物商店库房，由于其价值珍贵，青岛市文物商店始终没有投入市场进行流通。此次是近 20 年来青岛市文物商店藏品首次成批移交青岛市博物馆。[3]

[1] 宋新潮：《“寄寄老人”考》，《文物》2011 年第 10 期，第 77 页。
[2] 毛公强：《青岛：近千件文物重新定级》，《中国文化报》，2011 年 7 月 26 日，第 2 版。
[3] 毛公强：《青岛：文物商店珍宝安家博物馆》，《中国文化报》，2011 年 8 月 18 日，第 2 版。

接受捐赠文物是增加博物馆藏品的一个重要途径之一。应积极倡导社会团体或个人提供各种文物征集线索信息和文物捐赠渠道，鼓励社会团体或个人向博物馆捐赠、送售或捐售文物。博物馆应根据其文物价值，合理予以经济补偿，而对于向博物馆捐赠文物的社会团体或个人，予以表彰奖励，并颁发“捐赠文物荣誉证书”，在媒体上予以宣传报道，还要建立专门的文物捐赠档案，总结征集文物的成果，并举办专题展览。这些既是对社会的回报，也是对捐赠者的感谢和尊重。例如 2010 年 5 月首都博物馆举办的“收获·十年——首都博物馆征集、接受捐赠文物展”，展出的是从该馆 10 年来征集、接受捐赠的 3 万件（套）文物藏品中精心挑选出的 150 多件（套）典型文物，是对十年来首都博物馆所征集、接受捐赠文物藏品的回顾展，对于展出的捐赠文物，明确标出了捐赠单位、团体的名称或捐赠人的姓名等信息，以示纪念和敬意。

每个博物馆都有责任了解和掌握社会文物收藏的情况，积极主动地开展文物征集宣传，扩大文物征集的影响。应鼓励主动捐赠文物，对于文物捐献者给予精神和物质奖励，充分利用多种媒体广泛宣传，形成全社会积极参与文物保护的良好氛围。对捐赠文物数量多和价值重要者，设立专门展览，甚至设立专门博物馆进行宣传。例如包玉刚长女包陪庆得知家乡要建设宁波帮博物馆的消息后，以最快的速度收集了一批父亲生前物品进行捐赠。她在捐赠仪式上表示：“我这样做的目的就是希望有更多的宁波后人可以和先辈一样，将宁波帮勤俭、建业、持恒的精神发扬光大，努力创业，诚实守信，爱国爱乡。”这些捐赠物品中有包玉刚生前使用的书桌、座椅、床等，最引人注目的是一个仪舵器，它见证了一段风起云涌的历史。通过两年多的努力，宁波帮博物馆在香港、台湾以及美国、日本等宁波籍人士的热心支援下征集到了大量珍贵史料实物。[1]

老舍故居位于北京市丰富胡同 19 号，1950 年老舍先生在经历了山东岁月和美国风雨后，应周恩来总理之邀回国并购买了这处房产，在这里度过了生命中的最后 16 年，《龙须沟》、《茶馆》，以及未完成的自传体小说《正红旗下》等 24 部著作都在此完成。1954 年春天，老舍先生在这个小院中亲手栽下了两颗柿树，每年秋天树上坠满沉甸甸的柿子。小院是典型的北京二进三合院风格，大门坐西朝东，被称为“丹柿小院”。进入 20 世纪 90 年代，几乎天天都有人怀着敬仰和虔诚的心情到小院访问。1997 年胡絜青女士和老舍子女将“丹柿小院”房产捐献给了国家，促成了 1999 年老舍纪念馆的正式开放。至 2010 年，老舍子女先后捐赠老舍先生的藏书和印章、书信、衣服、日用品，老舍先生和胡絜青女士部分藏画，老舍作品中外各种版本，以及硬木家具等，使老舍纪念馆的藏品达到 1903 件套。[2]

近年来，伴随我国的综合实力与日俱增，许多流失海外的珍贵文物陆续回归。从 2002 年开始，国家财政第一次设立了“国家重点珍贵文物征集专项经费”，对于流失海外或民间的珍贵文物进行重点征集。例如 2002 年以 2999 万元购回散佚日本多年的北宋米芾的行书《研山铭》，并在故宫博物院存放保护，这是国家设立重点珍贵文物征集专项经费后收购的第一

[1] 李宏、鲍蔓华：《海外游子故乡的家》，《人民政协报》，2009 年 10 月 22 日，第 A3 版。
[2] 冯朝晖：《奉献与守望》，《中国文物报》，2011 年 8 月 5 日，第 3 版。

件文物珍品。2003年，故宫博物院以2200万元购回散佚民间的故宫旧藏《隋人书出师颂》。2003年，引起海内外广泛关注的书法国宝《淳化阁帖》最善本四卷被上海博物馆以450万美元从美国收藏家手中购回。上海博物馆一直致力于海外珍贵文物的抢救回流，特别是在青铜器、竹简、明代家具等方面令人瞩目。

21世纪，科学技术突飞猛进地发展，应成为提供博物馆藏品最为丰富的世纪。伴随水下文化遗产保护和考古发掘工作的展开，珍贵的水下文物不断呈现。例如明万历年间，一艘满载着瓷器的商船，沿古代海上丝绸之路航线至南澳岛附近海域时突遇风暴，沉没于27米深的海底。2007年5月，这艘沉睡了460余年的明代古沉船得以发现，成为古代海上丝绸之路上又一实物例证。其中船载文物主要为明代粤东或者闽南及江西一带民窑产青花瓷，数量在万件以上，是一座罕见的海底宝库。此后，水下考古队员详尽掌握了"南澳Ⅰ号"沉船附近海底地貌的平面和剖面。2009年10月，"南澳Ⅰ号"明代古沉船打捞工作正式拉开帷幕，按照水下考古作业流程，逐层进行考古清理、测绘、摄影和文物提取工作。[1]

文物藏品的完善是一个动态的过程。由于科学技术转化为生产力的周期不断加快，现代物品的消失极为迅速，出现了时代越近、物品的淘汰率越高、文物的幸存率越低的现象，这就提高了现代物品收藏的紧迫性。目前，越来越多的博物馆将文物保护的目光伸向可持续发展的未来。与欧洲博物馆大多数都拥有历史积累不同，美国有很多成立时间不长的大型博物馆，虽然资金充足，但是文物藏品缺乏，主要途径就是通过市场化的大量购买，通过古董商和拍卖行的渠道增加收藏。早在20世纪50年代末，当现代派绘画遭冷落的时期，古根海姆精心收藏现代派绘画作品，并为这些作品找到了归宿。这些往事折射出古根海姆博物馆是为了明天的艺术而努力，为了艺术的创新而发展。如今纽约古根海姆博物馆，已不仅仅是狭义的现代艺术博物馆，更成为国际文化交流的中心和艺术教育的机构，而它所秉持的鼓励创造性艺术的理念，却始终没有改变。

首尔历史博物馆设立于2002年，作为一座年轻的博物馆，确立了有别于综合博物馆的城市博物馆的定位，集中展示首尔的历史和城市发展史，并从2009年开始实施"博物馆再诞生"计划，一是不仅关注文物本身，更关注文物的生产、流通和利用的空间、社会和文化脉络；二是关注生活的所有过程和环节，不仅是文化艺术，而且生活、消费和流通的所有环节都是关注对象；三是不仅关注稀有性和卓越性，作为生活的证据，其真实性成为判断尺度。不仅是较遥远的过去，而且不久前的过去也都成为尊重的对象，为后代记录和保存现在，也是重要目标。另外，所关注对象也不仅是特别的、别出心裁的东西，而是日常的、与社会民众的日常生活息息相关的一切，就使生活史也成为博物馆所关注的对象。因此，首尔历史博物馆收集文物藏品的范围和对象不断扩大，积极收集近现代资料，提出"现在就是历史的现场"的宗旨和"未来文物"的概念，收集刚刚过去的近一段时期的遗留物和现在产生的各种资料。[2]

[1] 李刚：《海底宝藏460年后被唤醒》，《人民日报》，2009年10月23日，第6版。
[2] 康泓彬：《首尔历史博物馆的"再诞生计划"》，《中国文物报》，2010年9月22日，第6版。

博物馆的收藏不应仅仅包括“奇珍异宝”，一些物品虽然貌似平凡，从文物市场的价值观念看并不昂贵，但是却能够很好地说明城市的历史文化特点，具有见证历史的独特作用，承载不可或缺的珍贵记忆。这些物品也应该被列入博物馆收藏范围。近十年来，北京发生了很多轰动全国的事情。奥运会申办成功、非典肆虐京城、奥运会的成功举办、国庆60周年民众游行……首都博物馆随时关注这些众所瞩目的历史事件，及时开展了这些事件的文物征集工作。[1] 同时，在工业遗产调查中，首都博物馆重点调查了京西门头沟煤矿（1883－2000年）、清河毛纺厂和制呢厂（1905－2006年）、石景山钢铁厂（1919－2010年）、北京火柴厂（1905－2006年）、北京焦化厂（1951－2006年）。目前已经收集了20世纪初清政府从国外引进的工业设备、詹天佑主持修建京张铁路的铁轨等工业文物数以百计。

今天，人们不仅仅对帝王或贵族生活好奇，而且更希望了解社会生活的全貌，了解普通民众的喜怒哀乐。2008年春节期间，首都博物馆联合媒体，面向北京市民征集北京的“城市记忆”物件，从家具、生活用品、书籍、服装，到照片、录像、录音、绘画、手稿、日记、论文等实物。经过海选胜出的市民家庭，将有机会带着这些实物和故事，走进首都博物馆的展览大厅，展示自己家庭生活的变迁，以及与生活的这座城市息息相关的情结。这样的征集活动具有更广泛的参与性和娱乐性。索鹏一家就是首都博物馆的热心观众，“索家在北京居住了16代，共360多年历史，积累了很多的文物”。“我们的老宅在两广大街，当时拆迁时看到很多东西瞬间化为尘土，很心疼，总觉得应该留下些什么。左思右想，他们选择将这扇有代表性的院门留存下来，并毫不犹豫地捐给首都博物馆。”[2]

林徽因教授曾说，“我们今天所叫作‘生活’的，过后它便是‘历史’”。过去，在很长的历史时期，博物馆主要是收藏古物，与人们现实生活联系不大。而如今博物馆类型和收藏内容都已发生了重大变化，人们不仅要“为今天而收藏昨天”，而且更多地关注人类的“今天”，“为明天收藏今天”。通过建立一系列反映近现代历史的博物馆，可以拉近博物馆与民众的时空距离，增强亲和力。例如河南省文物局发布了《关于开展当代文物征集工作的通知》，决定在全省范围内开展当代文物藏品征集工作。首都博物馆的立足点是充分展示北京的地域文化特色，注重收集1840年以来北京城市发展方方面面的实物资料，这也是现在为未来保存历史。当夏利出租车出现在北京市场时，首都博物馆收藏了一辆全国劳模于凯驾驶过的夏利出租车，目前已经先后收藏了骡车、人力车，以及“黄面的”，这些藏品勾勒出一幅北京城市交通发展的立体图景，也使普通市民参与到博物馆的收藏工作中来。

（此文发表于《东南文化》第48辑，2013年9月）

[1] 刘金丽、任晓宁：《十年收获不寻常》，《人民日报》海外版，2010年6月25日，第15版。
[2] 司晋丽：《博物馆：生活可以更深沉》，《人民政协报》，2010年5月21日，第C1版。

平安瑞聚

——两岸故宫合作平稳推进

10月7日，应台北故宫博物院冯明珠院长的邀请，以单霁翔院长为首的北京故宫博物院代表团一行5人赴台，出席两岸故宫联合举办的“十全乾隆——清高宗的艺术品味特展”开幕式，并就未来两岸故宫合作交流的事宜进一步商谈。回京后，单霁翔专为本报撰文，介绍双方合作进展情况。

近年来两岸故宫保持高层间密切联系和互访，共同制定双方未来合作方向。2009年，两岸故宫达成合作交流的“八点共识”。

2012年两院领导层都有了新的变化。2013年1月21日至24日，台北故宫博物院冯明珠院长率团访问北京故宫博物院。双方总结了过去四年合作交流的经验，就未来进一步开展合作进行了展望。2013年4月18日至22日，我率团对台北故宫博物院进行了回访。双方以“八点共识”为基础，商讨两岸故宫未来合作计划，就2013年至2015年合作交流的具体内容进行了深入务实的沟通，达成了重要共识。例如：2013年10月两岸故宫再次联合举办“十全乾隆——清高宗的艺术品味特展”、2013年11月在北京举行配合乾隆展的“第四届两岸故宫学术研讨会”，以及2015年两院故宫联合共庆故宫博物院成立90周年等具体合作内容。

今年年初，冯明珠院长来访时讲到，经过近四年的来往，两岸故宫进行了真诚的合作与交流，彼此有了进一步的了解和信任，双方都获益很多，企盼这种良性互动能够继续下去，期待双方的交流能够更加深入和持久；而我说，今天“我们双方的见面少了一份寒暄，多了一份心照不宣”。今年4月我们回访台北故宫博物院时，赠送的是郎世宁的《平安春信图》高仿品，冯明珠院长回赠的是郎世宁的《聚瑞图》高仿品，双方以“平安聚瑞”来形容当时的会面。时隔半年，10月7日两岸故宫的文物也在台北故宫博物院“平安聚瑞”向观众展出。而这四个字也正是目前两岸故宫各项合作的真实写照。

两岸故宫院长的互访，充分反映了双方对深化彼此间务实交流的重视。互访的代表团成员均为重要部门的负责人。双方的交流已由2009年以来的相互摸底试探发展到了机制化和常态化的新阶段。

目前，双方各项交流进展顺利。主要有以下项目：一是最受关注的“十全乾隆——清高宗的艺术品味特展”。二是为配合“十全乾隆——清高宗的艺术品味特展”，两岸故宫第四届学术研讨会将于2013年11月8日至10日在北京故宫博物院举行。三是2015年的“紫禁城故宫珍藏历史照片特展”。北京故宫博物院正在整理相关目录，双方将就展览策划模式以及内容进行进一步沟通。四是北京故宫博物院已接收到台北故宫博物院寄来的200册1960年以来台北故宫学术出版物，并回赠珍贵学术出版物42册。五是两岸故宫以最惠方式相互利用影像资料，双方在展览背板、学术著作中均大量利用着对方影像资料；仅2013年前9个月双方相互使用的影像及授权就达84件。同时，两岸故宫的学者交流一直顺畅而便利，也是两岸故宫交流和谐稳固的标志。

此外，目前两岸故宫还在数字技术应用、文创产品开发、宣传教育活动、科学研究项目、图书资料出版等方面着眼未来，积极合作交流。例如在数字技术应用方面，北京故宫博物院资料信息部下设数字应用研究所，利用多媒体技术制作故宫数字化影像，此次“十全乾隆——清高宗的艺术品味特展”上，在展厅的演播室中，就播放着北京故宫博物院制作的“数字化故宫——倦勤斋”影像。通过多媒体技术将这些深藏在北京故宫内，空间狭小却又极为精致的宫殿建筑展示给大家。

再有，台北故宫博物院的文创产品研发一直走在前列，衍生商品的种类繁多、创意独特。特别是最近深受大家喜欢的“朕知道了”文创产品。这些都值得北京故宫博物院学习借鉴。两岸故宫保存有同根同源的文物，如何利用这些宝贵的资源研发出深受观众喜爱的衍生商品，进一步满足人们对文化商品的需求，值得关注。为此，今年12月北京故宫博物院王亚民副院长将率相关部门的负责人赴台，专门考察学习台北故宫博物院在文创产品研发方面的经验。

目前台北故宫博物院的文物藏品不能到大陆展出，是一个遗憾，尤其是在博物馆文化交流方面。但是，这不是仅靠两个博物馆努力就能办到的，需要社会各方面的关注和支持。我们愿意与台北故宫博物院开展各种形式的展览合作以及围绕展览的学术交流。以《清明上河图》为例，众所周知，北京故宫博物院珍藏有宋代张择端所绘的《清明上河图》，而台北故宫博物院藏有清院本《清明上河图》，双方可以此为主题展开学术交流；也希望有朝一日，两岸故宫所藏不同版本的《清明上河图》能在北京合璧展出。

两岸故宫不仅文物同根同源，而且两座博物馆在两岸民众社会生活中都拥有不可替代的特殊影响力，在促进两岸民众的文化认同、维系两岸民众情感纽带方面具有先天的优势。双方合作对融会中华民族的血液，传扬民族文化的精神具有重要意义。

（此文发表于《光明日报》，2013年10月19日，第12版）

云卷云舒存高洁

——纪念孙瀛洲先生诞辰 120 周年

孙瀛洲先生是我国文博大家，对故宫博物院和中国古陶瓷研究做出了杰出的贡献。在先生诞辰 120 周年之际，故宫博物院通过举办相关纪念活动，追忆先生其人其事，探讨他的学术思想，学习他的爱国义举，无疑具有重要的现实意义和历史意义。

孙瀛洲（1893 — 1966 年），河北冀县人，我国著名的古陶瓷收藏家、鉴定家，第四届全国政协委员。1906 年到北京，曾先后在“同春永”、“宝聚斋”、“铭记”等古玩铺任学徒、伙计、采购、副经理等职。他聪明好学，积累了丰富的文物基础知识。1923 年在北京东四南大街创办了自己的古玩铺“敦华斋”，因研究深入，经营有方，成为北京著名的古瓷经营者。1956 年，孙瀛洲先生陆续向故宫博物院捐赠了 3000 余件文物，丰富了故宫博物院的收藏。也是在那年，作为花甲之年的老人，孙瀛洲先生欣然接受了故宫博物院的聘请，开始了他“故宫人”的生活。

孙瀛洲先生捐赠给故宫博物院的这批文物非常珍贵。经统计，珍贵文物 2200 余件（一级文物 26 件），占捐赠文物的近 80%，其中如唐代“千峰翠色”般的越窑青瓷、“类银似雪”般的邢窑白瓷，宋代的官窑盘、葵瓣口洗，哥窑的弦纹瓶、双耳三足炉以及明清各朝的名品重器，均属难得一见的珍品。明代成化斗彩三秋杯造型轻灵娟秀，胎体薄如蝉翼，是目前已知传世及出土成化斗彩瓷器中绝无仅有的，更是珍品中的珍品。从文物门类上看，这批文物也十分丰富，除了 2100 多件陶瓷外，还有漆器、珐琅器、雕塑、铭刻、文具、铜器、玉石器等多个门类。另外，值得注意的是，这批文物中有一些本为清宫旧藏，由于各种原因流散在外，经孙瀛洲先生的努力，而最终得以回到“自己的家”。

先生收藏的这批文物来之不易，倾注了其全部的心血和精力。时值中国多事之秋，国家内忧外患，社会满目疮痍，先生生活极为简朴，但是为了收藏这些历史文化的瑰宝却不惜重金，全力购藏。正是先生对这些文物的热爱以及对国家的无私奉献才使得我们在今天依然可以欣赏和研究这些中华民族的文化精华。

1956 年，故宫博物院聘请孙瀛洲先生到院工作，先生曾言：“活到 60 多岁，没想到还能为人民做一点事，内心是很乐意接受这一工作任务，并愿意把我几十年在文物认识上的一点经验贡献给祖国的文化事业。”正是怀着这份炙热的热情，孙瀛洲先生把生命的最后 10 年毫无保留地奉献给了故宫博物院和他所热爱的文化事业。

面对故宫博物院收藏的几十万件陶瓷藏品，先生如鱼得水，竭力奉献，带领故宫陶瓷专业人员做了大量整理和鉴定工作。他结合工作经验，从 10 个方面用数千字总结了博物馆工作者应该注意的文物安全保护知识。在当时，对于规范故宫博物院从业者的工作行为，提升业务能力发挥了重要作用。即使时至今日，也依然有着重要的参考借鉴作用。这本先生手写的《安全手册》至今完好地保存在故宫博物院。先生重视陶瓷理论研究，将自己的鉴定知识经验加以总结，撰写了大量精辟的阐述文物鉴定与辨伪的论文，如《谈哥汝二窑》、《元明清瓷器的鉴定》等。这些文章所归纳总结的鉴定经验，至今对古陶瓷鉴定和研究具有重要的指导意义。

先生虽出身古玩行，但未被古玩行盛行的“教会徒弟饿死师傅”的陈腐观念所束缚，而是把自己多年摸索总结的知识、经验倾囊相授，对院内年轻专业人员的业务成长付出巨大心血。据耿宝昌先生回忆，先生经常把自己的稿费拿出来买一些书送给年轻专业人员，甚至有时生病在家休息，还会邀请年轻专业人员到他家，为其讲解古陶瓷鉴定的重要知识以及平时的工作经验。先生的言传亲授，为故宫博物院培养了一大批高素质的专业人员，如耿宝昌先生、叶佩兰女士、王莉英女士等业已成为我国陶瓷界的大家。新中国成立初期，正是在以先生为代表的老专家们的带领下，故宫博物院的人才队伍得到很好延续，为各项业务工作的开展打下了坚实的基础。

时间无情地冲洗着过去，先生虽然离开我们四十多年了，但是先生留给我们的宝贵财富是时间无法磨灭的。这位优秀的“故宫人”用实际行动感动了他的那个时代，现在依然激励着我们这个时代，将来还会不断地鼓舞后来者。先生捐赠的这3000余件文物珍品故宫博物院会妥善保管，并且会完好地保存下去，永远为先生和我们所热爱的文物事业服务。先生所体现的精神也将激励着现在的“故宫人”不断进取，为早日实现故宫博物院的健康稳定发展贡献自己的全部心力。

（此文发表于《紫禁城》2013年别册，第7页）

我国博物馆市场营销的探索

在我国，过去博物馆常年在计划经济模式下运行，从下达任务、拨付经费、筹办展览，到最后通过审查，基本不需要博物馆考虑经济效益。于是，博物馆事业的发展对财政拨款有较强的依赖性，缺少在市场经济条件下生存发展的意识。改革开放以后，博物馆需要面对诸如编制预算、政府采购、协议合同、财务审计等问题，既有法律问题，又有经济问题。在很多方面都从计划经济模式，转为市场经济模式，这些对于博物馆管理者和专业人员均是挑战。总体来说，博物馆市场营销发展较慢，博物馆业务活动与博物馆相关文化产品研发等联系得不够紧密。

长期以来，博物馆市场营销活动，被误解为是应对财政投入不足的权宜之计，一直处于可有可无的地位，或没有负责博物馆市场营销的部门，缺乏经营人才；或将其归入后勤服务部门，负责处理一些公众事务和广告业务；或将市场营销看作博物馆的副业，视为安排机构改革后闲置人员的岗位。更有不少博物馆选择风险小、见效快的场地出租和转手承包方式，承包经营情况往往脱离博物馆管理，致使众多博物馆商店等，出现经营不善的问题。造成博物馆市场营销发育不良的主要原因，既包括政策法规缺位、管理机制滞后，也包括缺少创新意识、研发工作滞后，还包括缺少资金支持、缺乏专业人才等。

1978 年为满足馈赠礼品需求，全国首家博物馆工艺品销售部在上海博物馆诞生，当时主要经营图书、明信片、陶瓷、青铜器的复制品，由于曲高和寡，文化产品虽好却没有市场，每年销售额只有 10 万元左右。20 世纪 90 年代，在市场经济大潮的涌动下，我国一些博物馆开始将市场营销的理念与方法应用到文化产品研发中来。上海博物馆是这方面的先行者，300 平方米的上海博物馆商店开始营业，当时经营的商品主要以引进旅游纪念品为主，消费额上升至 100 万元。1996 年上海博物馆于新馆建成开放之际，成立了艺术开发公司，该公司为独立法人单位，实行独立核算、自主经营、自负盈亏，为市场营销发展搭建起新的平台。

经过 10 余年的发展，上海博物馆艺术开发公司在经营中形成了自主设计、制作和销售的一条龙产业链，其周围聚合了几十家加工制作企业，不断推出全新的博物馆文化产品，减少引进旅游纪念品的比重。公司对每件文化产品实行跟踪监管，严把质量关，已经具有一定品牌效应。“我们的每个商品上都有上海博物馆的标志，很多人就是冲着这标志来的。随着后续发展我们肯定要申请商标和知识产权。”该公司现有 800 多平方米的营业面积，自主研发设计的系列文化产品 400 余种，占总销售额的 50%。近年来上海博物馆艺术开发公司在上海时尚文化地段太仓路开设了精品分店，并成为大英博物馆长期供货的合作伙伴。[1]

目前，上海博物馆的文化产品品类已经达到 3 万多种，图书 8000 种，年销售额升至

---

[1] 李艳：《博物馆文化产品的“N”种解读》，《中国文物报》，2010 年 2 月 24 日，第 5 版。

4000万元。从博物馆小卖部到博物馆专门店，从博物馆礼品到博物馆商品再到博物馆文化产品，销售额从10万元到4000万元，见证了博物馆市场营销和管理理念的发展。2002年10月，上海博物馆还与故宫博物院联合举办了首次博物馆文化产品展览。更重要的是，博物馆的社会效益有了显著提升，在对外文化交流中发挥了重要文化传播功能。80%以上的自主研发文化产品和占8%左右的文物复仿制品，受到了广大观众，也包括一些外国国家元首在内的很多国外参观者的青睐。

我国博物馆界对于市场营销的研究，始于世纪之交。进入21世纪以来，博物馆市场营销在我国逐渐引起业内外人士的关注。全国各地众多博物馆实践正确的市场营销理念，不仅在社会上有力地宣传了博物馆文化以及博物馆事业，传播了博物馆的价值，使越来越多的人走进博物馆、关心博物馆、理解博物馆，进而支持博物馆事业，同时也为博物馆带来了更多的文化藏品征集和可观的经济收入。人们逐渐认识到，负责任的市场营销是努力体现博物馆的文化内涵，保持博物馆的良好形象，保证博物馆可持续发展的重要条件。

2007年9月，有全国25座具有代表性博物馆参加的“全国首届博物馆文化产品研讨会”在广东惠州召开，虽然会议规模不大，但是由于这是我国博物馆界首次召开的专门研讨博物馆文化产品的会议，因此具有标志性的意义，表明国家博物馆管理部门，已经将博物馆的文化产品问题，列入议事日程和管理范围。在北京举办的“2008博物馆及相关产品与技术博览会”，1万余平方米的展览会场，汇集了来自国内外的100多家著名展览公司和相关生产厂家的文化产品，不少新技术、新成果首次面世，既带给博物馆关于市场营销和文化产品方面的启示，也带给观众特殊的文化体验。与此同时，2008年11月中国博物馆学会博物馆文化产品专业委员会在北京成立。

对于我国大多数博物馆来说，没有独具特色的博物馆文化产品，不具备自主研发能力，因而多是外购的小商品和纪念品充斥博物馆商店，这些外购的小商品和纪念品，由生产厂家为各地博物馆同时供货，导致雷同现象十分普遍。长期以来，由于对博物馆自身文物藏品的文化内涵认识不足，对提高文化产品档次重视不够，缺乏正确的市场营销理念和文化产品研发意识，因此不少博物馆的文化产品，还停留在对文物藏品的复仿制品层面，特色不突出，实用性不强，导致许多文化产品的研发与公众的实际需求不符，博物馆市场营销和文化产品的文化传播功能，得不到应有的拓展和延伸。

众多博物馆纪念品与博物馆自身特点缺乏结合，往往与博物馆藏品的文化内涵毫不相关，而是与一般旅游纪念品没有区别。针对我国60座各种类别博物馆的抽样调查显示，从区位分布来看，文化产品研发较好的博物馆大多处于省会城市，而地市级城市极少开展，县级城市几乎没有开展文化产品研发。从区域分布来看，博物馆文化产品产值超过2500万元的博物馆，仅有位于东部地区的数座大型博物馆；全国博物馆文化产品研发总产值近半数来自东部博物馆；中部博物馆文化产品研发整体水平又强于西部。[1]

[1] 李艳：《博物馆文化产品的“N”种解读》，《中国文物报》，2010年2月24日，第5版。

故宫博物院所开展的一次专业性调查结果显示，20.1%的参观者在来馆之前就有购买文化产品的打算，购物预算平均为274.8元。预计购买的博物馆文化产品类别，纪念品为73.8%，食品为12.7%，书籍为5.6%。而实际情况是，49.4%的国内参观者、54.4%的国外参观者光顾了故宫博物院商店。然而，只有18.2%的国内参观者、22.2%的国外参观者购买了故宫博物院文化产品。未购买的原因，51.4%的参观者认为价格贵，14.3%的参观者表示没有喜欢的纪念品。对文化产品的要求，则几乎百分之百的参观者认为应该有中国特色、故宫特色，具有纪念意义。调查结果还显示，虽然故宫博物院已经建立起自己的经营服务网点，也研发了一些具有故宫博物院特色的文化产品，但是与广大参观者的文化需求相比，仍有相当大的差距。[1]

一些博物馆虽然希望挖掘本馆文物藏品的文化内涵，研发独具特色的文化产品，但是由于设计理念陈旧，做工粗制滥造，没有充分考虑参观者的消费心理，与现代时尚相去甚远，因此，符合观众需求的文化精品较少，难以形成市场，甚至产生消极影响，损害博物馆的文化形象。例如秦始皇兵马俑系列产品，虽然符合博物馆的文化特色，理应受到广泛的欢迎，但是却由于知识产权和品牌保护不力，加工制造质量不够细致精美，市场上的大多数复仿制品质量低下，并没有取得应有效果。

经济来源是博物馆生存与可持续发展的重要支撑。然而，博物馆资金的短缺，公共投入的不足，是数十年来困扰博物馆发展的世界性问题。我国博物馆经费投入分为财政全额拨款、差额拨款和自收自支三种方式。然而大多数博物馆都存在经费短缺的情况，政府补助经费通常仅能维持博物馆员工工资，不少博物馆甚至维持日常基本开支都存在困难，一些地处偏远的中小型博物馆，更是需要为了维持生存而奋争，很多市县级博物馆缺乏基本的硬件设施，没有符合标准的文物库房，固定陈列展览常年得不到更新，举办临时展览也存在资金困难。

事实上，一方面即使财政全额拨款的博物馆，长期以来相当部分经费也要靠自筹，一些博物馆每年运行经费的50%－60%靠自身筹措；另一方面人们往往只从公益性方面评价博物馆的社会效益，却很少评价博物馆产生的经济价值，或是仅将经济价值囊括在社会效益之中。因此，尽管博物馆对经济社会发展起到了多方面的促进作用，但是，社会上普遍认为博物馆是国家财政的包袱，是只投入、不产出，或多投入、少产出的被抚养单位。实际上，虽然博物馆的社会功能主要体现在精神、文化等方面，但是即使只算经济账，博物馆也是投入少、产出多的事业单位，而不是财政包袱。

随着市场经济体制的不断完善，国内博物馆市场营销和文化产品研发在发展中，开始由比较单一的模式向更为多样化的模式转变。一是场地出租和员工承包经营模式。这一模式多为中小型博物馆和经济不发达地区的博物馆所采用。二是内部经营模式。这一模式是当前我国博物馆界最为普遍的模式。三是内部经营和公司运作混合型模式。四是公司运作模式。一些资金力量相对雄厚的博物馆将市场营销部分与公益性事业相剥离，成立隶属于博物馆的独

[1] 李文儒：《重视博物馆特色商品的研究和开发》，《中国文物报》，2009年9月23日，第6版。

立公司实体，充分发掘馆内资源优势，办出各自特色。五是博物馆整体公司运作模式。这一模式多为民营博物馆和一些企业主办的博物馆所采用。六是与社会企业联合研发模式。

一些博物馆在市场营销的体制机制方面进行积极尝试。例如湖南省博物馆大胆引入现代制度，在原展览部的基础上成立了展示设计装饰工程公司和文化发展中心，均为独立核算、自负盈亏的博物馆所属企业。展示设计装饰工程公司主要利用博物馆的人才与品牌优势，承揽各种展览设计制作业务，运用市场机制，参与各种项目的招投标工程。文化发展中心则是利用博物馆的自身资源研发与销售文化旅游产品和特色纪念品，生产销售适销对路的文化产品，在市场上形成品牌优势。

湖南省博物馆借鉴国外的一些成功经验，于 2005 年 4 月推出了会员制度，截至 2007 年 12 月共招募普通会员 3736 人，高级会员 55 人。针对不同类型的会员，博物馆开展了大量的会员活动。例如针对普通会员，开展了 18 次对外公众讲座；针对家庭会员，举办家庭日活动 32 次；针对高级会员，举办预展酒会 7 次，文物观赏专场 5 次，参观考古工地发掘现场 2 次，博物馆网站针对博物馆会员开辟了“会员之家”的板块，会员可以在该板块中发表自己的言论，与博物馆内部及会员之间进行交流。博物馆也成功地吸引了大批青年观众和博物馆之友，加强与当地社区民众的沟通。

会员制的推出已经引起了社会各阶层人士的兴趣，产生了较大的社会影响，并且在逐渐实现湖南博物馆的“以会员群体为媒介，搭建了解观众及社会需求的桥梁”的初衷。湖南省博物馆的高级会员制度，是以长沙市现在和将来对博物馆发展建设有直接作用的人士作为发展对象，其中既包括喜欢博物馆文化和文物藏品的社会人士，也包括有助于博物馆市场营销开拓的商界人士。湖南省博物馆聘请这些高级会员作为博物馆评议指导委员会的委员，邀请他们观看文物藏品、出席相关活动，并倾听他们的意见建议，使博物馆发展受益匪浅。

国家文物局于2009年组织对全国博物馆文化产品研发情况进行调研，调研报告指出:“全国博物馆文化产品开发存在同质化和低水平重复生产的现象，直接影响了外界对博物馆文化产品的市场需求。”造成这一局面的一个重要原因，是博物馆缺乏具有市场针对性的文化产品创意设计能力。很多博物馆商店每年的经营收入仍然停留在 80 年代的水平，中小博物馆仅几万元、几十万元，大型博物馆也不过几百万元，全国博物馆商店的经营水平和经济效益始终在低水平上徘徊。此外，很大一部分博物馆在文化产品研发方面还是空白，呈现“零”产值的情况。

目前，已有文化产品研发实践的博物馆绝大部分都是制作明信片、徽章、文物复（仿）制品和部分图书、音像制品等。对于实用性文化产品进行研发设计的博物馆则较少；由于对文化产品所依托的博物馆文化遗产资源没有吃透，对市场把握的能力薄弱，大多数博物馆脱离市场需求，研发出来的文化产品实用性和艺术性均有所欠缺，影响市场营销的效果；又因品种单一不成系列，高档文化产品与大众化消费品层次不明显，从而给消费者留下性价比低的印象，导致文化产品滞销，博物馆文化产品的可持续性研发难以为继。

我国有着数千年的文明史，丰厚的文物资源，深邃的文化内涵影响着全世界。博物馆文化产品研发，依托的是文化遗产资源，吸取的元素亦来源于中华民族优秀的历史文化。基于这样深厚的文化根基与土壤，研发出来的博物馆文化产品，在一定程度上代表着中华民族的悠久历史与灿烂文明。因此，博物馆文化产品研发，对于传播中华民族悠久的历史文化，加强对外文化交流具有重要意义。博物馆文化产品以博物馆资源为基本研发元素，其载体和表现形式多元，但是凝结在博物馆文化产品中的核心内涵，仍然是丰富深厚的博物馆文化知识，不断满足着所有热爱博物馆文化的社会公众需求，满足他们将博物馆及其文化带回家的愿望。

2010 年 2 月，来自全国各地的文物管理机构、博物馆和博物馆文化产品研发服务企业的代表齐聚北京，召开“全国博物馆文化产品开发工作座谈会”。会议认为博物馆文化产品正在成为博物馆事业发展新的增长点，正在成为博物馆获取社会资源的一条重要渠道，正在成为博物馆文化的传播者。会议发出倡议：力争到 2015 年，每个博物馆根据自身藏品和展览研发的文化产品达到 5 种以上，国家一级博物馆达到 10 种以上，中央、地方共建国家级博物馆达到 30 种以上，全国知名博物馆文化品牌达 50 种以上，逐步形成品种齐全、种类多样、特色鲜明、优势突出、富有竞争力的博物馆文化产品体系。

会议提出要积极探索建立“政府倡导，博物馆主导，行业协作，企业参与，商业运作”的博物馆文化产品研发、经营机制。会议还描绘了博物馆文化产品研发的业态蓝图，建立以省级综合博物馆为中心的区域博物馆文化产品研发网络，有效整合中小博物馆资源，形成群体优势；全国博物馆之间实现资源、创意、市场共享，优势互补，互惠互利的合作机制；构建博物馆文化产品创意设计、研发生产、营销推广、衍生产品等环环相扣的产业链；鼓励在条件成熟的地区建设博物馆文化产品交易中心、创意园区和生产基地，形成产业聚集。

座谈会的与会者就博物馆文化产品研发的技术、服务和管理的标准化建设等问题发布了《关于加强博物馆文化产品开发的倡议书》，为博物馆文化产品研发指出了方向和目标。同时召开的“2010 年全国博物馆文化产品评奖会”，有全国 35 家博物馆研发的 91 件文化产品参加评选，其中有 30 件文化产品入选获奖，这是全国博物馆文化产品首次“集体亮相”。此次评奖标准包涵文化产品设计、制作的各个环节。其中，是否具备馆藏文物载体元素是一条核心原则。也就是说，一个图案或符号、一种造型或色彩、一段文字说明或解读，都要在该博物馆的文物藏品、展览内容、建筑形制、研究领域中找到依据和原型。

“全国博物馆文化产品开发工作座谈会”还提出要以博物馆文化创意为核心，高新传统技术为支撑，以国内外市场营销和消费群体为导向，研发多层次的博物馆文化产品。博物馆文化产品必须承载相关的文化信息，这正是其区别于普通旅游产品的特殊之处，也是其文化魅力所在。应该看到，博物馆事业对于经济社会发展的贡献是显著的、全面的，是与公益性功能相辅相成的，如果不能从广大民众的现实需要出发，将博物馆对于经济社会发展的贡献能力发挥出来，无疑也是一种“资源浪费”。在博物馆事业的功能中，公益性功能是根本。博物馆事业的公益性主要体现在文化教育、科学研究功能方面，而在经济功能方面也表现出非营利性。

经过多年的积累，我国博物馆领域已经涌现出一批具有品牌效应的文化产品。特别是一些综合性大型博物馆在自主研发和知识产权保护方面的认识不断提高，并自觉付诸实践，产生较好效益。例如故宫博物院先后研发出院藏文物仿制品、水晶角楼、太和殿纸模、云锦、铺首、工艺扇、新款领带等一系列具有自主知识产权的文化产品。2006 年故宫博物院的“故宫”和“紫禁城”两个商标，被国家工商总局认定为驰名商标，这是全国博物馆领域第一批被认定的驰名商标，故宫博物院出售的文化产品全部用鲜明的故宫文化品牌覆盖，2009 年故宫博物院还向欧盟成员国和马德里成员国进行了国际的注册。

一些博物馆积极制作可以“带走的文化遗产”，主要是博物馆藏品的衍生产品，例如各种材质、各种尺寸的博物馆藏品的复仿制品，运用馆藏文物的样式、纹饰、符号等元素研发的工艺品，与博物馆文化相关的音像、书刊、图片、软件等信息类产品，以及服装、饰品、文具、玩具、箱包等实用性文化礼品。每座博物馆往往都有数量不等品味高雅、工艺精湛的文物藏品，这些文物藏品是进行市场营销的重要资源。例如北京恭王府博物馆为了满足观众企求幸福的心理，将清代康熙皇帝亲笔所书的“福”字，研制成各式各样、价格不等的工艺品，非常畅销，不但满足观众的文化需求，而且给博物馆带来良好收益。

湖北省博物馆早在 1994 年就注册了以编钟造型为主的“天籁”商标，2003 年注册了以馆藏国宝“曾侯乙编钟”为主要内容的“曾侯乙编钟乐舞”商标。湖南省博物馆充分利用自身文化资源，挖掘“马王堆”出土文物的文化价值，确立系列产品的研发思路，使“马王堆”文化产品发展到 6 个类别的 80 余个品种，逐渐形成拥有自主知识产权的系列文化产品；四川成都武侯祠博物馆近年来不断创新，通过策划系列文化活动，形成一系列特点鲜明的文化活动品牌；首都博物馆围绕精品陈列展览，借助企业设计力量和多渠道资金，研发出一系列创意新、品位高、特色浓、观众喜爱的文化产品，获得社会公众的好评。

随着我国经济得到巨大的发展，广大民众生活水平得到显著的提高，对外开放成效显著，我国正日益成为世界各国旅游目的地，海外游客纷至沓来。故宫博物院、上海博物馆、陕西历史博物馆等研发的“国礼”、“省礼”，已经成为政府部门外事礼品往来的首选，也受到社会各界的欢迎。除文物复仿制等比较高档的文化产品之外，还研发出丝巾、领带、袖扣、玻璃制品、首饰盒、时尚包袋、出版物等面向普通游客的文化产品，涉及人们生活的各个领域。这样既满足了高端礼品的市场需求，又满足了普通观众的文化需求，博物馆文化传播的渠道和范围更加拓展。

博物馆文化产品由于文化内涵丰富、品位高雅、工艺精美等特点，深受国内外游客的喜爱和青睐。特别是随着全国博物馆免费开放的全面实施，对博物馆文化产品的需求进一步扩大，文化旅游市场潜力极大。例如北京恭王府博物馆通过加强与旅游部门以及相关文化产业部门的协作，建立起博物馆文化产品的市场营销渠道和网络，产生了较好的效益。一些博物馆还重视与其他相关文化产业部门的横向联合，例如利用自身的资源和人才优势，与影视、出版、广告等文化产业部门联合，增加博物馆文化产品在社会文化产品中的份额，扩大博物馆的社会影响力。

我国博物馆一般将除陈列展览和相关教育、服务项目之外的文化产品，分为三类，第一类是依托博物馆藏品和展览设计制作的各种材质的文化产品和民族手工艺品，第二类是文物藏品的复仿制品，第三类是与博物馆藏品和陈列展览相关的书籍、电子出版物及各种纪念品。上海博物馆艺术开发公司网上商店罗列出16个类别的系列产品，依次为复仿青铜器、复仿陶瓷器、复仿书画图轴、复仿书画镜框、复仿玉器、仿古瓷版画、丝巾、领带、桌旗、玻璃制品、包袋、首饰盒、展览相关商品、博物馆出版物、袖扣、特色纪念品等。从功能上看，半数以上为艺术陈设品，而丝巾、领带、桌旗、玻璃制品、包袋等文化产品，又兼具实用性。

博物馆的文化产品不同于一般商品，它是以向公众传播文化为目标的产品，它的研发必须与公众丰富多样的文化需求相结合，兼具博物馆的社会效益与经济效益。2008年为迎接北京奥运会，故宫博物院举行"天朝衣冠"展览，首次将皇帝、皇后服饰同时展出，并为配合展览设立了一家专卖店，商品的所有元素都从文物展品中提取，受到观众的欢迎。创建博物馆文化品牌是一个长期而艰难的过程，应被视为博物馆市场营销的生命。通过对博物馆观众关于理想文化产品的调查，可以了解到95%的观众认为文化产品应具有实用性、便携性等，几乎所有的观众都关注文化产品的质量，并且区别于商品市场中常见的其他产品。

故宫博物院在"2008在故宫"文化创意商品设计大奖赛中，源于太和殿屋顶造型的名片夹、源于斗拱造型的首饰、源于故宫装饰图案的曲别针等，分获金、银、铜奖，源于华表、铜狮造型的瓶起子等作品入选。2009年8月，故宫博物院东长房观众服务区开始接待观众。该服务区位于故宫神武门内东侧，面积近1400平方米，是故宫博物院内最大的观众服务区，兼有餐饮、购物与休息功能，其中所销售商品中60%以上为故宫博物院的原创文化产品，汇集了丝绸、琉璃、陶瓷、漆器、图书等几百款特色文化产品。

2010年为开拓新的增长点，故宫博物院尝试进行品牌授权运作。在文化产品经营中，严格选择合作企业，通过公开招投标，选择在行业内领先，并具有一定知名度和信誉度的企业。同时，故宫博物院努力发掘内部人力资源，连续举行"职工设计、创意大奖赛"，征集到近100个文化产品设计方案，创作出一批具有故宫特色的文化产品设计及创意作品，其中部分来自职工的创意设计，有的文化产品已经投入市场。目前，故宫博物院内设38个销售文化产品的经营点，还在澳门艺术博物馆开设了专卖店。这些博物馆商店内共陈列文化产品1万多个品种，其中46%为故宫博物院自主研发。[1]

一些综合性博物馆的临时展览，由于展览时间短，撤展后具有不可还原性，因此通过图书、音像制品和文物复仿制品的销售，不仅给观众留住了展览的美好记忆，还可以给观众以持续的文化享受。"卢浮宫珍藏展——古典希腊艺术"展，集中展示"希腊古典时代"的大理石雕塑、陶器、金器等精美艺术品，再现古希腊文明走向巅峰时期的辉煌。配合展览销售图书与工艺品共有1000余种文化产品，其中销售550余种约19000件文化产品，总销售额近100万，除了临时展览的图书外，销量前10位的工艺品单价在15－20元之间。由此可见，一般观众的理想消费不超过50元。

[1] 李艳：《博物馆文化产品的"N"种解读》，《中国文物报》，2010年2月24日，第5版。

首都博物馆举办的“世界文明珍宝——大英博物馆之250年藏品展”火爆京城，每天迎来4000多人次的参观者。展览汇集了世界各大洲的文物精华，展出重点是古埃及、古希腊和古罗马的艺术精品。配合展览销售图书与工艺品共有1500余种文化产品，人们对这些文化产品的兴趣丝毫不亚于参观展览本身。其中销售800余种约25000件文化产品，总销售额近110万。其中从大英博物馆带来的一块揭开古埃及文字奥秘的罗塞塔石碑，依据其研发出的纪念品不下20余种，雨伞、镇纸、鼠标垫等应有尽有，价钱也从数十元到数百元不等。

故宫博物院和中国国家博物馆先后成立了“北京故宫文物保护基金会”和“北京中国国家博物馆事业发展基金会”。这两个基金会均属于非公募基金会，资金将用于故宫博物院和国家博物馆的建设，以及藏品征集、保护、展览、研究等文化公益活动。基金会的资金来源主要为企业，尤其是故宫博物院的基金会，首期启动资金达1600万元，全部由8家国内知名企业捐助。但是，根据《企业所得税法》的规定，企业给有免税资格的基金会捐款，额度在该企业年利润总额12%以内的可以享受免税，但是超过这一捐赠额度的，反而要交更多的税款，这在一定程度上抑制了企业加入基金会的积极性。据报道，至2008年末，我国已有非公募基金会335个，约占全国基金会总数的三分之一。[1]

近年来，以民营资本为投资主体的博物馆建设成为一股方兴未艾的热潮。一些专业性的民营博物馆已经显现出较为旺盛的生命力，开始成长为文化产品研发的新生力量。例如中国京剧戏服博物馆主动与当地旅游部门合作，开发经营自己的文化产品，取得了很好的效果。南通蓝印花布艺术馆采取前展馆后作坊的经营模式，研发与现代生活相结合的新产品，拥有馆藏蓝印花布纹样近4000件，出版纹样1000多件，已经研发出服装、鞋帽、壁挂等10余个系列500多种产品，赢得市场份额，获取利润用于维持博物馆正常运作。

文化旅游产品是博物馆市场营销的重要内容。现代博物馆既是一个国家、一个城市重要的文化教育机构，也是公众文化游览休憩的重要场所。在文化旅游方面，博物馆对旅游行业具有良好的促进作用，并在旅游者和博物馆所在地之间建起密切关系，将博物馆作为文化旅游的重要资源。同时，博物馆也通过支撑文化旅游，做出了巨大的经济贡献，例如2007年我国博物馆对国民经济总贡献的142亿元中，博物馆文化旅游贡献最大。尤其是在2008年我国实施博物馆免费开放后，博物馆作为文化旅游资源的潜力进一步彰显，凸现出博物馆文化旅游的价值。

近年来，随着旅游的日渐兴起，博物馆的文化旅游功能日益突出，逐渐成为展示城市独特历史文化，提升城市文化旅游吸引力的重要载体。在北京、西安等旅游城市，博物馆早已成为吸引全世界游客的顶级旅游目的地。北京的故宫博物院、西安的秦始皇兵马俑博物馆等接待的参观者，全年入馆量都达到或接近1000万人次，取得了可观的综合效益。节假日参观博物馆逐渐被视为一种文化生活时尚，博物馆成为旅游线路中最重要的目的地，甚至还出现了博物馆专线文化旅游，这些都说明博物馆发挥着重要的文化旅游功能。

---

[1] 唐钧：《慈善新模式的公众期待》，《人民论坛》，2009年11月，第6页。

博物馆应积极参与社区文化遗产的保护和文化旅游场所的管理。文化旅游影响到众多利益相关者，例如旅游者、当地居民、旅游公司等，对此，博物馆有责任了解当地及其周边文化遗产、自然遗产等文化旅游资源，对这些旅游目的地的历史、文化、科学的价值与特色进行研究，增进当地居民对这些旅游资源价值的理解，从而增强他们的自信心和自我文化认同。博物馆旅游在吸引大量游客的同时，也向外界推介了博物馆自身。博物馆有责任对旅游者加强文化遗产教育，减少给博物馆和文物古迹带来的负面影响，为此博物馆必须比以往更直接地面向旅游者。

在我国不少城市，经常看到大批旅游者，乘车直达博物馆门前或文化遗产地核心部位，下车后即排队参观，抓紧拍照留念，购买旅游纪念品，随后再上车直奔下一个博物馆或文化遗产地，让人有匆匆过客之感。故宫博物院北门的神武门广场曾是一个停车场，每天满载旅游者的大轿车一直开到神武门下，停车后旅游者在导游手中小旗的引导下，鱼贯而入故宫博物院。但是，这种方式存在许多弊端。首先，旅游者在进入博物馆之前，并没有机会观赏紫禁城的整体面貌，无形中减少了旅游的乐趣，降低了旅游的质量。其次，神武门广场作为停车场，严重影响故宫博物院的文化氛围，使周边环境杂乱无章。三是大量汽车尾气的排放，对世界文化遗产故宫古建筑群本体保护造成影响。

几年前，故宫博物院加强神武门广场管理，不再允许旅游大轿车在此停留，停车广场变成了文化广场。原来停在神武门广场的旅游大轿车，也改停在了景山的北侧。如今，人们看到，旅游者下车后，导游开始介绍街道两侧的历史街区和胡同、四合院，转过弯后，导游又向旅客们介绍正前方美轮美奂的故宫角楼，随后，游客们沿着故宫筒子河，边走边观赏紫禁城城墙和神武门城楼，在文化感动与期待的心情中走进故宫博物院。虽然多走一段路程，但是旅游者通过由近及远，由整体到细部的观赏体验，获得前所未有的特殊感受，增加了旅游的乐趣和知识，也使文化遗产得到更好的保护，体现出负责任旅游的理念。

“南海Ⅰ号”沉船整体打捞工程是保护水下文化遗产的壮举。新编大型粤剧《南海Ⅰ号》于2010年10月在广州大剧院举行首演。该剧展现了中国古代“海上丝绸之路”的繁荣景象。岭南先民自信、大气、包容、敢为天下先的精神，也在剧中得到了很好的诠释。而出水宋代瓷器上的墨书文字“六哥”、“李大用”、“林花”等名字，成为粤剧《南海Ⅰ号》中人物角色的姓名，备受关注的“鎏金腰带”、“鎏金手镯”等出水文物的复制件，也成了粤剧中的演出道具。“南海Ⅰ号”文物精品展同时展出，展出“南海Ⅰ号”出水的最具代表性的珍贵文物。这是粤剧第一次牵手博物馆的文物展览，也是表演艺术与“博物馆热”相结合的一次有益尝试。[1]

免费开放以来博物馆的观众明显增多，为博物馆的市场营销提供了广阔空间。同时，博物馆具有较高的信誉度，社会公众在博物馆参观陈列展览、参加文化活动、购买文化产品，具有安全感。“未来五年，中国将有两亿人口进入中产阶级消费群。”这个越来越庞大的群

[1] 张景华、吴春燕：《妙！粤剧牵手“考古”》，《光明日报》，2010年9月21日，第2版。

体和他们所追求的生活方式，正在影响着整个国家的生活观念。[1] 事实证明，博物馆事业不是财政的包袱，而是社会、经济效益兼备，“投入小、产出大”、“功在当代、利在千秋”的社会事业。同时，博物馆的经济功能，不主要体现于创造直接的经济效益，而主要从其间接经济效益，以及增强区域文化凝聚力和吸引力上体现出来。

我国博物馆在战略计划、服务目标、公众策略、资金使用等运营方面均有较大提升空间，需要有意识、有计划地借鉴和运用现代市场营销理论，更充分地发挥博物馆资源的作用，提高博物馆的管理水平。当前，我国经济和文化体制改革迅速发展，博物馆事业也在以前所未有的速度发展，新的时代对博物馆事业提出新的要求。博物馆应在核心使命、文化功能、社会影响、管理方式、运营经费等方面进行一系列的自我更新，从而逐步建立起符合社会要求、利于自身发展的运行机制，而引进市场营销理论与实践，成为博物馆更新运营模式、挖掘自身资源、发挥最大社会效益的必然选择。

总之，我国博物馆市场营销呈现出健康向上、稳步发展的趋势，博物馆文化产品研发的规模上不断扩大，发展速度明显加快，在人力、财力投入上有所加强，在市场推广上不断拓展，一些面向市场、创新发展的博物馆文化产品经营单位取得了长足的进步，积累了一些成功经验。从调研情况来看，目前市场营销和文化产品研发做得比较好的博物馆，主要集中于部分大中型博物馆和条件特殊的专业博物馆。但是，越来越多的博物馆认识到，如何利用好博物馆全面免费开放和纳入国民教育体系的机遇，寻找博物馆与其他行业的接合点，研发多层次的博物馆文化产品，将成为未来博物馆提升其在国民经济中贡献率的关键。

（此文发表于《北方文物》2013 年第 4 期，第 102 页）

[1] 蒋举：《人均 GDP 过万 中产生活质变》，《北京晚报》，2009 年 12 月 10 日，第 1 版。

从服务“观众”到服务“公众”
——博物馆社会服务理念的提升

新的形势下，博物馆发展越来越注重人的因素，强调“以人为本”，强调主体的参与性，强调“为社会及社会发展服务”等理念，这些都使博物馆走出传统模式，融入到现代社会结构中来。今天人们认识到“物”不是博物馆的一切，博物馆对“人”的发现，是服务社会理念的进步。但是，一直以来，博物馆对“人”的关注，更多地表现为对前来博物馆观众的关注，如今应该更加提倡博物馆对社会公众的关注，实际上就是要求博物馆更加广泛地实现对“人”的关注。

以往的博物馆教育服务，都是从观众走进博物馆之后才开始的，实际上这种认识并不全面。今天，只有先让更多的社会公众走进博物馆，然后才谈得上如何提高全民的文化遗产保护和博物馆文化意识。因此，博物馆应在社会服务观念上实现质的飞跃。首先是将“观众意识”拓展为“公众意识”，即不只对观众加以重视，还应将所有社会公众作为博物馆的潜在对象进行有针对性、系统地了解和研究。社会公众泛指社会中的每一个自然人。一般将那些参观过博物馆的公众被称为博物馆观众，未到过博物馆的公众被称为博物馆“潜在的观众”。

博物馆藏品的公共财富性质，决定了博物馆在社会服务方面的义务，博物馆作为这些文化财富的授权保管者，就应将这些文物藏品用于有益人类进步、社会公平等方面的责任。只有深刻理解博物馆公共性的核心价值，才能自觉意识到任何一座博物馆都是公众共同享有的文化资产，这是博物馆必须确立的基本观念。博物馆员工，从管理者到普通员工，都是受国家、团体或公民委托，遵照国家、团体、公民的意愿管理博物馆，基本的目标是促使博物馆公益性核心价值的最大化实现。

实际上，相当数量的观众进入博物馆之前，对于博物馆的认知十分有限，不少观众并不知道博物馆展览什么、自己如何参观，“常常是懵懵懂懂地来，迷迷糊糊地走”，抓不住展览的主题和精髓，导致对博物馆的存在价值作出不明确，甚至是错误的判断，从而逐渐失去对博物馆的兴趣。因此，造成博物馆距离民众日常生活遥远而生疏，可有可无，一生从未走进过博物馆的大有人在。应加强观众调查与研究，摸清潜在观众情况，分析了解公众不愿意走进博物馆的原因，并据此调整和完善博物馆自身服务水平和能力，从而吸引更多的观众走进博物馆，

法国卢浮宫博物馆每天都面临着“人满为患”带来的种种问题，馆长代表C. 言乐(C.Guillou)表示，“博物馆不该因为人多而变得不再好客，恰恰相反，它应该更多地关注那些由于社会、经济、文化和身体原因没有机会进入博物馆的‘弱势人群’”。于是，卢浮宫博物馆开始培训大批教师、导游成为“参观推荐人”，并且研发了一种多媒体语音导游器，

可以为孩子、盲人和聋哑人等提供各种主题的参观讲解。[1] 南京博物院关注弱势群体，重视残疾学生的文化享受愿望，每年都开展“让残疾孩子感受祖国历史文化脉络”主题活动，组织盲校的学生们开展互动活动，在让残疾学生了解祖国优秀文化传统同时，也把博物馆关爱送给他们。

美国学者阿瑟·C. 丹托博士有过“博物馆与饥渴的大众”的命题，他认为：“窗户大门向优雅、饥渴的成千上万敞开，最高级的知识将大放异彩，恩泽大地。”他甚至认为，“博物馆是幸福生活的一个样板”。尽管不是每一个人都抱着受教育的心态前往博物馆，但是只要在充满文化氛围的博物馆展厅里流连，在丰富多彩的文物展品面前驻留，就必然会受到感动和熏陶，这一过程本身，就是一种潜在与无声的学习和欣赏，就一定会得到清新、安静和美好的享受，就会获得一种轻松愉快的休憩，而其满足和幸福的感受和情绪就会慢慢地生长。[2]

博物馆免费开放是以公众参与作为公共政策选择的出发点，实现社会教育资源的有效整合，目的就是提高博物馆公共文化资源的使用效率。美国大都会博物馆亚洲部主任何慕文认为，“博物馆面临的一大挑战是发展博物馆之外的活动。激励人的手与激励其眼、其心一样重要。尤其对青少年，动手做是最好的学习方式”[3]。在美国，70%以上的博物馆在过去 5 年中增加了对在校师生的服务项目。例如芝加哥艺术博物馆就将教育活动分为家庭教育项目（即从幼儿园到 12 岁）、成人教育项目、教师项目、学生项目和阐释性媒体项目。

在我国，全国各地免费开放的博物馆，成为众多中小学生的文化盛宴。上海博物馆就为青少年学生观众准备了丰富多彩的暑假活动，拓展与深化博物馆的社会教育和服务功能，使之更加多样，更加鲜活。例如趣味墨拓、修复“唐三彩”、扎染、印刻生肖、学画京剧脸谱、手工宣纸、木活字印刷、水印信笺等，通过这些活动，使学生观众对中华民族的传统文化产生浓厚的兴趣，对身为中华民族的子孙感到无比自豪，也使博物馆达到预期的教育目的。近年来，不少博物馆积极调动青少年观众的主观能动性，创立了小小讲解员制度，由青少年自己为同龄人做讲解。还有一些博物馆举办亲子共同参与的动手活动，通过这些活动使亲子关系更加密切、更加和谐。

河南博物院的“历史教室系列活动”，是集历史教学、文物保护、实验观摩等活动为一体的综合性观众参与、互动和文化体验空间。以博物馆专家学者为主体，每周在历史教室举办科普讲堂，组织开展“中国古代建筑探秘”、“文化遗产在我身边”等主题活动，观众场场爆满。结合精品展览和民族传统节日开展制年画、拼斗拱、剪窗花、做灯笼、泥条盘筑、五彩粽子等十多种手工活动，引起青少年观众的兴趣。同时，开设文物保护技术观摩室，让公众能够亲身感受和体验过去显得较为神秘的文物病害分辨和科技保护修复过程，并与文物保护专家进行面对面交流，既很好地普及了文物保护技术知识，又很好地唤醒了社会公众对传统文化、地域文化的记忆。

---

[1] 李将辉：《免费开放之后的“超负荷”难题》，《人民政协报》，2009 年 5 月 7 日，第 C1 版。
[2] 向荣高：《博物馆增进幸福感》，《中国文物报》，2011 年 7 月 6 日，第 3 版。
[3] 楼锡祜：《动手做是最好的学习方式》，《中国文物报》，2010 年 8 月 4 日，第 4 版。

目前越来越多的博物馆注重设计形式多样，且适合青少年的教育项目。在法国格拉斯国际香水博物馆里，有专门的工作人员负责与学校建立固定的联系，并且负责接待学生。在到达博物馆以后，学生们会有充分的自由，自己动手体验香水制作的每一个过程，进一步直观地感受过去学习到的有关香水的知识与文化，最后他们可以将学习成果，各式各样的香水带回家，送给他们的父母和家人。在中国科技馆新馆里，儿童们可以直接与藏品进行接触，动手制作各种工艺品、进行绘画等。其中在“科学乐园”的展厅的“欢乐农庄”内，儿童可以挤牛奶、收苹果、拔萝卜，体现动手操作的快乐。

在我国四川博物院“小小讲解员”系列活动自2009年暑假开展以来，在广大中小学生、家长、学校当中建立了良好的口碑，截至2010年12月，现有小小讲解员共92人，已利用周末时间为观众无偿服务21508余小时。这项活动从自我介绍、普通话水平测试，以及才艺展示三部分，考察孩子们的综合素质，从中挑选出具备“小小讲解员”条件的优秀中小学生。凡选拔合格者均有机会在寒假期间接受为期一个月的培训，培训包括文物知识介绍、外在形体与礼仪、语言表达、讲解员基本素质、讲解技巧等全方位培训。培训结束并通过考核者最终获得“四川博物院小小讲解员”荣誉称号，并有机会参与各类社会教育活动。[1]

上海博物馆在社区内成立了博物馆之友和文物收藏指导站，博物馆派业务人员授课、指导，帮助居民制作小型展览等；在对展览的宣传与推广上，设立服务热线，主动与媒体和广告部门建立合作伙伴关系，不失时机地寻找和营造亮点题材；展览的布局、柔光的点缀、艺术的衬托，使陈列展览极具品味；建立多元化的讲解体系，根据实际情况，制订包括定时讲解、预约讲解和机动讲解相结合的讲解服务制度；古代器乐的演奏、现代影视的演映，更增添了博物馆的活力和视觉效果。

湖南省博物馆在实施免费开放以后，组织起一支具有较高专业水准的讲解人员队伍，并在全国率先创造性地实行为每一批观众免费提供基本陈列全程讲解的参观模式。在工作人员的引导下，观众分成30人左右一组，以3到5分钟为间隔进入“马王堆汉墓陈列”展厅。每一组观众都由一名讲解员带领参观，并作长达1个小时的免费讲解。这种模式实效明显、操作性强，不仅有助于对观众进行有效引导和组织，从而确保有序的参观环境，更有助于帮助观众对于陈列展览作出正确的文化解读，从而在提升观众参观质量上发挥不可替代的作用。

由于每个博物馆都有最大参观容量问题，参观人数过多，就有可能因为拥挤等原因，发生人身安全和文物展品安全事故。因此，免费开放的博物馆应为观众提供更加细致、完善、高质的服务，通过增大宣传力度、延长开放时间、提高讲解质量、维护参观秩序、增加保洁力度，以及为观众提供更为便捷的特色服务，提供文物咨询、鉴定、培训等多样化服务，实施分时段发放参观券、增加预约渠道、增加引导说明、设置观众留言簿、开设网络论坛、为特殊人群开辟绿色通道等措施，改善观众参观环境质量，并使观众能够方便快捷地反馈他们对博物馆的意见与建议。

[1] 窦钰萱：《四川博物院“小小讲解员”选拔活动圆满成功》，《中国文物报》，2011年1月28日，第2版。

为确保观众激增后的参观秩序和观众、文物的安全，湖南省博物馆将参观环节设置为领票、候场、参观三个阶段，采取分时段领票、分批次入馆的观众组织方式；通过使用广播系统、电子显示屏、公告牌、宣传资料等引导观众参观；为老弱病残孕等特殊人群开辟绿色通道；为观众免费提供用水、简易急救药品及寄存服务；免费提供婴幼童车、轮椅、拐杖、雨伞；耐心细致地做好观众的解释与劝导工作，化解潜在矛盾。3 年来，到湖南省博物馆免费参观的观众累计达到 437 万人次，观众的留言簿已有 300 余本，留言共计 10 万余条，对接待服务表示满意的留言占 96%。

首都博物馆在新馆建设时充分考虑观众的各种需求。例如在场馆的入口处，设置自动寄存和人工寄存处，以方便观众寄存衣物，残疾人轮椅和童车的放置也满足特殊人群的参观需要，同时配有专业的咨询、导览人员为观众解答疑问。观众可以通过电话、网络等多种途径预定门票，并在入馆时感受到首都博物馆先进的售检票系统。进入礼仪大厅，观众可以乘坐自动扶梯、观光升降电梯、残障人电梯、无障碍通道到达各个展厅，展厅除有专业的讲解员进行讲解外，所有开放区域还配有先进的普通人使用的触摸屏 15 台、特殊人群使用的触摸屏 6 台，以满足不同需要的观众进行浏览、下载等互动式使用。

首都博物馆在馆内安装有磁卡式公用电话 18 部，其中残疾人电话 6 部，充分满足残疾人和普通人的通话需要。并为婴儿准备了育婴室、育婴台，且室内设施齐全，配有婴儿床、婴儿被、婴儿枕、婴儿褥和童车，满足育婴条件。同时，博物馆还提供雨伞以备天气突变给观众带来的不便。除基本服务以外，博物馆还提供多功能服务。多功能厅配备有六国语言的同声传译、无线上网、数字投影等设备，能够满足演出、会议等大型活动的需要；数字放映厅为全视角超宽银幕，可播放高清晰数字电影、数字立体电影；互动多媒体厅设有高配置计算机、高清晰数字播放设备及高保真耳机，提供丰富的音频、视频点播节目；礼仪大厅拼装舞台的设计为中小型文化演出提供场所。

当博物馆免费开放以后，出现众多观众在特定的时间内，聚集在博物馆有限区域内的情况，公众安全的隐患加剧，例如排队领票时的拥挤推搡、进入展厅后的争先恐后、使用电梯等公共服务设施时的意外情况，以及其他突发事件的影响，包括火警匪警、电路故障、突发疾病等，公共安全隐患对博物馆的现场控制和安全构成挑战，一旦处理不力，措施不到位，现场失控，将产生灾难性的后果。例如德国西部鲁尔区杜伊斯堡市 2010 年 7 月 24 日发生的踩踏事故，造成 19 人死亡、342 人受伤，其原因就是对该场地能够容纳的观众量没有把握，疏导不力，现场失控，最终酿成惨剧。

博物馆作为社会民众集中活动的公共场所，确保广大观众的人身安全是义不容辞的责任。因此，博物馆应完善公共安全设施，例如在参观人群聚集需要疏导时，语音广播系统的完好与否，对讲互联系统的正常与否，都与设施完善直接相关。同时，作为服务民众的公共场合，必要的医疗保障设施，例如急救包、残障人士轮椅等都十分重要。疏散提示牌是否齐全，是否安放到位，都与观众的安全疏散息息相关。[1] 已经制定的安全方案或预案要经常演练，使博物馆的工作人员都熟悉处理紧急事态的程序，知道自己应处的位置，该承担的责任。

现代化的博物馆，不只是建筑的现代化，理念的现代化、管理的现代化、服务的现代化才是现代化博物馆的核心要素。一些有着几十年，甚至上百年历史的博物馆，由于保持着正确的文化理念和服务社会的精神，今天仍然是名副其实的现代化博物馆。博物馆形象是社会公众对博物馆的印象，优良的形象无疑是博物馆宝贵的无形资产。正如苏东海先生所指出，“把服务的意义看得更重一些，更用心地去做，博物馆的价值才会真正得到实现”。博物馆的服务体系包括服务理念、服务人员、服务设施、服务措施。需要从细节问题出发，认真解决存在问题，提高博物馆服务的水平和质量，是博物馆不断获得发展的重要途径。

在“以人为本”理念越来越受到重视的时代，作为推崇人文精神的文化机构，那些显而易见的管理问题，足以对博物馆的形象构成威胁。博物馆的开放接待能力反映了一座博物馆的管理水平和管理理念。博物馆提供高水平，令公众满意的服务，特别是在许多博物馆免费开放后，面临参观人数激增等众多问题的考验和检验。例如不少博物馆里，诸如“禁止喧哗”、“禁止拍照”、“闲人免进”之类的语句充斥着墙面，透过这些语句，观众读到的很可能是一个倨傲、冷漠、僵硬的博物馆，而不是人们设想的富有亲和力、开放、创新的博物馆。

今后，博物馆的服务设施将更趋多样化和具体化，社会教育设施、便民服务设施、文化休闲设施，以及良好的参观环境等将成为未来博物馆的主要建设与完善项目，完善的安全保障设施、弱势群体保障设施等基础设施将成为博物馆的必备设施。博物馆的内部环境和周边环境应以舒适、安逸、整洁、便利、环保为基础，以传统文化和地域文化为背景的人文与艺术互融的环境，将成为博物馆的重要标志。观众在博物馆进行参观，既费脑力又费体力，需要增加休息的设备和场所。博物馆周围设置与博物馆文化主题相关，能体现地域文化特色的广场、道路、绿地、花坛、雕塑、水池、亭阁等附属设施，营造一种静谧、舒朗的博物馆氛围。

在博物馆的环境中，观众对博物馆文化认识各有不同，因此博物馆提供的讲解服务应更加具有针对性，因人而异，力求讲解生动形象、通俗易懂，富于热情和亲和力。对于观众来说，博物馆不是历史的终点，而是未来的起点。在这里发现历史，探索未知，联系现实，印证结论，满怀信心走向未来。严建强先生认为：“我们向观众传播时所采取的理论或学术观点，不能完全根据自己的理解或主张，而应该是学术界公认的，具有稳定性和先进性的知识体系。在涉及学术争论时，应该选择最广泛、最具代表性的理论。在一些场合，也可以将不同的观点都予以介绍，由观众自己作出判断。”[2]

讲解是博物馆最基本的宣传教育工作形式，讲解也是博物馆与观众面对面思想感情交流的桥梁。现代教育中传播知识信息量越来越大，科学技术的含量越来越高，教育的途径越来越多样，更重要的是其传播方式不再是传统的教育者向被教育者的单向灌输，而是出现了双向交流、互动影响的新趋势。同时，讲解人员不能是高高在上的施教者、说教者，必须学会

[1] 钱承国：《公共安全：博物馆免费开放的新挑战》，《中国文物报》，2010 年 12 月 15 日，第 7 版。
[2] 严建强：《论博物馆的传播与学习》，《东南文化》2009 年第 6 期，第 100 页。

与观众对话、交流和互动，调动观众的参观兴趣，帮助更多的观众加深对历史文化的理解。尤其是针对无目的游览的观众，要消除他们对博物馆的陌生感，使其逐渐从中找到乐趣，得到收获。

智力开发是博物馆讲解追求的目标，实现这一目标，要求讲解人员不能仅仅依靠其他研究人员所提供的讲解大纲和支离破碎的信息，而自身应具有较高的文化素养和丰富的讲解实践，对博物馆的特色、陈列展览的主题、文物展品的内涵都应有深入的了解。面对讲解对象的多样性变化，讲解人员不可能像教师一样按照预先准备好的教学方案，为观众进行系统讲解，而是要面对观众突如其来的各种询问。针对多样化的诉求，需要敏锐的洞察力，及时发现观众的需求和愿望，及时调整固有的话语体系，改变传统的讲解特点，努力与社会公众的语汇对接起来、沟通起来、共鸣起来，避免与普通观众的认知习惯形成隔膜。

科技成果、文化信息的日新月异，要求讲解人员努力跟上时代步伐，在日常工作中有意识地强化自主学习，采取多种形式汲取更多的专业知识，并有兴趣地涉猎更广泛的非专业领域知识，学会对知识进行筛选、加工、整理，善于积累，使自己的自主学习能力、有效学习能力不断提高。博物馆的文物展品往往具有艺术价值，审美鉴赏是一项高雅活动，需要长期积累才能达到一定境界。通过提供优质的讲解服务，能够指导观众正确理解文物展品的文化内涵，是行之有效的博物馆文化普及方式，能在潜移默化中提升观众的艺术鉴赏能力和文化修养。

当代博物馆越来越重视为观众提供多元化、人性化的服务。面对城市的需要，观众的厚爱，博物馆应策划形式多样的活动，例如“家庭日”、夏令营、演讲比赛、征文、博物馆之友等，建立博物馆与观众的互动关系，激发广大民众参观博物馆的热情。韩国博物馆的一切工作都围绕文化休闲进行，以为人服务为目的。例如韩国的农业博物馆，展厅宽敞，实物、图片、辅助品相结合，特别是辅助陈列的人物、动物等形象逼真，亲切动人。而室外则有几百亩农田围绕馆舍，还设置了秋千、石碾等，观众可自由参与，真正与博物馆环境融为一体。

浙江省自然博物馆每年举办的中小学生大型书画比赛，已经成为该博物馆的一个品牌。中国丝绸博物馆的科普养蚕和手工制作活动，每年约有5000多中小学生参加。一些博物馆推出“每月一鉴”活动，在组织得当的民间收藏鉴赏活动中，观众参与热烈，通过活动既服务社会公众，又加强专业人员的交流合作，促进业务人员专业能力的提升，也扩大了文物征集信息源，成为一举多得的有益活动。一些城市或地区博物馆，通过联合举办陈列展览，联合开展博物馆文化活动，联合推出博物馆套票，联合印制博物馆宣传品等，提高社会公众对积淀深厚的中华文化的解读、记忆能力，共同扩大博物馆的社会影响，提高综合效益。

在任何社会中，公共服务意识都应该被作为指引博物馆发展的目标，而得到尊重和强调。博物馆演变的历史已经表明，不同时代对于博物馆社会化职能有着不同的需求。博物馆如果希望永葆生机，就必须适应时代的需求，强化和拓展相应的社会化职能。考察今天国际一流的博物馆，无不将强化公共服务意识，满足观众文化需求放在首位，将服务观众视为博物馆工作目标的核心内容。目前，我国已有的博物馆社会服务还缺乏科学的规划，未找到既符合博物馆发展要求，又符合博物馆优势发挥的准确定位，尚未形成完善的公共服务体系。尤其是将博物馆资源利用，纳入国民教育体系服务于在校教育等，博物馆文化惠民的重要事项，还鲜有成功的典型案例，与国际先进博物馆的成功实践相比还有较大的差距。

近年来，随着社会和文化发展，社会公众的精神文化需求多层次、多方面、多样化的特点日益显现，审美情趣、欣赏习惯、评价标准等，都在悄然发生变化。现代博物馆是代表公众利益，并致力于为公众服务的公共机构，社会公众不仅是博物馆的服务对象，也是博物馆的生命所系。观众的需要应该是博物馆的第一需要，为社会公众的需要和利益服务，应该成为博物馆一切工作的出发点和归宿。因此，今天博物馆更应重新调整与社会公众的关系，在致力于服务社会的努力中，达到博物馆与社会公众之间的高度和谐。博物馆文化只有融入地域文化，才能代表社区文化。

近 10 年来，台湾博物馆的发展以地方中小型博物馆最为活跃，目前有 400 多座中小型博物馆分布在各县市乡镇地方或大都会商业区，占博物馆总数的 95%。特别是分布在 200 多个乡镇中的地方小型博物馆，虽然多数缺乏经费与编制内的专业人员，但是却正在努力耕耘，鼓励地方乡镇的居民保存自己的文化历史与宣扬地方特色，并积极与社区民众对话，例如成立名人纪念馆、古农具文物馆、眷村文化馆和工艺展示馆等。近年来，博物馆推动社区居民实施“文化资产守护网”计划，指导地方居民调查与搜集历史对象，鼓励社区居民利用地方中小型博物馆进行文化学习。在这些相关政策引导下，台湾的地方博物馆成为民众日常文化活动中心，推动博物馆文化与社区文化发展相结合。[1]

在新的历史时期，博物馆应该自觉地投身于时代潮流之中，充分发挥博物馆社会教育的功能，大力弘扬优秀传统文化。21 世纪的今天，电视、电脑早已主宰了人们的生活，公众获取信息的技术发展不断加快，人们可以从网络、多媒体电脑中得到比博物馆展览还要多的信息，博物馆的神秘与魅力日趋减少。同时，大众传播的广泛与信息的便捷，在不断地与博物馆争夺观众。人们有时会感到获取有关信息、掌握某种知识，似乎不去博物馆也可以获得。事实上无论时代怎样发展、信息传播怎样广阔，都无法取代博物馆这一独特的文化优势。博物馆丰富的文物藏品是其特有的文化资源。

作为特殊的社会文化机构，观众不进博物馆就不可能了解到人类社会的发展变化，不可能感受到文物展品实物的独特魅力，也不可能亲眼目睹人类祖先用智慧和才能创造出的文化瑰宝，更无法感受到博物馆高雅文化的心灵震撼。今天，我国的博物馆已经呈现出空前的发展趋势，以更加宽阔的胸怀拥抱社会公众。博物馆的文物藏品、人才资源，以及硬件设施等，也通过更加便利和易于理解的方式向公众开放。如此博物馆才能真正为社会公众服务，博物馆在一个地区的作用才能真正凸现出来，才能使观众切实感到博物馆是思考、休闲和参与文化活动的理想场所，是陶冶情操、提升素质的地方。

博物馆工作者要与时俱进，不断更新知识，吸收先进理念，改进工作方法，特别要在服务观众、

[1] 陈国宁：《博物馆与社区的对话》，《中国博物馆》2008 年第 3 期，第 46 页。

服务社会上下工夫。树立服务观众、服务社会的观念，就要求博物馆工作更周到，更平等，更亲和，更具人文关怀。现在提出贴近实际、贴近生活、贴近民众的要求，其中就蕴含着深刻的服务思想。不可否认，目前我国的多数民众还不是博物馆观众。就博物馆的观众成分而言，城市和乡村中的大多数劳动阶层，例如工人、农民、牧民等几乎从来没有进过博物馆，甚至不知道博物馆在什么地方，对他们的生活有什么意义。这是令人忧虑的文化现实。虽然这一问题最终解决还是要取决于社会经济条件的成熟，但是博物馆应当努力，尽到自己的职责。

伦敦艺术工会主席乔治·高德认为，“让一个工人了解艺术作品，可以使他变得举止高贵，富有自尊心，这对于维护社会的稳定，具有非同小可的作用。此外，还可以使他成为一个更好的工人，充满愉悦，超脱于自身的地位，达到灵魂净化和升华”。可见，博物馆在对外开放的同时，这些文物展品就已经与社会进行沟通、与人们进行对话，荡涤着人们心灵，震撼着人们灵魂。因此可以说文物的价值在任何时代都不过时。[1] 目前，各国博物馆都在面临比以往更为激烈的争取观众闲暇时间的竞争。博物馆未来的生存，依赖于将各个阶层、不同背景的观众吸引到他们认为值得参与，有助于提升他们生活质量的活动中来。

近年来世界博物馆发展趋于重视与社区互动。无论是当地居民参与展览策划，尊重少数族群文化观点，从事与各类艺术文化团体交流，乃至于提升文化产业开发，目的均为呈现文化多样性，提供给观众更丰富的活动内涵。这些都显示出博物馆参与社区事务的能量亟待开发，提示出博物馆参与社区发展的重要性。实际上，我国各类博物馆均处在社区之中，是社区的特定成员。社区民众的满意是对博物馆评价标准的基础。只有这样，博物馆策划出来的文化活动才有生命力，陈列展览才能达到预期效果，才能在社区民众的心目中达成信任与认同，才能在真正意义上实现博物馆对社会公众的服务承诺。

博物馆应该充分研究社会民众的文化需求、审美需求、服务需求。由于整个社会思想意识和道德建设的相对滞后和精神文明建设上的缺失，人们的思想观念出现这样或那样的问题和困惑。对此，博物馆应依靠自身的努力，为转变社会风气贡献力量。例如在博物馆工作中要主动向观众的情感靠拢，大力提倡换位思考，发掘和满足观众的潜在需求。在博物馆中针对部分观众一些不文明的行为，博物馆员工不应以“禁止”、“严禁”、“不许”等，一类强制性语言加以阻止，甚至呵斥这些观众，而应通过人性化的语言、举止和文明服务，感染、引导观众养成一种文明的参观习惯。

免费开放使博物馆服务对象从观众拓展到公众，引起了全国博物馆界对改革发展思路的深刻思考，有力推动了博物馆管理体制和运行机制的改革，各地博物馆通过改革传统管理模式，建立健全规章制度，完善内部管理措施，做到降低门槛但不降低服务标准和服务质量。实现免费开放的博物馆，立足本馆的资源、人才及设施设备的实际，以满足公众精神文化需求为目标，保证文物和观众安全为核心，改进管理服务为重点，合理控制观众流量为手段，充分发挥自身优势，采取多种有效措施，基本形成了保障安全、规范管理、控制人数、有序参观、

[1] 王智丽：《传承历史文脉 敢为时代先锋——浅议博物馆在和谐社会文化建设中的作用》，《中国纪念馆研究》2011 年第 1 期，第 56 页。

提升展示、优化服务的良好运行格局。

特别是中小博物馆在国家财政专项补助资金的支持下，基础设施条件得到明显改观，安全防范能力得到显著增强，服务设施及内容得到显著充实，参观环境质量得到大幅提升，管理运行机制得到有效完善，陈列展览水平得到观众认可，博物馆各项业务工作呈现出全面发展的好势头。同时，全面免费开放促进了博物馆管理理念的转变，推动了管理措施的创新。例如，采取多种方式引进临时展览，有效调动和发挥博物馆志愿者的作用，将展厅安保和环境保洁等后勤服务委托社会专业机构提供，加强与教育、旅游部门以及社区的协作，把收入分配与岗位贡献紧密结合等。这些富于探索和尝试性的做法，反映了全面免费开放形势下博物馆体制机制创新力度在加大。

博物馆免费开放初期出现的"爆棚"现象，折射出社会公众对文化生活的渴求，也对新时期如何更好地保障广大民众基本文化权益提供了有益启示。免费开放是以公众参与作为公共政策选择的出发点，目的就是调动公众参与的积极性，从而提高博物馆作为公共文化资源的使用率。从这个高度看待博物馆免费开放，才能触及到博物馆功能与职能的本质。免费开放为博物馆在更广阔的范围内，实施和完成社会职能，提供了难得的契机，极大地增强了博物馆的社会亲和力，有效地培育了社会公众的博物馆情结。因此，要充分发挥免费开放博物馆的作用，改善博物馆的服务，向更多的公众传递博物馆免费开放的信息，让更多的人走进博物馆。

今天，要让博物馆走向广大民众，让社会公众近距离、零障碍、低成本参观博物馆，这充分体现了我国政府保障公众文化权益的理念，提高民众文化服务水平，将博物馆免费开放，纳入公共文化服务体系建设，纳入经济社会发展规划，保障公共文化权益，降低文化门槛、关照文化民生，让广大民众参与到免费开放的博物馆文化快乐当中。博物馆自身要抓住免费开放这一机遇，建立博物馆新的社会形象，构建博物馆与社会各界的广泛联系，扩大博物馆的社会影响，让更多的人了解博物馆是重要的社会学习资源，有助于广大民众的自我发展和创造能力提升。

博物馆免费开放既是对博物馆服务的检验，也是对参观者文明素质的培养。良好的员工精神风貌、得体的礼仪举止，在观众群体中将产生率先垂范的作用，无论是讲解员，还是安全员、保洁员，观众均可从他们身上感受到博物馆的专业服务和高雅文化，对公众整体素质的提高、文明程度的提升，必然产生有益的影响。这种耳濡目染的良好氛围，能够使观众直观了解博物馆文化，从而自然而然地对自己的言行有所约束，潜移默化中带动整体素质的提高，有效避免不文明的现象发生。要根据博物馆条件和观众情况，正确处理好展厅容量与公众需求，参观效果与观众秩序等问题。

一些发达国家参观博物馆的人数往往与其总人口相当，甚至是其总人口的数倍，例如美国人均每年参观博物馆近 3 次。而在我国人均每年参观博物馆仅 0.3 次，而且少数国家级博物馆又占了参观人数的很大比例，例如故宫博物院的年观众量已超过 1500 万人次，占全国博物馆总观众人数的 1/40 以上。我国博物馆事业发展始终存在不均衡的现象：一方面热点的博物馆车水马龙，另一方面是无特色的博物馆门庭冷落，因为公众喜欢有个性、特色和令人舒适的博物馆。个性和特色是博物馆社会影响力的灵魂，而博物馆的个性与特色必须建立在社会公众需求的基础上。

博物馆免费开放以后，虽然情况有所变化，博物馆的观众人数也有了大幅度增加，但是人们同时注意到，并不是所有的博物馆都取得了预期效果。虽然一些位于城市重点地段的大中型博物馆出现了前所未有的发展势头，诸如陈列展览、观众人数、服务活动等明显增加，不断刷新以往纪录，但是一些陈列展览主题陈旧、服务能力较弱的小型博物馆，免费开放以后参观人数仍然较少，难以发挥应有作用。[1] 事实上，当前博物馆的观众已经与过去有所不同，其中最重要的变化是多元化趋势日益显现。不同年龄结构、不同的性别、不同的经济收入，不同的教育程度，不同地理位置，以及不同的生活方式的观众，在利用博物馆方式上，利用博物馆目的上，以及对博物馆需求呈现出多样性。

在我国首批免费开放的博物馆中，县级博物馆占 62.5%。但是，由于受地方财力、思想理念、专业人才和管理模式等多种因素的制约，县级博物馆在文物藏品保护、陈列展览质量、社会服务水平等方面普遍存在不足。至于中西部的县级博物馆，办馆经费相当困难，能够保障博物馆员工的工资发放已实属不易，由此造成博物馆的陈列展览往往存在三个陈旧，即内容陈旧、形式陈旧、设备陈旧。然而这些县级博物馆是重要的农村社区博物馆，是保护民族民间文化遗产、传播地域文化特色的基层窗口，面对着广大的农村地区，做好宣传展示和社会服务，对于提高基层民众的科学文化素质，意义重大。

在我国的博物馆大家族中，县级博物馆既量大面广，又是弱势群体。为此，国家文物局于 2005 年启动了“全国县级博物馆展示服务水平提升项目试点”，提高县级博物馆整体素质，强化服务意识和管理水平，提升博物馆的形象和地位。县级博物馆的受众群体主要是当地民众，尤其是中小学生，陈列展览应着重定位于普及地方文化知识。同时，县级博物馆由于所在地域文化传统、审美需求，以及馆藏文物资源、馆舍条件、经费来源、人员构成等方面存在较大差异，因此，应根据县级博物馆的不同特点，彰显文化特色，提升服务水平。

实践证明，实行公立博物馆向全社会免费开放，是以国家政策推动博物馆迅速融入现实生活和社会公众最有利、最有效的政策措施。免费开放政策更广泛更久远的意义在于国家博物馆政策的导向性力量。这一政策直接导致全社会高度关注博物馆事业，同时在实际工作中明显起到组织、号召、动员全社会重新认识博物馆文化价值，积极主动地参与博物馆建设。人们认识到，全国博物馆免费开放政策实质，是国家关注民生的重要体现。事实的确如此，博物馆免费开放政策实施以来，已经激发出各级政府、社会各界、广大民众对博物馆从未有过的热情，同时也给博物馆带来从未有过的压力与动力。[2]

（此文发表于《首都博物馆论丛·2013》，首都博物馆编，2013 年 12 月）

---

[1] 曹兵武：《中小博物馆的振兴》，《博物馆观察：博物馆展示宣传与社会服务工作调查研究》，学苑出版社，2005 年 9 月，第 124 页。

[2] 李文儒：《博物馆：展示历史，更要参与历史创造》，《人民日报》，2011 年 5 月 6 日，第 24 版。

博物馆科学技术创新实践的分析与思考

中华文明历经五千多年的发展，创造了光辉灿烂的历史文化，留下了丰富多彩的文化遗产。这些弥足珍贵的文化遗产不仅是中华民族悠久历史的见证，也是人类文明的瑰宝。历史是一条奔流不息的长河，中华民族创造的灿烂辉煌、精美绝伦的文化遗产令人感动和惊叹。改革开放以来，我国博物馆的装备及设施越来越现代化，高科技手段在博物馆中的应用也越来越普遍。我国文化遗产保护科技事业硕果累累，日益成为引领行业发展的核心力量。

同时，应该清醒地认识到，与国际博物馆先进科学技术相比，我国还有明显差距。一方面，战略研究相对滞后，较为完整的学科体系尚未建立。针对文物博物馆领域发展不断提出的新要求、新挑战、新战略，科学研究支持能力不足。针对文物保护的要素、类型、时间尺度、空间尺度、性质和形态等发生的深刻变化，原有的技术体系和方法体系难以适应文物保护和博物馆发展的需求，急需扩展与完善。同时，学科体系建设仍处于初期阶段，基础科学层次、技术科学层次和工程技术层次中包含的各分支学科的界定和相互关系尚需明确，制约了文物保护科学技术的发展。

另一方面，技术供给总量不足，创新成果转移与扩散不力。科学决策的辅助手段匮乏，保护、管理、利用等方面的综合分析和宏观决策的科学技术支撑能力薄弱。实验室成果向现实生产力转化的中间环节缺失、手段单一、机制不健全，标准体系尚不完善、科学技术成果集成度不高、缺乏对科学技术成果示范的支持，众多科学技术成果难以直接转化为显性效益。文物保护科学技术投入的长效机制尚未建立，投入总量不足、区域性失衡和结构性失调问题突出，一些地区的科学技术基础条件依然十分落后，针对文物保护的科研标本、实验数据、科技文献等科学技术基础性投入亟须加强。

中国博物馆协会的国家一级博物馆运行评估报告表明，全国 83 家一级博物馆两年的定性一级指标的得分率中，科学研究最低，得分率仅 43%。代表性研究成果平均得分率则更低，只有 27%，是所有评估项目中最低的得分率。即使就国家级博物馆来说，科学研究也仍然是具有瓶颈性质的制约性弱项。2008 年到 2009 年国家级博物馆在五个定性一级指标中藏品管理、陈列展览与社会教育、博物馆管理与发展建设得分率高于 80%，科学研究得分率则仅略高于 60%，其中尽管在学术活动方面得分率达到 85%，而代表性研究成果得分率相对较低，不高于 50%，是唯一不及格的三级指标。科学研究工作的淡化，势必造成藏品诠释和社会服务、能力建设的脱节，空有服务等热情，却缺乏服务的能力和针对性。[1]

目前，在我国博物馆事业发展领域，科学技术的总体能力不强，贡献率较低；科学技术工作中还存在许多瓶颈问题亟待解决，主要包括：由于我国博物馆科学研究工作起步较晚，

[1] 中国博物馆协会：《国家一级博物馆运行评估报告》，《中国文物报》，2011 年 6 月 22 日，第 3 版。

科学技术意识相对淡薄，重视不够；博物馆基础研究薄弱，科学技术资源布局不合理，博物馆科学技术人才队伍的发展，远远滞后于博物馆建设的速度和规模；学科交叉融合不够，新兴学科发展速度缓慢；科学技术投入不足，受“头痛医头、脚痛医脚”观念的影响，造成基础条件薄弱；应用技术科学研究成果匮乏，并且多数应用技术属于个性技术，缺乏共性技术的总结，成果推广应用体系不健全，尚未对馆藏文物保护提供强有力的全面支撑；科学技术体制机制还存在诸多弊端，博物馆科学技术分工合作的长效机制尚未建立，学科交叉融合不够。

新技术革命的来临，促使人们对文物保护科学技术进行重新审视与定位。我国科学和技术在文物保护领域的重要作用日益凸显，文物保护科学技术进入前所未有的活跃时期，从宏观到微观，从广度到深度，都有较快的发展。根据国家“提高自主创新能力，建设创新型国家”的战略部署，文物保护科学技术工作以体制机制创新为先导，以制度创新为保障，以跨学科、跨领域、跨行业、跨部门合作为纽带，以重大科学技术计划为载体，使文物保护科学技术成为国家创新体系的重要组成部分。

近年来，博物馆发展注重引进和合理运用现代科学技术，各项业务活动的科学技术含量不断增加，越来越多的新技术、新方法、新产品得以广泛应用，有效提升了藏品保护、文物修复、陈列展览、安全保障、社会服务和运营管理的整体水平。例如现代科学技术的引进和应用，拓展了文物保护科学研究内容，元素成分分析技术，碳十四、热释光等测年技术，电阻率法、电磁法和卫星定位等现代勘测技术，为文物本体保护、考古勘探调查等研究提供了新的理论和方法，科学技术手段更加先进，科学技术含量显著提升。

同时，科学技术的发展极大地拓展了博物馆领域。一批近年来新建的博物馆设施先进，管理科学，功能完善，成果丰硕，备受社会关注。故宫博物院、敦煌研究院、上海博物馆、南京博物院、湖北省博物馆等研究机构分别成立了一批区域性、专题性的科技中心，有效地发挥着科学技术支撑和辐射、带动作用，科学技术成果在文物保护中的推广与应用，有效遏制了文物腐蚀损毁的速度。通过几年的实践，人们欣喜地看到，博物馆行业的创新能力和承担重大项目的能力得到了很大提高。同时，博物馆技术与相关产品博览会的成功举办，为博物馆、科学研究单位和企业间搭建起信息交流平台。

多年来，秦兵马俑博物馆在陶质彩绘文物保护、修复、土遗址加固、遗迹防霉、小气候环境研究等方面做了大量探索性工作，并取得了开创性的研究成果。通过对遗址本体进行必要的防护加固，对已发掘或试掘且不进行揭露展示的遗址实施回填保护，清除深根植物，种植适宜改善园区生态环境的植物，防止水土流失，完善排水系统，防止遗址受雨水侵蚀等。同时，与国际开展多项文物保护方面的技术性合作，大幅提升了文物保护技术力量，培养了一批高素质的文物保护修复专业人才。

宁波保国寺大殿是长江以南现存最为古老、保存最为完好的木结构建筑之一，是我国传统建筑文化和营造法式的重要实例。2006 年 12 月，宁波市确立将保国寺文物保护所升格为古建筑博物馆，将科学技术保护理念作为保国寺古建筑博物馆的发展定位。经过几年的实践，保国寺的延续保护利用完成从“修”到“养”、从“治”到“防”、从“抗灾损”到“控灾损”的理论转换，进而启动了防病于未恙的千年大殿保护系统工程。同时，综合考虑宁波的气候环境特点，在对大殿的“健康状况”做出准确评估预测之后，采取最有效的保护利用措施，为以后维修制定相关技术标准，提供丰富的实践经验和理论依据，为文物建筑的“延年益寿”保驾护航。[1]

敦煌莫高窟的监测经历了一个从无到有、从简单到复杂、从直觉判断到使用仪器、从被动到主动的过程。监测的内容包括对敦煌莫高窟环境监测、洞窟文物本体监测、莫高窟安全防范监测、游客调查与监测等内容。科学的监测结果为莫高窟的保护、管理起到了积极的推进作用。近年来，莫高窟观众数量增长呈加速态势，观众参观呈一年中季节性强、一天中时段性强的特点，莫高窟面临着保护和利用的双重压力。为此，莫高窟开展了观众承载量的研究，准确、及时地掌握观众的变化以及观众组成的动态信息，为制定合理的观众管理措施提供可靠依据。同时，通过利用不同时期的卫星图片进行比对，监测莫高窟保护范围内植被、人为建设活动的变化，以求为保护莫高窟生态提供依据，控制人为建设活动。[2]

自 2001 年起，多学科联合攻关的“中华文明探源工程”开始启动，以充分揭示早期中华文明的丰富内涵，回答中华文明形成的时间、地域、过程、原因和机制等基本问题，并探讨中华文明与周边地区文明进程的互动关系，通过与世界其他古代文明的比较研究，总结早期中华文明的特点，及其在人类文明发展史上的地位。中华文明探源工程及相关文物保护关键技术研究，针对中华文明起源与早期发展这一重大科学问题，在系统总结已有研究成果的基础上，重点揭示长江、黄河、辽河流域的文明形成及早期发展的背景、环境、特征和历史脉络，研究中华文明的形成机制和早期发展特征，总结中华文明在人类文明发展史上的地位，丰富人类文明起源理论。

同时，开展中华文明探源工程相关现代实验技术和方法的应用研究；开展空间技术、物探技术、数字化测绘技术在考古研究中的应用；研究建立考古探测技术可控试验场；开展基于文物出土现场移动实验室的出土文物应急保护技术体系研究。当前，考古资料的实验室分析研究得到迅猛发展，并逐渐形成一种多学科密切合作的研究模式。利用碳十四、热释光、铀系和电子自旋共振等测年技术初步建立起中国旧、新石器时代的绝对年代框架；在体质人类学、分子生物学、环境考古、动植物考古、对玉石、陶瓷和金属器等进行化学分析和微观组织分析等方面取得重要进展。依托国家科技支撑计划项目“中华文明探源工程”等，我国加速器质谱碳十四测年技术水平得到了提高。

“中华文明探源工程”的重要目标之一就是及时展示、准确宣传研究成果，促进研究成果的社会化应用。2009 年，在京举办了“早期中国——中华文明起源展”，这是我国第一次以陈列展览的形式向社会公众宣传、展示中华文明的起源历程。在此基础上，国家文物局继续会同有关省市和部门举办该主题的系列展览，在整体介绍中华文明起源研究成果的同时，有重点地介绍早期文明相关地域的发展历程，通过陈列展览进一步表明多元中存在着相互关

[1] 余如龙：《探索文保所转型博物馆的成功之路》，《中国文物报》，2010 年 10 月 20 日，第 7 版。
[2] 樊锦诗：《基于世界文化遗产价值的世界文化遗产地的管理与检测——以敦煌莫高窟为例》，《敦煌研究》2008 年第 6 期。

联，即多元一体，从多元走向统一，统一中又有多元，是中华文明的活力和魅力所在。例如辽河文明的研究是中华文明探源工程的重要组成部分。“辽河寻根 文明溯源”展览，通过辽河流域出土和相关的大量珍贵文物，展示辽河流域由古国－方国－帝国的文明起源与发展历程，旨在让广大观众了解和认识辽河流域独具特色的早期文明及在中华文明起源中的地位和作用，了解我国悠久灿烂、多元并蓄的文化传统。

为了通过深入挖掘我国文化遗产的价值，传播和传承我国优秀传统文化、复兴民族创新精神，2006 年国家文物局在各有关部门的支持和协助下，组织开展“指南针计划——中国古代发明创造的价值挖掘与展示”重大科学研究项目。“指南针计划”以实证我国古代重大发明创造的文物为研究对象，利用现代科学技术，组织跨学科、跨领域、跨部门、跨行业的力量，制定中国古代发明创造的价值挖掘与展示工作总体规划，重点围绕农业、水利、矿冶、轻工、纺织、食品、营造、人居环境、交通、机械仪器、军事技术、医药技术、文化传播、材料与加工制造技术、仪器与工程器械等领域，开展系列文化遗产专项调查，系统地掌握具有重大意义的我国古代发明创造的基本概况。

“指南针计划”采用文献学方法、考古学方法、实验室方法、工程模拟方法、国际对比方法，以及多学科交叉渗透、多重证据相互印证的方法和系统综合方法，揭示古代发明创造的工艺、原理、技术发展脉络，以及产生的机制、背景和环境；开展博物馆展示理论和技术的综合研究，推出一批反映中国古代发明与创造的系列展览、实物复原模型、虚拟现实复原模型、科学普及著作和数字影视作品；开展古代发明创造的整理与研究，采用现代科学和技术，开展博物馆的展示理论、技术及研究与示范工作。

通过“指南针计划”项目的实施，科学揭示中华民族自古以来非凡的生命力和创造力，探明我国古代发明创造的起源与发展脉络，以及其产生、传播、衰落的内在规律，研究其与当今实施的科学技术创新战略的关系，全面提升祖国珍贵文化遗产的科学技术价值，促进文化遗产保护领域科学研究和展示水平的整体提高。“指南针计划”是一项时间跨度长，涉及范围广，工作任务重，涉及文化遗产、科学技术、国民教育等诸多方面的国家重大科学研究项目，是以促进国家自主创新和文化遗产保护为目的，重点突破带动整体全面提高的战略性引导性项目。“指南针计划”在研究制定标准规范的基础上，逐步建立“指南针计划”基础数据库，确定命名首批《中国古代发明与创造国家级名录》。

同时，通过“指南针计划”成果，实现文物藏品价值的深入挖掘，对于提升博物馆的展示水平，丰富陈列展览的内容与形式，实现学术性、知识性、趣味性、观赏性相统一。2008 年北京奥运会期间，国家文物局主办了“奇迹天工——中国古代发明创造文物展”。并且通过举办专题陈列展览，开设门户网站，编撰出版《走进中国古代发明与创造》科普系列丛书，“指南针计划”进校园等多种形式，推动了最新研究成果的快速传播与扩散，从而在全社会形成崇尚科学、自觉弘扬民族文化的意识，增强民族自信心和凝聚力，激发民族创新能力。

近年来，以“加强原始创新、集成创新和引进消化吸收再创新”为主旋律，坚持“不求所有，但求所用”的原则，积极吸收行业内外优势科研资源，开展跨学科、跨领域、跨部门、跨行业的合作，根据文物博物馆事业发展中的重大需求，确定工作目标和重点任务，集中有限资源，在文物博物馆事业发展的瓶颈问题和关键领域取得重大突破，共同攻克影响文物保护和博物馆事业健康发展的关键技术问题，取得一系列重要成果。文化遗产保护领域国家科技支撑计划课题的完成，不但使一大批新技术、新产品、新装置得以研发并实现成果转化，而且培养出一大批专业技术人才，为文物博物馆事业提供了强有力的科技支撑。

通过“文物保护风险预控技术体系研究与示范”项目的实施，研发馆藏文物微环境高效调控技术及博物馆环境监测系统解决方案，初步建立博物馆环境质量评估、监测和调控技术支撑体系。应用空间信息技术、图像分析技术、环境监测技术、物联网技术、海量数据存储与分析技术等，建立基础地理数据库、环境监测数据库、文物状态数据库、图像存储信息库、安全防范数据库等，形成文物预防性保护及辅助决策的技术支撑体系、标准规范体系和信息管理系统平台。

通过“文物保护传统工艺科学化研究”项目的实施，围绕青铜器、陶瓷器、纺织品、漆器修复及书画装裱等传统工艺，揭示材料组成与性能、专用装备与工具、工艺流程与技法的科学原理；改良传统文物保护修复材料、工具和工艺，满足当代文物藏品修复需求，建立现代科学技术与传统工艺结合的博物馆藏品保护方法，提高保护的安全性、可靠性和科学性。

通过“文物保护修复专用装备研发”项目的实施，针对馆藏文物保护修复专用装备缺乏、适用性差、集成度低等问题，重点开展智能探测设备、快速检测分析仪器设备、脆弱文物应急保护、提取及保存装置的研发，开展馆藏文物专用清洗和加固装置、专用修复设备与成套工具、保存环境监测与调控装置等研发，初步构建博物馆藏品保护修复技术装备体系。

现代科学技术的发展，为文化遗产的保护管理提供了高效快捷的技术手段。随着空间信息技术、地球物理勘探技术、年代测定、分析检测等高新技术的引入，文物古迹考古信息的收集、记录和管理更为科学、规范和便捷。例如“马王堆古尸保护模式的建立与运用”项目，提出古尸类文物整体—细胞—分子水平三级保存的理念，研发成功“稳态分子调控技术”，采用现代技术维持古尸保存大环境、局部环境和微环境的相对稳定。“云冈石窟凝结水监测研究”项目，通过我国第一台岩面凝结水测量仪研制成功，准确测量云冈石窟洞窟内部岩壁上的凝结水量，建立洞窟环境监测系统。“东周纺织织造技术挖掘与展示——以出土纺织品为例”项目，进行东周时期纺织物材质、织造技术及各种类型织机的复原研究，形成一套完整的工作思路和研究方法，揭示自然科学技术在文物价值挖掘方面的巨大空间。

近年来，我国文物博物馆科学技术体制机制不断创新，人才队伍持续壮大，创新激励成效显著，完成了众多具有影响的科学研究，一批高新技术和科研成果在具体实践中得到广泛应用。例如馆藏纺织品文物以丝织品为主，丝织品由丝蛋白纤维制成，易受环境因素影响而遭受各种污染并发生生物、化学和物理降解，产生腐烂、板结、粘连、脆化、断裂、糟朽、变色，以及黄化和理化性能劣变。近年来，我国研发了应用于丝织品文物清洗与保护修复的生物—化学技术、丝蛋白复合体系仿生加固技术，部分恢复丝织品的物理性能，实现丝织品文物的长久保存与展示利用。

目前，文物保护科学技术的研究和应用，已经成为有效保护文物的重要前提和保障。例如秦兵马俑由于受埋藏或保存环境中有害因素的影响，表面的彩绘已经严重损失。再加上出土后的温湿度变化，导致彩绘失水收缩，引发龟裂、起翘、卷曲、脱落等病害。通过现代科学技术手段，采用抗皱缩剂和加固剂联合处理的保护方法，使秦兵马俑的彩绘层得以保留，使人们得以看到它们的本来面目。出土于湖北荆州谢家桥的西汉荒帷是高等级的绢地乘云绣制品，保护和修复工作难度大，文物保护科技人员采用现代生物加固技术和传统针线修复法使之得以完好保存，体现了现代高科技与传统修复工艺的完美结合。

四川省文物考古研究院科技人员采用竹木漆器脱水加固的新技术，成功脱水保护了出土于汉代墓葬的饱水木器250余件、饱水漆器残件200余件和大型漆木马74件，使之完好如初。馆藏壁画以墓葬揭取壁画为主，历经地下埋藏和考古发掘、异地搬迁和修复等干预过程，在现有馆藏环境条件下容易出现壁画霉变、起甲、脱落、空鼓、酥碱、变形以及遭受表面污染、附着钙质土垢等病害。陕西历史博物馆收藏的仕女侏儒图和托盘仕女图，修复前都存在着不同类型和程度的病害，经过清洗、加固及失效支撑体更换等技术保护，重新焕发出美丽容颜。

近年来，我国水下考古工作迅猛发展，旁测声纳、浅地层剖面仪、水下无线通话设备、实时差分定位系统等技术装备的应用已很普遍，而多波束声纳、超短基线定位系统和水下机器人等高技术装备也开始投入使用。在发现大量珍贵水下文物的同时，出水文物的脱水、脱盐及防腐等问题成为急需解决的技术难题。近年来，文物保护科技人员从研究影响水下古陶瓷器保存状态的水文地质、海洋地理、海洋附着生物等因素出发，经过对出水陶瓷器的制作材料及海洋沉积物等的分析测试研究，探索出静态去离子水浸泡、超声波加速、流动水冲洗等遭受海水可溶盐侵蚀陶瓷器的脱盐方法，并得以初步应用。

实现博物馆科学技术的提升，需要通过博物馆建设工艺设计、陈列展览新技术应用、数字博物馆建设、数据库平台建设，整体提升博物馆的科学化水平。以全面提升博物馆陈列展览文化与艺术表现能力为目标，研究适合于博物馆陈列展览需要的现代技术、虚拟现实、人机交互、知识工程和新媒体技术等现代技术应用体系理论和方法，开展博物馆陈列展览适宜技术支撑体系研究与示范；运用人工智能和知识库技术，整合、制作加工博物馆数据资源，构建博物馆馆际交流网络平台与统一规范的博物馆信息管理平台。

针对文物保护材料应用和评价方面基础薄弱的状况，依据材料特性和应用功能，开展保护材料分类方法和分类体系研究；重点针对金属文物、纸质文物、纺织品、漆木器、石质文物和土遗址，采用材料科学、现代分析测试和模拟试验技术，开展保护材料主要评价指标研究，开展保护材料应用的理化特征、力学行为、作用机制和后效评价方法研究；制定保护材料应用效果的评价标准和规范；建立文物保护修复材料应用数据库，构建文物保护材料应用效果评价体系，提高文物保护修复材料应用的有效性和安全性。

博物馆藏品保护的重点应从以修复为主，转向以环境控制为主的日常维护，变被动的抢救式保护为以预防为主的主动防护。应立足我国博物馆实际和潜在需求，针对当前博物馆文物藏品保存环境质量普遍较差等问题，从环境监测与评价技术、净化与控制技术等方面，开展综合研究，建立基于洁净概念的文物保存微环境评估体系的理念和内容框架，为文物藏品微环境提供稳定、洁净的环境条件，提升馆藏文物预防性保护能力。通过揭示传统技术与工艺的科学内涵，实现技术与工艺的不断优化与提升，从以往的口传身授到科学定性、定量，实现将文物修复工匠的传统经验上升为科学理论，进而全面推动现代科学技术和传统工艺的有机结合。

科学是一定条件下物质变化规律的总结，是运用范畴、定理、定律等思维形式反映现实世界各种现象的本质和规律的知识体系。同时，科学是人类智慧分门别类的学问，是讲求证据，逻辑严密的人类认知。科学的基本任务是认识世界，有所发现，从而增加人类的知识财富；科学要回答“是什么”和“为什么”的问题，科学成果一般表现为概念、定律、论文等形式。技术是指根据生产实践经验和自然科学原理而发展成的各种工艺操作方法与技能。技术回答“做什么”和“怎么做”的问题，技术成果一般则以工艺流程、设计图、操作方法等形式出现。博物馆文物保护是指针对馆藏文物价值的调查、研究、评估、认定、记录、展示、利用和传承，对文物本体的保存、维护和修复，以及对相关环境的控制与整治等。

科学技术创新是原创性科学研究和技术创新的总称，是指创造和应用新知识和新技术、新工艺，采用新的生产方式和经营管理模式，研发新产品，提高产品质量，提供新服务的过程。科学技术创新可以分成 3 种类型：知识创新、技术创新和现代科学技术引领的管理创新。原创性的科学研究或知识创新是提出新观点的科学研究活动，并涵盖开辟新的研究领域，以新的视角来重新认识已知事物等，而技术创新的核心内容是科学技术的发明、创造和价值实现。

有关研究表明，未来 5 到 10 年，将是文物保护科学技术发展的关键时期，主要表现出以下趋势：一是被动地“抢救性保护”正在向主动地“系统性保护”转变；二是自然科学与人文社会科学不断融合，使建立文物保护科学的理论体系成为可能；三是基础学科与应用学科、技术科学与工程技术、自然科学与人文社会科学之间相互渗透不断深入；四是现代分析技术和科学研究装备不断进步，文物保护的安全性和可靠性不断加强；五是新材料、生物技术、空间技术、信息技术等高新技术的广泛应用，极大地丰富文物保护的方法与手段；六是文物材质劣化机理与防治等方面的定向基础研究不断深入，引发文物保护技术的重大突破；七是现代科学技术的全面介入，实现传统工艺技术的继承、扬弃与创新；八是战略科学家、复合型科学技术人才、工程技术人才和科学技术管理人才成为可持续发展的核心资源；九是多元化多维度的合作网络的形成和完善，将成为文物保护科学技术全面提高的有效途经。

伴随博物馆领域科学技术创新理念的形成，新时期发展目标得以凝练。一是重点突破博物馆藏品保护修复关键技术瓶颈，健全馆藏文物保护修复技术标准，大幅提高可移动文物保护修复的科学化水平。二是显著提高博物馆藏品风险预控能力，建立风险评估指标体系，初步建立基于风险管理理论的馆藏文物监测和辅助决策技术体系。三是在馆藏文物分析研究以及保护修复装备方面取得重要突破，初步建立与博物馆保护技术相配套的专业化装备体系。四是在提升博物馆陈列展览文化与艺术表现能力的适宜技术方面取得进展，在数字博物馆建设的关键技术和标准方面取得重要突破。五是显著提升博物馆基础研究能力与水平，初步构建馆藏文物保护科学技术基础数据库。六是加强和完善科学技术制度体系建设，形成布局合理、功能齐全、装备先进、运转高效的博物馆科学研究组织体系。

我国博物馆的数字化建设多肇始于藏品管理信息系统，之后扩展到文物影像管理信息系统、文档资料管理信息系统、多媒体展示系统、票务管理系统、办公管理系统、资产管理系统、网站资源管理系统等，基本可以划归为文物信息资源管理平台、内部事务管理平台和展览展示管理平台三个方面。随着各级政府对博物馆建设投入的明显增加，以及计算机、网络及影像技术的迅速提高，博物馆为提高知识传播效果，数字展示传播技术的应用越来越广泛，数字展示已在各地博物馆中得到不同程度的应用，增强了陈列展览的知识性、趣味性、观赏性。开展博物馆数字化建设，建立以藏品为核心的数字化管理体系，逐步发展并升华为数字博物馆，是博物馆未来建设与发展的重要方向。

同时，还有博物馆馆舍信息化处理工作，这项工作的资源是舒适性控制设备，例如中央空调系统、电梯系统、照明系统、给排水系统等；安全性控制设备，例如安全监控系统、消防控制系统等，以及通信控制系统。博物馆数字化可以为博物馆专家或专业人员提供有关学术成果、专题资料的共建共享交流平台。同时将博物馆的信息管理系统与互联网络连接，让国内外学者通过互联网络查询相关资料，既可加强与国际间的学术研究与交流，还可以提高博物馆在国际上的地位和知名度。[1] 同时，博物馆人才教育培训项目也可以充分运用互联网和现代远程教育等手段。

“博物馆是多种性质的复合机构。博物馆是收藏机构、教育机构、科研机构三者的统一体，缺少其中任何一种都不是博物馆。只有三者同时存在，成为一个相互作用的完整的有机体，才是博物馆。”[2] 对于科学技术工作来说，一项重要任务就是减少和矫正科学技术手段滥用所造成的消极后果。针对我国馆藏文物劣化机理研究薄弱，制约保护技术进步的现状，重点开展馆藏金属文物、纸质文物、纺织品和竹木漆器的材质劣化影响因素、腐蚀过程、腐蚀产物研究，科学揭示文物劣化过程的物理和化学原理，为文物保护修复提供理论依据。

为此，需要及时开展可移动文物保护修复关键技术提升计划，例如开展可移动文物无损或微损分析技术和应用规范研究，开展金属文物深层有害锈转化关键技术研究，开展脆弱陶质文物快速脱盐及加固材料与工艺研究，开展生物技术清洗、加固和显微修复关键技术及材料研究，开展木质纤维微结构修复、整器加固定型和漆层回贴加固关键技术和工艺研究，开展生物技术修复和加固关键技术研究，开展油画的空鼓、开裂、变色等保护修复的关键技术研究，开展近现代文物病害专题调研和保护修复技术适用性研究。同时，在已有关键技术成果的基础上，开展保护修复技术规范化研究，实施科技示范工程。

当代博物馆藏品管理的工作对象不再局限于实物保管，已扩展到文物藏品信息和涉及文物藏品保护与利用的各项工作。今天，博物馆应该通过现代信息技术的应用，改变博物馆藏品的展示方式，使文物藏品可以在虚拟空间中供人观览。例如通过现代信息技术，提高人与人之

[1] 张小朋：《博物馆信息化标准框架体系概论》，《东南文化》2010 年第 4 期，第 104 页。

[2] 苏东海：《什么是博物馆——与业内人员谈博物馆》，《中国国家博物馆馆刊》2011 年第 1 期，第 140 页。

间的沟通效率及人对信息的处理效率，从而使我国博物馆的管理水平有明显提升；通过自动化温度湿度控制技术的应用，改善我国博物馆藏品贮藏条件；通过高科技消防及防盗系统的应用，提高博物馆藏品的安全保障；通过多语种自动讲解系统的应用，使我国博物馆对国内外游客的服务能力有明显提高；通过先进影像技术的应用，使博物馆藏品的建档及推广工作更加方便。

博物馆藏品管理工作还通过向需求者提供其所需要的相关信息，减少对实物的直接使用，更有效地保护文物藏品安全。应进一步整合社会资源，在博物馆之间应用多种方式，并借助高等院校和科研单位的力量，开展博物馆藏品的深度研究，鼓励出版文物藏品研究成果，实现成果共享。博物馆不仅出版具有一定研究水平的论文和专著，还要出版展览图录和分门别类的文物藏品图录，特别要鼓励出版科普读物。另外，要利用博物馆的网站平台，公布文物藏品图片、学术研究成果和科学普及信息。同时，博物馆逐步采用现代化的科学技术，实现博物馆藏品信息资料数字化，博物馆的文物藏品得到更快捷、更广泛的传播和利用，最大限度地为公众服务。

博物馆科学研究是博物馆所有工作的灵魂，要加强博物馆科学研究，提高博物馆对发展资源的认识水平和整合能力，使博物馆的运行目标切实建立在对博物馆工作规律、结构功能、内部与外部条件的综合分析与把握上，使运行目标的实现建立在科学的工作方法上。因此，既要加强博物馆文物藏品的研究、博物馆文物藏品保护和修复的研究，还应加强与博物馆发展直接相关的问题研究，例如博物馆教育、博物馆展览及信息传播，以及博物馆学的研究等，产生具有创新性和影响力的科学研究成果，提高科学研究成果的应用价值。

近年来，我国博物馆科学研究的成果表明，无论在博物馆的研究对象、研究方法方面，还是在博物馆学科的综合性、交叉性特征要素的呈现方面，均取得了可喜变化。今后要继续推进建立具有中国特色的博物馆理论与管理、运行方法体系，既能促进博物馆整体的健康发展，又能指导每一座博物馆的科学运行。博物馆不仅为国家保藏宝贵的科学文化财富和通过举办陈列展览等活动，向社会公众传播科学文化知识，进行社会教育与服务，同时还承担着科学研究的任务，既包括博物馆本身的科学研究，也包括为其他自然科学和社会科学的研究工作提供以实物为主的资料、信息和咨询，后者也是博物馆科学研究的重要目的。

今天博物馆的科学研究是一个开放的复杂巨系统，是人文社会科学、自然科学、技术科学、工程技术和软科学等一切与文物保护相关的科学和技术相互渗透融合的交叉学科，其主体不仅是博物馆从业人员和高等院校博物馆学专业师生，而且涉及众多相关学科的研究人员。新时期我国博物馆事业要有大的发展，就必须要有面向未来的前瞻性学术眼光，更加重视学科的渗透、融合，注意交叉学科的研究，在博物馆构建起跨学科、跨领域、跨部门、跨行业的科学研究平台，更大范围促进各学科之间的融合和交叉学科的发展，进一步推动学术创新，提升我国博物馆的整体研究水平。博物馆的物质研究资源是社会的财富，不但应该做到博物馆领域共享，而且应该创造条件实现社会共享。

（此文发表于《东方博物》第49辑，浙江省博物馆编，浙江大学出版社，2013年12月）

注重建设具有特殊意义的专题博物馆

博物馆是文化再现的场所，通过各种藏品保存个人记忆、文化记忆与社会记忆来唤醒历史，更重要的是把个人的记忆转化为集体的记忆。犹太裔学者V. 舒衡哲（V. Schwarcz）在《流离的记忆女神》一文中提出，记忆也是指有系统并经过反省的民族记忆。一个民族的人之所以能和谐共处主要是有共同的记忆，这些记忆构成了他们的民族性，即精神支柱。所以任何民族都会记住自己民族的欢乐与苦难。[1] 博物馆的诞生是基于人们对于自身记忆的追溯与整合。庞贝遗址凝固了火山喷发瞬间的人类苦难，广岛博物馆让参观者反思曾经的创伤，奥斯威辛集中营提示着战争的切肤之痛，记忆只有物化，方能定格为不朽。[2]

我国南京大屠杀遇难同胞纪念馆就是为了保存集体的记忆，做到以史为鉴。现任耶路撒冷希伯来大学哲学系教授A. 马格利特（A. Margalit）于2002年在哈佛大学出版社出版了《记忆的伦理》一书，全面论述了道德与伦理的区分，对为什么不能遗忘惨绝人性的伤害等问题有精辟见解。但是忘记和反省过去，特别是黑暗、罪恶和战争，并不是一件轻松的事。著名作家米兰·昆德拉说过："记忆与遗忘的斗争就是真理与强权的斗争。"《南京大屠杀》一书的作者张纯如在书中写道："真相是不可毁灭的，真相是没有国界的，真相是没有政治倾向的。"为此，我们要加强对保存记忆的博物馆的建设。[3]

中山舰博物馆坐落于中山舰当年蒙难地，武汉市江夏区金口镇，矗立于长江金口水域以南，牛头山、金鸡山、槐山环抱之中的金鸡湖畔。中山舰博物馆是以"中山舰"为主题的专题博物馆，打捞出水的中山舰及其随舰文物完整陈列在博物馆展厅。根据史料还原历史真实，按1925年原貌复原中山舰舰体外观及舰载装备和设施，复原部分舱室，陈列展示1997年中山舰打捞出水的珍贵文物。为了让观众更直观、更具体地了解"中山舰"从诞生到遇难沉没状况，了解出水文物的后期处理等专业知识，陈列展览充分借助高科技模拟技术，使观众能近距离观赏文物的同时，更能清晰地了解近现代历史，激发观众的爱国情怀。[4]

地震博物馆，这一特殊类型的专题博物馆，不仅仅承担着教育、收藏、研究的功能，而且还寄托着人们无限的哀思与回忆。在日本，位于东京东北部的日本关东地震灾害纪念馆，建于1930年，为纪念1923年9月1日关东大地震的死难者而建。那场地震使80％的城市夷为平地，死亡5.8万人。纪念馆一楼主要展示被地震破坏的物品，例如各种扭曲的金属和玻璃制品，二楼展览以图片、学校日志、个人日记、随笔为主，再现地震的破坏性，为社会大众、并为大、中、小学生提供直观、实践性的防灾常识，提高公众应对地震危机意识和主

[1] 甄朔难：《和谐文化与博物馆工作》，《中国文物报》，2008年4月25日，第6版。
[2]《追溯记忆的地方》，《人民日报》，2010年1月29日，第17版。
[3] 甄朔难：《和谐文化与博物馆工作》，《中国文物报》，2008年4月25日，第6版。
[4] 刘新阳：《大陈列 新解读——中山舰博物馆陈列展示特色》，《中国文物报》，2011年3月30日，第3版。

动参与意识。

1995 年 1 月 17 日发生的阪神大地震，前所未有地冲击了日本原有的地震防灾体系。据统计，共有 6434 人在这次地震中死亡，受伤者近 4.4 万名，约 65 万座建筑物受损，经济损失达 10 万亿日元，这是日本在第二次世界大战后遭遇的最大一场灾害。阪神大地震后，在神户市中央区建设了人类与防灾未来中心，主要分为感受大地震震撼的影响馆、大地震灾后复原展示区和防灾相关知识学习区，中心作为世界防灾研究的基地，除了纪念和展示外，还担负着培养人才、调查研究、派遣抗灾专家以及资料的收集和保存等多种工作，将传统的单一参观模式转变为全方位的地震科研中心。

1931 年 2 月 3 日 10 时 47 分，只有 1 万多人的新西兰小镇纳皮尔，被所发生的 7.9 级大地震夷为平地。地震后当地建设了新西兰纳皮尔霍克湾博物馆，地震博物馆保留了 80 多年前地震后的景象，并利用图片、录音及录影来记录城市再建，以及成为今日装饰艺术之都的历史。在博物馆内增设了地震的展示主题馆，并举办特展，为的是让后人记住这段既悲惨又光辉的历史。地震重建的历史经验，已经成为纳皮尔市民的城市记忆，而受到世界各地参观者的瞩目。

518 年和 1963 年，马其顿发生了两次灾难性的大地震，人们现在依然可以见到罗马帝国和拜占庭时代遗留下来的城市废墟。为了记录 1963 年 7 月 26 日发生的灾难性的大地震，政府仅将在的震中幸存的斯科普里老火车站改建为“马其顿地震博物馆”，博物馆外墙上的时钟今天仍指向发生大地震的时间 5 时 17 分，当时整个斯科普里市几乎被夷为平地。位于委内瑞拉首都的加拉加斯地震博物馆，该馆共有 11 个展厅。参观者可以在其中感受模拟的里氏 5.9 级地震的威力。博物馆还展出了上世纪 50 年代的地震测量工具，在有关防灾措施的展厅中，展览资料告诉参观者家中应常备应急包，包内应有手电筒、收音机等物品，但不能有火柴和打火机。

在我国，1976 年 7 月 28 日凌晨，北京时间 3 时 42 分，唐山遭受了 7.8 级强烈地震，造成了 24 万人死亡，16 万人重伤。地震后，唐山市在市区内保留了唐山机车车辆厂铸钢车间、唐山矿冶学院图书馆、唐山十中厕所、唐山钢铁公司俱乐部、唐山陶瓷厂办公楼、唐柏路食品公司仓库、吉祥路等 7 处地震遗址。并于 1986 年建设了唐山抗震纪念馆，纪念馆内有大型综合性展览，地震遗迹展示了当年大地震的惨烈程度和地震对各种建筑物及地面的破坏情况。实物展柜展出了被震坏的时钟、当年最早汇报震情所用的电台、抗震救灾工具，以及全国各地给灾区民众的慰问信件、衣服等实物。

1999 年 9 月 21 日凌晨 1 时 47 分，台湾南投县发生了 7.6 级大地震，造成 2321 人死亡，及 8000 多人受伤。2004 年在雾峰乡建成了 9.21 地震教育园区，隶属于自然科学博物馆。每年参观人数达 350 多万人，并举办上百次科普讲座。设计者利用现场地层错动，倒塌校舍和河床隆起等典型地貌，把室内和室外整合成有机排列的空间，既保存了强烈的地震瞬间，同时用富有纪念性的现代手法，给人以深刻的印象。其中“地震工程教育馆”系利用毁损校舍基地设置，突出“安全的家”、“先进楼房减震技术”和“公共安全”三大主题，同时还通过保存的毁坏教室，让观众看到老旧校舍呈现的问题。

2008 年 5 月 12 日，我国汶川发生 8.0 级强烈地震，造成了重大人员伤亡和财产损失，是我国大陆近百年来在人口较为密集的山区所发生的破坏性最强、受灾面积最广、救灾难度最大、灾后重建最为困难的一次强震灾害。历史将永远哀恸这个时刻。“为灾难建造一座博物馆，为记忆点燃一盏不灭的灯，让情爱立此存照，让哀恸永存心间。”[1] 汶川大地震留下了许多典型的有科学研究和科普教育价值的地震地质遗迹。在抗震救灾工作取得阶段性胜利后，从国家领导人到文化学者，从有关部门到普通民众，广泛建议筹建地震博物馆。

地震遗址博物馆通过展示地震的巨大破坏力和造成的悲剧，见证我国民众面对特大灾难所表现出的无畏精神、崇高境界和生命情感，以传承抗震救灾焕发出的患难与共、血浓于水等伟大民族精神。同时，保护汶川地震典型遗址，选择合适地点建立集地震地质研究、科普教育和灾难纪念为一体的地震遗迹博物馆，无论是对于探索地震地质规律还是纪念遇难者、警示后人，以及提高公众的防灾减灾意识都具有重要的意义。通过实地考察和选址论证，筛选出北川县城地震遗址博物馆、阿坝映秀震中纪念地、汉旺工业遗址纪念馆、都江堰虹口地震遗迹纪念地等 4 处典型的地震遗址、遗迹纳入地震遗址博物馆建设范围。

20 世纪 60 年代，由政府与民间合作主导的一场以工业遗产为主要内容的保护运动在英国展开，并且逐渐波及整个欧洲。英国对近代工业遗产实施分级保护的方法，在充分调查、评估的基础上，根据工业遗产存在的价值，确定其为某一保护等级。对那些被确定为重点保护对象的具有重大历史价值的工业建筑而言，外部和内部都不得轻易改动，在原址建立博物馆是一种较为理想的保护方法，于是工业遗产博物馆应运而生。20 世纪 80 年代以后，随着世界许多城市对工业遗产地的改造和更新实践，对工业遗产建筑的保护和再利用引起了更多的关注，工业遗产博物馆作为一种工业遗产的保护模式，受到人们的重视，进而被认为是一种特殊意义的文化景观。

此后，德国成功地实施了对鲁尔工业区的产业结构调整，其中包括在该工业区建立了 6 座国家级工业遗产博物馆，工业遗产博物馆模式为更多的国家所了解。人们对工业遗产的认识，突破了以往给文化遗产划定的时间标准，将那些具有历史价值的工业建筑和设施，以及生产制品等纳入文化遗产的范畴，以工业遗产命名，并从经济、文化、社会、环境等角度思考工业遗产的保护问题，在实践中探索有效的保护方法。目前全世界已被联合国教科文组织列入《世界遗产名录》的有 50 多处工业遗产，其中整体性保护的近代工业遗产地，一般均建有工业遗产博物馆。

位于法国北加莱省勒瓦德镇，建立在原矿井之上的勒瓦德煤矿博物馆占地 8 公顷，包括 8000 平方米的工业建筑和地表建筑。该煤矿自 1931 年开始煤炭开采，到了 1971 年，由于矿脉枯竭导致了煤炭开采的结束。作为这一地区煤炭工业记忆的储藏室，在法国文化部、北加莱矿业公司和当地团体的提议下，勒瓦德煤炭历史文化遗产中心于 1982 年成立，1984 年

[1] 李舫：《博物馆：让哀恸永存心间》，《人民日报》，2008 年 5 月 30 日，第 16 版。

煤炭博物馆正式对外开放。导游讲解由原来的矿工亲自担任。身着矿工服的导游在原矿工淋浴室接待游客，这里曾是上千名矿工换班和洗澡的地方，现在成为煤矿之旅的入口处，自此将观众带入曾经的矿井世界。

为增添参观的趣味性，拉近参观者与煤矿的距离，增加切身的感受，煤炭博物馆发放给每个参观者一顶矿工帽，参观者乘坐矿车到达二号矿井底部参观煤炭筛选场地，然后到达距地面 450 米的隧道深处参观 10 个煤炭开采点。从地下矿井出来后，参观者可以看到煤炭开采机器设备、机房以及矿渣堆和煤炭运输铁路等遗址，并参观主题展室，使参观者的煤矿世界探索之旅异常丰富多彩。改扩建后，该博物馆设施包括公众接待厅、咖啡厅、餐厅、商店、会议室、演播厅、档案中心、行政办公室和临时展览大厅等，是目前法国最重要的煤炭博物馆，也是北加莱地区参观人数最多的博物馆。[1]

工业遗产博物馆往往具有与其他类型博物馆不同的特征。首先是馆址的不可移动性，即它位于工业遗址的原址，位于原来的区域，而不是在其他任何地方。其次是文物展品和文物藏品的不可替代性。工业遗产博物馆的收藏及展品都是在本遗址上发现的遗存，其他地方的工业遗存一般不纳入其中，因此文物藏品和文物展品的内容具有很强的专题性、区域性，一般多为反映近代某个时期某个地区的工业文明发展史。第三是遗址连同文物藏品一起被保护。遗址本身也是遗产，它既是文物藏品的载体，同时又是展示内容，具有双重涵义，是博物馆赖以存在的基础。

根据国际工业遗产保护协会 2003 年通过的旨在保护工业遗产的《下塔吉尔宪章》对工业遗产的定义，“工业遗产是指工业文明的遗存，它们具有历史的、科技的、社会的、建筑的或科学的价值。这些遗存包括建筑、机械、车间、工厂、选矿和冶炼的矿场和矿区、货栈仓库、能源生产、运输和利用场所、运输及基础设施，以及与工业相关的社会活动场所，如住宅、宗教和教育设施等”。建立工业遗产博物馆是工业遗产的保护方法之一。工业遗产博物馆的产生与城市发展、工业转型有关，在一些早期工业发达国家，这类博物馆有较早较快地发展。

工业遗产是人类工业文明的物化形态。按照文化遗产的分类，工业遗产包括可移动的工业文物、不可移动的工业建筑群和工业遗址、非物质工业文化遗产等范畴。工业文物是指那些承载了工业文化的物件，例如机器设备、各种工具、装配线、制造品等；工业建筑群是指由一个个单体工业建筑聚集而形成的建筑群以及成片的工业建筑区；工业遗址是指那些工业活动的场所，例如开采后废弃的矿山、铁路等以及与工业生产相关的其他社会活动场所，例如工人的住房、教堂、学校等。非物质工业文化遗产包括工业生产的工艺流程、传统工艺技能等。

工业遗产博物馆是建立在近代工业遗址之上，以对该遗址及其遗存进行收藏、保护、研究与展示为目的、为社会公众服务的专门性机构。工业遗产博物馆的绝大多数文物藏品主要

[1] 隋立新：《法国文化遗产保护与利用的理念与实践》，《中国国际友谊》第七卷，2010 年 12 月，第 134 页。

在遗址中，而不是在库房。工业遗产博物馆的遗产保护与管理与其他类别的博物馆有很大差别，工业遗产博物馆的文物展品一般都以原状陈列为主，以求最大限度真实地展现历史，文物藏品在遗址中展示并受到保护，而遗址本身作为工业遗产的一部分也受到保护。因此，工业遗产博物馆都不同程度地承担着保存工业文明的使命，并向公众展示反映工业发展史的内容。

西方发达国家早于我国几十年率先进入了工业的转型期，而在我国各类博物馆中，工业遗产博物馆的建设起步较晚，数量不多。我国目前正处于产业的升级换代时期，可以预见，随着我国产业转型的进程，工业遗产博物馆的数量必将快速增长，成为我国今后博物馆发展的一个重要方面。例如青岛市拥有较为丰富的工业遗产资源，其中轻工业、纺织业尤其著名。青岛啤酒博物馆是国内第一座啤酒专题博物馆，它利用1903年建厂时的德国工业建筑建馆，于2003年对外开放，展示青岛啤酒的历史沿革、工业流程、企业文化等，年接待量超过30万人次，是一座极具工业文化特色的专题博物馆。

近年来，青岛市又将多处工业遗产和传统建筑辟为专题博物馆，例如盐业博物馆、烟草博物馆、葡萄酒博物馆、纺织博物馆、胶济铁路博物馆、机车博物馆、矿泉水博物馆，以及消防博物馆、奥帆博物馆、茶文化博物馆等一批博物馆。海尔科技馆1998年开馆，是海尔集团创业历史、企业文化、科技成果以及进行科普教育的基地。目前邮电博物馆等也在筹备之中，切实加强工业遗产保护与合理利用。上述工业专题博物馆大部分是青岛市根据自身特点，运用企业的力量进行创办。这种创办模式在理念、管理模式等方面，都是一种新的尝试。[1]

电信博物馆是中国电信集团公司的企业文化机构。电信博物馆以电信卡为选题，并可以根据不同需求及时集合各种专题展览。例如配合科技周、世界电信日、世界博物馆日等推出电信卡展览。通过电信卡展览向人们介绍我国科学家、艺术家、学者、教授、英雄模范、作家等不同行业的典型人物事迹，让人们了解和认识当代杰出人物的风采。3月植树节可推出以环境保护为主题的电信卡展览，5月可以搞以花卉为主题的电信卡展览，6月的文化遗产日可举办以历史文化为主题的电信卡展览等。通过观看电信卡展览，还能培养和促进我国电信卡市场收藏的兴旺。[2]

黄石位于长江中游南岸，素有“青铜古都”、“钢铁摇篮”、“水泥故乡”之称。作为青铜古都，黄石是华夏青铜文化的发祥地。早在3000多年前，在这里就开始大规模矿产开采，大兴炉冶，留下了闻名中外的铜绿山古矿冶遗址。作为钢铁摇篮，黄石是近代我国冶金工业的发源地。19世纪80年代，湖广总督张之洞在黄石设立大冶铁矿和炼铁厂，随后成立我国历史上第一个钢铁联合企业，即汉冶萍煤铁厂矿股份有限公司。作为水泥故乡，黄石拥有我国历史上号称“远东第一”的水泥企业，即华新水泥。1907年慈禧太后御批兴建华记水泥厂，后改为湖北水泥公司。

黄石作为全国重要的工业基地，在工业遗产中华新水泥、大冶钢厂、大冶铁矿等都代表了所在行业的发展水平，具有标志性。目前黄石大部分遗址、厂房和设备一直保存到了今

[1] 潘怡为：《青岛促进多种所有制博物馆共同发展》，《中国文物报》，2010年6月16日，第7版。
[2] 程京生：《企业博物馆应针对性地开发流动展览》，《中国文物报》，2011年4月27日，第4版。

天。铜绿山古铜矿遗址和汉冶萍煤铁厂矿旧址作为全国重点文物保护单位，工业遗产展示设施不断完善；依托华新水泥厂旧址建设的黄石水泥遗址博物馆正式启动，工业景观、工业遗址、工业建筑、机械设备以及工艺流程等保护项目和文物征集、资料收集等保护工作有续进行，一座工业遗产博物馆之城即将清晰展现。

专题博物馆的展示、传播、教育和社会服务工作，要突出地域特色，体现博物馆文化的多样性，在陈列展览设计和提供文化产品时，要体现博物馆的专题与社会生产生活紧密关联的特征，以独具行业特色并贴近实际、贴近生活、贴近民众的展览和服务，真正融入社会，成为广大民众流连忘返的思索、审美和文化休闲的理想场所。石家庄市是“火车拉来的城市”，100多年前，正太和京汉铁路在这里交汇，开始了石家庄的城市化历程。如今，随着火车站南迁规划的实施，旧火车站将退出历史舞台，即时改造成专题博物馆，展示火车机车的发展历程，以及火车发展对这座城市的影响。[1]

“满洲映画协会株式会社”于1937年伪满时期由日本人建立。1945年，抗日战争胜利后更名“东北电影公司”。1952年，正式更名为“长春电影制片厂”，成为新中国第一家电影制片厂，随后新中国各个片种的第一部影片均在这里诞生，因此被称为“新中国电影摇篮”。长影电影博物馆建于长春市红旗街的长春电影制片厂原址，包括亚洲面积最大，储存道具品种、数量最多的电影道具库。在长春电影制片厂的档案馆保存着大量原始的电影资料，包括电影文学剧本、分镜头剧本、演职员表、美术手稿、黑白老剧照、送审报告单、上映许可证等文件及实物档案，见证了我国电影发展的历史，具有重要的文化价值。[2]

在20世纪60年代，国家面对严峻的国际国内形势，在西南和西北大后方进行大规模的国防和经济建设，称为“三线建设”。“三线建设”是特定历史时期的产物，有的已经成为历史，有的还在延续发展。保护好“三线建设”工业遗产，对了解“三线建设”历史，解读我国当代工业和科学技术发展历史，传承工业文明有着重大的现实和历史意义。四川广安地处华蓥山区，连绵起伏的大巴山山脉成为天然屏蔽，是理想的战略后方。1965年至1972年，国家集中力量建设三线工程，先后在广安境内建成了10个大型企业，广安由此成为国家“三线建设”集中区域之一。

工业遗产博物馆与其他博物馆的区别主要在于它位于原工业遗址，利用原有的工业建筑作为馆舍，以原状陈列为主要展示方式，最大限度地保留与当时工业时代相联系的工业生产与社会生活环境，给观众以全方位的原汁原味感受。每个“三线”企业不仅有大规模的办公楼、宿舍楼和生产厂房，而且还有各自的电影院、医院、学校、招待所、商店等配套设施，厂区社会功能十分完善。调查统计，10个大型企业厂区占地3500余亩，厂房建筑面积多达40余万平方米。目前，广安市已经征集到“三线”企业的大量生产设备、产品、档案、模具等实物资料。正在积极筹建“三线建设”工业遗产博物馆，以便科学保护和合理利用这些工业遗产。

---

[1] 刘卫华：《保护工业遗产 提升城市文化》，《中国文物报》，2010年9月24日，第6版。
[2] 李琤：《见证辉煌 承载希望》，《中国文化报》，2010年10月11日，第4版。

企业博物馆以企业为经营主体，反映本企业或相关行业的历史发展、重大事件和著名人物，形象地展示一个企业或行业的发展历程，既构成企业文化的重要内容，又成为宣传企业形象的载体。例如，德国本茨汽车公司的汽车博物馆是行业博物馆中的典型，其中展出一些汽车工业各个历史阶段的代表性品牌汽车，同时展示的汽车工业历史从过去一直延续到今天。一些企业博物馆以企业的某一幢历史建筑作为馆舍，展示的物品中也有属于工业遗产的旧工业机械设备和制造物品等。但是由于博物馆所属的企业还存在，并且在不断地发展，随时还有可能将新的机械设备、生产制品等充实到博物馆的展品中来。

1998 年 3 月，日本本田公司为庆祝成立 50 周年开设了本田珍品馆，作为专题博物馆主要展示本田公司自创业以来研发和制造的各种摩托车、家用轿车，以及赛艇、赛车等相关产品。博物馆内共珍藏着 350 辆摩托车和汽车，每年有大约 20 万人前来参观。在学习区，摆放着本田研制的各种自立人形机器人，参观者可以亲自体验被用于制造机器人的最新技术。博物馆里还设有安全驾驶体验中心、卡丁车游乐场等各种与驾驶有关的学习和娱乐设施，更有两条 11.5 英里和 2.9 英里长的双环形赛车跑道，观众可以亲身体验驾驶赛车的乐趣。[1]

工业遗产博物馆产生的历史虽然不长，但是得到越来越多国家的重视。实践证明，工业遗产博物馆不仅能有效地保护工业遗产，而且可以成为工业文化旅游的内容，产生巨大的综合效益。将工业遗产转化为产生新的经济价值的文化资源，成为许多西方国家在制定工业遗产保护政策时所追求的目标，这也是在发达国家工业遗产博物馆呈现较快发展的重要原因。在工业遗产博物馆中，有些工业遗址是矿山，例如铁矿、煤矿等矿井，或是交通运输业，包括铁路，桥梁等，不可能将它们置于建筑内展示，因此以保持原状的露天展示成为普遍的方式。由于有很多工业遗产博物馆本身就是在露天的环境之中，因此很多工业遗产博物馆也属于露天博物馆。

将旧工业建筑迁移到一个地方实行集中保护，这一方法源于瑞典斯砍森半岛的露天工业遗产博物馆模式。1891 年，瑞典政府为了保护分散在各地的许多面临毁坏的重要历史建筑，将它们迁移至斯砍森半岛，采取集中保护的方式，于是诞生了世界上第一座露天博物馆。这种方法对欧美国家产生了很大影响，各国纷纷效仿。这些工业建筑物、构筑物分别从不同的地方迁来重建，被保存在露天博物馆的环境之中，它们承载着重要的历史信息，但是与这些工业遗产相关的原有历史环境的联系却不能被完全复制出来，因此在很大程度上丧失了工业遗产的社会价值。

就文化遗产的保护而言，工业遗产博物馆将工业遗产连同其周围的原来环境一起保护，这是对工业遗产进行整体性保护的关键。英国著名的泰特艺术馆系列中，有几座就是利用旧工业建筑改建而成。1988 年，泰特家族在利物浦废弃的阿尔伯特码头旧仓库里建成了利物浦泰特美术馆。1993 年英国南部海滨优美的艺术小镇诞生的圣艾富斯泰特美术馆，是利用当地废弃的煤气站改造而成。2000 年正式开放的伦敦泰特现代美术馆则是利用伦敦发电厂

[1] 严圣禾：《吸引全球车迷的博物馆》，《光明日报》，2011 年 2 月 22 日，第 8 版。

建筑改建而成，至今每年的观众量都达到 400 万。

由于工业遗产博物馆往往坐落于经过改造的旧工业建筑之中，建筑的外表基本上保持着过去的原貌，因此真实地保留着历史的“记忆”，但建筑内部经过一定的改造，除了建筑结构之外，其他部分都有了较大的变化，馆舍坐落于工业遗产之内是出于对历史建筑的保护性利用。无锡中国民族工商业博物馆，其原址为荣氏的茂新面粉厂建筑，博物馆除了收藏并展示面粉厂生产流程的机械设备之外，又将分散于其他地方的旧棉纺丝织工业生产机械设备等也迁移到博物馆之中，形成一种对多种工业遗产的混合型的保护与展示。

新中国成立后的“一五”、“二五”建设时期，沈阳是全国第一的重工业基地。而素有“东方鲁尔”之称的沈阳铁西区，更是一个超大型的工业区，在中国工业史上有着重要地位。铁西区剩余的老工厂，生动记载着中国工业化的丰富历史信息和曲折的演变过程。在目前尚留存的老厂房基础上建设中国工业博物馆是一个可行的保护利用办法。这不仅能极大丰富沈阳市的博物馆种类，也能形成一个多层次收集、保留并展示中国工业历史积淀和工业文化魅力的博物馆网络，在中国工业博物馆的大框架下，筹建不同类型的工业博物馆。

中国沈阳工业博物馆在现有的沈阳铁西铸造博物馆基础上进行改造和扩建。铸造博物馆由 1939 年建厂的沈阳铸造厂老厂房改建，共展示各类工业文物约 2000 件。博物馆还通过对于工业遗产保护性再利用的方式，设置 26 个展馆，包括石油和天然气馆、金属馆、焊接及材料馆等。博物馆的文物征集一直在持续开展，例如第一台多轴自动车床、第一枚金属国徽、第一批自动保护开关等铁西创造的“工业第一”就达 200 余个，先后在工业博物馆内进行集中展示。并以社会征集和收购老企业废旧机器及零部件两种形式，收集工业文物。“工业博物馆不但要展示工业，还要展示老工人的生活面貌”，老工人的工作服、工具和生活物件等皆为文物征集内容。[1]

（此文发表于《苏州文博论丛》总第 4 辑，苏州博物馆编，文物出版社，2013 年 12 月）

[1] 李明欣：《谁家有工业文物赶紧送去》，《沈阳晚报》，2011 年 5 月 19 日，第 A4 版。

构建多元、开放、包容的博物馆体系

当前，博物馆事业进入快速发展阶段，呈现出一些新的趋势。就举办主体而言，从文物部门为主导，转向由政府引导，动员各行各业和社会公众共同参与。就博物馆类型而言，从传统的综合、历史、艺术等类型，转向科技、自然、民族、民俗、生态、遗址等，各个社会学科、自然学科类型，以及各行各业的专题博物馆。专题博物馆是博物馆体系的重要组成部分，体现出鲜明的行业文化特征、民族文化特色、地域文化特点，符合博物馆社会化、专题化、多样化的发展潮流。

今天，博物馆事业的发展与变化，伴随着历史的发展而发展，社会的变化而变化。文化遗产的多样化，必然带动博物馆的多样化。正如奥地利著名的博物馆学家F. 瓦达荷西博士（F.Waidacher）在2003年写的《博物馆学》一书中所说："博物馆不是从一个博物馆原始型逐渐发展而成的，它的原始型并不一定与后来复杂的形式有关。贵族的宝藏、艺术品与奇珍异宝或已有系统收藏的19世纪的博物馆，未必和现在的博物馆有关。他们的出现似乎没有什么先决条件，而是出自特定的收藏需求。"[1]

新中国成立以后，我国建设的博物馆大多是综合博物馆，以当地的自然资源、历史发展、民生民主建设为陈列内容，而专题博物馆则数量不多。进入20世纪80年代，开始出现了一批专题博物馆。特别是90年代以后，专题博物馆快速增长，经过20余年的发展，专题博物馆的内容几乎囊括人类生产、生活的方方面面，涉及科技、地质、煤炭、金融、消防、公安、水利、茶叶、丝绸、烟酒等众多领域。社会公众对专题博物馆有较强的愿望，对未来博物馆分类也提出进一步要求。因此，专题博物馆的发展不仅是社会分工细化的表现，也是社会更加开放、经济更加繁荣的一面镜子。

近年来，国家相关部门也开始建设各具特色的专题博物馆，例如财政部在杭州建设了中国财税博物馆，国家审计署在南通建设了中国审计博物馆。在铁道部建设了中国铁道博物馆，邮电部建设了中国邮电博物馆之后，又相继建设了中国邮票博物馆和中国电信博物馆，最高人民法院也建设了中国司法博物馆等。在上海建设"博物馆之城"的过程中，专题博物馆成为增长主体，占据了80%的增长份额。但是，总体来说，我国的专题博物馆的数量还不够多。目前，越来越多的参观者对专题陈列展览有独特喜好，例如有的观众喜欢艺术类的陈列展览，有的观众喜欢科技类的陈列展览，有的观众喜欢自然类的陈列展览。

当前，国家既强调加强国家级大型博物馆的建设，以逐步使我国的重点博物馆达到和接近发达国家的水平，同时，也强调支持中小博物馆的建设与提升。近年来，在全国各地涌现出了一些优秀的专题博物馆，例如中国煤炭博物馆、青岛啤酒博物馆、上海公安博物馆、沈

[1] 甄朔南：《从全球的视野看自然史博物馆的起源、发展与成就》，《中国博物馆》2006年第2期，第85页。

阳金融博物馆等，这些博物馆因为与经济社会发展和广大民众生活密切相关，产生了很强的社会吸引力和影响力，并为提升城市文化品位做出了重要贡献。今天，国家高度重视专题博物馆的发展，将专题博物馆纳入国家博物馆事业的总体框架，给予积极支持。同时，国家鼓励优先设立填补博物馆门类空白和体现行业特性、区域特点的专题博物馆。

文物行政部门努力加强对专题博物馆的宏观指导，积极提供服务。例如将专题博物馆纳入全国博物馆质量评价体系。在全国博物馆评估定级中，一批专题博物馆被列入国家一级博物馆和二、三级博物馆之中，显示出专题博物馆在我国博物馆事业中的重要地位。同时，对于一些专题博物馆的创建也给予了高度关注，例如中国水利博物馆、中国文字博物馆、中国妇女儿童博物馆和中国航海博物馆等的文物征集、陈列展览工作，协调全国文物博物馆系统给予支援，并取得了良好的效果。

要改变当前我国博物馆数量偏少的状况，应该考虑就自然、科学、教育，以及人口、资源、环境、灾害、宗教等方面，建设更多的专题博物馆。段勇先生指出："世界上至今对博物馆没有一个公认完美的分类方法。现有的大多是以藏品类型作为分类的主要标准，例如：日本博物馆协会将博物馆划分为综合、乡土、美术、历史、自然史、理工、动物园、水族馆、植物园和动·水·植 10 类。美国博物馆协会主张把博物馆分为综合、科学、艺术、历史、体育、学校、公司、展览区等 13 大类 72 小类，除了'物'的标准外，引入了博物馆的实体特点，却略嫌杂乱。还有国外博物馆学家认为，世界上现有的博物馆可具体划分 301 种类型，其中混合使用了多种分类标准。"[1]

从办馆主体的性质来看，专题博物馆有别于文化文物系统的传统博物馆，既有国家有关行业部门，例如工业部门、农业部门、商业部门等兴办的公立博物馆，也有隶属于国有企业的行业博物馆，还有民营企业兴办的专题博物馆。与传统博物馆相比，专题博物馆资金来源多元，有利于吸收社会力量创办博物馆，改善原有办馆主体单一、类型单一，以及资金来源单一的博物馆管理模式。[2] 这些也正是近年来专题博物馆能够成为博物馆发展热点的根本原因所在。

专业博物馆的蓬勃发展，推动形成了当前各地建设博物馆的热潮，全面深入地展示科学文化知识，为社会提供品类齐全的学习场所，以适应学习型社会的需要，为我国博物馆事业的可持续发展注入了新的活力。2006 年 6 月，宁夏回族自治区制定了《发展宁夏博物馆事业战略构想》，鼓励和支持各市县、各行业依托地域和行业优势，创建行业专题博物馆，通过几年努力，宁夏已经建成了各类专题博物馆 40 余座，一批独具特色、形式多样、内容丰富的专业博物馆陆续建成开放，实现了专题博物馆建设新的突破，基本构建起覆盖全区的博物馆网络，为进一步加强博物馆体系建设积累了丰富的经验。

北京专题博物馆增长速度较快，在已有中国钱币博物馆、中国电信博物馆、北京服装学院服饰博物馆、北京警察博物馆、北京自来水博物馆、中国印钞造币博物馆、北京百年老电

[1] 段勇：《多元文化：博物馆的起点与归宿》，《中国博物馆》2008 年第 3 期，第 5 页。
[2] 徐玲：《何谓行业博物馆》，《中国文物报》，2009 年 12 月 16 日，第 6 版。

话博物馆等专题博物馆的基础上，近年来又新增一批专题博物馆，例如北京老爷车博物馆、北京晋商博物馆、北京电话博物馆等。对于不同行业、不同企业来说，建设专题博物馆可以起到保存、展示行业文化的作用，发掘、研究、利用行业相关文物，探究行业历史，宣传行业文化，树立行业形象，提升行业品位。

北京地区博物馆涵盖了历史、自然、军事、天文、航天、文化、艺术、宗教、建筑、通讯、机车、铁道、名人纪念馆等数十个门类。“从全国范围来说，北京地区的博物馆门类比较齐全，在质量和规模上都名列前茅。”[1] 北京奥运博物馆分为主题展厅和临时展厅两部分，奥运会开幕式上使用的奥运缶、电子卷轴、演出服装等道具，奥运会赛场上的各种具有收藏意义的运动器械和服装，以及有关的文字及电子资料都在博物馆内展出，集中展示 2008 年奥运会申办、筹办和举办的历史过程和盛景。同时，在奥运会场馆群附近还将陆续建设一批专题博物馆，加上此前建设的中国科技博物馆等，专题博物馆的集聚效应初步显现。[2]

上海市以世界博览会筹建为契机，推动各类博物馆建设，不但博物馆数量得到迅速增长，而且在博物馆类型及分布方面也有较大改观。包括金融、邮政、纺织、水务、航运、交通、造船以及市政工程等门类的博物馆，改变了过去偏重于历史类、艺术类和人文纪念类的传统门类，缺乏反映上海作为我国近代工业、金融、商贸等发源地，具有深厚历史渊源的专题博物馆的状况。近年来，上海市建立的铁路博物馆、汽车博物馆、纺织博物馆等，起到了保护工业遗产的示范性作用。人性化服务的理念深入人心，博物馆从观众的角度出发不断完善服务设施，营造和谐的人文与自然环境。

青岛一些独具特色的博物馆大都利用自身资源，突破了过去市县级博物馆“小而全”、陈列内容雷同的陈旧模式，极具文化特色。青岛的专题博物馆建设突出近代文化、海洋文化和名人文化的特色。青岛市虽然建置时间短，但是由于处在中西文化冲突的前沿，我国近代历史上的许多重大历史事件都与青岛有关，例如“公车上书”、第一次世界大战的远东战役、“五四”运动、“五卅”运动等。因此，近代文化成为青岛的专题博物馆建设重要题材。德国官邸旧址陈列馆、青岛山炮台遗址纪念馆、德国监狱遗址博物馆等均属于此列。

青岛是一座美丽的海滨城市，在城市文化中处处渗透着海洋文化特色，青岛市在博物馆建设上，也充分地体现这一特色。目前，青岛涉及海洋文化的专题博物馆有青岛海产博物馆、海军博物馆、青岛海底世界、帆船博物馆，以及明显带有海洋文化特色的青岛民俗博物馆等。近现代文化名人故居纪念馆，也逐步在青岛博物馆群中异军突起。康有为、老舍、沈从文、闻一多、王统照等一批近现代文化名人曾经在青岛居住、工作，名人故居纪念馆的陆续开放，为这座海滨城市增添了厚实的文化内涵。

中国人民革命军事博物馆从刀枪剑戟到现代各种精良的枪械，从木牛流马到各种坦克战车，从木船到各式舰艇，从飞鸽传信到火箭上天和卫星转播，从鞭炮地雷炸弹到战略核武器，军事博物馆数量巨大的实物、武器、装备、图片和模型，展示了中华民族 5000 年以来的军

[1] 赖睿：《北京博物馆：“博”字当头》，《人民日报》海外版，2010 年 8 月 6 日，第 4 版。
[2] 华锴：《北京奥运博物馆“安家”鸟巢》，《北京日报》，2011 年 6 月 2 日，第 5 版。

事活动和军事文化的发展。[1] 中国坦克博物馆于 1998 年对外开放，是全国乃至亚洲唯一的坦克博物馆。馆内陈列着各个历史时期，各种型号的坦克车、装甲车、坦克训练模拟器。坦克博物馆展厅展示着我国新研制的重型坦克、战时的功勋坦克、当年苏联援助的坦克、在抗日战争中缴获的日本坦克，还有在解放战争中缴获的蒋军美制坦克。

中华文明源远流长，浩如烟海的历史，通过文字的记录和梳理，其发展轨迹变得有章可循。长期以来，众多有关语言文字的珍贵文物，因为缺少专业博物馆的征集和收藏而散落于民间，或被收藏于其他博物馆，难以形成规模集体亮相。中国文字博物馆作为国内首座专业展示文字发展历程和影响的国家级博物馆，凭借深厚的文化底蕴、丰富的展品、多样的表现形式每天吸引了大量游客前来参观。开馆第一年，入馆游客达 126 万余人次，日均客流量近 4000 人次。目前中国文字博物馆已收藏相关文物 14156 件，其中包括国家一级文物 305 件。

中国文字博物馆的基本陈列“中国文字发展史”以世界文字为背景，以汉字为主干，以少数民族文字为重要组成部分，展示中华民族一脉相承的文字、灿烂的文化和辉煌的文明。同时，以古汉字符号为独特视角，反映东方华夏文明与中国语言文字的研究成果，具有普及性和学术性双重使命。“中国文字发展史”陈列共分为三个部分，分为汉字源流绎古今、民族文字大家庭、从印刷术到信息化，三个部分相互呼应，以中国文字发生和发展的文化史为主线，以历代出土的文字载体文物为支撑，以文字的传播应用为注脚，以雅俗共赏的表现方式，融文字的历史、今天和未来于一堂，全面翔实地展示汉字文化的独特魅力。[2]

苏东海先生认为：“值得特别注意的是行业博物馆的兴起，许多行业建了自己的行业博物馆，保护与传承自己的文化传统。例如那些拥有自己独特的传统技术的行业，建立博物馆展示自己的无形遗产，扩大行业的价值。我认为这种行业博物馆也体现着新博物馆思想及其实践。”[3] 中国会计博物馆选址上海，将建设成为综合性的收藏、研究、保护会计文物的专题博物馆。相对于已有的中国财税博物馆、中国审计博物馆和中国珠算博物馆，中国会计博物馆侧重于会计文化的专门展示，其内容重在会计基本方法、制度、理论、实务及相关成就方面。[4]

目前的专题博物馆多定位于一个专业或行业历史的展示，服务于特定的主体。但是，一些专题博物馆过分强调专业性，导致博物馆办馆思路相对封闭，缺乏宣传力度，缺乏开放意识，缺乏与其他博物馆的馆际交流，使文物藏品内容单一，基本陈列不能及时更新，从而使观众群体受到限制，难以为社会公众提供更加优质的服务，难以发挥更大的社会效益，这些都成为专题博物馆进一步发展的制约因素。因此，具体到不同的专题博物馆，为了更好地发挥社会效益，必须明确博物馆自身的定位问题。

专题博物馆是伴随我国 20 世纪 80 年代以来，保护传统建筑、保护近现代建筑、保护工

---

[1] 李静：《中国第一馆：不断长大的心灵栖息空间》，《中华建筑报》，2009 年 9 月 29 日，第 14 版。
[2]《体验中国文字之旅 探寻中华文明之源》，《中国文物报》，2011 年 3 月 23 日，第 5 版。
[3] 苏东海：《关于生态博物馆的一点思考》，《中国文物报》，2010 年 12 月 1 日，第 8 版。
[4] 欣文：《中国会计博物馆预计明年建成》，《中国文化报》，2010 年 8 月 4 日，第 6 版。

业遗产等保护理念的进步，而开始广泛出现的博物馆类型。作为富有活力、新兴的博物馆类型，专题博物馆在一定程度上补充并冲击了原有博物馆类型单一的局面，呈现出蓬勃发展的势头。专题博物馆的多样性源自于行业文化的多样性，几乎涉及我国现有的各行各业。每个博物馆都有自己的定位、特色，都有引以为豪的馆藏精品，企业博物馆亦不例外。企业博物馆大多由所属企业创办，由企业投资，征集、保存、研究企业文化遗产。

专题博物馆应该根据自己所处环境的情况和自身的具体情况确定自己的收藏战略，根据自己的藏品特点和社会文化环境确定自己的陈列展览战略，并根据自己的目标与环境状况确定自己的行动战略，充分利用行业部门场地、资金、人才、管理等方面的优势，挖掘各行业展示本行业发展历史的内在需求，促进从行业小型展室到专题博物馆的转变。宁夏文物行政部门组织专家指导宁夏邮政博物馆、宁夏电力博物馆、宁夏交通博物馆等专题博物馆的建设。同时，宁夏自治区博物馆承担中草药博物馆、古灯博物馆、考古博物馆的陈列设计方案编写。

纪念馆作为博物馆的重要分支，长久以来在我国博物馆大家庭中占有很大比例。这些纪念馆保存、维系着历史上许多重大事件和重要人物的相关记忆，是中华文明弥足珍贵、不可或缺的组成部分。纪念馆是连接社会与中华民族传统文化、民族精髓的桥梁。钱穆说："所谓历史传统，乃至其在历史演进中内在的一番精神，一股力量。亦可说是各自历史之生命，或说是各自历史的个性，这一股力量与个性，亦可谓是他们的历史精神。"人们在创造物质文明的同时，更需要不断获取精神食粮作为动力，深厚的文化底蕴和高贵的民族精神是个人品格修养、道德情操构成的基本要素。

目前，全国注册的纪念馆已有 300 余家，纪念馆在陈列展示、文物收藏和社会教育上的意义与其他内容的博物馆有很大不同，在思想观念和道德操守方面影响深刻，其所蕴藏的独特内涵和肩负的独特社会使命，决定了纪念馆必将受到社会各界的特殊关注和非同寻常的期待。纪念馆中的每一件历史文物，对应着一个个感人故事，它们昭示着华夏儿女的道德理想和价值追求，诠释着中华民族的传统美德，阐发着如何做人、如何做事的基本道理。他们从正反两面向后人展示着过往的凝重与荣辱，指导着人们形成正确的世界观和价值观，引导着人们时刻走在为中华民族的伟大复兴而努力奋斗的征途。

我国的纪念馆有多种类型，主要分为历史人物类和历史事件类。历史人物类纪念馆为纪念在历史上做出过突出贡献和非凡业绩的人物而建立。包括伟人纪念馆和具有重大影响的历史人物纪念馆两类。这里伟人的划分主要是按照能够促进社会变革的作用来界定，尤其指在近现代革命中做出突出贡献的领袖人物。历史事件类纪念馆，承载的是社会变革过程中对局势有重大影响的历史事件。通过典型的历史事件，将人们带进历史的情境之中，使观众身临其境，切身感受历史的丰富多样，形成鲜活的历史，促进人们对历史进行理解和反思，从而达到提升境界的现实作用。

文明的载体在历史发展的各个阶段有所区别，这与科技水平的进步有直接关系。从我国历史的发展过程来看，从竹简木牍到金石铭文，从绢丝锦帛到纸张字画，从图片资料到影像记录，从人工书写到智能电子，科技的进步促进了这些载体的发展，逐步变得更简便、实用、信息容量不断增大。[1] 我国科技博物馆的数量，与社会需求相比相差较远。至 2002 年，我国有科学技术博物馆 250 座，平均每 520 万人拥有一座，而同年美国的科学技术博物馆的总数为 560 座，平均每 41 万人拥有一座，日本拥有科学技术博物馆 320 座，平均每 38 万人拥有一座科学技术博物馆。

19 世纪以来，现代科学技术的发展，促使人们对科学知识学习产生迫切需求，科学技术博物馆应运而生。1852 年和 1853 年，英国国立维多利亚和阿尔伯特博物馆及坎星顿科学技术博物馆在伦敦“万国博览会”的基础上成立，此后，欧美各国竞相效法。博物馆传承历史文化开始从传统的文物标本，扩大到科学技术领域。科学技术博物馆以最形象、生动的手法，将宇宙天体、人类、环境、物质、能源、信息等大量科学原理和应用成果介绍给观众，启迪智慧，激发人们对科学技术的兴趣，了解科学技术对社会进步的推动作用。[2]

近年来，上海科技馆每年秋天都举办鸣虫音乐会，组织社会公众甚至还有在沪外籍人士，聆听野外秋虫的鸣叫，寻觅昆虫踪影，领略我国悠久的鸣虫文化，这是十分有益的尝试。[3] 澳大利亚维多利亚博物馆在展览中，鼓励展示活体动物。例如在展示昆虫生命过程的展览中，就不仅有标本，还有很多活体动物，吸引了大量参观者。而在整个博物馆中心位置的森林展馆，除了有大量展示维多利亚地区树木状况的典型树种，还有各种各样的鸟类在其中自由飞行，也有蛇类等其他森林动物。[4]

2002 年英国自然博物馆完成了达尔文中心第一期建设，目的就是改变博物馆传统的形象和地位，设计目标也由原来放置藏品的空间改成展示馆，以便创建一个公开的交流平台。例如鼓励更多公众参与内部的科学研究过程，人们可以看到内部实验室，包括最新的 DNA 染色体研究、标本制作等。博物馆还建造了一个新的高科技工作室，和 BBC 一起制作了互动式电影，通过专家讲解，通过三维特效，使诸如恐龙、史前生物复活等方法，让人们更容易理解接受。此外，还有一个气候变化环境室，通过互动式屏蔽，让人们了解气候变化产生的具体结果。

英国的科学技术博物馆致力于揭开展品幕后的秘密，将收藏和研究这一博物馆的核心功能向公众开放，让公众了解支撑博物馆展览教育活动的科学内容及科学过程，体验发现奥秘的快乐，以此扭转将博物馆作为纯娱乐场所的形象，并将公众理解科学深化为公众理解收藏，公众理解研究，公众理解未来。[5] 英国伦敦科学博物馆展示的瓦特发明的蒸汽机以及其他内燃机、风车、水轮等动力机械等。有些展品可以动态展示，周围伴有辅助陈列的景观模型等，用以说明该展品相关的原生产环境，甚至采用了多媒体仿真技术，看上去达到了十分逼真的效果。

---

[1] 刘加量等：《让世界充满爱，让和平永驻人间——纪念馆在构建和谐社会中的重要作用》，《中国纪念馆研究》2011 年第 1 期，第 47 页。

[2] 王莉：《博物馆的价值取向和社会责任》，《携手 2010：宁波国际博物馆高峰论坛论文选辑》，第 15 页。

[3] 董贻安：《为有源头活水来》，《中国文物报》，2009 年 11 月 25 日，第 4 版。

[4] 章迪思、梁建刚：《自然博物馆：重建中的若干可能》，《解放日报》，2009 年 11 月 30 日，第 5 版。

[5] 章迪思、梁建刚：《自然博物馆：重建中的若干可能》，《解放日报》，2009 年 11 月 30 日，第 5 版。

科学技术博物馆重点收藏、保护和展示人类在一定历史时期内科学发明和技术进步所取得的成就，展品主要是采用当时科学技术生产制造的物品，也包括一些的相关生产制造设备和试验装置等。科学技术博物馆主要以传播科学技术知识为主旨，展示的内容包括物理、化学、生物、医学、地质、天文、数学等基础科学理论和建筑、机械、冶金、运输、电子、信息、航天等现代技术。在陈列展示中，多运用声、光、电和多媒体等现代化展示手段，鼓励观众动手参与、亲自体验，在充满乐趣的互动中，轻松地理解科学定律和技术原理。

出于传播科学技术知识的需要，科学技术博物馆的展品绝大部分都是因便于诠释科学技术原理而专门设计制造的设备和模型等。1996 年中国印刷博物馆在北京大兴落成，集中展示我国古代、近代和现代印刷历史文化，通过国际交流，在一定程度上改变西方人只知道公元 1450 年德国人古登堡发明的铅活字印刷，而不知道早于其几百年的我国毕昇发明活字印刷术的偏见。2006 年在建馆 10 周年之际，又开辟了以王选教授为代表发明的汉字信息处理激光照排技术为重点的数字印刷和印刷数字化展厅。[1]

中国铁道博物馆位于北京天安门广场东南侧，由原京奉铁路正阳门东车站改建。该车站是近代中国铁路早期车站的代表作，始建于清光绪时期的 1903 年，100 多年来曾经见证了许多重大历史事件。1959 年，北京站建成通车，正阳门东车站才完成了历史使命。2010 年 10 月，中国铁道博物馆正式对外开放，集收藏、陈列、宣传、教育等功能于一体，以大量翔实的图片资料和文物、实物展品，展现了中国铁路从无到有、从弱到强的发展历程。参观者不仅可以看到清政府为京汉铁路开通所铸的纪念铁碑，国内发现最早的钢轨，具有百年历史的印票机等大量珍贵文物，还可以欣赏到中国铁路现代化建设的最新成果和技术装备，并可以登乘“和谐号”动车组仿真模拟舱，体验时速 350 公里的视觉冲击。[2]

1987 年，在广东阳江海域发现了一艘南宋早期木质沉船，被命名为“南海Ⅰ号”。在此后的 20 年中，国家水下考古队先后对这艘古代沉船进行了 9 次考古调查、勘探，对沉船规模、保存状况等重要信息的认识逐步清晰。确认“南海Ⅰ号”沉没于海面 24 米以下，表面覆盖厚 1 － 1.5 米的淤泥，沉船长 30.4 米，宽 9.8 米，型深 4 米。沉船船体保存较好，上甲板以下部分结构基本完整，船舱内满载大量陶瓷、金属、漆木和石质文物。初步推算该船满载以宋代瓷器为主的文物 8 万余件，是目前发现最大规模的古代船只。

2007 年 12 月 22 日，“南海Ⅰ号”整体打捞成功，并顺利进入广东海上丝绸之路博物馆的“水晶宫”。2009 年 8 月，水下考古队员在“水晶宫”对“南海Ⅰ号”进行了首次试发掘。古代沉船展露出保存完好的船舷和上甲板，首次向世人揭开其神秘的面纱。如今，走进“水晶宫”，观众可以通过两条长 60 米、宽 40 米的水下观光长廊和水下考古平台，多角度地观察“南海Ⅰ号”沉箱在海水中的保存状况，以及目睹水下考古发掘过程。由此，广东海上丝绸之路博物馆也被定义为“世界首例将古代沉船水下考古发掘过程向观众展示的动态专题博物馆”，也是我国乃至亚洲唯一、世界罕见的大型水下考古博物馆。

[1] 海艳娟：《加强中国印刷文物调研和中国印刷博物馆建设》，《中国新闻出版报》，2010 年 2 月 24 日，第 7 版。
[2] 齐中熙：《中国铁道博物馆开馆》，《中国文化报》，2010 年 10 月 27 日，第 6 版。

博物馆生态化也是一种新的发展趋势，中国茶叶博物馆在环境营造中，撤除了博物馆传统的围墙，馆内和周围的景区相融合，以茶叶为主题，注重在环境中延伸陈列展览，引入中华茶树品种100多种，还增加了绞股蓝、金银花等许多可以泡饮的植物。鉴于茶和水的密切关系，他们引入了一条水系，并在园内营造出多种多样的水景，在水系旁增加了很多品茶的摊点，除了喝茶，还可以品尝茶菜、茶点心。同时，博物馆新开辟了茶叶教室，用于开展形式多样的茶艺培训。在参观中，博物馆还为观众增加了一些参与和体验的项目。例如品尝茶宴，观看茶艺表演。[1]

自然博物馆展示和教育活动的根本目的，是为了激发观众，尤其是青少年对自然的好奇心，培养他们对自然的感情，最终目的是希望他们懂得去欣赏自然，亲近自然，理解自然，学会与自然共存。只有对自然理解，才可能去欣赏亲近自然，萌发保护的热情。正如一位美国生物学家所言，“地球上的每一个物种都是进化的杰作，它们的基因是用数不尽的生与死的经历记录下的编码，生物多样性是人类巨大的物质财富和精神财富”[2]。“博物馆的首要任务就是保护文化的多样性。只有多样性才能体现大千世界的灿烂多彩，给人以生活的享受和心灵的慰安。所以不能以一种博物馆的尺度为标准去测定它种博物馆是否优劣或过时。”[3]

自然博物馆与其他类型的博物馆相比较，其神圣职责就是关爱生命、守护绿色，让人类与其他的生命和谐共生，生生不息，为人类可持续发展创造美好的未来。泰国自然博物馆认为自身的价值和影响，应远远不止于在馆舍内，还应该涉及更广泛的内容和更广阔的天地。例如开展“学校里的植物园”项目，通过邀请学生、社会人士关注他们所在地区的特有植物，培育当地特有的植被，参与当地生态旅游的策划，借助博物馆平台，通过策划各种活动，让更多民众参与到享用自然、理解自然和保护自然的行列中，促进生态资源的保护和可持续利用，使保护与发展达到平衡。[4]

我国有着悠久的养蜂历史，近年来养蜂业发展成就卓著，目前全国的蜂群数和蜂产品产量均居世界第一，已成为世界养蜂大国。蜜蜂由于具有严密的社会性群体结构和高度发达的生物本能而引起人们浓厚的兴趣，成为自然科学的重要研究对象。同时，蜜蜂作为自然界最主要的授粉昆虫，不但是生物链上不可缺少的重要环节，而且在现代农业中仍是不可替代的作物授粉者。中国蜜蜂博物馆位于风景优美的香山北京市植物园内，该馆展出内容包括蜜蜂的起源和化石、养蜂业发展史、蜜蜂与人类文化的渊源、中国的养蜂资源、蜜蜂生物学、养蜂技术、蜜蜂授粉、蜂产品和蜂疗、中国现代养蜂业发展成就和科技成果、国际交往等。

墨西哥坎昆水下雕塑博物馆在距离海岸3英里处建成，将是世界上最大的水下博物馆。馆中拥有上百个和人体实际大小相当的雕塑，全部沉浸在海水中，雕塑群主题为“沉默的进化”，所有雕塑都由酸碱度平衡的生态混凝土制成。这种混凝土可以让海洋生物附着栖息在

[1] 李艳：《东南地区博物馆调研纪行》，《博物馆观察：博物馆展示宣传与社会服务工作调查研究》，学苑出版社，2005年9月，第38页。
[2] 章迪思、梁建刚：《上海自然博物馆的新期待》，《解放日报》，2009年7月3日，第5版。
[3] 甄朔南：《从全球的视野看自然史博物馆的起源、发展与成就》，《中国博物馆》2006年第2期，第85页。
[4] 章迪思、梁建刚：《自然博物馆：重建中的若干可能》，《解放日报》，2009年11月30日，第5版。

其凹凸不平的表面或空隙内，为海洋生物的生长提供良好的条件，以保护生态环境。美国新闻博物馆位于华盛顿宾夕法尼亚大道上，正面大部分由玻璃窗排列构成，颇具开放效果，显现出媒体作为“世界窗口”的意义。整座建筑共分 7 层 14 个主要展厅，囊括新闻历史变革、传播手段发展、世界领域趋势和重大事件报道等多种内容。

中国湿地博物馆选址于国家湿地公园西溪湿地东南角，具有得天独厚的地理优势。湿地与森林、海洋并称为全球三大生态系统，是众多野生动物，特别是珍稀水禽的停歇、繁殖和越冬地，也是许多珍稀植物的繁衍地，被称为“鸟类的乐园”和“生命的摇篮”。这是一座以湿地为主题，集展示、宣传、教育、收藏和研究为一体的专题博物馆，通过普及湿地科学知识、展示世界丰富多彩的湿地及其生态系统功能、探索我国典型湿地的奥秘、剖析湿地面临的问题和威胁、紧扣人类社会和谐发展这个最终目标。博物馆建筑的外墙全部用植被覆盖，从高空看就是一个绿丘，暗合了人工建筑与湿地、与人类社会的和谐相处。[1]

宁夏沙坡头沙漠博物馆集科普基地、沙漠健身基地、国际治沙学术交流基地和治沙人才交流基地等为一体，与位于沙坡头北区的治沙成果展览馆、沙漠植物园，共同组成分类翔实的中国首家沙漠博物馆。沙漠博物馆展览分为沙漠的形成与发展、世界五大沙漠与中国十大沙漠、神奇的沙漠生命、沙漠文化与沙漠传奇、荒漠化与沙尘暴、沙漠治理与沙产业、腾格里大沙漠与沙坡头治沙奇迹等 6 个部分。置身于 4D 动感影院，观众可亲身体验模拟沙尘暴飞沙走石、遮天蔽日的肆虐场景。

为社会及其发展服务是博物馆的宗旨，专题博物馆也不例外。当前要树立博物馆科学发展理念，创新工作思路和工作方法，着力提升专题博物馆的办馆水平。对于设立专题博物馆，文物行政部门要提高服务意识，搭建起博物馆协作交流平台，协助组织专家对办馆宗旨、办馆方向、藏品征集、陈列展示等各个方面进行深入研究论证，专题博物馆的定位要紧扣行业特点，体现区域特色，避免重复性和盲目性，实现专题博物馆建设的动态管理和资源共享，努力提高博物馆规范化管理运行水平。

要充分发挥博物馆行业协会和省级龙头博物馆的引领作用，协助专题博物馆根据博物馆规律，完善内部机构设置，建立科学合理、运转高效的工作体制和运行机制。同时专题博物馆与综合、历史、艺术等类型博物馆，要加强藏品、展览、学术研究、人才队伍等领域的交流与合作，形成各类博物馆之间相互支持、共同发展的局面。目前专题博物馆的人才培养是一个薄弱环节。要通过培训、继续教育、引进人才等方式加强专题博物馆的队伍建设，全面提升专题博物馆管理和专业人员的工作能力和业务水平。文物行政部门应要加强对专题行业博物馆人才培养的支持力度，在博物馆馆长和专业人员培训等项目中加大对专题博物馆人员的培训比重。

（此文发表于《陕西历史博物馆馆刊》第 20 辑，成建正主编，三秦出版社，2013 年 12 月）

[1] 陈博君等：《湿地与人类的和谐之路》，《博物馆研究》2010 年第 4 期，第 34 页。

提升博物馆讲解服务质量的思考

英国博物馆教育专家A. 霍普格林希尔（A.Hopegreenhill）认为，博物馆的教育是特指博物馆的讲解，以及为成年人和儿童开发的一系列教育性活动。[1] 因此，讲解是沟通博物馆与观众的桥梁，是社会教育工作中最直接、重要的环节。在传统的博物馆教育概念中，讲解始终被置于核心位置，成为博物馆教育的核心内容之一。由于博物馆是向社会开放的文化教育机构，因此博物馆讲解的基本任务，是以博物馆收藏的文化和自然遗产资源为依托对象，通过口头交流的方式，针对多样化的观众群体进行智力开发，并为之提供愉悦的体验，与社会公众之间建立起最为直接的联系。

博物馆以科学、形象和直观的陈列展览为主要方式。博物馆讲解是以陈列展览和文物展品为依据，由讲解人员对讲解内容进行提炼、选择，运用语言艺术、讲解技能和诚挚感情，直接向观众有针对性地进行传播知识和信息交流的教育活动。讲解人员通过口语化、大众化的介绍，达到陶冶情操、启迪智慧和提高文化修养的目的。因此，讲解人员在博物馆社会教育中发挥着重要作用，其服务质量决定着公众获取知识的信息量和对博物馆的满意度。作为博物馆教育中最古老、最典型的一个专门领域，在新的时代，博物馆讲解面临着深刻变革，博物馆事业的蓬勃发展，不断为讲解服务注入更多丰富和新鲜的元素。

博物馆讲解的主要对象包括两个方面，一是其所服务的观众，二是其所要解释和传播的文物展品，而作为文物展品与博物馆观众之间的桥梁，无论是信息的传播，还是情感的交流，讲解都发挥了至关重要的作用，在博物馆工作中具有不可取代的重要地位。同时，讲解工作是对陈列展览的再创造，讲解人员引导观众将直观视觉获得的感性认识，上升为对主题思想的正确认识，领会陈列展览的深层含义，使博物馆的陈列展览充分发挥教育作用。因此，博物馆讲解的目的已经不仅仅局限于让观众在博物馆获得知识，而更在于要为他们提供生活经验，获得愉悦体验，提升生存能力。

免费开放政策的实施，使博物馆加快了融入社会的步伐，与社会各阶层建立起更加广泛的联系，与此同时，观众结构也发生了较大变化，呈现出多元化趋势，其中博物馆观众的认识、感悟、休闲、参与等现实需求，都应该成为博物馆改进讲解服务的动力。如今，每天博物馆打开大门的时候，讲解人员都会迎来不同知识结构、不同专业领域、不同经济条件、不同年龄阶段、不同民族地区的观众群体。其中未成年人、老年人、郊区农民、低收入者和外来务工人员参观博物馆的人数，较免费开放前有了大幅度增加，不少观众有生以来第一次走进博物馆，由于文化背景和生活习惯的差异，给博物馆讲解增加了难度。

在这一情况下，讲解人员要更加谦虚亲和，无论观众的社会背景如何，都要给予同样的

[1] 张希玲：《关于创新博物馆讲解工作的几点思考》，《携手2010：宁波国际博物馆高峰论坛》，第71页。

尊重和人文关怀。例如外来务工人员多数从事建筑行业和服务行业，虽然自立自理能力比较强，但是受教育程度相对较低，对讲解中的专业术语理解能力较差，对文物展品说明和介绍资料不能完全理解，与以往博物馆观众在知识结构方面存在明显差异，增加了讲解的难度，这就需要讲解人员以更加通俗、生动的语言，更加平等、耐心的态度，加以交流沟通。同时，针对一些观众在展厅内大声喧哗、乱扔废弃物等不经意地暴露出来的不良习惯，也应该妥善加以劝阻和引导，避免影响参观讲解的环境和效果。

博物馆免费开放的调查表明，公众对博物馆的陈列展览内容吸引力评价较高，但是对于讲解员的讲解效果并不满意。一些博物馆对于讲解工作重视不够，对于讲解人员缺乏系统化、专业化的培训，缺少有针对性的专门教材，在知识结构方面缺少正确的引导。一些博物馆的讲解人员，对陈列展览的主题和文物展品的内容，缺乏深入地理解和研究，讲解往往仅限于对博物馆编写的讲解词背诵复述，因此，不能够满足观众的求知需求；一些博物馆的讲解人员，由于知识结构和价值取向等方面问题，热衷于讲解一些遗闻野趣，使讲解内容过于浅薄，不能达到为观众增长知识的目的。

同时，一些博物馆的研究人员，对于讲解工作不屑一顾，没有将讲解作为研究工作的延续；一些博物馆的研究人员，虽然有直接为观众讲解的愿望，也具备为观众提供准确、详尽、权威讲解的知识储备，但是由于没有经过讲解的专门训练，存在用语生涩、口音过重的现象，不能针对文物展品所包含的信息，将所研究的内容深入浅出地表达出来，影响观众对博物馆信息的接受。面对这一挑战，无论是提高讲解的专业化水平，还是创新讲解的传统模式，能力建设已经成为当务之急，需要博物馆讲解工作在继承传统的同时，努力探索符合时代要求、公众需求的理念和方法。

目前，我国博物馆的讲解效果并不能充分满足公众的要求，看不懂仍然是许多观众在走出博物馆后的共同感受。“由于讲解词的千篇一律，一些常规展览中‘讲解员厌讲，观众厌听’已经成为了一个带有普遍性的现象。”观众在博物馆的参观感受往往是被动的、单向的。一些博物馆讲解人员拘泥于讲解词，死记硬背，浮光掠影，浅尝辄止，苍白乏力。讲解时缺乏细致、生动的语言，令人感到照葫芦画瓢，缺乏对观众的吸引力，更不能满足观众多样性的需求。由于一些博物馆讲解人员的数量有限，观众多时难以满足需求；一些博物馆讲解人员水平参差不齐，难以发挥应有作用。

毋庸置疑，博物馆在组织陈列展览时，对每一件文物展品都经过认真选择，每件文物展品都有深刻的文化内涵。然而，这些文化信息需要有相应的讲解告诉观众。由于缺乏必要的讲解，一些精彩的陈列展览内容，变得难以理解而令人感到乏味；一些极具文化价值、蕴含丰富信息的文物展品，被观众匆匆的脚步甩在了后面。同时，我国大部分博物馆没有外语讲解服务，不能满足不同国籍观众的需要。外国参观者基本上要靠陪同的翻译完成讲解任务。但是，陪同的翻译人员往往缺乏专业基础知识，难以准确地运用专业外语，将陈列展览和文物展品翻译成贴切的外文。

目前，我国有各类博物馆 3400 余座，从事讲解工作的人员超过 1 万人。这支队伍已经成为支撑博物馆教育的重要力量，在博物馆事业的发展中，发挥着不可替代的重要作用。但是，随着博物馆事业的快速发展，博物馆观众需求的多样化，对讲解提出了更高的要求，讲解工作的专业化水平问题也引起了社会各界的高度关注。近年来，讲解人员学者化已经成为博物馆界的共识，讲解人员学者化建设也成为破解讲解服务瓶颈问题的关键。但是，讲解人员学者化建设毕竟是一项复杂的、长期的任务，讲解人员能力和素养的提高是一个循序渐进的系统工程，既不能望而却步，也不可能一蹴而就。

一方面，对讲解工作提出的专业化的挑战，使一般讲解人员必须集专业学识、非专业领域知识、讲解技能、表述技巧于一身，才能胜任博物馆文化传播使命。为此，应鼓励讲解人员与研究人员加强沟通，借鉴专业的学习研究方法，有利于提高讲解人员学者化的兴趣和信心。另一方面，要求研究人员深入讲解一线，推动讲解人员学者化的进程。鼓励研究人员定期为观众讲解，是讲解人员学者化进程中必不可缺的环节。只有接近实际，接近观众，研究人员的研究才具有意义。事实上，在一座博物馆中，讲解人员和研究人员保持经常的沟通交流，有利于提升讲解工作的水平，达到更为有效的宣传教育效果。

今天，博物馆讲解可以分为专业讲解人员讲解、专家讲解和志愿者讲解等不同形式。博物馆讲解的效果，往往取决于讲解人员的素质定位。随着观众文化素质的提高，人们也已经不满足于被动地“听讲”，在“是什么”之外，开始问“为什么”，这一个个“为什么”的回答，需要有足够的知识来支撑，在很多场合需要专家讲解。因此，应提倡研究人员经常深入展厅进行讲解服务，这样他们才能知道观众的需求和希望，才能不断改进和调整陈列展览的内容设计和形式设计。同时，不应认为讲解人员不能成为专家学者。博物馆的时代发展，要求讲解人员要具备必要的科学研究能力，成为既能在博物馆及相关领域从事一定的科学研究，又能以娴熟的讲解技巧传递文物展品信息的高级复合型人才。

在讲解人员的岗位培训中，除了常规的个人形象、语言声音外，更注重培养他们的文化素质。按照专业化的要求，讲解培训内容应该包括以下方面。一是专业知识学习，包括博物馆教育和传播基础理论，例如博物馆学、教育学、传播学、公共关系学、市场营销学等；文物陈列展览以及相关学科的基础知识，例如历史学、考古学、哲学、美学、心理学、语言逻辑学等；与博物馆或文物相关的法律、法规、政策等。二是专业技能培训，着重对讲解内容的组织、讲解人员的沟通交流能力及讲解语言表达技巧进行学习和训练。包括有声语言表达，态势语言表达，讲解词写作，礼仪礼节等。

应鼓励讲解人员自己动手设计合理适宜的参观讲解路线，撰写准确精练的展览讲解词，使讲解人员与讲解对象之间建立起更紧密地联系。即使从事讲解工作多年的讲解人员，也不能认为讲解内容已经十分熟悉，讲解技巧已经非常熟练，而满足于现状。应具备敏锐的洞察能力，善于站在理论的高度思考问题，在多样化的讲解实践中，透过现象准确把握问题的实质。为此，应该不断接受培训，尝试运用新的知识，采用新的方法，提升讲解能力，完善讲解技巧，将解决问题的方法上升到理论高度，形成科学研究成果指导实践，也使自身对讲解工作更有激情，更加热爱。

博物馆讲解的目的，不仅仅在于为观众在博物馆的学习提供优质服务，更在于要为观众提供新的知识、新的信息、新的审美体验、新的认知能力。当前，博物馆在讲解环境、讲解对象、讲解内容、讲解需求等方面，均发生着深刻变化，呈现出多元化趋势。由此，在博物馆的讲解职能、讲解标准、讲解质量、讲解方式等方面，具有更加鲜明的时代特征，呈现出多样性的特点，而作为博物馆与观众沟通的重要媒介，讲解工作被赋予了更多的期待和要求，这些期待和要求，都深刻地影响着博物馆的讲解工作，使讲解的专业化水平问题更加引起社会各界的高度关注。

随着社会公众文化素养的不断提高，讲解人员提供的知识信息，应更具针对性、全面性和系统性，才能对观众的知识储备起到补充、深化、旁证的作用，才能对观众具有吸引力。博物馆讲解人员的人格力量具有不可忽视的作用。讲解人员只有首先热爱博物馆事业，热爱讲解工作岗位，才能做好本职讲解工作。当讲解人员直接与观众面对面进行沟通交流时，必然产生强烈的现场效应，观众在听取讲解的同时，也始终感受到讲解人员所表现出来的心态和气质。因此，讲解要获得理想的效果，除了需要讲解人员具有较高的文化修养，较强的表达能力，较好的心理素质外，还需要充满自信，需要真诚流露。

今天，讲解质量的高低，直接影响到社会公众对博物馆整体水平的评价。博物馆讲解的基本任务，是在陈列展览和文物藏品与社会公众之间建立起最为直接的联系。因此，讲解专业的主要对象，既包括所要解释和传播的专业内容，也包括所要服务的社会公众。好的讲解不仅要求讲解人员对所要讲解的陈列展览和文物展品非常了解，更要求讲解人员进行观众研究，做好与观众之间的互动和沟通。讲解人员要把陈列展览和文物展品的内容，转化为直接的知识语言进行表述，并在传播文化中与观众互动，增加他们接受信息的兴趣，加深他们对新的知识的理解，以便重点掌握有价值的信息。

目前，一些博物馆为了使讲解服务更加全面，让相应的观众获得更多相关的信息，采取有针对性讲解策略。例如接待未成年人参观，相应选派有幼教经验的讲解员，采用通俗、浅显的语言讲解，注重故事性和趣味性；接待中学生参观，相应选派有一定讲解经验的讲解员，用简明、准确的语言启发诱导式讲解，引人入胜，增加吸引力，增强学习效果；接待高中生、大学生参观，相应选派熟悉历史的专业骨干或具有中高级职称的专业人员讲解，使参观者能接受有深度，有广度的知识。一些博物馆对于专业性较强、选题有特色的陈列展览，往往安排专家进行讲解，满足文化素养较高的观众需求。

南通纺织博物馆在讲解方案方面，提倡细化服务，讲解预案分为专家、领导、学生等，学生又分大、中、小、幼，其中大学生则又有专业与非专业之分，根据不同观众安排相应的讲解人员。例如讲解人员根据学校的教学安排，组织针对中小学生的专门讲解，在内容的取舍方面尽可能贴近学校的教科书。同时，发挥博物馆文化的优势，体现与学校教师不同的方法和内容，使学生们感受到博物馆知识，是对他们在学校所获得知识的印证、补充和延伸，体验到与学校教育不同的良好感受。使学生们通过在博物馆的愉悦经历，进而喜欢博物馆，并产生持续参观博物馆的愿望。

博物馆讲解是智力开发型的教育方式，并不能像课堂教育一样，完全按预先设定好的内容进行，而是不断引发观众对某些问题的思考，而讲解人员需要通过记忆、观察、剖析、推理和判断等方面能力的运用，随时加以跟进。尽管目前传统的讲解方式仍然在博物馆中普遍采用，但是，事实证明讲解人员仅靠事先准备好的，由其他研究人员提供的讲解大纲，以及其他支离破碎的信息，已经越来越不能完全满足观众的求知欲望和服务要求。讲解人员需要具有敏锐的洞察力，及时发现观众的需求和愿望，积极创造有利于追踪信息、学习知识和体验情感的环境，最终帮助观众将认知能力提高到新的水平。

英国博物馆教育专家G. 得宾（G.Durbin）和S. 莫里斯（S.Morris）建议，讲解人员以为观众设定问题的方式，将实物展品的信息归纳为五大类，即实物的具体特点、实物的结构、实物的功能、实物的设计和实物的意义和价值。所设定问题包括四个方面，即“主要思考的问题”、“具体的问题”、“参观中得到的信息”和“值得深入探讨问题”，引导观众在参观过程中找到答案。因此，博物馆需要给观众更大的自由度和自主权，讲解人员也不仅是知识的传播者，而重点是为观众创造相关知识整合而服务。在具体实践中，讲解人员应将自己视为观众群体的共同学习者，必须与观众始终处于真诚、平等和透明的交流对话状态之中。

博物馆讲解应努力激发不同观众群体的参观兴趣，加深对陈列展览和文物展品的理解，收获更多知识。虽然目前语音导览等各种现代化的讲解工具已经在博物馆广泛使用，但是取代不了博物馆讲解人员具有针对性的讲解。因为讲解服务的内容和方式可以因人施讲，针对不同年龄、不同阶层、不同参观目的的观众，具备较强的应变能力。特别是临时展览的讲解服务难度较大，不但内容丰富多彩，而且留给讲解人员准备的时间往往有限，更需要讲解人员具有渊博的知识背景。同时要求讲解人员对于临时展览内容非常熟悉，不仅了解陈列展览的整体内容，而且了解陈列展览的各项细节，能够讲解出陈列展览的特点与特色。

优秀的陈列展览需要成功的讲解服务。有意义的学习提倡对知识的灵活理解，而不是消极地接受。在这一趋势下，需要讲解人员根据不同种类的陈列展览，面对不同观众群体，进行负责任的讲解服务。博物馆讲解服务的最高境界是引起观众的共鸣，使他们的人生得到启示，灵魂得到净化，思想得到升华，从而达到教育的目的。博物馆讲解人员应尽可能引发观众对某些问题的深入思考，以及对文物展品背后故事探索的愿望，从而使观众的记忆、观察、剖析、推理和判断等方面能力得到提高，而这些能力将使他们直面社会问题时更加睿智、更加从容，并且终生受益。

实现与观众的成功沟通，是博物馆工作的重点，而博物馆社会教育工作中，与观众发生联系最多的人员就是讲解人员。因此，讲解人员的岗位性质非常关键，他们既担负着宣传和教育的职能，又要有效地组织和引导观众，成为一座博物馆的形象代言人。“如果说，典藏文物是博物馆的心脏，教育是她的灵魂，而讲解员则是掌握灵魂的人。”[1] 博物馆讲解作为一门专业，有着自己的专业特征、研究对象、学术语言和教育模式。有人认为：讲解是知识和语言的高度综合艺术，其职业特点与一般导游有着根本的区别，而综合了教师、播音、演

[1] 刘启芳：《讲解员学者化——纪念馆宣传教育的可持续发展之路》，《上海文博论丛》2010年第1期，第78页。

讲、话剧、表演等专业的技术手段，是专业性、知识性和艺术性的综合。

新的博物馆教育理念认为，一名优秀的博物馆讲解人员应该具备一系列理想的标准和条件，包括对小学、中学和社区教育具有丰富的经验，对讲解所涉及内容的专业学科有相当的水平，对博物馆学知识有足够的了解和一定的博物馆工作经验，拥有熟练掌握当代传播技术的技能，具有相当的组织、协调和管理能力，能够与不同专业领域的专家一起工作，具有出色的语言组织能力和语言表达技巧等。“客观而言，以上这些条件和素质绝非一朝一夕可以达到的，甚至一个人毕生也很难全部做到。但是，它为我们提供一个发展的方向和目标，为我们的专业提出了一个理想的标准。”[1]

文物展品所包含的文化信息丰富多彩，博物馆的讲解人员应当具备文物展品的基础性专业知识，不能满足于仅仅将文物展品的表象特征传达给观众，而应当通过博物馆的讲解工作，将从文物展品的表象所看不到的知识信息挖掘出来，传递给广大观众。因此，博物馆要给讲解人员以充足的时间来研究博物馆的文物藏品，而讲解人员则必须通过研究，确定这些文物藏品与博物馆观众的潜在需要和兴趣之间的关系，并将两者紧密结合在一起，以此为依据，制定出针对不同观众的讲解方式。此时，讲解人员不仅是知识的传播者，而应以观众易于接受的方式，重点为观众解释陈列展览与展品相关知识之间的联系。

对于相当一部分观众，特别是成年观众而言，他们在来博物馆之前，已经根据以往的生活体验，对一些文物藏品形成自己的观点，博物馆讲解为他们提供的教育，不应是灌输各种知识，而是把他们原有的知识和将要获得的新知识加以整合，帮助他们在参观过程中提出问题并解决问题，实现认知能力的增长，有利于智力开发，为培养博物馆的忠实观众，培养未来合格公民作出贡献。由此可见，讲解人员的工作不是单纯追求某种学习的结果，也未必谋求某种共识，而是引发观众的思考，让观众在参观过程中通过观察、分析，自我求证得出相应的结论。因此，博物馆需要给观众更大的自由度和自主权。

博物馆是广大民众的终生课堂，也应该是讲解人员的终生课堂，讲解人员要有成为专家学者的强烈愿望，即在具备语言、礼仪和讲解技巧等方面基本素质的基础上，主动参与博物馆的科学研究工作，加强对历史学、考古学、博物馆学等专业书籍、报刊的广泛阅览和深入学习，努力具备良好的文化修养和丰富的专业知识，如此才能对陈列展览的内容设计大纲及文物展品内涵有全面和独到的见解，才能在讲解服务中游刃有余，运用得体。例如武汉博物馆的青年讲解员们善于总结和探索，依据多年工作实践，编辑了《律动的足音——武汉博物馆展览解读》一书，总结出独具特色的博物馆讲解经验。[2]

西方的博物馆学者认为，博物馆的目的并不在“教”，而在于帮助观众“学”。更有学者主张，应该用“交流”一词代替“教育”，认为“交流”更能反映当代博物馆教育活动的实质。我国的博物馆学者也逐渐意识到“博物馆是通过为观众自我学习提供服务而实现教育目的的”。因此，必须实现博物馆讲解创新，在多样化的社会教育形式中，摸索出一套富有

[1] 张希玲：《关于创新博物馆讲解工作的几点思考》，《携手 2010：宁波国际博物馆高峰论坛》，第 71 页。
[2] 刘庆平：《讲解员著书解读展览》，《中国文物报》，2010 年 6 月 30 日，第 8 版。

博物馆自身文化特色的讲解方式和讲解方法，以实现博物馆的社会教育与现代社会的国民教育接轨。这里所说的博物馆讲解创新，包括讲解内容创新、讲解技巧创新、讲解情境创新和讲解角色创新等方面内容。

在讲解内容创新方面，尽管传统的讲解方式仍在博物馆普遍使用，但是讲解人员事先准备好的那些信息和结论，已经不能完全满足观众希望更多亲身体验的要求。博物馆的讲解不等于说明，而是需要深入透彻地去把握陈列展览、把握文物展品，讲解人员必须对陈列内容的复杂历史背景、对文物展品深厚的历史内涵有足够的了解才能胜任。讲解人员不但应熟悉、记住既有的讲解资料，而且应该做好提炼，应尽量改变“背诵演讲稿”式的讲解模式，推行双向交流式讲解。而且双向交流可以及时获得观众的反馈意见，对讲解人员来说也是难得的督促和鼓励。观众从不同角度提出的问题，可以为讲解人员提供新的思维方式。

博物馆利用厚重的文化载体，揭示凝聚在文物展品上逐渐失去的记忆。因此，讲解人员应该在已有资料的基础上，利用各种渠道尽可能多地收集有关信息作为补充。面对博物馆程式化的主题加材料组合的陈列方式，讲解人员应力求抓住陈列展览内容与形式的多元化特点，加强陈列展览艺术与观众之间的对话和参与互动。一般来说，关于陈列展览的主题和文物展品的特色，博物馆都有较为详实的资料，而完成一次好的讲解过程，需要更多相关资料汇集。例如以某段历史、某个事件、某位人物为主线，进行讲解延伸和内容充实。

在讲解技巧创新方面，博物馆要善于借鉴和利用现代教育心理学的一些理论成果，强调观众的高级心理活动在参观过程中的作用。通过博物馆讲解人员的努力，使博大精深的博物馆陈列展览变得鲜活生动，震撼每一位参观者的心灵，也赢得更加广泛的社会赞誉，使博物馆与观众的关系更为亲近，吸引更多的观众走进博物馆。近年来，博物馆陈列展览更加重视营造观众进行学习的环境，使观众不仅可以亲自动手参与操作，而且鼓励观众开动脑筋进行思考，从而真正地理解相关内容。在此背景下，博物馆的讲解工作应能根据观众的需要、兴趣及时调整，及时解答观众疑问，甚至与观众进行短暂的讨论。

讲解人员应该使讲解内容变得更加翔实和生动。提倡互动式讲解，即讲解人员和观众双方之间相互探讨，形成良好互动的讲解方式；提倡包容式讲解，即面对观众文化教育程度，知识接受能力等各种不同情况，采取具有包容心态的讲解方式；提倡启发式讲解，即讲解人员在实际讲解过程中，善于引导观众自动提问，自主思考，获得新知，而讲解人员通过准确的语言，启发式地讲解，融会贯通，引人入胜，增加吸引力，增强学习效果。这种双向交流式的讲解，缩短了讲解人员、文物展品和观众三者的距离，有助于引起观众对于博物馆展品的好奇感，增强对于美感的欣赏和体验，并从中获得新发现的满足感。

在讲解情境创新方面，讲解人员应该能够结合讲解内容，观察参观现场的气氛，来营造出适当的讲解情境，使讲解获得最佳效果。当人们进入博物馆鉴赏文物展品，希望穿越时空的阻隔与历史对话，走进历史文化的真实，需要一种肃静、庄严、富有文化氛围的环境。因此，要考虑并满足观众的求知欲望、心理感受和生理需求，给观众以知识的涵养和文化的享受。这样有利于建立起讲解人员与观众的友谊，通过真诚的微笑、亲切的语调、信任的目光、包容的胸怀和恰当的方式，增加博物馆的亲和力，对于培养固定的观众群体，树立博物馆的良好形象至关重要。

博物馆的独特之处在于提供难得的真实学习经验，能够极大地激发观众的好奇心和学习兴趣。今天的博物馆观众期望更多、更直接、更有参与感的体验，在这种情况下，博物馆讲解工作需要鼓励观众自己进行探索和发现，这与过去传统的博物馆讲解方式有很大不同。在讲解服务中，讲解人员不仅对每一件文物展品能够深刻解读，更应该在陈列展览的总体层面进行准确把握，正确理解展览策划的背景、性质和主旨，从而引导观众全方位理解陈列展览，真正体会其中的文化魅力。而且讲解人员要善于从具有专业知识背景的观众身上，学到讲解词以外的相关知识，将每一次讲解服务过程都看作是不断完善知识结构，丰富讲解内容的良好契机。

在讲解角色创新方面，讲解人员应该具备不断转换角色的能力，在实际的讲解过程中，既要成为释疑解惑的教师，又要成为耐心聆听的学生，还要成为沟通心灵的朋友。这些不同的角色，常常需要快速调整情绪，在一次讲解过程中进行不断的转换。讲解工作是博物馆与社会联系的环节，讲解人员与观众的关系其实也是博物馆与观众的关系，如果博物馆都能从讲解人员开始与观众建立良好的人际交流，博物馆对社会公众的吸引力将会大大提高。因此，博物馆应该关心观众的价值与尊严，摆脱单纯说教者的形象，讲解人员与观众之间要建立起平等、民主、合作的关系，使观众获得更加愉快的参观经历。

博物馆教育必须遵循以人为本，确立以观众为中心的原则。唯有这样，才能更好地发挥出博物馆的社会教育功能。观众在博物馆中扮演的是一个主动学习的角色，而并非被动的信息接收者。博物馆教育的目的并不在“教”，而在帮助观众“学”，并不是要教会观众某方面的知识，而是在于要激励、促进观众自我教育、自我完善、学会学习。博物馆的观众非常多元，其年龄结构、教育水平、文化背景、心理状态、生理发展阶段等可能差异很大，这就要求博物馆的工作人员必须要尊重和接纳每一位观众，无论是在讲解或是在其他教育活动中，都要充分考虑观众的上述特点，进行讲解或策划。

讲解水平的高低，决定着博物馆教育效果的好坏。苏东海先生认为：“重视讲解工作，要特别重视口头讲解。口头讲解是任何工具讲解都替代不了的。面对面的口头讲解是最具亲和力的交流，是博物馆与观众直接交流的桥梁，是博物馆教育中最具有人性化、情感化的桥梁。”[1] 观众是博物馆信息传播的对象，博物馆讲解的受众广泛，面对不同民族、不同国籍、不同职业、不同年龄、不同文化层次，怀有不同目的与兴趣的群体，每个观众对于每项陈列展览，甚至每件文物展品，都会有不同的理解和把握，而对于绝大多数观众而言，需要深入浅出地了解文物展品背后的故事，更多希望得到心灵的陶冶、轻松愉快的学习、高雅文化的享受。

讲解人员作为博物馆讲解服务的主要承担者，在博物馆教育职能的有效发挥中占有重要

[1] 苏东海：《什么是博物馆——与业内人员谈博物馆》，《中国国家博物馆馆刊》2011 年第 1 期，第 140 页。

的位置。一般情况下，讲解人员应该引导观众将注意力集中于文物展品和陈列展览内容，避免分散注意力。需要让观众在不同于大众传播的博物馆特殊环境中，通过视觉、听觉、感官、氛围，全方位了解和感受博物馆文化的独特魅力。如今，缺乏文化内涵和知识含量的讲解，逐渐被日渐挑剔的观众所抛弃。好的讲解人员已经不再是照本宣科、死记硬背的播音员，他们拥有良好的知识结构和现场反应能力，面对不同的观众，不断地调整讲解内容与方法，使自己变得更有亲和力和感染力。

由于在很多博物馆，讲解人员不得不面对内容广泛的陈列展览、类型复杂的文物展品，因此对于讲解人员进行系统的、专业的、科学的培训成为迫切的任务。博物馆应为讲解人员提供必要条件和充足时间进行学习。培训旨在提高讲解人员的专业基础知识、语言表达能力和服务技能水平。例如讲解人员通过研究博物馆藏品，深入研究这些文物藏品与观众需要和兴趣之间的关系，并以此为依据，制定针对不同观众的讲解内容和方法。一些博物馆为了使讲解人员培训富有实效，每年都制订周密的培训计划，在保留经典课程的同时，针对现实需要安排诸如考古新发现、文物保护技术、获奖陈列方案分析等实用课程。

秦陵博物馆每年冬季，坚持利用两个月的淡季时间对讲解人员进行培训。培训内容围绕强化综合素质进行，重点突出讲解人员职业道德、仪容仪态、礼节礼貌、形体训练、语音语调、讲解技巧等，以及博物馆学、考古发掘、科研成果、文物保护技术等业务知识的学习，并重点掌握博物馆陈列展览内容及相关文物展品的背景知识。培训方式主要采用集中授课、分组研讨、观摩教学、现场示范、参观考察、交流汇报、讲解考核等形式，包括探讨讲解人员如何与观众进行互动交流，如何分析与把握讲解过程中观众的心理变化，做到学有效果，学以致用。

因人施讲是衡量讲解水平和讲解质量的重要标准，是讲解人员综合能力的体现，也是博物馆讲解必须面对的核心问题。博物馆应经常进行观众的调查研究，只有详细了解观众的知识背景、年龄层次、职业特征、心理特点、关注要素等，才能更有针对性地进行讲解服务，寓教于乐吸引观众。因人施讲的关键是讲解人员能否根据不同类型观众的参观目的、参观需求、接受能力等，采取具有针对性的，即兴发挥的讲解。还应根据博物馆文物展品的风格特性，结合观众不同的特点和需求，根据观众不同年龄层次、不同职业特点、不同文化层次，以及不同生活习俗、教育背景等差异，有区别地进行讲解服务。

博物馆讲解人员的讲解工作是共性与个性的结合。共性指的是讲解工作必须符合社会的总体发展趋势，必须坚持贴近实际、贴近生活、贴近民众的原则。个性指的是根据博物馆不同主题思想的展览，讲解的内容也应各不相同。以往的“一个版本面对所有观众”显然已经不合时宜，应针对不同观众群体，采取灵活多样的讲解方法，各有侧重。例如针对青少年学生性情活泼、好奇爱动，对自然界事物充满幻想，但是理解事物的能力较弱的特点，讲解时需要深入浅出的语言、简单明了的说明、生动有趣的事例，注重故事性和趣味性，提高他们的参观学习兴趣，同时讲解人员要善于引导和提问，吸引他们的注意力。

讲解艺术最本质的特征是知识和语言的有机结合，一方面，讲解人员需要学习和掌握各方面的知识，另一方面，语言运用的好坏则关系到能否吸引观众。讲解人员的语言一是要真实。内容准确，观点鲜明，系统完整。二是要规范。发音标准，语言规范，口齿清楚，语速适中，语句连贯流畅。三是要简洁。表达语意明白简洁，尽可能用精练的语言传达最大限度的信息量。四是要生动。史物结合，注意声调和节奏，追求有亲和力、声情并茂的讲解效果，增强吸引力和感染力。五是要文明。谈吐文雅，适时运用礼貌语言。六是要科学。需要面对不同职业、民族、年龄、职业、性别、文化水平的观众，针对特殊群体还需要使用外语、少数民族语言、方言或哑语讲解。

同时，讲解人员的服务态度十分关键。一是要主动，积极联系、组织观众，及时提醒观众注意事项，做好或协调讲解过程中发生的事项，不得无理拒绝讲解。主动了解观众信息，包括团队来源、组团名称或单位、参观时间、人数。特殊观众还应掌握对方姓名、职业或工作经历，以及不同国家、不同民族的特点等相关信息。二是要耐心，繁忙之中不急不躁，对事情不推诿；善于克制和忍让；认真答复、解决观众在参观中遇到的问题。三是要周到，想观众之所想，主动关心老、幼、病、残，体贴细致。四是要热情，面带微笑，自然适度，亲切和蔼，稳重端庄，落落大方。

优秀讲解人员的成长过程是一个循序渐进、长期积累的过程。这个过程要求讲解人员需要不断地增加知识储备，养成勤于思考的习惯，培养积极的科研意识和严谨的治学作风。博物馆讲解人员的讲解服务应做到语言精练、内容准确、声情并茂、通俗易懂，重点放在文物展品知识的普及和历史文化的传播。具有吸引力的讲解服务，才能拉近观众与文物展品的距离，才能使观众在轻松愉快的气氛中接受知识的传播，使更多的社会公众乐于经常走进博物馆。语言艺术是一门综合性的学问，熟练使用普通话进行口语表达是对讲解员的基本要求。同时讲解人员还必须使用标准的发音、通俗的语言、流利的表达，达到具有亲和力、声情并茂的讲解效果。

博物馆讲解承担着神圣的文化传承使命，是面对面地将博物馆陈列展览和文物展品知识传递给观众的方式。因此，很多博物馆在对讲解人员进行选拔时，十分注意个人外表形象、语言表达能力、文化基础知识等方面的要求。讲解人员的仪态是在观众心目中最直观形象，包括讲解人员的仪容、风度、表情、姿势、举止、目光等。仪态无时无刻不在向观众传达信息，感染观众的情绪。仪态作为讲解人员内心修养的外在表现，实际上是讲解人员的综合形象，在很大程度上影响着讲解效果。因此，讲解人员在讲解过程中要仪态端正、情绪饱满、手势恰当、语言流畅，富于亲和力。

新的时代，对博物馆讲解人员提出了更高的要求、条件和标准，包括具有较高的文化素养和学习能力；具有系统的博物馆学知识，并有一定的博物馆工作经验；具有讲解所涉及内容的基础性专业知识；具有学校教育、社区教育的经验；具有当代传播技术的基本技能；具有一定组织、协调和管理能力；具有与不同领域人士沟通交流的能力；具有出色的语言组织和表达的能力和技巧等，这些对于博物馆讲解人员来说均至关重要。博物馆讲解人员不应仅给观众外貌年轻漂亮的印象，更应展现风度、修养和耐心，言谈举止、待人接物等均应体现出博物馆的特有文化，既具有亲和力，又富有感染力。

今天，不应将博物馆讲解工作视为“青春职业”或专门职业。从事讲解工作多年的讲解人员和年龄较大的志愿者讲解人员，往往可以给予观众知识广博的信任感。但是，一些人认为博物馆讲解职业过于平凡普通，甚至认为不能实现自身人生价值。“很少有人把讲解作为终身职业来发展，立足岗位成为专家型讲解员的人才较少。”[1] 实际上，“我国有些老讲解员毕生担任讲解工作，职称评为研究员后，仍活跃在讲解第一线。他们反对‘讲解员是青春职业’的说法。这些应该被视为博物馆教育的精神财富”[2]。因此，要改变“讲解职业是青春职业”的观念，使博物馆讲解成为拥有尊严、令人尊敬的工作。

（此文发表于《敦煌研究》2013 年第 6 期，第 101 页）

[1] 田静：《探索讲解员业务培训管理的长效机制》，《中国文物报》，2011 年 4 月 20 日，第 7 版。
[2] 苏东海：《什么是博物馆——与业内人员谈博物馆》，《中国国家博物馆馆刊》2011 年第 1 期，第 140 页。

试论博物馆陈列展览的丰富性与实效性

博物馆的陈列展览是文物藏品保护与研究成果的体现，是实现文化价值和核心功能的基本方式，也是直接服务民众的重要手段。陈列展览包括设计与制作、展览与开放、交流与服务等方面，体现出一座博物馆的管理与服务水平。因此，博物馆的陈列展览应提倡精品意识，增加文化内涵和科技含量。今天，在“人”、“自然”和“社会”环境之中的博物馆陈列展览，呈现出前所未有的丰富性。同时，新时期的博物馆陈列展览，更加注重契合广大民众文化需求的时效性。

一　实现陈列展览的丰富性

1956 年，国家文物局在山东省开展博物馆陈列展览试点，山东省博物馆作为综合性博物馆，陈列展览主要包括自然部分、通史陈列、专题陈列。这一试点成功后，全国博物馆系统学习山东的经验，学习的重点主要是通史陈列的模式，展示内容涵盖“从猿变成人”的过程，社会进程则直至中华人民共和国成立。当时，全国博物馆的陈列展览普遍存在过于强调形式，而忽视文化内涵的问题，也给此后“千馆一面”的陈列展览模式埋下了伏笔。长期以来，众多博物馆的基本陈列展览通常采用编年组织结构、线性陈列线路的展示体系，但是，这种展示体系对于展厅规模较大、文物展品较多的博物馆而言，容易造成观众疲劳，也不利于突出陈列展览的主题。

这一时期，众多市、县级博物馆的陈列展览，基本呈现两种模式，一种模式是由考古发掘出土文物，加上部分传世文物组成的文物展览；另一种模式是按照历史教科书结构安排的地方通史陈列。一方面，这些陈列展览内容传统，文物展品说明过于专业，大量采用普通观众不认识的生僻字，而缺少适当的科普意识，缺乏相关的信息服务，影响观众的参观体验效果。另一方面，这些陈列展览往往不是以观众需求为主要出发点，没有突出社会教育的实效性，陈列展览的手段单调、面貌陈旧、内容枯燥，不少博物馆的基本陈列展览多年不变，更新时间达 7 － 8 年，甚至更长，因而失去对社会公众的吸引力。

1996 年上海博物馆新馆落成开放，青铜器展厅等专题陈列展览水平大幅度提高，给人们耳目一新的感觉，成为具有国际水准的博物馆陈列展览范例。近年来，随着一批设施先进的博物馆陆续建成开放，陈列展览有了更加广阔的空间。随着博物馆免费开放的实施，走进博物馆的观众日渐增多，陈列展览的重要性更加突出。目前，每年全国博物馆举办的各类陈列展览 1 万个左右，博物馆陈列展览的影响日益广泛，社会功能的发挥日益显著。同时，博物馆陈列展览的主题内容、表现形式、科技含量和艺术感染力都有较大提高，涌现出一大批引起社会广泛关注和反响的陈列展览精品。

2002年12月上海博物馆、故宫博物院、辽宁省博物馆联合举办的“晋唐宋元书画国宝展”在上海博物馆展出，引发前所未有的文化轰动。“看一次书画展要排5个小时的长队，奢侈了吗？不值得吗？5个小时排队，何尝不是5个小时情绪酝酿；5个小时等待，何尝不是5个小时心境净化。”《解放日报》记者写道：“一座崇尚精品文化的现代化国际大都市，这样的长队是必须的、优美的，是最动人的城市风景线。”2007年湖南省博物馆、国家博物馆合作举办的“国家宝藏”大展，同样观者如潮，取得了显著的社会效益和良好的经济效益，也成为轰动一时的城市文化事件。

博物馆的文物藏品是人类历史自然发展的实物遗存，向人们展示历史文化和社会文明，传达人类社会的变迁信息。长期以来，博物馆专业人员，针对不同年代、不同质地的文物藏品进行科学研究、学术鉴定、整理修复、分类保存，揭示文物藏品丰富内涵和历史科学艺术价值，成功举办各类陈列展览。陈列展览是博物馆面向社会的主要传播媒介，是面向公众传播文化信息的独特语言，即在一定空间内，以文物藏品为基础，配以适当的辅助展品，按照一定的主题序列，采取适当的艺术形式，进行直观教育和信息传播。其中“展”，就是指博物馆应将文物藏品提供出来展示；其中“览”，就是指博物馆应将社会公众吸引过来参观。

但是，现实中博物馆的陈列展览往往不尽如人意，存在一些普遍性的问题，例如一些博物馆的陈列展览主题提炼不足，平铺直叙，内容枯燥，缺乏创意；一些博物馆的陈列展览信息繁杂，结构混乱，缺乏逻辑，不易为观众所接受；一些博物馆的陈列展览注重外在装饰华丽，忽视展示内容的思想性、科学性和知识性。事实上，博物馆能够提供什么陈列展览，什么陈列展览能够吸引更多的观众，需要博物馆付出更大的努力。只有综合藏品研究和社会调查的成果，博物馆才能推出具有吸引力的陈列展览。

在法国，多项调查表明，在不常来博物馆参观的人群中，由于“门票价格因素”仅占4%至10%，而“没有自己想看的东西”和“博物馆令人感到厌倦”则分别占到了41%和21%。卢浮宫博物馆的调查结果表明，观众不常来博物馆参观的原因中，价格因素仅排在第五位，前四位的分别是，“住得太远”、“不懂欣赏”、“工作太忙”和“馆内观众过多”。今天，博物馆应该是文化教育中心，而不应该仅仅是文物收藏中心，同时，应该成为让人们流连忘返的地方。陈列展览是博物馆的核心文化产品，是博物馆与社会沟通的渠道，是联系观众的纽带。事实证明，如果缺乏主题鲜明、内容丰富、形式新颖、精心制作的陈列展览，博物馆将难以得到社会公众的支持。因此，陈列展览不仅是博物馆发展的应有内容，而且其重要性应该更加强化。

近年来，全国博物馆十大陈列展览精品评选范围逐步扩大，影响日见深远，每届均从两年间产生的上万个陈列展览中评选出25个左右的获奖项目，越来越受到获奖单位的珍视和博物馆所在城市的重视，有力地推进博物馆陈列展览水平的提高，陈列展览精品评选活动的组织工作也不断得以改进和完善，促进陈列展览水平的提高和发展。目前全国博物馆总数已达3000余座，无论是机构数量、门类结构、区域布局、基础设施，还是专业队伍、研究成果、陈列展览、服务质量，以及社会知名度和影响力均得到了显著提升。伴随新建博物馆逐年增多，陈列展览门类、展示服务水平、观众数量和社会关注大幅提高，文化传播和普及功能日益增强。

实际上，“博物馆依靠展览所传播的知识与信息，其实只是这一领域非常有限的很小一部分。客观地说，一个展览所能提供的知识与信息，有时并不比阅读一本参考书所获取的更多。那么观众参观展览最大的收获是什么？应当是满足兴趣，获得启迪。通过有趣的展览启迪观众的兴趣，引导观众离开博物馆后走入书店、打开电脑，去探索更多的知识和信息”。“博物馆作为‘第二课堂’的主要价值，就在于博物馆在人们眼前点亮了无数个问号，而不是句号。”[1] 与各类学校和图书馆等公共文化教育机构相比，博物馆的社会教育特点，不但具有思想性、学术性和知识性，而且具有观赏性、趣味性和互动性，能够留给人们一份难以忘却的记忆和耐人寻味的深思，这是各类学校和图书馆等公共文化教育机构所难以实现的知识传播方式。

目前，一些国家级的博物馆在拓展博物馆的工作领域和发展空间上做出表率。展览项目包括世界文明、边疆文明、考古发现等为主题的展览系列，选题的视野扩大到世界范围，选题的角度也逐渐由综述型、精品型向专题型、纵深型发展。策划出融古汇今、兼具中西的优秀展览，向公众传播各种不同的文明和文化，不仅荟萃中华民族的悠久历史和文化艺术，记录中华民族百年复兴之路，而且还展现世界文明成果。让观众看到中国与西方截然不同的文化形态，通过对比深入了解中华文明的特点。

我国边疆地区文化底蕴浓厚，历史内涵广泛，遗存遗迹丰富。但是由于地处偏远，文物藏品分散，内地民众难以直观了解边疆少数民族的悠久文化。自2000年起，国家博物馆推出了边疆地区古代少数民族文化系列展览，例如敦煌、西藏、内蒙、新疆、云南等地的古代文化展，受到了社会的欢迎，特别是“敦煌艺术展”和“契丹王朝展”，参观热情较为高涨。高峰时段，购票队伍达百余米，峰值8000余人。为满足多元群体的社会需要，2004年，国家博物馆又举办了“古埃及国宝展”、“日本文物精品展”、“古罗马文明展”、“古代希腊：人与神”、“古刚果艺术展”和“法国百年时尚艺术展”等国际特色文化展览，这些陈列展览使社会民众足不出国就能领略传统的异国文化风情，吸引了众多百姓的观赏。

博物馆应在深入研究文物内涵的基础上，积极探索观众的接受能力、欣赏习惯，从便于观众理解、接受和欣赏的角度，将专业性、学术性和知识性、趣味性、观赏性有机结合起来，使不同文化层次的观众都能各得其所。英国广播公司（BBC）曾指出，国外博物馆能把二流藏品形成一流展示，中国的博物馆是一流藏品三流展示。[2] 虽然这一说法并不为博物馆人士所接受，但是我国博物馆发展状况与所拥有的文化遗产资源确实不相适应。这种不相适应既体现在陈列展览的数量上，更体现在陈列展览的质量上。

经过近年来的努力，我国省级以上博物馆，以及部分地市县级博物馆的展示服务水平有了显著的提升。2005年底，国家文物局和财政部先后在广东、江苏、山东、河南等10省的21个县级博物馆启动了“全国县级博物馆展示服务水平提升项目试点”，并在此基础上编

[1] 冯好：《浅谈博物馆的公共形象》，《沈阳故宫博物院院刊》2008年第6辑，第27页。
[2] 陆建松、厉樱姿：《我国博物馆展示教育和开放服务现状、问题和对策思考》，《东南文化》2011年第1期，第9页。

制了《全国县级博物馆展示服务提升“十一五”规划》，通过国家财政和地方财政的配套支持，从基础设施条件、经费投入、管理观念等方面入手，力争实现200座左右县级博物馆在陈列展览水平、服务设施水平等方面获得普遍的改善和提高，在社会服务和文化传播方面的整体水平获得显著提升，从而大大拓展博物馆服务广大民众的能力和领域。

每一座博物馆都有自己的收藏目标和办馆宗旨，具有独立的文化特质。博物馆中的文物藏品是人类文明发展成果的实物证明，每一件都独具特色，所有这些构成了博物馆的独特优势，越是处于瞬息万变的社会里，博物馆的陈列展览越应该坚持自己的文化特质。“时至今日，博物馆应使得那些经典和优雅的藏品免于沉寂，博物馆应该转变为各种不同且杰出的思想汇集的殿堂。”宋向光教授指出：“博物馆陈列的核心特性在于意义沟通。”博物馆应体现人文关怀，陈列展览设计应站在观众角度上，努力作用于人们的情感世界。“博物馆陈列是能动的，不同的陈列方案可以传达不同的思想情感，进而可以影响公众的认知行为、知识结构、情感指向和价值判断。”[1]

在长时期的探索中，一些博物馆在陈列中采用复原陈列方法，按照历史时期的原貌布置场景，并将有关的文物陈列在适当位置。这种陈列方式扩大了博物馆的影响和教育功能。“早在19世纪，法国官员和收藏家A.索墨拉德（A.Sommerard）就在许多作品中挑出了中世纪的艺术品，并于1832年在巴黎的克吕尼府邸向公众展示了这些艺术品。他整理的这些藏品并非是为了向观众讲述中世纪的艺术史，而是让观众置身于中世纪的文化氛围之中。因此，在这座哥特式建筑的往昔的礼拜堂里，宗教形象与礼仪用品一起展示出来，食具和各种陶瓷器皿陈列在昔日的餐厅里，如此等等。尽管不排除有幻想的成分，但是A.索墨拉德的创造使参观者能够通过他的中世纪环境氛围获得真实的生活体验。”[2]

现今社会，人们欣喜于城市环境迅速提升，同时又担忧文化记忆的丧失。保护文化遗产就是保留城市的灵魂。普通民众生活是城市发展最直接的印证，不同时期生活状态和物品遗存组成了城市记忆，而城市记忆又演绎着民族文化的传承。例如上海世界博览会园区中有一个展馆叫做“掘出来的梦”，展品是377件上海市过去年代遗留保存下来的日常生活用品：竹躺椅、樟木箱、“三五牌”座钟、“永久牌”自行车、9寸黑白电视机、call机、大哥大，甚至还有马桶。这个展馆人们看了会感到亲切怀旧，会感慨岁月的流逝、生活的巨变，会感悟昨天、今天和明天的关系，会提示人们如何去看待历史。[3] 在一次文物展览的通信部分，展示出一对夫妻30年前的150封书信，这些书信在他们看来是过去生活的美好追忆，但是在展览中与电报、电话、互联网的发展陈列在一起，就直观地反映了社会通信的飞速发展，特别是让现在的中小学生真切感受了30年来通信手段的不断变化。

近年来，珠江三角洲社会经济迅速发展，房地产建设、旅游开发对文物环境保护带来巨大的压力和冲击，孙中山故居周边环境也不断发生质的转变。孙中山故居纪念馆意识到失去

[1] 付建中：《构建博物馆与公众社会的互动》，《中国文物报》，2010年8月4日，第4版。
[2] 陈建明：《虚拟的场景 真实的遗产》，《中国博物馆》2008年第3期，第16页。
[3] 费钦生：《博物馆与世博会》，《中国文物报》，2010年7月28日，第5版。

了周边的耕地，将意味着纪念馆品质的严重下降，由此引发出保护环境的创新思维，并付诸实践。为了对孙中山故居周边环境进行有效抢救和保护，设立了“翠亨农业展示区”，开创博物馆“种田”之先例。展示区是紧邻纪念馆的一块耕地，面积约60亩左右，其中2亩多地是孙中山先生和他的父辈曾耕耘过的田地，从中可以感受到清末孙中山先生在家乡活动时期翠亨村的旧貌。

翠亨农业展示区根据不同的季节时令，种植不同的农作物，例如各种菜、豆、薯、瓜、茄，以及香蕉、木瓜、芒果、荔枝、龙眼等果树，四季瓜果满园。同时，在鱼塘基种桑，桑叶养蚕，蚕粪喂鱼，鱼粪肥塘，塘泥肥桑，循环过程的每一环节均有产出，使桑、鱼、蚕三者互为促进。展示区内还饲养了鸡、鸭、鹅、鸽、猫、兔、猪等禽畜，在这里可以观察禽畜的活动，了解它们的生活习性，并感受珠江三角洲乡村的氛围。展示区内有“水稻传统耕作展览”，展示水稻耕作的全过程，并展示200多种当地水稻耕作农具，例如犁、耙、锄、铲和秧盆、水车、打禾桶、风柜，以及加工粮食的各种工具等。除农业展示外，还设置了观众实践区域，让观众体验过去的劳动生活。

孙中山故居纪念馆通过“种田”，扩大了保护和管理的资源，丰富了生存和发展的空间，充实了陈列和展示的范围，突破了一般名人故居、纪念性博物馆传统的旧居复原加辅助陈列的二元模式，改变了展品－展柜－展墙的传统形式，在近10万平方米的范围内，形成了以孙中山故居复原陈列、孙中山生平史迹陈列、孙中山亲属与后裔陈列、翠亨民居展示区、翠亨农业展示区等，以“孙中山及其成长的社会环境”为主题，多位一体、独具特色，兼具历史纪念性和民俗性，立体的、多元化的陈列展示体系。特别是通过农业展示区域，使青少年一代了解农村、了解农民、了解孙中山出生成长的社会历史环境，并实现了博物馆与观众的良性互动。实践证明，观众对这一区域的兴趣、热情与感受，并不亚于纪念馆新建的、数字化、智能化、自动化装备的现代化展馆。

观众喜欢参与互动的体验，期待提供给他们特别意义的展示，而且是愉快的体验。因此，“博物馆必须要有亲和力，必须舒适，应该让人容易融入，可以与展览展品互动。引导观众‘耳听、眼看、手动、心跳’，赋予观众愉快的参观学习经验及更加宽广的想象空间。鼓励观众通过动手触摸、观察、操作，体验探索的乐趣，从而体验人文历史、传统技艺、生活形态、自然现象、科学原理，进而激发其想象与创作的潜力”[1]。

博物馆是一个非强制性的教育机构，个人的兴趣和愿望对于是否进入博物馆至关重要。无论博物馆馆舍多么豪华，文物藏品资源多么丰富，“如果不能激发观众的兴趣，不能挽留观众的脚步和视线，那么一切都将变得没有意义”[2]。只有观众对陈列展览发生兴趣，才可能停下脚步仔细观察，面对文物展品认真思考。博物馆陈列应该以培养审美情趣、陶冶人文情怀为己任。宜人的色彩、柔和的光线、雅致的造型、与展品格调水乳交融的场景，加之展品本身散发出来的艺术气息，共同构成高品味的文化场所。观众置身其中，能够经历一种别

[1] 黄琛：《漫谈博物馆宣教服务体系建设》，《中国文化报》，2008年7月4日，第6版。
[2] 严建强：《从展示评估出发：专家判断与观众判断的双重实现》，《中国博物馆》2008年第2期，第71页。

有情趣的审美体验。

一个好的博物馆不仅是参观的场所，而更应与观众充分交流，为文化的繁荣做出贡献，它就像一盏明灯，能够照亮人们的内心。位于纽卡斯尔的发现博物馆历史并不长，文物藏品也不算丰富，作为地区的博物馆，能展出的只是反映城市发展的一些生活物品或工业产品。在陈列展厅中有些墙面留给了观众，观众可以在上面留下想说的话，留下他们的童年经历甚至是梦想等，非常温馨。而在一些供观众休息的角落，提供一些老市民的采访录音，戴上耳机便可以听他们讲述这个城市的历史。整座博物馆的展览似乎是为每个人所准备的，让人产生一种非常亲切的归属感。

二　实现陈列展览的实效性

陈列展览是一座博物馆最基本的职能之一，也是博物馆最重要的日常工作之一，还是博物馆为观众服务的最主要内容之一。博物馆的陈列展览应以实物展示为主。长期以来，一些博物馆习惯于将大量珍贵文物“束之高阁”、“秘而不宣”，这种“重藏轻用”的传统观念，不仅浪费了博物馆的资源，也失去了博物馆对观众的吸引力。另外，也有一些博物馆对于文物展品的陈列展示采取多多益善的办法，在有限的展厅空间中摆放太多的文物展品，但是往往达不到预期目的，引不起观众的兴趣，甚至会起到相反的作用，造成视觉疲劳，导致心理烦躁。因此，文物展品数量要适中，目的性要明确。

单位面积文物展品使用量是衡量展览质量的重要指标之一，即平均每 10 平方米的展示空间中的展品数量。李文昌先生对参加 2007—2008 年度全国博物馆十大陈列展览精品评选活动的展览项目进行分析，结果每 10 平方米展厅面积内展品数量为 6 件（含）以上的有 7 项；3（含）至 6 件的有 15 项；1（含）至 3 件的有 32 项；小于 1 件的有 12 项，另有 3 项没有填报藏品数量。从中可以看到，平均每 10 平方米展厅面积仅有不到 3 件展品的陈列展览，占到了 44 项，其中竟有 12 项陈列展览居然平均不到 1 件展品。由此可见，虽然博物馆展厅面积越建越大，陈列展览投入越来越多，但是展品数量却明显不足。[1]

博物馆的陈列展览功能一般由基本陈列和临时展览等组成，具有各自不同的功能和特点。基本陈列是一座博物馆功能定位的集中体现，具有广泛和持久的影响力，因此一座博物馆的文物藏品特色和个性，往往通过基本陈列得到体现，在保障民众文化权益和服务于国民教育方面发挥着不可替代的重要作用。而临时展览是一座博物馆是否具有活力的标志，是满足社会公众不同需求，适时回应社会需要的保证。在博物馆事业发达国家，除了基本陈列、常设陈列外，一般博物馆每年都要举办十几个甚至几十个临时展览，以满足观众的不同需求。

在我国，除了基本陈列展览外，一般博物馆每年平均只举办 4 — 5 个展览，大部分中小博物馆举办的临时展览更少，甚至几乎不举办临时展览，同时基本陈列展览的面孔也长期不

[1] 李文昌：《从数字看展览》，《中国文物报》，2009 年 9 月 16 日，第 3 版。

变。一些博物馆的基本陈列，热衷于珍贵文物的集中展示，而不注重陈列展览主题的提炼与深化，疏于探究文物展品信息的内在联系和传播意义，忽视观众的文化需求和实际效果；一些博物馆的临时展览，不注重联系社会生活实际，对广大民众普遍关心的热点问题缺少呼应和反映。事实上，“紧跟历史步伐，把握时代脉搏，博物馆就不能不关心、不贴近、不反映社会生活中热点问题，焦点问题”[1]。

博物馆展览是文化、知识、信息、审美和思想的传播媒体，又是博物馆履行教育功能的主要形式和手段。博物馆不能忽视社会公众的需求和愿望，应不断推出能丰富民众文化生活的陈列展览，通过宣传使社会公众了解这些陈列展览的信息，并产生兴趣。近年来，首都博物馆不仅仅停留在对古代文物的重视上，开始记录北京城市发展进程，在北京工业遗产调查、北京声音调查与展示、北京地区非物质文化遗产保护与展示等方面，发挥着一座城市博物馆应有的作用。由此进一步丰富了陈列展览手法和形式，以现代时尚元素诠释神秘而悠远的古代文明，令人产生耳目一新的感觉。

要使更多的观众走进博物馆，实现博物馆服务社会的最大价值，就必须提供具有吸引力的精品陈列展览，并且要不断更新展览内容，使陈列展览更加贴近民众现实生活，让更多不同生活背景的观众能够接受陈列展览、喜欢陈列展览。要发挥省级以上大型博物馆和国家一级博物馆的龙头作用，整合现有文物藏品、陈列展览、技术力量、人才资源等，加强馆际交流与协作，设立陈列展览专项经费，支持各地博物馆特别是中小型博物馆的陈列展览和服务水平提升，推动博物馆资源共享，发挥群体优势和整体效益，提高陈列展览的更新频率，通过多样化的博物馆活动，吸引观众经常走进博物馆。

博物馆陈列展览应该以最易于接受和理解的形象化手法，启迪不同年龄、不同文化修养、不同职业的人们的思维，激发他们的探索精神和创造灵感。美国纽约自然历史博物馆重视馆藏文物的教育实效性。自 1978 年美国阿尔文号载人潜艇在东太平洋中脊发现海底黑烟囱后，该项研究成为当时全球海洋地质调查最重要的科学成就。为了取得更加详细的资料，进行更加深入的研究，该馆于 1997 年和 1998 年成立了二个远洋科考队，对海底黑烟囱进行全面研究，同时采集了 4 个重达几吨的海底黑烟囱，于 1999 年对外展出了 3 个海底黑烟囱，并配合海底拍摄的声像影视片全面展示出深海环境。该展览及时满足了社会公众对海底黑烟囱的了解需求，教育传播效果明显。[2]

多项研究报告指出，一些结合社会热点话题或突发事件的临时展览，往往比固定陈列更具吸引力。这种现象符合公众的求知心理，人们总是会对新的事物更具好奇心，更希望亲临其境探求真相，而时间会让这种心理慢慢减弱。因此，博物馆要有效发挥功能、承担社会责任，必须在注重本馆藏品性质和特色的基础上，发挥博物馆的社会化职能，适应和满足社会需求和环境需要，提高博物馆教育的实效性。近年来，营口博物馆每举办一个临时展览，都对宣传进行精心筹划，做好展前铺垫、展中介绍和展后跟踪，并根据展览的内容和观众群体，

[1] 马自树：《关于博物馆社会服务问题》，《中国博物馆》2006 年第 2 期，第 42 页。
[2] 续颜：《21 世纪博物馆藏品与社会责任》，《携手 2010：宁波国际博物馆高峰论坛》，第 49 页。

选择适宜的宣传媒介。

每一座博物馆均应深入发掘文物展品的文化内涵，将其置于社会文化生态之中、历史背景环境之中。由于基本陈列更新周期较长，博物馆增强吸引力的一个主要手段是加强馆际交流，引进临时展览。博物馆之间也可以通力合作，调集各馆的文物藏品共同举办具有社会影响力的专题展览。例如美国的一些现代艺术博物馆收藏有某一画家不同时期的代表画作，它们经常联手将该画家分散于不同博物馆的藏品，通过合作展览的方式组织起来集中展示，并在这些博物馆间轮流展览，使观众对这一画家的作品和艺术风格有深入全面的了解。

台北故宫博物院经常维持有3000件以上的文物藏品展出，并定期或不定期地举办各种特展。馆内的展品每3个月更换1次，除保护文物是其主要考量因素以外，让台北市民“常看常新”也是原因之一。台北故宫博物院还提出“分龄分众”的理念，针对不同的观众设计不同的活动。例如针对高层次的观众，该院推出“故宫新韵”活动，即以院藏文物为核心，结合与文物相关的传统戏曲，通过生动的戏曲表演，以加深观众对故宫文物的印象并培养传统戏曲观众。例如结合院藏《民国溥儒西游记册》，推出了京剧《闹天宫》、《盘丝洞》、《芭蕉扇》等，配合院藏《明皇幸蜀图》，推出昆曲表演《长生殿》，并将这些演出场地都安排在文化品味高雅的博物院文化会堂。

博物馆陈列展览的内容就是人类生活本身，是人类自身的文化创造。博物馆陈列展览中的每一件文物展品都与人类生活息息相关，因此，无论是反映物质生活还是精神世界的文物展品，都是人类历史的见证。苏东海先生曾回顾建国初期我国博物馆在陈列展览方面的反复变化，“我们1959年建新馆、建基本陈列时，虽然一度强调‘文物说话’，但很快又强调反对‘文物挂帅’，接着又强调‘一条红线’。所谓‘一条红线’，无非是思想挂帅。我们在1959年至1961年的基本陈列探索中，从强调‘文物说话’到反对‘文物挂帅’又到‘思想挂帅’，经历了这个反复，不是更博物馆化了，而是更教科书化了”[1]。

如今，博物馆通过在社会生活中的角色，树立博物馆的文化形象，从而产生深远的文化影响力，对一个国家、民族起到重要的作用。这是博物馆所要承担的责任，也是更具难度也更为艰辛的事业。首都博物馆推出的“中国记忆——5000年文明瑰宝展”正值2008年奥运会这一重大国际盛事举办期间。展览汇集了全国各博物馆所保藏的各个历史时期最重要、最具代表性的文物，使中外参观者看到了一生中难得一见的中国瑰宝。中华文化的精彩瞬间凝结于一件件文物本体，通过展览沉淀到人们的记忆深处。外国观众通过展览可以领略到中华文明的悠久灿烂，国内观众通过展览可以认识本国文化的内在价值，增强民族文化的认同感和自信心。

博物馆作用于社会和服务于民众主要通过陈列展览活动来实现。当前博物馆应结合时代精神和社会发展的要求，充分发挥博物馆藏品的资源优势，不断推出主题明确、内容新颖的临时展览，还可以通过博物馆系统的联展、借展、互展等方式引进更多的临时展览，以最大

[1] 苏东海：《什么是博物馆——与业内人员谈博物馆》，《中国国家博物馆馆刊》2011年第1期，第140页。

限度地丰富博物馆的展示内容，多层次、多侧面地满足社会公众日益增长的精神文化需求。近年来，一些博物馆在举办临时展览方面，突出特色，形成系列。例如秦始皇兵马俑博物馆举办“秦文化系列”、“帝王及帝王陵墓文化系列”、“重大发现及重要中外文化交流系列”等主题临时展览；上海博物馆举办“古代人类文明系列展”，“边远省份和文物大省文物精品展”等系列临时展览。为迎接2008年奥运会，全国博物馆系统协作举办了“奇迹天工——中国古代发明创造文物展”、“世界瑰宝——中华人民共和国外交礼品展”、“中国记忆——中国古代文明瑰宝展”、“长江文明展”等。

众多博物馆的展览大多以历史文物、艺术品为主，所展示的实物年代跨度大，或为文物重器，或为名家之作，距离人们的实际生活相距甚远，因此人们往往靠解读文字了解展品的来龙去脉，想象当时的历史面貌。但是，文物展品与观众之间缺少足够的交流，因此观众往往仅会用一种崇敬而好奇的眼光看待这些稀世之宝。[1]湖南省博物馆深知以社会需求为导向，才能发挥最大的活力，因此在管理和运营中，根据社会和观众的需求设置各种展览，举办各种活动，即从对文物藏品本身的重视，转向对观众的重视，提出不但要让观众满意并且要让观众愉悦，将服务观众摆在首位。通过分析、了解观众的需求，进行社会分析、确定目标观众。所举办的每一个临时展览都会针对不同的目标人群，制定详细的宣传方案，充分利用媒体的力量，取得了很好的成效。

由于博物馆的临时展览小型多样，经常更换，文物展品选择余地较大，因此成为博物馆基本陈列之外十分重要的业务活动。但是，一些博物馆往往认为临时展览展期较短，而不重视质量展览。但是对于观众来说，并没有固定陈列和临时展览之分，对他们而言，博物馆的每一个陈列展览都代表着博物馆的专业水平，代表着博物馆的社会形象，具有同等重要的意义。因此，博物馆应该从观众的角度出发，强化临时展览的精品意识，做好每一个临时展览。2007年，浙江省博物馆从意大利引进“庞贝末日——源自火山喷发的故事”大型考古文物展，在87天的展期内，有近21万观众冒着酷暑排队争相观看展览；同时，配合展览推出了“庞贝城的最后一天”专家讲座，组织了“庞贝记忆——2007青少年暑期走进庞贝有奖系列活动”，以及浓情小说博客大赛等与观众紧密互动的系列活动，使该展览成为具有一定影响力的城市文化事件。[2]

今天，对于一些大型博物馆，临时展览的“大手笔”、“大制作”、“高投入”屡见不鲜。但是，精品展览不一定只有通过大制作与高投入才可以实现，同样可以出现在小规模与低成本的陈列展览中，而且应该成为当前博物馆临时展览的主流。这种精品展览体现在陈列内容的选择，严谨精心的制作，体现科普化和大众化特点。与固定陈列展览相比，临时展览的内容更加丰富多彩，形式更加灵活多样，也更加具有时效性的优势，为博物馆的社会教育提供了更为广阔的平台。四川汶川大地震后，建川博物馆在较短的时间内，创建了地震博物馆，用于记录2008年5月12日—6月12日的地震灾区实况，对社会公众免费开放后，每

[1] 黄琛：《漫谈博物馆宣教服务体系建设》，《中国文化报》，2008年7月4日，第6版。
[2] 陈浩：《浙江省博物馆免费开放启示录》，《中国文物报》，2008年3月28日，第6版。

天接待 7000 多观众。陈列展示大量来自地震中遇难者的遗物，参观者无不动容，博物馆墙上贴满观众留言，其震撼效果为此前任何文字宣传效果所不能及。

由于某些原因，目前许多博物馆只注重于体现人类历史的展览，而忽视甚至排斥体现现代文明的展览，这就从一定程度上限制了博物馆功能的发挥。[1] 在建国 60 年大庆之际，首都博物馆推出“城市记忆——百姓之家”专题展览，以北京城市生活为背景，展现 60 年来社会生活的变化。“城市记忆——百姓之家”是反映普通民众生活的展览，以艺术的角度和手法来提炼、升华生活中的平实，让相似的经历来勾起深藏在心底的记忆。这些看似平淡无奇，伴随百姓生活几年、十几年、甚至几十年的老物件，存留着美好而难忘的生活记忆，真正让观众感受到家的温暖与变化。“城市记忆——百姓之家”带给社会公众的启示还在于，通过博物馆保护文化记忆，而留住精神家园的行动从珍惜、收藏这些老物件开始。[2]

“城市记忆——百姓之家”专题展览的“我家叙说”部分，以 60 － 70 年代、80 － 90 年代、当代三个阶段为背景，恢复不同时段的生活场景，以“家”的变化来叙说城市生活方式的不断改善。“家”里的每一房间陈设都是人们曾经熟悉的，那木桌长凳所在的地方曾经既是餐厅又是书房；洗衣盆里还留着未洗完的衣物；纸筐内装着补过袜子的针线和纳过鞋子的工具；写字台上红白两键的台灯又伴随过多少人考大学的梦想。“岁月留痕”部分，用近百件生活用品，讲述不同时代北京人家庭生活环境的改善和提高。这些为人们熟悉的小人书、和面盆、台灯、录音机、收音机、黑白电视机等，让观众在引起共鸣的同时，也同样重构起自己过去的生活片段。

深圳博物馆是我国首个以改革开放历史作为核心内容的博物馆，在全面反映深圳的古代、近代、当代历史及民俗风情的同时，重点展示深圳改革开放的历史、特区建设的成就与国际大都市的风貌。展览用大量的实物和图片证明，这一成就主要靠数百万深圳移民共同努力取得。20 世纪 80 年代中期以后，深圳重点发展外向型经济，数百万打工者从祖国的四面八方来到深圳特区，用他们的肩膀扛起了深圳建设的半边天，展览展出了他们的学习和生活用品，各种书籍、家信、日记、工资条、皮箱、板凳，每一件展品都记录着打工者经历的真情实感和五彩生活，更传达出他们在艰苦的劳动环境中对美好生活的追求，这些珍贵的实物无不见证数百万打工者对深圳建设作出的贡献。这个展览展出后，引起了很大的轰动，许多当年的建设者携家带口前来参观，展览不仅给了他们温馨的回忆，也增加了他们作为城市主人翁的自豪感。[3]

《国际博物馆协会职业道德准则》强调，“博物馆应尽力确保陈列展出的物品真实客观，不应永远保持神秘化或墨守成规”。文物展品选择的依据是陈列展览主题，那些与陈列展览主题密切相关，能够很好实现传播目的，具有良好表达能力的文物藏品，应该优先被选择进入展厅，转化为文物展品。但是，陈列展览的成功，不完全体现于展品数量的多少和文物等

[1] 莫意达：《打造城市之心 走向大千世界》，《中国文物报》，2010 年 8 月 25 日，第 7 版。
[2] 穆红丽：《让城市不要失去记忆》，《中国文物报》，2009 年 9 月 23 日，第 12 版。
[3] 姜蕾：《创建数百万移民共同的精神家园》，《中国文化报》，2010 年 6 月 30 日，第 7 版。

级的高低，关键是要展示出文物展品蕴藏的文化内涵、外延和文化渊源，揭示出它们之间内在联系所形成的文化体系，“在鉴选文物时要注意到文物种类的多样性和文物的客观性。文物是展览的灵魂，只有文物吸引人，展览才能吸引人”[1]，这是不容忽视的重要因素。

成功经验表明，对于市县博物馆来说，只有紧紧抓住地域特色，体现地域文化个性，强化博物馆展览地域文化特色的理念，才是当前陈列展览发展的正确思路。地域文化特色集中反映一个地区文化与自然遗产的特质，也是当地自古至今人文精神的集中反映，蕴含深刻文化意义，带有浓厚个性色彩，是一个地区区别于其他地区的显著标志。地域文化特色是当地独有的文化资源，博物馆的陈列展览唯有把握地域文化特色，发挥自身文化特点，才能使博物馆在文物藏品数量和质量方面优势突出，变得强大而有意义，在共性之中呈现出鲜明的个性，从历史和社会文化的角度，丰富和深化陈列展览的内涵，方能在众多博物馆中脱颖而出。

（此文发表于《南方文物》2013 年第 4 期，第 1 页）

[1] 苏东海：《什么是博物馆——与业内人员谈博物馆》，《中国国家博物馆馆刊》2011 年第 1 期，第 140 页。

把故宫完整地交给未来

说到北京，有一处充满了故事的地方，就是昔日的紫禁城，今日的故宫博物院。这处只有1.06平方公里的土地，有着多样性的文化身份，既是一处世界文化遗产地，也是一处文化旅游目的地，还是一座享誉全球的博物馆。

为什么同一处地点，承担着如此多样的文化责任，主要缘于它所拥有的文化资源。故宫博物院有三项堪称世界级的文化资源，第一是拥有世界上规模最大的木结构建筑群，也是最大规模的古代宫殿建筑群。故宫博物院内壮美的建筑，严谨的形制，绚丽的彩绘，生动的空间，精美的装饰，典雅的园林，丰富的景观，构成整体和谐的文化环境。

第二是拥有世界上保存数量最多、价值最高的中国文物藏品。经过全面系统的普查整理，故宫博物院的文物藏品数量从近100万件增加到1807558件（套），其中珍贵文物1684707件，占院藏文物总数的93.2%，占全国国有馆藏珍贵文物的41.98%，可以说是一部浓缩的5000年中华文明史。

第三是拥有世界博物馆领域数量最为庞大、结构最为复杂的观众群体。10年前的2002年，故宫博物院的观众数量是700万人，当时世界上观众数量最多的博物馆是法国卢浮宫博物馆，10年以后，2012年故宫的观众增长了一倍，达到1500多万，成为世界上唯一一座观众数量超过1000万的博物馆。

2020年，对于故宫博物院来说极具象征意义。1420年明代永乐皇帝肇建的紫禁城气势恢宏落成。也就是说，再过7年，即2020年紫禁城就要迎来600岁的生日。更为重要的是，在2020年，经国务院批准的故宫博物院两项重大文化工程将同时竣工。

一是“故宫整体修缮”工程。这项工程从2002年开始实施，计划用18年的时间，至2020年基本完成故宫古建筑群的整体修缮。这项工程的意义，一方面使故宫古代建筑群能够恢复它的健康状态，益寿延年；另一方面使故宫博物院的开放范围逐渐扩大。由整体保护修缮工程开始之前，故宫博物院对观众开放范围占紫禁城的30%，到2020年“故宫整体修缮”工程完成之日，观众开放范围将达到76%，这也是故宫博物院有信心应对不断增长观众数量的一个重要原因。

二是“平安故宫”工程。这项工程今年4月获得批准，将历时8年时间，也是计划到2020年完成。“平安故宫”工程的近期目标，是争取用3年时间，在2015年，即故宫博物院成立90周年之时，有效缓解目前存在的防火、防盗、防雷、防震、防踩踏等方面的重大安全隐患。“平安故宫”工程的中长期目标，是用8年时间，在2020年，即紫禁城建成600年之时，基本实现故宫博物院进入安全稳定的健康状态，全面提升管理和服务水平，迈进世界一流博物馆行列。

这两项史无前例的重要文化遗产保护工程，完成的节点都是2020年。希望通过这两项重要文化工程的顺利实施，能实现“把壮美的紫禁城完整地交给下一个600年”的理想。

（此文发表于《人民日报》海外版，2013年12月3日，第5版）

二

讲话编

在南京博物院信息化规划座谈会上的讲话

新年伊始，故宫博物院资料信息中心和北京工业大学建筑与城市规划学院的各位同行一起，来到南京博物院学习信息化规划经验。龚良院长亲自介绍了南京博物院信息化工作现状和未来规划，图书信息部张小朋主任介绍了“南京博物院信息化建设”、“面向公众的博物馆”、“网络虚拟博物馆和数字博物馆”、“智慧博物馆”等信息化规划理念，张莅坤主任助理介绍了南京博物院数字博物馆的规划设计和实际应用。通过这些介绍使我们对信息化规划对于博物馆发展的重要意义有了新的认识，也对数字博物馆的概念有了新的了解。

南京博物院前身为国立中央博物院，是我国最早创建的综合性博物馆之一，拥有各类藏品 43 万件。早在 20 世纪 90 年代中后期，南京博物院就开始了全面的信息化建设工作，并于 1999 年成立了信息中心，利用分布式数据库技术建立了藏品数据库，并基于该数据库设立了门户网站。南京博物院网站的浏览量长年雄踞全国博物馆网站的前三位，并在国内率先倡导虚拟现实技术在博物馆中的运用，因此获得国家科技攻关课题。

经过 10 余年的发展，南京博物院积累了丰富的博物馆信息化、数字化方案设计和工程建设经验，培养和锻炼了一批高技术素质的人才。近年来，南京博物院信息中心致力于博物馆信息化建设的总体设计和多媒体展览陈列技术的应用研究与实践。南京博物院与 IBM 合作开展“身边的博物馆”项目，面向无法直接来博物馆的青少年，利用计算机、多媒体网络技术，加上专门设计研发的一套历史文化类软件，使偏远地区小学、基层文化社区的青少年足不出户，就能欣赏到博物馆的文物珍藏，了解藏品的文化内涵。

在多媒体技术方面，南京博物院信息中心研制、开发、应用了“裸眼三维立体显示技术”、“空间视频定位技术”、“虚拟现实模型快速建立引擎技术”、“音频多路移动播放技术”等，其中绝大部分技术具有投入低、见效快的特点，适合在各种类型的博物馆展览陈列中大面积推广使用。南京博物院信息中心还先后参加、组织了众多文物博物馆单位的信息化方案评审、设计、网络建设和多媒体展陈设计、实施，在行业中树立了较高的知名度和信誉。

目前，南京博物院信息中心结合南京博物院二期改造工程，积极开展信息技术、网络技术和多媒体展览陈列技术的应用研究，在各项基本展览的技术手段的应用、数字博物馆建设等方面着力钻研，争取取得更加深入、全面的成果，切实增强博物馆的科学技术研发、应用与维护的实力。

博物馆信息化建设是一项浩大的工程，覆盖政策出台、方案规划、技术研发、成果应用等若干工作环节，不可能由博物馆独自完成，必须统筹利益相关者，将各方优势资源有机结合，形成互补，共同建造上下游畅通的实施链条，才能将博物馆信息化建设深入开展。同时，南京博物院的信息化建设强调要“坚持以本馆技术力量为主开展信息化建设”。张小朋主任认为，“博物馆信息化建设要融入博物馆业务之中，成为不可或缺的一环，主要还要依靠自身的技术力量，外在的帮助只能是暂时的”。因此，南京博物院坚持以本馆技术力量为主、以社会技术协助为辅来开展信息化建设，不仅节约了大量经费，还锻炼了人员，培养了一批横跨文物、考古和计算机专业的人才。

张小朋主任还特别强调“博物馆应该是社会知识的集散地”、“要重视博物馆的软性资源”等理念。长期以来，博物馆文化传播以展览为主。但是今天对于普通观众来说，由实物、图片、文字组成的展览内容，已经无法满足和吸引他们，这些展览手段也已经不能完全表达文物藏品的丰富信息。博物馆信息化的泛在服务，具有广泛性、随时性、便捷性、交互性等特点，观众可以通过手持终端软件，以短信、视频等方式在任何地点浏览相关博物馆信息。同时在每个参观地点，可实时获取所处位置、周边环境、图文资讯、自动讲解、参与互动等信息。

2009 年 7 月发布的《中国互联网络发展状况统计报告》显示，我国网民规模已达到 3.38 亿人，超过美国位居世界第一，而且网民数量依然保持快速增长的势态，互联网普及率达到 25.5%。特别是近年来新兴媒体迅速崛起。以数字技术、网络技术、信息技术为基础的新兴媒体具有许多优势，可以实现双向互动、自由点播，受众既是信息的接受者，又是信息的发布者；能够多渠道传播，多方式接收；传播渠道从无线、有线网扩大到通信网、互联网、物联网；传播载体从广播、电视扩大到电脑、手机；能够即时传播、任意转载、海量收播，受众可以随时随地将信息传送出去。“人手一部手机”是现今社会尤其是城市民众的基本生活状况。

数字化、网络化的出现并日新月异地快速发展，把文化传播带入一个新的境界。新兴媒体传播使古老的文化遗产与博物馆文化传播面对全新的格局。使人们在任何时候都能从互联网甚至移动通讯工具中获得自己喜爱的文化内容。这就深刻改变了人们的信息接收方式和习惯，极大地增强了媒体的传播力和影响力。与此同时，新兴媒体也以锐不可当之势，给传播业带来巨大而深刻的变革。对于新兴媒体这一新生事物，如何进行准确定位，如何认识其发展趋势，如何应用于博物馆文化传播，是当前需要深入研究的实际问题。

数字博物馆的所有信息资源均以实体博物馆的信息资源为基础进行加工、提炼，并以此为基础进行面向社会的资讯服务。博物馆信息化不同于博物馆数字化。博物馆数字化是指利用以计算机为代表的数字处理技术，完成博物馆信息资源的数字化利用工作，而博物馆信息化更加强调利用博物馆信息资源实现博物馆文化传播。博物馆数字化为博物馆信息化提供技术条件，两者既相互关联，又有所区别。

数字博物馆是促进实体博物馆管理水平提高的有效手段。特别是实现自动化办公的博物馆，资料的存储、调用的方式，大大加强了对藏品目录、业务资料的安全管理，也提高了管理效率。从宏观的角度看，博物馆信息化不仅是一种技术手段和工作方法，它是一个系统工程，涉及博物馆工作的各个方面，对扩展博物馆的功能、提升其核心价值、扩大社会责任以及促进跨文化交流等，都有着深刻而全面的影响。

今天的学习活动对于我们来说收获很大，再次感谢南京博物院的同行牺牲双休日的宝贵时间，为我们介绍经验。祝愿南京博物院在庆祝建院 80 周年的日子里，在南京博物院二期改造工程的实施过程中，博物馆的信息化规划与实施取得更大成绩。

（2013 年 1 月 13 日）

在故宫博物院职工代表大会上的报告

我的汇报分两个部分，一是关于2012年的各项工作，二是关于“平安故宫”工程。

第一部分 关于2012年的各项工作

回顾2012年的工作，我的感受很深，全院员工做了如此多的事情，大家为故宫、故宫博物院做出的杰出贡献，作为院长，难以用言语来表达，我个人也一直沉浸在工作过程的幸福之中。在全院2012年工作总结会上，我曾提议，所有院领导起立向大家鞠躬致谢，并希望各部处领导会后也以各自的方式向全体职工们道声感谢。

在全院工作总结会上，听完大家的发言后，我还有一个突出的感受，那就是32个部处在工作中的整体性很强，是非常协调的一盘棋，发挥了“一加一大于二”的合力作用。这就是“故宫人精神”的体现，也是我们超乎寻常的强大精神力量所在。作为博物馆，藏品保护、科学研究、陈列展览、宣传教育无疑是非常重要的核心任务，作为世界文化遗产，故宫的古建勘查、测绘、设计、施工、监理无疑是非常重要的任务。作为全局一盘棋来说，通过一年来的工作，我还有一个突出的感受，保卫、法律、审计、纪检监察部门的工作，像给故宫博物院各项工作钉下了“四根桩”，为我们的事业发展打下非常坚实的基础，而党办、院办、离退处、工会像是一道道维护故宫博物院和全体职工利益的保障，使我们能够凝心聚力地开展工作。虽然很多部门，特别是一些大型文化单位都有这些机构，但是在故宫博物院里，这些处室实实在在地发挥着具有方向性和保障性的作用。

总体来说，2012年广大职工锐意进取，扎实工作，稳步推进文物管理、古建修缮、展览宣教、科研出版、对外交流等文化遗产保护和博物馆建设，实现了全年文物建筑、文物藏品和来院观众的安全，接待服务水平得到提升。2012年故宫博物院共接待观众1534万人次，再次突破历史记录，比前一年增加了123万人次，同比增长为8.7%，门票收入7.1亿元，比前一年增长了5700万元，同比增长也为8.7%。

下面由我来汇报2012年的工作，虽然挂一漏万，但是可以反映出我们全院工作的一些重要方面。

一 加强观众服务水平和文物安全保护

2012清明节，观众在午门广场购票时，由于当时端门广场的售票设施还没有启用，所以售票窗口前一片拥挤，人山人海。“五一”以后这一状况有了很大的改变，计财处、宣教部等部门在各部处的帮助下，及时安装启用端门广场的服务设施，有效缓解了售票压力。

2012年暑期，观众基本上都能在3～5分钟内买到门票，不但节省了时间和体力，更能够带着很好的心情走进故宫博物院。国庆期间，高峰日增开售票窗口至34个，强化了一线值守力量，加强人流疏导，经受住了单日接待18.2万观众客流高峰的考验。

同时，在端门广场设立了观众服务中心，具备参观咨询、信息查询、影视观赏、提供免费轮椅等众多的服务内容，体现出服务质量的不断提升和对待观众的热忱之心。正是由于采取了这些措施，去年暑期观众最多的时候，端门广场上的人流也能够得到有序疏导，过去买票、候票，与安检、验票、存包等交织在一起，黑倒票、黑导游混迹其中，乱成一团的局面不复存在。一年来不断制订并完善接待预案，克服观众流量增大、极端天气等不利因素，圆满完成了暑期、“十一”黄金周等节假日的接待工作。正是由于全院各岗位员工共同协作，付出艰辛努力，才换来积极的成效。

经过持续的努力，故宫博物院的安全防范水平有了很大的提升。新的中控室经过建设，已经正式投入使用。目前故宫博物院安防改造工程已完成合同总量的75%，2013年底以前新的防盗系统将可以全部投入使用，2014年底以前新的防火系统也将可以全部投入使用。去年秋天在考察英国的大英博物馆、德国的柏林东亚艺术博物馆、法国的卢浮宫博物馆等世界著名博物馆的中控室后，感到与之相比故宫博物院新的安防设施毫不逊色，同样非常强大，反映出拥有世界上最大规模宫殿建筑群的博物馆，拥有世界上最丰富中国文物藏品的博物馆，拥有世界上观众数量最多的博物馆，应有的安全保护水平。

当然我们不能满足于此，要坚持用科学技术引领故宫安全保卫工作，坚持不懈地更新、替换不适应安全形势需要的安防技防设施，积极推进安防系统智能化研究和一体化改造工作，永远保持安防系统的先进水平，不断提升和改善安全保护状况。同时，加强安防技防设备的科学化维护和管理，变被动排故障为主动查隐患。再先进的设备设施也需要经常进行检测，保持健康的运行状态。同时要不断根据工作中所发现的问题，主动加强和改进安全防范水平，例如去年雨季来临之前，展览部、古书画部颇具前瞻性地在武英殿的书画展柜上方搭建了雨搭，避免了7月21日特大暴雨过程中，珍贵书画展品发生险情，表现出安全防范工作应该具有的预见性和前瞻性。

一年来，通过重大活动和节假日前的安全大检查、安全动员会、“安全周”活动，以及定期全院专项巡查等行动，确保了故宫安全。一方面加强自身的能力建设，开展“清剿火患”行动，进行全院电器防火安全检测，举办安全知识和业务技能培训，不断提高安全防范和应急能力。另一方面与驻院消防中队、武警支队搞好协同联动，不断完善应急机制。根据故宫博物院环境的复杂性，开展多项实战演练，增强防火能力，消除火灾隐患。在“乾清宫西南庑展厅由雷击引发火灾”消防演习中，保卫、武警和消防三支队伍联合作战，使人感受到强大的防范力量。同时，开放管理部门加强日常管理，牢固安全意识、文明服务意识，全年组织封门演习29次，不断提高现场综合管理能力和应对突发事件的能力。

在文物藏品管理方面，根据工作中发现的新问题、新情况，进一步修订增补《故宫博物院藏品管理规定》，为文物安全提供制度保障。举办“故宫博物院业务人员培训”，内容包括藏品管理规定的学习和测试、三级管理责任人执行力培训、实际操作培训和考试等方面，全面提高业务人员责任心和文物操作实践技能。坚持开展对地下、地上文物库房的随机抽查，不断完善库房保管工作。做好文物清理后续工作，对现有文物藏品进行核对，及时完成 51452 件一般藏品入账工作。继续推进文物防震工作，召开文物防震工作协调会，确认先对部分地面、地下库房和部分原状陈列、原状库房进行防震保护。

近年来，世界遗产委员会对世界遗产监测管理方面提出更加严格的要求。因此，科学有效地开展世界文化遗产监测，对各种影响遗产安全的因素加以防范和控制，对文物本体及其环境实施预防性保护，使文化遗产的突出普遍价值及真实性、完整性得以保存，对于故宫世界文化遗产保护来说意义重大。故宫是我国第一批进入《世界遗产名录》的世界文化遗产，应该在世界文化遗产监测管理方面做出表率。故宫世界文化遗产监测管理工作，结合故宫文化遗产构成要素特性及影响因素，在明确监测机构、职能、分工、监测范围和内容的基础上，提出监测工作的要求。今后每年都将整理出版故宫世界文化遗产年度监测报告。

文物建筑修缮工作正在按计划稳步推进，建福宫维修工程、英华殿区维修工程、大高玄殿乾元阁抢险工程全面完工；慈宁宫花园修缮工程已完成 60%，预计 2013 年完工；乾隆花园符望阁内檐硬木装修保护修复工作已完成 80%。皇极殿经过修缮后重新开放。由故宫博物院和香港中国文物保护基金会共同合作复建的中正殿，经过 6 年的不懈努力于 2012 年竣工，复建后的中正殿区域再现了清乾隆时期的建筑全貌。今后还要继续加强岁修的力度，使文物建筑的保护状况逐步改善。故宫博物院内有 58 座彩钢房，严重影响文物安全和文化景观，目前拆除工作也已经开始。经过多年努力基础设施现状管线维修改造工程获得专家通过。

目前文物建筑修缮管理更为精细化，操作更具研究性，例如倦勤斋的保护修缮工程，赢得了专业部门、专家学者和社会各界的高度评价。同时，加强古代建筑研究和修缮资料整理。编写《故宫古建筑保护工程实录——太和殿、神武门》工程报告，《清代乾隆时期皇宫建筑内檐装修研究》课题按时结题。为传承国家级非物质文化遗产古建官式营造技艺，通过技能测试、笔试等程序，招收了 14 位新人。至此，已有 15 人成为第一批古代建筑技艺传承人。

二　强化故宫学术研究的科学支撑作用

今年的学术研究工作扎实推进，为故宫博物院各项事业的发展起到了重要支撑作用，也有利于树立故宫博物院良好的社会形象。继续加强科研管理工作，提高了申报国家、省部级课题的成功率，其中一些获得国家社科基金艺术学项目、文化部文化艺术科学研究项目和国家社科基金后期资助项目的立项。王素研究员领衔的“新中国出土墓志整理与研究”项目被确立为“2012 年度国家社科基金重大项目”，正式开题，通过验证。以前都是高等院校、研究机构等列入国家社科基金项目，博物馆首次列入国家社科基金重大项目是一件非常了不起的事。另外 12 个院级科研课题项目也得以立项。

故宫博物院学术委员会为“平安故宫”工程把关，召开展览专家选题会，为今后三年的展览建言献策，为院庆期间的展览计划提供学术保障。继续推动故宫学建设，拓展故宫的学术影响力，“大故宫”的理念也越来越为人们所接受。南开大学“故宫学与明清宫廷研究中心”于年底成立，启动“故宫学”数据库与网络平台建设工作。首届故宫学高校教师讲习班毕业生结业，走向各个学术研究和教育机构岗位，推动了故宫学的传播运用。《明代宫廷建筑大事史料长编》第一部分已经出版发行。成功召开了中国紫禁城学会第四次会员大会暨第八届学术研讨会。

在文物科技保护工作方面，完成各类展览、原状陈列、库房的文物修复任务。全年修复文物 261 件。继续开展白蚁防治、普通虫害防治和纺织品保护工作，开展乾隆花园保护工程环境研究、文物保护及展览环境的研究、故宫墙体青砖泛霜的研究、石质文物的保护工作，以及红外光谱仪的应用、利用 X 射线装置对文物进行无损检测、国家文物局古陶瓷重点科研基地工作。积极推动各项科研课题的研究工作，《保存环境对墨的影响研究》、《古陶瓷物相的全谱拟合 X 射线定量分析研究》等 8 项科研课题结题，11 项课题正在进行中，新立项科研课题 5 项。

通过开展 2009 — 2011 年科研与出版成果评奖工作，对 3 年的科研出版成果进行评审，目的在于提升科研与出版的水平。同时，又有一批专业人员获得研究员和副研究员职称。在 2012 年度文化部高级职称评审会上我曾表示，今后故宫博物院的发展最缺少的不是资金，而是人才，特别是有着正确理念的各方面专业人才。如果没有强大的文物保护和博物馆专业人才群体，难以支撑故宫博物院的可持续发展。

一年来，组织了明代宫廷生活史、民国时期故宫博物院史、“宫廷与江南”等学术研讨会。《故宫学刊》、《明清论丛》被纳入中国学术期刊网络出版总库。法律处的“博物馆与法律研讨会”，将博物馆今天面对市场经济条件下的法律难点，包括文化产品研发过程中的问题，进行了公开的研讨，取得了较好反响。根据各项事业的发展，不断凝练出重大选项，支撑相关工作的开展，例如召开原状陈列文物防盗系统研讨会、安防工程改造研讨会、庭园管理专家座谈会、端门数字博物馆设计方案评选会、故宫数字导览仪方案研讨会、乾隆花园保护项目研讨会等。

“故宫大百科全书”工程已经酝酿一段时间，不断加以完善，近年来和今后数年，是故宫博物院老员工退休高峰，他们积蓄了一生的理论与实践经验，特别是对于故宫博物院有着深厚感情，希望能够搭建起更多退休员工可以参与相关工作的平台，使他们根据自身特长和身体状况参与其中，老有所为，对于故宫博物院来说无疑是重要的力量和宝贵的资源。我一直主张离退休的老同志要有喜欢的事干，才有精神寄托，身体才更加健康。例如在国家文物局工作时，谢辰生先生已经 90 高龄，不少人告诫不能再让高龄专家出差，发生问题难以承担责任，但是我们认为只要专家身体条件允许，就坚持“放养”，而不是“圈养”，不但老专家的作用得到发挥，而且身体也更加健康。

在图书出版方面，围绕“实现文化传播功能的提升”的主旨，不断开拓出版工作。全年出版书籍 170 种，其中新书 125 种。《故宫博物院藏中国古代窑址标本》、《钦定武英殿聚珍版书》两个项目获得 2012 年度国家出版基金资助。《明代宫廷建筑大事史料长编·洪武建文朝卷》图书，获得 2012 年度国家古籍整理出版资金资助。《故宫出版与学术数据库》项目获得文化产业发展专项资金资助，20 种图书入选《2012 年中小学图书馆（室）推荐书目》，可谓硕果累累。故宫出版社还取得文化部颁发的专业类别书画的社会艺术水平考级资格证书，这一资格证书的获得，对于故宫出版社来说意义重大。

一年来，故宫博物院专家学者在全国各地不懈努力，保持与增强故宫博物院学术权威性。通过“天堂画卷：西藏夏鲁寺建筑及壁画保护项目”使故宫博物院的先进理念和技术为西藏文化遗产保护做出实际贡献。凌家滩文化论坛系列活动的开展，有利于消除社会上关于故宫博物院只收藏明清文物的误解。同时，来自全国各地的专家学者参加定窑学术研讨会、醴陵釉下五彩瓷学术研讨会等活动，体现出故宫博物院作为文化机构的责任感。事实上，故宫博物院收藏的青铜器、玉石器、碑帖、铭刻等珍贵文物，展现出中华五千年文明的整体状况，社会各界越来越了解到故宫博物院是保管、研究、展示、传承中华文明实证的不可替代的文化中心。

三　注重故宫文化传播和社会教育功能

为弘扬传统文化，展现故宫文化特色，2012 年相继举办了“故宫藏明清花鸟画展”、“古物撷英——故宫博物院藏捐献陶瓷精品展”、“故宫藏历代书画展”（第二轮第四期、第五期）、“精致之美——明清扇面画特展”等展览。成功举办了“山川菁英——中国与墨西哥古代玉石文明展”。故宫博物院的展览继续走向各地，例如赴新疆的“故宫博物院新疆文物珍藏展”、赴安徽的“走近御书房展”、赴香港的“颐养谢尘喧：乾隆皇帝的秘密花园展”、赴澳门的“君子比德——故宫珍藏清宫玉器精品展”等国内博物馆展览 13 个。同时，引进“湖南醴陵釉下五彩瓷珍品展”、“浙江原始青瓷及德清火烧山等原始青瓷窑址考古成果汇报展”等 6 个展览。

在宣传教育工作方面，精彩纷呈、寓教于乐的文化活动，加深了观众对故宫文化的认识，也使观众从中受益匪浅。首次开创性地举办了非物质文化遗产展览，“妙笔神工——国家级非物质文化遗产古书画临摹复制与装裱修复技艺展”，使物质遗产与非物质遗产融会贯通，也使古书画装裱专家从后台走向前台，在社会公众间传播丰富的文物保护实践经验。此次展览吸引了不少观众前来参与体验，也受到媒体广泛关注，进行了大量深入的报道。同时，还举办古书画装裱培训班，对外传授书画装裱的实际技能。

2012 年故宫博物院承担大量国家外事和国内接待任务，例如接待德国默克尔总理访问故宫博物院，全年完成各类接待任务 900 余次，6 万余人次。特别注重安排接待困难家庭的青少年等弱势群体观众，例如北京百年农工子弟职业学校师生，为他们提供生动、有针对性的讲解。特别是形式多样、内容丰富、意义深远的“故宫知识课堂”活动，共接待了 342 个家庭，100 多名山区的学生，取得了很好的社会效果。顺利开展了故宫博物院观众服务满意度问卷调查活动。5 月 18 日国际博物馆日举办了文化遗产保护讲座、“艺术·文化”主题宣传活动，帮助观众探寻文化之源；6 月 9 日中国文化遗产日开展了志愿者座谈会，举办“用真心保护，用行动传承”的主题宣传教育活动。

故宫博物院自动讲解器在语言种类上优于世界上很多国家的博物馆，外国博物馆讲解器多为 6 — 10 种语言，而故宫博物院的讲解器有 40 种语言，不但包括各国的语言，而且包括少数民族的语言，粤语、闽南话等地方方言。故宫博物院网站日点击率 100 万次以上，在世界博物馆的网站中领先，2013 年故宫博物院网站的提升目标，一是提升英文版的水准，二是提升服务青少年的质量。经过近 5 个月的反复讨论、修改、完善，形成端门数字博物馆概念设计方案，方案紧扣故宫元素，将现代技术与传统建筑相互融合，在技术应用、展示设计及多功能研发等方面进行了有益探讨。

虚拟现实演播厅全年共接待278场、6118人次。VR作品《灵沼轩》制作接近收尾，完成了“梵华楼古建测量及虚拟漫游”360全景浏览项目、《龙孩儿守故宫》第三集、第四集动画片的制作，开始研发《基于影像的中国古代书画研究系统 2.0》。与首都机场合作的“文化国门——故宫印象”展厅对外开放，迄今共有6740人次参观，为机场旅客了解故宫文化提供难得机遇。《大故宫》1 — 3 部的首发，纪录片《皇帝的秘密花园》的首映，均引起热烈反响。古典音乐进故宫也取得了很好的效果。

一年来，建福宫花园由故宫博物院办公室管理，主要用于举办有影响的文化活动，例如“情系故宫·御园雅集”文化论坛、雅昌艺术中国年度表彰活动、“紫玄珐琅——李铁映珐琅彩瓷作品展”、纪念吴仲超先生诞辰 110 周年的纪念会、1952 年河北军区来院老同志座谈会、罗哲文先生追思会、《中国甲午以后流入日本之文物目录》出版座谈会、青年文化遗产保护工作者论坛、《文物保护法》颁布 30 周年座谈会、与中国对外文化集团公司签署合作协议等文化活动，成为故宫博物院与社会各界加强合作的重要场所。

今年主动加强与新闻媒体的沟通，召开媒体见面会、新闻发布会，及时将故宫博物院的发展愿望、面临困难、解决问题的思路、所做努力的奉献等，告诉社会各界，新闻媒体通过大量新闻报道，充分肯定了故宫博物院为保护文化遗产和服务观众方面所做出的不懈努力，各项新的举措得到社会公众的理解和支持。

为了更好地传播故宫文化，探索适合故宫发展的文化产品研发途径，召开了故宫文化产品研发工作座谈会。“故宫人最喜爱的文物”评选活动经过专家学者和全院职工的共同努力，顺利完成。在“2012 年博物馆及相关产品与技术博览会”和“2012 年全国博物馆文化产品创意设计推介活动”中获博物馆与文化创意产业促进奖和最佳展示奖等奖项。在“第五届海峡两岸文化产业博览交易会”综合评比中荣获二等奖。今年共研发推出各类故宫特色的文化产品 340 多款，尝试利用网购形式进行宣传推广。

“故宫讲坛”的地点设在东城社区，办在民众中间，驾起故宫博物院与社会民众之间的文化桥梁。故宫专家学者结合藏品保护、陈列展览、科研成果进行讲解，宣传故宫文化、故宫人的理想抱负、故宫专家学者的学术成果、故宫文物藏品的文化内涵，2012 年已完成 8 次讲座，反响热烈，效果良好。实际上，一年来故宫讲座深入机关团体、科研单位、高等院校，在中国社会科学院研究生院的学术讲座、清华大学“永远的故宫”故宫文化讲坛、北京工业大学的“故宫学文化节”、博物馆馆长高峰论坛；在全国人大常委会、上海市人大常委会、浦东干部管理学院、北京市委党校、香港亚洲协会、中国驻英国和驻德国大使馆等进行的讲座，使文化遗产保护、博物馆建设和故宫文化传播得以实现。

2012 年的外事工作十分活跃，文化交流越来越广泛。全年举办和参加涉外展览 9 项，有力配合国家外交工作，为中华文化传播贡献力量。例如赴日本的“地上的天宫——北京故宫博物院展”、赴德国科隆东亚艺术博物馆的“金昭玉粹：清代宫廷生活艺术展”等。赴日本的“国宝观澜——故宫博物院文物精华展”共有 25.8 万观众参观。日本天皇夫妇和众多政要、学者、文化界知名人士专程前往参观。

通过举办“驻外使节进故宫”活动，并先后接待瑞典大使、意大利大使、美国大使等外交使节，与各国外交使馆建立联系；通过接待国际博物馆馆长活动，加强了与各国博物馆同行的交流；通过与香港特别行政区政府政务司长、澳门特别行政区行政长官进行座谈，使故宫博物院与港澳文物博物馆单位联系更加紧密。在馆际交流与合作方面，先后与澳大利亚维多利亚州国家美术馆、印尼国家博物馆、美国皮博迪·埃塞克斯博物馆、美国波士顿美术馆等签署战略合作协议，与英国大英博物馆续签《故宫博物院与大英博物馆谅解备忘录》，与香港康乐及文化事务署等签署合作意向书。

四　弘扬“故宫人”精神，建设和谐故宫

2012 年初召开了故宫博物院党建及纪检工作会议，对于加强党的建设，做好党风廉政建设工作，组织和动员党员干部和广大党员统一思想、把握大局，进一步推动全院各项工作的顺利开展，起到积极的促进作用。进一步强化领导班子思想政治建设，始终把深化理论武装工作作为加强领导干部思想政治建设的首要任务来抓。当前，把学习贯彻十八大精神与谋划故宫博物院事业发展紧密结合起来，破解难题，深化改革，推动故宫博物院各项工作，开创事业发展的新局面。

在日常工作中坚持民主集中制的组织制度和领导制度，坚持民主生活会制度，不断完善、落实党内生活、议事等方面的规章制度，领导班子内能够开展批评和自我批评，实行有效的监督，广开言路，广泛听取各部处以及各方面专家的意见和建议，进一步推动决策民主化、科学化，领导班子整体合力与效能不断增强，努力将各项工作在统一意志下加以推动。同时，坚持以领导班子和领导干部为重点，开展中心组理论学习和领导班子民主生活会，提高民主生活会的质量。

加强廉政勤政教育，认真开展领导干部廉洁自律规范化管理工作，完善反腐倡廉机制和

群众监督、民主监督制度，提高抵制腐朽思想文化侵蚀的自觉性，增强免疫力。通过开展学习教育活动，将故宫的核心价值理念概括为：典守珍护、敬业奉献、弘扬服务、开放创新、奋发和谐，以铭记、传承老一辈故宫人爱国敬业、艰苦奋斗、无私奉献的优良传统，号召广大故宫人始终保持对故宫文化遗产保护事业的强烈责任心和高度使命感，以良好的工作作风为故宫事业再创辉煌奠定基础。

同时，注重抓好处级干部和支部的思想建设、能力建设。通过举办党员培训班、党支部书记培训班，选送党员干部参加中央党校、文化部直属机关党委组织的集中培训，以及学习培训和外出实地参观考察等方式，进一步提高党支部书记和党务工作人员的思想政治素质和工作水平。同时，进一步加强工会、共青团、离退休同志服务和统战等方面工作，使故宫人精神得到不断弘扬，向心力、凝聚力进一步加强，为故宫事业的平稳有序发展营造团结奋进、开拓进取的环境。故宫博物院职工自编自演的话剧《海棠依旧》令人感动，体现了年轻一代对“故宫人”精神的自觉传承。

一年来的工作给我们带来很多体会，一是坚持科学发展观，始终坚持安全第一，保护优先，为实现故宫文化遗产保护和博物馆建设的协调发展努力开拓，为推动文化建设，实现文化复兴作出故宫博物院的独特贡献。二是解放思想，深入调研，始终保持清醒的头脑、客观的态度，虚心地、广泛地听取院内及社会各界的意见和建议，一切决策必须慎之又慎。三是主动宣传，及时回应，为故宫文化遗产保护和博物馆建设事业争取有利的舆论环境。让人们了解故宫文化、理解和支持故宫博物院工作。四是强强联合，广泛开展战略合作，不断提升故宫文化的传播能力，从广度和深度上延展故宫的影响力，为故宫博物院发展迎来良好社会环境和新的拓展空间。

2013 年，将是故宫博物院各项事业全面推进的一年，工作艰巨，任务繁重。在新的一年，继续实施安防设施改造工程。实施 2013 年淡季周一闭馆措施，以便及时对故宫古建筑及藏品等进行修缮、保养，对展览设备进行维护，确保故宫文物和观众安全。在新的一年，坚持开展对文物库房的不定期抽查，继续开展清理验收的后续工作，做好文物囊匣加密集柜的工作，做好第二期防震评估工作。在新的一年，稳步推进文物建筑保护修缮工程；继续推进故宫博物院陈列展览、故宫博物院学术研究、故宫博物院文化传播工作。

第二部分　关于“平安故宫”工程

故宫是举世闻名的世界文化遗产，更是中华文明的重要载体和象征，是维系中华民族团结统一的精神纽带，在社会民众的心目中具有不可替代的重要地位。近年来，故宫博物院通过陆续收回大高玄殿、端门等区域，使管理区域增至 112 公顷、建筑面积 17 余万平方米；开放面积逐步扩大，由 2002 年的 30%增加到目前的 46%；经过七年藏品清理，使在账藏品总量由原来的近 100 万件增至 180 余万件，其中珍贵文物占 93.2%，占全国文博系统馆藏珍贵文物总量 42%，形成了独特的“倒金字塔”形藏品结构；观众人数持续增长，由 2002

年的700多万增至2012年的1500多万人次，成为目前世界上唯一年观众人数超过千万的博物馆。因此，保护好故宫文化遗产，使命神圣而光荣，责任重大而艰巨。

一 调研文物保护状况和文化遗产资源

2012年初，通过走访全院32个部处，了解了各单位的发展建议和愿望，其中很多涉及文物安全问题；通过走访故宫博物院老领导，院学术委员会委员、国家文物鉴定委员会委员，以及院外部分专家学者，了解故宫博物院事业发展急需解决的重要问题，他们对如何加强故宫文物安全提出诸多意见；通过走访驻院武警支队、消防中队、第一历史档案馆、天安门管理委员会，走访财政部、国家文物局、国家审计署文体审计局；通过走访北京市公安局、北京市旅游委、东城区法院、东华门街道办事处等单位，沟通加强故宫文物保护的意见，各单位对于共同加强故宫文化遗产安全提出积极建议。

通过调查文物建筑保护状况，文物库房藏品保存环境，文物安防技防设备，文物保护科技设施，开放路线观众接待条件，员工办公及生活区域，以及端门广场、大高玄殿等周边环境，发现文物建筑、文物藏品和观众接待等各个环节均存在一些安全隐患，有的方面相当严重，需要及时加以解决。2012年5月，经过持续、广泛、深入的调研，故宫博物院领导班子提出开展"平安故宫"工程的建议，以彻底解决故宫存在的火灾隐患、盗窃隐患、震灾隐患、藏品自然损坏隐患、文物库房隐患、基础设施隐患、观众安全隐患等七大安全问题。

上述亟待解决的七大安全问题，一是火灾隐患。高压消防系统覆盖不全面，防雷避雷设施有所欠缺，古建筑群内设置的电气线路密如蛛网，临时建设的彩钢房存在严重安全隐患。二是盗窃隐患。安保设备无法适应当前盗窃手段不断提升，呈现集团化、智能化和暴力化的趋势。三是震灾隐患。文物库房中和日常展陈的文物缺少防震措施，瓷器等脆弱文物无法装入囊匣而集中叠累，存在严重防震安全问题。四是藏品自然损坏隐患。利用古建筑作为库房，缺少温湿度控制，文物藏品面临寒、暑、光、尘等自然条件的威胁。五是文物库房隐患。地下库房不能针对不同质地藏品进行温湿度调节，水冷式空调的冷却管、蒸发器锈蚀，一旦开裂，文物将遭灭顶之灾。六是基础设施隐患。基础设施缺乏统一规划，老化、腐蚀严重，存在跑冒滴漏，甚至爆裂现象，隐患重重。七是观众安全隐患。接待观众以年均100余万人次的速度递增，由此造成的拥挤踩踏和人身伤害等突发事件威胁不断加剧。

"平安故宫"工程概念的提出，着眼于故宫博物院的长远可持续发展。"平安故宫"工程保护对象，一是占地112公顷、建筑面积17余万平方米的古代木结构宫殿建筑群的安全；二是180万余件文物藏品的安全；三是每年约1500万中外观众的安全。同时，"平安故宫"工程是故宫博物院在多年工作基础上，谋求可持续发展的必然结果。近年来，文物建筑全面维修的持续开展，文物藏品较为彻底的清理，端门、大高玄殿、宝蕴楼、雁翅楼等古建筑群的回归，都为"平安故宫"工程的开展奠定了基础条件。

"平安故宫"工程坚持安全第一、保护优先，科学论证、慎重决策，统筹规划、分步实施，软硬并举、创新管理的基本原则，通过实施故宫博物院北院区建设项目、地下文物库房改造、基础设施改造、世界文化遗产监测、故宫安全防范新系统、院藏文物防震、院藏文物抢救性科技修复保护 7 个项目，以实现如下目标：在 2015 年，即故宫博物院成立 90 周年之时，有效缓解目前存在的防火、防盗、防雷、防震、防踩踏等方面的重大安全隐患，解除其中最紧迫、最危险的隐患点；在 2020 年，即紫禁城建成 600 年之时，基本实现故宫博物院进入安全稳定的健康状态，全面提升管理和服务水平，迈进世界一流博物馆行列。

二 确定平安故宫工程方案和重点内容

一是故宫博物院北院区建设。旨在解决故宫大量大型珍贵文物（如家具、地毯、巨幅绘画、卤簿仪仗等）因场地局限而长期无法得到及时、大规模的科学保护和有效展示的问题，同时把传统文物修复的技艺，也即非物质文化遗产展示给公众。该项目位于海淀区北部新区的西玉河，未来也将作为该地区的重点文化项目和重要的公共文化设施。

二是地下文物库房改造。对原有地下文物库房进行升级改造，完善、加固地库结构，改善防水、防震措施，更换陈旧老化设备，实现温湿度分区分类调控，使现存地库的 90 余万件文物得到更加科学的保护。同时，经科学论证，合理地增加文物科学保管空间，按照国内外博物馆惯例和藏品管理标准，在地库内完善文物摄影、筹展等配套使用功能，从而逐步减少地面文物库房，整体提升文物保管条件。

三是基础设施改造。按照“整体规划、论证先行、分区分阶段实施”的原则，在确保安全的前提下，对现有基础设施，例如给水、消防、雨水、污水、供热等管线以及供配电和智能化系统等进行全面升级改造，实现优化管理，方便维护和检修，以期及时发现问题，消除隐患，以布局合理、完善先进的基础设施为故宫安全奠定坚实基础。

四是世界文化遗产监测。故宫博物院于 2011 年正式成立“故宫世界文化遗产监测中心”，建立“监测信息化平台”，对文物建筑、馆藏文物、游客动态等 10 个方面进行持续监测，力求全面真实地反映其保存和安全状况，为安全管理决策提供数据支撑，推动文化遗产保护工作从被动到主动、从直觉判断到信息化和智能化、由事后反应到事前预防的转变，实现故宫文化遗产保护的完整性、时效性、科学性和系统性。其中重点做好文化遗产接待游客承载能力的测算，以此为基础，通过建立预约制度、优化参观路线、强化疏导干预等手段，最大限度避免游客踩踏等恶性事件发生。

五是故宫安全防范新系统。在按原计划 2014 年完成目前的应急安防工程外，规划建设智能化程度高、功能设置完善、性能可靠、综合防范能力具有世界先进水平的故宫安全防范新系统，强化日常保卫和应变处置能力，实现技防、人防、物防有机结合，全面提升安全防范工作水平。

六是院藏文物防震。对文物库房和展室进行全面排查，采用封闭式、轨道式金属密集柜、文物囊匣和现代减隔震技术相结合的手段，逐步实现对院藏文物的全面抗震防护。制定并落实文物建筑本身和内装修等非结构构件及附属设施的抗震措施，全面提升所有库房和文物建筑的抗震能力。提出地震引起的次生灾害的防御对策，全面落实临震和震后的应急防护机制，紧急抢救和修复等综合防灾措施。力求能够防御北京周边发生八级左右特大地震的威胁。

七是院藏文物抢救性科技修复保护。针对大量院藏文物濒临腐蚀、锈蚀等严重自然损坏状况，建立大型、综合文物修复中心，以现代科技与传统技艺、故宫人才与社会力量相结合，对藏品进行全面和持续不断的修复。建立完善相应类别的文物修复工作室，购置更新必要的仪器设备、珍贵材料，强化人员培养，分轻重缓急开展文物保护修复任务，使故宫文物保护修复工作得到较大改观。

以上七项内容中，北院区建设将彻底解决故宫博物院大型藏品多年来无法修复保护和展示的难题，为腾退古建筑空间并及时保养、维修创造条件，且已得到北京市和海淀区的大力支持，建议优先考虑实施。地下文物库房改造、安全防范新系统和院藏文物防震，均直接关系消除故宫藏品和古建筑的安全隐患，提升安全等级，因此较为迫切。基础设施改造前期工作有一定基础，经过多年专家论证已获得通过，可按程序逐步推进。世界文化遗产监测，着眼于未来，谋划故宫博物院事业的可持续发展。院藏文物抢救性科技修复保护，因需在北院区项目竣工后才能大规模实施，因此目前可考虑进行前期准备，着手选择合适门类开展试点工作。

为了保证“平安故宫”工程的实施，一是成立“平安故宫”工程领导协调小组，负责统筹协调工程实施。二是组建“平安故宫”工程专家咨询委员会，充分发挥专家作用，负责工程中重大问题的咨询、论证。三是严格履行审批程序。按照相关法律法规的要求，对工程涉及的有关项目编制具体方案，并按程序履行审批手续。四是不断强化内部管理，结合“平安故宫”工程实际，有针对性地完善或制定一系列规章制度，加强资金管理，狠抓落实，堵塞一切可能的安全漏洞。五是请国家有关部门按照程序对“平安故宫”工程资金和绩效进行全程监督，确保工程健康推进和圆满完成。

“平安故宫”工程七项重点内容中的前三项，属于基本建设范畴，拟向国家发展改革委申请并获得资金支持。后四项，与故宫博物院事业发展有关，拟向财政部申请国家财政资金支持。“平安故宫”工程所需资金，初步估算约需 40 亿元，其中基本建设类项目约需 25 亿元，事业发展类项目约需 15 亿元。待国务院批准总体方案后，按照有关规定分别向国家发展改革委、财政部申报有关项目和资金。

“平安故宫”工程的保障，包括环境保障和人才培养和队伍建设保障。在环境保障方面，一是与高水平科研单位合作，充分借鉴国内外先进经验，区分轻重缓急，切实改善故宫博物院馆藏文物保存环境。二是报请将故宫博物院列为武警警卫目标。三是研究驻故宫博物院消防中队配备适合故宫消防需要的特种装备的方案。四是对端门至午门之间区域实行封闭管理，加强故宫博物院周边环境，特别是东华门、西华门和神武门外区域的环境秩序整治。五是制定“平安故宫”工程宣传方案，创造良好舆论氛围，争取海内外各界更多的理解和支持。在人才培养和队伍建设保障方面，一是根据“平安故宫”工程的规模和进展，制定相应岗位和匹配人力资源的需求规划，加强对“平安故宫”工程实施所需的人才培训、人才引进、专业进修和科研课题攻关等工作。二是继续加强对全体员工和驻故宫博物院人员的安全教育，对现有安全制度狠抓落实，通过培训、演习、考核、签署安全责任书等多种方式，把安全意识和责任落实到每一个人。

“平安故宫”工程的预期成效，一是实现文化遗产完整保护。使更多的地面文物库房、办公用房得到腾退，最终实现红墙内无办公区，使故宫世界文化遗产的真实性和完整性尽可能地接近历史原貌。二是实现环境质量稳步提升。将院内堆积的建筑材料和花房等设施搬迁，消除安全隐患，净化故宫环境。三是实现安防设施全面覆盖。提高故宫安全保卫等级，实现对古建筑、文物藏品和观众安全的多种手段、多重保障的全面覆盖。实现文物藏品的全面抗震防护。四是实现开放区域持续扩大。实现西部区域对外开放，使全院开放参观面积由目前的45%扩大到76%，有效缓解中心区域的参观人流压力。五是实现文物库房功能改善。对地下文物库房进行升级改造，逐步减少并最终弃用地面文物库房，整体提升文物藏品保存条件。六是实现文物藏品保护修复。有计划地实现对上百万件文物藏品的系统保养修复，使文物藏品益寿延年，使传统技艺得以传承。

三　争取国家领导和有关部门支持

2012年5月31日，以书信方式向刘延东国务委员提出实施“平安故宫”工程的建议。“平安故宫”工程引起中央领导和有关部门的高度关注。文化部、发改委、财政部、国家文物局等有关部门就故宫安全现状多次来故宫博物院进行考察。7月26日，刘延东国务委员来故宫博物院调研，指出要抓紧实施“平安故宫”工程。之后连续对“平安故宫”工程作出多次批示。7月底以来，国家领导连续到故宫博物院考察调研，就故宫安全问题相继作出重要指示。

7月28日，温家宝总理在新华社《国内动态清样》“‘这些珍贵文物的保护现状令人寝食难安’——故宫博物院文物保护采访见闻”上批示：“故宫应改善文物保管条件，重视安全设施建设，健全文物保护制度，加强管理工作，切实保护好国家珍贵文物。请文化部经调查研究并商有关部门提出方案报国务院。”随后7月29日刘延东国务委员批示：“认真落实家宝同志批示精神和26日我到故宫考察现场办公所提要求，抓紧提出方案报国务院。”7月30日，李克强副总理批示：“请发改委、财政部按家宝同志批示精神配合有关部门认真研究，保护好故宫珍贵文物。”

贾庆林主席也多次听取了故宫博物院“平安故宫”工程的汇报，并于8月31日在故宫博物院呈送的“关于‘平安故宫’工程汇报材料”上批示：“建议请家正同志负责对故宫博物院进行调研，支持这一项目的建设。”9月5日，刘延东国务委员在《关于海淀区西玉河故宫博物院北院区项目的请示》和《故宫博物院北院区项目建筑策划与概念设计研究》上批示：“上次实地考察，深切感受到在故宫以外选址建设用于展示、库存、文物修复和文化交流的设施非常必要且刻不容缓。请抓紧研究论证并争取促成这一功在当代利在千秋的工程。”

全国人大吴邦国委员长12月10日来故宫博物院视察，并在《全国人大教科文卫委关于支持故宫博物院地下库房改造等工作的建议意见》上批示：“我曾参观故宫地库及地面库房，所藏文物件件价值连城，但存放条件较想象差之甚远，天长日久，必将受损，对后人无法交代，人大教科文卫委在文物法执法检查中，专题就故宫文物保护，保管问题进行调查，并提出相关建议，希望国务院高度重视，以对子孙后代负责，建议积极考虑，以解除故宫文物安全隐患。”对此李克强副总理批示：“要按邦国同志批示精神会同有关方面认真研究，积极支持改善故宫馆藏文物条件，切实保护好珍贵的故宫文物典藏，请抓紧落实。”

此外，全国人大常委会韩启德副委员长、路甬祥副委员长、周铁农副委员长、全国政协孙家正副主席、中央文明委刘淇副主任、国务委员兼公安部孟建柱部长，以及中宣部、国家审计署、国务院新闻办等领导相继就故宫博物院安全工作进行调研，听取汇报。文化部召开部长办公会，就工程的下一步工作作出具体指示。为此，故宫博物院专门成立了“平安故宫”工程工作小组，起草《“平安故宫”工程项目实施纲要》、《“平安故宫”工程总体方案》，目前“平安故宫”工程总体方案报批工作正在稳步推进。

近日，财政部赵少春副部长表示，“平安故宫”工程资金不成问题，关键要执行好，若执行得好，每年会投入高于故宫博物院门票收入的资金。这些给予了我们信心，也给了我们压力。执行率低是制约诸多单位不敢或不能申请财政资金的原因，“平安故宫”工程的顺利进行，必须要科学组织，特别是涉及文物安全的项目更要认真细致安排实施。为此，近日重点约请了直接与工程推动和工程审批工作相关的部门和专家，例如国家发改委、财政部、国家文物局、国家旅游局、北京市政府、市公安局、市规划委等单位，以及谢辰生、傅熹年、陈同滨、吕舟等10多专家学者来院调研。

四 开展前期项目准备和环境综合整治

来自国务院的关怀，让全体员工深感振奋，工作的使命感、责任感进一步增强。故宫博物院及时召开“平安故宫”工程大会，进行思想动员，并多次召开专题会议研究部署，督促具体项目落实。经过研究今后几年内将实施一系列重点工程。希望到2020年，在昔日紫禁城内，除地下文物库房外，全部是风貌和谐的文物建筑和传统形式建筑，没有与整体风貌不和谐的现代建筑和彩钢房，实现世界文化遗产的应有尊严。

在增加展览设施方面，一是午门和雁翅楼建筑群，争取在2015年庆祝故宫博物院建院90周年时，这组2800平方米的大型展览设施能够正式启用。二是东华门修缮工程将于2013年竣工，建议作为古建筑馆对观众开放，同时考虑能否向观众开放东南角楼和东华门至午门的一段城墙。三是御膳房目前是家具库房，将来作为古代家具馆对观众开放，可以采取仓储式展示方式，即扩大展览面积，也有利于家具文物藏品的保护。四是宁寿宫将开辟为石鼓馆。

在扩大开放面积方面，一是争取故宫的西部区域在故宫博物院建院90周年时实现开放，需要对隆宗门内的观众餐厅进行重新安置，使观众的就餐和休息环境得到改善。慈宁宫将作为雕塑馆对观众开放，寿康宫进行原状陈列展示。二是建议开放文华殿区域的文渊阁，扩大开放空间。由于保护需要，可参照太和殿参观方式，在栏杆外观看，原则上不进入室内。三是端门城楼将作为数字博物馆场所对外开放。四是大高玄殿文物建筑群修缮后，将作为数字博物馆、“故宫讲坛”的场地对外开放。

在文物建筑合理利用方面，一是由于西华门处于安全保卫控制区域，不能对观众开放，因此考虑将来作为书版库房。二是宝蕴楼长期以来是中国文物交流中心的库房，经修缮后作为来宾接待的场所，避免来宾进入西华门后往往要穿越整个西河沿地区的不便，可以布置小型院史陈列，同时作为故宫学研究所用房。三是神武门外东西两侧文物建筑，分别设置为故宫出版社图书街、故宫文化产品街，为市民和观众提供服务，满足不进故宫参观也能够购买故宫文化产品的需求。四是午门－端门广场，午门广场设置安检、验票设施，端门广场在已有售票和观众服务中心的基础上，设立北京纪念品和服务观众的故宫文化产品销售用房，并增加观众洗手间等设施。

在文保科技用房方面，西河沿文保科技用房和西玉河基地各有分工。西河沿文保科技中心用房，主要用于科研人员利用精密仪器对珍贵文物进行带有研究性质的修复保护，同时西河沿文保科技用房的建成使用，还将促成红墙内办公科研用房的搬迁，使红墙内实现整体对外开放。通过建立文保科技中心与地下文物库房之间的地下通道，使文物提取搬运更加安全。西玉河基地主要用于修复体量大、价值低，但是急需修复的文物。特别是通过非物质文化遗产传承人采取传统工艺进行文物藏品的修复。西玉河基地的大型花房将于 2013 年 10 月建成。宫廷部、古建部在此建立库房，文保科技部、古建修缮中心在此设立工作室和宫廷园艺中心。

在历史环境改善方面，一是拆除南三所门前和门内的四栋房屋，即两栋花房、一栋彩钢房食堂、一栋彩钢房办公用房，恢复历史上原有车库建筑，作为职工食堂，就餐条件将得到改善。二是南库区域目前西部为武警支队用房，东部为建筑施工备料场地，计划在南库以南建设武警支队用房，将目前武警支队用房和占用的南库古建筑腾退，作为故宫博物院工作用房。三是造办处现为古建修缮中心办公和试验地点，院内没有文物建筑，环境杂乱无章，《故宫保护总体规划》编制单位建议在此建立现代书画馆，弥补武英殿作为书画馆存在的安全缺陷。

在基础设施建设方面，一是地下文物库房的改造，首先解决地下水渗漏问题，其次消除地下库房上部冷却水威胁，第三实现温度湿度可以调节，第四适当增加文物库房面积。通过填补一期、二期之间的空间，并向西进行扩建，可以增加 6000 平方米文物库房面积，使地下文物库房保存文物数量超过 100 万件。二是内务府区域环境整治，合理利用方案包括复建内务府建筑群和扩建文物库房的两种选择。如果复建内务府建筑群，可以作为办公用房，安排古书画部、古器物部、宫廷部和展览部等与地下库房联系密切的工作部门在此办公。如果扩建库房，可以通过增建一层文物库房，用于存放家具、地毯、轿舆等大型文物藏品。

2012 年 2 月启动了《故宫保护总体规划》编制工作，确定了各专项规划内容，目前初步完成故宫使用功能规划。故宫博物院配合编制工作收集了东西华门内道路、太医院、内务府等处的相关资料，撰写故宫宫廷原状及使用说明，为编制保护规划提供依据。按照协议 2013 年年底完成《故宫保护总体规划》的报批准备。国务院批准“平安故宫”工程项目立项后，还需以媒体见面会等方式，主动向社会介绍“平安故宫”工程和编制实施《故宫保护总体规划》的意义，向媒体朋友说明故宫博物院的当前困难和未来展望，争取获得支持和理解。

（2013 年 1 月 15 日）

在国际博物馆协会国际博物馆培训中心委托合作框架协议书签约仪式上的讲话

国际博物馆协会国际博物馆培训中心委托合作框架协议书签约仪式（2013 年 1 月 15 日）

腊月寒冬，正值三九，天气虽寒冷，但此时此刻却气氛热烈！

今天很高兴和各位同聚在故宫博物院。为落实国际博物馆协会第 22 届上海大会的决议，中国博物馆协会和故宫博物院友好协商，决定合作组建国际博物馆协会国际博物馆培训中心。今天，在各位同仁的见证下，共同签署委托合作框架协议书。

故宫博物院作为中国乃至世界上都具有重要影响力的博物馆，依托其极为丰富的馆藏、一流的专业队伍、广泛的国内国际战略合作网络和社会影响力，有优越的条件为培训中心提供有效的学术和运营保障。

故宫博物院将在国际博物馆协会的指导和中国博物馆协会的组织协调下，努力将培训中心办成一个杰出的、具有国际化水准的博物馆学术交流平台，培养具有国际视野、高水平的博物馆专业人才。

从今天起，让我们共同为国际博物馆培训中心的未来发展和建设而努力！为提升中国及其他发展中国家博物馆的现代化和专业化水平做出贡献！

（2013 年 1 月 15 日）

在故宫博物院与东城区政府战略合作意向书签约仪式上的讲话

今天很高兴，故宫博物院与东城区政府在这里共同签署战略合作意向书，双方将在继承、保护和弘扬文化遗产，加强故宫博物院文物保护修复工作，以及促进东城区文化产业的繁荣与发展等方面进行战略合作，正式建立战略合作伙伴关系。

文化遗产是全中国，乃至全世界共同的文化资产，特别是保护、传承、利用好本民族的文化遗产，将其进一步融入社区生活、融入经济发展、融入城市建设，给民众以精神享受和启迪是我们共同的责任。故宫博物院藏品数量超过 180 万件，文物保护修复工作非常繁重。故宫博物院注重将传统工艺和科技手段运用到文物保护修复工作中，注重与社会力量的强强合作，不断提升文物保护修复工作的质量。

此外，故宫博物院日益重视文化产品的开发和文化产业的发展，深入挖掘故宫的优秀传统文化元素，努力维护“故宫”、“紫禁城”文化产品品牌，使文化产品更具故宫特色，以满足社会多层次的需求。以此方式延续文物藏品的鲜活生命，传递博物馆的文化信息。截至 2012 年底，具有“故宫”、“紫禁城”特色的文化产品已经有 6800 余种。通过不断研发具有故宫文化特色、拥有自主知识产权的系列文化产品，使更多的观众能够心满意足地将“故宫文化带回家”。

故宫博物院地处东城区，东城区历史文化底蕴丰厚，人才济济，在弘扬保护文化遗产和文化产品研发推广等方面具有得天独厚的优势，东城区政府长期以来对故宫博物院工作给予了大力支持和帮助。今天，更是一个新的起点，新的开始。双方将在故宫所藏文物的抢救性保护修复、故宫文化产品研发推广等方面进行合作，充分发挥各自优势，加强故宫文化遗产保护和发展，促进东城区传统手工技艺的振兴与发展，共同建设富有宫廷特色的区域文化。

（2013 年 1 月 16 日）

在故宫博物院与中国对外文化集团公司、北京歌华文化发展集团战略合作协议签约仪式上的讲话

今天是故宫博物院与中国对外文化集团公司、北京歌华文化发展集团签署战略合作协议的日子，也是弘扬故宫特色传统文化、研发北京城市主题文化演出、建设标志性文化工程当中具有里程碑意义的一天。

我们知道，故宫博物院是建立在明清两代皇宫——紫禁城的基础上，以 17 万平方米的古代宫殿建筑群和 180 万珍贵藏品，吸引着每年逾 1500 万的海内外观众络绎不绝地前来参观。

由今天起，上溯约 600 年，作为明清两代最高统治中心，一座世界建筑史上独一无二的经典之作，紫禁城横空出世，傲然屹立。迄今为止，历经六个世纪的风雨沧桑，它仍然是全世界保存最为完整的古代宫殿建筑群，成为全人类共同的文化遗产。

600 年前，明成祖朱棣，举全国之力，召集十万名工匠，肇建了举世闻名、流芳百世的紫禁城，成为这个王朝以及后来的清王朝戒备森严的神圣之地，但是紫禁城是劳动民众的智慧结晶，是中华民族传统文化和技艺的集大成者。

600 年后的今天，故宫博物院携手中国对外文化集团公司、北京歌华文化发展集团，联袂“再造紫禁城”：三家将联合推出以朱棣建造紫禁城为主题的大型全景演出剧目《紫禁城》，并为此剧专门建设紫禁城艺术中心以供展演。

故宫博物院侧重为该剧创作方向和文化品质给予指导，中国对外文化集团公司负责演出与运营，歌华集团则负责创意设计和紫禁城艺术中心的规划建设。

《紫禁城》将再现我国古代能工巧匠如何用智慧、汗水凝聚成风华绝代的紫禁城，来自世界各地的观众，也将直观地了解中华民族为人类文明作出的独特贡献。

我们期待，故宫博物院与中国对外文化集团公司、北京歌华文化发展集团合作的《紫禁城》和紫禁城艺术中心，珠联璧合、盛况空前，成为诠释故宫特色传统文化的新经典，成为北京的文化新地标！

（2013 年 1 月 18 日）

在故宫博物院与天津大学联合建设“中国文化遗产保护与传承协同创新中心”意向书签约仪式上的讲话

今天很高兴与天津大学共同签署建设“中国文化遗产保护与传承协同创新中心”的意向书，对于故宫博物院和天津大学来说，这都是一件具有重要意义的事情。我们希望通过协议的签署，双方建立战略合作伙伴关系，共同开展中国文化遗产保护、传承与人才培养。

文化遗产是全中国，乃至全世界共同的文化资产，保护、传承、利用好本民族的文化遗产，是弘扬中国传统文化的重要手段，是增加国家软实力的重要举措，是我国文化兴国的重要组成部分，是构筑中华民族共同精神家园的重要基石。故宫博物院作为中国最大的博物馆，肩负着文化遗产保护与传承责无旁贷的重任，长期以来，故宫博物院悉心守护着国家宝藏，始终重视文化遗产的保护、利用与研究，不断地挖掘其价值并加以传承，在中国文物博物馆界培养了众多的不同专业的专家和业务骨干，在弘扬中国传统文化中做出了重要的贡献。

除了博物馆外，文化遗产的保护还需要来自社会各界的支持，来自高等院校与科研院所的合作。天津大学作为中国第一所具有现代意义的大学，有着雄厚的师资力量和研究基础，是一所具有悠久历史的国家重点大学。此次天津大学与故宫博物院联合建设“中国文化遗产保护与传承协同创新中心”更加彰显了学校发展所具有的前瞻性目光，高等院校与博物馆联合开展文化遗产保护、传承工作，可以更好地发挥两者各自的优势，使文化遗产保护事业更加深入的进行，这样的合作是今后文化遗产保护工作的必由之路。

我们与天津大学联合建设“中国文化遗产保护与传承协同创新中心”，通过与天津大学的合作，我们可以更好地、更系统地开展文化遗产保护与传承工作，同时，为中国文化遗产保护事业培养更多的专业人员。

我们希望，通过我们的合作，使我们国家的文化遗产得到更好的保护，为中国的文化事业、文物博物馆事业做出更大的贡献！

（2013 年 1 月 18 日）

在山东省文物保护与收藏协会成立大会上的致辞

今天，我们在这里共同见证山东省文物保护与收藏协会正式成立，我谨代表中国文物学会向协会的正式成立表示热烈的祝贺！

山东大地历史悠久，文明灿烂，历史文化遗产蔚为大观，是名副其实的文物大省。长期以来，山东省政府高度重视文物保护工作，将文化、文物事业纳入“五位一体”总体布局，推动文物事业实现跨越式发展，走在了全国前列，在弘扬齐鲁文化、促进经济社会和谐发展、实现小康社会目标的伟大进程中发挥着越来越重要的作用。据我了解，前不久姜大明省长在全省文物工作会议上明确提出了“全面推进文物保护利用和传承发展、努力实现从文物大省向文物强省的新跨越”的宏伟目标，充分显示出山东省政府繁荣发展文物事业的决心与信心，显示了高度的文化自觉和自信。

民间收藏是文物事业的重要组成部分，民间藏家的收藏活动对文物保护起到了积极的促进作用。随着我国经济社会和文物事业的繁荣发展，文物收藏已经日益成为全社会关注的焦点和热点。积极、正确地引导全社会的力量关注支持文物保护，树立正确地文物保护与收藏理念，提升全社会文物保护意识，对于传承中华文明、构建中华民族共有精神家园、促进经济社会和谐发展、提高民众生活品质都具有十分重要的意义。我们有理由相信，山东省文物保护与收藏协会的成立，必将在实现文物强省新跨越的进程中发挥出重要的推动作用，必将对推动山东文物事业进一步繁荣发展产生积极的影响。

（2013 年 1 月 19 日）

在 2013 年两岸故宫交流会谈上的开场致辞

首先代表北京故宫向冯明珠院长一行来访表示热烈欢迎。

4 年前，即 2009 年 2 月，台北故宫周功鑫院长率团第一次来访北京故宫，实现了两岸故宫时隔六十年的首次交流，也是两院院长的首次聚首。周功鑫院长在参观北京故宫时，对两岸故宫在行之有效的传统管理方法的共同性、具体文物差异上的可借鉴性等方面表达了与北京故宫开展多方面合作的良好愿望。

也就是今天我们所在的建福宫花园这个地点，当时举行了两岸故宫交流合作的首次会议，双方经过友好坦诚的会谈和充分的沟通，初步达成两岸故宫建立合作、展览交流机制、人员互访、学术交流等八点共识。随后，北京故宫郑欣淼院长于当年 3 月回访台北故宫，双方代表经过积极的协商，对在北京初步达成的八点共识进行了补充、完善和最终确定。两岸故宫交流的新局面从此打开。

2010 年 11 月 2 日，北京故宫和台北故宫共同开展了两岸故宫视频连线活动。双方在会议中肯定了 2009 年达成“八点共识”以来取得的丰硕成果，认为两岸故宫的交流非常顺利，成效十分显著。会上，双方就 2011 年度两院在各个领域中的进一步合作进行了充分的讨论。会后，双方达成了“两岸故宫未来合作计划”。此次视频连线活动的成功举办，标志着两岸故宫的交流跨入了新的阶段。

根据两岸故宫达成的“八点共识”，双方互设交流“窗口”，使沟通更加顺畅。两岸故宫几年来保持着密切的高层来访和沟通，在双方的共同努力下，交流与合作呈现出良好的合作发展势头，取得了丰硕的成果。

在展览交流方面，2009 年 10 月 6 日至 2010 年 1 月 10 日，两岸故宫合作举办了“雍正——清世宗文物大展”。北京故宫出借展品 37 件。两岸故宫文物时隔六十年终于重新聚首，这一具有里程碑意义的两岸间文化盛事，在海内外各界引起了极大的关注，在三个月的展期内参观人数达到 75.8 万余人，产生了非同寻常的社会效益，也为两岸故宫的进一步合作创造了良好的开端。

同时，北京故宫参与了国家文物局、中国文物交流中心与台北故宫合作举办的两项重要展览，一是 2011 年 6 月至 9 月的“山水合璧——黄公望与《富春山居图》特展”。二是 2011 年 10 月至 2012 年 1 月的“康熙大帝与太阳王路易十四特展”，北京故宫出借展品主要有康熙及其家族的肖像画、康熙时期的科学仪器、刻有康熙年款的玻璃器、康熙御用玺印等反映康熙帝本人和康熙时期中西文化交流的重要文物，对此次展览主旨的诠释起到了重要的补充作用。北京故宫的文物三次踏上宝岛，越来越多的观众在台北看到了两岸故宫文物的合璧展出，这些展览备受两岸民众关注，深受台湾民众欢迎。

在专业人员交流方面，根据两岸故宫达成的“八点共识”，双方业务人员赴对方调研交流进一步展开。从2008年起，北京故宫共接待台湾的文物单位，包括考古机构、博物馆以及社会各界人士约38批，238人次，其中台北故宫的人员20余批，60人次。北京故宫赴台湾访问交流的人士共15批，50余人次；此外，北京故宫有16人次应台北故宫邀请先后赴台在学术会议发表演讲。值得一提的是，通过香港“利荣森计划”和“共识”内容，北京故宫与台北故宫每年都派业务人员先后到对方博物馆进行1至6个月的研习，对双方较深层次的学术交流与沟通起到了很好的效果。两岸故宫通过专业人员互访，交流经验，共同促进学术研究和博物馆事业的发展。

在共同举办活动方面，2010年时值故宫博物院建院85周年和紫禁城肇建590周年，北京故宫举办了两岸故宫“重走故宫文物南迁路”活动，台北故宫派团参加了考察活动。在两周的时间里，两岸故宫人通过“重走”这一纪念形式，亲身体验70年前在艰难的抗日战争形势下故宫前辈护送故宫文物大迁徙的艰难历程，缅怀“故宫人”克服险阻、保护文物、弘扬民族文化精神的光荣传统，增进了了解和友谊。活动取得了圆满成功，重走昔日故宫博物院前辈们为护送国宝而走过的崎岖山路，两岸团员感慨万千，彼此的心也更加贴近。

在学术研讨交流方面，举办了一系列学术研讨会，一是2009年11月于台北故宫举办的以“为君难——雍正其人、其事及其时代”为主题的两岸故宫第一届学术研讨会。北京故宫9名专家学者参加了研讨会，成功开启了两岸故宫间的定期互办研讨会的交流机制。二是2010年11月于北京故宫举办以“永宣时代及其影响”为主题的两岸故宫第二届学术研讨会。台北故宫10名专家学者出席会议，这是两岸学术交流走向常态化的体现。三是2011年11月于台北故宫举办以“17、18世纪（1662－1722）中西文化交流”为主题的两岸故宫第三届学术研讨会。北京故宫8名专家学者出席研讨会。除此之外，2011年台北故宫派团参加了北京故宫举办的“2011年兰亭国际学术研讨会”，北京故宫也派团参加了台北故宫举办的“文艺绍兴——南宋艺术与文化特展”研讨会。这些配合展览的学术研讨会使越来越多的两岸故宫同仁从相识到相知，建立起牢固的友谊。

两岸故宫在出版物互赠及合作出版、文化产品交流等领域的合作趋于常态。截至目前，北京故宫赠送台北故宫包括《满文大藏经》等出版物467种，共计1289册；接收台北故宫赠送北京故宫包括《龙藏经》在内的出版物344种，共计931册。两岸故宫的网站开通了相互链接。双方互惠提供对方在学术刊物及展览中使用藏品影像。在文物影像互惠和出版品互赠机制下，双方的研究成果和学术资料得以互补和充实。

郑欣淼院长曾经说过：“同根同源的两岸故宫博物院的密切往来，是两院事业发展的需要，是两岸同胞的福祉，也有利于在世界范围内弘扬中华文明。”周功鑫院长说过：“海峡两岸故宫各有所长，期望以专长互补，以专业共勉，相信继续透过双方的诚信、尊重和互助，两院的交流合作将可在和谐圆满中继续向前迈进。”今天在座的许多人都是两岸故宫前期合作的亲历者以及两岸故宫务实交流的实践者。正是在大家的努力下，我们两岸故宫的合作交流才取得了丰硕的成果。

现在，我们再次相聚，以同样的热情、真诚和善意，怀着对未来美好的愿望，认真回顾总结2009年以来的交流成果，共同制定双方未来的合作计划。我相信，这将是两岸故宫在新的历史时期合作的新起点，我们的交流与合作必将进一步深入和广泛。

（2013年1月22日）

在2013年两岸故宫交流会谈上的总结发言

在过去的两个小时时间里，双方以2009年达成的“共识”为基础，对以往的交流活动进行了总结，并对2013年至2015年的合作制定了具体的计划，会议取得了实质性的成果。

此次会议确定了今年10月双方再次合作在台北故宫举办“乾隆皇帝的艺术品位特展”。北京故宫拥有十分丰富的乾隆时期艺术珍品，相信会对此次大展给予十分重要的补充；与展览相配套的学术研讨会，作为两岸故宫第四届学术研讨会将在北京举办，这也是我们双方展览和研讨会交流的新尝试。

两岸故宫的收藏同根同源，都是以明清皇家收藏的历代文物精华为基础，两院藏品有着不可分割的联系和互补性。两岸故宫的珍贵文物在合作展览中珠联璧合，唯有这样的展览才能实现展览线索、展品层次等方面的完整性与真实性。而我想，这种非同寻常的完整性与真实性才是两岸故宫合作展览深受民众关注、欢迎、期盼的最重要原因。对此，我对两岸故宫下一次的展览合作表示期待和支持。

此次会议还提到双方在2015年共同举办庆祝故宫建院九十周年活动、建立学术研究交流课题库以便对相同门类的文物展开联合调查研究等新的交流内容。对以往双方在人员互访、影像利用和出版物互赠等方面的顺畅交流机制给予了充分的肯定。

我想，这次会议是我们两院合作的新开始。在未来的交流过程中，我们可以通过互访、视频会议等多种方式进行及时沟通，不断充实合作内容，扩大合作范围。我也希望，在不久的将来，台北故宫的文物能够来到北京展出。

今天，我们的再次相聚意义重大，经过努力在原有已达成的共识基础上，提出了新的可行性目标，从而达成了新的合作内容，相信在我们双方的共同努力下，两岸故宫的交流必将不断深入。只要我们双方都怀有真诚的意愿和最大的善意，两岸故宫的交流必能克服困难得以继续深入，我们的交流成果必将造福全体中华民族。

（2013年1月22日）

在 2013 年两岸故宫交流会谈后记者会上的讲话

2013 年两岸故宫交流记者会（2013 年 1 月 22 日）

4 年前的 2 － 3 月份，两岸故宫进行了有史以来第一次互访，达成八项共识的合作框架，即：落实双方合作机制、使用文物影像互惠机制、建立展览交流机制、建立两院人员互访机制、出版品互赠及合作出版机制、信息与教育推广交流机制、学术研讨会交流机制，以及文化创意产品交流机制等。在双方的共同努力下，两岸故宫在学术交流、合作办展等领域进行了广泛的交流与合作，并取得了丰硕的成果。

2013 年我们又迎来了一个历史性的日子，以冯明珠院长为团长的代表团访问北京，两岸故宫人再次相聚在一起。我与冯明珠院长和台北故宫的多位同仁是多年的老朋友，当然老朋友多年不见，再次见面也会非常激动，但是由于近年来经常有见面的机会，所以此次从在机场一见面，就少了一份“寒暄”，多了一份“心照不宣”。

昨天，下午我们没有陪同台北故宫的同仁们进入紫禁城，一方面，是他们对于故宫博物院非常熟悉，足迹几乎遍布故宫的各个区域。另一方面，昨天是星期一，下午是故宫博物院正在试行的半天闭馆日。于是我们另辟蹊径，下午 3 点半一起登上了景山，在山顶的万春亭俯瞰了壮美的紫禁城和北京中轴线。

令人惊喜的是，几天前北京还是持续的雾霾天气，甚至还有天气预报说这样的雾霾天气还将持续几天，我们曾经为此而担心。但是，当我们登上景山的时候，晴朗的天空中居然飘着白云，和煦的阳光映照着紫禁城古建筑群，红墙、黄瓦，还有屋面上的残雪，冰雪覆盖的筒子河更像一条洁白的玉带环绕着故宫。

此情此景，使我感受到令人向往的“天地人和”的境界，不是吗？在由雾霾走向晴朗的奇迹般天气里，站在气势磅礴的中轴线上，两岸故宫同仁一起讨论紫禁城的前世今生，故宫博物院过去、现在和未来，这不正是“天地人和”的境界吗？拥有“天地人和”，我们就一定拥有美好的未来，只要我们携手同心，共同努力，昔日的紫禁城，今日的两岸故宫，将不但是一座文化的殿堂，而且是一处精神的家园，更是一片文化的绿洲。

虽然我与冯明珠院长都是去年内担任的院长，我甚至任职还早一些日子，但是冯明珠院长毕竟是“老故宫”了，又是文史研究领域的著名专家，有很多方面需要向她请教。因此，昨天一见面，就开始探讨一些共同感兴趣的话题，务实思考一些两岸故宫加强合作的可能性。

4 年来，两岸故宫进行了真诚的合作与交流，彼此有了进一步的了解和信任，双方都获益很多，企盼这种良性互动能够继续下去，期待双方的交流能够更加深入和持久。今天下午，我们和冯明珠院长一行在建福宫花园静胜斋举行了 2013 年两岸故宫交流会谈。双方对 2009 年以来的交流成果进行了总结，并就 2013 年至 2015 年间进一步的交流合作计划进行了深入务实地探讨，达成了新的共识。这是两岸故宫院长在历史新起点的又一次交流与合作，双方在未来将继续共同努力，进一步扩大双向、常态的交流与合作。

2015 年是故宫博物院成立 90 周年，双方将共同举办庆典活动；此外，双方将延续轮流举办学术研讨会、专业人员互访、影像利用互惠等交流机制。同时，两岸故宫正在协商是否于 2015 年先后在两院举办“故宫珍藏历史照片特展”。北京故宫珍藏有近百年的清宫旧照片 1200 幅，含宫殿、陵苑、帝后，以及宫廷、工业、军务等主题，是清末皇室及社会各种面向真实纪录。目前我们正着手进行旧照片编目整理工作。当然，除此之外，还会有其他一些项目，例如探讨以适当形式在两地同时举办相关主题的大型陈列展览，共同举办大型学术研讨会等。目前大家都在积极地策划，将来成熟后会通报大家的。

两岸故宫不仅继续在藏品保管、展示与研究，文物影像利用，数字博物馆建设，出版物互赠，学术研讨会机制，文化产品研发，专业和学术人员交流，中小学生知识竞赛，国际博物馆协会培训中心专业培训活动等方面展开合作交流，我们还将成立联合课题组，就工作实践中酝酿新的课题与项目予以联合研究。总之，刚刚结束的会议取得了实质性的成果。

刚才记者问道，为什么台北故宫文物不能来大陆展览？实际上，这是一个经常被问到的问题。目前由于“名称载示”和关于文物的“司法免扣押”等问题尚未解决，台北故宫的文物不能到大陆展览，两岸故宫的交流活动也一直存在诸多困扰，目前只能保持展览的单向交流，这对于两岸故宫的文化交流来说，无疑是令人遗憾的现实。作为北京故宫，我们当然希望这一现实能够得到改变，能够在北京举办两岸故宫的文物合璧展览，如此一定会引起意想不到的文化震撼。一方面，北京故宫在继续积极推动两岸故宫的各项交流的同时，也期待着尚存问题的早日解决，使双方能够更加对等地开展交流与合作。我们相信只要共同努力，抓住机遇，应该能够克服各种障碍，填补这一遗憾。另一方面，也应该看到，目前举办展览只是两岸故宫合作内容的一部分，双方合作的范围在不断扩大，合作的内容在不断深化，通过学术研究、文献出版、信息化技术合作、文化产品研发等各方面齐头并进的努力，故宫文化会以更多种方式和形式，走进两岸的千家万户。因此不用把视野过度局限在合作举办展览一个方面。

两岸故宫间的交流是两岸文化交流的重要组成部分，甚至可以说，在两岸文化的交往中，两岸故宫的交往是占据最多民众视线、得到最多民众关注、被最多民众期许的事项之一。几年以来，两岸故宫交流合作的成绩是前所未有的。而在未来，两岸故宫交流合作的空间更是无限广阔的。今天的会议，是两岸故宫在历史新起点的合作开端。双方在未来将继续共同努力，以最大的善意和最真诚的意愿，进一步扩大双向、常态的交流与合作。两岸故宫的合作宗旨即是服务社会，相信在双方的努力下，这种合作定有十分美好的未来。

（2013年1月22日）

在故宫博物院与中国文化遗产研究院合作框架协议书签约仪式上的讲话

故宫博物院与中国文化遗产研究院合作框架协议书签约仪式（2013 年 1 月 24 日）

今天非常高兴与中国文化遗产研究院在这里签署合作意向书，既是献给祖国文化遗产事业的新年贺礼，又是向全体公众阐明了两院将携手共创中国文化遗产事业之春的信心和决心！

故宫博物院是中国最大的博物馆，肩负着文化遗产保护与传承的重任，长期以来，故宫博物院悉心守护着国家宝藏，始终重视文化遗产的保护、利用与研究，不断地挖掘其价值并加以传承，为中国文物博物馆界培养了众多的不同专业的专家和业务骨干，在弘扬中国传统文化中做出了重要的贡献。

中国文化遗产研究院是国家级文化遗产保护科学技术研究机构，主持承担了多项文化遗产领域的科技攻关项目以及文物保护工程，历经七十年的发展，已经成为学科门类齐全、人才优势明显的具有国际视野的文化遗产保护研究中心。

在中国文化遗产事业构筑以研究评估为基础、预防性保护为主体，以人才培养为阶梯的科学保护与发展体系的今天，我们双方的合作，不仅是优势互补，更是强强联合，是我们寻求共同发展、实现双赢的重要契机。我们将本着优势互补、互利共赢、先行先试、重点突破的原则，重点在中国世界文化遗产监测、海洋出水瓷器保护和研究、文物保护与修复教育培训、对外合作交流平台拓宽等方面开展长期合作，发挥各自行业领先优势，将两院建设成为世界级的文物科学研究中心、保护中心和文化传播中心，促进中国的文物保护事业健康、科学、全面发展。

（2013 年 1 月 24 日）

在中国文物学会第七届常务理事会第三次会议上的讲话

我们已经告别2012年，迈进2013年。在这辞旧迎新之际，我们召开中国文物学会第七届常务理事会第三次会议。出席今天会议的不仅有在京的常务理事，京外的同志也都在繁忙的工作中赶来参加会议。首先向大家表示新春的问候。

这是本届常务理事会第三次会议。议题是：一、听取学会秘书处工作汇报，二、审议中国文物学会第七届专家委员会名单，三、审议关于加强分支机构管理工作的办法，四、关于新设立分支机构以及分支机构换届改选事宜。

刚刚过去的2012年是不平凡的一年。在国家层面，提出全面建成小康社会的奋斗目标，强调要建设优秀传统文化传承体系，宣示实现中华民族伟大复兴的“百年梦想”，表现出高度的文化自觉和文化自信，是对文物工作的鞭策和激励。在文化遗产事业层面，文物、博物馆“十二五”规划正式实施，全国人大常委会组织《文物保护法》执法检查，全国文物工作会议圆满举行，纪念《文物保护法》颁布30周年暨修订10周年等，这一年大事多要事多，工作繁忙紧张，给我们留下深刻的记忆。

从中国文物学会来讲，2012年也是非常重要的一年。2012年6月召开第七次会员代表大会，继往开来、承前启后，成为学会工作的一个新的起点。半年来的工作，使我们对学会的工作有一个初步的认识、初步的探索、初步的尝试，也坚定了我们在老一辈学会领导奠定的基础上，继续把学会办好的信心和责任。半年来的工作是有成效的，2013年要继续扎实做好各项工作。我讲几点意见：

一、加强自身学习，保证学会工作的正确方向。最近召开的全国文物局长会议，对全国文物系统的工作提出新的目标和任务。学会要自觉把工作融入到全国文物工作的总体部署要求中来，遵循文物工作方针，服务于文化遗产事业发展大局，量力而行、尽力而为地开展工作，为文化遗产的保护与传承尽到责任。

二、加强基础工作，促进规范管理。注重做好组织工作，特别是分支机构管理工作。要坚持学会的章程，明确宗旨、责任意识，增强责任感和使命感。由于历史的原因，分支机构的能力、水平存在参差不齐的问题，有的分支机构负责人的层次不高，处理问题存在偏差。要加强教育引导，提高分支机构负责人的能力和水平。要把这次审议的《中国文物学会分支机构管理办法》落到实处，努力使工作规范化、制度化，必要时对一些分支机构进行整顿。春节后适时召开一次分支机构工作会议，总结2012年工作，表扬成绩，批评不足，推动工作。

三、充分发挥优势，开展具有特点的活动。对于一个社会组织，生命在于活动，形象在于活动。学会要自觉围绕文化遗产事业的改革与发展，主动开展一些活动，例如在第七批全国重点文物保护单位公布之际，与中国考古学会联合召开座谈会，请专家学者畅谈文物保护工作。开展活动要严格遵章守纪，围绕中心，帮忙不添乱，切实承担社会责任，把活动搞得丰富多彩，把组织办的有生气。

四、做好老同志服务工作，广泛团结凝聚力量。中国文物学会成立于1984年，原名为中国老年文物研究学会，1986年更名为中国文物学会。一个“老”字，体现出学会团结着一大批老专家、老领导，他们是文物界宝贵财富。同时他们的博学多识和真知灼见，同样是珍贵的资源。搭建为老同志服务的平台，是学会的义务和责任。学会有顾问委员会，大多是老领导，这次又通过了专家委员会，大多是老专家。这次通过的专家委员会名单是第一批，是在原有的基础上审定的。那么今后还会有第二批，一定要严格把关、充分酝酿、集体审定、保证质量。同时每年要举办一些活动，组织老同志相互交流、建言献策，畅通老同志发表意见和建议的渠道，这也有利于更好地发挥社会组织的作用。

自第七次会员代表大会以来，这是第三次召开常务理事会。今后常务理事会原则上每年召开两次。第一次在年初，第二次在7月左右，审议章程规定的重大事项，逐步形成规范。几位京外的常务理事来京开会，非常辛苦。

今天常务理事会后，大家集体参加春节联谊会。联谊会上，请各位副会长在会长的带领下，集体向嘉宾拜年。

（2013年1月27日）

在故宫博物院媒体汇报会上的讲话

2012年，故宫博物院全院职工锐意进取，扎实工作，稳步推进文化遗产保护和博物馆建设，实现了全年文物建筑、文物藏品和来院观众的安全。故宫博物院的各项工作，从观众服务水平、文物安全保护、故宫学术研究、故宫文化传播、社会教育功能，到弘扬“故宫人”精神、建设和谐故宫等方面，均取得新的进展。

一　加强观众服务水平和文物安全保护

加强开放管理，牢固安全意识、文明服务意识。制订并完善接待预案，克服观众流量增大、极端天气等不利因素，强化一线值守力量，加强人流疏导，圆满完成了暑期、“五一”、“十一”黄金周等节假日的接待工作。

坚持科学技术引领故宫安全保卫工作，坚持不懈地更新、替换不适应安全形势需要的安防技防设施，积极推进安防系统智能化研究和一体化改造工作。不断提升和改善安全保护状况。

开展多项活动，增强防火能力，消除火灾隐患，提高安全防范和应急能力。通过重大活动和节假日前的安全大检查、安全动员会、“安全周”活动，以及定期全院专项巡查等行动，确保了故宫安全。全年组织封门演习 29 次。

加强对“故宫”这一世界文化遗产的保护，及时开展对故宫古建筑和文物藏品的检查保养，定期对展览设备及服务设施进行维护，自今年 1 月 1 日至 3 月 31 日（淡季）期间试行每周一下午（不含国家法定节假日）闭馆半天。

二　强化故宫学术研究的科学支撑作用

深入科学研究，挖掘故宫内涵，通过推进博物馆学理论研究和博物馆应用技术研究，加强文物藏品的科技保护，保证文物安全。通过与文物研究单位、高等院校共同开展跨部门、跨领域、跨行业、跨系统的文物保护，有力提升科学研究水平。

继续推动故宫学建设，拓展故宫的学术影响力。与南开大学成立了“故宫学与明清宫廷研究中心”，启动“故宫学”数据库与网络平台建设工作；举办首届故宫学高校教师讲习班；组织了明代宫廷生活史、民国时期故宫博物院史、“宫廷与江南”三次学术研讨会。《故宫学刊》、《明清论丛》被纳入中国学术期刊网络出版总库。

故宫出版社以文化传播为己任，不断开拓出版新刊物，全年出版书籍 170 种，其中新书 125 种。《故宫博物院藏中国古代窑址标本》、《钦定武英殿聚珍版书》两个项目获得 2012 年度国家出版基金资助；《明代宫廷建筑大事史料长编·洪武建文朝卷》图书，获得 2012

年度国家古籍整理出版资金资助；《故宫出版与学术数据库》项目获得文化产业发展专项资金资助，20 种图书入选《2012 年中小学图书馆（室）推荐书目》。

三　完善陈列展览和扩大对外开放空间

精心组织文物展览，弘扬故宫传统文化，加大陈列展览策划和前期工作力度，对陈列展览进行统筹规划，举办高水平、高品质的精品展览。深入研究博物馆文化资源特征，探索文化传播的规律，拓展博物馆的传播功能，发挥博物馆文明对话平台作用。

故宫博物院举办了“故宫藏明清花鸟画展”、“古物撷英——故宫博物院藏捐献陶瓷精品展”、“故宫藏历代书画展”、“精致之美——明清扇面画特展”等形式多样的展览；院内引进“湖南醴陵釉下五彩瓷珍品展”、“山川菁英——中国与墨西哥古代玉石文明展”等 6 个展览；将富有特色的展览带到各地，如赴新疆的“故宫博物院新疆文物珍藏展”、赴安徽的“走近御书房展”、赴香港的“颐养谢尘喧：乾隆皇帝的秘密花园展”、赴澳门的“君子比德——故宫珍藏清宫玉器精品展”等国内博物馆展览 13 个展览。

首次开创性地举办了非物质文化遗产展览，“妙笔神工——国家级非物质文化遗产古书画临摹复制与装裱修复技艺展”，使物质遗产与非物质遗产融会贯通，也使古书画临摹复制与装裱修复专家从后台走向前台，在社会公众间传播丰富的文物保护实践经验。在开展日常文物保护工作的同时，加强文物科技保护工作。完成各类展览、原状陈列、库房的文物修复任务，并协助其他外单位修复文物。全年修复文物 261 件，制作囊匣 108 件。

四　注重故宫文化传播和社会教育功能

承担大量国家外事和国内接待任务，完成全年各类接待任务 900 余次，6 万余人次。注重安排接待困难家庭的青少年等弱势群体观众，例如北京百年农工子弟职业学校师生，为他们提供生动、有针对性的讲解。“故宫知识课堂”活动共接待了 342 个家庭，100 多名山区的学生。

形式多样、内容丰富的 5 月 18 日国际博物馆日举办了文化遗产保护讲座、“艺术·文化”主题宣传活动，帮助观众探寻文化之源；6 月 9 日中国文化遗产日开展了志愿者座谈会，举办“用真心保护，用行动传承”的主题宣教活动。

故宫博物院官方网站全年访问量达 1873277 人次，获文化部办公厅 2012 年度文化部政府网站群绩效评估“年度最佳奖”，“文化专题”栏目获 2012 年政府网站“信息公开精品栏目奖”。日点击率 100 万次以上，在世界博物馆的网站中领先。

故宫博物院自动讲解器的语言种类有 40 种，不但包括各国的语言，而且包括少数民族的语言，粤语、闽南话等地方方言，而且还针对各类人群特意设计讲解版本。

反复讨论、修改、完善数字化建设。目前，端门数字博物馆概念设计方案已基本形成，紧扣故宫元素，将现代技术与传统建筑相互融合，在技术应用、展示设计及多功能开发等方面进行有益探讨。

探索适合故宫发展的文化产品研发新途径，组织召开了故宫文化产品研发工作座谈会。在“2012年博物馆及相关产品与技术博览会”和“2012年全国博物馆文化产品创意设计推介活动”中获博物馆与文化创意产业促进奖和最佳展示奖等奖项，选送的55件设计作品中获得一项银奖、两项优秀奖、两项提名奖；在“第五届海峡两岸文化产业博览交易会”综合评比中荣获二等奖，黄金产品“福禄万代传家宝瓶”获得最佳创意产品奖。今年共研发上市各类故宫特色新商品340多款，先后利用“聚划算”、“双11”等网购形式进行宣传和促销。

开拓思路，积极进取，打破观念，以全新方式展现故宫文化的多面性和多层次性。与东城区政府合办“故宫讲坛”，让文物古建走出故宫、走进社区，架起故宫博物院与社会民众之间的文化桥梁，将藏品保护、陈列展览、科研成果传递到社会公众身边。

举办意义深远、富有影响力的文化活动，例如“情系故宫·御园雅集”文化论坛、雅昌艺术中国年度表彰活动、吴仲超先生诞辰110年纪念会、罗哲文先生追思会、《中国甲午以后流入日本之文物目录》出版座谈会、青年文化遗产保护工作者论坛、《文物保护法》颁布30周年座谈会、与中国对外文化集团公司签署战略合作协议等文化活动。

分别与中国博物馆协会、东城区人民政府、中国文化遗产研究院、天津大学等签署战略合作协议，为故宫事业发展迎来新的空间。

五 扩大国际文化交流和对外开放合作

增强博物馆国际交流与合作，举办和参加涉外展览，如：赴日本“地上的天宫——北京故宫博物院展”、赴德国科隆东亚艺术博物馆“金昭玉粹：清代宫廷生活艺术展”、赴香港“颐养谢尘喧：乾隆皇帝的秘密花园”等9个展览。

首次举办了“驻华使节进故宫”的活动。并先后接待瑞典大使、意大利大使、美国大使等外交使节，与各国外交使馆建立联系。通过接待国际博物馆馆长活动，加强了与各国博物馆同行的交流。通过与香港特别行政区政府政务司长、澳门特别行政区行政长官进行座谈，使故宫博物院与港澳文物博物馆单位联系更加紧密。

扩大国际文化交流，分别与印尼国家博物馆、澳大利亚维多利亚州国家美术馆、美国波士顿美术馆、美国皮博迪·埃塞克斯博物馆、香港康乐及文化事务署签署合作意向书，与英国大英博物馆续签《故宫博物院与大英博物馆谅解备忘录》。

两岸故宫进一步扩大双向、常态的交流与合作。2013年1月，台北故宫冯明珠院长一行到访故宫博物院，是两岸关系和平发展进入巩固深化期后，两岸故宫院长的又一次聚会。双方就继续落实两岸故宫“八项共识”，进一步巩固深化交流与合作进行了深入探讨，并就2013年至2015年合作计划达成了广泛共识。

六 弘扬“故宫人”精神，建设和谐故宫

进一步加强全院职工、离退休同志服务和统战等方面工作，使故宫人精神得到不断弘扬，向心力、凝聚力进一步加强，为故宫事业的平稳有序发展营造团结奋进、开拓进取的环境。

故宫博物院团员青年自编自演的话剧《海棠依旧》令人感动，以古物南迁、西迁、迁台过程中故宫人守护国宝的真实故事为主线，表现了故宫人对于国宝典守珍护的情怀，体现了年轻一代对“故宫人”精神的自觉传承。

积极加强与媒体、公众的良性互动和对外宣传工作，虚心听取媒体和公众对我们工作的意见和建议，虚心接受批评，尊重民意、汇聚民智。主动加强与新闻媒体的沟通，召开媒体见面会、新闻发布会，及时将故宫博物院的发展愿望、面临困难、解决问题的思路、所做努力的奉献等，告诉社会各界。同时，新闻媒体通过大量新闻报道，充分肯定了故宫博物院为保护文化遗产和服务观众方面所做出的不懈努力，各项新的举措得到社会公众的理解和支持。

（2013年1月28日）

在故宫博物院统战人士迎春团拜会上的讲话

故宫博物院统战人士迎春团拜会（2013 年 1 月 29 日）

记得我到故宫博物院工作以后，参加的第一个会议，就是 2012 年初的统战人士迎春团拜会。当时我对参加会议的各位统战人士大多不认识，经过一年来的工作接触，现在已经大致认识了在座的各位统战人士。

故宫博物院有两多。一个是高龄的离退休老同志多，全院 80 岁以上的老人有近百位；一个是统战人士多。我认为这两个方面都是值得骄傲的好事，表明故宫博物院的生态环境和文态环境都很健康。故宫博物院的统战人士是知识分子的杰出代表，是各个岗位的业务骨干。在过去的一年中，各位统战人士在各自的岗位上辛勤工作，为故宫博物院事业的发展作出了不懈努力，取得骄人的成绩，充分体现了统战人士对故宫博物院事业的责任感和使命感。

刚才，在一个多小时的座谈中，大家对于故宫博物院的各项工作又提出了很多很好的建议，例如杜迺松先生关于全面提升各项工作质量的意见；梁金生先生关于完善文物清理工作和西玉河文物保护中心建设的意见；常保立先生关于加强书画复制和非物质文化遗产传承的意见；罗文华先生关于文物藏品信息资源提取、提升院外展览水平的意见；恽丽梅老师关于改善库房一线工作人员劳动保护条件的意见；胡国强先生关于支持民主党派开展活动的意见；何欣先生关于处理科学研究和日常工作关系的意见；王子林先生关于增加外网系统的意见；董正贺老师关于巩固食堂改善成果的意见；余辉先生关于设立医务室和为职工设立意外伤害险的意见，关于科研成果转化和建立策展人制度的意见；李燮平先生关于避免食品浪费、解决故宫职工家属就业的意见。这些意见还需要很好地消化和调研，以将相关建议融入到故宫博物院的未来工作之中。

故宫博物院要继续坚持统一战线工作原则，积极开展相关工作，广泛听取统战人士的意见与建议，努力为统战人士营造宽松和谐的工作氛围。今天的座谈会，应该成为新的一年工作的良好开端。对于新的一年工作，我想谈三点展望。

首先，我们要进一步巩固统一战线和多党合作团结奋进的共同思想基础。为做好当前和今后一个时期的统战工作，要充分把握科学发展观的深刻内涵、精神实质和内在要求，充分发挥统一战线服务科学发展的优势作用，重点加强对统一战线新论述、新要求的学习领会和贯彻落实，不断提高统一战线事业实现自身科学发展的水平，为推进统一战线事业发展做出贡献。

其次，希望大家在故宫博物院各项事业发展中，群策群力，携手并肩，发挥重要推动作用。今年将是“平安故宫”工程的重要一年，统战人士要准确把握“平安故宫”工程的战略部署，与全院职工一起汇聚力量，挖掘优势，在创新发展思路中提升水平，在服务科学发展大局中彰显价值，为全面推进“平安故宫”工程提供广泛而强大的力量支持。

第三，我们将进一步加强同统战人士合作共事，支持大家更好履行参政议政、民主监督职能。同时，希望统战人士认真履行职能，贡献聪明才智，具有团结合作的精神，更好地发挥在故宫博物院工作中的重要作用，在工作中能够做到分工协作、互相补台、相互配合，确保工作高质量、高效率、高水平地开展，团结带领广大成员为故宫博物院事业的全面发展作出新的贡献。

（2013 年 1 月 29 日）

在故宫博物院第一次月度通报会上的讲话

刚才传达了关于厉行勤俭节约、反对铺张浪费的有关讲话和通知。勤俭节约是中华民族的美德，应该成为我们每个人的实际行动。铺张浪费是腐朽行为，应该受到遏制和谴责。今天人类社会面临资源短缺、能源匮乏、环境污染的多重威胁，更应携手面对。虽然我们工作在昔日的皇家禁苑，随处可见古代帝王的铺张奢靡生活的场景，但是，仔细观察无论是文物建筑，还是文物藏品，其中都深藏着劳动民众崇尚自然、珍惜材料、精工巧做、勤俭节约的智慧。在故宫人精神中，更是蕴涵着勤俭节约、反对浪费的好传统，近日演出的《海棠依旧》话剧，其中一些感人情节就体现出这一点。

厉行勤俭节约、反对铺张浪费和关心基层民众、弱势群体困难相辅相成，必须同时加以关注。贫富差距的加大，必然会引发一系列社会问题。各级领导在工作和生活条件方面，要注意自觉地“向下看”，注意关注一线职工的工作和生活状况，改善他们工作条件，解决他们的生活困难。昨天上午，我和工会的同事们一起看望了开放管理处困难职工陈士连先生和彭春树先生，感触很深。这两户职工的住宅，一处在繁华的商业大街之上，另一处在新建的四合院式豪宅之侧，而他们居住的低矮房屋终日不见阳光，房内屋外十分狭小拥挤。陈士连先生住在一条狭窄过道里，这里挤着5户居民，但是过道内和周边没有厕所，要方便就须过鼓楼大街，到一百多米之外鼓楼后面的公共厕所，可见日常生活何等的不方便。一位身患绝症，一位终身残疾，他们需要组织上经常地关心和帮助。

在不久前召开的故宫博物院第六届五次职代会上，职工代表提出关于上调补助的问题。目前工资内的各项补助较低，很多标准还是依照十几年前的规章制度所制定的。例如警卫队夜巡人员的夜班费每天5元，其他岗位值班人员夜班费每天4元。特别是业务人员的入库费仅仅每天1－2元，即地库入库人员每天2元，地面库房每天1元。因此，职工代表建议依照目前社会物价和实际情况，应该及时对各项补助进行上调。我认为这些建议需要认真考虑，想方设法予以解决。

贯彻厉行勤俭节约、反对铺张浪费的号召，就要认真执行改进工作作风的相关规定，把各项要求落实到每一项工作，每一个细节之中。在各项决策之前，要广泛征求普通职工的意见和建议，自觉接受普通职工的评议和社会监督。新春佳节就要到了，要厉行勤俭节约，各部处之间不要相互宴请，节日期间也不要看望院领导，也不赞成普通职工去看部处领导，一般来说领导比普通员工生活条件好，要多关心困难职工，为他们解决一些实际问题。

刚才科研处汇报了继续组织对全院职工进行业务知识培训的计划。拟于春节后对2010年、2011年、2012年来院的工作人员进行业务知识培训，培训时间为9个半天，内容是明清宫廷史。每年针对新员工，开展符合故宫博物院工作性质的业务知识培训，十分必要，应该坚持下去。

可以预见，今年故宫博物院的观众数量仍将继续增长，安全形势日益复杂和艰巨。同时，“平安故宫”工程实施在即，为此，建议今年在故宫博物院员工中开展一次较为广泛的安全教育。从基本理念和基础实践开始进行培训。例如在防火方面，让每一位员工都知道本岗位火灾危险部位和环节，都知道紧急情况下消防安全措施，都学会正确地报告火警，到掌握扑救初起火灾的方法，都懂得组织观众和工作人员疏散逃生的对策等。

保卫处为确保春节假期观众安全、故宫内部安全，制定了观众接待安全保卫工作方案。强调全面落实领导责任制、岗位责任制，自觉、主动地落实第一责任，做到目标明确，措施具体，责任到人，确保领导力量到位，确保安全无事故。对于假期观众安全要保持长期警惕。虽然去年故宫博物院经受住了历史上最大规模的观众人流，但是不能认为“国庆节的‘大风大浪’都经历过了，春节不在话下”，因此而不重视春节的接待安全，事实上，每一个假期都有自身的特点和工作规律。

冬末春初，风干物燥，防火工作最为重要。需要组织开展安全排查，对可燃物、杂物进行专项清理，消除火灾隐患。例如严密做好烟花爆竹燃放时段的安全防范，例如紫禁城东西两侧城墙内地段，距离民居较近，特别是处于社会单位环境之中的大高玄殿、御史衙门等古建筑群，应安排专门值班力量，防止因燃放烟花爆竹引发火灾事故。各部门要逐一梳理安全管理环节和程序，加强供水、供电、供暖保障工作，注重细节，逐项落实管理措施。例如遇冰雪天气，紧急组织人员进行清扫，在关键地段甬道加铺防滑垫，在容易造成滑倒的台阶、

春节前安全检查

地面设置醒目的提示牌并铺防滑垫，确保观众参观安全。拟于2月上旬，开展一次联合安全检查，进一步排查隐患，确保春节假期观众安全、故宫文化遗产安全。

工会汇报了职工代表大会讨论情况。职代会提案来自于基层职工日常工作的切身感受和体会，需要认真进行研究。今年召开的第六届五次职代会，职工代表们又针对故宫博物院的当前工作和可持续发展，提出很多很好的建议，体现出求真务实、共谋发展的主人翁精神，希望各部处都能予以应有重视。

提案中有些问题可以及时加以解决，例如关于西河沿及西华门路段通勤时段人车拥堵问题，的确这一地段在通勤高峰期间，极易发生人车拥堵现象，造成安全隐患，因此拓宽西河沿道路，加开西华门门洞，分流人车，解除安全隐患的建议值得考虑。提案中有些问题需要认真加以研究，形成整改措施，例如关于制定接触文物的实施办法。建议针对与文物接触、传递等行为，出台相关的政策和施行办法，以防由运送不测、操作不当和多方推诿造成的文物损伤。最近郑珉中先生给我写了一封信，也反映了相关问题，特别是关于珍贵书画藏品不能经常性地展阅的问题。针对上述问题，昨天下午我去拜访了郑珉中先生，说明了目前正在改进的措施和今后完善的思路，进一步征求了老专家的意见。总之，我们要一年比一年更加重视职代会提案的答复和落实。

外事处汇报了台北故宫冯明珠院长来访的情况。台北故宫冯明珠院长率7人代表团于2013年1月21日至24日访问北京。双方举行了2013年两岸故宫交流工作会谈，对2009年以来双方的交流情况进行了总结，并就2013年至2015年双方交流合作计划逐项进行了讨论并达成了新的共识。此次冯明珠院长来访是两岸故宫更换院长后进行的首次高层访问，延续了2009年以来双方持续深化交流的良好势头，为今后几年双方进一步加强交流与合作指明了方向。正如刚才外事处所说，“自2009年至今，双方的交流已由最初的相互摸底试探发展到了今天机制化和常态化的新阶段”。两岸故宫不仅文物同根同源，而且在两岸民众社会生活中都拥有不可替代的特殊影响力，在促进两岸民众的文化认同、维系两岸民众情感纽带方面具有先天的优势。因此，积极加强双方交流，为促进祖国统一大业服务是故宫博物院义不容辞的责任。

此次通过精心安排一系列活动，例如登景山俯瞰故宫、探望郑欣淼老院长，以及观看故宫博物院职工自排自演话剧《海棠依旧》等活动，使客人们感受到了宾至如归的亲切，加强了双方的情感交流。故宫博物院要继续以“八点共识”为基础，将合作的领域由展览和人员交流发展至科研、出版、文化创意产品开发、数字技术应用等领域。同时，要继续积极探讨和台北故宫实现展览对等交流的可能性。今年要重点做好故宫博物院文物赴台参加“乾隆皇帝的艺术品味特展”，以及在故宫博物院举办第四届两岸故宫学术研讨会等项目的相关工作。同时，积极策划2015年两岸故宫共同纪念建院90周年的活动方案内容。

院办公室汇报了2012年新闻宣传工作的情况。近年来，随着我国经济社会的发展，文化在社会生活中的作用和影响日益增大，故宫博物院特殊的文化身份，使故宫博物院的社会关注度不断提高，屡屡成为舆论关注的焦点和公众讨论的热点。2012 年，故宫博物院新闻宣传工作，重视媒体关注故宫博物院发展的热情，通过主动宣传、接待媒体采访、利用官方网站和官方微博等多种方式，坚持公开、透明的工作原则，将故宫博物院近期工作进展、未来远景规划等大量信息源源不断地传递给社会公众。并通过故宫博物院重要工作和重大活动，积极策划媒体宣传，使故宫博物院持久地成为媒体及公众正面关注的焦点和讨论的热点。一年来，在新闻宣传工作中，细心安排日常采访、精心准备答复材料、认真处理媒体问题，努力使每家媒体都能获得满意的回复。

新的一年，我们还要围绕故宫博物院工作重点，积极组织策划媒体宣传，通过丰富多彩、积极正面的良好媒体报道，宣传故宫文化、故宫人的工作价值和精神面貌。通过重点课题研究、战略目标规划、文化展示项目、引进和赴外展览等动态，使媒体有持续关注故宫博物院发展的热情，通过媒体对故宫博物院古建保护、数字建设、非遗展览、展厅改陈等方面工作进行追踪报道。一年来，通过新闻宣传工作，拉近公众和故宫博物院之间的距离，拓宽故宫文化的传播渠道。同时，通过故宫文化内容和服务信息的及时发布，让公众更好地了解故宫、了解故宫博物院，逐步呈现给媒体和社会公众一个开放、亲近、积极的故宫博物院形象。

今后，还要通过持续开展网络舆情监测工作，广泛深入地进行媒体报道收集和分析，及时了解舆情动态，保持新闻敏感性，就热点、敏感、负面话题进行重点监测，对监测到的重点舆情事件认真分析，快速反应，及时准备和发布媒体预案。针对不实报道，进行主动澄清，适时利用微博平台等方式，发布正面消息，联系报道失实的媒体，要求给予澄清，遏止负面舆情，尽可能地减小对故宫博物院的负面影响。

在面对媒体负面报道时，目前最纠结的是关于故宫博物院在职、离退休人员参加社会上的文物鉴赏、文物复仿制工艺品推介等活动的问题。一方面是曾经对故宫博物院发展作出重要贡献的专家，另一方面是不可思议且难以核实的言行，面对媒体如何应对和表态确有难度。难怪有的专家说，“这些问题在社会上的曝光和传播，对于故宫博物院名誉、信誉、荣誉的杀伤力，比不慎损坏一件瓷器还厉害，其影响和伤害是广泛和长远的”，专家一生的名誉也容易在广为传播的负面报道中毁于一旦。为此应该努力保护故宫博物院的名誉和形象，保护故宫专家群体的名誉和形象。

实际上，故宫博物院既有严密而行之有效的文物藏品保管经验，也拥有大批文物保护领域顶级的专家学者，在文物鉴定、古建修缮、历史研究、科学保护等多方面，成为业界翘楚，例如单士元、徐邦达、刘九庵、唐兰、陈万里、朱家溍、耿宝昌、郑珉中等各位先生，近年来又涌现出更多在国内外具有一定文化影响的故宫专家学者，为故宫博物院的发展作出重要贡献，也在社会上赢得了良好的声誉。我们应该使故宫博物院正面的专家群体不断得到充实和宣传，防止负面形象的出现和发酵。

为了完善故宫博物院的规章制度，规范专家的鉴定行为，故宫博物院于 2012 年 4 月，在媒体和社会的关注下，在官网上发出关于非公务鉴定的声明。对媒体和社会公众表明，故宫博物院在职、离退休人员参加社会上的文物鉴赏、文物复仿制工艺品推介等活动，应分为公务性活动和个人活动两个方面。根据故宫博物院有关规定，凡故宫博物院人员参加上述公务性活动，应有故宫博物院书面授权。除公务性活动外，故宫博物院人员参加上述活动，纯属个人行为，其后果应该由本人承担。希望在职、离退休人员在参加上述活动时，应在自己专业范围内，实事求是地发表个人意见，同时希望社会公众对故宫博物院人员发表的个人意见，应慎重看待，仅供参考，既不要盲目相信其故宫博物院工作人员的身份，也不要盲目相信其个人意见。故宫博物院今后将进一步加强内部管理，并希望全院员工珍惜故宫博物院的荣誉和自己的名誉。同时，希望媒体在报道上述活动前，与故宫博物院取得联系，核实情况，避免不实报道。故宫博物院欢迎媒体和公众监督工作，同时也希望共同维护故宫博物院的名誉、安全以及合法权益。

计财处汇报了近期财务情况。当前，计划财务工作面临双重挑战。一是要积极申报包括“平安工作”工程在内的专项经费，争取国家和各政府职能部门更加关注故宫博物院不可替代的作用，帮助我们解决面临的困难。经过努力取得了一定的成效，特别是专项经费增加了一倍左右，但是距离故宫博物院事业发展的实际需求还有很大的差距，我们还需要进行持续努力。一年来李季常务副院长和各位院领导、计财处、基建办公室和各部门做了大量卓有成效的工作，取得了国务院办公厅、国家发改委、财政部、文化部、国家文物局等主管部门的理解和支持，例如财政部领导一再表明故宫博物院的事业发展需要多少资金，就可以安排多少资金，可以超过每年故宫博物院的门票收入数额；二是提高资金执行的科学性和时效率。积极争取来的事业发展经费，要科学合理地执行下去，也绝非易事。决不能因为争取来的资金多了、开展的项目多了，就降低工作标准和执行质量。这就需要各个部门和全体员工的智慧，不断提升能力建设，才能争取到国家和各政府职能部门更多的资金支持。总之，无论是申请资金，还是执行预算，都不能作为一个阶段的突击任务，而必须作为贯穿全年的重要工作。

（2013年2月1日）

在会见美国纽约大都会艺术博物馆托马斯·坎贝尔馆长时的讲话

会见美国纽约大都会艺术博物馆馆长一行（2013 年 2 月 1 日）

2012 年 11 月，在出席上海博物馆 60 周年馆庆活动时，与您初次见面，双方就两馆合作事宜进行了交流。仅仅 3 个月后，我们再次相见，非常高兴。我相信，今后我们有更多交流和合作的机会。

故宫博物院与美国大都会博物馆于 2006 年 12 月签署了合作意向书，同意在平等互利、优势互补的基础上就互办展览、高层互访、专家交流、文物保护、观众服务、信息技术、编辑出版等博物馆工作的重要领域展开合作。几年来，馆际合作有了长足的发展，人员来往不断，双方就藏品保护与研究、信息技术在博物馆的应用等方面开展了深入的合作。同时，故宫博物院也多次出借文物参加在美国大都会博物馆举办的展览，例如 2008 年的“王翚艺术展”、2009 年的“独特的视角——罗聘的艺术世界展”和 2010 年“元代艺术展”，并于 2011 年与美国皮博迪埃塞克斯博物馆共同在大都会艺术博物馆举办了“乾隆花园古典家具与内装修设计展”。

故宫博物院重视与大都会艺术博物馆的合作关系，并希望这种关系能够更加深入的开展。例如双方可以通过互办展览的形式，进一步促进两地观众对对方文化的了解和兴趣，并通过这一过程，促进两馆专业人员之间的交流与沟通。

（2013 年 2 月 1 日）

在故宫博物院安防改造工程例会上的讲话

刚才，保卫处介绍了故宫安防系统改造工程的情况，古建部、宫廷部、古器物部、图书馆、展览部、宣传教育部等部门，分别就开放时间和配合问题、机柜和前端箱安装位置问题、原状陈列展室及库房文物保护问题等提出了不少意见和建议。

目前，故宫安防系统改造工程已经完成了75%，应该说总体进展比较顺利。按照计划，2013年年底前要全部完成安防系统改造工程，2014年年底前要全部完成消防系统改造工程。这是保障故宫文物建筑、文物藏品、观众安全的需要，是消除安全隐患的当务之急，是故宫博物院事业发展的重中之重，也是对社会各界的郑重承诺。但是，故宫安防系统改造工程余下的25%工程量，施工的区域比较复杂，主要集中在文物库房、原状陈列展室。施工计划调整余地有限，一是空间调整的余地有限，二是时间调整的余地有限。例如西六宫为原状陈列展室，室内文物涉及各文物管理部门，展品种类多，珍贵文物数量大，且不少展品摆放多年未曾移动过，文物现状复杂，存在文物保护的复杂问题。

完成任何一项复杂工作，特别是一项系统工程，通气、透明、协调都十分重要。安防系统改造工程是一个系统工程，必然涉及很多具体的问题，各部处之间交叉的领域、交叉的环节较多，涉及不少部处的管理范围和时间安排，需要有缜密的计划和详细的安排。如果安防系统改造工程的前期调查研究、基础工作做得不好，就会导致实施过程中的一系列问题产生。正如刚才王亚民副院长所说，由于前期调研工作的局限，使今天安防系统改造工程存在“夹生”，需要克服很多困难，但是再难也必须要克服，再难也必须要按照计划完成，并且其中主要工程量要在2013年完成，为了保证工程顺利，需要通力合作。

因此，我们需要一个透明的工作计划。各个环节需要更加细致的工作安排，例如机柜和前端箱的位置，能够再进行方案的比选优化。对于每一工程环节涉及的工作数量、工作时间、工作区域、工作条件等，均须保卫部门和各业务部门相互沟通。今后几年，包括安防系统改造工程在内的基本建设项目较多，需要吸取以往的经验教训，提倡相互理解，提倡设身处地，提倡换位思考，多一份相互理解，就多一份默契合作，克服一切困难，共同完成任务。

实施安防系统改造工程的目的是为了文物建筑和文物藏品的安全，因此，在改造工程中，无论是前端控制机柜安装位置选择，还是线路布置，均不能对文物建筑和文物藏品造成伤害，对于环境的影响也要尽可能地减少，这些是必须要遵守的原则。同时，应尽量减少在现场施工的时间和工作量，能够在场外备料和加工的，就不要在现场进行。这样现场安装时间就会比较节省，影响各方的精力就会较少，确保工作顺利进行。在前端控制机柜安装位置上统一思想，在加快工程进度上统一行动。

（2013年2月1日）

在故宫博物院业务培训班开班仪式上的讲话

近年来，科研处会同人事处专拟计划，针对院内不同岗位的新进人员，进行了多种形式的培训活动，其目的是使新入院人员尽早对故宫博物院员工应具备的“职业知识”有所掌握。

故宫是一个知识的宝库，具有专门的知识体系，我们把在故宫博物院员工应具备的知识提取出来，进行比较系统的传授。大致包括：文物基础知识、明清宫廷史概论、故宫学基础知识、文物保护基础知识、紫禁城建筑基础知识、院史等等与故宫自身密切相关的内容，让受训者对“故宫知识”能基本了解。

“基础知识”培训始自2012年。因为在学校很难全面完整地学习到这些内容，只有到故宫博物院才有这样的机会。此次明清宫廷史知识不分部门、专业都会涉及，而且，研究明清宫廷史的专家在学校并不多，主要集中在故宫博物院，这是我们的优势所在和故宫博物院人员必须要了解掌握的知识。

此次明清宫廷史培训的主讲人，都是在明清宫廷史方面的专家学者。他们是：由故宫博物院明清史研究中心研究员、国家清史编纂委员会委员刘潞讲授《清代宫廷史》；由中国明史学会理事、故宫博物院《故宫学刊》执行主编赵中男讲授《明代宫廷史》；由故宫博物院故宫学研究所所长、硕士生导师章宏伟讲授《明清宫廷史研究前沿》。采取这种较为集中的面授形式，使受训人员尽可能在不影响工作的前提下获得知识和专家的指导。

去年的培训，特邀中央美术学院教授薄松年先生亲临讲授《中国美术史》，参加人数30余人，是以在文物博物馆岗位任职人员为主的。在各方认真积极的配合下，受训者反映获益良多。故宫是个大课堂，每年的几讲或十几讲的培训只能是引导式的传授，更多地还需要大家结合自己本职工作，不断深入细致地学习和研究，以期尽快掌握“职业知识”，早日成为合格的“故宫人”。

（2013年2月25日）

在安徽省人民政府与故宫博物院交流合作框架协议签约仪式上的讲话

“寒雪梅中尽，春风柳上归。”在这春风拂面、万物复苏的北京，我们满怀憧憬，迎接远道而来的嘉宾。因为今天，你们不仅给我们带来南国的温暖，更带来了共谋发展的热诚与期盼。

去年的9月29日，安徽博物院迎来新馆开馆一周年庆典，故宫博物院珍藏的114件（套）“文房四宝”离京赴皖，举办了“走进御书房：故宫博物院珍藏清代宫廷文房用具特展”。在贵我双方的共同努力下，展览受到了广大安徽民众的关注与好评，成为双方合作的良好起点。

故宫博物院拥有丰富的文化资源，包括112万平方米现存最完整的古代木结构宫殿建筑群、180余万件（套）珍贵的文物藏品，还有长期进行学术研究、获得丰硕成果的学者和专家队伍。故宫博物院有责任更好地利用这些资源，在全国文物博物馆事业发展中发挥更大作用，作出更多贡献。

安徽省是一个文化大省，也是一个文化强省，拥有大量的文化资源，值得我们学习和借

故宫博物院与安徽省人民政府交流合作框架协议签约仪式（2013年3月3日）

鉴。故宫博物院和安徽省政府经过认真协商，决定在人才培养、陈列展览、古建保护、非物质文化遗产、信息化建设、学术科研等方面加强交流，开展更加深入、全面、常态化的合作。我相信，通过合作共同提高，双方的事业发展一定会迈上一个新的台阶，也会让更多公众感受到文化的魅力。我对双方合作的前景充满期待，也充满信心！

（2013 年 3 月 3 日）

在北京历史文化名城保护专家工作会议上的发言

刚才，听取了黄艳主任关于2013年北京历史文化名城保护的工作要点，内容很丰富。我非常赞成刚才吴良镛先生所说的，有些有利于历史文化名城保护的事情看准了就可以下决心加以实现。今年的工作要点中，提出了很多历史文化名城保护工作目标，其中有几项印象十分深刻，非常重要。

一是关于“积极开展四合院修缮试点工作”。我昨天向全国政协会议提交了16件提案，其中有2件是关于历史街区保护的内容。一个是《关于加强历史街区内传统民居修缮的提案》，另一个是《关于加强历史街区市政基础设施建设的提案》。我认为保护历史街区，必须使历史街区成为令人向往的、拥有尊严的和谐社区。在工作要点中关于实施“解危、解放、解读”工程中有“解放”的说法，能否改为“解困”，一是因为生活在历史街区和文物建筑中的民众生活需要关注，解决他们现实生活中的困难。二是因为大量包括文物保护单位在内的传统民居，因为不合理占用和利用而黯然失色。我不同意王世仁先生刚才说的一些观点，虽然赞成刘恒老师关于“搁置”的大部分观点，但是不完全赞成对于北京传统民居也要“搁置”的意见。我认为保护北京传统民居，在历史文化名城保护中仍然具有非常重要的意义。称作“四合院”的北京传统民居，在北京地区已经有800年的历史，具有十分强盛的生命力，如果说北京“四合院”不适合现代生活，是指已经失去尊严的“大杂院”不适合现代生活。很多“四合院”也正是因为年久失修和不合理利用变成“大杂院”后，以“危旧房改造”的名义被大批拆除。我在“四合院”和“大杂院”里居住了将近20年，感受过“四合院”的优点和“大杂院”的尴尬。况且北京传统民居构成的历史文化街区，是北京独特的文化景观，特别是在故宫周围的北京传统民居和历史文化街区，更是世界文化遗产保护的重要屏障。因此对于北京传统民居，一方面要停止一切“大拆大建”，另一方面要进行经常性的维护、修缮，进行必要的“有机更新”，改善必要的生活基础设施。

二是关于“推进北京市优秀近现代建筑保护管理办法研究”。在昨天我提交的全国政协提案中还包括《关于加强20世纪遗产保护的提案》和《关于设立当代建筑遗产保护评估机制的提案》。我在提案中提到2005年3月，北京市人大常委会审议《北京历史文化名城保护条例》时，去掉了“历史建筑”中的“历史”二字，即强调今后对文物建筑的保护，将主要考虑其本身的价值，而不仅仅凭它的建筑年代。这一做法在全国近现代文物建筑保护中带了一个好头，产生很好的影响。实际上，早在20世纪50年代，在我国文物保护工作中，就注重保护当代文物建筑，例如刚才吴良镛先生说的人民英雄纪念碑，在建成后仅3年，就于1961年被公布为全国重点文物保护单位。我在提案中建议：“建立当代建筑遗产保护评估机制，凡是具有30年以上历史的当代建筑，在决定改造或拆除前，均须进行遗产价值评估。”

三是“继续推动大运河、中轴线申请世界文化遗产”。大运河北京段和北京传统中轴线，在北京历史文化名城中“一横一竖”，生动地体现出北京历史文化特色。在北京的规划建设中应该更加注重大运河北京段和北京传统中轴线的保护，突出其文化特色。关于大运河、中轴线申报世界文化遗产的目的，主要是有利于纠正现状保护中存在的问题，也有利于进行世界文化遗产监测和社会监督。在这方面西湖申报世界文化遗产的过程可以给予我们很多启发。过去的十年，正是杭州市经济社会蓬勃发展的十年，“上有天堂，下有苏杭”，西湖周边土地和房屋的经济价值，无疑具有巨大的吸引力和诱惑力。但是在杭州市选择了西湖申报世界文化遗产之路，勇敢地捍卫了西湖美丽的文化遗产，使“三面云山一面城”文化景观的真实性和完整性得到了切实的保护。即使当前在申报世界文化遗产的过程中，国际组织和专业咨询机构的审核十分严格，但是对于西湖文化景观的文化价值和保护状况无可挑剔，获得没有争议的全票通过，其评价之高、发言之热烈，为近年来世界遗产委员会会议所罕见。因此，大运河、中轴线申报世界文化遗产要注重过程的美丽。

四是“推动海淀区‘三山五园’景观修复工作”。紫禁城与海淀地区有着深厚的历史渊源，特别是“三山五园”地区和海淀山后地区，这一传统应该继续传承下去。在北京市政府、北京市规划委员会、海淀区的大力支持下，经国务院批准，故宫博物院将在海淀山后建设故宫博物院北院区，主要功能是保护修复故宫博物院的上百万件文物藏品，对修复后的文物藏品进行有序展示。建成以后将成为大规模的文物保护修缮中心、非物质遗产传承中心和中国文物陈列展示中心。我们最近研究了故宫世界文化遗产保护和故宫博物院建设的8年目标。8年以后是2020年，是一个具有象征意义的年份。在今后8年我们将努力实现4项目标：一是把壮美的紫禁城完整地交给下一个600年，二是实施“平安故宫”工程确保故宫平安，三是建设故宫学术研究和文物科技保护平台，四是从“故宫”走向“故宫博物院”。

五是“拓宽名城保护宣传途径，提高公众参与力度”。其中有两点非常关键，一方面是开展历史文化名城保护的培训和举办论坛。今年各级政府换届以后，各地领导干部摩拳擦掌，干劲冲天，这一时期他们对待历史文化名城保护的态度如何十分关键。因此，落实各级领导对于历史文化名城保护的责任，加强对新任区县领导、有关部门领导的历史文化名城和文化遗产保护教育培训，非常重要。另一方面是加强与媒体合作，“让媒体成为名城保护的推动者、倡导者、谏言者和参与者”。最近，关于在故宫铁缸被涂画和筒子河被扔垃圾的事情，成为公共文化事件，数百家媒体参与讨论，批评不文明行为，倡导社会公德，取得日常宣传劝阻所难以达到的效果。在加大历史文化名城保护方面，公共宣传十分重要，因为历史文化名城、历史街区内居住着千百万居民，每年还有千百万游客进入北京的文物景区参观，因此，要扩大历史文化名城宣传的范围和加大宣传的力度，不能见“物”不见“人”，过于物质化地看待历史文化名城保护。

（2013年3月7日）

在会见澳门民政总署管理委员会谭伟文主席一行时的讲话

欢迎澳门民政总署管理委员会谭伟文主席、澳门日报社陆波社长和澳门艺术博物馆陈浩星馆长来故宫博物院访问。谭伟文主席、陈浩星馆长是故宫博物院的老朋友，时间过得真快，去年我们第一次在故宫博物院见面以来，又一年过去了。陆波社长是第一次来故宫博物院，欢迎您的到来。

澳门艺术博物馆是澳门民政总署管理委员会辖下最主要的博物馆。自1999年澳门回归祖国以来，澳门艺术博物馆一直与故宫博物院保持着密切联系。在澳门民政总署管理委员会的有力支持下，在澳门日报等社会团体的资助下，使定期举办的故宫系列展览已成为面向港澳台地区展示中华文化的视窗，成为澳门艺术博物馆的一个品牌，其影响辐射至东南亚国家。14年来故宫博物院已经在澳门艺术博物馆连续不间断地举办了18个展览。澳门艺术博物馆陈浩星馆长是澳门方面与故宫博物院合作的主要推动者和展览策划执行人，他为这些展览的成功举办做出了很多贡献。

特别是在两岸关系冷淡的那段时期，故宫博物院在澳门艺术博物馆的展览更是深得台湾同胞的青睐。在展览期间，往返两岸的台湾同胞改香港转机为澳门转机，目的是在澳门停留一天，参观故宫博物院的展览。台北故宫的老院长秦孝仪更是微服赴澳门观看展览，并将澳门艺术博物馆出版的故宫博物院展览图录一展一册全部收藏。还有一些台湾的文化人士在澳门展览结束后，找到故宫博物院商谈能否将澳门的展览到台湾继续展出。赴澳门展览的每一个主题都是双方策展人共同的智慧结晶。故宫博物院赴澳门的展览能够14年持续不间断，实为不易。在此，特别感谢谭伟文主席、陆波社长对这些展览的大力支持，感谢陈浩星馆长精益求精的工作作风，使每一个主题的展览都能成为观众喜爱的精品展览。

在学术交流方面，自2004年至今，澳门艺术博物馆共举办了8次学术研讨会，每次皆邀请故宫博物院和上海博物馆的专家学者参加。明、清书画专题展览及研讨会均获得国际学术界的肯定，得到来自两岸四地，甚至日本、美国的专家学者支持，其中台北故宫专家连续七年参与研讨会，两岸故宫的学者以此为平台展开了深入的学术交流。2006年，应澳门艺术博物馆的邀请，故宫博物院在澳门艺术博物馆一层开办了故宫博物院在境外的第一家故宫商店，常年销售故宫博物院的文化衍生产品。由此双方的合作扩展到展览、人员交流以外的文化创意产品销售领域。

同时，14年持续不断的展览交流，带动了双方的人员往来。每一次展览，故宫博物院都有一些同事赴澳门出席开闭幕式、出席研讨会及布撤展工作等。近300名中层干部或工作骨干、业务人员出访过澳门。访问人数之多、涉及部门之广，以及交流内容之丰富均为故宫博物院之最。澳门艺术博物馆的展览策划方式、宣传教育手段、博物馆管理方法等在潜移默化地影响着故宫博物院一些部门的工作。澳门艺术博物馆的同仁也经常利用策展的机会来故宫博物院，与故宫博物院业务人员进行交流和切磋。我们重视每年赴澳门举办的展览活动，并将合作继续下去。

今年故宫博物院将赴澳门举办二个展览，一个是2013年12月至2014年3月举办的“清心妙契——中国茶具文物展”，另一个是2013年9月至11月的“山水清晖——故宫、上博珍藏王鉴、王翚及‘虞山派’绘画精品展”。双方也正在考虑2014年底为庆祝澳门回归祖国十五周年举办高水平文物精品展。我相信这些展览一定会在学术界引起回响，广受海内外艺术爱好者欢迎。今年7月底，我将率团赴香港出席在香港历史博物馆举办的“天朝衣冠——清代宫廷服饰展”开幕式活动，希望借此机会能再次到澳门艺术博物馆参观学习，研讨进一步的合作计划。

（2013年3月12日）

在吴空先生追思会上的讲话

吴空先生 2 月 24 日因病在天津去世，享年 83 岁。今天我们在这里举办追思会，回顾吴空先生为故宫博物院所做的业绩。

一　为故宫博物院的文物防震工作殚精竭虑

吴空先生 1974 年调入故宫博物院，在业务部门协助工作。其间，开始对文物、古建筑及宫廷历史的学习与研究，并注意对文物的保护。在唐山地震前，吴老敏锐地感到故宫需要提高文物的防震意识，是他第一个提示加强全院文物防震。由于提前采取了相应的防范措施，虽经历唐山地震之灾，但是故宫博物院的文物避免了损失。

二　为故宫博物院的学术发展做好组织工作

粉碎“四人帮”后的 1978 年，当时的故宫博物院领导已决定在部处机构调整中增设研究室。鉴于部分专家已超过退休年龄，其一生的业务学术成就与心得经验有待总结流传，借以为老专家著述和研究工作提供一个良好的环境，使他们能够继续为培养专业人才、更好地服务于故宫博物院和社会，为文物博物馆事业发挥作用。为此，由吴空先生担任研究室主任，此时研究室的专家亦逐渐增多。

为推动故宫博物院的科研工作，他注重做好为老专家选配助手工作，为培养故宫博物院专业人才不懈努力。协调并参与 1979 年《故宫博物院院刊》复刊和 1980 年与香港合作创刊《紫禁城》杂志出版的工作，使故宫博物院成为全国博物馆系统唯一拥有两个定期刊物的单位，学术氛围活跃而浓厚。

三　最先将故宫博物院的学术出版推向海外

1982 年吴空先生调任故宫博物院办公室主任，他继续推进故宫博物院的编辑出版事项。经与香港商务印书馆合作，先后策划出版了《紫禁城宫殿》（于倬云主编，1982 年出版）、《国宝》（朱家溍主编，1983 年出版）、《清代宫廷生活》（万依、王树卿、陆燕贞主编，1985 年出版）三部大型画册，使故宫博物院大型出版物首次进入海外市场，并受到海内外的重视和赞赏。

四　全力投入《故宫博物院珍品全集》（60 卷）的编纂工作

吴空先生在 1983 年调离故宫，1993 年离休。难能可贵的是，他依旧关注和支持故宫博物院的出版和研究。离休后，吴空先生即被香港商务印书馆特聘为编辑顾问，在故宫博物院与香港商务印书馆合作出版《故宫博物院珍品全集》（60卷）（1995－2008年）项目中，负责全部书稿的审定和文字把关，并协调相关事务。在全集的编纂过程中，凡编委会会议吴空先生无论多忙均全程参加，听取主编、编委们的意见，提出可行性的方案，与编委办同事共同商议解决实际问题的办法。60卷的圆满出版，倾注了吴空先生的辛勤付出和对故宫文物博物馆事业的热爱，也彰显出他的睿智、博学和豁达。

五　吴空先生向故宫博物院捐赠珍贵文物

正是出于这种热爱和责任，吴空先生在上世纪70年代中期，将其祖传的两件珍贵文物捐赠给了故宫博物院。一件是汉代“孙定”瓦钮铜印，一件是宋拓《黄庭经》册。

今天，我们大家一起座谈，共同缅怀这位研究室的前辈，受人敬重的老领导，追思吴空先生为故宫博物院的学术研究和出版所做出的杰出贡献，表达我们对吴空先生深深的敬意和思念，并希望通过此举激励后人不忘先贤的贡献，倡导为文物博物馆事业发展所需的无私和奉献精神。

（2013年3月26日）

在中国宜兴·古代铜镜学术研讨会上的讲话

今天，我有幸来到风景秀美的宜兴，参加“中国宜兴·古代铜镜学术研讨会”，和大家一起探讨文化遗产保护问题，感到非常高兴。非常感谢各位专家学者、收藏爱好者积极支持和参与中国文物学会的活动，非常感谢宜兴市政府为这次活动创造了良好的条件！

说到宜兴，人们自然联想到紫砂壶。然而我们这个研讨会告诉全社会，宜兴不仅有紫砂壶，民间收藏的古代铜镜非常丰富；同时也促进全社会增强依法保护文物、依法收藏古代铜镜的意识。这也更加丰富了宜兴市文化历史内涵，增添了一个新的亮点。

中国文物学会青铜器专业委员会在孔祥星会长的带领下，多年来在青铜器保护、古代铜镜研究方面开展了一系列活动，取得很好的社会影响。这次与宜兴市政府联合举办研讨会，举办古代铜镜展览，出版《宜兴民间收藏铜镜精品集》和会议论文集，都体现出浓郁的学术氛围，也体现出中国文物学会的凝聚力和影响力。我们希望在座的各位同仁，热爱自己的组织，关心自己的组织，更多地支持、参与活动，共同把我们的学会办得更加充满生机与活力。也恳切地希望宜兴市政府一如既往地支持中国文物学会的活动，支持文化遗产保护工作，在经济、社会、文化建设上取得更大的成果。

（2013年4月14日）

关于“平安故宫”工程进展情况的汇报

“平安故宫”工程新闻发布会（2013 年 4 月 17 日）

自 2012 年 7 月 26 日，国务院领导到故宫调研并对“平安故宫”工程作出明确指示后，故宫博物院在文化部的领导下，在国家有关部委和北京市的大力支持下，认真学习领导讲话内容，领会批示精神，全力推进“平安故宫”工程的各项工作。

现简单汇报如下。

一　关于《“平安故宫”工程总体方案》立项、报批工作

（一）起草、修订《“平安故宫”工程总体方案》

根据国务院领导的指示，故宫博物院专门组织人力，成立工作小组，负责起草《“平安故宫”工程总体方案》，尽快上报国务院，争取立项。在此期间，经过深入分析故宫安全现状，反复讨论、研究，并征求各方面意见，最终提出，为彻底解决故宫面临的火灾隐患、盗窃隐患、震灾隐患、藏品自然损坏隐患、文物库房隐患、基础设施隐患和观众安全隐患等 7 大安全问题，有针对性地实施 7 项重点工作内容，即：一是故宫博物院北院区建设，二是地下文物库房改造，三是基

础设施改造，四是世界文化遗产监测，五是故宫安全防范新系统，六是院藏文物防震，七是院藏文物抢救性科技修复保护。

以上七项内容中，北院区建设将彻底解决故宫大型藏品多年来无法修复保护和展示的难题，为腾退古建筑空间并及时保养、维修创造条件，且已得到北京市和海淀区的大力支持，建议优先考虑实施。地下文物库房改造、安全防范新系统和院藏文物防震，均直接关系消除故宫藏品和古建筑的安全隐患，提升安全等级，因此较为迫切。基础设施改造前期工作有一定基础，经过多年专家论证已获得通过，可按程序逐步推进。世界文化遗产监测，着眼于未来，谋划故宫事业的可持续发展。院藏文物抢救性科技修复保护，因需在北院区项目竣工后才能大规模实施，因此目前可考虑进行前期准备，着手选择合适门类开展试点工作。同时，进一步加强研究论证，做好“平安故宫”工程的实施与中国第一历史档案馆迁建的统筹协调。

“平安故宫”工程在具体实施中，将坚持安全第一、保护优先，科学论证、慎重决策，统筹规划、分步实施，软硬并举、创新管理的基本原则，以保证各项工作的科学性。“平安故宫”工程的顺利进行，必须要科学组织，特别是涉及文物安全的项目，更要认真细致安排实施。下一步，为了保证“平安故宫”工程的实施，我们将采取以下措施：一是成立“平安故宫”工程领导协调小组，负责统筹协调工程实施。二是组建“平安故宫”工程专家咨询委员会，充分发挥专家作用，负责工程中重大问题的咨询、论证。三是严格履行审批程序。按照相关法律法规的要求，对工程涉及的有关项目编制具体方案，并按程序履行审批手续。四是不断强化内部管理，结合“平安故宫”工程实际，有针对性地完善或制定一系列规章制度，加强资金管理，狠抓落实，堵塞一切可能的安全漏洞。五是请国家有关部门按照程序对“平安故宫”工程资金和绩效进行全程监督，确保工程健康推进和圆满完成。

（二）落实国务院领导指示，争取社会各界对“平安故宫”工程的理解和支持

为了落实国务院领导指示，争取社会各界对“平安故宫”工程的理解和支持，使下一阶段各项工作开展更加顺畅，同时也为了集思广益，使“平安故宫”工程的各项工作更加科学、合理，半年多来，我们邀请有关部门和专家来故宫实地考察、调研，多达数十批次。

1. 国务院领导高度重视“平安故宫”工程的建设，多次视察故宫，听取汇报，并做出重要批示

7 月 28 日，温家宝总理在新华社《国内动态清样》“‘这些珍贵文物的保护现状令人寝食难安’——故宫博物院文物保护采访见闻”上批示：“故宫应改善文物保管条件，重视安全设施建设，健全文物保护制度，加强管理工作，切实保护好国家珍贵文物。请文化部经调查研究并商有关部门提出方案报国务院。”随后 7 月 29 日刘延东国务委员批示：“认真落实家宝同志批示精神和 26 日我到故宫考察现场办公所提要求，抓紧提出方案报国务院。”7 月 30 日，李克强副总理批示：“请发改委、财政部按家宝同志批示精神配合有关部门认真研究，保护好故宫珍贵文物。”

贾庆林主席也多次听取了故宫博物院“平安故宫”工程的汇报，并于 8 月 31 日在故宫博物院呈送的“关于‘平安故宫’工程汇报材料”上批示：“建议请家正同志负责对故宫博

物院进行调研，支持这一项目的建设。”9月5日，刘延东国务委员在《关于海淀区西玉河故宫博物院北院区项目的请示》和《故宫博物院北院区项目建筑策划与概念设计研究》上批示：“上次实地考察，深切感受到在故宫以外选址建设用于展示、库存、文物修复和文化交流的设施非常必要且刻不容缓。请抓紧研究论证并争取促成这一功在当代利在千秋的工程。”

全国人大吴邦国委员长12月10日来故宫博物院视察，并在《全国人大教科文卫委关于支持故宫博物院地下库房改造等工作的建议意见》上批示：“我曾参观故宫地库及地面库房，所藏文物件件价值连城，但存放条件较想象差之甚远，天长日久，必将受损，对后人无法交代，人大教科文卫委在文物法执法检查中，专题就故宫文物保护，保管问题进行调查，并提出相关建议，希望国务院高度重视，以对子孙后代负责，建议积极考虑，以解除故宫文物安全隐患。”对此李克强副总理批示：“要按邦国同志批示精神，会同有关方面认真研究，积极支持改善故宫馆藏文物条件，切实保护好珍贵的故宫文物典藏，请抓紧落实。”此外，全国人大常委会韩启德副委员长、路甬祥副委员长、周铁农副委员长、全国政协孙家正副主席、中央文明委刘淇副主任、国务委员兼公安部孟建柱部长等领导人也亲自到故宫实地考察、调研，就“平安故宫”工程听取汇报，对“平安故宫”工程给予了充分的肯定和积极的支持。

2. 国家相关部委、北京市各单位通过调研、座谈等形式指导“平安故宫”工程建设

2012年10月25日，文化部蔡武部长主持召开“平安故宫”工程专题会议，听取“平安故宫”工程汇报；文化部财务司多次就“平安故宫”工程项目文本修改工作座谈、研究。国家发展改革委社会司王威司长、财政部教科文司孙光奇副司长调研“平安故宫”工程。中宣部蔡名照副部长到故宫博物院检查工作。国务院新闻办公室王晨主任、中央机构编制委员会办公室、全国政协联络局调研故宫博物院工作。国家文物局励小捷局长及各位副局长先后率队调研“平安故宫”工程。国家旅游局邵琪伟局长、北京市政府丁向阳副市长检查故宫博物院安全工作。北京市委常委、宣传部长、副市长鲁炜对故宫博物院北院区项目作出批示，北京市公安局长傅政华调研故宫博物院安全工作，北京市规划委员会调研“平安故宫”工程并召开故宫博物院北院区规划协调会，北京市文物局孔繁峙局长率队到故宫调研，故宫博物院、海淀区召开故宫博物院北院区项目专题会议。

3. 著名业内专家为“平安故宫”工程献计献策

国家文物局原顾问谢辰生先生考察故宫博物院安全工作。中国建筑设计研究院傅熹年院士、李娥飞教授调研“平安故宫”工程。故宫博物院学术委员会听取“平安故宫”工程汇报。中国建筑设计研究院建筑历史研究所、清华大学建筑设计研究院等设计单位的专家学者分别到故宫博物院调研，并就故宫博物院北院区规划、造办处旧址设计方案、内务府地段设计方案等座谈。

（三）《“平安故宫”工程总体方案（修订稿）》的立项审批进度

为落实国家领导指示，故宫博物院抓紧开展有关文件的起草工作。2012年8月16日，将《“平安故宫”工程实施纲要》报送文化部，以初稿形式征求各方面意见。之后，根据国办意见，经过与各方面充分沟通、认真修改，最终形成的《“平安故宫”工程总体方案（修

订稿）》，于2012年12月14日再次正式上报文化部。目前，该方案已经以文化部、国家发展改革委和财政部三部委的名义，发函征求科技部、公安部、国家文物局、武警部队、北京市人民政府的意见。下一步，将根据反馈意见修订方案后，尽快上报国务院审批立项。

二 “平安故宫”工程七项重点内容的工作进展

来自国务院的关怀，以及相关部委、单位、专家学者们的支持，让故宫博物院全体员工深感振奋，工作的使命感、责任感进一步增强。故宫博物院及时召开“平安故宫”工程大会，进行思想动员，并多次召开专题会议研究部署，督促具体项目落实。为了切实保障故宫建筑群、180万件藏品以及每年约1500万观众的安全，我们在将《“平安故宫”工程总体方案》报国务院立项的同时，根据现有的人力、物力和财力，积极推动“平安故宫”工程各项重点内容的前期准备工作。截至目前，各个项目进展情况如下：

（一）故宫博物院北院区建设

去年，故宫博物院与海淀区政府建立了由主管领导牵头、具体部门参与的联合工作组，全面启动服务、协调和对接工作，共同研究推进北院区建设事宜。经过多次研究，并征得北京市规划委员会同意，基本明确了项目内容和规划思路，初步达成了两个共识。一是明确项目选址、总用地面积以及建设内容；二是明确了项目规划设计范围。在上述共识的基础上，邀请清华大学建筑设计研究院开展前期研究，委托清华大学建筑设计研究院有限公司进行该项目建筑策划与概念设计研究。目前，正在积极编制项目建议书，与文化部、国家发改委、北京市规委、建委、园林、土地、水务、环保、交通、北京市海淀区政府等相关部门协调项目立项相关问题，草拟故宫博物院与海淀区政府合作的框架协议，进一步对项目规划、建筑形式、功能需求、建筑规模、园林园艺设计定位以及该地区防洪进行研究。与此同时，完成了对北院区故宫博物院原有区域已建成业务用房的验收，安防、消防设施改造等工作，拟定了《西玉河基地文物库房管理制度》（试行）等，加强物业管理和安全巡查，确保该区域环境、安全、管理有保障。

（二）地下文物库房改造

一是委托国家建筑工程质量监督检验中心对故宫博物院地库进行现场检测和安全性鉴定，为地库改造提供科学依据。二是设计地库上方内务府地块文物藏品管理用房工程概念方案，并征求专家意见，修改、调整设计方案。三是联系国家发展改革委、文化部、市建委、国家人防办等相关部门沟通项目申报事宜。四是筹划二期地库空调系统改造的前期论证、可行性报告的编制及方案制定工作。五是启动了地下文物库房与西河沿文物保护综合业务用房地下连接通道工程及地库功能升级等项目前期工作，现已完成地库改造工程项目概念方案设计，并上报了北京市文物局。

（三）基础设施改造

根据专家论证会意见，以故宫博物院南热力区域管线维修改造工程作为基础设施改造试点，取得重大进展。已完成该区域约17万平方米岩土工程勘察；报请北京市文物局同意考古勘探，并与北京市文物研究所签订了《故宫博物院基础设施现状管线维修改造工程南热力站供热区域考古勘探合同》，同时配合考古勘探拆除及恢复路面、草坪工程的工程量清单及标底编制工作也已完成。现正与北京城建设计研究总院有限责任公司洽谈签订协议，委托该公司进行方案设计，同时进行配合考古勘探拆除与恢复路面、草坪工程招投标工作。

（四）世界文化遗产监测

2012年是故宫世界文化遗产监测的起步年，着手对室外陈设、环境质量、文物建筑、基础设施、植物动物、安全防范、游客动态、馆藏文物等方面开展监测，并每月定期编写1期《监测通讯》在故宫办公网公示，截止2012年12月，已编写10期。目前，监测项目中，完成普查和家底清理工作的项目有室外陈设、基础设施、植物和馆藏文物；开始数据库系统建设的项目有室外陈设、环境质量、植物监测；进行全面信息采集的项目是室外陈设；进行监测预研究的项目有室外陈设、文物建筑、安全防范、环境质量等。

（五）故宫安全防范新系统

故宫安全防范新系统旨在运用最前沿的安全技术和安防理念，通过完善技术防范体系、人防与技防的有机统一、管理和服务能力的有效提升，提高故宫安全保卫等级，实现对古建筑、文物藏品和观众安全的多种手段、多重保障、全面覆盖。主要包括：一是启动院高压消防泵站及高压管网的改造的前期论证、可行性报告的编制及方案制定工作。二是着手建立警情联动处置系统。此系统可保证在第一时间快速有效处置警情，规范固定哨位、夜巡人员的值班行为。三是着手门禁系统升级改造，提升地面库房、开放区域展室（厅）门禁系统的安全性。四是筹划“应急指挥平台”项目的前期论证、可行性报告的编制及方案制定。五是筹划“文物藏品全时空防范”项目的前期论证、可行性报告的编制及方案制定。拟利用物联网手段，以“加强单体文物保护”为核心要旨，采用多技术综合应用，对在展、在途、在借、在库的文物状态进行实时的、全方位的、多手段的监测与安全防护。

（六）院藏文物防震

首先选择亟待解决和存在突出安全隐患的问题为实施重点，以部分地面、地下库房和部分原状陈列、原状库房为试点进行防震保护。区分轻重缓急，采取传统与现代技术相结合的综合防震措施，逐步完善故宫的抗震体系。为部分易损藏品制作囊匣，继续与中国地震局工程力学研究所合作，由该所专家来院针对部分原状和文物库房建筑结构和内部储藏柜的空间分布进行测量。该所已提交第一期防震评估初步报告，针对库房和原状文物防震保护提出专业性建议。

（七）院藏文物抢救性科技修复保护

一是在北院区建立文物保护修复工作室。已筹备成立了车马轿文物、木器家具、点翠文物、金属文物、中和韶乐、百宝嵌文物、古钟表、古书画、宫灯、纺织品等10个左右文物修复工作室，目前正在进行工作室的分配和房屋改造工作。二是探索新的用人机制，开展广泛的科技合作。与东城区政府签订了以对故宫院藏文物进行抢救性修复为主旨的战略合作框架意向书，利用该区传统技艺人才资源优势，对故宫馆藏文物进行抢救性地修复。这既是文物保护修复在用人机制上的一种探索、也是实施平安故宫项目的人才保障，同时也为传统技艺的传承与发展注入了新的活力。目前正在逐项落实，并制定文物修复人员相关资质的管理办法和相关制度的制定工作。同时，与北京工业大学材料学院、中国科学院自然科学史研究所合作开展修复工作理论的研究，以便为世人留下宝贵的保护修复层面的科技资料，这也将是平安故宫项目成果的一个方面。

三 2013年“平安故宫”工程建设工作计划

财政部对于“平安故宫”工程的资金保障给予了极大的支持。除原有项目外，财政部对新增的“平安故宫”项目在2013年度安排了2亿元的资金，目前已经拨付到位。这为“平安故宫”工程中除基本建设之外的四个有关事业发展的项目的实施，创造了重要条件。

（一）故宫博物院北院区建设

一是沟通协调北京市政府、海淀区政府等，调研项目用地情况，签订用地协议，办理国有土地使用证。二是沟通协调相关部门意见，调整规划，申报北京市规划委员会，办理项目规划许可。三是完成编制项目建议书的申报，并取得批复。四是进行场地可行性勘察。五是进行环境影响评价、交通评价、节能评估等。六是编制可行性研究报告并申报，协调相关部门取得批复。

（二）地下文物库房改造

一是完成地库现场检测与安全性鉴定。二是完成拟建场地可行性勘察。三是继续征求走访建筑、结构、暖通、机电等专业专家意见，细化方案，并上报北京市文物局、文化部、发改委、国家人防、消防等相关部门。四是完成项目建议书及可行性研究报告编制、评审、申报，协调相关部门取得批复。

（三）基础设施改造

继续推动故宫博物院南热力区域管线维修改造工程：一是完成配合考古勘探拆除与恢复路面、草坪工程施工及竣工验收，以及监理公司的考察、委托工作。二是完成考古勘探，并根据考古勘探成果，深化改造方案。三是编制项目建议书及可行性研究报告。

（四）世界文化遗产监测

2013至2015年为监测系统建构重点阶段，将基本完成条件成熟项目的基础数据采集、监测平台搭建工作，并开始持续进行数据采集和系统维护。其中，2013年计划建构故宫客流监测系统、古建筑展室温湿度监测系统（二期）、岗亭和巡更系统、售检票系统、白蚁监测系统、配电监测系统、防雷监测系统、世界文化遗产监测平台（二期）、网络（有线、无线）系统等9个监测子项目。第1、2项正在履行招标程序，其他项目正在方案细化中，准备3月份陆续履行招标程序。

（五）故宫安全防范新系统

一是做好防盗、防破坏、防治安案件、防踩踏等方面的预案。二是完成安防报警系统改造的全部工程，完成消防报警系统改造工程合同总量的 70%。三是完成端门地区安全防范工程的改造，并投入使用。四是完成安检保安服务、安检机及其附属设备的采购，并安装试运行，待端门地区改造工程完工后，择机投入使用。五是推动警情联动处置系统、门禁系统升级改造、高压消防泵站及高压管网改造、“应急指挥平台”项目、“文物藏品全时空防范”项目、二期地库空调系统改造的技术论证、方案编制、审批立项等工作。

（六）院藏文物防震

一是继续委托中国地震局工程力学研究所主要针对故宫博物院已完成古建修缮任务的部分高易损性原状陈列文物和相应原状陈列建筑进行地震防护对策研究。二是完成部分高易损性文物库房密集柜加囊匣防震设施改造。三是引进日本隔震技术进行石鼓馆改陈，拟将展示用柜设计制作成具有隔震功能的金属结构展柜。

（七）院藏文物抢救性科技修复保护

通过人员培训、建立完善管理制度、创新用人机制等方面，重点推动各文物修复工作室的创建，启动各项文物修复工作。

四 其他与故宫安全有关的重点工作项目的汇报

（一）加强观众服务水平，保障故宫文化遗产安全，实现 2012 年全年安全开放

及时安装启用端门广场的服务设施，有效缓解了售票压力。2012 年暑期，观众基本上都能在 3 ～ 5 分钟内买到门票，不但节省了时间和体力，更能够带着很好的心情走进故宫博物院。国庆期间，高峰日增开售票窗口至 34 个，强化了一线值守力量，加强人流疏导，经受住了单日接待 18.2 万观众客流高峰的考验。同时，在端门广场设立了观众服务中心，具备参观咨询、信息查询、影视观赏、提供免费轮椅等众多的服务内容，体现出服务质量的不断提升和对待观众的热忱之心。正是由于采取了这些措施，去年暑期观众最多的时候，端门广场上的人流也能够得到有序疏导，过去买票、候票，与安检、验票、存包等交织在一起，黑倒票、黑导游混迹其中，乱成一团的局面不复存在。一年来不断制订并完善接待预案，克服观众流量增大、极端天气等不利因素，圆满完成了暑期、“十一”黄金周等节假日的接待工作。

（二）持续开展古建修缮，使古建筑延年益寿

文物建筑修缮工作正在按计划稳步推进，建福宫维修工程、英华殿区维修工程、大高玄殿乾元阁抢险工程全面完工；慈宁宫花园修缮工程已完成 60%，预计 2013 年完工；乾隆花园符望阁内檐硬木装修保护修复工作已完成 80%。皇极殿经过修缮后重新开放。由故宫博物院和香港中国文物保护基金会共同合作复建的中正殿，经过 6 年的不懈努力于 2012 年竣工，复建后的中正殿区域再现了清乾隆时期的建筑全貌。目前文物建筑修缮管理更为精细化，操作更具研究性，例如倦勤斋的保护修缮工程，赢得了专业部门、专家学者和社会各界的高度

评价。同时，加强古代建筑研究和修缮资料整理。编写《故宫古建筑保护工程实录——太和殿、神武门》工程报告，《清代乾隆时期皇宫建筑内檐装修研究》课题按时结题。为传承国家级非物质文化遗产古建官式营造技艺，通过技能测试、笔试等程序，招收了14位新人。至此，已有15人成为第一批古代建筑技艺传承人。

（三）进一步调整展览布局，谋求扩大展示空间

为缓解高峰时期中轴线区域观众过于密集形成的潜在危险，同时也为了满足群众不断提升的参观需求，努力探索调整展览布局，进一步扩大故宫博物院的展示空间。在增加展览设施方面，一是午门和雁翅楼建筑群，争取在2015年庆祝故宫博物院建院90周年时，这组2800平方米的大型展览设施能够正式启用。二是东华门修缮工程将于2013年竣工，建议作为古建筑馆对观众开放，同时考虑能否向观众开放东南角楼和东华门至午门的一段城墙。三是御膳房目前是家具库房，将来作为古代家具馆对观众开放，可以采取仓储式展示方式，即扩大展览面积，也有利于家具文物藏品的保护。四是宁寿宫将开辟为石鼓馆。在扩大开放面积方面，一是争取故宫的西部区域在故宫博物院建院90周年时实现开放，需要对隆宗门内的观众餐厅进行重新安置，使观众的就餐和休息环境得到改善。慈宁宫将作为雕塑馆对观众开放，寿康宫进行原状陈列展示。二是建议开放文华殿区域的文渊阁，扩大开放空间。由于保护需要，可参照太和殿参观方式，在栏杆外观看，原则上不进入室内。三是端门城楼将作为数字博物馆场所对外开放。四是大高玄殿文物建筑群修缮后，将作为数字博物馆、“故宫讲坛”的场地对外开放。

（四）编制《故宫保护总体规划》

2012年2月启动了《故宫保护总体规划》编制工作，确定了各专项规划内容，目前初步完成故宫使用功能规划。故宫博物院配合编制工作收集了东西华门内道路、太医院、内务府等处的相关资料，撰写故宫宫廷原状及使用说明，为编制保护规划提供依据。按照协议2013年年底完成《故宫保护总体规划》的报批准备。

（五）西河沿文物保护综合业务用房工程

此项工程是故宫博物院的工作重点之一，对于恢复西河沿区域历史格局与建筑肌理，保证故宫的完整性，实现2016年把故宫红墙内的办公机构搬出的目标，使古建筑得到及时的修缮与保护，以及改善故宫博物院文物保护、修复、研究办公条件等具有重要意义。去年，西河沿文物保护综合业务用房工程完成了项目可行性研究报告、立项、环境影响评价、项目管理公司招投标等，目前正在进行工程勘察、设计招标等。2013年，将完成西河沿文物保护综合业务用房工程的勘察、设计，办理规划许可证，进行工程监理、施工总承包、西河沿地段城墙监测工程招投标，整治该区域环境，争取年底开工建设。

（六）主动宣传，为故宫博物院的发展营造良好舆论环境

2012年，我们主动加强与新闻媒体的沟通，召开媒体见面会、新闻发布会，及时将故宫博物院的发展愿望、面临困难、解决问题的思路、所做努力的奉献等，告诉社会各界，新闻媒体通过大量新闻报道，充分肯定了故宫博物院为保护文化遗产和服务观众方面所做出的

不懈努力，各项新的举措得到社会公众的理解和支持。

五 结束语

值得一提的是，前不久，台北故宫新任院长冯明珠率团来访。在交流中，北京故宫近期所做、所思以及取得的突出成效，得到了冯明珠院长高度认可和敬佩。春节前夕，台北故宫的南院区工程正式开工，马英九亲临奠基。目前，两岸故宫已经成为两岸文化交流的重要平台和双方公众观察对方的重要窗口。作为世界著名的博物馆，双方的工作水平，不仅反映出两个单位的水平，很大程度上也折射出当地政府和社会对于文化、文物和博物馆事业的重视与眼界。

前面一个阶段，故宫博物院在“平安故宫”工程及相关方面取得的一些成绩，离不开国务院领导的高度重视，离不开各部门、各单位和北京市的大力支持。这既让我们增强了工作的信心，也使我们故宫人倍感压力。今后，还希望各级领导继续给予我们一如既往的关怀、支持和指导。我们相信，通过实施“平安故宫”一系列重点工程，到2015年，即故宫博物院成立90周年之时，能够有效缓解目前存在的防火、防盗、防雷、防震、防踩踏等方面的重大安全隐患，解除其中最紧迫、最危险的隐患点；到2020年，即紫禁城建成600年之时，基本实现故宫博物院进入安全稳定的健康状态，全面提升管理和服务水平，使昔日紫禁城风貌和谐，实现世界文化遗产的应有尊严，故宫博物院迈进世界一流博物馆行列。

（2013年4月17日）

在故宫博物院干部大会上的讲话

故宫博物院干部大会（2013 年 4 月 17 日）

今天，我怀着激动的心情向大家宣布：经过我们一年多的共同努力，“平安故宫”工程项目已获国务院批准立项。今天的这个会议，是正式开启“平安故宫”工程建设的誓师大会、动员大会。

在这个激动人心的日子里，首先让我们一起回顾“平安故宫”工程从提出、报批到获得批准立项的不平凡的历程。

一　“平安故宫”工程的提出及其报批

（一）“平安故宫”工程的提出

2012年初，通过走访全院32个部处、院内外专家学者、与故宫博物院关系密切的相关单位，以及调查文物建筑、文物藏品和观众接待等各个环节的情况，故宫博物院领导班子提出开展“平安故宫”工程的建议，以彻底解决故宫存在的火灾隐患、盗窃隐患、震灾隐患、藏品自然损坏隐患、文物库房隐患、基础设施隐患、观众安全隐患等7大安全问题。2012年5月31日，相关报告经文化部转呈给刘延东国务委员，引起国家领导的高度关注。

（二）“平安故宫”工程的报批情况

2012 年 6 月 29 日至 7 月 18 日，国家发改委、财政部、文化部、国家文物局等有关部门就故宫安全现状来院进行实地调研。2012 年 7 月 26 日，刘延东国务委员来到故宫博物院进行调研。她指出，要进一步完善安全管理的制度措施，抓紧实施“平安故宫”工程，切实解决防火、防盗、防震、文物库房、基础设施和观众安全等方面的问题，确保文物和古建筑安全万无一失。2012 年 7 月 27 日，故宫博物院召开 2012 年第 5 次院长办公会，专题学习并研究贯彻落实刘延东同志调研讲话精神。随后，《刘延东同志 2012 年 7 月 26 日在故宫博物院调研工作资料汇编》发放各部门，供全院员工学习。同时，由李季同志牵头，院办公室、计财处组成专门小组开始起草《“平安故宫”工程项目实施纲要》。

2012 年 8 月 1 日至 16 日，《“平安故宫”工程项目实施纲要》七易其稿，16 日报送至文化部，并由文化部审批后报送国务院。之后，按照国务院办公厅意见进行修改完善。2013 年 2 月，以《“平安故宫”工程项目实施纲要》为基础形成的《“平安故宫”工程总体方案》以文化部、财政部、国家发改委三家名义向公安部、科技部、国家文物局、武警总部、北京市政府征求意见。3 月，该方案正式上报国务院。

2013 年 4 月 16 日，刘延东副总理在海淀区西玉河故宫博物院综合业务基地听取关于“平安故宫”工程进展情况的汇报。她说，要站在民族复兴高度认识保护故宫的重大意义，“平安故宫”工程方案立足当前、着眼长远，实事求是、重点突出，针对性和操作性强，并对“平安故宫”工程建设提出了具体要求和殷切期望。

二 “平安故宫”工程与“故宫梦”

近年来，故宫文物建筑“完整保护、整体维修”的持续开展，端门、大高玄殿、宝蕴楼、午门雁翅楼等古建筑群的回归，七年（2004 － 2010）文物藏品清理等等，为“平安故宫”工程实施奠定了坚实基础，创造了有利时机。

“平安故宫”工程通过实施故宫博物院北院区建设、地下文物库房改造、基础设施改造、世界文化遗产监测、故宫安全防范新系统、院藏文物防震和院藏文物抢救性科技修复保护等 7 个项目及其西河沿文物科技保护用房建设，以确保占地 112 公顷、建筑面积 17 万平方米的古代木结构宫殿建筑群的安全，180 余万件文物藏品的安全，每年约 1500 万中外观众的安全。“平安故宫”工程争取用 3 年时间，在 2015 年，即故宫博物院成立 90 周年之时，有效缓解目前存在的防火、防盗、防雷、防震、防踩踏等方面的重大安全隐患，解除其中最紧迫、最危险的隐患点，实现近期目标；用 8 年时间，在 2020 年，即紫禁城建成 600 年之时，基本实现故宫博物院进入安全稳定的健康状态，全面提升管理和服务水平，迈进世界一流博物馆行列，实现中长期目标。

“平安故宫”作为故宫博物院未来发展的四个目标之一，与其他三个发展目标共同构筑了故宫人新阶段的“故宫梦”：通过实施“平安故宫”工程和世界文化遗产监测，实现故宫古建筑群、文物藏品、故宫观众平安；通过完成古建筑群整体修缮工程和开展环境整治，实现“把壮美的紫禁城完整地交给下一个600年”；通过完善学术研究中心和建立科技保护平台，实现学术研究成果不断涌现和专业人才不断汇聚；通过提升博物馆的专业化功能和发挥博物馆的社会化职能，实现从“故宫”走向“故宫博物院”。

三 关于今后的工作

“平安故宫”工程是着眼于故宫博物院的长远可持续发展而提出的，它为故宫博物院事业发展清晰地规划了未来，为故宫博物院实现美好蓝图指引了明确的方向。建设“平安故宫”，实现“故宫梦”，需要全体故宫人增强责任感、使命感，振奋精神，脚踏实地，不懈努力。

我们需要强化内部管理，结合“平安故宫”工程实际，有针对性地制定和完善一系列规章制度，加强资金管理，狠抓工程质量，堵塞安全漏洞。我们需要明确“平安故宫”工程每一个具体项目的责任部门和责任人。工作有部署，有检查，确保项目落到实处，见到实效。我们需要根据“平安故宫”工程的规模和进展，制定相应岗位和匹配人力资源的需求规划，加强对“平安故宫”工程实施所需的人才培训、人才引进、专业进修和科研课题攻关等工作。我们需要继续加强对全体员工和驻院人员的安全教育，对现有安全制度狠抓落实，通过培训、演习、考核等多种方式，把安全意识和责任落实到每一个人。我们需要制定“平安故宫”工程宣传方案，创造良好舆论氛围，争取海内外各界更多的理解和支持。我们需要组建“平安故宫”工程专家咨询委员会，科学论证和解决工程中的重大问题。我们需要请国家有关部门按照程序对“平安故宫”工程资金和绩效进行全程监督，确保工程健康推进和圆满完成。

只有通过以上努力，我们才能真正实现“平安故宫”工程的预期成效，即实现文化遗产完整保护、环境质量稳步提升、安防设施全面覆盖、开放区域持续扩大、文物库房功能改善、文物藏品保护修复。“平安故宫”工程建设任重道远，让我们鼓足干劲，继续发扬“典守珍护、弘扬服务、敬业奉献、开放创新、奋发和谐”的故宫人精神，铭记“视国宝为生命”的文化坚守，加强管理，健全文物保护制度，改善文物保管条件，重视安全设施建设，将故宫这一中华民族的瑰宝完好地传承给后人，不负历史重托，不负国人厚望！

（2013年4月17日）

在两岸故宫交流会谈上的致辞

3个月前，冯明珠院长率团访问了北京，这是继2009年之后两岸故宫院长又一次历史性地会晤。承蒙冯院长的热情邀约，此次我带领着我们北京故宫的同事来到台北，一是作为上次北京会面的回访，二则是来深化、推进我们之间的合作，具体细化两院2013年至2015年的交流合作项目。老友相见，我们感到十分亲切，有宾至如归的感觉。三个月来，我欣喜地看到，我们两院的各项目对口负责人之间保持着十分密切的沟通，取得了积极的进展。例如，我们已经确定了参加“乾隆皇帝的艺术品位特展”的文物目录；两岸故宫第四届学术研讨会的各项筹备工作也在顺利进行；关于共同举办展览及其他活动庆祝建院九十周年的事宜也在逐步细化，等等。这些项目在随后的工作会议中我们将就细节深入交换意见。

我想，我们双方合作的默契和顺利实施源自我们真诚的态度，源自两岸故宫人对传承中华文化所拥有的自觉责任。因此，我对我们会谈的成果充满信心，对两岸故宫交流合作的美好未来充满信心。

（2013年4月19日）

在两岸故宫交流会谈上的总结发言

在过去的一个小时时间里，两院以2009年达成的“共识”为基础，对今年1月冯明珠院长率团访问北京故宫时双方达成2013年至2015年的合作细节进行了确认，成果多多。

今年我们合作的亮点即是“乾隆皇帝的艺术品位特展”。北京故宫拥有十分丰富的乾隆时期艺术珍品，相信会对这次大展给予重要的补充；与展览相配套的学术研讨会，作为两岸故宫第四届学术研讨会将在北京举办，这也是我们双方展览和研讨会交流的新尝试。

会议还提到双方在2015年共同举办庆祝故宫建院九十周年活动、建立学术研究交流课题库，以便对相同门类的业务展开联合调查研究等新的交流内容。对以往双方在人员互访、影像利用和出版物互赠等方面的顺畅交流机制给予了充分的肯定。

我想，我们要以今年两院院长的互访作为双方合作的新开始。在未来的交流过程中，我们可以通过互访、视频会议等多种方式进行及时沟通，不断充实合作内容，扩大合作范围。我也希望，在不久的将来，台北故宫的文物能够来到北京展览。相信在我们双方的共同努力下，两岸故宫的交流必将不断深化。

（2013年4月19日）

在两岸故宫交流会谈后记者会上的讲话

两岸故宫院长记者会（2013 年 4 月 19 日）

很高兴在台北和大家见面。

大家都知道，2009 年的二、三月份，周功鑫院长和郑欣淼院长实现了两岸故宫院长的第一次互访，达成两岸故宫交流与合作的共识：包括落实双方合作机制、使用文物影像互惠机制、建立展览交流机制、建立两院人员互访机制、出版品互赠及合作出版机制、信息与教育推广交流机制、学术研讨会交流机制，以及文化创意产品交流机制等。

四年来，在两岸故宫同仁的共同努力下，两岸故宫在各领域的交流都取得了丰硕的成果。今年 1 月 21 日至 24 日，冯明珠院长率团访问北京，我们就 2013 年至 2015 年间进一步深化两岸故宫交流与合作等问题进行了深入的探讨。我记得在北京的媒体见面会上，我和冯院长分别用“天人合一”和“快雪时晴”来表达我们愉快的心情和对两院未来合作的信心。冯明珠院长在当时还特意展示了在台北即准备好的邀请函。非常感谢冯明珠院长的热情邀约和精心准备，使我能在这么短的时间内来到宝岛。现在，北京春意盎然，台北温暖湿润，在这样的美好时节里，我和我的同事们很高兴来到这里。

媒体朋友们刚才看到，此次故宫博物院准备了清郎世宁绘《平安春信图轴》的复制品赠送给台北故宫。在这春意盎然的季节，我愿把美好的平安祝福带到台北，愿我们两岸故宫人所共同守候的中华民族文化遗产永远平安，也愿我们两院的合作能为两岸民众带来福祉。

刚才我们两院进行了十分务实和有成效的会谈，对两岸故宫 2013 年至 2015 年的交流合作计划进行了进一步的细化和确认。

今年 10 月，两岸故宫的珍贵文物将再一次在台北“乾隆皇帝的艺术品味特展”上重逢，故宫博物院将有 42 套（45 件）文物参展，包括乾隆时期的书画、瓷器、玉器和漆器等。相信这一重要展览的主题将通过两岸故宫的文物得以很好诠释，让大家充分领略乾隆皇帝高雅的艺术品位；同时，为配合展览，第四届两岸故宫学术研讨会将于 11 月在北京举行。这也是两岸故宫首次以一个主题分别举办展览和学术研讨会。

此外，大家都知道故宫博物院即将在 2015 年迎来 90 华诞，这对两岸故宫都颇具纪念意义。届时我们将共同举办庆典活动，如共同举办同一主题展览，先后举办“故宫珍藏老照片展”，共同策划院庆主题宣教活动，在双方网站上举办“虚拟文物展览”等等。同时，两岸故宫也将延续现在可以被称作“传统”的交流机制，比如影像利用互惠、专业人员互访、轮流举办学术研讨会等。

我相信，在未来我们两岸故宫同仁将继续共同努力，以最大的善意和诚意，进一步扩大双向、常态的交流与合作。而我们今天的相聚、现在的努力能为两岸故宫的未来，两岸文化交流互往的未来，创造出可期的美好前程。

（2013 年 4 月 19 日）

在"印度宫廷的辉煌——英国国立维多利亚与艾伯特博物馆珍藏展"开幕式上的致辞

印度宫廷的辉煌——英国国立维多利亚与艾伯特博物馆珍藏展（2013年4月25日）

值此融融春日，我们共聚于紫禁城午门广场，共同见证来自英国国立维多利亚与艾伯特博物馆"印度宫廷的辉煌——英国国立维多利亚与艾伯特博物馆珍藏展"的盛大开幕活动。

成立于1852年的英国国立维多利亚与艾伯特博物馆是世界领先的艺术和设计博物馆。其丰富的藏品来自世界各地，跨越了数千年的人类创造史，涵盖了众多艺术门类。本次展览将是继2010年，故宫博物院"紫禁城皇家服饰展"在英国国立维多利亚与艾伯特博物馆成功举办后，双方又一次共同策划、精诚合作的重要展览，也是双方友好交流传统的成功延续。

展览从多个角度展示了18至19世纪印度宫廷的珍贵文物和艺术精品。为此，英国国立维多利亚与艾伯特博物馆特别遴选出113件（套）珍贵文物呈现在大家的面前。展览精妙的艺术构想和严谨的内容安排彰显这一时期印度在政治、宗教、艺术等诸多方面所经历的深刻变革。大家通过展览中的宫廷朝会、宫廷生活、宫殿之外和西方的影响等四个方面，可以充分了解18至19世纪印度特色鲜明的王权文化与美仑美奂的宫廷艺术。

故宫博物院一直致力于走出宫墙，与世界博物馆界开展更加广泛的合作，努力承担起中国传统文化与世界文化交流的责任。本次展览也是印度文物首次在故宫博物院大规模展出，两个古老东方文明碰撞的火花，神秘而瑰丽的印度宫廷珍品，风格迥异的展览氛围，必将带给观众难忘的艺术体验。

文化与艺术的繁盛得益于交流，我相信通过"印度宫廷的辉煌"展，观众定会大开眼界，领略到来自异域悠久丰富的历史风貌和巧夺天工的艺术魅力。感谢英国国立维多利亚与艾伯特博物馆、故宫博物院双方工作人员为展览的成功举办所付出的辛苦努力。在此，我谨代表故宫博物院，并以我个人的名义祝展览取得圆满成功！

（2013年4月25日）

在第五届“中国历史文化名街”专家评审会上的讲话

“中国历史文化名街”评选推介活动，自2008年启动至今，已成功举办了4届。可以说，这个活动是在我国城市化进程持续加快、大规模城市建设持续展开、历史文化街区保护面临重大压力的背景下，开展的一项具有开创性意义的文化行动。4年来持续不断的有效推介，有力地提升了社会对于历史文化街区保护的关注程度，将历史文化街区在文化遗产保护中举足轻重的重要意义凸显出来，既将历史文化街区的保护落到了实处，也将传统的文物单体保护整合为集中的连片保护，成为城市文化建设和文化遗产保护的关键内容。

历史文化街区是城市发展的重要资源，是老百姓日常生活的地方，文化被誉为“经济发展的原动力”，它对于一个城市文化景观的影响比单一的建筑意义要大得多。这一点已经在很多城市的发展进程中得以证实。作为城市发展独特见证的历史文化街区，在城市形象展示、历史文化教育、乡土情结维系、文化身份认同、生态环境建设、和谐社区构建等方面具有多重价值。越来越多的人认识到，历史文化街区绝不是城市发展的包袱，而是城市建设的资源和动力。

然而，我们也不得不面对这样的现实：随着城市化进程的加快，各地政府为了谋求政绩，将改造旧城、建设新城当作地方经济新的增长点。这样一来，使承载着千年文化积淀的历史文化街区受到了极大的挑战。这不仅体现在无视它的存在，而且还表现在对历史街区的过度消费上，例如有的省份为了发展旅游，把历史文化街区的居民搬迁，交给旅游公司经营管理，这样的街区即使建筑设施没有改变，内涵也发生了实质性的改变，是一种不正常的发展方向。所以我们应该继续对历史街区加大宣传，使之朝着正确的方向健康发展。

然而历史文化街区是特殊类型的文化遗产，又是广大民众日常生活的场所，因此，保护历史文化街区必然是一个动态的过程，也是一个长期的过程，不可能冻结在某一时段。经过4年来的不断努力，中国历史文化名街评选推介活动已成为一项具有深刻社会影响的文化行动，但怎样发挥“名街”在文化民生中的突出作用，使名街挂牌以后可持续地为城市经济发展作出贡献，吸引更多的社会参与，还需要我们予以持续关注和重视。

4年来的实践也表明，这项文化活动产生了良好的效果。在名街评选推介活动的影响下，许多城市都加大了对历史文化街区的投入和保护力度，有序开展一系列保护工作，包括制定相应的法律法规，将历史文化街区纳入法律保护的范畴；完善历史文化街区的保护规划，使历史文化街区和传统建筑免遭到破坏。并且，在政府的引导和推动下，各地民众保护历史文化街区的积极性和热情不断高涨；相关专家不断呼吁，提出了许多建设性的意见；媒体也加大了对历史文化街区保护工作的持续关注，广泛宣传报道，唤起了社会公众对于历史文化街区的保护意识，使更多的民众和有志之士加入到保护历史文化街区的队伍中来。

历史文化街区保护的未来发展任重道远，关键在于以正确的理念来平衡不同的利益主体，走可持续发展之路。历史文化街区相关工作不仅仅是抢救、保护，也需要弘扬与发展；其保护的成果应惠及全体民众，通过加强传统民居建筑维修，完善生活基础设施，改善社区生态环境等措施，提高居民生活质量，增强历史文化街区的吸引力。

如今，第五届名街评选推介活动在前四届成功举办的基础上持续开展，希望这一活动继续保持一贯的严格标准，本着公开、公平、公正的原则，评选出最具有价值、最迫切需要保护的历史文化名街，继续将历史文化街区保护工作推向深入；也希望各位专家对历史文化街区的保护和管理等工作提出宝贵意见和建议，共同把历史文化街区这一重大城市文化遗产保护的工作做好、做实、做大、做强。

（2013 年 4 月 25 日）

在纪念张伯驹先生诞辰115周年座谈会上的讲话

张伯驹先生是著名爱国民主人士，是著名书画鉴藏家，在诗词、戏曲、书画等领域均卓有建树。出于强烈的爱国之心，他与潘素女士一道，倾毕生心血与财产，收藏、珍护了大量国宝书画，并于1956年将8件古代法书珍品无私捐献国家，体现了一代名士的大德懿行。

众所周知，故宫博物院是在明清皇宫紫禁城及其收藏的基础上建立起来的博物馆。建院88年来，故宫博物院的藏品在原有基础上得以不断充实，与社会各界人士的鼎力支持密不可分。他们或无私捐赠文物，或提供信息和渠道，居中联络，玉成其事，这其中就包括了张伯驹先生及夫人潘素女士。

新中国成立前，张伯驹先生与张葱玉、邓以蛰、张大千、徐悲鸿、沈尹默、吴湖帆、启功等诸先生一起被聘为故宫博物院专门委员，工作任务为“书画审定”，为故宫博物院收购清宫流散书画出谋划策，做了大量工作。时值溥仪盗运出宫的书画在市场上陆续发现，张伯驹先生即谏言故宫博物院两项办法，尽早开展征集工作：

“一、所有《赏溥杰单》内者，不论真赝，统由故宫博物院价购收回；二、选精品。经过审查价购收回。”经其考订，1198件中除赝迹及不甚重要者外，有关历史艺术价值之品约有四五百件。按当时价格无需过巨经费便可大部收回。

1946年底，北京古玩商马霁川从东北带回20余件文物推荐给故宫博物院。张伯驹先生不仅给出了具体的审定意见，而且将他所了解的信息，及时反馈给故宫博物院。

1947年4月19日，张伯驹先生又作为专门委员，与徐悲鸿、启功、邓以蛰等，出席了故宫博物院在绛雪轩举行的第6届理事会在平理事第4次谈话会，讨论书画的收购事宜。

张伯驹先生颇为重视文物精品，曾向马衡院长建言，“余主张宁收一件精品，不收若干普通之品”。所以，当发现精品文物在市场上出现时，他多会优先推荐故宫博物院收购，如范仲淹《道服赞》由北京古玩商靳伯声从东北购得。他居中协调，商定以黄金110两卖给故宫博物院。又如，当得知马霁川有展子虔《游春图》时，他找到于思泊先生同来故宫，建议故宫博物院将此卷买下，并愿代为周转资金。在故宫博物院无力收购以上两件文物的情况下，为防止流落海外，张伯驹先生不惜鬻物举债将它们买下，一件《游春图》使他从豪门巨富变为债台高筑，不得不变卖在弓弦胡同的一处宅院和夫人潘素的金银首饰。

新中国成立后，张伯驹先生继续关注故宫博物院事业的发展，而一生所藏文物精华，也大多归于故宫博物院收藏，兑现了其“予所收蓄不必终予身为予有，但使永存吾土，世传有绪”的初衷。故宫博物院共计收藏有张伯驹先生《丛碧书画录》著录的古代书画22件，几乎件件堪称中国艺术史上的璀璨明珠。如晋·陆机《平复帖》是我国传世文物中最早的一件名人手迹，隋·展子虔《游春图》为传世最早的一幅独立山水画。上述二者在中国书法、绘画史上为开篇述祖之作。其余如唐·杜牧《张好好诗》、唐·李白《上阳台帖》，均为传世孤品；宋·黄庭坚《诸上座帖》、赵佶《雪江归棹图》等，都是在我国艺术史上占有独特地位的重要文物。这其中，包括晋·陆机《平复帖》、唐·杜牧《张好好诗》、宋·范仲淹《道服赞》、黄庭坚《诸上座帖》等在内的8件古代法书精品是1956年张伯驹、潘素夫妇捐赠国家文物局后调拨故宫博物院的；隋·展子虔《游春图》、宋·赵佶《雪江归棹图》、明·唐寅《王蜀宫妓图》等是张伯驹先生让与国家，国家文物局收购后陆续调拨故宫博物院的；唐·李白《上阳台帖》则系张伯驹先生赠与毛泽东主席，1958年中央人民政府主席办公室将其调拨故宫博物院。另外，故宫博物院还曾于1959年购买了张伯驹先生曾收藏的宋·赵孟坚《行书自书诗》。需要特别强调的是，隋·展子虔《游春图》、唐·杜牧《张好好诗》、宋·范仲淹《道服赞》等都是故宫博物院当时有意收购，但因各种原因而未能入藏的。它们最终能由故宫博物院收藏，为中华民族所共享，张伯驹先生居功至伟。

1956年12月，张伯驹先生作为北京市人民委员会代表视察故宫博物院，并提出了7项殷切的建议，涉及故宫博物院的性质定位、藏品保管、陈列、出版以及故宫古建筑的完整保护等多个方面。他认为，“故宫是具有国际意义，全国最大的博物馆”，其范围和性质应当是古与中；应尽速整理院藏戏曲资料，并成立专室供人研究；为继承和发扬中国书法艺术，应设立铭刻墨迹馆；南京博物院之南熏殿旧藏历代帝后像应归还故宫博物院，以保持此批文物的完整性；应早日组织法书、名画的复制与编辑出版刊物，以适应各地研究参考。同时，他强调故宫博物院必须保持它的完整体系，不得内设其他无关机构；院内部队并附住着眷属，应早为迁出。这些建议均从维护故宫博物院发展大局着眼，其指导思想与当时故宫博物院发展思路不谋而合，有些建议是故宫博物院已经开展或即将开展的工作。从中我们也能真切地感受到张伯驹先生对故宫博物院的持续关注和殷切希望。

对于张伯驹先生的贡献，故宫博物院一直感念于心。1998年张伯驹先生诞辰100周年时，故宫博物院与吉林省博物馆共同举办了纪念活动，并出版了《张伯驹潘素捐献收藏书画集》。2002年，故宫博物院在官网上推出“纪念张伯驹先生逝世20周年暨张伯驹先生捐献书画精品展”，并将其列为官网文化专题的常设展览。2008年张伯驹先生诞辰110周年之际，故宫博物院与文物出版社共同举办座谈会，深切缅怀张伯驹先生高尚的品格，高度评价了先生化私为公的奉献精神和对我国文化事业做出的巨大贡献。同时，故宫博物院还编辑出版了《捐献大家——张伯驹》大型纪念图录，将故宫博物院收藏的张伯驹先生曾藏法书名画及其书画著录、词选文存等汇于一编。故宫博物院将永远铭记这位一生为国宝永存神州，世传有绪，做出了非凡贡献的传奇人物。

张伯驹先生的崇高品格无疑是我们当代文化建设应该继承和大力弘扬的精神财富。仰望张伯驹先生高踪，将激励我们的爱国主义热情，以及为振兴民族文化的奋斗精神。我们相信，在今后的岁月中，人们将会更加关心博物馆的建设和发展，更加珍惜和爱护有幸存世的文化遗产。我们希望有更多的社会人士支持博物馆的事业，使更多的文物精品入藏历史殿堂。让我们携起手来，共同促进我国文物博物馆事业的繁荣和发展，祝愿优秀的华夏文化艺术与中华文明传统发扬光大。

（2013年4月28日）

关于一男性观众将翊坤宫玻璃打碎伤及文物的情况通报

翊坤宫玻璃被打碎伤及文物的情况媒体通报会（2013 年 5 月 5 日）

5 月 4 日 11:10，在故宫内西路开放区的翊坤宫，一男性观众徒手击碎正殿原状展室一块窗玻璃，致临窗陈设的一座文物钟表跌落受损，现场工作人员当即发现并控制住肇事者，同时报案。受损文物为清代铜镀金转花水法人打钟（故 183054）。故宫博物院已报告上级主管部门并保护现场。目前公安部门正在调查。

一　事实经过

据开放管理处现场工作人员赵兰描述，当时听到一声敲击玻璃的声音，他向观众大声提醒“不要敲玻璃”，并迅速接近发出声音的地点，与此同时听到了玻璃碎裂的声音，现场工作人员立刻冲上前去，把将窗玻璃打碎并转身准备离开的一名男性肇事者当场擒获，询问中该名男子语无伦次地说，“我不砸玻璃玻璃就砸我”，“应该找个人少的地方”。工作人员立即上报保卫部门，保卫人员赶到后及时保护现场，疏散观众。

根据录像回放，可以清晰地看到：11:08:46，该名男子出现在翊坤门外，11:08:50，该名男子出现在翊坤门影壁旁，向前走了几步，11:08:56，该名男子迅速冲向翊坤宫西间玻璃，11:09:02，工作人员迅速向该名男子冲过去，11:09:11，工作人员将该名男子控制住。

开放管理处赵连江副处长接到电话，立即赶往现场并组织控制局面，故宫派出所民警迅速到达，布置文物受损现场保护，主管院领导也第一时间到达，立即召开了现场会。“故宫救护站”的两位值班医生也随后到达现场，对该名男子进行止血和包扎，并拨打了120。随后，该名男子在医生和民警的陪同下乘坐120急救车到北京医院，后又转院至积水潭医院进行医治。诊断表明该名男子“右手多处皮肤裂伤、右手中指伸指肌腱断裂”。经医治后，公安机关将该名男子带走进一步调查。

二　文物受损情况

铜镀金转花水法人打钟为清宫旧藏，18世纪英国制造。其底部内置机芯，正面有三组料石转花。底部上方四角亦安设转花。文物中部为三株棕榈树及水法装置。棕榈树托起上方的圆形时钟，钟上立一敲钟人，与钟表机芯联动，可报时。该文物按照国家文物评定标准，为二级文物。

肇事者挥拳砸穿玻璃，将该文物从其所陈列的条案上砸落到地面。经初步观察，水法柱及原配玻璃罩破碎，钟锤与一朵转花脱落，金属部件变形，文物本体与其底座分离。主体结构未受到大的破坏，主要是局部损伤。

三　现场处置工作

故宫博物院随即召开现场会议，会议决定立即由文保科技部专家进行专业评估，对文物的外部、内部损伤均进行全面细致的评估，并将有关情况上报上级主管部门。同时，决定在故宫官方微博上对此事进行说明，并尽快召开媒体通报会，就目前掌握的有关情况向媒体并通过媒体向社会公开。

在公安机关取消对现场的封闭戒严之后，为了保证及时对观众正常开放，故宫博物院组织专业人员进行了现场清理。目前，受损钟表已经搬运到文物库房进行受损评估，被砸破的玻璃窗已经更换，观众可前往参观。

四　关于展室门窗防护级别的提升

自2012年以来，故宫博物院开展了展室门窗安全防护的提升改造工作。在进行了前期调查实验的基础上，选择了复合型防砸板作为展室安全门窗防护的透光材料，这种材料还兼具隔绝紫外线功能，是提高安全防护水平和控制光环境较为理想的材料。目前，故宫博物院完成了承乾宫、永和宫所有门窗的改造工作（这两座宫殿将设为青铜器馆，待布展完毕后对公众开放），今后逐步在全院范围进行推广使用。此次翊坤宫玻璃被人徒手打碎，将促使故宫博物院加快玻璃更新提升的工作进度。

五　安防新系统改造情况

虽然故宫博物院的安全防范水平已经有了很大提高，但是仍然需要进一步全面提升整个安防系统。目前，故宫安防改造工程已完成合同总量的75%，大部分已投入使用，预计今年年底前全部完成。

鉴于此次翊坤宫院内摄像头没有直接拍到此人击碎玻璃的瞬间场景，故宫博物院将在整个紫禁城密集加装高清晰的摄像头群，同时加派视频监控的管理人员，确保整个故宫100多公顷的范围内没有无法监控到的“死角”，实现对各类突发事件进行多角度、清晰、完整地记录，为及时发现和处理突发事件、调查事实经过等提供有力依据。在故宫博物院4月17日召开的“平安故宫”工程新闻发布会上，单霁翔院长已经向媒体公布了这项计划，鉴于此次事件，故宫博物院将加速高清摄像头的更新、加装等工作。

正因为故宫安全方面尚存在一些亟待解决的隐患，国务院于今年4月份批准了《“平安故宫”工程总体方案》。“平安故宫”工程的七大项重点内容就包括故宫安全防范新系统建设。即在按原计划2014年完成目前的应急安防工程外，规划建设智能化程度高、功能设置完善、性能可靠、综合防范能力具有世界先进水平的故宫安全防范新系统，强化日常保卫和应变处置能力，实现技防、人防、物防有机结合，全面提升安全防范工作水平。

“平安故宫”工程的近期目标，就是争取用3年时间，在2015年，有效缓解目前存在的防火、防盗、防雷、防震、防踩踏等方面的重大安全隐患，解除其中最紧迫、最危险的隐患点。希望通过实施“平安故宫”工程，确保故宫安全。

（2013年5月5日）

在清代宫廷戏曲学术研讨会开幕式上的讲话

今天在这里举行“清代宫廷戏曲学术研讨会”，我谨代表故宫博物院对会议的召开和各位专家学者的到来，表示热烈的祝贺和诚挚的欢迎！

清代宫廷戏曲学术研讨对于我来说太专业了，还要让我致词难度更大。刚才我还跟陈丽华副院长说，当行政领导不如当研究人员，经常要离开自己的研究领域，身不由己地参加其他学术会议，接触一些过去很少接触的问题和学问，甚至要在相关领域的专家学者面前“班门弄斧”地发言。有时候还不得不“脑筋急转弯”，一天要参加几个会议。其中一个重要原因是故宫博物院所涉及的文物保护、藏品研究和展示传播的内容十分丰富，任务十分繁重。

今天，专家学者们在故宫博物院里研讨清代宫廷戏曲，应该是最符合研讨主题的场所。因为，紫禁城是清代的皇宫，是清代宫廷戏曲活动发生的地点。众所周知，清代各朝帝后都酷爱戏曲，戏曲表演一直是紫禁城里最重要的日常娱乐和庆典活动内容，既供帝王后妃消遣，又用来招待亲贵臣僚、外藩使节。慈禧太后更是一个戏迷，除了宫里的太监戏班演出，她还经常召社会上的名角、名班轮流进宫表演。清代宫廷戏曲呈现的是细致典雅、雍容华贵，在一定程度上代表着清代乃至中国古代戏曲表演的最高水准。因而，当我们在研究中国戏曲史时，应当认识到清代宫廷戏曲就是其中不可或缺的重要部分。

我想，故宫博物院关于清代宫廷戏曲的文化资源一共有三个方面。

第一个方面，是故宫古代建筑群中与清代宫廷戏曲有关的建筑。在这些宫廷建筑中演出戏曲的舞台最为考究，还包括与戏曲演出有关的附属建筑。紫禁城的戏台都分布在内廷，例如有畅音阁大戏台、长春宫戏台、漱芳斋前院戏台、漱芳斋后殿“金昭玉粹”室内“风雅存”小戏台、倦勤斋室内小戏台等，这些戏台建筑都是清朝宫廷演戏的场所，虽然大小不一，使用功能也不同，但是都是在宫廷戏曲发展到成熟时期，为适应戏曲表演的需要而形成的戏台建筑，其造型美学风格都达到了中国传统戏台构造艺术的顶峰。同时，这些戏台的建造和使用又对宫廷戏曲艺术发展起到了重要推动作用。我想今天与会的各位专家对紫禁城的戏台比较熟悉，但是，由于有的戏台目前不在开放区域，例如漱芳斋内的两个戏台，可能未能亲临其境。这次会议特意安排参观这些戏台，大家可以实地考察。

第二个方面，是故宫博物院文物藏品中与清代宫廷戏曲有关的文物资料。例如在服饰冠履方面，故宫博物院收藏有近 8000 件戏衣，以及大量盔头、鞋履等。这些清宫戏衣制作精良，华美溢彩，不乏苏州织造的精品。在砌末道具方面，故宫博物院收藏有 4300 余件清宫演戏用的道具，包括车、轿、兵器、布城等。这些宫廷戏曲道具都很精致，有些在民间难以见到。在乐器方面，收藏的清宫乐器种类繁多，包括单皮鼓、大铜锣、小锣、小铜钹、紫檀木拍板、月琴等。在剧本曲谱方面，收藏有 11491 册清代宫廷戏曲剧本，大都是实实在在的排演剧本，因不同内容和用途而分为安殿本、演出本、总本、角本、曲谱、题纲、串头、排场等，主要是南府时期和昇平署时期的抄本，数量大，价值高，非常珍贵。此外，还有清代宫廷戏曲图册、相关书画、昇平署腰牌等其他文物。

第三个方面，是故宫博物院文化资源中与清代宫廷戏曲有关的非物质文化遗产。戏曲是一门表演的艺术，与一定的时空相联系。物质文化遗产与非物质文化遗产互为表里，不可分割。当时宫廷戏曲表演的形象无法复原，但是声音的保留可以有助于研究。例如在唱片资料方面，20 世纪初，留声机和唱片开始进入宫廷生活，其中使用最多的是百代公司录制的京剧粗纹唱片。在故宫博物院为期 7 年的藏品清理过程中，宫廷部生活文物科所藏的 838 张清宫遗存的老唱片，首次登记在了故宫的文物账册上，标志着对这些珍贵宫廷戏曲遗存在认识上的重大改变。这些唱片藏品收录了当时众多京剧演员舞台艺术精华，其中不乏名角、名段，史料价值弥足珍贵。这批唱片的内容不仅在京剧发展史上，而且在体现宫廷艺术欣赏品位上，例如谭鑫培的《四郎探母》唱片、王鸿寿的《封金挂印》唱片等，都是极为重要的非物质文化遗产。

昨天下午，我们去看望朱家溍先生的家属，商量明年朱家溍先生诞辰 100 周年纪念活动的筹办，在故居的墙上看到挂着多幅朱家溍先生京剧表演的剧照。大家知道朱家溍先生对清朝宫廷戏曲颇有研究，学风严谨，撰写出具有很高学术价值的论文，例如《昇平署时代昆腔弋腔乱弹的盛衰考》、《清代乱弹戏在宫中发展史料》等，这些论文都是根据一直藏在清宫之内，从来不曾流传在外的昇平署档案写成的，对于了解清代道光至宣统时期的内廷戏曲，是极为可贵的第一手材料。同时，朱家溍先生通过长期广泛阅读院藏宫廷戏曲档案和剧本，十分熟悉场上表演，甚至亲自粉墨登场，又与曾入宫表演的名角儿相熟，今天到会的就有当年与朱家溍先生合作的丁汝芹先生，长期研究档案，做到论从史出，无一字无来历，学风非常扎实，在今天社会普遍浮躁的时代，这种学风非常值得提倡。

上面我简单地介绍了故宫博物院所拥有的清代宫廷戏曲的文化遗产资源内容，很不全面，挂一漏万。今天我们的责任就是深入挖掘和科学保护好这些珍贵的文化遗产。深入挖掘的任务主要依靠在座的专家学者，但是科学保护的任务故宫博物院责无旁贷。一是目前故宫博物院古建筑群正在经历全面修缮的过程，清代宫廷戏曲相关的古建筑群保护是其中的重要内容。二是故宫博物院正在筹建文物科技保护中心和故宫博物院北院区文物科技保护平台，包括清代宫廷戏曲文物藏品在内的馆藏文物将得到系统的修复保护。三是，应该重视与清代宫廷戏曲有关的非物质文化遗产的保护。例如清宫帝后享用过的唱片已经在文物清理中由文物资料提升为文物藏片，进入地下库房收藏，改善了保管条件，同时进行了帐、物、卡的三核对，以及计算机录入文物管理系统的工作。

几年以来，故宫博物院宫廷部一直谋求将这些清代宫廷唱片进行音频移录，并就保护事宜专门赴上海中国唱片上海公司进行考察，获得指导支持，以便更好地保存这些清代宫廷唱片。关于剧本藏品，过去在《故宫珍本丛刊》中曾经选印了一批，但是专家学者还是希望能够将更多的剧本藏品内容公布出来，现在这些剧本藏品的扫描工作已经完成，开始进入出版程序，大家很快就能查阅和利用这批珍贵的清代宫廷戏曲资料。虽然故宫博物院有很丰富的研究清代宫廷戏曲的文化资源，但是在清代宫廷戏曲研究方面还需要努力，实事求是地说，朱家溍先生之后，故宫博物院关于清代宫廷戏曲的研究力量明显削弱。虽然相关文献、相关文物的保存与整理，始终没有停止，也有较为深入的学术研究工作。今天故宫学研究所牵头来组织研讨，汇集故宫博物院宫廷部、图书馆、古建部相关研究人员，并邀请全国各地的专家学者一起进行清代宫廷戏曲的研究工作，共同推动相关研究的深入开展，这对于进一步促进故宫博物院学术研究水平的提升，对于清代宫廷戏曲研究的深入开展，都很有意义。

（2013 年 5 月 11 日）

在故宫博物院邮政服务开通仪式上的讲话

故宫博物院邮政服务开通仪式（2013 年 5 月 18 日）

今天是国际博物馆日。对于故宫博物院来说，也是一个值得纪念的日子——经过努力邮政服务正式面向每一位故宫博物院的观众正式开通。

从今天起，一张张来自故宫博物院，加盖着“故宫博物院”字样邮戳的明信片，将会从故宫的太和门，从我身后的这个邮筒源源不断地寄往世界各地。我认为，从这里寄出的不仅仅是一张张普通明信片，它们是一段段美好的记忆，保存着人们在故宫博物院参观的见闻、心情、感悟；它们是一座座友谊的桥梁，使故宫文化力量更加强大，传播四方；它们是一张张盛情的邀请，欢迎更多的朋友光临参观。

邮政服务的开通，标志着故宫博物院的观众服务水平又迈上了一个新的台阶，希望这项措施也鞭策着每一位故宫人，要更加热情、细致、全面、周道地服务好每一位观众，尽自己所能，为他们营造与历史对话的机会，与文化牵手的氛围，使他们愉悦心情、收获知识，把最好的故宫博物院全方位地展示给他们，为他们留下终生难忘的记忆。

祝愿每一位观众都能在故宫享受一段美好的时光。故宫博物院也将一如既往地为每一位观众提供更优质更精致更人性化的贴心服务。

（2013 年 5 月 18 日）

在故宫博物院与国家大剧院合作框架协议书签约仪式上的讲话

非常高兴与国家大剧院在国际博物馆日签署双方合作框架协议。武英殿是清宫内务府刻书处所在，清代官刻书籍基本全部出自这里，“殿本”书之称也由此而来，具有深厚的文化底蕴。现在故宫博物院将其辟为书画馆，展陈故宫藏历代书画，以珍贵的中国传统书画作品来传播故宫文化，延续武英殿的文化命脉。今天我们在这里签约意义非凡，可以感受文化、聆听音乐、融会古今、展望未来，传统与现代相得益彰，我们也将加强合作、不断创新，为我国文化艺术事业的繁荣贡献力量。

故宫是我国第一批被列入《世界遗产名录》的世界文化遗产。故宫博物院是世界上文物藏品和文化资源最丰富的博物馆之一，在院藏的180余万件珍贵文物中，戏曲、音乐类文物也十分丰富和重要，需要一个好的平台去展示和再现中国传统艺术，延续这类文物的生命活力，也让更多公众感受到传统艺术的魅力。国家大剧院是中国最高表演艺术中心，秉承“人民性、艺术性、国际性”的宗旨，目前已经发展成为全球规模最大、现代化程度最高、艺术生产能

故宫博物院与国家大剧院合作框架协议书签约仪式（2013年5月18日）

力非常活跃的国家表演艺术中心，并致力于将传统文化与现代艺术进行融合与创新。双方都有丰富的资源，既有合作的条件，也有合作的需求，同时我们也有合作的经验。

故宫博物院与国家大剧院早有良好的合作基础，就在去年的今天，双方特别策划了国家大剧院五月音乐节在故宫博物院的公益演出活动，用大提琴演奏方式将人们耳熟能详的经典作品呈现给公众，为紫禁城增添了一抹别样的艺术气质。今天，国家大剧院将为我们带来又一场同样震撼的音乐会，让博物馆观众在这个特殊的节日里，感受到中国传统书画艺术与现代音乐艺术的交融与碰撞，享受别具一格的视听盛宴。

双方将以此次签约为新的起点，在未来的合作中发挥各自优势，整合资源，联合举办戏曲、音乐类文物的展览及高水准的高雅音乐演出，展示珍贵文物，丰富观众体验，普及音乐艺术。同时，双方也将在博物馆管理、传统文化培训学习上互相合作。

祝愿我们双方合作愉快，共同为文化的传承与传播、艺术的创作与发展，为丰富公众的文化生活和艺术体验贡献力量！

（2013 年 5 月 18 日）

在故宫博物院与西城区政府战略合作意向书签约仪式上的讲话

非常高兴地看到，故宫博物院与西城区政府在今天达成战略合作意向，双方将以此为新的起点，更好地发挥各自长处，开展广泛而深入的交流合作，为我们的文化遗产保护与传承事业贡献力量，也让更多的民众受益于我们的文化成果。

文化遗产是满足广大公众多样化、深层次、全方面精神文化需求的重要载体，是全中国，乃至全世界共同的文化资产，保护、传承、利用好本民族的文化遗产，是弘扬中国传统文化的重要手段，是增强国家软实力的重要举措。文化遗产的保护需要更多专业人才的参与，需要多方优势互补、共同努力；同时，文化遗产也需要来到更多普通民众的身边，让公众了解中华民族优秀的文化成果，让文化产品成为重要的承载者和传播者。

故宫博物院始终重视文化遗产的保护、研究与利用，不断加强文化产品开发、研究文化传播与传承的新思路，通过举办展览、开发文化创意产品、出版发行等多种渠道和手段，为弘扬中国传统文化做出努力。西城区有丰富的文化遗产，有大量的文化资源，像古都西翼文化的传播，内容丰富、影响深远。

故宫博物院与西城区开展深入广泛的合作，可以发挥各自优势，更全面、更系统地进行文化遗产保护、利用与传承工作，为文化遗产保护事业培养更多的专业人才，共同研发更多富有创意和内涵的文化产品，惠及普通民众，促进博物馆事业的全面发展。

（2013 年 5 月 24 日）

在中国文物学会古村镇专业委员会成立会议上的讲话

今天，中国文物学会古村镇专业委员会隆重召开成立大会。首先请允许我代表中国文物学会，向会议表示热烈的祝贺。特别是我们的会议是在美丽的历史文化村镇湖州市荻港村举办，使我们再次领略古村镇的文化魅力，坚定保护古村镇的决心。同样令人感动的是，谢辰生先生、陈志华先生、黄景略先生等专家学者亲自参加今天的会议，给予我们鼓舞和鞭策。长期以来，几位专家学者深入调查、著书立说、奔走呼号、凝聚力量，抢救保护下许许多多历史文化村镇和各地独具特色的传统民居。

古村镇是历史上广大民众赖以生存、活动的物质载体，是人类文明进步轨迹与发展过程的见证。作为历史悠久的传统农业大国，我国辽阔的地域保存着多姿多彩、各具特色的古村镇。这些古村镇承载中华民族厚重历史信息，在特定的自然地理环境和人文历史氛围的孕育中，逐渐形成并演进至今，蕴含着中华民族特有的精神价值，凝聚着中华民族的杰出智慧，是祖先留给我们的宝贵物质财富和文化财富。保护古村镇，对于维护文化多样性和生态多样性、维系民族血脉、促进民族团结、传承中华文明具有重要意义。

同时也应该看到，城镇化、工业化的快速进程，也给文化遗产保护带来了前所未有的挑战。在所谓“旧城改造”大拆大建的过程中，许多历史文化名城长期自然演变的机理遭到破坏，文化个性灭失，城市记忆无存，“千城一面”现象日趋严重。而延伸出的“新村建设”、“旧村改造”中，乡村文化个性基石的古村镇，不断受到冲击。自然损毁、环境污染、村庄拆并、农民迁徙，以及由于文化遗产保护意识不强，保护资金短缺、不合理开发利用等，对古村镇及其生存环境的保护构成严重威胁，许多乡土建筑濒临拆迁的严峻局面，“万村一面”的现象也正在出现。

昨天晚上，来到这里看了会议日程，其中有我的发言，我赶紧抓紧准备，正好昨天晚上大家在我的房间出来进去，造成房间里蚊子比较多，生态特别好，但是不适于睡觉，适于写发言稿。首先我找出来过去 10 年在国家文物局工作期间所写的关于历史文化村镇保护方面的文章和我在全国政协会议上提交的相关提案。因为这一年来我在故宫博物院工作，研究的内容与古村镇保护之间关联较少。结果我找到了所提交的 5 件关于历史文化村镇保护方面的提案，仔细研究，得到一个基本判断，就是 2002 年新修订的《文物保护法》公布实施以来，一方面，历史文化村镇保护的力量逐渐强大起来；另一方面，历史文化村镇破坏的力量也逐渐强大起来。

2002 年新修订的《中华人民共和国文物保护法》规定，保存文物特别丰富并且具有重大历史价值的村庄，由省、自治区、直辖市政府核定公布为历史文化村镇，并报国务院备案。

在这一背景下，古村镇文化遗产的保护，越来越引起社会各界的关注。社会各界的广泛参与，也为古村镇文化遗产保护提供了前所未有的机遇。

在2003年召开的全国政协十届一次会议上，我提交了《关于加强历史文化街区、村镇保护的建议案》，呼吁"以全社会的力量关注、促进对尚存的历史文化街区、村镇的保护，已时不我待"。建议国务院进一步加大对历史文化街区、村镇保护管理的力度。"一是组织对全国范围内的历史文化街区、村镇资源进行全面调查、摸清基本情况，建立历史文化街区和历史文化村镇保护名录和记录档案。二是制订《历史文化街区、村镇保护条例》，使其保护进一步纳入法制化轨道。三是核定公布一批国家级历史文化街区和历史文化村镇，并使之成为一项延续性的工作，不断地充实内容。"

10年来，这些目标已经在相当大的程度上得到重视。我国的一些古村镇和乡土建筑不仅被公布为各级文物保护单位，纳入依法保护范畴，有的还被列入《世界遗产名录》。例如安徽西递宏村、福建土楼、广东开平碉楼等。说明这些古村镇不仅属于中华民族，而且是全人类共享的宝贵财富。

在2006年召开的全国政协十届四次会议上，我联名41位全国政协委员提交了《关于在推进新农村建设过程中加强文化遗产保护的提案》，主要针对当时加快新农村建设的形势下农村文化遗产保护。提出"推进新农村建设，要克服简单化地加快城市化的倾向，始终关注并致力于农村的综合发展，坚决避免把新农村建设看作搞新村建设的片面理解，防止大拆大建，防止出现'政绩工程'、'形象工程'，要突出乡村特色、地方特色和民族特色，杜绝'千村一面'，这些对于传承民族民间文化、维护国家文化安全具有特别重要的意义"。为此建议：一是着力解决农村地区物质文化遗产保护面临的突出问题，重点加强对有历史文化价值的古村落和古民宅的保护。二是积极推进农村地区的非物质文化遗产保护。三是明确责任，切实加强对农村地区文化遗产保护工作的领导，加强对广大农民群众的教育和宣传。

在2007年召开的全国政协十届五次会议上，我再次联名41位全国政协委员提交了《关于加强农村地区文化遗产保护工作的提案》。认为当时农村文化遗产保护形势相当严峻，存在许多问题，主要表现为：一是认识不到位。把新农村建设错误理解为新村建设，求新求洋，造成乡村、民族、地域特色的丧失。文化遗产保护意识十分薄弱，重开发利用、轻保护管理的现象相当普遍。二是建设性破坏严重。在未对文化遗产资源进行调查的基础上，开展的大规模村容整治，使一些古村落原有的生态系统、传统风貌格局遭到破坏。一些地方在古村落内进行迁建、复建或兴建人造景观，破坏了古村落和谐的人文和自然环境。三是法规和技术标准缺失，人才匮乏。乡土建筑的保护有其特殊性，现有法规不能完全满足其保护需要，制订统一的认定、保护的技术标准难度很大。乡土建筑研究和保护人才都十分缺乏，严重制约了工作的正常开展。四是用地政策和产权制度不完善。我国农村实行"一户一宅"政策，一些地区实行旧宅基地上的传统民居不拆，不批准新的宅基地，迫使村民拆旧建新，导致众多传统民居被毁。很多乡土建筑产权不清或产权分散，给保护管理造成了很大困难。五是资金缺口很大。乡土建筑数量多，维修规模大，所需费用较高，而按照现行文物保护专项补助资金使用政策，专项资金不能补贴产权属于私人的传统民居。部分传统建筑的维修费用甚至高于新建建筑，居民对投资维修的积极性普遍不高。为此建议，一是加快制定法规规章。请国务院尽快颁布实施历史文化村镇保护方面的专项法规。建设部、国家文物局制定保护历史文化村镇和乡土建筑保护的专项规章。二是完善保护机制。各级政府应将文化遗产保护工作纳入新农村建设的总体规划。三是调整土地政策。请国土资源部研究调整相关土地政策。四是拓宽资金来源渠道。请财政部研究设立专项经费用于全国重点文物保护单位中的乡土建筑的保护。五是加强文化遗产资源调查。在第三次全国文物普查中，将历史文化村镇和乡土建筑列为普查的重点内容。

在2010年召开的全国政协十一届三次会议上，我又提交了《关于进一步加强历史文化名镇名村保护的提案》。针对当时住房和城乡建设部会同国家文物局已联合开展了四批中国历史文化名镇名村评选工作，共有251处村镇被评选为中国历史文化名镇名村，分布范围覆盖全国31个省、直辖市、自治区。2008年4月，国务院颁布了《历史文化名城名镇名村保护条例》，名镇名村的保护实现了有法可依，标志着其保护与管理进入了一个新的历史时期。但是，城镇化的飞速发展和新农村建设的全面推进，给历史文化名镇名村保护带来严峻挑战。很多地方在大规模房地产开发和城乡建设中，不断挤压、蚕食、破坏各类历史文化名镇名村；很多地方的新农村建设正在重演一些城市改造走过的大拆大建，追求大广场、大草坪、大水面，将文化遗产视为包袱予以铲除的老路，导致历史文化名镇名村里的众多乡土建筑被毁；有的地方没有对文化遗产资源及其周边历史环境进行调查，就开展大规模的村容镇貌整治，破坏了历史文化名镇名村原有的生态系统、风貌格局；很多历史文化名镇名村的保护规划得不到落实，后续监管工作缺位；很多历史文化名镇名村属于多个职能部门管理，体制混乱，权限不清，相关建设项目的审批未能充分听取广大民众和其他部门意见；很多历史文化名镇名村的保护没有得到地方政府的应有重视，其保护现状、保护意义没有得到应有的宣传。历史文化名镇名村保护工作仍然面临巨大而紧迫的压力。为此建议，一是进一步理顺历史文化名镇名村的管理机制。完善建设、规划、文物部门共同决策机制，实现文物部门在名镇名村相关决策中的提前介入或同步介入，充分发挥文物部门在价值评估、文物认定、日常保护等方面的专业优势。二是加强对历史文化名镇名村保护规划的后续监管。不仅要大力抓好历史文化名镇名村保护规划的编制工作，而且要采取严格有效的措施确保规划得到具体实施，并加强对规划实施情况的后续监督、管理工作，使保护规划能够真正落到实处。三是探索民众参与历史文化名镇名村保护的新模式。积极采取措施，主动吸引广大民众参与到保护工作中来，充分听取当地民众的意见，尊重当地民众的文化权益，使之积极支持并参与相关保护工作，改变历史文化名镇名村保护工作闭门决策、脱离民众的局面。

2011年在全国政协十一届四次会议上，我再次提交了《关于完善历史文化名城名镇名村保护管理体制的提案》。提出城市化进程的迅速推进，大规模城乡建设活动不断挤压、蚕食、破坏历史文化遗存，大量以所谓“旧城改造”、“危旧房改造”为主导的城市规划与建设活动，以及走样的“新农村建设”，破坏了历史文化名城名镇名村原有的传统格局、景观风貌、自然环境和生态系统，给历史文化名城名镇名村的保护工作带来空前的压力。一些建设系统和文物部门的专家学者指出，我国历史文化名城名镇名村保护工作正在面临着“前所未有的重视”与“前所未有的破坏”并存的严峻局面。当前，历史文化名城名镇名村保护和文化遗产保护均处于最紧迫、最关键的历史时期。各地规划、建设部门会同文物部门，共同完善历史文化名城名镇名村管理体制，在保护好文化遗产的同时，将文化遗产资源优势转化为强大的经济社会发展优势和动力，显得十分必要与紧迫。为此，建议加强对历史文化名城名镇名村保护的监管工作。按照住房与城乡建设部和国家文物局关于历史文化名城名镇名村保存状况的评价标准，结合阶段性检查和长效监管的要求，启动建立动态监管信息资料库，及时公布一批正反两方面的典型案例，严肃查处违法行为，推广有全国示范效应的保护工作经验。

长期以来，我国古村镇文化遗产保护相对古遗址、古墓葬、古建筑、石窟寺等方面保护，开展得比较晚，也缺少系统的理论研究与实践。当前，文物保护理念已经拓展到文化遗产保护，保护的范围已经从文物本体拓展到文物所赖以生存的原生环境，以及这个环境所包含的历史的、经济的、社会的、精神的、习俗的文化信息。因此，古村镇文化遗产保护是基于对一个历史空间完整的保护，除了保护传统乡土建筑外，还应保护形成历史风貌的自然人文生态环境和非物质文化遗产。我国古村镇分布范围较广，涉及类型众多，保护对象均处于一个发展、变化的环境之中。古村镇保护是社会性和综合性的重要文化工程，必须充分发挥社会组织的积极作用，凝聚全社会积极力量开展保护行动。

中国文物学会是团结文物专家学者和社会各界人士积极参与文物保护工作的学术团体，对古村镇文化遗产保护肩负重要的历史责任。去年，中国文物学会研究决定成立专门的古村镇专业委员会。2012 年 11 月，报请民政部审核批准。经过半年多的筹备工作，今天，我们终于可以正式宣告中国文物学会古村镇专业委员会成立。

加强古村镇保护是我国文化遗产事业的一个重要组成部分，责任非常重大，工作非常艰巨，困难非常严峻。千里之行，始于足下。希望古村镇专业委员会脚踏实地，一步一个脚印地开展好工作，取得实实在在的效果。

第一，要坚定不移地贯彻“保护为主、抢救第一、合理利用、加强管理”的文物工作方针，紧紧围绕文化遗产事业发展的大局，积极开展古村镇文化遗产保护研究工作。围绕古村镇保护搭建保护研究平台，做好理论研究、经验推广、技术咨询、建言献策等方面的工作，协助各级政府落实古村镇文化遗产保护项目，努力取得实践成果。

第二，要充分依靠广大民众，特别是当地民众开展古村镇保护工作。从根本上说，古村镇是当地民众创造的，是劳动人民勤劳与智慧的结晶。当地民众作为文化遗产的创造者、使用者和守护者，是文化遗产保护工作最为重要的力量。我们要集中力量面向全社会，面向社会公众，做好文化遗产宣传工作，充分发挥广大民众保护文化遗产的积极性、主动性和创造性，这是我们保护文化遗产取之不尽、用之不绝的力量源泉。同时，要注重使文化遗产保护融入当地经济社会发展，融入当地民众生活，文化内涵得到体现，生活条件得到提高，环境面貌得到改善，使文化遗产保护的成果惠及当地民众。

第三，要加强自身建设，夯实组织基础。中国文物学会对成立古村镇专业委员会十分重视，选派副会长张囤生同志担任专业委员会会长。我们希望学会的各位理事，各单位会员和个人会员，遵守学会的章程和专业委员会的工作规则，选举好领导班子，完善工作制度，践行学会的宗旨和责任，维护学会的诚信和声誉。在今后的工作中加强团结，相互协作，充分发挥积极性和创造性，发挥智力、信息和人才资源的优势，努力开展好富于特色的活动，以优异的理论与实践成果，为古村镇文化遗产保护做出积极的贡献。

（2013年5月25日）

在会见澳大利亚悉尼新南威尔士美术馆馆长迈克尔·布兰德时的讲话

欢迎迈克尔·布兰德馆长一行来故宫博物院。

故宫博物院建立于1925年10月10日，是在明清两代皇宫基础上建立起来的国家级综合博物馆，拥有世界上规模最大、保存最完整的木结构宫殿建筑群，总藏品超过180万件套，藏品数量居国内之首；2012年故宫博物院接待的参观人数超过1534万，是世界上参观人数最多的博物馆。

故宫博物院一贯重视与世界各国的博物馆开展交流与合作。自2005年始，故宫博物院先后与法国卢浮宫博物馆、英国大英博物馆、美国大都会博物馆、日本东京国立博物馆、德国德累斯顿国家艺术收藏馆、英国维多利亚与阿尔伯特博物馆、美国弗吉尼亚美术馆、澳大利亚维多利亚州国家美术馆等签署了合作备忘录，并与他们就互办展览、人员交流、学术研究等方面开展了卓有成效的合作。

近年来，故宫博物院与澳大利亚的博物馆在展览方面曾进行过不同规模的合作，贵馆于2001年年底与故宫博物院合作以来，双方经过近6年的协商与努力，于2007年成功举办了故宫博物院赴澳大利亚“晶莹的世界——故宫藏中国古代玉器展”。这是故宫博物院首次在国外举办玉器展，也是继上世纪80年代后首次在澳洲办展。此次展览展出故宫博物院收藏文物185件套，其中一级文物24件，展览主题为中国古代玉器中所表现的大自然，展品以动物、人物为主，由中国各个历史时期的典型作品组成。展览获得了很大的成功，这为故宫博物院今后与贵馆的合作打下了良好的基础。另外，故宫博物院也曾于2007年赴悉尼动力博物馆参加了“长城展”。

在故宫博物院与位于墨尔本的澳大利亚维多利亚州国家美术馆签署的两馆合作意向书中，明确了两馆在展览、人员、信息和技术等多个层面的交流。故宫博物院将于2015年赴该馆举办以“乾隆皇帝”为主题的展览。

悉尼新南威尔士美术馆成立于1874年，是悉尼最重要的，也是澳洲国内三大美术馆之一。新南威尔士州是澳洲新大陆最先开放之地，也是澳洲新文化的起源，因此新南威尔士州美术馆虽然并不是澳洲最大的美术馆，但也收藏了许多澳洲最有价值的艺术品。故宫博物院非常愿意与贵馆进行展览与人员交流方面的合作。

故宫博物院陈丽华副院长目前正在澳大利亚访问，根据日程，今天也将与贵馆副馆长会面并参观该馆，更加说明了我们两馆的交流密切，关系友好。希望我们双方今后保持密切交流与合作，共同促进博物馆的发展。

2015年，故宫将迎来建院九十周年，届时，我们将举办一系列庆祝活动，也欢迎馆长来参加我们的庆祝活动。

（2013年6月3日）

在同济大学建筑与城市遗产学术论坛暨“历史建筑保护工程”专业创立十周年庆典上的讲话

与悠久的人类文明史相比，真正意义上的文化遗产保护历史只是短暂的一瞬。但是纵观这一充满艰难和曲折的保护历程，人们可以从中发现鲜明的发展趋势，那就是随着时代的发展，保护内涵越来越扩展，保护范围越来越广泛，保护内容越来越丰富，保护与社会生活的关联度越来越高。人类社会通过不断摸索、不断探求、不断前进，将文化遗产保护事业扩展到了一个又一个领域，推向了一个接一个高潮。文化遗产在社会领域所具有的特殊性，也日益受到国际社会的高度重视。

20世纪60年代以来，随着国际范围内建筑与城市遗产保护思想、纲领和实践的不断发展，形成了一个跨建筑、规划、景观、土木、材料、测量等学科的高度综合性专业领域，对推进人类文化遗产保护事业意义重大，并影响到了建筑与城乡规划的基础教育。其中，历史建筑保护作为重头，在欧美建筑院系早已成为了一个相对独立的新兴建筑学专业分支。我国作为建筑遗产资源极其丰富的文明古国，非常有必要弥补该领域专业教育和人才培养的不足，以适应城乡建设中日益增长的对此类专门人才的迫切需求。

同时，建筑遗产的概念自20世纪60年代以来已经扩展到所有不可移动的有形人类文明结晶，既扩展到历史街区，也扩展到历史城镇、历史乡村与历史景观；既涵盖有形对象，也扩展到与之紧密关联、富含着无形传统的文化景观与文化空间，文物概念正在有力地走向广义的文化遗产概念；保护和再生也开始紧密结合起来，成为了显性的普遍议题，成为了社会发展的重要动力。在这个背景下，建筑遗产保护与再生不仅成为20世纪以来建筑学与城乡规划学的重要领域，也正在成为各个建筑院校新兴的重要教学领域。

自上世纪末以来，同济大学建筑与城市规划学院以遗产历史与理论学科长时期的遗产研究积累为基础，以多学科的交叉互动为支撑，以瞻前顾后、存真续新的保护思想为境界，以国际同领域的高层次交流与对话为背景，经过多年来的不懈努力和持续建设，已经形成了建筑与城乡遗产学科的完整架构，并在2003年经国家教育部批准，在同济大学创立了我国建筑院系中第一个“历史建筑保护工程”本科专业。迄今已培养160余位毕业生，受到用人单位及赴国内外深造院校的普遍好评。2010年该专业入选国家特色专业。

历史建筑保护工程专业开办10年来，以院系雄厚的教学资源为依托，以长期的遗产专题研究为底蕴，通过引进专精师资力量，建设多门核心课程，与国内外名校保护专业建立长效交流机制，承担了多项国家级课题，创建国内建筑院校第一个保护技术实验室，获得了许多国际和国内保护与再生重要奖项，初步形成了适应国情、接轨国际的建筑遗产教育体系和教学模式。这些成绩受到了国内外保护界的瞩目，走在了国内该领域的前沿。

自我国2006年设立文化遗产日以来，我们即将迎来第8个文化遗产日，恰逢同济大学历史建筑保护工程专业成立十周年的特殊日子，这也表明同济的建筑遗产保护教育和我国的文化遗产保护发展有着紧密的互动关系。在这个特殊的日子里，通过大型专题展的形式回顾学科发展历程，对总结经验、努力使得建筑遗产保护成为一门独立的学科领域有着重要的意义。我相信在各方面的真诚投入和协作下，同济大学的建筑与城乡遗产保护与再生事业，历史建筑保护工程专业定会有更加光明的未来！

（2013年6月6日）

在午门内西马道彩钢房、南三所花房拆除仪式上的讲话

今天是我国第八个文化遗产日。在这个特殊的日子里，我们在此举行午门内西马道彩钢房、南三所花房拆除仪式。这既反映出故宫博物院清除火灾隐患的坚决和果断，也体现出维护紫禁城历史风貌的决心和信心，更展现出对保护世界文化遗产重任的担当和坚守。因此，今天的仪式也具有特殊的意义。

故宫内原有59座彩钢房，多年来因需随建，有用于办公，也作为库房，既坐落在工作区，也分布于开放区，星罗棋布，毗连古建。这些彩钢房虽然暂时缓解了办公用房不足的压力，但其存在的火灾隐患也无时无刻不在威胁着紫禁城的安全。

公安部消防局在今年5月22日召开视频会议，部署全国集中开展违章彩钢板建筑及人员密集场所门窗设置障碍物专项整治行动，要求凡发现彩钢板建筑存在重大火灾隐患的，责成有关单位或者个人立即拆除；对不及时消除可能威胁公共安全的，要予以查封。因此，故宫博物院内的彩钢房必须拆除。

去年8月2日，我们率先拆除了位于神武门内西部办公区的一座彩钢房，同时作出拆除故宫博物院内所有彩钢房的承诺。今天要拆的午门内西马道彩钢房处于开放区域，建于2009年，用于讲解员学习、备岗、更衣，历次午门展览开幕式前贵宾休息，工作人员集中业务培训等。因此，拆除之后，不仅安全隐患彻底消除，午门区域历史真实风貌得到体现，而且，观众的视觉观感和参观体验会更加美好。这次拆除行动不仅是在履行去年拆除所有彩钢房的承诺，更是积极响应公安部关于整治违章彩钢板建筑的部署。

同样，建于20世纪70年代初的南三所花房，在故宫博物院花卉养育工作中发挥了重大作用。但是，出于保护世界文化遗产真实性和完整性的考虑，我们决定今天一并拆除，并在位于海淀区西玉河的故宫博物院北院区建设新的花房，预计今年10月完工。在那里，原有花卉将获得更先进的养护手段和设施、更宽裕的培植和展示空间，宫廷园艺也将得到广泛传承和深入研究。

着眼于占地112公顷的古建筑群、180余万件藏品和每年1500万观众的安全：一年前，我们提出了实施“平安故宫”工程的建议；十个月前，我们拆除了内部工作区域的第一座彩钢房；二十天前，我们开始实施全面禁烟，建设“无烟紫禁城”；今天，我们拆除开放区域的第一座彩钢房；今后，我们将拆除故宫内每一座彩钢房和临时建筑，彻底消灭火灾隐患，让紫禁城原有历史风貌得到完整和真实地呈现！

以上这些，既展现了建设“平安故宫”所迈出的矫健步伐，也显示出我们对实现“故

宫梦”——把壮美的紫禁城完整地交给下一个600年的坚定信心。今后，我们仍将坚持不懈、不遗余力地消除火灾、盗灾、震灾等各种安全隐患，并整治院内外环境，让“故宫梦”梦想成真！

让我们立刻行动起来！

（2013年6月8日）

在“龙飞凤舞——故宫龙凤文物珍品展”开幕式上的致辞

首先，我谨代表故宫博物院，向参加“龙飞凤舞——故宫龙凤文物珍品展”开幕式的各位领导、社会各界人士表示热烈的欢迎和衷心的感谢！

北京市东城区有着丰富的历史文化资源。这里是北京城文物古迹最为集中的区域，各类文化街区、文化景观错落有致，以“燕京八绝”为代表的北京传统工艺更是珍贵的非物质文化遗产。故宫博物院坐落于东城区，是在明清两代皇宫紫禁城及其收藏的基础上建立起来的，拥有180余万件珍贵的馆藏文物，以及世界上现存规模最大、保存最完整的紫禁城木结构宫殿建筑群。以故宫为代表的皇家文化无疑是东城区核心文化的内容之一。正是缘于这种天然而紧密的联系，故宫博物院与北京市东城区有着广阔的合作空间。今年年初，为充分发挥各自优势，两家签署了战略合作协议，以加强故宫文化遗产保护和发展，推动东城区传统手工技艺的振兴与发展，共同创建富有宫廷特色的区域文化。

龙、凤是中国文化的重要符号和标志，为中华民族所推崇。古人将祥龙与瑞凤的形象塑

“龙飞凤舞——故宫龙凤文物珍品展”开幕式（2013年6月9日）

造于器物，刺绣于服饰，描绘于纸绢，装饰于建筑等，并被逐渐赋予了神圣的精神内涵，成为皇权的象征。值此文化遗产日到来之际，故宫博物院精心挑选了近百件与龙凤形象相关的珍贵文物在中华民族艺术珍品馆展出。通过展览，观众不仅可以领略到不同时代龙凤纹饰与造型的发展演变脉络，由此亦可体味到中国传统文化中祥龙瑞凤的华彩与意蕴，探求中国古代社会的精神追求。本次展览是故宫博物院第二次与东城区政府合作在此举办展览，相信一定会碰撞出更多的火花，带给观众更多的艺术享受。

（2013年6月9日）

在故宫博物院与东城区人民法院“文化·法治”协作签约仪式上的讲话

今天非常高兴来到北京市东城区人民法院，在这里故宫博物院与东城区人民法院签订共建合作协议书，展开故宫博物院作为古老而富有朝气的博物馆，与司法系统进行共建合作的新篇章。

故宫博物院与东城区人民法院“文化·法治”协作签约仪式（2013年6月14日）

故宫曾是明清两代封建皇家的宫殿建筑群，今天则是一座国家级的博物馆，她的文化身份极为特殊，一是世界上最大规模的木结构宫殿建筑群，二是第一批全国重点文物保护单位，三是我国第一批世界文化遗产，四是世界上文物藏品和文化资源最丰富的博物馆之一，五是世界上观众人数最多的博物馆。多年以来，故宫博物院悉心守护国宝，并致力于更好地保护、传承和弘扬中华民族优秀的传统文化。我们所做的一切工作，都离不开法律的支持，我们应自信地运用法律为故宫博物院事业发展保驾护航。

东城区人民法院作为北京市法院系统的中坚力量，通过司法审判等方式，对北京市和东城区的法制建设起到了重要作用，也始终在为文化系统的依法建设和发展提供法律保障。

在我国依法治国方略不断深化的今天，我们双方签订共建合作协议书，故宫博物院方面通过在东城法院举办具有故宫特色的文化讲座、为东城法院提供中华民族传统文化教育等多种方式，让中华优秀文化走进法院，为提高法院文化建设、丰富法官们的文化生活做出贡献；东城法院方面通过为故宫博物院举办法律专题讲座和培训、为故宫博物院人员旁听法院庭审案件提供条件等方式，让法律知识走进博物馆，提高故宫博物院依法办事的能力、抵御法律风险的能力，保证“平安故宫”工程依法开展，确保故宫博物院各项事业不断发展。

今天的签约，标志着我们双方的共建合作进入一个新的发展阶段。祝愿我们双方合作愉快，共创美好未来！

（2013 年 6 月 14 日）

在中国文物学会大运河专业委员会成立会议上的讲话

各位代表、各位嘉宾：

今天，中国文物学会大运河专业委员会召开成立大会暨首届理事会议。也正是在今天，第三十七届世界遗产委员会会议将在柬埔寨的金边开幕。按照惯例，会议将审议世界各地的文化遗产保护状况和最新申报的文化遗产项目。我们期盼着我国申报的世界文化遗产项目成功列入《世界遗产名录》，也期盼着中国世界文化遗产保护不断得到新发展，取得新成果。

大运河的保护和申报世界文化遗产，是一项庞大的、影响广泛而又意义深远的系统工程;是对中华民族负责、对人类共同智慧传承负责，利在当代、功在千秋的事业。近年来，大运河保护引起关注的契机，一是南水北调东线工程中的文物保护，二是公布第六批全国重点文物保护单位。2004 年初，在参加南水北调东线工程中文物保护项目的调研时，发现虽然东线工程主要是利用大运河古河道整修后进行调水，但是在有关可行性研究报告中，对大运河和沿线文物古迹的保护没有给予应有的重视，使大运河文化遗产保护面临严峻挑战。

为此，在 2004 年 3 月召开的全国政协十届二次会议上，我邀请樊锦诗、安家瑶、刘庆柱、夏燕月、陈漱渝、王洪华、杨力舟等 7 位委员联名，提交了《关于大运河文化遗产保护亟待加强的提案》，指出“大运河主河道和沿线文物古迹始终没有被列入全国重点文物保护单位，没有列入世界文化遗产名录，没有制定一部法规来肯定和保障它的历史地位。所以，亟须重新确定大运河作为人类文化遗产的历史特质与重要地位”。

2004 年 3 月下旬和 2005 年 5 月上旬，我和同事们开始对大运河及其沿线的文化遗存进行考察。在考察中，一方面为大运河丰富的文化遗产资源而兴奋不已，另一方面，也为大运河不容乐观的保护状况忧心忡忡。为此，在国家文物局在评审第六批全国重点文物保护单位的过程中，提出应将京杭大运河整体列入保护之列，这一建议获得评审专家们的赞同。2006 年 5 月，在我国第一个文化遗产日前夕，国务院将京杭大运河公布为全国重点文物保护单位。

我们投身于大运河保护和申报世界文化遗产工作初期，对大运河价值内涵的认识还没有像今天这样清晰，鸟瞰大运河价值的视野远没有像今天这样广阔，想到要克服的困难也没有像今天这样复杂。但是，回顾我们走过的路，可以非常自豪地说，我们做了一件有意义的事，就是在逐步赋予、展现大运河应有的价值尊严和拓展了大运河文化遗产的生存空间。

今天到会代表，都是关心、支持、参与大运河保护的学者和参与者；特别是许多老专家，更是为大运河保护做出了突出的贡献。回顾我们亲身经历的大运河保护过程可以看出，大运河的保护和价值发掘，是一代代文物工作者和全社会人们共同努力的结果。2005 年 12 月 15 日，在纪念中国加入《保护世界文化和自然遗产公约》20 周年之际，时值 82 岁的罗哲文先生、90 岁的郑孝燮先生以及 61 岁的工艺美术大师朱炳仁先生，共同向京杭大运河沿线的 18 个城市的市长发出了一封公开信，“呼吁用创新的思路，加快大运河在申报物质文化和非物质文化两大遗产领域的工作进程”。

2006 年 3 月，包括舒乙委员、姚珠珠委员和我在内的 58 位全国政协委员，向全国政协十届四次会议联名递交了《应高度重视京杭大运河的保护和启动“申遗”工作的提案》，在提案中我们提出，“尽快成立由相关部委、有关专家、沿岸政府参加并鼎力支持的研究机构”。特别令人感动的是，在2006年2月，谢辰生先生和罗哲文先生还专门前往全国政协文史委员会，介绍大运河情况并推荐可行性方案。为了向这件提案提供更准确的信息，罗哲文和郑孝燮老人还专程从北京出发，前往杭州和扬州开展调研工作，动员大运河沿线政府给予支持。随后，全国政协文史和学习委员会将成立“中国京杭大运河研究会”等工作提交到全国政协主席会议讨论。虽然这个建议最终没能实现，但是以大运河保护为核心，建立一个大运河文化遗产专业研究机构，是社会各界呼吁和努力实现的一项目标。

2013 年，对大运河保护来说是非常重要的一年。大运河申报世界文化遗产开始进入迎接评估考核的阶段。但是我们的目光，已经开始超越了“申遗”结果本身，而是更加关注建立大运河文化遗产的保护体系，更加关注保护成果又怎样惠及民生。开展这项新工作的目标，已经不仅仅为维护大运河文化遗产的尊严，而是需要为发展中的中国文化遗产事业提供有力的理论支撑和有效的保护方法。今天，加强大运河文化遗产保护的实践活动与学术理论研究，是一项受到格外关注的工作。要注意发挥好大运河专业委员会的人才优势和智力资源，开展好委员会各项工作。

第一，我们应该具有开阔的胸怀。大运河是中华民族独特的文化遗产。大运河的保护过程，是全社会共同参与、几代人共同努力的成果。我们做好大运河保护研究工作，必须广泛吸纳真心热爱大运河和文化遗产保护的各方社会力量参与。经过多年的探索与实践，我们基本形成了政府主导作用与广大民众主体地位相结合的文化遗产保护体制。这就为大运河的综合保护提供了有力的支撑。开阔的胸怀，还要求我们虚心借鉴国际同行的经验，承担起为人类共同文化智慧的传承作出新贡献的责任。

第二，我们应该具有宽泛的视野。大运河的研究对象，涉及多种文化范畴。大运河文化遗产的综合性特征，体现在它是一项文化要素和自然要素共同构成的混合遗产，是静态与动态共同构成的活态文化遗产，是由点、线、面共同构成的文化遗产廊道，是由古代遗址、近代史迹还有当代遗产共同构成的中国文化遗产，反映了普通民众生产生活的工业遗产、乡土建筑遗产，是包括物质与非物质共同构成的文化空间。大运河文化遗产的研究过程，印证了中国文化遗产保护理念的发展变化轨迹，文物保护的空间尺度和时间维度不断拓展，文化遗产范畴、类型和保护理念不断探索与创新。大运河为我们提供了一个难得的研究生态系统。通过它，我们可以为许多大型文化遗产保护提供经验。例如大运河的保护过程，现在已经作为线性文化遗产和文化景观保护的可借鉴范例，开始被四川和陕西的同仁们，移植在蜀道文化遗产线路保护的方法之中。

第三，我们应该具有集成的智慧。此次提交成立大会讨论的中国文物学会大运河专委会的理事会名单，包含了当前大运河文化遗产研究各个领域的杰出力量。这是非常令人羡慕的人才集成。今天这个成立大会，简朴、务实，大家坐在一起，为保护大运河文化遗产集思广益、畅所欲言，又有可以憧憬的美好未来，可谓天时、地利、人和。当前各级政府保护发展文化遗产的责任意识、主动意识显著增强，全社会参与文化遗产保护、传承的积极性不断高涨。但是，也必须看到，在文化遗产保护理念和实践中，还存在着许多误区和空白。经济社会的快速发展，也要求我们必须以时不我待的紧迫感来抓紧开展工作，把实践升华为理论，用科学的理论指导实践。在这里我应该指出的是，大运河申报世界文化遗产项目，是在国家文物局统一部署和协调下，由各地方政府主导开展的一项国家重点工程。作为大运河专业委员会，应该把自己工作的目光更加集中到保护好、研究好、传承好文化遗产方面，搭建好保护研究的平台，集合各位会员与专家的智慧，探索一些有理论价值、有实践基础、有应用意义的研究课题和项目，多出优异成果，培养优秀人才，为促进大运河的保护研究和保护实践作出积极的贡献。

第四，我们应该具有规范的组织。中国文物学会是团结文物专家学者和社会各界人士积极参与文物保护工作的学术团体。今天，作为学会的分支机构大运河专业委员会的成立，为学会的工作拓展了新的领域。中国文物学会对成立大运河专业委员会十分重视，选派副会长张廷皓先生担任专业委员会会长。我们希望学会的领导班子和各位理事，各单位会员和个人会员，都要遵守学会的章程和专业委员会的工作规则，践行学会的宗旨和责任，健全完善工作制度，维护学会的诚信和声誉。做好学会的工作，要一手抓组织建设，一手抓开展活动。在今后的工作中加强团结，相互协作，把组织建设好，活动富于特色，展示学会的生机与活力。

我现在到故宫博物院工作，应该说说大运河保护与故宫文化遗产保护的关系。会前我请教了故宫博物院的专家，感到两者之间关系密切。紫禁城是明清两代的国家政治中枢，大运河自隋唐开凿以来成为中国的经济大动脉。二者空间上的对接，行政上的互动，对古代中国的政治经济发展起到了举足轻重的作用。中国自宋代以来第二次经济重心转移到江浙苏皖，尤其到明代中后期以后，大运河这条南北水路，源源不断把沿岸的丰富物产运抵京城，尤其是南方的粮食，作为“天庾正供”，通过大运河输运到北京，被称为漕粮，在京城的朝阳门内建有各种仓廪，诸如南新仓、北新仓等予以存贮，以保证皇家供应，以及北方生民口粮、兵丁军饷等。江南三织造的丝绸布帛、南方茶叶等亦通过运河运抵京城，可以说，运河就是一代王朝的生命线，没有运河，皇帝的衣食将有忧虑，皇权的统治必将不稳。

运河不仅支撑了王朝的皇室日常消费，还是皇家艺术品造作加工的运输线，像清代宫廷中的大型玉雕，均要经过运河把玉料运到扬州，雕琢完成后再运往京城皇宫，最著名的就是大禹治水玉雕。多在苏州制作的精美漆器也由运河输入宫廷。南方的艺术风尚由此途径多方位地走入皇宫的大雅之堂，为宫廷艺术融汇更多的营养。乾隆朝编纂的《四库全书》，其中的三部贮藏于南方三阁，亦应是通过运河输送而至，为江南士子成就科举之途，成为国家栋梁发挥了积极作用。运河不仅输运着物质保障，而且还是一条文化之路。康有为曾说：“漕运之制，为中国大政。”为维系运河的有效运转，在国家政治中枢的紫禁城内，皇帝为其管理设计了一套有别于地方行政的独立运转体系，从明代开始设置漕运总督、河道总督，由中央直辖，其位尊等同于封疆大吏的总督。漕运总督专司漕粮征收、押运等，河道总督负责河道治理。他们共同为紫禁城内皇权的稳固发挥着重要的作用。

各位代表，今天，既是实现多年愿望的时刻，更是全新的起点。通过科学的研究和传播，保护好传承好大运河文化遗产，是历史赋予我们的责任，也是时代对我们的期望。我们要通过扎实有序的工作，交出一份合格的答卷。

（2013 年 6 月 16 日）

在院藏文物抢救性科技修复保护合作项目启动仪式上的致辞

今天，故宫博物院与东城区政府“平安故宫”工程院藏文物抢救性科技修复保护合作项目启动与安全培训开班典礼在此举办，令人非常高兴，也十分感慨，几个月前的一纸“战略合作意向书”，经过故宫博物院与东城区政府的精诚合作与共同努力，今天已经成为令人鼓舞的现实。

在院藏文物抢救性科技修复保护合作项目启动仪式上接受采访（2013月6月26日）

记得去年8月16日，当我第一次在故宫博物院的办公室里，见到东城区科委孙占军主任的时候，正值故宫博物院的“平安故宫”工程向国家申报立项。在调研中所看到故宫博物院收藏的大量文物存在着糟朽、腐蚀、开裂、破损等自然损坏现象，令人十分揪心，期盼及时开展科技修复保护。而故宫博物院现有的科技修复力量，无论从技艺门类上，还是人员力量方面都显得过于单薄，难以在值得期待的一定时间内，实现对这些文物进行抢救性保护修复。

当时，孙占军主任如数家珍般地向我们介绍了东城区非物质文化遗产保护工作，特别是详细介绍了传统技艺人才方面的情况。建国前后，在原崇文区一带，集中有数量众多的传统工艺美术企业，这些企业虽然经历了私营、公私合营、国营、股份制改造等不同经历，但是在木器、漆器、景泰蓝、玉器、剧装、宫灯、象牙雕刻、地毯、花丝镶嵌等传统工艺方面，始终拥有一批身怀绝技的优秀工匠，他们的前辈和师傅有不少曾经在清宫造办处就职。因此，今天合并后的东城区在传统手工技艺方面可谓是人才济济。同时孙占军主任也表达了对一些传统工艺美术企业难以生存，一些传统技艺濒临失传状况的担忧。应该说这次见面虽然时间不长，但是对于故宫博物院与东城区政府以“平安故宫”工程为结合点走到一起，起到了重要的牵线搭桥的作用。

去年 12 月 4 日，在孙占军主任和故宫博物院文保科技部苗建民主任的带领下，我们对北京剧装厂、北京珐琅厂、北京金漆镶嵌厂、北京龙顺成中式家具有限公司、北京同兴和古典家具有限公司、北京宫灯厂等六家工艺美术企业进行了考察，见到了柏德元、钟连盛、种桂友、孙颖、马元良等国家级、市级非物质文化遗产传承人。同兴和古典家具有限公司收藏了大量的优质紫檀木料，彭宝仓经理真情地对我们说，如果故宫博物院需要，他愿意将这些优质的紫檀木料贡献于故宫文物家具的修复之中。传统技艺大师的高超技艺和对故宫文化的真情实感，给我留下了深刻的印象。

如果说，与东城区科委孙占军主任第一次见面后，便产生了与东城区联合，共同实施文物保护修复项目的想法，那么在此次考察的当天晚上，我们和东城区牛青山区长就故宫博物院院藏文物抢救性科技保护合作项目达成共识，而在我们的双手握在一起的时候，已经在考虑如何尽快与东城区政府签署一个文件，在“平安故宫”工程实施的过程中，实现战略上的合作。具有战略眼光的牛青山区长，同样看到了故宫博物院在中国传统文化中的重要地位，看到了“平安故宫”工程对东城区文化事业的影响，对振兴东城区传统手工艺的重要作用。他表示愿举全区之力，与故宫人一起共担文物修复保护大任。双方的共识，使得好事并不多磨。今年 1 月 16 日故宫博物院和东城区政府正式签署了战略合作意向书。

今天，在慈宁宫，我们迎来了故宫博物院与东城区政府“平安故宫”工程院藏文物抢救性科技修复保护合作项目启动暨安全培训开班典礼，这是双方战略合作的具体成果。几个月来，双方人员在对文化企业的调研、传统技艺人员的考察、文物保护资质的认证，文物修复工作室，安防、水电等设施的配置等方面做了大量的工作，为今天项目的启动做了必要的准备。

此次“平安故宫”工程院藏文物抢救性科技修复保护合作项目共设立了 8 个工作室，分别是金属文物、宫廷戏具文物、宫廷灯具文物、宫廷家具文物、车马轿舆文物、中和韶乐文物、宫廷缂丝文物修复工作室和宫廷纺织品文物织补工作室。目前这些文物修复工作室临时设置在慈宁宫，待故宫博物院位于西玉河的文物修复工作基地安防设施配备完成后，今年冬天以前，这些文物修复工作室将正式落户故宫博物院北院区，届时慈宁宫也将正式作为故宫博物院雕塑馆，进行展览筹备。

在合作项目启动之时，安全培训率先开始，用一周的时间，由故宫博物院的部处及专业负责人担任教员，就《文物保护法》、故宫博物院防火安全、内保安全、文物安全、文物修复安全等方面进行培训。此种情况在其他地方的合作项目启动之时恐怕并不多见。这是因为抢救性修复保护好珍贵文物固然重要，而故宫博物院的古建筑和文物藏品安全更为重要，安全是项目实施的前提，是保障。面对历经百年、数百年留存下来的文物，无论是任何保护等级，即使是文物资料，也都十分珍贵，我们必须以敬畏之心认真对待。

此次，故宫博物院与东城区政府“平安故宫”工程院藏文物抢救性科技修复保护合作项目的启动和实施，是故宫博物院文物修复保护工作，在用人机制方面的一个探索。经过安全培训，并在实际修复保护工作中，确有一技之长，确实能够很好地完成某一方面修复任务的人员，将被纳入故宫博物院文物藏品科技修复保护专业人才库，长期作为故宫博物院文物修复保护的重要专业力量。

我们憧憬2020年，当“平安故宫”工程实现了中长期目标，也就是说故宫博物院的各项工作基本上进入到了安全健康状态的时候，我们将会看到，抢救性科技修复保护工作也进入稳定实施状态，与此相伴随的是，一大批故宫博物院院藏文物获得修复，得以与观众见面；一大批濒临失传的手工技艺得到传承、保护和发展；一大批优秀的非物质文化遗产传承人才得到培养，活跃在文物保护的关键岗位，文物保护科技修复事业后继有人、蓬勃发展。

届时，我们将不但举办抢救性文物修复成果展览，而且还将举办在“平安故宫”工程项目实施过程中，得以起死回生、得以振兴、得到更大发展的各项非物质文化遗产传统技艺展览。如果说，文物的抢救性科技修复保护避免了文物的损毁，是“平安故宫”工程项目实施取得的重要成果，那么与这些文物的制作修复直接相关的各种技艺，在濒临失传的绝境中，得到了抢救性的恢复，优秀的传统手工技艺得到了科学的记录与研究，使原来仅靠口传心授的独门绝技，通过运用档案记录、照相、录音、录像等多媒体技术和手段，得到了永久性地记录和有形地展示与传播，同样是“平安故宫”工程项目实施取得的重要成果。

在此，我们要再次感谢东城区政府、东城区各有关部门、东城区广大民众对“平安故宫”工程的理解与支持，感谢在座各位的积极参与。感谢从苏州远道而来，为了出席我们今天的仪式，并参加安全培训和随后与我们一起进行缂丝文物修复保护的两位非物质文化遗产遗传人。

（2013年6月26日）

在中国文物学会历史文化名街专业委员会成立大会上的讲话

中国文物学会历史文化名街专业委员会成立大会（2013 年 6 月 28 日）

今天，我们齐聚在此，见证中国文物学会历史文化名街专业委员会的成立。

历史文化街区是历史文化名城的有机组成部分，是特殊类型的文化遗产，又是广大民众日常生活的场所。历史文化街区的保护和发展，体现着一座城市的思维方式和文化价值，积淀着城市发展的历史轨迹。作为城市发展独特见证的历史文化名街，在城市形象展示、历史文化教育、乡土情结维系、文化身份认同、生态环境建设、和谐社区构建等方面具有多重价值。

1986 年国务院公布第二批全国历史文化名城时指出："对一些文物建筑比较集中，或比较完整地体现出某一历史时期的传统风貌和民族地方特色的街道、建筑群、小镇、村寨等也应予以保护，公布为各级'历史文化保护区'。对'历史文化保护区'的保护措施可参照文物保护单位的做法，着重保护整体风貌。"以后结合国情又把"历史文化保护区"细分为"历史文化街区"、"历史文化名镇"和"历史文化名村"，形成了我国历史文化名城保护体系。

历史街区，特别是体现《内罗毕建议》的历史的或传统的建筑群地区，在名城保护中属抢救性项目。名城保护规定历史文化名城至少要有两个以上，并有一定规模的“历史街区”，其保护要求是坚持“历史真实性、风貌完整性和生活延续性”三项原则。在实践中，这类“历史街区”保护占了很大比例。可以这样说，历史街区是历史文化名城保护的重点和难点。

我国拥有丰富的历史城区、历史街区文化资源。但是多年来，一些城市在所谓的“旧城改造”、“危旧房改造”中，采取大拆大建的开发方式，致使一片片历史街区被夷为平地；一条条文化名街被无情摧毁，造成延续千百年的文化空间破坏、历史文脉割裂、社区邻里解体，导致城市记忆的消失。

自《世界文化与自然保护公约》诞生以来，历史城区、历史街区的保护逐渐受到国际社会的关注，目前列入联合国教科文组织《世界遗产名录》的项目中，已经有半数以上属于历史城区、历史街区，它们往往既保持有完整的历史风貌，又具有现代化的生活基础设施，成为令人向往的文化圣地。

在我国，1982年历史文化名城被纳入国家文物保护范围，2002年历史文化街区、村镇也被纳入保护范围。目前我国已经公布了110余座国家历史文化名城，500余个历史文化名镇、名村，对继承和弘扬中华民族优秀传统文化，发挥了积极的作用。然而，相比之下，在我国的文化遗产保护领域中，历史城区、历史街区的保护仍然相对滞后。无论是《世界遗产名录》还是全国重点文物保护项目中，列入保护的历史城区、历史街区数量很少，与国际文化遗产保护领域发展趋势形成反差。2008年7月1日《历史文化名城名镇名村保护条例》公布实施，给文化遗产保护和城市文化建设带来了新的机遇。

正是在我国城市化进程持续加快、城市建设大规模展开、历史文化街区保护面临重大挑战的背景下，《中国文化报》联合《中国文物报》筹划“中国历史文化名街”评选推介活动。5年来，活动的持续开展产生了积极广泛的社会影响，得到包括社区居民、地方政府、专家学者等社会各界的关注与支持，有效地调动社会力量参与文化遗产保护事业。回望“中国历史文化名街”评选推介活动走过的5个年头，可谓一步一个脚印，评选出的50条历史文化名街文物资源丰厚、历史底蕴深厚、文化特色鲜明，街区的传统格局和整体风貌也较为完整，堪称我国国家和民族难能可贵的文化资源。每一条历史文化名街都是美的浓缩、诗的化身，是中国文化、中国艺术、中国智慧的结晶；每一条历史文化名街都有着闪光的历史，悠久的文化和自身的特色，都是各级政府和当地民众积极保护的结果。

尤其令人欣慰的是，这项文化活动产生了良好的效果。在历史文化名街评选推介活动的影响下，许多城市都加大了对历史文化街区的投入和保护力度，有序开展了一系列保护工作，包括制定相应的法律法规，将历史文化街区纳入法律保护的范畴；完善历史文化街区的保护规划，使历史文化街区和传统建筑免遭破坏。并且在政府的引导和推动下，各地民众保护历史文化街区的积极性和热情不断高涨；相关专家不断呼吁，提出了许多建设性的意见；媒体也加大了对历史文化街区保护工作的持续关注，广泛宣传报道，唤起了社会公众对于历史文化街区的保护意识，使更多的民众和有志之士加入到保护历史文化街区的行列中来。

2012年9月，由最先评出的30条中国历史文化名街组成的“中国历史文化名街保护同盟”

在杭州成立，这一民众性自发组织的成立标志着中国历史文化名街的相关工作进入了“政府保护”与“全民参与”相结合的阶段，已经具备一定的组织架构和相当的民众基础，产生了良好的社会影响。

历史文化名街保护是一项动态的、长期的文化工程。近年来不断有一些新的情况发生，有喜有忧。一方面，很多城市跳出老城、建设新城的现象非常普遍，但是新城建设也有一些问题，例如热衷于建设大广场、大绿地、大水面、景观大道，浪费了很多土地资源。另一方面，一些旧城在建设压力松绑以后，虽然不再盯着历史城区进行拆迁改造，但是建设仿古街区、盲目复建没有依据的历史建筑等现象也不断有所耳闻。

在宣传、保护、发展历史文化名街的实践中，我们的理念、方法不断提升、完善。各方专家及热心人士为此辛勤奔走，推动历史文化名街这项事业不断进步。今天，历史文化名街专业委员会的成立，对于进一步提升名街相关工作的学术水准，规范相关规章制度，加强业内交流合作，引导这项事业的科学发展具有十分重要的意义，中国文物学会对此十分重视。我们要注意发挥好历史文化名街专业委员会的人才优势和智力资源，开展好委员会的各项工作。

第一，以历史责任感为支点，坚持和推广科学的保护理念。要延续城市发展文脉，改变“千城一面”的状况，就要努力让这些历史文化街区保持原来的空间尺度、原来的历史风貌、原来的地域肌理、原来的文化传统，让历史文化的积淀不会骤然消失，更成为社会进步与可持续发展的文化动力。历史文化名街保护的未来发展任重道远，关键在于以正确的理念来平衡不同的利益主体，走可持续发展之路。历史文化街区相关工作不仅仅是抢救、保护，也需要弘扬与发展，让其在展现历史积淀的同时，也镌刻时代的发展。历史文化街区的保护需要依照法律法规，坚持“保护为主，抢救第一，合理利用，加强管理”的方针，切实加强科学保护和合理利用。要积极发挥其与社会的良性互动功能，让这一宝贵的文化资源成为促进社会经济发展的积极力量。为此，历史文化名街专业委员会应当积极宣传贯彻《文物保护法》，开展历史文化名街的保护工作。

第二，以“中国历史文化名街”评选推介活动为依托，广泛动员社会力量。5 届活动共评选出 50 条名街，另外，各地每年还有数百条街道积极申报，为国家保护了一大批珍贵的历史文化街区和遗产，成为继历史文化名城、名镇、名村保护之后又一重大举措。通过每届评选和挂牌等活动，提高了有关地方领导、广大市民和媒体的保护意识和积极性，逐步完善了历史文化街区的保护方针，加强了对保护原则和方法的认识。活动积累了经验，并在历史文化街区的保护运行机制，相关人员培训和加强保护条例、法令等方面进行了探索，使活动得到更有效的和可持续性的发展。历史文化名街评选推介活动，广泛宣传其历史文化、风土民俗以及保护历史文化名街的重要意义，增强社会各界的保护意识，广泛动员社会力量。“中国历史文化名街”评选推介活动对于历史文化名街专业委员会而言既是民众基础又是传播阵地，专业委员会应对已评选出的历史文化名街的保护和发展情况开展调研及督导，并为其提供政策、法律及专业知识等方面的咨询服务，组织开展历史文化名街相关专业知识与保护技能的培训。

第三，以集成的方式，吸纳各方智慧。此次提交成立大会讨论的中国文物学会历史文化名街专业委员会的理事会名单，包含了当前该领域遗产研究的杰出力量。这是非常令人羡慕的人才集成。当前各级政府保护发展文化遗产的责任意识、主动意识显著增强；全社会参与文化遗产保护、传承的积极性不断高涨。但是，也必须看到，在文化遗产保护理念和实践中，还存在着许多误区和空白。经济社会的快速发展，也要求我们必须以时不我待的紧迫感来抓紧开展工作，把实践升华为理论，用科学的理论指导实践。作为历史文化名街专业委员会，应该把自己工作的目光更加集中到保护好、研究好、传承好文化遗产方面，搭建好保护研究的平台，集合各位会员与专家的智慧，探索一些有理论价值、有实践基础、有应用意义的研究课题和项目，多出优异成果，培养优秀人才，为促进历史文化街区的保护研究和保护实践作出积极的贡献。同时，团结海内外热心历史文化名街保护的人士，组织考察研究，开展与国际以及港澳台历史文化名街保护领域的交流与合作，虚心借鉴国际同行的经验，承担起为人类共同文化智慧的传承作出新贡献的责任。

第四，以规范的组织，保障事业的健康发展。中国文物学会是团结文物专家学者和社会各界人士积极参与文物保护工作的学术团体。今天，作为学会的分支机构历史文化名街专业委员会的成立，为学会的工作拓展了新的领域。我们希望学会的领导班子和各位理事，各单位会员和个人会员，都要遵守中国文物学会的章程和历史文化名街专业委员会的工作规则，践行学会的宗旨和责任，健全完善工作制度，维护学会的诚信和声誉。做好历史文化名街专业委员会的工作，要一手抓组织建设，一手抓开展活动。在今后的工作中加强团结，相互协作，组织结构完善，活动富于特色，展示专业委员会的生机与活力。

历史文化名街专业委员会的成立，是对以往工作的一次梳理和肯定，更是一个全新的起点。通过科学的研究和传播，保护好传承好历史文化名街的文化遗产，是历史赋予我们的责任，也是时代对我们的期望。我们要通过扎实有序的工作，交出一份合格的答卷。

（2013年6月28日）

在国际博协国际博物馆培训中心筹备委员会上的致辞

首先，我谨代表故宫博物院，向来参加培训中心筹备委员会的各位嘉宾表示最诚挚的感谢和由衷的欢迎！

明天上午，国际博物馆培训中心的成立仪式即将在这里举行。回首培训中心缘起至今，已经走过了近3年的历程。2010年在上海举办的国际博物馆协会第22届大会上，关于在中国建立一个国际博物馆协会国际博物馆培训中心的决议草案获得了大会的原则通过，并将落实工作交与国际博物馆协会执行委员会负责。

2012年7月，国际博物馆协会汉斯一马丁·辛兹主席亲自来到北京，与国际博物馆协会中国国家委员会、故宫博物院共同沟通，协商落实培训中心成立的有关事项。2013年1月，国际博物馆协会中国国家委员会与故宫博物院进行了充分的研究和协商后，签署了委托合作框架协议。自此，培训中心筹备工作正式展开。故宫博物院正式为培训中心设置专门工作人员、投入场地和资金，进行培训中心成立和运行的准备工作。

2013年4月，故宫博物院派出代表团参加在巴黎举行的国际博物馆协会执行委员会第125次会议，向执委们汇报了中方筹备工作情况，国际博物馆协会执行委员会正式同意在故宫博物院建立国际博物馆培训中心。

其后，我们与国际博物馆协会中国国家委员会齐心协力，召开了数次协商会议，并与国际博物馆协会总部建立了良好的沟通机制，在国际博物馆协会的指导下，反复商讨培训中心成立的各项方案，确保培训中心成立的工作顺利进行。

如今，在国际博物馆协会的指导和支持下，在中国国家委员会和故宫博物院的共同努力下，培训中心终于将结出硕果！

在这里，我要对国际博物馆协会所有给予我们帮助和支持的人士，表示衷心的感谢！感谢辛兹主席时刻关注培训中心的各项进展并提供指导性意见，感谢执委会为中心与国际博物馆协会间搭建了沟通的桥梁，并为此次研讨会做出了优秀的方案和组织协调工作，感谢国际博物馆协会韩国国家委员会、国际博物馆协会日本国家委员会、国际博物馆协会非洲博物馆国际理事会、国际博物馆协会跨文化组织，也要感谢来自国际博物馆协会总部、国际博物馆协会教育与文化活动专业委员会、人员培训委员会、职业道德委员会以及澳大利亚博物馆协会的大力支持！正是在你们的支持和帮助下，培训中心工作才得以顺利进行！

（2013年6月30日）

在国际博协国际博物馆培训中心成立晚宴上的致辞

国际博物馆培训中心揭牌仪式（2013 年 7 月 1 日）

今天，我们欢聚一堂，是为了欢迎各位来到北京，参加国际博物馆协会国际博物馆培训中心的成立仪式和研讨会。明天上午，激动人心的时刻即将到来。正如诸位所知，我们将在故宫建福宫花园，举行培训中心的成立仪式，为期一天半的研讨会也将随之举行。我们期待着与诸位一起见证培训中心的成立，更盼望诸位为培训中心的发展出谋划策，共同探讨培训中心的未来。

今天到场的有来自国际博物馆协会的嘉宾，国际博物馆协会中国国家委员会的嘉宾，以及中国博物馆界的嘉宾。我们的聚会，可以说是中国博物馆与世界博物馆的聚会，是为了中国博物馆的发展，也是为了世界博物馆的发展。

让我们共同举杯，祝福即将成立的培训中心，祝福我们的博物馆事业蓬勃兴旺，蒸蒸日上！

（2013 年 6 月 30 日）

在“故宫大讲堂”合作签约仪式上的讲话

非常高兴能在有“京津后花园”美誉的海滨城市，也是中国唯一一个因皇帝尊号而得名的城市——秦皇岛，和大家一起见证这个激动人心的时刻。经过双方积极的努力，由故宫博物院和秦皇岛市共同主办的系列公益讲座——“故宫大讲堂”今天在这里正式开幕。我谨代表全体“故宫人”对“大讲堂”的启动致以真挚的祝贺，向付出积极努力的秦皇岛市政府表示衷心的感谢，也向热情欢迎我们的港城民众表示诚挚的谢意！

这里是我国著名的避暑胜地，我们一行从炎热的北京来到这里，酷暑仿佛已经离去，我们感受到了不远处的大海带来的新鲜气息和丝丝凉爽，感受到这座海港城市独特的风景与舒适的生活，也更加深刻地认识到我们此行的意义，畅想着美好的未来。我相信，“故宫大讲堂”在这里落地、生根，一定会有更好的发展前景，让深邃厚重的故宫文化能够借着海风的推力，来到更多普通市民的身边，丰富他们的文化生活，让故宫文化及其所代表的传统文化的魅力，更好地传播、扩散，感染更多民众的心灵。

故宫博物院不仅是保存、研究、展示文物藏品的文化场所，更是人们感受历史、引发思考的文化空间。故宫博物院拥有世界上规模最大的古代宫殿建筑群，收藏着180万余件代表着中国文明史的珍贵文物，同时还有一支涉及领域众多、学术研究水平很高的专家学者队伍，已经取得了大量重要的学术研究成果。如何让这些文化资源和文化成果“走出”紫禁城、惠及更多的普通民众，是故宫博物院一直在努力的一项重要工作。

应该说，开办“故宫大讲堂”是故宫博物院和秦皇岛市在文化建设领域开展的一项重要工作。通过传播故宫文化，普及中国传统文化，弘扬中华文明，共同促进秦皇岛市文化事业的发展，丰富民众的文化生活。同时展示故宫博物院各项研究的最新成果，促进更加广泛的学术交流与互动。

我希望通过开办“故宫大讲堂”可以使更多的公众更加关心故宫博物院、了解故宫博物院，爱上故宫博物院，更多的了解我国的传统文化，从中汲取养分，享受文化的盛宴，获得深刻的文化体验。

（2013年7月5日）

在故宫博物院2013年半年工作总结会上的讲话

现在，我向大家汇报今年上半年的工作和下一步的工作设想。谈六个方面的问题。

一　安全保障提升

安全保障提升的中心任务，就是实施今年4月16日国务院批准的“平安故宫”工程。去年以来，大家集思广益，用了大约四个月的时间，编制和报审“平安故宫”工程。国务院及其各部门、相关的单位对于“平安故宫”工程高度重视，使这项工程一路绿灯，得到了国务院现场办公会议的批准。刘延东副总理亲自主持会议，参加会议的有文化部、国家发展改革委、财政部、科技部、公安部、武警总队、国家文物局和北京市政府。各单位的发言都明确表达了对故宫博物院发展的关注、支持和期盼。今年4月17日，我们在故宫博物院报告厅召开了“平安故宫”工程动员会。

“平安故宫”工程的三大保护对象是，故宫博物院17万平方米的古代木结构宫殿建筑群的安全、180万余件文物藏品的安全和每年约1500万中外观众的安全。“平安故宫”工程要解决7项隐患：第一，火灾隐患，这是列为头等重要的防范对象；第二，盗窃隐患；第三，震灾隐患；第四，藏品的自然损坏隐患；第五，文物库房隐患；第六，基础设施隐患；第七，观众安全隐患，这一隐患的危险性在日益增加。明确三个保护对象，解决七个方面的隐患问题，这就是“平安故宫”工程的核心内容。

“平安故宫”工程分为两个阶段性目标。一是到2015年10月10日，即故宫博物院成立90周年之际，基本消除重大隐患、重大险情。二是到2020年，即紫禁城建成600年之际，我们要实现健康的、稳定的、可持续的故宫博物院发展目标。

国务院立项的“平安故宫”工程的重点内容包括七个项目，即故宫博物院北院区建设、地下文物库房改造、基础设施改造、世界文化遗产监测、故宫安全防范新系统、院藏文物防震、院藏文物抢救性科技修复保护。前三项是由国家发展改革委进行立项和资金安排，后四项是由财政部审批和安排资金。我分别简单地说明一下：

第一，在“平安故宫”工程中投入资金最多的一项，是故宫博物院北院区建设。为什么叫“故宫博物院北院区”？因为它是故宫博物院整体格局的一个组成部分，一个附属的院区，将来可能还有其他院区。经过对世界上一些著名博物馆近年来的发展趋势研究发现，很多博物馆都在原有的馆舍之外，谋求新的更广阔的发展空间。例如，4年前建成的新雅典卫城博物馆，与卫城山上老雅典卫城博物馆直线距离340米，在博物馆展厅内可以眺望帕提农神庙和卫城山文化景观。伦敦博物馆在5000米之外，建设了博物馆港区，用于弥补使用空间上的不足。大英博物馆虽然没有另外选址建设，但是他们智慧地对中庭进行了保护性利用，获得了一个巨大的博物馆共享空间。近年来很多老博物馆的改扩建，主要趋势是增加两个方面的空间，一是增加文物藏品科技保护空间，二是增加为观众服务的共享空间。俄罗斯国家历史博物馆，前后历经了三次扩建，形成功能互补的有机整体。日本东京国立博物馆，更是按照不同主题经过五次扩建，形成了今天的博物馆建筑群规模。由贝聿铭先生设计的美国国家美术馆的东馆，也是扩展了美术馆原有功能的发挥。最近到台湾访问，了解到台北故宫博物院正在台湾南部的嘉义县选址建设南院区，预计在 2016 年建成。

汇总这些情况，故宫博物院谋求在紫禁城外拓展新的发展空间，经过研究决定在故宫博物院西玉河基地周边选址建设故宫博物院北院区，即以西玉河基地作为依托，向西、向东、向南扩展，形成一定规模的博物馆建设区域。选址在西玉河的一个重要原因，是昔日紫禁城有向西北方向谋求发展空间的传统。此前城市规划部门曾经建议故宫博物院将新院区建在南城天桥附近，因为那里要规划建设文化园区，但是，我们认为故宫文化与天桥文化之间差异较大。在清朝时，紫禁城的每次功能扩展都是优先考虑京城西北方向，例如万寿山清漪园、玉泉山静明园、香山静宜园、畅春园、圆明园等组成的三山五园。作为文化传承，故宫博物院北院区决定还是建在历史城区西北方向。

这个地方叫崔家窑，明代的时候崔氏两兄弟到这里来烧砖，清代改为给宫廷烧琉璃，断断续续一直持续到 20 世纪末，1998 年北京加强环境保护，治理“五小”的时候窑厂关闭。几年后成为故宫博物院的西玉河基地，建设有 8000 平方米的基地馆舍。故宫博物院北院区规划占地 47 万平方米，是一处道路围合的完整区域，规划用地中间有崔家窑水库，形成一片难得的湿地，北面有南沙河和 150 米沿河景观带。在用地内有北部、东部和西部三处建设用地。今年，一方面要着手申请用地性质的调整，建设用地的划拨，以及规划设计的前期工作；另一方面，规划用地内 90 户居民搬迁和城市市政基础设施规划等前期工作，海淀区政府表示将积极组织实施居民搬迁工作，北京市政府表示将优先安排北院区东侧和南侧两条主要城市道路和市政基础设施建设。在北院区建筑规划设计方面，开展了可行性研究，有过两种不同的规划建设设想，一种是仿故宫古建筑群传统建筑形式的方案，另一种是现代建筑形式的方案。经过院长办公会议讨论，认为故宫博物院北院区在建筑设计风格上，应具有民族传统、地方特色和时代精神，应体现故宫文化特色和现代化博物馆特征。在建筑设计标准上，应注重环境保护、节约能源、低碳排放。

确定故宫博物院北院区的功能最为重要，首先必须满足文物藏品保护修复的需求。希望在这里建设一个功能强大的、世界一流的文物保护修复中心。文物保护修复中心规划面积 20000 平方米左右，其中 15000 平方米是封闭式文物科技保护设施，另外 5000 平方米作为开放式文物科技保护平台，向社会公众展示文物保护修复的过程，使人们有机会了解博物馆科技工作者幕后工作的意义。为了使经过保护修复后的文物藏品得以展示，使更多的故宫博物院院藏文物面对社会公众，在故宫博物院北院区规划建设 55000 平方米的展示空间，如果加上 5000 平方米开放式文物科技保护平台，观众可以参观的区域将达到 60000 平方米，这个规模比一般省级博物馆的展览设施部分规模要大一些，对故宫博物院所拥有的文物藏品规模和观众规模来说比较合适。目前由于故宫博物院缺少展览设施，只有很少部分文物藏品可以对公众展示，因此也受到社会公众的不少批评。将来故宫博物院北院区建成以后，每年展出的文物藏品将数倍增长，展览质量也将得以提高，特别是一些主题鲜明的系列展览可以不断推出。

虽然故宫博物院的1807558件（套）文物藏品的永久性库房都在紫禁城内，在故宫博物院北院区内不设置永久性库房，但是也需要建设一定规模的文物周转库房，用于保管修复过程中的文物藏品和筹备临时展览期间的文物展品，因此需要有10000平方米左右的文物周转库房。在故宫博物院北院区的沿河沿湖一带有大片绿地，占用地面积的50%以上，准备在这里建设故宫博物院宫廷园艺中心，使宫廷园艺在这里得到更好的传承和发展。在观众进入故宫博物院北院区的出口处，设置一定的观众服务设施。同时在这里建设一处故宫博物院数字博物馆，也是数字故宫文化传播中心。此外还有相当数量的学术研究机构用房和教育培训设施。最后是行政管理用房和配套设施。目前，对于故宫博物院北院区功能的思考，只是初步设想，希望在编制项目建议书和制订设计招标文件过程中，进一步集思广益，随着规划设计的深入，不断加以完善。

总之，北院区的建设将使故宫博物院的文化功能得以拓展，特别是使数量众多、体量较大的文物藏品的修复保养和科技保护成为可能。例如6200件明清家具、1300块地毯，以及大量的武备仪仗等，由于在紫禁城古建筑群里缺少空间，难以得到系统保养和保护，北院区的建设将使这些需求得到满足。同时，故宫博物院的展品数量方面，也一直受到观众的质疑。目前能够展出的文物藏品数量所占文物藏品总量的比例太少。当然，任何一座博物馆都不会把全部的文物藏品都用作展示，但是故宫博物院应该努力采取多种措施，例如扩大开放面积、增加展览空间，使更多的故宫博物院文物藏品与公众见面。但是，真正实现理想状态有赖于北院区的建设，特别是在大型博物馆展厅内，可以系统举办主题鲜明的、具有感召力和影响力的大型展览，也会不断引进来自世界各地的优秀展览。在建筑标准方面，北院区应是低碳、环保、零排放的生态建筑群，符合故宫博物院的文化身份。

第二，地下文物库房改造。故宫博物院的地下文物库房分别建成于上世纪80年代和90年代，两期共形成22000平方米的建筑规模。目前地下文物库房内保管着90万件左右文物藏品。就数量来说，占了故宫博物院文物藏品总数的一半，但是地下文物库房内保管的文物藏品体量相对较小，大量体量较大，同样珍贵的文物藏品，未能进入地下文物库房保管。虽然在文物藏品保护方面地下文物库房发挥着重要作用，但是，由于当时科技发展和建设水平的局限，今天地下文物库房也存在一些问题，一是局部地方出现了渗漏隐患，虽然并不严重，但是对于地下文物库房来说，是必须高度关注，切实加以解决的心腹大患。二是二期地下文物库房当时空调设施采取的是水冷方式，因此在地下文物库房上面顶着50吨的水池，也让人十分揪心。三是虽然目前地下文物库房具有恒温恒湿功能，但是整个地下文物库房只能设定一个温度、一个湿度，不能根据不同文物藏品的需要，对相应保管空间进行调节，导致一些有特殊环境要求的文物藏品，保管环境不能满足实际需要。同时，在工作条件方面，由于空气调节系统的新风送量不够，不符合目前应有的健康卫生标准，因此地下文物库房的工作人员条件更加艰苦。

正因为这些原因，需要对地下文物库房实施新的改造，以提升使用功能。原来希望在一期、二期文物库房的基础上再增加一期文物库房建设，使更多的文物藏品得到更好的保管条件。但是，有关部门专家建议在紫禁城内尽量减少挖掘地下空间，为未来保护和发展留有余地，经过研究赞成这一意见，即不以增加库房面积为主要目的，重点放在对原有地下文物库房功能进行改造提升，所以也不称为地下文物库房的“三期”工程。在解决上述三个存在问题的基础上，地下文物库房的面积由原来的22000平方米，增加到28000平方米。在具体方案方面，可以将一期和二期文物库房中间部分，以及现有文物库房上部的土层去掉，使地下文物库房成为一个整体板块，不但使安全条件得到提升，空间利用方面也更为合理。改造以后的地下文物库房，将整体成为具有先进智能化管理的文物藏品保管空间。在规划设计上，地下文物库房与即将建设的文物保护科技中心之间通过一条地下文物藏品通道进行连接，使文物藏品减少上下搬运。目前经常看到工作人员使用小推车在地面搬运文物，经常受到观众人群、车辆的干扰，存在安全隐患。因为文物藏品在移动的过程中最容易发生安全问题，建设地下文物搬运通道的措施十分必要。同时，在地下文物库房改造提升的过程中，还计划配套建设文物展品点交空间和缓冲区，既使文物藏品减少搬运次数和距离，又使进库和出库的时候，对于环境有适应的时间，避免由于温度、湿度等环境的骤然变化造成对于文物藏品的伤害。目前文物展览藏品点交空间在御茶膳房，距离地下文物库房较远，这些都需要进行调整改善。在这次地下文物库房改造提升中，要避免文物的大规模搬运和改变保管方位，同时又希望改善现有的保管环境，例如制作囊匣，安装金属质的密集柜。经过精心设计，可以使空间利用更为科学合理，例如原有地下文物库房上部的土层去掉之后，可以获得部分市政管道层空间。

第三，基础设施改造。在紫禁城里这是最难处理的项目，因为基础设施管线在古建筑群内布设，难免穿越古建筑，伤害文物本体，也对环境造成较大影响。同时，一方面各项工作条件的现代化提升，使能源需求不断增加。另一方面，基础设施管线的种类不断增加，由过去的6－7种，增加到目前的16－17种。正是因为有这些难度，基础设施现状管线维修改造工程设计方案的论证前后用了七年时间，终于在去年获得专家论证会议原则通过。此次之所以获得通过，一个重要原因是结合故宫博物院实际调整了规划建设思路。即在总体规划中，智慧地将利用能源最多的一些项目集中布局在紫禁城的西南部，基本在红墙古建筑群之外。例如在这个区域安排文保科技用房、地下文物库房、业务办公用房，以及武警营房等，也就是说，70%以上的能源使用单位和设施安排在这个区域，以改变目前古建筑群与基础设施管线之间存在的尴尬局面。在这一区域还规划设计了基础设施共同沟系统，也就是综合管道设施。在共同沟内可以安排和容纳大多数的基础设施管线，把大量基础设施能源使用部门连在一起，既有利于方便日常检测和维修，也有利于节约地下空间，避免反复开挖基础设施。基础设施管线共同沟将安排在即将建设的300余米长的文物保护科技中心地下，结合人防工程和地下室建设合理安排，并不需要另行寻找路由，减少对古建筑群的影响。

第四，世界文化遗产监测。目前，我国是世界上拥有世界遗产第二多的国家。但是，“重申报、轻管理”的问题一直存在。世界文化遗产申报的目的是实现更高层次和更高水准的保护，世界文化遗产监测是实现科学保护的重要手段，保证世界文化遗产的永续保护和世代传承。在这一方面，故宫作为我国第一批进入《世界遗产名录》的世界文化遗产，在世界文化遗产监测方面应该做出表率。在2011年，故宫博物院已经率先建立了世界文化遗产监测管理系统，建立了世界文化遗产监测平台和机构。故宫既是世界上保存至今最大的木结构宫殿建筑群，也是世界上拥有中国文物藏品最多的博物馆，还是世界上每年观众人数最多的博物馆，因此故宫世界文化遗产监测内容格外全面，涉及文物建筑、室外陈设、植物动物、环境质量、游客动态、安全防范、基础设施、馆藏文物、非古建筑、监测保障等10个方面，包括可移动文物和不可移动文物、文化遗产与自然遗产、静态遗产和动态遗产、古代遗产和近代遗产、物质遗产和非物质遗产、文化景观和文化空间等方方面面内容，每个监测方面都需要具体细化。这样全方位的监测系统，需要多学科、跨部门的参与。今年针对去年的检测成果，计划出版2012年世界遗产监测报告，包括中文版和英文版，这在全国世界文化遗产监测领域还是首例。

第五，故宫安全防范新系统。由于社会环境的变化和科学技术的发展，故宫博物院原有的安全防范系统已经落后，计划建设安全防范新系统。在全院的共同努力下，去年10月新的中控室已经建成，今年年底安防系统将全部建成投入使用，明年年底消防系统将全部建成使用，要坚定不移地把已经确定的工程项目完成。现在安全防范系统工程进行到库房区域、工作区域，不免会对正常工作造成影响，这就需要各部处的协调配合。目前属于冲刺阶段，总体进展比较顺利。但是安全防范系统的完善不能一劳永逸，不能有所停顿，还要继续集中力量研发安全防范系统进一步的提升方案。每一次改造提升工程完成以后，都要马不停蹄地进行下一次改造提升工程的研发，不断追求更加先进的科学技术用于故宫安全防范系统。今年还要研究摄像监控探头加密的问题，目前故宫博物院内摄像探头的密度低，功能不够强大，摄像监控探头加密能够有效提升故宫安全防范水平。实际上下一轮安全防范系统工程并不一定要取代前一轮安全防范系统工程，而应该实现安全防范的多层覆盖，例如下一步采用物联网技术提升安全防范系统，多层覆盖的系统能够提高可靠性，全方位地确保故宫的安全。因为我们保管的是世界上最珍贵的文物藏品，因此必须拥有世界上最先进的安全防范系统和设施。当然，更重要的是依靠我们的责任强化和技能提升，在不断加强技术装备的同时，也要提升安全防范的技术能力，通过日常对于防雷设施的检测、安防设施的维护，使安全防范系统始终保持良好的运行状态。

第六，院藏文物防震。文物藏品和文物建筑的防震问题一刻都不能掉以轻心，特别是华北地区在历史上多次发生大地震，有过很多惨痛的教训。故宫博物院的文物藏品，由于数量巨大，保存空间有限，致使文物藏品防震水平存在很大的提升空间，例如器物部管理的二级品瓷器库房，这些瓷器藏品放在一座省级博物馆里，一定会定级为国家一级文物，都会有为这些文物藏品量身制作的囊匣和金属质密集柜，但是目前故宫博物院文物藏品保管条件却达不到，应该迎头赶上。博物馆不能因为文物藏品多就降低保护防范水平。还有一点，就是人们格外关注文物藏品意外损毁事故，但是对文物藏品因腐蚀造成的损毁，或因地震等不可抗力因素造成的损坏，却往往关注不够，更没有人承担责任，这种观念需要转变。必须要树立预防性保护的理念。汶川大地震不幸中的万幸，就是绵阳博物馆在地震发生前一年建设完成了中心库房，保管了绵阳市和所辖7个县的国家珍贵文物5000件，在大地震发生时，只有一件体量较大的瓷器因未能装入囊匣而破碎。至于那些没有进入绵阳博物馆中心库房的一般文物藏品，在地震中几乎损失殆尽。所以在院藏文物防震方面，要舍得投入资金和精力，把院藏文物防震一刻不停地持续搞好。

第七，院藏文物抢救性科技修复保护。“平安故宫”工程专门列出这一项目，表明今天我国对于文物藏品科技保护的重视。对于故宫博物院来说，文物藏品科技修复保护是一件当务之急的抢救性工作。一方面，通过科技检测、无损探伤等手段对文物藏品的保护状况进行分析，科学制定修复方案，采取高新技术与传统工艺相结合的方法对文物藏品进行保护修复，例如古书画装裱修复和青铜器保护修复等，故宫博物院都拥有出色的文化传承和优秀的技术力量。待故宫博物院西河沿文物保护科技综合业务用房建成后，重要的珍贵文物将在紫禁城内进行科学研究和保护修复。另一方面，加强非物质遗产传承，特别是对于数量众多、体量较大的宫廷文物，例如明清家具、明清地毯、车马轿舆等，则采取故宫文物保护科技人员与非物质文化遗产传承人相结合的方式，设立专项保护修复室，进行长期保护修复与技艺传承，待故宫博物院北院区的文物保护修复中心建成后，将有序开展起来。

以上七项“平安故宫”工程项目，是一个相互联系的系统工程，相辅相成、相互促进，同时，需要全体“故宫人”倾注全力，加以实施。有理想才有未来，有行动才见曙光。“平安故宫”工程是一个过程，需要以对历史、对国家、对民族负责任的态度，认真记录8年间每一项工作的实施步骤和结果，便于今后进行检验。因此，院办公室牵头对于“平安故宫”工程项目立项前后及未来发展的每一个环节，包括国务院领导的视察讲话、国家相关部委的表态发言，各个项目审批和执行的过程，以及全体员工在实施过程中的努力等，进行详细记录，留下历史的瞬间，保存好成套档案。去年已经编制了厚厚的一本《“平安故宫”工程资料汇编》，今年仍在汇集资料。

二　保护修缮提升

2020年，是我国政府宣布全面进入小康社会的一年。对于故宫博物院来说，这一年也极具象征意义，一是2002年经国务院批准的故宫整体修缮工程，经过18年的实施，将在2020年全面完成，紫禁城古建筑群将更加壮美。二是2013年经国务院批准的“平安故宫”工程，经过8年的实施，也将在2020年全面完成，紫禁城将更加安全。两项文化遗产保护工程同样具有伟大意义，完成时间指向同一年度，因此2020年更加令人充满期待。

今年，故宫整体修缮工程已经进入第11个年头。2002年11月武英殿开工，拉开了故宫整体修缮工程的序幕。在坚持每日对观众开放的情况下，实施这一故宫古建筑群有史以来最大规模的修缮工程，难度可想而知，应该说是非常了不起。在这个过程中，坚持尽量不改变文物原状，最大限度地保持历史信息，遵守《文物保护法》和文物工作方针所确立的原则，向社会公开传达相关信息，维护观众的参观权益等各个方面，都做了大量的工作。故宫整体修缮工程的意义，不仅仅在于保证古建筑的健康、安全，还在于通过修缮持续扩大开放空间。2002 年，故宫整体修缮工程实施之前，故宫博物院对观众开放空间只有 30%，而今天开放空间已经达到 50%左右。目前，古建部和有关专家正在对 10 年来的修缮工程进行总结，编制各项工程的修缮报告和研究成果，这是十分重要的工作。同时，近年来为了保证工程质量，整体修缮工程速度放缓了一些，但是还在持续，很多地点的文物建筑还在不断地被列入实施修缮工程的名单，例如慈宁宫花园保护修缮工程将于今年 8 月竣工，东华门保护修缮工程将于今年年底竣工。特别是一些抢救性的保护工程必须及时加以有序安排，例如前些年故宫古建筑群中发现白蚁，这是需要给予高度警惕的事情，必须对受白蚁威胁的古建筑地点进行持续监控，预防白蚁的出现和蔓延。今天，故宫整体保护修缮工程要更加精益求精，最大限度地保留珍贵的历史信息，注重传统工艺的传承，工程进度必须服从工程质量。倦勤斋的保护修缮工程提供了很好的模式，就是科学技术应用与传统技艺施工相辅相成，不追求进度，把质量放在第一位。在继续实施整体保护修缮工程的同时，针对古建筑的岁修、零修一定要抓紧，建立常态化的工作机制，小问题不及时修补，往往就会积攒成大问题。例如由于年久失修，造成因植物的生长摧毁古建筑的实例，在世界各地并不鲜见。因此要保证古建筑地面不能长草、古建筑屋顶也不能长草。这些也是直接关系观众文化权益和故宫文化形象的工作，要经常性地抓好。

三　环境质量提升

今年 2 月至 5 月，用 3 个多月的时间，对故宫博物院内的所有房屋有计划地进行走访，对室内外环境进行考察，为实施保护整治提出建议。

（一）箱柜类

原来故宫博物院的文物藏品大多存放在木质的箱子里面，保存在各处的地面库房。20 世纪 80 年代故宫博物院一期地下库房建成后，一些文物藏品离开了地面库房的原存放地点，但是原来存放文物的箱具、柜具被留在了原地。20 世纪 90 年代二期地下库房建成后，又一些文物藏品离开了地面库房，又一批箱具、柜具被留在了原来的房间里。于是在故宫博物院开放区和非开放区的很多建筑室内，保留有相当数量的木质文物箱具、柜具，例如在毓庆宫、重华宫厨房、慈宁宫西暖阁、慈宁宫大佛堂、英华殿、寿康宫、坤宁宫、庆寿堂、养性殿、储秀宫、景阳宫御书房等处，都有很多箱具、柜具，数量以箱具为主。不少箱具、柜具质量非常好，有些体量很大，重量很沉。在不少箱具、柜具上还保留着当年的封条和各种信息，有些具有重要的历史价值，对于今后文物清理也可以提供重要信息，总之这些箱具、柜具都是珍贵的文物，应该有更为集中、更好的保管条件，不应该像目前这样仿佛被人们遗忘般地散放在几十座古建筑内。同时，这些箱具、柜具堆放在古建筑室内，造成古建筑难以维修保养，很多室内地面长着一层白色霉菌。目前，宫廷部在弘义阁内做了双层的柜架，专门用来存放这些箱具，实现这些箱具的集中保护，将来甚至可以选择一些箱具、柜具进行仓储式展示。

（二）门窗类

在走访中，看到很多古建筑室内和过道上堆积着一些古建筑门窗，有些是因为开放的需要将一些门窗拆卸下来，就近存放，也有些是文物建筑修缮后替换下来的门窗构件，总之都是珍贵的古建筑文物构件。目前，景仁宫、养心殿、太极殿、翊坤宫、储秀宫等宫殿，都堆放有很多门窗。有些门窗可能相当长的时间内难以再安装到原处，但是如果长期堆叠放置在一起，将会造成逐渐损坏，应该进行保护修复，或在这些门窗原属古建筑的附属建筑内制作专属架子妥善存放，或设置一处古建筑门窗库房集中保管，部分重要的古建筑门窗，甚至可以作为展品在将来的古建筑馆内展示。

（三）石构件类

在故宫博物院非开放区的不少院落中，散落着为数不少的古建筑石质构件，例如英华殿、寿安宫、储秀宫、景仁宫、钟粹宫、銮仪卫、宁寿宫、太极殿等古建筑院落中都有随处可见的石质构件，需要进行清理。目前，古建部正在收集整理。通过进行悉心拣选，将来准备将东华门下面銮仪卫的院落作为露天保护展示石构件的场所，特别珍贵的古建筑石质构件应该收藏在室内。虽然这个院落由于处在故宫博物院的库房区域，难以对观众开放，但是可以供古建筑保护专业人员观摩，而观众从东华门古建筑馆往下望，可以看到这些古建筑石质构件的陈列。

（四）织绣类

在走访中还发现不少古建筑室内，堆放着、散落着不少织绣类的文物，例如乾清宫、寿康宫、翊坤宫、延庆殿、养心殿、重华宫、宁寿宫、建福宫等处，均有一些各种质地、不同用途的织绣品，有的摞在箱子上，有的堆放在床榻上，有的干脆堆放在潮湿的地面上，缺乏保管条件。这些织绣类文物，内容丰富多彩，但是相对比较脆弱，很容易糟朽，以至于难以修复。如果把它们整理起来，保存在柜架上，不但可以有效改善保管条件，也可以比现在节约空间。有些织绣类的文物随着时间推移，未来可能会成为宝贵的研究资料。例如在走访中就在两处地点发现当年建福宫花园火灾以后的遗存，包括一些织绣类物品，为即将筹备的建福宫花园历史陈列，提供难得的实物展品。目前，已经开始对散落各处的织绣类文物进行集中清理，并准备将其集中存放在玄南库房。这样不仅能够使这些织绣类文物获得应有的尊严，而且使不少古建筑能够腾出很多有效空间。

（五）文物类

在走访时看到一些文物藏品或资料，需要进行清理和加强保护措施。例如在太极殿东群房内，存放着一些汉白玉构件，由于室内潮湿，缺乏保护措施，竟然比安放在室外的同类汉白玉构件风化得更为严重，应改变保护存放方式。在三所殿区二所殿内，存放着 40 多具象牙，据介绍原来拟作为文物修复原料，所以存放在文保科技部库房，但是现在象牙早已属于被保护的对象，不可能再作为文物修复原料使用，因此应该正式移交给文物管理处研究如何定性，加以妥善保护。在太极殿西群房、寿康宫后殿西群房等处存放着一些类似中药盒、钥匙盒等文物，应该进一步进行价值认定，提出保护要求。在寿康门外西群房南房内存放着一些精美的器物座，用紫檀等上乘材料制作，有些器物座上还有器物名称等信息，据介绍是文物南迁等原因造成器物与器物座分离，今天需要重新认识它们的价值，不能作为一般的修缮材料，应该按照文物藏品加以保护，并创造条件适时将这些古器物与器物座重新合璧，使文物藏品实现完整性。在寿康门外西群房南房存放着一些昔日的纱窗、铁锅、铜盆等日常用具，这些文物实际上在以不同形式诉说着宫廷生活史。还有在不少古建筑房间内保留着完整的炕，一些炕上仍然保留着褥子、席子等原状遗物，颇为珍贵，但是很多炕上杂乱堆放着一些物品，或者暴露在尘土满布的环境之中，实际上这些实物对于明清宫廷史研究来说，是不可或缺的资料。总之，在众多古建筑房间内存放的一些尚未列入院藏文物总目的文物藏品，都应该进行清理，进一步界定保护级别、保护标准和保护方式，及时提升保护水平，这些工作应该是文物藏品清理的延续。

（六）展柜展具类

走访中注意到，在开放区的不少配殿、后殿等古建筑内，存放着大量撤展下来的展柜、展具，例如乾清宫昭仁殿、景阳宫东配、永和宫后殿西配、永寿宫西配等地点，不少展柜和展板上留有当年展览的名称和说明，可以知道它们存放于此已经很多年，只是当年展览结束后没有舍得处理，就暂存在这里，实际上一直没有派上用场，逐渐被遗忘。但是这些展柜、展具占据了很多室内空间，事实上存在着一定火灾隐患，对于古建筑维修也增添了不便。因此，应该对这些展柜、展具进行一次清理。对于其中具有故宫博物院特色，未来将继续使用的展柜展具，进行拍照清理、登记建档，以便于展览设计人员的提取、使用。对于虽然质量还好，但是在故宫博物院未来的展览中不会再用的展柜、展具，可调拨给其他有需求的中小博物馆，合理利用。总之，对于展柜、展具要实施动态管理。

（七）杂物类

目前，更多的房间堆放着各种各样的杂物，例如不少古建筑内存放着现代办公桌椅、沙发、文件柜、垃圾桶、化纤地毯、观众餐饮桌椅、花盆、餐具、儿童车等，在祥旭门外东值房内存放着一些使用过的书版底座，太和殿左翼门南门房内存放着十多年前某单位举办临时展览后留下的大量历代妇女题材塑像展板。同时，看到宁寿宫景福宫东屋、翊坤宫西配、养心殿燕喜堂西群房、永寿宫北院东配、长春宫怡情书史等处更是长年没有清理，杂乱无章，再有太和殿东西暖阁、保和殿东西暖阁、乾清宫东西暖阁、宁寿宫东西暖阁等位置重要，更应该及时清理杂物、净化环境、消除隐患。当然杂物清理时要格外谨慎地判断取舍，不使有保留价值的文物资料也被清理出去。还有古建筑院落内不要随意种植葡萄等植物，更不能揭开原有古建筑地面进行绿化，要最大限度地保护古建筑群的原状。

分布在各处的彩钢房存在火灾隐患。最近公安部根据今年以来火灾高发的形势，发布通知要求集中对彩钢房进行整治。故宫博物院内共有 59 栋彩钢房，目前结合环境整治已经拆除数栋彩钢房，要克服困难，以穷追不舍的精神消除这些隐患，维护古建筑群的景观。

内务府原址上面也需要整治，计划安排在地下库房改造以后，恢复地面传统建筑风貌，建设与原内务府建筑群在体量、形式方面相符的传统形式建筑，可以作为书画部、器物部、宫廷部的办公用房，因为这些部处的工作性质与地下文物库房关系密切，因此有利于改善工作条件，提高工作效率。而南三所建筑群腾出来后，经过古建筑保护修缮，可以用来作为故宫研究院的用房，专家的工作条件将获得明显改善。

南大库古建筑体量较大，长期以来作为古建筑修缮材料库房、国家文物局借用文物库房、武警部队食堂，应该恢复原有格局，改变目前的使用性质，可以作为仓储式家具文物库房，便于文物保管和研究，也可以节省大量地面库房的空间。南大库南侧长期以来用作建筑施工备物备料和材料加工的场地，也应该恢复历史格局，可以用作驻院武警部队的营房。因为这个位置比较隐蔽，对观众参观和院内员工工作影响小，并且相对独立，方便自身管理，方便出警行动。目前，驻院武警部队不负责故宫博物院的夜间安全，经过国务院同意，公安部、武警总部批准，争取明年武警部队正式接管故宫博物院的防卫。

还有两个规划设想不知大家是否认同。一个是将来创造条件把西华门两侧的“屏风楼”拆掉。当年为遮挡北京饭店东楼对中南海的视线，建设了 5 栋楼房，这些“屏风楼”的存在，不但严重破坏了故宫古建筑群的历史格局和文化风貌，而且建设之时野蛮地拆除了西华门两侧城墙的马道，造成历史建筑不再完整。2003 年，国家发展改革委在批复同意中国第一历史档案馆迁建工程时，曾明确要求，“中国第一历史档案馆迁出后，旧馆应拆除，尽快恢复明清故宫原貌”。长期以来，专家学者呼吁拆除“屏风楼”，故宫博物院为此也做了很多工作。目前，中国第一历史档案馆正在着手选址迁建，但是进展十分缓慢。为了维护故宫世界文化遗产的真实性与完整性，应该纠正这一令人遗憾的错误，恢复紫禁城的壮美景观。

另一个是创造条件把行政办公和停车设施全部搬出紫禁城。故宫博物院目前有 34 个部处，员工编制为 1450 人，其中专业人员和行政人员大致各占一半。业务部处和专业人员在工作时间与文物建筑和文物藏品联系密切，应该在紫禁城内办公，而行政部处和管理人员则应尽量安排在紫禁城外。在 52 米宽的故宫筒子河与 10 米高的紫禁城城墙之间，在东、西、北三面，清代建有 700 多间连檐通脊的守卫围房，当时派兵驻守，戒备森严。如今虽然对筒子河进行了环境整治，但是围房未能按照当年规划恢复。如果能够按照保护规划，恢复围房，不但可以再现当年紫禁城的完整景观，而且可以将紫禁城内的行政部处和管理人员搬出紫禁城，在这些围房内安排。这样将减少紫禁城已经不堪重负的压力，有效扩大故宫博物院对观众的开放空间。至于停车场，还需要依靠社会支持在周围选址安排。

四　陈列展览提升

目前，进入故宫博物院的大多数观众在导游的带领下，往往沿着中轴线“目不斜视”地匆匆而过，常常忽略两侧展示珍贵文物的陈列展览。实际上，经过建院以来 88 年的探索实践，故宫博物院不断结合所拥有的文化资源，完善陈列展览内容，形成独具特色的展览体系。在故宫博物院的陈列展览中，最具影响力的是原状陈列，无论是中轴线上外朝太和殿、中和殿、保和殿的“三大殿”陈列，还是内廷乾清宫、交泰殿、坤宁宫的“后三宫”陈列，都具有强烈的吸引力，以至于进入故宫博物院的大部分观众总是沿着中轴线参观。下一步陈列展览继续完善，例如在外朝两侧安排与皇宫朝会大典文化相关的武备仪仗等文物陈列，在内廷两侧安排与皇帝处理日常政务和帝后及其年幼子女居住文化相关的生活用具等文物陈列。

西六宫和东六宫是故宫博物院展厅最密集的区域，也是观众参观较为密集的区域。目前西六宫的储秀宫、翊坤宫、长春宫、太极殿等作为宫廷原状陈列展厅，永寿宫、咸福宫、丽景轩等则作为宫廷历史常设陈列展厅。其中宫廷原状陈列展厅因独具特色而受欢迎。但是目前陈列展览的效果不佳，还有很大的参观效果提升空间，例如目前观众要想清晰地看到室内原状陈列，往往需要趴在玻璃上向内张望。改善宫廷原状陈列展览效果，需要对室内安防、消防、照明等，与陈列展览进行整体设计。应该将宫廷原状陈列的每一个院落视为一座完整的展厅，而将每一座古建筑的窗户作为展柜，观众透过玻璃窗能够清晰地欣赏室内的文物展品。今后对作为展厅的古建筑进行保护修缮时，必须同时编制古建筑修缮方案、室内装饰布置方案、安防技防安装方案、陈列展览设计方案等，统筹设计施工，避免反复拆改，实现整体效果。

东六宫的钟粹宫、承乾宫、景仁宫、景阳宫、永和宫、延禧宫等基本保持明代格局，昔日主要为明清后妃的居所，目前东六宫的开放区域，主要辟为文物陈列专馆。除了这些之外，深受观众欢迎的文物陈列专馆，还有文华殿作为古代艺术品陈列专馆“陶瓷馆”，武英殿作为古代艺术品陈列专馆“书画馆”，奉先殿作为宫廷历史文物陈列专馆“钟表馆”，皇极殿东西庑及养性殿、乐寿堂作为文物陈列专馆“珍宝馆”，阅是楼与畅音阁作为文物与原状景观紧密结合的陈列专馆“戏曲馆”。这些文物陈列专馆使故宫博物院的珍贵藏品得以系列展示。

但是，一方面，这些文物陈列专馆需要不断改善提升，例如珍宝馆近期正在研究改陈方案，主要思路是皇极殿东西庑区域空间比较开阔，集中陈列古代艺术珍品，而养性殿、乐寿堂区域为太上皇宫殿的重要部分，空间比较紧凑，但是店堂内建筑装饰极其精致，因此这一部分应该以展示太上皇文化和精美的室内装饰为主。另一方面，相对于故宫博物院的25大类文物藏品来说，目前的文物陈列专馆还不够。要积极创造条件，努力开辟更多的文物陈列专馆，例如东华门修缮竣工后，计划作为古建筑馆对观众开放，目前展览大纲已经编写完成，明年进行布展。御膳房目前是家具文物库房，进行保护修缮后，可以作为家具馆对观众开放。延禧宫在文保科技部迁至西河沿以后，可以作为外国文物馆对观众开放。将来还应创造条件选址建设故宫博物院的早期文明馆，因为一般观众并不了解，故宫博物院除了拥有上百万件的明清文物藏品，还有数十万件明代以前的早期文物藏品。

目前，修缮技艺部的位置是历史上的清宫造办处，但是没有留下历史建筑，现在的地面建筑都是建国以后陆续建设的一层建筑，四周有红墙围合，相对比较隐蔽，从外面看不到院内的建筑。负责《故宫保护总体规划》编制的中国建筑设计研究院建筑历史研究所建议，这里可以安排故宫博物院的书画馆。现在书画馆在武英殿，但是并不理想，由于缺少集中空调设施，因此环境得不到切实保障，作为古建筑群不免夏季潮湿、冬季干燥，都不利于书画展示，特别是遇到暴雨天气就会提心吊胆，这样只能在春季和秋季各安排两期展览。同样因为环境原因，每期书画展览也由过去的 3 个月，缩短为 2 个月。作为拥有中国古代书画藏品最多的博物馆，每年只能展出少量的书画藏品，一直以来受到社会各界的质疑。因此故宫博物院需要拥有一处具有现代化保护展示条件的书画馆。未来的故宫博物院书画馆，珍贵的古代书画可以得到有尊严的保护展示，观众一年四季都可以在更加宽敞的拥有故宫博物院特色的展馆内欣赏书画。

如果造办处原址作为书画馆，那么武英殿可以作为工艺馆。故宫博物院原有三大馆，书画、瓷器、工艺，目前没有工艺馆。故宫博物院所藏金银器、漆器、珐琅器等文物藏品精美绝伦，但是缺乏具有一定规模的陈列展厅。这些工艺类文物藏品相对于书画类文物来说，更能适合武英殿古建筑的环境，一年四季都可以持续对观众开放。

为了满足新的学术研究成果展示需要、满足观众多样化文化需求需要、满足国内外文化交流的需要，故宫博物院应该拥有一定面积的临时展览空间。目前午门展厅、神武门展厅、斋宫展厅等承担着这些职能。其中现有午门展厅自成为临时展厅以来，先后举办了一系列具有影响的陈列展览，包括来自世界各地一些著名博物馆的重要展览，已经成为故宫博物院与国际博物馆界交流与展示的重要平台。但是，总体来看，午门展厅只有 800 平方米的面积，由于规模不足致使一些大规模的展览难以在此展出。因此，下一步需要对午门展厅加以完善，特别是拥有 2000 平方米的午门两侧雁翅楼，长期以来作为文物库房，目前已经腾空，经过古建筑保护修缮之后，可以作为临时展厅。整体改造完成后的东、西雁翅楼展厅将与午门展厅组合成为 2800 平方米的大型临时展厅，整个项目以保护古建筑为前提，在最大限度地保留原有风貌的基础上，将其利用为故宫博物院面积最大、功能最全、规格最高的现代化展区，可以举办更为具有影响力的大型展览。这项计划预计在 2015 年的夏季竣工，第一个展览将是故宫博物院建院 90 周年的大型展览。

故宫西部区域的开放也计划在 90 周年院庆之前实现。目前，慈宁宫、寿康宫保护修缮工程已经完成，慈宁宫花园修缮工程也将在 8 月底基本竣工，这一区域开放以后可以容纳较多观众参观。慈宁宫作为雕塑馆的陈列设计方案已经基本确定，寿康宫将作为原状陈列展厅。近期还要召开慈宁宫花园现场会，研究对观众开放之前的各项准备，包括开放空间、展览内容、安防技防、基础设施、开放服务等方面，综合协调，统筹落实。

还有一些文物建筑可以进一步明确利用功能，逐步实现对观众开放。例如端门已经确定作为数字博物馆，将成为“数字故宫”研发成果的展示基地。10 余年来，故宫博物院利用现代技术记录、保护、研究文物建筑和文物藏品，采用直观、亲和、时尚的数字展示手段所取得的一系列阶段性成果，可以在这里向观众进行展示，使观众对故宫博物院有更为清晰和深刻的“第一印象”。目前正在对端门古建筑进行修缮和数字展厅的设计筹备，力争在故宫博物院 90 周年院庆前对观众开放。在故宫博物院，数字博物馆应该是一项系统设施，包括现在的数字所随着西部区域开放可以正式接待观众，还包括大高玄殿修缮后可以安排一处数字博物馆，将来在北院区也应该建设具有一定规模的数字博物馆，越来越多的观众可以在这些数字博物馆看到不断制作完成的“数字故宫”成果，并可以进行互动体验。

还有一些陈列展览提升项目正在筹备之中。例如宁寿宫确定为石鼓馆，专题展示十面石鼓文物，使这一组珍贵文物得到更为优质的保护环境，同时在展厅一侧设置专室，通过相关文献和影视资料介绍石鼓文化。军机处现有专题展览“清代军机处史料展”，长期以来拥有很多观众，近期计划进行改陈，同时将目前由保卫处使用的军机章京值房也纳入展览范围，使观众可以更加全面了解军机大臣、军机章京等在此值班，听候皇帝召见，共同密商军政要事，协助皇帝处理军政事务的历史。宝蕴楼即将进入保护修缮，竣工后举办院史陈列展览，主要展示20世纪上半叶故宫博物院建院前后的历史。宝蕴楼的室内装饰保持原状，选择这一时期的文物藏品进行陈列，可以在某种程度上填补故宫博物院在这一时期的空白。将来来宾从西华门进入故宫博物院以后，可以先在宝蕴楼参观院史陈列展览，然后向东开始参观武英殿和其他展览区域。

故宫博物院90周年院庆的展览已经基本确定，正在抓紧酝酿和筹办。包括在午门－雁翅楼展厅举办“万寿庆典展暨故宫博物院九十周年院庆特展”；在神武门展厅举办“两岸故宫老照片展”，这是两岸故宫博物院合作的展览；在东华门展厅举办“紫禁城宫殿建筑艺术展”，是故宫博物院古建筑馆成立后推出的陈列展览；在武英殿展厅举办“《石渠宝笈》书画展”；在延禧宫举办“非物质文化遗产展”；在宝蕴楼举办“故宫博物院院史展”等等。

五　服务水平提升

经过努力，目前端门－午门广场的环境整治提升工程初步完成。回想一年多以前，端门广场尚未启用，观众只能在午门前的东、西售票处购票，16个售票窗口常常挤得满满的，一到暑期和“五一”、国庆节等节假日，观众需要排队1个小时左右才能买到票，每当看到观众们为买票挤得筋疲力尽，才能拖着疲惫的身体进入故宫博物院，故宫博物院的员工们心里很不是滋味。当时，在午门广场上，购票、验票、存包、安检各项职能交集，人群挤成一片。在人群中还有“黑倒票”、“黑导游”、小商小贩混迹其中，观众对故宫博物院的第一印象可想而知。如今端门－午门广场经过整治，环境清新宜人，古建筑得到修缮，基础设施得到改善。

端门西朝房位于端门以北西侧，建筑面积将近2000平方米，目前分别设置售票设施和观众服务设施，以热情周到的服务欢迎每一位观众。在售票方面，计划于今年暑期起正式关闭午门东西侧的售票处，售票口全部移至端门西朝房，30个售票窗口一字排开，比过去的16个售票窗口多了14个，售票接待能力增加87.5%，将大大缩短观众排队的时间，故宫博物院已经向社会承诺，观众购买门票的时间不应超过15分钟，实际上在大多数情况下，观众购买门票的时间只需要3～5分钟。在售票处的北侧是观众服务中心，观众在这里可以接受讲解咨询或自助查询，用最短的时间了解到故宫博物院的基本信息，并且在这里获取参观前所需的辅助服务，例如领取免费导游图、观看介绍故宫博物院的影视资料、饮水休息、手机充电、免费领取轮椅和童车等，还有医疗药箱、针线包等多项服务。同时，端门是大量观众进入故宫博物院参观的重要通道，如厕难成为困扰观众出行的一大问题。为缓解这一现状，在端门西朝房南侧增设了公共卫生间，使端门地区公共卫生间比之前的面积增加了一倍，方便前来参观的观众。根据统一规划，端门西朝房部分区域作为故宫商店，向观众提供故宫文化产品，目前内部装修已经临近尾声，在今年 10 月 1 日前将开始为观众服务。

目前，端门广场在观众服务方面还有很多提升的空间，例如每天都可以看到端门广场的行道树下围着树坑坐着不少观众，有关部门建议在树下安置一圈座椅，但是安装公共座椅需要注意安全、实用和美观，一是座椅要安全坚固，不易损坏伤人；二是座椅要坐着舒服，但是不能便于躺卧；三是要方便清理，不能妨碍垃圾清扫；四是要与环境景观相协调，在色彩、形式等方面具有故宫特色。同时，座椅的设置不能妨碍树木的自然生长。经过多次现场观察，如果沿着午门至端门中间道路行道树的两侧，各设置两排在故宫博物院内长期使用效果很好的座椅，可以满足众多观众的休息需要，避免人们席地而坐，既不舒适，又不雅观的问题。

在午门广场，售票处南移后，大大缓解高峰时段午门外广场的观众拥堵压力。过去午门城楼的三个门洞，中间门洞为接待来宾的通道，观众只能走两边的门洞，而两边门洞的通道上还设置了安检设施，影响了观众的通行能力，因此每当高峰日观众要排着长队进入故宫博物院。同时，在午门门洞前安置验票用房，设置栏杆，使观众的通行更加不畅。由于此前只有两台安检设施，效率不高也影响了观众通行。

2013 年 7 月 1 日，新的午门安检设施正式投入运行，解决了故宫博物院检票和安检的诸多难题。一是解决了安检空间狭小的问题。将安检端口由午门东、西门洞内前移到午门外广场，充分利用广场空间设置两组共六间安检房，较好地解决了空间压力，方便了安检工作的管理。特别是安检通道增加，将缓解“五一”、“十一”等节假日和暑期观众流量大带来的安检压力。二是解决检票口的拥挤问题。原来检票口在午门东西门洞外，空间狭小，无法对观众分散检查，观众队伍拥挤在检票口，检票口秩序维护的压力较大。现在检票口随着安检设施前移也移往午门外广场，检票通道由原来的 12 条增加到 20 条，空间开阔，缓解了检票口的压力。

故宫博物院每年都有大量的接待任务，按照以往的惯例，接待来宾的车队可以在故宫博物院的开放区域内行驶，随着观众数量的增加和观众维权意识的加强，机动车在开放区域内行驶越来越受到质疑，为此故宫博物院决定任何车辆都不得驶入开放区域。首先从故宫员工做起，自从去年夏天开始，包括院长在内，执行公务时不再乘车穿过开放区域，随后无论接待任何级别的领导，均要求不得乘车进入开放区域。在今年 3 月全国政协会议期间我提交了《关于机动车辆不再穿行故宫博物院开放区域的提案》，通过媒体的宣传，得到社会各界的共识。在世界上，无论是英国的白金汉宫、法国的凡尔赛宫，还是日本的皇宫，都不允许驾车进入。故宫是神圣庄严的地方，应该拥有尊严，受到来访者的尊敬，仅从这一点考虑也不应该允许机动车穿行于故宫博物院的开放区域。经过协商，与公安部门和外交部门达成共识，同意即使是外国的国家元首、政府首脑今后也不再开车进入紫禁城。

为了缓解清明节、“五一”等法定节假日期间，御花园堆秀山区域观众过于拥挤的问题，今年开始实行分流限流措施，对参观人流做出合理的分流，从中路、西路进入御花园的观众走西侧，只有从东路进入御花园的观众才走堆秀山区域，这样75%以上的观众避开堆秀山区域，避免局部区域过度拥挤。同时，打开启祥门，分流西六宫区域不准备参观御花园的观众。遇到特别拥挤时段，还会对进入御花园的观众采取短时间限流等措施。实践证明，这些努力取得了较好的效果。

为加强对故宫这一世界文化遗产的保护，及时开展对故宫古建筑和文物藏品的检查保养，定期对展览设备及服务设施进行维护，保证故宫在客流量不断增长的情况下正常运转，确保观众安全参观，故宫博物院自今年开始实行闭馆措施。经过在淡季试行周一闭馆半天，到正式实行国家法定节假日和暑期除外全年周一闭馆半天，对故宫博物院各项工作的有序开展起到了一定的促进作用。截至今年6月底，除国家法定节假日，故宫博物院今年共有22个周一实行了闭馆半天的措施。古建筑及文物藏品得以检查保养，展览设备、安防消防设备及服务设施得以检修维护，一线管理人员及员工得以开展系统的培训，也使广大一线员工常年紧绷的身心得以短暂休整。

故宫文化产品营销，本着社会效益第一，兼顾经济效益的经营理念，深入挖掘故宫博物院的优秀传统文化元素，既使文化产品更具故宫特色，又努力满足消费者的多层次需求。目前越来越多的故宫文化产品受到人们的喜爱，例如宫廷娃娃系列文化产品，就很受青少年观众的欢迎，手机壳等系列文化产品又很受成年观众追捧。德国默克尔总理来访时就对故宫博物院的文化产品倍加赞扬，法国奥朗德总统及其女友也对故宫文化产品披肩十分喜爱。故宫博物院十分珍惜“故宫”、“紫禁城”文化产品品牌，目前具有故宫特色的文化产品已经有4000余个品种，每年研发新的文化产品200种左右。同时，配合每年举办的陈列展览，研发具有故宫文化特色，拥有自主知识产权的系列文化产品。同时，故宫博物院拥有全国博物馆系统唯一的出版社，近年来出版图书的质量和数量不断提升，成为故宫文化传播的重要平台。

今天的故宫博物院更加公开透明。首先是管理公开，故宫博物院在全国博物馆中率先公布了114项规章制度，于今年年初正式出版了《故宫博物院规章制度汇编》，使每一个人对故宫博物院的管理都有知情权、参与权、监督权和受益权。其次是藏品公开，故宫博物院在全国博物馆中，率先公开了藏品总目，作为全国拥有文物藏品最多的博物馆，能够做到公开藏品总目，需要反复对公开内容进行核对。三是定期和不定期地召开媒体见面会、发布会、座谈会，就一些热点问题及时主动地与媒体沟通，并通过媒体进行广泛宣传，例如关于每周一下午闭馆一事，决定之初担心社会公众不理解。于是召开媒体见面会，说明此举的目的是为了开放环境得以改善、文物建筑得到维修、员工培训得以保障，邀请媒体深入现场，了解故宫实施闭馆以后的工作状态后，获得很多媒体的支持。

六　科教能力提升

我到故宫博物院工作时，上级领导指示要重点抓好两项工作，一是做好故宫博物院的文物安全防范，避免出现安全问题。二是做好社会宣传，维护故宫博物院的文化形象。目前，在安全方面，国务院批准了“平安故宫”工程方案，正在积极推动项目实施。在宣传方面，与新闻媒体和社会公众共同努力，使故宫文化得以更好地传播。尽管故宫博物院的安全防范、社会宣传都很重要，但是并不是故宫博物院工作的全部，应该促进各项工作全面发展，只有各方面的工作协调发展，才能使文化遗产更加安全，社会形象更加健康。根据学术委员会专家们的建议，院长办公会议重点研究加强故宫博物院的科学研究和教育培训工作。

故宫博物院于 1978 年成立研究室，作为专家学者著书立说、培养后学的基地。全院现有 5 个研究中心，其中古陶瓷研究中心为国家文物局重点科研基地，还有古书画研究中心、古建筑保护研究中心、明清宫廷史研究中心、藏传佛教文物研究中心等学术研究平台。在研究机构方面，有郑欣淼院长倡导成立的故宫学研究所，最近正在组建考古研究所。故宫博物院现有正、副高级科研人员近 350 人，其中在职近 190 人，离退人员近 160 人，综合学术力量特别是文物鉴定研究和包括古建筑在内的文物保护研究等，均在国内前列水平。但是，故宫博物院的学术研究力量长期以来相对分散，与院藏文物资源的研究需要不相称，也与所拥有的强大学术研究力量不相称，需要进行整合，因此建议成立故宫研究院。据说当年启功先生就有过这一建议，并说如果成立故宫研究院他就到这里来搞研究工作。这一建议在最近召开的学术委员会上得到委员们的赞同。当然，研究机构的名称并不重要，更加重要的是通过整合学术研究力量，发挥学术研究对故宫博物院事业的支撑作用，真正把学术研究工作重视起来。

根据专家建议和实际需要，近期还准备再成立两个研究所。一个是古文献研究所。故宫博物院设立文献研究机构已经有较长的历史，建院之初曾设立古物、图书两馆，图书馆又下设图书、文献二部。1928 年，改设古物、图书、文献三馆。文献馆是对明清实录、档案及其他历史文献进行整理编目、保管陈列、收集整理、摄影编辑。因此，这次设立古文献研究所，属于恢复传统的措施。事实上，故宫博物院收藏古文献种类繁多、数量可观，例如有文字的甲骨 23000 余片，有铭文的青铜器 1600 多件，敦煌吐鲁番文献有 200 多件，碑帖 28000 多件，明清尺牍有 42000 多通，以及善本图书 22 万册、古籍文献 12 万多册、书版 24 万块，这样的古代文献收藏量在中国文物博物馆界首屈一指，同样就研究实力而言也位于国内的前列。因此对于故宫古文献的研究来说，组建古文献研究所既有工作基础，又有迫切需要，具有重要的意义。

另一个是明清档案研究所。明清档案是明清两朝中央政府和皇室在历史进程中留下的原始记录，与殷墟甲骨、敦煌写卷，被誉为中国近代文化史上的三大发现。目前，国内外大宗收藏，除台北故宫博物院藏有清代档案 39.5 万余件册，台北“中央研究院”存有 31 万件册等外，主要收藏在中国第一历史档案馆，现有 1000 余万件册。这些明清档案是明清宫廷重要的文化遗存，与紫禁城古建筑、清宫旧藏文物密不可分，都是故宫文化遗产的有机组成部分。因此，这些明清档案藏品独立于故宫博物院之外，既不利于故宫文化遗产的完整保护，也不利于充分发挥明清档案的社会效益，因此应由故宫博物院统一保护和管理。目前，这些明清档案共分 74 个大宗，其中 3000 余件明代档案从不同侧面反映了明朝历史，占绝大部分的清代档案，内容涵盖政治、经济、军事、文化、外交等诸方面，翔实记录了清朝自肇建到衰亡的全部过程。这些档案不仅之前曾长期由故宫博物院管理、整理，而且大多数档案本来就存在紫禁城内，与宫中建筑物和各个机构联系在一起，是研究明清宫廷重大历史事件，了解宫廷历史文化最为重要的依据。同时，故宫博物院的文物藏品主要源于清宫旧藏，无论是举办宫廷原状展览，还是深入研究这些文物藏品的来源、功用、制作工艺及流程等，均离不开明清档案。另外，明清档案中，例如奏销档、陈设档、活计档等，有大量不同时代对紫禁城建设和修缮等方面的记载，是今天故宫整体保护修缮或进行古建筑研究所依据的宝贵资料。记得单士元先生早年就呼吁要研究明清档案，虽然现在 1000 余万件册的明清档案暂时还没有由故宫博物院保管，但是我们首先要把研究工作搞好。

在文物藏品科技保护方面有同样紧迫的需求。故宫博物院所拥有的 180 余万件文物藏品中，上百万件需要进行修复和采取预防性保护措施。2010 年 10 月我访问了正在建设的埃及国家博物馆新馆的文物修复中心，虽然博物馆正在建设，但是文物修复中心先期建成投入使用，文物修复中心内共有 8 个文物修复空间，每个空间都有数个篮球场的规模，依据不同性质、材质的文物藏品，建立不同的文物藏品科技保护修复平台。当时我们就认为我国也应该建设强大的中国文物藏品修复中心，在我国博物馆和文物收藏机构中有数以千万计的中国文物藏品，还有数量更为巨大的可移动文物收藏在民间，也有数以百万计的中国文物藏品收藏在世界各地的博物馆，中国文物藏品科技保护和修复的巨大需求客观存在。因此故宫博物院应该勇于承担文化责任，立志建设世界一流的中国文物藏品科技保护中心。

目前，西河沿文物保护综合业务用房已经获得国家文物局批准，并报联合国教科文组织世界遗产中心同意，即将开工建设，建成以后不但文物科技保护人员的工作条件和精密科研仪器设备的工作环境，将得到有效改善，而且目前在紫禁城红墙内的 9 处办公科研单位得以全部搬出，实现红墙内扩大开放，文物建筑修缮、安全防范保障等方面也将得到全面提升。

故宫文物保护修复是一项长期工程，必须要有持续的人才资源支撑。故宫博物院文物藏品中大部分为清宫旧藏，有些文物藏品出自清宫造办处，保护修复不仅依靠科学技术手段，而且需要依靠传统技艺传承。在北京市东城区的南部，昔日的崇文区，有众多从事传统工艺品制造的企业。例如北京龙顺成中式家具有限公司、北京同兴和古典家具有限公司、北京金漆镶嵌有限公司、北京珐琅厂、北京剧装厂、北京象牙雕刻厂、北京美术红灯厂、北京百工坊艺术品有限公司等都有一些掌握传统技艺的老师傅，甚至成为身怀绝技的非物质遗产传承人。这些非物质遗产传承人的前辈有些就曾经供职于清宫造办处，对于故宫博物院的清宫旧藏文物比较熟悉，如果参与这些文物藏品的保护修复，将不但使文物藏品得到保护，而且使传统技艺得以传承。为此故宫博物院与东城区政府达成共识，由故宫博物院建立起文物藏品保护修复平台，由东城区政府组织非物质文化遗产传承人参与文物藏品的修复工作。2013年6月26日，“平安故宫”工程院藏文物抢救性科技修复保护合作项目启动仪式在故宫博物院举行，北京剧装厂的孙颖老师代表非物质文化遗产传承人发言，40多位传承人即将在木器家具、宫廷灯具、车马轿舆、中和韶乐、佩刀佩剑、剧装盔头、缂丝挂屏等8个文物保护修复平台上进行工作。这是故宫博物院第一次引入社会人才修复文物，也是在用人机制方面的探索。我看过一些传承人的业务档案，显示他们的前辈或者师傅的师傅曾在清宫造办处工作，显示他们的技艺流传有序。

在故宫博物院北院区，要建设世界上最具实力的中国文物藏品科技保护基地和平台，将来数量众多、体量较大的明清地毯、古代家具、武备仪仗、车马轿舆、宫廷灯具、生活用具、西洋钟表、古建藏品等都可以在这里得到系统的修缮。通过故宫博物院北院区的建设，一批国家级非物质遗产项目将得到有效保护，一批非物质遗产传承人的特殊技能将得到传承弘扬，一批濒临失传的手工技艺将得到重新振兴。今年，故宫博物院就在北院区举办了第一期古书画装裱修复培训班，为全国11个博物馆和4个研究单位培养了古书画装裱修复人才。实际上与基地和平台的建设相比，更为重要和困难的是人才的汇集和培养。今后文物藏品保护修复需要大批既掌握核心技术，又具有先进理念的专家学者和技术人才，因此人才的培养与引进极为迫切。

2010年11月，国际博物馆协会第22届大会在上海召开，这是有史以来在中国召开的文物博物馆领域最大规模的一次国际会议，共有3500名注册代表。大会之前，我们与国际博物馆协会进行深入沟通，希望在中国设立一个国际博物馆培训中心，虽然知道实现这一目标有一定难度。因为，国际博物馆协会自1946年成立以来，从没有在巴黎总部以外设立过任何分支机构。经过执着努力，终于同意将这一建议提交大会讨论，经过大会表决获得通过。去年国际博物馆协会主席来故宫考察，今年在巴黎召开的国际博物馆协会执行委员会会议上通过了故宫博物院的方案，同意在故宫博物院设立国际博物馆培训中心。今年7月1日，国际博物馆协会主席再次到故宫博物院，参加了国际博物馆培训中心签约和揭牌仪式，正式向全世界发布成立信息。

故宫博物院与东城区政府合作，整合资源，利用双方优势，建立“故宫学院”。东城区政府为“故宫学院”的设立提供有力支持，同意在北京国际职业教育学校挂牌成立故宫学院，这里出东华门步行15分钟以内即可到达。国际博物馆协会主席一行考察了这所学校，在学校的屋顶上可以清晰眺望故宫古建筑群，认为这里也是设立国际博物馆培训中心的理想地点。学校教学培训设施齐全，有30间教室和阶梯教室等，将来“故宫讲坛”也准备移到这里举办。

故宫学院的教学应该包括四个方面，一是面对全院员工的业务培训。基于持续提升员工业务水准，需要建立定期、长效的培训机制。培训内容涉及故宫建筑文化、文物藏品保护、文物实操规范、库房管理基础，以及学术论文规范等各个方面。二是面对文物博物馆业界的研修与培训，藉故宫学院的平台，发挥故宫博物院在文物鉴定、研究和保护等领域的优势。培训内容包括古建筑保护、文物鉴定、馆藏文物科技保护、博物馆学知识等，以及文物博物馆业界有需求的专业培训，还可以开展有文物博物馆专业高等院校的教师培训。三是面对社会公众的培训和讲座。内容包括以故宫文化为中心，针对传统文化爱好者的文物鉴赏、传统技艺传承、文化遗产保护等方面的专业知识讲授，还可以包括针对青年学生的历史文化知识、文物知识、故宫学知识等内容，持续举办故宫讲坛。四是面对世界博物馆领域的培训。依托国际博物馆培训中心，为来自世界各国博物馆领域专业人士精心策划各项培训计划。总之，故宫学院的成立，旨在扩大故宫博物院面向专业领域和社会公众的开放度，凭借故宫博物院在文物保护与研究、博物馆管理与博物馆学研究、宫廷历史与沿革等领域的资源与研究优势，拓展作为公共文化机构的宣传与教育职能。同时，开展对外培训可以教学相长，也有利于提升故宫博物院自身的学术科研水平。此外，故宫出版社十分难得地申请到国家社会艺术水平等级考试书画类的资格，建立面向全国书画学习者的技能培训与测评系统，将来书画考级中心的相关培训也可以在故宫学院举办。

要想有一个好的发展，必须有一个好的环境。今年以来，故宫博物院加大了与社会各界的合作。例如与天津大学建立合作关系，共同加强在故宫古建筑研究和世界文化遗产监测方面的合作。与中国对外文化集团和北京歌华集团签署了合作协议，三方合作建设紫禁城艺术文化中心，举办紫禁城题材的大型驻场演出，宣传故宫文化。与雅昌集团建立战略合作，共同探索故宫图书出版和文化产品研发的提升。此外，先后与安徽省政府、中国文化遗产研究院、国家大剧院、东城区法院、北京邮政公司等也均建立了合作关系。同时，经常邀请社会各界人士走进故宫博物院，例如全国建筑界的各位院士、“8+3”博物馆的各位馆长、各国驻华使节、香港和澳门特区的行政长官、台北故宫博物院院长等。今年还计划邀请联合国驻京机构的各位代表走进故宫博物院。继续与国际著名博物馆建立合作关系，例如近日与大英博物馆签署谅解备忘录，与美国的波士顿艺术馆签署合作协议。继续将国外博物馆的展览引进故宫，继去年举办中国与墨西哥古代玉石文明展之后，目前在午门展厅正在举办来自英国国立维多利亚与艾尔伯特博物馆的印度宫廷的辉煌展，故宫博物院的展览也更具文化魅力地持续走向世界各地。

今年年初召开了故宫博物院六届三次职工代表大会、离退休老同志的春节团拜会、统战人士迎春团拜会、党的建设及纪律检查工作会议。在团委和工会组织的青年文化节上，话剧《海棠依旧》令人感动。面对日益繁重的工作任务，全体员工展现出积极向上的精神风貌，推动了“平安故宫”工程和各项工作的顺利实施，也创造了故宫博物院良好的工作氛围和社会形象。

不久前，我们向位于房山区的汲引室图书馆捐赠图书，再次参观了房山云居寺石经。云居寺管理处的同事让我讲述一下“房山石经精神”。我在十几年前担任房山区委书记时，面对云居寺石经有感而发，总结了十六个字的房山石经精神，即“坚韧不拔、锲而不舍、一丝不苟、默默奉献”。我认为从事任何事业都需要精神力量的支撑，房山石经恰恰体现了这种精神力量。隋末唐初，静琬法师来到白带山下，不畏当地的艰苦条件，面对荒山背靠茫野，一锤一錾开始凿刻石经，体现出“坚韧不拔”的精神；凿刻石经这样一件民间工程，竟然从隋唐到明末，持续了一千多年，堪称世界奇迹，体现出“锲而不舍”的精神；千百年来云居寺僧人一共凿刻了 14278 块石经，字体工整，没有错字别字，真正做到万无一失，体现出“一丝不苟”的精神；当年每当一块石经凿刻完成，不计得失，不留姓名，或抬到山上洞中，或深埋地下穴内，为后世传承，体现出“默默奉献”的精神。当年房山云居寺石经的开凿是为了保护和传承佛教文化遗产，今天我们开展的“平安故宫”工程是为了保护和传承故宫文化遗产，都需要“坚韧不拔、锲而不舍、一丝不苟、默默奉献”的精神。最近我阅读了《故宫精神・故宫人》一书，很多文章感人至深，特别是郑欣淼院长提出的“典守珍护、弘扬服务、敬业奉献、开放创新、奋发和谐”的故宫人精神，需要我们在今后的事业发展中长期坚持。如果我们始终以这种精神面貌，面对每日平凡的工作，故宫博物院就一定会拥有更加美好的未来！

（2013 年 7 月 8 日）

在故宫博物院与澳门民政总署战略合作意向书签署仪式上的讲话

首先感谢澳门民政总署管理委员会精心细致周到的安排，使我此次澳门之行颇富成效。

早在 1999 年 12 月，澳门民政总署管理委员下辖澳门艺术博物馆即和故宫博物院结下了不解之缘。从“盛世风华——康雍乾书画器物精品展”开始，在 14 个年头里，双方合作举办了 18 个展览。我想这种持续地不间断的展览合作在世界博物馆界也是少有的。因此，我要在这里再次感谢民政总署管理委员会的大力支持，感谢陈浩星馆长精益求精的工作作风，使每一个主题的展览都能成为吸引眼球的精品展览。

现在定期举办的故宫系列展览已成为面向港澳台地区展示中华文化的视窗，成为了一个品牌，影响辐射至东南亚国家。我们重视每年的赴澳门展览，并将合作继续下去。

当然，合作不仅局限于展览交流，今天我们在这里要签署的意向书就是要确立今后全方位的合作，如文物藏品的保管、保护以及文物保护技术等的合作研究；在展览策划、宣传教育、藏品研究、文化产品推广、观众服务、信息技术、安全保卫、文化活动、管理、出版等

故宫博物院与澳门民政总署战略合作意向书签署仪式（2013 年 7 月 29 日）

方面的交流等等。

故宫博物院承载着中华五千年文化的积淀，保管着180多万件珍贵的中华精品文物，有着数量庞大的文化资源。澳门的文物博物馆机构有着较强的博物馆管理体制和运作机制。双方的合作不论对于文物博物馆机构本身，还是对于广大公众来说都是实实在在的大好事。

现在有一个很流行的词汇叫做“正能量”，我想我们的合作势必能带给文物博物馆机构以及广大公众无穷的“正能量”。通过我们的合作以及双方的共同努力，在澳门地区弘扬祖国源远流长、博大精深的传统文化，通过多样的形式为澳门公众提供认知、欣赏中华民族的文化和艺术的平台。通过我们的合作，通过在两地文物博物馆机构建立双赢互补的机制，势必会为实现祖国文化繁荣带来积极、深远的影响，由此翻开了双方合作历史上崭新而又灿烂的新篇章。

(2013年7月29日)

在“国采朝章——清代宫廷服饰展”开幕式上的致辞

香港历史博物馆“国采朝章——清代宫廷服饰展”开幕式（2013 年 7 月 30 日）

首先，感谢大家在百忙之中抽出时间来参加今天“国采朝章——清代宫廷服饰展”开幕仪式，感谢积极促成此次展览的香港康乐及文化事务署，感谢付出辛勤劳动的展览筹办方香港历史博物馆，以及承办此次展览的故宫博物院同仁。

去年我代表故宫博物院与香港康乐及文化事务署签署了战略合作意向书。本次展览是我们双方策划的又一个重要展览。

生活离不开衣、食、住、行，故宫博物院收藏有大量的清代帝、后的服饰类精品，既有康熙皇帝穿过的甲胄，也有咸丰皇帝戴过的朝珠。当历史隐于岁月之中，唯有一件件锦绣华裳，真实反映了清代服饰的典章制度与工艺水平，直观展示了清代的服饰艺术。

正如展览的名字“国采朝章”一样，服饰的色彩与纹样，是服饰文化的核心与灵魂，而理解服饰色彩与纹样所传达出的意义，不论古今中外，都需要一个文化背景作为支持。在中华文化这一共同的文化背景下，对于服饰色彩与纹样所体现的尊卑有别，所传达的喜乐平安，有着与生俱来的相同的认识。

香港是中西文化交流融汇之地，希望借助香港历史博物馆的平台，通过文物展览这一直观的方式，能向更多同胞展示我们中华传统文化，向更多国际友人宣传我们中华文化。到2020年，紫禁城建成600年之际，我们要将一个壮丽的紫禁城完整地交给下一个六百年，将故宫博物院建成更加国际化的高水平博物馆。这需要社会各界的支持与帮助。香港文化界不仅具有国际视野，对于传统文化更有着独到的见解。我们希望能将这种活力带入到古老的紫禁城中，期待着香港康乐及文化事务署与故宫博物院能够以此为契机，更深入的交流与合作，共同促进传统文化的传承与传播。

再次感谢诸位的莅临！让我们一起在锦绣华裳中感受服饰艺术带来的美好与思考，希望大家喜欢这次展览！

（2013年7月30日）

在中国文物学会第七届会员代表大会第二次会议上的讲话

今天，我们召开中国文物学会第七届会员代表大会第二次会议，这也是第七届理事会第二次会议。刚才，学会黄元秘书长向会议汇报了学会自去年6月召开第七次会员代表大会以来的工作。应该说，一年多来学会活动内容丰富，形式多样，组织建设也有所发展。这些成绩的取得离不开大家的共同努力，离不开各分支机构、专业委员会积极性创造性的充分发挥。

一年来的工作有一个良好的局面，但是不能满足已有的成绩。要按照关于加强作风建设的要求，加强和改进学会工作，更加求实，更加扎实，更加接地气，更加有朝气。

第一，要以服务大局的意识谋划工作思路。

中国文物学会是文物博物馆界全国性、学术性的社会组织，层次高，影响面大。这就要求我们要善于了解、把握文化遗产事业发展的大局。在当前经济建设快速发展的背景下，文化遗产保护面临的矛盾非常突出，保护的任务非常繁重。我们要围绕事业发展的大局开展活动，发挥社会组织的作用，服务于大局。例如在最近由全国政协文史和学习委员会、中国文物学会在登封市联合举办的“保护世界遗产　建设美丽中国”座谈会上，与会专家们强调，当前我国世界遗产工作已经由数量的扩张向质量的提升转变，世界遗产组织对中国遗产工作的期望越来越高，我们必须要提高世界遗产保护工作的能力和水平。我们还呼吁，各级政府要重视世界遗产地的旅游环境建设，有关部门应该尽快组织力量，下大气力整顿旅游秩序。这种强调，这些呼吁，紧紧扣住了世界遗产保护与发展的主题，反映了世界遗产地管理机构的诉求，也帮助有关部门梳理了当前世界遗产保护管理工作中存在的突出问题。我们要以这种思路来开展活动，确实对当前文化遗产保护工作起到积极作用，使每一次活动都有新意，都有新效果，来团结各个分支机构所联系的会员，来凝聚他们的智慧和力量，来发挥他们的优势和经验，来反映他们的意愿和要求，共同对文物保护工作的发展有所贡献。我们在活动中要坚决克服形式主义，每举办一个活动，都要有鲜明的主题，坚决不搞那些只有轰动效果而毫无实际意义的，不能帮忙只能添乱的活动。学会有一条规定，分支机构重大活动要向学会报批，学会重大活动要向国家文物局报批，这条规定一定要切实落实和执行。

第二，要以求真务实的态度推动工作落实。

我们曾经提出，学会工作要突出一个“学”字，在学问上作文章。我们倡导各位理事，各个分支机构负责人要认真学习文物工作方针和法规，注重对文物保护中遇到的新情况、新问题的研究探讨。去年，我们举办了纪念《文物保护法》颁布30周年暨修订10 周年座谈会，邀请了各位分支机构负责人参加，其意义在于倡导大家学习、了解、掌握《文物保护法》的基本内容，树立依法办事的理念，把本分支机构的活动纳入依法保护文物的规范。各个分支机构开展的学术活动，学会的各位领导也分别参加，有的到会讲话，有的做讲座，体现出学会对分支机构学术活动的重视和支持。我们还高兴地看到，我们的老会长彭卿云先生亲自执笔主编学会与中国文化遗产研究院合办的刊物《中国文物科学研究》，不少分支机构也编印了内部交流刊物，例如《传统建筑园林通讯》、《世界遗产在中国》、《文物修复研究》等，开辟了学术研讨与交流的园地。开展各项活动和工作要求真务实，就是要倡导大局意识、科学态度和求实精神，每一次活动要提出鲜明的主题，有主旨发言，引导大家有针对性地对各个专业领域工作学问做深度的研究和探讨，实事求是地提出问题，解答问题。召开研讨会要征集好论文，大会发言要提高质量，学术成果要编印成册，来诠释学会“学”字的深刻内涵。注重克服没有学术内容的活动，不要搞作秀的活动，更不能举办或参与片面追求经济利益、不符合学会宗旨的收藏、鉴宝、拍卖等活动。

第三，要以心怀敬意的情感搭建服务平台。

做好老文物工作者、老专家的服务工作，是学会工作的一项重要责任。老同志在新中国建设、改革各个历史时期都作出了重大的贡献，是新中国文物事业创立与发展的功臣。我们要发自内心地敬重老文物工作者、老专家，以感恩之心做好服务工作，铭记他们的功绩和贡献，继承他们的美德和精神，传承他们的学识和经验，畅通他们表达建议、愿望和需求的通道。做好老文物工作者、老专家的工作是学会的奉献，每年重阳老人节、春节要邀请他们座谈聚会。学会的重要活动，要在老同志身体健康允许的情况下，在接待条件有所保证的条件下，邀请他们出席，听取他们的咨询意见，体现学会的尊重、学习、关心和服务。

第四，要以规范有序的制度加强自身建设。

在第七次会员代表大会上，我们通过了新修订的学会章程。要坚持按照章程办事，明确宗旨、责任意识，增强使命感和责任感。我们这次会议后，还将召开常务理事会，审议《关于加强分支机构管理的办法》，确认各个分支机构选举和改选的结果，促进分支机构管理工作的规范化和制度化。对于分支机构，在数量的不断扩大的同时，也要注重质量的提高，逐步做到，一有规则制度，二有领导班子，三有会员队伍，四有经常性工作和活动，切实将自己的会员凝聚在学会周围。目前没有做到“四有”的分支机构，要逐步达到标准。长期做不到的，特别是有违规行为的，要实施整顿撤并。我们希望每一名团体会员和个人会员，都要珍惜学会的声誉，维护学会的信誉，绝不做有损于学会利益的事情。

今天会议的全部议程已经完成。感谢各位理事、各位会员代表对学会工作的支持，特别是外地的同仁远道而来参加会议，我们表示真诚的谢意。会后我们还要继续召开常务理事会，按照章程的规定，讨论学会建设事宜。

办好中国文物学会的事情，是我们共同的责任和义务。让我们携手努力，把中国文物学会办得更加富有生机和活力，为文化遗产事业做出更大的贡献。

（2013 年 8 月 6 日）

与台北历史博物馆张誉腾馆长座谈时的讲话

台北历史博物馆馆藏文物近5万件，主要源头是河南博物馆以及日本归还的文物。因此，有着安阳出土的青铜器、洛阳出土的陶器以及成系列的唐三彩。是除台北故宫之外，另一个展示中国历史为主的博物馆。也是1949年以后台湾第一个恢复成立的博物馆。

台北历史博物馆与故宫博物院的交流开始时间较早。1996年台北历史博物馆举办“齐白石绘画展”即邀故宫博物院参展9件文物。这也是故宫博物院第一次文物赴台展览。1999年，台北历史博物馆举办“风华再现——明清家具收藏展”。故宫博物院出借家具类文物20套。时任台北历史博物馆的黄光男馆长积极推动两岸文物博物馆界交流，故宫博物院时任朱诚如副院长和梁金生主任赴台出席展览开幕式及相关交流活动。

故宫博物院希望加强与台北历史博物馆的长期合作，合作内容也不限于展览，包括学术研究、专家互访交流或其他互惠形式，例如可以考虑合作进行早期商周文物的合作研究等。在合作展览方面建议首选最能代表双方文物藏品特色，可以提升学术研究水平的展览。

今年上半年，台北历史博物馆副馆长高玉珍致电故宫博物院，询问2014年有无可能邀请故宫博物院、颐和园联合赴台北历史博物馆举办“19世纪后期宫廷文物展览”。就此项展览内容而言，故宫博物院早在2006年曾赴日本举办过“清代后期的宫廷艺术展”。以清代同治、光绪年间宫廷文物为主题，因此文物组成方面没有问题，故宫博物院也可以独家赴台举办该项展览。

（2013年8月7日）

在故宫博物院与北京市国有资产经营有限责任公司签约仪式上的讲话

非常荣幸今天在这里与北京国资公司签署合作框架协议，这代表着我们正式结成了战略合作伙伴，未来将在平等互利的基础上、优势互补、合作创新、共享共赢，在文物展示、文化交流与创作、文物文化衍生产品研发等诸多领域开展广泛的业务合作，充分发挥各自优势，整合文化优质资源，共同探索国家级文物博物馆机构充分利用社会资源，为广大民众提供文化服务的新模式，并推动传统文化的弘扬，加强故宫文化资源的合理利用。

故宫博物院建立在明清两代皇宫基础上，独一无二的宏伟建筑、馆藏的180余万件历代珍品与蕴含其中的宫廷历史文化，构成了它独特的文化身份与文化内涵。这里是中华文明的宝库，也是学术研究的不竭源泉。多年来，故宫专家在文物与古建筑研究、文物与古籍修复、明清宫廷历史文化研究等方面获得了丰富的研究成果。这些丰厚的文化资源应当更好地利用、传播，为社会民众提供更多优质的精神食粮。

北京国资公司作为北京市重大项目建设的承担者和经营者，在文化创意产业领域具备优秀的创意策划能力、组织实施能力、资源整合能力和市场开发能力，形成了具有国内一流水平的高级创意策划团队和组织实施团队，具有强大的人才、社会资源基础以及国内一流、世界领先的设计制作技术。如何更好地利用这样的技术和能力，让中国传统文化发扬光大，促进首都的文化建设，惠及更多的普通民众，获得更好的社会效益，也是北京国资公司的责任所在。因此，双方的合作既是强强联合，更是“珠联璧合”。

故宫博物院将充分发挥在文物收藏和文化研究方面的资源优势和科研实力，北京国资公司也将以在文化交流与演出市场出色的组织策划与资源整合能力，通过组织形式多样的文化交流活动，以及研发具有丰富文化内涵、广阔市场前景的故宫文物和宫廷文化衍生产品，让故宫文化“走出”紫禁城，感染更多普通民众的心灵，也为建设“人文北京、科技北京、绿色北京”贡献力量。

（2013年8月9日）

在故宫博物院与承德市人民政府合作意向书签约仪式上的讲话

故宫博物院与承德市人民政府合作意向书签约仪式（2013 年 8 月 9 日）

今天很高兴故宫博物院与承德市政府共同签署合作意向书，双方将就继承、保护和弘扬我国优秀文化遗产，促进故宫文化与避暑山庄文化的繁荣与发展等方面，发挥各自资源优势，建立更加密切的合作关系。

文化遗产是全中国，乃至全世界共同的文化财富，特别是保护、传承、利用好本民族的文化遗产，将其融入社区生活、融入经济发展、融入城市建设，给广大民众以精神享受和文化启迪，实现为社会和社会发展为服务。

承德避暑山庄是全国重点文物保护单位，是世界文化遗产。承德避暑山庄由皇帝宫室、皇家园林和寺庙群所组成，最大的特色是山中有园，园中有山，集亭、堂、楼、阁、轩、斋、寺等 100 余处建筑于一体。众所周知，历经康熙、雍正、乾隆三朝的避暑山庄是清朝皇帝夏季避暑、游玩的好去处，康熙曾以四字命名 36 景，乾隆以三字命名 36 景，得以今日避暑山庄著名的 72 景致，可见清朝皇帝对此处情有独钟、甚爱尤佳。

故宫是世界文化遗产，故宫博物院是重点文物保护单位，拥有丰富的文化资源，即现存最完整的古代木结构宫殿建筑群、珍贵的文物藏品，以及长期进行学术研究、获得丰硕成果的学者和专家队伍。故宫博物院有责任更好地利用这些资源，在全国文物博物馆事业发展中发挥更大作用，作出更多贡献。同时，在文化产品研发方面，努力挖掘故宫优秀传统文化元素，使文化产品更具故宫特色，以满足社会多层次的需求，传递博物馆的文化信息。

无论历史上还是现实中，避暑山庄与紫禁城、与故宫博物院都有着千丝万缕的联系。我相信，今天将是一个新起点。我期待，双方将在故宫文化遗产和避暑山庄遗产的保护修缮、文化传播、举办专题展览、文化产品研发、博物馆管理等方面加强交流，开展合作，共同保护和传承好举世瞩目的珍贵文化遗产。

（2013年8月9日）

在媒体座谈会上的情况通报

一　完善端门广场服务设施

端门西朝房位于端门以北西侧，总面积为1784.62平方米（不包括新增卫生间面积），该区域现分别设置观众服务中心、售票窗口30个、文化服务中心等。

（一）端门西朝房售票处

故宫博物院自2013年8月1日起正式关闭午门东西侧的售票处，售票口全部移至端门西朝房。端门售票处分为北段、中段、南段三个部分，其中北段售票室有8个售票窗口，中段售票室有10个售票窗口，南段有12个售票窗口，共计30个售票窗口。这比过去的16个售票窗口多了14个，售票接待能力增加87.5%，大大缩短了观众排队的时间。同时，售票处南移后，大大缓解高峰时段午门外广场的观众拥堵压力。

（二）端门观众服务中心

故宫博物院观众服务中心于2012年7月7日起在端门西朝房对外开放，为参观者提供讲解咨询、自助查询、饮水休息、免费轮椅等服务。截止到2012年11月30日，观众服务中心共接待观众132336人次，咨询问题数量达25897次，提供免费参观导览图34010份，饮用水794桶，手机充电1246次，医疗箱使用237次，针线包使用12次，视频播放1176小时，公益性轮椅借用667次、童车49次。为了给观众创造更加舒适、安全的休息和咨询环境，观众服务中心于2012年12月又开始进行基础设施改造提升，例如缩小了工作人员办公区域，将更多空间提供给观众休息；将轮椅区域放置在咨询台处，便于观众借用轮椅和童车；将自助查询触摸屏由原来的集中码放调整为分区域放置，防止观众集中出现安全隐患。同时逐步增加多项新的服务，使观众在有限的空间内更清晰地了解故宫博物院全方面信息。例如新增五种语言的信息查询系统、智能手机信息查询服务系统等，逐步实现以数字化服务为主的新平台。2013年8月1日起，端门观众服务中心正式启用。

（三）端门观众卫生间

端门是观众进入故宫博物院参观的重要通道，流量大，如厕难，成为困扰观众出行的一大问题。为缓解这一现状，故宫博物院在端门西朝房南侧增设了公共卫生间，面积为112.18平方米，女士卫生间设9个厕位，男士卫生间设5个厕位和8个小便器。另外，为给残障人士提供便利，在男、女卫生间各加设一个残疾人坐便器，并设置残疾人通道。现端门地区公共卫生间比之前的面积增加了一倍，更多的方便前来参观的观众。

（四）端门西朝房“故宫商店”

故宫博物院自2013年7月20日起，在端门广场甬道两侧设立6处便民服务点，主要销售瓶装饮料及冷饮，以周到服务、安全卫生为宗旨，满足观众的不同需求。8月6日，对6

处便民服务点的工作伞和围挡设施进行更换、增加，标志更加鲜明，形象更加统一。根据统一规划，端门广场西朝房部分区域被划为故宫商店，向观众提供故宫文化产品，拟定功能分区为北京文化旅游商品区和故宫博物院文化创意产品区。目前，该区域内部装修施工正在抓紧进行，已经临近尾声，力争在今年10月1日前对外开放。

（五）端门区域更换护栏

端门地区护栏改造涉及故宫博物院、国旗护卫队，以及公安等多家单位，这些单位联合拆除铜质、铁质、不锈钢等各类护栏和围栏，共1000米左右。更新改造的护栏长度约2175米，全部统一规格和材质，整齐划一。其中，端门售票处通道护栏高90厘米，其余护栏高120厘米，均为铁质灰色。目前护栏安装工作已经基本结束。

二　午门广场新增安检设施

经过充分的调研、认证，去年完成项目立项和资金预算。2013年5月前后分别完成安检用房设置、新增安检设备采购、安检保安服务采购、检票口前移护栏改造等工作。2013年7月1日，新的安检设施正式投入运行，解决了故宫博物院检票和安检的3大难题：

（一）验票通道增加

安检前移后，解决了检票口的拥挤问题。原来检票口在午门东西门洞外，空间狭小，无法对观众分散检查，观众队伍像喇叭口一样集中在检票口，检票口秩序维护的压力较大。现在检票口随着安检前移也移往午门外广场，检票通道由原来的12条增加到20条，空间开阔，缓解了检票口的压力。

（二）安检通道增加

安检端口由午门东西门洞内前移到午门外广场，解决了安检空间狭小的问题。现在充分利用午门外广场的空间，设置两组共六间安检房，极大地解决了空间压力，方便了安检工作的管理。安检通道增加，缓解了“五一”、“十一”等节假日和暑期观众客流大带来的安检压力。目前的安检通道由原来的“两机两门”的安检通道变为现在的“六机十二门”安检通道，且在东西掖门分别设置了两个备份安检通道作为应急通道。

（三）安检人员增加

安检人员由本院员工改为专业安检保安人员，解决了安检人员不够专业的问题。现在负责故宫安检工作的人员是经过政府采购招标及公安部门系统培训和认证的专业人员，全部持证上岗，专业素质较强。安检人员由原来的12名安检职工变为暑期96名安检保安人员和淡季64名安检保安人员的工作模式，加强了安检人员的力量，能够从容应对大客流的安检压力，保证安检质量。

三 禁止火种进入故宫博物院

故宫是全国重点文物保护单位、世界文化遗产、北京市重点防火单位，占地112公顷的紫禁城是世界上规模最大、保存最完整的木结构宫殿建筑群，防火安全是所有工作的重中之重。在2013年5月18日，故宫实行“全面禁烟”以来，社会反映良好，观众自觉监督，故宫博物院员工自觉遵守禁烟规定，观众在院内吸烟的现象也有所减少，但仍时有发生。

故宫博物院作为公共文化机构，观众在参观时除了获取知识，欣赏并感受博大精深的文化内涵之外，自觉保护文化遗产也是每位观众应尽的义务。根据北京市政府令第204号《北京市公共场所禁止吸烟范围若干规定》，博物馆和人口密集场所严禁吸烟。以往，打火机等火种未纳入故宫博物院安检范围，加之故宫博物院面积广阔、地形复杂、观众数量巨大，导致观众在院内随意吸烟的情况屡禁不止，成为故宫这一世界文化遗产防火安全的一大隐患，因此，禁止打火机等火种进入故宫博物院，是杜绝观众在故宫古建筑群内吸烟现象的一项必要和有效措施。

需要说明的是，故宫博物院内对打火机的查验无法像机场安检一样严格，观众参观数量之大，人流密集时段之多，严格的安检可能会降低疏散观众的速度。为了防止形成滞留和发生拥挤，使观众快速安全通过，不可能对每位观众进行严格的盘查，难免会出现部分漏检的现象，这也是实施禁止打火机等火种进入故宫博物院所面对的一个实际问题。所以故宫博物院禁烟防火更需要每一位观众的充分理解和自觉配合。

安检时，故宫博物院将对违禁物品和危险品一律查收，并上交公安机关统一处理；如果是贵重打火机，观众需要取回，故宫博物院将在检票口外设置“打火机存放点”，派专人负责管理并运至神武门出口，方便观众离院领取。对于不听劝阻，且拒不交出打火机的观众，在劝说无效的情况下，将视为妨碍公务，并移交公安机关处理。故宫博物院衷心希望广大观众给予理解，为彻底、全面实现“无烟故宫”的目标，为保护故宫这处世界文化遗产而努力。

四 午门雁翅楼拟建展厅

现有午门展厅已经成为故宫博物院与国际博物馆界重要的交流与展示平台，整体改造完成后的东、西雁翅楼展厅将与午门展厅组合成为故宫博物院面积最大、功能最全、规格最高的现代化展区，以满足多门类文物的不同展示需求。午门东、西雁翅楼区域曾经用于文物存放，现已清空。其东侧建筑群包括东北崇楼、东雁翅楼和东南崇楼，西侧建筑群包括西北崇楼、西雁翅楼和西南崇楼。根据建筑结构，拟将东、西雁翅楼改造为展示场所，将崇楼部分改造为配套的设备机房、筹展缓冲、保卫监控、观众服务等功能场所。整个项目以保护古建筑为前提，在最大限度地保留原有风貌的基础上，将其利用为高规格展览场所。2013年确定最终实施方案，以确保2015年展厅投入使用，目前各项工作正在稳步进行中。

五　端门城楼拟建数字博物馆

端门是观众参观故宫博物院的第一站。以往，观众在导游的带领下，往往沿着中轴线“目不斜视”地匆匆而过，常常忽略故宫里一些壮丽的宫殿建筑和珍贵的文物藏品。为了不给观众留有遗憾，拟将端门建成一座数字展厅，将传统建筑和数字技术融合起来，采用直观、亲和、时尚的数字展示手段，使观众对故宫博物院有较为清晰和深刻的“第一印象”。同时，使观众用最短的时间了解到故宫博物院的基本信息，并且在这里获取即将开始的博物馆之旅所必需的参观辅助服务。端门是“数字故宫”的建设成果展示基地，故宫博物院用现代技术记录、保护、研究古建筑和文物藏品所取得的阶段性成果，将在这里向社会公众进行展示和汇报。目前正在对端门古建筑进行修缮和数字展厅的设计筹备，力争在故宫博物院 90 周年院庆前对观众开放。

六　铜镀金转花水法人打钟修复完成

2013 年 5 月 4 日，一名男性观众击碎翊坤宫正殿原状展室一块窗户玻璃，致使临窗陈设的一座文物钟表跌落受损。该文物为清代铜镀金转花水法人打钟（故 183054），此钟为清宫旧藏，国家二级文物。经过为期两个多月的时间，专家尽最大努力完成了对受损钟表的修复，并在修复前、修复中和修复后进行了详细的档案记录。目前，这座 18 世纪的英国钟表已经恢复了走时、打钟、转动水法等功能，最大限度地恢复了其原貌。但仍有两处伤痕属于永久性损伤，无法彻底恢复：一个是平台通过整形后虽然恢复了原貌，但落地时的磕伤印痕无法消除；另一个是拼接而成的水法柱，其粘接的痕迹无法完全消除。修复后的钟表将重新在翊坤宫原状展示陈列。

七　原状陈列展室玻璃更新

故宫博物院为了提高展室门窗安全性能，2012 年，经过深入研究和调查论证，并进行相应的检验实验后，故宫博物院选择了复合型防砸板作为展室安全门窗防护的透光材料。这种材料还兼具隔绝紫外线功能，是提高安全防护水平和控制光环境较为理想的材料。2012 年，故宫博物院完成了东六宫区域承乾宫、永和宫所有门窗的改造试点工作，这两座宫殿已经改建为青铜器馆，并于 7 月底对外开放。目前来看这种改造效果比较理想，故宫博物院将在更大范围进行推广使用，包括原状陈列展室的门窗改造。

2013 年 5 月 4 日文物钟表受损事件后，故宫博物院加快了展室门窗改造的工作进度，已经列入今年更换计划的区域，包括养心殿、翊坤宫、长春宫、储秀宫在内的西六宫主要建筑区域。与承乾宫、永和宫这种展室增加铝合金框架的方式不同，在西六宫原状陈列展室将采取直接替换原有玻璃的方式，既可以起到很好的防护效果，也不会影响观众的正常参观。

新型材料不仅防砸效果好，并且重量比原有玻璃轻，不会加大窗框的承重。尽管如此，故宫博物院不会忽视更换玻璃后对古建筑本体产生的影响，在此基础上会进行加固，确保古建筑和文物的安全。

（2013年8月14日）

在云南省保山市国家公共文化服务体系示范区实地验收时的讲话

很高兴在美丽的保山与大家见面。这几天，我们检查组一行通过听汇报、看现场、查资料等形式，全方位了解了保山市的示范区创建和公共文化服务体系建设情况。

近年来，保山市以高度的文化自觉推进公共文化服务体系建设，在省文化厅的有力指导下，全力推进示范区创建工作，把创建作为保山最大的“文化惠民工程”和“一把手工程”，按照“全面达标、重点突破、突出特色、典型引路、整体推进”的思路，以“创新拉动转型发展”为重要抓手，全力推进保山市国家公共文化服务体系示范区建设走向“标准化、规范化、体系化、常态化、多样化、数字化、公开化、均等化”的发展轨道，促进了城乡公共文化服务体系设施网络化、规划布局科学化、载体品牌化、供给多样化、服务均等化和共享社会化，取得了显著的创建成果和可喜的惠民实绩，对全省乃至全国同类地区具有一定的示范价值。对此，我们也深受启发。

公共文化服务体系建设工作是我国文化改革发展的一项基础性、战略性工作。从全国来看，近年来，各地对公共文化服务体系重视程度前所未有、建设力度前所未有、发展速度前所未有。但由于我国公共文化服务体系建设长期滞后、起点低、基数小，公共文化服务体系建设仍处于起步阶段，不完善、不均衡、不协调、不可持续的问题仍很突出，距离基本建成公共文化服务体系的目标要求还有不小差距。比如，基本公共文化服务内容种类偏少、质量不够高，在一些地方还难以全覆盖；政府主导责任在一些地方得不到有效落实；公共文化资源配置不够优化、难以传输到基层；公共文化服务针对性和实效性不强；城乡和区域差距较大，均等化水平还较低等。在调研过程中，我们也发现了以上相关问题。如果把这些问题归纳为一句话，那就是目前的公共文化服务体系还不完善，公共文化服务效能还不够高。所以，立足当前公共文化服务体系发展的阶段性特征，要“完善公共文化服务体系、提高服务效能”。这次示范区验收实地检查，我们也针对这些问题制定了相应的评价指标，全面衡量示范区创建城市公共文化服务体系发展水平，以及公共文化服务效能建设情况。

受检查组的委托，借这个机会，我就示范区创建和公共文化服务体系建设工作谈几点意见，供大家参考。

一　应深刻认识创建示范区的责任和使命，进一步提升创建工作质量

示范区创建工作的根本目的是推动各地研究和解决公共文化服务体系建设面临的突出矛盾和问题，探索建立公共文化服务体系可持续发展的长效保障机制，为同类地区提供借鉴和

示范，为国家制定相关政策提供科学依据和实践经验。开展示范区创建工作是从整体上推动我国公共文化服务体系建设工作科学发展上水平的重要手段。就全国来说，示范区创建城市的公共文化服务体系建设水平应是国家级水平，是全国公共文化服务体系建设的样板，代表我国公共文化服务体系建设的最高水平，应有责任、有能力、有条件承担起示范带动作用。中央和各地都比较关注第一批示范区创建工作效果，期待示范区创建城市能够探索出一些典型经验和做法。因此，我们示范区创建城市应有高度的使命意识和责任意识，坚持高标准、严要求，做到质量第一，确保本地的公共文化服务体系建设处于国家队水平，拿到的示范区牌子经得起社会各界的考量和历史的检验。要做到这一点，我觉得应在全面完成文化部、财政部规定任务的基础上，在省文化厅的具体指导下，参考国际国内先进标准和经验，自我加压，自我提升，不断深化示范区创建工作，提高公共文化服务体系建设工作质量，努力做到特色鲜明、区域一流、国内领先。

二 应把完善公共文化服务体系、提高服务效能作为今后一个时期的努力方向

从这几天检查的情况可以看出，这两年多的时间里，保山市的示范区创建工作取得了明显成效，公共文化服务体系具备了较好的基础。我觉得，今后一个时期，应把完善服务体系、提高服务效能作为工作的着力点。按我的理解，公共文化服务效能包括服务能力和服务效益两个方面，含有效率、效益、公平正义的价值追求。尽管我们的公共文化服务体系建设取得了显著成效，但与世界发达国家相比，与经济社会发展水平和广大民众的要求相比，还有很大的提升空间。尤其是过去一个时期，各地普遍强调建设，注重打基础、搭框架、建网络，但对如何提高服务效能、如何发挥公共文化服务体系的功能研究不够。到目前这个阶段，就需要我们重点研究如何完善公共文化服务体系，统筹硬件建设和软件建设，使建成的公共文化服务体系真正发挥作用。新一届中央政府对这点非常重视，提出要“把有限的钱花在建机制、增效益上”。我希望，保山市依托示范区创建这一工作平台，在这方面做出探索，不断为全国提供具有示范价值的做法和经验。

三 应进一步落实政府主导责任，加大建设力度，不断提高公共文化服务能力

构建完善的公共文化服务体系，为广大民众提供普惠均等的基本公共文化服务，是政府的基本职责，也是我们文化部门的首要任务。当前，公共文化服务体系还有很大的提升空间，建设仍是主要矛盾，要解决好这个矛盾，关键是要落实好政府责任。对于如何推动落实政府责任，今年《政府工作报告》明确提出，要“把文化改革发展纳入经济社会发展总体规划，列入各级政府效能和领导干部政绩考核体系”，“政府要履行好发展公益性文化事业的责任，加快推进重点文化惠民工程，完善公共文化服务体系”。在这方面，还有很大的探索空间，比如研究公共文化服务效能评价指标体系，建立上级政府对下级政府、同级政府对文

化部门、文化部门对公共文化机构的考核评价机制，完善以民众需求为导向的公共文化服务绩效考核评价办法等。创建过程中，保山市在这些方面作了大量探索，我们希望保山市能够进一步解放思想，拿出更多具有示范价值的成果。

四　应进一步加强改革创新，不断增强公共文化服务体系发展活力

通过创新机制、方法和手段，破除公共文化服务体系建设面临的突出矛盾和问题，是开展示范区创建工作的重要目的，也是增强公共文化服务体系发展活力的重要手段。在今后的工作中，我们应按照科学发展观要求，进一步强化问题意识、改革意识，通过富有创新性的实践探索和制度设计，破除旧的思想观念和工作模式的束缚，推动解决突出矛盾和问题，增强公共文化服务体系发展活力。比如，研究如何按照政府职能转变的要求，推动市场和社会力量参与公共文化服务，形成政府、市场和社会良性互动机制；如何深化公益性文化事业单位改革，激发潜能，增强活力，提高效率，发挥好公共文化服务骨干作用；如何以民众文化需求为导向，利用现代信息技术创新公共文化服务方式，提高公共文化服务的针对性和实效性；如何在城镇化过程中推进公共文化服务城乡一体化，促进公共文化服务均等化等。

五　应加强宣传，努力营造全社会关注支持公共文化服务体系建设的良好氛围

宣传是示范区创建和公共文化服务体系建设工作的重要内容，我们一直要求各地把宣传工作和公共文化服务体系建设同步策划、同步实施、同步总结。我们希望省文化厅和保山市政府在公共文化服务体系建设中，积极利用新闻媒体、文化部信息交流平台以及本省市新闻媒体，加大宣传力度，扩大示范区创建和公共文化服务体系建设工作的影响，争取全社会的了解、关注、支持，为我们的工作营造良好的社会氛围。

以上是我受检查组委托，谈的几点意见，供大家参考。同时，希望云南省文化厅和保山市政府密切配合，不断创新创建工作思路，不断巩固创建工作成果，进一步把示范区创建和公共文化服务体系建设工作做实做细做好，为推动全国公共文化服务体系建设发挥更大的探索示范作用。

（2013年8月25日）

在广西来宾市国家公共示范区实地检查验收时的讲话

今年5月，文化部、财政部全面启动第一批示范区验收工作，目前已经完成制度设计成果评审工作，并正在开展示范区创建城市公共文化服务群众满意度调查。6月和8月，文化部、财政部分两批对第一批创建示范区进行实地检查。受创建办公室委托，我们来到广西壮族自治区来宾实地检查创建工作。在这里，我想谈几点意见：

一　实地检查是示范区验收的重要环节，事关创建工作全局

国家公共文化示范区创建工作是近年来文化部、财政部推进全国公共文化服务体系建设的一项重要战略举措。文化部把创建工作列入2011年、2012年、2013年部工作要点，并多次召开会议、出台政策文件对创建工作做出安排。2011年6月在山东青岛召开示范区创建工作座谈会，10月文化部办公厅下发了《创建国家公共文化示范区过程管理几项规定》。2012年上半年，文化部、财政部组织力量对示范区创建工作进行督查，文化部所有部党组成员都亲自带队督查。2012年8月，文化部又在江苏省张家港市召开国家公共文化示范区创建工作现场经验交流会，总结交流创建工作经验。应该说，文化部、财政部这两年在示范区创建工作上放了大精力、下了大工夫，各示范区创建城市也把创建工作作为推进公共文化服务体系建设的重要抓手，投入了大量的人力、物力、财力。因此，无论是落实国家的要求，还是满足地方的期待，我们都责无旁贷，应善始善终把这项工作做好，不辜负各方面所付出的辛苦努力。

示范区验收是整个创建工作的重要环节，也是衡量和检验各方面工作成效的重要举措，包括检验文化部、财政部示范区创建工作机制是否发挥了应有的作用，检验省文化、财政厅局对本省示范区创建工作是否发挥了有效的指导和推动作用，检验示范区创建城市是否有效落实了创建规划、创建方案和创建标准。根据《第一批创建国家公共文化示范区验收办法》规定，示范区验收包括制度设计研究课题评审、过程管理考核及群众满意度第三方测评、文化部和财政部验收组实地检查、会议集中评议投票等5个环节。实地检查是验收工作的重要内容，实地检查评价结果是示范区验收集中评议投票的重要参考指标。

从内容上看，实地检查主要是以示范区验收标准为依据，全面检查示范区公共文化服务体系建设整体情况，涵盖公共文化产品生产供给、设施网络覆盖、资金人才和技术保障、组织支撑、运行评估等公共文化服务体系的各基本要素、各关键环节。重点是结合2012年中期督查发现的问题，检查贯彻落实中央决策部署情况、重大文化惠民工程建设情况、制度设计成果转化情况、公共文化服务群众受惠情况、典型示范作用发挥情况等。

从工作程序上看，主要包括听、查、看、访、问等五个方面。“听”，就是召开座谈会，听取示范区创建城市关于创建情况的介绍，包括推进创建工作的具体举措、创建工作成效、对中期督查发现问题的整改情况、创建工作存在的问题、巩固创建成果的后续措施等各方面情况的汇报；“查”，就是查看示范区创建工作档案、相关拨款凭证、相关工作数据、新闻宣传资料等，核实示范区创建城市工作汇报以及创建成效的真实性和可信度；“看”，就是实地考察示范区创建城市公共文化设施免费开放、设施建设与管理、活动开展、服务效能等情况，直观感受创建效果；“访”，就是通过访问文化行政工作人员、公益性文化单位工作者、基层群众等各群体，了解他们对创建工作的看法、对创建效果的评价、对公共文化服务的主观感受以及对创建工作的意见和建议；“问”，就是针对示范区创建城市汇报内容和实地查看情况，就关键问题和关键环节，询问示范区创建城市有关人员，深入了解创建工作。通过听、查、看、访、问等五种程序和方式，对示范区创建城市公共文化服务体系建设工作作出全面评价。

从实施主体上看，实地检查组成员包括文化行政部门管理人员、高校科研机构的专家学者、部直属公共文化单位领导、新闻媒体记者、示范区所在城市的人大代表和政协委员等。从人员结构和能力结构上看，检查组体现了综合性，体现了高水平，有能力对示范区创建城市公共文化服务体系硬件建设、软件建设等作出全面科学的评价。

从以上几个方面来讲，实地检查是示范区验收工作的核心环节，各省文化、财政厅局和各示范区创建城市政府对这个环节高度重视。做好实地检查工作，不仅关系到验收工作质量，而且也关系到创建工作全局。

二　实地检查把握的几点原则

一是要严把质量关。创建示范区是关于公共文化服务体系建设的重要战略部署，各创建示范区公共文化服务体系建设水平是国家级水平，代表的是全国公共文化服务体系建设的最高水平，承担着重要的示范带动作用。各地也一直关注第一批示范区创建工作效果，期待示范区创建城市能够探索出一系列典型经验和做法。因此，我们强调验收工作必须从严把关，质量第一，确保每一个国家公共文化示范区都经得起社会各界的检验，经得起历史的检验。这不仅关系到第一批示范区创建工作的成效，而且还影响到第二批、第三批示范区创建城市工作的积极性。希望专家组组长组织好本组工作，严格按照评价标准，客观公正评价示范区创建成效，确保质量。

二是要严把内容关。刚才，我们都讲过，实地检查是对示范区创建城市公共文化服务体系建设尤其是这两年创建成效的综合性评价，涉及公共文化服务体系各方面内容。实地检查必须要把好内容关，要全面检查和评价示范区创建工作效果。为了达到这个要求，专家委员会按照实地检查内容和创建标准，制定了实地检查的相关细化指标，并全部量化。严把内容关，就是要严格按照检查内容和指标，逐项全面完成，确保不遗漏。专家组组长要结合本组成员的能力和专长，做好分工，对照相关指标，作出全方位的客观评价。

三是要严把程序关。程序是质量和内容的保障，如果没有相应的程序，就难以保证我们的验收工作全面、深入、扎实、客观。我们把程序归纳为五个方面，就是“听、查、看、访、问”，这些程序都有各自的针对性，但也有各自的缺陷，必须相互结合，才能保证做到硬件和软件相结合、感性和理性相结合，对示范区创建城市的工作作出客观评价。专家组组长要在小组会上，把这些程序和要求讲到位，在检查中要看出门道，体现小组工作水平。

四是要严把纪律关。遵守纪律、公开公正是我们验收工作的底线。为了严格工作纪律，我们制定了《实地检查工作注意事项》，明确实地检查环节的吃、住、行、工作等各方面的规则。在这里，我代表检查组表个态，将严把工作纪律关，站在客观中立的立场，以验收标准和验收规则为遵循，对示范区两年来的工作作出客观的评价。

按照公开、公正、公平的原则，检查组在两天试点验收结束后，将示范区实地验收环节得分反馈给示范区政府。在这里，我代表检查组，对示范区政府对实地验收工作的重视和支持表示感谢。

（2013年8月27日）

在故宫午门雁翅楼古建筑群保护维修工程开工仪式上的讲话

故宫午门雁翅楼古建筑群保护维修工程开工仪式（2013年9月3日）

午门是紫禁城的正门，始建于明永乐四年（1406年），建成于明永乐十八年（1420年），至今六百年的历史。历史上较大规模的修缮有十一次。午门位于紫禁城南北轴线上，平面呈“凹”字形，午门作为一组城台式建筑，由正楼、明廊、雁翅楼、崇楼组成。

为了保护古建筑，提升展览设施，提高展览水平，国家投资5000万元，对午门雁翅楼及崇楼（建筑面积约4563平方米）进行保护维修及展厅改造，整体改造完成后，雁翅楼展厅和午门展厅将形成一个2800多平方米的大型展区。这将是故宫博物院面积最大、功能最全、规格最高的现代化展区，旨在为国内外观众带来最先进、最舒适的参观体验。

午门雁翅楼古建筑群保护维修工程由北京兴中兴建筑设计事务所设计，北京六建集团有限责任公司施工，北京英诺威建设工程管理有限公司监理，北京市文物工程质量监督站监督。工程预计于2015年5月31日竣工。

在此，我代表故宫向大家承诺，我们一定全力配合工程各方，为午门雁翅楼古建筑群保护维修和展厅改造提供保障，确保故宫博物院建院九十周年前展厅向公众开放。

为了落实“平安故宫”的要求，希望参建各方在工程进行中务必要做到安全第一，质量为先。保证“人员安全、建筑安全、文物安全”。

（2013年9月3日）

在“孙瀛洲捐献文物精品展”开幕式上的致辞

“孙瀛洲捐献文物精品展”开幕式（2013年9月12日）

孙瀛洲先生是我国文物博物馆界的大家，著名古陶瓷收藏家、鉴定家，第四届全国政协委员。1956年，孙瀛洲先生陆续向故宫博物院捐赠了3000余件文物，对故宫博物院的收藏起到了很好的丰富和补阙作用。这批文物非常珍贵，包括了陶瓷、漆器、珐琅、雕塑、佛像等多个文物门类，所捐赠的2000多件陶瓷，从晋、唐、宋、元时期各名窑到明、清时期各朝景德镇御窑瓷器，自成体系，几乎无所不包，一些传世稀少的文物，更显弥足珍贵。到故宫博物院工作后，孙瀛洲先生以极大的热情投入到对院藏陶瓷的整理、鉴定和购藏工作，陆续将自己的鉴定经验加以总结、发表，并热心培养青年一代文物工作者，为故宫博物院和中国古陶瓷研究做出了杰出贡献。

为表达对孙瀛洲先生的敬意，在先生诞辰120周年之际，故宫博物院决定举办展览、座谈会及出版相关图录和刊物，以追忆先生其人其事、探讨他的学术思想、学习弘扬他的爱国义举。此次系列纪念活动，恰逢故宫博物院“平安故宫”工程实施第一年，对于传承和弘扬以“典守珍护、敬业奉献”为核心的“故宫人”精神，建设平安故宫，实现把壮美的紫禁城完整地交给下一个600年的目标，无疑具有重要的现实意义和深远的历史意义。

（2013年9月12日）

在中国第十五届清史学术研讨会开幕式上的发言

中国第十五届清史学术研讨会开幕式（2013 年 9 月 14 日）

今天，百余位清史文化学者济济一堂，在未来4天里，将就两年来的学术新发现、新思考、新收获，坦率呈献、坦诚交流、坦荡研讨，实为清史学术研究领域的盛事。朱诚如先生让我在会议上发言，我请示他能不能不讲？他说不但不能不讲，而且还要多讲一些。我能讲什么呢？大家都是清史方面的杰出专家，只有我不是。由非专家给专家讲话，容易助长不良风气，也是目前正在批评的“形式主义”的一种表现。有的人即使是某一领域的专家，但是也不可能是所有领域的专家，例如你是搞瓷器的，就最好在自己的领域发挥特长，而不要到处去鉴定铜器、玉器、书画、碑帖，每个领域都有自己的专家群体，应该尊重别人的学术研究，也不要给自己找麻烦，否则你一讲就一定会露馅。今天是清史学术研讨会，是重要的学术会议，我在这里讲清史学术内容就会出问题，就如同搞瓷器的硬着头皮鉴定铜器。实际上，我的同事给我写了一篇发言稿，有相当的水平，但是大家一听就知道不是我写的，我也不敢照稿宣读。那么怎么办呢？朱诚如先生和宋纪蓉副院长给了我一个出路。就是让我讲一讲故宫博物院的近期工作。借此机会我就简单汇报一下故宫博物院的情况。

2002年，国家批准了两项重要文化工程，一个是清史纂修工程，另一个是故宫整体修缮工程。清史纂修工程延续传统文化，平安故宫工程保护传统文化，同样意义重大。10年后的2013年4月，国务院批准了“平安故宫”工程总体方案，预计用8年时间，基本实现故宫博物院进入安全稳定的健康状态，全面提升管理和服务水平，迈进世界一流博物馆行列。大家知道，2020年，是我国政府宣布全面进入小康社会的一年。对于故宫博物院来说，这一年也极具象征意义，一是2002年经国务院批准的故宫整体修缮工程，经过18年的实施，将在2020年全面完成，紫禁城古建筑群将更加壮美。二是2013年经国务院批准的“平安故宫”工程，经过8年的实施，也将在2020年全面完成，紫禁城将更加安全。为了实现“平安故宫”工程的目标，故宫博物院正在提升各方面的工作质量。

一是安全保障提升。安全保障提升的中心任务，就是实施今年4月16日国务院批准的“平安故宫”工程。“平安故宫”工程的三大保护对象是，故宫博物院17万平方米的古代木结构宫殿建筑群的安全、180万余件文物藏品的安全和每年约1500万中外观众的安全。“平安故宫”工程要解决七项隐患：第一，火灾隐患，这是列为头等重要的防范对象；第二，盗窃隐患；第三，震灾隐患；第四，藏品的自然损坏隐患；第五，文物库房隐患；第六，基础设施隐患；第七，观众安全隐患，这一隐患的危险性在日益增加。明确三个保护对象，解决七个方面的隐患问题，这就是“平安故宫”工程的核心内容。国务院立项的“平安故宫”工程的重点内容包括七个项目，即故宫博物院北院区建设、地下文物库房改造、基础设施改造、世界文化遗产监测、故宫安全防范新系统、院藏文物防震、院藏文物抢救性科技修复保护。

二是保护修缮提升。今年，故宫整体修缮工程已经进入第11个年头。在这个过程中，坚持尽量不改变文物原状，维护观众的参观权益，做了大量的工作。故宫整体修缮工程的意义，不仅仅在于保证古建筑的健康、安全，还在于通过修缮持续扩大开放空间。2002年，故宫整体修缮工程实施之前，故宫博物院对观众开放空间只有30%，而今天开放空间已经达到50%左右。目前，古建部和有关专家正在对10年来的修缮工程进行总结，编制各项工程的修缮报告和研究成果，这是十分重要的工作。故宫整体保护修缮工程要更加精益求精，最大限度地保留珍贵的历史信息，注重传统工艺的传承，工程进度必须服从工程质量。在继续实施整体保护修缮工程的同时，针对古建筑的岁修、零修一定要抓紧，建立常态化的工作机制，小问题不及时修补，往往就会积攒成大问题。

三是环境质量提升。今年2月至5月，用3个多月的时间，对故宫博物院内的所有房屋有计划地进行走访，对室内外环境进行考察，为实施保护整治提出建议。目前正在积极地实施环境保护和继续文物清理工作。包括文物箱柜类、古建门窗类、石构件类、织绣类、附属文物类、展柜展具类、杂物类的清理，要使故宫博物院的10000间房间都要做到整洁有序。同时，分布在各处的彩钢房存在火灾隐患。最近公安部根据今年以来火灾高发的形势，发布通知要求集中对彩钢房进行整治。故宫博物院内共有58栋彩钢房，目前结合环境整治已经拆除数栋彩钢房，要克服困难，消除这些隐患，维护古建筑群的景观。近期还开始对于内务府区域、南库区域、西河沿区域进行整治，改变“脏、乱、差”的环境。将来南三所建筑群腾出来后，经过古建筑保护修缮，可以用来作为故宫研究院的用房，专家们的工作条件将获得明显改善。

四是陈列展览提升。目前，进入故宫博物院的大多数观众在导游的带领下，往往沿着中轴线匆匆而过，常常忽略两侧展示珍贵文物的陈列展览。实际上，经过建院以来88年的探索实践，故宫博物院不断结合所拥有的文化资源，完善陈列展览内容，形成独具特色的展览体系。在故宫博物院的陈列展览中，最具影响力的是原状陈列，无论是中轴线上外朝太和殿、中和殿、保和殿的“三大殿”陈列，还是内廷乾清宫、交泰殿、坤宁宫的“后三宫”陈列，都具有强烈的吸引力，以至于进入故宫博物院的大部分观众总是沿着中轴线参观。下一步陈列展览继续完善，例如在外朝两侧安排与皇宫朝会大典文化相关的武备仪仗等文物陈列，在内廷两侧安排与皇帝处理日常政务和帝后及其年幼子女居住文化相关的生活用具等文物陈列。午门－雁翅楼正在进行修缮，计划在90周年院庆实现举办展览，故宫西部区域的开放也在推进之中。

五是服务水平提升。经过努力，目前端门－午门广场的环境整治提升工程初步完成。回想一年多以前，端门广场尚未启用，观众只能在午门前的东、西售票处购票，16个售票窗口常常挤得满满的，一到暑期和“五一”、国庆节等节假日，观众需要排队1个小时左右才能买到票，每当看到观众们为买票挤得筋疲力尽，才能拖着疲惫的身体进入故宫博物院，故宫博物院的员工们心里很不是滋味。当时，在午门广场上，购票、验票、存包、安检各项职能交集，人群挤成一片。在人群中还有“黑倒票”、“黑导游”、小商小贩混迹其中，观众对故宫博物院的第一印象可想而知。如今端门－午门广场经过整治，环境清新宜人，古建筑得到修缮，基础设施得到改善。特别是贵宾的机动车不再驶入紫禁城，保护了观众的文化权益，也保障了文物的安全。

六是科教能力提升。根据学术委员会专家们的建议，最近院长办公会议重点研究加强故宫博物院的科学研究和教育培训工作。故宫博物院现有5个研究中心，其中古陶瓷研究中心为国家文物局重点科研基地，还有古书画研究中心、古建筑保护研究中心、明清宫廷史研究中心、藏传佛教文物研究中心等学术研究平台。在研究机构方面，有故宫学研究所和新组建的考古研究所。故宫博物院现有在职正、副高级科研人员近350人，综合学术力量在国内前列水平。但是，学术研究力量长期以来相对分散，与院藏文物资源的研究需要不相称，也与所拥有的强大学术研究力量不相称，需要进行整合。因此经过长期酝酿，今年秋季将成立故宫研究院，通过整合学术研究力量，发挥学术研究对故宫博物院事业的支撑作用，真正把学术研究工作重视起来。

根据专家建议和实际需要，近期还准备再成立两个研究所。一个是古文献研究所。故宫博物院设立文献研究机构已经有较长的历史，建院之初曾设立古物、图书两馆，图书馆又下设图书、文献二部。1928年，改设古物、图书、文献三馆。文献馆是对明清实录、档案及其他历史文献进行整理编目、保管陈列、收集整理、摄影编辑。因此，这次设立古文献研究所，属于恢复传统的措施。事实上，故宫博物院收藏古文献种类繁多、数量可观，例如有文字的甲骨20000余片，有铭文的青铜器1600多件，敦煌吐鲁番文献有200多件，碑帖28000多件，明清尺牍有42000多通，以及善本图书22万册、古籍文献12万多册、书版24万块，这样的古代文献收藏量在中国文物博物馆界首屈一指，同样就研究实力而言也位于国内的前列。因此对于故宫古文献的研究来说，组建古文献研究所既有工作基础，又有迫切需要，具有重要的意义。

另一个是明清档案研究所。明清档案是明清两朝中央政府和皇室在历史进程中留下的原始记录。目前，国内外大宗收藏，除台北故宫博物院藏有清代档案39.5万余件册，台北“中央研究院”存有31万件册等外，主要收藏在中国第一历史档案馆，现有1000余万件册。这些明清档案是明清宫廷重要的文化遗存，与紫禁城古建筑、清宫旧藏文物密不可分，都是故宫文化遗产的有机组成部分。同时，故宫博物院的文物藏品主要源于清宫旧藏，无论是举办宫廷原状展览，还是深入研究这些文物藏品的来源、功用、制作工艺及流程等，均离不开明清档案。另外，明清档案中，例如奏销档、陈设档、活计档等，有大量不同时代对紫禁城建设和修缮等方面的记载，是今天故宫整体保护修缮或进行古建筑研究所依据的宝贵资料。

在文物藏品科技保护方面有同样紧迫的需求。故宫博物院所拥有的180余万件文物藏品中，上百万件需要进行修复和采取预防性保护措施。我国应该建设强大的中国文物藏品修复中心，在我国博物馆和文物收藏机构中有数以千万计的中国文物藏品，还有数量更为巨大的可移动文物收藏在民间，也有数以百万计的中国文物藏品收藏在世界各地的博物馆，中国文物藏品科技保护和修复的巨大需求客观存在。因此故宫博物院应该勇于承担文化责任，立志建设世界一流的中国文物藏品科技保护中心。目前，西河沿文物保护综合业务用房已经获得批准，即将开工建设，建成以后不但文物科技保护人员的工作条件和精密科研仪器设备的工作环境，将得到有效改善，而且目前在紫禁城红墙内的9处办公科研单位得以全部搬出，实现红墙内扩大开放，文物建筑修缮、安全防范保障等方面也将得到全面提升。

故宫文物保护修复是一项长期工程，必须要有持续的人才资源支撑。故宫博物院文物藏品中大部分为清宫旧藏，有些文物藏品出自清宫造办处，保护修复不仅依靠科学技术手段，而且需要依靠传统技艺传承。为此故宫博物院建立起文物藏品保护修复平台，组织非物质文化遗产传承人参与文物藏品的修复工作。2013年6月26日，“平安故宫”工程院藏文物抢救性科技修复保护合作项目启动仪式在故宫博物院举行，40多位传承人开始在木器家具、宫廷灯具、车马轿舆、中和韶乐、佩刀佩剑、剧装盔头、绛丝挂屏等8个文物保护修复平台上进行工作。这是故宫博物院第一次引入社会人才修复文物，也是在用人机制方面的探索。我看过一些传承人的业务档案，显示他们的前辈或者师傅的师傅曾在清宫造办处工作，显示他们的技艺流传有序。

最近，故宫博物院与东城区政府合作，整合资源，利用双方优势，建立“故宫学院”。东城区政府为“故宫学院”的设立提供有力支持，同意在北京国际职业教育学校挂牌成立故宫学院，这里出东华门步行15分钟以内即可到达。学校教学培训设施齐全，共有30间教室和阶梯教室。

故宫学院的教学包括四个方面，一是面对全院员工的业务培训。基于持续提升员工业务水准，需要建立定期、长效的培训机制。培训内容涉及故宫建筑文化、文物藏品保护、文物实操规范、库房管理基础，以及学术论文规范等各个方面。二是面对文物博物馆业界的研修与培训，藉故宫学院的平台，发挥故宫博物院在文物鉴定、研究和保护等领域的优势。培训内容包括古建筑保护、文物鉴定、馆藏文物科技保护、博物馆学知识等，以及文物博物馆业界有需求的专业培训，还可以开展有文物博物馆专业高等院校的教师培训。三是面对社会公众的培训和讲座。内容包括以故宫文化为中心，针对传统文化爱好者的文物鉴赏、传统技艺传承、文化遗产保护等方面的专业知识讲授，还可以包括针对青年学生的历史文化知识、文物知识、故宫学知识等内容，持续举办故宫讲坛。四是面对世界博物馆领域的培训。依托国际博物馆培训中心，为来自世界各国博物馆领域专业人士精心策划各项培训计划。总之，故宫学院的成立，旨在扩大故宫博物院面向专业领域和社会公众的开放度，凭借故宫博物院在文物保护与研究、博物馆管理与博物馆学研究、宫廷历史与沿革等领域的资源与研究优势，拓展作为公共文化机构的宣传与教育职能。

清史纂修工程无疑是目前历史学界最大的文化学术工程，它是清史学界的幸运与骄傲。研究明朝以前各朝代的史学者，没有机会参与这样重量级的国家修史工程，没有机会去延续“易代修史”的文化传统。至于民国史学者，要想有机会参与未来的民国史纂修工程，还需要慢慢地等待。全国1600余名清史学者以撰稿、组稿、审稿等方式直接参与了主体工程项目，还有无数的资料收藏单位与个人参与了整理、编译、摄录、出版等基础工作。可以说，清史纂修工程是清史学界及相关学界集体智慧的结晶。这项工程完成后，清史学界将获得历史学界的崇高荣誉。因为我们延续了一个文化传统。

今天向大家汇报了故宫博物院的近期工作，一方面表明故宫博物院的今天努力成果，将对各位专家学者的清史研究工作提供尽可能多的支持。另一方面希望各位专家学者关注故宫博物院的发展，特别是关注即将成立的故宫研究院和故宫学院两座研究教育机构，请各位专家学者能够进入故宫研究院的学术研究平台，走上故宫学院的讲台，发挥重要学术引领和文化传播作用。

（2013 年 9 月 14 日）

在承德市普宁寺南侧地块规划方案汇报会上的发言

在我国，可能没有第二处地方能拥有这么多的“桂冠”，既是国家历史文化名城，又是国家重点风景名胜区，还是国家甲类开放城市；既是全国重点文物保护单位，又是世界文化遗产，还是中国四大名园。因此在这里进行任何项目的规划建设都必然令人瞩目，都需要具有足够的智慧，都必须迎接不可避免的挑战。此次规划地块的北侧、西侧和东南侧均为寺庙建筑群，西南侧则为避暑山庄，规划地块整体处于避暑山庄及外八庙建设控制地带内，在保护总体规划中处于二类保护范围内，因此规划建设位置十分重要，也十分敏感。正因为位置重要，因此规划设计条件十分严苛，例如容积率为0.4以下。规划建筑高度不得超过7米，同时对于建筑形式、体量、色彩等方面均有严格控制，更增加了规划设计的难度，考验规划师、建筑师的智慧。

作为在承德城市中，建设用地面积达25.54公顷，具有一定的项目规模，同时规划用地性质为商业金融业的用地，是十分难得的“寸金之地”。更何况在前期环境整治中，承德市已经投入了很大拆迁成本。因此必须珍惜这一发展的机遇，进行科学智慧的文化创造。近年来，承德市为世界文化遗产避暑山庄及外八庙的保护作了大量工作，也付出了很多努力。也相信承德市在此地块的规划建设中，也能够实现对历史文化环境的影响降为最小，对城市可持续发展贡献最大。

首先，要合理确定建设项目的性质，目前规划设计单位提出一系列设想，例如休闲娱乐、庙宇观光、宗教节庆、佛教研修、艺术表演、滨水休闲、商务贸易、会议会展、养生养老、文化创意、度假酒店、企业会所、特色酒吧、民族餐饮等，林林总总。实际上，在20余公顷的地段上不可能聚集和叠加太多的功能，要妥善确定取舍。首先，承德市要深入分析目前城市经济、文化、社会、生态可持续发展过程中需要填补什么，需要完善什么。对于这个地区来说，当地市民需要什么，观光游客需要什么。凡是应该在新城安排更好的项目，就不要在此处安排，例如企业会所等。建议主要安排为观众服务的项目。要通过保护和发展山水园林特色及氛围，提升区域和城市生态环境品质，创造具有魅力与活力的休闲文化空间。例如成都武侯祠一墙之隔有一条商业文化街，但是由于妥善处理了文化环境与自身功能之间的关系，没有对文化遗产造成不良影响，并取得较好的综合效益。

其次，要科学规划总体规模和布局。这一地块十分优越，近山近水，地势平坦，具有较好的通视效果，这些也对规划设计提出较高的要求。此次采取对于这块建设用地进行整体规划，是十分明智之举，有利于形成协调的景观环境。如果从避暑山庄的山上往下望，从普宁寺南望，这一地块必然十分醒目。因此在建设项目的景观上不一定追求醒目，追求震撼，追求标志，要学会做配角，既要对历史负责，也要对未来负责，千万不能把外八庙变为“外九庙”，必须要体现民族传统、地方特色、时代精神。

中国建筑设计研究院和同济大学建筑设计研究院的两个方案虽然各具特色，但是体现出一些共同拥有的理念，例如“保护为先”的理念，“园林中的建筑”与“建筑中的园林”的理念等。同时在实际手法上也有一些合理的考虑，例如营造高品质的度假环境，营造具有较强烈的绿化效果，营造下沉式庭院以充分利用地下空间，营造合院式内向安静的空间环境，以及巧借棒锤山、安远庙等景观构建具有魅力的文化环境。中国建筑设计研究院的建筑形式，面对今后不确定的使用者，具有较强的适应性。同济大学建筑设计研究院的方案在个体建筑设计上更加细腻。但是，两个方案都缺少经济技术方面的评估，例如整个建设项目和不同建筑项目投入多少、回收方式、效益前景等方面的分析。

（2013 年 9 月 14 日）

在故宫博物院与中国教育学会战略合作协议签约仪式上的讲话

故宫博物院与中国教育学会战略合作协议签约仪式（2013年9月22日）

如何利用博物馆丰富的文化资源，服务教育、开展教育，一直是我们故宫博物院同仁的追求。我们一直在探索故宫教育的模式。从去年开始，我们通过走出去与请进来的办法开展了以故宫文化为主题的多种教育活动。首先与北京东城区合作开展了“故宫讲坛”活动，受到了社会的热情鼓励与支持。同时我们又将北京中小学老师请进故宫博物院，通过观摩、鉴赏，感受博大精深的中国文化。为了更加稳定持久有效地开展教育工作，我们今年又相继成立了“故宫书画教育中心”、“故宫书画考级中心”等教育机构，“故宫学院”也即将正式成立。

同时，我们也更加努力地通过寻求合作来拓宽我们的教育渠道。我们先后通过与北京市教委、北京市教育学会的合作开展了“三希讲堂”北京市中小学书法教师的培训项目。通过与东城区教委以及北京国际职业学校合作，开办国际博物馆培训课程。通过与北京华文学院的合作探讨中国文化在海外的传播方式。通过与河南省教育学会合作编写中小学书法教材，尝试故宫博物院为中小学书法教育服务的新途径。今天，我又迎来了与中国教育学会的战略合作。这次合作无论是广度还是深度都是空前的。这对充分利用故宫博物院的各种资源发展教育无疑提供了重要的支持作用。

故宫是世界文化遗产，不仅拥有丰富的文化资源，同时还拥有一大批造诣精深的专家队伍。中国教育学会是全国性的学术团体，拥有广泛的教育资源与名师队伍，双方的合作必将创造一个教育发展的新天地，必将对中国传统文化的传播产生积极的推动作用。在此我衷心祝愿大家在合作中建立起深厚的友谊。故宫是大家的，是全人类的，我们都要懂得爱护她，保护她，但也要懂得如何把她蕴藏的文化发扬光大。这也是我们合作的愿景。让我们携手努力吧。

（2013 年 9 月 22 日）

在《故宫博物院藏文物精品集》（英文版）编辑工作会议上的讲话

《故宫博物院藏文物珍品全集》（60卷），是故宫博物院有史以来首部与商务印书馆（香港）有限公司合作的大型项目。它集学术、研究、出版于一体，经几任院领导的重视、支持及有效管理，在院内多位老专家领衔下，历时十三载于2008年全部出齐。而今，商务印书馆（香港）有限公司希望开拓英语国家出版市场，故宫博物院也致力于将故宫所蕴藏的历史和文化广泛传播到世界各国，双方意愿共同，促成了《故宫博物院藏文物精品集》（10卷本英文版）的出版合作。

《故宫博物院藏文物精品集》（10卷本英文版），不仅仅是对《故宫博物院藏文物珍品全集》（60卷）文物的简单压缩、合并，也不是对60卷文字的简单重复和翻译，而是借助60卷打下的坚实基础，利用故宫博物院与商务印书馆之间几十年合作搭建好的平台，充分发挥各卷主编和编委的作用，不但文物是精品中的精品，学术上更能体现集体研究成果。经精选、合并、压缩、改写后的《故宫博物院藏文物精品集》（英文版）共有10卷本，分别是书画（3卷）、陶瓷（2卷）、工艺杂项（5卷）三大类，工艺类包括玉器（1卷）、青铜（1卷）、家具（1卷）、织绣（1卷）、珍宝（1卷）。

今天的会议将作为该项目正式的启动点。我们希望在故宫博物院90周年院庆之前将10卷本全部出齐。这是故宫博物院在迎接院庆活动中唯一的大型外文出版工作，将为院庆活动增添新的亮点，也是故宫博物院与国际间进行学术交流的重要途径。

（2013年9月23日）

在河南博物院“鼎盛中华——中国鼎文化展”开幕式上的致辞

办好陈列展览是博物馆专业功能和社会职能的重要体现。目前，从全国博物馆发展的整体形势分析，各博物馆均面临着从“数量增长”走向“质量提升”的问题。博物馆的展览不能仅限于大量精品文物的堆积，而是要更加深入地研究文物藏品的内涵和价值，深入揭示文物藏品背后的故事，提倡精品意识，增加文化内涵和科技含量，力争达到历史性与时代性、思想性与观赏性、科学性与艺术性、学术性与趣味性、知识性与通俗性的完美结合。

此次河南博物院举办的“鼎盛中华展”选取“鼎”这一中国历史上极具代表性的器物作为展览主题，在知识层面上深入挖掘，系统展示；在历史层面上前后贯通，链接当代；在精神和文化层面上提炼升华，意蕴深远。整体而言，展览主题鲜明，内容丰富，雅俗共赏，积极向上。同时，“鼎盛中华展”依托北京大学丰富的学术资源，以科研为先导，一年多来潜心研究鼎的历史与文化，研究博物馆展陈与社会服务的新方法、新形式。在取得初步成果的基础上，形成展陈大纲与整体设计方案，确保了展览内容和形式的科学性，很值得借鉴和提倡。

此次展览整合了国内近20家文物博物馆单位的文物资源进行集中展示，可以说是近年来馆际展开充分合作的一个体现。河南是我国名副其实的文物大省，历史悠久，文物资源丰富。多年以来，故宫博物院与河南博物院一直保持着密切的联系和合作。此次展览，是继2006年两馆合办“国之重宝——莲鹤方壶特展”，2007年合办“金色王朝——故宫御用金银器特展”之后的又一次成功合作。我们也期待，今后双方的合作能够更加持久和深入，互通有无、资源共享，为观众带来更多的文化盛宴，也推动相关学术研究的开展。

（2013年9月27日）

在元代张达善跋《隋人书出师颂卷》捐赠仪式上的致辞

元代张达善跋《隋人书出师颂卷》捐赠仪式（2013 年 9 月 29 日）

故宫博物院藏《隋人书出师颂卷》是目前存世极少的早期章草墨迹中的珍品之一。2003年，故宫博物院行使优先购买权，以2200万元人民币的价格从中国嘉德春季拍卖会中购得该作，弥补了故宫博物院藏品中隋代法书的不足，也使故宫博物院两晋隋唐之早期法书名迹形成系列。但令人遗憾的是，它的附件元代张达善的题跋一直缺失至今。

此次，承蒙中国嘉德创始人陈东升先生提议，由中国嘉德与红树白云楼主人陆牧滔先生共同将此件重要文物捐赠故宫博物院。这不仅使故宫博物院补充了一件元代大儒的书法孤品，更为重要的是，它实现了《隋人书出师颂卷》的合璧，对于今后《出师颂》的传承和中国早期书法史研究也很有意义。

故宫博物院历来的文物征集方针是“征集原清宫遗散在外的文物和各艺术门类中的精品”，建院80多年来，馆藏文物在原清宫旧藏的基础上得以不断的充实，既得益于国家的关心和支持，也与海内外各界人士的踊跃捐赠密不可分。自1939年以来，已达760余人次向故宫博物院捐赠了藏品，捐赠的藏品共计3万多件。在这些捐赠品中，不乏国宝级文物，极大地丰富了故宫博物院的文物收藏。为彰显捐赠者的义举，故宫博物院特辟“景仁宫”为捐赠专馆，设置“景仁榜”镌刻捐赠者姓名，举办捐赠展览、出版《捐献大家》等系列图录。如今年，为了纪念孙瀛洲先生诞辰120周年，故宫博物院刚刚举办了“孙瀛洲先生捐献文物精品展”及座谈会。今天我们很高兴地看到，故宫博物院“景仁榜”上又多了“中国嘉德”和“陆牧滔”的名字。

当前，我国文物市场异常繁荣，文物价格频出高价，在这种社会背景下，中国嘉德和陆牧滔先生的慷慨捐赠更属难能可贵。在此，我谨代表故宫博物院向陈东升先生，向中国嘉德、向陆牧滔先生表示诚挚的谢意和崇高的敬意。对于此件文物，故宫博物院将妥善保管，并适时展出，以充分发挥它应有的学术价值和社会效益。我们也热切地期盼，以此次文物捐赠为示范和带动，能有更多的收藏家关心中国文物博物馆事业的发展，故宫“景仁榜”上能够出现更多捐赠者的名字。

（2013 年 9 月 29 日）

在“十全乾隆——清高宗的艺术品味特展”开幕记者会上的讲话

台北故宫“十全乾隆——清高宗的艺术品味特展”开幕记者会（2013年10月7日）

“十全乾隆——清高宗的艺术品味特展”是两岸故宫第四次展览合作，是继2009年“雍正——清世宗文物大展”、2010年“山水合璧——黄公望与《富春山居图》”、2011年“康熙大帝与太阳王路易十四特展”以来的又一项盛事。

清宫旧藏的文物中，北京故宫收藏有大量的清宫仪器钟表、冠袍带履、卤簿仪仗、生活器具等；只有两岸故宫珍贵文物的珠联璧合，才能使以清代帝王为主题的展览具有非同寻常的完整性和代表性，从而使该展览成为名副其实的大展。

本次“十全乾隆——清高宗的艺术品味特展”，北京故宫博物院参展42套（45件）文物。这些珍贵文物在体现乾隆盛世恢弘灿烂的政治文化生活上，起着举足轻重的作用。

其中，宋代《马和之画豳风图卷》、《宋人名流集藻册——李迪鸡雏待饲图页》等多件文物是国家一级文物，其作为母题影响了乾隆皇帝本人及当时宫廷艺术家的审美取向与追求复古的风格；《高宗是一是二图轴》、《高宗岁朝行乐图轴》等画轴展现出乾隆皇帝的宫廷生活场景；《高宗松荫消夏图轴》、《高宗熏风琴韵图轴》表现出作为最高统治者的皇帝却有着士人化的情怀；《高宗洗象图轴》、《高宗御笔菩提叶笺〈心经〉》体现了乾隆皇帝对佛教的信仰；《圆明园铜版画·海晏堂》以完整的形象再现了圆明园西洋建筑杰作的原貌；《高宗南巡图》第九卷更以1050厘米的长度成为宫廷绘画中的巨制。《摹颜真卿多宝塔》、《摹王羲之乐毅论》则是乾隆皇帝作为皇子时期的书法习作，展现了乾隆皇帝书法功力的练成以及书法审美品位的培养过程。

北京故宫参展的宫廷文物中还有英国18世纪铜镀金转人亭式大钟、铜镀金转水法人物马驮座钟、铜镀金仙鹤驮亭式表则体现了乾隆盛世通过发达的东西方贸易，追求到繁复奢华的洛可可风格艺术品位。这些大型钟表，即便在当时也是非常贵重的高科技奢侈品，现今存世稀少，即使其制造国——英国本土也所剩无几。

展品中的北宋汝窑天青釉洗、明永乐剔红云凤纹葵瓣式盏托、“大清乾隆年制”款洋彩开光山水四季花卉图盖瓶、“大清乾隆年制”款粉彩花卉纹塑贴三婴戏瓶等文物更是中国工艺美术史上的杰作。

乾隆朝的能工巧匠遵照皇帝旨意，以前代的经典工艺品为母本，融合了乾隆皇帝的艺术品位与审美需求，继承古法，开创新技，彰显了乾隆时期的工艺美术作品在中国工艺史上的重要地位。

此次两岸故宫的交流与合作，不仅是珍贵文物的重新聚首，更是两岸民众对于中华民族共同的灿烂文化和悠久历史的深情拥抱，也是两岸故宫工作人员对于共同的历史担当的体认和践行。

（2013年10月7日）

在“十全乾隆——清高宗的艺术品味特展”开幕酒会上的致辞

在这丹桂飘香的美好季节，我们欢聚一堂，共同庆祝“十全乾隆——清高宗的艺术品味特展”的开幕，这一堪称两岸故宫合作史上的又一项盛事，我谨代表故宫博物院向展览的开幕致以最热烈的祝贺！向对此次大展所给予大力支持与赞助的广达文教基金会，向为筹办此次活动付出心血的双方工作人员致以最诚挚的谢意！

2009年两岸故宫院长互访，达成“八点共识”，为两岸故宫的交流与合作开启了历史性的篇章。2009年两岸故宫共同举办的“雍正——清世宗文物大展”以来的三次合展更是获得了举世瞩目的成功。

两岸故宫的文物同根同源，代表着中华民族五千年文化的精华。而乾隆朝所收集、整理的艺术精品、文物精品又占绝大部分。这些文物具有不可分割的联系性和互补性。

“十全乾隆——清高宗的艺术品味特展”展览的举办适逢良时，随着近年来清宫内务府档案数据日渐公开与普及，从两岸故宫博物院收藏的清宫文物中可以追溯出乾隆皇帝亲手典藏与鉴赏的经过。我们希望通过此次展览，体现出藏品的珍贵历史价值以及通过文物对照文献，以期呈现展品渊源脉络的双重意义。

（2013年10月7日）

在全国文物与博物馆专业学位研究生教育指导委员会暨培养单位2013年年会上的讲话

今天，我们在故宫博物院召开全国文物与博物馆专业学位研究生教育指导委员会暨培养单位2013年年会。这个会议规模不大但却有重要意义，因为这次会议将研讨我国应用型文物与博物馆人才培养以及实现我国文物博物馆可持续发展的重大问题。我谨代表故宫博物院和全国文物与博物馆专业学位研究生教育指导委员会，向今天到会的国家文物局领导、国务院学位办领导、各位委员以及29个培养单位的老师代表，表示热烈的欢迎！

文物与博物馆专业学位教育刚刚起步。国家于2010年批准新增了这一专业学位，次年国务院学位委员会又批准成立了全国文物与博物馆专业学位研究生教育指导委员会。近三年来，按照教育部的工作部署，陈红京秘书长领导的指导委员会秘书处开展了卓有成效的工作。今年，秘书处在广泛调研、征求培养单位和用人单位意见的基础上，组织专家研拟了《文物与博物馆硕士学位基本要求（征求意见稿）》，并对2011年印发的《文物与博物馆硕士专业学位研究生指导性培养方案（试行）》进行了修订，这两份文件也是本次会议提交大家研讨的主要内容。

去年，国家批准内蒙古赤峰学院招收文物与博物馆专业硕士，截至目前，共有29个招生培养单位。据不完全统计，2013年共招收437名学生，其中在职生61人。招生总数比2011年的首届招生数258人几乎翻了一倍，但是在职生数量变化不大（2011年在职生50人）。各个培养单位的招生情况差别很大，2013年招生数量最多的单位有45人，最少的才4人；在职生比例最高的单位高达40%，但大多数单位由于招生政策等原因没有招到在职生；每年的学费有10万、2万、1万、8000等数额，还有很多学校是不收学费的。今年7月，首届文物与博物馆硕士顺利毕业，走上了工作岗位。从就业情况来看，大多数学生都进入博物馆、考古所、文物保护中心等文物博物馆单位工作，也有学生进入其他国有企事业单位工作，但也有小部分学生转行。

我们这次年会，目的是总结前一阶段的工作，促进各培养单位之间进行经验交流，探讨如何构建文物与博物馆专业硕士培养单位和用人单位之间的沟通平台，把握形势、统一思想、明确任务，为下一阶段的文物与博物馆专业硕士培养工作打下良好的基础。作为教育指导委员会的主任委员，我也谈几点个人意见。

一 认清形势，更加重视文物与博物馆专业硕士培养工作

目前，我国专业学位研究生教育发展速度快，人才培养结构调整力度大，研究生专业学位类别丰富。开展专业学位研究生教育，大力推进研究生教育结构调整，大力发展专业学位

研究生教育，是硕士研究生教育发展理念的重大转变，也是为了适应国家经济社会发展对高层次应用型专门人才的迫切需要，为了适应产业结构调整和经济发展方式转变的要求，为了适应新科技革命和发展战略性新兴产业的要求。

开展文物与博物馆专业硕士教育，是贯彻落实《国家中长期教育改革和发展纲要（2010—2020年）》的需要，是改善我国文物博物馆行业工作队伍的现实需要，同时也是实现我国文化遗产事业持续健康发展的需要。

（一）开展文物与博物馆专业硕士教育，有利于改善我国文物博物馆行业工作队伍现状，给文物博物馆行业注入新鲜血液

我国文物博物馆行业从业人员专业结构过于单一，大多人员是考古学教育背景。随着我国文物博物馆事业的快速发展，博物馆数量和类型逐渐增多，文物保护与修复压力巨大，考古工作也由传统的田野发掘转变为多学科参与的新型考古。所有这些发展变化都需要有更多、更好的专业技术人才，但是我们的人才培养却稍嫌落后。况且，文物博物馆行业的业务工作注重实践性，传统的学术型高等教育难以满足需要，而职业教育以及更高层次的专业硕士教育则为培养能够胜任这些工作的专门人才创造了条件。

（二）开展文物与博物馆专业硕士教育，有利于实现我国文化遗产事业的持续健康发展

高层次人才，特别是应用型的高层次专业人才短缺，是阻碍我国文化遗产事业发展的瓶颈。可以说文物与博物馆硕士专业学位的设立，适应了我国文化遗产事业发展的实际需要，体现了国家对文化遗产事业的关心和支持，为培养能够胜任文化遗产事业的高层次应用型人才创造了条件，也为实现我国文化遗产事业可持续发展提供了保障。

二 抓住特点，有效地进行文物与博物馆应用人才培养工作

（一）抓住专硕特点，培养应用人才

专业硕士重在知识、技术的应用能力，重在事理的学习和研究，重在解决社会部门的现实问题。也就是说，专业硕士最大的特点就是较少关注“是什么”和“为什么”，而更关注“做什么”和“怎么做”。建立健全校内外双导师制，以校内导师指导为主，校外导师参与实践过程、项目研究、课程教学与毕业论文等多个环节的指导工作，让有丰富实践经验的行业导师帮助培养会做事的有用学生。

由于文物博物馆行业自身的特点，行业内一直都有“师傅带徒弟”的“传帮带”传统，即以老带幼、以旧带新、互助互动，这在文物鉴定等方向上尤为明显。事实证明，这种做法是很有成效的，要想学得真功夫，就得靠师傅手把手地教。各个高等院校最好都能给专业硕士找一位行业师傅，并且学生最好可以到师傅所在的博物馆、文物保护中心等单位去，结合实际操作，进行一对一实战教学。我相信这样训练出来的专业硕士，一定会受到用人单位的青睐。

（二）结合地域特色，培养有用人才

各高等院校要突出自己的传统学术特色，并且立足当地，结合所在地域文化遗产事业的

发展特点，开设特色方向，有针对性地开展学位教育。而且要强调多学科集成，发展前沿型专业方向。一方面，这些特色方向、前沿方向是国家和当地急需的，培养这方面的人才有利于全国文化遗产事业的发展；另一方面，也有利于学生就业，到时候学习这些方向的学生都成了“香饽饽”，何愁找不着好工作？

就目前来看，各高等院校在这点已经做了很多工作。目前除了传统的考古学、博物馆学、文物保护、文物鉴定这些方向，还出现了故宫学、民族文物与文化遗产、文物产业经营与策划等方向，浙江大学更是拓展思路，依托与中国科学技术协会的合作平台，设立了科普方向，培养科普教育人才、科普产品创意与设计人才、科普传媒人才。今后各高等院校应该更加贴近市场，立足当地，把握前沿，瞄准行业急需要什么样的人才，进而培养出行业抢着要的人才。

三 争取政策，加强沟通，寻求多方面的更大支持

文物与博物馆专业硕士培养工作的开展离不开教育部门、行业主管部门，以及高等院校的大力支持。各高等院校应该积极主动，加强沟通，寻求多方面的协助与支持。

（一）争取教育主管部门和行业主管部门的有利政策

目前，招不到在职生是很多高等院校所苦恼的问题，而绝大多数的应届生生源也给培养工作带来了很多困难。我们应该多方面努力，与教育部等主管部门沟通，争取有利政策。据我所知，陈红京秘书长应国务院学位办的要求，正在组织撰写《文物与博物馆专业硕士培养模式改革研究报告》，其中最重要的一点就是对招考制度与方式进行有利于在职生源的改革。

同时，我们也应该争取国家文物局和各省市文物主管部门的支持，探索建立“双证书”制度，实现学历证书与行业资格证书对接。即使所有的方向对接起来尚有困难，那么可以先行在文物保护与修复、文物鉴定等方向试行。

（二）争取文物博物馆行业部门和学校的大力支持

我们的“双导师制”自然离不开行业的大力支持，不然怎么有行业导师？高等院校也应该让博物馆、考古研究等单位了解，高等院校是为它们在培养人才，双方是互惠互利的关系，应该积极协作，实现共赢。

各高等院校对具体的培养院系的政策也不相同，有的学校将90%的费用下拨到院系做培养经费，而有的学校却只下拨40%，有的学校还是不收学费的，这样一来，承担具体培养工作的院系经费不足，苦不堪言。类似这样的问题，各院系都应该积极与学校层面进行沟通，争取学校的最大支持。

尊敬的各位老师，我国文化遗产事业发展迅速，目前也面临着难得的发展机遇，这为高等院校相关院系的学科建设和人才培养提供了广阔的发展空间。让我们再接再厉，继续做好文物与博物馆专业硕士培养工作，为培养造就大批高素质、高层次的文物与博物馆实用型、复合型人才贡献力量。

（2013年10月19日）

在故宫研究院成立大会上的讲话

首先我代表故宫博物院欢迎各位的到来，与故宫博物院的同仁们一起共同见证故宫研究院的成立。

故宫研究院的成立是故宫博物院在学术建设方面的一件大事，是故宫博物院在学术研究领域的一项重要举措。岁月如梭，经过近90年的发展，故宫博物院已经发展成为世界著名的博物馆之一。今天这里不但拥有世界上规模最大、保存最完整的古代宫殿建筑群，拥有世界上收藏数量最多、价值最高的中国历代文物，拥有世界上数量最多，文化多元的观众群体，更拥有众多享誉业内外的专家学者。近90年来，经过几代故宫学人的艰苦努力，故宫博物院的学术研究长期保持在较高水平，在国内外博物馆界拥有崇高的学术地位，名师大家层出不穷，高质量的学术成果不断涌现，为故宫博物院的业务人员团队养育，以及学术研究打下了坚实而丰厚的基础。

今天，故宫研究院的成立，既是故宫博物院学术积累的必然结果，同时也是事业发展的迫切需要。经过不懈努力，故宫博物院不但设置了研究室，创办了故宫学研究所，而且先后成立了古陶瓷研究中心、古书画研究中心、古建筑研究中心、藏传佛教研究中心、明清宫廷

故宫研究院成立大会（2013年10月23日）

史研究中心，此次又新成立了考古研究所、古文献研究所、明清档案研究所，今年又获得批准建立博士后科研工作站，初步形成了一室、一站、四所、五中心的故宫研究院基本架构。故宫研究院的成立，既整合了故宫博物院已有的学术研究力量，使原本分散的、专业方向单一的研究机构集合起来，形成合力，又根据故宫博物院的学术发展和科研需求，创建了新的科研机构，有利于故宫博物院学术研究体系的合理规划，有利于研究力量的加强和学术水平的提高，同时也有利于不同专业之间的沟通，有利于产生高水平的综合研究成果。

目前，故宫博物院的事业发展迎来了一个新的历史机遇。今年4月，“平安故宫”工程项目获得国务院批准，而顺利实施“平安故宫”工程，需要学术科研的支撑，依赖于高质量的研究水平和研究成果的保障。因此，故宫研究院的工作在一定程度上不同于一般意义的学术研究，它的研究成果可以直接转化为文化遗产保护的实际措施，可以为故宫博物院的藏品研究、科技保护、陈列展览、服务观众、文化传播等各项工作的开展提供支撑服务。

故宫研究院的成立受到了国内及国际文物和博物馆界的高度关注，昨天晚上我读到了一些来自世界著名博物馆馆长的来信，对故宫研究院的成立表示热烈祝贺。例如美国大都会艺术博物馆康柏堂馆长表示：“我为故宫博物院成立研究院的远见和分享藏品与资源的胸襟鼓掌。这项创举将使现在和未来研究中国艺术的学者受惠无穷。我期待与贵院合作提升研究活动，实践文化交流，加强学术合作，这样我们将与全世界分享中国独特的文化遗产。”英国大英博物馆尼尔·麦葛瑞格馆长在来信中说：“成立故宫研究院再一次展示了故宫博物院作为中国学术界以及博物馆实践领域领头人在世界上的重要地位。研究院的学术成果无疑将在世界上那些重视中国文化研究和期盼展示中国文化的角落获得积极反响。”英国国立维多利亚与艾尔伯特博物馆马丁·罗特馆长在贺信中则指出：“故宫研究院的成立再一次显示出故宫博物院为未来所做的前瞻性谋划和创新战略眼光。此举将在世界范围内搭建起故宫博物院与其他博物馆和大学间沟通与合作的桥梁，并让故宫博物院在未来的学术讨论及国际交流中成为主要参与者。”

今天，故宫研究院成立了，这将是一个令人尊敬的学术研究机构。我希望在社会各界的共同努力下，故宫研究院呈现出独立的学术精神和包容的学术思想，真正成为专家学者的学术园地，扎扎实实为故宫文化遗产保护与故宫博物院发展、为中华优秀传统文化的永续传承，贡献出独具的力量。同时，希望故宫研究院的成立，为国内外专家学者开展合作性课题研究提供开放平台，让世界各地的知名专家学者源源不断地走进故宫，让博大精深的故宫文化满怀自信地走向世界，让故宫博物院的业务人员从中获得更多国际合作的机遇，在更大的范围内提升学术研究水平，始终走在世界学术研究的最前沿。

我坚信故宫研究院一定能够无愧于国内外学术研究机构和博物馆界同行的期待，开启故宫文化遗产保护与故宫博物院建设的历史新篇章。

（2013年10月23日）

在中国考古学会第十六次年会上的讲话

中国考古学会第十六次年会开幕式（2013年10月24日）

2011年11月22日，我还在国家文物局工作期间，张忠培先生曾邀请我参加了在浙江嘉兴召开的中国考古学会第十四次年会，记得那次年会的主题是“长江下游考古学研究”，但是我在发言中却占用了较长的时间，谈了对于考古工作的一些感想，包括三个部分，一是对于中国考古学的发展历程的认识，二是中国考古界的优良传统，三是中国考古学的新转变和发展的新方向。今天回想起来，在众多考古学家面前谈论这些内容，无疑是“班门弄斧”。当时主要的想法是，这次可能是最后一次参加中国考古学会的相关会议。

一个多月以后，我来到故宫博物院工作。但是，有两件事却出乎我的意料之外。一个是在张忠培先生的鼓励下，我仍然有机会参加中国考古学会的年会，不但参加了在石家庄召开的中国考古学会第十五次年会，今天又荣幸地出席第十六次年会，使我一次次获得向各位学习的机会。另一个让我没想到的是，在故宫博物院的文物藏品中和实际工作领域，有那么多与考古工作相关的内容，就在昨天下午我还向来访的印度辛格总理和陪同访问的李克强总理介绍了故宫博物院保管的一件出土文物藏品“董临簋”，引起了他们的兴趣。实际上，到故宫博物院工作以后，我才真正了解到考古学研究与综合博物馆之间应该建立起密切的关系。

此次年会的主题是“全球视野下的古代中国——以周秦汉唐为中心”，无疑是非常引人入胜的研究题目。但是我仍然选择“跑题”，借此机会简要地向大家报告一下故宫博物院近期的几个动态，希望得到大家的关注，谋求和各位专家学者的深入合作。

昨天上午，故宫博物院举行了故宫研究院成立大会，众多学术界泰斗和文化部、国家文物局领导出席大会表示祝贺。我们两位令人尊敬的老院长，张忠培先生和郑欣淼先生分别出任故宫研究院名誉院长和院长。故宫研究院的成立是故宫博物院在学术研究领域的重要举措。经过近90年的发展，经过不懈努力，故宫博物院不但设置了研究室，创办了故宫学研究所，而且先后成立了古陶瓷研究中心、古书画研究中心、古建筑研究中心、藏传佛教研究中心、明清宫廷史研究中心，此次又新成立了考古研究所、古文献研究所、明清档案研究所，今年又获得批准建立博士后科研工作站，初步形成了一室、一站、四所、五中心的故宫研究院基本架构。昨天我在成立大会上讲，故宫研究院将是一个令人尊敬的学术研究机构，应该呈现出独立的学术精神和包容的学术思想，真正成为一片专家学者的学术园地，一座开展合作课题研究的开放型平台，扎扎实实为文化遗产事业的健康发展、为中华优秀传统文化的永续传承，贡献出独具的力量。希望在座各位专家学者今后多利用故宫研究院这一学术平台，在更大的范围内提升学术研究水平，使我们的研究成果始终走在世界学术研究的最前沿。

大家知道，故宫博物院有三项世界级文化资源，一是拥有世界上规模最大、保存最完整的古代宫殿建筑群，二是拥有世界上收藏数量最多、价值最高的中国历代文物，三是拥有世界上数量最多，文化多元的观众群体。但是实际上故宫博物院更拥有众多享誉业内外的专家学者。今天，故宫研究院的成立，既是故宫博物院学术积累的必然结果，同时也是事业发展的迫切需要。关于故宫博物院性质的确定和故宫博物院的学科建设一样，经历了长期的思考和发展。在故宫博物院建立之初，作用只限于作为对清宫旧藏物品的展示，建馆的目的是把皇宫展示给国民，所以此时的故宫博物院还没有完整的学科建设。此后，故宫博物院靠在艺术品典藏，例如青铜器、瓷器、书画等方面的藏品累积，在相当长的历史时期内确保了故宫博物院的学术地位，成为从事艺术品研究和展示的殿堂。

自20世纪80年代晚期以后，在考古学家张忠培院长的影响下，故宫博物院开始重新思考自身定位，发现艺术博物馆远不能包括故宫的全部，所以故宫博物院开始定位于综合性博物馆，完善学科建设成为新的思考方向。我认为对故宫博物院的学科建设和人才培养，是张忠培先生为我国文物考古事业所做出的众多杰出贡献的重要组成部分。张忠培先生强调指出参加考古发掘工作，并且把最新考古成果引入故宫，“表明故宫博物院开始走出昔日皇宫的院墙，关注早期瓷器史的研究、关注考古学的最新成果、追踪学术发展方向的决心，对故宫博物院的学术发展有较大的意义”。正是在张忠培先生的这一号召下，为完善学科建设、追踪学术发展方向，故宫博物院根据自身学术优势与藏品特点，有选择性地与各考古研究单位合作参加了一些考古发掘工作，故宫博物院考古研究人员先后与各地考古院所合作进行系列的调查发掘，足迹遍及四川、西藏、陕西、浙江、江西、福建等省区。《故宫博物院院刊》也在故宫藏品研究和介绍之外，开始关注发表与考古学相关的综合性研究文章，院刊的学术质量和地位不断得以提高。

昨天在故宫研究院成立的同时，正式成立了故宫研究院考古研究所，由考古学家李季先生担任所长。与考古研究所同时成立的还有古文献研究所和明清档案研究所。分别请王素先生和朱诚如先生担任所长。故宫博物院收藏古文献种类繁多、数量可观，例如有文字的甲骨20000余片，有铭文的青铜器1600多件，敦煌吐鲁番文献有200多件，碑帖28000多件，明清尺牍有42000多通，以及善本图书22万册、古籍文献12万多册、书版24万块，这样的古代文献收藏量在中国文物博物馆界首屈一指，同样就研究实力而言也位于国内的前列。因此对于故宫古文献的研究来说，组建古文献研究所既有工作基础，又有迫切需要，具有重要的意义。

除故宫研究院的成立，最近故宫博物院还在推进三件事情。一是为了加强教育培训和人才培养工作，故宫博物院拟于今年11月初成立故宫学院。故宫学院将紧跟国家文化遗产保护和博物馆事业发展的最新形势和实际需要，围绕故宫博物院整体事业的发展，开展面向自身、面向行业、面向社会、面向世界的多层次、多渠道、多形式的培训项目。二是近日筹备多年的故宫博物院文物科技保护中心将正式开工。希望建设成为世界上最大规模的文物科技保护机构，届时包括大量出土文物在内的文物藏品将得到有计划的抢救性保护。三是开工建设故宫博物院北院区，主要包括2万平方米的文物保护修复中心，5.5万平方米的博物馆展厅。近日故宫博物院北院区的第一个项目，占地5万平方米的宫廷古典园艺中心将正式开工。

我向大家报告这些情况，主要是希望获得各文物考古研究单位的大力支持，也希望各位专家学者在今后的工作中多利用这些设施。总之，无论是故宫研究院还是故宫学院，都离不开中国考古学会和各地考古和文物博物馆单位的支持、帮助和指导。

中国考古学会自成立以来，走过了三十余年的成长历程。在夏鼐、苏秉琦、宿白、徐苹芳、张忠培先生历任理事长和常务理事们的共同努力下，中国考古学会与时代同步发展，成为我国考古学界最为重要的一个学术团体。我们高兴地看到，几年来，以张忠培先生为理事长的中国考古学会，在全国考古工作者的积极支持和参与下，活跃于学术科研和考古工作的第一线，从东北地区到中原地区再到江南地区，从长江流域到黄河流域，进行了广泛的区域文化研究，进一步开阔了中国考古学的文化视野。中国考古学会积极引导广大考古工作者共同探讨影响我国考古学发展的重大课题和前沿问题，始终引领着中国考古学学科前进和发展的方向，为考古学科建设搭建起交流与合作的平台，并在国际学术舞台上展示出特有的魅力。

（2013年10月24日）

在故宫学院成立典礼上的讲话

故宫学院成立典礼（2013 年 11 月 4 日）

在故宫博物院建院88周年之际，我们在这里共同见证故宫学院的成立。今天，故宫博物院正在努力建设成为国际一流博物馆，在国务院的高度重视和关心之下，“平安故宫”工程获得批准，今年正式进入实施第一年。“平安故宫”工程的目标是在2020年，即紫禁城建成600年之时，基本实现故宫博物院进入安全稳定的健康状态，全面提升管理和服务水平，迈进世界一流博物馆行列。我一直在思考，建设一座一流的博物馆，要硬件和软件两个方面齐头并进，但归根到底，各项事业发展的关键在于人才。

故宫博物院目前面临在职员工新老交替的重要时期，强化员工培训是一项紧迫而又非常必要的事情，直接关系到人才的培养和人员素质的提升，同时也是为各项工作保驾护航的先决条件。故宫学院是一个业务培训和教育机构，她的成立就是要立足于服务故宫博物院，健全员工培训体系，探索适应博物馆人员特点的培训模式与机制。今天故宫学院满文初级培训班开班，就是着力培养满文人才的良好开端，办班的消息传出，报名人数突破招生人数一倍多，表明在员工中有着强烈的学习愿望。

故宫博物院拥有独一无二的文物资源和专家资源，具有全国乃至国际领先的科研队伍、科研设施及研究水平，在文物博物馆界具有广泛的影响力。社会各界对于优势文化资源的共享有着强烈的呼声和现实的需要。故宫学院的成立，就是要努力承担起行业人才培训基地的作用，今年国际博物馆培训中心的首届培训班举办，来自16个国家的博物馆同仁成为同学，就是这方面的努力。同时借助故宫学院的教学工作，让更多的故宫专家获得更广阔的施展平台，让年轻一代的故宫学者稳步成长并迈向世界。

博物馆是国家展现文化遗产的场所，存在的意义是与公众分享共同的知识、有形和无形文化遗产，并鼓励吸纳公众参与文化传播和交流。今天，博物馆应该从“馆舍天地”走向“大千世界”，成为开启公众智慧的钥匙，成为社会教育的积极力量。故宫学院的成立，就是要搭建起公众文化传播的平台，走进高等院校和中小学课程，提高公众对文化遗产的认知水平、鉴赏水平和审美能力，弘扬中国传统文化的精髓，传递文化遗产保护的正确理念。与此同时，故宫博物院的公众服务也将更加完善。

可以说，故宫博物院各项事业的发展需要故宫学院的努力，我国文化遗产的保护传承需要故宫学院的努力，中国传统文化的有效传播需要故宫学院的努力。今天，故宫学院的成立得到了北京市东城区政府高瞻远瞩的精诚合作，得到了国家文物局和全国文物博物馆同仁满腔热情的帮扶支持，得到了关注故宫文化传播社会大众的热切期盼。面对未来，故宫学院一定会不辱使命，不懈努力，发挥出独具的作用。对此，我们充满信心！

（2013年11月4日）

在国际博物馆培训中心开班仪式上的讲话

自国际博物馆培训中心成立以来，国际博物馆协会、故宫博物院、国际博物馆协会中国国家委员会一直在积极筹划本期培训班。经过四个月的紧张筹备，第一期培训班终于在今天顺利开班。

在此，我要向所有对本期培训班给予支持和帮助的人士表示衷心的感谢。感谢国际博物馆协会在外国专家遴选和学员招募上所做的工作，正是在你们的帮助下，本期培训班才得以邀请到来自德国、荷兰、瑞士、日本和南非几位资深的博物馆专家前来授课，有机会和来自欧洲、拉丁美洲、非洲和亚洲十几个发展中国家，这么多优秀的学员进行交流。同时也感谢国际博物馆协会中国国家委员会对培训中心工作的支持与指导，我们彼此之间的真诚合作和辛勤付出愉快而卓有成效。

国际博物馆培训中心开班仪式（2013 年 11 月 4 日）

还要感谢克劳德·福贝尔先生作为协调人所做出的努力。他在主办三方及专家、培训中心工作人员之间的协调与沟通工作，大大促进了筹备工作的有效进行。同时，也要感谢国际博物馆协会总部的协调人张羽小姐和中国博物馆协会的同仁，以及故宫博物院的各位同事们，他们在幕后做了大量的工作，这些工作是本期培训班如期并有序开展的重要保证。

本期培训班邀请到的专家均在博物馆领域工作多年，对博物馆管理有着深入了解和独到见解，各位学员也都已积累了丰富的工作经验和学术成果，我相信，你们之间的交流互动一定会碰撞出思想的火花。此次培训不仅为博物馆领域的国际交流搭建了平台，也将为学员未来的工作提供借鉴和指导。我相信，通过形式多样的授课，各位学员必将从本次培训中获益良多。

（2013 年 11 月 4 日）

在故宫学院满文初级培训班开班仪式上的讲话

故宫学院满文初级培训班开班仪式（2013年11月4日）

欢迎各位同仁参加由故宫学院主办的满文初级培训班。故宫学院是故宫博物院于2013年11月4日成立的业务培训和教育机构，旨在加强文物博物馆人才队伍建设、完善社会服务和公众教育功能。故宫学院将根据我国博物馆和文化遗产保护事业发展的最新形势和需要，围绕故宫博物院整体事业的发展，面向自身、面向行业、面向全国、面向世界，开展多层次、多渠道、多形式的培训项目，为博物馆发展提供专业人才支持，践行博物馆融入民众、服务社会的使命。

故宫学院“满文初级培训班”自在故宫博物院内网公布招生信息、接受报名以来，短短一周内，共有83位学员踊跃报名，涉及全院20个部处，其中将近60%的学员来自业务部门。学员的参与热情极高，即使在报名截止后，仍有同仁不时地打电话询问能否继续报名，是否得以录取，并再次表达期望参加培训班的愿望。可以感到，故宫博物院有一大批员工热切地盼望学到新知识、新技能，并有意识地将所学运用于实际工作之中。

满文是清代官方通行的、沿用近三百年的文字。学习满文，读懂满文档案，就掌握了清史研究的一把钥匙，打开了探寻宫廷历史文化的途径，对于近代史、清代文物与遗存的研究都大有裨益。但是，一门语言的学习并不是一朝一夕的事情，更何况满文在现代社会早已不是用来相互交流的媒介。要学会、学好、学扎实，必须从基础的语音、词法、语法、文法等开始从头学起，循序渐进，逐步入门，进而熟练。

老师和学员们都利用工作之外的时间来教授和学习，实属不易。希望学员们知难而上、持之以恒、学以致用，相信通过老师辛勤的讲授和你们的努力，将所学应用于实际工作和研究过程中是指日可待的，也期望在结业的那一天看到你们坚持所得的成果，祝愿你们取得更大的成绩。

（2013 年 11 月 4 日）

在两岸故宫第四届学术研讨会开幕式上的讲话

今天，我们集合在这里，举行两岸故宫学术研讨会。这是两岸故宫的第四届学术研讨会，也是北京故宫博物院承办的第二届学术研讨会。借此机会，我想回顾一下两岸故宫近五年来的交流情况。

过去的五年，是两岸故宫交流密切的五年。在这五年里，两岸故宫的院长实现了互访，达成了合作交流的八点共识，联合举办了精品展览，进行了密切的学术研讨与交流，形成了长期交流的固定机制。

2009年2月14日，周功鑫院长首次率团访问北京故宫，实现了60年来两岸故宫院长的首次聚首；随后，郑欣淼院长率团于同年3月1日赴台回访。两院同仁经过真诚的会谈和协商，达成了交流合作的八点共识：一是落实双方的合作机制，二是使用文物影像互惠机制，三是建立展览交流机制，四是建立两院人员互访机制，五是出版品互赠机制，六是信息与教育推广交流机制，七是学术研讨会交流机制，八是文化创意产品交流机制。

在此八点共识的指导下，两岸联合举办了一系列精品文物展览。2009年10月6日至2010年1月10日，两岸故宫合作举办的“雍正——清世宗文物大展”在台北隆重开幕，北京故宫37件文物赴台参展，两岸故宫文物时隔60年之后重新聚首。在不到3个月的展期中，共吸引了75.8万名观众参观。2011年6月至9月，中国文物交流中心与台北故宫合作举办“山水合璧——黄公望与《富春山居图》特展”，北京故宫出借展品4件。2011年10月，中国文物交流中心与台北故宫合作举办的“康熙大帝与太阳王路易十四特展”在台北故宫隆重开幕，北京故宫提供20件文物参展。2013年10月8日至2014年1月7日，“十全乾隆：清高宗的艺术品味特展”在台北故宫开展，展出文物200件，其中45件套文物来自北京故宫。

随着联合展览的举办，两岸故宫的学术交流与学术研讨也日益密切，建立起轮流举办学术研讨会的交流模式。2009年11月，两岸故宫第一届学术研讨会：“为君难——雍正其人、其事及其时代”在台北故宫举办。2010年11月，两岸故宫第二届学术研讨会：“永宣时代及其影响”在北京故宫举办。2011年11月，台北故宫举办了“康熙大帝与太阳王路易十四：17、18世纪中西文化交流——两岸故宫第三届学术研讨会”。本次研讨会是第四届，主题是“乾隆皇帝的艺术品味”。

另外，在座的冯明珠院长还参加了北京故宫2011年举办的“兰亭国际学术研讨会”。北京故宫也于2010年派团赴台参加了“文艺绍兴——南宋艺术与文化特展研讨会”。2010年6月3日至6月18日，两岸故宫联合举办了“温故知新——两岸故宫重走文物南迁路”考察活动，共同追寻前辈足迹，体验故宫文物大迁移的艰难历程，缅怀前辈为保护文化遗产无私奉献的伟大精神。

根据两岸故宫达成的“共识”，双方互设交流“窗口”，形成合作机制。五年多来，通过“窗口”的及时联络与沟通，双方的交流变得十分顺畅。从2008年到2012年底，北京故宫共接待来自台湾地区的文物单位，包括考古机构、博物馆以及社会各界约38批，238人次，其中台北故宫的人员20余批，60多人次。北京故宫赴台湾访问交流的人员共15批，50余人次；此外，北京故宫还有16人次应台北故宫邀请先后赴台在学术会议发表演讲。截至2012年底，北京故宫赠送台北故宫包括《满文大藏经》等在内的出版物467种，共计1289册；接收台北故宫赠送的包括《龙藏经》在内的出版物344种，共计931册。2012年，北京故宫无偿提供台北故宫在《学术季刊》及展览中使用文物藏品影像7批次106幅。此外，两岸故宫的网站也开通了相互链接。总的来看，随着相互了解的加深，两岸故宫的交流范围越来越宽，内容越来越深，频度越来越密，效果越来越好，机制越来越完善。

为了配合在台北故宫正在举行的同名展览，此次研讨会选取了“乾隆皇帝的艺术品味”作为主题。我们知道，紫禁城的整体布局，是明朝永乐皇帝时奠定的，但今天的紫禁城各处的古建筑的具体分布与位置，却是在乾隆时期最后完成的。也就是说，乾隆时期，紫禁城的建筑达到了最辉煌的阶段。从今天某些建筑的布局，比如重华宫、建福宫花园、宁寿宫等处，可以看出乾隆皇帝的匠心独运之处，可以看出他的审美风格与艺术品味。

同样，两岸故宫的藏品，都是源自清宫旧藏，而清宫的旧藏，又正是在乾隆时达到了巅峰。乾隆皇帝在位时间长，个人兴趣爱好广泛，他在位时，书画、金石、古籍、玉器、陶瓷等各种珍玩通过不同的渠道，源源不断地汇聚到清宫之中，极大地丰富了日后两岸故宫的收藏。乾隆不但收藏前代的珍品，还将自己的审美观、艺术品味等传递给“造办处”等生产机构，对陶瓷、玉器、漆器等的风格和工艺产生了深远的影响。乾隆皇帝还组织编写了《石渠宝笈》、《西清古鉴》等书籍，将宫中的文物记录下来。从这些书的编排与裁剪中，也可看出乾隆皇帝的艺术品味。

无论从紫禁城的建筑，还是两岸故宫的藏品来说，选取“乾隆皇帝的艺术品味”作为会议的主旨，是最适合的，也是最容易在交流中碰撞出火花的。各位代表为本次研讨会所提交的论文，多是紧紧围绕着“乾隆皇帝的艺术品味”这一题材，从建筑、文物藏品、历史等不同的角度和侧面做了深入的考察与论述。前面的三次研讨会，我们以永乐宣德、康熙、雍正为主题，都取得了显著的成就。这次研讨会以乾隆为主题，我相信，接下来的相互交流与论文宣讲，一定能将“乾隆皇帝的艺术品味”这一主题推向深入，一定能取得预期的学术效果，一定能在两岸故宫学术交流史上谱写新的篇章。

经过五年来的努力，两岸故宫进行了真诚的合作与交流，彼此有了进一步的了解和信任，双方都获益良多。再过两年，也就是2015年，故宫博物院将迎来成立90年庆典，我希望两岸故宫能以此为新的起点，进一步深化合作，促进交流，共同进步，走向未来。

（2013年11月9日）

在官式古建筑营造技艺培训班开班仪式上的讲话

紫禁城，作为世界上规模最大、保存最完整的木结构宫殿建筑群，是明清建筑营造技艺的集大成者，是中华民族建筑艺术的杰出代表，也是全人类的珍贵文化遗产。

在紫禁城近600年的营建、修缮、保护过程中，“官式古建筑营造技艺”起着至关重要的作用，并随着紫禁城的维修、保护逐步走向成熟与辉煌。“官式古建筑营造技艺”不仅能够使紫禁城在最大程度上保持历史原貌，更在历次的修缮保护中赋予其更为丰富的人文内涵和时代精神。同时，该技艺对中国古建筑营造技术的发展产生了重要影响，成为珍贵的非物质文化遗产。

故宫博物院“官式古建筑营造技艺”是在民间营造技艺的基础上形成的一套完整的、具有严格形制的宫殿建筑营造技艺。无论从材料、用色到做法，都要严格遵循营造则例。“官式营造技艺”根据不同内容分为“瓦、木、土、石、搭材、油漆、彩画、裱糊”八大作，其下还细分了上百工种，全部为纯手工工艺。各行各作的技艺传承多采用师徒间“口传心授”的模式进行，使得官式古建筑营造技艺流传有序，技艺精湛。

近年来，随着时代的更迭发展，各个传统工种日渐退化，古建营造的传统制度断裂，使

古建修缮技艺传承（2013年1月5日）

八大作受到了现代化的各种冲击，出现不同程度的传承危机，有的甚至已濒临失传。此外，目前从业者年龄老化，缺少新生力量补充，也是制约古建行业发展及传承延续的重大问题。

故宫作为传承“官式古建筑营造技艺”的先行代表，多年来做了许多基础工作和有益尝试。2005年12月和2007年11月，故宫博物院修缮技艺部的前身——古建修缮中心先后组织了传统的拜师仪式，旨在恢复营造技艺传统的师徒传承方式，使技艺精湛的工匠能够将一身的绝技传承下去。其中故宫博物院李永革先生、刘增玉先生于2012年被文化部授予“国家级非物质文化遗产项目‘官式古建筑营造技艺（北京故宫）’代表性传承人”。故宫博物院作为“官式古建筑营造技艺”的传承机构，不仅关注文物建筑的修缮与保护工作、传统技艺的传承与保护工作，更致力于传承体制的建立与开拓工作。

随着“平安故宫工程”的开展以及故宫整体保护修缮工作的深入与完善，故宫古建筑群的维修保护工作面临着更大的挑战与机遇，越来越多从事古建筑维修保护的专业人员、队伍参与到故宫的维修保护中，使得故宫修缮队伍日趋庞大。大量修缮工作让工匠们有了施展技艺的平台，同时也使他们在修缮过程中得以传授技艺。

为满足故宫博物院内古建筑保护修缮从业人员的教育、交流、培训及对传统修缮技艺的学习需求，提升故宫博物院在技艺传承和文化宣传方面的水平，故宫博物院修缮技艺部将分别开展以古建筑营造技艺木作、瓦作、油作、彩画作为主题的培训，以培养更多适应故宫古建筑维修特点的专业技术人才，使官式古建筑营造技艺制度化、规范化、务实化，明确修缮工作的使命，确保古建筑修缮质量，推动故宫古建筑保护修缮和技艺传承事业的共同发展。

故宫博物院一直以来非常重视古建筑的修缮保护和技艺传承，此次举办的培训班开创了全新的培训模式，是技艺传承的一次大胆尝试，针对具有实际操作能力的技术人员，近距离接触古建筑，让他们能更真切地了解故宫、认识故宫，从而热爱故宫的修缮事业，投身于传统技艺保护与传承的事业中。

本次培训班以“木作”为主题，以实际操作为主要培训内容（包括柱子墩接、斗拱维修以及木装修维修），配合课程要点进行讲授（包括古建筑识图、故宫古建筑特点以及各作在修缮中的应用），让学员们更直接地学习到修缮过程中的关键技术，更加着眼于修缮技艺的实际应用。预祝此次培训顺利完成，取得预期的效果，为全面推动故宫古建保护工作创造一个良好的开端。

（2013年11月9日）

在故宫博物院宫廷园艺研究中心园林景观工程启动仪式上的讲话

宫廷园艺研究中心园林景观工程启动仪式（2013 年 11 月 9 日）

宫廷园艺研究中心位于海淀区西玉河村，该项目分为办公教学区和种植区两个区域，总占地面积约55000平方米，是故宫博物院北院区第一个开工的项目，工期233天。

该项目完成后，对于改善故宫博物院院内现有园林花卉的养护条件，整治院内环境，消除安全隐患，同时确保特色植被的延续，深入挖掘和传承宫廷园艺技术等方面有着重要意义。宫廷园艺研究中心也将在逐步建立养殖、教学、科研“三结合”运行机制的基础上，加强科研和传统园林技艺的传承，为更好地保护和利用故宫博物院的宫廷园艺，推动国内外园艺研究提供条件，为北院区建设成为世界一流的文化园区奠定基础。

故宫博物院宫廷园艺研究中心园林景观项目的开工建设，标志着“平安故宫”工程进入了一个新的阶段。希望参加项目的各位同仁弘扬“坚韧不拔、锲而不舍、一丝不苟、默默奉献”的精神，积极做好各项工作，努力创造良好的环境，确保工程建设顺利进行，为“平安故宫”工程的稳步推进奠定坚实基础。

（2013 年 11 月 9 日）

在郑振铎先生铜像揭幕仪式上的讲话

郑振铎铜像揭幕仪式（2013年11月18日）

我很荣幸代表故宫博物院参加此次郑振铎先生铜像揭幕仪式。虽然天气日渐寒冷，但是大家齐聚一堂，在此共同追忆往昔，缅怀先生，心里仍是暖洋洋的。在故宫博物院的历史上，郑振铎先生是一代代故宫人永远尊重与怀念的前辈，他为了故宫博物院的发展倾注了大量心力，也与故宫结下了不解之缘。

新中国成立之初，国家各项事业百废待兴，故宫博物院也面临着严峻的挑战。1953年，郑振铎先生任文化部文物局局长时亲笔起草了《故宫博物院改进计划的专题报告》，将故宫博物院定位为以艺术品陈列为中心的“文化、艺术、历史性的综合博物馆”。并饱含深情地告诉世人，“故宫博物院是全国最大的、集中了中国历代人民最优秀的、最精美的美术品和艺术品的博物馆”；“是一个陈列中国历代人民最好的创造和发明的最大宝库。从这里，艺术家们可以吸取无穷尽的源泉，和最好的创作感兴”。每当读到郑振铎先生的这番话，都令人心潮澎湃。正是郑振铎先生对故宫，对中华文化的真情挚爱，推动着故宫博物院的平稳发展。

为了让新中国的故宫博物院再现，甚至超越昔日皇宫藏品丰硕的盛况，郑振铎先生及其同仁们多方奔走，不懈努力。举世闻名的三希堂中的《伯远帖》和《中秋帖》，就是得益于郑振铎先生的积极沟通，才得以顺利从香港购回。郑振铎先生曾经说过："凡是国宝，我们都要争取。"为此，他还着手组建了一个收购小组，陆续回购了许多珍贵文物，其中不乏《五牛图》、《潇湘图》、《韩熙载夜宴图》等铭心佳品。在收购小组的努力和带动下，1952年，出现了文物征集高潮，许多文物精品陆续入藏故宫博物院。国宝的回归，藏品的充盈，郑振铎先生和他的同仁们功不可没。

在推动故宫文物征集的过程中，郑振铎先生还以实际行动为世人树立了楷模。他将多年来收藏的六百余件陶俑毫无保留地捐赠给国家。郑振铎先生说，这些陶俑个人收藏无甚用处，于博物馆则极为需要。然而殊不知，他为收集这些陶俑甚至到了入不敷出、负债累累的艰难境地。但为了不使国宝外流，他义无反顾。这批陶俑呈现汉、魏至两宋1400多年的历史，品类丰富，几乎涉及古代社会生活的各个方面。后经文物局调拨，这批陶俑入藏故宫博物院。它们极大丰富了故宫博物院的馆藏，推动了故宫博物院雕塑类艺术品的研究和展示。2003年，为纪念郑振铎先生诞辰105周年，故宫博物院以这批陶俑为基础，推出了"永在的温情——纪念郑振铎先生诞辰105周年暨捐献文物网上展览"，并在次年举办了"郑振铎捐献陶俑特展"。观众在这些展览中不仅看到了神态各异、栩栩如生的珍贵陶俑，同时也为郑振铎先生的高尚品格深深折服。此后故宫博物院还策划编辑了《捐赠大师——郑振铎》一书，将这批陶俑中的精品与郑振铎先生的多篇文物博物馆方面的著述结集出版，以缅怀他为故宫博物院发展和祖国文化遗产保护所做出的杰出贡献。

时光荏苒，记得5年前的2008年，我们来到上海参加郑振铎先生诞辰110周年纪念座谈会，那时我还是国家文物局局长，随后我们国家文物局领导班子集体在《中国文物报》上发表了《深情的追思 永远的怀念——纪念郑振铎同志诞生110周年》纪念文章，寄托我们对老局长的缅怀和思念。转眼又是5年。我也有幸加入到故宫博物院的工作团队之中。近年来，故宫博物院的藏品不断丰富，各项事业也在日益拓展和深入。2013年1月1日，故宫博物院公布了藏品总目。1807558这一数字的背后，离不开一代代心系故宫博物院的各界人士的鼎力支持。景仁榜上不断增加的名录就是最好的见证。先生虽已故去，但为传承文化而呕心沥血的精神却一直激励着后人。

今年恰逢郑振铎先生诞辰115周年，为郑振铎先生塑立全身像，不仅是对郑振铎先生的纪念，同时具有重大现实意义。在当今收藏热的社会背景下，越来越多的人将文物收藏视之为一种投资方式和赢利手段，更有甚者为此不择手段。正因如此，我们才更需要去缅怀，去纪念那些视国宝如生命，倾其一生去守护和研究的先辈。他们是文化的灵魂，是民族的脊梁。今天我们齐聚福寿园，共同见证郑振铎先生铜像揭幕仪式，这是对逝者的尊重与追思，更是对今人的鞭策与启迪。作为故宫博物院的文物工作者，我们也将传承先生的精神，以保护文物，传承文化为己任，努力做到无愧于前人，不负于后世。

（2013年11月18日）

在中国文物学会民族民俗文物专业委员会 2013 年年会上的讲话

中国文物学会民族民俗文物专业委员会 2013 年年会（2013 年 11 月 20 日）

出席这次会议的嘉宾、代表、专家学者，都是对中国民族民俗文化有深入研究，为民族民俗文物的保护、抢救、传承做了很多卓有成效的工作。大家相聚一起，商讨在新形势下如何促进民族民俗文物事业的发展，非常有意义。

古往今来，中华各民族共同劳动、生息、繁衍在中国的土地上，相互交流、相互融合，创造了悠久的历史和灿烂的文化，自觉地推动着祖国的发展，为人类文明做出了重大贡献。独具特色的“民族民俗文物”是中华文化的重要组成部分，是中华民族的宝贵财富。自民族产生以来至今，人类所遗留下的历史文化遗存，可以说都是民族文物。民族文物具有历史、学术和艺术价值，记录和反映了一个民族的生产、生活和发展的轨迹，是历史文明发展的实证。

民俗是指一个民族在人类社会发展长河中在生产、生活、社会活动中长期形成沿袭下来的风俗习惯，民俗文物是随民俗而传承下来的一种物态遗迹。一件近现代的民俗文物，可能就是几千年民俗的传承和再现。

民族民俗文物门类广泛，内涵丰富，特点突出，包括服装配饰、衣食器具、家庭用具、居室陈设、礼仪器物、宗教器物、建筑设施、生产工具、交通工具、商贸用品、工艺装饰、文图资料、文化用品、枪械武器等等。即使是故宫博物院的宫廷文物，也大都来源于民间，凝集着民族民俗文化的精华，铭刻着民族民俗的烙印。这是祖先留给我们的宝贵财富，也是中华文化的重要支撑。

民族民俗文物和非物质文化遗产有着紧密的不可分割的联系。民族民俗文物承载着非物质文化遗产，非物质文化遗产中有很多民族民俗文物的遗迹。没有文物作为载体，非物质文化遗产也就不可能得到很好的体现和传承。特别是一些制作技艺、民间美术，例如酒、茶、陶瓷、丝绸等，如果没有承载的实物，人们很难理解这些非物质文化遗产的制作工艺和传承历程。

保护民族民俗文物，对于弘扬民族文化、振兴民族精神、促进民族团结，具有重要意义。竭尽全力保护好祖先留下的珍贵遗产，并使之相传后世，是我们这一代人不可推卸的责任。应该看到，在经济社会快速发展的进程中，一些地方在城乡建设中的大拆大建，破坏损毁了大量的传统古民居、民族建筑，切断了一个地区的文脉。而一些地方又"拆真建假"，"打造"毫无历史信息的假古董，成为一种怪相。还应该看到，科学技术的进步，生活方式的变化，导致生产工具、生活物品的转换频率加快，大量民族民俗物品在失去其原有的使用价值，被随意淘汰、废弃。例如，农村的水碓、磨碾、纺车，城市的旧厂房、老字号商业牌匾等等，这些铭刻着民族民俗的文化遗存，许多已经难寻踪影。在一些相对封闭的偏远山区，一些古董商贩对民族民俗文物进行掠夺性的"收购"，甚至大量"漂洋过海"，现象令人堪忧。

保护民族民俗文物要全社会通力合作。首先，要充分发挥政府主导作用，履行保护职责。一要完善法规，依法保护；二要开展普查，摸清底数；三要加大投入，给予保证；四要建好队伍，培养人才。同时，也要充分发挥民众的主体作用。民众是民族民俗文物的创造者、使用者、传承者，是保护民族民俗文物的智慧和力量源泉，保护工作必须要有民众的积极支持和参与，保护成果也必须惠及广大民众。

中国文物学会民族民俗文物专业委员会，要团结全社会致力于民族民俗文物保护的同仁，凝聚人才优势和智力资源，促进这项工作不断取得进步。

一是搭建学术研究平台。作为中国文物学会的专业委员会，首先要致力于在"学"字上有所作为。通过组织学术研讨、交流学术成果、编辑论文汇编等活动，形成良好的学术研究氛围。同时，创造条件组织专家深入少数民族地区、边远地区开展民族民俗文物调研，提出普查、保护、利用的建议，探索一些有理论价值、有实践基础、有应用意义的研究课题和项目，为各级政府制定相关法规提供支持和依据。

二是培育专业人才队伍。面向基层特别是少数民族地区文物系统工作人员开展培训，帮助他们增强民族民俗文物保护意识，充实法规知识和专业知识，提高发掘、抢救、保护珍贵民族民俗文物的实际操作能力，提升这支队伍的素质，树立良好的职业形象。

三是展示优秀民族文化。我国已经建设有20多个民族生态博物馆。中国民族博物馆正在筹建中，这是一件值得高兴的事情。我们也积极倡导社会力量建立更多的民族民俗博物馆，为实现56个民族都有自己的博物馆而做出应有的努力。举办民族民俗文物展览要更加注重贴近实际、贴近生活、贴近民众，利用这些珍贵资源展示中华各个民族、各个地域在漫长的历史进程中，创造出来的优秀文化和优良传统，引导广大民众增强民族自信心，激发爱国热情，凝聚各民族大团结的力量，共同实现中华民族伟大复兴的理想与追求。

四是建好专委会组织。中国文物学会是团结文物专家学者和社会各界人士积极参与文物保护工作的学术团体。在这次年会上，作为学会的分支机构民族民俗专业委员会选举了新一届理事会、常务理事会和领导班子，为学会的工作奠定良好的组织基础，拓展了新的领域。希望专业委员会的领导班子和各位理事，各单位会员和个人会员，都要遵守学会的章程和专业委员会的规则，践行学会的宗旨和责任，健全完善工作制度，支持学会的工作，维护学会的诚信和声誉。做好专业委员会的工作，要一手抓组织建设，一手抓开展活动，在今后的工作中加强团结，相互协作，组织结构完善，活动富于特色，展示学会的生机与活力。

（2013年11月20日）

在贾岛图书馆图书捐赠仪式上的讲话

贾公祠文博分馆联网启动暨故宫博物院捐书仪式（2013 年 11 月 26 日）

今年6月22日，我们为贾岛图书馆带来了几十箱、2000余册图书，并许下今年内还要再为图书馆募集一批图书的承诺。今天，我们信守承诺，再次来到这里，向贾岛图书馆捐赠第三批图书。

这批图书共8000余册，是第二批捐赠数量的3倍。图书由故宫博物院募集，捐赠者包括文化部、国家文物局、故宫博物院的工作人员。可见，我们今日带来的不仅是数量繁多、种类丰富的书籍，更带来了许多人对于贾岛图书馆的满满关爱之情。

“玉不琢，不成器；人不学，不知义。”“读书破万卷，下笔如有神。”“立身以立学为先，立学以读书为本。”……从古时候起，就有告诉我们“开卷有益”的诸多名句。现代社会，图书馆成为了人们吸取精神食粮、开阔视野、激发创造力的源泉。贾岛图书馆的了不起之处，就在于它是京郊首座村级民办的图书馆，它的服务对象是农村地区民众，特别是渴望知识的青少年们。贾岛图书馆自2012年开馆至今，已逐渐成为了当地村民的公共文化场所，为支持新农村建设、丰富新农村知识来源做出了应有的贡献。

所谓“读万卷书，行万里路”，希望受益于贾岛图书馆的人们知行合一，拥有更加美好的未来；也希望贾岛图书馆再接再厉，越办越好！

（2013 年 11 月 26 日）

在“紫禁城杯”故宫文化产品创意设计大赛评选会上的讲话

今天我们荣幸地邀请到文物界、博物馆界、艺术设计及文化创意等领域的嘉宾，参加“紫禁城杯”故宫文化产品创意设计大赛评选会议，很高兴和大家同聚在这里。

为了更好地传播中国传统文化，弘扬中华民族精神，挖掘并利用故宫文化资源，发挥故宫文物藏品文化传播和教育职能，促进中国传统文化与当代时尚相结合，引发社会公众对故宫文化产品的关注，唤醒创意设计灵感，让观众把“故宫文化带回家”。由故宫博物院主办，北京故宫文化产品开发公司、北京故宫文化传播有限公司、中央民族大学美术学院共同承办的“紫禁城杯”故宫文化产品创意设计大赛，于2013年7月21日正式启动。8月2日，召开了新闻发布会，邀请了近30家媒体记者出席。9月26日至10月3日，在北京国际设计周期间开展了“紫禁城杯”故宫文化产品创意设计大赛宣传活动。10月23日至27日，在第六届海峡两岸（厦门）文化产品博览交易会的“海峡两岸文博创意产业精品展”上开展了大赛的宣传活动。

在作品征集阶段，我们共收到作品总数675件。其中包含特邀设计师作品19件，符合初审要求的作品639件，未通过初审要求的作品17件。

随着社会经济的发展和民众生活水平的普遍提升，社会公众对博物馆也提出了新的期望和新的要求。文化产品作为延伸博物馆生命力、加深观众对博物馆理解与认识的信息传承载体，正日益占据博物馆发展的重要位置。故宫博物院本着弘扬和传播中华民族优秀传统文化，满足广大民众日益增长的精神和物质文化需求为出发点，为观众提供服务为落脚点，立足于故宫博物院所拥有的深厚文化及其文物藏品资源，使观众能够购买到自己喜爱的故宫文化产品，把故宫文化带回家，让文化产品传播故宫文化，更好地为观众提供服务，实现博物馆宣传教育的职能。

故宫博物院曾于2008年、2009年举办过两届院内职工文化产品设计创意竞赛，收集到许多新鲜的创意作品。此次故宫博物院面向社会公众举办故宫文化产品创意设计竞赛尚属首次，旨在通过活动对中华民族优秀的传统文化进行宣传，并推动文化创意产品的研发工作。今后，故宫博物院将进一步提升文化产品研发的整体水平，形成“故宫”和“紫禁城”的优质品牌，满足观众物质和精神文化的需求，增强故宫文化产品的亲和力、吸引力和感染力，不断探索研发文化产品的新道路，加强与社会上优秀的文化产品研发单位的合作，推进文化产品研发的进一步发展。

（2013年11月28日）

在保国寺大殿建成千年纪念碑揭幕仪式上的致辞

保国寺大殿建成千年纪念碑揭幕仪式（2013年12月8日）

千年保国寺大殿是宁波历史文化的杰出代表，也是我国古代建筑文化的优秀典范，集中体现了我们祖先杰出的智慧和卓越的文化创造力。保国寺大殿的千年保护成果，充分反映了宁波民众的文化自觉和创新精神。建筑文化遗产在漫长的历史文明长河中产生，并以其特有的体系延存至今，灿烂而辉煌，是中华文化重要的标志和象征。我们对宁波的文化贡献表示由衷的敬意。

宁波是一座历史文化名城，具有深厚的底蕴。河姆渡文明在这里孕育，中国大运河在这里入海，传播中华文明的“海上丝绸之路”在这里启航。悠久的历史传统，独特的人文地理，秀美的自然风光，智慧的劳动大众，创造出宁波具有丰厚文化积淀的珍贵遗产，这是城市发展的宝贵财富。我们要以敬畏的心情、感恩的精神、科学的态度，保护好这笔文化财富，把文化遗产世世代代传承下去，这是我们共同肩负的重大历史责任。

中国文物学会愿意同宁波民众一道，以保国寺大殿建成1000周年为契机，进一步提高文化遗产依法保护、科学管理、合理利用的能力和水平；进一步加强对文化遗产的研究，深入挖掘文化内涵，提升科学研究水平，使文化遗产保护的成果更好地服务社会、惠及民众；进一步加强对外文化交流，努力将保国寺文化影响远播世界。

（2013年12月8日）

在2013中国会馆保护与发展（宁波）研讨会开幕式上的讲话

2013中国会馆保护与发展（宁波）研讨会开幕式（2013年12月8日）

今天，我们相聚宁波，迎来庆安会馆建馆160周年暨2013中国会馆保护与发展（宁波）研讨会的召开。我谨代表中国文物学会向研讨会的召开、向庆安会馆的生日表示热烈的祝贺！

会馆是珍贵的文化遗产，是历史发展的记忆，它保存着经济、社会发展的真实信息。在中国明清时期，会馆作为旧时的同业或同籍工商行帮机构和同乡居停聚会场所，促进了地方经济的发展及外乡移民与当地社会的融合，对于保护工商业者的自身利益也起到了一定的作用。例如北京作为明清时期政治经济文化中心，在经济鼎盛发展时期，拥有各地会馆400余所。在清代，由于“内城禁喧嚣”，因此大量会馆都集中在前门、宣武门、崇文门之外，即后来的宣武和崇文两区的北部。在辛亥革命前后，会馆对于全国政治、经济、文化都起到了突出作用，很多事件的策划地甚至发生地就在这些会馆内，它们的历史作用远不止其本体建筑所呈现出的这些。例如北京湖广会馆，孙中山曾在那里五次参加活动，召开国民党第一次代表大会，宣布了国民党的成立。鲁迅在1912年5月住进了南半截胡同的绍兴会馆，一住就是八年，我们大家所熟知的《狂人日记》、《孔乙己》、《药》等名篇名作都是在会馆里写的。又如北京宣武区烂漫胡同有一个湖南会馆，现在是一个幼儿园，1920年毛泽东曾在里面居住过，并且在此写出了他早期的一些著作。这些就是会馆的缩影，全国各地很多会馆也都曾经起到过类似的作用。

几年前我去过湖南洪江，那里也有大量的会馆建筑，当年桐油、木材等顺江而下，在洪江区域集结，因此当地汇集了南方、北方包括关陕地区、两湖地区的不少会馆，形成了对当地政治、经济、文化具有非常重要影响的历史建筑。现在许多会馆建筑已经被陆续公布为各个级别的文物保护单位，有的得到了保护和修缮，也有的目前保护状态不好，期待早日修缮保护。十年前，我曾到过重庆的湖广会馆，居江而立的历史建筑很有气势，但是使用状况真是令人堪忧，会馆建筑里堆着很多纸盒子，火灾隐患极大。后来经过大家呼吁，会馆建筑得到修缮，并对公众开放，非常成功。昔日城市中的会馆往往是外籍人士的居住场所，身份多样，有做生意的工商业者、有赶考的学子、有寄居的画家和诗人，带来了各种文化的碰撞和与当地文化的融合，成为一座城市极具特色的文化空间。一些城市最早的开放理念，往往就是产生于会馆的文化氛围。再有，会馆文化也最具民间文化气息，不论是院内的戏台，或是室内的茶室，都记载着早期文化的传播。因此，会馆的保护有其自身的特点，有着更多文化传承的故事，与城市文化发展联系更为紧密。

拥有着160年的历史文化积淀，对外开放12年的宁波庆安会馆，依托其所承载的妈祖文化、会馆文化、海洋文化和地域文化，通过陈列开放、学术研究、惠民活动三位一体的宣传展示，今天已成为“海上丝绸之路”、“大运河文化遗产”的重要标志。庆安会馆的保护与开放，使宁波市民能够零距离感受文化遗产的魅力与精彩，形成尊重历史、尊重文化遗产的情怀，促进会馆融入城市文化建设，融入市民的文化生活。

中国文物学会在1995年10月成立了会馆专业委员会，支持和团结各地会馆单位及会馆研究的学者专家，积极开展工作，努力挖掘会馆文化，研究会馆历史遗产，探讨会馆在新时期的功能利用。2008年，由国内著名会馆单位发起成立中国会馆保护与发展论坛和会馆联谊会，每年召开一次会议，搭建起了会馆之间相互交流的平台。今天，庆安会馆建馆160周年和2013中国会馆保护与发展（宁波）研讨会又以“会馆与地域文化”为主题在庆安会馆召开，展示、交流近年来会馆研究成果，同时将论坛与会馆专业委员会在组织上融为一体，必将拓展会馆文化的社会影响力和文化辐射力。

当前，会馆文化遗产的发展和传播迎来了一个很好的机遇，一是各地方政府加大了对文化遗产的保护力度，会馆也纳入了保护规划，采取了相应的保护和修缮的措施。二是广大民众对文化的需求比以往更加强烈，因此对地域文化、乡土文化以及各类文化建筑给予了更多关注。我们的会馆在当地都应该成为拥有尊严的文化载体，都应成为传承文化、支撑城市文化发展的积极力量，同时也应成为市民文化生活的一片绿洲、一片园地，这样会馆才能发挥“活”的作用，发挥当代的作用。同时，通过我们的研究将历史更加鲜活、绵长地传播开去。

昨天，中国文物学会会馆专业委员会进行了换届改选，会馆论坛的主要成员已成为会馆专业委员会的骨干力量，这是一个新的起点。希望会馆专业委员会承前启后，充分发挥人才优势和智力资源，开展好各项工作。首先要遵守文物工作方针，在座各位都是经验丰富的文物工作者，要带头在会馆文物的保护、合理利用、文化传承方面作出表率。此外，会馆还属于民间文化遗产类型，现在除了宫殿、寺庙、纪念性建筑以外，这种扎根于民间的，例如传统民居、老字号、工业遗产、会馆都属于民间文化遗产，也更应融入到现实社会生活之中。在历史街区中，文物建筑本体保护和周围环境保护同等重要，这是2005年国际古迹遗址理事会西安会议的重要成果，即不能把文物建筑孤立于历史环境之外，孤立于人们的生活之外。因此，我们要更加强调会馆在这方面的作用。二是要保持学会的学术特色。作为中国文物学会，我们不是协会，在学术研究上要更为着力，会馆专业委员会要团结全国的相关专家学者，认真研究如何保护和传承会馆文化，探索一些相关课题和项目，为会馆保护建言献策、咨询论证、技术支持和培育人才，在理论方面有所建树。三要加强专业委员会自身的建设。本次换届选举产生了会馆专业委员会新的领导班子。经学会常务理事会研究，特别请中国文物学会副会长吴加安先生兼任会馆专业委员会的会长。专业委员会的领导班子成员，各位理事、各位会员，也都长期从事会馆保护利用工作，具有丰富的实践经验和理论素养，希望大家相互合作，共同遵守学会章程和专业委员会的工作规则，践行学会的宗旨和责任，健全完善工作制度，积极开展活动，共同维护学会的形象和声誉。

最后，让我们大家携起手来，为会馆保护抢救、会馆文化研究、会馆合理利用，开展更多卓有成效的工作。

（2013 年 12 月 8 日）

在中国文物学会历史文化名楼保护专业委员会第十届年会上的讲话

中国文物学会历史文化名楼保护专业委员会第十届年会（2013 年 12 月 8 日）

今天我们相聚在宁波天一阁，参加中国文物学会历史文化名楼保护专业委员会第十届年会。

中国历史文化名楼是珍贵的文化遗产。每一座名楼都有鲜明的地域特色、精湛的建筑艺术、独到的社会功能和丰富的文化内涵，是集名人、胜迹、风光于一体的古代建筑精品。尽管他们建于不同年代，而且伴随着岁月沧桑而不断重修更替，但都是一个时代政通人和、物阜民丰的重要标志。随着历史的发展，时代的变迁，名楼所体现的军事价值、经济价值可能有所衰退，但是其具有的文化价值却日益凸显，与许多重大社会政治历史事件紧密相连，与所承载的中国古代文学艺术、书法绘画、宗教观念、民间习俗、道德情操融为一体，形成浓郁的历史文化底蕴，成为一座城市、一个地区的文化标志、文脉载体和时代印记。

历史文化名楼专业委员会成立10年来，团结全国名楼管理单位，搭建起学术研究的平台。通过每年召开一次学术年会，编辑《中国文化名楼》刊物，编撰并出版《中国历史文化名楼》丛书，开展多种形式的交流与合作，形成一支有所作为的历史文化名楼保护、研究、管理的团队。

保护中华文化，保护历史文化名楼，保护历史的记忆、文化的血脉，是利在当代、功在千秋的历史责任。我们希望历史文化名楼专业委员会再接再厉，工作取得新成绩。

第一，坚持文物工作方针，在“保护”上下工夫。要坚持“保护为主、抢救第一、合理利用、加强管理”的文物工作方针，遵循文物工作的自身规律，把历史文化名楼的文物建筑保护好传承好，保持建筑本体及其原生环境的真实性和完整性。特别是在利用文物资源发展旅游的过程中，要切实加强对文物的保护和监测，确保文物安全。坚决防止重旅游开发、轻文物保护的现象，坚决防止文物景区过度商业化的倾向，求真务实、扎扎实实做好文物保护工作。

第二，坚持中国文物学会的特色，在“学”字上下工夫。专业委员会开展活动，要注重讲学术，做学问，要搭建好学术交流的平台，开辟展示学术成果的园地。要深入研究“历史文化名楼”这一概念，研究各个名楼之间的共性和个性，发掘它们所蕴含的文化底蕴，诠释它们的历史、科学、艺术价值。要着力探索一些有理论价值、有实践基础、有应用意义的研究课题和项目，开展具有深度的学术研究。要注重做好宣传工作，办好展览陈列，编印图书画册，展示名楼的历史文化背景，用名楼来讲述历史故事，讲述地域特色，讲述人文情怀，来激发人们的爱国热情，提升思想文化境界。

第三，坚持搞好专委会建设，在“严”字上下工夫。历史文化名楼专委会是中国文物学会分支机构中具有特色的一个组织。希望大家加强团结，相互协作，共同遵守学会的章程和专业委员会的工作规则，践行学会的宗旨和责任，健全完善工作制度，维护学会的诚信和声誉。特别是在发展会员方面，要注重名楼特色，切实把具有历史遗存、文化积淀、艺术魅力的名楼管理单位发展为会员，保持专委会的代表性、典型性。通过一手抓组织建设，一手抓开展活动，体现出新的生机与活力，提高学会组织的凝聚力和影响力。

召开一年一度的年会，是专委会很有效果的活动方式。希望各位同仁在会议上畅所欲言，各抒己见，就如何保护好、利用好、传承好名楼建筑，弘扬好、发展好名楼文化展开深入的研讨，使会议取得更多的收获和成果。

（2013年12月8日）

在承德市历史文化名城保护规划专家论证会上的发言

今年，有机会两次参加关于承德市历史文化名城保护方面的会议，一次是今年9月中旬参加了承德市普宁寺南侧地块规划方案汇报会，今天又参加了承德市历史文化名城保护规划专家论证会，一次微观，一次宏观。但是都反映出承德市在城市规划建设和历史文化遗产保护方面的慎重态度。

此次，承德历史文化名城保护规划，包括39375平方公里的市域范围，而不仅仅是1250平方公里的中心城区，这是非常重要的规划原则，对于承德必须整体研究城市文化保护问题。记得在上次参加讨论普宁寺南侧地块规划方案时我曾经说过，在我国，可能没有第二处地方能拥有这么多的“桂冠”，既是国家历史文化名城、又是国家重点风景名胜区，还是国家甲类开放城市；既是全国重点文物保护单位，又是世界文化遗产，还是中国四大名园。因此承德的规划和建设必然令人瞩目，需要具有足够的智慧，也必然会迎接不可避免的挑战。

对承德历史文化名城价值保护与特色的保护，是承德历史文化名城保护工作的核心内容。那么什么是承德历史文化名城所具有的突出普遍价值和特色呢？在规划中作出了很好的回答。首先，承德与北京故宫和“三山五园”地区，共同形成了清朝早中期中国政治、军事、宗教等领域不可分割的权力中心，是我国统一多民族国家巩固和发展的重要物质空间。其次，承德避暑山庄和周围寺庙集皇家设计思想、审美境界于一体，是中国古代园林艺术及多民族建筑艺术的集大成者。三是，承德独特的山庄城市一体的发展模式及空间特征，是我国山水城市的独一类型，是我国重要的避暑胜地，也是北方丹霞山城的代表城市。同时，承德境内拥有年代与类型极为多样的长城防御体系遗存，是中原民族与北方游牧民族长期碰撞、交流与融合的重要历史见证。

长期以来，我们在研究历史文化名城保护规划时，一般是建立历史文化名城整体层次、历史文化街区、文物保护单位和历史建筑三个层次的保护框架。实际上，近年来随着人们对文化遗产内涵和价值认识的逐步深化，促使人们从更广阔的视野、更深入的角度去分析和梳理文化遗产之间的内在联系，探索和建立新的文化遗产类型和相应的保护方式、手段、体系，受到关注的文化遗产类型也在不断扩充，保护和控制的内容也在发生着变化，其中比较突出的是对于文化景观、文化空间、文化线路、系列遗产，以及民间文化遗产和非物质文化遗产的保护。其中文化景观遗产的提出和相关保护理论的进步，涉及文化遗产保护学科的重大发展，成为世界文化遗产保护的重点。

我认为文化景观遗产包括八个方面的类型，即城市类文化景观、乡村类文化景观、山水类文化景观、遗址类文化景观、宗教类文化景观、民俗类文化景观、产业类文化景观、军事类文化景观等，而“老区外庙拱卫山庄，三水两轴群峰环绕”的承德，是在我国城市中集中包括全部各类文化景观的少数历史文化名城之一，因此十分难得。这些不同类型的文化景观，依托所处的自然环境，深刻地反映出人类与自然之间的和谐进化历程。因此，应将文化景观保护作为历史文化名城保护的重要内容。

我国古代皇家园林，与都城和宫殿建筑并行发展，其规模宏大，或由人工建造，或以自然山水改造成为宫苑，建筑物风格浑厚雄伟，富于宫廷气派。清代修筑的皇家园林，主要分布于北京西北郊和承德两地，代表清代造园艺术的精华。承德避暑山庄位于群山环抱之中，峰峦重叠、清流萦绕、林木葱郁，盛夏凉爽宜人。避暑山庄占地达560公顷，可以分为宫殿区、湖泊区、平原区、山岳区，创造了山、水、建筑浑然一体，而又富于变化的文化景观。在这一系统中，无论是作为自然形态的山体、水面、林木，还是作为人类活动成果的建筑物和构筑物，它们的地位、作用和价值都同等重要，都是使这些自然景观和文化景观价值升华的主体。就像一幅我国传统山水绘画上，山、水、植被、建筑、景物之间的关系一样，是大的艺术框架之内不可或缺的有机整体。

此次规划，不但包括了避暑山庄和外八庙文化景观保护，还涉及了清帝北巡御道文化线路保护、近现代工业遗产保护和非物质文化遗产保护。随着保护对象从历史文化街区、文物保护单位和历史建筑等，向这些新型文化遗产保护方面延伸和扩展，承德历史文化名城保护也必然呈现出新的气象。

在承德历史文化名城保护规划的实施和管理措施深化时，需要特别关注两个方面。一是在历史文化名城保护规划实施中，要突出强调“中疏战略”的重要性，历史城区内总人口规模、总建筑面积必须做到只减不增，而且要逐渐减少引发大量交通和物质集散的设施，坚决实现“保护老城，建设新区”的战略措施。二是严格保护避暑山庄和外八庙世界文化遗产空间格局的完整性，切实对缓冲区视域内建筑高度进行综合控制，减少和避免在避暑山庄和外八庙中间地带建设现代居住建筑，避免高层建筑物和大体量建筑群对文化景观造成破坏。

（2013年12月10日）

在故宫博物院月度通报会上的讲话

感谢每次月度通报会议在正式议程之后，都给我留出较多汇报工作的时间。我想这是和大家共同研讨问题的好机会，我每次所谈的内容都属于“务虚”的范围，由“虚”到“实”需要集体的智慧。刚才经营管理处、财务处和资料信息部分别作了汇报，听了以后很受启发。

第一项是经营管理处汇报了“紫禁城杯”故宫文化产品创意设计大赛的情况。应该说这次活动的举办是成功的，经过4个月的作品征集，大赛组委会共收到投稿作品675件，其中特邀设计师作品19件，符合初审要求的作品共计639件。作为成果我想一方面是征集到了一批具有参考价值的故宫文化产品设计方案，有的可以很快转化为文化产品的制作。另一方面是对故宫文化产品研发情况进行了宣传，与一批设计师建立了良好关系。实际上，不能指望通过一两次活动就能够征集到很多优秀文化产品创意，关键是通过大家的参与，从中可以受到启发。

大家都知道中国文化遗产标志“太阳神鸟”吧？这个标志就是通过一次方案征集过程发现的。记得2006年国务院批准设立了“文化遗产日”，国家文物局决定同时设立中国文化遗产标志，那么用什么形象代表“中国文化遗产”呢？于是组织了方案征集活动，号召社会各界踊跃参加，结果一下子征集到了上千个方案。经过专家评审，最后获得一等奖的是一条“鱼”的造型图案，是从古代器物上提取的信息。但是，看着这条“鱼”，不少人认为作为“中国文化遗产标志”不太理想。我在翻阅没有选中的方案时，看到了“太阳神鸟”图案，有一种眼前一亮的感觉。圆形金器，中间一轮太阳放射着12道光芒，周围有四只神鸟在飞翔，整体造型既端庄大方，又富于动感，充满生机和活力。特别是这个造型图案，出自2800多年前艺术家之手，多么神奇。更为神奇的是，这件珍贵艺术品在静静地埋藏于地下2000多年后，当人类社会进入新的世纪，当第一缕曙光照耀中华大地时，随着金沙遗址的发现和考古发掘，“太阳神鸟”得以出土面世，有着很好的寓意。但是，既然是设计竞赛，就要按竞赛的规则来办，那条“鱼”还是获得了一等奖。但是我利用出差的机会，把想法与成都市领导进行了沟通，他们非常希望能够将自己城市出土的“太阳神鸟”作为中国文化遗产标志，我告诉他们这件事不能由个人决定，他们可以征求各位专家的意见，如果专家们都同意，并向国家文物局呼吁，那么才好落实。于是成都市文物局的同事们走访了一些专家，专家们同意将“太阳神鸟”作为中国文化遗产标志，并给我写了一封推荐信，这样经过国家文物局局长办公会议讨论，一致同意将“太阳神鸟”作为中国文化遗产标志。所以通过开展方案征集活动，有时能够获得意想不到的结果。

在最近召开的群众路线教育实践活动的民主生活会前谈心过程中，王亚民副院长给我提出的意见之一，是对于文化产品和市场营销工作不够重视。对此我虚心接受。实际上我们在这方面也有压力。最近国务院领导批转了关于台北故宫博物院文化产品研发和营销方面的报道，同时，国家领导人在国事访问中希望将故宫博物院的文化产品作为礼品馈赠外国领导人，媒体也经常关心故宫博物院在文化产品研发方面的情况。为此，本月初召开了“故宫博物院文化产品研发座谈会”，经营管理处、文化服务中心、故宫出版社三个单位的同仁坐在一起，针对加强文化产品研发和市场营销进行了研讨。王亚民副院长对文化产品研发工作所取得的成绩和存在的问题发表了明确的意见，我赞成他所提出的观点。

近年来，一些世界著名博物馆和台北故宫博物院，在文化产品研发和市场营销方面有不少好的经验，虽然故宫博物院这方面的水平，居于国内博物馆的前位，但是，相比之下还有差距，更有不进则退之感。特别是广大观众对于故宫文化产品的要求与日俱增，对于“把故宫文化带回家”充满期待。总之，面对不断发展的形势，面对来自各方面的压力和挑战，我们需要更加努力。

搞好故宫文化产品研发和市场营销，一定要立足于故宫博物院文化遗产资源，以弘扬故宫文化为己任。在文化遗产资源方面我们得天独厚，作为世界上规模最大的古代宫殿建筑群，作为世界上收藏中国文物最多的博物馆，无论是古代建筑还是文物藏品，从中都有取之不尽的智慧源泉。同时作为世界上来访观众最多的博物馆，更有着开展市场营销的优势。因此，从事故宫文化产品研发和市场营销的部门和人员，都要加强对于故宫文化的学习，从中汲取智慧和营养，应用于实际工作。从明年开始，故宫博物院将实施每周一全天闭馆的安排，正好能够加强业务学习。

在故宫博物院，每一件文化产品，都要体现故宫文化特色，体现故宫文化水准，体现故宫文化追求。使欣赏故宫文化产品成为参观文物陈列展览的延伸。在美国史密森学会所属博物馆商店，每件文化产品旁都附有一张卡片，讲述该文化产品的研发缘由，以及背后的故事，使观众在购买时再一次学习，同时将美好记忆带回家，或是馈赠他人，传播给更多的人。目前，北京故宫与台北故宫的文化产品各有千秋，就整体来看，北京故宫的文化产品注重历史性、知识性，台北故宫的文化产品注重趣味性、实用性，具有互补性。我们也要在精美复制品之外，加大个性化文化产品的研发力度，注重研发更多能够融入民众现实文化生活的具有趣味性、实用性的文化产品，争取培育一些“明星”文化产品，使观众能够慕名而来，争相选购，使故宫的文化产品能够成为民众生活中美好的东西，为人们带来快乐和灵感。当然做到这点并不容易，需要精心培育，不能急于求成。

要对文化产品质量严格把关，注重文化品质。尽管一些文化产品本身设计得不错，但是因为制作不够精良，而不受观众欢迎。所以，故宫文化产品一定要追求最优良的品质，无论价格高低，都必须拥有一流的质量。

要争取与更多的著名文化企业和成功文化人士进行合作。所有参与故宫文化产品研发和市场营销的单位，都必须拥有一定的知名度和影响力，都必须拥有良好的社会信誉，都必须对于故宫文化有深刻理解，供货商必须是经过认真选择性价比最高的文化企业，这样才能够有效提升故宫文化产品研发水平。台北故宫博物院对于博物馆文化产品研发的做法是，邀请70多个文化产品生产厂家进行初选，从中选取15个设计团队，再对其进行半年的培训，使他们加深对文物内涵的理解后，结合博物馆文物藏品进行文化产品的设计，最后从中选取最佳设计投入生产。

最近，正在结合《故宫保护总体规划》的编制，合理规划故宫文化产品营销布局，争取更加方便观众的文化需求。包括在端门广场设置故宫商店的基础上，在神武门广场东西两侧设置相对集中的故宫文化产品营销区域。一方面，这里是观众集中出口，可以满足一些观众在离开故宫博物院前，“把故宫文化带回家”的愿望。另一方面，神武门广场相对不受闭馆限制，停车方便，可以接待慕名而来的民众，创造良好的购物环境。初步计划，一侧销售故宫文化书籍，另一侧销售故宫文化产品。东西两端还有小型广场，可以供人们饮茶休息。争取在明年“五一”前后实现这一计划。

故宫博物院内有不少文化产品营销地点，也需要合理规划。不同地点的经营内容，要符合不同文化空间的文化特色，进行个性化的设计，所销售的文化产品也不能“千篇一律”，不能不同的故宫商店销售同样的文化产品。我们一再强调在故宫博物院的文物商店内，不能再卖与故宫文化没有关系的，来自其他文物景点的“大路货”，所有的文化产品都应来自故宫文物藏品的内涵挖掘。如果说过去我们还不能做到这一点，但是目前故宫博物院已经研发了将近6000种文化产品，应该做到这一点。

要提升人性化的经营理念，改善故宫商店的购物环境，让每一位来访的观众都能够享受到高品质的文化服务。在这方面我们与一些著名博物馆有较大差距，应该着力改善。例如法国将博物馆商店定位为出售优质文化产品的高雅场所，要求店堂布置富有艺术气息，与博物馆的整体氛围相协调。故宫博物院的各部门都要支持文化产品的市场营销，例如每次举办重要的临时展览，开幕前都编辑出版了精美的图录，但是往往仅限于赠送参加开幕式来宾，还有一部分在故宫商店里销售或作为故宫博物院的礼品，而恰恰在临时展厅的出口处没有销售。实际上当人们参观展览后，意犹未尽之时，最有购买图录的冲动，应该在展览布置空间中考虑图录销售场地。这里不能简单地把文化产品销售看作是商业行为，而应该作为博物馆文化服务的有机组成部分。

最近，文化部分管文化产业的项兆伦副部长建议我们能考察一下义乌文化产品市场，希望故宫博物院能够参加明年由文化部参与举办的义乌文化产品交易博览会。几天前，苏州市领导也来故宫博物院，邀请两岸故宫共同参加苏州地区博物馆文化产品博览会。这些都是我们与同行交流的机会，也有利于扩大对外文化宣传。在这方面博物馆的市场营销拥有广阔空间。例如从20世纪80年代起，美国大都会艺术博物馆商店，不仅在博物馆内有5000多平方米的营业厅，还在纽约的一些大型商场和全美其他城市设置了12家分店，采用特许经营的方式实现规模化发展，并在法国、德国、墨西哥、日本、新加坡、菲律宾等地分别设立了分店，拥有340余名销售人员。

第二项是财务处汇报了今年11月的财务收支情况，总体看来故宫博物院的财务状况比较稳定，财政预算管理正在逐步走向科学化、法制化、规范化。在充分肯定进步的同时，我们也应清楚地看到预算工作中还存在一些问题，需要进一步改进和完善。一是对部门预算重要性的认识有待进一步提高，预算执行的严肃性有待进一步增强。目前只是初步建立起了预算概念，预算编制和执行的严肃性意识仍然比较淡薄。二是预算管理体系需进一步完善，基本支出和项目支出需要更加明确的具体标准，各部处的预算编制依据不够科学合理。三是缺少严格的项目预算执行管理程序。对项目资金的使用尚未建立有效的跟踪问效机制，重资金分配、轻资金管理的现象未得到根本改变。

近年来，我国的财政体制不断进行重大改革，前一阶段的重点集中在财政收入管理方面，目前已将重点转移到财政支出管理方面。如何适应项目预算编制、国库管理制度和政府采购改革，是今后一段时间预算和财务工作的重点。最近几年的实践证明，实行预算管理对保证公共支出需要具有十分积极的意义。通过调整支出结构，属于公共支出范围的文物博物馆预算单位的基本支出已经逐步得到保证；通过逐级编报预算，文物博物馆基层单位的财政状况有所好转，业务工作和财政收支的计划性加强，随意性减少。我们要充分理解和适应国家财政体制的改革，认真学习国家财政部门出台的各项政策，从中找到故宫博物院在改革过程中的正确站位，寻找有利于获得国家财政支持故宫博物院发展的正当途径。

经过多年来的工作体会，我认为国家财政部门始终鼓励文化单位多干事，用好钱。我曾经和大家讲过我的亲身体验。2002年我刚到国家文物局工作时，到财政部拜访当时的教科文司司长，从下午4点开始，重点谈了城市化加速进程和大规模城乡建设持续展开过程中，进行文物保护的艰巨性和紧迫性，讲了国家文物局面对这一形势，希望如何加大文物保护力度，必须开展那些抢救性的文物保护工作。不知不觉讲到了6点半钟，只好告辞。事后听说教科文司司长对同事说，新来的国家文物局局长讲了2个半小时，就是没有讲要钱，只是说要干什么事，到吃晚饭的时间也没有像一些单位那样张罗请吃饭，看来国家文物局就是要多干事。在此后的十年，财政部不断加大对于国家文物局的资金支持，文物保护专项经费从几亿元，逐年增加到了上百亿元。

今天故宫博物院的各项事业也正处于亟待发展的时期，因此要加大规划设计，加大预算编制，加大执行力度，就一定能够得到财政部门的重点支持。我们必须清楚地认识到，预算管理是一次非常深刻的改革。它涉及预算观念、预算体系、预算管理方式的改变，是对传统预算管理制度的一次革命，同时，实行部门预算以后，对单位预算管理的要求不断提高，习惯的经费申报审批程序和做法改变了，预算调节余地减少了，各级各项支出都会受到标准的限制等，这些都需要我们加以研究和适应。我们一定要从全局和战略的高度，充分认识做好预算编制和预算执行对故宫博物院事业发展的重大意义。

今年年初，我在月度通报会上曾经提出，部门预算工作要坚持以各部处主要负责人为重点，紧紧抓住部门预算项目编制的薄弱环节，有针对性地开展工作。今天，我仍然要求各部处主要负责人亲自抓预算编制和预算执行，要自觉站在保障故宫博物院事业可持续发展的高度，真正树立和落实科学的发展观、正确的政绩观，坚持讲实话、出实招、办实事、务实效，把求真务实体现到编制预算和执行预算工作中，付诸实践、见诸行动、取得成效，一步一个脚印地做好工作，扎扎实实地把编制预算和执行预算的质量抓上去，使故宫博物院承担公益性事业任务的经费得到保证，使文化遗产抢救性保护的各项资金得到保障，全面促进故宫博物院的各项事业可持续发展。

第三项是资料信息部汇报了数字展示阶段成果。最近上海博物馆的陈燮君馆长来故宫博物院考察时说，故宫博物院的数字技术研发方向，在国内最符合建设数字博物馆的应有理念。我理解他的意思是故宫博物院建设数字博物馆的努力方向，是将其作为博物馆展览和文化传播的有利延伸，而不是或者一味追求通过娱乐性，实现对于观众的感官刺激，或者追求先进设备的叠加，标榜博物馆引领潮流的前卫形象。

实际上故宫博物院的数字博物馆建设、数字化文化产品研发、数字成果展示，都应该深入挖掘故宫文化内涵，既要具有历史性、知识性，也要增加趣味性、互动性，使观众通过数字成果展示可以到达正常参观进入不了的地点，观赏到正常参观看不到的景观，感受到正常参观深入不了的内部。通过数字成果展示使观众感受到故宫文化的博大精深，了解到故宫博物院文物藏品背后的精彩故事。特别要吸引更多的青少年喜欢故宫博物院的数字展示成果，寓文化教育于娱乐之中。刚才看了资料信息部的有关数字成果演示，很受启发和鼓舞。故宫数字社区计划、新的卡通形象设计、紫薇星系粉丝团、“微”服初访微故宫等，都让人有耳目一新之感，希望尽快将这些数字展示转化为观众喜爱的文化成果。

今年，结合故宫博物院的长远发展实际，成立了故宫研究院和故宫学院。目前都在有序地开展相关工作，已经初见成效。我们要对故宫研究院和故宫学院的发展给予倾心支持，科学研究工作和人才培养工作是使我们今后各项工作不断迈上新台阶的重要基础。但是我们也不能满足于此，还要继续充分发挥故宫博物院的现实优势，实现故宫博物院对国家文化遗产事业不可替代的积极贡献。在这里我把长期思考的两个想法提出来，请大家考虑。

目前，就全国文物藏品保护情况来说，普遍存在“重被动性抢救、轻预防性保护，重开发利用、轻保管养护”的观念。对于文物建筑来说，注重安排重点修缮经费，缺少日常养护预算；对于博物馆来说，注重安排馆舍建设经费，缺少藏品科技保护经费。今天，故宫博物院的文物保护的任务异常繁重。一方面雨水入侵、风沙危害、生物虫害等自然破坏，使古建筑群面临着诸多挑战；另一方面，霉变、酥碱、起甲、变色、脱落，使文物藏品保护状况令人堪忧。

一是关于建设中国古建筑保护国家基地。

最近，国家文物局经过专家论证，同意在故宫博物院设立明清官式建筑保护研究国家文物局重点科研基地。我认为这是非常正确的决定。故宫是世界上完整保留至今的最大规模的古建筑群，故宫博物院有义务和能力担此重任。在这次评审明清官式建筑保护研究国家文物局重点科研基地时，有的专家对故宫古建筑修缮工程，特别是太和殿修缮工程提出质疑，我们做了一些解释工作，强调近年来故宫博物院已经对故宫整体修缮工程进行了分析研究，将会更加理性地，更加科学地开展后续各项古建筑修缮工程。

自从故宫整体修缮工程开展以来，就一直存在着不同保护理念的争论。实际上，这一争论在国际文物建筑保护领域已经进行了上百年，首先在欧洲展开，欧洲学者在19世纪上半叶开始探讨保护文物建筑的理论。根据陈志华教授的分析，在这一探讨过程中，欧洲曾经产生过三个主要流派，即英国派、法国派和意大利派。英国派过于迷恋“富有诗意的死亡”，陶醉在废墟前的伤感情怀之中，因此不赞成对古建筑进行修缮。法国派关注的是杰出建筑物的雄伟壮观，主张将古建筑维修得完完整整，“像它应该的那样”，甚至“比原来的更好”，希望文物建筑修缮以后风格更统一，功能更合理。

意大利派则重视古建筑的历史文化意义。他们既不赞成英国派那种任凭古建筑走向“有永恒之美的自然死亡”的态度，主张要千方百计制止它们的“死亡”，同时也不赞成法国派那种主观地“改造”、“提高”古建筑的完整风格，导致它们携带的历史信息混乱甚至消亡的思路。他们主张尽可能多地保护古建筑的真实性。意大利派提出文物建筑是文明史和民俗史的重要因素，是珍贵的历史资料，既不能任它败坏，也不能随意修改，而要保护住它的“现状”，包括它存在过程中所有的改变，不可以“恢复原状”。

在欧洲，关于文物建筑保护的系统性理论，通过1964年ICOMOS的《威尼斯宪章》比较完整地表达出来。《威尼斯宪章》提出，“保护与修复古迹的目的旨在把它们既作为历史见证又作为艺术品予以保护”，“决不能改变该建筑的布局或装饰”。“不能改变”是其中的关键词。1975年联合国教科文组织策划了“欧洲文物建筑年”，进一步把《威尼斯宪章》传播到全世界。从此《威尼斯宪章》基本上奠定了它的主导地位。文物建筑保护从此成为一门独立科学，不再等于“古建筑修缮”，它把保护文物建筑所携带的历史信息放到第一位。100多年的探索过程说明，文物建筑保护科学的建立和推广，需要社会有很高的文明程度，需要国际的交流和合作。但是遗憾的是，长期以来国际社会关于文物建筑保护理念的建立和推广，始终没有离开欧美语境，而很少把目光关注东方，特别是拥有早期古建筑最为丰富的中国。

21世纪初，关于故宫和天坛、颐和园的文物建筑修缮工程，曾经引起国际文化遗产保护领域的关注，为此2007年5月25日，来自20多个国家和地区的60余位代表，参加了由中国国家文物局、联合国教科文组织世界遗产中心、国际文物保护与修复研究中心、国际古迹遗址理事会共同主办，北京故宫博物院承办的东亚地区文物建筑保护理念与实践国际研讨会，这次研讨会经过现场考察和深入研讨达成基本共识，在会议上我也代表国家文物局进行发言，在阐述中国文物建筑的历史性、丰富性、礼制性的特点之后，重点强调了中国文物建筑的脆弱性、整体性、延承性的特点，旨在说明中国木结构古建筑与欧洲以砖石为主的历史建筑之间的不同特点。

首先是脆弱性。中国文物建筑尤其是木结构文物建筑具有比较突出的易损性和脆弱性。中国古代建筑最常见的两种材料，即木和土，尤其木材是中国古代建筑中最为重要的材料，从材料的寿命来看，木材易被雨水、潮湿等侵蚀而糟烂，被虫蛀而空朽。为了更好地延长木构架的寿命，建筑内外檐的油饰彩画既有装饰作用，也有保护木结构材料的意义，而墙体更是木构架的维护结构语言。为了防潮，建筑下部的台基使用石材，亦需要经常性的保养。

其次是整体性。中国文物建筑的每个局部都发挥着重要而独特的作用，局部残损可能危及整体安全。屋顶是保护建筑木构架、墙体以及建筑基础安全的最重要部分，是木构的主要维护语言。屋顶受损会逐渐导致木构架残损，影响建筑的建构和整体安全。中国文物建筑易受自然风雨损毁，常见现象是屋顶漏雨逐渐侵蚀梁架、墙体，最终导致整体建筑坍塌。所以，防止木结构建筑局部损害危及整体，日常保养和局部保护加固显得十分重要。

第三是延承性。中国文物建筑具有鲜明的时代延承性，单体建筑建成于一个时代，但是不乏以后历代添加的修缮加固痕迹；群组建筑则历时较长而成，这种延承性体现出中国古代建筑工匠对前人的尊重、传承和发展，同时也客观保存了文物建筑全部历史过程的真实性和完整性，体现出真实而不断发展的文化价值。这种延承性决定了中国文物建筑的保护维修，首先应该是使之“延年益寿”、长留人间，并尽可能保护一切历史信息。

1992年，在中国召开的全国文物建筑保护维修理论研讨会上，有专家提出应建立有中国特色的文物建筑保护理论与实践科学，认为古建筑的价值在于历史的原貌，古建筑保养维修目的是延年益寿，要避免维修对古建筑造成破坏。古建筑修缮应坚持“四保存”原则，即保存原来的建筑形制、保存原来的建筑结构、保存原来的建筑材料和保存原来的工艺技术。古建筑维修的科技创新，不是替换原材料而是加固补强。专家们认为当代只是历史的传承者，以崇敬前人、相信后人的负责态度，在保护前人建筑成果的真实性和完整性的同时，也将建筑的延承性忠实地留传给后人，是当代责无旁贷的职责。

2002年，新修改的《文物保护法》规定：对不可移动文物进行修缮、保养等，必须遵守不改变文物原状的原则。不改变文物原状的原则可以包括保存现状和恢复原状两方面内容。保存现状应主要使用日常保养和环境治理的手段，对于出现险情的文物建筑局部可使用防护加固和原状整修手段。恢复原状指出于为文物建筑整体或残存局部的安全考虑而使用重点修复手段。在实际的文物建筑保护维修中，正确把握恢复原状与保存现状之间的尺度极为重要。

不改变文物原状的原则，有利于保护文物建筑的真实性和完整性。古建筑是历史的物证。不改变其原状，是谨慎保存历史空间和文化记忆的上策，宗旨是保存我们了解历史、今古对话、时空跨越的媒质，就像保存时间隧道，便于我们借此追寻文脉、感受历史，明确未来发展的方向。看似只是古建筑修缮的具体理念和实施原则，实则关系到我们对待历史与未来的态度，关系到文化传承的前途。因此，不改变文物原状是一种历史责任。古建筑是历史的物证，在对木结构文物建筑进行加固排险保护时，小心翼翼地不改变原状将意味着严肃、谨慎地保存所有的历史。

在故宫博物院设立明清官式建筑保护研究国家文物局重点科研基地，进而建设中国古建筑保护国家基地，有现实合理性和历史必然性。我们不但拥有世界最大规模的官式木结构古建筑群，而且拥有数百年故宫古建筑保护修缮的丰富经验，特别是面临国务院批准的故宫整体修缮工程的实践机遇，这些是故宫博物院得天独厚的优势，也是我们不能回避的历史责任。目前故宫整体修缮工程已经走过了11年的历程，按计划将在2020年竣工。今后7年，我们应以怎样的正确理念推动此项工程开展，问题十分具体，也十分现实，我们必须对此作出回答。

目前，故宫博物院正在对历经几百年风雨的古建筑群进行前所未有的大规模修缮。实际上，这一整体保护修缮工程需要投入的精力和智慧，并不比重建整座紫禁城宫殿的困难和难度小。一方面，现在的古建筑材料供应市场上已经难以购得所需优质传统材料，更加上实施政府采购，按照一般标准控制经费，更难以保证故宫古建筑修缮所需传统材料的质量。另一方面，在传统技艺传承方面存在危机，一些施工技能只由那些有着长期实践经验的传统工匠才能掌握。但是这些身怀绝技的传统工匠目前已经难以寻觅。

面对这一情势，持续至2020年的故宫整体修缮工程，是按照原定"一年修一座大殿"等计划进行，还是实事求是地对目前材料、工艺、方式等条件进行全面分析，制定更为科学合理的保护修缮计划，需要我们面对现实作出抉择。实际上，在当前的条件下，一方面应加强古建筑群的日常维修保养，通过系统的"岁修"和"零修"，尽量保持每一幢古建筑的健康状态，延缓它们的应有寿命。另一方面应加强古建筑传统营造技艺的传承和工匠的培养，为早日实现高质量地保护修缮积极创造条件。

在现行的《文物保护工程管理办法》中，将文物保护工程分为，保养维护工程、抢险加固工程、修缮工程、保护性设施建设工程、迁移工程等。其中对保养维护工程给出了明确的定义，即"针对文物的轻微损害所作的日常性、季节性的养护"。保养维护工程是一种特殊的工程，介于事先保护与事后维修中间。它不同于事先保护之处在于，要对建筑进行一定程度的修修补补，如屋顶除草、补漏、疏通水道、散水补砌、地砖补齐等，具有一定的工程量，它不同于事后维修之处在于工期很短、频率较高、工程量较小等。

文物建筑的自然损坏是难以避免的，损坏出现后，如不及时处理，可能会加速文物建筑的老化。例如我们每天在故宫博物院内巡查，经常看到古建筑的屋面长出杂草，看似只是很小的问题，但是如不及时清理这些杂草，便会造成瓦片松动，进而导致望板糟朽，在进一步就是屋面漏雨、梁架受损。如果一开始就及时将杂草进行清理，此后的一系列问题便不会发生。所以保养维护工程就是在问题刚刚出现时便对它进行处理，使问题不能扩散、病害不能发展，不至于造成更大的破坏力，延长古建筑的应有寿命。

事实上，对建筑进行经常性的保养维护，是人们的本能和使用的基本需要。历史上无论是皇家宫殿还是民间建筑，都会经常进行保养维护。对故宫古建筑进行保养维护，保持其良好状态，有着长期形成的传统，有着极其重要的意义。清代《钦定宫中现行则例》中专有"岁修"一章，规定："凡乾清宫三年一次粘补渗漏，拘抿墙垣，修饰地面之事由宫殿监预先奏准……"由此可见，通过保养维护来使古建筑保持良好状态，在紫禁城里有着悠久历史，其作用也经过了充分的实践检验。

经常进行古建筑保养维护工程，就优点来说，一是可以使古建筑较长时间地保持良好状态，减少修缮次数，从而使古建筑的真实性得以最大限度地保存。二是古建筑修缮所需资金较多，而保养维护工程所需资金较少，勤保养维护而少修缮，则可以大大减少古建筑修缮资金的投入。三是保养维护工程具有工程量小、周期短等优点，可一年一次、一年数次或根据需要随时进行，方便灵活掌握。当然，保养维护工程再小，也是在文物建筑本体上实施工程，如果没有完整的配套措施，也会出现种种意想不到的问题，甚至会对古建筑造成不可逆转的损害，因此必须结合故宫古建筑的特点和要求，制定出切实可行的古建筑保养维护工程策略和制度。

《文物保护工程管理办法》对保养维护工程也有具体的规定："保养维护工程由文物使用单位列入每年的工作计划和经费预算，并报省、自治区、直辖市文物行政部门备案。"但是这仅仅是一个概括性的政策，远不能起到规范保养维护工程的作用，具体执行时还要涉及很多问题，还需要制定详细的配套政策来保证实施。例如保养维护工程需不需要设计方案，用不用审批，是否对施工单位进行资质要求，保养维护工程的具体范围包括哪些，保养维护频率有没有硬性规定等，这些都需要我们和文物管理部门进行沟通，逐步加以明确。

过去，当国家财政投入不能满足古建筑修缮时，文物部门曾就古建筑保护提出"不塌不漏"原则，这主要是一种抢险性的处理。近年来，经济状况好转以后，各地纷纷对古建筑进行修缮。但是，修缮以后的古建筑如果没有得到很好地保养维护的话，几年以后将面临再次修缮，如此反复实施古建筑的真实性将荡然无存。今天，我们有能力也有责任，将古建筑的保护思路变为以日常保养维护为主，尽量减少主动修缮。但是，保养维护毕竟只能处理那些看得见的问题，必须对古建筑保护状况进行日常监测，该进行抢险修缮的还是要及时进行修缮。

国家文物局在故宫博物院设立明清官式建筑保护研究重点科研基地，是我们一个新的起点，要努力将"古建筑修缮工程"上升为"古建筑保护研究"。必须要将明清官式建筑保护研究重点科研基地，真正建设成为在国际上具有一定影响力的中国古建筑保护国家基地，彻底改变中国文物建筑保护理论在国际领域缺少话语权的状况，承担起故宫博物院应尽的中国责任、世界责任。

为此，我们要有实际行动，一是建议在故宫研究院成立古建筑研究所，深入开展古建筑保护理论和实践研究。二是系统整理紫禁城古建筑保护历史文献，包括正在进行的编纂《宫廷建筑大事史料长编》工作，在编纂《明代宫廷建筑大事史料长编》的基础上，启动《清代宫廷建筑大事史料长编》的编纂工作。三是对故宫整体修缮工程进行研究，及时编辑整理出版各项古建筑修缮报告和工程实录。四是建设古建筑修缮技艺传承基地，部分恢复"造办处"功能。目前修缮技艺部所在地是原内务府造办处，清代造办体系分为两个机构，一个是专供宫中用度的"养心殿造办处"，另一个是设于内务府北侧的"内务府造办处"，又称"匠作处"。据记载，造办处在最鼎盛时，下设24个作坊，每个作坊都荟萃全国各地的能工巧匠。这些能工巧匠囊括了朝廷几乎日常生活中的各个方面，当时民间把这个造办处叫做"百工坊"。今天，将修缮技艺部"造办处"定位于开放式的官式古建筑技艺传承平台。五是在东华门建设故宫博物院古建筑馆，在故宫博物院90年院庆前对外开放。同时在銮仪卫库房区域建设室外古建筑石构件仓储式展示区。六是在故宫博物院北院区建设宫廷园艺研究中心，争取明年局部对外开放。

二是关于建设中国文物科技保护国家基地。

近年来，国家文物局开展了全国馆藏文物腐蚀损失专项调查，这是新中国成立以来针对国有文物收藏单位，首次进行的此类科学技术基础专项调查。历时三年时间，对全国各地2803家国有文物收藏单位的1470余万件（组）馆藏文物进行调查，基本掌握了我国国有馆藏文物的现状。调查结果表明，文物腐蚀损失状况相当严重。根据调查统计分析，目前全国共有50.66%的馆藏文物存在不同程度的腐蚀损害。其中处于濒危腐蚀程度文物29.5万余件（组），重度腐蚀程度文物213万余件（组），中度腐蚀程度文物501.7万余件（组），分别占全国馆藏文物总数的2.01%、14.52%、34.13%。

在全国馆藏文物腐蚀损失专项调查中，通过将经济参照系概念及测算方法引入馆藏文物管理领域，估算馆藏文物年经济损失价值。初步推定全国馆藏文物因腐蚀损失导致的年平均损失经济量约为122亿元，约占文物经济总量83491亿元的1.5‰。今天，如果博物馆业务人员在工作中不慎打碎一件珍贵瓷器，将是重大的文物损坏事件，但是大量珍贵文物藏品在无声无息中走向损毁，却 始终未能引起足够重视。面对如此严重的文物腐蚀损失状况，用于博物馆藏品保护的经费却仅占博物馆业务经费的5%。

目前，应用科学技术实施文物科技保护也存在一些突出问题，一方面，科学技术意识有待提高，在文化遗产的调查、发掘、保护、研究、展示和传播中，存在忽视合理运用科学技术的倾向，甚至认为文化遗产保护不是一门学科，而仅是一种业务技术工作。因此，科学研究基础设施不完善、运行机制和管理体制不适应等存在已久的体制性和机制性障碍，使大量实用技术停留在一般性应用层面，而高新技术的引进和利用显然不足，导致文物保护科学技术的发展难以适应文物保护事业的需求，更缺少能够承担中国文物科技保护的国家基地。

2010年10月我们访问了正在建设的埃及国家博物馆新馆的文物修复中心，文物修复中心内共有8个文物修复空间，每个文物修复空间都有数千平方米的规模，依据不同性质、材质的文物藏品，建立不同的文物藏品科技保护修复平台，来自全世界的古埃及文物科技保护专家都可以共同在这一世界级平台上施展才华，令人非常羡慕。我认为我国也应该拥有强大的中国文物科技保护国家基地。在我国博物馆和文物收藏机构中保存有数以千万计的中国文物藏品，还有数量更为巨大的中国文物收藏在民间，也有数以百万计的中国文物藏品收藏在世界各地的博物馆，因此，中国文物藏品科技保护和修复的巨大需求客观存在。

通过今年年初对于故宫博物院文物库房，特别是地面库房的系统调研，更加坚定了建设中国文物科技保护国家基地的决心。故宫博物院所拥有的180余万件文物藏品中，上百万件需要进行修复和采取预防性保护措施。针对大量院藏文物濒临腐蚀、锈蚀等严重自然损坏状况，亟须建立大型、综合性的文物藏品修复平台，以现代科技与传统技艺、院内人才与社会力量相结合，对文物藏品进行全面和持续不断的抢救性和预防性的科技保护。故宫博物院应该勇于承担建立世界一流的中国文物科技保护国家基地的历史责任。

目前，西河沿文物保护综合业务用房即将于年底前开工建设，建设规模为13000平方米，建成以后文物科技保护人员的工作条件和精密科研仪器设备的工作环境，将得到有效改善。在建设过程中，需要同时加紧策划建立各种类别的文物藏品修复工作室，购置更新必要的先进仪器设备、珍贵文物保护材料，强化科技保护人员培养，分轻重缓急开展文物藏品保护修复任务，使故宫博物院文物藏品科技保护水平始终站位世界一流。

在故宫博物院北院区的建设方案中，规划有20000平方米文物科技保护设施，应努力建设成为世界上最具实力的中国文物科技保护平台，将来数量众多、体量较大的明清地毯、古代家具、武备仪仗、车马轿舆、宫廷灯具、生活用具、西洋钟表、古建藏品等文物藏品都可以在这里得到系统的保护修缮。通过故宫博物院北院区文物科技保护平台的建设，一批国家级非物质遗产项目将得到有效保护，一批非物质遗产传承人的特殊技能将得到传承弘扬，一批濒临失传的手工技艺将得到重新振兴。

今天，面对世界科学技术发展趋势，面对日益激烈的国际竞争，只有把科学技术真正置于优先发展的战略地位，才能把握先机，赢得发展的主动权。据了解，美国、德国、法国、意大利、日本等许多文化遗产大国都建有专门的国家级文化遗产保护科学研究机构，意大利罗马文物修复研究中心有400名工作人员，苏格兰保护修复社也有400多名工作人员，法国国家遗产研究和修复中心则有近200名工作人员，许多国家还有多个文化遗产保护研究机构。故宫博物院西河沿文物保护综合业务用房和故宫博物院北院区文物科技保护平台的建设，将形成中国文物科技保护国家基地，将发挥出故宫博物院的独特优势，是扭转我国博物馆文物藏品保护状况不利的被动局面，实现文物科技保护跨越式发展的重大机遇。

今天，我们需要以创建中国文物科技保护国家基地为目标，攻关文物藏品保护的关键技术，依托重大科研项目和课题，以及国际学术交流合作项目，构建科研人才培养体系的基本框架、培养模式、运行机制，加大学科带头人的培养力度，使一批文物科技保护优秀人才脱颖而出。中国文物科技保护国家基地应坚持科技保护项目对全社会开放，支持和鼓励国内外高等院校、各类科学研究机构等一切可以为中国文物藏品保护提供支持和有所贡献的力量，平等参与承担科技保护计划和项目。当前，要紧密围绕“平安故宫”工程主要环节，将技术研发、人才培养、基地建设、装备升级、体制机制创新等五个方面进行统筹考虑，以当前文物科技保护重大需求为导向，以重点解决科学技术的热点、难点和瓶颈问题为核心，积极推动科技保护工作创新。

故宫文物藏品保护修复必然是一项长期工程，必须要有持续的人才资源支撑。实际上，与科技保护用房的建设和精密科研仪器设备的购置相比，更为重要和困难的是专业人才的汇集和培养。没有具有先进理念的技术人才和基础研究成果支撑，对于文物藏品的保护修复则可能意味着破坏。同时，故宫博物院的文物藏品研究与科技保护工作具有既“博”且“杂”的特殊性，都需要专业知识和专业技术，没有接受过故宫文化专业培训的业务人员，不可能正确对待这些珍贵而独具特色的文物藏品，更难以开展学术研究和科技保护工作。因此，今后文物藏品保护修复需要大批既掌握核心技术，又具有先进理念的专家学者和技术人才，专业人才的培养与引进极为迫切，必须视为优先解决的问题。

今天，针对保存环境控制、库房建设、基础技术标准规范等诸多与文物藏品保护有关的问题，应从“预防性保护”的科学理念入手，达到减缓文物藏品腐蚀的速度，使文物藏品得以长久保存。同时，应增加文物藏品保护科学研究、保护修复、日常养护经费的投入。从现代理念出发，所有的文物藏品都应当加以保护，而从现实情况出发，面对有限的资源配置，则必须按照轻重缓急实施。因此，提高抢救性保护修复工程的科学技术含量，特别是保护修复重度腐蚀以上珍贵文物，必须及时提上日程。目前，就全国博物馆来说，濒危易损珍贵文物的腐蚀严重程度，由低到高依次为竹木漆器、纺织品、纸质品、金属类文物，故宫博物院也应该根据院藏文物保护状况，分析研究不同文物藏品的腐蚀严重程度，明确抢救性保护修复的重点。

故宫博物院的文物藏品数量巨大，而且保护现状相当严峻。文物藏品的多样性以及腐蚀毁损原因的复杂性，又决定了科学技术保护必然是一个多学科交叉、自然科学与人文社会科学融合、基础研究与应用研究交互展开的交叉和综合的集成体。因此，必须建立和完善开放、流动、竞争、协调的科学技术发展运行机制，组合优势资源，形成强势科技支撑，协同解决文物藏品科技保护的关键性问题。同时，需要实行保护技术、方法、材料、产品的准入制度和专家论证制度，在科学技术成果的选择和实施中坚持严肃、谨慎的态度，坚决阻止那些落后的和不成熟的技术进入故宫博物院文物藏品保护修复领域。

现代科学技术的广泛应用，使文物藏品保护科学技术含量不断提高，而现代科学技术和传统工艺的有机结合，则应该成为文物藏品保护科学技术的核心内容。故宫博物院文物藏品中大部分为清宫旧藏，有些文物藏品出自于民间，保护修复不仅依靠科学技术手段，而且需要依靠传统技艺传承。例如织绣类文物，明清时期，官府设有规模巨大的丝织工场，著名的有“江南三织造”，即设在南京、苏州、杭州三地的织造衙门，据有关资料记载，乾隆十年江南三局匠役总数为七千名左右。今天需要与南京、苏州、杭州等城市加强合作，对于江南地区的非物质文化遗产传承人进行调查和建立合作平台。

今年，故宫博物院与东城区政府达成共识，由故宫博物院建立起文物藏品保护修复平台，由东城区政府组织非物质文化遗产传承人参与文物藏品的修复工作。我看过一些传承人的业务档案，显示他们的前辈或者师傅的师傅曾在清宫造办处工作，表明他们的技艺流传有序，对于故宫博物院的清宫旧藏文物比较熟悉，如果参与这些文物藏品的保护修复，将不但使文物藏品得到保护，而且使传统技艺得以传承。这是故宫博物院第一次引入社会人才修复文物，也是在用人机制方面的探索。

今年，国务院批准的“平安故宫”工程，勾画出故宫博物院平安发展的蓝图，总结了故宫博物院建院以来在安全方面的成功经验，集中了全院上下的智慧，体现了全院员工期盼故宫平安的意愿，是破解故宫博物院发展面临的安全问题，化解来自各方面的风险挑战，推动故宫博物院持续健康发展的科学决策，“一分部署，九分落实。改革蓝图有了，现在的关键是把蓝图一步步变为现实。”这是习近平总书记最近在山东考察时的重要讲话，开宗明义地强调了把改革蓝图变为现实的意义，发出了用真抓实干贯彻改革蓝图的动员令。一切的关键在于落实，在于是否能将国家对于故宫博物院的关怀，转化为强大的执行力量。

“平安故宫”是我们提出的奋斗目标，需要通过努力才能使目标实现。“把壮美的紫禁城完整地交给下一个600年”是我们绘制的美好梦想，需要通过实干才能使梦想成真。“一个行动胜过一打纲领。”如果说制定奋斗目标，绘制美好梦想需要花一分气力，那么，实现目标和梦想则需要用九分功夫。不落实再好的蓝图只能是一纸空文。我们必须一步一个脚印，稳扎稳打向前走，积小胜为大胜。以踏石留印、抓铁有痕的精神狠抓每一项具体目标的实现，一鼓作气，善作善成。用行动宣誓是故宫人的优良传统，用事实说话是故宫人的鲜明品格。回望88年来故宫博物院的发展历程，每一次迎来重要的发展阶段，靠的都是果决勇毅的行动。我们的前辈正是凭着一往无前的奋斗精神，靠着生气勃勃的实干气概，在艰难险阻中开辟出前进的道路。

回首一年的工作，在全院员工的共同努力下，故宫博物院的各项工作有了很多进展。“平安故宫”工程也有了良好的起步。在国家文物局等单位的大力支持下，一系列工程项目获得了集中批复，得以相继开工建设。今年年底前宝蕴楼保护修缮工程和西河沿文物保护科技用房工程也将正式启动。明年将重点促进地下文物库房改造工程和故宫博物院北院区工程的建设前期工作。目前地下文物库房改造工程方案和内务府区域地面设施建设方案已经获得审查通过，正在进行深化设计。故宫博物院北院区的土地使用性质调整规划和控制性详细规划也已经基本编制完成，都为明年启动各项工作打下很好的基础，我们要满怀信心地面对未来，未来就在我们的努力之中。

（2013 年 12 月 16 日）

在故宫研究院考古研究所工作会议上的讲话

在世界范围内，考古学研究一直是综合博物馆的主要学科内容。几十年来，为完善相关学科建设、追踪学术发展方向，故宫博物院根据自身研究能力与文物藏品特点，各考古研究机构合作，有选择性地参加了一些考古发掘工作，有力地推动了专业化功能和社会化职能的发挥。

在认识考古学研究成果对于故宫博物院发展的意义方面，张忠培先生的一段话使我很受启发，他指出参加考古发掘工作并且把最新考古成果引入故宫，“表明故宫博物院开始走出昔日皇宫的院墙，关注早期瓷器史的研究、关注考古学的最新成果、追踪学术发展方向的决心，对故宫博物院的学术发展有较大的意义”。也正因为如此，我积极呼吁在故宫博物院内组建考古研究所。随后考古研究所成为故宫研究院的重要组成，展现出令人期待的发展前景。

关于故宫研究院考古研究所的优势，我想至少有三个方面。一是文物藏品优势。故宫博物院所保管的考古文物藏品数量，绝对比平常人所了解的多得多。我们经常说故宫博物院的文物藏品主要是清宫旧藏，这是事实，但是清宫旧藏并不意味着是清代文物藏品，实际上历代帝王往往热衷于前代、古代，甚至是远古时代古物的收藏和观赏。这样皇宫内自然就收藏有大量出土文物。再有就是故宫博物院成立以后，特别是各地考古研究单位普遍成立之前，中央政府不断将各地出土的考古文物藏品调拨至故宫博物院保管，所以故宫博物院的文物藏品中有数量众多的考古资料。还有就是故宫博物院的前辈学者和现职专家积极参与各地的考古研究活动，例如对于古代瓷窑遗址的调研和标本汇集，经过几代人的努力，故宫博物院成为国内拥有陶片、瓷片珍贵标本资料最多的博物馆，也使故宫博物院承担起国家古陶瓷研究基地的职能。二是人才优势。故宫博物院拥有张忠培先生这样的中国考古界的著名专家，拥有李季先生这样具有广泛人脉的中国考古学会现任领导，拥有杨晶老师、王光尧老师、王瑞老师等活跃在考古工作一线的专家。今后还会不断有考古学家加入我们的团队，这是考古研究所发展的重要保障。三是故宫博物院所拥有的强大影响力和文化传播力。故宫博物院与很多世界著名博物馆和考古研究机构保持着广泛的学术联系和良好的合作基础。故宫研究院考古研究所的成立得到同行们的广泛关注，纷纷表达加强合作的意愿。

关于故宫研究院考古研究所的工作定位，作为世界著名博物馆，故宫博物院的各项事业都应有较高的定位，考古研究所同样如此，应该开展与自身特色相一致的工作。故宫研究院考古研究所隶属国家文化机构，不像省、市考古研究单位那样拥有相对固定的工作区域和“势力范围”。也正因为如此，由于没有地域归属和范围局限，也可以成为一种优势，就是体制灵活，机动性强。我非常赞成李季先生的观点，考古研究所“不求所有，但求所用，发挥杠杆的作用，撬动相关方面的工作，促进事业的发展”的观点。

刚才张忠培先生为考古研究所的研究方向进行了定位。一是加强宫廷文化遗址的研究和相关工作，二是加强帝王陵寝遗址方面的研究，三是加强对于故宫出土文物藏品资源的深入研究，深入挖掘和揭示这些院藏文物的文化内涵。例如故宫博物院的文物藏品中有16万件青铜器，包括一些商周时期的铜器，它们出土于不同地区，因此有丰富的类型。故宫博物院收藏有3.2万件玉石器，汇集了中华五千年文明的实物资料，包括“良渚文化”、“红山文化”、“凌家滩文化”等重要出土文物，在故宫博物院的文物藏品中还有3.3万件铭刻，其中有大量包括甲骨在内的出土文物资料。

张忠培先生讲要“盘活”故宫博物院的文化资源，“盘活”故宫专家学者的文化研究资源，还要“盘活”社会专业研究人才资源。考古研究所可以通过引进、返聘等形式，使具有真才实学的专家学者参与到考古研究所的课题研究中，在保证学术质量的前提下，争取多出研究成果。同时应该发挥故宫博物院的学术优势，积极开展战略研究，引领科学研究方向，为全国文物考古工作出谋划策，为文物行政部门领导全国文物工作发挥参谋助手作用。

关于当前可以开展的工作，可以包括以下方面。

一是开展大型古代遗址考古研究。结合当前大遗址保护和考古遗址公园建设，与西安、洛阳、开封、杭州、南京和北京等地文物考古机构合作，开展大型都城遗址和历代帝王陵寝群的考古研究工作。

二是开展圆明园遗址的考古研究。历史上紫禁城与圆明园之间有着密切关联。对于圆明园遗址来说，无论是山形水系的维护和整治，还是考古遗址的保护和展示，都应该建立在科学考古调查和研究的基础上。加强考古遗址保护研究，可以避免盲目的复建行为，避免随意在考古遗址上添加人工雕凿的内容，从而避免圆明园遗址真实性受到伤害，实现圆明园国家考古遗址公园的建设目标。同样海淀区三山五园区域、承德避暑山庄等，也与故宫文化有着历史渊源，两处管理部门也都表达出与故宫博物院合作的愿望，应该加强联系合作。

三是开展景德镇遗址的考古研究。2006年，在景德镇市没有申报的情况下，国家文物局依照《文物保护法》的相关规定，报请国务院将御窑厂窑址公布为第六批全国重点文物保护单位。近年来，景德镇御窑遗址保护受到关注。故宫博物院也参与了景德镇御窑遗址的联合考古发掘工作，得以深入了解御窑遗址的考古出土标本，自身田野工作能力也得以提高。这项工作应该始终持续开展下去，从而更好地与故宫博物院收藏的明清御窑瓷器进行深入对比研究。同时，正在合作开展的浙江德清原始青瓷窑址考古发掘、湖北丹江口市庞湾琉璃窑址考古等，特别是对于全国各地古代瓷窑遗址的调研和标本汇集，均应持续开展。

刚才宋纪蓉副院长、余辉主任和办公室、财务处、外事处的主要负责人都表达了全力支持考古研究所工作的意见，大家齐心协力，使故宫研究院考古研究所有一个良好的开端。

（2013年12月17日）

在故宫博物院文物保护综合业务用房工程启动仪式上的讲话

今天在这里举行的“故宫博物院文物保护综合业务用房工程启动仪式”，这是故宫博物院贯彻落实《故宫保护总体规划大纲》，全面推动“平安故宫”工程实施的极其重要的一步。

故宫博物院文物保护综合业务用房工程启动仪式（2013 年 12 月 24 日）

“平安故宫”工程自2012年5月提出以来，受到国务院、各部委以及文化部和国家文物局的重视和支持。故宫博物院文物保护综合业务用房工程项目完成后，将腾退和保护以往被占用的文物古建筑，同时改善文物研究、修复、保护的条件，整合文物修复流程，也能够实现对西河沿区域环境的彻底整治，消除安全隐患，为“平安故宫”工程的顺利实施奠定基础。

这项工程项目位于故宫西河沿区域，它北临城隍庙，南临中国第一历史档案馆，西临故宫城墙，东临寿康宫、寿安宫西红墙，呈长方形状，占地面积约19675平方米。经过两次考古发掘、多次专家会议研讨论证，在多方面的共同努力下，取得了文化部、国家文物局、北京市文物局、北京市规划委员会、联合国教科文组织世界遗产委员会等部门批准。计划于2016年3月竣工。

故宫博物院文物保护综合业务用房工程的启动，标志着“平安故宫”工程进入了一个新的发展阶段。为确保工程顺利推进，故宫博物院将继续坚守和弘扬“坚韧不拔、锲而不舍、一丝不苟、默默奉献”的精神，保护和传承好故宫文化遗产，从而实现把壮美的紫禁城完整地交给下一个600年。

（2013 年 12 月 24 日）

在故宫宝蕴楼修缮保护工程开工仪式上的讲话

故宫宝蕴楼修缮保护工程开工仪式（2013年12月24日）

宝蕴楼位于故宫西华门内、武英殿西，建于清朝时期的咸安宫旧址之上，是民国北洋政府时期的产物，现存三座西洋式二层楼阁及一座遗留下来的咸安门。总建筑面积约1650平方米。在国民政府时期，当时用于存放沈阳故宫及河北承德避暑山庄所藏文物，共计3150箱23万多件，此后也长期作为文物库房使用。建筑的屋顶瓦面、大木结构、内外装修装饰、油饰彩画及院落地面等均有不同程度的破损。

宝蕴楼的建造历史及建筑风格，在整个故宫古建筑群中具有独特而鲜明的特征，那就是民国西洋建筑风格。我们将坚持文物保护真实性和完整性原则，坚持“不改变文物原状”的文物建筑修缮原则，尽可能使用原工艺，并尽可能保留原有构件，确保各单体建筑及文物遗存在修缮前、后风格的一致性。同时以文物建筑现状修整为主，采取适用的技术手段，排除宝蕴楼现存文物建筑存在的隐患，保证文物建筑的稳定性和安全性。

此次修缮工程预计于2015年5月底竣工，修缮完成后，为更有效地保护与利用，故宫博物院计划在该组建筑设置“故宫博物院院史陈列”展览，并将部分区域作为学术交流使用。

在此，我代表故宫博物院向大家承诺，故宫博物院将全力组织协调工程各方，加强管理，提供保障，确保工程顺利开展。同时，故宫博物院也要求参建各方在工程进行中务必要做到安全第一，质量为先，保证“人员安全、建筑安全、文物安全”，让宝蕴楼这一独特的历史区域得以去除病患、恢复健康、益寿延年。

（2013年12月24日）

在故宫博物院年终总结会议上的讲话

过去的一年，经过全院员工共同努力，出色完成了故宫博物院的全年各项工作，各部处领导也都做出了辛勤努力，成功带领各自的团队，创造性地开展工作，实现了新的进步。在实际工作中积极践行关于改进工作作风的“八项规定”，密切联系群众，在集思广益、科学规划的基础上，努力推进故宫博物院的事业发展。同时，院领导班子各位成员，按照八项规定中关于改进调查研究的要求，开展走访院内各部处、专家及老同志、非开放区域现状的“三走访”，赴其他博物馆取经，召开媒体座谈会，收集舆情等多样的形式，深入困难和矛盾集中、群众意见多的地方，听取广大职工、专家学者、有关单位、新闻媒体、社会公众的宝贵意见，及时解决重点、难点问题。

我完全赞成刚才各位院领导对于分管部处工作的点评，看到听到大家一年来所取得的成绩，感到由衷地高兴，也为之感动。我不会再进一步详细点评，故宫博物院这么多部处，各部处又都开展了这么多项工作，点评起来一定会“挂一漏万”，最明智的办法还是向各位表示祝贺，祝贺大家所取得的成绩，并通过大家向各部门的员工表示衷心的感谢。

今天，我想着重讲一些属于“务虚”的内容。

一　关于故宫文化遗产保护的辩证思考

大家一定记得，2013年5月4日，一名男性观众击碎翊坤宫正殿原状展室的一块窗户玻璃，致使临窗陈设的一座文物钟表跌落受损。事后从公安部门得知该名观众为精神障碍患者，但是这一事件的突发引起社会公众和众多媒体的关注。于是，故宫博物院一方面及时对现场进行清理，以保证第二天正常对外开放，另一方面在事发后的第二天召开了媒体通报会，公布了事实经过和相关视频录像，并组织查看了事件发生的现场。在翊坤宫的事发地点，我根据媒体的提问做了四点说明。一是为什么观众能够接近窗户，而没有设立“1米线”？回答因为故宫博物院根据古建筑防火和保护文物展品的需要，建筑内部没有引入照明光源，因此室内光线比较暗，观众难免看不清室内陈设，所以没有设立“1米线”。二是为什么不安装更加结实的玻璃，防止人为损害文物展品？回答因为这些窗户上安装的是清末或民国初年原装的玻璃，具有一定历史价值，按照尽量“不改变文物原状”的文物保护原则，所以没有对这些玻璃进行更换，事实上故宫博物院已经引进一种“防砸板”，应用于一些展室。三是为什么翊坤宫室内的条案放在窗前，如果远离窗户不就可以避免事件发生了吗？回答因为当年翊坤宫内的陈设就是将条案放置在此，如果移开窗户，就不是历史原状，就会造成观众误读历史。四是为什么条案上要放置文物，如果没有文物不就可以避免发生破坏文物展品的事件了吗？回答因为翊坤宫作为故宫博物院的原状展厅，就必须展示一定数量的文物，虽然文物展品收藏在库房内更为安全，但是故宫博物院开放88年以来，这是第一次发生此类破坏文物的行为。经过细致的说明，媒体朋友们了解到故宫博物院工作中的复杂因素，即做好每一件事都存在一些“纠结”的问题。于是，第二天各家媒体对于这一突发事件进行了客观报道。

从翊坤宫“人打钟”事件发生之后，我一直在想，事实上在故宫博物院开展每一项工作，往往都深刻而多样地交织着“两难”的问题，都需要“左顾右盼”，三思而后行，都需要掌握其中的辩证关系，才能正确加以判断与应对。无独有偶，两个月前台北故宫冯明珠院长在故宫博物院演讲时，也以台北故宫的“恒”与“变”为题，阐述了台北故宫发展中的辩证关系。那么就目前阶段来讲，我们应该有哪些辩证思考呢？初步归纳至少包括“禁”与“放”、“堵”与“疏”、“古”与“新”、“慢”与“快”、“减”与“增”、“闭”与“开”、“精”与“博”、“雅”与“俗”、“内”与“外”、“学”与“研”和“思”与“行”等方面的辩证关系。

一是处理好“禁”与“放”的关系。

“禁”与“放”，旨在禁止各种威胁文物建筑、文物藏品、观众安全的行为，放开隐患排除、服务观众、提高效率的设施和空间。

在“禁”的方面，今年以来，故宫博物院加强安全防范，采取了紫禁城内禁止吸烟、禁止携带火种进入故宫博物院、禁止机动车辆驶入观众开放区等措施。目前这些所“禁”事项，得到社会各界的广泛支持和院内员工的严格遵守。从今年5月18日实行紫禁城内不准吸烟的规定以来，在全体员工的共同努力下，至今已经半年多时间，尚未发现有人在院内吸烟，也没有接到相关举报。从8月15日实行禁止观众携带火种进入故宫博物院，通过引入优质安保机制，加强安全检查，四个多月来已经收缴了上百万个打火机。从年初开始实行开放区内禁止机动车辆驶入，逐渐得到了外交部门、公安部门的大力支持，包括外国国家元首、政府首脑在内的贵宾，均能够在观众开放区域之外下车，步行进入故宫博物院，使观众安全得到保障，也使世界文化遗产故宫更加拥有尊严。通过实施上述“三禁止”，使安全隐患得以排除，观众参观环境得到明显改善。

在“放”的方面，通过增加售票窗口、增加安检验票通道等措施，使观众能够顺利进入故宫博物院。回想一年多以前，端门广场尚未启用，观众只能在午门前的东、西售票处购票，16个售票窗口前常常是挤得满满的人群，一到暑期和“黄金周”需要排队1个小时左右才能买到票，观众们往往挤得筋疲力尽以后，才能拖着疲惫的身体进入故宫博物院，每当看到这样的情景大家心里都很不是滋味。经过努力，目前端门一午门广场的环境整治提升工程完成。如今广场环境清新宜人，各项服务设施得到改善。售票口全部移至端门西朝房，30个售票窗口一字排开，比过去的16个售票窗口多了14个，售票接待能力增加87.5%，大大缩短了观众排队的时间。故宫博物院已经向社会承诺，观众购买门票的时间一般不应超过15分钟，实际上在大多数情况下，观众在3—5分钟之内就可以购买到门票。

总之，通过“禁”与“放”的合理安排，使故宫博物院减少了火灾隐患、观众安全隐患，提高了观众服务质量和接待能力。

二是处理好“堵”与“疏”的关系。

“堵”与“疏”，旨在堵住损害观众文化权益的违法行为，疏通维护观众正常参观秩序的通道。

在“堵”的方面，长期以来，午门广场上购票、验票、安检、存包等各项职能交集，人群挤成一片。在人流中还有“黑倒票”、“黑导游”、小商小贩混迹其中，观众难以对故宫博物院留下良好的第一印象。为此，故宫博物院保卫部门联合驻院派出所，引入社会保安力量，“堵截”非法倒票、无照导游、销售伪劣导游图等侵害观众权益、扰乱正常参观秩序的行为，并呼吁旅游管理部门加强执法，合力维护故宫博物院观众的安全。近年来，北京市旅游部门为了加强管理，设计了一种“北京市A级旅游景区服务质量监督卡”，但是，逐年加大发放规模，达到上万张，使监督卡演变为一种馈赠品，甚至出现黑市交易，一些持卡人打着旅游服务质量监督的旗号，免费进入故宫博物院，遇到查验就态度蛮横，干扰了正常的接待秩序。为此我们向北京市旅游委员会主任反映情况，得到重视，从明年开始正式取消所谓的“监督卡”，保障文物博物馆单位的文化权益。

在“疏”的方面，今年7月1日，新的午门安全检查设施正式投入运行，解决了故宫博物院检票和安全检查方面的诸多难题。一是解决了安全检查空间狭小的问题。将安全检查端口由午门东、西门洞内，前移到午门外广场两侧，充分利用广场空间设置两组共六间安全检查用房，安全检查通道由过去的2个增加至18个，不但有效提升了安全检查能力，而且加快了观众的通行速度，较好地解决了空间压力，方便了安全检查工作的管理。特别是安全检查通道增加，有效缓解“五一”、“十一”等节假日和暑期观众流量大带来的安全检查压力。二是解决检票口的拥挤问题。原来检票口在午门东、西门洞外，空间狭小，无法对观众分散检查，观众队伍拥挤在检票口，秩序维护的压力较大。现在检票口随着安全检查设施前移至午门广场，检票通道由原来的12条增加到20条，空间开阔，缓解了检票口的压力。

总之，通过“堵”与“疏”的合理安排，使故宫博物院缓解了巨大的人流压力，提升了面对观众的接待效率和安全保障。

三是处理好“古”与“新”的关系。

“古”与“新”，旨在使故宫古建筑群经过整体维修保持健康状态，通过新的安全防范系统确保各项文物资源的安全。

在“古”的方面，目前，2002年启动的故宫整体修缮工程正在有序进行，经过10余年的实践，古建筑修缮保护理念更加科学，保护工程更加精益求精，严格遵守不改变文物原状的原则，最大限度地保留珍贵的历史信息，使故宫古建筑修缮保护的过程，成为官式木结构古建筑营造技艺研究传承的过程。在实际保护维修中，正确把握恢复原状与保存现状之间的尺度，实事求是地对目前材料供给、工艺传承、实施方式、资金管理等客观条件进行全面分析，制定更为科学合理的保护修缮计划，不追求速度，把质量放在第一位，工程进度必须服从工程质量。在当前的条件下，一方面，加强古建筑群的日常维修保养，开展系统的“岁修”和“零修”工程，建立常态化的工作机制，尽量保持每一幢古建筑的健康状态。另一方面，加强古建筑传统营造技艺的传承和工匠的培养，为早日实现高质量地保护修缮得以开展，积极创造条件。

在“新”的方面，去年10月故宫博物院新的安防中控室建成，今年年底前安全防范新的系统基本建成投入使用，明年还要实施摄像监控探头加密工程。目前故宫博物院内摄像探头的密度偏低，功能不够强大，摄像监控探头加密能够有效提升安全防范水平。同时，明年年底消防系统将全部实现升级。但是，安全防范系统的完善不能企盼一劳永逸，不能有所停顿，还要继续集中力量研发进一步的提升方案。每一次改造提升工程完成以后，都要马不停蹄地进行下一次改造提升工程的研发，不断追求更加先进的科学技术应用于故宫博物院的安全防范系统。故宫博物院保管的是世界上最珍贵的文物藏品，因此必须拥有世界上最先进的安全防范系统和设施。实际上新一轮并不一定要取代前一轮安全防范系统工程，而应该实现安全防范的多层覆盖，例如下一步采用物联网技术提升安全防范系统，多层覆盖的系统能够提高可靠性，全方位地确保故宫博物院的安全。

总之，通过“古”与“新”的合理安排，使故宫博物院古建筑群永葆健康状态，安全防范系统永葆强大能力。

四是处理好“慢”与“快”的关系。

“慢”与“快”，旨在增加文物科技保护的科学性和计划性，加快文物科技保护基础设施和平台的建设。

在“慢”的方面，文物保护对象的特殊性决定了科技保护工作的应有节奏，面对数量庞大的文物藏品和亟待攻关的科研课题，需要通过详细论证确定轻重缓急。在故宫博物院，古建筑修缮和文物藏品修复都不是一般意义上的工程项目，而是带着课题意识开展的科学研究工作，都需要缜密论证，慎重决策，不得不“慢条斯理”。因此对于涉及文物本体的保护和研究，无论是一座古代建筑的修缮，还是一件文物藏品的修复，都必须遵守科学工作规律，不能催促工作进度，不能盲目追赶工期，始终将保护和研究的质量列为首位。当然，“慢”不意味着不抓紧推动工作。在故宫整体维修工程方面，“慢”体现在更加积极地推动保护维修质量的提高，以文献和档案作为依据，将科学研究贯穿始终，并以工程报告回溯修缮过程。在文物藏品科技保护方面，“慢”体现在更加积极地开展保护修复研究工作，推动修复技艺传承，促进科研成果的及时转化。

在“快”的方面，对于建设世界一流博物馆所必需的各项设施建设工程，要加强科学谋划，尽量缩短行政审批过程，尽快形成具有国际先进水平的文物保护、展示、研究的基础工作条件。“平安故宫”工程在经过数个月紧锣密鼓地编制，及时上报，综合协调，以较快的速度获得相关部委和北京市政府的同意，总体方案获得了国务院批准。目前7个方面的项目正在顺利推进。今年，国家文物局和北京市规划委员会、北京市文物局等部门，高效率批准了故宫博物院上报的各项工程方案，使一批工程项目得以开工。包括上驷院车房复建项目、午门雁翅楼古建筑群保护维修工程、南大库保护管理用房工程、故宫博物院北院区宫廷园艺研究中心工程、文物保护综合业务用房工程、宝蕴楼修缮保护工程等相继开工，同时，地下文物库房改造方案、基础设施改造方案、内务府区域地面建筑方案等均获得批准，为下一步进入实施打下基础。

总之，通过“慢”与“快”的合理安排，使故宫博物院的文物藏品修复保护更加科学，各项基础设施建设得以快速推进。

五是处理好“减”与“增”的关系。

“减”与“增”，旨在减少和消除故宫博物院在安全方面的各类隐患，增加为观众服务的各项公共设施。

在“减”的方面，为消除安全隐患，维护故宫世界文化遗产的真实性和完整性，努力拆除故宫博物院内具有严重火灾隐患的58栋现代彩钢房，并创造条件拆除故宫博物院内历年添建的现代建筑，其中前者约3600平方米，后者约5000平方米，这些影响历史景观的建筑物被清理以后，紫禁城内将只有古建筑和经过批准的传统形式的建筑。同时，开始对故宫博物院内各处堆积的石材、叠放的门窗、闲置的箱柜、散落的织物、淘汰的展柜等进行系统清理，需要妥善保护的部分进行集中保管，将具有利用价值的部分进行合理利用，以此减少安全隐患，提升安全防范能力，维护历史文化景观，同时避免造成文物资源损失。另一方面，通过提升环境清洁标

端门广场整治现场会（2013 年 5 月 29 日）

准，实现开放区的地上没有纸屑、烟头、矿泉水瓶等丢弃物。通过加大日常维护力度，逐渐减少院内的水泥和沥青地面，逐渐减少斑驳脱落的古建筑墙面，逐渐减少古建筑屋顶上的杂草，使环境氛围更具历史文化气息。

在"增"的方面，努力增加各项观众服务设施，为观众创造舒适温馨的参观环境，例如在端门广场上设置观众服务中心，为观众提供各种咨询和服务项目，包括设置影视播放设施，使观众在进入故宫博物院之前能够观看影视介绍；设置触摸屏，使观众可以了解一小时、两小时、三小时、四小时等多种参观线路；免费提供老年人、残疾人和婴儿专用轮椅，方便弱势观众群体的参观；设置手机充电器、银行提款机、邮政服务箱等方便观众的项目，协助观众做好各方面的参观准备。鉴于在端门广场区域内公共洗手间严重不足，导致黄金周和暑期观众排长队等待，特别是女性洗手间前排队更长，为此增设了公共洗手间，并按女性洗手间的面积是男性洗手间的3倍进行设置。最近又在端门广场上新设了200把座椅和56组树椅，可以为1000多名观众提供休息设施，结束了以往观众在广场上、树坑旁席地而坐的尴尬场面。

总之，通过"减"与"增"的合理安排，使故宫博物院的文物保护环境更加整洁，观众服务设施更加完备。

六是处理好"闭"与"开"的关系。

"闭"与"开"，旨在通过合理采取闭馆措施使文物得到保养，通过不断扩大开放区域使观众获得舒适的参观环境。

在"闭"的方面，为了使古建筑、文物藏品、观众服务设施能够及时得到"喘息"，故宫博物院经过在淡季试行周一闭馆半天，到正式实行国家法定节假日和暑期除外全年周一闭馆半天，对故宫博物院各项工作的有序开展起到了一定的促进作用。在此基础上，为了保障正常维护环境和提升安全设施、展览设施、服务设施的需要，自2014年1月起，除法定节假日和暑期外，故宫博物院正式实行周一全天闭馆，这一措施取得社会各界的理解和赞赏。闭馆之举为全面推进"平安故宫"工程，保持古建筑和院藏文物安全健康的状态，争取了更多的空间和时间。短暂的休养生息，其实质是为了故宫文物的益寿延年。故宫博物院的各部门十分珍惜闭馆日，组织开展包括员工培训、开放环境清洁、展厅室内维护、文物展品科技保护、开放区内"彩钢房"拆除等工作，也使一线管理人员及员工得以开展系统的培训，使广大员工常年紧绷的身心得以短暂休整。

在"开"的方面，故宫博物院不断扩大对观众的开放区域，增加展示空间，使观众获得更舒适的参观环境，从而缓解人流压力。目前，观众参观集中在中轴线区域，节假日期间尤为严重，导致人流拥堵，观众也无法充分领略紫禁城建筑之壮美、藏品之丰富。故宫博物院将在2015年开放西部区域，使开放区域从目前占紫禁城面积的52%，增加到65%左右，并将在2016年左右迁出紫禁城中路、东西路红墙内的全部办公科研单位，进一步使开放区域增加到76%左右，以内部削峰填谷的分流方法保障观众安全。"开"还体现在扩大信息服务方面，2013年年初，故宫博物院在全国博物馆中率先公开了文物藏品总目，公开了内部各项规章制度，旨在使每一位社会公众对故宫博物院的藏品管理、运营管理，都享有知情权、参与权、监督权、受益权，便于广大公众深入了解故宫文化。同时经常召开媒体座谈会，使媒体朋友和社会公众随时了解故宫博物院的发展状况。

总之，通过“闭”与“开”的合理安排，使故宫博物院文化资源避免过度利用，使社会公众增加对故宫文化的了解。

七是处理好“精”与“博”的关系。

“精”与“博”，旨在通过精品展览使观众感受故宫文化的精美绝伦，通过多样化陈列展示使观众了解故宫文化的博大精深。

在“精”的方面，陈列展览是故宫博物院藏品保护与科学研究的成果体现，既是实现核心功能的基本方式，也是直接服务观众的重要手段。故宫博物院的陈列展览提倡精品意识，突出故宫文化传播功能，增加文化内涵和科技含量。例如“故宫藏历代书画展”通过不断完善品质，成为著名文化品牌。“清代万寿庆典展”的改陈提升也获得了观众好评，通过这些展览，观众不仅从中受到教育和启迪，并能获得审美愉悦。伴随90周年院庆的到来，故宫博物院将向观众呈现一系列新的展览。包括午门－雁翅楼特展展厅的启用，东华门的古建筑馆展厅、慈宁宫的雕塑馆展厅的开放，以及珍宝馆等展览改陈提升，均令人期待。陈列展览应适时进行调整，力争达到历史性与时代性、思想性与观赏性、科学性与艺术性、学术性与趣味性、知识性与通俗性的有效结合，善于调动观众的审美意识和审美情感，尽力缩小陈列展览与观众的空间距离和心理距离。

在“博”的方面，故宫博物院要针对紫禁城文化空间和文物藏品进行深入研究，力图通过陈列展览更加全面地揭示故宫文化的博大精深。今天观众希望了解更多文物展品背后的故事，期盼从未有过的文化体验。因此，陈列展览要让观众充满好奇，要激活观众情趣，使参观之后回味无穷。紫禁城的外西路区域，因为过去未对观众开放而显得有些神秘，这一区域的适时开放，可以使观众感受中轴线宫殿建筑的雄浑壮美之外，还可以了解昔日明清两朝皇太后居住生活。原状陈列是故宫博物院最具特色的展览。寿康宫的原状陈列展览，通过大量生活类文物的陈设，可以揭示当时日常生活起居的点滴细节，观察清代皇家的生活状态。在故宫博物院的文物藏品中有着数量众多的出土文物、民国文物、外国文物，伴随宁寿宫的石鼓馆、延禧宫的外国文物馆、宝蕴楼的民国院史展等筹备开放，将不断填补故宫博物院展览内容的空白。

总之，通过“精”与“博”的合理安排，使故宫博物院的陈列展览更加精致的同时，为社会公众展示出鲜为人知的故宫文化全貌。

八是处理好“雅”与“俗”的关系。

“雅”与“俗”，旨在通过文化产品研发和信息化技术，展示故宫博大精深的历史文化同时，使故宫文化融入广大民众日常生活。

在“雅”的方面，故宫博物院的文化产品应更加注重文化内涵，更加注重艺术品质，能够帮助观众回想起紫禁城的壮美空间和精美展品，保持美好的参观回忆。故宫博物院在开展市场营销过程中，牢记基本使命和任务，始终把社会效益放在首位，把握正确的理念和尺度，确保自身的非营利性不受挑战。今年在端门广场设立故宫商店的基础上，明年在神武门外东西两侧将形成故宫文化产品专营区域，为社会公众提供多样化服务。故宫文化产品经营空间应保持宽敞、雅致、洁净、整齐的经营环境，能使观众感受到故宫商店内的文化产品展示，犹如文物陈列展览的文化延伸，激发人们把“故宫文化带回家”的愿望。作为全国博物馆界唯一的出版社，故宫出版社不断推出精品图书，满足社会公众需求，《米芾书法全集》等获得中华优秀出版物奖，《兰亭展示纪实》获得文化遗产十佳图书 ，《故宫日历》以新颖的出版形式和风格，受到广泛好评。

在“俗”的方面，这里所说的“俗”是指“雅俗共赏”。在信息化建设方面，通过中文版网站优化、英文版网站升级，青少版网站更新，以及微信公共服务发布等各类推广活动，使故宫文化传播空间无限广阔。故宫数字博物馆的建设将使观众以不同的视角，感受不同的情景，获得不同的体验。故宫文化产品要推陈出新，增加实用性，充满生命力，对观众保持持久的新鲜感和吸引力。要不断优化文化产品结构和商品销售空间，加大文化产品研发力度，深入挖掘故宫文化元素，鼓励创意设计成果转化，实施准入制度严格把关质量，争取与更多尊重和了解故宫文化，社会信誉好、文化影响大，产品质量精的知名文化企业合作，提升文化产品研发和市场营销水平。故宫博物院观众呈现多元化特征，市场营销也应具有多样化功能，才能为每一位观众提供优质服务。今年举办的“紫禁城杯”故宫文化产品创意设计大赛，将使一批优秀创意设计得以成果转化。

总之，通过“雅”与“俗”的合理安排，使故宫博物院文化资源避免过度利用，使社会公众增加对故宫文化的了解。

九是处理好“内”与“外”的关系。

“内”与“外”，旨在缓解紫禁城内日趋紧张的“人、地、房”空间压力，开辟更加开阔的文物藏品科技保护和陈列展览空间。

在“内”的方面，努力维护紫禁城文化景观，加大处理历史遗留问题的力度，同时避免新的影响文物安全隐患的积累。应创造条件将西华门内两侧的5栋“屏风楼”拆掉。这些“屏风楼”的存在，不但严重破坏了故宫古建筑群的历史格局和文化风貌，而且野蛮地拆除了两侧城墙的马道，造成历史建筑不再完整。为了维护故宫世界文化遗产的真实性与完整性，应该纠正这一令人遗憾的错误。故宫博物院的空间安全压力逐年增加，数千名工作人员和数百辆机动车的聚集，导致紫禁城“人满为患”、“车满为患”，难以保障古建筑、文物藏品和观众安全，应采取切实措施加以疏散。如果能够按照保护规划，恢复故宫筒子河与紫禁城城墙之间的围房，不但可以再现当年紫禁城的完整景观，而且可以将行政管理人员和机动车全部搬出紫禁城内，在这些围房内安排。这样将减少紫禁城已经不堪重负的压力，有效扩大故宫博物院对观众的开放空间。

在“外”的方面，目前世界一些著名博物馆都在寻找未来的发展空间，台北故宫博物院也在台湾南部的嘉义县开始建设南院区，计划于2016年建成。由于故宫世界文化遗产保护的特殊性，很多文物保护和传承工作难于在故宫博物院内开展，致使大量亟须开展的文物抢救工作始终难以推动。为此故宫博物院在京郊选址建设新的博物馆园区。故宫博物院北院区作为大型博物馆设施，主要突出三个功能，一是文物保护修复功能，旨在解决故宫博物院大量大型珍贵文物藏品，因场地局限而长期无法得到科学保护的问题。二是陈列展览功能，届时将有条件把更多具有震撼力的大型文物展览奉献给观众。三是宫廷园艺研究功能，在大自然中重新振兴紫禁城宫廷园艺，使传统技艺得到传承。除此之外，故宫博物院敞开胸怀，与更多国内外的科研单位、文化机构和地方政府建立战略合作关系，为故宫博物院的可持续发展开辟更广阔的外部世界。

总之，通过“内”与“外”的合理安排，使故宫博物院的文化景观更加壮美，使各项事业开展空间更加开阔。

十是处理好“学”与“研”的关系。

“学”与“研”，旨在通过加强教育培训培养事业发展合格人才，通过整合科学研究资源支撑未来发展。

在“学”的方面，2013年11月4日故宫学院正式成立。在当地政府的大力支持下，故宫学院得以依托北京国际职业教育学校总部校区，在距离故宫东华门步行仅需10分钟的优越地理位置设立，校内具备30余间教室和阶梯教室等基础教学设施，可以有效开展各类教学活动。成立故宫学院旨在充分利用故宫博物院丰富的文化资源和专家资源，发挥社会教育和服务公众的作用，促进故宫博物院和文物博物馆系统人才建设，以及满足社会公众的文化教育需求。故宫学院的教学内容主要分为四个板块，分别是故宫博物院内员工培训、国内博物馆界及相关业界培训、公众教育和国际培训。故宫学院成立的当天，国际博物馆协会国际博物馆培训中心第一期培训班和故宫博物院满文初级培训班分别举行开班仪式，标志着故宫学院正式开学。此外，已经成功举办25期的故宫讲坛也移至故宫学院与公众见面。

在“研”的方面，2013年10月23日故宫研究院正式成立。这是故宫博物院在学术建设方面的一件大事，在学术研究领域的一项重要举措。经过长期以来的积累和不懈努力，故宫博物院不但设置了研究室，创办了故宫学研究所，而且先后成立了古陶瓷研究中心、古书画研究中心、古建筑研究中心、藏传佛教研究中心、明清宫廷史研究中心，此次又新成立了考古研究所、古文献研究所、明清档案研究所，同时，今年又获得批准建立博士后科研工作站，初步形成了一室、一站、四所、五中心的科研基本架构。故宫研究院的成立，既整合了故宫博物院已有的学术研究力量，使原本分散的、专业方向单一的研究机构集合起来，形成合力，又根据故宫博物院的学术发展和科研需求，创建了新的科研机构，有利于学术研究体系的合理规划，有利于研究力量的加强和学术水平的提高，同时也有利于不同专业之间的沟通，有利于产生高水平的综合研究成果。

总之，通过“学”与“研”的合理安排，使故宫博物院事业发展急需人才得以培训，科学研究成果得以不断呈现。

要处理好上述十个方面的关系，关键要处理好“思”与“行”的关系。

“思”与“行”，旨在以文化视野绘制故宫博物院的发展蓝图，以实干精神推动宏伟目标的逐步实现。

在“思”的方面，目前，我国正在面临社会经济的巨大变革，新旧体制的衔接与更替，东西方文化的交融与碰撞，使旧的经济秩序和价值观念逐渐解体，使新的文化理想和发展战略正在酝酿。由此可以说，我国正处在极其特殊的历史时期，面临难得的发展机遇。中华民族必须抓住这一历史机遇，实现伟大复兴。故宫博物院也必须抓住这一历史机遇，实现新的发展。故宫博物院应该把自身发展目标，放到历史的长河中和全球化的宏阔背景中，实现更高的定位，塑造科学发展的黄金时期，努力建设具有伟大理想和文化抱负的世界一流博物馆，为中华文化复兴注入故宫博物院的智慧和活力。今天如果决策正确，则可以通过今后数年的努力，使故宫博物院在世界博物馆之林中立于不败之地，甚至可以奠定今后更长时间顺利发展的基础。反之，则可能因为决策失误而付出长期的甚为巨大的代价。这一思考和行动举足轻重，对未来可持续发展意义深远。

在“行”的方面，“平安故宫”是我们提出的奋斗目标，需要通过努力才能使目标实现。“把壮美的紫禁城完整地交给下一个600年”是我们绘制的美好梦想，需要通过实干才能使梦想成真。如果说制定奋斗目标，绘制美好梦想需要花一分气力，那么，实现目标和梦想则需要用九分功夫。一切的关键在于落实，在于是否能将国家对于故宫博物院发展的关怀，转化为强大的执行力量。不落实再好的蓝图只能是一纸空文。用行动宣誓是故宫人的优良传统，用事实说话是故宫人的鲜明品格。回望88年来故宫博物院的发展历程，每一次迎来重要的发展阶段，靠的都是果决勇毅的行动。我们的前辈正是凭着一往无前的奋斗精神，靠着生气勃勃的实干气概，在艰难险阻中开辟出前进的道路。因此，我们今天必须一步一个脚印，稳扎稳打向前走，积小胜为大胜，以踏石留印、抓铁有痕的精神，狠抓每一项具体目标的实现，一鼓作气，善作善成。

总之，故宫博物院发展征途上的每一个环节都充满矛盾，需要进行辩证思考。一方面是发展，一方面是保护；一方面是综合实力的提升，一方面是文化传统的捍卫，只能在这两者之间找到一个经得起历史检验的平衡点，才能实现共同促进，协调发展。在全体故宫人都能够充满希望和乐观，而不是悲观和担忧地面对环境和未来之前，我们没有停滞下来的理由和资本。对于未来发展所面临的迫切需要，故宫博物院完全有能力做出极具创新的贡献。故宫博物院不仅拥有辉煌灿烂的悠久历史，而且也拥有巨大的文化能量。故宫人如果能够有效地发挥自身文化能量，处理好它们之间复杂的关系，那么在未来，就必将惠及来自世界的观众，造福人类的文化需求。特别是2020年一步步向我们走来，这是一个极具象征意义的节点。我们有必要也有足够的信心，进一步审视故宫博物院在我国文化复兴时代的意义和价值，塑造我们自身的文化身份，树立健全的文化形象。

二 关于“两院”、“两基地”建设

经过近90年的发展，故宫博物院已经发展成为世界著名的博物馆之一。今天这里不但拥有世界上规模最大、保存最完整的古代宫殿建筑群，拥有世界上收藏数量最多、价值最高的中国历代文物，拥有世界上数量最多，文化多元的观众群体。国务院在批准“平安故宫”工程时，强调要把故宫博物院建设成为“世界一流博物馆”。近日中央电视台通过了《世界五大博物馆馆长专访》的选题，将故宫博物院列为世界五大博物馆的第一个报道对象。那么，故宫博物院距离“世界一流博物馆”还有多远？作为“世界五大博物馆”与其他博物馆相比还有哪些不足？这些问题需要认真加以思考。故宫博物院应该成为中华文化的脊梁，应该成为中华文明的高地，因此必须树立更加崇高的目标，拥有更加长远的志向，开拓更加宏阔的空间。

今天，我国正在面临博物馆事业发展的重要时期，每年都有200座以上的博物馆建成开放。对于大多数博物馆来说，都在努力创造更加宽松的生存条件。这些条件往往包括馆舍、藏品、观众、资金等方面。首先是馆舍，很多博物馆把馆舍规模放在首位，脱离实际需要，追求越大越好，甚至出现博物馆之间竞相攀比。其次是藏品，面对巨大的馆舍，空旷的展厅，一些博物馆饥不择食地征集藏品或接受捐赠，以藏品数量取胜，而忽视更为重要的藏品质量。第三是观众，一些博物馆因展览缺乏吸引力而门可罗雀，另一些博物馆因兼具旅游景点而“人满为患”，博物馆自身却缺少明智而清晰的调控原则。第四是资金，一些博物馆由于财政支撑不足而放弃应有的发展计划，甚至以维持生存为由追求经济利益而放弃文化责任。这些均是前进中的问题，需要在继续前行中加以解决。今天每一座博物馆均应从整体的角度加以自身定位，及时明确未来发展的方向。

对于故宫博物院来说，就所拥有的馆舍用地与建筑规模方面，所拥有的藏品数量和文物价值方面，所拥有的观众数量和多样构成方面，所拥有的综合实力和经济能力方面，与世界一流博物馆相比都毫不逊色，在某些方面甚至略胜一筹。但是作为世界一流博物馆，不能仅着眼于此，需要关注更加具有前瞻性的发展目标。归纳起来包括四个方面，一是需要拥有与时俱进的发展理念和前沿知识。二是需要拥有不断汇聚的专家学者和专业人才。三是需要拥有引领发展的学术水准和科研成果。四是需要拥有功能强大的传播平台和互动机制。就故宫博物院的目前状况来说，这些方面均有较大提升空间。馆舍建设、藏品征集、资金争取等可以实现“跨越”式发展，但是先进理念的育成，优秀人才的汇聚，科研水准的支撑，传播平台的构建，则需要较长时期的积累和营造。

为此，提出“两院”、“两基地”发展设想，这些均是根据故宫博物院现实条件和迫切需求，发挥特有文化资源优势，面对未来可持续发展诉求，能够采取的具有针对性的行动。

（一）故宫研究院

经过近90年来几代故宫学人的艰苦努力，故宫博物院的学术研究水平始终保持业内领先地位，在国内外博物馆界拥有崇高信誉，著名专家学者层出不穷，高质量的学术成果不断涌现，为故宫博物院的业务人员培养，以及学术研究推进打下了坚实的基础，在故宫博物院初步形成覆盖全面、专业突出和梯次完备的学术团队。故宫研究院的成立，既是故宫博物院长期以来学术积累的结果，同时也是故宫事业发展的迫切需要。今年4月，“平安故宫”工程获得国务院批准，而各项目标的顺利实施则需要科学研究的支撑，依赖于高质量的研究水平和研究成果加以保障。因此，故宫研究院的研究任务在一定程度上不同于一般意义的学术研究，它的研究成果可以直接转化为故宫文化遗产保护的实际措施，可以直接为故宫博物院的藏品研究、科技保护、陈列展览、服务观众、文化传播等项工作的开展提供科学支撑。

故宫研究院是一个令人尊敬的学术研究机构，将呈现出独立的学术精神和包容的学术思想，真正成为专家学者的学术园地，扎扎实实为故宫文化遗产保护与故宫博物院发展，贡献出独具的力量。故宫研究院尝试机构建设去行政化，不设所谓局级、处级等级别，由故宫博物院老院长张忠培先生、郑欣淼先生分别出任故宫研究院名誉院长与院长，由退休但年富力强的著名专家学者担任学术带头人，形成配套队伍和学术梯队，在业内起到引领作用。为推进故宫博物院人才队伍的建设，提升故宫博物院在国内外的学术地位和社会影响，今年7月获准成立故宫博物院博士后科研工作站，这是我国首次在文物博物馆系统设立博士后工作站，具有开拓意义。此举不仅能促进故宫博物院的文物保护及其学术研究的深入发展，也必将为今后文物博物馆系统科研人才的培养提供借鉴，引领我国博物馆学术研究的发展。

故宫研究院以开放的学术胸襟，创新的体制机制，灵活可行的人事制度，以学术影响力为本，吸纳国内外学术界热心于故宫学术研究的人才，与故宫博物院内的专家学者共同构建开放性高端学术研究平台。故宫研究院将通过引进、返聘等形式，使故宫博物院外具有真才实学的专家学者能够参与到课题研究之中，以弥补故宫博物院学术研究力量之不足。充分挖掘故宫学术资源，使故宫研究院真正成为专家学者的学术园地，发挥聚合优势，集结覆盖全面、专业突出和梯队完备的学术团队，在保证学术质量的前提下，争取多出研究成果。故宫研究院力争在三至五年的时间内，逐步形成具有一定规模的学术力量，初步建立起具有理论体系的学术机构。同时，发挥故宫研究院的学术优势，积极开展战略研究，引领科学研究方向，为全国文物博物馆发展出谋划策，为文物行政部门领导全国文物工作发挥参谋助手作用。

故宫研究院将深入开展对于明清宫廷文化和院藏文物、档案的研究，组织实施一批国家级、省部级和故宫博物院的重大科研课题项目，搭建两岸故宫的学术研究合作平台，在国内外积极开展博物馆馆际之间学术合作与交流，与著名高等院校、科研院所保持密切的合作关系和学术联系，加深与不同学术领域的联系，使社会各界关注故宫学术发展，不断培植新生的学术力量，以此全面带动学术研究、展览和出版等工作的持续发展，努力成为文物博物馆界学术研究的重要力量，使故宫博物院的综合研究能力走在国内的前列。故宫研究院需要引入国际视野，结合相关学科领域的知识与内容，预测可能的发展途径，进行综合对策研究，努力以新的观念研究新的发展，对提高故宫博物院的科学水平有所启发，探索出解决问题的办法，作出有价值的贡献，并使故宫研究院的创新研究成果为世界所了解，所接受。

作为故宫研究院的近期工作目标，一是完善机构建设、建立人才梯队。进一步完善相关的科研规章制度和机构建设，统一整合现有的学术机构，承接国家级科研项目，开展对外合作。二是奠定学术基础、做好资料工作。建立专业资料和学术档案，汇集国内外的文献资料，理清相关学科的发展历史，掌握学术前沿的基本动态和最新科研成果，及时发布学术研究新成果。三是完成学术布局、均衡科研力量。完成故宫博物院科研学术的总体布局，制定近期和中长期科研规划。既保持传统优势，又站在世界发展高度，全面推进主要学科和新型学科的学术发展。四是实施国家项目、开拓院外合作。努力增加国家级和省部级科研项目，以此为龙头，整合学术力量，全面提升学术研究水平。积极寻求与国内外博物馆和科研院所的合作项目，取长补短，建立对外学术交流合作的总体平台。

故宫研究院的成立，将开启一批新的科研课题，例如故宫博物院的文物藏品中有16万件青铜器，包括一些商周时期的铜器，它们出土于不同地区，因此有丰富的类型。故宫博物院收藏有3.2万件玉石器，汇集了中华五千年文明的实物资料，包括“良渚文化”、“红山文化”、“凌家滩文化”等重要出土文物，在故宫博物院的文物藏品中还有3.3万件铭刻，其中有大量包括甲骨文在内的出土文物资料。故宫博物院甲骨文的收藏量居世界第三位，虽然曾对其中4700余片甲骨文进行了建档编号，但是仅为所收藏数量中很小的一部分。古文献研究所成立后，将借助科研力量对深藏故宫博物院库房的22463片甲骨文展开整理研究，通过公开出版破译这些古老文字。

在世界范围内，考古学研究一直是综合博物馆的主要学科内容。为完善相关学科建设、追踪学术发展方向，考古研究所将根据自身研究能力和文物藏品特点，与各考古研究机构合作，有选择性地参加了一些考古发掘工作，有力地推动了专业化功能和社会化职能的发挥。故宫研究院考古研究所隶属国家文化机构，不像省、市考古研究单位那样拥有相对固定的工作区域和“势力范围”。正因为如此，由于没有地域归属和范围局限，也可以成为一种优势，就是体制灵活，机动性强，发挥杠杆的作用，撬动相关方面的工作，促进事业的发展。作为考古研究所的研究方向，一是加强宫廷文化遗址的研究和相关工作，二是加强帝王陵寝遗址方面的研究，三是加强对于故宫出土文物藏品资源的深入研究，深入挖掘和揭示这些院藏文物的文化内涵。

故宫研究院的成立受到了国内外文物博物馆界的高度关注，一些世界著名博物馆馆长纷纷来信表示热烈祝贺。美国大都会艺术博物馆康柏堂馆长表示：“我为故宫博物院成立研究院的远见和分享藏品与资源的胸襟鼓掌。这项创举将使现在和未来研究中国艺术的学者受惠无穷。我期待与贵院合作提升研究活动，实践文化交流，加强学术合作，这样我们将与全世界分享中国独特的文化遗产。”英国大英博物馆尼尔·麦葛瑞格馆长在来信中说：“成立故宫研究院再一次展示了故宫博物院作为中国学术界以及博物馆实践领域领头人在世界上的重要地位。研究院的学术成果无疑将在世界上那些重视中国文化研究和期盼展示中国文化的角落获得积极反响。”故宫研究院的成立，为国内外专家学者开展合作性课题研究提供开放平台，让世界各地的知名专家学者源源不断地走进故宫，让博大精深的故宫文化满怀自信地走向世界，让故宫博物院的业务人员从中获得更多国际合作的机遇，在更大的范围内提升学术研究水平，始终走在世界学术研究的最前沿。

（二）故宫学院

最近有人写文章讲，人才培养方式的发展变化经历了三个阶段，即：从农业社会师傅带徒弟的“师承制”，到工业社会的“文凭制”，以及现代社会的“证书制”。如果结合故宫博物院人才需求和发展需要特点看，实际上是“师承制、文凭制、证书制”这三种人才培养机制并存，上述三种培养机制相辅相成，缺一不可。第一种方式通过师傅带徒弟，培养一些技术能手、能工巧匠，传承抢救濒临失传的特殊制作工艺，例如彩画绘制、书画装裱等，在目前古建筑维修工作中也显得十分紧迫。第二种方式即文凭制，我们鼓励故宫博物院的员工参加正规化的学历教育，也积极支持有关高等学院为故宫博物院培养接受正规学历教育的专门人才。第三种方式即证书制，资格认定、持证上岗，这在西方国家已较为普遍，一个人有数个岗位证书已不在少数，而我国的文物博物馆行业除了考古领队资格工作一直做得比较规范之外，实行资格认定工作还仅仅是一个开始，还有大量工作需要抓紧开展。

故宫学院是一所业务培训和教育机构，也是国内首家以博物馆办学的模式成立的“学院”。故宫学院响应我国博物馆事业和文化遗产保护的最新形势和发展需要，围绕故宫博物院整体事业的发展，面向自身、面向行业、面向社会、面向世界，开展多层次、多渠道、多形式的培训项目与教育活动，为文物博物馆发展提供专业人才支持，践行博物馆公众教育和社会服务的使命。故宫学院教学领域涉及文物修复与保护、古建筑保护、博物馆实务、宫廷历史文化、文物鉴定等方面，兼顾知识与技能、理论与实践。学院的师资将以故宫博物院研究人员和具有资深实践经验的专家学者为基础，并广泛吸纳国内外教育力量。故宫学院不以营利为目的，所有的活动均基于非营利性的特点。依照培训的性质和对象，分为专业培训类与公益服务类。在管理模式上借鉴国际上通行的院务委员会制度，由故宫博物院和东城区政府及有关部门组成，是故宫学院各项重要工作的议事、咨询、决策和监督机构。

在面向自身方面，事业的发展，关键在于人。故宫博物院员工队伍素质的高低，直接关系到事业的兴衰成败。故宫博物院目前面临在职员工新老交替的重要时期，强化员工培训是一项紧迫而又非常必要的任务，直接关系到人才的培养和人员素质的提升，同时也是为各项工作保驾护航的先决条件。努力建设一支结构合理、素质优良的员工队伍，是故宫博物院在当前大发展的形势下面临的一项艰巨的任务。加快人才培养需要建立多层次、多渠道的教育工作格局，加强在职员工的培训，需要建立岗位培训与任职资格挂钩的机制，重点培养一批适应故宫博物院事业发展要求的高层次人才。故宫学院是一个业务培训和教育机构，要立足于服务故宫博物院发展，健全员工培训体系，探索适应博物馆人员特点的培训模式与机制。例如故宫学院满文初级培训班开班，就是着力培养满文人才的举措，办班的消息传出，报名人数突破招生人数一倍之多，表明在故宫博物院员工中有着强烈的学习愿望。

在面向行业方面，如果说现阶段世界各博物馆之间的竞争，首先是规模的竞争，那么今后世界各博物馆之间的竞争，必然是人才和影响力的竞争。“治国之道，务在举贤。”故宫博物院拥有独一无二的文物资源和专家资源，具有全国乃至国际领先的科研队伍、科研设施及研究水平，在文物博物馆界具有广泛的影响。社会各界对于优势文化资源的共享有着强烈的呼声和现实的需要。故宫学院作为国内首家博物馆举办的教育学院，就要努力承担起文物博物馆行业人才培训基地的作用，充分利用故宫博物院丰富的文化资源和专家资源，形成鲜明的办学理念和先进的管理体制，探索适应文物博物馆特点的人才培训模式与机制，以开放式的平台，逐步建立规范化、多样化的培训方式，为文物博物馆领域培养更多的专业人才，成为为故宫博物院和文物博物馆界输送人才的重要基地，为博物馆建设和文化遗产保护做出贡献。同时，借助故宫学院的教学工作，让更多的故宫专家获得更广阔的施展平台，让年轻一代故宫学者得以稳步成长。

在面向社会方面，成立故宫学院是故宫博物院与东城区政府合作，将博物馆教育融入学校教育和社区文化建设的一次尝试。故宫学院是面向公众进行社会教育与文化传播的重要机构。其中“故宫讲坛”是传播故宫文化和中国传统文化的平台，发挥博物馆文明对话的职能，让更多故宫专家走上讲坛，以亲近、通俗的话语向社会公众传递文物建筑、文物研究与文物鉴赏等诸多领域的知识。以文物鉴赏为例，着重于梳理阐释文物的历史、艺术及科学价值，引导听众关注文物背后的历史文化和文明演进。每月固定两期的公益讲座吸引了广大听众，让人们领悟到学术的神圣，体会到故宫文化的魅力。故宫学院不断邀请在专业领域卓有建树的专家学者与公众面对面交流，更好地服务社会、启发民智，分享历史文化、文物古建、传统技艺传承、文化遗产保护等方面的知识和他们的研究成果。通过文物知识的普及教育，在广大民众心目中牢固树立文物博物馆应有的尊严，让广大民众掌握文物保护的一般常识，着力加快文物专业知识的大众化步伐。

在面向世界方面，国际博物馆协会国际博物馆培训中心于2013年7月1日在故宫博物院成立，相关科研及培训工作随即开启。这是国际博物馆协会、国际博物馆协会中国国家委员会和故宫博物院合作建立的博物馆专业培训机构，也是全球唯一的国际博物馆培训中心。首次培训班以“多元与变革世界中的博物馆管理最佳实践”为主题，面向国内外博物馆招收来自16个国家的30余名学员，其中国际学员以发展中国家博物馆中层以上管理人员为主，同时也邀请了来自欧洲、非洲和拉丁美洲的学员。授课教师除两名中国专家外，还包括来自日本、瑞士、德国、南非、荷兰博物馆领域的资深专家。第一期培训班课程涵盖博物馆学理论、博物馆展览理论与实践、博物馆职业伦理道德、博物馆管理、博物馆战略计划及博物馆合作等多方面内容。希望通过专家授课、研讨座谈、参观交流等活动，促进不同地区博物馆行业间的经验与文化交流，提升学员综合业务素质，扩展学员国际视野。

（三）中国古代建筑保护传承国家基地

在紫禁城近600年的营建、修缮过程中，官式建筑营造技艺起着至关重要的作用，并随着紫禁城的壮美呈现逐步走向成熟与辉煌。官式建筑营造技艺不仅能够使紫禁城在最大程度上保持历史原貌，更能够通过历次的修缮保护，赋予其更为丰富的人文内涵和时代精神。故宫博物院的官式建筑营造技艺是在民间营造技艺的基础上形成的一套完整的、具有严格形制的宫殿建筑营造技艺，从材料到做法，都严格遵循营造则例，使之流传有序，技艺精湛，并对中国文物建筑保护理论与实践科学的发展产生重要影响，成为珍贵的非物质文化遗产。但是，近年来传统的古代建筑修缮制度在现代化的冲击下出现断裂，官式建筑营造技艺传承环境发生变化，各个传统工种日渐退化而出现传承危机，成为制约官式建筑营造技艺传承延续的重大问题。

故宫博物院作为官式建筑营造技艺的传承代表，多年来做了许多基础工作和有益尝试。2005年12月和2007年11月，故宫博物院修缮技艺部的前身，古建修缮中心先后组织了传统的拜师仪式，旨在恢复官式建筑营造技艺传统的师徒传承方式，使身怀绝技的工匠能够将精湛技艺传承下去。2012年故宫博物院的李永革、刘增玉先生被授予“国家级非物质文化遗产项目‘官式古建筑营造技艺’代表性传承人”。故宫博物院作为“官式古建筑营造技艺”的传承机构，不仅关注文物建筑的保护工作、传统技艺的传承工作，更致力于传承体制的建立与开拓工作。

最近，国家文物局经过专家论证，同意在故宫博物院设立明清官式建筑保护研究国家文物局重点科研基地。我认为这是非常正确的决定。紫禁城作为世界上规模最大、保存最完整的木结构宫殿建筑群，是明清建筑营造技艺的集大成者，是中华民族建筑艺术的杰出代表，也是全人类的珍贵文化遗产，设立于紫禁城内的故宫博物院，有义务和能力承担起明清官式建筑保护研究重点科研基地的重任，并应将此看作是一个新的起点，将“古建筑修缮工程”真正上升为“古建筑保护研究”，努力将这一重点科研基地建设成为在国际上具有一定影响力的中国古代建筑保护传承国家基地，彻底改变中国文物建筑保护理论在国际领域缺少话语权的状况，承担起故宫博物院应尽的中国责任、世界责任。

今天，应该建立具有中国特色的文物建筑保护理论与实践科学。早在1992年，在中国召开的全国文物建筑保护维修理论研讨会上，就有专家提出这一问题。进入新的世纪以来，国际文物建筑保护的实践经验不断产生，理论研究成果不断涌现。但是，我国在这一领域着眼于自身特点的理论研究明显不够，这与我国作为文化遗产大国的客观地位极不相称，也与中华文明在世界文明中所具有的独特地位不相符合。长期以来由于理论创新不足，致使我国在国际文物建筑保护领域，缺少应有的“话语权”，实践经验也在一定程度上得不到国际同行的理解和认可。虽然我们对在欧洲文化背景下产生的《威尼斯宪章》等保持着应有的尊重，但是必须结合我国文物建筑保护实际进行理论探索，并在正确理论指导下开展实践，才能建立起具有中国特色的文物建筑保护理论与实践科学。

具有中国特色的文物建筑保护理论与实践科学，认为古建筑的价值在于历史的原貌，古建筑保养维修目的是延年益寿，要避免维修对古建筑造成破坏。官式建筑保护研究需要理论与实践并行，一方面继续发挥官式建筑营造技艺在故宫古建筑保护修缮过程中至关重要的作用，另一方面完成官式建筑营造技艺传承培训。随着“平安故宫工程”的开展以及故宫整体保护修缮工作的深入与完善，故宫古建筑的维修保护工作面临着更大的挑战与机遇，越来越多从事古建筑维修保护的专业人员、队伍参与到故宫古建筑的维修保护中，使得修缮队伍日趋庞大。大量修缮保护工程既让工匠们有了施展技艺的平台，同时也使他们在修缮过程中得以传授技艺。为满足故宫博物院内古建筑保护修缮从业人员的教育、交流、培训及对传统修缮技艺的学习需求，提升故宫博物院在技艺传承和文化宣传方面的水平，故宫博物院修缮技艺部将分别开展以古建筑营造技艺木作、瓦作、油作、彩画作为主题的培训，以培养更多适应故宫古建筑维修特点的专业技术人才，使官式建筑营造技艺制度化、规范化、务实化，明确修缮工作的使命，确保古建筑修缮质量，推动故宫古建筑保护修缮和技艺传承事业的发展。

今天，不注重理论与实践的研究与积累，既难以满足故宫古建筑群保护本身的需要，也难以对相关领域的进步作出义不容辞的贡献。在故宫博物院设立明清官式建筑保护研究国家文物局重点科研基地，进而建设中国古代建筑保护传承国家基地，有现实合理性和历史必然性。我们不但拥有世界最大规模的官式木结构古建筑群，而且拥有数百年故宫古建筑保护修缮的丰富经验，特别是面临国务院批准的故宫整体修缮工程的实践机遇，这些是故宫博物院得天独厚的优势，也是我们不能回避的历史责任。目前故宫整体修缮工程已经走过了11年的历程，按计划将在2020年竣工。今后7年，我们应以怎样的正确理念推动此项工程开展，问题十分具体，也十分现实，必须对此作出回答。

我们要有实际行动，一是建议在故宫研究院成立古建筑研究所，深入开展古建筑保护理论和实践研究。二是系统整理紫禁城古建筑保护历史文献，包括正在进行的编纂《宫廷建筑大事史料长编》工作，在编纂《明代宫廷建筑大事史料长编》的基础上，启动《清代宫廷建筑大事史料长编》的编纂工作。三是对故宫整体修缮工程进行研究，及时编辑整理出版各项古建筑修缮报告和工程实录。四是建设古建筑修缮技艺传承基地，部分恢复“造办处”功能。目前修缮技艺部所在地是原内务府造办处，清代造办体系分为两个机构，一个是专供宫中用度的“养心殿造办处”，另一个是设于内务府北侧的“内务府造办处”，又称“匠作处”。据记载，造办处在最鼎盛时，下设24个作坊，每个作坊都荟萃全国各地的能工巧匠。这些能工巧匠囊括了朝廷几乎日常生活中的各个方面，当时民间把这个造办处叫做“百工坊”。今天，将修缮技艺部“造办处”定位于开放式的官式古建筑技艺传承平台。五是在东华门建设古建筑馆，在故宫博物院90年院庆前对外开放。同时在銮仪卫库房区域建设室外古建筑石构件仓储式展示区。六是在故宫博物院北院区建设宫廷园艺研究中心，争取明年局部对外开放。

（四）中国文物藏品科技保护国家基地

近年来，国家文物局开展了全国馆藏文物腐蚀损失专项调查，这是新中国成立以来针对国有文物收藏单位，首次进行的此类科学技术基础专项调查。历时三年时间，对全国各地2803家国有文物收藏单位的1470余万件（组）馆藏文物进行调查，基本掌握了我国国有馆藏文物的现状。调查结果表明，文物腐蚀损失状况相当严重。根据调查统计分析，目前全国共有50.66%的馆藏文物存在不同程度的腐蚀损害。今天，如果博物馆业务人员在工作中不慎打碎一件珍贵瓷器，将是重大的文物损坏事件，但是大量珍贵文物藏品在无声无息中走向损毁，却始终未能引起足够重视。面对如此严重的文物腐蚀损失状况，用于博物馆藏品保护的经费却仅占博物馆业务经费的5%。

目前，应用科学技术实施文物科技保护也存在一些突出问题，一方面，科学技术意识有待提高，在文物的调查、发掘、保护、研究、展示和传播中，存在忽视合理运用科学技术的倾向，甚至认为文物保护不是一门学科，而仅是一种业务技术工作。因此，存在科学研究基础设施不完善、运行机制和管理体制不适应等体制性和机制性障碍，使大量实用技术停留在一般性应用层面，而高新技术的引进和利用显然不足，导致文物保护科学技术的发展难以适应文物保护事业的需求，更缺少能够承担中国文物藏品科技保护的国家基地。

我国应该拥有强大的中国文物藏品科技保护国家基地。在我国的博物馆和文物收藏机构中保存有数以千万计的中国文物藏品，还有数量更为巨大的中国文物收藏在民间，也有数以百万计的中国文物藏品收藏在世界各地的博物馆，因此，中国文物藏品科技保护和修复的巨大需求客观存在。故宫博物院应该勇于承担建立世界一流的中国文物藏品科技保护国家基地的责任。通过今年年初对于故宫博物院文物库房，特别是地面库房的系统调研，更加坚定了建设中国文物藏品科技保护国家基地的决心。故宫博物院所拥有的180余万件文物藏品中，上百万件需要进行修复和采取预防性保护措施。针对大量院藏文物濒临腐蚀、锈蚀等严重自然损坏状况，亟须建立大型、综合性的文物藏品修复平台，以现代科技与传统技艺、院内人才与社会力量相结合，对文物藏品进行全面和持续不断的抢救性和预防性的科技保护。

在建设中国文物藏品科技保护国家基地方面，也需要有实实在在的行动。目前，西河沿文物保护综合业务用房已经开工建设，建设规模为13000平方米，建成以后文物科技保护人员的工作条件和精密科研仪器设备的工作环境，将得到有效改善。在为期两年的工程建设过程中，同时加紧策划建立各种类别的文物藏品修复工作室，购置更新必要的先进仪器设备、珍贵的文物保护材料，强化科技保护人员培养，分轻重缓急做好文物藏品保护修复计划，使西河沿文物保护综合业务用房竣工后及时发挥应有功能。

在故宫博物院北院区的建设方案中，规划有20000平方米的文物藏品科技保护设施，并配套建设10000平方米的临时库房。应努力建设成为世界上最具实力的中国文物藏品科技保护平台，特别是数量众多、体量较大的文物藏品，诸如明清地毯、古代家具、武备仪仗、车马轿舆、宫廷灯具、生活用具、西洋钟表、古建藏品等，都可以在这里得到系统的保护修缮。通过故宫博物院北院区的文物藏品科技保护平台建设，一批非物质遗产项目将得到有效保护，一批非物质遗产传承人的特殊技能将得到弘扬，一批濒临失传的手工技艺将得到重新振兴。

故宫博物院西河沿文物保护综合业务用房和北院区文物藏品科技保护平台的建设，共同构成中国文物藏品科技保护国家基地，将故宫博物院文物藏品科技保护水平始终站位世界一流，发挥出独特的优势，也成为扭转我国文物藏品保护状况不利的被动局面，实现文物藏品科技保护跨越式发展的重大机遇。今天，我们需要以创建中国文物藏品科技保护国家基地为目标，攻关文物藏品保护的关键技术，依托重大科研项目和课题，扩大国际学术交流合作，构建科研人才培养体系的基本框架、培养模式、运行机制，加大学科带头人的培养力度，使一批文物藏品科技保护优秀人才脱颖而出。中国文物藏品科技保护国家基地应坚持科技保护项目对社会开放，支持和鼓励国内外高等院校、科学研究机构等一切可以为中国文物藏品保护提供支持和有所贡献的力量，平等参与承担科技保护计划和项目。当前，要紧密围绕“平安故宫”工程主要环节，将技术研发、人才培养、基地建设、装备升级、体制机制创新等五个方面进行统筹考虑，以当前文物藏品科技保护重大需求为导向，以重点解决科学技术的热点、难点和瓶颈问题为核心，积极推动科技保护工作创新。

我到故宫博物院工作之前，在国家文物局工作了将近10年，有一些令人难忘、印象深刻的经历，例如2005年国务院发布了《关于加强文化遗产保护的通知》，并设立“文化遗产日”，开始了从“文物保护”走向“文化遗产保护”的战略转型。2006年国家启动大遗址保护工程，大遗址保护和大型考古遗址公园建设同步推进，使一处处昔日脏乱差且不断被蚕食的考古遗址，变为城市中美丽的文化空间。2008年国家实施博物馆向社会免费开放，使国家对于博物馆的投入成倍增加，使参观博物馆的观众成倍增长。这一系列关乎文物博物馆事业前途命运、关乎广大民众切身利益的“组合拳”，一步步打破了文物工作的封闭局面，使文化遗产保护融入国家经济社会发展大潮中，走进广大百姓日常生活里。随着文化遗产工作的不断拓展和深化，文物系统走出了只专注于文物本体保护，与普通民众日常生活脱节的工作状况，使新时期文化遗产更加拥有尊严、文化遗产事业融入经济社会发展、文化遗产保护成果惠及广大民众。

回顾这些往事，主要是想说明如果以更加开放的思维，思考故宫博物院的各项事业发展，工作状态和成效就都会发生不同凡响的变化。良好的工作状态和显著的工作成效，将令人心情愉悦，对事业发展、对团队协作、对自身能力充满信心。英国大文豪萧伯纳说：人生真正的快乐，在于把每一滴血都耗光才钻进黄土里。这或许是对工作和生命本源意义上的深刻诠释。尽管我们是否意识到，工作占去了人一生中的最厚重时光。有人说：肯工作，所需的是勤劳与坚忍，肯工作又能快乐地工作，则是一种智慧。这种智慧能够使人在日常工作发现乐趣，同时使工作成为一种人生创造。从这个意义上说，视工作为生命者，工作就会成为其生命的一盏明灯，照亮他人，温暖社会，也必将照亮自己。

我想起了我的老师吴良镛教授的一句话，“未来由现在开始缔造，现在从历史中走来，未来变化的方向离不开对历史进程的探寻。世界历史进程代表着人类文明发展的一种趋势和高度，把握了它，有助于人类的发展获得当代的意义”。我们回首过去，立足现在，面向未来，以期在新的时代能够更加自觉地营建世界一流的博物馆。这是时代的召唤和神圣的使命，对于这个使命，我们应该信心百倍而又十分审慎地给予期望。如何在发展道路上跨越门槛，在前进征途上战胜挑战，关系到故宫博物院未来事业发展的质量和水平，而跨越门槛，战胜挑战的核心力量是我们的文化自信。

冯乃恩副院长由于代表故宫博物院参加文化部总结会，没有能够参加今天的会议，他希望在今天的会议上强调一下财务工作方面的规定。要严格落实“八项规定”的精神，结合群众路线学习实践活动，杜绝“四风”。尤其是在差旅费管理使用中，发扬艰苦奋斗、勤俭节约的精神，按照《故宫博物院差旅费管理办法》不折不扣地执行，不仅是费用构成方面，而且在出差内容方面进行明确和规范，做到的确是因公出差，为了工作开展各项业务活动。坚决杜绝一切形式的公款组织游山玩水、安排度假旅游、出国（境）旅游等活动。

自群众路线教育实践活动开展以来，各级组织着力解决“四风”等方面突出问题，正风肃纪工作取得了明显成效。再过几天就是新年，新年过后不久将迎来中华民族传统节日春节。也希望大家模范遵守“八项规定”，坚决执行《党政机关厉行节约反对浪费条例》、《党政机关国内公务接待管理规定》，以及中央纪委近期发出的有关严禁公款购买赠送贺年卡、烟花爆竹等年货节礼通知要求，带头正风肃纪，自觉接受监督。建议大家节假日认真休息，保证身心健康，无论是自己还是部门员工，都不要去看望在职的各级领导，可以看望贫困家庭，看望专家学者和离退休员工。

（2013年12月26日）

在第三届中国教育学会教育家沙龙上的讲话

今天很高兴第三届中国教育学会教育家沙龙在故宫博物院举办。此次沙龙将探讨的主题是“慕课，究竟能为我国基础教育带来什么”。

“慕课”是新近涌现出来的一种在线课程开发模式，它发端于过去的那种发布资源、学习管理系统以及将学习管理系统与更多的开放网络资源综合起来的旧的课程开发模式。所谓“慕课”(MOOC)，顾名思义，“M”代表Massive(大规模)，与传统课程只有几十个或几百个学生不同，一门慕课课程动辄上万人，最多达16万人；第二个字母“O”代表Open(开放)，以兴趣导向，凡是想学习的，都可以进来学，不分国籍，只需一个邮箱，就可注册参与；第三个字母“O”代表Online(在线)，学习在网上完成，无需旅行，不受时空限制；第四个字母“C”代表Course，就是课程的意思。通俗地说，慕课是大规模的网络开放课程，它是为了增强知识传播而由具有分享和协作精神的个人组织发布的、散布于互联网上的开放课程。

这一大规模在线课程掀起的风暴始于2011年秋天，被誉为“印刷术发明以来教育最大的革新”，呈现“未来教育”的曙光。2012年，被《纽约时报》称为“慕课元年”。慕课的到来，引发了全球学习与教育的革命。凡是想学习的，都可以进来学，不分国籍，不受时间、空间的限制。

故宫博物院很重视信息化管理网络的建设。作为在明、清两代皇宫及其收藏的基础上建立起来的中国综合性博物馆，故宫博物院年接待中外观众超千万人次，为世界各国民众了解中华民族悠久的历史和光辉灿烂的文化艺术、促进我国与世界各国民众的友好关系和文化交流做出不懈努力。为了使身在异地的人们也能欣赏到中华民族的瑰宝，我们还推出了“数字故宫网站”。当然，要将故宫文化内容的展示扩大到世界范围，仅仅通过网站这个窗口来实现是不够的。我今天来参加这次的沙龙，也是想通过在座各位教育界同仁的讨论来深入了解“慕课”，想想看，“慕课，是否也能为故宫博物院带来什么”。

(2013年12月27日)

在中国大运河水利遗产保护与利用战略论坛上的发言

非常感谢给我这次发言的机会。提起大运河，大家都很动感情，因为大运河牵扯着中华民族太多的难忘记忆，这十年来，又给我们各位同仁带来太多的悲喜情怀。

今天，大运河保护进入了一个新的阶段，作为一名文物工作者，我对大运河的水利遗产价值，不像在座的水利部门同仁们认识那么深刻，特别是各位水利专家在延续大运河水利功能方面作了很多实际贡献。对于我来说，认识大运河文化遗产价值的契机，是2003年参与论证南水北调工程中文物保护问题，从那时起开始关注大运河文化遗产的整体保护。之后，曾多次与一些专家学者进行大运河文化遗产考察，有当时80多岁高龄、现已92岁的谢辰生先生，还有文物界老前辈罗哲文先生等。在考察中我们看到，大运河流域环境污染严重，文物本体年久失修。同时，沿线一些城市由于规划控制失当，建设性的破坏时刻威胁着文化遗产及其背景环境，使大运河的独特价值和真实性、完整性被逐渐削弱。当我们三次走过大运河沿线之后，对大运河的文化遗产价值和保护行动的紧迫性有了一些新的认识。

2004年3月，在全国政协十届二次会议上，我和几位文物界的政协委员提交了《关于大运河文化遗产保护亟待加强的提案》，强调“中国大运河是世界上最长的人工河，也是我国唯一南北走向的长河，它和长城一样成为中国人所创造的两大古代工程奇迹”，指出“大运河主河道和沿线文物古迹始终没有被列入全国重点文物保护单位，没有列入世界文化遗产名录，没有制定一部法规来肯定和保障它的历史地位。所以，亟须重新确定大运河作为人类文化遗产的历史特质与重要地位”，为此建议“国家设立专项资金，由国务院有关主管部门，组织大运河沿线的相关省、市，在近期内集中开展大运河区域的文物资源全面调查，在调查研究的基础上，编制《大运河文化遗产保护总体规划》，并制定大运河文化遗产保护的专项法规”。这一呼吁得到国家文物部门的重视，在社会上也引起一定反响。国家文物局于2004年启动了“大运河整体综合性保护可行性研究”课题，初步分析了大运河保护的科技需求，提出了大运河综合保护的技术思路。

2005年在评审第六批全国重点文物保护单位的过程中，提出应将京杭大运河列入保护之列，这一建议获得评审专家们的赞同。2006年5月，在我国第一个“文化遗产日”前夕，国务院将京杭大运河公布为全国重点文物保护单位。对于贯通6个省和直辖市、24个城市的京杭大运河，作为一项文物，整体列入了全国重点文物重点保护单位，这在文物保护领域是一次具有划时代意义的变革。京杭大运河被列入全国重点文物保护单位以后，在文物保护格局、思路、理念等方面发生了深刻的变化。多年来，全国政协在推动大运河文化遗产保护和申报世界文化遗产方面作出了重要贡献。2006年至2008年，全国政协先后三次组织大运河保护和申报世界文化遗产考察活动，掀起了空前高涨的大运河申报世界文化遗产的热潮。

2006年12月，国家文物局将大运河列入我国重新设定的《中国世界文化遗产预备名单》。2007年3月，在全国政协十届五次会议上，我又会同41名全国政协委员提交了《关于推进大运河申报世界文化遗产工作的提案》。提出“应积极探讨构建高效的申报世界文化遗产的机制，制订切实可行的战略和计划，争取早日将我国大运河成功列入《世界遗产名录》”。实际上，从京杭大运河成为全国重点文物保护单位，到将大运河列入《中国世界文化遗产预备名单》，对大运河文化遗产资源的认识得以不断深化。

2007年6月20日，国家文物局与水利部、交通部等相关部门共同召集沿线有关城市政府和文物部门，召开了“大运河保护与申报世界文化遗产工作协调会议”，至此大运河保护与申报世界文化遗产全面启动。2007年9月底，大运河联合申遗办公室在扬州正式挂牌成立。2007年11月，国家文物局邀请国际古迹遗址理事会（ICOMOS）世界遗产顾问，实地考察大运河文化遗产。大运河保护与申报世界文化遗产行动开始进入国际文化遗产保护领域的视野。2009年1月，国务院同意将大运河作为我国2014年申报世界文化遗产项目。这标志着大运河保护和申报世界文化遗产工作从地方、部门层面上升到国家层面，成为国家重大文化工程，进入了全面展开的新阶段。

2008年至2010年，国家文物局在扬州先后三次召开“大运河保护和申报世界文化遗产工作会议”，使各项工作得以有序开展。按照工作部署，大运河遗产保护规划编制工作分三个阶段进行：2009年6月底前，完成地级市大运河遗产第一阶段保护规划编制工作；2009年12月底前，完成各省、直辖市大运河遗产第二阶段保护规划汇总工作；2010年12月底前，力争完成大运河总体保护规划编制工作。在座的谭徐明老师和多位专家都自始至终参加了相关工作的指导和组织协调。

就总体部署来说，大运河申报世界文化遗产工作分为三个阶段。第一阶段是从2009年到2010年的启动阶段，主要任务是完成大运河文化遗产的地市级、省级和全线保护规划编制，并做好与交通运输、水利、环保等规划的衔接；遴选、评估大运河申报世界文化遗产的重要节点及线段，确定大运河文化遗产申报范围。第二阶段是从2011年到2012年的保护、整治阶段。主要任务是完成大运河保护管理立法工作，组织做好规划实施；完成大运河文化遗产本体保护、环境整治、水资源保护、生态治理、档案资料和监测平台建设；编制大运河申报世界文化遗产文本并履行预审程序。第三阶段是从2013年到2014年的申报阶段，主要任务就是申报世界文化遗产。

十年来，我们认真履行《世界遗产公约》，积极开展世界文化遗产申报和保护，使中国成为每年申报世界文化遗产，而且每年都获得成功的唯一国家。从2004年的高句丽王城、王陵及贵族墓葬，2005年的澳门历史城区，2006年的殷墟，2007年的开平碉楼与村落，2008年的福建土楼，2009年的五台山，2010年的登封“天地之中”历史建筑群，2011年的西湖文化景观，到去年的元上都遗址，今年的哈尼梯田。十年“申遗”路，就是我们从“文物保护”

走向“文化遗产保护”新理念的新实践。

对于“申遗”，我们问心无愧地付出了很多努力，但是也经常受到来自各方面的质疑。例如五台山“申遗”成功后，当地政府庆祝之时，宣称数年来为五台山申报世界文化遗产投入资金达8亿元，于是招致社会舆论质疑申报世界文化遗产的绩效。实际上，就申报本身来说并不需要投入巨资，无非是编制申报文本，参加世界遗产大会进行陈述。但是，如果希望申报世界文化遗产取得成功，则需要纠正历史上遗留下来的保护方面问题，其中往往伴随对于环境的整治，例如为了使五台山台怀镇佛教寺庙群恢复“深山藏古刹”的历史环境，需要对古建筑群周边杂乱无章的房屋进行整治。

事实证明，申报世界文化遗产的正确理念和实践，可以带来震撼人心的文化成果。例如西湖文化景观申报世界文化遗产的过程，虽然没有在环境整治上投入很多资金，但是在环境控制上付出了艰苦努力。西湖申报世界文化遗产的十年，正是杭州市经济社会蓬勃发展的十年，西湖周边土地和房屋的经济价值，无疑具有巨大的吸引力和诱惑力。但是当申报世界文化遗产成为全体市民的共识后，美丽的西湖得到了勇敢地捍卫和精心地呵护，在西湖的“三面云山”中没有出现任何伤害文化景观的现代建筑，创造了在蓬勃发展的大城市中心区申报世界文化遗产的成功范例。通过西湖申报世界文化遗产，我们认识到，“申遗”的目的是保护，保护的目的是传承。

最近，重访大运河，感触很深。转眼间10年过去了，大运河保护与申报世界文化遗产经历了令人难忘的历程，目前已经进入关键阶段，大运河文化遗产经过保护和环境整治，更具魅力，顺利迎接了世界文化遗产专家的考察。在明年召开的第38届世界遗产委员会会议上，大运河将成功列入《世界遗产名录》。每当想到这一时刻的来临，都感到格外兴奋和欣慰。大运河保护和申报世界文化遗产这一过程，给我们带来了什么呢？回顾起来感到收获颇多。

首先是文化遗产保护内容和范围的变化。大运河文化遗产保护的提出，促进了我们对于新型文化遗产的研究，不但使大运河保护工作进入一个崭新的阶段，而且也引发了文化遗产保护领域的一场思想变革。在认真分析大运河文化遗产资源和价值的基础上，归纳出其六个方面的特征，一是在保护要素方面，大运河是由文化要素与自然要素相互作用而形成的“文化景观”；二是在保护类型方面，大运河是静态与动态共同构成的“活着的、流动着的文化遗产”；三是在保护空间尺度方面，大运河是由点、线、面共同构成的“线性文化遗产”；四是在时间尺度方面，大运河是由古代遗址、近代史迹还有当代遗产共同构成的“文化遗产廊道”；五是在保护性质方面，大运河包括了反映普通民众生产生活的工业遗产、乡土建筑等“民间文化遗产”；六是在保护形态方面，大运河是由物质要素与非物质要素结合而形成的“文化空间”。事实上，对大运河文化遗产价值的认识，开阔了文化遗产保护的视野，促进了从“文物保护”走向“文化遗产保护”的思考。

其次是文化遗产保护尺度和格局的变化。在重新设立的《中国世界文化遗产预备名单》中，明确了大运河的保护范围，既包括“京杭大运河”，也包括“隋唐大运河”，形成完整科学的概念。此后，经研究又将“浙东运河”也纳入了保护和申报世界文化遗产范围。至此，大运河保护和申报世界文化遗产范围，包括京杭大运河、隋唐大运河和浙东运河，地跨北京、天津、河北、山东、江苏、浙江、河南和安徽8个省、直辖市的35座城市。这一保护格局具有战略思考。其中古都洛阳既是隋唐大运河的西起点，也是丝绸之路的东起点，它的加入，将丝绸之路和大运河联系在了一起，而浙东运河又将京杭大运河与海上丝绸之路联系在了一起。这样就形成了横贯祖国东西，东连沙漠绿洲丝绸之路，西连海上丝绸之路的气势磅礴的古代大型商贸运输和文化交流通道。

三是文化遗产保护理念和目标的变化。长期以来，我们往往把文化遗产保护视为一项部门的、专业的工作，而没有看作是一项全民的、社会的事业。通过大运河保护我们认识到，文化遗产保护涉及千千万万民众的现实生活。今天对于文化遗产保护不能仅限于严防死守，必须有更加积极地行动，努力实现三个目标。一是必须给予文化遗产应有的尊严，成为现实社会生活中美好的事物；二是文化遗产保护必须融入经济社会发展，成为促进经济社会发展的积极力量；第三，文化遗产保护成果一定要惠及民众，让广大民众切实感受到保护文化遗产就是保护自己的生活。近年来，正是在这些理念的指导下，大运河沿线城市和广大民众积极行动起来，倾心支持大运河申报世界文化遗产，也切实感受到了大运河保护对城市发展和生活改善的积极意义。

（2013年12月30日）

在天坛申报世界文化遗产成功十五周年研讨会上的讲话

今天是2013年的最后一天，应该也是今年参加的最后一次会议，再过几个小时，我们将在故宫博物院神武门内送走今年最后一批观众，参加开放区年终封门，意味着我们又送走了一个文化遗产平安年。明天早上我们又将站在午门前，迎接新的一年第一批观众的到来，祝福世界文化遗产故宫在新的一年平安。

在天坛成功列入《世界遗产名录》15周年的时刻，由中国古迹遗址保护协会举办“天坛申遗成功15周年研讨会”很有意义，也使我们又回忆起当年启动天坛和颐和园申报世界文化遗产时的往事。那时我在北京市文物局担任局长，对申报世界文化遗产的程序了解不多，但是北京市园林局在国家文物局的指导下推动天坛和颐和园工作，开阔了我们的工作视野，也对天坛这样具有世界意义的艺术杰作有了更深刻的认识。

天坛是唯一完整保存下来的皇家祭坛，也是我国现存最大的祭天建筑群。天坛和故宫古建筑群一样，以独特的功能、特殊的地位，经历了近600年的历史岁月。天坛的规划格局体现了中国古人的宇宙观，建筑样式集我国古代哲学、历史、数学、力学、美学等文化智慧于一身，具有深刻的文化内涵，展现出独特的永恒魅力。因此，1998年世界遗产委员会将天坛列入《世界遗产名录》。事实证明，列入世界文化遗产更有利于对天坛突出的普遍价值进行保护，使天坛作为人类文化瑰宝世代传承。申报世界文化遗产成功以后的15年，天坛公园按照中国政府对于《保护世界文化和自然遗产公约》的承诺，努力推动各项保护目标的实现，悉心守护古建筑群，科学养护古树名木，有计划、分阶段全面推进天坛世界文化遗产保护工作，取得了可喜的成绩。

近年来，由于城市化进程加快，大规模城市建设持续展开，文物本体保护和周边环境控制均出现一些新的情况。2005年，我曾针对包括天坛在内的几处文物保护单位存在的问题，在全国政协十届三次会议上提交了《关于全面推进北京天坛、地坛、日坛、月坛腾退整治工作的提案》，提出：将文物保护及环境整治工作列为北京市重点项目，采取有力措施整治现状环境，坚决搬迁长期占用文物的机关、企业、饭店等单位和住户，拆除文物保护范围内的各类违法建筑。同时，按照历史原貌修复被破坏的坛墙，维修坛内现存的各类文物建筑，按历史原有规制恢复完整的坛庙格局，再现历史景观，扩大对社会的开放范围，使这几组文化遗产在城市文化和市民生活中发挥更大的作用。同时建议在天坛世界文化遗产缓冲区划定后，应当对天坛保护范围和缓冲区内传统建筑保存状况进行全面调查评估，并对该区域内影响天坛环境景观的各类建筑物制定切实可行的整治、拆迁计划。

长期以来，北京市文物、园林、规划部门和天坛公园为保护天坛世界文化遗产的真实性和完整性，做了一些实实在在的工作。给我印象深刻的有几项重要的保护工程，一是1995年开始对天坛外坛墙进行修缮，2003年又开始修缮内坛墙，逐步恢复天坛坛墙原貌。二是对神乐署内不合理占用单位和居民的搬迁整治，为古建筑修缮和博物馆开放打下良好基础。三是祈年殿的修缮，本着不改变历史原貌的原则，使壮美的古建筑群恢复了往昔的魅力，近年来又先后完成了祈谷坛、圜丘坛、皇穹宇和回音壁的修缮。

尽管保护成就有目共睹，但是问题也显而易见。人们也注意到，目前世界文化遗产天坛的历史格局保护并不完整，在273公顷的坛域面积内，仍有72公顷被不合理占用，占整个外坛面积一半之多，这其中包括43家企事业单位和天坛西里北区、复康南里等8处居民社区，共有168栋居民楼，2.3万多人口，占地28.94公顷。位于西南外坛的中国药品生物制品检定所、天坛医院和北京口腔医院占据着神乐署大部分地区以及牺牲所和圜丘钟楼遗址，占地15.39公顷。象征“天圆地方”的平面布局仍未得到完整恢复，以祭坛为代表的文化空间被人为割断，被占压遗址的安全状况令人堪忧。此外，天坛南坛墙外分布着一排排的民居，不少房子倚墙搭建，雨季时屋顶上的雨水直接冲刷墙面，墙砖侵蚀严重。同时，大面积电台设施占据着天坛外坛西北角，13组高约50米的天线群，严重破坏了天坛整体景观。

今天，我们看到了当年天坛申报世界文化遗产的英文文本，其中明确承诺：天坛一般保护区“不许建设新建筑；非古建筑要按照规划逐渐拆除，种植树木；这项工作将于2030年完成”。同时我们也注意到，在相关部门和天坛公园的共同努力下，位于天坛西部祈谷坛门内的天坛医院、中国药品生物制品检定所获得北京市政府批准择址迁建。目前中国药品生物制品检定所主体建筑已经在大兴区建成，天坛医院的新址建设已经在丰台区花乡破土动工，北京口腔医院将迁至丰台马家堡地区，天坛东门南侧的天坛东里北区1－8号楼也已经完成了搬迁任务的42%，这些成果是中国政府兑现缔约国承诺所取得的重要成就，令人感到非常振奋，也对天坛世界文化遗产保护的未来充满期待。

同时，根据今天我们了解到的情况，感到要顺利实现预期的工作目标，要全面兑现中国政府作为缔约国的承诺，还需要付出极大的努力。例如上述单位和居住区迁建后，用地能否得到顺利腾退，腾退后的用地能否得到世界文化遗产保护方面的合理利用。特别是除上述单位和居住区以外，天坛保护区域内还有大量其他不合理占地单位需要迁建，还有大量非古建筑要按照规划逐渐拆除。实现这些目标，需要北京市政府的高度关注，需要相关部门的倾心支持，需要涉及单位的顾全大局，需要世界文化遗产保护责任机构的全力以赴，更需要全体民众的高度共识。

伴随国际社会不断深化世界文化遗产保护理念，以及我国进入《世界遗产名录》的项目逐年增加，需要加大研究和管理的力度。我分别在2008年、2009年、2011年、2012年，根据我国世界文化遗产保护实际和存在问题，相继在全国政协会议上提出《关于抓紧制定〈世界文化遗产保护条例〉的提案》、《关于加大对世界文化遗产监测体系建设投入力度的提案》、《关于推动北京传统中轴线申报世界文化遗产的提案》和《关于加快建设中国世界文化遗产监测预警体系的提案》，关注包括天坛世界文化遗产在内的保护问题。保护天坛世界文化遗产，维护完整性是重要原则，也是维护天坛突出的普遍价值的重要支撑，恢复天坛的完整性首先要还原天坛历史格局的完整，因为天坛被不合理占用的区域，是天坛整体风貌和历史文脉不可分割的重要组成部分。作为申报世界文化遗产的庄严承诺，各级政府和相关部门，应努力创造条件，尽快归还天坛被占用地，为当代和未来世代保护好更加完整的天坛。

（2013年12月31日）

在故宫博物院陈列展览设计方案讨论会上的发言

今天是2013年的最后一天，在忙碌了一年之后，本来可以喘口气了，但是，大家仍然聚精会神地展开讨论，论证明年启动的一些重要陈列展览设计方案，体现出把“一年之计在于春”改为了“一年之计在于冬”的超前意识和工作精神。

一是关于雁翅楼展厅设计方案。2004年4月，午门改造成为具有世界先进水平的现代化展厅，随后于2005年获得联合国教科文组织授予的“文化历史遗产创新保护大奖”、“全国十大建设科技成就”等多项大奖，成为古代建筑保护利用的典范。午门展厅自启用以来，成功举办了“明代永乐宣德时期文物精品展”和“兰亭特展”等深具影响的故宫年度大展，并与大英博物馆、卢浮宫艺术博物馆等世界著名博物馆合作举办了一系列重要展览。午门展厅的现代化水平及多功能性，通过这些陈列展览得到了充分的体现，全面提升了故宫博物院的陈列展览层次。同时，这一高水平现代化展厅的建成使用，增进了故宫博物院与世界博物馆界的联系，也为中国观众提供了了解世界多元文化的机会。

虽然午门展厅已经使用多年，成功举办过不少来自世界各地具有影响的展览，发挥了重要的作用。但是午门门楼只是一座面阔9间，进深5间的古建筑，面积仅800平方米，因此难以举办大型展览，虽然不少世界著名博物馆有到故宫博物院举办大型展览的强烈意愿，但是一些重要展览终因展厅面积不足而无法实现，确实令人遗憾。而午门两侧的雁翅楼，东西各有南北排列的廊庑13间，每一侧各1000平方米的建筑面积，加在一起就是2800平方米。午门展厅和东西雁翅楼展厅是一个整体，构成十分独特的展览空间，在世界博物馆展览空间中独一无二，可以使人们对于故宫博物院留下更加深刻的印象。未来的午门－雁翅楼展厅，不但在故宫博物院是规模最大的展厅，而且在博物馆领域也属于大型展厅。不久前我接待了芝加哥艺术博物馆的馆长，该馆是美国最大的博物馆之一。我曾问他芝加哥艺术博物馆最大展厅的规模，他说是2000平方米，午门－雁翅楼展厅的建筑面积可以达到2800平方米。当然统计口径不一样难以比较，但是如此大规模的展厅对于故宫博物院来说的确十分难得。

实际上，午门－雁翅楼展厅更重要的不是规模，而是地位和特色。午门位于古都北京7.8公里无与伦比的壮美城市中轴线之上，不但体量最大最高，而且位置突出。午门既是昔日紫禁城的正门，又是今日故宫博物院的正门，极具时代象征意义。午门－雁翅楼位于“凹”字形城墙之上，三面环抱，五峰突起，正南向阳，位当子午，这就是午门－雁翅楼展厅的地位。午门－雁翅楼展厅犹如“地上的天宫”般位于上方，外观完全保持中国官式古建筑最高形制的原有风貌，内部则是现代展览空间，这就是午门－雁翅楼展厅的特色。因此，陈列展览设计方案要充分考虑午门－雁翅楼的历史地位和文化特色。午门－雁翅楼展厅应突出独特性、唯一性，体现出民族传统、故宫特色、时代精神，使观众进入故宫博物院后，立即被精彩的陈列展览所吸引，感觉博物馆文化气息扑面而来。观众登上午门—雁翅楼以后，感受到这里是世界上独一无二的博物馆展厅，极具文化魅力。午门—雁翅楼展厅的建成，必然进一步加强故宫博物院与世界博物馆界的交流与沟通，使之成为故宫博物院与世界博物馆界交流与合作的重要平台。

针对午门—雁翅楼的设计方案，首先需要明确一个重要原则，即午门—雁翅楼是临时展厅，而不是基本陈列展厅。作为临时展厅，需要通用性的展示空间。要格外强调展厅的安全性、通用性、耐用性，以及更换陈列展览的便捷性。在安全性方面，午门—雁翅楼展厅应该不但能够展示故宫博物院的各类珍贵展品，而且能够接待来自世界各地著名博物馆的任何级别的重要展品，展厅的安防设施和温度、湿度、光照度等环境质量应该能够满足这些重要展品的特殊要求，展厅环境要达到当前世界先进水平。

在通用性方面，午门—雁翅楼展厅应该不但能够陈列一般体量的展品，而且能够为特殊体量和造型的古今中外展品创造良好的展示条件，适于创造各种文化氛围的展览，最大限度适应各类展览需要，因此无论是展柜还是展具都应该具有广泛的适用能力。对于参展博物馆所提出的各项要求，例如展柜内微环境控制、柜内照明、隔震装置、柜内报警装置、展柜锁具等方面的需求应能够予以满足。为便于不同展览的不同展柜摆放形式的变化，需要合理预留电源接口，以方便取电使用，其中地板表面安装地插座，既要具备安全保护功能，又要尽量与地板表面齐平，连接牢固。

在耐用性方面，午门—雁翅楼展厅建成使用以后，必然进入较为频繁的展览过程，也会接待数量众多的观众，因此无论是地面墙面，还是服务设施，均应坚固实用。例如根据以往使用情况，展厅地板要具有抗塌陷、抗扭曲、抗变形以及通风等功能。在更换陈列展览的便捷性方面，作为具有知名度的临时展厅，不可避免需要经常更换展览，而且根据展览协议往往更换展览需要在短期内完成，因此无论是展柜搬运空间，还是展品搬运条件，都应该满足需要。

午门—雁翅楼展厅不但是故宫博物院面积最大的展览设施，而且应该是故宫博物院规格最高的展览设施。为了使午门—雁翅楼展厅的设计方案更加具有针对性，建议对午门展厅使用数年来的情况进行回顾性总结，包括午门展厅接待国内外临时展览所取得的经验，曾经遇到对方提出的那些难以解决的问题，以便在此次设计方案中加以完善。特别是对在实际应用中证明不合理的部分及时加以纠正，例如西穿堂门以东，通往午门展厅的玻璃台阶、玻璃桥已使用多年，整体风格与午门古建筑不谐调，承重较小，桥面光滑，不利于文物运输及观众的安全参观，应予以改造。在创造一流博物馆展厅环境方面，午门—雁翅楼展厅存在挑战，例如由于展厅位置较高，需要对于风的影响进行测算，对于避风阁的形式进行评估。还需要加强展厅的封闭性，维护展厅环境清洁度。对于大型临时展厅，还需要设置一些必要的设施。东、西雁翅楼建筑群由雁翅楼和崇楼组成。其中雁翅楼建设为展示场所，而四座崇楼为展览附属设施的安排提供了条件，例如东南和西南两座崇楼可以用于空调设施、员工休息室之用。西北崇楼可以作为开幕式、新闻发布会、来宾休息等用途的多功能厅。东北崇楼一部分可以作为库房，用于存放展具、文物运输箱之用，另一部分作为独立监控室，负责午门－雁翅楼区域的安防监控。

午门－雁翅楼展厅设计方案的制定，还要以保护古建筑为前提，展厅外观应以不改变文物原状为原则，维护午门－雁翅楼的壮美风貌，对于展厅内部也要保持文物建筑特色，例如吊顶、地面、柱子、窗户等古建筑部分通过保护性利用，可以呈现出故宫博物院展厅的独有魅力，例如午门展厅中对于古建筑柱子的下方处理方式，得到普遍认可。同时，各类附加的展览、安保、服务等设施设备，要尽量减少对古建筑群的影响，例如安防设施、供配电设施、空调设施、无障碍设施、夜景照明、避风阁等，应充分考虑与古建筑的关系，不应与古建筑发生硬性接触，而尽量采取柔性连接。在古建筑安全方面，还要进行午门和东西雁翅楼的荷载研究和最大观众流量研究，要考虑各类设备设施的重量问题，以及运行过程中的振动问题。在观众安全方面，午门－雁翅楼展厅需要按照人员密集场所进行设计，对于紧急疏散、应急出口、临时通道等进行合理安排。未来午门－雁翅楼整体开放以后，需要启用东马道，使东、西马道成为观众出入口。

午门－雁翅楼展厅竣工后，与西侧武英殿书画馆、东侧文华殿陶瓷馆相呼应，将形成故宫博物院展示面积最大、功能最完善、展览最丰富、规格最高的现代化展区。同时，午门－雁翅楼展厅与东华门古建筑馆的开放应该统筹考虑，涉及内容还包括午门至东华门一段城墙的开放、东南角楼的开放展示，以及城墙下方环境的改善等，需要进行统一规划设计。

二是关于珍宝馆展览深化设计方案。珍宝馆是故宫博物院内观众喜爱的重要展览，特别由于观众需要二次买票进入，对于展览水平要求更高。由于一段时间以来珍宝馆展览没有进行更新，展览内容与观众要求存在差距。因此，对于此次展览深化设计充满期待。实际上，宁寿门内以皇极殿为中心的展区和养性门内以乐寿堂为中心的展区，反映出不同的主题和氛围。前者以展示文物展品为主，建筑环境为辅，后者以室内建筑陈设为主，展示文物展品为辅。养性殿、乐寿堂区域是充满故事的地方，应尽可能体现建筑自身的文化内涵。

就故宫博物院的文物藏品来说，完全能够满足观众的参观需要，关键是我们如何在观众需要与文物展品安全展示之间智慧地找到结合点。在珍宝馆展览深化设计中，应加强展品与观众之间的信息传递，通过展品说明、辅助照片等，揭示每一件展品的文化意义，在材质、工艺方面的特色，以及展品背后的故事。当然，展厅内所有添加的内容都要具有意义，不能“画蛇添足”。同时，建议珍宝馆的陈列展览，也像武英殿书画馆一样，在展览一定周期之后，定期更换部分展品。特别是对于一些有机质展品来说，既不可缺少，又因质地脆弱而不适宜长期展示。实施部分展品更换，既有利于珍贵文物“累了”以后的定期休息，也让每一期都有令人期待的几件“明星”展品，使观众常看常新。特别是从明年开始，实现在淡季每周一闭馆一天，为文物展品的调整创造了有利条件。

今后，每一项展览都应该明确策展团队、明确主要策展人，充分发挥团队的作用，策展团队内应有多部门参与，包括内容设计、形式设计、宣传教育部门的共同努力，不是先后介入，而是同时策划。当然，在故宫博物院还要加入保卫、开放等部门的提前介入。同时，展览策划还可以吸收具有先进理念和实践经验的外部团队加入，并应该扩大观众对于故宫博物院陈列展览的知情权和参与权。建议从明年开始对社会公众开展观众调查，听取观众关于未来的午门－雁翅楼展厅、珍宝馆展厅等展览设计的建议，请专家学者、观众代表、媒体记者、志愿者等参加，公开征集意见。

（2013年12月31日）

三

报告编

博物馆与公益性文化机构的管理运营
——在国家行政学院的报告

引 言

近年来，随着经济社会的发展，公众的文化需求呈现出多样化、多层次状态。博物馆开始将更多的目光，投向全体民众的基本文化权益和文化需求，不断创新博物馆文化的展现方式，提高博物馆文化的服务能力，不仅将文化遗产领域所有的信息都纳入博物馆文化之中，博物馆本身也成为城市文化活动的核心。

近年来，博物馆的结构已经日趋复杂和多元，不仅反映城市的文化形象，而且表达城市的文化精髓。这表明博物馆事业的领域，不仅在博物馆馆舍之内和人工制品之间，而且涵盖整个城市的生活领域，包括作为整体的文化遗产。这一变化，对于博物馆的收藏、研究和展示的各个方面，都具有重要的影响。

近年来，人们认识到，博物馆不仅具有收藏、研究和展示功能，而且已经成为多元化、多功能的文化设施。博物馆存在的前提是文物藏品，而在这些文化资源中蕴藏着丰富的人类精神。博物馆的触角开始深入到社会生活的各个领域、各个行业、各个阶层，大大超出以往所承担的责任与义务，参与到城市文化发展的进程之中。

近年来，博物馆的核心价值，已经从保护文物藏品到保护文化遗产，再到服务社会，进而到参与推动社会变革的神圣责任。这是新时期博物馆事业发展的理性决策，是实现博物馆使命具有永久意义的真理原则，更是对博物馆要成为“一个在保护世界文化遗产和自然遗产方面令人尊敬的声音”的卓有成效的履行。

近年来，博物馆功能已经从满足广大民众日益增长的文化需求，到保障广大民众的基本文化权益，再拓展到广大民众共享文化发展成果。这是“以人为本”理念在博物馆领域的体现。博物馆不再只是文物的积累，藏品的仓储，历史的收藏，静态的展示，而是成为人们艺术、道德、观念和行为的健康反应。

近年来，我国博物馆界与国际博物馆大家庭的联系日益广泛，国际经验为我国博物馆事业发展不断开拓思路。通过分析我国社会历史的沿革、发展的阶段、制度的特点、文化的传统、民众的需求，结合我国文化遗产资源的特点，加以选择吸收，寻找更加适合我国国情、具有中国特色的博物馆事业发展之路。

近年来，我国博物馆群体通过自身的不断完善，努力实现多样化的社会角色，使博物馆成为城市文化进步的积极力量，成为加强社会教育的积极力量，成为改善民生的积极力量，成为促进社会发展的积极力量。这些目标的实现，既是博物馆核心价值与社会责任的体现，也是新时期博物馆功能与职能的完善。

近年来，我国博物馆的法规体系不断完善，体制改革不断推进，资金投入不断增加，人才队伍不断汇聚，为博物馆事业现实发展不断增添活力，为博物馆事业未来发展不断拓展空间。这些都表明，博物馆功能正在延伸，博物馆价值正在提升，博物馆事业正在壮大，博物馆事业应该踏上新的台阶，加速科学化发展进程。

近年来，我国博物馆事业取得了举世瞩目的辉煌成就。但是，广大民众对于博物馆社会性和公共性的要求更加突出，反映出博物馆在数量不断增长的同时，在质量提升方面重视不够；在馆舍不断完善的同时，在融入社会方面重视不够。由此可以看出，及时调整发展思路，实现从“数量增长”走向“质量提升”，从“馆舍天地”走向“大千世界”的紧迫性。

一 从“数量增长”走向“质量提升”

当前，我国迎来了博物馆建设新的高潮，全国各地区、各部门、各行业、各界人士相继新建、扩建和改建博物馆。无论从博物馆的数量增长、发展速度，还是建设规模，都达到前所未有的程度。我国博物馆规模快速扩张的时期，也是规范行业管理、提升运行质量、明确行业方向、拓展发展空间的关键时期。

博物馆馆舍建设质量的提升：博物馆建筑不是普通的楼宇，而是传承文明、延续历史、沟通文化的精神圣地。博物馆馆舍建筑应以自信的心态，表达出对传统文化和地域文化的理解，以更加丰富的文化内涵，成为社会民众分享群体记忆、联通历史与未来的公共空间。为了达成这一目标，需要博物馆人全程参与馆舍建设工程。

博物馆藏品保护环境的提升：博物馆承担着延续所保管文物藏品寿命的天然职责，提升藏品保护环境、确保藏品安全是博物馆的义务。应强化预防性保护理念，开展馆藏文物环境控制、藏品病害检测分析、保护修复技术的研究，全面实施藏品保存环境达标建设。同时，提升博物馆安防技防水平，遏制文物犯罪案件发生。

博物馆科学研究成果的提升：围绕博物馆藏品、展览及其社会服务开展的一系列科学研究，是博物馆赖以发挥各项功能的基本前提。应搭建开放的高水平研究平台，推进博物馆学理论研究和博物馆应用技术研究，加快研究成果的应用转化，以科学技术创新，推动博物馆的管理创新和工作创新，提高博物馆的文化传播能力。

博物馆陈列展览内涵的提升：博物馆通过陈列展览述说历史、书写记忆，进而履行自己的历史使命。陈列展览应提倡精品意识，适时进行调整，不断提升陈列展览的科学与艺术内涵，增强陈列展览的专业性、知识性、趣味性、观赏性和吸引力、感染力，是满足鉴赏力、欣赏标准都在不断快速变化的现代观众群体的有效手段。

博物馆社会服务理念的提升：观众在博物馆享受到的服务水平优劣，直接影响其参观体验，影响博物馆办馆宗旨的实现。参观感受的愉悦不仅取决于陈列展览本身，更多来源于服务内容的充实。博物馆应立足自身使命和功能定位，在实现办馆宗旨职能的同时，坚持以人为本，提升服务理念，强化服务意识，拓展服务空间。

博物馆文化传播功能的提升：博物馆是文化资源的高地，社会教育的课堂和展示文明的窗口。需要深入研究博物馆文化资源特征，探索文化传播的规律，运用各种手段和场合，拓展博物馆的传播功能。同时，发挥博物馆文明对话平台作用，推进文物展览交流，引进世界文明展览，共享人类优秀文化成果。

博物馆市场营销效果的提升：博物馆开展市场营销的前提是确保安全、公众受益、反哺事业。博物馆市场营销的核心是建立在藏品、展览之上的文化创意，重点是持久而广泛地构建观众的互动体验。博物馆文化产品研发要注重突出个性，使之成为博物馆文化的最佳代言，拓展和延伸文化传播功能，实现观众“把博物馆文化带回家”的愿望。

博物馆科学管理水平的提升：博物馆事业的可持续发展，既需要良好的外部环境，更需要规范的内部管理机制。当前，亟须健全权责明确的博物馆管理体制，探索适应不同类型博物馆的办馆模式；完善科学高效的博物馆法人治理结构，实现博物馆管理的法制化、规范化，使博物馆职业道德建设、综合评价体系、社会投入机制等方面得到全面提升。

博物馆大家庭的多样化发展：当前，我国以国家级博物馆为龙头、省级博物馆和重点行业博物馆为骨干，国有博物馆为主体、民办博物馆为补充，类别多样化、举办主体多元化的博物馆体系初步形成。人类文明体现在社会经济生活的各个方面，而博物馆类型的单一，将导致展示人类文明成果的局限性。因此，必须建立多元化的博物馆体系。

二　从“馆舍天地”走向“大千世界”

博物馆是城市文化进步的积极力量：博物馆留给人们的不仅仅是历史的记忆，还蕴含着人们对未来的理想，人们不仅感受到视觉上的愉悦和知识上的满足，更多的应该是精神上的归属和心灵上的净化。为此，博物馆应更加自觉地关心城市文化的进步，注重自身业务活动与人居环境改善的内在联系，以促进社会变革和发展为己任。

博物馆是加强社会教育的积极力量：博物馆展现着人类整体文明与智慧。博物馆纳入国民教育体系，符合世界博物馆发展潮流，也是建设学习型社会，形成终身教育体系的必然要求。为此，应发挥博物馆教育资源的独特优势，推动博物馆与学校教育、社会教育的紧密结合，组成更加健全的社会教育网络，普及科学文化知识，提高全民文明素质。

博物馆是改善民众生活的积极力量：公平正义是实现社会和谐的重要基础，而保证社会成员共享人文关怀和文化成果，解决各类困难民众、弱势群体的文化生活贫困问题，应该成为博物馆不懈的文化追求。为此，博物馆应促进社会成员、社会群体之间的友好交往与和谐相处，重视消除文化贫困，维护文化公平，努力保障广大民众的基本文化权益。

博物馆是促进社会发展的积极力量：博物馆的诞生与发展根植于社会，对博物馆本质的研究必须与社会公众互动。公众参与是促进博物馆事业发展的有效途径和工具。博物馆所涉及的知识、意识、技能、情感等都属于社会公众参与的内容。博物馆服务社会的理念，将逐步拉近博物馆与民众的距离，将有效改善博物馆的公众形象。

实现保护性再利用的旧址博物馆：建筑是人类文化的重要载体，自从有了建筑活动开始，建筑就与文化结下了不解之缘。旧址博物馆一般是指利用历史建筑的特殊空间，展示社会发展、事件发生、人物活动历史瞬间的博物馆。旧址博物馆的旧址本身就是博物馆展示的主体，对其文化内涵加以挖掘，对其文化特色合理利用，是旧址博物馆成功的关键。

实现考古信息展示的遗址博物馆：遗址博物馆不仅是考古学扩大公众影响的窗口，也是考古学服务公众的途径。对于考古遗址的诠释与展示，应该是考古学家和博物馆学者之间有意义合作的结果。遗址博物馆应成为专业人士和社会公众共同的乐园，把社会公众对历史奥秘的好奇看作是一种文化寻根的愿望，是遗址博物馆发展的积极动力和坚实基础。

实现原生环境保护的生态博物馆：生态博物馆的理念在深化过程中，不断创造新的实践，不断拓展新的理论。生态博物馆的思想必须本土化才能生根，而不应该试图将其标准化和形式化。因此，生态博物馆应该突破原有的实践范围，根据各地的特点，具有丰富多彩的形式，从更广泛的领域，选择有代表性的不同要素，作为实践的延伸与拓展。

实现社会和谐发展的社区博物馆：社区博物馆为当地居民提供学习与合作的机会，培养能够对社区文化负责任的新一代居民，以实际行动回答人们的现实问题，使社区民众生活在一个和谐、宁静、优美、舒适、方便的社会环境。社区博物馆将文化活动整合于社区生活之中，并通过鼓励多样化的交流模式，使自身在社区生活的不断进步中得以发展。

实现传播方式拓展的数字博物馆：随着信息技术和互联网技术的高速发展，记录和保护文化遗产获得了新的手段。传统博物馆的展示方式已经难以满足参观者的个性化需求，而信息传播方式的革命，将拆除博物馆文化传播的壁垒，从博物馆网站、数字化博物馆到数字博物馆的探索与实践，使博物馆文化的传播方式呈现出跨域式发展的趋势。

结 语

今天，我国博物馆事业已经走过百年艰苦创业的辉煌历程。博物馆先辈所表现出来的传播文明、启发民智的人文理念，矢志不渝、披荆斩棘的创业精神；无私奉献、恪尽职守的敬业品德，乐而忘忧、服务社会的公众意识，都是博物馆的宝贵精神财富，也都深深地感动社会，激励着一代又一代博物馆人的爱岗敬业精神。

今天，博物馆事业面临前所未有的发展机遇期，必须抓住这一历史机遇，清醒认识自身不足，避免追逐功利、遏制浮躁之风，从现实国情出发，从夯实基础做起，从社会需求实践，使博物馆成为开启公众智慧的钥匙，创新思想观念的源泉。唯有如此，博物馆事业才能取得功在当代、利在千秋的辉煌成就。

今天，我们正处于快速发展的特殊时代，我们所面临的大量问题，既是不能回避的长远问题，也是迫在眉睫的现实问题。因此，不能头痛医头、脚痛医脚地加以研究解决，不应忽视博物馆的基础理论研究，不应忽视博物馆的基本队伍建设，不应忽视博物馆的基础设施完善。博物馆处于动态变化之中，博物馆实践也永远不能停留在原有的经验之上。

今天，面临城市化加速发展进程，面临持续的大规模城乡建设，人类社会珍贵的文化记忆正在以前所未有的速度消失。在此情势下，博物馆不能再囿于传统框架，不能再将博物馆的活动空间和影响范围，循规蹈矩地限定在馆舍之内或有限领域，而应该努力站位时代的前沿，将更多的文化遗产纳入博物馆的抢救保护之列。

今天，人类社会处于非同寻常的快速变革时代，博物馆也面临着正确理解自身价值、重新定义发展宗旨的任务。在这一背景下，任何一座博物馆都不可能独善其身，必然参与到社会变革的进程之中。这些新的挑战和选择，也给博物馆提供了分享国际经验、完善自身功能和职能、加强能力建设的难得机遇。

今天，博物馆事业具有广阔前景，充满发展机遇。在经历了“从整合走向分化”之后，将重新实现“从分化走向整合”。为此，亟须通过分析博物馆领域的发展趋势，领会广义认识理论的时代意义，思考博物馆概念内涵的深化和外延的扩展，正确处理博物馆学科与其他学科的各种关系，探求博物馆文化体系的完善。

今天，需要从更广阔的视野、更深入的角度，梳理文化遗产保护与博物馆使命之间的内在联系，更加多样化地理解博物馆的专业化功能与社会化职能，探索新的博物馆类型和相应的发展方式，突出强调文物博物馆事业“整体的观念”，将传统的博物馆理论，扩展为全面发展、兼容并蓄、动态开放的博物馆理论。

今天，博物馆文化的展示空间从馆舍到社区、从城市到乡村、从地上到地下、从国内到国外，将文化遗产置于博物馆的广义范畴来认识，体现出外向的、多维的，以促进社会发展为己任，以满足公众需求为核心的发展思路和时代精神。博物馆功能与职能的拓展和深化，也赋予博物馆工作前所未有的用武之地。

今天，不断涌现的旧址博物馆和遗址博物馆，将保护对象扩大到不可移动文物，突破了传统博物馆特定馆舍建筑和文物藏品的概念；生态博物馆和社区博物馆，将保护范围扩大到文化遗产区域，寻求文化遗产未来的延续和发展；数字博物馆，突破空间和时间的界限，在更广阔的范围促进博物馆文化的影响和传播。

今天，实现博物馆的文化创新，需要有坚定的自信和包容的胸怀。当今社会生活，呈现信息化、网络化、数字化的特征，也促进博物馆文化形态快速转变。在此背景下，任何博物馆都不可能孤芳自赏和自我封闭，而需要更多地融入社会，更多地关注民生，更多地担当责任，更多地实现创造，完成一次次历史性飞跃。

今天，博物馆学理论应该有更为广泛、更为综合的概念，博物馆工作应该有更为科学、更为专业的前提。随着社会的发展，任何一门学科的研究都会有一个新的发展，理论思维的高度标志着一门学科发展的水平，要建立具有中国特色和时代特点的博物馆学理论体系，需要博物馆学研究着眼未来发展，强化探索意识。

今天，博物馆的概念不断扩大，其所包括的内容呈现出螺旋式的发展，博物馆的核心理念和价值观念不断酝酿和形成，博物馆的思维范式和行为模式不断变化和转换，博物馆的专业功能和社会职能不断完善和提升。正因为如此，对于博物馆事业发展面临的诸多问题，需要进行全面地分析与整体地思考。

今天，文化遗产保护的视野不断扩展，从文化遗产到自然遗产，从可移动遗产到不可移动遗产，从历史遗产到当代遗产，从物质遗产到非物质遗产，博物馆的保护、研究、展示空间，也必然从传统博物馆的“馆舍天地”，走向丰富多彩的“大千世界”，也使博物馆工作更加视野开阔，面对多样化的文化资源，进入无限的发展空间。

今天，我们正沐浴着21世纪的朝阳，新的时代需要什么样的博物馆，博物馆如何凸显自身的存在价值和特色，是必须思考的关键问题，因为这些问题决定着今后博物馆的运行方向和发展方略。博物馆必须从相对狭小的“馆舍天地”中走出来，迈向更为广阔的“大千世界”，这是人们在社会实践中得出的结论。

今天，无论是从宏观的系统整体出发，还是从微观的应用角度出发，对博物馆问题进行深入探索，都必然涉及众多相互联系的学科。提出和探讨“广义博物馆”概念的目的，在于从更大的范围和更高的层次，提供理论研究和实践创造框架，认识博物馆学的重要性和科学性，揭示博物馆学的广泛性和复杂性。

今天，我国博物馆事业对国家发展、社会进步的重大作用愈来愈被人们所认识，可以预见博物馆学和博物馆事业，无论在数量上、规模上、发展速度上，以及在内容和方法上，都将发生深刻的变化，“广义博物馆”时代必将到来。这里所说的广义，是指博物馆质量提升的空间无限广博，博物馆文化传播的世界无限广阔。

（2013年4月17日）

数字世界中的故宫博物院
——在2013年北京数字博物馆研讨会上的发言

首先祝贺2013年北京数字博物馆研讨会成功举办。今天我发言的题目是《数字世界中的故宫博物院》。几天前，故宫博物院和北京市邮政局联合启动了全国博物馆第一个邮政服务系统，这项服务作为一项便民措施，收到了很好的效果。活动当天是国际博物馆日，观众很多，也来了很多媒体朋友，大家都希望故宫博物院院长在他们购买的首日封上签字，我也欣然应允。但是，大约签了四五十人以后，我就感觉手有些酸痛了，朋友们非常体谅我，让我休息一下再签。为什么写字不到20分钟手就酸了？我才意识到自己很久没有这么写字了，一直都在电脑上操作。现在，每天到故宫博物院上班的第一件事就是打开电脑，进入故宫信息化工作平台，处理公文，查阅信息。应该说，故宫博物院在实现办公自动化方面起步较早，在2005年就基本实现了无纸化办公。国家文物局机关由于当时我不太重视，目前还没有彻底实现无纸化办公。

进入故宫博物院信息化工作平台，我会根据每天的日程及会议安排，处理各类公文，并有目的地浏览一些需要了解的情况。例如，各类报批件、合同、采购等公文信息，财务管理系统中的预算信息和固定资产信息，经营管理系统中的各类报表数据，文档资源检索系统中的历史档案、文献信息，文物管理信息系统中的藏品信息等等。故宫博物院的资源主要有三个方面，第一是世界文化遗产故宫古建筑群，第二是我们收藏的国内外藏品，第三是我们的观众资源。作为院长，每天都需要了解这些资源的动态。比如古建筑，正在实施的工程有哪些，历史的状况是什么样的，目前工程的进展怎样，这些信息都可以从我们的信息化工作平台中获取。再比如文物管理信息系统，可以浏览180余万件藏品的详细信息，包括编目信息、研究信息、影像信息、提用信息、伤况信息、鉴定信息等等。故宫博物院收藏的文物编号分为故字号、新字号和书字号，故字号是指清宫旧藏的文物，这部分文物数量最多，大约占全部文物总数的53%，新字号是指建国以后征集的这部分文物，书字号是指故宫博物院收藏的60余万件古籍文献类文物。

前不久，我们向社会公布了故宫博物院文物藏品总目，这在全国博物馆中尚属首次。我认为公布藏品总目是博物馆的职责，我们的观众对博物馆的资源，应当有知情权、参与权、监督权，更应当有共享权。作为故宫博物院这样一个藏品资源非常丰富的大型博物馆来说，向社会公布文物藏品总目是件很艰苦的事。过去的七年里，在郑欣淼院长的领导下，全体文物部门员工经过艰苦卓绝的努力，将每一件文物和它的账卡一一对应起来，得出180万7558件套这样一个详细的数字。但是到把它们真正公布出来，又花费了将近两年的时间。那么故宫博物院有些什么文物呢？从故宫博物院网站公布的藏品总目上可以看到，我们有53000幅绘画，75000幅法书，29000件碑帖，16万件铜器，11000件金银器，19000件漆器，6600件珐琅器，32000件玉石，36万7000件陶瓷，18万件织绣，11000件雕刻工艺，还有13000件其他工艺，68000件文具，39000件生活用具，2800件仪器仪表，1100件珍宝，42000件宗教文物（其中80％都是藏传佛教文物），还有33000件武备仪仗，5060枚玺印，32000件铭刻，1800件外国文物，还有其他文物将近4000件，以及60万件册的古籍善本和4900件古建藏品。这些信息的公开，就是故宫博物院藏品清理工作的最重要成果。

我们还制作了一个电子沙盘，用以配合故宫博物院的文物、古建筑保护和规划工作。从沙盘上可以清楚地看到故宫博物院还有哪些地点需要进行环境整治，哪些地方需要进一步合理规划。大家知道，末代皇帝溥仪于1924年11月出故宫，不到一年后的1925年10月10日，故宫博物院挂牌成立，到今天已有88年的历史。但是今天进入故宫的大多数参观者，并没有把故宫作为一个博物馆来看待。除了加大宣传以外，我们还应当在环境整治、保护规划等方面做出更多努力，让故宫成为一座真正的博物馆。例如今年我在全国政协会议上提交的一份提案就是建议今后到故宫博物院参观的来宾车队和相关机动车辆不再穿行开放区域，包括午门广场和午门门洞。这样既有利于保证观众参观安全，又有利于维护故宫世界文化遗产应有的尊严。下面我想简要向大家汇报一下故宫未来的保护规划，其中也牵涉到很多数字建设内容。

首先是午门城楼。午门城楼目前是个现代化的展厅，但是两侧其实还有很大的空间，就是东西各1000平方米的雁翅楼。如果将城楼和雁翅楼三部分连为一体，就能获得2800平方米的展示空间。我们想把它构建成为世界上独一无二的、规模宏伟、独具特色，外观保持历史风貌，同时内部能够承担任何级别文物展示条件的一个大型展厅。这个展厅计划于2015年故宫博物院90周年院庆时举办一个气势恢弘的大型展览。

其次是隆宗门以西区域。我们确定了故宫博物院西部开放计划。目前故宫开放的面积占故宫占地总面积的46％，西部开放后，开放面积将达到60％以上。所谓西部，就是隆宗门以西的区域。由于这个区域从未开放过，因此令人期待，我们计划将最大的一组建筑——慈宁宫建成故宫博物院雕塑馆，旁边的寿康宫曾经是皇太后的寝宫，准备作为原状陈列展览，供观众体验当时后妃的生活。此外，慈宁宫花园，也将对外开放。

第三是东华门和东南角楼区域。我们计划将东华门和东南角楼由过去的库房变成开放场所，设立故宫博物院古建博物馆，展示拥有600年历史的紫禁城宫殿建筑的全貌以及古建筑文物藏品。特别是故宫角楼，历来是摄影爱好者创作的对象，观众朋友们都非常喜欢这个建筑，将来我们准备对它进行修缮后连同东华门城楼和一段城墙一起对外开放，观众可以从东华门一直走到角楼，再从角楼一直走到午门。这样一个参观体验过程想必非常引人入胜。

第四是养心殿南边的御膳房。这是一组较大的古建筑，也是从未对外开放，目前作为家具库房。我们计划在这里设立故宫博物院古代家具博物馆，故宫里收藏有近6200件精美的明清家具，大多数是使用紫檀和黄花梨材料，此前它们很少有机会向观众展示。

第五是延禧宫。这个地方在历史上多次发生火灾，所以末代皇后准备在这里建设一个西洋建筑“水晶宫”，下面有一个很大的养鱼池，人们可以进入地下室观鱼。可惜这组建筑尚未落成，就于1909年停工了。到1931年又于池之北、东、西三面建库房，贮藏古物图籍。这组中西合璧的建筑在故宫博物院地下库房建成以前一直存放最珍贵的书画藏品。我们计划将对这个院子整体规划，并建立故宫博物院外国文物馆。故宫博物院收藏的外国文物大约一万多件，主要来源于对外文化交流、正常贸易和清宫造办处制作，这在中国博物馆中是很难得的。

第六是端门城楼。端门区域过去由国家博物馆负责管理，最近才移交给故宫博物院。端门位于天安门之后、午门之前，规模和形式跟天安门一样，里面的空间也比较大。我们计划在这里建立故宫博物院数字博物馆。在这里，参观者能较为集中地观看故宫博物院的各种数字展示节目，充分领略端门这个独特的展示场所的魅力，尽享文化盛宴。由于端门位于紫禁城之外，因此下午五点半紫禁城关门之后，这里仍然能够对社会开放，可以有效弥补故宫博物院由于安全等方面原因要准时闭馆的缺陷。

第七是大高玄殿。这里作为明清皇室的私庙，建筑非常精巧。建国初期起，大高玄殿由机关单位占用，因古建筑年久失修，消防设施不健全，一直存在较大的火险隐患。经过多年的努力，目前大高玄殿终于完成腾退工作，正式移交给故宫博物院管理。下一步准备进行整体修缮并对外开放。我们计划在大高玄殿以南做道教文物陈列展览，雷坛建设数字博物馆，两边配房建设故宫数字图书馆。在数字博物馆内设立故宫专家讲坛，晚上也可以授课，成为市民的文化园地。在数字图书馆内还将陈列故宫出版社出版的各类书籍，喜欢的观众可以购买。

在故宫博物院这样的世界文化遗产地，数字化的陈列和展示非常重要。故宫内廷部分有很多庭园，很多房间，既使修缮好了，也没办法对观众开放，因为里面陈设的文物价值特别高，空间却特别狭小。比如三希堂，它很有名，但是面积只有4.8平方米，还没有我们家里的书房大，而且大半间是炕，地下只有2平方米左右的空间，进去三个人就满了。在这种情况下，数字技术就可以大显神通。通过数字技术，人们能够走进任意一个殿堂，任意一个房间，去看任意一个角落。数字世界中的故宫博物院实际上是一个立体的，包含各类数字成果的有机组成。在数字文化展示方面，我们已经做了很多努力，取得了一些成果。简要介绍如下：

首先是开放路线内的数字文化展示服务。故宫目前每年大约有1500万观众，我们通过设置在重要地点的数字信息屏，向观众提供准确的路线和参观信息。比如，今天又有什么好的展览开幕了，又有什么引人入胜的活动，什么地方太拥挤，建议改变参观路线等等。同时，还要多设一些电子导览设施，使人们进入故宫以后能够各取所需地确定他们的参观路线。此外，我们还设立了一些视频节目播放区，例如书画馆播放区、主题视频片播放区、知识课堂的体验互动区、陶瓷馆体验互动区、数字故宫体验馆等等。我们还在展厅里利用数字技术来展示一些藏品。同时我们也在大力推广自动讲解器，因为它不干扰别人，并且能够听到非常详细和正确的解说。自动讲解器经过不断升级，目前已经拥有40种语言，包括各国语言，也包括维语、藏语这样的民族语言，甚至粤语、闽南语这样的方言，并且将王刚、张家声、鞠萍等不同录音版本都集成在一起，所以很受欢迎。我去过很多欧洲的博物馆，他们的自动讲解器一般有8种、10种语言，很少超过10种。过去很少有中文，现在基本都有中文了，并且排在日语、韩文之前。

其次是和首都机场合作的“文化国门——故宫印象”项目。这个项目展示区位于首都机场T3航站楼E19国际中转旅客休息区，展厅面积约50平方米，分为视频播放区和互动区。视频播放区播放由故宫博物院制作的十多个经典视频片，而在互动区，观众可以通过全息投影节目，欣赏红山文化代表作“C龙”等。这个项目建成后，受到国内外旅客的好评。有的旅客说，自从有了故宫数字展厅以后，再不怕航班晚点了。

第三，我们也在尝试制作一些视频片和影视作品，比如紫禁城的营缮记等。最近我们准备提升这方面，联手中国对外文化集团公司、北京歌华文化发展集团等文化单位共同推出大型驻场演出《紫禁城》，建设由歌华集团负责，院线由中国对外文化集团负责，故宫负责商标管理和内容监制。内容以明代永乐皇帝肇建紫禁城为平台，再现从选址、堪舆、规划建造一直到气势恢弘地将紫禁城建成的整个过程。希望在2016年能够正式演出，并且在2020年紫禁城建城600周年的时候，成为一个成熟的、代表北京文化的重要节目。

第四是故宫网站。故宫网站比较强大，平均每天都有100万人次以上的点击率。今年我们主攻提升的空间第一是英文网站，今年的目标是把英文网站做大做强，我们准备找专业人士进行把关，内容务求专业、准确、丰富。第二是筹建青少年网站，现在有越来越多的青少年在网上获取知识，所以我们想把青少年的部分做得更加活泼，寓教于乐。此外还有一些为学术研究服务的专业网站，比如基于影像的中国古代书画研究系统等。

第五是文化资产数字化应用研究。这个项目是故宫博物院和日本凸版印刷株式会社共同开展的，运用虚拟现实（VR）技术开发再现康乾盛世紫禁城金碧辉煌的雄姿。目前已完成了三大殿、养心殿、倦勤斋和灵沼轩等五部作品，正在制作第六部节目《角楼》。

第六，不断探索新媒体的应用，让更多的人把故宫文化带回家。我们在iPad应用方面也做了一些尝试，目前已在苹果商店推出故宫第一部iPad应用《胤禛美人图》。《清代皇帝服饰》、《紫禁城里的祥瑞》、《清代皇帝的一天》、《韩熙载夜宴图》等节目也在制作中。我们还开展了360全景项目，采用360度虚拟全景技术，对紫禁城建筑内外的实景进行全方位、多角度地展示，并通过互动游览、知识链接等多媒体新技术表现古建筑结构布局、文物历史以及相关文化知识。我们在文化产品的研发、销售方面也不断创新。比如开设故宫淘宝网店，推出宫廷娃娃等一系列受顾客喜爱的产品。此外，故宫出版社拥有国际最领先的书画复制技术，运用这项技术制作的书画复制品获得了海内外朋友的喜爱。德国总理默克尔访华时来故宫博物院参观，临走的时候送给她一件书画复制品，她非常高兴。

下面向大家介绍一下我们正在实施的平安故宫工程。平安故宫工程也是一个系统工程，在这里数字技术也将得到发展和应用。2013年4月16日，国务院副总理刘延东同志及国务院八个部委的相关负责同志赴故宫博物院西玉河基地调研并召开现场会，正式批准了平安故宫工程。平安故宫，主要指故宫17万平方米的古建筑群的安全、180万件文物藏品的安全以及

1500万观众的安全。平安故宫工程重点要解决七大隐患：火灾隐患、盗窃隐患、震灾隐患、藏品自然损坏隐患、文物库房安全隐患、基础设施安全隐患和观众安全隐患。

针对这七个隐患，将建设七项重点工程。我简单地给大家作一个汇报。

第一就是故宫博物院北院区建设。北院区选址在海淀区，目前选定的区域是一个47万平方米的用地，周围是一个闭合的交通系统和市政系统，中间有一片湿地，北面有一条河，环境很好。作为海淀区北部新区的重点文化项目和未来重要的公共文化设施，故宫博物院北院区将进行多功能的分区使用，包括文物修复与展示中心（非物质文化遗产展示）、国际博物馆协会培训中心、故宫文化产品研发中心、故宫文化传播中心（包括数字博物馆、数字音像出版等）、宫廷园艺中心和社区文化中心等方面的功能。其中国际博物馆协会培训中心将于今年7月1日在故宫博物院设立。大家知道，国际博物馆协会是我们文物博物馆界最早设立、最有影响的国际组织，于1946年成立。国际博物馆协会这几十年来从未在巴黎总部以外设立任何机构，这次他们同意在中国设立一个培训中心，并且同意设在故宫博物院，我们觉得责任很大。此外，由故宫博物院主办、文保科技部承办的古书画装裱修复培训班于2013年3月4日在故宫博物院西玉河综合基地正式开班，并于2013年5月31日圆满结束。共有来自全国11座博物馆和4个研究单位的学员参加了本次培训班。

第二个项目是地下文物库房建设。故宫博物院目前已建成两期文物库房，储存了大约90万件文物。但是现有库房在智能化管理、保护条件、面积等方面都不太适用我们今后的发展。所以要进行完善和改造，改造以后我们希望每一间库房的温湿度可以进行智能化调控，文物藏品防震必须达到安全标准，收藏文物的数量能够从90万件增长到120万件左右。

第三个项目是基础设施改造。基础设施改造在故宫博物院是一项非常重大的工程，受古建筑条件所限，多年来一直未能找到最佳的方案。这次我们下决心调整布局，按照“整体规划、论证先行、分区分阶段实施”的原则，在确保安全的前提下，对现有基础设施，如给水管线、消防管线、雨水管线、污水管线、供热管线、供配电系统、智能化系统等进行全面改造和升级，实现管线的优化管理，方便维护和检修，以期及时发现问题，消除安全隐患，以完善、先进的基础设施，为故宫博物院安全奠定坚实的基础。

第四是世界文化遗产监测项目。这是一项非常重要的工作，也是联合国教科文组织极力要求世界遗产地都要实施一项工程，故宫博物院在这方面应当起到带头作用。我们已经建立了世界文化遗产监测平台，成立了专门的监测组织机构，对文物建筑、室外陈设、植物动物、环境质量、游客动态、安全防范、基础设施、馆藏文物、非古建筑、监测保障等10个方面内容进行持续监测，以期为专业保护、合理利用提供科学依据。这些监测成果将每年形成一份完整监测报告。2012年的监测报告即将以中文和英文两种文字正式出版。

第五是故宫安全防范新系统。故宫博物院的老中控室在1998年建成，当时公安局来验收的时候说，北京有两个大型公共设施安防系统是最先进的，一个是中央电视台，一个是故宫博物院。前年公安局又来的时候说，北京有两个大型公共设施，安防系统是最落后的，一个是中央电视台，一个是故宫博物院。因为中央电视台要迁址，所以就没提升，故宫博物院哪都不能去，但是也没提升，结果吃了亏。现在我们要抓紧安防系统提升，2012年10月故宫新安防系统正式启用，2013年底所有的设施将装配完善。这些系统包括防火、防雷、防盗、视频监控、客流监测系统以及展厅温湿度监控系统等。我们还要继续往前走，通过物联网等新技术使我们安防系统不断更新，更加强大。特别要说的是，故宫博物院的参观人数一直在逐年攀升，2012年10月2日，观众达到18万2000人，远远超过了故宫博物院的承受能力。当大量观众涌入以后，如何进行疏导也将是数字故宫的研究方向。再比如文渊阁，于2013年4月29日正式对外开放。那天我们充满期待，中央电视台还架设摄像机拍了一天，结果上午只去了十几个观众。其实此前已经做了很多宣传，但是还是要靠数字技术对观众进行引导。

第六个项目是藏品防震。我们将根据北京地区的震情预测和故宫文物保护的具体要求，对展厅正在陈列文物的展柜、台座等进行全面排查、逐步更新升级。对文物库房采用封闭式、轨道式金属质密集柜，以有效防止柜体倒塌，起到防止文物损毁的作用；依据文物藏品的质地、体量，量身定做能够承受相当压力的文物囊匣，发挥囊匣在保护文物藏品方面的重要作用。同时，通过加装减隔震设施等现代科学技术手段，逐步实现对文物库房和展厅内文物的全面抗震防护。

第七是院藏文物抢救性科技保护。针对大量院藏文物濒临腐蚀、锈蚀等严重自然损坏，将新建古代陶瓷试验和修复研究室、青铜器修复工作室、囊匣制作工作室，建立临时大体量木器文物保护修复工作室、纺织品文物保护修复工作室、古字画装裱修复工作室（兼作培训中心）、镶嵌文物保护修复工作室等，建立文物修复中心（木器、纺织品、镶嵌、字画装裱等），利用科学技术和传统技艺相结合对文物藏品进行修复。经国家文物局批准，并报联合国教科文组织同意，故宫西河沿将作为故宫博物院文保科技部新址。这个区域位于紫禁城以内、红墙以外，长300多米，计划建设13000平方米的文保科技用房。我们计划在2015年将红墙内的九处办公区整体迁出红墙外，将红墙内的区域全部让给观众，实现开放面积达到76%的目标。

最后强调一点，就是我们要格外关注数字化在线存储和离线存储。在今天这样一个信息时代，大量的数字信息存放在各类储存设备中，可以说它们的重要性不亚于故宫里保管的各类藏品，它们同样承载着无法再现的历史信息。打一个比方，故宫里收藏有历代帝王收集的28000件碑帖，经过战乱和自然的风化，这些作品原来对应的摩崖石刻很多已经消失，而这些碑帖就成为了唯一的历史证据。那么我们再把它们进行数字化的扫描加工存储，这些珍贵资源就可以永久地保存下去。

（2013年5月30日）

故宫，更开放、更平安——把壮美的紫禁城完整地交给下一个600年

——在“永远的故宫——故宫文化走进企业系列讲座之走进雅昌”活动的报告

我第一次使用“把壮美的紫禁城完整地交给下一个600年”这个题目，是今年4月在台北故宫博物院，当时受冯明珠院长邀请，向台北故宫博物院员工介绍北京故宫博物院的情况。我首先介绍了故宫博物院的文化资源。

一　故宫博物院拥有三大文化资源

文化资源之一：17万平方米的古代宫殿建筑群。

故宫博物院所在的紫禁城，既是世界最大规模的木结构建筑群，也是世界最大规模的宫殿建筑群。紫禁城在北京这座文化古都里占有非常独特的地位，大家知道，北京城区从永定门到钟楼，有一条堪称世界上最美丽的城市中轴线，在这条7.8公里的传统中轴线上，最重要也是最核心的一组建筑群，就是拥有9000间房屋、17万平方米建筑面积的故宫古建筑群。正因为如此，故宫被列为最高的保护级别，是国务院公布的首批全国重点文物保护单位，也是我国第一批进入《世界遗产名录》的世界文化遗产。

故宫博物院占据着北京历史城区1.06平方公里中心地区，由此影响着北京城市中心地区的空间形态。一般来说，全世界各大城市的中心地区都是寸土寸金的黄金地段，一般都作为商务中心区，由高层、超高层建筑统治着城市天际线，甚至一些历史性城市也是如此。但是北京历史上的皇城地区，如今却呈现出平缓开阔的空间布局。有人将北京历史城区的空间形态描述为像一个“盆”的形状，皇城地区是“盆”底，由中心向四周逐渐高耸起来，过了二环、三环，高层建筑开始密集起来。长期以来，城市经济的发展，城市建设的活跃，使北京历史城区保护压力加剧，人们普遍担心这个“盆”底越来越小。正因为如此，进入新世纪以来，一方面编制了《北京中轴线城市设计》、《北京皇城保护规划》、《北京旧城25片历史文化保护区保护规划》等，力图保护以故宫古建筑群为中心的空间形态。另一方面将北京商务中心区、奥林匹克公园、中关村西区等大规模城市功能区建设，远离城市历史中心规划布局。

2005年第29届世界遗产委员会大会通过了中国政府申报的北京故宫缓冲区方案，这一缓冲区包括紫禁城在内，总面积达到14.63平方公里。这是世界文化遗产故宫文化景观保护的底线。故宫文化景观所构成的各个元素是一个有机整体，因此必须整体加以保护。其中包括壮美的建筑、严谨的形制、绚丽的彩绘、生动的空间、精美的装饰、独特的色彩、真实的信

息、典雅的园林，所有这些共同构成了今天故宫博物院丰富的文化景观。今天在我国的历史性城市中心，已经很难看到由北海、景山、太庙、社稷坛等构成的生动的天际轮廓线和壮美的文化空间，展现出无与伦比的城市文化景观。

文化资源之二：180余万件馆藏文物。

如果在10年前，即使是故宫博物院院长也难以说清故宫博物院所拥有的文物藏品数量。那时关于故宫博物院的文物藏品说明，往往介绍拥有近100万件或100余万件。但是，自2004年开始，故宫博物院进行了持续7年时间的大规模文物藏品清理，经过全面系统的普查整理，得出了文物藏品的准确数量，院藏文物数量从100万件左右，增加到了1807558件（套），真正做到实物和目录一一对应。其中珍贵文物1684490件，占文物藏品总数的93.2%；一般文物115491件，占文物藏品总数的6.4%；标本7577件，占文物藏品总数的不足0.4%。这是故宫博物院自建院以来，在文物藏品数量上第一个全面而科学的数字。

目前，故宫博物院的文物藏品分为25大类，其中绘画53492件，法书75035件，碑帖28560件，铜器159974件，金银器11651件，漆器18911件，珐琅器6616件，玉石器31795件，雕塑10206件，陶瓷366615件，织绣180836件，雕刻工艺11423件，其他工艺13562件，文具68127件，生活用具39886件，钟表仪器2834件，珍宝1134件，宗教文物41948件，武备仪仗32716件，帝后玺册5060件，铭刻33283件，外国文物1825件，其他文物3909件，古籍文献603061件，古建藏品4923件。另有其他191件。

目前，故宫博物院文物藏品清理的后续工作仍在持续，一方面文物藏品清理进入精细化阶段，使之成为常态化的基础工作。另一方面通过多种方式向社会公开文物藏品清理成果，一是核准和公布《故宫博物院藏品总目》，2013年1月故宫博物院向社会公布了首批藏品目录，年中又进行了第二次发布，增加了“古籍文献”类藏品的信息。不久以后故宫博物院的文物藏品将得以全部对社会公布。二是编辑和出版《故宫博物院藏品大系》，精选最具典型和代表性的文物藏品约15万件，分为26编，总规模预计500卷。

在故宫博物院的文物藏品中，绘画、法书、碑帖，以及古籍文献等，是较为脆弱的纸质文物藏品。这些文物藏品大多数保存在地下文物库房，需要良好的保管条件。同时，故宫博物院对于纸质文物的提取有着非常严格的要求，例如不久前在武英殿书画馆展出了《千里江山图》，是故宫博物院建院88年来第一次将此件绘画藏品全部展开面世。虽然武英殿书画馆是一个对观众开放的展馆，观众都可以入内参观，但是对于故宫博物院院长来说，也十分珍惜这个机会，抓紧时间去参观，原因是根据故宫博物院藏品保管规定，书画藏品面世一次至少需要“休息”3年时间，其间即使院长也无权调阅文物藏品。

不少人认为故宫博物院的文物藏品基本是明清时代的遗存，这既是事实，也不完全是事实，虽然故宫博物院的文物藏品中86.9%为清宫旧藏，但是其中有数十万件文物藏品为明清以前的早期文物。例如院藏碑帖是非常重要的文物藏品。其中包括大量清宫旧藏，过去历代皇帝都研习书法，广泛收集名山大川的摩崖石刻、田野碑刻的文化信息，因此所收藏的碑帖不但数量大，而且内容全。千百年后，当那些处于自然状态下的石刻文物已经严重风化，甚至因战争等原因而被损毁，而只有故宫博物院妥善地保存着这些唯一真实的信息，碑帖文物的重要性也在于此。此外在绘画、法书、铜器、玉石器、雕塑、铭刻等文物藏品中均有大量早期文物藏品。其中数量巨大的铜器藏品与馆藏数量更为巨大的瓷器藏品，在当年的使用性质并不一样，因为今天的瓷器藏品在明清时代大多数是日常生活用品，当时并不是艺术品，更不是收藏品，但是铜器在当时就已经是珍贵的艺术品、收藏品，其中有的时代很早，例如商代、西周时期的铜器，它们出土于不同地区，因此有丰富的类型。玉石器也是故宫博物院文物藏品的骄傲，不但数量大，而且汇集着中华五千年文明的实物证据，包括“良渚文化”、“红山文化”，甚至更早一些的“凌家滩文化”重要出土文物资料。

总之，故宫博物院是世界上最丰富的中国古代艺术宝库，是一部浓缩的5000年中华文明史，中华民族绵延不断的历史文化，在故宫博物院的文物藏品中可以得到实物证明。就时代来讲，上自新石器时代，下至宋元明清直至近现代，就地域来讲，来自古代中国各个地域，包括汉族和古代许多少数民族的文明见证与艺术精华，除此之外，还有大量来自异国的文物，例如院藏钟表仪器类文物藏品，其中大多数是西洋钟表，共有2200余件，这些来自于欧洲各地的钟表仪器在当时应该是稀罕的物品，但是紫禁城却有大量珍藏，证明当年这里与世界各国有着广泛的友好交流。

经常有人将故宫博物院的文物藏品与台北故宫博物院的文物藏品进行比较，甚至传说当年将故宫博物院最重要的文物藏品都运到了海峡彼岸，当然这不是事实。但是更加重要的是，今天两岸故宫博物院同仁都在悉心地保护着这些珍贵文物，并都在努力将故宫文化融入社会生活，惠及广大民众。事实上，两岸故宫博物院同根同源，文物藏品具有一定的互补性。今年4月我率团访问台北故宫博物院时，冯明珠院长向我们详细介绍了院藏文物的有关信息，截至年今年3月31日，台北故宫博物院典藏文物总数696112件。其中，绘画6519件、法书3640件、法帖490件、铜器6211件、瓷器25526件、玉器13472件、珐琅器2520件、漆器724件、杂项12899件、织品1486件、文具2379件、雕刻658件、钱币6953件、丝绣308件、成扇1879件、善本书籍211190册、清宫档案文献386862册件、满蒙藏文文献11501件、拓片895件。同时我们了解到，在台北故宫博物院的文物藏品中，85.8%源自北京的故宫博物院，数量为597556件。

文化资源之三：每年1500万以上的观众。

每天到访的数以万计的可爱的观众，既是故宫博物院的文化资源，也是现时最大的压力。10年前的2002年，故宫博物院的观众数量是700万，当时世界上观众数量最多的博物馆是法国卢浮宫博物馆，10年以后，2012年故宫的观众增长了一倍，达到1400多万，成为世界上唯一一座观众数量超过1000万的博物馆，去年故宫博物院的观众数量继续增长，达到1534万。2012年10月2日，是故宫博物院历史上观众最多的一天，达到18.2万人。去年我请教过卢浮宫博物馆馆长，他们去年的观众也达到了历史上最多的900余万人。

除此之外，故宫博物院每年还要接待大量包括各国国家元首和政府首脑，以及来自世界各地和国内不同民族、宗教、文化、教育行业的人士。例如2011年故宫博物院接待国内外贵宾团体和免费参观的学生团体843批，51127人。因此，故宫博物院的观众，是世界博物馆领域数量最为庞大、结构最为复杂的观众群体。同时，故宫博物院观众的淡季与旺季差距非常明显，在每年的观众流量曲线图上呈现出“双针一峰”图形，即“五一”、“十一”两根针，暑期一座峰。进入故宫博物院的观众有一个显著特点，就是90%的观众几乎都是目不斜视，一直往前走，不往两边看，急于去看皇帝曾经坐在什么地方，再往前走去看皇帝曾经躺在什么地方，再往前走就到了紫禁城的北部，往往看过御花园后就来到故宫博物院的后门神武门。出门以后有的观众会抱怨说，没有看见故宫博物院的书画、瓷器、玉器等珍贵文物藏品。其实大量的文物展览都在东路、西路和外东路、外西路，布局十分分散，很多观众没有时间参观。例如今年“五一”，文渊阁首次对观众开放，之前通过媒体进行了大量报道，故宫博物院制定了如果观众过于集中的疏散预案，但是当日仅有数十名观众进入文渊阁参观。有的观众去过台北故宫博物院，进博物馆以后看到的都是文物陈列，感觉文物展品很丰富，实际上台北故宫博物院同时展出的文物展品数量3000件左右，而北京故宫博物院同时展出的文物展品数量一般在9000件左右，但是由于过于分散，相当一部分是原状陈列，容易被观众所忽视。

总之，故宫博物院所拥有的三大文化资源，都是独一无二的世界级文化资源。即世界上最大规模的木结构宫殿古建筑群，世界上收藏数量最多的中国文物藏品，世界上数量最多且结构最复杂的观众群体，这些都说明故宫博物院应该是一座独具特色的博物馆，一座对于社会民众和社会发展作出更大贡献的博物馆，一座对于促进世界文化多样性承担更加重要责任的博物馆。同时，故宫既是世界著名的文化遗产地，又是世界著名的博物馆，还是世界著名的旅游目的地，这些文化身份集于一身，就要求故宫博物院应该通过不懈的努力，成为既值得骄傲，又令人尊敬的文化典范。

二　面对未来，故宫博物院的三大目标

面对这座历经沧桑的古代宫殿建筑群，面对这座独具特色的博物馆，面对未来，故宫博物院提出了三个发展目标：

目标一：“把壮美的紫禁城完整地交给下一个六百年”。

600年前，在今天故宫博物院这片神奇的土地上，正在进行举国瞩目的大规模建设，1420年永乐皇帝肇建的紫禁城气势恢宏的落成。也就是说，再过8年，到2020年紫禁城就要迎来600岁的生日。同时，这一年很具象征意义，就国家来讲我国政府宣布将在2020年全面实现小康社会。对于故宫博物院来说，国务院批准的两项重大文化工程都将在2020年完成。第一项是“故宫整体修缮”工程，这项工程从2002年开始实施，计划用18年的时间，每年国家财政投入1亿元专项资金，至2020年基本完成故宫古建筑群的整体修缮。第二项是“平安故宫”工程，这项工程今年4月获得批准，将历时8年时间，也是计划到2020年完成。这两项史无前例的重要文化遗产保护工程，完成的节点都是2020年，而这一年恰恰就是紫禁城建成

600周年，因此极具象征意义。希望通过这两项重要文化工程的顺利实施，能实现“把壮美的紫禁城完整地交给下一个六百年”的理想。

紫禁城城墙以内占地72万平方米，而目前故宫博物院的用地范围已经扩大到106万平方米，也就是1.06平方公里。一是在紫禁城的南面，增加了端门和午门与端门之间的“端门广场”。二是在紫禁城的北面，增加了北海和景山之间的大高玄殿道教古建筑群。正是由于这两个区域都在紫禁城筒子河之外，因此对于故宫博物院来说非常难得。因为紫禁城每天晚上五点半必须进行清场，闭馆关门，而端门和大高玄殿则可以继续对外开放，通过数字博物馆、数字图书馆和“故宫讲堂”，以及举办丰富多彩的文化活动，继续对市民们和来自世界各地的观众开放，进一步履行博物馆的文化传播职能和社会使命。

故宫博物院在已经编制完成的《故宫总体保护规划大纲》基础上，正在组织编制《故宫总体保护规划》。规划蓝图是故宫博物院实现可持续发展的法律依据，应给予高度重视。规划将对故宫博物院1.06平方公里范围内的人、地、房现状进行调查分析，合理确定每1平方米用地的性质，每1平方米建筑的功能；合理调整和确定功能分区和使用功能；合理确定动态交通、静态交通的路由和定位；合理确定各类基础设施的规模、布局和标准；合理确定故宫周边环境的整治和控制措施等，以便今后在《故宫总体保护规划》的指导下有序开展各项保护工作。

“把壮美的紫禁城完整地交给下一个六百年”，就要继续努力完成文物整体修缮工程。作为世界上最大规模的木结构建筑群，“故宫整体修缮”工程格外引人注目。这项工程于2002年10月开工，第一个项目武英殿古建筑群竣工后，成为今天的故宫博物院书画馆。“故宫整体修缮”工程是文物整体保护工程，因此不仅仅对每一栋文物建筑进行修缮，同时应在“整体保护”方面做好文章，力争通过“整体保护”解决好包括一系列历史遗留问题在内的故宫博物院健康发展问题。例如通过整体保护修缮工程，将不合理占用故宫用地和古建筑群的单位搬迁出紫禁城，维护故宫的完整性；通过整体保护修缮工程，拆除与历史文化环境不协调的现代添加建筑，维护故宫的真实性；通过整体保护修缮工程，将现状文保科技部门散在的工作机构迁出红墙以内区域，在西河沿区域整体安排，以利于扩大对外开放范围；通过整体保护修缮工程，将故宫内长期存在的大面积堆料场和花房等在紫禁城外安排，消除安全隐患和恢复历史景观。总之，通过“故宫整体修缮”工程使故宫古建筑群的整体保护水平得到明显提升。

“故宫整体修缮”工程的实施，一方面的意义是使古代建筑能够恢复它的健康状态，益寿延年，另一方面的作用是使故宫博物院的开放范围逐渐扩大。在此次整体保护修缮工程开始之前，也就是2002年之前，故宫博物院对观众开放范围大约占紫禁城的30%，经过10年持续的保护修缮工程，目前对观众开放范围已经达到了46%，再过8年，“故宫整体修缮”工程完成之日，故宫博物院对观众开放范围将达到76%，这也是我们目前还有信心能够应对不断增长观众数量的一个重要原因。

目前“故宫整体修缮”工程已经进入常态化实施阶段，要坚持“先救命后治病”的原则，优先修缮存在严重危险隐患的、能产生较大社会效益的、能更好发挥社会功能的文物建筑。“故宫整体修缮”工程要稳妥地安排年度文物建筑修缮计划，加强修缮过程中的管理，进行科学严格的勘察、设计、论证和施工，遵循《文物保护法》和文物工作方针，最大限度地保留历史信息，坚持不改变文物原状的原则，注重传统建筑文化的传承，即使用传统建筑材料、传统工艺技术，按照传统形制进行修缮，维护故宫古建筑群的真实性和完整性。同时，加强保护修缮工程中的科学研究，开展跨学科、跨专业的综合研究，把“故宫整体修缮”工程实施过程始终作为科学研究的过程。切实在文物建筑修缮中加强科研意识、课题意识，做好每一项文物建筑修缮工程详细记录，及时撰写文物建筑勘察设计报告和保护修缮工程竣工报告，陆续出版工程实录和研究报告。

今后不但要注重文物建筑的大修，还要注重文物建筑的岁修，注重日常的保养和维护。同时还要努力处理好保护修缮工程与正常开放的矛盾。

“故宫整体修缮”工程不是一般的建筑施工工程，而充满智慧的文化传承工程。例如倦勤斋保护修缮工程就是这方面的典范。倦勤斋位于故宫东北隅的宁寿宫区域，在乾隆皇帝作为太上皇宫殿的花园部分之中，仅是花园四进院落中最后一进院落的最后一座建筑，建筑本身并无特别之处，但是这里凝练了江南园林造园艺术的精华，整座建筑的设计、构造、装饰，都可以窥见乾隆皇帝的审美旨趣。室内空间被巧妙分隔，建有二层仙楼和一座微型戏台；以竹黄、云锦、双面绣等当时流行于南方的工艺装饰，营造出北方建筑内的南方庭院环境。同时，倦勤斋所用金砖地面、紫檀木构、和田玉镶嵌等建筑材料，可谓登峰造极，尤其是戏台顶部以藤萝架和庭院景观为主题的巨幅通景画，令人叹为观止。保护修缮这幅通景画时，发现它是裱在一种特殊的纸质材料上，那种纸质材料来自于安徽山区生长的一种草，于是工程研究人员到当地寻找这种材料，并由当地工匠恢复使用这种草质材料制作纸浆，经过反复研发，制作出符合质量的传统材料，运到故宫，重新应用到倦勤斋的通景画修复工程中。由此可见，保护修缮工程往往伴随着大量研究和传统技艺传承工作。倦勤斋保护修缮工程前后经历了7年时间，这是故宫博物院对室内装饰装修进行的首次大规模保护修缮工程，由于其技术工艺与材料方面具有的复杂性，使这一项目具有开创意义和挑战性。为此，故宫博物院和美国世界文物建筑保护基金会密切合作，付出了艰辛努力。目前乾隆花园保护修缮工程仍在继续，预计在2019年有望竣工，对此人们充满期待，但是更加重要的是，任何一项保护修缮工程进度永远要服从工程质量。

实现“把壮美的紫禁城完整地交给下一个六百年”的目标，还伴随着环境的整治。今日紫禁城内存在一些历史上遗留下来的环境杂乱的地方，例如昔日的内务府区域，由于原有建筑早已不存，20世纪80年代和90年代先后在此建设了三层地下文物库房，此后地面逐渐变为施工暂设、堆料场地、职工停车场所。希望通过环境整治，建设与内务府原有建筑布局、体量相呼应，与周围环境相协调的传统形式建筑，可以作为书画部、器物部、宫廷部等专业部门的办公用房。一方面由于这些部门的日常工作与地下文物库房之间联系密切，有利于提高工作效率，另一方面使这些部门离开目前使用的南三所等文物建筑，排除安全隐患。

另一处需要进行环境整治的地段是南库区域，这里长期以来是施工备料场地，堆放着大量施工材料和建筑构件，环境十分脏乱。希望经过环境整治，恢复历史风貌。南库古建筑可以作为集中保护家具文物藏品的库房，故宫博物院现有6200件明清家具藏品，大多数由紫檀、黄花梨等珍贵材料制作，具有重要研究和观赏价值。但是目前存放于十几处地面家具库房，由于保管条件制约，缺少空气调节、防尘防腐保护措施，甚至有的家具藏品堆放至11层，亟待改善保护条件。由于南库古建筑规模较大，便于增加集中保护设施，并可以对家具文物进行仓储式保护展示。

实际上，长期以来故宫博物院还有两个愿望，一是希望把西华门两侧的“影壁楼”拆除。这组建筑是“文革”时期为遮挡北京饭店东楼对中南海的视线影响而建设，但是严重损毁了文物建筑，也影响了紫禁城的壮美。为了建设这组建筑，当年将西华门两侧的登城楼马道全部拆掉，造成紫禁城古建筑群的残缺，今天如果登西华门实施文物藏品管理，只能从别的城门绕过去。因此有必要恢复紫禁城文化景观的完整性和西华门古建筑群的真实性。二是希望恢复紫禁城城墙和筒子河之间历史上的围房。今天故宫博物院的职工编制是1450人，隶属于34个部处，其中半数左右是行政部处，另外半数是专业部处。希望通过筒子河围房的恢复，使行政部处能够搬出紫禁城，这样既可以使紫禁城内减少办公人员和停车的压力，也可以进一步扩大开放区域面积，为观众提供更多的参观空间，还有利于故宫古建筑群的安全。这两个愿望的实现，都需要经过艰苦努力，需要达成社会共识。

目标二：实施“平安工程”，确保故宫平安。

“平安故宫”工程是经过深入调查文物建筑保护状况，文物库房藏品保存环境，文物安防技防设备，文物保护科技设施，开放路线观众接待条件，员工工作生活区域，以及端门广场、大高玄殿等周边环境，发现在文物建筑、文物藏品和观众接待等各个环节，均存在一些安全隐患，有的方面相当严重，需要及时加以解决。2012年5月，故宫博物院凝聚全体员工的智慧，形成“平安故宫”工程方案，以彻底解决故宫存在的火灾隐患、盗窃隐患、震灾隐患、藏品自然损坏隐患、文物库房隐患、基础设施隐患、观众安全隐患等七大安全问题。“平安故宫”工程提出后，很快就引起国务院领导的高度关注，刘延东国务委员用整整一天时间在故宫博物院的开放与未开放区域、地面与地下库房进行调研，对于故宫博物院文物保护状况深感忧虑，对于深化“平安故宫”工程方案提出明确要求。

2013年3月4日，《“平安故宫”总体方案》正式上报国务院。4月16日，国务院刘延东副总理再次到故宫博物院西玉河基地调研，并主持召开“平安故宫”工程总体方案现场会议，国家发展改革委、财政部、文化部、公安部、科技部、武警总队、国家文物局、北京市政府等八个部门在会议上都进行了积极的表态，“平安故宫”工程方案得以批准。刘延东副总理强调，要把“平安故宫”工程作为重大文化建设工程，全面提升故宫博物院的文化遗产保护、展示传播和服务观众能力，实现故宫博物院的高水平保护利用和可持续发展，为传承弘扬中华优秀传统文化，满足广大民众精神文化需求，提升国家软实力作出新贡献。

“平安故宫”工程的近期目标，是争取用3年时间，在2015年，即故宫博物院成立90周年之时，有效缓解目前存在的防火、防盗、防雷、防震、防踩踏等方面的重大安全隐患，解除其中最紧迫、最危险的隐患点。“平安故宫”工程的中长期目标，是用8年时间，在2020年，即紫禁城建成600年之时，基本实现故宫博物院进入安全稳定的健康状态，全面提升管理和服务水平，迈进世界一流博物馆行列。

“平安故宫”工程的保护对象包括三个方面。一是17余万平方米故宫古建筑群的安全，二是180余万件文物藏品的安全，三是每年1500余万观众的安全。“平安故宫”工程主要解决故宫面临的七个方面安全隐患：

一是火灾隐患。对于故宫古建筑群来说，这也是最需要排除的隐患，因为木结构的古代建筑最怕火，实际上故宫博物院建院以来最惨痛的一次教训也是火灾，即1987年景阳宫火灾，损失严重。故宫博物院高压消防系统覆盖不全面，一些古建筑周围未设消防栓；防雷避雷设施有所欠缺，古建筑因雷击损坏及引发火灾时有发生；为展览、安保等需要在古建筑群内设置的电气线路密如蛛网，因老化发热等因素随时可能引发火灾；因办公、藏品库房面积不足等原因临时建设的“彩钢房”也存在严重安全隐患。同时，还有观众吸烟等不文明的行为。

二是盗窃隐患。前年盗贼进入故宫博物院展厅盗走展品的事件，使安防技防设施落后的状况得到关注，与近年来全国各地新建的现代化博物馆相比，故宫博物院安防技防系统老化，设施相对落后。故宫博物院安保设备建于上世纪90年代，10多年没有升级，无法适应当前盗窃手段不断提升，呈现集团化、智能化和暴力化的趋势。

三是震灾隐患。北京地处燕山地震带与华北平原中部地震带的交汇处，历史上多次发生强震，因此必须常备防震意识。故宫博物院文物库房中的文物藏品和日常原状陈列的文物展品，虽然采取了一些传统的简易防震手段，但是很不系统、规范，缺少必要的减隔震措施，因库房面积严重不足，瓷器等脆弱文物无法装入囊匣而集中叠累，均存在严重防震安全问题。就目前状况而言，如果发生强烈地震，故宫博物院的文物建筑、文物藏品和观众疏散等方面，均会出现很多问题，必须引起高的关注。

四是藏品自然损坏隐患。囿于地库空间的局限，故宫博物院180万件藏品中目前仍有约一半只能利用古建筑作为库房，由于古建筑内不能通电源，因此没有空调设施，库房内夏季潮湿、冬季干燥，对文物藏品保管极为不利，更加上一些文物库房空间狭小，藏品大量堆积，例如有的文物库房内家具文物堆积高达10－11层，由于缺少藏品柜具，一些金属文物、古代乐器、西洋钟等堆放在地面上，保管条件恶劣。故宫博物院的展室均在古建筑内，除少数几处可以实现相对有限的温湿度控制外，基本处于自然状态。这些藏品面临寒、暑、光、尘等自然条件的威胁，无法达到文物保护的基本条件，日积月累，造成致命的隐性伤害。由于陈列展厅的文物展柜，不能适应文物保管和陈列展览的实际需要，不能有效地密封，亟须进行系统地、分批次地更新。

五是文物库房隐患。故宫博物院的文物藏品数量巨大、种类繁多、内涵丰富，其中相当数量的珍贵文物藏品对于保管环境有特殊要求。但是，故宫博物院的文物库房使用年代久远，布局分散，与近年来一些新建大型博物馆的文物库房相比存在明显差距。很多原状库房由于年久失修，室内古代建筑装饰和陈设保护状况不佳，缺少通风、防尘、恒温条件，造成有的原状文物损毁严重，亟待抢救性保护。故宫博物院在20世纪80年代建设了一期地下文物库房，90年代又建设了二期地下文物库房。目前，地下文物库房内保管了90万件文物。经过20－30年的运营，故宫博物院的地下文物库房出现了一些问题。一是存在一些地下水渗漏问题，虽然并不严重，但是对于地下文物库房来说是必须加以解决的问题。二是由于当时的条件制约，二期地下文物库房采用的是水冷式空调系统，在地下文物库房上方储备了约50吨水作为冷却水源，目前冷却管、蒸发器已锈蚀，一旦开裂，文物将遭灭顶之灾。三是空调系统缺乏调控功能，整个地下文物库房只能设定一个温度、一个湿度，而不能根据每间库房所保管文物类别对于温度、湿度进行单独调节，目前故宫博物院的地下文物库房是按照书画文物所适宜的保存条件设定温湿度，因为相比之下书画文物最为脆弱，但是对于一些其他类别文物来说就不一定合适，例如墨的保存就希望湿度大一些，否则就会出现干裂。同时由于地下库房的新风送量不足，因此对于长时间工作其间的员工健康造成不利影响。

六是基础设施隐患。故宫博物院基础设施大部分建于上世纪50－80年代，有的甚至可以追溯到明代，缺乏统一规划，老化、腐蚀严重，存在跑冒滴漏，甚至爆裂现象，隐患重重。随着工作环境和条件的变化，故宫博物院内地上、地下的基础设施管线类别不断增加，布局愈加复杂，犬牙交错。同时，数量不断增长的空调设备、数量不断增加的机动车，增添了很多安全隐患。

七是观众安全隐患。目前，故宫博物院每年接待观众约1500万人次，且仍以年均约100万人次的速度递增，构成了全世界数量最庞大、结构最复杂的观众群，由此造成的人身伤害等突发事件威胁不断加剧。虽然故宫博物院没有发生过观众踩踏事件，但是隐患日益加剧。观众在紫禁城内参观过程中，要经过高低错落的复杂地形，万一发生一些不文明的推搡行为，老人、孩子等相对弱势群体将面临严重威胁。

“平安故宫”工程主要包括七项重点内容：

一是故宫博物院北院区建设。

调研发现目前世界一些著名博物馆都在寻找未来的发展空间，有的已经得以实现，有的正在实施。例如雅典卫城博物馆在雅典卫城山上，由于地处古代遗址范围，空间狭小，观众密集，于是就在距离卫城山340米之外，建设了新卫城博物馆，透过新的博物馆展厅的窗户，可以清晰地看到雅典卫城，馆舍的扩大使博物馆赢得了新的发展机遇。俄罗斯国家历史博物馆在建设了第二处馆舍之后，在本世纪又扩建了第三处较大规模的新馆舍，成为一个不断生长的博物馆。大英博物馆虽然没有另行选址扩建，但是智慧地将建筑内部巨大的围合空间进行了顶部覆盖，形成了大规模的观众共享空间。东京国立博物馆经过五期扩建，如今在上野公园附近形成一个不同展示功能的博物馆群。同时，调研发现世界上很多博物馆在馆舍增建扩建的时候，特别注重文物藏品科技保护设施的完善，例如我曾经考察过的埃及国家大博物馆，虽然博物馆部分还没有建成，但是首先建成了大规模的文物藏品保护中心，拥有

8个文物科技保护工作室，每个工作室都有数千平方米的使用面积，分为修复不同性质文物藏品的工作平台，这是一个世界级的平台，来自世界各地的文物保护科技人员在这个平台上进行文物修复，开展学术研究，看了以后非常令人羡慕。我认为故宫博物院北院区也要拥有中国文物藏品科技保护修复的世界级平台，这样才能使180余万件院藏文物及时得到保护修复，也才能实现故宫博物院文物科技保护修复技术对博物馆事业做出更大贡献。

今年4月访问台北故宫博物院，了解到他们也在台湾南部的嘉义县，正在开始建设台北故宫博物院南院区，计划2016年建成。一个北院区、一个南院区，不谋而合。故宫博物院北院区选址在海淀区上庄南沙河畔。此前北京市规划委员会从北京市文化发展的全局考虑，曾经建议故宫博物院在北京历史城区传统中轴线西侧的天桥附近选址建设，我认为故宫文化和天桥文化不易兼容，而昔日皇宫在紫禁城外面寻找发展空间，大多选择在西北郊地区，例如畅春园、圆明园、万寿山清漪园、玉泉山静明园、香山静宜园组成的“三山五园”，均在今日海淀区范围内，形成传统。因此故宫博物院此次发展还希望在西北方向选址，同时，历史上故宫博物院在海淀上庄地区有一座昔日烧琉璃建筑材料的窑厂，可以利用起来。这一建议得到了北京市规划委员会、海淀区政府的支持，于是就有了故宫博物院北院区。

故宫博物院北院区整体规划用地47万平方米，一期工程准备安排12.5万平方米的建筑，容积率不高，易于营造良好环境，也为未来发展留有余地。将通过征集方案获得优秀设计。希望未来故宫博物院北院区的建筑群与环境景观，能够体现民族传统、地方特色和时代精神的结合，同时也应该是一组绿色的、低碳的、零排放的现代化智能型建筑群，满足今后博物馆丰富的使用功能。故宫博物院北院区中最主要的功能是文物保护修复中心，旨在解决故宫博物院大量大型珍贵文物，例如家具、地毯、巨幅绘画、卤簿仪仗等，因场地局限而长期无法得到及时、大规模的科学保护和有效展示的问题，同时把文物修复的传统技艺，即非物质文化遗产保护技能展示给公众。文物保护修复中心规划面积20000平方米，其中5000平方米实现开放展示，使社会公众可以参观文物藏品保护修复的过程，了解博物馆科技人员的幕后工作及其意义。

在使用功能方面排在第二位的是博物馆展厅，规划面积55000平方米，如果加上5000平方米对外开放展示的文物保护修复中心，共计有60000平方米的展览设施，相当于一座大型博物馆。由于故宫博物院的文物藏品数量大、价值高，因此社会公众希望观赏到更多的精品文物藏品，故宫博物院应努力创造条件，把更多的文物藏品展示给观众。故宫博物院北院区展览设施的建设，将有力改善目前故宫博物院缺少展览空间的不足，一些大型主题展览将可以系统地加以安排，实现应有的震撼力、影响力。在故宫博物院北院区还将建设古典宫廷园艺中心，重新振兴紫禁城宫廷园艺。同时建设数字博物馆，使故宫博物院数字技术能够得到展示。

目前，故宫博物院北院区项目已经完成规划构思，正在进行项目前期建筑策划与概念设计研究、编制项目建议书等工作。同时周界报警工程、宫廷园艺研究中心园林景观改造工程等开始实施。几年以后，故宫博物院北院区的建成，将为实现故宫博物院可持续发展打好基础，也将为北京市增添一处大型文化设施，使故宫博物院的文化资源更好的社会和社会发展服务。预计故宫博物院北院区开放以后，每年将迎来不少于300万的观众。

二是地下文物库房改造。

通过对原有地下文物库房进行升级改造，完善、加固地库结构，改善防水、防震措施，按照现行国家工程建设消防技术标准改造文物库房，更换陈旧老化设备，实现温湿度分区分类调控，使现存地库的90余万件文物藏品得到更加科学的保护。同时，经科学论证，合理增加文物科学保管空间，按照国内外博物馆惯例和藏品管理标准，在地库内完善文物摄影、筹展场地等配套使用功能，使之更好地实现文物藏品保管功能，从而逐步减少地面文物库房，拆除临时彩钢板库房建筑，整体提升文物保管条件。根据规划设计方案，将在地下文物库房与即将建设的文物保护科技中心之间，建设地下通道加以连接，使文物藏品在移动过程中更加安全。目前，地下文物库房改造工程已经完成了概念方案设计，并取得国家文物局及北京市文物局的批复意见，正在编制报审项目建议书。

三是基础设施改造。

在紫禁城内进行基础设施改造，是一个难度非常大的工程，因为很多基础设施管线要穿越红墙以内的古建筑群，同时，基础设施管线种类也在不断增加，由原来的7－8种基础设施管线，增加到17－18种管线。正因为存在这种复杂性，基础设施改造方案前后审查了7年时间，未能获得通过。后来调整了规划思路，将70%以上的能源使用部门集中安排在故宫博物院的西南侧，例如文物保护科技中心、业务办公用房、地下文物库房、武警部队营房等，这样尽量减少基础设施管线穿越红墙以内的古建筑群。基础设施改造工程将按照“整体规划、论证先行、分区分阶段实施”的原则，根据相关消防技术标准规范要求，整体规划设计火灾防控系统，在充分调研分析故宫博物院整体火灾风险的前期下，采取针对性措施，提出与故宫博物院消防安全需求相一致的消防标准要求并付诸实施。同时，在确保安全的前提下，对现有基础设施，如给水、消防、避雷、雨水、污水、供热等管线以及供配电和智能化系统、设施等进行全面规划建设和升级改造，实现优化管理，方便维护和检修，以期及时发现问题，消除隐患，以布局合理、完善先进的基础设施为故宫安全奠定坚实基础。目前，基础设施改造工程正在进行现状管线维修改造一期工程的考古勘探工作，编制并报审一期（试点）工程项目建议书。

四是世界文化遗产监测。

1985年我国正式加入联合国教科文组织《保护世界文化和自然遗产公约》，并于1987年成功申报故宫列入《世界遗产名录》。目前，我国世界文化遗产的数量不断增加，但是始终伴随着“重申报、轻管理”的问题，因此世界遗产中心号召每处世界文化遗产地都要开展世界文化遗产监测，但是目前缺少世界文化遗产监测的成功经验，故宫作为我国第一批世界文化遗产，在保护范围内拥有庞大的文化遗产规模，应该率先实施世界文化遗产监测。

目前故宫博物院已经正式成立“故宫世界文化遗产监测中心”，建立起世界文化遗产监测管理系统，构建起了“故宫世界文化遗产监测信息化平台”，监测内容为文物建筑、室外陈设、植物动物、环境质量、游客动态、安全防范、基础设施、馆藏文物、非古建筑、监测保障等10个方面，包括可移动文物和不可移动文物、文化遗产与自然遗产、静态遗产和动态遗产、古代遗产和近代遗产、物质遗产和非物质遗产、文化景观和文化空间等内容，每个监测方面都需要具体细化，涵盖了故宫博物院的方方面面。力求全面真实地反映故宫文化遗产保存和安全状况，为安全管理决策提供数据支撑，推动世界文化遗产保护工作从被动到主动、从直觉判断到信息化和智能化、由事后反应到事前预防的转变，实现故宫文化遗产保护的完整性、时效性、科学性和系统性。当前亟待建立游客动态监测系统，重点做好文化遗产接待游客承载能力的测算，以此为基础，通过建立预约制度、优化参观路线、强化疏导干预等手段，最大限度避免游客踩踏等恶性事件发生。同时，目前按计划开展午门城台监测、空气质量自动监测站与气象自动监测站的日常维护与保养、室外陈设基础数据采集、室外陈设材质检测与保存现状评估、展厅温湿度监测、白蚁监测系统建设等项目。

五是故宫安全防范新系统。

此前故宫博物院运行的安防系统于1998年初正式投入使用，已经14年没有更新。由于当年的设备和技术已经不能满足如今安全防范形势的需要，因此近两年紧锣密鼓地实施安全防范新系统建设，并于2012年10月实现了新中控室投入使用。就新中控室的规模和功能来说，是世界博物馆领域最为先进的，目前正在抓紧安装安防消防设施，计划于2013年底完成安防设施的全部安装，2014年底完成消防设施的全部安装。此次安全防范新系统实施完成后，故宫博物院的安全防范水平会有明显提高，但是安全防范水平的提升永无止境，需要永不停滞地开展，需要不断保持理念和技术手段的更新。故宫博物院的安防系统应该是世界上最先进的，因为故宫博物院所保护的文物建筑群和文物藏品的价值，是世界最高级别的文化遗产。因此，必须在实施这一阶段安全防范系统改造工程的同时，就要研究下一阶段升级完善的方案，规划建设智能化程度高、功能设置完善、性能可靠、综合防范能力具有世界先进水平的故宫博物院安全防范新系统。要努力研究通过“物联网”等先进技术，提高安全防范系统的科技含量，实现对文物建筑、文物藏品和观众安全的多种手段、多重保障、全面覆盖。

消防设施也要根据故宫博物院特点不断提升，故宫古建筑群的道道门洞、座座庭院、条条巷道的复杂环境，使消防防范非常复杂，需要配备适合故宫博物院的消防装备。同时，需要加强防雷设施的日常检测，加强安全防范设施的日常维护，使安全防范系统保持健康工作状态。今年“5·18”国际博物馆日，故宫博物院作出了一项重要决定，就是全面实施禁烟。故宫是木结构古建筑群，是世界文化遗产，因此，紫禁城范围内应该禁止吸烟。此前每当发现观众吸烟均及时进行制止，但是对于内部员工来说，从来没有禁止吸烟，因为对于每天都要长时间在院内工作的数百名吸烟的员工来说，禁止吸烟有一定难度。但是，事实上因为内部员工吸烟已经发生过两次危及古建筑群安全的火灾隐患，必须下决心实现“无烟故宫”。

实现故宫博物院的防火安全提升，还有一个艰巨的任务，就是拆除彩钢房临时建筑，两个月前公安部消防局向全国发出通知，要求拆除现存的彩钢房，但是故宫博物院内目前有58

栋彩钢房，约3600平方米，这些彩钢房分布在故宫古建筑群内，既严重影响环境景观，又存在严重安全风险隐患，因此，下决心全部拆除这些彩钢房，目前已经拆除了10栋左右。同时需要拆除的还有大量存在的与世界文化遗产环境景观不协调的现代建筑，据统计一共有5000平方米左右的这类建筑需要拆除。总之，为了保护故宫古建筑群及其环境质量，需要加大拆迁整治力度。

故宫博物院自2013年4月1日起，正式实行周一下午闭馆措施。闭馆期间，文物建筑、文物展品等得以保养，安防、消防报警设备得以测试，观众服务设施得到维修，数字化采集和文化展示得以顺利开展，一线员工得到集中培训，院容卫生得到了更为彻底的清理。由于前期积极地与媒体联络，提前主动地向观众发布闭馆信息和说明原因，所以实行每周一下午闭馆的措施得到了社会公众的普遍理解。为解决御花园观众高峰时段人员拥挤问题，杜绝踩踏隐患，故宫博物院在清明小长假期间，对御花园试行分流疏导和短时限流。根据实施情况，“五一”期间又做出了调整，这些措施缓解了“嗓子眼”御花园的观众压力，也为观众提供了方便。

今后，应结合安全责任网格管理，合理设置应急备勤岗位并配备器材装备。强化日常保卫和应变处置能力，实现技防、人防、物防有机结合，全面提升安全防范工作水平。同时坚持每日对责任区和各工作岗点进行安全巡查，春节、清明节等节假日及两会期间，组织安全大检查，加强安全工作管理和监督。在贵宾接待方面，改变国宾接待路线，以确保观众参观安全和维护世界文化遗产尊严。目前，故宫安全防范新系统正在稳步实施。安防工程目前已完成合同总量的80%。完成了《故宫博物院安防视频监控系统无缝隙加密工程的实施方案》、《门禁系统升级改造项目可行性研究报告》的编制。警情联动系统和巡更系统升级改造项目进入政府采购程序。端门一午门安防升级改造工程已经完成。同时，就文物藏品全时空技术防范进行方案设计；根据专家论证会意见对《应急指挥中心信息管理平台方案》进行修改。

六是院藏文物防震。

对故宫博物院的文物库房和展室进行全面排查，制定切实可行的防震措施。例如针对文物库房，采用封闭式、轨道式金属密集柜、文物囊匣相结合的手段，提升文物藏品抗震功能。针对原状陈列文物展品，研究现代减隔震技术的应用，逐步实现抗震安全防护。针对文物建筑本体，需要逐项进行减隔震试验，采取适用抗震方案，并注重制定文物建筑内装修等非结构构件及附属设施的抗震措施，强化文物建筑的抗震能力。通过上述措施，逐步实现对院藏文物的全面抗震防护，力求使故宫博物院的文物藏品和文物建筑，能够防御北京周边发生8级左右特大地震的威胁。同时，及时提出地震引起的次生灾害的防御对策，全面落实临震和震后的应急防护机制、紧急抢救和修复等综合防灾措施。目前，院藏文物防震项目已经完成第一期文物防震评估，在采用囊匣加密集柜、密集柜加隔震地板和密集柜隔震系统三种方式逐步推行文物库房改造，以及采用“隔固结合”的方式进行原状库房文物保护方面提出专业建议。已经针对4个地面、地下文物库房开展防震试点，采用囊匣加密集柜形式加以防震保护。

七是院藏文物抢救性科技修复保护。

针对大量院藏文物濒临腐蚀、锈蚀等严重自然损坏状况，亟须建立大型、综合文物修复中心，以现代科技与传统技艺、院内人才与社会力量相结合，对文物藏品进行全面和持续不断的修复。建立完善相应类别的文物修复工作室，购置更新必要的仪器设备、珍贵材料，强化人员培养，分轻重缓急开展文物保护修复任务，使故宫博物院文物保护修复工作得到较大改观。

在故宫西侧，紫禁城城墙和红墙中间有一狭长的区域，历史上的建筑早已无存，长期以来，作为建筑修缮堆物堆料和材料加工的地方。数年前经过国家文物局批准，并报联合国教科文组织同意，建设一组基本与原有建筑形式相统一，与周围环境相协调的传统形式建筑。虽然这组建筑地面仅为一层，但是建筑布局狭长，建筑面积达到13000平方米。这组建筑将作为文物科技保护用房，为故宫博物院的文物保护科技人员创造良好的工作条件，也使大量文物科技修复精密仪器设备拥有理想的工作平台。同时，文物科技保护用房的建成使用，将使目前在故宫红墙内文保科技部的10余处工作部门全部搬出红墙范围，实现红墙内无办公单位的目标，既有利于故宫核心古建筑群的安全，也有利于扩大对社会开放的区域。

院藏文物抢救性科技修复保护采取科学技术保护与传统工艺技术保护相结合的方法。两者相互支撑、相互借鉴。为了传统工艺技术的保护，一方面，依靠故宫博物院现有专业力量，加大传统工艺技术的保护和传承，继续推动“师承制”的模式，采取师傅带徒弟的方式，传承故宫博物院历代传承下来的优秀工艺技术、技能，例如古书画装裱修复技艺、古书画临摹复制技艺、古建筑修复技艺等。另一方面，动员和汇聚社会力量，加强非物质文化遗产保护传承，首先文保科技部门将目光投向东城区，东城区的南部是过去的崇文区，在那里曾经密集分布着一些掌握传统工艺制造和修缮技艺，从事建造和维修工程的工匠和民间作坊，与昔日紫禁城造办处、修建处等有着千丝万缕的渊源，在传统手工技艺方面人才济济。其中有些人才就是清宫造办处手工艺人的后代传人，例如清宫造办处漆作匠人韩启龙第五代传人柏德元便是其中的代表。近百年来，这些民间作坊前后经历了私人企业、公私合营企业、国有企业、股份制企业等变迁，经历坎坷，众多身怀绝技的老工匠相继离去，但是这些手工艺人的后代、徒弟等传人还活跃在业内，如今很多名师被国家和城市政府评为非物质文化遗产传承人，例如京作硬木家具制作技艺国家级代表性传承人种桂友、剧装戏具制作技艺国家级代表性传承人孙颖、景泰蓝制作技艺国家级代表性传承人钟连盛、宫灯技艺国家级非物质文化遗产保护项目区级代表性传承人翟玉良、缂丝织造技艺苏州市代表性传承人王建江、北京市中华传统技艺技能织补工艺大师姜西玲等，都是各自传统工艺制造和修缮技艺领域的杰出代表，长期从事木器、漆器、景泰蓝、玉器、剧装、宫灯、象牙雕刻、地毯、花丝镶嵌等传统工艺技术的研究和应用，很多传人目前从事新工艺品的研发和制作，例如孙颖所在的北京剧装厂曾为故宫博物院复制绣品文物200余件。遗憾的是，一方面这些传统工艺代表性传承人难以接触到真正的宫廷文物，尽管这些宫廷文物可能就出自他们前辈和师傅之手。另一方面，这些宫廷文物的大部分今天都面临亟待保护维修的状况。因此，如果将文物保护修复的需求和传统工艺技术的传承结合起来，将可以实现双赢。为此，故宫博物院与东城区政府建立起院藏文物保护修复的长期合作机制。2013年6月26日，故宫博物院与北京市东城区政府合作开展的“平安故宫”工程院藏文物抢救性科技修复保护合作项目正式启动，47位身怀绝技的民间非物质文化遗产代表性传承人，进入故宫博物院所搭建的院藏文物抢救性科技保护平台，可以看到这些代表性传承人的兴奋之情溢于言表。此次启动的院藏文物抢救性科技修复保护合作项目包括木器家具、宫廷灯具、车马轿舆、中和韶乐、佩刀佩剑、盔头、缂丝挂屏等七个类别。目前抢救性科技保护平台暂时设在慈宁宫内，年底前将移至故宫博物院北院区的院藏文物保护修复平台。

目前，“平安故宫”工程各项准备工作正在稳步推进，即将全面实施。在七项重点内容中，故宫博物院北院区建设将彻底解决故宫大型藏品多年来无法修复保护和展示的难题，为腾退古建筑空间并及时保养、维修创造条件，且已得到北京市和海淀区的大力支持，计划优先考虑实施。地下文物库房改造、安全防范新系统和院藏文物防震，均直接关系消除故宫藏品和古建筑的安全隐患，提升安全等级，因此较为迫切。基础设施改造前期工作有一定基础，经过多年专家论证已获得通过，可按程序逐步推进。世界文化遗产监测，着眼于未来，谋划故宫事业的可持续发展。院藏文物抢救性科技修复保护，因需在北院区项目竣工后才能大规模实施，因此目前安排进行前期准备，着手选择合适门类开展试点工作。

目标三：实现从“故宫”走向“故宫博物院”。

实现从“故宫”走向“故宫博物院”，这个目标听起来有些奇怪。1924年11月，末代皇帝溥仪被驱逐出宫以后，不到一年时间，1925年10月10日，紫禁城就以“故宫博物院”这个名称正式对外开放，已经持续了88年。那么为什么今天还要提从“故宫”走向“故宫博物院”呢？事实上，虽然故宫博物院的参观人数在逐年上升，但是今天所接待的来宾中，有多少人自身定位为“观众”，又有多少人自身定位为“游客”，恐怕后者居多。相当多的来宾购票之后，走进午门时，认为自己走进的仅仅是一个旅游景点，而没有想到，甚至没有感觉到走进了一座博物馆，没有真正成为一名博物馆观众。

故宫博物院从建院之始就有自己的特色，即从故宫博物院的皇宫建筑和文物藏品出发，确定了宫廷原状与历代艺术的陈列体系。通过不断改进与发展，形成了拥有包括宫廷原状陈列、固定专题展馆和临时专题展览在内的完整展览体系。几十年来，这一展览体系已经为广大观众所接受和熟悉。近年来，故宫博物院内每年有各种展览45个左右，其中原状陈列展览15个左右，固定专题展览20个左右，临时专题展览10个左右，同时展出的文物藏品数量近1万件，以多种形式满足观众参观的需求。但是，面对观众数量的增加，观众文化素质的提升和文化需求的变化，原有展览体系和格局也需要相应的提升和变化。

一是展示效果的提升。故宫博物院的陈列展览基本在古代建筑内布置，往往既影响展览效果，也会给文物建筑保护带来一定影响。但是，从另一角度看，这也是故宫博物院的优势所在。因为文化遗产依赖于背景环境而存在，离开原生环境的文物则像“孤魂野鬼”一样。

大量宫廷文物在原生环境中得到陈列展示，有背景环境的烘托，才能全面彰显其历史、艺术和科学价值，才能获得应有的尊严。有尊严的文物展品才能焕发出更加夺目的光彩和魅力。故宫博物院的陈列展览应该强化自身特色和独特风格，突出文物展品和历史事件的关系，突出文物展品与原有环境的关系，突出文物展品与社会生活的关系。以往成功的陈列展览，均将文物建筑与文物展品融为一体，相映生辉，对于观众来说能够感受到强烈的文化震撼力和良好的艺术观赏性。关键是如何扬长避短，科学谋划，处理好文物保护和开放参观的关系。

目前，在基本保持中路、东西路、外东西路的展览格局前提下，提升展览效果。例如东六宫、西六宫的原状陈列展览空间，要处理好文物建筑保护与陈列展览效果的关系。通过个性化的深入研究，使每一个院落都像一个独具特色的展览空间，每栋文物建筑的若干面玻璃窗，都像博物馆大型展柜的展窗一样吸引观众的视线，室内通过科学研究，增加对文物建筑和文物展品无害化的照明设施，科学设定不同空间的光照度，以增加原状陈列的良好效果，使观众能够享受到在其他博物馆难以感受到的特殊体验。这样观众不需要再把脸贴在玻璃上，使用既委屈自己，又影响他人的参观方式，拼命地克服室内外强烈的光线反差，吃力地寻找原状陈列着的文物展品，而是同样拥有尊严地，以轻松的心情和姿态，观赏在适宜温度、湿度和光照度下的文物展品。为达到这一目标，一定要处理好文物建筑修缮工程与陈列展览设计实施之间“两张皮”的状况。即在用于展室的文物建筑修缮设计方案中，一定要同时包括安防技防设计方案、陈列展览设计方案，将文物建筑保护与合理利用通盘考虑，融为一体。这样不但可以获得集各方智慧的最佳方案，而且可以有效避免在一座文物建筑上反复施加干预的不科学做法。

二是丰富展览内容。首先午门，午门展厅成功地探索出利用古建筑进行陈列展览的经验，被誉为“将高水准的当代设计理念成功融入历史内涵的最新建筑作品”，因而荣获联合国教科文组织亚太文化遗产保护创新奖。多年来午门展厅承担了来自国内外的不少优秀展览，取得良好的声望和影响。但是，午门展厅面积并不大，仅有800平方米，因此在举办大型综合性展览方面受到局限。实际上，在午门展厅的两侧有更大面积的雁翅楼建筑，每一侧建筑面积1000平方米，两侧加起来就是2000平方米，如果与目前的午门展厅合为一体，就可以形成2800平方米的大型展厅，这将是世界上最为独特的博物馆展厅，居高临下，气宇轩昂。古代建筑外观将完全保持原貌，内部则是既具有宫殿建筑氛围，又拥有现代展览设施魅力的空间。午门－雁翅楼展厅耸立于北京壮美的传统中轴线之上，必将为展览增添无上荣光，使展览内容更加引人瞩目。两年以后，当故宫博物院迎来90周年院庆的时候，午门－雁翅楼展厅将气势恢弘地展出“万寿庆典”展，令人充满期待。午门－雁翅楼展厅开放以后，与西侧武英殿书画馆、东侧文华殿陶瓷馆，共同构成故宫博物院南部区域的“金三角”展览设施群，使观众进入故宫博物院后，首先感受到较为强烈的博物馆文化氛围。

面对不断增长的观众量和观众日益多样化的文化需求，故宫博物院需要不断研究扩大开放区域的问题。一项重要计划是在故宫博物院90周年院庆之前，开放故宫西部区域，西部区域主要是指隆宗门以西的故宫博物院未开放区域。隆宗门门洞目前是半露天状态的博物馆餐厅，观众在这里休息用餐时，需要克服冬季的寒冷，夏季的炎热，以及空气污染天气的影响。博物馆应该为观众参观过程中休息，以及用餐、饮水等提供方便而舒适的场所。为此，保护总体规划在隆宗门内的原造办处西北部，安排了西部区域观众服务中心。慈宁宫是西部区域的重要古建筑群，将作为故宫博物院雕塑馆，陈列不同材质和造型的雕塑藏品，形成不同主题。慈宁宫西侧的寿康宫，昔日是太皇太后、皇太后起居，太妃、太嫔随居之地。计划原状陈列对观众开放。南侧的慈宁宫花园空间开阔，环境宜人，开放后可以容纳较多观众参观和短暂休息。

目前东华门正在进行保护修缮，拟于今年年底竣工，原计划作为书版文物库房，根据扩大开放的要求，将东华门调整作为故宫博物院古建筑馆。故宫是世界上最大规模的古代木结构建筑群，故宫博物院拥有近5000件古建文物藏品，但是始终没有一个专门展馆来展示壮美的古代建筑群和精美的古建文物藏品，实在令人遗憾。古建筑馆开放以后，人们可以登东华门城楼观赏故宫古建筑群，还希望开放一段城墙，使观众能够从东华门城楼出发，沿着城墙向南参观，经过东南角楼向西到达午门—雁翅楼展厅，这样大约可以参观紫禁城1/6左右的城墙，使观众获得难得的文化体验。特别是以往人们只能眺望紫禁城角楼的精美绝伦，将来观众可以近距离观赏这一经典文物建筑，还可以进入角楼建筑内部仔细参观。

除此之外，还有一些区域可以创造条件对外开放，例如御膳房在养心殿的南侧，是一组体量较大的古代建筑，目前作为家具文物库房。但是，御膳房处于开放区域，具备开放条件，同时拥有宽阔的独立院落，可以容纳较多观众参观，因此计划将御膳房开放为故宫博物院家具馆。宝蕴楼是故宫内少有的西式建筑，规划修缮后可以局部开辟为故宫博物院院史陈列展厅，着重展示故宫博物院成立前后的历史。建福宫花园有着特殊的坎坷经历，特别是1923年火灾之后的变迁，近年的复建过程，以及此后的使用功能，耐人寻味。计划在其东侧的建福宫古建筑群内布置反映这一历史的专题展览。

延禧宫是东六宫之一，这组院落在故宫博物院里具有非常独特的景观。原因是历史上延禧宫多次毁于火灾，清朝末年这里再次发生大规模火灾之后，延禧宫被改造为灵沼轩，用作观鱼，俗呼为水晶宫，是一座西洋建筑，但是至1909年停工时，仅是一座“烂尾楼”。20世纪30年代初在延禧宫内又建设了中西合璧的库房建筑，使延禧宫成为一组充满异国情调的建筑群。鉴于延禧宫独具特色，计划将其建成故宫博物院外国文物馆。在我国的博物馆里，收藏的外国文物藏品数量很少。在历史上我们国家没有侵略别的国家，更没有掠夺、偷盗别的国家文物。因此在我国的博物馆大家庭中，缺少收藏展示外国文物的博物馆。但是，通过正常的文化交流、友好往来、商品贸易等渠道，故宫博物院收藏有上万件外国文物。还有一个原因，就是昔日一些来自外国的传教士等在皇宫内供职，也带来了一些外国物品。因此，故宫博物院今天有条件筹建一座展示外国文物的专题展馆。

最后是端门城楼。端门城楼回归故宫博物院管理以后，目前正在筹划建设“故宫博物院数字博物馆”。长期以来，故宫博物院在推进“数字故宫”建设的过程中，不断完善文物建筑及院藏文物藏品的三维模型数据库，先后制作了《紫禁城：天子的宫殿》、《三大殿》、

《养心殿》、《倦勤斋》、《灵沼轩》等大型虚拟现实数字作品，目前正在制作《故宫角楼》，希望这些优秀的“数字故宫”作品，能够早日与广大观众见面，使观众能够“走进”紫禁城内一些室内外相对狭小，因为文物保护需要不能对外开放的空间，从而体验文化空间与数字技术共同创造的文化震撼，使“数字故宫”成果发挥出应有的社会效益。故宫博物院的这些主题展馆开放后，无论是展示文物藏品的数量，还是展览设施和环境的质量，都将得到大幅提升。

三是提供优质服务。作为公共文化设施，虽然故宫博物院的观众不断增加，但是并不能因为观众多而不好客，必须热情迎接每一位到访的观众，尽最大努力提供优质服务，让每一位观众都能切实感受到参观故宫博物院是一次美好的经历，也是一种愉快的享受。因此，面对不断增长的观众数量，需要通过调整展览布局，扩大开放空间，完善服务设施，疏导过量人流等措施，增强接待服务观众能力，降低单位面积流量，减少拥堵踩踏风险。

过去观众到故宫博物院参观之前，往往要花较长时间购票，特别是到了暑期或“黄金周”高峰，观众需要排一个多小时的长队才能买到门票，然后拖着疲惫的身体进入故宫博物院。为了改善观众服务，故宫博物院对交由故宫博物院管理的端门广场进行了系统整治，首先清理了广场上原有的众多商亭，这些商亭销售来自各地旅游市场的小商品，造成广场环境和秩序杂乱无章。其次取缔了端门广场西侧建筑内的临时展厅，这些收费展览格调不高，什么历代帝王司法刑罚实物展、女皇武则天展等，与广场应有的文化氛围极不协调，不知情的观众甚至以为是故宫博物院举办的展览，造成不良影响。在有关机构的协助下，故宫博物院对端门广场进行了较为彻底的整治，恢复了广场开阔整洁的面貌。同时，对广场西侧的历史建筑进行修缮，主要用于售票、观众咨询服务。在售票方面，30余个售票窗口一字排开，根据观众多少及时予以调整，使观众购票排队时间不超过15分钟，一般情况下3～5分钟就应能够买到门票。在观众服务方面，需要提供服务的观众，可以在进入故宫博物院之前，在所设立的观众服务中心，咨询相关信息，接受各项服务，有需要的观众还可以领取免费提供的轮椅，受到老年观众和身体障碍观众的欢迎。

为了适应观众数量不断增长情况下的讲解需求，故宫博物院不断改进自动讲解器服务，目前已经具有40种语言功能，包括各国的语言、一些民族的语言和粤语、闽南话等地方方言，同时针对不同年龄、不同文化背景的观众，提供个性化服务，例如讲解服务包括专家版、故事版、少年版和对话版等。为了有针对性地提升服务观众水平，适时开展观众满意度调查，了解观众的参观感受，接受改进服务质量的建议。故宫博物院经常性地组织针对青少年的文化活动，组织家庭困难的学生参观故宫。故宫博物院的网站功能不断强化，每天的点击量都超过100万人次，每年都研究并实施改进方案，例如今年的提升目标是充实英文板块功能和青少年服务板块的内容。

故宫博物院的文化产品研发与营销，本着社会效益第一，兼顾经济效益的经营理念，深入挖掘院藏文物的优秀文化元素，既使文化产品更具故宫特色，又努力满足观众的多层次需求，以此方式延续文物藏品的鲜活生命，传递故宫博物院的文化信息。例如面对青少年观众研发的“宫廷娃娃”卡通系列文化产品，就很受小观众的欢迎。目前，故宫博物院已经研发文化产品13大类，5000余个品种，包括玉器、木器、青铜器、瓷器、雕漆、珐琅、首饰、丝织、文具、茶具、图书等多种类别，每年研发新的文化产品300余种。同时，努力维护“故宫”和“紫禁城”文化产品品牌，使用“故宫”、“紫禁城”驰名商标的文化产品827种。配合每年举办的陈列展览，研发具有故宫文化特色，拥有自主知识产权的系列文化产品，使更多的观众能够在参观展览之后心满意足地将“故宫文化带回家”。

故宫博物院拥有全国博物馆唯一的出版社，近年来不断发挥这一优势，出版质量和出版数量不断提升，成为故宫文化传播的重要平台。故宫出版社依托故宫博物院丰富的文物藏品，源源不断地推出各类历史和艺术类书籍，例如故宫出版社去年出版书籍170种，其中新书125种，《米芾书法全集》、《故宫博物院藏品大系·玉器编》获第四届中华优秀出版物奖。经国家新闻出版广电总局批准，故宫出版社获得音像、电子出版资质，标志着故宫出版社已经成为具有图书、音像、电子多媒体全方位出版能力的出版机构。

四是加强科技支撑。故宫博物院是重要的学术研究机构，具有雄厚的科研力量，拥有为数众多的研究学者和专业人才，不断产生颇具影响的研究成果。近年来故宫博物院科研队伍面临新老交替。与过去相比，故宫博物院业务人员的年龄结构、专业背景、学历层次等方面，都有了较大的改变。如何继承优秀的学术传统，营造有利于学术研究的氛围，形成人才辈出的良好局面，是实现科技支撑的关键所在。目前，故宫博物院共有专业人员近600名，其中高级专业人员近200名。对于专业学术人才来说，故宫博物院应具有更强的感召力和吸引力，并不断增加亲和力，使更多急需人才加入到故宫博物院的专业队伍中来，并积极为他们的学术研究和发展创造条件。

近年来，根据科学研究发展需要，故宫博物院先后组建了古陶瓷研究中心、古书画研究中心、古建筑研究中心、明清宫廷史研究中心、藏传佛教研究中心，以及故宫学研究所、考古研究所。初步形成了具有故宫博物院特色的研究机构体系。鉴于这些研究机构数量不断增加，布局过于分散，需要实现资源整合，为此决定组建故宫研究院。故宫研究院根据学术研究发展需要，逐步健全，例如计划设立古文献研究所和明清档案研究所。众所周知，有文字的文物要比没有文字的文物具有更加重要的研究价值。在古文献研究方面，院藏文物中有60余万件古籍文献，有7万余件法书，其中有4万余件尺牍，有近3万件碑帖，有3万余件铭刻文物，其中石鼓应属国宝中的国宝，需要格外悉心保藏。另外，故宫博物院还有2万片左右的甲骨收藏，这些均需要加强研究工作。故宫博物院内的中国第一历史档案馆，保管着1000万件左右的明清档案，这是故宫文化不可分割的组成部分，应该加强明清档案的研究和合理利用，因此计划成立明清档案研究所。

为了加强教育培训和人才培养工作，故宫博物院成立故宫学院。故宫学院将紧跟国家文化遗产保护和博物馆事业发展的最新形势和实际需要，围绕故宫博物院整体事业的发展，开展面向自身、面向行业、面向社会、面向世界的多层次、多渠道、多形式的培训项目。在面向自身方面，主要围绕故宫博物院核心业务，开展面向故宫博物院员工的培训项目。包括博物馆基础、藏品管理、展览策划、学术研究、公众教育、保存环境、知识产权、信息化，以及平安故宫工程等方面开展专业培训。在面向行业方面，主要凭借故宫博物院的文物资源优势、专家学者优势、博物馆与遗址合一的空间优势、品牌资源优势、专业理念优势，面向全国文物博物馆界，承办一批行业急需或填补空白的培训项目，逐步形成特色，成为国内文物博物馆专业人才的重要培训基地之一。培训项目可分系列筹划，例如文物鉴定类培训班、馆藏文物保护与修复类培训班、文物建筑保护与修复理念培训班、世界文化遗产监测研修班等。在面向社会方面，为喜爱故宫文化的各界人士、高等院校和科研院所相关领域的师生、中小学师生等创建故宫文化传播平台，举办由故宫博物院内外专家学者开设的，与故宫各类知识相关的主题性系列讲座，例如故宫讲坛、高校教师讲习班等。以多样化的形式和寓教于乐的方式进行走进公众，使其获得更多关于故宫的背景知识，更加全面地认识故宫文化遗产价值，提高其对故宫文化遗产的认知水平、鉴赏水平和审美能力。培训内容以故宫和故宫博物院为中心，关于历史文化艺术、文物建筑、传统技艺传承、文化遗产保护等方面的普及性知识。在面向世界方面，国际博物馆培训中心揭牌仪式于今年7月1日举行。国际博物馆协会是文物博物馆领域年代最为悠久的国际机构，在今年的国际博物馆协会执委会会议上，通过了在故宫博物院建立国际博物馆培训中心的决定。国际博物馆培训中心每年将针对世界范围内尤其是亚太地区的博物馆专业人员举办两期培训班。面向全球招生，半数以上学员将是外籍人士。

五是扩大文化传播。故宫博物院规章制度经过历年完善，已经形成较完整的体系。作为阶段性成果，2013年1月故宫博物院向社会公开出版发行了《故宫博物院规章制度汇编》，内容包括11类、114个单项制度，共计约30万字，囊括了综合管理、安全管理、财务管理、人事管理、古建与工程、藏品保护与利用、科研管理、宣教服务、协会章程等方面的内容，是一套完整、系统、科学的规章制度体系。公开出版规章制度，在全国博物馆领域尚属首例，目的在于强化社会各界对于故宫博物院各项工作内容的监督，强化故宫博物院员工的故宫精神、故宫意识，使每一位员工都能在院规章制度的规范下，敬业奉献，建功立业。

故宫在社会民众的心目中具有重要的地位，崇高而神圣，人们把故宫文化遗产的保护看作是每个人的职责，具有强烈的责任心和使命感。因此，故宫博物院的一举一动，都会引起社会公众的关注，这种关注倾注着人们对文化遗产的感情，是对故宫博物院的监督、重托和激励，也是今天故宫博物院最为有利的发展环境。故宫既是北京的，也是全国的，还是世界的；故宫既是过去的，也是今天的，还是未来的。她从历史中走来，还要健康地走向未来。因此，每一位社会公众对于故宫文化遗产保护，都有知情权、参与权、监督权和受益权。作为“故宫人”，保护好故宫文化遗产，建设好故宫博物院，是我们的神圣职责，使命神圣而光荣，责任重大而艰巨。故宫博物院的声誉是国家的声誉，就像“故宫人”的生命一样重要，故宫博物院应通过出色的业绩赢得良好的社会形象。今天，我们需要用实际行动来说话，用工作成效来证明。

故宫博物院不断增强新闻宣传的主动性和积极性。特别是面对媒体监督，坚持公开透明，把故宫博物院目前的状况，存在的问题，遇到的困难，取得的进展等，坦诚地主动通报给媒体朋友。通过主动宣传、接受采访、开办讲座、发布微博、更新网站内容等途径，将故宫博物院近期工作进展、未来远景规划等信息传递给社会公众，使信息渠道更加通畅。特别是就 “平安故宫”工程进展、两岸故宫交流与合作等，邀请媒体记者进行深入、全面的报道。在舆情应对方面，做到及时、公开、透明，实时监测日常舆情，就热点、敏感、负面话题，制定媒体预案，对于情况属实的批评意见，虚心接受，表示感谢，同时及时加以改正，并将整改结果向媒体通报。对于虚假新闻、不实报道，公开表明故宫态度，维护故宫形象，必要时向媒体记者进行发布，以澄清事实，为故宫博物院各项事业的发展营造良好的舆论环境。

今天，从故宫博物院的官方网站，可以了解更多宣传展示故宫古代建筑、馆藏文物、虚拟展览等方面的信息，成为对外发布信息的重要窗口和与广大公众交流沟通的主要平台。去年“数字故宫”展厅常驻首都国际机场候机厅，今年在故宫博物院又开启了邮政服务。在每年的“5·18”国际博物馆日、中国文化遗产日、“六一”儿童节等主题日期间，故宫博物院均开展丰富多彩的特别教育活动。同时，故宫博物院的“故宫讲坛”在东城区图书馆定期举办，“故宫知识课堂”活动的开展，实现了学生和家长的广泛参与，“永远的故宫”系列讲座在各高等院校持续举办，“故宫文化”志愿宣讲团经常赴各社区宣讲故宫文化。

今年以来，故宫博物院先后与中国博物馆协会、国家大剧院、中国文化遗产研究院、中国对外文化集团公司和北京歌华文化发展集团、雅昌集团、天津大学、安徽省人民政府、北京市国有资产经营有限责任公司、东城区政府、西城区政府、承德市政府等地区和机构签署了合作协议，为我院在文化遗产保护、非物质文化遗产传承、文化传播等方面拓展了发展空间。

故宫博物院与港澳地区文化机构和博物馆的合作不断深化。在与香港地区合作方面，故宫博物院与香港康文署建立战略合作关系。2012年至2017年，故宫博物院将在香港艺术馆、香港历史博物馆、香港文化博物馆、香港科技馆等博物馆陆续举办故宫文物专题展览。例如2012年6月至10月，在香港艺术馆举办了“颐养谢尘喧——乾隆皇帝的秘密花园”大型展览，今年7月在香港历史博物馆“清代宫廷服饰精品展”开幕。在与澳门地区合作方面，故宫博物院和澳门艺术博物馆结下了不解之缘。从“盛世风华——康雍乾书画器物精品展”开始，在过去的14年里，双方合作举办了18个展览，这种持续地不间断地展览合作在世界博物馆界也十分少见。

近年来，两岸故宫博物院的交流愈发频繁与紧密。2009年两岸故宫博物院院长实现60年来的首次互访，同年两岸故宫达成了交流合作的“八点共识”，在此基础上，成功合作了一系列展览，包括“雍正——清世宗文物大展”、“康熙大帝与太阳王路易十四特展”，这些展览都备受两岸民众关注，深受台湾民众欢迎。两岸故宫的收藏同根同源，都是以明清皇家收藏的历代文物精华为基础，两院藏品有着不可分割的联系性和互补性。两岸故宫博物院的珍贵文物在合作展览中珠联璧合，唯有这样的展览才能实现展览线索、展品层次等方面的完整性与真实性。这种非同寻常的完整性与真实性，才是两岸故宫博物院合作展览深受民众关注、欢迎、期盼的最重要原因。

今年年初，台北故宫博物院冯明珠院长访问北京故宫，两岸故宫博物院同仁对“八点共识”的内容以及执行情况进行总结，规划与制定未来合作项目，并对这些项目的可行性进行分析与研究，以期进一步展开两院合作交流。今年4月我率团访问台北故宫博物院，在藏品保管、陈列展示、学术研究、文物影像利用、出版物互赠、学术研讨会机制、文化产品研发等方面探讨开展深度交流合作，确认了进一步的具体交流计划。例如台北故宫博物院今年拟举办乾隆皇帝艺术品味题材的展览，届时两岸故宫将再次实现展览合作。

故宫博物院努力发挥具有中国传统文化象征意义的文物藏品资源优势，不断扩大国际文化交流。近年来，故宫博物院在国际上的影响力逐渐增强，与英国的大英博物馆、法国的卢浮宫博物馆、美国的大都会博物馆、俄国的艾尔米塔什博物馆等国际著名博物馆建立起长期稳定的合作关系。国际合作不仅限于文物展览，而且在文物保护、科学研究、人才培养等各个方面开展日益广泛的合作，通过这些合作也确立了故宫博物院在国际博物馆领域的文化地位。

刚才介绍了故宫博物院独有的三大文化资源，以及面对未来的故宫博物院的三个目标，这些目标构成了故宫人的“故宫梦”。希望通过全体故宫人的共同努力和社会各界的关心帮助，早日实现保护好故宫文化遗产、建设好故宫博物院的美好蓝图。再过8年紫禁城将迎来600年岁生日，再过2年故宫博物院将迎来90岁华诞。故宫博物院的事业是永远的事业，必须一步一个脚印地走可持续发展之路，才能把壮美的紫禁城完整地交给下一个600年。

（2013 年 7 月 24 日）

四

提案编

关于加强20世纪遗产保护的提案

“20世纪遗产”，顾名思义是指诞生于1900至1999年间的文化遗产集合，包括了20世纪历史进程中产生的不同类型的遗产。20世纪是人类文明进程中变化最快的时代。20世纪的中国，发生的更是“五千年未有之巨变”。在20世纪的一百年时间，我国完成了从传统农业文明到现代工业文明的历史性跨越。没有哪个历史时期，能够像20世纪这样，慷慨地为人类提供如此丰富、生动的文化遗产，而面对如此波澜壮阔的时代，也只有文化遗产才能将20世纪的百年历史进行最为理性、直观和广博的呈现。

2000年，世界遗产委员会在濒危遗产报告中，表达出对20世纪各类遗产命运的忧虑。国际古迹遗址理事会将20世纪遗产保护作为一项全球战略加以推动。2002年4月18日的国际古迹遗址日设定为“20世纪遗产日”，使世界各国文化遗产保护的目光更加关注20世纪遗产。20世纪遗产的概念也从房屋建筑拓展到其他领域的人类创造，一些存在仅数十年的园林、纪念碑、雕塑、港口码头、海上石油钻探平台，以及粮仓、铁路、生产线等也同样得到了应有的尊重和保护。

20世纪遗产与较早的古代遗产相比，并不存在本质上的区别，同样都是具有代表性的人类文明的产物，同样都具有历史、科学、文化、社会、精神等方面的重要意义。由于20世纪遗产形成年代较晚，未经历过多的自然侵蚀，而且在使用过程中不断得到维护，因此许多20世纪建造的房屋、厂矿、商铺、道路、桥梁以及各类纪念物等，至今仍然保持着鲜活的生命力，继续服务于社会生产、生活。

与那些历经千百年沧桑，早已被剥离了实际应用，只作为历史遗迹接受研究与观赏的古代遗存不同，20世纪遗产往往是功能延续着的“活着的遗产”，其产生背景、建造过程、修缮状况等均有据可查，基础资料相对较为完备。以20世纪这一时间维度所提供的观察世界的全新视角，反思和记录20世纪社会发展进步的文明轨迹，发掘和确定中华民族百年艰辛探索的历史坐标，对于今天和未来，都具有十分重要的意义。

20世纪遗产大体可以分为三类，一是以推动社会进步的重大历史事件为基本内涵的物质载体，二是以塑造人类文明的杰出人物历史遗迹为背景的物质载体，三是以反映不同流派特点、艺术风格和时代精神为特征的物质载体。20世纪遗产，是文化遗产大家庭中不可忽视的重要成员，它们直观地反映了人类社会变迁中这一最剧烈、最迅速的历史发展进程，在人类文明发展史上起着承前启后的作用，具有历史借鉴和理论创新方面的丰富内涵。

20世纪遗产保护又充满挑战。20世纪遗产往往未经历漫长岁月的洗礼，更为当代人所熟悉和了解，因而缺少了一份沧桑和神秘。由于20世纪遗产的概念提出较晚，具有针对性的研究刚刚起步，相关理念尚未成熟，缺少可供参考的现成模式，因此，只能通过不断实践，积极开展相关研究，探索正确的保护途径。同时，对于相当部分的20世纪遗产来说，生命历程尚未终结，发展状况尚未成熟，突出价值尚未充分彰显，其文化内涵和象征意义往往仍在塑造过程当中，需要通过开展保护实践，并对已有案例进行分析，界定20世纪遗产的多重价值，探索和提炼科学的保护理论和方法。

当前，对于20世纪遗产缺少保护意识，例如普遍认为古代建筑年代悠久，更需要保护，而20世纪建筑数量大，还难以纳入保护之列。由于缺少法律保护，越来越多的20世纪遗产在城市建设和生产生活变迁中被毁灭，从城市的记忆中消失。事实上，在受法律保护的文化遗产中，20世纪遗产所占比例很小，在多数城市和地区，这一保护行动尚未开始。留存至今的20世纪遗产数量，与曾经拥有的和已经遭到破坏的数量相比，实在是微不足道。如果没有清醒的认识，20世纪遗产会面临比早期文化遗产更严峻、更危险的局面。

人类历史本身就是动态过程的纪录。如果我们一方面，为填补古代某一时期考古空白而孜孜以求的同时，另一方面，却忽视身边这些同样会在未来绽放异彩的20世纪遗产，使它们因为疏于保护而遭到损毁，就会给后世留下与我们同样的遗憾。这一体现文明发展的序列不应在我们这一代发生断裂。为此，应当及时对20世纪遗产加以梳理，及早进行保护，以使它们完好地延续下去，供后世研读。保护与传承人类文明是我们的历史责任，只有保护好20世纪遗产，我们才能交给21世纪以及未来一份完整的答卷。

为此建议：

一、由国家建设主管部门会同文物主管部门发布通知，要求在城市规划建设中注重加强20世纪遗产的保护。

二、加强20世纪遗产保护研究，明确界定保护范围及保护方法，将20世纪遗产从实践探索的层面，上升到理论及法规政策层面。

关于设立当代建筑遗产保护评估机制的提案

在全球化迅猛发展的今天，认同本民族文化，传承并弘扬本民族的优秀文化，是世界各国都在积极努力的方向。然而，当代建筑遗产保护在近年来才提上议程，处于起步阶段，相对于已有千百年历史的古代文化遗产来说，它的保护和研究工作只是刚刚起步。这一新领域的开拓，突破了传统文化遗产保护的概念，扩大了文化遗产保护的视野，丰富了文化遗产保护工作的内容，并且正在推动着相关学科的研究。

目前执行的保护评估机制缺乏对当代优秀建筑的针对性，应结合文化遗产保护新的趋势予以调整，建立起充分考虑当代建筑遗产特点的保护评估机制。例如在美国，通过立法规定凡是在历史上起过重要作用，且有50年以上历史，在建筑、考古、工程和文化等方面具有重要价值的地区、遗址、建筑物、构造物和其他实物，都列入须要登记造册的范围。近年来，我国一些城市开始重视当代建筑遗产的保护，并积极通过地方立法推动工作实践。

2002年7月，上海市人大常委会通过了《上海市历史文化风貌区和优秀历史建筑保护条例》，将列入保护的优秀历史建筑时间标准，由原规定的“1949年以前”，扩展至“建成使用30年以上”的建筑，并对保护管理的内容和方法作出了更加明确和细致的规定。2005年3月，北京市人大常委会审议《北京历史文化名城保护条例》时，去掉了“历史建筑”中的“历史”二字，即强调今后对文物建筑的保护，将主要考虑其本身的价值，而不仅仅凭它的建筑年代。

成都市于2005年以政府法规的形式出台了《成都市优秀近现代建筑保护规划》，目的是建立起优秀近现代建筑的评价保护体系。根据规划，成都市将保护近现代建筑的时间截止到1976年，即30年以上的优秀建筑都被纳入了保护范围。西安市于2007年7月首次公布建国后代表性建筑为文物保护单位，8处具有代表性的现代建筑列入其中。这些建筑的兴建时间为1952年至1963年之间，建筑设计造型古朴典雅、端庄大方，建筑风格具有鲜明的时代特点。

与那些令人肃然起敬的古代文化遗存相比，当代建筑遗产在文化遗产大家庭中最为年轻，正因为如此，人们往往忽略它们存在的重要意义，使当代建筑遗产不断遭到损毁和破坏。今天，新建筑的诞生往往伴随着对原有建筑的否定和藐视，致使一座当代建筑的拆除与重建变得再普通不过。有关统计数据显示，我国房屋建筑的平均使用年限不到30年。“短命建筑”现象在我国的出现，很重要的一条原因就是，人们不能以理性的态度对待当代建筑遗产。

今天，我们面临的挑战是如何正确认识当代建筑遗产的价值，而遇到的主要障碍就是仅强调年代悠久与否，而忽视其他方面的价值认定，只有跨越了这一障碍，才不会把当代建筑遗产列入尚未受到威胁的范畴中去。事实上，这一障碍客观存在。被誉为“国庆十大工程”的经典建筑华侨大厦早已被拆除。而在“国庆十大建筑”是否列入全国重点文物保护单位的问题上仍然存在争议，最终以它们建成不到50年，目前正在使用，尚未遇到被拆毁的危险等原因未能列入。

每一代人都有一个神圣的使命，就是把前人的创造留给后人。正在使用的众多当代建筑遗产，见证着国家和民族的复兴之路，体现着为争取国家富强、社会进步而前仆后继、自强不息的精神，凝聚着各个时期爱国志士、领袖人物和英雄模范的崇高理想、信念、品德和情操，形象而直观，具有强烈的感召力。认真阅读优秀的当代建筑遗产，思考它们与当时社会、经济、文化乃至工程技术之间的互动关系，从中吸取丰富的营养，成为当代和未来世代理性思考的智慧源泉。

健全的科学评估原则是构成当代建筑遗产保护的有效基础。对于当代建筑遗产的选择和判别，需要改进传统的调查方法和评估标准，建立科学的价值评估理论、筛选办法和甄选过程，并根据保存状况划分风险等级。当代建筑遗产应该包括：见证国家、地区、城市、社区发展历程的重要建筑；见证不同历史时期重大历史事件的典型建筑；见证文化、教育等不同领域发展的重要建筑；成为体现城市特色风貌的代表性建筑；在建筑科技方面具有世界领先地位的建筑。

面对数量庞大的当代建筑遗产，正确加以选择，进行价值判别，确定保护对象，建立保护和修复体系，是当代建筑遗产保护的重要前提。一方面，当代建筑林林总总，遍布人们的视野，需要严格加以选择，从中辨识真正值得传承于后代的当代建筑遗产。另一方面，应对当代建筑遗产中的所有类型都给予恰当的关怀，尤其是范例极少的建筑遗产类型。在对当代建筑遗产进行科学评估时，应当客观而宽容，为后人保留延续的空间。

为此建议：建立当代建筑遗产保护评估机制，凡是具有30年以上历史的当代建筑，在决定改造或拆除前，均须进行遗产价值评估。

关于博物馆建设应从“数量增长”走向“质量提升”的提案

进入新的世纪，我国博物馆事业迎来新的高潮，无论是数量增长，还是建设规模，都在历史上前所未有。截至2011年底，我国博物馆总数已经达到3589座，几乎每2－3天就有一座新的博物馆诞生，这在世界博物馆发展史上也是十分少见的现象。可以说，作为一个发展中国家，在经济建设取得发展以后，没有哪个国家能像我国各级政府这样，集中人力、财力、物力支持博物馆建设，投入之巨、速度之快，实属罕见。

今天，越来越多的城市感受到，博物馆建设有助于展现城市悠久历史和文化魅力，有助于满足社会民众的文化需求，因此相继将博物馆列入重要建设项目，加快建设步伐。近年来各省、自治区、直辖市基本完成了省级博物馆新建和改扩建工程；一大批市、县级博物馆如雨后春笋般建设起来；各行各业注重收集保护本领域、本行业的文化资源，行业博物馆建设力度大大加强。同时，各地政府建设博物馆的热情，迅速辐射到各个方面，社会资本纷纷进入博物馆领域，民办博物馆迅速成长。

当前，我国正处于博物馆发展的重要机遇期。在今后较长一段时间，博物馆数量仍将呈现持续快速增长的形势。从数量上看，我国已经逐渐跻身于世界博物馆大国之列。但是，从博物馆功能的发挥和博物馆职能的履行上看，我国博物馆与国际先进水平之间还有不少差距。为此，关注博物馆事业发展中存在的突出问题，探索新时期博物馆建设的理论和方法，提高我国博物馆建设水平，是现阶段我国博物馆发展进程中的重要任务。

虽然博物馆数量的多少是衡量博物馆发展的重要指标，但是也应该清醒地认识到，目前我国博物馆资源的利用率不高。在博物馆实施免费开放的情况下，全国博物馆每年接待观众约5亿人次，也就是说，我国平均每位国民每2－3年才走进一次博物馆，而一些发达国家平均每位国民每年3－5次走进博物馆，可见差距之大。因此，在继续加强博物馆建设的同时，还要关注博物馆资源合理利用途径，使更多的民众享受到博物馆文化权益。

每一座城市在促进博物馆事业发展的过程中，都必须清醒地认识到，博物馆发展的质量才是博物馆事业的生命力所在。如果短期内要求一座城市的博物馆达到一定数量，首先需要从文化遗产资源情况与分布状况进行总体权衡，同时还要考虑包括保管条件、展览水平、服务质量、人才结构、管理能力等一系列保证博物馆可持续发展的问题。因此，在博物馆数量增长的同时，更应该关注博物馆的质量提升。

同时，在我国博物馆加快发展的形势下，还存在不平衡的问题。一方面是博物馆的区域发展不平衡。一些中西部地区的博物馆数量，明显低于全国平均水平，与东南沿海地区存在很大差距。另一方面是博物馆之间发展不平衡。中小博物馆占全国博物馆总数的80％以上，由于体制性障碍造成国家投入不足和社会资源稀缺，致使相当部分的中小博物馆生存艰难，直接导致文物保护、科学研究和陈列展示功能的削弱，制约这些博物馆的进一步发展。

总之，我国的博物馆在数量不断增长的同时，在综合管理水平、社会服务能力等方面还存在较大提升空间，博物馆事业的进一步发展还有不少制约性因素有待克服。当前博物馆事业发展的重点不仅在于“数量增长”，更应该注重“质量提升”。扩大规模是发展，提高质量更是发展，而且是更高层次的发展。同时，当前在博物馆建设中，尤其要避免形式主义、内容空洞、贪多求大的观念，努力将重点放在文化内涵深化、服务能力提升上，而不是一味放在规模扩展上。

为此建议：

一、在规划建设新的博物馆的同时，更要发挥现有博物馆的社会效益，在藏品科技保护、展览环境改善、服务观众设施等方面予以关注。

二、进一步加大对中西部地区博物馆和中小博物馆的支持力度，提升它们的综合管理水平和社会服务能力，更好地发挥博物馆的社会职能。

关于注重博物馆馆舍建设质量的提案

近年来，大规模博物馆的集中建设，有效改善了博物馆的基础设施和文化面貌。目前，每年都有上百座新建或经过改扩建的博物馆相继开工，相继竣工，这是令人鼓舞的博物馆事业发展形势，兴奋之余，还应冷静观察和理性思考。事实上，在博物馆建设中也存在诸多令人忧虑的问题，包括重数量发展，轻质量提升；重工程建设，轻使用要求；重新奇造型，轻地方特色；重硬件投入，轻管理支撑，这些问题的存在，严重影响了博物馆社会作用的有效发挥。

一是重数量发展，轻质量提升。近年来，博物馆热辐射到社会各个领域，不少城市为促进城市文化发展，增加了在博物馆建设方面的投入力度，甚至将博物馆作为地方文化名片加以“打造”，急欲通过建造更多的“地标性建筑”的博物馆，来表现文化发展，张扬经济成果。但是，对于一座城市能否在短期内集中建设数量众多的博物馆，在短期内大规模建设的博物馆在质量方面能否达到应有标准，在短期内大量建成的博物馆能否保证正常运营等方面缺乏研究。

二是重工程建设，轻使用要求。在众多博物馆建设过程中，往往采取先建设馆舍，再设计陈列展览的方式。因此，不少博物馆在建设之前，并没有对博物馆的功能定位、展览主题以及日常运营等方面进行充分论证，用行政命令取代正常的专业规范和应遵循的科学程序，结果导致建设与使用需求脱节，致使博物馆在竣工后出现大量问题，不能满足博物馆使用的需要，不能发挥应有的社会作用，不仅浪费了大量建设资金，而且有损博物馆的社会形象。

三是重新奇造型，轻地方特色。一些博物馆建设将更多的工夫放在建筑物的外观造型上，强加上一些与功能结构无关的造型，认为高层钢结构、大规模的玻璃幕墙等新型的建筑形式是现代博物馆不可缺少的重要元素，使建筑设计华而不实，而且给博物馆建筑结构带来潜在隐患。同时建成后难以维修和保洁，增加了使用成本，忽略安全、实用、环保等建筑基本要求，一些地方博物馆建设盲目模仿国家或省级大型博物馆的形式，而忽视地方博物馆应体现的地域文化特色。

四是重硬件投入，轻管理支撑。一些博物馆在对建筑形式格外关注的同时，对更为重要的使用功能则缺乏深思熟虑的思考。过分强调馆舍的豪华和气派，追求设备的时尚和高档。于是大量建设资金集中用于博物馆建筑安装工程，而在开工建设之前，没有对博物馆的使用功能，以及建成后的正常运营，进行充分的论证，导致一些博物馆建成后，建筑功能适应性差，相关设施不配套，建筑空间大量浪费，能源耗费巨大，日常营运不堪重负，自然更经不起时间的检验。

随着我国综合国力的持续增强和民众精神文化生活需求的日益增长，今后数十年，仍将是博物馆事业发展的黄金时期，也必然是博物馆建设的高峰时期。我国的“博物馆热”不应仅仅是“博物馆建设热”。为了使每一座博物馆的建设质量得到保证，对于当前博物馆建设中出现的诸多问题必须给予关注，使博物馆建筑回归历史责任、回归科学精神、回归社会期待、回归服务职能，使博物馆建筑满足社会职能的发挥，真正服务和造福于社会民众。

事实上，博物馆建设工程是一项复杂的系统工程，不仅程序多、涉及面广，而且专业性强。博物馆建设不能凑数量、赶进度、走形式、图场面。只有将博物馆建筑与社会发展、自然环境、历史风貌融合在一起，跳出所谓的“打造”地标性建筑情节，博物馆才能真正成为人们尊重并喜爱的“精神的家园”、“文化的绿洲”。因此，一座博物馆建筑既不能只凭长官意志来建造，也不能由建筑师的兴趣所决定，社会公众的愿望一定要得到重视。

同时，我国博物馆建筑应走中国特色的道路，在实现现代化的同时，应突出民族优秀传统与地域文化特色，而不是盲目地求新、求奇、求特、求怪、求洋，关键是与现代经济社会紧密结合的同时，不能忘记自己的文化血脉。过分强调建筑外观的华丽和结构造型的奇特，都不符合博物馆功能设计的本质要求。在博物馆设计与建设中，应广泛征求社会各界的意见，既注重科学性，又具有前瞻性，确保博物馆建成后能够满足社会公众的文化需求。

为此建议：

一、加强博物馆建设的前期论证。应首先考虑博物馆的功能定位和建设目标，做好前期的可行性研究和论证，以务实的态度来考虑博物馆建筑的未来发展。

二、抓好博物馆建设的规划设计。应对于文物藏品特色、陈列展览内容等进行先期研究，听取博物馆专家的意见，确保博物馆建成后能够满足使用功能。

关于博物馆公布藏品目录的提案

文物藏品是博物馆的生存之基、发展之本，是实现博物馆使命与目标的保证，保护好文物藏品是博物馆的社会责任，也是博物馆功能发挥的出发点。今天，将“人类及人类环境的物证”作为博物馆的收藏对象，使博物馆的文物藏品具有更广泛的社会意义和社会使命。同时，博物馆还通过广泛的宣传，使社会公众了解文物藏品的特色，普及文物藏品的知识，阐释文物藏品的价值，有利于依靠社会各界的共同力量加强文物藏品保护。

2007年8月，国际博物馆协会对博物馆定义进行了修订，即“博物馆是一个为社会及其发展服务的、向公众开放的非营利性常设机构，为教育、研究、欣赏的目的征集、保护、研究、传播并展出人类及人类环境的物质及非物质文化遗产”。这个定义更加强调博物馆的开放性，强调博物馆文化与公众日常生活的密切联系。事实上，“信息不对称”存在于日常生活的很多方面，在博物馆领域的主要表现，是公众对于文物藏品缺乏了解，因此而产生陌生感和距离感。

作为公共文化机构的博物馆，伴随着社会的发展，它的价值也日益为社会所认知，它的道德形象日益受到社会的关注。“信息不对称”将导致博物馆研究、宣传、教育等社会职能低效。博物馆“为社会及其发展服务”的责任，要求博物馆调整与社会公众之间的关系，进一步作出开放性承诺。这是服务理念的转变，更是服务态度的转变。博物馆社会责任的履行情况如何，既取决于博物馆自身努力，也取决于社会监督，社会监督机制对于博物馆功能的发挥具有重要影响。

自2004年开始，持续7年全面系统的大规模藏品清理工作，使故宫博物院藏品数量从近100万件增加到了1807558件（套），真正做到实物和目录一一对应。这是故宫博物院自建院以来，在文物藏品数量上第一个全面而科学的数字，是文物藏品管理的里程碑，具有重要的历史意义。博物馆藏品是国家宝贵的科学、文化财富，是博物馆业务活动的物质基础。通过清理摸清文物藏品家底，为今后科学保护和合理利用提供了准确的藏品信息和参考依据。

2013年1月，故宫博物院在摸清文物藏品家底的基础上，向社会公布了首批18大类文物藏品的目录，并陆续公布全部文物藏品的目录，在博物馆文物藏品公开方面迈出了坚实的一步，取得良好的社会反响。通过相关实践和经验说明，公布文物藏品目录是博物馆履行社会责任的一项行之有效的途径和方法。博物馆对文物藏品负有妥善保管、科学保护、整理研究、公开展出和提供使用的社会责任，向社会公布藏品目录对于博物馆履行社会责任具有重要意义。

首先，公布藏品目录有利于推动博物馆藏品管理水平的提升，为科学化、规范化管理奠定坚实基础。实现藏品的“账物相符”是公布藏品目录的先决条件。必须实现博物馆全部文物藏品的“账、卡、物”核对，以此保证藏品数字的准确性和完整性。同时，为确保目录信息的科学性，博物馆必须不断补充完善藏品的各项基本信息，并保证信息的规范统一。这些工作将极大提升博物馆工作人员的业务水平，完善藏品管理机制，从而带动博物馆藏品管理能力和水平的大幅提升。

其次，公布藏品目录是充分发挥博物馆服务社会功能的必然要求。近年来，随着我国经济的快速发展，社会公众精神文化方面的需求日益增长，对了解、鉴赏博物馆丰富的文物收藏有着强烈的诉求。为此，博物馆要体现自身价值，谋得发展，必须积极适应社会发展的需要，突破传统相对保守的理念，多形式、多层次地服务于社会，使广大民众了解博物馆藏品的奥妙，更好地为各界人士观赏、研究等不同需求提供便利。

第三，公布藏品目录，有利于博物馆接受社会公众的监督，是对国家、民族负责任的表现，具有“以昭公信”的意义。博物馆藏品是中华民族文化的重要载体和历史缩影，是国家的重要文化财产，对它们的保护时刻牵动人心。博物馆和各界人士为保护藏品的安全和世代流传付出了巨大的努力。博物馆有义务积极接受来自社会各方面的监督，以不辜负社会民众的重托。公布藏品目录，正是把祖先遗留下来的珍贵遗产置于全体社会公众监督之下的具体措施。

为此建议：在全国可移动文物普查成果的基础上，组织各类博物馆及时公布文物藏品目录，保障广大民众的文化权益，促进博物馆的科学发展。

关于加强博物馆防止自然灾害能力建设的提案

几十年来，全球气候变暖和自然灾害频发，使得人类逐渐增强了自身的危机意识。面对地震、暴雨、台风等灾害的频繁出现，一些灾害多发国家，都制定出适合自身的防灾预案，力图在灾害来临之际，将损失降低到最小限度。我国是世界上遭受自然灾害最严重的国家之一，需要在各个领域牢固树立防灾意识，作为公共文化设施的博物馆更应如此。事实上，在过去的十年中，洪水、地震、台风、冻雨等自然灾害，对博物馆和馆藏文物已经造成了严重破坏。

今天，重大自然灾害对文物藏品保护工作提出新的课题。文物藏品的自然破坏原因包括：地震、洪水、火山喷发等灾害性的因素；温湿度、光辐射等物理性的因素；灰尘、有害气体污染等化学性的因素；微生物、昆虫、动物侵蚀等生物性的因素。例如一些博物馆位于地震多发区、洪水多发区、台风多发区，而这些博物馆在馆舍选址，以及建筑结构、防雷设施、抗震性能、防洪能力、污染防治等方面的安全设防，未能达到相应标准，存在严重安全隐患。

目前大部分中小博物馆的文物藏品保护条件较差。一方面，长期以来没有标准文物藏品保管空间，文物库房建设时未考虑文物防火、防震、防雷等方面的因素，达不到文物藏品保护的要求。另一方面，保存设备设施老化，缺少文物藏品专柜，没有适用的囊匣加以保护，未采取应有的保护措施。四川汶川大地震发生后，甘肃礼县博物馆有13件文物受损，其中一级文物3件。这些文物藏品受损的原因，主要是保管条件恶劣，文物杂乱堆放在一起，没有正式的囊匣保管。

日本是一个多地震的国家。因此，日本的博物馆在抗震理念、对策和应用技术的研究方面，从自身受害的实例中不断总结经验，增强博物馆的抗震对策，例如抗震理念由固定的刚性概念，转向动的柔构造设计。即使如此，2011年3月，日本特大地震和海啸也造成岩手县、宫城县、茨城县和福岛县的博物馆受到严重破坏，大量馆藏文物损毁。其中海啸将一些博物馆建筑冲毁，而且使一座博物馆彻底消失。

为了预防自然灾害，从2004年起，国家文物局在11个省的12个博物馆，探索建设文物中心库房，文物藏品集中保管的新机制。2007年5月，绵阳博物馆建成了馆藏文物保存环境达标的文物中心库房，集中保管绵阳市辖区内7个县市区的5000余件馆藏珍贵文物和20000余件一般文物。在第二年的汶川特大地震中，绵阳博物馆中心库房发挥了巨大的作用，保存在文物中心库房密集柜内的珍贵文物都得到平安保管。这是地震灾难不幸中的万幸，也是一个奇迹。

面对复杂多变的自然环境，博物馆应努力提高防灾减灾能力，建立科学的防灾减灾工作机制。要对博物馆所处的地质地貌和天文气候等自然地理环境进行科学研究和分析，明确可能危害博物馆和文物藏品安全的主要自然灾害，为采取科学有效的防灾措施，提供科学依据。同时，与气象、地质、地震等相关部门保持经常性的联系与沟通，及时取得和掌握自然地理和气候变化的准确信息资料，支持防灾减灾工作的顺利实施。

博物馆藏品的脆弱性、不可再生性、可枯竭性的特点，要求博物馆将保护文物藏品的存续放在主导一切的优先地位。例如文物库房建筑物的抗震设防烈度应高于普通建筑物的基本设防烈度，确保文物库房整体建筑能经受强震而不倒塌，进而确保馆藏文物安全。对于珍贵文物应贮存于柜、箱、盒、匣、囊、袋之中，进行封闭保存；对于大体量文物藏品应根据材质采取防尘、防潮、防震和避光措施；对于陶瓷、玉器、泥质、玻璃等易碎易损文物藏品要采取防振、减振措施；对于珍贵有机质地的文物藏品应选用除氧充氮密封的特殊设施保存。

事实上，传统的博物馆管理中注重防止文物损毁的管理理念和模式，随着形势的变化，也逐渐难以应对复杂的自然灾害风险。为此，应牢固树立博物馆安全的忧患意识和危机意识，有意识地将文物藏品保护置于可能发生的各种自然灾害状况，采取科学、有效的措施，有预案地主动避免自然灾害可能对文物藏品的损害。同时，在灾害发生之后，需要分析研究文物藏品的损害原因和质地材质，采用传统文物保护技术与现代科学技术相结合的方式加以修复。

为此建议：

一、国家财政加大防止自然灾害破坏博物馆和文物藏品方面的经费投入，支持博物馆提升防止自然灾害的能力。

二、国家文物部门组织文物保护科学研究机构和博物馆开展防止自然灾害破坏博物馆和文物藏品的专项研究。

关于加大防止馆藏文物腐蚀经费投入的提案

文物藏品是博物馆开展业务活动的物质基础，是实现陈列展览、社会教育和科学研究的实物资料。博物馆的使命就是使文物藏品得到永续保护，并在社会生活中发挥出应有价值。这是博物馆的社会责任，也是博物馆功能发挥的出发点。今天将“人类及人类环境的物证”作为博物馆的收藏对象，涵盖了人类在历史发展过程中创造的所有物质文明和精神文明，这些物证使博物馆的收藏具有更广泛的社会意义和社会使命。

文物藏品保护，主要强调保持文物藏品处于理想的状态，减少损失和伤害。博物馆的文物藏品种类繁多，按文物藏品质地、用途、年代、制作工艺、来源等方式进行分类。但是由于不同质地的文物藏品，对保存环境的敏感情况各异，可以分为青铜器、陶瓷器、玉器、书画、织绣等不同的文物藏品库房，或是分为无机材质、有机材质、复合材质的文物藏品库房。文物藏品能否长久保存依赖于它的存放环境，有效地控制收藏环境可以延长文物藏品的寿命。

当前，在博物馆文物藏品保存环境质量控制方面存在较大问题，不少博物馆的环境控制设施简陋、空调设施使用不当、空气净化技术应用较少，加剧了温度、湿度、光照、虫害、霉菌，以及各种空气污染物等自然环境因素对文物藏品的损害程度和速度。同时，由于目前文物藏品库房面积严重不足，库房中文物藏品集中叠垒、密集堆放的现象十分普遍，致使病害在文物藏品间相互传播，病害发生率高，直接或间接对文物藏品造成危害。

“十五”期间，我国首次开展了“全国馆藏文物腐蚀损失调查”，历时3年时间，对全国的2803家各类国有文物收藏单位的1470余万件（组）馆藏文物进行了调查。调查结果表明，共有50.66%的馆藏文物存在不同程度的腐蚀损害。其中处于濒危腐蚀程度文物29.5万余件（组），重度腐蚀程度文物213万余件（组），中度腐蚀程度文物501.7万余件（组），分别占全国馆藏文物总数的2.01%、14.52 %和34.13%，文物腐蚀损失状况相当严重。

虽然近年来全国各地陆续建设了一批现代化博物馆，现代环境科学和技术也获得了飞速发展，但是当前我国馆藏文物预防性保护管理意识薄弱，博物馆环境质量不高，基础研究不足。污染物浓度普遍较高、温湿度波动幅度较大、环境监测和控制技术手段缺乏等问题，已经成为馆藏文物遭受劣化损害的主要原因。因此，迫切需要引进新的理念，研究建立适合文物藏品特点的环境监测方法、评估体系、调控技术和控制指标，切实减少馆藏文物腐蚀所造成的损失。

文物创造不易，文物保护更难。博物馆藏品的脆弱性、不可再生性、可枯竭性的特点，要求人们要善待文物、珍惜文物、尊重文物、敬畏文物，要求博物馆将保护文物藏品的存续放在主导一切的优先地位。因此，在博物馆中无论是文物藏品储藏的库房条件、温湿状况、照明设计、展柜展具的安全性能，还是对文物藏品的日常维护等，都对文物藏品安全至关重要。由此可见，防止馆藏文物腐蚀的着眼点是主动性、全面性与综合性。

博物馆藏品的预防性保护是指为文物藏品提供一个稳定、安全、洁净的保存环境。开展预防性保护工作要研究文物藏品可能面临的各种风险，构建和落实馆藏文物保存环境控制和日常养护的长效机制。文物藏品的日常养护和修复处理是阻止、延缓各种因素损坏所做的必要工作，是博物馆藏品管理的一个重要工作内容，运用传统修复工艺和现代科学技术手段对文物藏品进行科学保护、保养、分析和检测，是文物藏品延长保存年限的重要方法。

当前，亟待加大科学研究和保护力度，有效遏制馆藏文物腐蚀损失，达到减缓馆藏文物劣化的速度，使文物藏品得以长久保存。包括加强馆藏文物保护修复科技应用技术基础研究，进行各类材质馆藏文物在不同环境中的劣变原因及防治对策研究，馆藏文物保存环境和保护修复材料工艺评价标准的研究，实施关键技术攻关，加大应用技术研发力度，加大馆藏文物保护科技成果转化和推广力度，加强馆藏文物保护修复科技基础条件建设。

为此建议：

一、针对保存环境控制、库房建设、日常养护、基础技术标准规范等诸多与博物馆藏品保护有关的问题，增加馆藏文物保护科研经费、保护修复经费、日常养护经费的投入。

二、组织全国的科学技术力量，在博物馆领域开展博物馆藏品抢救性保护修复专项工程，首先抢救已经处于重度腐蚀以上的珍贵文物，特别是濒危易损的珍贵文物，保障馆藏文物长治久安。

关于加强和规范文物景区和博物馆导游讲解的提案

近年来，随着广大观众对历史文化知识的渴求，文物景区和博物馆已经成为广大民众丰富知识、开阔视野、陶冶情操的文化园地，也成为在校学生们的第二课堂，参观群体迅速扩大，参观人数与日俱增，使文物景区和博物馆的社会责任更加重大。作为连接文物景区和博物馆与观众的重要途径，众多开展文化旅游的旅行社也紧紧抓住契机，把文物景区和博物馆作为首选的游览胜地和文化圣地，引导社会公众加入历史之旅和文化之旅。

社会教育是文物景区和博物馆的重要职能。实现与观众的成功沟通，是文物景区和博物馆工作的重点，而作为旅游团队的导游人员，是文化旅游中的关键角色，他们既担负着宣传教育的职能，又要有效地组织和引导观众，在接待服务、导游服务中具有举足轻重的地位。一次令人满意的文化旅游，除了参观美景、感受文化之外，还离不开导游人员热情细心的服务，他们为来自世界各地的参观者提供语言服务，架起不同地域文化、不同民族文化交流的桥梁。

虽然长期以来导游人员对文物景区和博物馆的文化传播作出了独特贡献，但是目前也存在着一些不容回避的问题。例如一些导游人员对文物景区和博物馆的文化内涵缺乏深入的理解和研究，拘泥于对导游资料的死记硬背，缺乏细致、生动的语言，难以满足观众的求知需求；一些导游人员由于知识结构和价值取向方面问题，热衷于讲解遗闻野趣，使讲解内容过于浅薄，不能达到为观众增长知识的目的；一些导游人员热衷于引导观众进入商店，将“吃回扣”作为收入来源。

上述类似的问题，在带领观众参观故宫博物院的导游人员中也有所存在。例如一些导游人员的讲解内容不规范，大量野史戏说与正史讲解混为一谈，让观众难以分辨，容易对故宫文化认知产生误解和偏差；一些导游人员的讲解用语生涩，不能将讲解内容深入浅出地表达出来，影响观众对文化信息的接受；一些导游人员随身携带扩音器设备，使用过程中不仅造成声音污染，而且对参观环境和观众情绪造成干扰，影响整体参观质量。

产生这些问题的重要原因之一，是旅游部门、文物景点和博物馆、旅行社等部门和机构对于导游工作重视不够，针对导游人员的素质提高缺乏系统化的在职培训，针对导游讲解岗位学习缺少标准化的专门教材，针对导游人员的招聘和使用缺少专业化的准入门槛。由于导游队伍急剧扩张，大批未经过岗前培训的导游人员匆忙上岗带团，造成导游讲解总体质量的下降。

我国的文物景区和博物馆一直致力于提升人们的文化素质，丰富人们的精神生活，使观众享受到文化艺术带给他们的快乐。文物景区和博物馆的教育功能具有实物性、直观性和寓教于乐等特点。因此，在文物景区和博物馆的参观活动中，导游讲解始终被置于重要位置，成为文化传播的核心内容。随着社会公众文化素养的不断提高，导游人员提供的知识信息，应更具针对性、全面性和系统性，才能对观众的知识储备起到补充、深化、旁证的作用，才能对观众具有吸引力。

由于文物景区和博物馆是向社会开放的文化机构，导游讲解的基本任务是以文化遗产资源为依托，通过口头交流的方式，针对多元化的观众群体，为之提供愉悦的体验，与公众之间建立起最为直接的联系。当前，文物景区和博物馆在导游讲解环境、导游讲解对象、导游讲解内容、导游讲解需求等方面，均发生着深刻变化，呈现出多元化的趋势。因此，应该及时开展导游人员的岗位培训，培训中除了常规的个人形象、语言声音等方面的培训外，还应注重文化素质的培养。

按照导游讲解的专业化要求，培训内容应该包括以下方面。一是专业知识学习，包括文化教育和传播基础理论，例如博物馆学、教育学、哲学、传播学、公共关系学等；文物展览及相关学科的基础知识，例如历史学、考古学、美学、心理学、语言逻辑学等；与文物保护相关的法律、法规、政策等。二是专业技能培训，着重对讲解内容组织、沟通交流能力及语言表达技巧进行学习和训练，包括有声语言表达、态势语言表达、导游讲解词写作、礼仪礼节等。

同时，应该强调作为文物景区和博物馆的导游人员，人格力量具有不可忽视的作用。只有热爱文物事业，热爱导游讲解岗位，才能做好本职工作。当导游人员直接与观众进行面对面的沟通交流时，必然产生强烈的现场效应，观众在听取导游讲解的同时，也始终感受到导游人员所表现出来的心态和气质。因此，导游讲解要获得理想的效果，除了需要导游人员具有较高的文化修养，较强的表达能力，较好的心理素质外，还需要充满自信，需要真诚流露。

为此建议：由旅游部门会同文物景区和博物馆相关业务部门，组织各旅行社导游人员进行讲解知识、礼仪规范等方面的培训，只有接受规定课时的学习培训，并且通过笔试口试取得讲解资格的导游人员，方可接待旅游团队进入文物景区和博物馆，进行导游讲解工作。

关于针对文物景区和博物馆观众加强文物保护宣传的提案

今年全国“两会”召开前夕，两桩破坏文物及其环境的事件引起社会广泛关注。一件是故宫博物院文物展品铁缸被涂写上“梁齐齐到此一游”，另一件是部分游客向故宫筒子河内乱扔垃圾，这些不文明的行为，引起大量微博转发与评论，媒体进行追踪报道，一时成为热点话题，人们对不文明行为给文物及其环境造成的伤害予以谴责。这些事件的发生，既反映出加强文物及其环境保护的重要性，也说明提高全民文明素质的紧迫性。

我国历史文化悠久，文物古迹众多，文化与自然遗产景观丰富多样。1985年，我国政府正式加入了《保护世界文化和自然遗产公约》，对国际社会作出庄严承诺。精心呵护文化遗产，维系历史文脉，留住城市记忆，是人们生存发展的心理需求，也是当代人对祖先和子孙后代的责任。而对文化遗产资源进行有效保护，不但是文物管理部门的职责，也是每一位公民应尽的义务。

今天，我国正处在旅游快速发展时期，随着广大民众生活水平的不断提高，人们纷纷走出家门，加入文化旅游大军，诸多文化遗产地近年来接待观众数量不断攀升，对文物及其环境保护提出了更高的要求。如何在参观人流大量涌入的同时，切实保护好文化遗产，维护文化遗产的尊严，为观众提供更好的参观环境和文化氛围，促进保护与利用的和谐发展，已成为越来越多文物景区和博物馆的重要课题，同时也是一道难题，需要全社会给予关注和重视。

目前在很多文物景区和博物馆，存在着诸多不文明现象，例如在展厅地面上留下口香糖的残迹，在文物古迹的本体上刻名留言，在木结构古建筑群内点火吸烟，在公共场所内丢弃垃圾、践踏草坪、攀折花木、随地吐痰等，诸多“乱象”让人心痛不已：这些不文明行为严重影响观众的参观体验，也对文物景区和博物馆的整体氛围造成伤害，更给文物及其环境的保护工作带来了诸多难题，成为当前文物景区和博物馆面临的严峻挑战。

事实上，这些不文明现象的发生，正说明作为文明传承机构的文物景区和博物馆存在的必要，只有让更多的社会公众在这里感受历史、学习知识、陶冶情操，才能有效地提升人们的文明素质，避免和抵制不文明的行为。文物景区和博物馆不但是城市“精神的家园”，而且应该是“文明的窗口”，这里不仅有壮丽的建筑、精美的文物，而且应该有文化的氛围、整洁的环境。因此，文物景区和博物馆应依靠不懈的努力，为转变社会风气贡献力量。

同时，必须看到创造城市整体的文明氛围，仅靠文物景区和博物馆的努力远远不够，必须成为全社会的共识。一座城市的繁荣与发展，从本质上说，取决于城市的人文态度。一个缺少文化氛围和文化气息的城市不可能成为真正的现代化城市。近日，深圳市已在全国率先对市民文明行为规范进行立法，正式施行《深圳经济特区文明行为促进条例》，成为国内首部文明行为促进条例，这一举措彰显出我国通过立法规范市民文明行为的可行性、必要性。

一个国家的文明程度，可以从少数人身上体现出来，而一个人的文明素养，往往从一个细节就能看出来。因此，必须通过形式多样的宣传教育，使保护文物及其环境的观念深入人心，动员全社会力量，共同倡导文明出行，使社会公众的道德素养显著提高，自觉改正自己的不文明行为，发现并制止身边的不文明行为，共同为维护文物及其环境的尊严而努力。因此，建议从国家到地方各有关部门加大宣传力度，在全社会大力倡导“保护文物，文明参观”。

具体建议如下：

一、宣传文化部门针对文物景区和博物馆观众的不文明行为，通过电视、广播、报纸、网络等公共媒体制作公益宣传片和公益广告，并组织统一制作倡导文明参观文物景区和博物馆的公益宣传材料，深入学校、单位、社区，对社会公众进行保护文物及其环境的宣传和教育。

二、文物管理部门针对文物景区和博物馆观众的不文明行为，利用文化遗产日、国际博物馆日等重要纪念日，组织开展形式多样的活动，宣传教育、引导社会公众，特别是青少年自觉保护人类共同的文化遗产，营造全社会鼓励和促进文明行为的氛围。

关于健全文物博物馆从业人员资格评价制度的提案

“人才战略是第一战略。”当前，文物事业的可持续发展所面临最重要的问题，就是能否建设一支体系完备、结构合理、素质优良的文物博物馆从业人员队伍，这是文物事业兴衰成败的关键所在。另一方面，进入新的世纪以来，科学技术突飞猛进，新知识、新理论、新技术日新月异，职业分化越来越细，职业的技术含量和专业化程度越来越高，对专门人才的需求呈现出大批量、多规格、高层次的特点。

新中国成立以来，我国通过学校教育和在职培训等途径，培养了大批文物博物馆方面的专门人才，为文物事业的发展做出了重大的贡献。近年来，又陆续开展了文物保护与修复、考古发掘、文物保护规划、文物出境鉴定、文物安全保卫、博物馆藏品保管、科技成果推广等多层次、多门类的专业培训，其中文物保护与修复培训又包含了多个方面，一批专业技术人员的业务水平得到提高，正在成为各个单位和部门的业务骨干。

但是，随着时代的发展，以往文物博物馆的专门人才培养方式与途径已经与实际需求不相适应，满足不了新形势下文物博物馆工作的发展需要。无论是不可移动文物还是可移动文物的保护和修复，都需要大量具有广博知识和精湛技艺的复合型专业技术人员，在当前人才竞争异常激烈的情势下，对此如不给予高度重视和积极应对，将加剧人才资源匮乏的状况，成为制约文物事业进一步发展的瓶颈所在。因此，必须对人才实际需求和发展趋势进行深入研究，提高文物博物馆专业人才培养的针对性和适应性。

一是从业人员总量与事业发展不相适应。全国文物与博物馆队伍有8－9万人，其中专业人员仅占20％。以文物修复领域为例，我国目前能够从事文物修复的一线从业人员不足2000人，仅有的这些专业技术人员需要完成的却是上1000万件（套）馆藏文物的修复任务。而同样是文明古国的意大利，文物修复师的规模维持在5万人左右。由于掌握修复技术的专业人才资源严重匮乏，专业技术人才队伍青黄不接，导致大量亟待维护、修复的珍贵文物只能“无奈地等待”。

二是随着文物事业的快速发展，文物博物馆单位对多学科复合型人才、文物保护修复技能型人才、信息技术应用型人才、综合管理型人才的需求急剧增长，原有的教育模式与实际需求出现脱节。突出的表现是：在教学内容上重理论、轻实践；在专业设置和学科建设上，相对单一，门类趋同，文物博物馆专业人才培养机制对文物事业发展的新需求反应滞后，知识结构和专业结构不能适应文物事业发展的变化。

三是我国文物博物馆职业技术教育尚处于起步阶段，考古发掘、文物修复、古建修缮等相关职业技术种类，尚未纳入国家职业技术教育体系。此外，在当前的专业人才队伍管理体系中，现行以研究课题、撰写论文为主要导向的职称评聘制度，不能对专业技术人员的贡献做出科学合理的评价，其职称、待遇等问题得不到合理解决，不利于调动从事技能型工作的文物博物馆从业人员的积极性，严重影响技能型文物博物馆人才的培养和使用。

培养造就大批具有较高素质、具有蓬勃创新精神的各类人才，直接关系到文物事业的未来。要解决这一问题，一方面需要提高高等院校文物博物馆相关专业的专业适应性，大力发展文物博物馆职业技术教育，加大文物博物馆行业教育职业培训的力度。另一方面应该在制度层面建立起一套科学合理的文物博物馆从业人员评价和使用体系。在不具备对文物博物馆从业人员实行资格准入管理的条件下，应尽快建立健全文物博物馆从业人员的资格评价制度。

目前正值我国职业教育结构的调整时期，即由过去以工科类职业教育为主，逐渐发展为多门类、多学科并举发展的局面。应该利用这一结构调整契机，培养和发展一批注重文物科技保护和修复专业技术人员培养的职业学校和相关专业，形成急需文物保护技能型人才的培养、定级和使用机制，为文物博物馆科技保护工作不断输送合格人才，为培养造就大批高素质、高层次的文物博物馆应用型专门人才贡献力量。

为此，建议人力资源和社会保障部门：

一、在修订职业分类大典过程中，会同相关部门，将对于文物博物馆事业发展具有重要作用，且长期没有纳入科学的职业管理体系的文物修复、考古发掘和文物建筑修缮等纳入国家职业分类体系，以利于制定相关职业标准，设置相关职业技术教育专业，为实现对相关从业人员的科学管理打下较好基础。

二、尽快研究制定文物修复、考古发掘和文物建筑修缮等职业标准，对这些职业实行国家职业资格证书制度，确立相关从业人员的职业能力评价和晋升体系，使相关职业从业人员的个人资格与相关机构的单位资质挂钩，进而使高等院校、职业技术院校培养出来的人才有更多的机会从事相关工作，并打开其职业晋升通道，形成相关门类从业人员培养、评价、使用的良性体系，保障文物事业的健康发展。

关于建立仿古工艺品产销监管制度的提案

仿古工艺品生产自古有之，本是我国工艺美术生产的重要品类之一。仿古工艺品通常汲取历史文化元素、采用传统工艺技术制作而成，起初主要用于陈设、收藏、馈赠和文化交流等，对于继承创新传统工艺、传播弘扬民族文化、丰富民众文化生活，发挥了积极的作用。

近年来，随着各地加大对文化产业发展和非物质遗产技艺传承的支持力度，仿古工艺品生产销售也得到快速发展，覆盖了陶瓷、玉器、青铜、书画、杂项等众多门类，形成了一些著名的仿古工艺品生产基地。据不完全统计，2012年全国仿古工艺品年产值达数十亿元。各类仿古工艺品以订制、零售、批发及网络交易等形式进行销售，流向国内各地的个人、企业、古玩市场及我国港澳台地区和东南亚、日本、美国、欧洲等地。

然而，与此同时，在文物艺术品价格不断走高和民间收藏热持续升温的刺激下，相当一部分仿古工艺品的生产制作走向了“造假”、“做旧”的歧途，一些不法分子故意将“造假”、“做旧”的仿古工艺品，以文物艺术品名义混入流通领域，特别是古玩旧货市场和文物艺术品拍卖市场等，扰乱了正常的文物流通经营秩序，损害了消费者和收藏者的合法权益，也严重影响了我国文物艺术品市场的可持续健康发展。

目前，我国尚未制定规范仿古工艺品生产、销售的专门法规，工业信息、质量监督、工商管理、文化文物等相关部门监督管理职能不清，一些地方把仿古工艺品生产、销售作为发展文化产业的重要手段，对作伪、造假，且销售渠道可疑的做旧工艺品，也未尽到管理职责，任其流向市场。而当消费者用法律武器维护自身合法权益时，有时会面临法律规定不甚明确、条文过于简单和笼统等问题的困扰，给合法维权造成一定困难和障碍。

因此，在一些地方，仿古工艺品的生产、销售已经不仅仅是单纯的传统工艺美术传承发展问题，而成为文物艺术品造假、售假和投机炒作的载体，以仿古工艺品假冒文物艺术品泛滥成灾，真真假假，鱼龙混杂，严重侵蚀了社会诚信，很大程度上，搅乱了人们对仿古工艺品鉴赏和文物艺术品收藏的基本认识，引发了广泛的社会关切，有必要尽快建立仿古工艺品生产、销售的监管制度。

今天，我们生活在法治社会里。仿古工艺品生产、销售单位，应依法规范自己的行为，加强法律意识，认真遵纪守法。作为经营活动，要以诚信为本，讲究职业道德。在出售仿古工艺品时，要履行告知的责任，向消费者解释清楚，不能含糊其辞，更不能以假乱真。特别是文物景区和博物馆商店，对承租者的经营方向、经营方式，要有必要的指导和约束，使其按文物景区和博物馆的性质和要求来规范自己的经营行为，不能损害文物景区和博物馆的声誉。

同时，要加强对博物馆文化产品知识产权的保护，严厉查处和制裁非法经营行为，重点打击对文物复仿制品的粗制滥造和图书、音像制品的盗版行为；建立博物馆文化产品质量监督机制，制定博物馆文化产品市场准入制度，切实加强博物馆文化产品质量的监督管理；加大市场监督，维持公平、公正的市场秩序。同时，加强跟踪服务，健全消费者维权体系，建立购物信息平台、意见和建议反馈，以及消费者投诉、服务机制等，切实保护消费者权益。

为此，建议：

一、请工业信息、质量监督部门加快制定规范仿古工艺品生产的法律法规及行业标准，在鼓励传统工艺美术保护研究与创新发展的同时，要求仿古工艺品必须附有明确标识、编号及说明书等，属于文物复制品的必须附有文物行政部门批准文件，并加大对仿古工艺品生产领域的执法检查力度，以此将仿古工艺品与文物艺术品严格区分开来，保障消费者的合法权益，促进仿古工艺品良性发展。

二、请工商部门牵头，加强市场监管，规范市场运行，实施对市场上仿古工艺品销售的检查和监管，特别是加强对公众反映强烈的重点地区、重点品类仿古工艺品销售渠道的治理，逐步建立公开长效、部门联动的市场监管体系，规范仿古工艺品流通经营；严肃查处仿古工艺品假冒文物艺术品销售的欺诈行为，力争从根本上扭转古玩旧货市场上假冒文物艺术品泛滥的状况，推动市场繁荣有序发展。

关于加强历史街区内传统民居修缮的提案

历史街区是城市文化遗产的重要组成部分，是一个地区、一座城市悠久历史和灿烂文明的有力见证。作为历史性城市保存最完整、最丰富的地区，历史街区还是促进城市经济社会发展，提高居民生活质量的重要资源。历史街区既是城市文明的成果，又是居民日常生活的家园，唯有保留下来具有地域特色的传统建筑，才能使城市的历史绵延不绝，也唯有改善传统民居的居住条件，才能满足居民现代生活的需要。

但是，目前很多历史街区内人口拥挤、环境脏乱、危房集中、管理薄弱、贫困居民比例较大。还有不少居民依然居住在拥挤不堪、阴暗潮湿、存在严重火灾隐患的环境之中。特别是人均10平方米以下的住房困难居民，集中分布在历史街区内，往往一个传统民居院落居住着10户以上的居民。由于房屋密度过大，造成采光不足、通风不畅，院落低洼积水现象普遍。这些状况也对历史街区保护产生了十分不利的影响。

在历史街区中，除列入各级文物保护单位的保护建筑以外，传统民居建筑量大面广，是传统建筑的主体。但是，各类传统建筑存续状况不同，相当一部分是清末民初的遗存，由于长期得不到正常修缮，房屋严重老化破损，“危、积、漏”问题非常严重，有的屋面破漏、墙壁剥落，有的甚至梁架倾斜、濒临倒塌，进行修缮已经刻不容缓。同时，在历史街区内陆续搭建的简易房屋质量更为恶劣，不少传统民居院落内这类简易房屋面积，已经超过正式房屋面积。

造成这一状况，既有历史原因，也有现实因素。20世纪50年代各城市普遍采取“以旧城为中心发展”的模式，对历史街区内的传统民居则贯彻“充分利用”的方针。由于这些传统民居量大面广，修缮负担逐年加重，投入力度明显不足，危房问题逐渐凸现。进入90年代，各地开始实施大规模危旧房改造。不少危旧房改造区由于“占而未用”，致使正常的房屋维修早已停止，造成传统民居加速衰败，导致历史街区内房屋破损、环境杂乱、人口拥挤、违法建筑密集、火灾隐患突出，危房面积进一步扩大。

因此，历史街区内传统民居年久失修问题，是长期积累下来的历史欠账，量大面广。城市的发展是连续的过程，同样，传统建筑的保护也需要持续不断地投入，必须有长期修缮的准备。要避免在历史街区实施大规模“危旧房改造”，因为一次性投入虽然能够在短时间内解决某些问题，但是历史文化信息将会消失，同时改造后的效果往往单调，也就是人们常说的“房子新了，文化没了”，失去了传统民居及其环境的原有独特性格，也就失去了历史街区的文化魅力。

相比之下，在政府财政和居民收入都有限的情况下，将政府与居民的积极性结合起来，建立“细水长流”的投资模式，既能解决房屋修缮的现实问题，又能妥善处理历史街区的长期保护，在“千城一面”的城市景观中，可以产生独具魅力的效果，是一种有效的解决方法。实际上，在居民中蕴藏着改善住房条件的极大积极性，只有明确住房产权关系，而且明确房屋所在的历史街区今后不再实施大拆大建，居民住户才能积极主动地考虑自有住房的修缮问题。

探求“有机更新”的途径，应根据历史街区保护规划和政策的要求，发动社会力量，特别是社区居民，以自助力量进行小规模整治与改造。其优点在于：有利于城市的新陈代谢，保持城市的多样性；有利于住宅产权及住房制度的改革，促进城市的可持续发展；减轻政府的财政负担，实现社会财富的增值。为此，应根据不同历史街区内传统民居院落的具体情况，制定有关政策和多种实施模式，改革现有房屋管理的体制。

对于历史街区来说，稳妥的更新模式应该是适合当地具体社会经济状况的、充分听取公众特别是当地居民意见的、循序渐进的、注重差异化和分散化的更新模式，而不是主观和强制性的、一厢情愿的、过于刚性的、一刀切的集中拆迁改造模式。因此，应根据不同历史街区的风貌特色，抓住当地传统民居建筑的主要规律和特征，编制有针对性的、具有选择余地的房屋修缮方案，提供给自行修缮房屋的居民及工程设计、施工人员作为依据，以确保历史风貌不走样。

为此建议：

一、住房与城乡建设部门加大历史街区内传统民居保护修缮的力度，切实改善当地居民的生活条件。

二、由文物部门组织文物保护机构和专家对历史街区内传统民居保护修缮工作给予指导，保证在房屋修缮中历史风貌和文脉的延续和传承。

关于加强历史街区市政基础设施建设的提案

2013年2月22日，《北京晚报》一篇关于历史街区市政基础设施状况的报道，牵动着人们的心，题目是《路面多处塌陷 老人出行不便 居民盼——赶紧修修胡同坑洼路》。据报道，青炭局胡同是东城区方家胡同内一个南北走向的小胡同，近两个月来，胡同内出现多处塌陷，路面坑洼不平。住在这条胡同里的居民老人居多，除此以外，这里还住着残疾人，平时大家都到这里上厕所，厕所前的地上坑坑洼洼，老人们腿脚不灵活，进出厕所难免脚下绊蒜。

众多历史性城市中的历史街区，大多经历数百年风雨，生活基础设施已远远跟不上时代发展的要求。例如多数居民没有自家的卫生间，每天需要去较远的公共厕所；没有燃气管道和集中供暖设施，一些地方还采用煤炭取暖；不少院落还在使用公共水龙头，甚至在高峰用水时段供应不上自来水；随着家用电器迅速增加，供电线路和设备负荷明显不足；历史街区内到处可见随意缠绕的电线、胡乱放置的煤气灶等，火灾隐患严重等等。

目前，不少城市将市政基础设施建设资金大量投入大广场、大绿地、大水面、景观大道、高档办公楼，而对于更加迫切需要加以改善的历史街区内市政基础设施建设严重欠账。由于历史欠账和现实管理体制等问题综合交织，使世代居住在历史街区内的居民生活水平，逐渐与整个社会人居环境的改善形成强烈的反差，生活质量明显低于城市其他地区的水平，特别是市政基础设施的落后已经严重制约了这些地区的现代化进程。在生活环境恶劣的情况下，历史街区内的居民有着要求改善居住条件的迫切心情与强烈愿望，把希望寄托于当地政府的关注。

历史街区的保护与更新要坚持以人为本。在历史街区内居住着比例较大的低收入和困难群体，在保护与更新的过程中应当对他们提供更多的扶助。联合国《人类住区温哥华宣言》（1976年）指出，“拥有合适的住房及服务设施是一项基本人权，通过指导性的自助方案和社区行动为社会最下层的人提供直接帮助，使人人有屋可居，是政府的一项义务”。各级政府应更加主动地承担起历史街区内困难群体改善生活的责任，保障历史街区内的居民日常生活的安全性、舒适性等居住需要。

对于历史街区内的市政基础设施改造，应根据保护规划和财力，逐年逐片安排实施计划。随着社会的进步，在历史城区内生活、工作的人们对市政基础设施的服务功能要求也在同步提高。但是，目前市政基础设施规划设计的制定，缺乏对历史街区特点的研究，缺乏针对历史街区的建设标准，无论是市政管线的选型，还是道路布局的选线，多年来仍然按照一般的城市建设标准进行规划设计和建设，缺乏与历史街区保护与更新目标相协调的特殊政策。

历史街区内的市政基础设施和综合管线规划应以不破坏传统风貌，改善保护区内的生活设施和防灾设施条件为目标。由于保护传统街巷的空间尺度，给市政基础设施的配套建设带来复杂的影响，敷设雨水、污水、自来水、电力、电信、热力、天然气等各类市政设施往往出现管线布设空间狭小、管线净距离不能满足常规设置标准等问题，需要根据实际情况和现实条件采用新材料、新技术和综合手段进行处理。大量实验证明，在历史街区内引入各类市政基础设施、在传统街巷内安排各类综合市政管线在技术上是可行的。

历史街区由于地形地貌、街道空间与尺度和建筑布局等方面的特殊性，道路系统往往具有密度高、路幅窄的特点，其道路断面、宽度、纵坡的形制，以及转弯半径、建筑间距、消防通道的设置等往往满足不了现行有关规范，应按照保护历史城区的要求适当降低或放宽相关标准，并且通过其他方式进行补充完善。实践证明，采用分散的、小规模的、多样化的交通设施，更有利于历史街区传统风貌的保护和交通的便利。

对居住环境的设计，“宜居”应作为基本原则，无论传统民居院落的保护与更新、交通体系的规划与建设等都应以人的尺度、人的需求为原则，“以人为本”全面协调可持续的发展观，不仅促进经济社会的全面发展，还应成为历史街区规划设计的基本指导原则。在加强保护的前提下，通过“有机更新”的方式逐步改善历史街区内市政基础设施条件，消除安全隐患，提高居民生活质量。

为此建议：

一、建设主管部门加大对于历史街区内市政基础设施的投入和建设力度。

二、组织研究适用于历史街区的市政基础设施规划设计规范和建设标准。

关于加强凌家滩考古遗址保护的提案

凌家滩遗址位于安徽省含山县铜闸镇境内，是长江下游迄今发现面积最大、保存最完整的新石器时代聚落遗址，是中华文明起源的生动例证，是长江下游5000多年前最重要的文明中心之一。1985年发现以来，经过考古学家20余年来的5次考古发掘，发掘面积2960平方米，出土文物2000多件，其中玉龙、玉人、玉鹰、玉版、玉猪等玉石器1100多件，通过考古还发现了祭坛、墓葬、大型红烧土等遗迹，勘探发现了多处古代居住、环壕的遗迹。

凌家滩遗址出土的大批玉器，表现手法多样，制作技术高超。这些出土玉器目前收藏在故宫博物院和安徽省博物馆。正是这些精美玉器，进一步揭开了中华远古文明的面纱，表明这里是新石器时代晚期一处重要的制玉中心，与红山文化、良渚文化可以并列为中国史前三大玉文化中心，其独具特色的玉文化，是我国玉器发展史上的第一次高峰，对我国后世礼制发展具有开创性意义，具有重大的历史价值、艺术价值、科学价值和文化传承价值。

“中华文明探源工程”研究成果认为，凌家滩发现了随葬精美玉器的高等级贵族大型墓葬和规模宏大的祭祀遗迹，可以推测当时已经出现了王权或其雏形，进入了初期文明阶段，为研究中国五千年文明提供了实物例证。因此，凌家滩遗址被评为全国十大考古新发现，被国务院公布为全国重点文物保护单位。同时，2006年，凌家滩遗址被纳入国家100处大遗址保护总体规划。2012年，凌家滩遗址作为安徽省唯一的大遗址保护规划公布实施。

凌家滩遗址及其周边的文化遗存具有鲜明的地域特色和时代特点，被称为“凌家滩文化”。凌家滩文化在中华文明起源和形成过程中具有标志性地位，也是安徽省最为重要的地域文化代表。虽然对于凌家滩遗址的解读，还需要持续进行艰辛的考古研究，但是通过考古研究不断得到深化，文化价值不断得到揭示，必将进一步确定凌家滩文化在中华文明起源中的突出历史地位，神秘而丰富的凌家滩遗址将不断为人们带来文化震撼和惊喜。

为了加强凌家滩遗址保护，含山县建立了县、镇、村、组四级文物保护网络，细化措施，落实责任，依照文物保护法规对凌家滩遗址依法进行保护。同时，在文物保护建设控制地带外建设凌家滩文化新村，实施遗址区内村民搬迁工作，处理好考古遗址保护和改善民众生活之间的矛盾，实现大遗址的长久保护。2012年初，含山县设立了面积达10平方公里的凌家滩文化园区，包括建设2.4平方公里的考古遗址公园。

2012年12月，中国考古学会、中国文物学会、中国先秦史学会与安徽省文化厅和马鞍山市政府共同主办了中国凌家滩文化论坛，发表了《凌家滩论坛共识》，专家学者为凌家滩遗址的科学保护积极提出建议，呼吁加强凌家滩遗址的科学研究，并通过探索建立国家考古遗址公园等形式，有效加强考古遗址的保护和展示。目前，凌家滩遗址公园规划已经编制完成，通过省级评审，上报国家文物局审核。

同时，据了解正在规划建设的商杭高铁和淮南铁路均在含山县铜闸镇境内通过。现有的淮南铁路距离凌家滩遗址保护区仅1公里左右，规划中的商杭高铁线路距凌家滩遗址最近处不足1公里，淮南铁路电气化改造多条架空标线，特别是高铁高架桥梁，对凌家滩遗址保护范围内视线通畅将产生严重干扰，破坏考古遗址区周边原始生态环境，以及考古遗址与周边文化景观的对应关系，不符合《凌家滩遗址保护规划》的相关要求。

为此建议：

一、国家文物局、安徽省政府加强协作，突出重点，加大投入，全面推进凌家滩遗址保护工作，将凌家滩考古遗址公园建设纳入国家考古遗址公园计划，努力将其建设成为我国长江流域大遗址保护重要示范项目。

二、铁道部及安徽省政府，在国家商杭高速铁路线路规划、淮南铁路电气化改造项目中，依据《凌家滩遗址保护规划》规定，统筹解决好凌家滩遗址保护与铁路改造建设项目的关系。

关于加强综合治理优化故宫参观环境的提案

目前，非法散发“小广告”现象在城市生活环境中普遍存在，严重干扰社会正常管理秩序，同时难以治理，因此被人们称为城市里的“牛皮癣”。尤其是人流密集的故宫博物院周边地区，非法散发旅游“小广告”更是随处可见。据有关管理部门统计，在此区域从事非法散发“小广告”的人数近千人。他们主要以参观故宫博物院的观众为目标，严重影响故宫博物院的正常参观秩序，严重干扰观众的参观质量，也严重败坏首都的旅游形象，成为故宫博物院参观安全秩序管理难以治理的“顽疾”，因此，加强对这一乱象的综合治理刻不容缓。

非法旅游“小广告”难以治理，主要有以下三个方面的原因：

一是经济利益驱使，使“从业”者有利可图。据长期从事非法散发旅游“小广告”人员称，他们每与一名游客约定介绍到“旅行社”，就会得到70元至80元不等的报酬，旅游旺季每天能约到30人左右，一天就能收入2100元以上的利益回报，很多非法散发旅游“小广告”人员年收入都在6万元以上，较高的经济收入是他们不怕查处的根本原因。

二是人员成分复杂，难于教育和管控。非法散发“小广告”人员大多数是外地进京无稳定工作的待业青年，有的人员甚至有过违法犯罪记录，受雇于从事“倒票、发片”等非法活动的幕后非法“个体”老板，有自己的组织和分工，成员间相互配合协调，抗打击、拒管理的“经验”丰富，而且人数众多，打击和管理的难度极大。

三是执法管理缺乏手段，处罚机制存在缺失。目前对这类违法人员的处罚措施有三种：教育、经济处罚和行政拘留。目前来看，实施教育的成效甚微；经济处罚也很难实施，因为非法散发旅游“小广告”人员身上基本不带钱，无钱可罚。即便是罚款，每次行政罚款数额太低，不能产生有效的震慑作用；拘留也有难度，因为每天抓扣的人员太多，再加上取证难和拘留要求严格，使得更多的非法散发旅游“小广告”人员无法得到应有的法律惩处。

非法散发旅游“小广告”是一个社会问题，要彻底根治需要社会综合治理。

首先需要治理“利益源头”，即整治和取缔非正规旅游景区以及非法经营网点。据调查了解，非法“小广告”基本不针对正规的景区、景点，以及正规的旅行社。非法“小广告”利益的源头在于非正规旅游景区、景点的门票回扣，以及围绕非正规旅游线路延伸出来的非法经营利益链，特别是非正规旅游景区、景点的一系列非法经营网点，是非法“小广告”的主要业务服务目标和获取利益来源。整治这些非法景区和经营网点，是打击非法散发旅游“小广告”的治本之策。

其次需要查处“中间环节”。通过加强旅游检查执法力度，采取跟团暗访等有效方式，坚决查处为非正规旅游景区、景点和非法经营网点提供客源的非法“一日游”线路，严惩幕后的组织者和不法经营者。非法“一日游”经营者大都采取打着合法旅行社的旗号、借用合法旅游车辆等欺骗方式，私自经营非法“一日游”，虽然具有一定的欺骗性，取证和查处存在困难，但是他们的不法经营行为毕竟是在光天化日之下，只要加大打击和查处力度，必然能够取得实效。

三是需要增加警力投入。近年来，故宫博物院对外开放面积不断扩大，接待观众数量不断增加，派出所干警配备数量严重不足，不能满足故宫博物院参观安全管理的现实需要。为了加大对故宫博物院内非法散发旅游“小广告”人员的打击力度，有必要增加派出所干警数量。只有这样，才能改变因干警力量不足而形成的管理空档，形成无盲区、无死角的打击和管理格局，不给非法散发旅游“小广告”人员可乘之机。

为此，建议北京市相关部门齐抓共管，针对问题源头，加强治安管理，采取确实有效的办法，将故宫博物院周边列为重点整治区域，在整顿和取缔非正规旅游景区、景点和非法经营网点上有所作为，彻底消除故宫博物院内及其周边非法散发旅游“小广告”的现象，消除首都中心区域周边存在的治安隐患，为北京市旅游品质整体提升战略作出贡献，让故宫博物院周边成为名副其实的首善之区、文明之区。

关于机动车辆不再穿行故宫博物院开放区域的提案

历史上的紫禁城，是明清两代的皇宫、封建权力的中枢所在。今天的故宫作为世界上现存规模最大、保存最完整的古代木结构宫殿建筑群，列入《世界遗产名录》。同时，故宫博物院是世界上规模最大、文物藏品最丰富、最著名的博物馆之一，具备历史博物馆、艺术博物馆、建筑博物馆、宫廷文化博物馆的特色，并且符合国际公认“原址保护”、“原状陈列”的基本原则，成为我国对外文化交流和展示中华传统文化的重要窗口，也是全球著名的文化旅游目的地。

故宫博物院是世界上来访观众最多的博物馆，其独具的文化价值和特殊的文化影响，丰富的典藏文物和独具的宫廷文化，吸引着每年1500万国内外观众，其中既有各国国家元首和政府首脑，更有来自世界各地和国内不同民族、宗教、行业的人士，还有组织免费参观的劳动模范、学生和儿童群体。例如2011年故宫博物院接待来宾843批，51127人次。由此，故宫博物院的观众构成了世界博物馆领域观众数量最庞大、结构最复杂的观众群体。

面对庞大、复杂的观众人流，故宫博物院不断通过调整展览布局、合理扩大开放空间、提高服务接待水平、改善参观服务设施、有序疏导观众人流等有效措施，提升接待观众能力，降低单位面积人流压力，减少拥堵踩踏风险，保障观众参观安全。同时，与北京市有关部门通力合作，通过改善故宫博物院周边环境、优化观众参观路线等方法，提高观众参观质量，在一定程度上减弱了开放与保护的矛盾。

作为公共文化设施，故宫博物院热情欢迎每一位到访的观众，尽最大努力保障每一位观众的文化权益，为所有观众提供优质服务，处理好文物保护和开放参观的关系，使故宫博物院真正成为有效传播中华传统文化的重要场所，让每一位观众都能切实感受到参观故宫博物院是一次美好的经历，是一种愉快的享受。为此，应该更加合理地安排参观接待，努力化解观众正常参观与经常性接待任务之间的矛盾，保证观众安全、保证文物安全。

现行故宫博物院来宾的一般接待方式是，来宾车队直接由故宫午门中门洞进入故宫博物院，车辆停靠在太和门前内金水桥南侧以后，来宾下车开始参观，车队则行驶至故宫神武门内广场西侧等候，来宾参观结束后，再乘车由神武门中门洞离开故宫博物院。也就是来宾上下车均在故宫博物院的观众参观区内，这样的接待方式虽然可以保障来宾参观计划的准确实施，因此已经实施多年，但是来宾接待与观众参观之间始终存在矛盾。

近年来，故宫博物院接待观众的情况发生了很大变化。从2002年的700万观众，增长到2011年的1400万观众，也就是说仅仅10年间，故宫博物院的观众人数整整翻了一番，这一增长速度在国内外博物馆领域绝无仅有。2012年故宫博物院的观众人数比上一年又增长了一成，达到1530万观众，预计今年还会保持这样的增长趋势。同时，故宫博物院的淡季与旺季观众数量差距非常明显，特别是每年暑期，尤其是“五一”、“十一”黄金周都将形成观众的参观高峰。

在这一情况下，当来宾车队穿过人流密集的开放区时，都会影响观众的安全和正常参观秩序，经常引发观众的不满情绪。特别是每当来宾车队穿过故宫午门、神武门门洞时，需要组织观众避让，造成来宾车队与观众争道，极易发生拥堵踩踏事故和交通事故，保障安全的压力日益增大。因此，应该按照“以人为本”、“以观众为本”的原则，吸收先进的管理经验和服务模式，改革现行的来宾接待方式。

为确保故宫博物院观众安全和文物安全，今后应安排来宾在故宫午门外下车，然后步行进入故宫博物院。参观结束后，或步行出神武门，或在非观众开放区乘车出西华门。故宫博物院全力配合做好接待工作。这样既有利于保证观众参观安全，又有利于维护故宫世界文化遗产的应有尊严。同时，午门等古代建筑群气势恢宏，亲历了近600年紫禁城的兴衰，具有庄严典雅的文化氛围，是故宫世界文化遗产的代表性建筑。来宾参观故宫博物院，没有亲身感受午门等古代建筑群的魅力，没有能够看到一座完整的故宫，应为憾事。

为此建议，今后来故宫博物院参观的来宾车队和相关机动车辆，不应再穿行故宫博物院开放区域，切实保证观众安全，保证故宫文物安全。

五

附录·访谈编

北京故宫试行淡季周一闭馆半天 文渊阁将开放

1月7日，北京故宫博物院院长单霁翔出现在北京故宫博物院入口处，和工作人员一起“劝退”游客。当日，北京故宫博物院首次试行淡季周一闭馆半天。为加强对故宫古建筑和文物藏品检查保养，定期对展览设备及服务设施进行维护，故宫博物院自2013年1月1日至3月31日（淡季）期间试行每周一下午（不含国家法定节假日）闭馆半天。每周一上午8点半开馆，中午12点闭馆，11点停止售票。

故宫为什么要闭馆半天？闭馆期间工作人员做什么？北京故宫7日首次试行淡季期间每周一下午闭馆半天，院长单霁翔亲自带领记者“探馆”。单霁翔表示，2012年故宫突破两大数据：旺季单日客流量突破18万人次，全年客流量突破1500万人次。长期超负荷运转，无论文物古建还是人员安保都需要时间修缮和调试，选在淡季试行闭馆半日正是出于这样的考虑。

故宫安保的核心部位中控室7日首次对媒体开放。这里一块14米×5米的屏幕分为60余个小屏，监控故宫各个地方。保卫处处长李小城介绍说，目前故宫已安装1500多个摄像头、4000多个火灾探测器以及1万余报警装置。整个安保系统现已完成75%，今年底防盗系统全部完成，预计明年完成防火系统的升级。采访期间，记者突然听到警铃声，从屏幕上可见一只猫从乐寿堂走过，正是这个小家伙触碰了报警系统。“哪怕一只鹰从故宫飞过我们也能监控到。”李小城说。

在文华殿记者看到，工作人员正在进行打扫以及展柜灯光线路、发光器和烟感报警器的检测等工作。开放期间无法进行这样整体系统的检查，只能局部小范围查漏补缺，容易积留隐患。文华殿背后正是著名的文渊阁，这座清宫的藏书楼建成于1776年，目前尚处于未开放状态。单霁翔透露，文渊阁年内即将开放。记者踏入文渊阁，迎面一张紫檀木长桌，其后是一座紫檀龙椅，左右各一个大书柜，高4.2米，宽1.4米，深0.66米，书柜为松木质地，外贴金丝楠，历经二百多年沧桑依然坚固。

单霁翔表示，淡季周一闭馆半天制度目前尚属试行，如果社会反响不错，将会作为制度长期实行，“我们希望建设一个安全而开放的故宫”。

（中国新闻社，记者应妮，2013 年 1 月 7 日）

故宫博物院院长谈故宫票价：想涨但不能涨

故宫博物院院长单霁翔28日被问及是否以涨价调节人流，单霁翔说，平均50元的门票不高，但考虑到故宫票价对北京景点的连带效应，“想涨，但不能涨”。

单霁翔表示，过去一年，故宫实现了全年文物建筑、文物藏品和观众安全。9000多间房屋的安防更新将于今年底全部完成，新的消防设备明年底也将全部投入使用。服务观众方面，故宫博物院官方网站去年日点击率100万次以上；自动讲解器提供的语言类型达40种，不仅有各国语言，还有中国少数民族语言，粤语、闽南话等方言。

观众严重“超载”仍是故宫安全及服务最大的隐患和困扰。单霁翔表示，正讨论长假期间是否采取对团队规定参观时间，或以经济手段、强制排队等办法，限制进入御花园等热点区域人数。他表示，计划尽快修复午门燕翅楼、端门等，分别以之设立新博物馆、数字博物馆、石鼓馆、外国文物馆、雕塑馆等，争取到2020年紫禁城建成600周年之际，故宫开放面积达到76%。

（新华网，记者廖翊，2013 年 1 月 28 日）

故宫修复“地上天宫” 神武门外将建设特色文化街

故宫雁翅楼、午门将建成“大型博物馆”，“文渊阁”、“古建馆”、“石鼓馆”将陆续开放，神武门外、护城河两岸将建设两条“故宫特色文化街”，故宫北院的“古典园艺中心”10月将开门迎客……新年伊始，故宫博物院透露的一系列新动向，展现出故宫文化的勃勃生机。28日，故宫博物院召开媒体汇报会，单霁翔院长向记者介绍了故宫今年和未来一个时期内的新规划。

据单霁翔院长介绍，故宫今年将启动午门雁翅楼的修复工程，午门将成为故宫博物院的会客厅。单霁翔说，过去一些国家元首的车队会开进午门，对于正常的参观秩序和故宫观看的完整性都有伤害。今后来宾一律改在午门下车，这样既可以有效保护文物，也可以使来宾从整体上感受午门建筑的恢宏。修缮后的雁翅楼、午门，将组成大型博物馆区。作为世界上独一无二的“地上的天宫”，不仅展出故宫珍稀藏品，同时要展出来自世界各地的珍贵文物。“重大的展览、特展都将在这个区域推出，故宫建院90年院庆大展就将在这里举行。”单霁翔说。

东华门修缮工程即将完工布展，作为博物院的“古建馆”，这里将集中展览展示中国的古代建筑文物。目前作为“家具库”的“御膳房”，将开辟为“家具馆”，集中展示明清珍贵的紫檀木、黄花梨家具；去年“皇极殿”已对游人开放，位于该殿后面的宁寿宫不久将以“石鼓馆”的面貌向游人开放；历史上屡遭火灾的“延禧宫”，在原样保护的基础上，也将以“外国博物馆”展区的形式迎接观众，集中展示故宫博物院收藏的上万件来自国外的珍贵文物。

故宫修缮工作持续进行的同时，故宫北院新区建设工程，即海淀“故宫西玉河文物保护基地”也在加紧建设。占地5万平方米的土地，如今已建好8千平方米的建筑，其中精心建设的“古典园艺中心”明年10月将投入使用，并对外开放。单霁翔院长表示，在加快重要文物修复的同时，对于不属于珍贵文物，但确是重要藏品组成部分的文物，诸如配套家具、地毯、钟表、灯具等文物，我们也将进行抢救性修复，使这些重要保护文物恢复历史原貌。这些都将在这个基地进行。为此，这里今年还将迎来一批非遗传承人，开设“刺绣”、“家具”、“古书画”、“灯具”等文物修复和制作工作室，以师傅带徒弟的方式，面向全国开展文物修复培训。

打开隆宗门，使位于故宫西部的“慈宁宫”、“寿康宫”、“慈宁宫花园”陆续开放，届时慈宁宫作为“雕塑馆”对外展出，寿康宫以原状陈列，使游人在这里看到更为真实的后宫生活场景。此外，存放四库全书的“文渊阁”，故宫博物院西北部的“大高玄殿”都将相继开放。复建后的“大高玄殿”，将以数字互动影院、故宫讲坛、故宫图书馆的形式接待观众。与此同时，位于神武门外，紧邻护城河的东西两岸，将改建为两条故宫文化街，一条展出销售故宫出版社的图书、古籍，一条街展出销售故宫开发的系列文化产品。这两条街白天和夜晚都面向游客开放，使来京旅游的宾客多一处感受北京、感受故宫文化的新去处，更好更便捷地传播中国文化。

单霁翔院长透露，故宫的开放区域目前已经达到50％。慈宁宫花园将于今年底竣工开放。到2015年故宫建院90周年时，西部区域将全部开放。2020年，故宫将全面恢复古建筑群的历史面貌，开放区域也将达到76％。

（中国网，记者苏向东，2013年1月29日）

今年“五一”故宫将限流 具体限流措施将听取公众声音

如今距离单霁翔履职已经整整一年。昨天，故宫召开专题汇报会，单霁翔用150分钟的时间，就履新之初许下的承诺逐一介绍工作进展，并介绍今年的工作思路。

去年“十一”，故宫游客数量迎来井喷，当日客流量达到18.2万人次，创故宫单日客流量历史最高纪录。一边是故宫观众数量每年以10%的速度增长和不断刷新的客流纪录，另一边是不堪重负的文物承载和全国各地游客奔故宫的“盛情难却”。故宫反思认为，硬性限流容易引起现场混乱，致使限流被突破。但作为国际通行的做法和大的趋势，今后故宫在旅游高峰期限流的大方针仍将坚持下去。于是分时段限流纳入研究之列。昨天，故宫博物院院长单霁翔介绍，故宫今年“五一”、“十一”将尝试推出限流方案。不同的是，这一次，故宫将在采取限流具体措施之前“支棱起耳朵听公众的声音，希望通过媒体吸纳公众的意见和建议”。

单霁翔指出，强行限流并不现实，必须有国家相应政策的支持。从故宫自身来讲，他透露目前正在考虑一些限制的方法，但尚未形成最终方案。方案包括故宫拟对四五十人以上的大型参观团体采取高峰日期强行网上购票，而不能窗口购票。单霁翔解释说，这条措施主要是网上预约订票，故宫能够限制团体的进场时间。鼓励这些团队在上午10点之前，下午1点半之后进入故宫，就能错开高峰拥挤时段，以大大缓解拥堵状况。

正在考虑的另一个方案是选择最拥挤、文物最密集和脆弱的“堵点”，比如对御花园实行限流。单霁翔解释称，这些“堵点”并不会另收门票，但将对空间容量给予限定，比如容量上限设定3000人，一旦达到这一数字将停止进人，其他观众则需要排队等候。单霁翔说，这在一定程度上确实会影响游人的参观，一些观众时间紧张，可能只在故宫短暂停留，故宫为这些时间紧迫的旅客安排了替代路线。游人如认为排队等候时间太长，可以放弃该景点，就此选择其他游览线路。“对于解决承载量和文物保护的矛盾，办法比困难多，我们每一个办法的推行一定要得到社会的理解才会执行。”单霁翔称希望通过媒体征求限流的意见和建议，让观众既参观好，又能保护好世界文化遗产。

单霁翔介绍，故宫西北角楼和西华门中间的用地，已经过审批，所有手续已经完成。如今的堆料和建筑构件加工场地将来会恢复成一组复古的文保科技用房。红墙以内的9处办公地点全部搬出红墙。红墙以内不再有办公科研机构，夜间成为封闭的管理区。记者从设计图上看到，这处文保科技用房将来会有一个透明的参观廊道，预约的科研人员、观众从中间走过，能够看到两边书画修复，玉器、瓷器、铜器的修复等，加深人们对文物藏品的理解。目前故宫红墙内的业务单位正在搬迁，3月前撤出红墙。

单霁翔介绍，故宫今年开始启动午门雁翅楼修复工程，午门今后要作为故宫博物院的客厅。单霁翔说，过去一些国家元首的车队会开进午门，对于正常的观众秩序、对故宫的理解、观看完整性都有伤害。目前，故宫内工作人员不能开车穿行任何开放区，只能步行。单霁翔介绍，午门两边的雁翅楼原来所藏的39万件文物已经移交，腾出来之后，将来午门和雁翅楼将组成一个大型的博物馆区，成为世界上独一无二的“地上的天宫”。外观保持原貌，里面是现代化展厅。承担世界各地重大的展览。故宫90周年院庆的时候将在此推出一个大展，届时正式启用雁翅楼。

单霁翔介绍，故宫将推出平安故宫系列重大工程。目前还在立项中。单霁翔透露，平安故宫系列工程中，重点包括七项目：故宫安全防范系统将进一步提升、院藏文物将全面提升防震能力、一批院藏文物将得到抢救性科技修复保护、世界遗产监测进一步提升、基础设施改造、地下库房改造，以及北院区的建设。其中，地下库房改造后将能够首次实现每个库房单独调节温度、湿度。北院区指的是故宫海淀西玉河基地。将来要建成强大的文物藏品保护中心，承担故宫180万件文物藏品的维护任务，以及全国其他博物馆藏品的修复、维护任务。单霁翔表示，目前故宫里大量生活用具因为通风状况不好，没有恒温恒湿急需修复。同时故宫内用水、用电、用气不安全，将来都将在文物藏品保护中心进行保护修复。

（《京华时报》，记者张然，2013 年 1 月 29 日，第 17 版）

守护一座有尊严的故宫
——访全国政协委员、故宫博物院院长单霁翔

2013年1月7日中午，接近冰点的天气丝毫没能给游客们参观故宫的热情降温。故宫博物院院长单霁翔穿着厚厚羽绒服站在午门售票口，帮忙“劝退”参观人群。当日，故宫首次试行淡季周一闭馆半日制度。

就在一年前，单霁翔从国家文物局局长的位置上调任故宫博物院院长。当时的故宫博物院正因为频频爆出“几重门”事件而受到来自各方的质疑，单霁翔的到任颇有临危受命的意味。一年间，单霁翔和他任“掌门”的故宫低调依旧，但伴随着公开藏品总目、加强升级安防系统、增加开放陈列展览设施等一系列动作，人们看到，故宫正在切切实实地发生改变。

记者:2013年伊始，故宫便公开了藏品总目，并首次实行淡季逢周一闭馆半天的措施。故宫的一举一动都令人关注，接下来的时间里，还会有哪些较大的动作？

单霁翔:今天，世界上恐怕没有哪座博物馆，或哪处世界文化遗产地，面临如此众多具有挑战性的管理课题。同样也没有一座博物馆，每年会迎来上千万的参观者。2012年，我院共接待观众1534万人次，再次突破历史纪录，同比增长了9%。而这一增长速度在国内外博物馆领域都是绝无仅有的。为此，我院决定在今年淡季试行每周一下午闭馆半天的规定。闭馆的这半天时间，工作人员并不休息，而是保养在陈文物、擦拭展柜玻璃、检修安保设备、检查电线线路、清理场地卫生、业务人员培训等。同样，我院公布了首批18大类藏品的目录，这在国内大型综合博物馆尚属首次。公布藏品总目的范围，既包括故宫博物院一、二、三级珍贵文物，也包括了一般文物和陶瓷标本。此举是我院向社会做出的一项郑重承诺，有利于公众的研究利用需要，也有利于接受社会各界的监督。接下来，我们将稳步推进文物管理、古建修缮、展览宣教、科研出版、对外交流等文化遗产保护和博物馆建设，实现全年文物建筑、文物藏品和来院观众无安全事故，以及提升接待服务水平。

记者:前年故宫博物院展品失窃事件举世震惊。我们想知道，现在的故宫安全吗？能让人安心吗？

单霁翔:故宫的安全设施和技术手段必须是世界上最先进的，不但需要一流的设施，更需要一流的管理，不但要加大资金投入，还要加强全体人员的素质，提升安全保卫等级，更新安全保卫理念。经过持续努力，故宫博物院的安全防范水平有了很大的提升。新的中控室经过建设，已经正式投入使用。目前我院安防改造工程已完成合同总量的75%，大部分已投入使用，预计今年年底以前新的防盗系统将可以全部投入使用，明年年底以前新的防火系统也将可以全部投入使用。去年秋天，我在考察英国的大英博物馆、德国的柏林东亚艺术博物馆、法国的卢浮宫博物馆等世界著名博物馆的中控室后感到，与之相比，故宫博物院新的安

防设施毫不逊色，同样非常强大。当然，再先进的设备设施也需要经常进行检测，保持健康的运行状态。我们会加强安防技防设备的科学化维护和管理，变被动排故障为主动查隐患，主动加强和改进安全防范水平。

记者:作为全国政协委员，您曾提案建议制定《故宫保护条例》，您认为立法对保护故宫有什么意义？

单霁翔:故宫近年在文物保护、古建维护、观众安全等方面面临空前的巨大压力，交通、安全等协调难度加大，有必要通过专项立法进行合理的调控。再加上对故宫的整体保护不仅仅局限于紫禁城，还应该包括御史衙门、大高玄殿、端门等地点，以及太庙、社稷坛、景山等周边区域。因此，对故宫文化遗产及其环境的整体保护更加需要加强法律法规层面的支撑力度。目前，关于《故宫保护条例》在做前期的资料收集等基础工作。这一立法过程还应广泛吸纳民意，尊重全社会保护故宫的积极性，深化对故宫保护的认识，使社会各界都能参与到故宫文化遗产保护中来，为故宫保护和管理提供持续的推动力。制定《故宫保护条例》是国家对涉及与故宫相关的法律、法规的整理和总结，对故宫的现实保护和未来的可持续发展意义重大。

记者:故宫“超载”一直是全社会关注的问题。即便有扩大展览区域面积等措施，但公众仍然担心，“带病工作”的故宫究竟能撑得了多久。

单霁翔:故宫确实太累了，不堪重负。去年一年，故宫接待游客1534万人次，日均4万多人。古建、原状文物、安防设施、工作人员等都在“带病工作”。作为馆藏文物最丰富的博物馆之一，故宫博物院确实面临着文化遗产保护和观众参观需求的矛盾。目前，我们已经通过增加开放面积来缓解客流瞬间过于集中的现象；通过对古建筑的修缮，使更多的文物建筑保持健康状态；通过对区域的合理划分，使更多的文物建筑群实现对公众开放。故宫的开放面积由2002年的30％增加到了目前的45.79％，达到329717平方米，到2020年故宫建成600周年时，开放面积将超过76％。此外，我们调整了展览布局合理扩大开放空间，通过提高服务水平、改善服务设施增大接待能力，降低单位面积的人流，减少拥堵风险。比如修缮后的慈宁宫、寿康宫都将设立与其风貌相符的展厅，与南部的武英殿等展厅共同组成西部开放区，吸引更多的观众从中轴线分流过来。再如，午门雁翅楼修缮将成为大型展厅，吸引更多的观众参观而缓解三大殿的压力。还有，将紫禁城北侧的大高玄殿，经过科学规划也会采取适当的方式对公众开放。经过修缮后科学、合理地利用起来，不仅增大开放空间，而且可以通过这些空间提升综合服务接待能力，而达到间接增加开放面积的目的。

记者:您最近表示，解决游客“超载”难题或采取经济手段、强制排队等办法，请问未来故宫还会有什么具体措施？

单霁翔:再有就是通过时间来调控。故宫的淡季与旺季差距非常明显，在每年的观众流量曲线图上呈现出“双针一峰”图形，即“五一”、“十一”两根针，暑期一座峰。暑期更是人流密集持续时间长达一个多月的情况，而淡季日均仅3万人，就是春节“黄金周”也不过日均3万人。所以总体上必须合理配置参观时间，削峰填谷，在特殊时段采取适当的限流措施仍然要坚持下去。适当调整限流措施细节，配备相应的仪器设备，加大提前预约售票的覆盖，并且，广泛宣传我们的现状和措施，让尽可能多的观众主动配合，才能够在保护文化遗产的同时，最大限度地缓解接待参观压力，满足观众的参观需求。上个月底，我在故宫博物院媒体汇报会上提出两个方案，希望借媒体征询社会各界意见。其中之一是，拟在高峰时段试行“网上购票”，例如50人以上的观众团体必须在网上提前购买门票，并进行游览时间的预约，力求避开人流最拥挤的时段。另一方案则是针对御花园中观众尤其集中的现象，将实行局部限流和疏导。

记者:“超载”这一情况是许多文物古迹和故宫共同面临的问题。您认为应该如何平衡文化遗产的合理利用与保护之间的关系?

单霁翔:在文化与社会的公共性日益加强的今天，文化遗产不应该只是少数专业工作者呵护的对象，而应当融入文化和社会，在保护中利用，在利用中进一步诠释和丰富它的历史科学艺术和社会价值。但是，保护永远是第一位的，只有在保护的基础上，才能谈到合理利用。人们已经越来越认识到文化遗产的多重价值的重要性和必要性。世界各国政府在制定相关文化政策时，不可回避地要考虑投资维护文化遗产可能带来的综合效益。从世界历史性城市的发展趋势看，文化遗产保护与城市现代化发展并不矛盾，处理得好反而相辅相成、互相促进。我认为，文化遗产只有通过适当地发挥作用，通过特定的方式被大众所关注与分享，才会使文化遗产事业具有更加强盛的生命力。在物质文化比较发达、精神需求日益增长的当代社会，经过适当规划和管理的文化遗产利用，无疑是对文化遗产积极保护的方式，文化遗产合理利用具有广阔的前景。

记者:2012年两会期间您提出，到2016年，要将所有办公场所迁出故宫红墙外。请问这项工作目前进展如何?

单霁翔:我们要珍惜祖宗留给我们的宝贵财富，通过合理地制定《故宫保护总体规划》，对故宫博物院内的人、地、房现状进行调查分析，合理确定每一平方米用地的性质和利用，以便在总体规划的指导下有序开展各项保护工作。还古代建筑群的完整性，给专家提供操作平台，文保科技部的办公区如期会迁出红墙。目前，西河沿的木工厂正在迁出，不久以后即将开土动工。

记者:您在上任之初将自己定位为“故宫看门人”，说：“唯有精心地、心无旁骛地把工作做好，守护一座有尊严的故宫！”经过一年的工作体验，您如何理解故宫的尊严?

单霁翔:故宫博物院拥有世界上最大规模，即占地116万平方米的古代宫殿建筑群；拥有世界上数量最多，即180余万件中国文物藏品；拥有世界上来访量最多，即每年1500余万人次来访。保护好文物建筑、文物藏品和观众的安全，是故宫博物院的使命。作为故宫博物院院长，我深感这一使命神圣而光荣，责任重大而艰巨。我希望用3年时间，即在2015年，故宫博物院成立90周年之时，有效缓解目前存在的重大安全隐患；用8年时间，即在2020年，紫禁城建成600年之时，基本实现故宫博物院进入安全稳定的健康状态，全面提升管理和服务水平，成为世界一流的博物馆！故宫博物院的文化身份极为特殊，既是世界文化遗产，又是世界著名博物馆，令人尊敬，又值得骄傲。长期以来，到访故宫的外国贵宾，可以驾车驶入午门直驱到太和门广场金水桥前。从去年温家宝总理陪同德国总理默克尔到访故宫，两国总理都将车停在午门外广场，步行进入午门。今后我们将延续此举成为惯例，既维护这座皇家建筑应有的尊严，又可以让外国友人更好地感受到故宫的氛围。在这里我想特别强调，过去的10年，是故宫博物院历史上最为辉煌的10年，开展了很多史无前例的基础性工作，对故宫博物院的可持续发展将产生深远的影响。故宫从历史中走来，还要健康地走向未来。我相信，故宫与故宫博物院的明天一定会越来越好，所有的“故宫人”将坚守其文化尊严。

（《人民政协报》，记者王慧峰，2013年2月7日）

单霁翔委员 活着的遗产也需要保护

在“十重门”阴影中“临危受命”接掌故宫的全国政协委员单霁翔每年都是两会关注的焦点人物。就着近日故宫铁缸被刻字、筒子河被乱扔废品成垃圾河等热点事件，单霁翔今年带来的提案之一关乎游人、观众文保素质的提高。在另一份提案中，单霁翔呼吁加强20世纪文化遗产保护研究，明确界定保护范围及保护方法。

今年全国两会召开前夕，两桩破坏文物及其环境的事件引起社会广泛关注。一件是故宫博物院文物展品铁缸被刻上“梁齐齐到此一游”，另一件是部分游客向故宫筒子河内乱扔垃圾。对于单日客流曾超过18万人次的故宫掌门人，单霁翔道出了苦水：在很多文物景区和博物馆，存在着诸多不文明现象，例如在展厅地面上留下口香糖的残迹，在文物古迹的本体上刻名留言，在木结构古建筑群内点火吸烟，在公共场所内丢弃垃圾、践踏草坪、攀折花木。近日，深圳已在全国率先对市民文明行为规范进行立法，正式施行《深圳经济特区文明行为促进条例》，成为国内首部文明行为促进条例。单霁翔说，这一举措彰显出我国通过立法规范市民文明行为的可行性、必要性。他在提案中建议宣传文化部门针对文物景区和博物馆观众的不文明行为，通过公共媒体制作公益宣传片和公益广告，深入学校、单位、社区，对社会公众进行保护文物及其环境的宣传和教育。

20世纪遗产，是指诞生于1900至1999年间的文化遗产集合，又被称为“活着的遗产”。单霁翔在提案中呼吁注重20世纪遗产保护。他说，20世纪是人类文明进程中变化最快的时代，我国完成了从传统农业文明到现代工业文明的历史性跨越。没有哪个历史时期能够像20世纪这样，慷慨地为人类提供如此丰富、生动的文化遗产。但此前世界遗产委员会在濒危遗产报告中，表达出对20世纪各类遗产命运的忧虑。20世纪遗产往往未经历漫长岁月的洗礼，更为当代人所熟悉和了解，因而缺少一份沧桑和神秘，从而缺少保护意识。人们普遍认为古代建筑年代悠久，更需保护。由于缺少法律保护，越来越多的20世纪遗产在城市建设和生产生活变迁中被毁灭，从城市的记忆中消失。单霁翔建议由国家建设主管部门会同文物主管部门发布通知，要求在城市规划建设中注重加强20世纪遗产的保护。同时加强20世纪遗产保护研究，明确界定保护范围及保护方法。

作为第十届、第十一届全国政协委员，10年时间，单霁翔共提交了152件提案，每一件都关于文化遗产保护，其中很多建议都已经得以落实。“这是我所能够得到的最高肯定。”单霁翔说。要想提高提案的“命中率”，单霁翔的经验是将准备提案作为贯穿全年的持续性过程。不能临时抱佛脚，将准备提案仅仅作为每年政协会议临近或会议期间匆忙应对的工作，而是每年政协会议结束之时，就是新的提案酝酿之日，这样就有充分的时间，结合工作中遇到的问题，进行调研、座谈、论证、思考和撰写，就能够保证每一件提案的质量，只有高质量的提案，才能取得良好的落实效果。有一帮志同道合的朋友也很关键。单霁翔细细数了一下，10年间共有243位全国政协委员、5998人次为他撰写的152件提案给予联名，其中夏燕月委员、董良翚委员和阿拉泰委员等人的联名都在100次以上。每当委员们看到单霁翔带来的厚厚一摞提案，就知道全部是关于文化遗产保护方面的提案，于是郑重地签上自己的名字。每次，他都要把联名签字的格子签满才肯提交，“人多力量大！”单霁翔说。

（《京华时报》，记者张然，2013年3月3日，第6版）

单霁翔：避免在历史街区实施大规模“危旧房改造”

全国政协委员、故宫博物院院长单霁翔在今年的提案中关注历史街区的保护和环境改善问题。他指出，要避免在历史街区实施大规模“危旧房改造”，因为一次性投入虽然能够在短时间内解决某些问题，但是历史文化信息将会消失，同时改造后的效果往往单调，也就是人们常说的“房子新了，文化没了”。单霁翔今年仍旧带了多份提案上“两会”。其中有两份，都将目光投向历史街区的保护和环境改善问题。

他认为，众多历史性城市中的历史街区，大多经历数百年风雨，生活基础设施已远远跟不上时代发展的要求。例如多数居民没有自家的卫生间，每天需要去较远的公共厕所等。由于历史欠账和现实管理体制等问题综合交织，使世代居住在历史街区内的居民生活水平，逐渐与整个社会人居环境的改善形成强烈的反差，生活质量明显低于城市其他地区的水平，特别是市政基础设施的落后已经严重制约了这些地区的现代化进程。

单霁翔表示，历史街区的保护与更新要坚持以人为本。在历史街区内居住着比例较大的低收入和困难群体，在保护与更新的过程中应当对他们提供更多的扶助。各级政府应更加主动地承担起历史街区内困难群体改善生活的责任，保障历史街区内的居民日常生活的安全

全国政协会议期间接受媒体采访（2013 年 3 月 4 日）

性、舒适性等居住需要。对于历史街区内的市政基础设施改造，应根据保护规划和财力，逐年逐片安排实施计划。历史街区内的市政基础设施和综合管线规划应以不破坏传统风貌，改善保护区内的生活设施和防灾设施条件为目标。而且，实践证明，采用分散的、小规模的、多样化的交通设施，更有利于历史街区传统风貌的保护和交通的便利。

他为此建议：建设主管部门加大对于历史街区内市政基础设施的投入和建设力度，组织研究适用于历史街区的市政基础设施规划设计规范和建设标准。

在另一份关于历史街区的提案中，单霁翔表示，历史街区是城市文化遗产的重要组成部分，是一个地区、一座城市悠久历史和灿烂文明的有力见证。但是，目前很多历史街区内人口拥挤、环境脏乱、危房集中、管理薄弱、贫困居民比例较大。还有不少居民依然居住在拥挤不堪、阴暗潮湿、存在严重火灾隐患的环境之中。

单霁翔认为，城市的发展是连续的过程，同样，传统建筑的保护也需要持续不断地投入，必须有长期修缮的准备。要避免在历史街区实施大规模“危旧房改造”，因为一次性投入虽然能够在短时间内解决某些问题，但是历史文化信息将会消失，同时改造后的效果往往单调，也就是人们常说的“房子新了，文化没了”，失去了传统民居及其环境的原有独特性格，也就失去了历史街区的文化魅力。

相比之下，在政府财政和居民收入都有限的情况下，将政府与居民的积极性结合起来，建立“细水长流”的投资模式，既能解决房屋修缮的现实问题，又能妥善处理历史街区的长期保护，在“千城一面”的城市景观中，可以产生独具魅力的效果，是一种有效的解决方法。探求“有机更新”的途径，应根据历史街区保护规划和政策的要求，发动社会力量，特别是社区居民，以自助力量进行小规模整治与改造。

单霁翔指出，对于历史街区来说，稳妥的更新模式应该是适合当地具体社会经济状况的、充分听取公众特别是当地居民意见的、循序渐进的、注重差异化和分散化的更新模式，而不是主观和强制性的、一厢情愿的、过于刚性的、一刀切的集中拆迁改造模式。因此，应根据不同历史街区的风貌特色，抓住当地传统民居建筑的主要规律和特征，编制有针对性的、具有选择余地的房屋修缮方案，提供给自行修缮房屋的居民及工程设计、施工人员作为依据，以确保历史风貌不走样。

他建议：住房与建设部门加大历史街区内传统民居保护修缮的力度，切实改善当地居民的生活条件；由文物部门组织文物保护机构和专家对历史街区内传统民居保护修缮工作给予指导，保证在房屋修缮中历史风貌和文脉的延续和传承。

（中国新闻网，编辑张中江，2013年3月4日）

故宫院长谈“游人刻缸”：加强文物保护宣传

全国政协委员、故宫博物院院长单霁翔在今年的提案中，就日前发生的“游人在故宫大缸刻字”等不文明现象建议：从国家到地方各有关部门加大宣传力度，在全社会大力倡导“保护文物，文明参观”。

今年全国“两会”召开前夕，两桩破坏文物及其环境的事件引起社会广泛关注。一件是故宫博物院文物展品铁缸被涂写上“梁齐齐到此一游”，另一件是部分游客向故宫筒子河内乱扔垃圾。单霁翔认为，这些事件的发生，既反映出加强文物及其环境保护的重要性，也说明提高全民文明素质的紧迫性。他在提案中指出，目前在很多文物景区和博物馆，存在着乱吐口香糖、刻字留言等诸多不文明现象，成为一项严峻挑战。

单霁翔建议：从国家到地方各有关部门加大宣传力度，在全社会大力倡导“保护文物，文明参观”。一、宣传文化部门针对文物景区和博物馆观众的不文明行为，通过电视、广播、报纸、网络等公共媒体制作公益宣传片和公益广告，并组织统一制作倡导文明参观文物景区和博物馆的公益宣传材料，深入学校、单位、社区，对社会公众进行保护文物及其环境的宣传和教育。二、文物管理部门针对文物景区和博物馆观众的不文明行为，利用文化遗产日、国际博物馆日等重要纪念日，组织开展形式多样的活动，宣传教育、引导社会公众，特别是青少年自觉保护人类共同的文化遗产，营造全社会鼓励和促进文明行为的氛围。

人流密集的故宫博物院周边地区，非法散发旅游“小广告”的现象随处可见。单霁翔今年还提交了《关于加强综合治理优化故宫参观环境的提案》。单霁翔指出，据有关管理部门统计，在此区域从事非法散发“小广告”的人数近千人。他们主要以参观故宫博物院的观众为目标，严重影响故宫博物院的正常参观秩序，严重干扰观众的参观质量，也严重败坏首都的旅游形象，成为故宫博物院参观安全秩序管理难以治理的“顽疾”，因此，加强对这一乱象的综合治理刻不容缓。

非法旅游“小广告”难以治理，主要有以下三个方面的原因：一是经济利益驱使。据长期从事非法散发旅游“小广告”人员称，他们每与一名游客约定介绍到“旅行社”，就会得到70元至80元不等的报酬。二是人员成分复杂，难于教育和管控。三是执法管理缺乏手段，处罚机制存在缺失。单霁翔表示，目前对这类违法人员的处罚措施有三种：教育、经济处罚和行政拘留。从结果来看，实施教育的成效甚微；经济处罚也很难实施，因为非法散发旅游“小广告”人员身上基本不带钱；拘留也有难度，因为每天抓扣的人员太多，再加上取证难和拘留要求严格，使得更多的非法散发旅游“小广告”人员无法得到应有的法律惩处。

综上所述，单霁翔认为，非法散发旅游“小广告”是一个社会问题，要彻底根治需要社会综合治理。首先需要治理“利益源头”，即整治和取缔非正规旅游景区以及非法经营网点。其次需要查处“中间环节”。通过加强旅游检查执法力度，采取跟团暗访等有效方式，坚决查处为非正规旅游景区、景点和非法经营网点提供客源的非法“一日游”线路，严惩幕后的组织者和不法经营者。三是需要增加警力投入。

（中国新闻网，编辑张中江，2013 年 3 月 4 日）

全国超半数馆藏文物受腐蚀 单霁翔建议加强保护

全国政协委员、故宫博物院院长单霁翔在今年的提案中指出，中国50.66％的馆藏文物存在不同程度的腐蚀损害。同时他还针对当下的“博物馆热”，建议加强博物馆建设的前期论证。

作为中国藏品最为丰富的博物院院长，单霁翔对当下国内馆藏文物的保护和研究非常关心。他在相关提案中指出，当前，在博物馆文物藏品保存环境质量控制方面存在较大问题，不少博物馆的环境控制设施简陋、空调设施使用不当、空气净化技术应用较少，加剧了温度、湿度、光照、虫害、霉菌，以及各种空气污染物等自然环境因素对文物藏品的损害程度和速度。同时，由于目前文物藏品库房面积严重不足，库房中文物藏品集中叠垒、密集堆放的现象十分普遍，致使病害在文物藏品间相互传播，病害发生率高，直接或间接对文物藏品造成危害。

单霁翔介绍说，“十五”期间，中国首次开展了“全国馆藏文物腐蚀损失调查”。结果表明，共有50.66％的馆藏文物存在不同程度的腐蚀损害。其中处于濒危腐蚀程度文物29.5万余件(组)，重度腐蚀程度文物213万余件(组)，中度腐蚀程度文物501.7万余件(组)，分别占全国馆藏文物总数的2.01％、14.52％和34.13％，文物腐蚀损失状况相当严重。

虽然近年来全国各地陆续建设了一批现代化博物馆，现代环境科学和技术也获得了飞速发展，但是当前中国馆藏文物预防性保护管理意识薄弱，博物馆环境质量不高，基础研究不足。污染物浓度普遍较高、温湿度波动幅度较大、环境监测和控制技术手段缺乏等问题，已经成为馆藏文物遭受劣化损害的主要原因。因此，迫切需要引进新的理念，研究建立适合文物藏品特点的环境监测方法、评估体系、调控技术和控制指标，切实减少馆藏文物腐蚀所造成的损失。

单霁翔建议：一、针对保存环境控制、库房建设、日常养护、基础技术标准规范等诸多与博物馆藏品保护有关的问题，增加馆藏文物保护科研经费、保护修复经费、日常养护经费的投入。二、组织全国的科学技术力量，在博物馆领域开展博物馆藏品抢救性保护修复专项工程，首先抢救已经处于重度腐蚀以上的珍贵文物，特别是濒危易损的珍贵文物，保障馆藏文物长治久安。

在另一份《关于注重博物馆馆舍建设质量的提案》中，单霁翔对当下的“博物馆热”现象进行了剖析。单霁翔认为，近年来，大规模博物馆的集中建设，有效改善了博物馆的基础设施和文化面貌。但在博物馆建设中也存在诸多令人忧虑的问题，包括重数量发展，轻质量提升；重工程建设，轻使用要求；重新奇造型，轻地方特色；重硬件投入，轻管理支撑，这些问题的存在，严重影响了博物馆社会作用的有效发挥。

单霁翔表示，今后数十年，仍将是博物馆事业发展的黄金时期，也必然是博物馆建设的高峰时期。中国的“博物馆热”不应仅仅是“博物馆建设热”。博物馆建筑应走中国特色的道路，在实现现代化的同时，应突出民族优秀传统与地域文化特色，而不是盲目地求新、求奇、求特、求怪、求洋，关键是与现代经济社会紧密结合的同时，不能忘记自己的文化血脉。在博物馆设计与建设中，应广泛征求社会各界的意见，既注重科学性，又具有前瞻性，确保博物馆建成后能够满足社会公众的文化需求。

单霁翔建议：一、加强博物馆建设的前期论证。应首先考虑博物馆的功能定位和建设目标，做好前期的可行性研究和论证，以务实的态度来考虑博物馆建筑的未来发展。二、抓好博物馆建设的规划设计。应对于文物藏品特色、陈列展览内容等进行先期研究，听取博物馆专家的意见，确保博物馆建成后能够满足使用功能。

（中国新闻网，编辑张中江，2013 年 3 月 4 日）

单霁翔谈两岸故宫交流：少了寒暄多了心照不宣

全国政协十二届一次会议3日在北京开幕，4日各个界别的政协委员开始在驻地进行小组讨论。环球网记者专访到了故宫博物院院长单霁翔，单霁翔向记者介绍了两岸故宫的合作进展情况。

单霁翔表示："其实两岸故宫的合作自改革开放以后就逐渐频繁起来了，过去二三十年大多是业务部门与人员之间的合作，到2009年，两岸故宫的院长实现了互访，就形成了馆与馆之间的正常的文化交流。也制定了八点共识，包括藏品保护、陈列展览、文化研究、文化传播等等。其中媒体比较关注的就是两岸故宫合办的展览。"

单霁翔认为对两岸故宫发展影响更大的是两岸学术之间的交流，"因为两岸故宫之间有着天然的割不断的血脉联系，现在两个博物院分隔两边，只有交流才能让它们重新成为一体"。他回顾起了今年一月份两岸故宫的两位新院长的见面："感觉和我们的老院长所说的感觉不一样，很快就容易进入实质性交流的话题，所以我上次对媒体说'我们少了一些寒暄，多了一些心照不宣。'"

对于两岸故宫下一步的合作计划，单霁翔透露："今年秋季可能在台北故宫还有一次大型的陈列展览，是关于乾隆皇帝生活品味类似内容的。具体的展品还需进一步沟通。"再过两年多，两岸故宫都将迎来90岁的生日，单院长表示，届时两岸也将举办高规格的学术研讨会，来配合院庆的展览。

（环球网，记者范凌志，2013年3月4日）

故宫新安防系统世界最强
谁敢于试法一定会被逮着

全国政协委员、北京故宫博物院院长单霁翔：故宫新安防系统世界最强，谁敢于试法一定会被逮着。昨日上午，全国政协委员、故宫博物院院长单霁翔在分组讨论后接受记者采访，其坦然面对民众对北京故宫和台北“故宫”的不同看法，直言从去年底开始投入使用的新安防系统将是世界最强大，同时承诺故宫将来不会搞会所。此前，有人提出故宫博物院太大，不便于参观及管理，建议故宫建分院。对此，单霁翔坚决反对，“故宫因为历史原因已经分了几个了，坚决不能再分了！”其称，整个故宫及其建筑群是一体的，再分的话整体价值会打折，不过他认为，这并不影响故宫藏品到分馆去展览，“但故宫的家永远在紫禁城”。新的安防系统已经投入使用。我们自认为届时故宫的安防将是世界上最强大的安防系统。当然最好的不一定是最贵的，但一定是最适合的。

新快报：有网友称故宫博物院成立以来有数件藏品遗失或被损，而台北故宫的藏品保存相对完好，几十年来只丢了几页文献，你怎么看这种比较？

单霁翔：两岸员工都在精心保护文物，北京故宫的文物数量更大，我觉得故宫180万件文物，我们都在精心地呵护。博物馆都会遇到盗窃的问题，前年香港一家博物馆在故宫博物院临时展出的展品失窃，虽然不是文物，但也不应该丢。

新快报：你怎么看待民众的这种不信任？

单霁翔：故宫博物院在这方面确实有些教训。上次香港那个事件，主要是安保不到位和责任心的问题，后者我们今年加强了人员的培训。而故宫的安防系统有14年没有更新了，很多国内新盖的博物馆安防都比我们先进，这个很不应该。从去年10月起，新的安防系统已经投入使用。目前已经安装了75%，预计今年年底将全部完成安装，防火系统在明年完成安装，我们自认为届时故宫的安防将是世界上最强大的安防系统。当然最好的不一定是最贵的，但一定是最适合的。

新快报：你觉得发生上次那次失窃事件，再进故宫偷窃容易吗？

单霁翔：肯定不容易，谁去敢于试法的话，一定会被逮着。

新快报：故宫曾因“星巴克门”遭到舆论批评。如何看待故宫过度商业化的问题？

单霁翔：博物馆引进文化产品，研发文化产品，这都是鼓励的。游客他们想把故宫博物院的文化产品买一点回家，在参观中享受到一些好的服务，这是有必要的。但不能过度，所有目的必须是围绕着为观众服务，而不能以盈利为目的。博物院本身就是非营利机构，不能以本身资源作为盈利手段。比如咖啡的问题，这个度的把握在于你可以提供这个品牌的咖啡，但不能宣传这个品牌，到处去贴广告牌。提供的服务要有一些稍微高的品质，也要有符合大多数游客的消费水平。还有一个空间问题，售卖商品的地方可以有，但不能喧宾夺主，不要走进故宫看到的都是售卖商品的。我一直有个愿望，每一件故宫文化产品都能反映藏品的文化信息。我们去年研发了300件有故宫特色的文化产品，并且每年以两三百件的量递增。

新快报：现在流行办高档会所，故宫也曾遭遇“会所门”，对此您怎么看？

单霁翔：这是跟我们合作的一家公司个人意向，根本没有上到我们院领导班子会议讨论。我可以这么说，故宫现在没有会所，以后也不会有会所，这是我们不允许的。

新快报：今年1月，台北故宫院长冯明珠访问了北京故宫，今年两岸故宫会有怎样的合作？

单霁翔：少了寒暄，多了心照不宣。以前两个故宫之间多是业务人员和部门之间的交流，但从2009年开始，实现院长互访，院与院之间的交流也频繁了起来。我们更关注是学术上的交流。

新快报：由于多方面原因，台北故宫文物一直无法来大陆展出，这个目标什么时候能实现？

单霁翔：两岸正在积极筹备乾隆文物展，具体展品等细节还有待确定，预计今年秋季开展。今年4月，我可能访问台北故宫博物院，将上一次商谈的项目进一步落实。再过两年多，故宫博物院成立90周年，两岸故宫也将共同举办纪念活动，展出一些珍贵的老照片。至于台北故宫文物什么时候能来大陆展出，我们上次也谈了这个问题，目前还有一些障碍，得靠社会各方面去推动。

新快报：台北故宫采取轮期展览，北京故宫只是有限开放参观，有什么考虑？

单霁翔：不一样的。北京故宫每年展线上文物藏品有9000多件，而台北故宫每年展出藏品2300件。我们认为，展品不一定全部要用来展出。比如同样的瓷器只有300多件，不可能每件都展出，只能选一些有代表性的，易于保护的用于展出。同时，我们的特色主要是古建筑群，现在正在进行修缮，展出面积也在不断扩大。修缮前开放区是30%，现在开放区有了46%，再过8年故宫的开放面积要达到76%。现在每年都有新馆开放，今年“五一”就要开放文渊阁，在慈宁宫还有一个雕塑馆要开放。

新快报：近期空气污染引人关注，大部分露天的故宫博物院是否受到影响？

单霁翔：灰霾对人体都有危险，对文物更有威胁，尤其是故宫博物院很多文物都是露天的。这次国家又批准加建地下库房，相信一些文物藏品转至地下会比较利于保护。至于那些露天的古建筑，又包不起来，存在不少险情，只能加强维修。国家已经连续19年，每年拨出1亿元用于维修，今年是否增加还要看情况。

新快报：此前有富豪自制金缕玉衣骗贷，包括故宫博物院原副院长在内的5名专家评估后，开出了24亿元的天价，你怎么看？

单霁翔：目前文物鉴定市场比较混乱，缺乏相应的管理制度。总体上来看，目前在国内，故宫的专家还是比较权威的，但我们要给出路给方向。其实，文物鉴定非常复杂，文物的真假连法院都难以判断，如一些书画都存在很大争议，不少都是历史遗案，我觉得专家尽量就不要碰这些了。

新快报：你有什么建议吗？

单霁翔：收藏文物是当今社会不少人的爱好，这也是实现温饱之后，包括旅游、慈善等在内的一种社会需求，需要引导。我认为有关部门最好能成立严格的认证制度。分为不同的级别和类别，进行考核认证再分级颁发。尤其是门类非常重要，研究玉器的不能鉴定铜器，研究书画的不能鉴定碑帖，这些都要分清楚，收藏者自己也要鉴别。另外，我们要明晰，就像医生执业资格分级一样，如果认证不合格，当然要找认证机构；但如果医生发生医疗事故，就不能怪认证机构。作为认证机构，只在特殊的情况下，承担部分责任。

（《新快报》，记者李国辉，2013 年 3 月 4 日，第 A10 版）

“守护一座有尊严的故宫”
——单霁翔委员的议政之路

在“十重门”阴影中“临危受命”接掌故宫的全国政协委员单霁翔每年两会都是焦点人物。连续三届任全国政协委员的他，在过去十年中，152件提案是关于文化遗产保护的，243位政协委员、5998人次为这些提案联名，保护了上百个文化遗产。两会前夕，故宫铁缸被刻字、筒子河乱扔垃圾等事件使得与人民大会堂一街之隔的故宫再次引起代表委员的广泛关注。单霁翔今年带来8份提案，与故宫有关的就有5份，关乎游人、观众文保素质的提高，以及加强综合治理优化故宫参观环境，呼吁故宫博物院周边地区治理非法小广告的行为。

年近花甲，学历为清华大学建筑学院城市规划专业研究生的单霁翔，几乎一直在规划和文物领域“摸爬滚打”，在国家文物局任职近十年。2012年初，单霁翔被任命为故宫博物院院长。上任伊始，面对故宫日均游客超过4万人局面，他把自己定位为“故宫的看门人”，并承诺“精心地、心无旁骛地把工作做好，守护一座有尊严的故宫”。2012年，故宫博物院共接待观众1534万人次，再次突破历史纪录。单霁翔疾呼：“故宫太累了！”决定在淡季每周一下午闭馆半天。“故宫从历史中走来，还要健康地走向未来。”

谈起故宫的发展，单霁翔思路非常清晰。他计划用3年时间，在2015年，故宫博物院有效缓解目前存在的重大安全隐患；用8年时间，在2020年基本实现故宫博物院进入安全稳定的健康状态，全面提升管理和服务水平，成为世界一流的博物馆。在熟识单霁翔的人眼中，他是一个对文物有热情、有感情，并且懂行的管理者。“为了一处文物的保护，他可以完全不顾自己官员的身份，利用一切可以利用的场合，与见到的所有人去协调、去沟通。”他的老同事说。

“用提案呵护文化遗产，是责任，也深感自豪。”单霁翔说，通过政协这个窗口，通过提案这种形式，越来越多的民众意识到文化遗产保护对经济社会发展和现实生活改善的促进作用，积极参与到文化遗产事业中来。令单霁翔感到欣慰的是，152件提案件件得到答复，大部分提案的建议得到采纳。“政协委员在过去10年的文化遗产保卫战中没有缺位。”

单霁翔对待提案是谨慎的。他认为，应该将准备提案作为贯穿全年的持续性过程，而不是将准备提案作为每年政协会议临近或会议期间再匆忙应对的工作。他建议所有政协委员在每年政协会议结束时，就开始酝酿新的提案，这样就有充分的时间，结合工作中遇到的问题，进行调研、座谈、论证、思考和撰写，保证每一件提案的质量。

（新华网，记者顾瑞珍、张艺、任沁沁，2013年3月4日）

全国政协委员、北京故宫博物院院长单霁翔：故宫现在将来都不设会所

4日上午，全国政协十二届一次会议按界别展开分组讨论，全国政协委员、故宫博物院院长单霁翔畅谈两岸故宫合作、故宫商业化争议、故宫文物失窃等热点话题。他表示，针对故宫文物遭盗窃流失的情况，北京故宫已于去年开始建设安装全新的防盗系统，今年年底可以全部安装完成。他同时表示，故宫绝不允许开设会所，现在不会有，以后也不会有。对于与台北故宫的合作，他透露称，目前两岸正在积极交流和推动，顺利的话，今年4月他将访问台北故宫，将今年一月双方商谈的合作项目进一步落实，乾隆文物展预计今年秋季将开展。

记者：今年1月，台北故宫院长冯明珠访问了北京故宫，今年两岸故宫会有怎样的合作？

单霁翔：冯明珠院长今年1月来访，我用了一句话，“少了寒暄，多了心照不宣”，从一开始直奔主题，很多事情谈起来，非常得到彼此的理解。故宫博物院19个年轻人合排了一场话剧《海棠依旧》，说的是故宫博物院古物南迁、西迁、迁台过程中真实感人的故事，其中一些台词有些“敏感”，比如里面有句台词是“故宫里面东西不能离开故宫”。但是，冯明珠院长看过后很感动，说了很多感想，说到故宫南迁以及南迁到台湾的老工作者的很多故事，我听了也很感动。我们又有进一步合作的感情基础。这次我们用了两个小时谈了下一步合作的许多事项。

记者：哪些是今年来推动的？由于多方面原因，台北故宫文物一直无法来大陆展出，这个目标什么时候能实现？

单霁翔：两岸正在积极筹备乾隆文物展，具体展品等细节还有待确定，预计今年秋季开展。今年4月，如果顺利的话，我可能访问台北故宫博物院，将上一次商谈的项目进一步落实。对于台北故宫文物什么时候能来大陆展出，我们上次也谈了这个问题，目前还有一些障碍，这不是两岸故宫能够解决的问题，得靠社会各方面去推动。

记者：博物馆都会遇到盗窃的问题，目前故宫的安防设施建设情况如何？

单霁翔：故宫博物院在这方确实有些教训。故宫的安防系统14年没有更新了，很多国内新盖的博物馆安防都比我们先进，这个很不应该，故宫博物院安防系统应该是全球最先进的。从去年10月起，新的安防系统已经投入使用，我们去年紧锣密布安装了75%，其中防盗系统将在今年年底全部完成安装，防火系统在明年年底完成安装，那时，故宫的安防系统将是全世界最强大的。虽然到时故宫安防系统是全世界最强大的，但因为环境、技术都在发生变化，我们也要不断提升我们安防能力。

记者：如何看待故宫过度商业化的问题，以前故宫也曾因“星巴克门”遭受到舆论批评。

单霁翔：博物馆引进文化产品，研发文化产品，这在世界上都是鼓励的，也是有必要

的。但要不能过度，必须所有的目的都是围绕着为游客服务，而不能以盈利为目的，博物院本身就是非营利机构，不能以本身资源作为盈利手段。对于文化产品，我一直有个愿望，故宫文化产品，每一件都是来源故宫每一件藏品的文化信息，毕竟游客到故宫购买文化产品，还是希望有故宫特色，故宫有180多万藏品，通过模仿他们的文化元素制成商品，也是宣传故宫文化元素。我们去年研发了300件有故宫特色的文化产品，并且每年以200、300件的量递增。

记者：现在很流行办各种高档会所，故宫也曾遭遇“会所门”，对此您怎么看？

单霁翔：当时这件事是跟我们合作的一家公司个人意向，根本没有上到我们院领导班子会议讨论。我可以这么说，故宫现在没有会所，以后也不会有会所，这是我们不允许的。

（《羊城晚报》，记者孙朝方、张林，2013 年 3 月 5 日，第 A05 版）

单霁翔：博物馆建设应从“数量增长”走向“质量提升”

全国政协委员、故宫博物院院长单霁翔，在今年的一份提案中指出，博物馆建设应从“数量增长”走向“质量提升”。他建议，在规划建设新的博物馆的同时，更要发挥现有博物馆的社会效益，在藏品科技保护、展览环境改善、服务观众设施等方面予以关注。同时，进一步加大对中西部地区博物馆和中小博物馆的支持力度。

单霁翔认为，进入新的世纪，中国博物馆事业迎来新的高潮，无论是数量增长，还是建设规模，都在历史上前所未有。截至2011年底，中国博物馆总数已经达到3589座，几乎每2－3天就有一座新的博物馆诞生，这在世界博物馆发展史上也是十分少见的现象。越来越多的城市感受到，博物馆建设有助于展现城市悠久历史和文化魅力，有助于满足社会民众的文化需求，因此相继将博物馆列入重要建设项目，加快建设步伐。

单霁翔指出，当天正处于博物馆发展的重要机遇期。在今后较长一段时间，博物馆数量仍将呈现持续快速增长的形势。从数量上看，中国已经逐渐跻身于世界博物馆大国之列。但是，从博物馆功能的发挥和博物馆职能的履行上看，与国际先进水平之间还有不少差距。虽然，博物馆数量的多少是衡量博物馆发展的重要指标，但是，也应该清醒地认识到，目前中国博物馆资源的利用率不高。在博物馆实施免费开放的情况下，全国博物馆每年接待观众约5亿人次，也就是说，平均每位国民每2－3年才走进一次博物馆，而一些发达国家平均每位国民每年3－5次走进博物馆，可见差距之大。因此，在继续加强博物馆建设的同时，还要关注博物馆资源合理利用途径，使更多的民众享受到博物馆文化权益。

单霁翔认为，在博物馆加快发展的形势下，还存在不平衡的问题。一方面是博物馆的区域发展不平衡。一些中西部地区的博物馆数量，明显低于全国平均水平，与东南沿海地区存在很大差距。另一方面是博物馆之间发展不平衡。中小博物馆占全国博物馆总数的80％以上，由于体制性障碍造成国家投入不足和社会资源稀缺，致使相当部分的中小博物馆生存艰难，直接导致文物保护、科学研究和陈列展示功能的削弱，制约这些博物馆的进一步发展。

总之，中国的博物馆在数量不断增长的同时，在综合管理水平、社会服务能力等方面还存在较大提升空间，博物馆事业的进一步发展还有不少制约性因素有待克服。当前博物馆事业发展的重点不仅在于“数量增长”，更应该注重“质量提升”。

单霁翔建议：1.在规划建设新的博物馆的同时，更要发挥现有博物馆的社会效益，在藏品科技保护、展览环境改善、服务观众设施等方面予以关注。2.进一步加大对中西部地区博物馆和中小博物馆的支持力度，提升它们的综合管理水平和社会服务能力，更好地发挥博物馆的社会职能。

（中国新闻网，编辑张中江，2013 年 3 月 6 日）

单霁翔委员：故宫应成为一个开放的公共文化机构

担任全国政协委员10年时间共提交152件提案，这样的参政议政成绩并不多见，他就是故宫博物院现任“掌门人”单霁翔。从国家文物局局长到故宫博物院院长，职务和身份变了，但单霁翔一直关心的文化遗产保护工作却没有变。今年全国两会，已连续担任三届全国政协委员的单霁翔又带来了十几份提案，用他的话讲就是“要用提案呵护文化遗产”，他对政协提案的要求是绝对“执着”和“专一”。写提案、做小组会议召集人、接媒体采访……今年，会场上的单霁翔依旧忙碌。在一次小组会议结束后，单霁翔就故宫环境治理、安防设施、商业开发等诸多社会公众关注的焦点问题向记者作了详细解答。

铁缸上刻字、筒子河里拣出1万多只玉米棒……日前发生的一系列事件让公众对故宫的环境治理工作产生了疑虑。对此，单霁翔表示，这是一个社会现象，在国内其他旅游景点也都很常见，是应该到了纠正问题的时候了。故宫工作人员应该加大巡查和制止力度。不过，他也坦承其中存在很大困难。“故宫一年接待观众1500多万人次，单依靠故宫有限的工作人员巡查监督很难解决问题。比如向筒子河里扔垃圾，有的是故宫观众，有的是外面社会上的过客，故宫也不可能派出很多人到故宫外去制止他们。而且故宫作为一个文化机构，面对破坏行为只能制止，没有处罚权。尽管如此，故宫应该承担环境治理的责任。”单霁翔说，非常感谢也非常欢迎社会各界对故宫工作的监督，没有这样的监督，很多问题难以得到有效解决。

“我始终认为，保持故宫环境净化大如天，其直接影响观众参观时的心情和接受文化熏陶。去年故宫发动净化参观环境的活动，每一个故宫人，只要见到地上有垃圾都要弯腰捡起来。我去年一年弯腰捡垃圾不下上千次。”单霁翔说，加强环境治理将是故宫今后的一个工作重点。

从早前的星巴克事件开始，故宫曾一再被推到舆论的风口浪尖。像故宫这样的文化圣地是否可以进行商业开发，社会公众需要故宫对这一问题作出满意的答复。

单霁翔认为，博物馆引进研发文化产品是国际博物馆组织鼓励的，因为观众有这方面的需求，观众要把博物馆文化带回家，也要在博物馆参观过程中享受到一些很好的服务，但这其中要注意把握一个度。“所有这些都应该围绕为观众服务和保证故宫的文化氛围，而不能以营利为目的，不能以博物馆的资源作为营利手段。比如咖啡问题，不能说在故宫不能喝咖啡，就像大英博物馆和卢浮宫里面可以喝绿茶一样，因为有大量的外国游客参观。但不能用故宫这个平台刻意地去宣传某个品牌。”他说，商业服务的档次一定要符合实际，为观众提供多样化服务。

“我一直有一个愿望，也正在向这方面努力，就是故宫的每一件文化产品都要包含故宫藏品的文化信息，而不是说将外面各地的旅游商品原样引到故宫里面来卖。”他说，故宫180万件藏品中蕴藏着很多观众喜欢的文化，把它们挖掘出来就是一笔很大的资源。去年故宫开发了大约300款有故宫特色的文化产品，今后争取每年以两三百款的速度研发，保证每年有很多新的文化产品提供给观众。

此前发生的香港展品盗窃一事，一度让人们对故宫的安防设施产生了质疑，很多人不明白，为何像故宫这样的地方，安全设施如此“不堪一击”。单霁翔对此作了解释：“我们的安防设施以前是比较先进的，不过更新提升慢了一些，已经14年没有更新了，现在很多新建的大型博物馆安防设备都比故宫先进。”单霁翔说，故宫应该拥有最先进的安防设施，因为它的文物是最好的。不过他也表示，不是最贵的设备就是最好的，一定要是最适合故宫的安防设备。“故宫是一个很特殊的博物馆，有无数条小巷道和无数个房间，而且人流密集，室内室外都有文物，不是所有安防设备都适合故宫。”

据单霁翔介绍，2012年10月，故宫新的安防系统正式开始投入使用，目前该系统还在建设中，力争今年年底全部应用实现防盗，明年年底全部实现防火。“到那个时候，可以说故宫的安防消防设施是世界上最强大的，我们有这个信心。但我们不能有丝毫的懈怠和停止，因为环境和技术时刻都在发生变化，要不断提升自己的安防能力。”他说。

故宫里的一点风吹草动往往会引起社会的高度关注。在被记者问及是否因此而感到心力交瘁时，单霁翔却笑言要感谢社会的监督。他称，正是因为大家热爱故宫博物院，所以才会有这样的关注，并坚信这会促进故宫社会职能的重新定位。“过去我们常把故宫博物院作为一个科研机构和文化殿堂，人们来到故宫后被作为一个参观者来看待。今天我们应该将故宫重新定位为一个开放的公共文化机构，每个人对这个公共文化机构的建设管理和发展都有知情权、参与权、监督权和受益权。”单霁翔说。

（《中国文化报》，记者郭人旗，2013年3月8日，第1版）

对故宫而言，观众是资源，也是压力

——访全国政协委员、故宫博物院院长单霁翔

“故宫从历史中走来，还要健康地走向未来。”每当全国政协委员、故宫博物院院长单霁翔出现，我们都会想起，这是去年两会伊始，在故宫深陷“十重门”的时刻临危受命、接任故宫“掌门人”时的“名言”。

今年两会前夕，故宫铁缸被刻字、在筒子河乱扔垃圾等社会事件使得故宫和单霁翔再次引发媒体追访。就如单霁翔所言，故宫不仅是属于历史的，也是属于当代的，更是属于未来的。值故宫正在实施故宫保护总体规划之际，单霁翔今年又带来8份提案，其中有5份都与故宫相关——游人、观众文保素质的提高、加强综合治理优化故宫参观环境、呼吁故宫博物院周边地区治理非法小广告行为，以及社会各界都十分期待的两岸故宫联手办展，是他，也是社会公众最为关心的话题。

记者：您在接受媒体采访时曾经表示，应当将故宫列为世界五大博物馆之一，与卢浮宫、大英博物馆、艾米塔什博物馆等比肩，与其他博物馆相比，故宫有哪些特性和优势？

单霁翔：我们说的四大博物馆、五大博物馆，其实只是民间的称呼，没有国际定性的评判体系。博物馆的建设，是一个长期的过程，我们计划到2015年，使故宫博物院有效缓解目前存在的重大安全隐患；在2020年基本实现故宫博物院进入安全稳定的健康状态，全面提升管理和服务水平，成为世界一流博物馆。说到故宫博物院，它有三个世界之最：第一，它是世界上最大的木结构宫殿建筑群；第二，它是收藏中国文物最多的博物馆；第三，它拥有世界上最多的观众——我们是世界上唯一一个年参观人数超过1000万的博物馆，去年，这个数字是1534万。观众，对于故宫而言，是压力，是动力，也是资源。

记者：最近媒体爆出故宫铁缸被刻字和筒子河垃圾的问题，故宫方面是如何应对的？

单霁翔：这些现象，正是由于媒体的集中报道，才有助于全社会来关注和约束这种行为。我们现在加大了巡查力度：鉴于故宫内巡视人员只有100人，面对数量极端庞大的人流，我们只能要求工作人员尽力而为；更有效的方法，是通过媒体，号召大家知善恶、明对错，倡导文明参观。其实，很多事情，仅靠故宫，是难以解决的，比如刻字、吸烟，故宫没有执法权，没有处罚权，我们看到了，只能制止，而通过舆论宣传，就能达到更好的效果。公众对故宫的社会监督，可以促进我们对社会职能的重新定位。在过去，我们谈到故宫，包括故宫人，都会觉得这里是一个研究机构、文化殿堂。而今，我们重新将它定位为一个开放的公共文化机构，每一个公民、每一个热爱故宫的人，都有知情权、参与权、监督权和受益权。当然，作为一个身兼多职的文化机构，故宫是世界文化遗产单位，也是文化旅游景点，所以观众的构成十分复杂，大家来故宫的目的也各有不同，这是社会表现

集中浓缩和反映的地方，如何让观众来故宫接受精神文明教育，故宫人的想法是首先自己要努力。去年，我们开展了净化参观环境的行动，只要是故宫的工作人员，看到垃圾，都要捡起来。去年一年，我因为捡地上的垃圾弯腰不下上千次，这件事还被媒体发现拍了照片，有一些评论说“院长应该多考虑一些大事”，但我认为，净化博物馆的环境，就是天大的事，当我们所有人都注意到环境的美化，博物馆的整体氛围就会不同。

记者：故宫文物被盗事件曾经是中国文物界的重大伤痛，目前故宫在加强安保方面有哪些新的进展和举措？

单霁翔：原来故宫的安防设施在国内是比较先进的，而在提升保护能力方面有欠缺，我们已经14年没有更新设施，致使后来一些省级博物馆的安保能力都超过了故宫。去年10月，新的安保系统投入使用，安装了75%，防盗系统今年年底全部安装完毕，防火系统明年年底全部安装完毕，到那时候，故宫的安防系统将是全世界博物馆体系中最强大的。故宫的安保不能降低标准，而且它一定得是最适合故宫的：地下17条管线、无数条小巷、汹涌的人流、众多的室外文物……我们还针对文物，设计了一种像条形码一样的东西，文物一旦移动，它就会报警；还有窗户，要设计成透明度高又砸不碎的；像人群集中的地方，比如御花园，很多国外媒体都说，这里没有发生踩踏事件，真是一个奇迹。我们如何防患于未然，设计针对人流密集地区的安保设施，这都需要时间来检验安保的效果。在文物犯罪高发的当代，集团化、暴力化、智能化成为犯罪的新趋势，我们也应该不断地努力，提升新的安防能力。

记者：几年前媒体人爆出故宫售卖品牌咖啡事件引发社会关注，目前故宫在这一方面的开发有哪些新进展？

单霁翔：观众有需求，我们就应该有更好的服务，但这个问题的关键在于要有度。我们研发周边产品、纪念品的时候，参照的标准是既能为观众服务，又能保证博物馆的文化氛围，而不能以盈利为目的。故宫的这些文化产品，我们要求都要具有我们藏品的文化信息，而不能是旅游商品的大集合；在空间设计方面，不能让卖商品喧宾夺主，而要保证博物馆清新的文化氛围；在数量方面，我们去年研发了300多件文化产品，目前以每年200至300件的速度更新。

记者：今年1月，您和台北故宫博物院的冯明珠院长会面，商定了两岸故宫举办乾隆特展的事项，台北故宫博物院向北京故宫借展品约40件，如今这些作品是否已经确定？近年来两岸故宫合作举办展览3次，北京先后向台北借出展品61件，目前是否仍然没有台北故宫博物院展品在大陆展出的消息？

单霁翔：我今年4月将会去台北，将和台北故宫博物院方面详细讨论今年秋天在台北故宫博物院举办的“乾隆皇帝艺术品味特展”的情况和具体展品，两岸故宫还会落实十几个交流项目，其中也包括将在新的午门展厅举办的宫廷文化展而特设的两岸高层学术研讨活动的安排。除此之外，2015年10月10日，北京故宫和台北故宫博物院将联合举办90周年院庆，现在我们正在进行内容设计。关于台北故宫博物院的文物来京展出的问题，在今天有很多障碍，可以说，这些障碍不是两岸故宫能够解决的，我们也热切企盼这个问题能够早日解决。

（《中国艺术报》，记者张亚萌、李博，2013 年 3 月 8 日，第 8 版）

“建议外宾车辆不再穿行故宫”

故宫“掌门人”单霁翔今年提交的一个重点提案，是“建议今后来故宫博物院参观的来宾车队和相关机动车辆，不再穿行故宫博物院开放区域”。

单霁翔称，多年来，故宫博物院来宾的一般接待方式是，来宾车队直接由故宫午门中门洞进入故宫博物院，车辆停靠在太和门前内金水桥南侧以后，来宾下车开始参观，车队则行驶至故宫神武门内广场西侧等候，来宾参观结束后，再乘车由神武门中门洞离开。但是，单霁翔坦言，近10年来，故宫游客量倍增，当车队穿过人流密集的开放区时，都会影响观众的安全和正常参观秩序。特别是每当来宾车队穿过故宫午门、神武门门洞时，需要组织观众避让，造成来宾车队与观众争道，极易发生拥堵踩踏事故和交通事故，保障安全的压力日益增大。因此，单霁翔建议，应吸收先进的管理经验和服务模式，改革现行的来宾接待方式。同时，为确保故宫博物院观众安全和文物安全，今后应安排来宾在故宫午门外下车，然后步行进入故宫博物院。参观结束后，或步行出神武门，或在非观众开放区乘车出西华门。“这样既有利于保证观众参观安全，又有利于维护故宫世界文化遗产的应有尊严。”单霁翔表示。

清明小长假期间，故宫计划试行新的游客限流措施，规避踩踏等事故风险。昨日，故宫博物院院长单霁翔介绍，新的限流措施包括，旅行团错时约定游览；在故宫内游客承载力薄弱地段和区域，分时段限流。2012年，故宫游客量达1530万人次，比10年前提高1倍，平均每年以10%的速度增长。“游客量太大，故宫已难以承受，必须限流，以确保游客和文物安全。”单霁翔坦言，防踩踏事故，是故宫目前面临的最大压力。因此，故宫经过调研论证，今年计划采取新的限流措施，在清明节小长假期间试行。“如旅行团预约分时游览”，单霁翔称，去年黄金周，仅10月3日中午，他估算有约700个旅行团同时在故宫浏览。另外，在御花园等空间较小，游客承载力较脆弱的区域，故宫计划进行局部分时段限流，“如御花园评估瞬时最大承载量为2000人，进2000人后，后面的游客就需要排队，等前面的出去后，再有序进入”。

针对故宫外筒子河捞出1万多根玉米芯的事件，单霁翔坦言，故宫内的垃圾产生量也非常巨大，“故宫内有两个垃圾站，每天都在满负荷运行，可见游客量巨大”。为维护故宫内的环境，单霁翔说，故宫每个工作人员都有一份额外工作任务，就是随手捡垃圾。“我一年捡垃圾上千次。”单霁翔说，工作人员捡垃圾也会让游客不好意思乱扔乱放，另外“不断弯腰，对身体有好处”。

（《新京报》，记者魏铭言，2013年3月9日，第A15版）

故宫院长单霁翔：“护宝”不易做好“看门人”也不简单

据中国之声《新闻纵横》报道，2011年5月，香港两依藏博物馆展品在故宫展出时被盗。在那之后，故宫经历了被质疑将相关区域用于私人会所、瓷器疑似保管不善损坏等事件。一时间，故宫被推向舆论的风口浪尖。争议声中，去年年初，单霁翔走马上任，成为故宫博物院院长。用他自己的话说，他就是个故宫的看门人。昨天，中央台记者解朝曦、王远对话全国政协委员、故宫博物院院长单霁翔，请他为我们讲述故宫“看门人”的护宝、寻宝、鉴宝之路。

单霁翔：我就是个看门人。看护好故宫并不是一件简单的事情，当好看门人也不是一个轻而易举的事情，在这方面需要很多经验和智慧。

这是整整半个小时的采访中，单霁翔留给记者印象最深的一句话。看门人，这并不容易，因为他看的是故宫，一举一动都牵动国人心的这座城池。这一年里，单霁翔要做的第一件事，是护宝。时光倒流到2011年5月，香港两依藏博物馆展品在故宫展出时被盗。“失窃门”，像是打开了藏匿于故宫深处的潘多拉魔盒，之后的短短三个月时间里，“错词门”、“会所门”、“哥窑门”等十重门陆续发生。从那时起，古老的故宫开始承受前所未有的质疑与拷问。而后，单霁翔临危受命，经历了曲折的护宝历程。

记者：我记得在您新上任时曾经说过，故宫保护最怕“火”，好在自己的名字里有“雨”，已经准备好了“水”。

单霁翔：我们增加了大量针对故宫的防盗系统工程，在现阶段跟国际上的一些博物馆比，我们的功能是不落后的。但是人对于设备的掌握和人的责任心这方面需要不断加强。

就在他努力为这一系列“门”事件消除负面影响之际，今年2月，有网友爆料，故宫博物院的一口铁缸被观众涂写上“梁齐齐到此一游”的字迹。随后，故宫回应，已经将字迹清理。之后不到一周，北京环卫工人集中清理故宫外的筒子河，共捞出4吨多垃圾，其中竟然有1万多根吃剩的玉米芯。

单霁翔：为什么人们要往里面扔这些玉米芯，因为这个河在故宫环境外面。虽然政府说门前三包，但是人们往筒子河扔这些杂物等行为，对于我们来说立场比较尴尬的是没有责权能配套，我们没有处罚权和处置的权力。这些有执法权的单位应该尽到责任，因为只有他们才能进行社会管理和社会的相应处罚，我们只能劝导。

谈起护宝，单霁翔的表情是有些无奈的。这一年里，单霁翔做的第二件事，是寻宝。去年底，成龙自导自演的电影《十二生肖》上映，讲述的正是寻宝的故事。单霁翔虽然没看过这部电影，但说起最近几年几次圆明园文物在海外的被拍卖，他都眉头紧锁。

记者：像一些人就会觉得，海外流失文物是不是可以通过国家把他们买回来？

单霁翔：对于海外流失文物，我们要判断每一件文物的性质。比如，它是被掠夺出去的、被偷盗出去的，在我们的定义上是属于涉案的文物，国家要对这些文物坚持追索，而不会花国家的资金把它购回来。也不赞成企业和个人花钱去购买这些被掠夺、被盗窃出去的文物。因为这些文物是赃物，我们不能帮助这些犯罪分子或犯罪集团销赃。

就在今年年初，台北故宫院长冯明珠访问北京，很多人在问未来台北故宫文物会不会回到大陆展览，对于这个问题，冯明珠的回答是，担心文物遭所谓的“扣押”。而单霁翔的回答是：

单霁翔：台北故宫博物院和北京故宫博物院的交流在二三十年来一直在持续发展。我也有计划今年到台北故宫去访问。合作展览，台北故宫博物院的展品不能来大陆？这是一个老问题了。这不是两个博物院之间能够解决的问题，这是一个政策方面的问题。

说起寻宝，单霁翔的表情是复杂的。这一年里，单霁翔还要关注一件事，是鉴宝。不是他自己鉴，而是日益繁多的鉴宝节日和各种专家的不断涌现，让这些“宝”成为话题。

记者：现在鉴宝节目在电视上非常火，对于节目中专家的观点您认为可信度有多高呢？

单霁翔：我觉得这种百分比很难判断。当然，这样的节目要想成功，我认为就不能简单地定位于一些藏品表面化的价值，不能仅仅局限于它值多少钱，应该在节目中始终贯穿对中华传统文化、历史、藏品所含的文化内涵更多揭示。社会教育和文化传播是这些节目的灵魂。

上任之初，单霁翔承诺，要守护一座有尊严的故宫。什么是有尊严，首先他认为是保证文物处在健康的状态。10年，他提交了152件提案，也就是一年平均15件，几乎都是文化遗产保护的内容。看门人，并不容易，谁做，都难。

（中国广播网，记者解朝曦、王远，2013年3月9日）

单霁翔：用提案呵护文化遗产

设立“文化遗产日”、开展全国文物普查、大运河和北京中轴线申遗……这些已经成为现实的国家文保举措，离不开一个人在背后长达10年的默默推动。他就是单霁翔，国家文物局前局长，现任故宫“掌门人”。此外，他还是一名连任三届的全国政协委员。过去10年间，单霁翔提出了152份关于文化遗产保护方面的提案，约93%得到有效回复，并通过有关部门的共同努力，使保护得到落实。现在，单霁翔又规划起了自己的新一个10年。这10年的目标，单霁翔称之为自己的“中国梦”，桩桩都与“重塑一个壮美的紫禁城”有关。

新京报：从国家文物局局长到故宫“掌门人”，你的工作很忙，这么多提案，每一份都是你自己调研自己写吗？

单霁翔：准备提案是我贯穿全年的持续性工作。每年政协会议结束之时，就是我新一年新的提案酝酿之日，这样就有充分的时间，结合工作中遇到的问题进行调研、座谈、论证、思考和撰写，保证每一件提案的质量。

新京报：听说你写了一本名为《用提案呵护文化遗产》的书。

单霁翔：每次提案，都要把联名签字的格子签满才肯提交。统计了一下，10年，共有243名全国政协委员、5998人次为我撰写的152件提案给予联名。这么多委员和我一起为文化遗产保护而呼吁、坚守，我有责任把这些努力记录下来。

新京报：近两年故宫新闻不断，你今年是否会通过提案呼吁解决故宫面临的一些难题？

单霁翔：有两份提案关于故宫，一份是建议北京市相关部门齐抓共管，根治故宫内外横行的非法旅游“小广告”；一份是建议机动车不再穿行故宫博物院开放区域。两份提案都与维护故宫的安全游览秩序有关。10年前，故宫的年游客量是700万人次；2012年，这个数字达到了1530万。说句心里话，故宫现在面临的最大挑战，就是安全；最担心的事情，就是故宫发生踩踏事故。

新京报：你在“建议机动车不再穿行故宫”的提案中，特别提到故宫的尊严。但我们同时也看到，文物被盗、被刻字、扔玉米芯等问题也相继发生在故宫。作为院长，你怎样维护故宫的尊严？

单霁翔：我有一个理想，就是到2020年，紫禁城建城600周年时，我们把一个壮美的紫禁城完整地交给下一个600年。什么是壮美的紫禁城？一是把故宫的古建筑继续修缮完工，现在已经修缮了50%左右；二是把故宫院内新建的杂乱无章的现代建筑，包括58栋彩钢房全部拆除，把木材堆、砖瓦堆和花房都搬到郊区去，恢复历史景观。另外，通过平安工程，建立一个先进的文物科技保护平台，通过不断增加展览，增加开放区域，让故宫真正走向“故宫博物院”。现在大多数人来故宫，感觉是来一个旅游景点，而不是文化机构。我希望通过故宫人的努力，扭转公众对故宫的认识。

（《新京报》，记者魏铭言、薛珺，2013年3月10日，第A10版）

“看门人”单霁翔：故宫新安防设施不逊于大英博物馆

作为历年的“提案大户”之一，过去十年中，全国政协委员、故宫博物院院长单霁翔共提交了152件提案。今年，他再次带来16件提案，其中两个与故宫直接相关。全国两会期间，单霁翔接受中新网记者的采访，就自己作为政协委员参政议政的体验和故宫的焦点问题给出近万字的书面回复。

单霁翔认为，不能将准备提案仅仅作为每年政协会议临近或会议期间匆忙应对的工作。每年政协会议结束之时，就是新的一年、新的提案酝酿之日。这样就有充分的时间，结合工作中遇到的问题，进行调研、座谈、论证、思考和撰写，才能够保证每一件提案的质量。曾担任国家文物局局长十年之久的单霁翔，多年来的提案主要集中在文化遗产保护领域。设立“文化遗产日”、开展全国文物普查、落实地震灾后文物抢救保护资金、大运河申报世界文化遗产、丝绸之路跨国申报世界文化遗产、北京传统中轴线申报世界文化遗产……十年来提案件件有答复，大部分提案所提建议得到采纳，这让单霁翔十分兴奋。

单霁翔去年的提案中，有3个直接和故宫相关，分别是《故宫保护条例》、《关于正确应对故宫博物院观众数量持续增长的提案》和《关于支持故宫世界文化遗产监测工作的提案》。

谈到《故宫保护条例》的制订和进展情况，单霁翔表示，现在，每年到故宫参观的观众已达1500万人次以上，这使故宫在文物保护、古建维护、观众安全等方面面临巨大压力，交通、安全等协调难度加大，有必要通过专项立法进行合理的调控。目前，故宫博物院正在积极呼吁制订《故宫保护条例》，同时也在做前期的资料收集工作。

在应对观众数量增长方面，单霁翔说，2012年，故宫共接待观众1534万人次，再次突破历史纪录，比前一年增加了152万人次，同比增长9%。这一增长速度在国内外博物馆领域绝无仅有。在今后相当长的时期内，故宫博物院的参观人数必将持续增长，这是难以逆转的趋势。故宫的开放面积由2002年的30%增加到了目前的45.79%，面积达到329717平方米。通过增加开放面积，以缓解客流瞬间过于集中的现象；通过对古建筑的修缮，使更多的文物建筑保持健康状态；通过对区域的合理划分，使更多的文物建筑群实现对公众开放；通过调整展览布局，合理扩大开放区域空间。还有，紫禁城北侧的大高玄殿，经过科学规划也会采取适当的方式对公众开放。此外，鉴于故宫的淡季与旺季差距非常明显，总体上必须合理配置参观时间，削峰填谷，在特殊时段采取适当的限流措施。自今年的1月1日至3月31日期间，故宫还试行每周一下午闭馆半天，工作人员保养文物、检查线路等。

在世界文化遗产监测工作方面，故宫博物院于2011年正式成立“故宫世界文化遗产监测中心”，建立“监测信息化平台”，对文物建筑、馆藏文物、观众动态等10个方面进行持续监测。关于监测方面最急迫的是观众人流实时监测、安防状态实时监测和古建筑本体的监测。其中，观众人流监测有望于今年实现，其他项目方案目前正在调研，有的已基本成型。

2013年，单霁翔在加强二十世纪遗产保护、加强文物保护宣传、重视全国馆藏文物的腐蚀、博物馆馆舍建设质量以及加强综合治理优化故宫参观环境等方面做了较为深入的调研，提交了16个提案。这其中与故宫直接相关有《关于加强综合治理优化故宫参观环境的提案》和《关于机动车辆不再穿行故宫博物院开放区域的提案》。同时他在《关于针对文物景区和博物馆观众加强文物保护宣传的提案》、《关于加强和规范文物景区和博物馆导游讲解的提案》等，也针对故宫博物院存在的相关问题进行了阐述。

去年此时的单霁翔，是他作为故宫博物院院长第一次参加全国政协会议。彼时恰逢故宫陷入“十重门”风口浪尖之际。展品失窃、建福宫被指成会所、珍贵文物受损……这座全国文博系统的“龙头老大”，遭遇广泛质疑。其中，故宫能否守住门户、保证藏品安全，成为公众最为关心的一件事。对此，单霁翔回答说，经过持续的努力，故宫博物院的安全防范水平有了很大的提升。新的中控室经过建设，已经正式投入使用。目前故宫安防改造工程已完成合同总量的75%，大部分已投入使用，预计今年年底以前新的防盗系统将可以全部投入使用，2014年年底以前新的防火系统也将可以全部投入使用。与英国大英博物馆、德国柏林东亚艺术博物馆、法国卢浮宫博物馆等世界著名博物馆的中控室相比，故宫博物院新的安防设施毫不逊色。

在诸多媒体的报道中，这位副部级单位的领导没有“官架子”，衣着简单，待人和善，耐心配合采访。对于故宫“掌门人”的称号，他也却而不受，“我不是故宫的掌门人，仅是个看门人”。单霁翔坦言，自己去年年初成为一名真正的“故宫人”。在具体的工作中，更加深刻地感到故宫的文化底蕴深不可测，文化资源博大精深。无论是从故宫博物院丰富的馆藏文物，还是从每年的接待观众数量来讲，在全世界都是独一无二的。正如人们所说的“故宫无小事”，在安全保卫、开放管理、基础设施、陈列展览等诸多方面，都要保持高度集中和认真的工作态度。

从当初的“临危受命”到现在各项工作稳步推进，这一年多里，单霁翔的体会是，要“坚持科学发展观，以改革发展的新思路新举措，始终坚持安全第一，保护优先”。一向在媒体中口碑不错的他，不忘虚心、广泛听取各界意见，决策慎之又慎。从近期的“大缸刻字”等事件来看，故宫对于公众关心的焦点问题，回应不可谓不及时。3月12日上午，全国政协十二届一次会议将闭幕。按照单霁翔的说法，这是酝酿新提案的开始。展望未来，他希望能够“强强联合，广泛开展战略合作，才能不断提升故宫的文化传播能力，从广度和深度上延展故宫的影响力”。

（中国新闻网，记者张中江，2013年3月11日）

故宫游人之痛：年接待1534万人次 院长捡千次烟头

两会前“游人刻字”、“筒子河乱扔垃圾”的消息，将故宫多年来游客增长带来的管理难题再次摆上台面。年接待观众1500万人次，最高一天游客突破18万。这样的数据让这座古老的皇家宫殿着实有些“吃不消”。尤其是在游客文明素质还不够高的情况下，随地扔垃圾的情况很常见。身为故宫院长的单霁翔，去年也弯腰捡了上千次矿泉水瓶、烟头。

两会期间，单霁翔接受了中新网记者采访，就疏导游客等问题做了解答。节假日期间去过故宫的人都知道，那场面只能用人山人海来形容。操着不同方言的人群摩肩接踵，参观队伍缓慢挪动，空气中满是汗水的味道……“2012年，我院共接待观众1534万人次，再次突破历史纪录，比前一年增加了152万人次，同比增长为9%。这一增长速度在国内外博物馆领域绝无仅有。”单霁翔如此介绍说。如织的游客，令故宫在文物保护、古建维护、观众安全等方面面临巨大压力，交通、安全等协调难度相应增加。为缓解游客购票难问题，故宫自去年在端门地区增开售票窗口，大大缩短了排队购票时间。在去年10月2日参观人数达到18.2万的历史新纪录时，故宫也经受住了考验。即便如此，单霁翔仍然担心蜂拥而至的观众潮带给文物的极大安全隐患。

今年1月28日，他在故宫博物院媒体汇报会上提出两个方案设想，希望征询社会各界意见。其中之一是，鼓励大家都采用网上购票，免去排队买票之辛苦，旅行社的团体参观更要提前在网上进行预约购票，尤其是在人流高峰期，便于故宫博物院根据网上购票情况进行应对方案的调整；另一方案是，针对御花园中观众尤其集中的现象，将实行局部限流和疏导。此外，故宫还将积极与北京市相关旅游管理部门等进行沟通，一起为故宫限流提出切实可行的解决方案。游客过于集中在三大殿在内的“中轴线”区域，一直让故宫管理者颇为头疼。故宫近年来一直在努力合理扩大开放空间。位于宁寿宫区的主体建筑皇极殿，就在去年“五一”期间首次正式迎客，不过游客数量还难比传统线路。

单霁翔表示，故宫的开放面积会随着古建修缮进展和空间布局的调整，得到逐步增加，通过对区域的合理划分，使更多的文物建筑群实现对公众开放。比如：计划中的午门雁翅楼修缮后将成为大型展厅，修缮后的慈宁宫将作为雕塑馆，寿康宫将作为原状陈列，御膳房将作为家具馆。此前这些地区，或为办公用房，或为地面文物库房。修缮后的区域都会还原之前古建筑的风貌，不会破坏整体布局。此外，端门城楼将打造成数字博物馆。文华殿区域的文渊阁和修整后的大高玄殿将以适当的方式向公众开放。这些开放规划和展览设置等工作正在按照计划有序开展，待条件成熟将一一和公众见面。

与管理方的各项改进措施相比，来自五湖四海的各地游客不文明习惯，似乎更难以短时内改善。无论是涂鸦文物还是随手丢垃圾，都是困扰全国景区多时的恶习。此前接受采访时，单霁翔曾表示，所有故宫工作人员，见到地面上的垃圾都要弯腰去捡，“去年我捡了上千次矿泉水瓶和烟头”。但与上千万游人相比，这点努力杯水车薪，只能寄希望于感染身边的人。单霁翔说，面对不文明行为，除了故宫博物院要继续加强自身管理，进一步加大管理力度，加强巡查密度，发现此类情况立即予以制止外，更需要通过形式多样的宣传教育，使保护文物及其环境的观念深入人心，动员全社会力量，共同倡导文明出行，使社会公众的道德素养显著提高，自觉改正自己的不文明行为、发现并制止身边的不文明行为，共同为维护文物及其环境的尊严而努力。

（中国新闻网，记者张中江，2013 年 3 月 12 日）

故宫藏品超过180万件 2012年修复文物261件

全国政协委员、故宫博物院院长单霁翔，日前接受中新网采访时表示，故宫2013年元旦公布了首批18大类藏品的目录，这在国内大型综合博物馆尚属首次。他还提出了《关于博物馆公布藏品目录的提案》。

2013年1月1日，故宫博物院在其官方网站上公布了首批18大类藏品的目录，这在国内大型综合博物馆尚属首次。单霁翔介绍说，公布藏品总目的范围，既包括故宫博物院一、二、三级珍贵文物，也包括了一般文物和陶瓷标本。《故宫博物院藏品总目》是故宫博物院第5次藏品清理工作(2004－2010)的重要成果之一。经过清理，截至2010年底，故宫博物院藏品共有25大类，总计1807558件，其中珍贵文物1684490件、一般文物115491件、陶瓷标本7577件。依托清理后准确而全面的藏品数字，故宫博物院随后开始了总目的编制，做了大量工作，以保障总目的严谨性和科学性。如召开专家论证会，广泛听取各方意见；设立逐级审查制度，明确编目人员的职责；针对部分新增藏品信息尚不完善的问题，采集补充了这些藏品的基本信息；针对藏品命名不规范、不统一的问题，拟定了各类藏品的命名规范，明确了各命名要素的排列顺序，对款识、工艺、器型、纹饰、人名与皇帝称谓等描述进行了统一要求，修改了藏品命名中存在的繁体字、异体字、错别字，以及一些口语化的表述；针对部分藏品断代不够准确，甚或存在明显错误的问题，根据最新的研究成果，对时代进行了更改。

在今年“两会”上，单霁翔提出了一个《关于博物馆公布藏品目录的提案》，详细介绍了故宫博物院公布首批18大类文物藏品的目录的经过与意义，以及取得的良好社会反响。单霁翔表示，首先，公布藏品目录有利于推动博物馆藏品管理水平的提升，为科学化、规范化管理奠定坚实基础。通过公开目录所需的文物藏品“账、卡、物”核对等工作，可以极大提升博物馆工作人员的业务水平，完善藏品管理机制，从而带动博物馆藏品管理能力和水平的大幅提升。其次，公布藏品目录是充分发挥博物馆服务社会功能的必然要求。近年来，社会公众精神文化需求日益增长，对了解、鉴赏博物馆丰富的文物收藏有着强烈的诉求。因此，博物馆必须积极适应社会发展的需要，多形式、多层次地服务于社会，使广大民众了解博物馆藏品的奥妙，更好地为各界人士观赏、研究等不同需求提供便利。第三，公布藏品目录，有利于博物馆接受社会公众的监督，是对国家、民族负责任的表现，具有“以昭公信”的意义。

单霁翔同时表示，文物保护与修复工作是故宫博物院日常工作的重要内容。2012年，故宫博物院文保科技部为院内外各项展览，及抢救性修复院内原状陈列文物、库房文物等共261件，包括金银器、木器、漆器、瓷器、古书画、对联、贴落、家具、钟表、百宝镶嵌类等诸多类别，并为各类赴院外的展览制作文物囊匣108件。

（中国新闻网，编辑张中江，2013年3月12日）

博物馆的新媒体时代

传统的博物馆给人以古老的历史感，似乎与新兴科技毫不沾边。然而，当我们看到一个个数字技术与博物馆成功联姻的案例时，不禁意识到科技的力量，它在悄然无声地改变我们生活的同时，亦实现了博物馆真正为社会服务的转变。作为全国政协委员，故宫博物院院长单霁翔每年都是两会上媒体争相采访的焦点。今年被问及最多的就是博物馆的新媒体建设，单霁翔院长就此与记者们交谈起来。

单霁翔告诉记者："故宫博物院网站每天的点击率均在100万人次以上，而故宫每天的游客接待量最多为16万人次。为了文化遗产的保护，游客的接待量要控制，因此网站对于文化遗产的传播优势便显现出来。"故宫博物院网站建立于2001年，至今已走过12个年头，建设从未停歇。每年都要大量地更新内容、运用新科技。"中国的未来在青少年身上，现在青少年的生活习惯和上一代人有很大的不同，他们消耗在网络上的时间占到全部课余生活的五成以上，"单霁翔说，"我们要把青少年的目光吸引到博物馆的网站上来。这些年，网站力求在满足观众知识需求的同时不断增加趣味性。"

细心的网民不难发现，今年故宫博物院网站首页多了一个板块，这个板块设计新颖，古香古色，这就是"故宫博物院藏品总目"板块。从2004年开始，故宫博物院进行了建院以来的第五次藏品清理工作，这项工作一做就是7年。直到今天，谈起藏品清理工作，单霁翔仍是感慨颇深："参与藏品清理的工作人员作了非常大的努力，其中的辛苦难以言表，在清理结束之后的总结会上，台上台下哭声一片，工作之难可想而知。"经过清理，截至2010年底，故宫博物院藏品共有25大类，总计1807558件，其中珍贵文物1684490件、一般文物115491件、陶瓷标本7577件。故宫博物院是目前中国首家向公众公布藏品总目的博物馆，在单霁翔看来，公布藏品总目是故宫博物院向社会做出的一项郑重承诺。这既有利于公众的研究利用需要，也有利于接受社会各界的监督，具有'以昭公信'的意义。

此次故宫博物院公布的目录为简目，网上可查到的电子信息包括藏品的编号、名称、时代等。藏品范围涵盖故宫博物院一、二、三级珍贵文物，也包括一般文物和陶瓷标本。故宫博物院的珍贵文物有"故"、"新"和"书"三种编号，除古籍文献类藏品冠以"书"字号外，其他门类藏品均冠以"故"、"新"字号。一般文物的编号均以"资"字开头，陶瓷标本以"标"字开头。总目分为25大类，在每一分类内的各种编号均以由小至大的顺序排序。由于冠号方法及外拨销号等原因，中间有断号的情况。文物名称与时代，依据文物自身的客观存在和目前研究成果而定。今后将根据最新研究成果对总目进行修订与完善。据悉，总目将逐步公布，首批公布的有铜器、金银器、珐琅器、玉石器、雕塑、织绣、雕刻工艺、其他工艺、文具、生活用具、钟表仪器、珍宝、宗教文物、武备仪仗、帝后玺册、铭刻、外国文物、其他文物18个大类。

通过与国际博物馆界的交流，单霁翔得知，很多国外博物馆，如大英博物馆的工作人员每天都会浏览故宫网站。“为了更好地和国际接轨，今年故宫网站建设的重中之重是提高英语内容，使其更加专业化。”首都博物馆科技部祝敬国曾在其探讨新媒体建设的论文中写道：“个人电脑掀起了全人类参与的信息处理运动。随着互联网的壮大，新的虚拟世界正在直追我们的现实世界，很大一部分社会活动都已在网络上开展。在信息化层面的文物展示与应用，不仅高速、高效，而且可以做到文物的无损化应用。21世纪的中国博物馆更应该广泛运用数字技术，充分发挥文物资源优势，对民众进行传统、道德及科学方面的教育，弘扬中华民族优秀文化。博物馆信息化势在必行。”

故宫是世界最大的木结构古代宫殿建筑群，是全国重点文物保护单位，也是中国政府加入联合国教科文组织《保护世界文化和自然遗产公约》后，第一批进入《世界遗产名录》的人类文化遗产。因此故宫是迄今为止，世界上参观人数最多、藏品最为丰富的博物馆之一。这里有太和殿、养心殿等为代表的26处殿宇、厅堂建筑群的原状陈列展览，有珍宝馆、钟表馆、书画馆、陶瓷馆等常设陈列展览，还有各类专题陈列展览。随着故宫古建大修工程的开展，这些年先后开辟了午门、神武门、斋宫等展厅，举办了“明永乐宣德文物特展”、“故宫文物南迁史料展”、“兰亭特展”等。仅2012年，故宫博物院本院举办的各类展览就多达40个。另外，106公顷的总面积和将近9000间房屋，体力再好的参观者也不可能在短时间内欣赏其全部内容。

单霁翔作为院长，对此也深有同感：“媒体常将北京故宫与台北故宫作比较。台北故宫每年展出文物2000余件，北京故宫每年展出近1万件，但是由于展厅展示条件有限，这些文物散落在故宫的各个院落，人们进入故宫以后，往往沿着中轴线古建筑群一路参观下来，到了神武门出故宫的时候，才发现只看到了故宫古建筑群，而没有看到故宫博物院的文物藏品。”为了弥补观众的遗憾，故宫这些年做了很多工作。如在午门和两侧雁翅楼以及文华殿、武英殿区域构成一个博物馆群，集中展示文物，既方便观众，又凸显故宫博物院的文化形象；又如对故宫实景进行加工、采集，通过虚拟现实技术，使人们能够自己动手操作，参与性地“进入”这些庭院、房间内，观看其中的文物和陈设。在这些努力中，最令人期待的当属数字博物馆。

有没有试想过，有一天你可以“飞翔”在北京故宫的太和殿上空，清晰地看一看太和殿的穹顶是个什么样子？或是来到乾隆皇帝最爱的三希堂，坐在炕桌前欣赏古代名家的绘画？抑或是徜徉于故宫里的每一座建筑，穿梭于那将近9000间房屋却没有熙来攘往的人群？以上所述并非痴人说梦，据单霁翔透露：“一个历经十余年技术开发的数字博物馆即将与公众见面。”据悉，位于故宫博物院内数字所的数字博物馆已建设完成，目前为非开放区，去年已接待业内人士7万余人次。为了满足日后大量观众参观的需要，故宫还将在端门及大高玄殿等两处建设数字博物馆。“后两处数字博物馆的优势在于，即使故宫博物院在每日闭馆之后，有参观需要的人们仍然可以领略故宫中的文化遗产。”单霁翔对此充满了信心。

一些兴致勃勃的小学生们聚集在一幅古代书画的展柜前，带队老师的手机突然响起了清晰的声音：“这件作品是北宋张择端创作的《清明上河图》，作品以长卷形式，采用散点透视构图法，生动记录了中国十二世纪城市生活的面貌。”几个好奇的学生围住了老师，看老师在手机上把《清明上河图》不断放大，仔细地查看画面中的每一个细节，此时手机上继续传来语音解说：“在五米多长的画卷里，共描绘了550多个人物形象，牛、马、骡、驴等牲畜近60匹，车、轿二十多辆，大小船只20余艘。房屋、桥梁、城楼等各有特色，体现了宋代建筑的特征。《清明上河图》不仅仅是一件伟大的现实主义绘画艺术珍品，同时也为我们提供了北宋大都市的商业、手工业、民俗、建筑、交通工具等翔实形象的第一手资料，具有重要历史文献价值……”

上述情景不是未来科幻片中的情节，如今，博物馆的手机应用程序可将其轻松实现。很多人都已经开始意识到，智能手机和平板电脑正在慢慢地改变着我们的生活，也许就在你纠结于继续坚持传统还是接受新鲜事物的同时，已不知不觉步入其中。随着手机和平板电脑等便携移动设备的流行，其应用程序的功能也随之加大。各行各业都在寻找与数字技术结合的出路，博物馆行业在数字技术的帮助下亦呈现出一个崭新的格局。在此背景下，国内外许多博物馆已经开始在展示与服务中尝试推进手机应用。博物馆的手机应用不单单是将文物图片发送到用户手机，它还能通过各种人与手机的互动，包括触摸、倾斜、吹气等，带给参观者不同的体验。民众可以通过手机对博物馆中的文物精品进行研究、欣赏、把玩等任意操作。“手机、平板电脑等移动终端的博物馆应用非常有前景。早在几年前，我们就开始筹备故宫博物院的手机应用，目前北京故宫的手机应用正在紧锣密鼓的制作中，”单霁翔认真地说，“新媒体的大潮已来临，如果没能抢占先机，就会落后于人。”

国际博物馆协会第十一届哥本哈根会议通过的章程中明确指出：“博物馆是一个不追求赢利、为社会和社会发展服务的公开的永久性机构。它把收集、保存、研究有关人类及其环境见证物作为自己的基本职责，以便展出，公之于众，提供学习、教育、观赏机会。”也许博物馆的手机应用最能够体现博物馆为公众服务的理念，并使博物馆从以往的“以藏品为中心”向“以观众为中心”转变。很多博物馆每年都需要花费很多经费举办临时展览，从选题、选材、组织到情节调动都会倾注大量心血，但等到临时展览闭幕的当天，该展的“生命”就“终结”了。而利用新媒体技术开设的虚拟展厅将展览搬到了移动设备，不仅让游客可以足不出户的“掌上游览”，在某种程度上缓解馆内的游客压力，还可以储存在设备中，来一场“永不闭幕的展览”。如新加坡亚洲文明博物馆为配合该馆“千秋帝业：兵马俑与秦文化”展，特别推出了世界首个专为博物馆而设计的苹果手机应用程序，让观众体会到了数字技术的便捷。

不仅如此，手机应用还可以使观众的参观更随意。有博物馆参观经历的朋友，是否有这样一种感觉：去大型馆参观时会迷路，为了找到自己想看的展览往往会浪费了不少时间和体力；或是对藏品的信息了解甚少，走马观花似的浏览最终一无所获。现在大部分智能手机或平板电脑上都可实现“定位”功能，通过硬件和网络的支持，手机可以获得使用者所处的位置，利用这一功能可以让博物馆应用程序为游客导航，帮助游客明白自己所处的位置，还能对博物馆的展厅、餐厅、卫生间等区域或设施进行指引。像美国自然历史博物馆通过他们的应用程序还可以让游客在参观前，通过导航预先设定自己的个性化参观路线，带来轻松自由的参观体验。新媒体技术的应用为博物馆事业的发展提供了诸多有利条件，人们期待博物馆新媒体时代的到来，因为它的到来，不仅增添了文化遗产宣传的渠道，更为重要是，它拉近了博物馆与公众之间的距离。

（《中国文物报》，记者马怡运，2013年3月13日，第3版）

故宫院长畅谈上任一年心路历程 回应热点话题

全国政协委员、故宫博物院院长单霁翔日前接受中新网记者书面采访，对故宫安防、藏品、公众教育以及近期“游人刻缸”等焦点问题，一一回应。他还讲述了自己任职故宫院长一年多来的感受。以下为问答全文。

中新网文化频道：去年两会您曾提交有关故宫的三个提案，《故宫保护条例》、《关于正确应对故宫博物院观众数量持续增长的提案》、《关于支持故宫世界文化遗产监测工作的提案》，想请问过去这一年上述提案有何进展？

答：首先，关于《故宫保护条例》的制定和进展情况。每年到故宫参观的观众已达1500万人次以上，这使故宫在文物保护、古建维护、观众安全等方面面临巨大压力，交通、安全等协调难度加大，有必要通过专项立法进行合理的调控。故宫地处北京市中心，对于故宫的整体保护不仅仅局限于紫禁城，还应该包括御史衙门、大高玄殿、端门，以及太庙、社稷坛、景山等周边区域。对故宫文化遗产及其环境的整体保护需要加强法律法规层面的支撑力度，应通过专项立法着眼于协调故宫文物本体及周边环境，坚持整体保护、原状保护、科学规划的原则，进一步明确保护主体和责任主体，构筑对于故宫进行分层次、分区域科学管理的法律防护网，有利于对故宫进行完整保护。

《故宫保护条例》的立法过程还应广泛吸纳民意，尊重全社会保护的积极性，深化对故宫保护的认识，使社会各界都能参与到故宫文化遗产保护中来，为故宫保护和管理提供持续的推动力。近期故宫的铁缸涂字和筒子河里垃圾的现象，也能从侧面反映出故宫及其周边环境整体保护的重要性。“爱护文物从我做起”，维护文物的尊严、故宫的尊严，真正将自己作为文化遗产的守护者。只有获得全社会的普遍关注、共同保护，文化遗产才能更好地守住尊严、流传百世。目前，故宫博物院正在积极呼吁《故宫保护条例》的制订，同时也在做前期的资料收集工作。

其次，关于应对故宫博物院观众数量持续增长的措施和预期的设想。故宫博物院观众人数的增加，是社会发展环境造成的。在今后相当长的时期内，故宫博物院的参观人数必将持续增长，这是难以逆转的趋势。今天，世界上恐怕没有哪座博物馆，或哪处世界文化遗产地，面临如此众多具有挑战性的管理课题。2012年，我院共接待观众1534万人次，再次突破历史记录，比前一年增加了152万人次，同比增长为9%。这一增长速度在国内外博物馆领域绝无仅有。

故宫的开放面积由2002年的30%增加到了目前的45.79%，面积达到329717平方米。通过增加开放面积，以缓解客流瞬间过于集中的现象；通过对古建筑的修缮，使更多的文物建筑保持健康状态；通过对区域的合理划分，使更多的文物建筑群实现对公众开放；通过调整展览布局，合理扩大开放区域空间。还有，紫禁城北侧的大高玄殿，经过科学规划也会采取适当的方式对公众开放。我相信，经过修缮后，科学、合理地利用起这些资源，不仅增大开放空间，而且可以通过这些空间提升综合服务接待能力，从而达到间接增加开放面积的目的。

故宫的淡季与旺季差距非常明显，在每年的观众流量曲线图上呈现出高度一致的“双针一峰”图形，即“五一”、“十一”两根针，暑期一座峰。暑期作为旺季，密集的人流持续时间长达一个多月，而淡季则明显下降。如果以去年1500万观众计算，全年日均为4万1000多人。所以总体上必须合理配置参观时间，削峰填谷，在特殊时段采取适当的限流措施仍然要坚持下去。适当调整限流措施细节，配备相应的仪器设备，加大提前预约售票的覆盖，并且广泛宣传我们的现状和措施，让尽可能多的观众主动配合，才能够在保护文化遗产的同时，最大限度地缓解接待参观压力，满足观众的参观需求。

国内外的每一座博物馆都有一定的休息日，或一周一天，或一月两天，有利于日常维护和职工休整，而故宫博物院实行的却是全年365天开放，全体员工“连轴转”。为此，我院为加强对“故宫”这一世界文化遗产的保护，及时开展对故宫古建筑和文物藏品的检查保养，定期对展览设备及服务设施进行维护，自今年的1月1日至3月31日期间试行每周一下午闭馆半天。闭馆的这半天时间，工作人员并不休息，而是保养在陈文物、擦拭展柜玻璃、检修安保设备、检查电线线路、清理场地卫生、培训工作人员等。

最后，谈一下关于故宫世界文化遗产监测工作和目前进展。故宫博物院于2011年正式成立“故宫世界文化遗产监测中心”，建立“监测信息化平台”，对文物建筑、馆藏文物、观众动态等10个方面进行持续监测，力求全面真实地反映其保存和安全状况，为安全管理决策提供数据支撑，推动文化遗产保护工作从被动到主动、从直觉判断到信息化和智能化、由事后反应到事前预防的转变，实现故宫遗产保护的完整性、时效性、科学性和系统性。其中重点做好文化遗产接待观众承载能力的测算，以此为基础，通过建立预约制度、优化参观路线、强化疏导干预等手段，最大限度避免观众踩踏等恶性事件发生。

近年来，世界遗产委员会对世界遗产监测管理方面提出更加严格的要求。因此，科学有效地开展世界文化遗产监测，对各种影响遗产安全的因素加以防范和控制，对文物本体及其环境实施预防性保护，使文化遗产的突出普遍价值及真实性、完整性得以保存，对于故宫世界文化遗产保护来说意义重大。故宫是我国第一批进入《世界遗产名录》的世界文化遗产，应该在世界遗产监测管理方面做出表率。

故宫世界文化遗产监测管理工作，结合故宫文化遗产构成要素特性及影响因素，在明确监测机构、职能、分工、监测范围和内容的基础上，提出监测工作的要求。已相继开展了室外陈设基础数据采集、室外陈设材质鉴定和保存状况评估、植物监测数据库、气象数据库、空气质量监测站建设、午门城台沉降变形监测、故宫世界文化遗产监测平台建设等工作。为全面推进监测工作，又开展了观众动态监测、售票系统、无线网络建设等项目的调研，制定了技术方案。今后每年都将整理出版故宫世界文化遗产年度监测报告。关于监测方面最急迫的是观众人流实时监测、安防状态实时监测和古建筑本体的监测。其中，观众人流问题有望今年实现，其他项目方案目前正在调研，有的基本已经成型。

中新网文化频道：这一届两会您的关注重点在哪些方面？有什么提案？

答：作为一名文博工作者，接触最多的还是藏品保存和文化遗产保护方面，因为感触颇深，所以个人关注的会多一些。比如今年在加强20世纪遗产保护、加强文物保护宣传、重视全国馆藏文物的腐蚀、博物馆馆舍建设质量以及加强综合治理优化故宫参观环境等方面做了较为深入的调研，提交了16个提案。这16个提案中与故宫直接相关的有2个，即《关于加强综合治理优化故宫参观环境的提案》和《关于机动车辆不再穿行故宫博物院开放区域的提案》，同时我在《关于针对文物景区和博物馆观众加强文物保护宣传的提案》、《关于加强和规范文物景区和博物馆导游讲解的提案》等内容中，也针对故宫博物院存在的相关问题进行了阐述。故宫博物院具有世界文化遗产和博物馆的双重身份，在文化遗产保护和博物馆建设的事业上仍有很长的路要走，这既需要全体“故宫人”齐心协力、攻坚克难，更需要社会各界的普遍关注和共同努力。

中新网文化频道：故宫的大事小情都能牵动人心。近期游客在铁缸刻字的消息传出，网民们纷纷表示这种不文明行为。故宫也迅速给出官方回应。对这种室外的文物，为何没有采取隔开等方式保护？比较空旷的区域，是否会安装摄像头？今后的加强管理，主要可以展开哪些具体措施？对于游客破坏文物、随手丢垃圾等行为，故宫是否有权采取罚款等处罚措施？院里相关规定是怎样的？是否必须经过文物执法部门或者公安部门才可以？

答：今年全国“两会”召开前夕，两桩破坏文物及其环境的事件引起社会广泛关注。一件是故宫博物院文物展品铁缸被涂写上“梁齐齐到此一游”，另一件是部分游客向故宫筒子河内乱扔垃圾，这些不文明的行为，引起大量微博转发与评论，媒体进行追踪报道，一时成为热点话题，人们对不文明行为给文物及其环境造成的伤害予以谴责。这些事件的发生，既反映出加强文物及其环境保护的重要性，也说明提高全民文明素质的紧迫性。随着广大民众生活水平的不断提高，人们纷纷走出家门，加入文化旅游大军，诸多文化遗产地近年来接待观众数量不断攀升，对文物及其环境保护提出了更高的要求。如何在参观人流大量涌入的同时，切实保护好文化遗产，维护文化遗产的尊严，为观众提供更好的参观环境和文化氛围，促进保护与利用的和谐发展，已成为越来越多文物景区和博物馆的重要课题，同时也是一道难题，需要全社会给予关注和重视。

目前在很多文物景区和博物馆，存在着诸多不文明现象，例如在展厅地面上留下口香糖的残迹，在文物古迹上刻名留言，在木结构古建筑群内点火吸烟，在公共场所内丢弃垃圾、践踏草坪、攀折花木、随地吐痰等，诸多“乱象”让人心痛不已。这些不文明行为严重影响观众的参观体验，也对文物景区和博物馆的整体氛围造成伤害，更给文物及其环境的保护工作带来了诸多难题，成为当前文物景区和博物馆面临的严峻挑战。事实上，这些不文明现象的发生，正说明作为文明传承机构的文物景区和博物馆存在的必要，只有让更多的社会公众在这里感受历史、学习知识、陶冶情操，才能有效地提升人们的文明素质，避免和抵制不文明的行为。文物景区和博物馆不但是城市“精神的家园”，而且应该是“文明的窗口”，这里不仅有壮丽的建筑、精美的文物，而且应该有文化的氛围、整洁的环境。因此，文物景区和博物馆应依靠不懈的努力，为转变社会风气贡献力量。

众所周知，故宫博物院是在明清皇宫及其旧藏的基础上建立起来的国家级博物馆，它既是博物馆，又是世界文化遗产，双重的文化身份，决定了其特殊的历史地位和时代内涵。每年有上千万观众从世界各地而来，他们想看到的不仅仅是馆藏文物，更是宏伟的宫殿建筑群，而室外陈列的香炉、铜狮、大缸、雕塑，乃至假山、砖瓦是整个宫殿群有机的组成部分，与其文化内涵密不可分，大多数观众更多的是要感受故宫这一世界文化遗产带给人们的精神文化享受。如果将它们全都与观众完全隔离，会损伤景观的宏伟、和谐与文化氛围的完整性，影响观众进行文化体验的深度，也有损于博物馆文化传播职能的发挥。面对不文明行为，除了故宫博物院要继续加强自身管理，进一步加大管理力度，加强巡查密度，发现此类情况立即予以制止外。更需要通过形式多样的宣传教育，使保护文物及其环境的观念深入人心，动员全社会力量，共同倡导文明出行，使社会公众的道德素养显著提高，自觉改正自己的不文明行为、发现并制止身边的不文明行为，共同为维护文物及其环境的尊严而努力。

中新网文化频道：《国民旅游休闲纲要》的发布，将进一步推动旅游产业的发展。故宫在黄金周期间接待游客数屡创新高，在疏导人流方面也有不少举措。面对日益增加的游客压力，今年会有怎样的对策，以更好保护世界文化遗产？您曾提出对御花园等人群特别集中的区域采取限流疏导措施，具体有怎样的构想？还考虑了哪些区域？

答：自去年在故宫博物院端门地区增开了售票窗口以来，观众购票难的问题得到了极大缓解，大大缩短了排队购票的时间。在去年10月2日参观人数达到18.2万的历史新纪录时，故宫博物院也经受住了考验，在极端大客流涌来时保证了观众、文物和古建的安全，但这种状况毕竟是险之又险。每逢暑期以及“五一”、“十一”黄金周，蜂拥而至的观众潮依然是故宫博物院难以解决的大问题，更给文物安全带来了极大隐患。今年1月28日，我在故宫博物院媒体汇报会上提出两个方案设想，希望借媒体征询社会各界意见。其中之一是，鼓励大家都采用网上购票，免去排队买票之辛苦，旅行社的团体参观更要提前在网上进行预约购票，尤其是在人流高峰期，便于故宫博物院根据网上购票情况进行应对方案的调整；另一方案是，针对御花园中观众尤其集中的现象，将实行局部限流和疏导。另外，我院还将积极与北京市相关旅游管理部门等进行沟通，一起为故宫限流提出切实可行的解决方案。

中新网文化频道：您日前对媒体介绍了一种面向团体的分流方案。想请问下是否曾与旅行社方面沟通意见。故宫的团体和散客比例大概是怎样的？

答：截至目前，故宫博物院已与100余家国内旅行社签订了《参观服务合同》，为这些签约旅行社团队提供参观的“绿色通道”，优先进行结算。故宫博物院对签约旅行社的团体参观进行有效调控，但这些可控的群体在庞大的参观人群中尚属少数，仅占不到7%，更多的还是分散客流和临时前来的参观团体。加大网上预约购票的宣传力度，呼吁、吸引更多观众关注并通过网上预约购票。同时，故宫博物院在必要时与签约旅行社进行沟通、交流，协助我院进行观众参观的管理工作。比如：去年12月初，故宫博物院公布了将在2013年1至3月的淡季期间试行周一下午闭馆半天的措施。我院一方面通过新闻媒体发布信息，告知社会公众，另一方面也通知各签约旅行社，使其及时调整行程安排，避免了大量观众滞留午门的状况，保障了我院正常工作的开展。

中新网文化频道：故宫新开放的景观，对主线旅游人群的分流效果如何？2013年有哪些区域计划开放参观？

答：故宫的开放面积会随着古建修缮进展和空间布局的调整，得到逐步增加，通过对区域的合理划分，使更多的文物建筑群实现对公众开放。比如：计划中的午门雁翅楼修缮后将成为大型展厅，修缮后的慈宁宫将作为雕塑馆，寿康宫将作为原状陈列，御膳房将作为家具馆。此前这些地区，或为办公用房，或为地面文物库房。修缮后的区域都会还原之前古建筑的风貌，不会破坏整体布局。此外，端门城楼将打造成数字博物馆。文华殿区域的文渊阁和修整后的大高玄殿将以适当的方式向公众开放。这些开放规划和展览设置等工作正在按照计划有序开展，待条件成熟将一一和公众见面，让大家一睹其风采。

中新网文化频道：故宫丰富的藏品，安全最为世人瞩目。想请问此次安防体系升级后，与此前相比有哪些突出特点？

答：故宫的安全设施和技术手段必须是世界上最先进的，不但需要一流的设施，更需要一流的管理，不但要加大资金投入，还要加强全体人员的素质，提升安全保卫等级，更新安全保卫理念。经过持续的努力，故宫博物院的安全防范水平有了很大的提升。新的中控室经过建设，已经正式投入使用。目前我院安防改造工程已完成合同总量的75%，大部分已投入使用，预计今年年底以前新的防盗系统将可以全部投入使用，2014年年底以前新的防火系统也将可以全部投入使用。2012年秋天，考察英国的大英博物馆、德国的柏林东亚艺术博物馆、法国的卢浮宫博物馆等世界著名博物馆的中控室后，感到与之相比故宫博物院新的安防设施毫不逊色，同样非常强大，反映出拥有世界上最大规模宫殿建筑群的博物馆，拥有世界上最丰富中国文物藏品的博物馆，拥有世界上观众数量最多的博物馆，应有的安全保护水平。

当然我们不能满足于此，要坚持用科学技术引领故宫安全保卫工作，坚持不懈地更新、替换不适应安全形势需要的安防技防设施，积极推进安防系统智能化研究和一体化改造工作，永远保持安防系统的先进水平，不断提升和改善安全保护状况。同时，加强安防技防设备的科学化维护和管理，变被动排故障为主动查隐患。再先进的设备设施也需要经常进行检测，保持健康的运行状态。同时要不断根据工作中所发现的问题，主动加强和改进安全防范水平。例如：去年雨季来临之前，展览部和古书画部颇具前瞻性地在武英殿的书画展柜上方搭建了雨搭，避免了7月21日特大暴雨过程中珍贵书画展品发生险情，表现出安全防范工作应该具有的预见性和前瞻性。

中新网文化频道：故宫日前公布了首批18大类藏品的目录。请问这个目录的重要意义在哪里？整理过程中是否存在一些困难和难以查证的情况？

答：我院于2013年1月1日在故宫博物院网站上公布了首批18大类藏品的目录，这在国内大型综合博物馆尚属首次。公布藏品总目的范围，既包括故宫博物院一、二、三级珍贵文物，也包括了一般文物和陶瓷标本。此举是我院向社会做出的一项郑重承诺，有利于满足公众研究利用之需，也有利于接受社会各界的监督。《故宫博物院藏品总目》是故宫博物院第5次藏品清理工作(2004—2010)的重要成果之一。经过清理，截至2010年底，故宫博物院藏品共有25大类，总计1807558件，其中珍贵文物1684490件、一般文物115491件、陶瓷标本7577件。依托清理后准确而全面的藏品数字，故宫博物院随后开始了总目的编制，做了大量工作，以保障总目的严谨性和科学性。如召开专家论证会，广泛听取各方意见；设立逐级审查制度，明确编目人员的职责；针对部分新增藏品信息尚不完善的问题，采集补充了这些藏品的基本信息；针对藏品命名不规范、不统一的问题，拟定了各类藏品的命名规范，明确了各命名要素的排列顺序，对款识、工艺、器型、纹饰、人名与皇帝称谓等描述进行了统一要求，修改了藏品命名中存在的繁体字、异体字、错别字，以及一些口语化的表述；针对部分藏品断代不够准确，甚或存在明显错误的问题，根据最新的研究成果，对时代进行了更改。

我在今年“两会”上提出了一个《关于博物馆公布藏品目录的提案》，详细介绍了我院公布首批18大类文物藏品的目录的经过与意义，以及取得的良好社会反响。通过相关实践和经验说明，公布文物藏品目录是博物馆履行社会责任的一项行之有效的途径和方法。博物馆对文物藏品负有妥善保管、科学保护、整理研究、公开展出和提供使用的社会责任，向社会公布藏品目录对于博物馆履行社会责任具有重要意义。

首先，公布藏品目录有利于推动博物馆藏品管理水平的提升，为科学化、规范化管理奠定坚实基础。通过公开目录所需的文物藏品“账、卡、物”核对等工作，可以极大提升博物馆工作人员的业务水平，完善藏品管理机制，从而带动博物馆藏品管理能力和水平的大幅提升。其次，公布藏品目录是充分发挥博物馆服务社会功能的必然要求。近年来，社会公众精神文化需求日益增长，对了解、鉴赏博物馆丰富的文物收藏有着强烈的诉求。因此，博物馆必须积极适应社会发展的需要，多形式、多层次地服务于社会，使广大民众了解博物馆藏品的奥妙，更好地为各界人士观赏、研究等不同需求提供便利。第三，公布藏品目录，有利于博物馆接受社会公众的监督，是对国家、民族负责任的表现，具有“以昭公信”的意义。博物馆藏品是中华民族文化的重要载体和历史缩影，是国家的重要文化财产，对它们的保护时刻牵动人心。博物馆和各界人士为保护藏品的安全和世代流传付出了巨大的努力。博物馆有义务积极接受来自社会各方面的监督，以不辜负社会民众的重托。公布藏品目录，正是把祖先遗留下来的珍贵遗产置于全体社会公众监督之下的具体措施。

中新网文化频道：您之前对媒体说，去年全年故宫修复文物261件，制作囊匣108件。能否介绍下这方面的情况，修复的主要是哪些哪类文物？

答：文物保护与修复工作是故宫博物院日常工作的重要内容。2012年，故宫博物院文保科技部为院内外各项展览，及抢救性修复院内原状陈列文物、库房文物等共261件，包括金银器、木器、漆器、瓷器、古书画、对联、贴落、家具、钟表、百宝镶嵌类等诸多类别，并为各类赴院外的展览制作文物囊匣108件。

中新网文化频道：在不少普通人的头脑中，可能故宫的印象是皇宫殿宇，而非现代化的博物馆。想请问在提升博物馆本身的公共教育功能等方面，今年还有哪些新计划？

答：故宫博物院一直致力于将故宫文化进行更深入、广泛的传播，更好地实现博物馆的公众教育职能，一直致力于实现一个更加开放、更加亲民的博物馆，让故宫文化走出紫禁城，走进千家万户。例如："故宫讲坛"的地点设在东城社区，办在民众中间，架起故宫博物院与社会民众之间的文化桥梁。故宫专家学者结合藏品保护、陈列展览、科研成果进行讲解，宣传故宫文化、故宫人的理想抱负、故宫专家学者的学术成果、故宫文物藏品的文化内涵，已完成10余次讲座，反响热烈，效果良好。实际上，一年来故宫讲座深入机关团体、科研单位、高等院校，在中国社会科学院研究生院的学术讲座、清华大学"永远的故宫"故宫文化讲坛、北京工业大学的"故宫学文化节"、博物馆馆长高峰论坛；在全国人大常委会、上海市人大常委会、浦东干部管理学院、北京市委党校、香港亚洲协会、中国驻英国和驻德国大使馆等进行的讲座，使文化遗产保护、博物馆建设和故宫文化传播得以实现。

"文化国门——故宫印象"文化展示项目于去年7月24日在北京首都国际机场T3航站楼揭幕，依托故宫丰厚的文化资源，借助首都机场的重要平台，通过先进、多样的展示方式和传播手段，向来自世界各地的旅客介绍故宫和故宫博物院，使中外旅客在走下飞机舷梯后，就能体验和领略紫禁城中蕴涵的博大精深的中华民族智慧和文化精神。除此之外，故宫博物院、中国对外文化集团公司和北京歌华文化发展集团还将共同推出大型城市文化主题演出剧目《紫禁城》，以舞台演出的形式向公众展示故宫的文化内涵，以崭新的方式弘扬故宫的文化特色，并建设以此剧为核心的紫禁城艺术中心。

在传统的图书出版方面，围绕"实现文化传播功能的提升"的主旨，不断开拓出版工作。2012年全年出版书籍170种，其中新书125种。《故宫博物院藏中国古代窑址标本》、《钦定武英殿聚珍版书》两个项目获得2012年度国家出版基金资助。《明代宫廷建筑大事史料长编·洪武建文朝卷》图书，获得2012年度国家古籍整理出版资金资助。《故宫出版与学术数据库》项目获得文化产业发展专项资金资助，20种图书入选《2012年中小学图书馆(室)推荐书目》，可谓硕果累累。故宫出版社还取得文化部颁发的专业类别书画的社会艺术水平考级资格证书，这一资格证书的获得，对于故宫出版社来说意义重大。

中新网文化频道：日前公布的2011年国家一级博物馆运行评估结果，故宫是否做了研究？是否已针对各项分数进行相应调整？

答：《国家一级博物馆运行评估指标体系》规定：国家一级博物馆运行评估指标体系包括定性评估指标体系和定量评估指标体系，其中，前者包括藏品管理、科学研究、陈列展览与社会教育、公共关系与服务、博物馆管理与发展建设5个指标；后者包括藏品数量、科学研究项目数量、展览与教育等活动数量、引进人才及人才培养项目数量4个指标，定性和定量得分两者权重比例为8∶2。在2011年国家一级博物馆运行评估中，故宫博物院以较高的分数连续四年成为一级博物馆综合评比的第三名，并获得了定量总分的第一名。这说明我院在藏品、科学研究、展览与教育、人才培养等方面获得了专家评委的一致认可，肯定了我院在博物馆建设上积极努力所取得的成绩，同时也说明我院还有提高的空间，需要全体“故宫人”继续努力、不断提高和完善各项工作的水平。今后工作中，故宫博物院将继续高度重视、积极参与国家一级博物馆运行评估，认真研习评估指标体系，针对各项得分查漏补缺，并根据自身情况取长补短，调整工作方式，确立目标重点，积极采取措施，以评估带动我院各项工作开展。

中新网文化频道：自从您履新故宫博物院院长以来，采取了一系列新的举措。从媒体层面也获得了不少好评。想请问这一年来让您感受最深的是哪些事？您怎样评价自己一年多以来的工作？

答：去年年初，我来到故宫博物院工作，成为一名真正的“故宫人”。在具体的工作中，我更加深刻地感到故宫的文化底蕴深不可测，文化资源博大精深。无论是从故宫博物院丰富的馆藏文物，还是从每年的接待观众数量来讲，在全世界都是独一无二的。正如人们所说的“故宫无小事”，在安全保卫、开放管理、基础设施、陈列展览等诸多方面，都要保持高度集中和认真的工作态度。总体来说，2012年故宫博物院扎实工作，稳步推进文物管理、古建修缮、展览宣教、科研出版、对外交流等文化遗产保护和博物馆建设，实现了全年文物建筑、文物藏品和来院观众的安全，接待服务水平得到提升。

回顾一年来的工作，感触良多，就以下几点谈谈我的体会：一、坚持科学发展观，以改革发展的新思路新举措，始终坚持安全第一，保护优先，为实现故宫保护和博物馆建设的协调发展努力开拓，迎难而上、锲而不舍，才能为推动社会主义文化建设的新高潮作出故宫博物院的独特贡献。二、解放思想，深入调研，才能为故宫文化遗产保护和博物馆建设事业的发展带来新的活力。我们要始终保持清醒的头脑、客观的态度，虚心地、广泛地听取院内及社会各界的意见和建议，一切决策必须慎之又慎。三、主动宣传，及时回应，才能为故宫文化遗产保护和博物馆建设事业争取有利的社会舆论环境。2012年我院宣传工作变被动为主动，通过媒体通气会、接受采访等方式，及时公开我院工作进展、未来远景规划等信息，让更多的人了解故宫、理解和支持故宫的各项工作。四、强强联合，广泛开展战略合作，才能不断提升故宫的文化传播能力，从广度和深度上延展故宫的影响力。一年来，我院开拓思路，以冲破时空限制的新方式展现故宫文化的多面性和多层次性。与东城区政府合办“故宫讲坛”，让文物、古建等“走出”故宫，走进社区。坐落于首都机场的“文化国门——故宫印象”展厅，实现了故宫文物的数字化展示，让人们在工作之余、旅途之中即可享受文化熏陶。与多家单位签署合作意向书，开展更广泛的交流合作，给故宫事业发展迎来新的空间。

（中国新闻网，编辑张中江，2013年3月13日）

单霁翔：历史街区应避免大规模改造

“历史街区是城市文化遗产的重要组成部分，是一个地区、一座城市悠久历史和灿烂文明的有力见证。”“作为一名文化遗产保护领域的政协委员，既是历史的参与者、见证者，也应该是历史的记录者、书写者。用提案呵护文化遗产，是责任，也深感自豪。”10年，152件提案，这是故宫博物院院长单霁翔作为全国政协委员交出的成绩单。而作为历史文化街区保护的长期推动者，单霁翔今年提交的16份政协提案中又有两份针对历史街区保护。两份提案分别关注历史街区的市政基础设施建设和传统民居修缮。

“路面多处塌陷、老人出行不便，居民盼赶紧修修胡同坑洼路。”一篇关于北京市东城区方家胡同青炭局胡同路面塌陷的报道，让单霁翔非常揪心。近两个月来，青炭局胡同内出现多处塌陷，路面坑洼不平，坑洼的路面让这里的老年人、残疾人难免脚下拌蒜。在单霁翔看来，青炭局胡同的状况只是我国众多城市历史街区基础设施状况的缩影，它们大多经历数百年风雨，生活基础设施远远跟不上时代要求。例如多数居民没有自家的卫生间，每天需要去较远的公共厕所；没有燃气管道和集中供暖设施，一些地方还采用煤炭取暖；不少院落还在使用公共水龙头，甚至在高峰用水时段供应不上自来水；供电线路和设备负荷明显不足，火灾隐患严重等。目前，不少城市将市政基础设施建设资金大量用于建设大广场、大绿地、大水面、景观大道、高档办公楼，而对于更加迫切需要加以改善的历史街区内市政基础设施建设严重欠账。历史欠账和现实管理体制等问题交织，使世代居住在历史街区内的居民生活水平，逐渐与整个社会人居环境的改善形成强烈反差，生活质量明显低于城市其他地区，居民改善居住条件的心情迫切。

《关于加强历史街区市政基础设施建设的提案》是单霁翔今年的第3份提案。他的两条建议中，除了加大基础设施的投入和建设力度外，另一条是研究适用于历史街区市政基础设施的规划设计规范和建设标准。他认为，目前市政基础设施规划设计的制定，缺乏对历史街区特点的研究，缺乏针对历史街区的建设标准。无论是市政管线的选型，还是道路布局的选线，多年来仍然按照一般的城市建设标准进行规划设计和建设，缺乏与历史街区保护与更新目标相协调的特殊政策。虽然由于保护传统街巷空间尺度的需要，这些地区市政基础设施的配套建设较为复杂，但大量实验证明，在历史街区内引入各类市政基础设施、在传统街巷内安排各类综合市政管线在技术上是可行的。单霁翔建议，采用分散的、小规模的、多样化的交通设施，更有利于历史街区传统风貌的保护和交通的便利。历史街区由于地形地貌、街道空间与尺度、建筑布局等方面的特殊性，道路系统往往具有密度高、路幅窄的特点，其道路断面、宽度、纵坡的形制，以及转弯半径、建筑间距、消防通道的设置等往往满足不了现行有关规范，应按照保护历史城区的要求适当降低或放宽相关标准，并且通过其他方式进行补充完善。

单霁翔的另一份提案《关于加强历史街区内传统民居修缮的提案》关注的是不少历史街区传统民居年久失修的现状。在历史街区中，除列入各级文物保护单位的保护建筑以外，传统民居建筑量大面广，是传统建筑的主体。但是，各类传统建筑存续状况不同，相当一部分是清末民初的遗存，由于长期得不到正常修缮，房屋严重老化破损，“危、积、漏”问题非常严重，有的屋面破漏、墙壁剥落，有的甚至梁架倾斜、濒临倒塌，进行修缮已经刻不容缓。同时，在历史街区内陆续搭建的简易房屋质量更为恶劣，不少传统民居院落内这类简易房屋面积，已经超过正式房屋面积。目前，很多历史街区的现状是：人口拥挤、环境脏乱、危房集中、管理薄弱、贫困居民比例较大。

单霁翔认为，造成这一状况，既有历史原因，也有现实因素。20世纪50年代各城市普遍采取“以旧城为中心发展”的模式，对历史街区内的传统民居则贯彻“充分利用”的方针。由于这些传统民居量大面广，修缮负担逐年加重，投入力度明显不足，危房问题逐渐凸现。进入90年代，各地开始实施大规模危旧房改造。不少危旧房改造区由于“占而未用”，致使正常的房屋维修早已停止，造成传统民居加速衰败，导致历史街区内房屋破损、环境杂乱、人口拥挤、违法建筑密集、火灾隐患突出，危房面积进一步扩大。

单霁翔认为，历史街区内传统民居年久失修问题，是长期积累下来的历史欠账，同样，传统建筑的保护也需要持续不断地投入，必须有长期修缮的准备。要避免在历史街区实施大规模“危旧房改造”，因为一次性投入虽然能够在短时间内解决某些问题，但是历史文化信息将会消失，同时改造后的效果往往单调，也就是人们常说的“房子新了，文化没了”，失去了传统民居及其环境的原有独特性格，也就失去了历史街区的文化魅力。他建议将政府与居民的积极性结合起来，建立“细水长流”的投资模式，这样既能解决房屋修缮的现实问题，又能妥善处理历史街区的长期保护。他认为，在改善住房条件上，居民有极大的积极性。但必须明确住房产权关系，明确所在的历史街区不再实施大拆大建，住户才能积极主动地考虑自有住房的修缮问题。

他认为，实现传统建筑的“有机更新”，应根据历史街区保护规划和政策的要求，发动社会力量，特别是社区居民，以自助力量进行小规模整治与改造。为此，应根据不同历史街区内传统民居院落的具体情况，制定有关政策和多种实施模式，改革现有房屋管理的体制。对于历史街区来说，稳妥的更新模式应该是适合当地具体社会经济状况的、充分听取公众特别是当地居民意见的、循序渐进的、注重差异化和分散化的更新模式，而不是主观和强制性的、一厢情愿的、过于刚性的、一刀切的集中拆迁改造模式。因此，应根据不同历史街区的风貌特色，抓住当地传统民居建筑的主要规律和特征，编制有针对性的、具有选择余地的房屋修缮方案，提供给自行修缮房屋的居民及工程设计、施工人员作为依据，以确保历史风貌不走样。

（《中国文化报》，记者李佳霖，2013年3月14日，第7版）

单霁翔：游故宫，请下车！

从国家文物局局长到故宫博物院院长，连任三届全国政协委员的单霁翔在今年全国两会上接受记者采访时表示，希望到2020年故宫建成600周年时，能把一个壮美的紫禁城完整地交给下一个600年。

今年两会，单霁翔交了一份提案，建议任何来宾的车辆都不能再穿行紫禁城开放区，以切实保证观众安全，保证故宫文物安全。他怕这份提案最后又转回文化系统，并特地在上面注明“请转公安部、外交部”。单霁翔称，多年来，故宫博物院接待来宾的方式是，来宾车队直接由故宫午门中门洞进入故宫博物院，车辆停靠在太和门前内金水桥南侧以后，来宾下车开始参观，车队则行驶至故宫神武门内广场西侧等候，来宾参观结束后，再乘车由神武门中门洞离开。“但是，来宾接待与观众参观之间始终存在矛盾。”单霁翔坦言，近10年来，故宫游客量倍增，当车队穿过人流密集的开放区时，都会影响观众的安全和正常参观秩序。特别是每当来宾车队穿过故宫午门、神武门门洞时，需要组织观众避让，造成来宾车队与观众争道，易发生拥堵踩踏事故和交通事故，保障安全的压力日益增大。因此，单霁翔建议，应吸收先进的管理经验和服务模式，改革现行的来宾接待方式。同时，为确保故宫博物院观众安全和文物安全，今后应安排来宾在故宫午门外下车，然后步行进入故宫博物院。参观结束后，或步行出神武门，或在非观众开放区乘车出西华门。“这样既有利于保证观众参观安全，又有利于维护故宫世界文化遗产的应有尊严。”

单霁翔今年带来16份提案，除了大半涉及博物馆建设和故宫保护外，20世纪文化遗产也引起了他的注意。他建议加强保护20世纪“活着的遗产”；建立当代建筑遗产保护评估机制，凡是具有30年以上历史的当代建筑，在决定改造或拆除前，均须进行遗产价值评估。“一般人提到文化遗产，常常想到的是古代的宫廷、建筑，而几十到一百年左右历史的遗产，则容易被忽略，相关的保护法规也不够明晰。”单霁翔表示，与古代遗产相比，20世纪遗产同样具有重要意义。而且，与那些只作为历史遗迹接受研究与观赏的古代遗存不同，20世纪遗产往往是功能延续着的“活着的遗产”，其产生背景、建造过程、修缮状况等均有据可查，基础资料相对较为完备。单霁翔指出，当前，对于20世纪遗产缺少保护意识，普遍认为古代建筑年代悠久，更需要保护，而20世纪建筑数量大，还难以纳入保护之列。由于缺少法律保护，越来越多的20世纪遗产在城市建设和生产生活变迁中被毁灭，从城市的记忆中消失。他建议，有关部门应尽早明确界定20世纪遗产保护范围及保护方法，将其从实践探索的层面上升到理论及法规政策层面。

（《人民政协报》，记者王慧峰，2013年3月21日，第2版）

四川：故宫博物院院长一行考察萝卜寨民居村落

3月31日，故宫博物院单霁翔院长一行赴汶川县萝卜寨考察。萝卜寨是全国最大的羌族黄泥建筑村落，具有深厚的羌文化底蕴和独特的村落布局，享有“云朵上的街市、古羌王的遗都”美誉。作为“藏羌碉楼与村寨”的重要组成部分被纳入《中国世界文化遗产预备名单》。在“5·12”汶川大地震中萝卜寨受损严重，90%房屋倒塌，几乎被夷为平地。在前所未有的艰苦时刻，单霁翔院长（时任国家文物局局长）情系灾区、无私奉献。在短短一年间多次来到汶川县。不顾个人安危，深入萝卜寨调查灾情、检查萝卜寨文物保护工地、培训藏羌民间工匠，带领全国文博战线职工谱写了一曲文化遗产保护与抗震救灾的伟大战歌。

2011年12月，萝卜寨灾后抢救保护修复工程顺利通过竣工验收。萝卜寨已恢复往昔的风采。在维修过程中，我县把文化遗产保护工程与民生工程相结合，积极引导当地民众参与文化遗产抢救保护工程，既达到了传承保护少数民族建筑传统技艺、为民族地区培养一批专业技术队伍的目的，也为当地村民增收提供了一条新路子。单霁翔院长倡导的“人民群众是文化遗产的真正主人”的理念在萝卜寨文物修缮工程中得到了广泛深入的实践。单霁翔院长一行实地察看了萝卜寨老寨区民居修缮和旅游开发情况，听取了张通荣县长关于萝卜寨民居村落文物保护和利用方面的成果介绍。

单霁翔院长对汶川县在灾后重建中文化遗产保护工作和合理利用文物资源的工作理念予以了充分肯定，并就今后的工作提出了明确的要求：一、萝卜寨羌民族历史文化底蕴深厚，现存民居建筑群具有文物保护和开发利用的双重价值，汶川县要做好萝卜寨的保护和合理利用，依托文物资源，让羌民族历史文化和自然景观水乳交融，提高完善接待能力，从而带动当地经济和谐发展；二、老寨区内的地震民居遗址，有计划的每年修复数栋，既培养了当地的民间匠人，也能充分展示非物质文化遗产——黄泥夯筑营造技艺的独特魅力。省文物局将在经费上给予大力支持。

（国家文物局网站，作者：汶川县文物保护管理所，2013年4月2日）

故宫博物院单霁翔院长赴金川考察

3月29日至30日，故宫博物院院长单霁翔一行到金川县考察文化遗产保护工作，并作文化遗产保护的专题讲座。省文物局局长王琼，省文物局副局长濮新，副州长杨星陪同考察。单霁翔一行先后来到观音桥观音庙和华西坝东女国王宫遗址进行考察，通过考察，单霁翔对金川县挖掘历史文化、重视文物保护工作给予了充分肯定，并对东女国王宫遗址和嘎达山悬空寺产生了浓厚兴趣。

在3月30日举行的工作汇报会上，单霁翔对金川县高度的文物保护意识和文化自觉表示赞扬，他说，金川历史悠久、文化灿烂、文物众多，目前，正处于经济高速发展时期，因此，一定要注意在加快发展的同时，注重文化遗产的保护和利用。在了解到金川县由于文物保护经费严重不足，文物保护专业队伍人员的短缺，部分文物面临自然损毁的情况时，单霁翔表示努力将从各方面加大对金川县文化遗产保护工作的支持力度，并建议金川县和故宫博物院展开合作，将金川作为科研基地，利用故宫博物院的人员技术优势，发挥金川县的文化遗产资源优势，将文化遗产保护、研究和利用的水平提到一个新的高度，在考古学、民俗学、美术学等方面，优势互补，强强联合，在学术研究领域和文物保护领域取得更多丰硕的成果，对金川的文化遗产事业和社会经济发展作出一定的贡献。同时，也希望金川县进一步加强文物工作力量，做好东女国王宫遗址、嘎达山悬空寺等文化遗产的勘探保护工作，展示金川丰富的文化内涵，努力把金川县的文物工作做得更好。

（《阿坝日报》，作者郭子琦、杨刚，2013年4月3日，第2版）

历史文化，一座城市的灵气
——访中国文物学会会长、故宫博物院院长单霁翔

“山不在高，有仙则名；水不在深，有龙则灵。一座有历史文化的城市，就有灵气。”4月14日下午，中国文物学会会长、故宫博物院院长单霁翔如是说道。他在来宜参加“中国宜兴·古代铜镜学术研讨会”之余，欣然接受了本报记者的专访。

“今天，当我们一提到‘紫砂壶’，几乎所有人都会联想到宜兴。但与此同时，令我印象深刻的，还有宜兴深厚的文化底蕴。”单霁翔一边翻看着《莹质神工　光耀阳羡——宜兴民间收藏铜镜精品集》，一边感慨道：“没想到宜兴在古代铜镜收藏、研究、保护等方面做了这么多工作！”他表示，经过历史的积淀，铜镜和其他文物给宜兴留下了丰富的人文资源，这些历史文化使宜兴充满了灵气。

一座城市，有历史才有底蕴，有文化才有内涵。在时代浪潮中，我们要如何做好文物工作？“我们需要改变两个观念！”单霁翔说，首先，文物工作要力求世代传承性。只强调保护而不强调利用，或只重视利用而忽视保护的文物工作，都会出问题。做文物工作真正的目的是传承，留给后世。因此，文物工作除了保护和利用，更要注重传承，要建立科学的传承机制，让传统文化不断传承下去。其次，文物工作不应该仅仅是各级政府、文物管理部门的“专利”，要注重公众的参与性。“人们居住的空间，包括街道、村落、桥梁等都可能成为文物保护对象，如果保护的职能范围仅限于政府部门是不行的，每一个公民都应该有保护文物的参与权、知情权、受益权，这样才能真正使某个时代的文化传承下来，成为另一个时代的宝贵财富。”单霁翔说道。

（《宜兴日报》，记者杜京，2013年4月15日，第2版）

故宫博物院院长单霁翔详解“平安故宫”工程

今天，故宫博物院院长单霁翔向媒体通报，《“平安故宫”工程总体方案》已于2013年3月正式上报国务院并于近日获得批准。单霁翔介绍，作为重大文化建设工程，“平安故宫”工程旨在全面提升故宫博物院的文化遗产保护、展示传播和服务观众能力，实现故宫博物院的高水平保护利用和可持续发展。

他向媒体详细介绍了“平安故宫”的主要内容。根据《“平安故宫”工程总体方案》，“平安故宫”工程的保护对象为：一是占地112公顷、建筑面积17万平方米的木结构宫殿古建筑群的安全；二是180万余件故宫藏品的安全；三是每年约1500万中外观众的安全。单霁翔表示，希望通过“平安故宫”工程的实施，有效解决故宫目前存在的亟待解决的火灾、盗窃、震灾、藏品自然损坏、文物库房、基础设施、观众安全等安全隐患。“平安故宫”工程重点内容主要包括七项：（一）故宫博物院北院区建设；（二）地下文物库房改造；（三）基础设施改造；（四）世界文化遗产监测；（五）故宫安全防范新系统建设；（六）院藏文物防震；（七）院藏文物抢救性科技修复保护。

单霁翔说，“平安故宫”工程的近期目标，是争取用3年时间，在2015年，即故宫博物院成立90周年之时，有效缓解目前存在的防火、防盗、防雷、防震、防踩踏等方面的重大安全隐患，解除其中最紧迫、最危险的隐患点。今年年底，全院的防盗系统全部更新到位；明年年底，新的防火系统安装完毕。届时，故宫博物院将拥有世界最先进的技防设备。“平安故宫”的中长期目标，是用8年时间，在2020年，即紫禁城建成600年之时，基本实现故宫博物院进入安全稳定的健康状态，全面提升管理和服务水平，迈进世界一流博物馆行列。

发布会上，谈及文物安全时，单霁翔提到，要建设“无烟紫禁城”。他说，紫禁城——故宫博物院，是世界文化遗产，根据法律是禁烟的。但对于办公区的工作人员，长期工作在这里，禁烟有一定的困难。为了更好地保护遗产，同时体现出一种与观众的平等，今后，所有进入紫禁城的人员，包括观众与工作人员都不许吸烟。他也希望通过媒体向全社会宣传这种禁烟的理念。

（《光明日报》，记者李韵，2013年4月18日，第9版）

北京故宫院长单霁翔访台
称此行是“走亲戚看朋友”

北京故宫博物院院长单霁翔18日率团抵台，展开为期5天的参访行程。这是单霁翔接掌北京故宫院长一职后首次访台，他用“走亲戚、看朋友”形容此行。

18日中午，单霁翔一行到达桃园机场，台北故宫博物院院长冯明珠亲往接机，这也是两位新任故宫院长今年1月在北京会面后再度相见。单霁翔感性回顾，他在担任文物局官员时曾3次到访台北，那时没有记者采访，今天一下飞机就被记者围堵，“感到责任重大”；对他来说，这次参访就像“走亲戚、看朋友”。

当日下午，单霁翔到台北故宫作题为《把壮美的紫禁城完整地交给下一个600年》的演讲，向逾百位台北故宫工作人员介绍紫禁城的过去与未来。几百幅精美图片配合风趣幽默的介绍，赢得多次掌声和笑声，原定一小时的演讲，延长至一个半小时。演讲中，单霁翔精确报出北京故宫各类藏品数量。据他介绍，过去7年，北京故宫把文物重新盘点一次，得出总数为180万7558件，并向社会公布，是目前大陆唯一完整公布藏品总目的博物馆。

单霁翔详细介绍了“故宫大修工程”和“平安故宫工程”，两项工程都将在2020年，也就是故宫建成600年时完成。到时，北京故宫对公众开放的面积会从现在的46%提高到76%，里面也不会再有现代建筑，50多栋后建的建筑在最近几年都会被拆除。“在台湾热播的大陆电视剧《甄嬛传》里面嫔妃住的地方，就在故宫的西部区域，也将开放。”单霁翔说，这也可以缓解逐年增加的游客所带来的压力，北京故宫去年的参观人次已达1530万，比2002年的713万人次增加了一倍多。

单霁翔希望北京故宫不仅是个旅游景点，要尽快从“故宫”走向“故宫博物院”，让更多人除了看古建筑外，能欣赏到更多文物。“这也要向台北故宫博物院学习，精心策划如‘雍正大展’等有主题、有历史背景的展览，而不单是靠几件展品吸引人。”单霁翔说。他还表示，“有人告诉我，到台北故宫就忍不住买很多相关的文创产品，在北京故宫却感觉钱花不出去。台北故宫推出了很多精美的文创产品，值得学习，要让更多观众把故宫文化带回家”。

听完演讲后，冯明珠表示，台北故宫要急起直追。她感叹，“对北京故宫来说，钱都不是问题；但对我们，钱是最大的问题”。演讲结束后，单霁翔还花近三个小时参观了台北故宫的库房和几个展馆。据悉，19日上午10时，单霁翔与冯明珠将举行“两岸故宫交流会议”，11时30分举办“两岸故宫交流记者会”，对外说明会谈成果。

（中国新闻社，记者郑巧、董会峰，2013年4月18日）

景点变成博物馆 单霁翔的“故宫梦”

单霁翔本人很幽默，身材高大的他一脸和善，带给台北故宫的见面礼之一就是长达1个半小时的演讲，全程十分精彩，配着详图解读，每隔10分钟左右就有一个小包袱。面对台北故宫的工作人员，称这次是来“走亲戚”的他讲述着北京故宫“可爱又可怕的游客”，借鉴“台北故宫南院”名称命名的“北京故宫北院”，秀两岸院长的“亲密私照”……瞬间就拉近了两岸故宫的距离。“他很有演讲天赋。”聆听演讲的人下来这样评价，但他来到台北故宫不仅仅是秀演讲这么简单，两岸故宫合作的7项工作也紧锣密鼓地同步运行。

单霁翔介绍，这次到访“双方各项交流进展顺利”。今年10月两院再次合作的“乾隆皇帝的艺术品味特展”，也将展示北京故宫都难得一见的珍宝，补齐台北故宫的不足。“两岸故宫第四届学术研讨会”、2015年的“紫禁城故宫珍藏历史照片特展”、“天禄琳琅”再造计划合作项目、两岸故宫数字博物馆的合作、合作举办学术研讨会等共同庆祝建院九十周年的活动……这几天单霁翔的行程排得密密实实。

北京故宫博物院拥有世界上最大规模，即占地112万平方米的古代宫殿建筑群；拥有世界上数量最多，即180余万件的文物藏品；拥有世界上来访量最多，即每年1500余万的游客。对于单霁翔来说，这些是“可爱又可怕的游客”，他也有自己的委屈，“大家都说台北故宫才像博物馆，进来可以看文物，人家还经常换展”。单霁翔对来北京故宫的游客有非常精彩的描述：“一进门，就目不斜视，一直往前走，先去看皇帝坐在哪儿，再看皇帝躺在哪儿，再看皇帝在什么地方休息，然后就出门了，其实我们两边都有很多文物的展览，但观众还是一直往前走。”

近日，英国著名视觉艺术媒体《艺术报纸》公布了2012年最火艺术博物馆排行榜，法国巴黎卢浮宫博物馆以全年吸引970万游客位列第一。北京故宫每年游客数量高达1500多万，为什么在榜上没有踪影？“因为他们都没把我们当博物馆，而是一个景点，我们就是要把故宫变成‘故宫博物院’。”单霁翔坦言，故宫博物院在文物安全保卫、世界遗产保护、基础设施保障、藏品保护、科学研究成果、陈列展览内涵、社会服务能力、文化传播功能、科学管理水平、人才队伍建设等方面还有待进一步提升，“和全国的博物馆一样，要到一个‘质量提升’的阶段”。

他希望用3年时间，即在2015年，故宫博物院成立90周年之时，有效缓解目前存在的重大安全隐患；用8年时间，即在2020年，紫禁城建成600年之时，基本实现故宫博物院进入安全稳定的健康状态，成为世界一流的博物馆。“我的‘故宫梦’就是——把一个壮美的紫禁城完整地交给下一个600年。”他称，故宫的开放面积会随着古建修缮进展和空间布局的调整，得到逐步增加，待全部规划完成后，故宫博物院对公众开放面积会增加到76%，开放区与非开放区的比例达到8∶2。到2016年，将实现“红墙内无办公区”，把红墙以内整体作为故宫博物院的陈列展览、接待服务、观众参观的空间，“西河沿文物保护综合业务用房目前正在进行开工建设前的各项准备工作”。

这个“故宫梦”的首要实现条件必然是北京故宫的安全问题，“安全设施和技术手段必须是世界上最先进的，不但需要一流的设施，更需要一流的管理”。单霁翔称，目前故宫安防改造工程已完成合同总量的75%，大部分已投入使用，预计今年年底以前，新的防盗系统将可以全部投入使用，2014年年底以前新的防火系统也将全部投入使用。“我去年秋天在考察英国的大英博物馆、德国的柏林东亚艺术博物馆、法国的卢浮宫博物馆等世界著名博物馆的中控室后，感到与之相比我院新的安防设施毫不逊色，同样非常强大，反映出拥有世界上最大规模宫殿建筑群的博物馆，拥有世界上最丰富中国文物藏品的博物馆，拥有世界上游客数量最多的博物馆，应有的安全保护水平。”

目前，城墙周边防范、神武门城楼、会典馆、珍宝馆区等前端报警设备已建成并投入使用，“在装配这些设备时，我们也是注意与古建原貌协调，不破坏历史信息”。据称，北京故宫博物院的藏品管理制度是全国博物馆甚至世界上博物馆中最严格、最全面的，单霁翔曾拿来打趣的例子是，以前他在文物局的时候就听说，故宫人神经质，经常下班路上因为钥匙还了没有、灯关了没有之类拿不准的事儿重新返回单位，确认没事儿了再走。但他也认为，在具体环节的落实以及督促责任心的到位上，需要继续提升和监督。而这些，都是他“愿陪故宫小贼漫游故宫”的信心。

几年前有媒体人传出北京故宫售卖品牌咖啡事件引发社会关注，北京故宫的会所也被热议，人们不是很习惯比较现代的东西出现在北京故宫，对此，单霁翔认为，博物馆作为文化公益事业，始终把社会效益放在首位，当然也不放弃合理合法的经济效益，“故宫现在也有咖啡卖，这是考虑到有很多外国游客”。对于北京故宫来说，文化产品研发与营销是一把“双刃剑”，它既可能对博物馆的运营和发展起到积极推动作用，同时也可能使博物馆面临商业化的威胁。北京故宫博物院也曾被质疑“开会所”，单霁翔说：“可以向大家保证，绝不允许开设会所，无论是以前、现在，还是将来，请大家放心，也欢迎公众和媒体监督。”台北故宫的文创产品一向是它的大卖点，单霁翔表示北京故宫也在发展和学习这块，他展示了几个Q版卡通系列文化产品，被在场的台北故宫工作人员大赞“萌物”，“这些很受小观众的欢迎，北京故宫博物院也在努力维护‘故宫’、‘紫禁城’文化产品品牌”。

成都商报：您担任故宫掌门人以来，故宫成绩有目共睹，现在回过头来，您觉得这其间最困难的是什么？对于故宫的未来，您最大的希望是什么？

单霁翔：一定是人才，故宫现在要招到一个博士也不是难事，但遇到一个真正的人才却不容易。关于北京故宫博物院未来的发展，我们将围绕以下4个目标进行。即通过完成古建筑群整体修缮工程和开展环境整治，实现“把壮美的紫禁城完整地交给下一个600年”；通过实施“平安故宫”工程和世界文化遗产监测，实现故宫古建筑群、文物藏品、故宫游客平安；通过完善学术研究中心和建立科技保护平台，实现学术研究成果不断涌现和专业人才不断汇聚；通过提升博物馆的专业化功能和发挥博物馆的社会化职能，实现从“故宫”走向

"故宫博物院"。

成都商报：您对故宫的保护和热爱，从自身关注周围环境，到宏观的保护都有，曾有媒体说您捡游客随手扔的杂物"大材小用"，您怎么看这个问题？

单霁翔：保护文化遗产人人有责，我们呼吁"爱护文化遗产从我做起"，每一个"故宫人"都会以身作则，为维护文化遗产的尊严、故宫的尊严而不懈努力，这是不分职务高低的。在这里，我们也呼吁社会公众的关注与支持，每一位观众都将自己作为文化遗产的守护者，与我们一起保护好故宫这个世界文化遗产。只有获得全社会的普遍关注、共同保护，文化遗产才能更好地守住尊严。

成都商报：外媒曾开玩笑似的评价，像御花园这样的地方，没有发生踩踏事件是个奇迹，故宫有没有什么可供分享的经验？

单霁翔：御花园空间很狭小，今年清明一天就来了8.8万游客，我们在今年清明小长假期间，在御花园试行分流疏导和短时限流的措施。采取御花园内东、西分流，观众由南向北单向参观，打开启祥门，分流西六宫区域不准备参观御花园的游客。遇有御花园内特别拥挤的时段，还会对进入御花园的观众采取短时间限流等措施。

成都商报：近日的芦山地震，造成当地一些文物的损害，请问北京故宫如何保证地震中文物的安全？

单霁翔：以前北京故宫的一些文物在库房里都是一个一个"裸身"放在架上，现在我们对器物进行防震处理，类似成衣制造的"量体裁衣"，给它们都配齐囊匣。同时，盛放易碎文物的柜子将大规模更换成金属柜，彼此之间并不依靠。这样不仅节省空间，遇到地震也不会发生倾倒。

成都商报：能否介绍新近通过的"平安故宫"方案？

单霁翔："平安故宫"主要是为保护占地112公顷、建筑面积17万平方米的木结构宫殿古建筑群、180万余件故宫藏品的安全及每年约1500万中外游客的安全，工程重点内容主要包括七项：故宫博物院北院区建设（主要是文物修复保护中心）、地下文物库房改造（将1、2期库房连接起来的3期库房）、基础设施改造、世界文化遗产监测、故宫安全防范新系统建设、院藏文物防震、院藏文物抢救性科技修复保护。

（《成都商报》，记者曾灵，2013年4月23日，第23版）

故宫“爆棚”难题如何解？

今天截至11点，故宫迎客超过4.14万人，而“五一”小长假前两日的游客量分别达9.6万、10.7万。虽比去年同期略有“退烧”，但仍冲破了故宫曾设置的每天8万人的上限门槛。同时，故宫文华殿区域的文渊阁经修缮对公众开放。面对攀升的客流及故宫开放面积的扩张，本报记者日前专访故宫博物院院长单霁翔。

他表示，参观需求是刚性的，最困难的就是限流，制定景点游客承载标准势在必行。要想破解“爆棚”难题，还要着眼于扩大开放面积，使单位面积人流减少，这也是扩大故宫文化展示空间的必由之路。到2016年，故宫将实现“红墙内无办公区”，更多古建将实现开放。

今天上午，记者在午门广场看到，为迎接全年游客高峰图中的第一根“针”，故宫已启动了最高级别的应急预案，30个售票窗口全部开启。一过10点，窗口开始排起20多米的长龙。同时，经清明节期间的分流演练后，故宫对御花园正式施行分流限流。根据分流方案，采取御花园内东、西分流，观众由南向北单向参观。工作人员表示，将视御花园内游客拥挤程度，适时采取此措施。此外，故宫首次对公众开放了皇家藏书楼——文渊阁。

法制晚报：参观故宫的游客数量逐年攀升，您是否感受到了巨大的压力？

单霁翔：我感到最困难的就是故宫的限流问题，谁来北京不要看故宫呢？游客量上涨是不可阻挡的大趋势，参观故宫的需求是刚性的。故宫观众人数的迅猛增加，是社会发展环境造成的。逐渐富裕起来的广大民众开始纷纷走出家门，加入文化旅游大军。人们向往首都，到北京旅游往往首选天安门广场和故宫博物院。在今后相当长的时期内，故宫的参观人数必将持续增长，这是难以逆转的趋势。

法制晚报：仅限制单日游客数量的限流方式是否可行？

单霁翔：故宫2011年曾尝试采取限流措施，“五一”、“十一”黄金周期间每天参观人数规定上限是8万，达到这个数就停止售票。但是，根本就关不上售票窗口。面对积聚在窗口不肯离去的观众，我们只能继续售票。实践证明，在参观故宫“刚需”强烈的情况下，短期内还无法采取硬性停止售票的限流措施，否则会激化现场矛盾，制造安全隐患。对每年或每天参观故宫的观众总量进行控制，在目前的旅游形势下还很难实现，只能作为远期目标。

法制晚报：既然硬性停止售票的限流方式不可行，故宫是否还会继续采取限流措施？

单霁翔：故宫的淡季与旺季，差距非常明显。淡季日均仅3万人，而以去年的1500万名观众计算，全年日均为4.1万多人。暑期作为旺季，密集的人流持续时间长达一个多月。所以，总体上必须合理配置参观时间，削峰填谷，在特殊时段采取适当限流措施，仍要坚持下去。适当调整限流措施细节，配备相应的仪器设备，加大提前预约售票的覆盖，并且广泛宣传我们的现状和措施，让尽可能多的观众主动配合，才能在保护文化遗产的同时，最大限度地缓解接待参观压力，满足观众需求。

法制晚报：截至目前，2012年“十一”黄金周故宫单日的游客接待量是最多的，达到了18.2万人，故宫没有硬性限流，但采取了哪些方法？

单霁翔：故宫客流量达到18.2万人，比上一年同期一下多出4万多人，创下了单日客流量历史最高纪录，故宫经受住了考验。在极端大客流涌来时，保证了观众、文物和古建的安全，但这种状况毕竟是险之又险。每逢暑期及“五一”、“十一”黄金周，蜂拥而至的观众潮依然是故宫难以解决的大问题，更给文物安全带来了极大隐患。为此，故宫制定了详细的接待方案，实行提前一小时即7:30开门，在高峰日开放全部30个售票窗口。同时，故宫还将能开放的20多个展览、原状陈列展厅全部开放，吸引游客从两侧参观，缓解中轴线上三大殿的人流压力。此外，宫内宫外实施单行线参观，防止人流对冲造成拥挤，加快宫内游览速度。为确保万无一失，根据方案，在极端情况下将“征用”平日不接待游客的西华门，免费放人。不过，当时现场并未出现游客大量聚集的情况，这一方案也没有启用。

法制晚报：针对庞大的游客数量，故宫应对策略的努力方向是怎样的？

单霁翔：我们的努力方向，一是加大提前预约售票的覆盖率，通过预约网购、分散购票达到减少并最终取消现场售票的目标。二是通过分时段售票，使观众较为平均、分散地入院参观，避免高峰集中时段的过度拥挤。三是加强与市旅游委的合作，发挥团体参观中旅行社的组织作用。通过设计专门的团队旅游产品吸引游客，增加淡季吸引力，有效疏导人流。四是内部挖潜，优化院内参观路线，由实行单向参观到疏导观众在院内有序流动，实行重点区域限行、小循环等。故宫现已在官方网站公布了几条“游览推荐路线”，包括两小时、半日、一日游故宫路线，以加强对人流的疏导。下一步将规划设计更多有特色的参观路线，让尽可能多的观众主动配合人流疏导。在保证观众和文物的安全的前提下，尽可能向观众提供舒适的体验。

法制晚报：您曾经提过，要想破解“游客爆棚”难题，只能着眼于扩大故宫的开放面积，使单位面积人流减少。那么，故宫将在扩大开放面积上作出哪些努力？

单霁翔：增加开放面积是有效疏解观众流过于集中的有效办法，也是扩大故宫文化展示空间的必由之路。故宫的开放面积会随着古建修缮进展和空间布局的调整逐步增加，待全部规划完成后，故宫对公众开放面积会增加到76%，开放区与非开放区的比例达到8：2。故宫过去几十年最多时被多达10余家单位占用，近十年来这些单位不断从故宫迁出，一些文物建筑回归故宫管理。如端门及两侧朝房、大高玄殿和御史衙门等。到2016年，故宫将实现‘红墙内无办公区”，把红墙以内整体作为故宫博物院的陈列展览、接待服务、观众参观的空间。今后一两年内，我们要在端门建一个“故宫数字博物馆”。紫禁城北侧的大高玄殿正在修缮，经过科学规划也会采取适当的方式开放。

法制晚报：目前，旅游法已提交全国人大审议，国务院法制办提出在旅游法中增加一条法规，游客人数过多时，景点要进行限流。您认同吗？

单霁翔：今年两会期间，文化部副部长、国家文物局局长励小捷接受媒体采访时明确表示，今年国家文物局将组织专家，督促制定文物旅游景点的游客承载标准，必要时采取限流措施，将根据文物旅游景点类型、矛盾突出程度选择第一批核定景点。我认为这一举措势在必行。景区超过核定的最大承载量接待旅游者时，可采取门票预约等合理方式，对接待旅游者的数量进行控制。

（《法制晚报》，记者李洁，2013 年 5 月 1 日，第 A05 版）

“人打钟”再敲故宫文保警钟 单霁翔：完善制度及技术手段建设平安故宫

“这回故宫摊上大事了!”5日上午，在外地开会匆匆赶回的故宫博物院院长单霁翔，对媒体记者说。前一天，4日上午11点10分，故宫西路开放区的翊坤宫，一游客徒手击碎正殿原状展室一窗户玻璃，致临窗陈设的一座文物钟表跌落受损。“受损文物名为清代铜镀金转花水法人打钟，这回真变成‘人打钟’了。”单霁翔无奈地表示。

故宫数字所会议厅大屏幕，回放了当时录影:4日上午11点08分46秒，一名身穿白色T恤牛仔裤的精瘦小伙进入翊坤宫，未作任何停留，直穿庭院，登上台阶，奔向廊檐，进入正殿。此后，进入监控“死角”，小伙消失。才几秒钟，又见其离开正殿，但白色T恤明显沾着血迹。正是在“消失”的瞬间，这个年轻人徒手击碎了展室玻璃，完成“人打钟”。涉事青年尚未走下台阶，被赶到的故宫现场工作人员截住。从头到尾，不到半分钟。单霁翔介绍，该青年已送积水潭医院医治，初步诊断为“右手多处皮肤裂伤、右手中指伸指肌腱断裂”。至于其姓名、籍贯，单院长没有透露，只是告诉记者当时该青年被截住时，语无伦次地对故宫人员说:“我不砸玻璃，玻璃就砸我。”“应该找个人少的地方……”

单霁翔领着记者来到事发地——西区翊坤宫。作为明清两代后妃居住之地，翊坤宫游人甚少。事发后，很快又恢复了开放。和故宫其他宫殿一样，游客只能站在正殿外不宽的檐廊，隔着窗户观看翊坤宫陈列的文物。事发的正殿西侧，已经换上了一面新玻璃。那面受损的钟，此前一直放在西侧临窗正中，现在这个位置空了，两边是两件精美镂花文物。由于殿内光线很暗，玻璃反光厉害，游客得趴在玻璃上才能看清里头的究竟。

面对公众的质疑，单霁翔表示，翊坤宫现存玻璃至少是1949年以前的，与窗框一起因保留历史信息而不敢擅动。单霁翔解释了引发翊坤宫事件的几个技术问题——一问:“为何不设一米线?”——作为宫殿式博物馆，出于安全，翊坤宫等不许通电。本来室内光线黯淡，再设一米线，观众根本无法看到内里，势必造成观众“趴”玻璃“内窥”式观看，给同为文物的窗框带来损害。二问:“为何文物摆放如此靠窗?”——作为宫殿博物馆，必须呈现真实历史信息，当年这些文物就是临窗而放，而且就是放在条案上。但是，没有安全区隔的“临窗”确实带来安全隐患。三问:“条案上要否放文物?”——文物放在库房中当然安全，但是，作为故宫博物院，原状陈列展厅，必须体现其功能与特点。

既要符合宫殿式博物馆的展陈需要，又要保证文物安全和人性化参观需要，怎么办?单霁翔介绍，自2012年以来，故宫博物院开展了展室门窗安全防护的升级改造，选择了复合型防砸板作为展室安全门窗防护的透光材料。目前，已完成对承乾宫、永和宫门窗的改造工作，这两座宫殿将设为青铜器馆。单霁翔领记者参观了即将开放的青铜器馆。该馆门窗已安装完毕，由磨砂板和防砸板两部分组成，前者可隔绝紫外线和进行光控，后者具强大抗砸击功能，均按古建保护要求设计安装，具有可逆性。“这种防砸板是目前提高安全防护水平和控制光环境较为理想的材料，今后逐步在全院范围进行推广使用。此次翊坤宫玻璃被人徒手打碎，将促使我们加快玻璃更新升级工作进度。”单霁翔说。

这件编号为“故183054”的清代铜镀金转花水法人打钟的国家二级文物受损情况如何?此为18世纪英国为中国市场特制，故宫收藏完整一对，与故宫所藏2200多件西洋钟表一起，成为故宫博物院的骄傲。在故宫博物院地库，记者见到了这件受损文物。其底部上方四角亦安设转花，中部为三株棕榈树及水法装置。棕榈树托起上方的圆形时钟，钟上立一敲钟人，与钟表机芯联动，可报时。而今，水法柱及原配玻璃罩破碎，钟锤与一朵转花脱落，文物本体与其底座分离。尽管受损，华丽精致依然。“主体结构未受到大的破坏，主要是局部损伤。”故宫宫廷部研究员郭福祥介绍。他表示，依照故宫钟表修复师一流的修复能力，短期内定可修复好。“我们不能强调客观，通过这次事件，我们要从制度层面、工作设计、技术手段等方面进行完善，实现建设平安故宫工程目标。”单霁翔说。

（《法制日报》，2013年5月6日，第1版）

两岸故宫10月办展览 单霁翔：最大限度满足台北要求

今年4月中下旬，首次以故宫博物院院长身份赴台的单霁翔，近日接受中新网记者专访。他透露，今年10月故宫博物院与台北故宫博物院将联合举办“乾隆皇帝的艺术品位特展”。对于所借文物，单霁翔表示，将最大限度满足台北故宫的要求。单霁翔表示，今年10月，故宫博物院还会与台北故宫博物院再次合作，在台北故宫举办“乾隆皇帝的艺术品位特展”。这是两岸故宫自2009年达成合作交流共识以来的第四次展览合作，也是规模最大的一次，并且此次展览是两岸故宫第一次没有第三家博物馆参与的合作。

单霁翔说，两岸故宫器物处将密切联系，先由台北故宫根据展览主题初拟借展文物目录，此后双方经历了至少6次探讨和目录的调整，最终确定北京故宫将有42套(45件)珍贵文物赴台展出，包括书画、陶瓷、漆器、玉器等门类，对诠释展览主题起到重要的补充作用。“其中有英国18世纪铜镀金转水法人物马驮座钟、清人画弘历《是一是二图轴》(那罗延窟本)和圆明园铜版画四开(海晏堂)等名品。还有一幅乾隆南巡图，长60米，非常特别。”单霁翔说。

他透露，“故宫博物院对目录所列文物能否出展进行了多方面考虑。在库且状态良好的器物类文物积极予以支持，但是台北提出借用多件陶瓷馆在陈的文物，因考虑到不能干扰我院常设展览而未予出借，而是通过尽力调剂具有同样意义的文物解决这一问题”。单霁翔称，处于休眠期的书画文物亦不能出借。“比如台北故宫所列目录中的清人画弘历图轴（‘是一是二图’），我院本打算出借‘长春书屋’本，但对方提出要用‘养心殿’本或‘那罗延窟’本。经确认，‘养心殿’本正在休眠期不能出借，我院便把‘那罗延窟’本出借台北，最大限度地满足了他们的要求。”

（中国新闻网，记者应妮，2013年5月6日）

“故宫不能危机四伏”故宫院长自爆家丑，称管理须借机改进

“故宫又摊上大事了。”5月5日，在故宫博物院召开的新闻发布会上，院长单霁翔说道。此次发布会并没有像以往一样，让新闻发言人出面。单霁翔亲自向媒体记者详细介绍了整个事情的经过和下一步的打算，与以往出事时遮遮掩掩的态度相比，如此公开透明让人感到故宫博物院似乎要变危为机，改变故宫博物院在公众眼里的印象。“去年一个展柜冒烟，我们对所有电路进行了检查。去年雷击把一棵大槐树劈死了，我们完善了避雷针的建设。”单霁翔除了介绍翊坤宫事件，还自爆“家丑”，“失窃门”、“文物损坏门”皆被提及。“故宫不能是一个危机四伏的故宫，应该是安全的。”单霁翔表示，文物安全是天大的事，文物受到损坏，作为管理方必须借机不断改进，才能避免更大的损失。

“院长亲自出面回应此类事件，前所未有。”故宫博物院的工作人员告诉记者。“明天上午9:00在故宫博物院召开新闻发布会，敬请出席。”5月4日22:16，记者手机接到故宫工作人员张旭红的短信通知。此时，距离4日11:10故宫翊坤宫正殿原状展室一块窗玻璃被砸，发生文物受损事件还不足11个小时，距故宫通过其官方微博发布第一条消息，仅仅过去7小时。对比故宫博物院2011年7月4日国家一级宋代瓷器哥窑被损事件，直到当月31日才予以证实，其间处理进程一度给外界以云山雾罩之感，这次能够在短短一天后便举行新闻发布会回应，并不寻常。

对此，单霁翔表示：“故宫不是故宫博物院的故宫，而是全体公众的故宫，我们必须对公众保持信息公开。”单霁翔说，故宫的开放范围将进一步扩大，让公众看到更多的珍贵文物，了解中国的历史文化，扩大开放不会因为一些个别事件受阻。

（《齐鲁晚报》，记者刘海鹏、王茂林、乔显佳，2013年5月6日，第A04版）

“故宫防火防盗，不防记者”

上午，故宫博物院院长单霁翔向观众发放带有“无烟故宫”宣传语的彩色手环，倡导文明参观。

“无烟故宫”主题活动（2013年5月18日）

单霁翔院长表示，禁烟这项行动真正实施好离不开社会和媒体的监督。单霁翔希望媒体经常到故宫来转转，发现抽烟的狠狠报道，配上照片，大力曝光。针对本报近期连续报道的故宫工作人员上班打手机、御花园鱼池变游客“许愿池”等问题，单霁翔院长表示他一直关注。“这个报道我看后真是很感动，记者很辛苦。当然也有员工不理解。但我觉得什么叫‘良药苦口’，不接受社会监督永远不会改正，今天的小毛病可能就会酿成大祸。值班就会不认真。”单霁翔说，媒体的监督比故宫自己说一百遍都强，记者暗访，更容易发现最真实的问题。“而我要去检查，他们都站得笔管条直的，我看不到，只有记者能看到。这样大大帮助了我们的监督。”

“故宫防火防盗，不防记者。”单霁翔院长表示，故宫已经做到信息公开，随时把掌握的情况如实告诉记者。在制度公开上，公开出版了故宫博物院100多个管理规定，藏品总目公开。单霁翔说故宫现在要提出管理公开，故宫的管理不能只局限于内部员工“独家”管理，需要社会和媒体的监督，大家都参与进来，使故宫的管理更加开放透明，把故宫这一世界文化遗产保护好。

（《法制晚报》，记者付丁，2013年5月18日，第A07版）

首张加盖“故宫博物院”邮戳首日封
单霁翔亲寄冯明珠

在第37个国际博物馆日，故宫博物院正式面向广大观众开通邮政服务。18日的开通仪式上，故宫博物院院长单霁翔将第一张加盖了“故宫博物院”邮戳的首日封，寄给了台北故宫博物院院长冯明珠。记者在现场看到，邮政信筒和邮品柜台设置在太和门观众咨询中心，“故宫博物院”专属邮戳也从当天开始正式投入使用。18日当天来故宫参观的观众们不仅能够在故宫博物院内直接寄出明信片，还可以买到由北京市邮政公司中南海邮局特别限量发行的故宫博物院邮政服务开通首日封和纪念封，并加盖纪念戳。

为何选择将第一张首日封寄给对岸，单霁翔对中国新闻社记者表示，明信片、首日封等邮品是亲朋家人之间保持联系、沟通感情、保存记忆的载体。北京故宫与台北故宫同根同源，原本一家。北京故宫开通邮政服务，让他很自然就想到了海峡对岸的故宫同仁，也唤起了不久前到台北故宫访问时受到冯明珠院长热情接待的美好记忆。当天两岸故宫又都在围绕今年国际博物馆日的主题开展纪念活动，通过这张首日封，架设一道友谊的桥梁，传递真诚的祝福，也珍藏美好的记忆，并激发文化创造力，共同传承弘扬中华文化。“我想，将第一张首日封寄给冯明珠院长，难道还有比这更富有纪念意义的选择吗？”

同日，故宫博物院正式实行“全面禁烟”。单霁翔与故宫博物院志愿者一起向观众发放带有故宫Logo和“无烟故宫”宣传语的彩色手环，倡导文明参观，希望观众在参观过程中能够互相监督、提醒，防止不文明行为发生，消除因吸烟带来的安全隐患，共同为实现“无烟故宫”、“平安故宫”而努力。此外，“故宫藏历代书画展”第六期17日起正在武英殿展出，展期两个月。展出藏品汇集晋、唐、宋、元、明、清的众多经典书画作品，如北宋王希孟的《千里江山图卷》、晋王献之行书《中秋帖卷》等堪称“国宝”的书画精品，其中《千里江山图卷》则是首次将全卷完整地呈现给公众。

2013年5月18日是第37个国际博物馆日，今年的主题为“博物馆(记忆+创造力)=社会变革”。

（中国新闻社，记者应妮，2013 年 5 月 18 日）

把壮美的紫禁城完整地交给下一个600年
——访十二届全国政协委员、北京故宫博物院院长单霁翔

一个月前，北京故宫“掌门人”单霁翔应台北故宫博物院院长冯明珠邀请，赴台参观交流。这是他担任院长后的首次赴台，引起了两岸媒体及民众的极大关注，关注的焦点多集中在目前两岸文物交流存在哪些问题及如何进行行之有效地沟通，从而实现珍贵文物的交流、展览上。对此，单霁翔在接受采访时表示，尽管两岸故宫交流未能一切如愿以偿，但通过努力，这些年也取得了一定的成绩。要实现两岸故宫全面交流、经典历史文物的合璧，这需要各方的共同努力！

两岸故宫同根同源，其收藏也是如此，都是以明清皇家收藏的历代文物精华为基础，有着不可分割的联系和互补性。对于两岸故宫的藏品，有人以为好东西都到了台湾，有的甚至说:“台北有文物没有故宫，北京有故宫没有文物。”这显然是误解，而造成误解的原因主要是两岸故宫藏品没有进行太多的交流与合展。

单霁翔说，近年来，尽管两岸文化交往不断扩大，但双院并不能进行畅通无阻的交流。这主要指目前台北故宫的重要文物不能到大陆展出，如之前闻名两岸的“山水合璧——黄公望与富春山居图特展”等，都是以大陆借出展品赴台为主，而对于台湾藏品，尽管岛内有许多声音呼吁在体制合理的情况下可以登陆，但台当局对此还未“撕开口子”，还有所犹豫。

业内人士指出，台北故宫原有藏品中欠缺皇室宫廷生活的文物和皇帝影像类文物，而北京故宫缺少档案性的文物。在当今两岸文化交流渐深渐广的大背景下，只有两岸故宫的珍贵文物在合作展览中珠联璧合，这样的展览才能实现展览线索、展品层次等方面的完整性与真实性。

对此，单霁翔认为，目前两岸之所以还不能进行深化交流，除了博物院名称很难统一之外，主要是没有建立一个双方都认可的文化机制，部分台湾人士甚至认为大陆的文物保护机制存在一定问题，怕“台文物借来之后可能被扣押”。

月前，大陆故宫博物院院长单霁翔与台北故宫博物院院长冯明珠会晤期间表示，北京故宫将一如既往地支持与重视两岸的文化交流与合作。他将这次二人的会晤形容为“亲戚之间的互访”及“串串门、聊聊天，一起规划一些有意义的事情”。

谈及台北故宫对其最大的感受，单霁翔说：“我在台北深刻地感受到台北故宫在当地民众心目中具有崇高的文化地位，感受到他们对中国传统文化的热爱与敬畏之情，感受到他们对文化事业，特别是博物馆事业的关切与支持。而台北故宫在博物馆建设、文化产品开发、学术研究等方面确实也获得了很多成绩，值得我们学习和借鉴。”

北京故宫与台北故宫这两个分隔在海峡两岸的博物院，其藏品都主要来自清代宫廷旧

藏，各有所长、互为补充，可谓同根同源。同时，在文物保护和藏品管理方面双方也都积累了很多经验，有各自的特点和成熟的体制，当然也都各有难题和“短板”，有很多方面需要我们互相学习、取长补短。尽管两岸故宫文物的深层次交流还存在些许障碍，单霁翔说，我们也应该看到近年来两岸文化交往不断扩大，两岸故宫的交流也愈发频繁。自2009年两岸故宫的院长实现互访以来，双方本着真诚友好的态度并根据“共识”精神，在各方面都取得了令人鼓舞的实质性成果。博物馆是公共性的文化机构。我们收藏与保管的历史文物承载与守望的是中华民族的精神。两岸故宫的收藏更是同根同源，血脉相连，代表了中华文化的精髓，是所有中国人的骄傲。如果说经贸往来使两岸的民众“手拉手”的话，那么文化交流将使我们两岸的人民“心连心”。

谈及破解之法，他莞尔一笑，“这需要各方的共同努力，而不仅仅是两院层面上所能解决的”。他说，两岸故宫深入密切的良性交往不仅仅是两岸故宫人所期待与欢迎的，更是两岸民众热切关心的。两岸故宫持续的交流合作，受益的不仅仅是两岸故宫人，更是两岸关心关切文化事业的普通民众。

要解决这个问题，单霁翔表示，两岸文化部门需要尽快商定一个行之有效的文化机制。若目前难以形成整体框架的话，则两岸故宫是否可以现就某些具体文物交流签订一个协议。两岸故宫的收藏本来就是一个整体，只有从整体上来看待，才能全面地认识中华文化的源远流长和丰富多彩。两岸在建立互信的前提上，应加强沟通交流，大陆在表现自己胸怀的同时，应尽量让台湾看到我们的诚心。

“我们愿意与台北故宫探讨开展各种形式的展览合作以及围绕展览的学术交流。”单霁翔以《清明上河图》为例介绍说，北京故宫珍藏的为宋代张择端所绘，而台北故宫则藏有清院本，“双方可以以此为主题展开学术交流，也希望有朝一日，两岸故宫所藏不同版本的《清明上河图》能在北京合璧展出”。而今番双院“掌门”的互访，也达成了一项重大协议，即将于今年10月在台北故宫联合举办“乾隆皇帝的艺术品位特展”。

据了解，该展览将是两岸故宫自2009年达成合作交流共识以来的第四次展览合作，也是规模最大的一次，并且此次展览是两岸故宫第一次没有第三家博物馆参与的合作。

他最后对记者说：“只要两岸故宫能够继续保持目前畅通交流的状态，日后双方的馆藏品要随心所愿地在一起联展，以尽现中华传统文化及历史古迹的原貌，这应该是可以实现的。”而这也是他未来追求并致力于实现的“两岸故宫梦”，单霁翔说，他坚信，加强两岸故宫的交往能够切实促进两岸同胞对中华民族文化的认知感和归属感，并对两岸文化交流产生积极的效用和深远的影响。希望有朝一日，能够让台北故宫的文物来到北京，回到它们曾经的家——紫禁城进行展览和研究，真正实现两岸故宫文物毫无阻碍地交流。

（《人民政协报》，记者王信侠，2013 年 5 月 25 日）

“平安故宫”进行时
——访故宫博物院院长单霁翔

2013年5月4日，发生在翊坤宫的“人打钟”事件，使故宫博物院的安全问题再度成为公众焦点。安全，一直是故宫人最关注的问题。火灾、盗窃、震灾、自然损坏、文物库房、基础设施和观众安全，这七个方面的隐患，犹如七把利刃长期高悬在故宫人的心上，随时都有落下来的危险。让平安时刻与故宫相伴，是几代故宫人的心愿，是愿景，如今更是化作了行动。

2012年5月，经过持续、广泛、深入的调研，故宫博物院通过文化部向国务院提出开展“平安故宫”工程的建议，以彻底解决故宫存在的七大安全问题。2013年3月，《“平安故宫”工程总体方案》正式上报国务院，同年4月获得批准。第八个“中国文化遗产日”到来之际，故宫博物院院长单霁翔接受本报记者专访，详细介绍了“平安故宫”工程的内容及目标。

问：“平安故宫”工程的保护对象是什么？要实现什么样的目标？

答：根据工程总体方案，“平安故宫”工程的保护对象，一是占地112公顷、建筑面积17万平方米的古代木结构宫殿建筑群的安全；二是180余万件文物藏品的安全；三是每年约1500万名中外观众的安全。“平安故宫”工程的近期目标，是争取用3年时间，在2015年，即故宫博物院成立90周年之时，有效缓解目前存在的防火、防盗、防雷、防震、防踩踏等方面的重大安全隐患，解除其中最紧迫、最危险的隐患点。“平安故宫”工程的中长期目标，是用8年时间，在2020年，即紫禁城建成600年之时，基本实现故宫博物院进入安全稳定的健康状态，全面提升管理和服务水平，迈进世界一流博物馆行列。

问：“平安故宫”工程总体方案中提及了七项重点内容，每项的工作量都很大。故宫博物院将如何统筹安排？

答：七项重点内容，我们按轻重缓急进行区分。北院区建设将彻底解决故宫大型藏品多年来无法修复保护和展示的难题，为腾退古建筑空间并及时保养、维修创造条件，且已得到北京市和海淀区的大力支持，计划优先考虑实施。地下文物库房改造、安全防范新系统和院藏文物防震，均直接关系消除故宫藏品和古建筑的安全隐患，提升安全等级，因此较为迫切。基础设施改造前期工作有一定基础，经过多年专家论证已获得通过，可按程序逐步推进。世界文化遗产监测，着眼于未来，谋划故宫博物院事业的可持续发展。院藏文物抢救性科技修复保护，因需在北院区项目竣工后才能大规模实施，因此目前安排进行前期准备，着手选择合适门类开展试点工作。

问：您说北院区建设要优先考虑，那么目前进展如何？

答：去年，故宫博物院与海淀区建立了由主管领导牵头、具体部门参与的联合工作组，全面启动服务、协调和对接工作，共同研究推进故宫博物院北院区的建设事宜。该项目位于海淀区北部新区的西玉河，未来也将作为该地区的重点文化项目和重要的公共文化设施。经过多次研究，并征得北京市规划委员会同意，基本明确了项目内容和规划思路，初步达成了两个共识。一是明确项目选址、总用地面积以及建设内容；二是明确了项目规划设计范围。在上述共识的基础上，邀请清华大学建筑设计研究院开展前期研究，委托清华大学建筑设计研究院有限公司进行该项目建筑策划与概念设计研究。

目前，正在积极编制项目建议书；与北京市规划委员会、海淀区政府、清华大学建筑设计研究院等有关部门沟通协调项目规划调整问题，取得项目规划条件；根据项目规划条件，调整、修改项目规划方案；与文化部、国家发改委、北京市规划、建设、园林、土地、水务、环保、交通，以及海淀区政府等相关部门协调项目立项相关问题；进一步对项目规划、建筑形式、功能需求、建筑规模、园林园艺设计定位，以及该地区防洪等方面进行研究。海淀区政府正在对项目研究范围内的用地进行征地拆迁入户调查工作。在外围市政道路建设方面，将翠湖南路和上庄东路列入2013年投资建设计划，并启动南沙河南侧路前期工作。与此同时，完成了对故宫博物院北院区原有区域已建成业务用房的验收，安防、消防设施改造等工作，拟定了西玉河基地相应管理制度等，加强物业管理和安全巡查，确保该区域环境、安全、管理方面的保障。

问：北院区建成后，主要承担怎样的职能？

答：故宫博物院收藏有大量的大型珍贵文物，如家具、地毯、巨幅绘画、卤簿仪仗等。但由于场地局限而长期无法得到及时、大规模的科学保护和有效展示。北院区设计有上万平方米的修复和展示区，建成后可以很好地解决这一问题。与此同时，我们还想把传统文物修复的技艺，即非物质文化遗产展示给公众。目前，我们已筹备成立了车马轿舆文物、木器家具、点翠文物、金属文物、中和韶乐、百宝嵌文物、古钟表、古书画、宫灯、纺织品等10个左右文物修复工作室。鉴于北院区的安防设施改造尚未完成，暂时将慈宁宫作为文物修复工作室的临时用房，六月中旬木器文物修复、宫灯文物修复等几个工作室将正式启用，开始进行文物的实际修复工作。

另外，北京市东城区具有传统技艺人才资源优势，有些企业的传统艺人是当年清宫造办处的后代传人。我们与他们签订了以对故宫院藏文物进行抢救性修复为主旨的战略合作框架意向书，充分发挥传统工匠的技术优势，目前合作已进入到了具体实施启动阶段。这既是文物保护修复在用人机制上的一种探索，也是实施“平安故宫”项目的人才保障，同时也为传统技艺的传承与发展注入了新的活力。

问：目前故宫的地库主要存在哪些隐患？

答：受当时技术条件制约，故宫博物院一、二期地库不能实现针对不同质地藏品的温湿度调节；二期地库采用水冷式空调，上方储备了约50吨水作为冷却水源，目前冷却管、蒸发器已锈蚀，一旦开裂，文物将遭灭顶之灾。所以我们要对原有地下文物库房进行升级改造，完善、加固地库结构，改善防水、防震措施，按照现行国家工程建设消防技术标准改造文物库房，更换陈旧老化设备，实现温湿度分区分类调控，使现存地库的90余万件文物得到更加科学的保护。同时，经科学论证，合理地增加文物科学保管空间，按照国内外博物馆惯例和藏品管理标准，在地库内完善文物摄影、筹展等配套使用功能，从而逐步减少地面文物库房，拆除临时彩钢板建筑，整体提升文物保管条件。

问：端午小长假在即，观众安全又成重中之重。除限流、限行外，扩大开放面积也是故宫改善观众参观品质、保证参观安全的重要举措。请您介绍一下这方面的情况。

答：今年“五一”前，我们开放了文华殿区域的文渊阁，扩大开放空间。现在正争取故宫的西部区域在故宫博物院建院90周年时实现开放，这需要对隆宗门内的观众餐厅进行重新安置，使观众的就餐和休息环境得到改善。慈宁宫将作为雕塑馆对观众开放，寿康宫进行原状陈列展示。另外，端门城楼将作为数字博物馆场所对外开放，大高玄殿文物建筑群修缮后，南部区域作为国内宫廷道教文物展示空间，北部区域则作为故宫博物院数字博物馆、数字图书馆、“故宫讲坛”的场地对外开放。同时，我们还在努力增加展厅。一、午门和雁翅楼建筑群，争取在2015年故宫博物院建院90周年时，这组2800平方米的大型展厅能够正式启用。二、东华门修缮工程将于2013年竣工，计划作为古建筑馆对观众开放，同时考虑能否向观众开放东南角楼和东华门至午门的一段城墙。三、御膳房目前是家具库房，将来作为古代家具馆对观众开放，可以采取仓储式展示方式，既扩大展览面积，也有利于家具文物藏品的保护。四、宁寿宫将开辟为石鼓馆。

（《光明日报》，记者李韵，2013年6月8日，第12版）

单霁翔：用 8 年时间让故宫进入健康状态

一个月前游客击碎故宫翊坤宫正殿展室窗户玻璃，导致临窗陈设的二级珍贵文物——清代铜镀金转花水法人打钟跌落受损。一个月后，故宫文物命运如何？记者6月8日——中国第8个“文化遗产日”当天从故宫获悉，目前损伤零件的补配工作已经基本完成，下一步主要是修复变形的部件，进行组装与调试等，预计将于7月中旬左右完成修复工作。届时，这座18世纪的英国钟表将恢复原貌。

据记者了解，这件钟表的动力系统分为上下两个部分。上部为走时打点的两套钟表机芯，是常见的整点报时走时机芯，下部为一套音乐与水法动力机芯，运转时水法伴随着音乐不停转动。经专家研究，该钟表主体机芯基本完好，主要是局部损伤。水法的修复，是此次修复的难点所在。故宫博物院院长单霁翔介绍说，专家从院内材料库中选取了两根水法代替了原有的水法，并对破损的水法柱进行打磨拼接、固定粘接，尽最大可能恢复余下三根水法的原貌。目前五根水法柱已备齐，现在正在反复调试水法柱的位置与距离，确保没有丝毫误差，以保证修复后的水法能够正常转动。另外，专家还将为钟表外框补配老玻璃，木器修复室正在对缺损的木框条进行补配修复。单霁翔介绍，这件钟表修缮完成后将恢复展出。此外，故宫是否通过“更换玻璃，提高文物安全性”，仍存在争议。目前，故宫决定将所有临窗摆设文物的窗户更换玻璃，其余玻璃暂时不更换，“最大限度地保留历史信息”。

在交代了受损古钟的修复情况后，“文化遗产日”当天，在观众和媒体的见证下，故宫博物院院长单霁翔亲自上阵，拆除了故宫午门西马道西侧的彩钢房以及南三所区域的花房。故宫的安全一直是全社会牵挂的问题。故宫木结构的建筑和其高大密集、结构特殊、道路狭窄等特点令其在安全问题上出不得半点差池。随着故宫的各项工作的开展，现有办公用房和其他用房已呈现饱和状态。单霁翔介绍说，目前，院内共有彩钢房58处，建筑面积3398平方米，分别用于办公用房、文物库房和其他用房。有的彩钢房搭建在古建筑院内或紧贴古建筑，有的搭建密集，安全通道狭小，存在严重的安全隐患。更为严重的是，彩钢板中含有聚苯材质，属于易燃可燃材料，一旦发生火灾，蔓延迅速，极易造成特大火灾事故。为此，故宫博物院制定了《故宫保护总体规划》，按计划、分步骤拆除故宫内全部彩钢房，彻底消除安全隐患，以保护故宫的真实性和完整性。预计两年内，58栋彩钢房将全部拆除。其中，宫内两处“故宫照相”也将在明年被清除。“新中国成立后建于故宫范围内的永久性或半永久性现代建筑，大约有4.9万平方米，除2.2万平方米的地下库房外，其他建筑都要陆续拆除。未来，故宫的开放面积将从现在的46%扩大到76%。”单霁翔说。

据记者了解，2012年5月，经过持续、广泛、深入的调研，故宫博物院通过文化部向国务院提出开展“平安故宫”工程的建议，以彻底解决故宫存在的火灾、盗窃、震灾、藏品自然损坏、文物库房、基础设施、观众安全等7大安全隐患问题。2013年3月，《“平安故宫”工程总体方案》正式上报国务院，同年4月获得批准。单霁翔表示，“平安故宫”工程的中长期目标，是用8年时间，在2020年，即紫禁城建成600年之时，基本实现故宫博物院进入安全稳定的健康状态。

（《人民政协报》，记者王慧峰，2013 年 6 月 10 日，第 4 版）

故宫将建北院区 单霁翔：预计首年游客将超300万

13日下午，故宫博物院院长单霁翔在北京华文学院做了一场题为《把壮美的紫禁城完整地交给下一个600年》的讲座。在讲座中，单霁翔深入浅出地为华文学院的学生讲解了故宫的文物保护现状、面临的危机以及“平安故宫”工程等内容，幽默风趣的语言赢得了现场的阵阵笑声和掌声。

建成于明代永乐十八年(1420年)的紫禁城，将在2020年迎来自己的600岁生日。现任故宫博物院院长单霁翔今日谈到自己的理想：把壮美的紫禁城完整地交给下一个600年。在他看来，“完整”包含三个方面。一是建筑的完整，即保持故宫9000间古代房间的健康状态。二是文物藏品的完整，即180.7558万件(套)文物藏品得到有效保护，这其中包含168万件珍贵文物。三是故宫观众和人文环境的完整。

自2012年1月上任，为了解故宫现状以及当前最紧迫的工作有哪些，单霁翔走访了故宫32个部处和90多位老专家。在走访中，他发现了诸多亟须解决的问题，比如有58栋彩钢房和5000平方米现代建筑需要拆除，大批堆料、市政管道需要清除，空调等现代设施需要清理，文物防震问题需要解决，游客的不文明行为需要杜绝等等。对故宫造成更大威胁的，是文物失窃、失火、自然灾害、库房漏水等突发性状况。“不能把一个危机四伏的故宫，带到下一个600年。”单霁翔说。

此前《光明日报》报道，《“平安故宫”工程总体方案》已于今年4月获得国务院批准。报道称，“平安故宫”工程的实施，将有效解决火灾、盗窃、震灾、藏品自然损坏、文物库房、基础设施、观众安全等七大安全隐患。单霁翔今日向华文学院学生详尽介绍了“平安故宫”的总体方案。故宫地下文物库房改造是“平安故宫”的一项重点内容。目前地下库房存在局部渗水，并且不能针对不同藏品进行温湿度调节的问题。故宫将对地下库房进行升级改造，并连接一期、二期库房，使其更具抗震功能，同时库房面积也有所增加，可容纳的文物数量将由90万件增加到120万件。

故宫在2011年底成立了世界文化遗产监测中心，2012年开始对文化遗产进行监测。其中包括对古建筑群进行安全状况监测，对观众密集的平台进行承载监测，对库房、展厅建立视频监控系统，对温度、湿度、光照度进行调控等。单霁翔介绍，从今年开始，故宫将出具中英文监测报告。

更为宏大的工程，是故宫北院区的建设。该项目总面积75万平方米，包括上万平方米的文物修复和展示区域，建成后将彻底解决大型藏品多年来无法修复保护和展示的难题。“北院区将侧重于大型的、主题鲜明的、有震撼力的展览，与故宫内部的原状陈列以及小型专题陈列区分开来。”北院区的建设，也能有效解决故宫游客承载量的问题。“游客上午浏览故宫，下午可以到北院区参观展览。”单霁翔自信地说：“预计建成当年游客数量不会少于300万。”

（中国新闻社，记者刘欢、张家瑞，2013年6月13日）

北京故宫院长：华侨华人促进海外流失文物回归

“文物离开原生地就像‘孤魂野鬼’一样，没有了自己的根。故宫的文物最体面的地方就在于这里(故宫)就是它们的家。”13日，北京故宫博物院院长单霁翔在北京华文学院作题为《把壮美的紫禁城完整地交给下一个600年》的演讲，向逾百位来自北京华文学院、北京语言大学等高校的师生介绍了紫禁城的过去与未来。

“中国文化遗产事业得到了广大海外华侨华人无私的赞助和支持。”他在演讲结束后接受中国新闻社记者专访时表示，海外华侨华人对于中国文化遗产的保护和博物馆的建设给予了很多的关注，其中最重要的就是促进流失海外的一些珍贵的中国文物系统的回归。单霁翔指出，海外华侨华人对于中国的文物、博物馆事业，始终给予非常大的支持和帮助。100多年前，张謇先生创建的中国第一所博物馆南通博物院，其藏品就有来自海外华侨的捐赠及支持。他表示，在很长一段历史时期，海外华侨华人由于独特的文化眼光和接触世界其他国家文物保护技术，将很多先进的理念引入到中国，“比如国家文物局第一任局长郑振铎先生就有华侨的背景，在他整个文化生涯中，也都充满海外华侨的支持”。当前，众多唐人街、华侨华人会馆、百年华校及名人故居广泛分布于海外华侨华人集中的国家和地区，成为中华文化在海外的历史沉淀和当地华侨历史的“物化”。单霁翔表示，这些都是中华文化共同记忆的重要组成部分，这些珍贵的资源应该通过博物馆汇集展示其整体面貌。

单霁翔指出，当前，中国各地博物馆建设正进入一个高潮，每年都有100座以上的博物馆建成和对外开放，但是其完整性、系统性等还需要不断地提升，“专题类的博物馆有很多需要填补的空白”。谈及正在兴建中的中国华侨历史博物馆，单霁翔表示，大陆这些年不断有华侨华人主题的博物馆和展览推出，但是有一个“中国”字头的华侨博物馆还是非常需要的，“也是值得期待的”。“建设一座大型的专题博物馆，馆舍是一个方面，更重要的是藏品。”单霁翔指出，华侨主题博物馆藏品的汇集，需要动员海内外华侨华人提供线索和无私捐赠，以便使藏品的汇集更成系列；同时，也需要提供更多线索，使华侨华人文化能够得到更加真实而全面的展示。

“故宫博物院经过7年的文物藏品清理，首次摸清了家底。”当日，单霁翔还精确报出北京故宫各类藏品数量。据他介绍，截至2010年底，故宫博物院藏品共有25大类，总计1807558件；其中珍贵文物1684490件，占全国珍贵文物的41.98%。他介绍说，故宫作为世界文化遗产和世界著名的博物馆，每年接待来自国外的参观者达200万人次以上。迄今，故宫博物院已经与世界上18家著名的博物馆建立长期的战略合作关系，开展展览互换、人才交流、学术研讨以及文化产品的研制，向国际社会传播故宫文化。

单霁翔也表示，北京华文学院是一座有60多年建院历史的学校，故宫博物院是一座有88年历史的博物馆，双方既有共同的文化追求，也有各自不同的文化资源。未来，双方将在人才培养、科学研究以及文化传播方面加强合作，更好地服务海外华侨华人群体。

（中国新闻社，记者张冬冬，2013年6月14日）

故宫博物院院长单霁翔详解《“平安故宫”工程总体方案》

2012年5月，经过持续、广泛和深入调研，故宫博物院通过文化部向国务院提出实施“平安故宫”工程的建议，以彻底解决故宫存在的诸多安全问题。2013年4月，国务院正式批复工程实施方案。记者日前就方案相关情况采访了故宫博物院院长单霁翔。

“通过调查文物建筑保护状况、文物库房藏品保存环境、文物安防技防设备、文物保护科技设施、开放路线观众接待条件、员工办公及生活区域，以及端门广场、大高玄殿等周边环境，故宫博物院在文物建筑、文物藏品和观众接待等各个环节均存在一些安全隐患，有的方面相当严重，需要及时加以解决。”单霁翔谈起实施“平安故宫”工程初衷时对记者如此表示。“故宫目前面临火灾隐患、盗窃隐患、震灾隐患、藏品自然损坏隐患、文物库房隐患、基础设施隐患和观众安全隐患等七大安全问题。”单霁翔说。

火灾是故宫面临的最大威胁。单霁翔说，由于故宫博物院高压消防系统覆盖不全面，一些古建筑周围未设消防栓；防雷避雷设施有所欠缺，古建筑因雷击损坏并引发火灾时有发生；为展览、安保等需要在古建筑群内设置的电气线路密如蛛网，老化发热等因素随时可能引发火灾；因办公、藏品库房面积不足等临时建设的58座“彩钢房”也存在严重安全隐患。

故宫博物院目前的安保设备建于20世纪90年代，10多年没有升级，无法适应盗窃手段不断变换，呈现集团化、智能化和暴力化的趋势，故宫面临的盗窃隐患比较严重。北京地处燕山地震带与华北平原中部地震带的交汇处，历史上多次发生强震。故宫博物院文物库房中和日常展陈的文物虽采取了一些传统的简易防震措施，但很不系统、规范；因库房面积严重不足，瓷器等脆弱文物无法装入囊匣而集中叠累，均存在严重的防震安全问题。

“囿于地库空间的局限，故宫博物院180万余件藏品中目前仍有约一半只能利用古建筑作为库房；展室均在古建筑内，只有少数几处可以实现相对有限的温湿度控制。”单霁翔告诉记者，这些藏品面临寒、暑、光、尘等自然条件的威胁，无法达到文物保护的基本条件，容易对其造成“致命”的隐性伤害。同时，受当时技术条件制约，故宫博物院一、二期地库不能实现针对不同质地藏品的温湿度调节；二期地库采用水冷式空调，上方储备了约50吨水作为冷却水源，目前冷却管、蒸发器已锈蚀，一旦开裂，文物将遭灭顶之灾。

此外，故宫博物院基础设施大部分建于上世纪50年代至80年代，有的甚至可以追溯到明代，缺乏统一规划，老化、腐蚀严重，存在跑冒滴漏甚至爆裂的危险，隐患重重。日趋增长的观众人数也给故宫安全带来了很大隐患。目前，故宫博物院每年接待观众约1500万人次，并且仍以年均约100万人次的速度递增，构成了全世界数量最庞大、结构最复杂的观众群，由此造成的拥挤踩踏和人身伤害等突发事件潜在威胁不断加剧。

单霁翔告诉记者，“平安故宫”工程主要包括故宫博物院北院区建设、地下文物库房改造、基础设施改造、世界文化遗产监测、故宫安全防范新系统、院藏文物防震、院藏文物抢救性科技修复保护七项重点内容。

故宫博物院北院区建设旨在解决故宫博物院大量家具、地毯、巨幅绘画、卤簿仪仗等大型珍贵文物，因场地局限而长期无法得到及时、大规模科学保护和有效展示的问题，同时把传统文物修复的技艺展示给公众。对原有地下文物库房的升级改造，将完善、加固地库结构，改善防水、防震措施，更换陈旧老化设备，实现温湿度分区分类调控，使现今存放在地库的90余万件文物得到更加科学地保护，整体提升文物保管条件。

“我们将根据相关消防技术标准规范要求整体规划设计火灾防控系统，采取针对性措施，提出与故宫博物院消防安全需求相一致的消防标准要求并付诸实施。同时，在确保安全的前提下，对现有基础设施，如给水、消防、避雷、雨水、污水、供热等管线，以及供配电和智能化系统、设施等进行全面规划建设和升级改造，实现优化管理，方便维护和检修，以期及时发现问题，消除隐患，以布局合理、完善先进的基础设施为故宫安全奠定坚实基础。”单霁翔表示。

故宫博物院还将完善“故宫世界文化遗产监测中心”，建立“监测信息化平台”，重点做好文化遗产接待观众承载能力的测算，以此为基础，通过建立预约制度、优化参观路线、强化疏导干预等手段，最大限度避免观众踩踏等恶性事件发生。此外，智能化程度高、功能设置完善、性能可靠、综合防范能力具有世界先进水平的故宫博物院安全防范新系统正在规划建设。

“故宫博物院将采用封闭式、轨道式金属密集柜、文物囊匣和现代减隔震技术相结合的手段，逐步实现对院藏文物的全面抗震防护。”单霁翔表示，针对大量院藏文物濒临腐蚀、锈蚀等严重自然损坏状况，建立大型、综合文物修复中心，以现代科技与传统技艺、院内人才与社会力量相结合，对藏品进行全面和持续不断的修复，从而使故宫博物院文物保护修复工作得到较大改观。

根据“平安故宫”工程总体方案，保护对象包括占地112公顷、建筑面积17万平方米的古代木结构宫殿建筑群的安全；180余万件文物藏品的安全；每年约1500万中外观众的安全。“通过‘平安故宫’工程的实施，将有效解决故宫博物院目前亟待解决的火灾、盗窃、震灾、藏品自然损坏以及文物库房、基础设施、观众安全等安全隐患。”单霁翔说。

“平安故宫”工程的近期目标是争取用3年时间，到2015年，即故宫博物院成立90周年之时，有效缓解目前存在的防火、防盗、防雷、防震、防踩踏等方面重大安全隐患，解除其中最紧迫、最危险的隐患点。“故宫博物院北院区建设将彻底解决故宫大型藏品多年来无法修复保护和展示的难题，为腾退古建筑空间和及时保养、维修创造条件，已得到北京市和海淀区的大力支持，计划优先考虑实施。”单霁翔表示，地下文物库房改造、安全防范新系统和院藏文物防震，均直接关系到消除故宫藏品和古建筑的安全隐患，因此也较为迫切。

单霁翔告诉记者，“平安故宫”工程完成后，将实现故宫文化遗产的完整保护、环境质量稳步提升、安防设施全面覆盖，文物库房功能将得到明显改善，并且故宫的开放区域也将适度扩大。“我们相信，通过实施‘平安故宫’一系列重点工程，到2020年，即紫禁城建成600年之时，基本实现故宫博物院进入安全稳定的健康状态，全面提升管理和服务水平，使昔日紫禁城风貌和谐，故宫博物院迈进世界一流博物馆行列，把壮美紫禁城完整交给下一个600年。”单霁翔说。

（《中国文化报》，记者刘修兵，2013年6月21日，第1版）

非遗传承人回故宫修复7类文物

昨日，故宫博物院与北京市东城区政府举行“平安故宫”工程院藏文物抢救性科技修复保护合作项目启动暨安全培训开班典礼。故宫博物院院长单霁翔与47名参加项目的企业负责人、技艺传承人等出席，并参观了位于慈宁宫的多个修复工作室。

因年代久远和保管条件制约，故宫博物院藏的部分文物存在着糟朽、腐蚀、开裂、破损等自然损坏现象，亟须保护修复。单霁翔介绍，这些文物主要包括木器家具、宫廷灯具、车马轿舆、中和韶乐、佩刀佩剑、盔头、缂丝挂屏7个类别，以往这些类别的文物被作为材料、资料而非文物保存，“而随着文物保护意识的加强，应该将它们作为文物保护。”单霁翔以宫灯为例，目前故宫内的宫灯保管在几个库房中，但因年代久远，部分宫灯的玻璃、双面绣等出现了不同程度的朽坏或破裂。此外，故宫内保存的3.3万件武备、权杖，以及18万件丝织品的保存状况均比较严峻，在抢救性修复外，其余文物也需要保养性或者预防性修复。

故宫博物院现有11个门类的修复专家，可谓全国最全最强，但面对大量抢救性修复保护还是力不从心，“比如我们负责玉器宝石的就三个人，所以要跟社会合作，跟象牙雕刻厂、珐琅厂合作。”故宫文保科技部主任苗建民介绍，如缂丝这样的日渐小众的传统工艺，故宫博物院并无相关技术专家，只能向外援请。去年8月，东城区科委主任孙占军向单霁翔介绍了东城区辖区内的非物质文化遗产保护单位、传统技艺人才等方面的情况。东城区在木器、漆器、景泰蓝、玉器、剧装、宫灯、象牙雕刻、地毯、花丝镶嵌等传统手工技艺上人才济济，但仍面临一些工艺美术企业难以生存，一些传统技艺失传的困境。这次见面奠定了合作的基础。

去年12月，单霁翔参观了北京剧装厂、北京珐琅厂、北京金漆镶嵌厂、北京龙顺成中式家具有限公司、北京同兴和古典家具有限公司、北京宫灯厂等六家工艺美术企业，并于今年1月签订合作协议。昨天，从苏州赶来的王建江是缂丝织造工艺苏州市代表性传承人，是第六代传人，其祖先曾在清宫造办处工作，后北京战乱，全家迁居南方。他介绍，缂丝的关键是“通经断纬”，在古代是为皇家垄断，用于龙袍、官补等，因此目前的应用越来越少，传人也日渐稀缺。单霁翔介绍，此项目不仅给传承人一个回到故宫的机会，他们更将纳入故宫的可持续保护人才库，这一人才库将不断扩充，并希望能满足全国的博物馆需求。

修复专家本周到了故宫不能立即上手修复，先要进行一周的安全培训。故宫相关部门的四名处长、三名科长分别就文物保护法、防火安全、内保安全、文物修复安全等进行培训。“比如可移动文物的拿起放下、故宫全面禁烟等，培训完进行考试。”苗建民说。“修复过程中，我们会对科学性有要求，比如对病态的判断，所用技术和材料，修复最终状态，都要做出严谨的修缮报告。更希望这些文物修复的各种技艺，得到科学地记录与研究，使原来仅靠口传心授的‘独门绝技’，通过运用档案记录、照相、录音、录像等手段，得到永久性传播。”

“平安故宫”工程于今年4月启动，目标是到2020年基本实现故宫博物院进入安全稳定的健康状态，重点内容包括7项，除了昨日启动的院藏文物抢救性科技修复保护，还包括故宫博物院北院区建设、地下文物库房改造、基础设施改造、世界文化遗产监测、故宫安全防范新系统、院藏文物防震。单霁翔介绍，故宫将在海淀西玉河建的北院区2万平方米的文保科技用房，其中有5000平方米作为开放区，观众可参观专家的现场修复。而此前从未对游客开放过的慈宁宫，自今年1月起，进行了为期5个月的改造，包括安防、水电等设施，今后也将对外开放。

（《东方早报》，记者许荻晔，2013年6月27日，第B08版）

城市化与文化遗产保护应“齐头并进”

——访故宫博物院院长、中国文物学会会长单霁翔

“各时期的文化遗产像一部部史书，唯有保留下来才能使城市历史绵延不绝。”故宫博物院院长、中国文物学会会长单霁翔日前出席山东省文物工作专题培训班时说，城市化快速发展阶段，也是文化遗产保护最危险、最紧迫、最关键的阶段，文化遗产保护问题日渐凸显。城市化与文化遗产保护应“齐头并进”，互为补充。

近10年来，我国在国家层面先后公布了《文物保护法实施条例》、《长城保护条例》、《历史文化名城名镇名村保护条例》；在国家部委层面先后公布了近40项相关部门规章；在地方层面，先后公布了400多项地方性法规，初步建立起具有中国特色的文物保护法规体系。但现有的法律法规体系并不完善，特别是专项法规缺失较多。“依法行政的前提是完善立法，法律和法规具有规范性、权威性、稳定性和科学性等特点，是法制建设的基础。”单霁翔建议，应进一步加快立法进程。只有健全法制，依法办事，才能更加广泛、深入地动员社会各界参与文化遗产保护，并保证国家文化遗产保护政策的连续性和稳定性。

单霁翔介绍，可移动文物与不可移动文物构成我国文物资源的整体，目前国家文物部门正在开展全国国有可移动文物普查。单霁翔建议，全国文物普查应常态化、制度化，以便全面掌握国有可移动文物的数量分布、保存现状、环境状况等基本情况，为科学制定文化遗产保护政策和发展规划提供依据。

人才培养直接关系到文化遗产保护的未来。单霁翔介绍，近年来，面对文物事业发展需求，我国文物部门与高等院校、科研机构通力协作，持续开展文物博物馆人才教育培训，培养造就了大批具有较高素质和创新精神的各类人才。但是应看到，目前文物博物馆从业人员的学历结构、知识结构，均与快速发展的文化遗产事业不匹配。单霁翔建议，应继续加大文物保护人才培养力度，一如既往地把教育培训作为一项事关事业发展大局的基础性工作抓紧抓实，努力建立起更加开放、更具活力、更有实效的文物博物馆人才教育培训体系和长效机制。

除人才培养，文物安全防范也令单霁翔很担忧。“近年来，文物安全防范得到不断加强，打击文物犯罪取得明显成效，但是并不能认为已经有效遏止、克服和扭转了文化遗产安全的被动状况。”单霁翔说，当前工程建设、环境污染、文物犯罪，仍然是祖国文化遗产频频遭受破坏和损毁的三大因素，一些地方文物犯罪的大案、要案频发，文物安全形势依然严峻。

“一个民族的文化遗产，承载着这个民族的认同感和自豪感；一个国家的文化遗产，代表着这个国家悠久历史文化的‘根’与‘魂’。”单霁翔说，维护文化遗产的尊严，就是维

护民族的尊严、国家的尊严，就是守护民族和国家过去的辉煌、今天的资源、未来的希望。

单霁翔说，文化遗产事业应融入经济社会发展，努力使文化遗产保护成为促进经济社会发展的积极力量。将文化遗产保护与当地环境改善相结合，注重对文化遗产所依存的生态环境保护；将文化遗产保护与城市产业转型相结合，促进文化旅游等相关产业的发展。例如近年来积极实施大型古代遗址保护工程，建设国家考古遗址公园，使昔日“脏乱差”的考古遗址及周边环境，成为城市中最美丽、最具魅力的地方，使文化遗产保护的综合效益逐步彰显，成为既有利于文化遗产保护，又有利于经济社会发展的成功实践，使文化遗产成为促进城乡发展的不竭动力和宝贵财富。

“应充分认识和理解广大民众对于发展经济、改善生活的热切愿望，最大限度地实现好、维护好、发展好广大民众的根本利益，让更多的民众充分享受文化遗产保护成果。”单霁翔介绍，正是对这一理念的坚持和实践，才使得像四川羌族碉楼和村寨抢救保护、新疆“坎儿井”文化遗产保护、安吉生态博物馆建设、“三坊七巷”社区博物馆建设等越来越多的文化遗产保护实践，受到当地民众的衷心拥护，使保护工程成为了民心工程、民生工程。

（《中国文化报》，记者苏锐，2013 年 7 月 12 日，第 9 版）

单霁翔：博物馆未来方向应该建立法人结构

2013年7月24日，由北京故宫文物保护基金会主办的“永远的故宫——故宫文化走进企业系列讲座之走进雅昌”在雅昌艺术中心举行，单霁翔院长正是以“将壮美的紫禁城完整地交给下一个600年”为主题向雅昌人介绍了故宫的历史和未来，在讲座之后，单霁翔院长就雅昌人提出的关于故宫学文化宣传与博物馆体制发展方向等问题做了回答。

提问：尊敬的单院长您好!非常荣幸能听到您那么精彩的一个演讲，再次感谢。故宫我经常去，一年也要去几次，也曾陪过日本客人参观过甚至不对外开放的区域，看到了很多珍贵的文物，也参加了很多故宫举办的活动、讲座之类，当然都是在故宫的网站上报名的。我想请问单院长的是，像这样的活动特别好，它可以传播故宫学和故宫文化，但是可能由于人员的限制，参与的人不是那么多，当然喜欢故宫文化的人又特别多，所以故宫有没有机会多开展不同形式的活动，一方面传播故宫学、故宫文化，另一方面也是普及故宫的一些知识，所以我想对这个问题请教一下单院长。

单霁翔：应该说故宫在这方面有很多努力，也每年搞讲座，搞很多不同形式的活动，面对社区的，面对青少年的，也把自己的展览送到社区、学校、部队、厂矿，但是我看过一个大都会博物馆的资料，故宫博物院的这些社会教育活动和大都会博物馆相比有较大差距，他们每年举办上万次的社会教育活动。所以，这就是一个博物馆的办馆理念问题，过去博物馆长期以来把典藏，保管作为第一要务，后来开始注重研究，把研究放在非常重要的位置，但是这些年也把文化传播、社会教育放在非常重要的位置，也就是藏品保护、学术研究、社会教育都很重要。其实我很赞成这个理念，我也写了一本书叫《从“馆舍天地”走向“大千世界”》，也主要是讲这个问题，认为博物馆文化应该融入到今天的社会教育，融入到今天的终身教育，融入到今天的社区文化生活，融入到今天的文化城市建设之中。但是说起来容易，真正经常做到就需要有文化自觉，因为社会教育毕竟不是像藏品保护、学术研究等项工作那么有实际效果可以看到，例如藏品保管是每天必须要做的事，做不好就会发生问题，学术研究的成果要发表论文，还要评职称等，但是开展经常性地社会教育活动，就会给自己增添很多工作量，所以要靠正确理念的引导和文化自觉的支撑。在这方面在职员工要向我们优秀的志愿者老师学习。当然，我们在努力。例如刚才说的今年暑期，很多报纸和媒体都刊登和发布了故宫博物院面对社会公众举办的丰富多彩的文化活动。

再有一个就是通过不断地扩大开放区域，能够使北京市民经常走进故宫博物院，因为北京市民一想起故宫那个地方人太多、太挤，就不经常来了。应该设计满足希望经常参观故宫博物院的观众的专门路线，发行一种故宫博物院参观年票。

现在，即使故宫中轴参观路线上再挤，参观东路、西路的观众还是比较少。例如今年

“五一”，在故宫博物院建院88年以后，经过较长时间的筹备，文渊阁第一次对社会开放，也通过媒体进行了广泛的宣传，原以为会有很多观众来此参观，也做了必要时疏导观众的方案，中央电视台还专门在文渊阁庭院内安排了一个摄制组，报道第一批观众慕名参观文渊阁的盛况。但是，当早晨我们到了现场，等了很长时间，只进来了十几位观众，要知道那时故宫中轴线上已经是人山人海，当天故宫博物院的观众超过了十万人。我对同事说，真想去中轴线把一些观众拉过来，让他们看一看充满魅力的文渊阁。因此我们还需要加强宣传，使更多的观众了解故宫文化。

其实北京市民也未必不想经常参观故宫博物院，只是觉得故宫里面人太多，陈列展览变化不大，其中在很大程度上也有宣传不够的原因。为此，故宫博物院开办了故宫讲坛，主要目的之一就是实现文化传播，让更多民众了解故宫博物院的情况，据我观察每次来故宫讲坛的听众，除专业人士、学生和故宫博物院志愿者们，还有很多比较有休闲时间的老大哥、老大姐们，他们特别爱听，每次都来，因此故宫讲坛应该设计针对各类不同社会群体的讲座，使故宫文化更深入地融入到社会生活之中。总结起来，在传播和弘扬故宫文化方面，我们每年都有所进步，举办了不少活动，但是距离世界一流博物馆的标准，故宫还需要不懈努力。

提问：去卢浮宫博物馆的时候，了解到他们有一个发展部，专门进行社会融资和民间筹资，以及寻求更自由的发展空间。我觉得他们实际上是希望在政府控制之外有更多自由发展的可能性，在中国，故宫博物院实际上是一个事业单位，是一个完全由政府管理的机构，这样的体制您觉得是利大于弊，还是弊大于利?除了靠领导者智慧的周旋措施和很好的外交手段之外，是否能从体制上有保证故宫博物院发展的可能性?

单霁翔：您说的这个问题是涉及博物馆管理体制改革的问题，这是中国的大部分博物馆和外国的很多博物馆在管理体制和运行机制方面不一样的地方。外国的很多博物馆，包括美国的大都会博物馆都是私立博物馆，因此需要更多地考虑博物馆的运营方式，即使像大英博物馆这样实施免费开放的国家博物馆，在筹措社会资金用于博物馆发展方面也有相当大的压力。

我国博物馆的管理体制是在国家计划经济体制下形成的，长期以来，包括博物馆经费划拨、业务活动计划安排、人员任免，甚至文物定级、职称评定等，都由行政管理部门通过行政手段统一管理，各博物馆对行政机关的依赖性和行政机关对博物馆的约束性都很大。这种在计划经济体制下形成的宏观管理模式，在博物馆事业的发展中曾经发挥过重要作用，将博物馆作为社会发展的标志性文化设施，纳入社会发展计划，博物馆的数量、类型、规模、工作目标和职能都由政府行政管理部门规定，博物馆员工属于行政事业单位编制，博物馆只要完成行政管理部门下达的工作任务，就可以获得相应的工作经费并生存下去。

近年来，我国一些面向社会提供公益服务的事业单位，探索建立理事会、管理委员会等多种形式的法人治理结构，健全决策、执行和监督机制，在人事管理、收入分配、社会保险、财税政策和机构编制等方面改革取得一些进展，提高运行效率，确保公益目标实现。同时，按照逐步实现基本公共服务均等化的要求，优化公益服务资源配置，促进公益服务公平公正，社会力量兴办公益事业的制度环境也进一步得到优化。今天博物馆事业的发展，从法规制定、资金投入，到监督管理等各个方面，都得到了显著的优化，博物馆事业在管理体制创新方面，处于大有可为的战略机遇期。因此，需要进一步研究建立博物馆宏观管理体制，加强战略规划研究，完善各种制度安排，推进博物馆的管理体制创新。

对于故宫博物院来说，有着丰富的文化资源和不断增加的观众群体，如果要是消极地说，故宫博物院的院长可能是世界上少有的不愁衣食的院长，但是作为一座负有历史责任的文化机构，我们必须只争朝夕地努力谋求发展，同时积极探索符合故宫博物院可持续发展的管理体制和运行机制。特别是国务院要求故宫博物院建设成为世界一流的博物馆，为我们确定了新的发展的目标，达此目标需要全体故宫博物院同仁的不懈努力。因此，我们不能躺在已有成果上，而应该保持旺盛的精神状态，不断地发现问题，不断地解决问题，一步一个脚印地走向既定目标。事实上，故宫博物院的历任院长都为事业发展付出了很多努力，做出过重要贡献，我应该向他们学习也做一名称职的院长。

（雅昌艺术网，编辑刘倩，2013 年 7 月 25 日）

故宫今起全面“禁火”

端门—午门广场服务提升媒体采访（2013年8月14日）

继今年5月实行“全面禁烟”以来，故宫博物院院长单霁翔14日在北京宣布，从今日起故宫实行禁止火种进入，因此打火机、火柴等火种将不能带进“宫门”。

单霁翔表示，根据北京市人民政府令第204号《北京市公共场所禁止吸烟范围若干规定》：博物馆和人口密集场所严禁吸烟。以往，打火机等火种未纳入故宫博物院安检范围，加之故宫博物院面积广阔、地形复杂、观众数量巨大，导致观众在院内随意吸烟的情况屡禁不止，成为故宫这一世界文化遗产防火安全的一大隐患，因此，禁止打火机等火种进入故宫博物院，是杜绝观众在故宫古建筑群内吸烟现象的一项必要和有效措施。

据了解，安检时故宫博物院将对违禁物品和危险品一律查收，并上交公安机关统一处理；如果是贵重打火机，观众需要取回，故宫博物院将在检票口外设置“打火机存放点”，派专人负责管理并运至神武门出口，方便观众离院领取。同时，对于不听劝阻，且拒不交出打火机的观众，在劝说无效的情况下，将视为妨碍公务，并移交公安机关处理。

单霁翔坦言，故宫博物院内对打火机的查验无法像机场安检一样严格，观众参观数量大，人流密集时段多，难免会出现部分漏检的现象，这也是实施禁止打火机等火种进入故宫博物院所面对的一个实际问题。所以他希望观众能充分理解并自觉配合这一新举措。

在14日的媒体座谈会之前，单霁翔带领记者们参观并考察了端门广场服务设施，并登上端门城楼及午门的雁翅楼。按照规划，整体改造完成后的午门东、西雁翅楼展厅将与午门展厅组合成为故宫博物院面积最大、功能最全、规格最高的现代化展区，以满足多门类文物的不同展示需求；预计展厅将于2015年故宫建院90周年之际投入使用。端门则将是“数字故宫”的建设成果展示基地，目前正在对端门古建筑进行修缮和数字展厅的设计筹备。

（中国新闻网，记者应妮，2013年8月14日）

故宫升级进行时

8月14日，北京酷热如常。这一天，故宫博物院掌门人单霁翔院长两次动情。一次是上午，在外交部做报告，当他提到为维护国家文物的尊严，包括外国总统在内，“外宾车辆不再穿行故宫”，台下掌声雷动。限制外宾车辆，外交部门压力最大，而他们的支持，让单霁翔感动。一次是下午，在媒体座谈会上，当聊到故宫人为安保付出艰辛，却不为游客理解受到的委屈，他落泪了。自2011年经历了展品被盗、藏品损坏等“十重门”以来，故宫人压力不小。

两年来，无论从硬件，还是理念，故宫都在升级。而这种升级是一种进行时，没有停歇。

1. 排队缩至15分钟。故宫自8月1日起，售票口全部移至端门西朝房。端门售票处分为北段、中段和南段三部分，共计30个售票窗口，比过去多了14个，售票接待能力大为增加，大大缩短了观众排队的时间。“目标是观众排队不超15分钟，80％以上观众3到5分钟内买到票。”单霁翔说。在8月1日正式启用的端门观众服务中心，休息坐椅、免费参观导览图、智能手机信息查询系统、饮用水、医疗箱、针线包、手机充电器、公益轮椅等一应俱全，空调温度适宜。而7月20日起，故宫在端门广场甬道两侧设立6处便民服务点，主要销售瓶装饮料及冷饮。按照规划，端门广场西朝房部分区域被划为故宫商店，向观众提供故宫文化产品，该区域力争在今年10月1日前对外开放。

2. 禁止火种进入院内。低头弯腰，单霁翔从石阶上捡起一个烟头，随手扔进垃圾桶。自今年5月18日故宫实行全面禁烟以来，“在故宫捡烟头不太容易了”。以往，打火机等火种未纳入故宫博物院安检范围，导致观众在院内随意吸烟的情况屡禁不止。单霁翔介绍，从现在开始，禁止打火机等火种进入故宫博物院。安检时，故宫博物院将对违禁物品和危险品一律查收。如果是贵重打火机，观众需要取回，故宫博物院将在检票口外设置“打火机存放点”，派专人负责管理并运至神武门出口，方便观众离院领取。7月1日，新的安检设施正式投入运行。检票通道由原来的12条增加到20条，安检通道由原来的“两机两门”变为现在的“六机十二门”，且在东西掖门分别设置了两个备份安检通道作为应急通道。安检人员由原来的12人增加到暑期96人和淡季64人，能够从容应对大客流的安检压力。

3. 午门雁翅楼拟建展厅。记者看到，曾经用于文物存放的午门东、西雁翅楼区域，现已清空。其东侧建筑群包括东北崇楼、东雁翅楼和东南崇楼，西侧建筑群包括西北崇楼、西雁翅楼和西南崇楼。故宫拟将东、西雁翅楼改造为展示场所，将崇楼部分改造为配套的设备机房、筹展缓冲、保卫监控、观众服务等功能场所。按计划，展厅2015年投入使用。端门是观众参观故宫博物院的第一站。故宫拟将端门建成一座数字展厅，使观众用最短的时间了解到故宫博物院的基本信息。目前正在对端门古建筑进行修缮和数字展厅的设计筹备，力争在故宫博物院90周年院庆前对观众开放。

4. 展室门窗安全升级。5月4日，一名男性游客击碎翊坤宫正殿原状展室一块窗户玻璃，致使临窗陈设的一座文物钟表跌落受损。目前，这座18世纪的英国钟表已经恢复了走时、打钟、转动水法等功能，最大限度地恢复了其原貌。但仍有两处伤痕属于永久性损伤，无法彻底恢复。为提高展室门窗安全性能，2012年，故宫选择了复合型防砸板作为展室安全门窗防护的透光材料。当年，故宫完成了东六宫区域承乾宫、永和宫所有门窗的改造试点工作，这两座宫殿已经改建为青铜器馆，于7月底对外开放。文物钟表受损事件后，故宫加快了展室门窗改造的工作进度。

（《人民日报》海外版，记者陈振凯，2013 年 8 月 15 日，第 4 版）

故宫即将启动午门雁翅楼修复工程

故宫博物院院长单霁翔14日表示，午门雁翅楼即将启动修复工程，以确保2015年作为展厅投入使用。午门雁翅楼区域曾经用于文物存放，现在已经清空。单霁翔说，故宫以保护古建筑为前提，在最大限度地保留原有风貌的基础上，将午门雁翅楼用作高规格的展览场所，“我觉得(这是)世界上非常难得的一个博物馆正门的上面的(展厅)，像地上的天宫一样的。外观完全都是古建筑群，不会变，但是里面是一个现代化的展厅。将来很多国际上著名的博物馆的重要展览都预约，希望能到这个地方来展览。我们想在90周年的院庆之前(举办)的‘万寿庆典’大展，准备在这儿开展。”

据介绍，午门东侧的建筑群包括东北崇楼、东雁翅楼和东南崇楼，西侧建筑群包括西北崇楼、西雁翅楼和西南崇楼。根据建筑结构，东、西雁翅楼将改造为展示场所，崇楼部分将改造为配套的设备机房、筹展缓冲、保卫监控、观众服务等功能场所。整体改造完成后，雁翅楼展厅和午门展厅将形成一个占地2800多平方米的大型现代化博物馆展区。这将是故宫博物院面积最大、功能最全、规格最高的现代化展区。

（国际在线，记者丁旭，2013年8月15日）

让观众心满意足地将“故宫文化带回家”

近期，台北故宫推出的“朕知道了”纸胶带热销，引起两岸网友热烈讨论，在大陆的某家商城推出后，同样销售火爆。而北京故宫博物院也于近日启动了“紫禁城杯”故宫文化产品创意设计大赛，以期研发更多更优秀的故宫文化产品。北京故宫博物院何时能推出像“朕知道了”纸胶带这样既有口碑又有市场的文创产品呢?针对这一问题，记者日前采访了故宫博物院院长单霁翔。

“这款‘朕知道了’纸胶带的热销，反映出台北故宫在文化产品的经营和宣传方式上的主动性、积极性，其在文创产业所取得的成就和经验值得我们认真学习。”单霁翔告诉记者，近年来，两岸故宫在文创产业方面已有多次交流。2009年两院院长首次聚首，双方经过友好坦诚的会谈和充分的沟通达成的“八项共识”中，即有“文化创意产品交流机制”一项。目前，两岸故宫文创产业的相互交流与合作正在进入实质推进阶段，双方商定在合适时机举办两岸故宫文创产品联合大展。

单霁翔告诉记者，截至目前，故宫博物院开发的故宫特色文化产品已超过5000种，包括贵金属、玉器、木器、青铜器、瓷器、雕漆、珐琅、首饰、丝织、文具、茶具、T恤衫、图书等多种类别，其中使用“故宫”、“紫禁城”驰名商标的文化产品827种，每年研发的新产品近300种。同时，配合每年举办的陈列展览，研发具有故宫文化特色，拥有自主知识产权的系列文化产品。故宫博物院专门设有经营管理处，负责监督管理该院各项经营活动，对经营单位进行统一管理。故宫文化服务中心主要进行文化资源的研发及利用，提供文化产品服务，负责文物展览随展商品的研发、设计及销售等工作。此外，故宫出版社本着“服务故宫，开放交流”的原则，深入挖掘、利用故宫博物院丰富的文化资源，在故宫特色图书的出版方面卓有成效，为故宫文化的传播贡献良多。

在故宫商场，记者看到很多具有故宫特色的冰箱贴、瑞兽铅笔、木质微缩家具、玩偶、琉璃、手机壳等丰富多样的系列产品，它们都是以故宫的建筑、馆藏文物等为元素创作而成的。根据太和殿屋脊走兽研发的瑞兽系列铅笔受到很多学生观众的喜爱，而根据宫廷人物研发的帝后朝服娃娃、帝后大婚娃娃、郎世宁宫廷画师娃娃、明朝娃娃、官兵娃娃等玩偶，也备受青少年观众的青睐。

2010年，故宫博物院研发的“手绣大凤披肩”、“宫廷娃娃”系列产品荣获“全国博物馆文化产品研发成果展示奖”一等奖；2011年，有8件特色文化产品在第八届“北京礼物”旅游商品征集大赛中获奖；去年，在“2012年博物馆及相关产品与技术博览会”和“2012年全国博物馆文化产品创意设计推介活动”中，故宫博物院荣获了博物馆与文化创意产业促进奖和最佳展示奖，获得一项银奖、两项优秀奖、两项提名奖。在图书出版方面，故宫出版社去年出版书籍170种，其中新书125种，多年来也获得了颇多殊荣，硕果累累。“这些设计精美、文化内涵丰富的图书，让故宫的文化资源得到了充分利用，也彰显了故宫博物院传播文化、服务公众的职能。”单霁翔说。

“故宫博物院在文化产品开发上已经积累了很多经验，也取得了一些成绩。如何更好地发掘故宫文化元素、进行更多精彩的创意，并充分地向公众展示和宣传这些创意作品，吸引广大观众的注意，是我们需要继续深入研究、不断提升的一个课题。”单霁翔对记者说。

在谈到故宫博物院文化产品开发的理念时，单霁翔告诉记者，博物馆有责任发挥自己的宣传教育职能，通过丰富多样的文化创意产品，让一件件文物“活”起来，既能够更好地传播文化、教育公众，也可以获得一定的经营收入，促进自身各项事业的发展。故宫文化产品营销，本着社会效益第一、兼顾经济效益的经营理念，深入挖掘故宫博物院的优秀传统文化元素，推出自己的文化创意产品，把故宫传统的文化元素植入时尚新潮的当代工艺品中，使产品能够具有故宫特色，同时也努力满足不同消费者群体的多层次需求，让更多的人通过文化产品来了解和喜爱故宫文化，以及故宫文化所代表的中国传统文化。故宫博物院努力维护“故宫”、“紫禁城”文化产品品牌，并以此延续文物藏品的鲜活生命，传递博物馆的文化信息。“我们希望让故宫的每一件文化产品都成为优秀传统文化的承载者和传播者，使更多的观众能够心满意足地将‘故宫文化带回家’。”他说。

据单霁翔介绍，去年故宫参观人数为1530万人次，门票收入约7亿元人民币，文化产品收入约1.5亿元人民币。那么这笔收入用途是什么呢?单霁翔告诉记者，这笔收入首先是用于再研发投入。自主研发、自主创新现已成为博物馆行业所追求方向，文化产品研发投入是再循环的过程，需要稳定的研发团队协同配合，要注重质的突破和量的创造。新产品研发必须要建立完善的运营机制，从项目的提出、立项，到研发、投入必须以稳定的资金作为保障。故宫博物院始终本着社会效益第一的原则，注重传播和宣传。其次是用于补充事业经费的不足，改善开放和工作条件。对于越来越多的开放面积、越来越多的观众、越来越多的保护任务、越来越复杂的设施维护来说，不能单一地依靠国家财政的投入，经营收入也能在一定程度发挥补充作用。第三是作为专项奖励基金。例如，在今年5月18日国际博物馆日当天，故宫博物院开始推行“无烟故宫”的建设活动，为鼓励全体员工不在紫禁城内吸烟，专门设立了禁烟防火安全专项奖，对在禁烟工作中表现突出的员工给予一定的奖励，这部分奖金就出自该院文化产品经营的收益。

（《中国文化报》，记者刘修兵，2013年8月29日，第8版）

故宫博物院院长透露：武警将会接管故宫防卫

据央视报道，近日，一段名为“实拍多名游客故宫内群殴”的视频在网上广泛传播，引发网友和媒体对故宫安保问题的关注。针对此情况，故宫博物院院长作出回应，称故宫称将全面引入安保机制，武警有望驻防。

9月3日，“实拍多名游客故宫内群殴”视频开始在网上广泛传播。视频中，多名游客扭打成一团，上演了一出火爆的“宫斗戏”，但在互殴过程中始终未见故宫安保人员维持秩序。对此，不少网友质疑故宫管理存在安保漏洞。对此，故宫博物院院长单霁翔在接受央视记者采访时表示，目前故宫的安保力量的确过于薄弱。他说：“我们的安保力量像撒芝麻盐一样，确实太薄弱。像这次事件发生的时候，打架一分钟的时间不到就结束了，我们安保人员都来不及赶到这，没能有效制止。”

据了解，故宫博物院保卫处现有人员273人，其中正式员工158人，派遣制员工115人(含10名实习学员)。而目前，专门从事维护观众参观秩序的只有一支53人组成的保安队伍，远远不能保障故宫博物院1.06平方公里范围内的观众安全。对此，单霁翔表示，将在今年“十一”前全面引入安保机制。他说：“由于中轴线聚集了故宫80%的参观者，故宫将引进社会优质安保力量正式进入中轴线地区。同时，我们也集结志愿者，进行观众的疏导与警戒。”除了引入安保机制外，单霁翔称，武警也有望驻防故宫，参与安保。他说：“我们正在向公安部、武警总队申请。已经给出原则答复，武警将会接管故宫的防卫。”

（中国新闻网，2013 年 9 月 6 日）

单霁翔：把壮美紫禁城完整交给下一个六百年

约故宫博物院院长单霁翔的专访，很多情况下，记者会收到一份详细的书面答复。没时间在办公室安静受访，单霁翔倒是每个工作日都有故宫博物院的日常巡查行程。从位于神武门西边的院长办公室出门向西，逆时针方向行走一圈大约4公里，大概需一小时。为了面谈，近日，中国新闻社记者预约跟随了一次这样的巡查，边走边聊外界近来关心的故宫话题。

周一是否全天闭馆?2012年，故宫开始实行淡季周一半天闭馆，今年4月1日起正式实行全年周一(法定节假日和暑期除外)闭馆。“大部分观众是支持的，但是矛盾也不可避免”，单霁翔表示，闭馆过程中最大困难在于闭馆前的清场，一方面故宫面积大，另一方面有观众认为开馆半天不应收全天门票，因此不理解不配合，甚至与工作人员产生矛盾。“我们工作人员都是排着队在神武门送游客出去，如果碰到下大雨，就一个个打着伞送出去，一线员工真的非常不容易。”事实上，按照国际惯例，世界各大博物馆都实行周一全天闭馆。单霁翔表示，如何在开放参观与闭馆维护中找到平衡点，是故宫目前应该考虑和解决的问题。“我们希望争取用3年时间，通过‘平安故宫’工程的实施，有效缓解目前存在的防火、防盗、防雷、防震、防踩踏等方面的重大安全隐患。也希望能争取更多时间，比如研究是否可以实行周一全天闭馆，来推动该工程的顺利开展。”

公开场合为何数度落泪?曾在国家文物局局长这个位置上历练过十年之久，按理单霁翔早该练就喜怒不行于色。但是上任院长一年多来，他在公众场合三次落泪。一次是看故宫人排演的、反映故宫文物南迁话剧《海棠依旧》，另外两次是与媒体谈及故宫职员为安保付出艰辛却不为游客理解所受委屈。“根本原因是人老了，容易动感情”，他这样打趣自己。“在故宫混日子很容易，熬着呗!要做点事儿就很复杂”，他拿公众质疑的翊坤宫玻璃被砸事件为例说道：我们就有几个纠结，设不设一米线、要不要原样陈列，当年就是这样临窗放在条案上，“既要符合宫殿式博物馆的展陈需要，又要保证文物安全和人性化参观需要”。“我们不怕有问题被报道，但希望是公正报道”，他坦言很多措施都是在媒体曝光后，院里顺势解决问题，例如游客在铜缸上刻字、故宫值班人员玩手机、翊坤宫被砸玻璃等，随后都采取了相应举措。“对这样的报道我们心存感激，受益匪浅，但是反感不实报道”，例如今年“故宫工作人员踹老太太”的不实报道，单霁翔直言让“故宫人”很受伤。

如何迎接紫禁城600年?“把壮美的紫禁城完整地交给下一个六百年”，这是单霁翔接掌故宫博物院院长以来说得最多的一句话。2020年紫禁城就要迎来600岁的生日。届时，两项史无前例的重要文化遗产保护工程——“故宫整体修缮”工程和“平安故宫”工程都将在这一年完成。如，红墙内9处办公地点全部迁出，实现故宫开放区域从目前40%升至72%；长期作为施工备料场的南库区域，将恢复历史风貌，集中存放家具文物藏品，进行仓储式保护展示；已经开始修缮的午门雁翅楼竣工后，将与午门展厅形成一个2800平方米的大型展区……“想象一下，那是多么恢弘的景象，应该是世界上最好的展厅了，连着廊子，观众都不用走露天”，站在午门城楼下，看着被脚手架围着的雁翅楼，单霁翔不禁感慨，“就快实现了！”“我来这里已经1年8个月了，再过一年8个月，差不多这些就都实现了，看着遥远，其实日子过得很快。”自2012年初接掌故宫博物院至今，每天的巡查已经让他走坏了20多双布鞋。

采访结束之际，记者问他到退休之时将作何打算?单霁翔认真地说：“来故宫，当志愿者。”

（中国新闻社，记者应妮，2013 年 9 月 22 日）

“十一”参观故宫 院长建议错开高峰日 网上购票

“建议错开10月2日至10月4日的参观高峰期，并且尽量采用网上预约方式购买门票。”再过几天，故宫博物院又将迎来一年中观众参观的最高峰——“十一”黄金周，故宫博物院单霁翔院长特别为广大观众提供了10条参观建议。单霁翔介绍，故宫博物院每逢旺季来临，参观人数大大增加，特别是在重要的节假日，例如“五一”、“十一”和暑假期间，参观人数常常能够达到10万人左右，尤其是去年的10月2日，甚至达到了18.2万的历史最高值。巨大的人流压力不仅给观众安全带来极大隐患，同时也会严重影响观众参观过程中的舒适度。

“例如观众排队购票时间会延长，原本承诺的排队时间不超过15分钟，在假日高峰时段也会难以保证，在观众异常集中的中轴线上，许多区域可能会拥挤严重，许多服务设施也会因为巨大流量而无法满足观众需求，例如虽然将增加相当数量的临时厕位，但不可避免的仍然会出现上卫生间排长队的现象，观众的餐饮、休息都会变得比往常困难。”对此，单霁翔院长表示，根据以往接待观众的实际情况和亲身感受，在今年“十一”黄金周到来前夕，特别为广大观众提供10条建议：

第一，七天中错开高峰日。在“十一”黄金周的七天中，观众往往集中在10月2日至10月4日，这三天的参观人数占七天总人数的60%以上。而在10月5日至10月7日，参观人数会明显下降，希望大家错开高峰日，合理安排参观故宫博物院的时间。特别提醒观众的是，除10月7日周一下午不闭馆外，9月30日也适逢周一，故宫博物院将暂停原有下午闭馆措施，正常开放，以方便观众参观。

第二，一天中错开高峰时段。每天故宫博物院的参观人数变化呈现一定的规律，从7:30（10月1日至5日为7:30，6日至7日为8:30）开门到16:00止票，人流集中的时段主要在11:00至15:00，一头一尾参观更加舒适。

第三，尽量采用网上预约方式购买门票。故宫博物院增设售票窗口之后，尽量保证每位观众能在15分钟之内买到票，但是当极端观众流量涌来时，也难以得到保障。希望前来的观众能够通过网上预约购票，免去排队买票的辛苦，凭二代身份证通过预约票入口快速安检进入，既节约时间，又节省精力。而且从9月27日起，网上预售退票功能也将开通，使用更加方便。

第四，轻装出行，节约安检时间。故宫博物院已经全面“禁烟”，打火机等火种禁止带入院内。新的安检设施已经投入使用，据实际观察，目前每一位观众的安检时间约为15秒钟，如果观众过于集中会发生排队现象，希望观众不要携带易燃易爆等危险品，以免延长安检时间，造成不必要的麻烦。

第五，错开人流密集的中轴线。很多前来参观的观众都为了领略紫禁城建筑之美，沿着中轴线一穿而过，往往忽视了两侧殿宇中陈列的精美展览。例如新开放的皇家藏书楼文渊阁，文华殿陶瓷馆、武英殿书画馆等区域相对观众较少，但绝对值得一看。请观众更多地关注故宫博物院举办的各类展览，不要错过了更多精彩的文化体验，看过之后，一定会更加感到不虚此行。

第六，人流密集区域防止踩踏事故。故宫博物院高台阶多，院落复杂，有很多狭窄的通道、出入口形成一个个“堵点”，观众人流集中时，几乎是人挨着人排队往前走，真可谓“摩肩接踵”，极易发生踩踏事故。国内外一些博物馆和景点曾经发生过此类事故，因此希望大家尽量避开人流过度密集的区域，不要在“堵点”滞留，保护自身安全。在此也呼吁广大观众珍爱文化遗产，避免发生不文明行为。

第七，咨询请到观众服务中心。修整一新的端门观众服务中心已经开放，为观众提供人工咨询、免费地图、饮用水、自助查询机、免费轮椅、医药箱、手机充电、针线包等服务，希望观众在步入故宫博物院之前，前来咨询获取更多信息，合理安排参观路线。

第八，参观时有突发事件请拨打求助电话。故宫博物院设有两个观众咨询中心，广播室可以帮助播放寻人广播，位置在景运门西南，箭亭医疗救护站有北京急救中心医生值班，负责处理观众急救事宜，有专人值班受理。

第九，提前登录故宫博物院官方网站获得最新信息。故宫博物院官方网站上有详细的开放、展览等最新资讯和服务信息，并推荐了数条参观路线，包括两小时参观路线、半日参观路线、一日参观路线等，请根据需要安排参观路线。

第十，请注意天气情况，做好出行准备工作，保证参观过程安全，心情愉快。

（人民网，记者许心怡，2013年9月28日）

单霁翔：教的是鉴赏能力不是直接看“值多少钱”

昨天，在台北参加“乾隆特展”的北京故宫博物院院长单霁翔接受京华时报专访时透露，北京故宫将开门办学，最大限度地发挥博物馆的社会教育功能。单霁翔介绍，故宫博物院将与东城区政府合作，建“故宫学院”。东城区政府已经同意在北京国际职业教育学校挂牌成立故宫学院。据介绍，该校教学培训设施齐全，有30间教室和阶梯教室等，将来“故宫讲坛”也准备移到这里举办。故宫学院的教学除了内部的各项培训外，还面向业界和社会。教学内容发挥故宫博物院在文物鉴定、研究、保护等领域的优势。培训内容包括古建筑保护、文物鉴定、馆藏文物科技保护、博物馆学知识等。

此前，媒体曾报道过故宫博物院专家到社会上鉴定引发的风波。单霁翔对此明确表示，将来故宫的培训，比如“鉴定培训”，是大量故宫专家学者把其一生的知识积累拿出来，教给大家如何提升对文物的鉴赏能力、理解能力，而不是直接看“值多少钱”。所有的培训都基于故宫学院非营利性的特点运营。单霁翔还透露，故宫出版社已经申请到国家社会艺术水平等级考试书画类的资格，建立面向全国书画学习者的技能培训与测评系统，中国的书法和绘画也将像英语、弹钢琴一样设置不同的级别，有关考级的相关培训也有望在故宫学院举办。

刚过去的“十一”假期，北京故宫再次创造了单日客流17.5万的年度纪录，这与此前测算的3万人的文物安全客流量相比差距甚远。对此，单霁翔透露，今年将采取措施将游客人流控制在1500万以下，希望明年能够降到1400万以下。今后两年故宫的目标是使开放面积扩大到65%。

单霁翔介绍，故宫博物院北院区项目已经完成规划构思，周界报警工程、宫廷园艺研究中心园林景观改造工程等开始实施。预计故宫博物院北院区开放以后，每年将迎来不少于300万的观众。据悉，故宫博物院北院区选址在海淀区上庄南沙河畔。整体规划用地47万平方米，一期工程准备安排12.5万平方米的建筑。其中最主要的是文物保护修复中心，旨在解决故宫博物院大量大型珍贵文物，例如家具、地毯、巨幅绘画等，因场地局限而长期无法得到科学保护和有效展示的问题，同时把文物修复的传统技艺，即非物质文化遗产保护技能展示给公众。文物保护修复中心规划面积20000平方米，其中5000平方米实现开放展示，公众可以参观文物藏品保护修复的过程。博物馆展厅规划面积55000平方米，加上文物保护修复中心，相当于一座大型博物馆。

问：请两位院长进行一下相互评价。

单霁翔：她是一个学者型的馆长，对于藏品非常了解，在当院长之前，对于文物保管现实状况经常搞调研，包括大陆很多地点。这种既有专业素养同时又有现实经验的履历是一个非常好的结合。

冯明珠：我觉得他平易近人，演讲很有魅力，“他的写作也是让我望尘莫及”，我觉得他执行能力很强。他具有做博物馆馆长的特质，刚毅果决又愿意聆听故宫同仁的声音。

问：在任期内，希望故宫实现什么样的发展？

单霁翔：我的理想用三句话概括：把一个壮美的紫禁城完整地交给下一个六百年，这主要涉及故宫的古建筑群的保护和服务环境的优化；实施平安工程，确保故宫平安；建设世界一流的博物馆，真正地让故宫走向故宫博物院。这需要在藏品的科学研究、保护，陈列展览水平、观众接待、文化传播能力、社会教育、科学管理等多个方面综合提升。

冯明珠：首先，两岸文化的交流，我会继续推动。第二，我们目前正在推动故宫南院亚洲艺术博物馆的建设。我当然希望在我的任内能够看到故宫南分院正式开幕。第三就是我们现在非常努力地推动大故宫计划：台北故宫博物院第六期的扩建。除了让参观的人数增加，还有就是解决展览陈列空间不足的问题。

问：作为故宫博物院的院长，需要具备什么样的素质？

单霁翔：酸甜苦辣都得承受。故宫博物院院长要能够包容，听取各界的意见，执着地设定目标以后强力推动。最基础的还是要热爱故宫。你不热爱它，你就不会为它动脑子，为它努力。

冯明珠：我觉得在台北故宫博物院做院长一定要积极做事，不能“原地踏步”，否则策划不出好的展览。心胸要开阔视野要辽阔，虽然我不是读博物馆学的，我也不是读艺术史的，但是我毕竟在故宫博物院历练了35年。

问：对于两岸故宫的发展，面临的最大压力是什么？

单霁翔：游客太多了，从文物保护的角度承受不了，负重太多。超量的观众涌进故宫，我们没办法遏制观众的增量。我们既不能提高票价又不能限制只要到8万人就关门，经济杠杆和行政手段都不行的话就只能有三个办法：提高安全防范水平、改善观众服务和扩大开放空间。

冯明珠：最严重的压力是我的工作人员不够。政府现在没有给我人手，给我的是加班费。如何让同仁们轻松一点执行他们的任务，是我现在的压力。我们现在单日的人流量已经达到了平均每天1.2万人，目前用人流管控。当展厅里面达到2500人就停止进入。必须等出一批人才能再进人。

问：有人说到了北京故宫主要看建筑，到了台北故宫主要看文物。您觉得这种说法对吗？

单霁翔：北京故宫是一个文化资源复合型的地点，它的文化职能特别多——既是世界文化遗产地，又是世界著名旅游目的地，还是博物馆，因为有着多重的属性，因此，来北京故宫博物院不只是看古建筑。

冯明珠：有一种说法是到台北故宫游览就是看“酸菜白肉锅”。实际上，无论是哪个博物馆不仅是看建筑、看文物，也应该追求一种文化教育的内涵。比如我们会跟学校联系，甚至介入他们教案的设计，把博物馆的资源编进去。

问：在两岸的故宫交流过程中，您认为哪些是可以分享或者借鉴的？

单霁翔：台北故宫一直是个现代化的博物馆，对游客、环境的管理很有经验，特别是他们在把博物馆的文化最大限度地融入到普通民众生活方面做了很多努力。北京故宫的研究成果应该跟他们更多地分享，两岸文化毕竟同根同源，我们的资料藏品比较多比较丰富，在文物藏品的修复方面，传统技艺的很多传承人在大陆，双方应该加强合作。

冯明珠：北京故宫有很多老师傅，对于古文物的修复方面值得借鉴。我们的教育工作值得分享，台北故宫的文物不能离开博物院，但复制品都会带到乡下展览。

（《京华时报》，记者张然、王海欣，2013 年 10 月 10 日，第 8 版）

单霁翔：积极探讨两岸故宫实现展览对等交流可能

"'平安聚瑞'是目前两岸故宫合作的真实写照"，刚从台湾返回的北京故宫博物院院长单霁翔13日接受中国新闻社记者专访时如是说，他表示正在继续积极探讨和台北故宫博物院实现展览对等交流的可能性。10月7日，单霁翔一行赴台湾出席两岸故宫联合举办的"十全乾隆——清高宗的艺术品味特展"开幕式，并进一步商谈未来的合作交流事宜。他表示，两岸故宫珍贵文物珠联璧合，完整性和代表性成为该展最突出的特点。"北京故宫所带来的展品，在数量上与内容上都恰如其分，可谓多一件则嫌富余，少一件则嫌不足，其原因就在于两岸故宫文物的互补性，是两岸故宫协商后合理的配置组合。"

单霁翔认为，两岸故宫院长的互访，充分反映了两岸故宫对深化彼此间务实交流的重视。互访的代表团成员均为重要部门负责人。双方交流已由2009年以来的相互摸底试探发展到了机制化和常态化的新阶段。"平安聚瑞"的典故出自今年4月单霁翔回访台北故宫，送的是郎世宁的《平安春信图》高仿品，冯明珠院长赠送给北京故宫的同是郎世宁的《聚瑞图》高仿品，双方以"平安聚瑞"来形容当时的会面。他说，双方正在积极策划2015年两岸故宫共同纪念建院90周年活动，促成在两岸故宫先后举办"故宫珍藏历史照片特展"以及同时举办相关主题文物特展及学术研讨会，以及推进两岸故宫与国家图书馆关于"天禄琳琅"善本再造的合作。

一直以来，由于名称载示和文物的司法免扣押等问题尚未解决，两岸故宫的交流活动也一直存在诸多困扰，目前只能保持展览的单向交流。单霁翔透露正在继续积极探讨和台北故宫实现展览对等交流的可能性。但这不是仅靠两个博物馆的努力所能办到的，需要社会各方面的关注和支持。"两岸故宫的收藏同根同源，代表了中华民族文化的精髓，是所有中国人的骄傲。如果说经贸往来使两岸民众手拉手的话，那么文化交流将使两岸民众心连心。"言及此，他眼中的殷殷之情尽现。单霁翔以《清明上河图》为例，北京故宫珍藏有宋代张择端所绘的《清明上河图》，而台北故宫藏有清院本《清明上河图》，"我希望有朝一日，两岸故宫的所藏不同版本的《清明上河图》能在北京合璧展出"。

（中国新闻社，记者应妮，2013年10月13日）

明年去故宫北院可赏宫廷园艺

明年底，位于海淀区西玉河区域的故宫北院区将局部对外开放，之前一直未对外展出的宫廷园艺将在北院向市民开放。昨日，“故宫博物院北院区”首次向媒体开放，北院区的首个工程——“宫廷园艺研究中心园林景观工程”当天启动。据介绍，“故宫博物院北院区”项目是“平安故宫”工程的重要组成部分。北院区建在故宫博物院原有的海淀区西玉河基地周围，计划用地面积为47.6公顷，将进行多功能的分区使用，包括文物修复与展示中心、故宫文化传播中心、宫廷园艺中心、科技保护研究中心等。

宫廷园艺研究中心园林景观工程项目占地面积约55000平方米，分为办公教学区和养殖区两个区域，其中养殖区占地面积约41000平方米，整个工期233天。故宫博物院院长单霁翔表示，该项目完成后，对于改善故宫博物院院内现有园林花卉的养护条件，确保特色植被的延续，深入挖掘和传承宫廷园艺技术等方面具有重要意义。

据介绍，故宫北院区建成后将重点承担3大功能，一是文物保养及抢救性修缮。以确保这些国家珍贵文物得到及时、科学的保护，使更多的文物与观众见面。二是展览展示功能。为在紫禁城内不好展示或无法展示的特殊文物，如大型家具、地毯、巨幅绘画等，提供现代化的保护与展示相结合的空间。三是宫廷技艺传承与人才培训。在这里的传统工艺工作室将对外开放，将把文物的修复过程，即非物质文化遗产传统技艺展示给公众。单霁翔说，故宫北院区全部建成需要3－7年的时间，将采取建成一部分，开放一部分的办法，让更多观众看到故宫更多精美的文物。预计明年年底，北院区将向市民开放，市民将可率先欣赏到之前一直未对外展出的宫廷园艺。

“速度好快啊。”今年4月份，台北故宫博物院院长冯明珠第一次听单霁翔说起建设“故宫北院”的事情，昨天来到北院区现场的冯明珠被眼前的景象惊呆了。“本来想象这应该还是一片荒芜的地方，没想到很多地方都已经齐备了，非常羡慕。”冯明珠笑称，台北故宫也在推一个南院工程，但历时12年还在打地基。昨日，单霁翔客串导游一职带着冯明珠参观了已经建成的文物修复与展示中心，在那里，单霁翔向冯明珠详细介绍了官式古建筑营造技艺。之后，又带冯明珠参观了故宫博物院北院区的花卉养殖温室。记者看到，这里先期建成的两个花卉养殖温室已经投入使用，根据植物生长的不同需要设置成2种温度，室内绿意浓浓，菊花斗艳。

记者：为什么会先启动“宫廷园艺研究中心园林景观工程项目”？

单霁翔：在故宫博物院北院区中有50000平方米是故宫博物院原有用地，其他地方还需要办理征地手续，这个项目就率先开工了。故宫博物院里一直有7座大花房保存研究这些园艺技术，但是北京中心城区热岛效应加剧以后，这些传统的植物、花卉的研究和生长的环境与过去有很大不同，我们还是决定把它们移植到大自然当中。

记者：这些宫廷园艺今后会对公众开放吗？

单霁翔：今后都是要对公众开放的，传播宫廷园艺研究的成果和技术。

记者：故宫北院今后会是故宫红墙的一个扩容吗？

单霁翔：随着紫禁城参观人数的增加，参观面积也在不断地扩大，故宫博物院北院区首先承担了人员疏散和文物保养、修缮的功能。

记者：北院区会承担文物展示吗？

单霁翔：故宫的文物藏品多，观众也多，大量的文物还没有机会面世，特别是体量大的文物，我们会在北院区开设5万到6万平方米的展示空间，大型的、主题鲜明的、有震撼力的展览就会成批地进行展示。

记者：北院区最早什么时候对公众开放？

单霁翔：北院将建成美丽的园林式的博物馆建筑，会分批建设分批开放，明年年底我们最先开放宫廷园艺，市民可进花房参观园艺，也能参观文物修复。

记者：北院有四个窑洞今后会如何处理？

单霁翔：这些窑址叫崔家窑，明代两个崔氏兄弟在这儿烧砖，到清代的时候，指令为宫廷烧琉璃窑，一直烧到1998年。1998年进行环境整治被叫停，今后作为遗址向市民进行展示。

记者：北院是否会收取门票？

单霁翔：文化文物系统的博物馆，只要不是利用古建筑的，都应该免费开放的，故宫博物院北院区今后也应该享受国家博物馆免费开放政策，也会实施对社会公众的免费开放。

（《新京报》，记者杜丁，2013年11月10日，第A06版）

单霁翔：今年故宫观众数量有望控制在1500万以下

故宫博物院院长单霁翔今日在“2013北京国际民间友好论坛”开幕式主旨发言中表示，今年故宫博物院的观众数量有望控制在1500万以下，希望明年降到1400万。

据单霁翔介绍，2002年故宫博物院的观众数量是700万，世界第二，第一多的是卢浮宫博物馆，当年800万。10年过去以后，2011年故宫博物院的观众突破1400万，成为世界上唯一观众数量超过1000万的博物馆，去年又达到了1530万。观众最多的一天是去年10月2日，达到18.2万。今年故宫博物院的观众数量有望控制在1500万以下，希望明年降到1400万。

单霁翔表示，今年国务院批准了“平安故宫”工程。故宫博物院增开了售票窗口，确保大多数观众能在三至五分钟内购买到进入紫禁城的门票。故宫博物院对端门广场上很多小商小贩、一些格调不高的展览进行了清理，在广场上制作了可以坐1000人的椅子，为来自各地的观众服务。

单霁翔说，端门广场使用以后，午门广场就获得了解放。过去午门是每年1500万观众都要走的门，但是过去中间这个门是走贵宾的，不走普通观众，购票的观众只能走两边的门，非常拥挤。现在三个门全部都开放走普通观众，贵宾和观众一起进入故宫博物院。过去验票口有很多铁栅栏，人们往往要排队进入，安检则是在门洞里面的两个小亭子，堵住了1/3门洞，影响观众通行。今年在两侧设立了新的安检和验票设施，每边9组共18个，就不再拥挤。据观察，观众从开始购票到进入故宫博物院大约10分钟到15分钟就可以完成。

（中国网，2013年11月14日）

故宫环境整治经验受推广

11月13日，北京市旅游委在故宫博物院召开市旅游景区环境秩序整治工作现场会，对故宫博物院公共服务设施建设及周边秩序整治工作进行现场观摩和经验交流。

故宫博物院院长单霁翔在会上说，近年来，故宫博物院通过加强公共服务设施建设、引入社会安保机制等措施，服务质量以及门前秩序明显好转。一是加强端门广场服务设施建设，比如售票窗口由原来的16个增加到30个，并合理规划窗口位置，大大缩短观众排队时间，打击违法倒票行为；建设端门观众服务中心，为参观者提供讲解咨询、自助查询、饮水休息、免费轮椅等服务；增设端门西朝房南侧卫生间，建设端门西朝房“故宫商店”，增设可供600名观众休息的座椅等。二是午门广场新增安检设施，安检通道增加，由原来的“两机两门”变为现在的“六机十二门”，检票通道由原来的12条增加到20条，缓解了高峰时段检票口的压力，且在东西掖门分别设置了两个备份安检通道作为应急通道；安检人员由12名安检职工变为暑期96名安检保安人员和旅游淡季64名安检保安人员的工作模式。三是引入社会安保机制，今年10月1日至7日，每天增设195名安保力量，并借用95名武警和20名消防战士，有效维护现场秩序和疏导观众。

景区环境与周边秩序等旅游基础建设情况，是长期困扰北京市旅游管理部门、旅游经营者以及游客游览质量的大问题。为此，北京市旅游委今年4月启动了故宫博物院等6个重点景区周边一公里综合整治工作方案。规范整治工作取得了初步效果，今年国庆节期间，经受住了大客流的检验。尤其是故宫博物院单日接待峰值达17.5万人次，观众游览有序、服务质量保持较好水平，实现游客零投诉，未出现安全事故。

（《中国文化报》，记者刘修兵，2013 年 11 月 14 日，第 1 版）

故宫“微服务”探秘：为何故宫“没有堵点”？

一年接待上千万游客的热门景区如何应对压力？故宫博物院的答案是：从细节做起，抓好“微服务”。记者近日来到故宫一探究竟。

作为中国最著名的5A级景区之一，故宫近三年年均接待游客1400多万人次，日接待游客最高峰值达到18.2万人次。盛名之下，故宫的“微服务”却鲜为人知。13日，北京市16个区县及4A级以上景区负责人现场观摩了故宫的管理服务。“‘十一’黄金周7天来了71万人，但是故宫没有堵点。”故宫博物院院长单霁翔解释，游客以前只能从午门两侧的入口进入，现在把中间的大门也开放了，这是故宫“没有堵点”的原因之一。“中间的大门”曾是贵宾通道。“现在贵宾和游客都走一样的门，外国元首来参观也不例外。”单霁翔说。

在故宫，类似打开“中间的大门”的“微服务”随处可见。比如验票通道由原来的12条增加至20条；安检通道由原来的“两机两门”变为“六机十二门”；安检人员也由故宫职工改为专业保安人员，人数增加几倍，游客可以快速“过关”。在安检中，故宫每天要收到上万个打火机，这些打火机由专人运到出口供游客离开时取回，“微服务”之贴心可见一斑。单霁翔笑着说：“现在我们基本每天能保持打火机的收支平衡。”

从天安门广场来的游客中，约有60％会进入故宫参观，还有一些人会在故宫门口落脚小憩，过去没有坐椅，只能席地而坐。故宫目前正抓紧改造端门区域的设施，已安装可供600人休息的坐椅。工程完工后，这个数字将增至1200人。尽管不是旅游旺季，但故宫午门的游客仍然不少，置于广场两侧的垃圾桶十分明显。记者在现场停留几十分钟，没见到乱扔的废纸或矿泉水瓶。在服务细节上，故宫花了很多心思。“不少游客从天安门广场过来找洗手间，我们就把一个员工食堂改为洗手间。假日人多时，东侧的洗手间还会全部改为女厕。”单霁翔说。

在售票处，窗口由原来的16个增加到30个，大大节省了游客排队时间。单霁翔说，现在售票口通常能保证98％的游客3分钟内买到票，即使在黄金周最长也不会超过15分钟，“票贩子没了，游客也不会在逛故宫前就耗费太多体力”。过去，游客只有购票进入故宫才能买到纪念品，十分不便。单霁翔说，根据游客建议，纪念品商店已设置在故宫大门外，还研发了4000余件纪念品，例如宫廷娃娃、宫廷手机壳、宫廷行李牌等，既不失历史文化底蕴，又增加了趣味性。

故宫的讲解器也颇具“微服务”特色。目前讲解器分为王刚讲解的普通话专家版、鞠萍解说的少年版等多个版本，共40种语言，连粤语、闽南话都包括。“这是世界上最先进的讲解器系统，大都会博物馆、卢浮宫博物馆也就十几种语言。我们每年还会对讲解器的使用做调查改进。”单霁翔说，为了节省游客办理时间，故宫的讲解器不收押金，只在出口处进行探测检查，平均每天要丢5部。

记者看到，故宫门口的观众服务中心提供免费饮水、地图以及手机充电，并配有提款机和老弱人士专座。此外，故宫从今年5月开始禁烟，这首先要约束全体员工中的400名烟民。“经过动员，再没有员工在故宫内抽烟了。”故宫博物院现有9个部门在红墙内办公。单霁翔说，未来文保科技用房建成后，办公部门将全部搬至9米高的红墙外。为了继续增加游客承载量，故宫还将于2015年开放包括慈宁宫、寿康宫等在内的西部地区。单霁翔说，这里曾是“女性的世界”，其中有很多花园和佛坛，现正在修建配套。此外，内务府区域也将逐步开放。目前故宫开放地区仅有52%，计划在2020年提升至76%。另外，东华门正在修缮，游客今后可以从东华门登上城墙直通角楼、午门。未来，故宫大约会开放六分之一的城墙，带给游客从未有过的体验。

国家旅游局日前将“游客为本，服务至诚”作为中国旅游行业核心价值观，并在全行业推出。北京市旅游委主任周正宇认为，这把旅游业应该围绕什么做工作说得很清楚。旅游法实施以来，提升行业水平有了参照依据，从故宫的服务细节不难看出，围绕“以游客为本”，旅游行业可做的事还有很多。

（新华社，记者郭宇靖，2013 年 11 月 15 日）

绍兴古运河至今仍生机勃勃 重建水城有着人无我有的独特资源

绍兴古运河至今仍生机勃勃，它丰富的文化遗存和齐全的运河功能，更有自己的独特性。昨天上午，北京故宫博物院院长、中国文物学会会长单霁翔在接受本报记者专访时这样称赞绍兴古运河。

这是单霁翔再次接受本报记者的采访。2008年6月23日，时任国家文物局局长的单霁翔第一次接受本报记者的专访。当时，绍兴古运河还未纳入中国大运河申报世界文化遗产范畴。“绍兴古运河应尽快纳入中国大运河申报世界文化遗产范畴。绍兴的古运河和城市有着自己独特的历史文化和自然特色，它属于中国大运河整体的一部分。这种自然和特色构成了绍兴古运河自己独特的文化。”他当时在接受本报记者专访时这样说起绍兴古运河。他认为，浙东运河是连接世界的“水上丝绸之路”，没有浙东运河，中国大运河申报世界文化遗产就不完整。在单霁翔的“一锤定音”下，当年，以绍兴古运河为主体的浙东古运河纳入了中国大运河的申报世界文化遗产范畴。

单霁翔已于去年调任北京故宫博物院院长，他仍十分关心中国大运河申报世界文化遗产工作。前天晚上他匆匆来到绍兴，出席中国大运河水利遗产保护与利用战略论坛。他是抱病来绍兴参加会议的，当天晚上他还发了高烧。昨天上午，他再次就绍兴古运河话题接受了本报记者的专访。他谈起中国大运河申报世界文化遗产工作时，对浙东运河绍兴段特别推崇，认为它最大限度地保留了历史文化的信息，成为独特的文化线路和文化景观。

单霁翔说，中国大运河的申报世界文化遗产是一个过程，一开始人们关注的是京杭大运河，以后大运河申报世界文化遗产不断扩容，又将其改名为中国大运河。隋唐年间的古运河，是中国连接世界的“陆上丝绸之路”，浙东运河则是中国连接世界的“水上丝绸之路”，没有浙东运河，中国大运河的链条就不完整，也不符合历史的事实。有了浙东运河的加入，整个大运河的网络就显得完整，西边沿运河可通达罗马，东边沿运河可到达东南亚再通达世界各国。

单霁翔说，浙东运河与别的地方的运河不同，隋唐运河如河南、安徽等地的运河现已失去了原有的功能，仅留下文物保护的价值，防洪、交通等功能都已失去。而浙东运河仍然生机勃勃，舟行栉比，樯橹相连，运河功能齐全。浙东运河不是单线的，而是复线的，沿河水道呈网状分布，因此它比别的地方的运河更丰富多彩。

单霁翔说，浙东是经济高速发展的地区，浙东运河也在不断地完善与改善。浙东运河面对的是城市建设、城乡发展的难题，运河沿线的自然生态与文化遗产的保护难度更大。特别是在中国大运河申报世界文化遗产以后，更要注重保护大运河沿岸的自然与文化。运河两岸自然与文化的高度融合是一种特色，这种特色正是城市的魅力，保护好这种特色，城市也因此会光芒四射，如果保护不好，城市的发展也会有很大的压力。单霁翔对大运河有着很深的情结，在任国家文物局局长时，他撰写了大运河申报世界文化遗产等有关提案，并沿途踏看中国大运河情况，他对绍兴古运河丰富的历史文化遗存十分重视。

听说绍兴正在重建水城，单霁翔十分高兴。他说，绍兴重建水城就是更好地保护历史，体现绍兴的历史性真实性。绍兴要把原有的东西保护好，通过立法和其他方式保护好绍兴的古运河，保护好绍兴的水资源。绍兴古运河一带河网纵横，人与自然的创造十分突出。运河边的古城、古镇、古村都是运河的组成部分。在城市发展中，运河是城市的积极因素，应该将其作为优势而不是包袱。运河和古城、古镇、古村交相辉映，这是城市文明的生动呈现。古城、古镇、古村是水城中独特的资源，绍兴重建水城有着人无我有的独特资源。

（《绍兴晚报》，记者周能兵，2013年12月1日，第2版）

单霁翔：时下的博物馆建设倾向重数量轻质量

“目前，我国各地博物馆建设高潮迭起，极大地改善了博物馆的基础设施条件，但是不可否认，在‘博物馆热’中，存在着重数量增长、轻质量提升的倾向。”12月1日上午，故宫博物院院长、中国文物学会会长单霁翔在河北省博物馆参加了“文化河北·创新设计”跨界学术论坛。

单霁翔认为，“博物馆热”的主要问题包括重建设速度，轻功能保障；重新奇造型，轻地方特色；重硬件投入，轻管理支撑等方面问题，严重影响博物馆社会作用的有效发挥。单霁翔说，目前全国至少有六七个城市，在政府工作报告中提出要建博物馆之城，在三至五年内要打造100座博物馆。“这种做法犹如‘大跃进’运动!我非常反对这一做法。”

“博物馆馆舍应该具备独特的文化意义，有它的文化责任，蕴含鲜明的文化主题，阐述丰富的文化理想，创造独特文化共建，形成优美的城市景观。”单霁翔表示，2006年“五一”受河北省领导之邀，来看河北省博物馆改扩建方案，自己一眼就看中了现在实施的方案。河北省博物馆新馆的建设既尊重了原来的建筑特点，又在此基础上有所创新，在外观不奇特的情况下，将老馆和新馆有效衔接起来，守住了博物馆在城市中的突出地位，给人一种深刻的文化印象。“一个得体的博物馆，应该是一个长存于世的典范。博物馆在今后的岁月中给人们的应该是一种文化的感受，它不仅是一个文化的殿堂，更应该是城市的客厅，人民生活中的一片文化绿洲。”

博物馆是珍贵文物最密集的汇集地，然而社会和自然环境的变化，使文物藏品遭受自然和人为损坏的威胁不断增加。单霁翔表示，其中，博物馆文物藏品家底不清、保管环境质量不佳、安全保护状况不利、保护管理水平不高等问题，长期困扰博物馆文物藏品安全，成为迫切需要解决的问题。博物馆藏品是博物馆的生存之基、发展之本，改善文物藏品保护环境，提升文物藏品管理水平，是博物馆工作的首要任务，也是博物馆发展的永恒主题。“只有强化预防性保护理念，开展馆藏文物环境控制、藏品病害检测分析、保护修复技术研究，才能提升博物馆藏品的保护水平。”

同时，要加强文物科技保护的研究，对文物进行个性方案的制订。单霁翔说，对于博物馆来说，还要加强抗震处理。“今年对故宫博物院4个库房进行了实验性抗震处理，后年所有库房将全部完成抗震性处理。”单霁翔表示，博物馆发展应注重引进和合理运用现代科学技术，搭建开放的高水平研究平台，加快研究成果的应用转化，以科学技术创新，推动博物馆的管理创新和工作创新，使各项活动的科技含量不断增加，有效提升藏品保护、文物修复、陈列展览、安全保障、社会服务和运营管理的整体水平。

目前，不少博物馆的陈列展览缺少专业研究成果的支撑，选题缺乏新意，主题提炼不足，展示手段陈旧，内容枯燥乏味，形式相似雷同，不易为观众所理解，难以形成共鸣。

“一些博物馆陈列展览一味追求‘大手笔’、‘大制作’、‘高投入’，结果往往造成高成本、低质量。”单霁翔如是说。单霁翔建议，博物馆的陈列展览应提倡精品意识，实现设计严谨，构思独特，材料适用，造价合理，施工精细，增加文化内涵和科技含量，力争达到思想性与观赏性、学术性与趣味性、知识性与互动性的完美结合，使陈列展览变得生动、有趣、亲切、丰富，容易被观众接受。

单霁翔表示，目前，一些博物馆的社会服务力量薄弱，不能全面、系统、持久地了解、分析与研究观众的需求，往往忽视服务社会功能的延伸和拓展，一些博物馆文化活动脱离现实生活，难以贴近社区居民，一些博物馆过分追求经济效益，使博物馆内的文化气息单薄，不能为参观者提供亲切平等的氛围。博物馆的社会服务，是社会评价博物馆工作质量的重要依据，“为社会和社会发展服务”的战略方向，将博物馆从自我封闭引向开放。“博物馆应立足自身使命和功能定位，强化服务意识，充实服务内容，提升服务水平，拓展服务空间，提高参观愉悦度，从重‘物’转变为‘人’、‘物’并重。”

博物馆观众呈现出多元化特征，博物馆市场营销也必然表现出多样化趋势。单霁翔表示，博物馆在不影响核心使命完成的情况下，根据博物馆各自特点，深入挖掘产品文化内涵，开展与博物馆主题密切结合的项目，让人们“把博物馆文化带回家”，才是促进博物馆社会价值实现的有效和现实之路。“我觉得凡是能够不伤害文物，不影响别人参观的，可以将文物留到自己的相册里面。”“目前就整体来讲，博物馆粗放运行管理方式尚未根本改变，自主创新能力不强，体制机制等深层次矛盾亟待解决。”单霁翔表示，一些博物馆工作效率低下，方法墨守成规，作风松散拖沓；一些博物馆规章制度不健全，岗位职责不明确，人员结构不合理，这些情况严重束缚和阻碍着博物馆事业的正常发展。

在新的世纪，博物馆事业的可持续发展，既需要良好的外部环境，即管理体制上的有力支撑，又需要良好的内部氛围，即运行机制上的创新改革。同时，面对带有普遍性的问题，必然涉及博物馆的绩效评价机制、资源筹措机制、组织激励机制等方面的全面提升。“今天，面临城市化加速发展进程，面临持续的大规模城乡建设，人类社会珍贵的文化记忆以前所未有的速度消失。”单霁翔说，博物馆不能再囿于传统框架，不能再将博物馆的活动空间和影响范围，循规蹈矩地限定在馆舍之内或有限领域，而应该努力将更多的文化遗产纳入抢救保护之列。

单霁翔说，目前，故宫博物院制定了《故宫保护总体规划》，彻底消除安全隐患，以保护故宫的真实性和完整性。据了解，故宫博物院将建设北院区，新院区选址在北京郊区。整体规划用地47万平方米，一期工程准备安排12.5万平方米的建筑。其中最主要的是文物保护修复中心，主要是解决故宫博物院大量大型珍贵文物，例如家具、地毯、巨幅绘画等，因场地局限而长期无法得到科学保护和有效展示的问题，同时把文物修复的传统技艺，即非物质文化遗产保护技能展示给公众。文物保护修复中心规划面积20000平方米，其中5000平方米实现开放展示，公众可以参观文物藏品保护修复的过程。

单霁翔表示，过去的十年间，故宫博物院参观人数由2002年的700万人增加到2012年的

1530万人，人数增加一倍多。在区域方面，第一次来故宫的普通观众，总要沿着中路参观，中轴线上观众格外集中。“这种时间和空间上的不均衡，正是故宫遗产保护与开放的矛盾所在。与此同时，如何提升参观质量成为了社会的期待。”故宫西部区域将继续增加开放面积，其中，慈宁宫将作为雕塑馆开放，宁寿宫将作为石鼓馆，展示十面被称为“国宝中的国宝”的珍贵石鼓。开放面积将由过去的30%增加到目前的52%。“争取到8年以后，故宫开放面积将达76%。”单霁翔说，从30%到76%开放面积的扩大，将能最大限度地保留文物气息，不改变文物原状，进行文物传承。

（燕赵都市网，记者张清华，2013年12月2日）

单霁翔：会馆在经济社会发展中留下不可磨灭的一页

昨天下午，由中国文物学会、宁波市文化广电新闻出版局主办，宁波市文物保护管理所承办的庆安会馆建馆160周年暨2013中国会馆保护与发展研讨会在庆安会馆举行，中国文物学会会长、故宫博物院院长单霁翔以及来自北京、上海、重庆、澳门等地的会馆代表和专家70余人参加了研讨会议。

单霁翔认为，会馆在经济社会发展中，留下了不可磨灭的一页，他说，在中国明清时期的都市中，会馆作为同业、同籍工商行帮机构和同乡居停聚会场所，促进了地方经济的发展，也促进了外乡移民与当地社会的融合，对于保护工商业者自身的利益起了一定作用，当时北京就有各地会馆400余所，形成了大片的会馆区。而在近代史上，会馆与政治文化有着紧密的关系。比如孙中山先生曾五次来到北京湖广会馆，在那里召开了国民党第一次大会，宣布了国民党的成立；从1912年5月开始，鲁迅先生住进北京南半截胡同的绍兴会馆达8年之久，写下了《狂人日记》、《孔乙己》和《药》等名篇；1920年2月，毛泽东来北京后曾居住于烂缦胡同的湖南会馆。

单霁翔对庆安会馆融入城市文化建设，融入市民文化生活的举措予以肯定。他表示，拥有着160年历史文化积淀的庆安会馆依托其所承载的妈祖文化、会馆文化、海洋文化和地域文化，通过陈列开放、学术研究、惠民活动三位一体的宣传展示，成为“海上丝绸之路”、“大运河”文化遗产的重要标志，让宁波市民零距离感受文化遗产的魅力与精彩，形成尊重历史、尊重文化遗产的情怀，古老的会馆正逐渐焕发新的活力，有了更为广阔的发展空间。

（《宁波日报》，记者陈朝霞，2013 年 12 月 9 日，第 A8 版）

故宫博物院院长：故宫行政级别“非常可笑”

昨天，故宫博物院院长单霁翔在清华大学开讲座时透露：故宫即将开放后妃太妃寝宫集中的西区，一方面是考虑到很多人看了《甄嬛传》等电视剧，对这段历史很感兴趣；另一方面，西区原状陈列的展出，也将对电视剧里的一些戏说“拨乱反正”。

单霁翔介绍，故宫西区的慈宁宫、寿康宫都是皇太后的寝宫，其周边还有多处后妃太妃的寝宫。目前，该区域古建筑已修缮完毕，只等安保、服务设施和陈列展览布置好后，就将对外开放。“故宫里都是原状陈列，大家将能看到后妃生活的真正场景，这样也能对电视剧里的一些戏说进行拨乱反正。”单霁翔略带玩笑地表示，电视剧属于文学作品，很吸引人，但为了情节也虚构了很多东西；另外，故宫已有十多年未接商业片，与在影视基地拍摄的电视剧相比，故宫将能揭示更多真实的故事。目前，故宫博物院的开放面积为52%，西区开放后将达60%以上，也将在一定程度上缓解参观故宫的拥挤程度。单霁翔还透露，故宫也在考虑对门票进行调整：增设年票。“比如以实名制的方式，一年200元随时可来故宫看展览。”单霁翔说，年票更适合对故宫展览感兴趣的观众。

按照十八届三中全会《决定》的要求，图书馆、博物馆需建立法人治理结构、理事会制度。作为副部级事业单位的故宫博物院院长，单霁翔毫不讳言：行政级别“非常可笑”。单霁翔回忆，清华大学尚未列入副部级时，“我的老师吴良镛开玩笑说，学校是处级，研究所是科级，他还是一科级干部，这就非常可笑”。单霁翔表示，去行政化的执行虽还有待国家出台细节，但对于故宫来说，已不是新事件。“故宫1925年建院时，就是理事会制度。今年我们成立故宫研究院，也不再设副局级、处级，也不再提60岁以上不能担任领导，研究院几个所的带头人都是由业界专家级人员担任，以学术影响力为本。”单霁翔说。

“失窃门”、“会所门”、“瓷器门”、“拍卖门”……过去两三年，故宫频陷丑闻，单霁翔对此也并不讳言。“故宫老的安防系统是1992年设计、1998年安装的，公安局来验收时，说故宫和中央电视台是北京两安防系统最先进的。”单霁翔说：“前年小偷进来了，公安来破案时却说，故宫和中央电视台是北京安防设施最落后的。14年安防没更新，所以我们就吃亏了。”据介绍，目前，故宫已建成世界规模最大的监控室，65面大屏幕、2000个摄像头，监测着各个角落。“也请媒体帮我们宣传一下，‘惦记’故宫的人不要到故宫来了。”单霁翔说。

（《南方都市报》，记者程姝雯，2013 年 12 月 12 日，第 AA22 版）

单霁翔的故宫梦 把紫禁城完整交给下一个六百年

建成于明代永乐十八年(1420年)的紫禁城，将在2020年迎来600岁生日。现任故宫掌门人单霁翔有一个“故宫梦”——把壮美的紫禁城完整地交给下一个六百年。比起外界赋予的种种头衔，这位北京故宫博物院第六任院长，似乎更喜欢“故宫看门人”这个称号。我是故宫的“看门人”，我的职责是看好故宫。博物馆把每一位观众称作尊贵的客人，但对于故宫来说，公众才是主人。我是这种感觉，每当走进故宫院子之前要把故宫的工作证戴好，告诫我，我们的工作岗位是神圣的，我们应该在一言一行、一举一动中，能够使故宫更有尊严，成为文化遗产保护和博物馆建设的典范，这是我们的天职，也是我们努力的方向。

脚上是适合田野考古调查的老北京布鞋或旅游鞋，语言鲜见“官员体”的痕迹，魁梧的身材加上平和的性格，让这位副部级高官显得有点“土”。与他给人的第一印象相同，很多和他相熟的人说，单霁翔的性格在官员中同样算得上“另类”。“没架子”是第一个高频词。一位多次采访过单霁翔的记者回忆，在每年全国两会的会场上，他是最有亲和力的委员之一，他会热心地将记者请进房间，对于提问知无不言，言无不尽，还会热情地打开电脑，帮记者拷贝资料。在同事眼中，单霁翔没有所谓“官员层级”的概念，只要他知道哪里有文物受损，就会直接找相关官员，不论级别，不厌其烦地去讲道理、摆事实。

也是这个“没架子”的人，屡次出语惊人，仗义执言。在全国两会上，他的提案总是受到媒体关注。“建议故宫‘逐客’”，单霁翔一向以“敢说”著称。北京梁思成、林徽因故居面临被拆除的危险，单霁翔看到媒体的报道后，坚决站在保护一边。在他的支持下，媒体的舆论监督发挥了应有的作用，梁林故居得以保存。这些工作成效的背后，是单霁翔“工作狂”的形象。一年中他有大半年在外地。

汶川地震后，单霁翔是第一批奔赴灾区的人之一。当时灾区的一些文物受到损坏，单霁翔带队到一线考察。余震非常厉害，为了考察羌族碉楼受损情况，单霁翔不听劝，一个一个钻进去，哪里有裂缝，哪里有破损，硬是看了个遍才罢手。随行人员悄悄评价他“太拼命”。据悉，这种“太拼命”甚至在国家文物局被“批评”过，一次去检查湘西某文物的保护情况，单霁翔一下飞机就驱车赶往前线，结果一路上泥石流塌方不断，后来局里的人知道了，“批评”他：“你的身体不只是你自己的，知道吗?”

单霁翔主持国家文物局的十年，正是全国文保工作面临前所未有挑战的严峻时期。在任期间，他着力推动大遗址保护；历时10年、全国2600多家文物收藏单位近万名文博工作者参与的国有馆藏珍贵文物数据库管理系统建设圆满完成；全国166万余件国有馆藏珍贵文物告别纸质卡片手写登录的时代，实现数字化管理；历经5年，规模浩大的文化遗产资源调查汇集工作——第三次全国文物普查圆满完成。

2003年，年近半百的单霁翔考入清华大学建筑学院城市规划与设计专业攻读博士学位，师从两院院士、著名城市规划及建筑学家吴良镛教授，2008年获工学博士学位。这样的学历背景，让这个副部级官员具有学者风范。单霁翔不仅自己练就了可以坐在车上用电脑写稿子的特长，也培养了他身边的工作人员。据了解，在国家文物局期间，他身边共换了5个秘书，能坐在行驶的车内写稿干活，是每个秘书必过的一关。

在任期间，单霁翔几乎以每隔一至两年一本专业书籍的速度推出自己的著作。身边的人说，单霁翔出书跟一般官员出书有几个不一样的地方。第一，他从不占用工作时间写书。据他的一位同事说，单霁翔所有的书稿都是在工作之余完成的，“车上”、“厕上”、“枕上”都成了他的学习时间。第二，他从不用公款买书送人。

工作之余，他会参与一些学术性论坛。一两个小时的讲座，纵论古今中外，只要一讲起文化遗产保护，他就滔滔不绝。这种学术研讨类的活动，他基本上不拿稿子。边放PPT，边讲述自己在国内外各个文化遗产地考察的心得、体会、思考，照片上的每一处建筑、每一条街巷，他都实地考察过，这些用双脚丈量过的地方，又何须照本宣科?

“每一次跟他采访，都会对文化遗产有更新的认识。他总是能给你更深刻的角度和思考。”一位多次采访过他的记者说。在他的倡导下，近年我国对传统文物保护的理念有了新的转变。从文物到文化遗产，从单个文物保护到整体保护，从“古董”保护到近代遗址纳入文保范畴，理念的改变正与世界接轨。

台北故宫博物院前公共事务室主任、现南院处副处长苏庆丰：近几年来，我因为担任台北故宫博物院公共事务室主任的关系，与单院长在台湾有过几次近距离的接触与观察。第一次是2011年6月，他以国家文物局局长身份来台参加“山水合璧——黄公望与富春山居图特展”，我曾陪同他至澎湖游访，第二次是今年4月，他来台做同年1月台北故宫冯明珠院长率团参访北京故宫的回访，我曾陪同他至金门游访。由于这两次陪同机会，令我对他的亲和力、执行力以及学养造诣各方面均极为折服，以下略举数例说明之。

单院长于考察中，均坚持与随行者住同样等级的客房，有时虽然接待方特别善意安排，但他均一概予以坚决婉拒。单院长可以跟大伙在万华青草巷口喝苦茶，在宁夏夜市摊贩吃蚵仔煎，展现他的亲和力。今年4月，单院长来台时，正值北京故宫积极推动“无烟紫禁城”，来台期间对任何禁烟标语与警告标识均不放过，一定拍照带回参考，可见其认真程度。单院长在台北故宫对同仁及义工演讲，首度以《把壮美的紫禁城完整地交给下一个六百年》为题，作了精辟的演讲，其雄才大略以及旺盛企图，赢得满堂彩。

单院长每到一个景点都会搜集钥匙圈，且钥匙圈必须具备五个条件，一是必须金属制造，二是必须有当地景点名称，三是必须自己购买，四是必须当天购买，五是一个景点只能买一个。据了解他迄今已搜集五百余枚，这是他20余年来赴世界各地考察访问时，顺带的重大斩获，他表示未来可能搭配相片与文字办展，可期待之。

文博圈子不大，成都博物院院长、金沙遗址博物馆馆长、成都文物考古研究所所长、成都市文物考古工作队队长王毅与单霁翔相熟很多年了。在成都公开场合最近一次看到单霁翔，是在去年天府广场的石兽挖掘出来的时候，他到了考古现场，仔细端详这只“萌物”，

“那次是他从汶川回来，借道成都顺便看的。”王毅说。说起单霁翔，王毅提得最多的是“感动”，“汶川地震，他在许可下第一时间赶到四川，我记得当年和次年来了至少20多次”。从都江堰到北川到广元……单霁翔将灾害损失大的地方都一一看过，“和群众二部走得很近”。

对于易被单霁翔“感染”这一事，王毅在夸单霁翔对工作很有热情、思维活跃和勇于探索之外，还表示“和他一起工作很累，不仅是身体很累，比如那些文化遗产，再偏远的地方他都要一一去看，大江南北一路走过来”。王毅用了“罕见”两字，但他表示，自己也是被单霁翔的这种敬业的激情“融化”了，“这10多年，也是大家对文化遗产从不重视到越来越重视的过程，他是个建筑师、规划师，故宫在他的管理之下也越来越生机勃勃。”

“我知道他的内心世界。”王毅说，“他和成都很有缘分，十多年来感情已经非同一般。”王毅告诉成都商报记者，单霁翔和成都的缘分伴随着成都许多的重大考古发现，从金沙遗址，到船棺遗址，到水井坊街区打造，到江南馆街唐宋街坊遗址……“成都博物院奠基他也来了。”王毅说，这么多年成都很多基层干部和单霁翔都已不是单纯的上下级关系，“是同事、朋友，亦师亦友，我们可以争论问题，称得上是革命战斗友谊”。王毅称，他们之间的默契就是，单霁翔经常在出差途中，一个人就拿出电脑在那里敲文章，“你看他发表了很多论文，他在敲字的时候我们一般不会去打搅他”。

（《成都商报》，记者曾灵，2013年12月19日，第84版）

单霁翔：我在四川震区的一天

故宫博物院院长单霁翔即将在本周日来到成都，参加成都商报大型公益演讲活动第二场——《我看未来20年：把壮美的紫禁城完整地交给下一个六百年》主题演讲。单霁翔一直关心四川及全国文物保护，今年初还因成都出土石兽赶来看望“真身”。2008年四川汶川发生大地震，时任国家文物局局长的单霁翔多次前往四川震区考察，还在全国政协会议上提出多项关于震后文化遗产抢救保护工作的提案，为震后文化遗产抢救维修做了许多工作。今日成都商报特别选载单霁翔撰写的一篇和四川有着浓厚情谊的文章：《我在四川震区的一天》，介绍给读者……

2008年5月19日，四川汶川大地震发生后7天，国家哀悼日当天，根据国家文物局局长办公会议决定，包括我在内的国家文物局工作组一行6人赶赴四川，看望慰问灾区文物系统干部职工，实地调查了解灾区文物及文物系统受灾情况，研究部署文物系统抗震救灾工作。

14点28分，飞机上，我们和乘客们一起静立默哀，向四川汶川大地震遇难同胞表示深切哀悼。

下午3点左右飞抵成都双流机场。一下飞机，我们就和四川省文化厅、省文物管理局的同志们一起直赴地震重灾区都江堰。

在随时都有余震发生的情况下，我们踏查了世界文化遗产都江堰鱼嘴和古建筑群二王庙、伏龙观，考察了倾斜、开裂的奎光塔，走进岌岌可危的文物库房，详细查看灾情，听取当地文物保护部门负责同志对文化遗产严重受损及文物工作者在大灾面前不畏艰险、抢救文物、坚守岗位的情况汇报；代表国家文物局慰问都江堰文物博物馆单位职工，高度赞扬都江堰文物工作者在大灾面前的出色表现，向在地震中失去亲人仍坚守岗位、为抢救文物负伤的职工发放了慰问金。

千年一遇的强震，都江堰鱼嘴只是震裂了一点，令人欣慰；二王庙、伏龙观严重受损，我和同志们心情沉重。

行走在满目疮痍的都江堰，依旧依稀领略了它的自然与人文的丰富丰厚；满身创痛里更深切感受到都江堰文物工作者的美丽魅力。文化遗产的魅力因他们而彰显，他们的作为让都江堰更美丽。暮色中，我与都江堰文物工作者们深情拥抱告别。

回到成都，广播中听到“5月19日—20日汶川震区发生6至7级余震可能性较大”的消息。成都市民纷纷向安全地带撤离。成都市文物博物馆单位值班职工依然坚守岗位。我们一行按计划继续考察金沙遗址博物馆、四川省文物考古研究院。

监控录像中看到，金沙遗址博物馆全体员工在突发震灾面前，镇定自若地履行工作职责，有序疏散观众，本来身处室外的博物馆员工也疾步迈向馆内参与疏导；夜色中目睹博物馆园区内避震的成千上万安坐安睡的成都市民，亲身感受到民众是如此地亲近他们脚下这块积淀着3000年古老文明的土地，博物馆是如此地被民众发自内心地需要。

在寒冷而悲伤的黑夜，金沙遗址给生命以护佑，给心灵以温暖，给生活以光亮。地震使博物馆陈列暂时关闭了，但是另一种形式的展示与交流在延续。人们重新认识了金沙遗址。

来到四川省文物考古研究院已是晚上近10点。研究院对四川的文化遗产有着深入的了解，更有着深厚的感情。座谈中我了解到，作为震区单位，考古研究院自救的同时，又积极行动，救助重灾区同行。震后第二天，全院职工就开始踊跃捐款捐物献血。14日开始，院领导和职工代表即分赴都江堰市、绵阳市、德阳市，以及安县、江油、青川、汉源等震中区域，带去了灾区的急需救灾物资，更带去了同行的关切关爱。救援的同时，研究院还多方调查灾区灾情，从业务上指导文物保护工作。

我衷心感谢、高度赞扬了考古研究院的全体职工，在突发灾难面前，秉持敬业精神，有序开展工作，自救救人、抢救文化遗产的感人表现，勉励考古研究院在即将展开的全国文物博物馆单位对口支援四川灾区文物修复工作中发挥更大作用。

生命可贵。我要求在做好文物保护工作的同时，一定要注意人身安全。这也是我在各个文物博物馆单位慰问考察时首先强调、反复强调的。

深夜，入住成都武侯祠下榻处。丢下行李，立即在会议室开会，总结考察内容，安排明日工作。

一天的时间是短暂的，一天的工作是忙碌的，一天的感受是难忘的。

文物系统职工们严防死守文物不被盗抢，转移文物到安全的地方，同时，在第一时间尽可能调查受损文物情况，在第一时间对倾斜、开裂的文物建筑进行简单有效的支撑，对倒塌的建筑进行清理、遮盖，排除安全隐患，相对于用生命挽救生命抢险救人的英雄壮举，这些可能称不上惊心动魄，但是也绝对是平凡的人在平凡的岗位上于非常时刻的不凡之举！文化遗产受损了，震区文物工作者的抗震救灾精神成为新时期值得珍视的遗产。伟大的抗震救灾精神不仅在抗震救灾、恢复重建过程中坚持坚守，更要在今后的工作中弘扬光大。

汶川大地震对我们民族是一个大的洗礼。毕生积蓄，可能在一瞬间灰飞烟灭，靠着友爱互助，人们继续活着；亲人离去了，人们依然坚守在亲情记忆里；没有什么比灾难后的微笑更动人。灾难面前，人性人情人文是那样感人暖人。地震让我们更多关注精神文明建设，使我们倍感精神文明建设和家园的紧密联系。震后文化遗产抢救保护意义深远、任重道远。

地震发生后，震区文物工作者同舟共济、患难与共、携手共进、互帮互助，生动诠释了“一方有难、八方支援”的社会互助精神。团结是全国文物工作者的光荣传统。团结就是力量。国家文物局将组织全国文物保护、考古、博物馆等专业队伍，对口支援灾区震后文物保护工作，这是我在当天各个单位慰问考察时反复强调的，也是恢复重建过程落实实施的。

记录人类灾难史意义深远，一些地震遗址应该给予保护。修复损毁文物时，可适当保留一些地震痕迹。这是灾难的记录，也是为后人研究留下资料。对一些不适合人类居住、被地震摧毁的地方，在符合当地经济社会政治文化发展总体要求的前提下，可以建立地震遗址公园。这项工作应该及早提出来，希望对此进行研究论证、提出方案。这是当天我在会议上对四川同行提出的意见建议，也是后来我们着力推进建设地震遗址博物馆的开始。

汶川地震发生后，国家领导人第一时间赶赴灾区第一现场，成为抗震救灾最有力的号令，成为最能体现动员能力和应急能力的指标，以人为本，关爱生命，刻下现代文明崭新标记。

按照国家统一部署，我和国家文物局其他领导多次赶赴灾区直接指挥协调文物保护工作，看望慰问灾区文物系统干部职工，同时，组织多个专家组前往灾区实地考察评估，研究并提出灾后文物抢救维修保护的指导性意见。

2008年5月19日以后，我又十几次前往四川震区考察，还在全国政协会议上提出多项关于震后文化遗产抢救保护工作的提案，为震后文化遗产抢救维修做了一些自己分内的工作，感到十分欣慰和自豪。

（《成都商报》，记者曾灵，2013年12月23日，第19版）

故宫博物院院长单霁翔：长春伪满时期建筑不应再作办公用楼

“长春是一个很有历史的城市，伪满时期的那些老建筑，都应该好好保存起来，而不应该再作为办公用楼。”23日，伪满皇宫博物院举行“长春文博讲坛”，故宫博物院院长单霁翔应邀来长春，作《城市文化建设与文化遗产保护》专题讲座。

“城市是一个既古老又年轻的话题，城市是人类文明的成果，又是人们的生活家园。”故宫博物院院长单霁翔说，城市为人类留下的文化遗产就像一部史书，我们需要保护城市的记忆，而不必担心列入文化遗产的数量太多。在30年的城市发展进程中，中国大跨步前进，高楼大厦林立的同时，大城市病正在爆发。单霁翔现场展示了一些故宫的图片，随即调侃地说，北京的雾霾天气，让故宫博物院变成了“故宫薄雾院”。

“随着旧城改造、大拆大建，很多城市的记忆被推土机推掉了，一片片的历史街区被夷为平地。”单霁翔观点鲜明地表示，他反对“旧城改造”这种说法，因为这使我们的城市记忆正在逐步消失。单霁翔感慨地说，现在中国的城市面貌过于趋同，城市抄袭、模仿、复制现象十分普遍，千城一面。“每个城市都有着不同的记忆，每个城市都应该有不同的性格。”

长春有很多伪满时期的建筑，这些建筑清晰地记录了一段历史，非常有历史意义，他建议长春市政府一定要为中国，乃至世界好好保护这些“记忆”。通过大屏幕，他现场向大家展示了这些历史遗迹，“我通过走访发现，这些地方目前都被作为办公用房，正在使用，我建议政府将其保护起来，应该作为公共文化设施对市民开放”。此外，他还谈道，与老的文化遗址相比，20世纪的一些建筑也应该被保护起来，例如长春第一汽车制造厂、长春电影制片厂等，这些地方都是历史的产物，它们见证了新中国的一段历程。

（《东亚经贸新闻》，记者刘力源，2013 年 12 月 24 日，第 2 版）

车上的写作者单霁翔：工作岗位上，写作容易联系实际

故宫博物院院长单霁翔是个多产的思考者。虽然他天天忙于文物保护工作，但是据不完全统计，2006年至今，单霁翔这8年出了8本书。说起写书的起因，单霁翔说，这与他“出身不好”有关。2002年，单霁翔调任国家文物局局长，但他的专业背景是建筑学，又长年从事城市规划工作。刚上任，很多老专家、老先生认为他不是学历史学、考古学、博物馆学等相关专业出身，“因此对我的工作不大理解，我的工作压力很大”。上任后，他顶着压力，用大约半年时间，走访了六七十位专家，覆盖史学、考古、文物古建筑修缮、文化历史名城保护、博物馆学、文物鉴定等领域……其中，很多都是我国相关领域的泰斗。“与他们一起工作，我发现自己在理论等方面相差甚远。”单霁翔认为，如果依然终日忙碌于会议、活动、应酬，必然难以胜任工作，“这让我改变了过去读书的思路”。

“过去我也经常读书，但常常是急用先学、学而不思、浅尝辄止。我发现带着工作中急需研讨的问题，深入阅读相关理论书籍，再把学习收获系统地撰写下来，这种‘读书+写作’的方式可以提升学习自觉、增强学习效果。”单霁翔说。“只要车轱辘一动，有10分钟的车程，我就会把电脑打开写作。我的书80％是在车上完成的。”单霁翔笑言，自己在这方面有特异功能，因为很多人车上读书看报会头晕，他却毫无不适，就连从西藏的江孜到贡嘎机场要翻过4000米高的雪山，4小时车程，单霁翔都只休息了20分钟，其余时间一直在写作。

这些年，单霁翔渐渐养成习惯，每天晚上用2－3小时读书与写作。这些时光，也被单霁翔视为一天中最美好的个人时光。单霁翔说，有人说现在工作太忙，没时间写，想等退休后静下心来，再开始写作，“对此，我有不同的看法”。“今天我们在工作岗位上，读书与写作容易联系实际，容易获得第一手资料，研究成果能够应用于实践，因此，读书与写作正当其时。”单霁翔说，他给自己列的写作计划到退休前还写不完，如今手头正在写的一本书是《从“数量增长”走向“质量提升”》。这几年，单霁翔不断有新著出版，一些曾在书中提出的建议，如今也变成了现实。

（《成都商报》，记者曾灵，2013年12月27日，第65版）

故宫推票务改革 拟售实名制年票
满足一年多次观展的观众需求

昨天，故宫博物院院长单霁翔与网友粉丝们面对面，听取意见和建议。单霁翔表示，故宫正酝酿票务改革，并有望推出实名制年票，以满足一年有多次进故宫观展的观众的需求。面对网友“能否为经常需要到故宫观展的朋友提供年票”的建议，单霁翔表示，随着故宫开放面积的大幅度增加，未来故宫将在展陈方面下大工夫，更多从未展出的珍贵文物将在展览中与观众见面。

单霁翔透露，不同于很多首次进入故宫感受皇家古建筑的观众，一些经常到故宫观展的群体对故宫票务改革充满期待。目前故宫除了老人等群体的优惠，只有旺季60元和淡季40元两种票价。目前故宫正在邀请某团队进行票务改革的研究设计，未来希望打破用一种票价应对观众多样化参观需求的状况，使票价更加合理。其中“年票”制度已经成为设计目标之一。单霁翔表示，涉及票务就需要财政部门批准。设计完成后将申报整体方案，其中还包括老人、孩子、教育团体等的票务改革。

1. 故宫完善票制门票会否涨价？

完善票制，不等于涨价。我们希望通过改革加大对弱势人群、低收入人群和儿童等群体票价减免力度的同时，能够把票务设计得更加合理。应观众的要求，推出一种不同于初次来故宫只看古建筑那种票，能够一年多次进入，参观丰富的展览。

2. 年票是否会造成故宫更拥挤？

近年来节假日，故宫连续登上客流榜首，“年票”会否使负担加重？对此，单霁翔说，出于文物安全的考虑，这种年票当然也不是公园老人可以来晨练的那种票。因为将来展览多了，很多观众一有好的展览就要来观看，主要是满足这部分群体。

3. 年票是否会出现造假的情况？

卢浮宫也出现了假票，故宫年票如何面对假票隐忧？单霁翔表示，计划中的年票设计为实名制，目前是人工验票。将来像地铁验票一样，过机器一扫门就开了。现在故宫已有18个验票口了，不用排长队，所以这种检验设备不会造成拥堵。

单霁翔介绍，故宫全年的游客数量已经从2002年的713万人次暴增到2012年的1530万，巨大的客流让世界文化遗产倍感压力。不过今年故宫的游客数量将有所下降，并控制在1500万以内。2014年，随着故宫每周一闭馆、新旅游法的实施，故宫明年的游客数量将有望降至1400万人次。单霁翔表示，在保证亲临故宫游客的参观安全的同时，故宫将通过网络手段，让更多的游客更便捷地感受故宫文化。

“微服初访”——故宫微信公众服务号“微故宫”将在元旦正式上线。通过微信进行搜索就可找到“微故宫”。“微故宫”将使用具有故宫特色的微语言，组织微话题，推出微展览，为观众参观欣赏古代建筑、文物藏品、特色展览等提供全面、立体、便捷的服务。此外，继今年5月故宫推出首个iPad应用《胤禛美人图》单周15万次下载后，《韩熙载夜宴图》、《皇帝的一天》、《清代皇家服饰》App应用也将于近期上线。

（《京华时报》，记者张然，2013 年 12 月 29 日，第 8 版）

太阳神鸟一直看好它当“标志”

昨日接受成都商报记者的专访时，单霁翔作为前国家文物局局长，回忆了更多与四川的事件，“汶川地震以后，我来四川的次数最多”。不得不说，这是一个和四川颇有缘分的故宫院长。而在太阳神鸟成为中国文化遗产标志的过程中，也有单霁翔的努力。昨日演讲的读者提问环节，第一个提问的是成都博物院院长、金沙博物馆馆长王毅，他的问题就和太阳神鸟有关。

王毅：请问单院长，故宫上下五千年，无数的艺术精品，但是我们知道金沙太阳神鸟成了中国文化遗产标志，你当时在国家文物局，是中国文化遗产标志重要决策人之一，您现在到故宫了，您是不是有些后悔?另外，现在故宫使用了很多标志，世界文化遗产标志、故宫的标志，就没有看到中国文化遗产标志，是不是变相的单院长您已经后悔了。

单霁翔：没有，其实太阳神鸟作为中国文化遗产标志我觉得是智慧的选择，因为故宫没有太阳神鸟。为什么是非常理想的选择呢?第一，它是在新世纪的曙光第一次照耀中华大地的时候出土的，它是刚刚进入新世纪的时候在成都出土的。第二，它是先人的智慧，今天传承下来，它不是今天人的创造。三千年前，人们这么精美的图案，这么贵重的金属能够制作出来，是一个奇迹。第三，它的图案非常适合文化遗产的标志，端庄、大气，同时又动感，中间一个太阳，12个光芒，外边四只神鸟飞翔，我觉得是非常漂亮的一个图案。它也有利于给人美感和记忆，所以我认为非常好，没有后悔。也可能今天还没有看到第二个能取代它的，我倒觉得这个文化遗产标志是非常理想的，我们故宫将来有些活动也要使用这个标志。

单霁翔向成都商报记者透露，2005年8月17日，国家文物局正式公布采用金沙“四鸟绕日”金饰图案为中国文化遗产标志。“四鸟绕日”金饰2001年出土于成都金沙遗址，画面是四只神鸟围绕着太阳飞行，专家也将其命名为“太阳神鸟”。这是本世纪中国考古的一个重大发现。由国内著名专家联名推荐的这一金饰图案构图严谨、线条流畅、极富美感，是古代人民“天人合一”的哲学思想、丰富的想象力、非凡的艺术创造力和精湛的工艺水平的完美结合。单霁翔那时正是国家文物局局长，“那时有1000多个方案，起初，大家比较看好一条鱼的文化遗产标志。我一直觉得太阳神鸟最好，但个人说了不算，要专家们共同的意见”。单霁翔表示，太阳神鸟寓意丰富，代表新世纪的阳光照耀神州大地，也让当代人重新认识了前人智慧，“这意味着传承”。单霁翔还觉得这个标志很有动感，“最后符合程序，成了第一名。后来也有两三家有异议，但最终还是认可了这个标志”。

单霁翔曾任国家文物局局长达10年之久，任职期间，他和四川有很多缘分，包括当时金沙遗址的发现，“它的发掘非同小可”。单霁翔说自己一共到了四川36次，其中2008年汶川地震后29次，“四川文物部门很了不起，抗震救灾同时还做了很多事，文物普查没停”。他对当时的境遇还记忆清晰，“那年5月19日我来到成都，滚动广播说有七八级余震，结果就看到2万多人进了金沙遗址博物馆的大广场，还有武侯祠、草堂等地方，都住满了人”。“一个城市要有这样的地方。”

单霁翔说，在担任国家文物局局长时，设立文化遗产日、文化遗产标志，以及文化遗产歌是三件大事。作为“文化遗产日”确立的推动者和提交提案者，昨日，成都商报记者向单霁翔问起中国“文化遗产日”的推行情况，自从2006年第一个“文化遗产日”以来，今年已经走过了7个年头，“这其实并不是为文博系统人士设立的节日，而是为普通老百姓”。他表示，现在“文化遗产日”很多文博系统就是在广场做一些宣传，未来还应该可以有更多样的宣传方式。

说起博物馆的教育功能，单霁翔表示，现在的教育相对便宜，“那时皇帝一个人三个教师，还有陪学，不完成作业，教的人不敢骂皇帝就骂另一个人。现在开始有课本了，课本进课堂了……”他认为，文化遗产的传播不是说等着观众来，“虽然10年游客人数翻了一番，而是要把故宫的文化深入到社会，包括学校”。单霁翔还介绍起前天故宫活动——故宫小伙伴们的聚会，“我们发布了很多有趣的东西，以前故宫历史性知识性强，但趣味性参与性弱，我们现在做了很多包括文化产品研发等一大批实用性强的东西”。

单霁翔表示，2011年的“十重门”让不少人质疑故宫，“其实过去10年是故宫发展最好的10年，只是我们现在和媒体合作对接更开放”。单霁翔表示，这10年清点文物等等做了很多事，“之前沟通方面还不够，”单霁翔承认，“而且这两年故宫最受益的是负面新闻，因为问题没揭露出来，不会引起关注。”他举了一个例子，有媒体在小偷进来两周年之时，去故宫“微服私访”，把一些问题揭露出来，比如值班人员打手机交头接耳，“我们因此整顿了内部”。担任故宫院长的这两年，单霁翔推行新政，亲近媒体，故宫更加透明开放。“我们做事实实在在，包括故宫，我说的每件事都要实现才行，不然就不说。”他向记者表示。

（《成都商报》，记者曾灵、陈谋，2013年12月30日，第44版）

图书在版编目（CIP）数据

平安故宫·思行文丛．癸巳集 / 单霁翔著．-- 北京：故宫出版社，2014.5
ISBN 978-7-5134-0591-1

Ⅰ．①平… Ⅱ．①单… Ⅲ．①博物馆学－文集②故宫博物院－工作－文集 Ⅳ．① G260-53 ② G269.263-53

中国版本图书馆 CIP 数据核字（2014）第 078889 号

平安故宫·思行文丛
癸巳集

著　　者：单霁翔
摄　　影：周高亮
责任编辑：赵国英　杨付红
封面设计：李　猛
出版发行：故宫出版社
地址：北京市东城区景山前街4号　邮编：100009
电话：010-85007808　010-85007816　传真：010-65129479
网址：www.culturefc.cn　邮箱：ggcb@culturefc.cn
印　　刷：北京雅昌彩色印刷有限公司
开　　本：787毫米×1092毫米　1/16
印　　张：54
字　　数：1200千字
版　　次：2014年5月第1版
2014年5月第1次印刷
书　　号：ISBN 978-7-5134-0591-1
定　　价：120.00元